TRAITÉ

DE JURISPRUDENCE

MÉDICALE ET PHARMACEUTIQUE

POITIERS. — TYPOGRAPHIE OUDIN.

TRAITÉ

DE

JURISPRUDENCE

MÉDICALE ET PHARMACEUTIQUE

Comprenant :

LA LÉGISLATION ; — L'ÉTAT CIVIL ET LES QUESTIONS QUI S'Y RATTACHENT ;
LES DISPOSITIONS A TITRE GRATUIT ;
LA RESPONSABILITÉ MÉDICALE ; — LE SECRET PROFESSIONNEL ; — LES EXPERTISES ;
LES HONORAIRES DES MÉDECINS ET LES CRÉANCES DES PHARMACIENS ;
L'EXERCICE ILLÉGAL DE LA MÉDECINE ;
LES CONTRAVENTIONS AUX LOIS SUR LA PHARMACIE ; — LES RENTES VIAGÈRES ;
LES ASSURANCES SUR LA VIE ; — LA POLICE SANITAIRE ;
LES VENTES DE CLIENTÈLE MÉDICALE ; — L'INAPTITUDE AU SERVICE MILITAIRE ;
LES EAUX MINÉRALES ET THERMALES, ETC.

PAR

F. DUBRAC

PRÉSIDENT DU TRIBUNAL CIVIL DE BARBEZIEUX

PARIS

LIBRAIRIE J.-B. BAILLIÈRE ET FILS

19, rue Hautefeuille, près du boulevard Saint-Germain

1882

AVERTISSEMENT

En publiant notre *Traité de jurisprudence médicale et pharmaceutique*, nous n'avons pas la prétention de produire une œuvre nouvelle. Presque toutes les questions que nous avons abordées ont déjà occupé, bien avant nous, les esprits les plus éminents dans la science de la médecine comme dans celle du droit; mais, en général, elles sont seulement indiquées et non élucidées dans la plupart des ouvrages de médecine légale. Aussi nous a-t-il paru que ce livre pourrait n'être pas inutile, et qu'il nous était permis d'offrir au public médical et judiciaire le fruit d'une expérience acquise par trente années de pratique des affaires criminelles et civiles.

Les traités spéciaux de médecine légale n'ont pas pu, en général, s'attarder sur ces questions de droit; ils les ont abordées, pour ainsi dire, accessoirement, et ont réservé leurs développements principaux pour les indications scientifiques ayant surtout pour objet la découverte des crimes et des délits. L'étude de ces questions de droit est, au contraire, le seul objet de notre travail; et nous avons adopté une méthode de classement qui permettra de se reporter à chacune d'elles sans difficulté et sans perte de temps.

Nous avons aussi donné quelques solutions récentes qui ne seront peut-être pas sans intérêt, parce qu'elles ne se trouvent encore que dans les recueils de jurisprudence générale.

Enfin, nous n'avons pas dû nous borner à enregistrer purement et simplement les décisions de la justice sur toutes les difficultés qui intéressent la médecine et la pharmacie; nous avons discuté ces décisions quand elles nous ont paru peu conformes aux principes de la loi et de l'équité. « La science du droit, comme presque toutes « les autres, a dit Merlin, consiste autant dans la réfuta- « tion des faux principes que dans la connaissance des « véritables (1). »

Au début de leur carrière, le médecin et le pharmacien ont besoin d'être éclairés d'une manière précise sur les devoirs que leur profession leur impose et sur les droits qu'elle leur confère. Ces droits et ces devoirs, qui paraissent si simples au premier abord, sont consacrés par des lois nombreuses disséminées dans nos Codes, et dont l'application a donné lieu à d'interminables discussions. Nous avons donc pensé être utile aux jeunes praticiens en leur offrant un livre où ils pourraient trouver la solution d'une grande partie des difficultés qui concernent leur profession, celles, entre autres, se rapportant à l'obligation, pour le médecin, de déclarer la naissance quand il a assisté à un accouchement ; aux questions de viabilité et de survie, à la déclaration des décès, aux demandes en nullité de mariage, à la responsabilité médicale, tant au point de vue civil qu'au point de vue criminel ; à l'obligation du secret professionnel ; à la prohibition, pour le médecin et le pharmacien, de recevoir des legs ou donations de leurs malades, dans des circonstances déterminées, etc...

Nous avons pensé aussi que les médecins et les pharmaciens ne sont pas moins intéressés à bien connaître leurs droits pour le paiement de leurs créances, et nous avons étudié avec soin la matière des privilèges par

(1) Merlin, *Rép.*, vº *Novation*, p. 598.

lesquels la loi garantit ces créances, ainsi que la prescription qui les éteint.

Nous examinons en détail tout ce qui a rapport à l'exercice illégal de la médecine et de la pharmacie. Cette dernière partie surtout a attiré notre attention, parce qu'elle nous semble avoir été trop négligée dans la plupart des traités de médecine légale, et que les ouvrages spéciaux de MM. Pellault et Laterrade ne sont plus en rapport avec l'état actuel de la législation et de la jurisprudence. Plusieurs questions, comme celles qui se rapportent aux remèdes secrets et aux substances vénéneuses, méritaient une étude particulière.

Dans un chapitre spécial, nous passons en revue les diverses matières qui ne rentrent pas dans le cadre des chapitres précédents : *rentes viagères, assurances sur la vie, police sanitaire, avortement, vente de clientèle, causes d'exemption du service militaire, eaux minérales et thermales*. Un nouveau projet de loi sur la pharmacie vient d'être soumis à l'appréciation du Conseil d'État, nous en avons fait un rapide examen.

Enfin nous donnons, dans un dernier chapitre, à la fin du volume, les lois principales qui intéressent la médecine et la pharmacie. Nous l'avons divisé en deux sections, la première consacrée à la médecine, la seconde à la pharmacie. Il n'est pas toujours facile de séparer, dans les lois, ce qui se rapporte à chacune de ces deux sciences, surtout en ce qui concerne l'enseignement; nous avons, autant que possible, porté dans chaque section les lois et décrets intéressant plus spécialement celle des deux sciences à laquelle ils sont consacrés. nous bornant à indiquer, dans l'autre section, la loi ou le décret par sa date et son sommaire.

Enfin deux tables, l'une analytique, l'autre alphabétique, placées, la première au commencement du volume et la seconde à la fin, permettent de se reporter immédiatement et sans perte de temps à la question que l'on veut examiner.

Nous avons cherché à ne pas empiéter sur le domaine de la médecine légale proprement dite ; les juristes qui ont, jusqu'ici, publié des traités sur la jurisprudence de la médecine, n'ont pas évité cet écueil. A chacun son rôle ; laissons aux médecins le soin d'enseigner la partie médicale de cette science sur laquelle il reste bien peu de chose à dire après Orfila, Ambroise Tardieu, Legrand du Saulle, Casper, Briand et Chaudé, Hofman, Brouardel, etc... La partie exclusivement juridique de la médecine légale nous fournit encore un champ assez vaste à exploiter.

Nous aurions pu donner de plus grands développements à notre travail, mais alors notre but n'aurait pas été atteint : nous avons voulu que ce livre fût abordable pour tous. Les ouvrages de médecine légale où sont étudiées les mêmes questions ne se trouvent point dans le cabinet de tous les médecins, et surtout chez tous les pharmaciens ; nous espérons donc que notre livre ne fera pas double emploi.

Nous ne terminerons pas sans exprimer ici notre reconnaissance aux magistrats et à toutes les personnes qui ont bien voulu faciliter notre tâche en nous fournissant les documents dont nous avions besoin, et surtout à MM. J.-B. Baillière et fils, qui ont mis à notre disposition de nombreux et importants ouvrages, dans lesquels il nous a été donné de puiser à pleines mains. Nous n'oublierons pas non plus le concours empressé et très dévoué que MM. Oudin frères ont apporté à la partie matérielle de ce livre.

Barbezieux, 15 décembre, 1881.

F. DUBRAC.

TABLE ANALYTIQUE DES MATIÈRES

NOTA. — *Nous avons reporté après le chapitre X* (page 763) *quelques additions devenues nécessaires au cours de la publication; elles sont indiquées par les numéros* bis *dans chaque sommaire de chapitre formant la table analytique suivante.*

CHAPITRE Ier.

EXPOSÉ SOMMAIRE DE LA LÉGISLATION.

§ 1er. — *Médecine et chirurgie.*

§ 2. — *Pharmacie.*

CHAPITRE II.

ÉTAT CIVIL ET QUESTIONS QUI S'Y RATTACHENT.

§ 1er. — *Naissances.*

CHAPITRE III.

DISPOSITIONS A TITRE GRATUIT AU PROFIT DES MÉDECINS ET PHARMACIENS.

CHAPITRE IV.

DE LA RESPONSABILITÉ MÉDICALE.

§ 1er. — *Responsabilité civile.*

§ 2. — *Responsabilité pénale.*

CHAPITRE V.

DU SECRET PROFESSIONNEL.

CHAPITRE VI.

EXPERTISES.

SECTION Ire. — EXPERTISES EN MATIÈRE CRIMINELLE.

§ 1er. — *Qui peut requérir les hommes de l'art.*

§ 2. — *Du choix des experts.*

§ 3. — *Les experts sont-ils tenus d'obtempérer à la réquisition ?*

§ 4. — *Du serment.*

§ 5. — *Des rapports.*

SECTION II. — EXPERTISES EN MATIÈRE CIVILE.

SECTION III. — DES EXPERTISES EN MATIÈRE ADMINISTRATIVE.

SECTION IV. — DES EXPERTISES A LA REQUÊTE DES PARTICULIERS. FAUX DANS LES CERTIFICATS.

SECTION V. — CORRUPTION DES ARBITRES, EXPERTS ET MÉDECINS MILITAIRES.

SECTION VI. — DU SALAIRE DES EXPERTS.

§ 1er. — *Matières criminelles, correctionnelles et de police.*

§ 2. — *Matières civiles et administratives.*

CHAPITRE VII.

HONORAIRES DES MÉDECINS. — CRÉANCES DES PHARMACIENS POUR FOURNITURE DE MÉDICAMENTS.

§ 1er. — *Fixation des honoraires. — Prix des médicaments.*

CHAPITRE VIII.

EXERCICE ILLÉGAL DE LA MÉDECINE.

CHAPITRE IX.

CONTRAVENTIONS AUX LOIS SUR LA PHARMACIE.

§ 1er. — *Législation.*

§ 3. — *Des remèdes secrets et spécialités.*

§ 4. — *Vente de substances vénéneuses.*

CHAPITRE X.

VARIA.

§ 1er. — *Rentes viagères.*

§ 2. — *Assurances sur la vie.*

§ 3. — *Police sanitaire.*

§ 4. — *Avortement.*

§ 5. — *Vente de clientèle médicale.*

§ 6. — *Inaptitude au service militaire.*

§ 7. — *Eaux minérales et thermales.*

A. — Médecins inspecteurs des eaux minérales.

B. — Vente d'eaux minérales naturelles et artificielles.

CHAPITRE XI.

CODE DES MÉDECINS ET PHARMACIENS.

TRAITÉ

DE JURISPRUDENCE

MÉDICALE ET PHARMACEUTIQUE

CHAPITRE PREMIER

EXPOSÉ SOMMAIRE DE LA LÉGISLATION.

§ 1. — *Médecine et Chirurgie.*

1. L'art de guérir remonte vraisemblablement à l'origine des sociétés humaines. C'est par un sentiment naturel que nous voulons éviter la souffrance et que nous avons recours à autrui pour chercher un soulagement ; mais cet art n'a pu devenir une science que chez les nations civilisées.

Nous n'avons point à faire ici l'histoire de la médecine ; nous ne rechercherons donc pas ce qu'elle fut dans les temps reculés, depuis Esculape jusqu'à Hippocrate, dans la famille des Asclépiades. Nous n'avons à nous occuper que de la législation moderne et des lois, aujourd'hui disparues, qui l'ont préparée.

2. « A Rome, dit Montesquieu (1), s'ingérait de la médecine qui voulait ; seulement le médecin était plus rigoureusement res-

(1) *Esprit des lois*, liv. 29, chap. XIV.

ponsable de sa négligence et de son impéritie. La loi condamnait, dans ce cas, à la déportation le médecin d'une condition un peu relevée, et à la mort celui qui était d'une condition plus basse (1). »

3. En France, depuis fort longtemps, l'art de guérir a été réglementé, et de nombreuses décisions législatives ont prescrit des mesures ayant pour but d'exiger chez les médecins de sérieuses garanties de capacité.

4. Les Universités étaient autrefois dirigées par le clergé; sous le prétexte que l'Eglise ne permet pas l'effusion du sang, la chirurgie en fut exclue (2). Aussi cet art fut-il tenu pendant longtemps dans un état d'infériorité complète vis-à-vis de la médecine, seule enseignée dans les Universités.

Cependant les chirurgiens se réunirent en confrérie sous le patronage de saint Côme et saint Damien, et tous les premiers lundis du mois, après la célébration de l'office divin, ils pansaient gratuitement tous les indigents blessés qui se présentaient à eux.

5. On attribue à saint Louis l'honneur d'avoir fondé l'art chirurgical. C'est en effet sous son règne que Jean Pitard, son premier chirurgien, qui l'avait accompagné à la croisade, institua le collège de Saint-Côme. Mais c'est seulement sous Philippe le Bel, en 1311, que l'enseignement de la chirurgie devint, pour la première fois, *officiel*. Un édit de cette année fit défense à toute personne d'exercer la chirurgie sans avoir été préalablement examinée par les maîtres chirurgiens de Paris, lesquels tenaient leurs droits du premier chirurgien du Roi, exerçant une certaine juridiction : cette juridiction fut réglée par des statuts, en 1370 et 1383. — Mais des préjugés s'étaient enracinés dans les esprits, et malgré les efforts des gouvernements pour les détruire, la médecine devait, pendant plusieurs siècles encore, être considérée comme un art, et la chirurgie comme un métier. Les médecins persistèrent à ne voir dans les chirurgiens que des *barbiers*, si bien qu'en 1611 des lettres patentes donnent au premier barbier du Roi juridiction sur tous les chirurgiens du royaume, et d'autres lettres patentes d'août 1613 fusionnent les deux corporations des chirurgiens et des barbiers. L'édit de 1666 obligeait les maîtres chirurgiens « à tenir *boutiques ouvertes*, à peine de 200 livres d'amende pour la première fois, et, en cas de récidive, d'interdiction pendant un an, et, pour la troisième, de privation de leur maîtrise ».

(1) L. Cornelia *de sicariis Instit.* liv. IV, tit. III, *De lege aquilia*, § 7.
(2) Le concile de Tours, en 1163, avait défendu aux ecclésiastiques toute opération sanglante.

En 1731, le Roi approuvait la création d'une Académie de chirurgie qui était organisée par les règlements de 1732 et 1739. — Une déclaration de 1743 séparait définitivement les corporations de chirurgiens et de barbiers, et enfin, en 1748, des lettres patentes confirmaient l'institution de l'Académie autorisée en 1731.

6. Quant à la médecine, elle fut aussi l'objet de règlements fort nombreux.

Des lettres patentes de Charles VI, du mois d'août 1390, ordonnaient au prévôt de Paris de veiller à ce que nul praticien, tant en *médecine* qu'en *chirurgie*, n'exerçât lesdites sciences avant d'avoir été reconnu expert.

Citons aussi : 1° l'ordonnance de Henri III, de mai 1579, qui porte, art. 87 : « Nul ne poura pratiquer en médecine qu'il ne soit docteur en la Faculté de médecine de Paris..... Il ne sera passé aucun maître en chirurgie ès villes où il y aura une université, que les docteurs régents en médecine ne l'aient approuvé » ;

2° Un arrêt du Parlement de Paris, du 12 septembre 1598, qui défend à tous empiriques de pratiquer ni exercer l'art de la médecine à peine d'amende arbitraire ;

3° Deux déclarations du Roi, des 3 mai 1694 et 19 juillet 1696, renouvelant la prohibition portée par l'arrêt du Parlement ;

4° Un édit de mars 1707, portant règlement pour l'étude de la médecine dans le royaume ;

5° L'art. 59 des statuts de la Faculté de médecine de Paris, qui défendait l'exercice de cet art à ceux qui n'étaient pas gradués ou qui n'étaient pas médecins des maisons royales.

Il existait assurément des abus dans une pareille législation qui, avant tout, manquait d'homogénéité, et l'enseignement de la médecine et de la chirurgie par les universités ecclésiastiques devait laisser à désirer. Est-ce dans le but de supprimer ces abus que l'Assemblée nationale supprima l'institution elle-même ? Il est au moins permis d'en douter ; aujourd'hui même le moyen paraîtrait peut-être un peu radical. Voici, au surplus, le motif avoué par l'Asemblée dans le préambule de son décret du 18 août 1792 :

« L'Assemblée nationale, considérant qu'un état vraiment libre ne doit souffrir dans son sein aucune corporation, pas même celles qui, vouées à l'enseignement public, ont bien mérité de la patrie, et que le moment où le Corps législatif achève d'anéantir les corporations religieuses est aussi celui où il doit faire disparaître à jamais tous les costumes qui leur étaient propres et dont l'effet nécessaire serait d'en rappeler le souvenir, d'en retracer l'image ou de faire penser qu'elles subsistent encore, décrète ce quit suit :» — Et le décret prononce la suppression de toutes les corporations enseignantes ou autres, séculières, ecclésiastiques ou laïques, sans se préoccuper de les remplacer par quoi que ce soit (1).

7. On imagine aisément dans quel état d'anarchie se trouva alors l'enseignement public, et même l'exercice de la médecine.

Le conseiller d'Etat Fourcroy disait, dans son rapport au Corps législatif, le 7 germinal an XI :

« Depuis le décret du 18 août 1792, qui a supprimé les universités, les facultés et les corporations savantes, il n'y a plus de réception régulière de médecins ni de chirurgiens. L'anarchie la plus complète a pris la place de l'ancienne organisation. Ceux qui ont appris leur art se trouvent confondus avec ceux qui n'en ont point la moindre notion. Presque partout on accorde des patentes également aux uns et aux autres. La vie des citoyens est entre les mains d'hommes avides autant qu'ignorants. L'empirisme le plus dangereux, le charlatanisme le plus déhonté abusent partout de la crédulité et de la bonne foi. Aucune preuve de savoir et d'habileté n'est exigée. Ceux qui étudient depuis sept ans dans les trois écoles de médecine instituées par la loi du 14 frimaire an III peuvent à peine faire constater les connaissances qu'ils ont acquises et se distinguer des prétendus guérisseurs qu'on voit de toutes parts. Les campagnes et les villes sont également infestées de charlatans qui distribuent les poisons et la mort avec une audace que les anciennes lois ne peuvent plus réprimer. Les pratiques les plus meurtrières ont pris la place de l'art des accouchements. Des rebouteurs et des mèges impudents abusent du titre d'officiers de santé pour couvrir leur ignorance et leur avidité..... »

Pour remédier à des maux dont le tableau paraît aujourd'hui presque invraisemblable, le Corps législatif vota la loi du 29 ventôse an XI sur l'exercice de la médecine.

(1) Le décret du 14 frimaire an III crée une *école de santé* à Paris, à Montpellier et à Strasbourg. Ces écoles, disait l'article 1er, étaient destinées à former des officiers de santé pour les hôpitaux, principalement pour les hôpitaux militaires et de marine.

Chaque année on devait choisir dans chaque district un citoyen âgé de 17 à 26 ans, recommandable par ses vertus républicaines, et le diriger sur l'une des trois écoles, de façon qu'il y eut 300 élèves à Paris, 150 à Montpellier et 100 à Strasbourg (art. 9 et 10).

On craignit sans doute de ne pas trouver dans les différents districts de la République assez d'élèves réunissant les qualités requises, car un décret complémentaire du 9 nivôse suivant fixa la limite d'âge entre 16 et 30 ans, l'étendant ainsi de 5 années.

Cette loi, la seule qui regisse encore la matière, faisait faire un grand pas à l'organisation du corps médical. Elle se divise en six titres réglant les conditions à remplir pour parvenir aux grades de docteur en médecine ou en chirurgie, d'officier de santé, ou de sage-femme.

Le titre VI édicte diverses pénalités pour réprimer l'exercice illégal de la médecine, de la chirurgie et de l'art des accouchements (1).

8. Mais cette loi, tout heureuse et bienfaisante qu'elle fût au sortir de l'anarchie, est encore insuffisante. Ce n'est pas assez en effet d'avoir réuni les deux professions de médecin et de chirurgien, et d'avoir exigé, pour en autoriser l'exercice, des garanties sérieuses de capacité ; d'autres innovations sont encore réclamées dans l'organisation du corps médical.

L'article 2 de la loi crée deux catégories de médecins : les docteurs et les officiers de santé. On s'explique difficilement pourquoi le législateur de 1803 n'a pas cru devoir exiger les mêmes garanties chez toutes les personnes qui se livrent à l'art de guérir. Il se borne à défendre aux officiers de santé de pratiquer certaines opérations réputées plus difficiles que les autres, mais cette précaution est reconnue aujourd'hui bien insuffisante. L'ordonnance des 26 mars-14 avril 1829 sur l'instruction publique prescrit la confection d'un règlement universitaire sur la forme, la durée et les matières des examens des aspirants au grade d'officier de santé ; ce règlement est encore à faire (2).

(1) Voir le texte de la loi à la fin du volume.

(2) Les diplomes étaient autrefois, comme aujourd'hui, conférés aux docteurs par les facultés de médecine, et les certificats d'aptitude étaient délivrés aux officiers de santé par des jurys médicaux désignés pour chaque département. Un décret du 22 août 1854 a fait cesser les fonctions de ces jurys médicaux par son article 17, et a décidé que les certificats précédemment délivrés par eux le seraient, à l'avenir, soit par les facultés de médecine de Paris, Montpellier, Strasbourg, soit par les écoles préparatoires de médecine sous la présidence d'un professeur de l'une de ces facultés. Et aux termes de l'article 19, les officiers de santé munis de certificats d'aptitude, délivrés soit par les anciens jurys médicaux, soit d'après les règles établies par l'article 17, ne peuvent, comme par le passé, exercer leur profession que dans le département pour lequel ils ont été reçus. S'ils veulent exercer dans un autre département, ils doivent subir de nouveaux examens et obtenir un nouveau certificat d'aptitude. Enfin l'article 20 détermine les conditions que doivent remplir les aspirants au grade d'officier de santé. Il leur faut justifier de 12 inscriptions dans une faculté de médecine ou de 14 inscriptions dans une école préparatoire de médecine et de pharmacie.

Enfin un décret du 23 août 1873 porte :

« Les officiers de santé... qui veulent s'établir dans un autre département que celui pour lequel ils ont été reçus, peuvent être dispensés par le ministre de l'instruction publique des deux premiers examens de fin d'études. Le troisième examen sera subi par eux devant le jury de la faculté de médecine.... ou de l'école préparatoire de médecine et de pharmacie de laquelle relève le département où ils se proposent d'exercer. »

En outre ce n'est pas seulement la capacité du médecin qui intéresse au plus haut point la société ; une irréprochable moralité serait également désirable chez des hommes qui bien souvent disposent de l'honneur en même temps que de la vie des citoyens.

Quant à l'exercice illégal de la médecine, il est, par une singulière distraction ou une regrettable inexpérience des rédacteurs de la loi, réprimé par des peines dérisoires.

Une réforme est donc à faire, et elle a été fort souvent demandée. En 1823, on tenta d'obtenir qu'un titre unique fût conféré, celui de docteur, et que celui d'officier de santé fût supprimé. Dans un congrès médical réuni à Paris en 1845, on débattit toutes les questions qui pouvaient concerner la matière et, en 1847, sous le ministère de Salvandy, une loi fut proposée et discutée de la façon la plus brillante devant la chambre des Pairs. Cette loi décidait : 1° l'abolition du titre d'officier de santé, 2° l'extension des attributions des écoles préparatoires de médecine, 3° l'abolition du concours pour la nomination au professorat, 4° l'interdiction d'exercer prononcée contre ceux qui ne rempliraient pas certaines conditions de moralité et qui auraient encouru certaines condamnations déterminées, 5° une aggravation notable de la pénalité en ce qui concerne l'exercice illégal de la médecine, 6° la création de médecins cantonaux et de conseils médicaux.

Cette loi fut votée par la chambre haute, mais les événements politiques n'en permirent pas la discussion à la chambre des députés.

Nous nous trouvons donc encore sous l'empire de la législation surannée et incomplète de l'an XI, et des innovations importantes s'imposent à nos modernes législateurs. Lorsque M. Trébuchet publiait, en 1834, son livre toujours estimé sur la matière (1), il déclarait qu'il avait d'abord pensé à retarder cette publication, parce qu'une nouvelle loi était promise et allait être présentée aux chambres. Quarante-six années ont passé depuis cette époque ; un nombre incalculable de lois a été voté sous trois ou quatre gouvernements, et celle qui intéresse à un si haut point la santé publique attend toujours que les préoccupations politiqnes lui fassent crédit de quelques jours.

(1) Trébuchet *Jurisprudence de la médecine, de la chirurgie et de la pharmacie en France, comprenant la médecine légale, la police médicale, la responsabilité des médecins, chirurgiens, pharmaciens, les secrets en médecine, etc., l'exposé et la discussion des lois, ordonnances, instructions, etc.* Paris, 1834, in-8.

§ 2. — *Pharmacie.*

9. Dans les temps anciens, la préparation des remèdes, qui d'ailleurs étaient fort simples et peu nombreux, faisait essentiellement partie de la médecine (1). Les premiers documents législatifs que nous possédions sur la réglementation de la pharmacie remontent au règne de Philippe VI. Une déclaration du roi du 22 mars 1336 portait réglement du serment *des apothicaires, de leurs valets* et des herbiers. Puis Charles VIII et ses successeurs rendirent des édits sur l'*épicerie et l'apothicairerie, les ouvrages de cire et confitures de sucre* de la ville de Paris.

10. Enfin, sous Louis XIII, la police de la pharmacie commença à être fixée d'une manière précise. L'édit de 1638 contenait, en substance, les dispositions suivantes :

1° L'aspirant en pharmacie, avant d'être obligé chez aucun maître de cet art en qualité d'apprenti, était présenté aux gardes qui examinaient s'il avait étudié en grammaire et s'il était capable d'apprendre la pharmacie ; après avoir achevé ses quatre ans d'apprentissage et servi les maîtres pendant six ans, il se présentait au bureau, muni de ses certificats, et demandait à être examiné sur sa capacité. Il subissait un premier examen de trois heures en présence de tous les maîtres de l'art et de deux docteurs de la faculté de médecine.

2° Si l'apprenti était jugé capable à la pluralité des voix, il lui était donné jour par les gardes pour subir un second examen appelé l'*acte des herbes*, qui était encore fait en présence des docteurs et des maîtres qui avaient assisté au premier.

3° Lorsque l'aspirant sortait vainqueur de cette seconde épreuve, les gardes lui donnaient un chef-d'œuvre de cinq compositions ; il faisait d'abord la démonstration de toutes les matières qui y entraient, ensuite il les préparait et les mélangeait en présence des maîtres qui observaient sa manière d'opérer. Ces trois examens étaient de rigueur, et personne ne pouvait exercer l'état de pharmacien sans être muni de l'approbation des maîtres de l'art.

4° Les veuves des maîtres pouvaient exercer la pharmacie pendant leur viduité, en confiant la conduite de leur maison à un commis examiné et approuvé par les gardes. Elles étaient obligées, ainsi que leurs commis, de prêter serment devant le magis-

(1) Voir sur l'histoire de la pharmacie l'intéressant réquisitoire de M. le Procureur général Dupin, rapporté ci-après (Chapitre IX.)

trat, de s'acquitter fidèlement des devoirs de leur profession.

5° Quiconque exerçait cette profession sans être reçu maître, et sans avoir prêté serment devant le magistrat, encourait la confiscation de ses marchandises et une amende de cinquantes livres.

6° Il était défendu à tout pharmacien d'employer des drogues vieillies, malsaines ou corrompues, sous peine de confiscation, de cinquante livres d'amende et même de punition exemplaire.

7° Les maîtres nommaient six gardes qui faisaient serment, devant le magistrat de police, de bien et fidèlement exercer leur charge et de visiter, trois fois par année, les laboratoires de pharmacie, pour s'assurer si les pharmaciens remplissaient honorablement les devoirs de leur profession.

8° Il était défendu aux pharmaciens d'administrer des médicaments sans l'ordonnance d'un médecin (1).

On le voit, les élèves en pharmacie n'ont pas trop à se plaindre, de nos jours, des nouvelles exigences de la loi à leur égard. Il est vrai que l'édit de 1638 ne concernait que les apothicaires de Paris et que, dans les autres villes, on suivait tout simplement les usages locaux.

11. Sous le règne de Louis XIV, des empoisonnements nombreux désolèrent la France. Les principaux criminels furent atteints, mais ils ne furent pas tous découverts. On chercha autant que possible à remédier au mal par les dispositions de l'édit de 1682, qui défendit, sous des peines très sévères, aux maîtres en pharmacie et épiciers la vente des poisons, si ce n'est à des personnes connues, domiciliées, et qui employaient ces matières dans leurs professions. Le vendeur était tenu d'inscrire sur un registre paraphé par le magistrat de police les noms, profession et demeure des acheteurs, le jour de la vente, la quantité et la nature des poisons, ainsi que l'usage auquel ils étaient destinés.

12. Le 23 juillet 1748, un arrêt du Parlement de Paris enjoignit aux apothicaires de suivre le formulaire dressé par la Faculté de médecine et de ne délivrer les médicaments que sur les ordonnances des médecins.

La déclaration royale du 25 avril 1777 réunit les apothicaires de Paris dans une seule corporation, sous le nom de Collège de pharmacie, et défendit l'exercice de la profession à toutes les personnes qui y seraient étrangères.

(1) Rapport de Carret du Rhône à la séance du Corps législatif du 17 germinal au XI.

Les art. 4, 5 et 6 de cette déclaration séparaient définitivement le commerce de l'épicerie de l'exercice de la pharmacie, en défendant aux épiciers de vendre, au poids médicinal, les drogues simples, sauf la manne, la rhubarbe, la casse, le séné et quelques racines. Ils ne pouvaient vendre qu'en gros les autres substances pharmaceutiques, sous peine de 100 livres d'amende. — La déclaration soumettait en outre les épiciers à la visite des doyen et docteurs de la Faculté de médecine et des prévots de la pharmacie, et elle réglementait enfin la vente des poisons.

Mais, ainsi que nous l'avons déjà dit, ces diverses dispositions législatives ne s'appliquaient qu'à Paris.

13. On ne sait trop pourquoi cette déclaration trouva grâce devant l'Assemblée nationale de 1792, si ce n'est que la corporation des apothicaires ne portait pas un costume ecclésiastique *pouvant faire penser qu'elle subsistait encore.* Quoi qu'il en soit, cette législation traversa sans encombres la période révolutionnaire, et c'est seulement le 21 germinal an XI (11 avril 1803) qu'une loi fut promulguée pour appliquer à toute la France une réglementation uniforme de la pharmacie. M. Fourcroy, conseiller d'Etat, fut chargé de présenter au Corps législatif l'exposé des motifs de cette loi, et il y signalait les abus que le projet se proposait de faire disparaître. Il paraît que la pharmacie n'était guère dans une situation plus satisfaisante que la médecine. « Avant la Révolution, disait M. Fourcroy, la pharmacie était soumise, en France, à une foule de modes variés suivant les différentes provinces, soit pour la réception de ceux qui voulaient l'exercer, soit pour la surveillance de la préparation et de la vente des drogues simples et composées. Des abus sans nombre existaient dans cette partie qui intéresse la vie des hommes. On colportait impunément dans les villes, on vendait dans toutes les places, et surtout dans les foires, des préparations mal faites ou sophistiquées qui ajoutaient encore aux ravages produits par l'impéritie des guérisseurs. Dans les grandes villes seulement les pharmaciens, établis après un apprentissage assez long et des épreuves assez rigoureuses pour assurer leur capacité, préparaient des médicaments qui méritaient la confiance des médecins et des malades. Paris seul se distinguait par l'établissement d'un collège de pharmacie où l'enseignement des sciences qui éclairent la pratique de cet art était fait avec soin. Aucun autre établissement public analogue n'existait en France. »

La loi du 21 germinal an X crée, à côté de chaque école de médecine, une école de pharmacie, Cette loi établit des règles concernant les élèves en pharmacie, le mode de réception des pharmaciens et la police de la pharmacie (1).

Cette dernière partie de la loi fut complétée par une ordonnance de police du 9 floréal de la même année, et un grand nombre de lois, décrets, ordonnances et arrêtés furent rendus depuis sur le même sujet.

14. On ne peut s'empêcher de reconnaître qu'il règne une certaine confusion dans cette législation, et qu'aujourd'hui encore, comme pour la médecine, une loi complète sur la pharmacie serait un véritable bienfait, surtout si cette loi tenait compte des changements et des progrès survenus depuis l'an XI dans la chimie, et dans toutes les sciences naturelles comme dans la médecine, et enfin si elle se préoccupait suffisamment de cette partie de la pharmacie qu'on appelle aujourd'hui *les spécialités*.

Quant à l'enseignement de la pharmacie, il est réglementé par l'ordonnance des 27 septembre, 5 novembre 1840. On lira avec intérêt le rapport présenté au Roi par M. Cousin, alors ministre de l'instruction publique. Nous aimerions à voir les législateurs de nos jours s'inspirer des sains et salutaires principes qui y sont exposés.

(1) Voir cette loi à la fin du volume.

CHAPITRE II

ETAT CIVIL ET QUESTIONS QUI S'Y RATTACHENT.

---

§ 1er. — *Naissances.*

15. Législation antérieure au Code civil.
16. Législation actuelle.
17. Pénalité pour défaut de déclaration.
18. Absence d'intention criminelle.
19. L'obligation n'est pas collective.
20. Ordre à suivre.
21. Obligation du père.
22. — des médecins et sages-femmes.
23. — des autres personnes.
24. Critique de la jurisprudence.
25. Que faut-il entendre par *assister à l'accouchement ?*
26. Cas où la mère n'est pas mariée.
27. Indication du nom de la mère naturelle.
28. Affaire Chedanne.
29. Autres indications de l'acte de naissance.
30. Enfant mort-né.
31. Présentation de l'enfant à l'état civil.
32. Médecins vérificateurs des naissances. — Illégalité des mesures prises.

§ 2. — *Suppression d'état.*

33. Pénalité, but de la loi. — Ancienne législation.
34. Loi actuelle.
35. Distinction entre l'infanticide et la suppression de part.
36. Exemples.
37. L'action civile sur la question d'état doit précéder l'action criminelle.
38. Le produit de l'accouchement doit être représenté mort ou vif. — Espèce.

§ 3. — *Viabilité.*

39. Importance de la question de viabilité.
40. Présomption légale de viabilité.
41. Constatations médicales.
42. Espèce. — Définition de la viabilité.
43. Preuves à fournir.
44. Exhumation.

§ 4. — *Décès.*

45. Concours du médecin dans la constatation des décès.
46. Inhumations précipitées.
47. Suite.
48. Délai pour l'inhumation. — Pénalité.
49. Indication de l'heure de la mort.
50. Indices de mort violente.

§ 5. — *Questions de survie.*

51. Du cas où la question peut se présenter.
52. Espèce. — Les présomptions légales ne s'appliquent qu'en l'absence de preuves.
53. Décès de la mère et de l'enfant pendant l'accouchement.
54. Décès simultanés par suite de causes différentes.
55. Les présomptions ne s'appliquent pas quand les décédés n'étaient pas héritiers respectivement les uns des autres.
56. Elles ne s'appliquent pas aux successions testamentaires et aux donations.

§ 6. — *Mariage.*

§ 1. — *Naissances.*

15. L'état civil des citoyens intéresse non seulement les particuliers, mais encore la société tout entière ; aussi, dès le XVIe siècle, les législateurs ont commencé à se préoccuper de la rédaction et de la conservation des actes de l'état civil.

L'ordonnance royale du 1er août 1539 portait, dans son article 51 :

« Il sera tenu registre en forme de preuve des baptêmes qui contiendra le temps et l'heure de la nativité et, par l'extrait du registre, se pourra prouver le temps de majorité ou minorité, et fera foi à cette fin. »

La loi du 20 septembre 1792 attribua à l'autorité municipale la tenue de ces registres, qui avait jusque-là été confiée au clergé, et formula des règles spéciales pour chacun des actes de naissance, de mariage et de décès.

Le titre III, consacré aux naissances, dispose :

Art. 1er. « Les actes de naissance seront dressés dans les 24 heures de la déclaration qui sera faite par les personnes ci-après désignées, assistées de deux témoins de l'un ou l'autre sexe, parents ou non parents, âgés de 21 ans. »

Art. 2. « En quelque lieu que la femme mariée accouche, si son mari est présent et est en état d'agir, il sera tenu de faire la déclaration. »

Art. 3. « Lorsque le mari sera absent ou ne pourra agir, ou que la mère ne sera pas mariée, le chirurgien ou la sage-femme, qui auront fait l'accouchement, seront obligés de déclarer la naissance. »

Art. 4. « Quand une femme accouchera, soit dans une maison publique, soit dans la maison d'autrui, la personne qui commandera dans cette maison ou qui en aura la direction sera tenue de déclarer la naissance. »

L'*Art.* 5. Prononce une peine de deux mois d'emprisonnement contre les personnes chargées de faire la déclaration de naissance et qui auraient manqué à cette obligation.

16. La loi du 20 septembre 1792 est aujourd'hui remplacée par le titre II du Code civil, consacré aux actes de l'état civil.

L'article 55 est ainsi conçu :

« Les déclarations de naissance seront faites dans les trois jours de l'accouchement à l'officier de l'état-civil du lieu ; l'enfant lui sera présenté. »

Et l'article 56 :

« La naissance de l'enfant sera déclarée par le père, ou, à défaut du père, par les docteurs en médecine ou en chirurgie, sages-femmes, officiers de santé ou autres personnes qui auront assisté à l'accouchement ; et lorsque la mère sera accouchée hors de son domicile, par la personne chez qui elle sera accouchée. L'acte de naissance sera rédigé de suite, en présence de deux témoins.

17. Les rédacteurs du Code civil n'avaient pas cru devoir reproduire la pénalité prononcée par l'art. 5 précité de la loi du 20 septembre 1792, titre III, « parce que, disait Chabot de l'Allier, dans son discours au Corps législatif, le 20 ventôse an XI, on ne doit plus craindre qu'il se trouve encore aujourd'hui des hommes assez imprudents pour compromettre leur état, celui de leurs enfants et la tranquillité de leurs familles, en refusant d'obéir à la loi, puisque d'ailleurs chacun pourra faire sanctifier par les solennités de l'Eglise tous les actes de l'état civil ». Mais on s'aperçut bientôt que la sanction pénale n'était pas aussi inutile qu'on l'avait cru d'abord, et le Code pénal de 1810 la rétablit dans son article 346, ainsi conçu :

« Toute personne qui, ayant assisté à un accouchement, n'aura pas fait la déclaration à elle prescrite par l'art. 56 du Code civil et dans les délais fixés par l'art. 55 du même Code, sera punie d'un emprisonnement de six jours à six mois et d'une amende de seize francs à trois cents francs. »

18. Le délit prévu et réprimé par cet article existe indépendamment de toute intention criminelle et de tout préjudice causé à l'enfant (1), d'autres dispositions pénales punissant la suppression d'état intentionnelle. C'est donc la simple négligence qui tombe sous l'application de l'article 346.

19. L'obligation de déclarer la naissance n'est pas imposée collectivement et solidairement à toutes les personnes désignées par l'art. 56 du Code civil, et la doctrine contraire, admise par la Cour de Rennes, ne paraît pas conforme à l'esprit de la loi.

Le 4 novembre 1863, la sage-femme Lolué, dite Olivet, assista à l'accouchement de la femme Jannard en l'absence du mari de cette dernière, qui revint le lendemain 5 novembre. La femme Lolué déclara seulement le neuf la naissance de l'enfant dont la femme Jannard était accouchée le quatre. Traduite devant le tribunal correctionel pour avoir fait une déclaration tardive, la

(1) Cassat. 1er mars 1821, Klotz.

sage-femme fut acquittée ; mais, en appel, la Cour de Rennes décida :

« Que l'obligation de déclarer la naissance de l'enfant, imposée par l'art. 56 du Code civil au père ou, à son défaut, au médecin, à la sage-femme, à l'officier de santé, ou aux autres personnes ayant assisté à l'accouchement, pèse sur toutes ces personnes sans distinction ;

« Que, bien que le père soit désigné en première ligne, comme chargé de la remplir, les personnes de l'art, notamment, n'y sont pas moins soumises simultanément avec lui, en sorte qu'elles ne sauraient être relaxées des poursuites dirigées contre elles à raison du défaut de déclaration, sous prétexte que le père aurait dû être poursuivi lui-même. »

Cette solution est assurément erronée. Il est certain que le père de l'enfant est d'abord et seul tenu de déclarer la naissance lorsqu'il est présent et peut agir, et que c'est seulement lorqu'il est absent ou empêché que cette obligation passe aux gens de l'art et aux autres personnes ayant assisté à l'accouchement (1).

20. Bien que le Code civil n'ait pas reproduit formellement l'ordre établi par les articles 2 et 3 du titre III de la loi du 20 septembre 1792, cet ordre est trop sage, trop logique et trop naturel pour n'être pas suivi.

21. Le soin de la déclaration est donc confié d'abord au père, à son défaut, aux médecins, chirurgiens et sages-femmes placés sur le même rang entre eux, et enfin, à leur défaut seulement, aux autres personnes qui ont assisté à l'accouchement.

C'est en effet au père que la loi devait imposer, avant tout autre, l'obligation de déclarer la naissance ; il doit être le premier et le plus sûr gardien des intérêts de l'enfant.

S'il est absent de son domicile au moment de la naissance et s'il y rentre avant l'expiration du délai légal fixé par l'article 55, son obligation subsiste, et il est toujours tenu de faire la déclaration (2).

22. Mais si la durée de son absence est inconnue, si l'on peut supposer qu'elle se prolongera au-delà du délai de trois jours, ou

(1) Metz, 22 mars 1824. — Cassat. 2 août 1844. P. 1844. 2. 103 ; 12 nov. 1859. P. 1860. 631. — Mourlon, 1er *examen*, p. 171. — Taulier, *Théor. C. civ.*, t. 1er, p. 165, — Berriat-St-Prix, *Notes sur le C. c.*, t. 1er, nos 390 et s. — Ducaurroy, Bonnier et Roustain, *Comm. C. civ.*, t, 1er, art. 56. — Boileux. — Marcadé, t. 1er, p. 208 — Valette, s. Proudhon, *Etat des personnes*, t. 1er, p. 222. — Demante, *Cours analyt.* t. 1er, n° 101 *bis*. — Massé et Vergé, sur Zachariæ, t. 1er, § 84, p. 115, note 2. — Aubry et Rau, t. 1er, § 60, p. 202. — Demolombe, t. 1er, no 293.

(2) Marcadé, t. 1er, p. 208. Voir pourtant Amiens, 2 janv. 1837. P. 1837. I. 531

que, pour toute autre cause, il pourrait se trouver dans l'impossibilité de déclarer la naissance, le médecin, l'officier de santé et la sage-femme devront le faire.

C'est donc seulement à défaut du père, lorsqu'il est absent ou empêché, ou quand la mère n'est pas mariée et que le père ne se fait pas connaître, que commence l'obligation des chirurgiens ou sages-femmes qui ont assisté à l'accouchement (1). Mais alors ce devoir s'impose simultanément à chacun d'eux. Il n'y a en effet aucune raison de rendre les uns responsables plutôt que les autres et, en cas d'omission de leur part, le ministère public peut les poursuivre tous conjointement (2).

23. Enfin, si les médecins, chirurgiens ou sages-femmes ne peuvent ou ne veulent faire la déclaration, les autres personnes qui ont assisté à l'accouchement en sont tenues à leur place. La loi, dans son désir d'assurer un état civil aux citoyens a créé ainsi trois catégories de personnes qui sont obligées, sous les peines portées par l'article 346 du Code pénal, de déclarer la naissance ; ce sont : en premier lieu, le père, gardien naturel des droits de l'enfant ; en second lieu, les médecins, chirurgiens et sages-femmes qui ont accepté une mission de confiance des plus importantes et qui doivent la remplir jusqu'au bout avec toutes ses conséquences, et enfin, en troisième lieu, les autres personnes ayant assisté à l'accouchement.

24. Nous devons reconnaître que la jurisprudence est contraire à notre opinion et qu'elle rend toutes les personnes désignées en l'article 56, après le père, responsables simultanément et au même degré du défaut de déclaration (3). Malgré l'autorité des récents arrêts de la Cour de cassation, nous ne pouvons modifier notre appréciation sur ce point.

Une jeune femme, accompagnée de sa mère, est surprise, en voyage, dans un hôtel, par les douleurs de l'enfantement. On appelle un médecin et une sage-femme ; une femme de chambre de l'hôtel lui donne aussi des soins, l'accouchement s'opère. — La mère de l'accouchée, après avoir laissé croire qu'elle se charge de la déclaration, néglige pourtant de la faire, et l'enfant n'a pas d'état civil. Selon la jurisprudence, le médecin, la sage-femme, le maître d'hôtel et la femme de chambre sont, avec la grand'-

(1) Lyon, 19 juill. 1827, dans ses motifs.— Metz, 22 mai 1824.—Bruxelles, 20 oct. 1831. — Angers 29 août 1842, P. 1843. 2. 10. — Dalloz, *Rép.*, v° *Actes de l'état-civil*, n° 219. —Duranton, t. 1er, p. 312.—Rieff, p. 367. — Marcadé, *loc. cit.*

(2) Cassat. 2 août 1844.

(3) Cassat. 2 août 1844. P. 1844. 2. 103 ; 12 nov. 1859. P. 1860. 631 ; 28 févr. 1867. P. 1867. 666.

mère, responsables de cette omission. — Est-ce raisonnable ?

Supposons encore que le médecin et la sage-femme se soient chargés de faire la déclaration, mais que, détournés par les autres devoirs de leur profession, ils l'aient oublié. Les autres personnes qui ont assisté à l'accouchement, ainsi que le maître de la maison, seront poursuivies. Il faudra donc que toutes ensemble fassent la déclaration pour être certaines d'échapper à cette responsabilité. — Peut-on se figurer les ascendants de l'enfant, le médecin, la sage-femme, les domestiques, le maître de la maison, les voisines, les matrones du quartier ou du village et toutes les personnes qui peuvent avoir assisté à l'accouchement, s'en allant, en troupe, faire la déclaration de naissance ? Une seule personne suffira, dit-on..... Oui, mais comment chacune de celles que la jurisprudence rend solidaires saurait-elle que ses coobligés l'ont dégagée par l'accomplissement de cette formalité ? Il y va de six mois d'emprisonnement et trois cents francs d'amende. Elle n'aurait qu'un moyen, c'est d'y aller elle-même (1). Le Ministère public, dit M. Ernest Chaudé, saura bien rechercher et découvrir celles qui ont été réellement coupables ou négligentes, et donnera ainsi, dans une juste mesure, satisfaction à la loi (2). Ce serait là, on en conviendra, un pouvoir arbitraire exorbitant laissé aux magistrats du parquet, qui assurément n'en sont pas jaloux. C'est assez, suivant nous, de placer sur la même ligne le médecin et la sage-femme ; quant aux autres personnes, leur responsabilité ne doit venir qu'au dernier rang.

Quoi qu'il en soit, il est bon que les médecins et sages-femmes connaissent l'état de la jurisprudence sur cette question, et nous ne pouvons que les engager, lorsqu'ils auront assisté à un accouchement, à vérifier si la naissance a été déclarée.

25. Il faut pourtant préciser. Les *Annales d'hygiène publique et de médecine légale* nous fournissent des espèces que nous devons citer, parce qu'elles peuvent aider à la solution de difficultés assez graves.

Le 11 septembre 1868, le docteur Roques, médecin à Foix, fut appelé, à trois heures du matin environ, pour donner des soins à une jeune fille de la ville qu'on lui disait atteinte d'une affection nerveuse. A son arrivée, il reconnut qu'il avait affaire non à une crise nerveuse, mais à un accouchement ; il invita la mère à faire venir une sage-femme, et néanmoins à l'appeler encore s'il se

(1) Metz, 22 mars 1824. — Duranton, t. 1er, no 312 note 2. — Demolombe, t. 1er, n° 293 — Coin Delisle, art. 56, nos 2 et 3. — Massé et Vergé, sur Zachariæ, t. 1er, p. 115.
(2) *Annales d'hyg. publ. et de méd. lég.*, 3e série t. 4, 1880, p. 67.

présentait quelque difficulté. Vers neuf heures du matin, il fut appelé de nouveau ; l'accouchement et la délivrance étaient opérés depuis environ trois heures, au dire de la mère, qui n'avait pas quitté sa fille et déclarait que l'enfant était mort-né.

Le médecin se borna à prescrire des fomentations émollientes sur le ventre et un bandage de corps ; il se retira sans avoir vu l'enfant.

Le soir, à cinq heures, il fut encore appelé, et l'enfant lui fut alors présenté ; cet enfant était mort.

La mère de la jeune fille fut poursuivie pour infanticide, et le docteur Roques fut traduit en police correctionnelle pour défaut de déclaration de naissance.

Cette affaire présentait à juger la question de savoir si le médecin qui n'avait pas *assisté* à l'accouchement proprement dit était tenu de déclarer la naissance par le seul motif qu'il n'avait pu l'ignorer. Dans l'espèce, le père et la mère de l'accouchée étaient évidemment tenus de cette obligation, mais le médecin qui n'avait pas assisté à la naissance en était-il tenu également ? — On disait, pour la prévention, qu'aux termes de l'art. 56 du Code civil, « la naissance de l'enfant doit être déclarée par..... les doc- « teurs en médecine..... qui auront assisté à l'accouchement » ; que par le mot *accouchement* il faut entendre non seulement le fait de la délivrance de la mère et de la naissance de l'enfant, mais aussi les premières douleurs de l'enfantement ; qu'en conséquence le médecin qui a assisté au premier travail de l'accouchement, qui a été témoin des douleurs initiales, et qui, plus tard, a vu l'enfant, doit faire la déclaration prescrite par les art. 55 et 56 du Code civil, sous peine de commettre le délit prévu par l'art. 346 du Code pénal.

Mais on répondait, avec raison selon nous, que l'obligation du médecin de déclarer la naissance n'existe qu'autant qu'il a assisté à la délivrance et qu'il a constaté que l'enfant qui lui est présenté est bien celui dont la mère est accouchée. Dans le cas contraire, on aurait trop à craindre les suppositions d'enfants. Et d'ailleurs, si le médecin qui n'a pas assisté à la délivrance était obligé à la déclaration lorsqu'il n'a connu cette naissance que postérieurement, à quelle limite s'arrêterait-on ? Faudrait-il dire que le médecin appelé dans les trois jours accordés par la loi pour faire cette déclaration y serait tenu ? Ce serait bien sévère, alors que la jurisprudence ne punit pas le père absent au moment de la naissance, mais rentré à son domicile le troisième jour ; serait-on plus exigeant pour le médecin que pour le père de l'enfant ?

Le docteur X..., médecin dans un département voisin de Paris, traversait en voiture un village situé à quatre kilomètres de sa résidence, lorsqu'il fut appelé pour une femme en couches; pressé de se rendre près d'autres malades, il refusa d'abord et conseilla d'aller chercher une sage-femme. Sur l'insistance de la mère de la jeune femme, il consentit à descendre de voiture, reconnut, après un premier examen, qu'il avait encore quelque temps devant lui, alla visiter un malade, et revint en effet juste à temps pour procéder à l'accouchement.

L'accouchée était mariée, domestique avec son mari dans la même ferme, située à quelques kilomètres de là ; elle avait déjà eu plusieurs enfants, et elle était venue faire ses couches dans la maison de son père et de sa mère. L'accouchement terminé, le docteur se retira et, en chemin, il rencontra le mari qui se rendait près de sa femme ; il lui apprit son heureuse délivrance et lui recommanda en même temps de ne pas oublier de faire la déclaration de naissance. Malgré cette recommandation, la déclaration ne fut pas faite. Le médecin avait opéré l'accouchement, et le mari était absent au moment précis de la naissance. Ce dernier était-il dispensé de la déclaration, et l'obligation incombait-elle au médecin?

Nous avons posé en principe, et cela ne peut être discuté, que le père seul est tenu de faire la déclaration lorsqu'il est présent. Faut-il décider, comme nous venons de le faire pour le médecin, que le père n'est réputé présent à l'accouchement qu'autant qu'il a assisté à la sortie de l'enfant du sein de sa mère?

Evidemment non, le père n'est dispensé de faire la déclaration et, par suite, l'obligation des autres personnes n'apparaît qu'autant que son absence est complète, absolue. On ne peut pas le considérer comme absent lorsqu'il arrive dans la maison quelques instants après l'accouchement. Nous ne méconnaissons pas qu'on peut nous opposer l'argument tiré du danger des suppositions, mais cela ne suffit pas. En réalité, on voit un grand nombre de maris qui n'ont pas le courage d'assister aux couches de leur femme, et ils n'en sont pas pour cela moins responsables du défaut de déclaration de naissance.

Nous adopterons donc l'opinion émise par MM. Devergie, Géry et Demange dans un rapport fait à la Société de médecine légale, le 12 juillet 1869 : 1° par *accouchement,* on doit entendre, dans l'art. 56, la sortie de l'enfant du sein de sa mère ; 2° les médecins, officiers de santé ou sages-femmes qui l'auront vu sortir du sein de sa mère ou qui auront été appelés au moment où cet enfant tenait encore à la mère par le cordon ombilical, sont tenus de faire la déclaration ; en dehors de ces deux cas, la loi n'exige rien d'eux (1).

26. En imposant *au père* l'obligation de déclarer la naissance de son enfant, l'art. 56 paraît ne disposer que pour le cas où la mère est mariée, comme la loi du 20 septembre 1792, qui ne s'adressait qu'*au mari*. La recherche de la paternité étant interdite, il est clair qu'on ne peut obliger le père naturel à déclarer la naissance d'un enfant qu'il ne veut pas reconnaître. Si donc la mère n'est pas mariée, la responsabilité du médecin et de la sage-femme, en ce qui concerne la déclaration de naissance, apparaît en première ligne. Néanmoins, il peut se présenter des difficultés dans la pratique. Les médecins et sages-femmes ne sont pas tenus de vérifier la situation de famille et l'état civil de leurs clientes; si un médecin appelé près d'une femme en couches qui lui est inconnue, et cela arrive fréquemment dans les grandes villes, voit près d'elle un homme que son attitude doit faire considérer comme le père légitime de l'enfant, il est assurément excusable de ne pas déclarer la naissance. Et pourtant, quand le médecin ne connaîtra ni l'identité ni la qualité des personnes qui assistent à l'accouchement, il agira avec prudence, sinon pour éviter des poursuites, au moins pour assurer un état civil au nouveau-né, en s'assurant que la déclaration de naissance a été faite.

Quand la mère accouche hors de son domicile, l'art. 56 du Code civil veut encore que la personne chez qui elle sera accouchée soit également tenue, à défaut du père, de faire la déclaration. La Cour de cassation décide, par les arrêts que nous avons cités plus haut, que cette obligation, imposée au maître de la maison, ne prime pas celle des médecins, sages-femmes et autres personnes ayant assisté à l'acouchement.

27. Quelle est l'étendue de l'obligation imposée aux personnes *autres que le père?* — Peuvent-elles être tenues de faire connaître à l'officier de l'état civil les noms des père et mère de l'enfant? En ce qui concerne la naissance des enfants légitimes, l'affirmative ne fait aucun doute; mais trois opinions se sont produites en ce qui concerne le nom de la mère naturelle :

1° Le nom de la mère naturelle ne doit jamais être déclaré;

2° Il doit toujours l'être;

3° La révélation de ce nom est facultative.

(1) *Annales d'hyg. publ. et de méd. lég.*, 2e série, t. 33, 1870, p. 223.

Pour soutenir la première opinion, on dit : l'indication du nom de la mère naturelle sans son consentement sera toujours inutile, puisqu'elle ne fera pas preuve de la maternité. (Art. 334 et 341 du Code civil.) Cette énonciation inutile doit donc être écartée, l'honneur des familles l'exige impérieusement.

Les partisans de la seconde opinion se fondent sur les art. 56 et 57 du Code civil, qui exigent l'indication du nom des père et mère dans l'acte de naissance. Ils reconnaissent que le nom du père naturel ne peut être indiqué sans son aveu, parce que la recherche de la paternité est interdite; mais le nom de la mère doit figurer dans l'acte de naissance, puisque l'accouchement est un fait manifeste dont on peut rendre témoignage avec certitude.

Enfin, pour la troisième opinion, que nous n'hésitons pas à adopter, on dit que si les art. 56 et 57 du Code civil ont été rédigés principalement en vue de la filiation légitime, s'il est vrai que la loi n'impose pas formellement l'indication du nom de la mère naturelle, elle ne la prohibe pas non plus ; que ce nom peut être déclaré et que l'officier de l'état civil doit l'insérer dans l'acte de naissance, mais que ce nom peut aussi n'être pas révélé, sans que les déclarants encourent aucune peine.

28. Cette question, en ce qui concerne les médecins et les sages-femmes, touche de près à celle du *secret professionnel* que nous traiterons plus loin. Nous nous bornerons à citer ici un arrêt de la Cour d'Angers qui a statué dans le sens de l'opinion que nous adoptons. Le jugement du 19 juillet 1850, soumis à la décision de la Cour, fait suffisamment connaître les faits de la cause; il est ainsi conçu :

« Attendu qu'il résulte des débats que, le samedi, 2 février, le docteur Chedanne a assisté, vers neuf heures du matin, à Angers, à l'accouchement d'une fille servant en qualité de domestique chez les personnes qui l'avaient appelé ; que cette fille, restée jusqu'à ce jour inconnue, est accouchée d'un enfant du sexe féminin qui, le même jour, a été déposé, vers six heures du soir, au tour de l'hospice général de cette ville ; que l'enfant a succombé, vers deux heures du matin ; que le lundi, quatre, le cadavre de cet enfant fut présenté par la sœur surveillante au docteur Chedanne, chargé du service spécial des enfants déposés à l'hospice général.

« Attendu que, des indices de mort violente existant sur ce cadavre, il fut soumis, le lendemain, cinq, à l'examen du docteur Daviers ; que ce médecin procéda de suite à l'autopsie et constata que la mort de l'enfant ne pouvait être attribuée qu'à un attentat commis sur lui avant son dépôt au tour de l'hospice ;

« Attendu qu'au moment où ce cadavre avait été présenté, le lundi quatre, vers neuf heures du matin, au docteur Chedanne, celui-ci l'avait parfaitement reconnu comme étant le cadavre de l'enfant à la naissance duquel il avait assisté deux jours auparavant ; qu'il déclare avoir reconnu en même temps que la mort de cet enfant était le résultat d'un crime.

« Attendu que le lundi, quatre février, vers midi, le docteur Chedanne se présenta au bureau des actes de l'état civil de la ville d'Angers, déclara qu'il avait assisté, le samedi deux, à la naissance d'un enfant du sexe féminin ; qu'il avait la certitude que, le jour même de sa naissance, cet enfant avait été déposé au tour de l'hospice, et qu'ayant ajouté, sur l'interpellation du chef de bureau, qu'il n'avait pas à donner d'autres indications que celles qui seraient contenues dans le procès-verbal constatant le dépôt au tour de l'hospice, le chef de bureau ne crut pas devoir consigner la déclaration du docteur Chedanne sur les registres de l'état civil ;

« Attendu qu'à la vérité, le chef de bureau de l'état civil n'a pas formellement interpellé Chedanne de déclarer le lieu de la naissance ou de faire connaître le nom de la mère, mais que Chedanne reconnaît qu'en se présentant au bureau de l'état civil, il avait la résolution arrêtée de ne faire connaître ni le nom de la mère ni le lieu de la naissance ; qu'il doit donc être considéré comme si le chef de bureau avait constaté sur ses registres sa déclaration avec les seules indications qu'il donnait ; qu'interpellé depuis, au cours de l'instruction, et enfin à la dernière audience, il a persisté dans son silence ;

« Attendu que Chedanne a déclaré avoir connu le nom de la mère de l'enfant, mais que, dans la conviction où il était de ne pouvoir révéler ce nom, il n'avait fait aucun effort pour le retenir, et qu'il l'avait oublié déjà lorsqu'il s'est présenté au bureau des actes de l'état civil ;

« Que Chedanne ne prétend point que ni la mère de l'enfant ni les personnes chez lesquelles elle servait lui aient imposé l'obligation du secret, qu'il prétend seulement « n'avoir connu le nom de la mère « que *dans l'exercice de ses fonctions de médecin* ; que désigner d'une « manière précise le lieu de la naissance, ce serait mettre sur les « traces de la mère, et qu'il ne peut donner ces indications sans violer « la loi qui l'oblige au secret et sans manquer aux devoirs de sa « profession » ;

« Attendu, en droit, que la loi impose à toute personne qui a assisté à un accouchement l'obligation de faire la déclaration de naissance, et que le défaut de déclaration est puni par l'article 346 du Cod pénal ;

« Attendu que cette obligation ne consiste pas seulement à déclarer le fait matériel d'une naissance, mais que la déclaration doit comprendre tous les renseignements nécessaires pour la rédaction de l'acte de naissance, et exigés par l'article 57 du Code civil, autant du moins que ces renseignements sont à la connaissance de la personne qui fait la déclaration ; que l'acte de naissance n'est, à vrai dire, autre chose que la transcription, sur les registres de l'état civil, de la déclaration de la naissance ; que l'article 346 du Code pénal est placé sous la rubrique des crimes et délits tendant à empêcher ou à détruire la preuve de l'état civil d'un enfant ; que cet article a donc pour but évident d'obliger à fournir une déclaration qui puisse servir à la preuve de l'état civil de l'enfant, en punissant ceux qui manqueraient à cette obligation ;

« Attendu qu'en présence d'une mère qui, pour cacher une faute, cherche à rompre les liens qui l'attachaient à son enfant et à en faire disparaître la trace, la loi a cru devoir prendre l'enfant sous sa protection, et qu'en imposant à toute personne qui a assisté à un accouchement l'obligation de déclarer la naissance, elle a pour but de veiller à la conservation de l'enfant, de faire constater, dès sa naissance, son état civil, et de lui fournir tous les moyens d'user plus tard du droit que la loi lui accorde de rechercher la maternité ;

« Attendu que si l'on peut invoquer la jurisprudence de la Cour de cassation pour soutenir que l'obligation de déclarer la naissance ne comprend pas l'obligation de déclarer le nom de la mère, soit parce que le médecin accoucheur ou la sage-femme peuvent, à la rigueur, ignorer ce nom, soit parce que la déclaration du nom de la mère, faite sans son consentement, ne peut former une preuve légale contre elle, il n'en est pas de même de donner les autres indications exigées par le Code civil, et notamment de déclarer le lieu de la naissance ; que toutes ces indications, en effet, comprennent des faits précis, constants, et qui ne peuvent être ignorés d'aucune des personnes ayant assisté à l'accouchement ;

« Attendu que cette obligation de faire connaître le lieu de la naissance ne doit pas s'entendre seulement de l'obligation de déclarer la commune ; mais que, dans les villes habitées par une population nombreuse, elle comprend l'obligation de déclarer la rue et le numéro même de la maison dans laquelle l'accouchement a eu lieu ; que ces indications peuvent seules satisfaire au but et aux prescriptions de la loi ;

« Attendu que, pour se soustraire à cette obligation de déclarer le lieu précis de la naissance, les médecins accoucheurs et sages-femmes ne peuvent invoquer l'article 378 du Code pénal ; que cet article, en effet, ne punit que les révélations spontanées et indiscrètes, mais ne s'applique nullement aux révélations provoquées par la justice, ni, ainsi que cela résulte de son texte même, aux déclarations que la loi commande par une disposition formelle ;

« Attendu que la prétention du médecin accoucheur ou de la sage-femme de ne pas déclarer le lieu de la naissance est manifestement contraire à l'esprit de la loi, qui impose nominativement cette obligation aux médecins, sages-femmes et officiers de santé ; que la loi ayant imposé la même obligation à la personne chez qui l'accouchement a eu lieu, lorsque la mère est accouchée hors de son domicile, ou les accouchements clandestins ayant lieu le plus souvent chez des médecins ou chez des sages-femmes, c'est évidemment aux médecins accoucheurs et aux sages-femmes que la loi a entendu imposer plus spécialement l'obligation de déclarer les accouchements auxquels ils ont assisté ;

« Attendu que Chedanne ne peut être admis à cacher le lieu de la naissance sous le prétexte que l'accouchement n'ayant pas eu lieu dans une maison de santé, mais dans une maison particulière, désigner cette maison serait mettre sur la trace de la mère ; qu'admettre cette prétention serait admettre que la loi impose l'obligation de désigner le lieu de la naissance, lorsque cette désignation aurait peu d'utilité pour l'enfant, et qu'elle dispense de cette obligation lorsque la désignation pourrait avoir au contraire pour cet enfant une grande importance ; qu'un pareil système ne peut se soutenir, puisque la loi, en imposant l'obligation de déclarer la naissance, a eu évidemment pour but principal de défendre les intérêts de l'enfant et de veiller à la conservation de ses droits ;

« Attendu que de toutes les considérations ci-dessus exposées il résulte que Chedanne était dans l'obligation de dénoncer d'une manière précise le lieu de la naissance de l'enfant, qu'il n'a fait qu'une déclaration incomplète ; qu'ainsi il n'a pas rempli l'obligation que la loi lui imposait et s'est rendu coupable du délit prévu par l'art. 346 du Code pénal ;

« Attendu, au surplus, qu'aux termes de l'art. 30 du Code d'instruction criminelle, toute personne qui a été témoin d'un attentat contre la vie d'un individu est tenue de donner connaissance au Procureur de la République du lieu du crime ou du délit ; qu'il est établi judiciairement que l'enfant à la naissance duquel Chedanne avait assisté, le deux février, a été victime d'un attentat commis sur sa personne avant son dépôt au tour de l'hospice ; que Chedanne a déclaré avoir eu connaissance de la cause de la mort de cet enfant ; que cette connaissance lui imposait plus impérieusement encore l'obligation de rompre le silence, et que, faute par lui de déclarer au bureau de l'état civil le lieu précis de la naissance, l'attentat commis sur cet enfant est, jusqu'à ce jour, resté impuni ;

« Mais attendu qu'il existe dans la cause des circonstances atténuantes, le tribunal condamne Chedanne à 100 francs d'amende et aux dépens (1). »

Appel par le docteur Chédanne.

« Prétendre, disait-il, que l'art. 346 du Code pénal oblige le médecin qui fait une déclaration de naissance à fournir à l'officier de l'état civil toutes les indications contenues dans l'art. 57 du Code civil, c'est lire dans la loi pénale ce qui n'y est pas écrit, c'est exiger une chose quelquefois impossible, toujours peu utile, souvent dangereuse pour l'enfant ; c'est méconnaître le sens, la portée, la corrélation des art. 55, 56 et 346 de ces Codes.

« Pour peu qu'on examine l'ensemble des énonciations demandées par l'art. 57, il est aisé de voir qu'il ne se préoccupe que des naissances légitimes, à l'occasion desquelles on n'a rien à cacher. La mention qu'il fait du nom du père ôte toute incertitude, la recherche de la paternité étant interdite. L'art. 346 du Code pénal règle à la fois ce qui concerne les naissances légitimes et illégitimes ; pour les unes et les autres, il se borne à exiger la déclaration du fait de la naissance, prescrite par les art. 55 et 56 du Code civil, sans parler aucunement de l'art. 57. Y a-t-il si grand intérêt pour l'enfant à l'inscription du nom de sa mère ?—Evidemment non, dans la plupart des

(1) Conf. Paris, 20 avril 1843. — Dalloz, *Rép.*, v° *Etat civil*, n° 233. — Dijon, 14 août 1840, *ibid.*

cas, puisque, n'émanant pas de la personne à qui on l'opposerait, elle ne peut constituer un commencement de preuve. Libre de ne pas faire connaître ce nom, il n'y a plus à révéler l'origine de certaines naissances, révélations sans profit pour l'enfant, scandale et perturbation pour la société, honte et malheur pour les familles. Placée dans l'alternative d'être un sujet d'humiliation pour les siens ou de se rendre coupable d'avortement, la mère se verrait souvent entraînée à d'horribles excès. Le système des premiers juges pousse à l'accouchement solitaire, éloigne l'homme de l'art, qu'il transforme en dénonciateur, prive la fille-mère des indispensables conseils qu'il ne manque jamais de lui donner, compromet la vie de la mère en même temps que celle de l'enfant.

« L'art. 378 du Code pénal prononce une peine contre les médecins ou chirurgiens qui révèlent les secrets à eux confiés, hors les cas où la loi les oblige à se porter dénonciateurs, restriction qui se rattache à l'art. 30 du Code d'instruction criminelle, suivant lequel toute personne témoin d'un attentat contre la sûreté publique, la vie ou la propriété d'un individu, est tenue d'en donner avis aux magistrats. Mais cette obligation ne saurait concerner les faits venus à la connaissance du médecin dans l'exercice de son ministère et ne l'atteint qu'en qualité de simple citoyen.

« La règle du secret absolu doit-elle fléchir quand les révélations sont provoquées par la justice elle-même ? Non, car l'abstention de déposer n'est, de la part du médecin, que l'accomplissement d'un devoir, pourvu qu'il déclare que c'est à raison de sa profession que lui est commandé le silence. Autrement c'en serait fait de toute confiance et sécurité chez l'être souffrant à qui la douleur ou la nécessité arrache les plus déplorables confidences. »

Le 18 novembre 1850, la Cour d'Angers, sur les conclusions conformes de M. l'avocat général d'Aigny, rendit l'arrêt suivant :

« La Cour : — attendu que si, dans un intérêt public et de famille, l'art. 346 du Code pénal a apporté aux art. 55 et 56 du Code civil une sanction pénale dont l'expérience avait révélé la nécessité, il est certain que la nouvelle disposition ne peut atteindre que les infractions formelles à ces articles ;

« Qu'ils se bornent à exiger que la déclaration de naissance soit faite par les médecins accoucheurs et autres qui y sont obligés, dans les trois jours de l'accouchement, à l'officier de l'état civil du lieu ;

« Que l'art. 57 du Code civil, auquel ne se réfère pas l'art. 346 du Code pénal, dont l'observation n'est pas prescrite par cet article, comme celle des articles précédents 55 et 56, n'est relatif qu'aux énonciations que doit contenir généralement l'acte de naissance ; que toutes ces énonciations, au nombre desquelles se trouve celle du lieu de la naissance de l'enfant, des prénoms, nom, profession et domicile des père et mère, sont mises sur la même ligne ; qu'on ne peut pas les dire plus étroitement obligatoires les unes que les autres ; que sans doute toutes sont utiles, mais qu'aucune n'est essentielle ; que le législateur n'ayant pas attaché de pénalité à leur omission, il s'en infère nécessairement que l'acte de naissance qui ne fait connaître ni la mère, ni le lieu ou la maison de l'accouchement, lui a paru suffire pour que la société avertie puisse étendre sa protection sur le nouveau-né ;

« Attendu, en thèse, quant à la mère spécialement, que sa désignation exigée sans son aveu n'aurait, en dehors du mariage, aucun effet légal ; qu'au contraire il pourrait en résulter pour elle, lorsqu'elle a intérêt à rester inconnue, le grave inconvénient soit de compromettre une réputation qui forme souvent le plus précieux patrimoine d'une famille, soit de la déterminer à se priver des secours dont elle a besoin dans un moment suprême ;

« Attendu que l'art. 57 du Code civil a conservé, depuis la promulgation de l'art. 346 du Code pénal, la seule et même autorité qu'auparavant aux art. 55 et 56 du premier Code, c'est-à-dire qu'il est resté à l'état de précepte ou de commandement législatif sans sanction ;

« Attendu que prescrire l'observation de l'art. 57 du Code civil, sous les peines de l'art. 346 du Code pénal, serait ajouter aux dispositions de cet article, l'étendre des cas qui y sont prévus à des cas pour lesquels il ne s'est pas expliqué et qui ne sont ni identiques ni même parfaitement analogues ; que ce serait aller contre toutes les règles exclusives de toute peine par rapprochement ou induction ;

« Attendu que la déclaration faite par l'appelant, le quatre février dernier, à la mairie d'Angers, de la naissance à laquelle il avait assisté comme médecin le deux du mois, ne peut être arguée d'infraction délictueuse à la loi pour omission du nom de la mère et de l'indication de la maison où l'accouchement s'était accompli ; que ce n'est cependant que sous le seul rapport de cette double omission que la poursuite a été intentée contre lui, et que de même il n'a été condamné par le jugement attaqué qu'à raison du défaut d'énonciation de ladite maison ; en quoi il y a eu fausse application de l'art. 346 et violation de l'art. 4 du Code pénal ;

« Infirme ledit jugement ; — décharge l'appelant des condamnations contre lui prononcées, et, statuant à nouveau, le renvoie de la prévention sans dépens (1). »

La Cour de cassation avait déjà adopté la même jurisprudence, malgré les conclusions contraires de MM. Quenault et Delapalme, avocats généraux, en 1843 et 1844 (2). Les principes posés dans l'arrêt de la Cour d'Angers avaient été mis en lumière dans une consultation délibérée par Me Amable Boulanger, avocat à la Cour de Paris, et revêtue de l'adhésion de MM. Chaix-d'Est-Ange, Philippe Dupin, Marie, Duvergier, Paillard de Villeneuve, Thureau et Durand-Saint-Amand, avocats. Cette consultation, produite dans l'affaire Mallet, est rapportée par le *Journal du*

(1) *Pal.* 1851. 1. 21.
(2) Cassat. 16 sept. 1843. *Pal.* 1843. *Chron.* — Cass. 1er juin 1844. *P.* 1844. 2. 305.

Palais, sous l'arrêt précité de la Cour de cassation du 16 septembre 1843.

M. Demolombe (1) discute ces décisions, qui ne lui paraissent pas conformes à l'intention du législateur, mais il reconnaît que l'article 346 du Code pénal ne se référant qu'à l'article 56 du Code civil, on ne pouvait étendre au delà de ses termes une disposition pénale.

29. Il ne doit être inséré, dans les actes de naissance, aucune indication autre que celles prescrites par les articles 56 et 57, c'est-à-dire le jour, l'heure et le lieu de la naissance, le sexe de l'enfant et les prénoms qui lui sont donnés, les prénoms, noms, profession et domicile des père et mère, et les noms des témoins. Mais l'indication du père naturel sans son autorisation, la mention d'une paternité incestueuse ou adultérine, etc...., pourraient motiver la rectification de l'acte aux frais des déclarants et de l'officier de l'état civil, et même entraîner contre eux, suivant les cas, une condamnation en dommages-intérêts.

30. La déclaration de naissance d'un enfant mort-né est imposée aux mêmes personnes et sous la même sanction que celle d'un enfant né vivant et viable (2). Dans ce cas, l'acte constate que l'enfant a été présenté *sans vie*, mais il n'en résulte aucune présomption pour ou contre sa viabilité.

A Paris, les instructions du Parquet de la Seine portent qu'on doit déclarer à l'officier de l'état civil, comme morts-nés, tous les produits de la conception à partir de six semaines. Cette prescription et le point de départ adopté sont motivés sur ce qu'à compter de ce dernier terme, l'avortement peut être l'objet d'une constatation médicale utile, en ce sens que l'homme de l'art a le moyen de reconnaître si la fausse couche a été naturelle ou si au contraire elle a été provoquée par des manœuvres criminelles (3).

31. En outre, l'enfant doit toujours être présenté à l'officier de l'état civil. Cette formalité souvent négligée, surtout dans les communes rurales, est pourtant substantielle, et sa constatation fait partie intégrante de l'acte de naissance (4). Néanmoins, si cette présentation devait offrir quelque danger pour la santé de l'enfant, l'officier de l'état civil devrait, sur une attestation du

(1) *Actes de l'état civil*, n° 294.

(2) Décret du 4 juillet 1806. — Cassat. 2 sept. 1843. — *Id.* 2 août 1844. — *Id.* 27 juill. 1872. *Pal.* 1872. 1034. — Paris, 15 févr. 1865. — D. *Rép.*, v° *Actes de l'état civil*, n° 510.

(3) *Annales d'hyg. et de méd. lég.*, 2e série, t. 37. 1872, p. 420.

(4) Cassat. 23 juin 1833. Jalumiot.

médecin ou de la sage-femme, ou même des déclarants, se transporter auprès de lui.

32. Disons en terminant que nous regrettons avec MM. Trébuchet (1) et Legrand du Saulle (2) que la loi n'ait pas institué des médecins vérificateurs des naissances. On éviterait, par ce moyen, la présentation de l'enfant à la mairie, ce qui constitue toujours un danger sérieux ; la constatation du sexe serait aussi plus régulière et plus certaine (3), et les instances en rectification d'actes de l'état civil, toujours onéreuses pour les parties, deviendraient bien moins fréquentes. Il est vrai que dans certaines grandes villes, à Paris, à Bordeaux, à Douai, on a cru pouvoir, par des arrêtés administratifs ou municipaux, combler la lacune que nous signalons dans la loi.

Un arrêté du maire de Bordeaux, en date du 20 janvier 1869, dispose :

Article 1er. — Les parents qui désireront faire constater à domicile la naissance d'un enfant devront en faire la demande au maire par écrit, dans les vingt-quatre heures de la naissance..... Cette demande indiquera :

1° Les noms, prénoms, profession et domicile des parents ;

2° Les jour, heure et lieu de naissance de l'enfant ;

3° Le sexe de l'enfant et les prénoms qui lui sont donnés.

Article 2. — Le bulletin de constatation déposé à la mairie par le médecin tiendra lieu de la présentation de l'enfant, pour la déclaration de naissance, qui devra toujours être faite dans les termes et délais des articles sus-visés du Code Napoléon.

Un autre arrêté du 24 octobre 1870 porte :

Article 1er. Les médecins chargés de la constatation des naissances à domicile devront se rendre tous les jours, de neuf heures du matin à midi au plus tard, à la mairie (division de l'état civil), pour y prendre les réquisitions de transport à domicile, afin d'y constater les naissances indiquées.

Article 2. — Ils feront ces constatations dans la journée, et remettront leurs rapports le soir ou le lendemain, avant midi au plus tard, à la division de l'état civil.

Article 3. — Ils préviendront les personnes chargées par l'article 56

(1) *Pal.* 134.

(2) *Traité de méd. lég.*, p. 3.

(3) D'après M. Legrand du Saulle (*loc. cit.*, p. 31), rien ne conduit plus facilement à l'erreur que de prétendre, dans tous les cas, déterminer presque aussitôt après la naissance le sexe d'enfants dont les parties génitales manquent de régularité. Selon cet auteur, il faudrait que la loi, au lieu d'exiger que le sexe fût déclaré en même temps que la naissance, laissât au moins le délai nécessaire pour faire exactement cette constatation parfois si difficile. Nous indiquons l'idée, sans rechercher ici les moyens pratiques d'en assurer l'application.

du Code civil de faire la déclaration de la naissance de l'enfant à l'état civil, qu'elles aient à s'y présenter dans les trois jours de l'accouchement.

Article 4. — Les réquisitions et avis de naissance déposés à la boîte seront inscrits, à chaque levée, sur un registre tenu à cet effet à la division de l'état civil....

Enfin un troisième arrêté du 28 novembre 1874 fixe le nombre des médecins de l'état civil de la ville de Bordeaux, pour la constatation des naissances et des décès, détermine leurs traitements, qui sont de 4,000 francs pour la 1re classe, 3,500 francs pour la seconde, et 3,000 francs pour la troisième, fixe les conditions de nomination, d'avancement, etc...

On remarquera que cette organisation, d'ailleurs fort complète, n'a point la prétention de déroger en quoi que ce soit aux dispositions du Code civil. Loin d'affranchir les personnes désignées dans l'article 56, des obligations que la loi leur impose, l'arrêté du 24 octobre 1870, au contraire, dans son article 3, charge les médecins de l'état civil de les leur rappeler. Le père ou les personnes qui ont assisté à l'accouchement sont donc tenus, malgré la visite du médecin vérificateur, de faire dans les trois jours, à la mairie, la déclaration de la naissance. Il fallait ce deuxième arrêté pour expliquer le premier, qui pouvait laisser subsister quelques doutes à cet égard. La visite du médecin vérificateur n'a d'autre effet que de dispenser de *la présentation* de l'enfant.

A Douai, la même mesure a été adoptée depuis bien plus longtemps encore. C'est dans sa séance du 21 février 1842 que le conseil municipal de cette ville décida, sur la proposition du docteur Lequien, l'un de ses membres, la création de médecins vérificateurs des naissances, et vota un crédit de 500 francs à cet effet.

Un arrêté du même genre a été pris à Versailles le 6 novembre 1846 (1).

Ces arrêtés n'en consacrent pas moins une irrégularité.

La loi veut que l'enfant *soit présenté* à la mairie. Si, comme nous l'avons dit, on peut, pour des motifs graves, alors que la santé de l'enfant serait compromise par cette mesure, consentir à ce que la présentation n'ait pas lieu, c'est à la condition que l'officier de l'état civil se transportera lui-même près du nouveau-né pour faire toutes les constatations qui seraient faites à la mairie, si l'enfant y était apporté. L'officier de l'état civil n'a pas le droit

(1) *Annales d'hyg. et de méd. lég.*, 2e série, t. 29, 1868, p. 287 et s.

de déléguer à des tiers le pouvoir que la loi lui confère ; si une irrégularité était commise dans la constatation faite par un médecin vérificateur, cet officier de l'état civil n'en serait pas moins responsable, bien que le médecin eût été nommé en vertu d'un arrêté municipal. Nous ne pouvons voir dans ces arrêtés autre chose que l'essai tenté par quelques maires de se décharger, aux frais du budget municipal, des obligations rigoureuses que la loi leur impose. Mais s'ils sont parvenus, en fait, à rejeter sur des médecins que les contribuables paient assez largement l'accomplissement de leur mandat, ils n'ont pu réussir à se dégager de la responsabilité que des irrégularités ou des négligences dans cette partie de leurs devoirs pourraient leur faire encourir. Nous supposons qu'un médecin vérificateur, agissant de son côté comme le maire qui le délègue, envoie un élève ou même une personne entièrement étrangère à la médecine pour faire, à sa place, la vérification de la naissance ; qu'il y ait une erreur commise dans l'indication du sexe de l'enfant, et que plus tard une rectification de l'acte devienne nécessaire, ce n'est pas le médecin qui en supportera les conséquences, qui paiera les frais ou même les dommages-intérêts, s'il en est alloué, parce que ce médecin, n'ayant aucun caractère légal, n'a pu encourir aucune responsabilité ; c'est le maire seul qui sera responsable.

Ce que nous demandons, en nous associant au vœu exprimé par M. Trébuchet et, après lui, par de nombreux médecins, MM. Legrand du Saulle, Loir, Bouchut, de Pietra-Santa, etc..., ce n'est pas l'institution de médecins vérificateurs, telle qu'elle est sortie des arrêtés municipaux de Bordeaux et des arrêtés du préfet de la Seine, mais la création, *par la loi*, d'un véritable corps de fonctionnaires, assermentés en justice, dont les constatations, comme celles des officiers de l'état civil, feraient foi jusqu'à inscription de faux, et qui, enfin, seraient responsables de leurs actes. Des arrêtés municipaux ou administratifs n'ont point le pouvoir de créer de tels fonctionnaires, même en leur allouant de gros traitements. C'est donc une loi que nous sollicitons pour remédier aux graves inconvénients signalés depuis longtemps déjà par toutes les personnes qui se sont préoccupées de la santé et de la vie des nouveau-nés.

§ II. — *Suppression d'état.*

33. L'obligation de déclarer la naissance imposée à toute personne ayant assisté à un accouchement n'est pas la seule précaution prise par la loi, pour assurer un état civil aux citoyens. L'art. 345 du Code pénal de 1810 portait :

« Les coupables d'enlèvement, de recélé ou de suppression d'un « enfant, de substitution d'un enfant à un autre ou de supposition « d'un enfant à une femme qui ne sera pas accouchée, seront punis « de la réclusion. — La même peine aura lieu contre ceux qui, étant « chargés d'un enfant, ne le représenteront point aux personnes qui « ont le droit de le réclamer. »

Cette disposition de loi a pour but de conserver à l'enfant sa famille, son état et les droits que lui donne sa naissance. La loi du 25 septembre 1791 avait cherché déjà à atteindre ce résultat, mais elle était insuffisante ; elle se bornait, en effet, dans son art. 32, titre III, section 1re, à punir de douze ans de fers « qui« conque était convaincu d'avoir volontairement détruit la « preuve de l'état civil d'une personne ».

Mais si cette preuve n'existait pas encore, si l'acte de naissance n'avait pas été dressé, on ne pouvait pas la détruire. Cet article ne s'appliquait donc pas aux faits prévus plus tard par l'art. 345 du Code pénal de 1810 (1).

34. La pratique a encore démontré l'insuffisance de cette dernière disposition, parce que la jurisprudence décidait que la suppression d'un enfant mort-né ne tombait pas sous l'application de l'art. 345, et qu'il incombait au ministère public de prouver que l'enfant avait vécu. Aussi la loi du 13 mai 1863 a-t-elle modifié ainsi cet article :

« Les coupables d'enlèvement, de recélé ou de suppression d'un « enfant, de substitution d'un enfant à un autre ou de supposition « d'un enfant à une femme qui ne sera pas accouchée, seront punis « de la réclusion.

« S'il n'est pas établi que l'enfant ait vécu, la peine sera d'un mois « à cinq ans d'emprisonnement.

« S'il est établi que l'enfant n'a pas vécu, la peine sera de six « jours à deux mois d'emprisonnement.

« Seront punis de la réclusion ceux qui, étant chargés d'un enfant, « ne le représenteront point aux personnes qui ont le droit de le « réclamer.

35. Il ne faut pas confondre avec l'infanticide le crime de suppression d'enfant, qu'on appelle aussi *suppression de part*. C'est le fait qui, tout en laissant la vie à l'enfant, le prive néanmoins de son état civil.

(1) Cassat. 25 germ. an V. Guyot.

36. Ce crime peut se présenter sous plusieurs formes : un enfant est découvert chez une personne à laquelle il n'appartient pas par les liens du sang. La justice a le droit de rechercher si la naissance a été déclarée, et, en cas de négative, quels sont les parents. Si le défaut de déclaration ne provient que d'une simple négligence, les personnes tenues de faire cette déclaration sont poursuivies, ainsi que nous l'avons dit, en vertu de l'art. 346 du Code pénal. Mais si l'omission a été intentionnelle et a eu pour but de priver l'enfant de son état civil, de son nom, de sa famille, des droits qui lui appartiennent, c'est alors la pénalité plus sévère de l'art. 345 qui doit être appliquée.

Un mari a acquis la certitude de l'adultère commis par sa femme qui vient d'accoucher. Il ne veut ni accepter la paternité d'un enfant adultérin, ni affronter le scandale d'une action en désaveu, dont il ne possède pas d'ailleurs les éléments ; il oblige sa femme adultère à éloigner cet enfant de son foyer et à le faire élever ailleurs sous un autre nom que le sien. Ce mari et toutes les personnes qui lui auront prêté leur concours tomberont sous l'application de l'art. 345, le premier comme auteur principal, les autres comme complices (1).

37. Aux termes de l'art. 327 du Code civil, « l'action criminelle contre un délit de suppression d'état ne peut commencer « qu'après le jugement définitif sur la question d'état ». La loi a craint que la décision des juges au criminel n'influençât les juges civils sur cette grave question, et d'ailleurs, avant de décider qu'un enfant a été privé *de son état*, il faut bien rechercher quel est cet état.

Il faudrait donc, dans le dernier exemple que nous venons de citer, qu'avant de poursuivre le crime, le ministère public fît juger par les tribunaux civils quel est l'état civil de l'enfant et à quelle famille il doit appartenir selon la loi.

38. Le plus souvent, la justice apprend qu'une femme est accouchée, et elle en acquiert la preuve, notamment par une expertise médicale. Il faut alors que la femme accouchée fasse connaître ce qu'est devenu l'enfant ; elle doit le représenter *mort ou vif*, faute de quoi, elle est passible des peines édictées par l'art. 345.

Le 31 août 1878, M. Dufour d'Astafford, substitut du Procureur général, exposait ainsi devant la Cour de Poitiers les principes sur cette question :

« En introduisant dans notre loi pénale les deux paragraphes

(1) V. ci-après, au chapitre du *Secret professionnel*, l'aff. du docteur T... n° 133

additionnels qui complètent l'ancien art. 345, le législateur de 1863 voulut combler une lacune depuis longtemps signalée par les criminalistes. Cet article punissait le crime de suppression d'un enfant nouveau-né, sans établir la distinction entre l'enfant vivant et l'enfant mort-né. Après avoir admis, dans l'un et l'autre cas, la possibilité de l'infraction, la Cour de cassation décida que l'article n'était applicable qu'au seul cas de suppression d'un enfant né vivant. On aperçoit les conséquences qu'entraînait avec elle cette nouvelle interprétation. Le ministère public avait charge d'établir que l'enfant supprimé avait vécu. Mais il suffisait à la mère de ne pas représenter le produit de son accouchement pour rendre impossible, dans presque tous les cas, l'administration de cette preuve et faire obstacle, par conséquent, à la poursuite.

« Cependant l'impunité assurée désormais à la plupart des faits de cette nature sollicitait l'attention des jurisconsultes. L'un des projets de loi déposés lors de la révision de 1863 eut pour objet de punir la non-représentation de l'enfant, alors même qu'il ne serait pas établi que l'enfant avait vécu. L'exposé des motifs éclaire d'un jour singulier la pensée du législateur. Celui-ci n'aurait pas trouvé excessif de mettre à la charge de la mère, qui ne peut pas ou ne veut pas représenter l'enfant dont elle est accouchée, la preuve que cet enfant n'avait pas vécu.

« La mère d'un enfant mort-né, disent les auteurs du projet (1), « pourra bien cacher le cadavre ou l'enterrer secrètement pour « dissimuler sa honte, mais elle ne le détruira pas. Elle voudra « pouvoir le représenter à la justice, si sa faute vient à être découverte. Quand elle l'a détruit ou qu'elle refuse de le représenter, « elle autorise contre elle les plus terribles soupçons.... Serait-ce « donc une exigence outrée de la part de la loi de présumer, jusqu'à « preuve contraire, que l'enfant a vécu ? »

« La rigueur de la loi n'ira pas cependant jusque-là. Une doctrine plus indulgente a inspiré la rédaction de la disposition additionnelle. La non-représentation de l'enfant constituera un crime ou un délit, suivant les cas. S'il est établi que l'enfant a vécu, ou s'il est établi qu'il n'a pas vécu, la non-représentation ne sera plus qu'un délit puni de peines distinctes, à raison de la gravité différente des deux infractions. Mais, quelque atténuation qu'apporte le projet de loi aux présomptions qui résulteront contre la mère de la non-représentation du produit de sa grossesse, la pensée génératrice de l'article additionnel demeure nettement indiquée dans cette phrase de l'exposé des motifs : « L'enfant doit être représenté vivant ou mort ; il faut à ce « principe nécessaire une sanction pénale ». Et l'on retrouve la même idée clairement reproduite dans le rapport de la commission législative : « C'est la non-représentation de l'enfant qui est la base « de la poursuite et qui prend le caractère du délit ».

« Ainsi la mère qui vient d'accoucher doit, pour échapper à toute responsabilité pénale, représenter le produit de sa grossesse. Cette obligation a pour sanction la nouvelle disposition de l'article 345. »

(1) *J. Pal. Lois et décrets* de 1863, p. 96.

« Le ministère public n'a donc à prouver que deux choses, dans le cas où une infraction à cette loi a pu être constatée : la grossesse d'abord, l'accouchement ensuite (1). Sa tâche est alors remplie, et c'est à la femme à échapper aux conséquences de cette double preuve en rapportant une preuve contraire ou en établissant que le fruit de l'accouchement n'était pas un enfant organisé, viable, qu'elle fût tenue de représenter, mais un fœtus ou un embryon inhabile à vivre, et que la loi ne couvre pas de sa protection.

« Le législateur n'entend punir, en effet, que la suppression d'un enfant, c'est-à-dire d'un être parvenu à un degré de maturité suffisante pour réunir les conditions d'une viabilité possible, fixée par l'art. 312 du Code civil au cent quatre-vingtième jour de la gestation, et avoir droit par suite aux garanties accordées à tout être civilement existant.

« Sur ce point, la thèse du jugement est de toute exactitude, et on a pu l'appuyer avec raison des termes mêmes de l'arrêt de la Cour de cassation du 7 août 1874 (2). Mais l'erreur grave des premiers juges, qui ne trouvent plus alors de point d'appui dans l'arrêt précité, est de mettre à la charge de l'action publique la preuve de cette viabilité ; c'est là méconnaître d'une manière évidente le sens et la portée de la loi.

« Comment le législateur aurait-il pu enjoindre au ministère public de poursuivre comme délit la non-représentation de l'enfant, en lui imposant en même temps l'obligation d'une preuve dont l'administration supposerait d'abord la représentation et l'examen de cet enfant ? N'est-il pas évident que la mère coupable rendrait impossible cette preuve, et impossible par conséquent la poursuite, en refusant de remettre le fruit de sa grossesse ? De telle sorte qu'elle s'assurerait l'impunité par l'acte même qui constituerait l'infraction. Une telle conséquence suffit à faire juger de la valeur du système admis par le tribunal. En vain prétendrait-on que la preuve d'un délit incombe toujours à la partie poursuivante. Cet argument, péremptoire en d'autres cas, cesse de l'être en l'espèce actuelle. Si la loi de 1863 n'avait pas entendu consacrer une exception à la règle générale, elle ne serait qu'une œuvre stérile, laissant, comme l'ancien article 345, le magistrat désarmé devant la non-représentation de l'enfant. Elle cesserait de répondre à la pensée de ses auteurs, du moment que le but qu'ils se proposaient ne pourrait plus être atteint. Et que deviendrait donc la sanction pénale du principe consacré par la loi : « l'enfant doit être représenté vivant ou mort » ?

« Aussi bien, si la preuve de la viabilité est une tâche impossible, dans la plupart des cas, pour le ministère public, et si, pour ce motif, il ne peut être tenu de la fournir, il sera au contraire toujours facile à la mère de rapporter la preuve de la non-viabilité. Le fœtus est en sa possession, et sa production n'aura, en vérité, pour la pudeur publique aucun des inconvénients que le jugement se plaît à signaler. L'examen qu'en fera le médecin ou la sage-femme ne comporte aucune publicité blessante pour les mœurs, et la mère, inculpée à tort

(1) Chambéry, 29 févr. 1868. — Dijon, 16 déc. 1868. *Pal.* 1869. 719.
(2) *Pal.* 1875. 65.

d'un délit de suppression, n'aurait-elle pas même la ressource d'établir son innocence par le témoignage de ceux qui ont suivi les phases de la grossesse ou connu les circonstances de l'accouchement ?

« Celle qui a voulu cacher une faute et peut-être un crime au moyen d'un accouchement clandestin aura donc seule à souffrir de la rigueur de la loi. C'est donc à juste titre que lui incombera le devoir d'établir la non-viabilité qui ferait disparaître le délit. A défaut de cette preuve, elle restera nécessairement en face de la présomption de viabilité du fruit de la grossesse, par la vertu même du texte qui a pour objet de punir le fait de la non-représentation de l'enfant. Cette présomption est en effet la base de la loi nouvelle. Ses auteurs n'auraient pas jugé excessif d'admettre que l'enfant avait vécu quand la mère le dérobait à la justice. On se borne à présumer qu'il est viable, c'est-à-dire suffisamment formé, organisé pour prendre vie.

« Ceux qui se refuseraient à considérer cette présomption comme légitime saperaient du même coup l'édifice du législateur de 1863. Le paragraphe 2 de l'article 345 ne serait plus qu'une lettre morte, un texte sans utilité ni efficacité possibles. Il n'y a rien d'ailleurs dans une telle présomption qui ne soit entièrement conforme à la raison, à la nature même des choses. La non-représentation, qu'un intérêt coupable peut seul expliquer, suppose par là même la maturité du produit que l'on a voulu tenir caché. Quel motif plausible aurait la mère innocente de se refuser à exhiber le fruit d'une grossesse de courte durée ? Et enfin l'accouchement, avec ses symptômes, ses désordres, ses traces sanglantes reconnues par le médecin, n'implique-t-il pas généralement l'expulsion d'un enfant de constitution assez avancée pour qu'il ait atteint l'âge de viabilité légale ? — Tel est donc, à n'en pas douter, le sens de la loi sur cette matière.

« La Cour estimera vraisemblablement qu'il convient de rétablir des principes dont les premiers juges se sont grandement écartés, et qui ont reçu déjà la consécration de deux arrêts : l'un de la Cour de Dijon, en date du 16 décembre 1868, et l'autre de la Cour de Chambéry, rendu le 29 février de la même année (1). »

La Cour adopta ce système :

« Attendu qu'aux termes de la législation de 1863, l'enfant doit être représenté mort ou vivant ; que lorsque la gestation régulière, la grossesse dans les conditions ordinaires, l'accouchement clandestin et la suppression ont été établis, on ne saurait imposer une autre preuve à la vindicte publique, sous peine d'exiger l'impossible ou d'assurer à la prévenue l'impunité puisée précisément dans le fait qui constitue l'infraction (2). »

Il résulte donc de cette jurisprudence parfaitement établie sur un texte précis, et tout à fait conforme à l'esprit de la loi, que le

(1) *Pal.* 1869.719.
(2) Poitiers, 31 août 1878. *Pal.* 1878. 1124.

produit d'un accouchement, *quel qu'il soit*, ne doit pas être dissimulé. Les médecins accoucheurs et surtout les sages-femmes doivent se bien pénétrer de cette idée et se conformer au principe posé par le nouvel article 345, que le produit de l'accouchement doit être représenté, que l'enfant, qu'il ne soit qu'un fœtus ou qu'il soit né à terme, doit être montré, mort ou vivant, et enfin que le concours prêté à une dissimulation que la loi réprouve pourrait engager gravement leur responsabilité.

§ III. — *Viabilité.*

39. Nous venons de voir que la question de viabilité est forcément examinée quand il s'agit de constater un crime ou un délit de suppression de part ; mais ce n'est pas le seul cas où les lumières de la science sont nécessaires à la justice pour reconnaître la viabilité de l'enfant. L'article 906 du Code civil est ainsi conçu :

« Pour être capable de recevoir entre-vifs, il suffit d'être conçu « au moment de la donation. Pour être capable de recevoir par tes- « tament, il suffit d'être conçu à l'époque du décès du testateur. — « Néanmoins la donation ou le testament n'auront leur effet qu'au- « tant que l'enfant sera né viable. »

L'article 725 du même Code porte :

« Pour succéder, il faut nécessairement exister à l'instant de l'ou- « verture de la succession. Ainsi sont incapables de succéder : 1° celui « qui n'est pas encore conçu; 2° l'enfant qui n'est pas né viable......... »

Enfin l'article 960 est ainsi conçu :

« Toutes donations entre-vifs faites par personnes qui n'avaient « point d'enfants ou descendants actuellement vivants dans le temps « de la donation..... demeureront révoquées de plein droit par la sur- « venance d'un enfant légitime du donateur, même d'un posthume.... »

On comprend combien il importe, dans certains cas, de savoir si l'enfant qui vient de naître était viable ou ne l'était pas.

Pierre a fait testament en faveur des enfants nés ou à naître de sa nièce Jeanne. Celle-ci, au moment du décès du testateur, n'avait pas d'enfants vivants, mais elle était grosse. L'enfant était conçu au moment où la succession s'est ouverte; s'il naît viable, il héritera. Mais Jeanne meurt en accouchant ; l'enfant qui lui a coûté la vie lui a survécu de deux heures. Si cet enfant est né viable, il a recueilli l'héritage de l'oncle Pierre et aussi la succession de sa mère, et comme son père lui survit, ce dernier sera son héritier pour moitié. Le père recueillera donc la moitié de l'héritage de Pierre et la moitié de la succession de Jeanne. Mais si l'enfant n'était pas viable, il n'a hérité ni de son oncle Pierre ni de sa mère, et, par suite, le père survivant n'aura droit à aucune part dans ces deux successions qui seront dévolues aux héritiers de Pierre et de Jeanne.

Ainsi, pour qu'un enfant soit appelé à une succession, il faut qu'il soit conçu au moment où s'ouvre cette succession ; il faut encore que cet enfant vive après sa naissance, et enfin que non seulement il ait vécu après sa naissance, mais encore qu'il soit né viable.

De même, pour que la survenance d'un enfant puisse annuler une donation faite par ses père et mère, il faut que cet enfant ait vécu et qu'il soit né viable.

Celui qui réclame une succession du chef d'une personne doit prouver que cette personne vivait au moment où la succession est échue au décédé. En conséquence, celui qui prétend qu'un enfant a succédé est tenu de prouver que cet enfant vivait au moment où il aurait pu hériter (1).

40. La loi a cru devoir fixer un délai invariable comme durée probable de la gestation. D'après l'article 312 du Code civil, cette durée est de 300 jours au plus et de 180 jours au moins. Cette donnée pourra servir de base à l'appréciation des tribuuaux, mais il faudra presque toujours qu'il vienne s'y joindre d'autres éléments de conviction pour le juge.

La preuve de la vie intra-utérine résultera donc d'abord des présomptions établies par l'article 312, et la preuve de la vie *post partum* sera faite par la production de l'acte de naissance, l'enfant ayant dû être présenté à l'officier de l'état civil. S'il lui a été présenté sans vie, l'acte qui est alors dressé n'établit, ainsi que nous l'avons dit précédemment, aucune présomption pour ou contre la viabilité de l'enfant. — Mais alors comment pourra-t-on constater qu'il a ou qu'il n'a pas vécu ?

41. Il y aura là presque toujours, ainsi que le fait remarquer M. Demolombe (2), une question de physiologie et de médecine à apprécier plutôt qu'une question de droit.

Il faudra, avant tout, que les signes de la vie chez l'enfant

(1) Delvincourt, t. 2, p. 276. — Duranton, t. 6, n° 78. — Toullier, t. 4, n° 101. — Marcadé, art. 725, n° 6. — Demante, *Cours anal.*, t. 3, n° 29. — Boileux, *Comm. C. civ.*, t. 3, art. 725, p. 40. — Chabot, *Success.*, art. 725, n° 8. — Poujol, *id.*, n°s 5 et 6. — Malpel, *id.*, n° 25. — Huraux, *id.*, t. 1er, n° 117. — Demolombe, *id.*, t. 1er, n°s 185 et 186. — *Contrà* : Vazeilles, *Success.*, t. 1er, art. 725, n° 3. — Massé et Vergé sur Zachariæ, t. 2, § 354, note 3.

(2) *Loc. cit.* n° 177.

soient certains, évidents, non équivoques (1). Nous ne pourrions chercher à les indiquer ici qu'en empiétant sur le domaine de la médecine légale, nous devons nous borner à faire connaître ce qui résulte de la jurisprudence.

Il ne suffirait pas de quelques mouvements convulsifs, de pulsations, de respirations incomplètes, de quelques soupirs ou de chaleur pour prouver que l'enfant a eu une vie propre, il faut qu'il ait respiré complètement et largement.

S'il est démontré que l'enfant a vécu, il est présumé viable ; c'est donc à celui qui prétend le contraire à le prouver (2).

42. Le 15 novembre 1871, le tribunal civil de Narbonne prononçait un jugement ainsi conçu :

« Considérant que Charles Hébraud, demandeur en partage de la succession de Jacques Hébraud, est obligé, pour établir sa qualité et le mérite de sa demande, de prouver que l'enfant du sexe féminin dont Rose Taffanel, veuve Hébraud, a accouché le 26 août 1870, est né vivant, qu'il a vécu hors du sein de sa mère, quelque courte qu'ait été son existence, de manière à constituer une personne juridique capable de recevoir des biens par voie héréditaire et de les transmettre à son tour par la même voie ;

« Considérant que Charles Hébraud est obligé de justifier sa demande, comme tout demandeur, par des titres ou par la preuve testimoniale, ou par une expertise ;

« Considérant que sa demande ne saurait être prouvée par l'acte de l'état civil qui constate que l'on n'a présenté à l'officier de l'état civil que le cadavre d'un enfant nouveau-né ; la déclaration a été faite et reçue suivant la formule prescrite par le décret de 1806, laquelle n'affirme rien sur la vie ou la mort de l'enfant au moment de la naissance ;

« Considérant que la vie de l'enfant ne peut être prouvée par la preuve testimoniale que Charles Hébraud a offerte dans ses conclusions subsidiaires ; il n'offre point de prouver que l'enfant ait crié, ni qu'il ait respiré complètement ; il n'offre point de prouver qu'au moment de sa naissance, on ait posé la main sur sa poitrine et senti les battements de son cœur ; il n'offre point de prouver qu'on ait présenté une glace devant sa bouche et que la glace ait été ternie ; il offre seulement de prouver que les parents et les personnes qui entouraient la mère au moment de son accouchement ont reconnu, c'est-à-dire qu'ils ont pensé, qu'ils ont conçu cette opinion que l'enfant était né vivant ; or leur opinion sur une question si délicate a pu être erronée, et cette opinion erronée ne peut pas entraîner celle du tribunal ; Charles Hébraud offre de prouver que l'enfant a été ondoyé et qu'il a été enterré avec les cérémonies du culte catholique ;

(1) Henrys, t. 3, p. 757.
(2) Limoges, 12 janv. 1813. — Angers, 25 mai 1822. — Bordeaux, 8 févr. 1830. — Merlin, v° *Vie*, § 1er, n° 3. — Aubry et Rau, t. 1er, § 53, p. 180. — *Contrà :* Duranton, t. 6, nos 77 et 78.

mais ce baptême provisoire, ces cérémonies religieuses ont pu être le résultat d'une opinion erronée ; elles peuvent s'expliquer par la piété de la mère et par cette considération qu'il y avait avantage, sans inconvénient, à remplir les cérémonies du culte dans tous les cas, soit que l'enfant eût vécu, soit qu'il fût mort-né ;

« Considérant qu'il suit de là que la preuve par témoins fût-elle faite, elle n'aurait aucune influence sur la décision du procès ; elle est donc irrelevante et doit être rejetée ;

« Considérant que le seul fondement sérieux sur lequel Charles Hébraud appuie sa demande est le rapport des experts commis par ordonnance de référé, et auxquels les trois questions suivantes ont été posées : 1° si l'enfant était né viable ; 2° s'il avait vécu ; 3° quelles étaient les causes qui l'avaient empêché de vivre ou qui avaient déterminé sa mort ;

« Considérant qu'après avoir fait l'autopsie de l'enfant, et après avoir constaté l'état du cadavre, les experts ont répondu : que l'enfant était né viable, parce qu'il était né à terme, suffisamment développé, et qu'il n'avait aucun vice de conformation incompatible avec la vie ; or la viabilité est l'aptitude à vivre, et cette aptitude existe lorsque la conformation des organes est régulière ;

« Considérant que si l'enfant est mort dans le sein de sa mère, par l'effet d'un accouchement laborieux, il est inutile de rechercher si cette mort fait évanouir la viabilité ; ce serait s'attacher à une dispute de mots, car alors la question de viabilité se confondrait avec la question de vie, et il faudrait en chercher la solution dans la réponse que les experts ont faite à la seconde interrogation ;

« Considérant, sur la question de vie, qu'il est constant, en fait, que Rose Taffanel était âgée de 40 ans, qu'elle était mère pour la première fois, que son accouchement a été très laborieux et a duré de longues heures ; que le médecin qui l'assistait a été obligé de recourir à l'usage du forceps ; que cet instrument a laissé deux traces de son impression avec ecchymoses sur la partie antérieure de la tête ; que la voussure du thorax était peu prononcée ; que les poumons, plongés dans l'eau, n'ont point surnagé à la surface ; que la couleur du poumon indiquait qu'une très petite quantité d'air avait pénétré à peine un de ses lobes ; qu'enfin, sous le péricrâne, existait un vaste épanchement sanguin, formé d'un caillot mou, noirâtre, diffluent, et occupant toute la surface du pariétal droit ; que de tous les symptômes ci-dessus énumérés les experts ont conclu que la cause de la mort était la longue durée du travail de l'enfantement, ce qui conduit à penser que l'enfant est mort dans le sein de sa mère, un moment avant d'en sortir, ou, tout au moins, il est mort au moment même de sa naissance, de sorte qu'on peut affirmer qu'il n'a jamais vécu ;

« Considérant que les experts ont répondu que si *vivre c'est respirer, l'enfant n'a vécu que d'une façon très imparfaite ;* or la vie est une chose indivisible ; elle est ou elle n'est pas ; une vie imparfaite, c'est-à-dire à laquelle il manque quelque chose, n'est pas la vie ; les experts ont déclaré aussi que la respiration de l'enfant avait été *rudimentaire*, bornée à un *commencement de respiration ;* on peut donc appliquer à la respiration ce qui a été dit de la vie, c'est-à-dire qu'il n'y a pas eu de respiration, parce que la respiration est restée incomplète ;

« Considérant qu'il n'y a pas de vie lorsque la bouche de l'enfant s'est ouverte un instant par un mouvement convulsif et que quelques particules d'air ont trouvé accès dans les poumons ; la vie, dans le sens vulgaire du mot, qui est aussi le sens légal, est le jeu spontané des fonctions animales, dont la principale, la plus essentielle, la moins équivoque, est la respiration ; or la respiration est un acte complexe qui comprend : 1° l'aspiration spontanée de l'air ; 2° l'expiration, lorsque l'air est chassé des poumons qui l'avaient reçu ; il est constant que l'enfant de Rose Taffanel, s'il a aspiré, ne l'a fait que d'une manière très incomplète et qu'il n'a point rejeté par expiration l'air qu'il avait reçu dans ses poumons ; l'enfant n'a donc pas accompli cette fonction essentielle à la vie ; conséquemment il n'a point vécu et n'a pu constituer une personne juridique, capable de recevoir et de transmettre un héritage (1) ;

« Par ces motifs, sans avoir égard à la preuve testimoniale offerte par Charles Hébraud, déclare l'action dudit Hébraud irrecevable et mal fondé, etc.... »

Sur l'appel interjeté par Charles Hébraud, la Cour de Montpellier rendit l'arrêt suivant :

« La Cour : — Attendu qu'il est constaté par le médecin Janot Aimé, qui a assisté la dame veuve Jacques Hébraud dans sa longue et laborieuse délivrance, que l'enfant dont elle a accouché n'a poussé aucun cri et n'a fait aucun mouvement ; que, cédant à ses instances, il a ondoyé cet enfant ; que, le saisissant ensuite, il a senti dans tout son corps une secousse électrique qui ne s'est pas renouvelée ; qu'il lui a semblé entendre une petite crépitation dans l'arrière-gorge, mais qu'il l'a attribuée au passage de l'air insufflé, à plusieurs reprises, de bouche à bouche, à travers les mucosités de l'arrière-gorge ;

« Attendu qu'en l'absence de toute autre manifestation de la vie que cette simple secousse, qui pouvait n'être qu'un reste de vie intra-utérine, il déclare qu'il lui est impossible d'affirmer que l'enfant ait vécu d'une vie complète ;

« Attendu qu'un simple mouvement ne peut constituer véritablement la vie ; l'enfant nouvellement venu au monde a quelquefois des mouvements convulsifs ; c'est par la respiration complète que la circulation du sang s'établit dans le poumon, et qu'il puise dans l'air le principe d'une vie qui lui est propre ; ce n'est qu'alors qu'il vit de la vie commune, différente de celle qu'il avait dans le sein de sa mère, où il ne respirait pas, et où le sang ne circulait pas dans son poumon ; il ne vivait point de sa vie propre, mais de celle de sa mère ;

Attendu que le législateur exige, par son article 725, comme condition essentielle pour succéder, que l'on *existe* au moment de l'ou-

(1) On s'est souvent élevé, en médecine légale, contre cette assimilation de la vie à la respiration. Voir sur cette question les travaux du docteur Senator de Berlin. (*Annales d'hyg. et de méd. lég.*, 2e série, t. 28, 1867, p. 217.

verture de la succession. Le rédacteur de cet article avait mentionné, parmi les incapables de succéder, les enfants mort-nés, même quand ils auraient donné quelques signes de vie ; mais, dans la discussion, on fit remarquer avec raison que cette indication était inutile, puisqu'elle était une conséquence évidente et nécessaire du principe une fois posé que, pour succéder, il faut *exister* ; l'existence, en effet, c'est la vie se produisant non par quelques signes isolés, mais par le jeu des organes essentiels à sa manifestation ;

« Adoptant, au surplus, les motifs des premiers juges, confirme, etc..... (1). »

Il est possible qu'au point de vue exclusivement scientifique, la doctrine émise par la Cour de Montpellier puisse être critiquée. Voici maintenant l'opinion des médecins légistes :

M. Ambroise Tardieu définit ainsi la viabilité : « Etre viable, « pour moi, c'est être né vivant, avoir vécu d'une vie autre que « la vie fœtale et présenter un développement et une conforma- « tion non absolument incompatibles avec la continuation de « la vie (2) ».

M. Devergie pense que : « l'enfant qui continue de teter pen- « dant les premières 24 heures et qui ne succombe même que « dans les trois, quatre ou cinq jours de la naissance, sous « l'influence de lésions internes qu'il avait apportées en nais- « sant, n'est poit un enfant viable, en sorte que, en fait de mala- « dies innées et tant que l'enfant est vivant, il est difficile de juger « de sa viabilité (3) ».

De son côté, M. Collard de Martigny soutient qu'un enfant né vivant, non monstrueux et suffisamment développé pour vivre, est présumé viable. Peu importe la maladie qu'il a pu apporter en naissant, le résultat des maladies étant toujours incertain.

Quoi qu'il en soit, les tribunaux s'en remettent en général, sur ce point, à l'appréciation des médecins experts.

43. Dans la plupart des cas, en effet, on ne pourra qu'invoquer le témoignage des médecins et sages-femmes ayant assisté à l'accouchement. En vain objecte-t-on (4) que ce témoignage pourra être empreint de partialité ; écarter ces témoins serait presque toujours rendre la preuve impossible (5). Les autres personnes qui ont assisté à l'accouchement ne déposeront que de faits matériels souvent insuffisants pour que le juge puisse en induire la preuve de la vie, tandis que les gens de l'art éclaireront la

(1) Montpellier, 25 juillet 1872, *Pal.* 1872. 805.
(2) *Annales d'hyg. et de méd. lég.*, 2e série, t. 37, 1872, p. 121.
(3) Devergie, *Méd. leg.*, 2e édit., t. 2, p. 48.
(4) *Nouveau Denizart*, v° *Grossesse*, § 3.
(5) Merlin, *Quest. de droit*, v° *Vie*.

justice par les conséquences qu'ils sauront tirer de tous les faits constatés.

44. Dans tous les cas, la preuve de la non-viabilité pourra se faire par tous les moyens possibles, même par l'exhumation du cadavre de l'enfant (1). Cette mesure a été ordonnée dans l'espèce suivante.

Le 15 juin 1875, le tribunal civil de Lyon rendit un jugement qui fait suffisamment connaître les faits :

« Attendu que les parties reconnaissent que tout le procès est de savoir si Louis Régnier, enfant légitime du donateur, qui n'a vécu que onze heures, ainsi qu'il résulte de deux actes de l'état civil des 22 et 23 février 1875, versés au procès, était ou non viable, capable de révoquer, par sa survenance, la donation que son père avait faite ;

« Attendu que les époux Carron, demandeurs, se fondent sur cette si courte existence de onze heures et aussi sur le certificat du médecin Duzéat, remis à l'officier de l'état civil, déclarant que l'enfant dont s'agit est né avant terme, et soutiennent que de ces deux faits résulte une présomption de non-viabilité, qu'ils demandent à être admis à compléter par témoins ;

« Attendu, au contraire, que le tuteur Vallaton, ès qualités, repousse l'offre en preuve des demandeurs, et soutient que la viabilité de l'enfant est complètement démontrée par le fait, qui n'est pas nié, que l'enfant a vécu onze heures.

« Attendu que l'enfant né viable est celui qui est né organisé pour la vie, *perfecto natus*, suivant l'expression de la doctrine; que s'il est vrai que la vie, quand elle se prolonge, emporte avec elle la preuve de la viabilité, il serait impossible d'accorder cet effet à une existence de onze heures, s'il est démontré que l'enfant est mort par suite des défectuosités de son organisation ; qu'il y a donc lieu de réserver, en l'état, toutes les questions juridiques que le procès soulève et de recourir aux lumières d'un homme de l'art pour connaître l'organisation physique que l'enfant Régnier a apporté en naissant et les circonstances qui ont amené sa mort;

« Qu'il est manifeste que, dans cette délicate matière, qui est essentiellement du domaine de la science médicale, la preuve testimoniale ne saurait apporter à la justice que des renseignements insuffisants ;

« Attendu que ni l'une ni l'autre des parties n'ayant conclu à l'expertise qui est ordonnée d'office, il est loisible au tribunal, en dehors du consentement des parties, de ne nommer qu'un seul expert ;

« Par ces motifs, le tribunal, jugeant avant faire droit, et moyens des parties demeurant expressément réservés, nomme d'office seul expert dans la cause M. Duzéat, docteur-médecin, qui, serment préalablement prêté, dira et rapportera : 1° si l'enfant Louis Régnier qui, d'après les actes de l'état civil sus-énoncés, n'a vécu que onze heures, est mort par suite des défectuosités de l'organisation physique qu'il avait apportée en naissant et quelles étaient ces défectuosités. — Est-il né avant terme ? — Quelle a été la durée approximative de la gestation ? — 2° Si l'enfant était organisé pour vivre plus

(1) Limoges, 12 janv. 1813. — Angers, 25 mai 1822. — Bordeaux, 8 févr. 1830.

longtemps, quel est l'accident qui a déterminé la mort? — Pendant combien de temps, sans cet accident, l'organisation de l'enfant lui aurait-elle permis de vivre ?

« L'expert autorisé à s'entourer de tous les renseignements utiles, et même à entendre des témoins, à la charge de relater exactement leurs déclarations, l'autorise même, s'il le juge nécessaire à l'accomplissement de son mandat, à faire exhumer le corps de l'enfant, en observant les règles sur la matière, etc.... »

Ce jugement fut confirmé en appel (1).

Dans un rapport du 20 septembre 1875, le docteur Duzéat conclut ainsi :

« D'après toutes ces considérations, nous croyons donc pouvoir affirmer que cet enfant n'est point né viable :

1° Parce qu'il n'avait pas acquis ce développement nécessaire à un enfant parvenu au septième mois, à compter de l'époque de la conception, c'est-à-dire né avant terme ;

« 2° Parce qu'il lui manquait les éléments d'équilibre nécessaires à l'existence ;

« 3° Enfin parce que l'état pathologique de la mère suffit seul pour expliquer que, dans les conditions où il est venu au monde, sans tenir compte de l'époque nécessaire à la gestation, cet enfant ne pouvait et ne devait pas vivre. »

Les conclusions de ce rapport ayant été fortement discutées, le tribunal rendit, le 13 juin 1876, un second jugement qui commettait de nouveaux experts, MM. les docteurs Bouchacourt, Delore et Lacour, pour donner leur avis sur la viabilité de l'enfant Régnier.

Ces trois derniers experts ne crurent pas devoir renouveler l'exhumation, en raison de l'ancienneté du décès, ils se bornèrent à prendre connaissance des explications écrites et verbales fournies par le docteur Duzeat, et dans leur travail, déposé le 4 décembre 1876, ils affirmèrent que l'enfant Régnier présentait une lésion essentielle existant dans le sang, ayant une cause antérieure à sa naissance et à laquelle sa mort devait être attribuée. Ils n'hésitèrent donc pas à adopter les conclusions du premier expert et à les corroborer de la façon la plus formelle. Le tribunal décida en conséquence que l'enfant n'était pas né viable et que le fait de sa naissance n'avait pu annuler une donation.

Avant d'interjeter appel, les parties intéressées voulurent avoir l'avis de la Société de médecine légale, dont la commission permanente conclut, dans sa séance du 12 février 1877, dans le même sens que les experts de Lyon (2).

(1) Lyon, 24 mai 1876. *Pal.* 1877. 845.
(2) *Annales d'hyg. et de méd. lég.*, 2e série, t. 47, 1877, p. 535.

§ IV. — *Décès.*

45. Le médecin ne reçoit directement la loi aucune mission quant à la déclaration du décès à faire à l'officier de l'état civil, mais il est chargé, dans un grand nombre de communes, par des règlements municipaux, de constater la mort.

Il est souvent fort difficile de s'assurer de la mort d'un individu, et plus d'une fois les législateurs ont dû se préoccuper des mesures à prendre pour prévenir les inhumations précipitées. Lors de la discussion au conseil d'Etat de l'art. 77 du Code civil, on proposa d'obliger l'officier de l'état civil à se faire assister d'un chirurgien pour s'assurer du décès. La mesure fut rejetée comme impraticable, surtout dans les communes rurales. La loi se borne aux précautions suivantes : elle oblige l'officier de l'état civil à se transporter de sa personne près du défunt et à s'assurer par lui-même du décès. Elle exige que l'inhumation n'ait lieu que vingt-quatre heures au moins après le décès, sauf les cas particuliers, et sur une autorisation délivrée par l'officier de l'état civil. Dans la pratique, ces précautions sont fort négligées; on ne voit guère d'officiers de l'état civil aller eux-mêmes vérifier les décès, et malgré la formule qui, dans l'acte, constate leur visite, il est certain qu'ils s'en rapportent, en général, à la déclaration des témoins.

Dans plusieurs villes, des médecins sont chargés de la constatation et fournissent une attestation écrite de la mort. A Paris, à Marseille, à Tours, et dans un grand nombre de chefs-lieux d'arrondissement, des règlements municipaux portent que le décès sera constaté par des officiers de santé qui dresseront un procès-verbal indiquant les nom et prénoms du défunt, son sexe, son âge, son état civil, sa profession, le jour, le mois, l'heure de la mort, la rue et le numéro du domicile, la nature de la maladie, sa cause, sa durée, les noms des personnes qui lui ont donné des soins. Enfin, le médecin s'assure du décès (1).

46. Ces renseignements, qui ne sont pas tous destinés à figurer dans l'acte de décès, ont pourtant une grande utilité, et il est à regretter que cette mesure ne soit pas généralisée autant que possible, tant pour la régularité des actes de l'état civil que pour prévenir les inhumations précipitées, et enfin pour fournir des documents précieux à la statistique nosologique des décès.

(1) Arrêtés du préfet de la Seine des 27 vendem. an XI et 31 déc. 1821, etc.

L'Académie de médecine, consultée en 1857 par le ministre de l'agriculture, du commerce et des travaux publics, avait émis le vœu de voir la mesure rendue partout obligatoire. On objectait les dispositions précises de l'art. 77 du Code civil, qui confie expressément à l'officier de l'état civil le soin de se transporter au domicile de la personne décédée pour s'assurer du décès. Mais on répondait avec raison que, sans rien changer aux dispositions de la loi, on pouvait bien subordonner l'autorisation d'inhumer à la production d'un certificat de médecin constatant la réalité de la mort et en indiquant la cause.

La loi oblige l'officier de l'état civil à *s'assurer* du décès. A moins qu'il ne soit médecin lui-même, il n'est pas souvent apte à reconnaître la réalité de la mort ; pourquoi ne pas lui fournir les moyens d'en acquérir la certitude en lui adjoignant un homme de l'art ? Le maire se transportera près du défunt, ou bien, à ses risques et périls, il négligera cette partie de sa mission; mais, au moins, la société trouvera, dans le concours du médecin, les garanties qui lui sont dues (1).—Si la mesure n'a pas été généralisée, c'est, croyons-nous, par la difficulté de se procurer, dans les campagnes, des médecins vérificateurs. Dans les villes, c'est ordinairement le médecin traitant qui rédige le bulletin de décès; mais les paysans, dans certaines contrées, meurent souvent sans avoir vu le médecin ; il faudrait donc que le maire de la commune dans laquelle il ne se trouve pas de médecin allât en requérir un à de grandes distances pour se transporter au domicile de la personne décédée ; on serait exposé à des refus de la part des officiers, de santé et, pour les prévenir, il faudrait une loi assortie d'une sanction pénale. On voit donc les difficultés qui pourraient se présenter. C'est pourquoi on a préféré laisser à l'autorité municipale le soin d'organiser, par des règlements particuliers, l'institution des médecins-vérificateurs des décès, tout en laissant subsister la responsabilité des officiers de l'état civil.

47. Le danger des inhumations précipitées a préoccupé depuis longtemps les législateurs et a fait l'objet de vœux souvent émis par plusieurs conseils généraux. Une intéressante discussion eut lieu sur ce sujet au Sénat en 1866. Des cas assez nombreux de personnes enterrées vivantes furent cités par plusieurs sénateurs, notamment par MM. Tourangin et le vicomte de Barral. Monseigneur le cardinal Donnet, archevêque de Bordeaux, émut singu-

(1) *Annales d'hyg. et de méd. lég.*, 2e série, t. 9, 1858.

lièrement la haute Assemblée lorsqu'après avoir cité, à son tour, un fait analogue dont il avait été le témoin, il ajouta :

« C'était en 1826, par une des journées les plus chaudes et dans une église entièrement pleine : un jeune prêtre fut pris, en chaire, d'un étourdissement subit. La parole expira sur ses lèvres ; il s'affaissa sur lui-même, on l'emporta et, quelques heures après, on tintait son glas funèbre ; il ne voyait pas, mais il entendait, et tout ce qui arrivait à son oreille n'était pas de nature à le rassurer. Le médecin déclara qu'il était mort, et après s'être enquis de son âge, du lieu de sa naissance, il fit donner le permis d'inhumation pour le lendemain. Le vénérable évêque, dans la cathédrale de qui prêchait le jeune prêtre, était venu au pied de son lit réciter un *De profundis* ; déjà avaient été prises les dimensions du cercueil ; la nuit approchait, et chacun comprend les inexprimables angoisses d'un être vivant dans une pareille situation. Enfin, au milieu de tant de voix qui résonnent autour de lui, il en distingue une dont les accents lui sont connus : c'est la voix d'un ami d'enfance. Elle produit un effet merveilleux et provoque un effort surhumain...... Le prédicateur reparaissait le lendemain dans sa chaire ! Il est aujourd'hui, Messieurs, devant vous, vous priant, après quarante ans écoulés depuis cet événement, de demander aux dépositaires du pouvoir non seulement de veiller à ce que les prescriptions légales qui regardent les inhumations soient strictement observées, mais à en formuler de nouvelles pour éviter d'irréparables malheurs ! »

Le Sénat renvoya au gouvernement la pétition au sujet de laquelle cette discussion avait eu lieu, et le ministre soumit la question au conseil de salubrité du département de la Seine. Une commission composée de MM. Beaude, Baube, Guérard, Larrey, Lasnier, Tardieu, Vernois et Devergie, élabora un rapport dans lequel elle reconnaissait que la législation actuelle est suffisante, que le délai de 24 heures fixé pour l'inhumation à partir non de l'heure indiquée par les témoins comme étant celle du décès, mais de l'heure de la déclaration faite à la mairie, ne devait pas être étendu. Enfin la commission examina les signes de mort les plus certains et signala, comme étant à la portée de tous, la putréfaction et la rigidité cadavérique. En conséquence, le ministre de l'intérieur publia, le 24 décembre 1866, une circulaire que l'on trouvera dans chaque mairie, au Bulletin des actes officiels des préfectures, et dans laquelle sont indiquées les mesures à prendre pour éviter les inhumations précipitées (1).

48. Le délai de 24 heures fixé pour l'inhumation par l'article 77 du Code civil peut être abrégé en cas de nécessité (putréfaction, maladie contagieuse, etc...) ; c'est au médecin à constater

(1) *Annales d'hyg. et de méd. leg.*, 2e série, t. 27, 1867, p. 293.

cette nécessité. S'il y a danger à conserver un cadavre pendant ce délai de 24 heures, il doit en avertir la famille et l'autorité.

L'article 358 du Code pénal punit :

« D'un emprisonnement de six jours à deux mois et d'une amende « de seize francs à cinquante francs ceux qui, sans autorisation préa- « lable de l'officier public, dans les cas où elle est prescrite, auront « fait inhumer un individu décédé. La même peine est appliquée à « ceux qui ont contrevenu, de quelque manière que ce soit, à la loi « et aux règlements sur les inhumations précipitées. »

Ce dernier paragraphe se réfère évidemment à l'article 77 du Code civil et au délai qu'il prescrit.

49. L'acte de décès doit-il indiquer l'heure de la mort ? Cette indication, si elle pouvait être authentique, serait fort utile, dans certains cas, pour régler l'ordre des successions ; mais l'acte ne peut faire foi sur ce point, parce qu'il se borne à reproduire la déclaration des témoins. Pour qu'il pût avoir une force probante, il faudrait que l'officier public eût assisté à la mort, ce qui n'est pas possible. Dans un grand nombre de cas, le médecin lui-même n'est pas présent au moment du décès. Néanmoins il est toujours bon d'indiquer, autant que possible, l'heure de la mort ; bien que cette énonciation ne fasse pas foi, elle peut avoir son utilité comme renseignement. Nous sommes donc loin de penser, comme M. Demolombe (1), que l'indication de l'heure du décès, n'étant pas exigée, est par cela même interdite, par ce motif que les actes de l'état civil ne doivent contenir que ce que la loi a formellement prescrit. Au surplus, le médecin appelé à constater le décès ne pourra fournir cette indication d'une manière précise qu'autant qu'il aura assisté lui-même aux derniers moments du défunt ; dans le cas contraire, il devra s'abstenir de fournir une indication qu'il tiendrait de témoignages peut-être incertains.

50. L'article 81 du Code civil est ainsi conçu :

« Lorsqu'il y aura des signes ou indices de mort violente, ou d'au- « tres circonstances qui donneront lieu de la supposer, on ne pourra « faire l'inhumation qu'après qu'un officier de police, assisté d'un « docteur en médecine ou en chirurgie, aura dressé procès-verbal « de l'état du cadavre et des circonstances y relatives, ainsi que des « renseignements qu'il aura pu recueillir sur les prénoms, nom, « profession, lieu de naissance et domicile de la personne décédée. »

Ce n'est point, en général, l'officier de l'état civil chargé de constater le décès qui reconnaît l'existence de signes ou indices

(1) N° 304.

de mort violente ; ainsi que nous l'avons dit, il ne s'assure presque jamais par lui-même de la réalité des décès qui lui sont déclarés, et le fît-il d'ailleurs que, fort souvent, il ne remarquerait pas des indices de violence qui n'échappent pas à l'œil exercé du médecin. La constatation du décès par les hommes de l'art est donc, à ce point de vue encore, très utile.

Quand le médecin a reconnu sur un cadavre ces signes de mort violente, son devoir l'oblige à en informer l'autorité, sauf dans les cas où il est assujetti au secret professionnel, ainsi que nous le verrons plus loin.

§ V. — *Questions de survie.*

51. Nous venons de voir que, pour recueillir une succession, il faut être vivant et viable au moment où s'ouvre cette succession, et nous avons examiné quelques-unes des difficultés que soulève la question de la viabilité ; nous avons maintenant à voir ce qui doit être décidé quand deux personnes appelées à la succession l'une de l'autre périssent dans le même accident.

L'art. 720 du Code civil est ainsi conçu :

« Si plusieurs personnes respectivement appelées à la succession « l'une de l'autre périssent dans un même événement, sans qu'on « puisse reconnaître laquelle est décédée la première, la présomption « de survie est déterminée par les circonstances du fait et, à leur « défaut, par la force de l'âge ou du sexe. »

Art. 721. — « Si ceux qui ont péri ensemble avaient moins de « quinze ans, le plus âgé sera présumé avoir survécu ; s'ils étaient « tous au-dessus de soixante ans, le moins âgé sera présumé avoir « survécu.

« Si les uns avaient moins de quinze ans, et les autres plus de « soixante, les premiers seront présumés avoir survécu.

Art. 722. — « Si ceux qui ont péri ensemble avaient quinze ans « accomplis et moins de soixante, le mâle est toujours présumé avoir « survécu, lorsqu'il y a égalité d'âge, ou si la différence qui existe « n'excède pas une année. »

52. Il résulte des termes de ces articles que c'est seulement dans le cas où les juges ne trouvent pas dans les faits de la cause des éléments de preuve qu'ils doivent recourir aux présomptions établies par la loi, et c'est à celui qui réclame l'exercice d'un droit subordonné à la survie d'une personne à une autre qu'il appartient de prouver cette survie. Les présomptions légales tombent devant la preuve contraire.

Le 10 octobre 1870, sur la pointe du rocher de Penmarck,

dans le département du Finistère, cinq personnes étaient assises en deux groupes, faisant face à la mer, distants l'un de l'autre de quatre mètres environ, et composés : le premier, de Mme Levainville, assise, sur laquelle s'appuyait la jeune Dresch, sa nièce, et du jeune Dresch, couché sur le rocher et la tête appuyée sur la main droite ; le second, de Mme Bonnemain et de Mlle Levainville. Une lame venant de Talifern se brisa d'abord de toute sa force sur le premier groupe qui avait déjà disparu sous la vague, quand l'eau répandue sur le rocher, après ce premier choc, entraîna le second groupe sans le recouvrir entièrement. Les cinq personnes périrent.

Un malheur si affreux ne devait pas se borner, pour M. Levainville, à la perte de sa femme et de sa fille. Des dissentiments de famille suscitèrent un procès dont le point de départ devait être la question de savoir laquelle des deux victimes avait survécu à l'autre. Un jugement du tribunal de Quimper, du 19 août 1872, se fondant sur ce que rien ne pouvait faire supposer que l'une des deux eût survécu plutôt que l'autre, décida qu'il y avait lieu de suivre les présomptions légales des art. 721 et 722 du Code civil, et qu'en conséquence la mère avait survécu à sa fille, qui était âgée de quinze ans.

En appel, la Cour de Rennes ordonna une enquête, et le docteur Ambroise Tardieu fut consulté par l'une des parties. Le célèbre médecin légiste n'hésita pas, au vu de l'enquête, à décider que la mère, dont le cadavre avait présenté de graves lésions, notamment à la tête, avait succombé avant sa fille, dont le corps était parfaitement intact. Les trois cadavres du premier groupe, dans lequel se trouvait la mère, étaient violemment meurtris; ceux du second ne l'étaient nullement. La lame avait dû frapper les trois premières personnes et les lancer contre la roche, puis, en se retirant, elle avait entraîné les deux autres. Dans ces conditions, il était bien vraisemblable que les dernières, n'ayant succombé qu'à l'asphyxie, avaient dû survivre aux premières qui avaient reçu d'aussi graves blessures. La Cour de Rennes, par son arrêt du 20 août 1873, adopta l'opinion du docteur Tardieu et réforma le jugement de Quimper. Cet arrêt fut confirmé par la Cour de cassation, le 31 avril 1874 (1).

Cette décision est conforme aux principes enseignés par tous les commentateurs du Code civil.

(1) D. *Pal.* 74. 1. 356. *Pal.* 1874. 883. — *Annales d'hyg. et de méd. leg.*, 2e série, t. 40, 1872, 371.

« Il faut d'abord, dit M. Zachariæ (1), pour résoudre la question de survie, prendre en considération les circonstances particulières du décès et les présomptions qui résultent de la nature spéciale du cas donné ; ce n'est qu'à défaut de ces présomptions qu'il y a lieu de se conformer aux règles suivantes » (celles édictées par les articles 721 et 722).

Et MM. Massé et Vergé ajoutent, note 31 :

« En d'autres termes, si la survie est certaine ou probable d'après les circonstances particulières du fait, il n'y a pas lieu de recourir aux présomptions de la loi, qui ne sont faites que pour le cas où l'on ne peut pas savoir lequel des deux individus est décédé le premier. »

Telle est la doctrine de la plupart des auteurs (2).

53. Quand la mère et l'enfant ont péri pendant l'accouchement sans qu'il soit possible aux personnes présentes de déclarer lequel des deux est mort le premier, l'autopsie pourra fournir des indications utiles au médecin expert; mais si elles sont insuffisantes pour qu'il puisse se prononcer en y réunissant les autres éléments du fait, ce sera le cas d'appliquer les art. 721 et 722. L'enfant sera donc présumé mort le premier, si, comme cela arrivera presque toujours, la mère est âgée de moins de 60 ans.

54. On s'est demandé si ces présomptions s'appliquent au cas où les personnes appelées à se succéder ont péri simultanément, mais par des causes différentes, et non *dans un même événement*.

La négative, pour nous, ne peut faire ancun doute. En effet, on verra bien rarement deux personnes héritières l'une de l'autre mourir séparément mais exactement à la même heure.

D'un autre côté, deux personnes, ainsi que cela est arrivé, il y a quelques années, à Bordeaux, sont trouvées mortes dans leur chambre, l'une de la rupture d'un anévrisme, l'autre d'une congestion cérébrale, sans qu'on ait pu savoir laquelle des deux était morte la première. Que viendront faire ici les présomptions des art. 721 et 722? Pourquoi supposer que l'une des deux maladies aura conduit plus rapidement que l'autre à la mort, le malade qui en était atteint? On ne pourra, dans ce cas, juger qu'en raison des circonstances révélées (3).

(1) Edit. Massé et Vergé, t. 2., p. 237.
(2) Chabot, *Success.*, art. 720, nº 2. — Vazeille, *Success.* et *Donat.* art. 720, nº 2. — Malpel, *Success.* nº 10. — Demolombe, *id.* t. 1er, nºs 96 et s. — Toullier, *id.* t. 4, nº 74. — Taulier, t. 3, nº 116. — Marcadé, art. 720, nº 1er. — Demante, *Cours analyt.* t. 3, nº 18 *in fine*. — Mourlon. *Rép. écr.* 7e édit. t. 2, nº 22. — Laurent, *Princip. de dr. civ.* t. 2, nº 515. — Bernard, *Cours comm.* t. 2, nºs 27 et 28. — Rambaud, *C. civ.* t. 2, nº 11. — Charrier-Juignet, *Code prat.* t. 1, p. 203.
(3) Marcadé, art. 722, nº 5.

55. Les présomptions de survie établies par nos articles ne s'appliquent qu'au cas où les personnes mortes dans le même événement étaient respectivement appelées à la succession l'une de l'autre, et non pas au cas où l'une seulement serait successible de l'autre (1).

56. Ces présomptions ne s'appliquent pas non plus au cas de succession testamentaire ni au cas de donation (2).

§ 6. — *Mariage.*

57. Le mariage étant le principe de la famille et ayant pour principal but la reproduction de l'espèce, il est évident qu'il ne peut être contracté qu'entre personnes de sexes différents. Faut-il en conclure que l'on ne peut se marier qu'autant que l'on est apte à la génération ?

La question de savoir si l'impuissance est un empêchement prohibitif ne se présentera sans doute pas souvent, mais elle peut pourtant se produire. La victime d'un crime de castration, par exemple, est presque toujours connue, et surtout après le jugement du coupable, la réalité de son infirmité devient publique. L'officier de l'état civil doit-il consentir à la marier ?

M. Demolombe (3) enseigne l'affirmative pour plusieurs raisons dont les premières ne nous paraissent pas très concluantes. — On ne peut ajouter, dit-il, aucune condition à celles que la loi exige, il suffit que les futurs soient *un homme* et *une femme* ; or on ne peut dire que l'impuissant ou le castrat ne soit positivement ni homme ni femme.

Oui, il suffit que les futurs soient un *homme* et une *femme*, mais un homme et une femme, quant au mariage, aptes à atteindre le but de ce grand acte de la vie.

En second lieu, dit M. Demolombe, la procréation des enfants n'est pas la seule fin du mariage, bien qu'elle en soit la principale ; le mariage est aussi une société de secours et d'assistance, un refuge contre les ennuis de la solitude ; pourquoi en priver un homme infirme qui trouvera dans cette association une puissante consolation à son malheur ?

(1) Chabot, art. 720, n° 7. — Favard, *Rép.* v° *Success.* sect. 1re, § 1er, n° 6. — Merlin, *Rép.* v° *Mort*, ch. 1er, § 2, art. 2. — Marcadé, *loc. cit.* n° 6. *Contra.* — Toullier, t. 4, n° 4. — Malpel, n° 16. — Duranton, t. 6, n° 45. — Vazeille, art. 722, n° 6.

(2) Marcadé, *loc. cit.* nos 8-9-10.

(3) T. 3, p. 18.

Or M. Demolombe vient de dire, à la page précédente, qu'un mariage entre personnes du même sexe n'est pas possible, et que l'idée seule en est ridicule. Et pourquoi donc son association, dans ce cas, ne le serait-elle pas aussi ?

Mais la troisième raison donnée est beaucoup plus grave ; le castrat, avant d'avoir été mutilé, a pu avoir un enfant naturel ; il ne serait pas juste de lui refuser le droit de le légitimer par mariage. On peut aussi ajouter qu'un vieillard de quatre-vingts ans est assurément impuissant, et que néanmoins on n'a jamais songé à lui interdire le mariage. Ce motif nous paraît sans réplique.

58. L'impuissance n'est donc pas un empêchement prohibitif ; mais peut-elle être un empêchement *dirimant ?* Serait-elle de nature à faire prononcer la nullité du mariage ?

Trois opinions se sont produites ; on a dit : la loi a déterminé les causes de nullité du mariage, elle n'a pas parlé de l'impuissance, on ne peut pas l'y ajouter. Le législateur a même manifesté son intention de l'écarter, puisqu'elle n'a pas été admise même pour le divorce et le désaveu de paternité. L'impuissance ne constitue point une erreur sur la personne, dans les conditions prévues par l'article 180 du Code civil ; ce ne serait qu'une erreur sur les qualités physiques, et non sur la personne elle-même, et, au surplus, la constatation de cette impuissance serait scandaleuse ; on ne peut donc l'admettre comme cause de nullité (1).

Une autre opinion veut que l'impuissance naturelle ne soit jamais une cause de nullité du mariage, tandis que l'impuissance accidentelle, survenue avant la célébration du mariage, serait toujours suffisante pour le faire annuler.

Enfin l'impuissance, d'après la troisième opinion, est une cause de nullité quand elle se manifeste extérieurement, qu'elle soit naturelle ou accidentelle.

Quant à nous, nous n'hésitons pas à adopter cette opinion, que si l'impuissance naturelle ou accidentelle n'est pas un empêchement prohibitif du mariage, elle constitue une cause de nullité pouvant être invoquée par l'époux de l'impuissant.

On nous objecte d'abord que notre système rend le mariage impossible aux vieillards. Assurément non ; la personne qui épouse un vieillard connaît l'âge de son conjoint, et elle ne pourra s'en plaindre plus tard, de même que si elle avait épousé un jeune homme impuissant connaissant son infirmité, il ne lui serait point

(1) Demolombe, t. 3, p. 398.

permis de demander, pour cette cause, la nullité de son mariage.

Chacun est d'accord sur ce point que l'union de deux personnes appartenant au même sexe est impossible. Et pourquoi donc en serait-il ainsi si le mariage n'était qu'une association, qu'un recours contre les tristesses de la solitude ? Pourquoi donc exiger la différence des sexes, si le but du mariage n'est pas la propagation de l'espèce ? Quels sentiments voulez-vous qu'inspire à son conjoint l'être incomplet auquel il est lié pour toujours ?

« On ne doit pas, nous dit M. Dalloz (1), s'arrêter aux plaintes que feront entendre ces femmes vertueuses qui, comme cela a été plaidé quelque part, ont dû compter légitimement sur des plaisirs légitimes !... » — Croyez-vous donc que les époux, les femmes dont vous parlez ne cherchent dans la maternité que des plaisirs sensuels ? Beau plaisir, en effet, pour la femme, qu'une gestation de neuf mois suivie d'un enfantement souvent laborieux, qui peut lui coûter la vie ! Il serait assurément bien à plaindre le jeune couple bien conformé qui, en s'unissant, n'aurait eu d'autre but que la satisfaction d'appétits sensuels.

A part quelques rares exceptions qui, là encore, confirment la règle, le rêve de toute jeune femme, au début de la vie conjugale, est de devenir mère, et nous ne pouvons admettre qu'elle ne se considère pas comme trompée sur la personne de son époux, quand celui-ci est dans l'impossibilité d'atteindre le but du mariage.

Une des principales objections qu'on nous oppose consiste dans la difficulté de faire la preuve. Nous ne méconnaissons pas cette difficulté, mais pourquoi supposer que la seule preuve à fournir devra consister invariablement dans un examen toujours refusé par la partie défenderesse ? Ne peut-on pas supposer aussi un consentement ? Cela n'est pas si invraisemblable qu'on pourrait le croire, puisqu'on a vu des plaideurs, et même des plaideuses aller au-devant de ce moyen de procédure et se soumettre spontanément à l'examen.

— La dame Q.... forme, devant le tribunal civil de la Seine, une demande en séparation de corps ; elle articule avec offre d'en administrer la preuve, et, par jugement du 19 mai 1879, le tribunal l'admet à prouver les faits suivants : « Bien que la vie « commune ait duré six mois, il est néanmoins constant que, par « défaut d'attention, par suite de l'abus de liqueurs alcooliques et « de plaisirs solitaires, le sieur Q... (le mari) n'a jamais eu de

(1) Dalloz, *Rép.* vo *Mariage*, no 75.

« rapports avec sa femme, dont l'état physique est le même « qu'avant son mariage (1) ».

Nous demandons par quel moyen la dame Q... pourra administrer la preuve du fait articulé, autrement que par l'examen médical de sa personne.

59. Nous devons reconnaître que la jurisprudence paraît se prononcer contre l'opinion que nous adoptons (2).

Un jugement du tribunal civil d'Alais, du 29 avril 1869, avait statué en ces termes :

« Attendu que le sieur X... n'attaque pas l'acte civil de son mariage parce qu'il y aurait eu erreur dans la personne physique de celle à laquelle il avait voulu s'unir, mais qu'il demande formellement au tribunal de reconnaître et déclarer que ledit acte n'a jamais légalement existé comme mariage, par suite d'un vice radical qui l'a affecté *ab initio* ; que les dispositions invoquées des articles 180, dernier paragraphe, et 181 du Code civil sont des lois inapplicables dans l'espèce, et qu'ainsi ladite exception doit être simplement rejetée comme irrecevable et mal fondée ;

« Au fond : attendu que le mariage est l'union légitime de l'homme et de la femme ; qu'il ne peut donc être valablement contracté qu'entre deux personnes de sexes différents ; d'où il suit qu'il est essentiellement vicié dans son principe lorsque les conjoints apparents sont du même sexe, ou que l'un d'eux manque absolument des organes naturels constitutifs du sexe même, différent de celui de l'autre, auquel il prétend appartenir ;

« Attendu qu'il est articulé par le sieur X..... que la partie de Villaret, avec laquelle il a contracté mariage, le 20 décembre 1866, ne possède aucun des organes naturels distinctifs de la femme ; qu'elle n'a ni seins, ni matrice, ni ovaires, ni vagin ; que son bassin est conformé plutôt comme celui d'un homme que comme celui d'une femme, et que, quoiqu'âgée de vingt-sept ans, elle n'a jamais eu ni règles, ni douleurs lombaires et abdominales périodiques ;

« Attendu que le mérite réel de ladite articulation ne peut être exactement apprécié qu'au moyen surtout d'une expertise préalable, et que, quelque répugnance que l'on puisse éprouver à recourir à l'emploi de cette mesure d'instruction, il y a toutefois lieu de l'ordonner, alors qu'à la différence de la vérification, toujours conjecturale, de l'impuissance naturelle alléguée contre un des époux à raison d'un vice de conformation dans un de ses organes, le résultat de ladite mesure, dans l'espèce, devra nécessairement aboutir à la démonstration certaine du fait purement matériel à vérifier, si la partie défenderesse est ou n'est pas privée de tous les organes naturels distinctifs de la femme, les uns externes et apparents, les autres internes, il est vrai, mais dont l'existence ou la non-existence, pour les gens de l'art, sera non moins facile à constater ;

(1) *Gazette des tribunaux*, 10 juin 1879.
(2) Chambéry, 28 janv. 1867.

« Attendu que ledit sieur X... offrait en outre de prouver, tant par titres que par témoins, soit les susdits faits ci-dessus articulés, soit les suivants, à savoir : 1° qu'une sage-femme d'Alais, par qui la partie défenderesse s'est déjà fait volontairement visiter, a constaté et raconté à plusieurs personnes qu'elle était réellement privée desdits organes distinctifs de la femme ; 2° que cette dernière elle-même a reconnu par écrit le fait de cette absence complète chez elle de cesdits organes ;

« Et ladite preuve étant suffisamment pertinente et concluante, il y a également lieu, pour mieux éclairer la religion du tribunal sur le litige si grave dont il est saisi, d'admettre ledit X... à la rapporter ;

« Par ces motifs, avant faire droit, commet la demoiselle N..., sage-femme en chef de la Maternité de Montpellier, à l'effet de voir et visiter ladite partie de Villaret et de rapporter si elle est matériellement privée, ou si elle ne l'est pas, de tous les organes naturels constitutifs du sexe féminin ; si réellement elle n'a ni seins, ni ovaires, ni matrice, ni vagin ; si son bassin est conformé plutôt comme celui d'un homme que comme celui d'une femme, et si elle n'a jamais eu jusqu'ici ni règles ni douleurs lombaires et abdominales périodiques ; ordonne que ladite demoiselle sera assistée du docteur Fabre, d'Alais, chargé spécialement de se concerter préalablement avec elle sur la manière dont ladite vérification devra être faite ; de recueillir ensuite lui-même, dans un appartement séparé de celui où il y sera procédé, le résultat de l'examen et des constatations dudit expert, et de rapporter à son tour, eu égard à ce même résultat, si, d'après sa propre opinion, ladite partie défenderesse est ou n'est pas réellement privée matériellement de tous lesdits organes naturels constitutifs du sexe féminin. »

Appel par la dame X..., et arrêt de la Cour de Nîmes, du 29 décembre 1869.

« La Cour, — Attendu que la loi n'a pas mis l'impuissance au nombre des causes de nullité du mariage, qu'elle soit naturelle ou accidentelle, d'où il suit que toute demande tendant à prouver que l'un des époux se trouve dans cet état, doit être rejetée ;

« Qu'il faudrait, il est vrai, décider autrement, si la demande avait pour objet non de prouver l'impuissance de l'un des époux, mais qu'il n'appartient pas au sexe qui lui avait été attribué, car le mariage étant l'union légitime de l'homme et de la femme, la différence du sexe en forme une condition essentielle ;

« Que la demande en nullité du mariage contracté par le sieur X... le 20 décembre 1866 avec la dame X.. est fondée sur ce dernier motif ; mais attendu que la preuve offerte, à défaut d'autre justification, en supposant qu'elle pût être rapportée, n'établirait pas que la dame X... n'appartient pas au sexe féminin, mais démontrerait tout au plus une conformation vicieuse des organes de la génération qui la rendrait impropre à en accomplir la fonction ;

« Attendu, à cet égard, que le sieur X... peut être d'autant moins admis à prétendre que la dame X... n'appartient pas au sexe dont elle a les apparences, qu'il a reconnu lui-même, dans un acte public du 12 décembre 1868, qu'elle était simplement atteinte d'un vice interne de conformation ;

« Attendu enfin que les documents versés au procès, et spécialement le certificat du docteur Carcassonne, ne permettent point de douter que l'appelante ne soit réellement une femme ;

« Qu'en cet état, la preuve offerte n'étant ni pertinente ni admissible, c'est à tort que les premiers juges l'ont ordonnée ;

« Par ces motifs, infirmant, rejette, etc. (1)...

Cet arrêt ayant été rendu par une seule Chambre de la Cour, et non par toutes chambres réunies, ainsi que le prescrit le décret du 30 mars 1808, art. 22, pour les questions d'état, l'arrêt fut cassé par la Cour de cassation, le 15 janvier 1872, et la cause renvoyée devant la Cour de Montpellier, laquelle a statué ainsi, le 8 mai suivant :

« La Cour, — Adoptant les motifs des premiers juges (du tribunal d'Alais), et attendu que la question du litige n'est point dans un vice de conformation, mais dans l'absence complète des organes qui caractérisent le sexe de la femme ;

« Attendu que l'objet de la vérification et de l'enquête ordonnée par les premiers juges porte en effet sur le point de savoir si Anne-Justine Jumias a des seins, des ovaires, un vagin, et notamment l'organe essentiel à la femme, la matrice ;

« Attendu que le mariage étant l'union de l'homme et de la femme, il ne saurait être valable s'il était démontré que la personne considérée comme femme, au moment de la célébration, ne l'était point, confirme, etc. (2)...

60. Il est donc bien entendu, et cela résulte clairement de l'arrêt, qu'une personne qui n'est pas douée de *tous les organes essentiels à son sexe* ne contracte pas un mariage valable. Mais voyons : supposons faite la preuve offerte par le mari et admise par la Cour de Montpellier ; voilà que Anne-Justine Jumias n'est pas une femme, parce qu'elle n'a ni seins, ni ovaires, ni vagin, ni matrice. Si elle n'est pas une femme, il faut pourtant bien qu'elle soit un homme ; or *elle n'a aucun des organes constitutifs du sexe masculin ;* pourquoi sera-t-elle plutôt un homme qu'une femme? Si le mariage est annulé parce qu'elle n'est pas une femme, et qu'elle se marie une seconde fois, mais avec une femme, celle-ci pourra-t-elle aussi faire annuler ce second mariage, parce que Anne-Justine Jumias n'est pas un homme?

Admettons d'ailleurs qu'au résultat de l'expertise et de l'enquête, elle ait des seins, des ovaires, un vagin et pas de matrice, ou bien qu'ayant quelques-uns de ces organes essentiels, elle soit

(1) Nîmes, 29 décembre 1869. *P.* 1870. 424.
(2) Montpellier, 8 mai 1872. *P.* 1872. 1075.

privée des autres, ou encore que l'entrée de l'utérus soit cloisonnée de façon à rendre la conception impossible, sera-t-elle douée de l'*organe essentiel* à la femme?

Qu'est-ce donc que la Cour de Montpellier entend par l'organe essentiel? Et s'il suffit qu'un organe essentiel manque pour que le mariage soit annulable, comment ne pourra-t-on pas l'annuler pour impuissance manifeste?

L'erreur de la Cour de Montpellier provient de ce que les magistrats, ce qui est bien pardonnable d'ailleurs, n'ont pas, en physiologie, des connaissances assez étendues. L'arrêt, en effet, ne considère comme un organe essentiel constitutif du sexe féminin, que la matrice. Selon le dernier motif, l'être à qui manque la matrice n'est pas une femme. Mais, encore fois, si la matrice existe et que cet organe soit inutile par suite de l'absence du vagin ou de l'ovaire, l'être incomplet dont il s'agit ne sera pas davantage une femme. Qu'importe donc que ce soit l'un plutôt que l'autre de ces organes qui fasse défaut, si l'être en question ne peut accomplir le vœu de la nature?

Après l'arrêt de Montpellier, l'affaire revint de nouveau devant le tribunal d'Alais, l'enquête eut lieu, et il fut plaidé au fond. Cette cause, qui présentait à juger les questions les plus graves, avait soulevé de vives discussions aussi bien parmi les jurisconsultes que dans le corps médical. On avait produit au procès d'abord une consultation de M. Valette, ainsi conçue :

« Il est évident que la différence des sexes est une condition essentielle de la validité du mariage, car le mariage n'est autre chose que l'union légitime d'un homme et d'une femme. Dans l'espèce sur laquelle a été rendu le jugement interlocutoire du tribunal civil d'Alais, le 29 avril dernier, la question débattue au fond est celle de savoir si la partie défenderesse doit ou non, à raison de sa conformation physique, *être regardée comme appartenant au sexe féminin.* A cet égard, si les faits articulés par le demandeur étaient établis par l'expertise et par l'enquête, la négative se trouverait constatée ; dès lors il faudrait bien reconnaître la nullité complète et absolue du prétendu mariage dont il s'agit, *nullité qu'aucune ratification expresse ou tacite n'a pu ni ne pourra jamais couvrir.*

« En conséquence, le soussigné estime que le jugement précité du tribunal d'Alais ordonnant une expertise et une enquête sur les faits en question a été bien rendu et doit être confirmé en appel ».

On produisit ensuite trois consultations médicales :

1o M. le professeur Ambroise Tardieu (1) déclarait que Justine Jumias

(1) Tardieu, *Question médico-légale de l'identité dans ses rapports avec les vices de conformation des organes sexuels*, 2e édition. Paris, 1874, p. 6.

n'était pas une femme, que tout concourait à démontrer qu'elle appartenait au sexe masculin, que non seulement, entre elle et Darbousse, il existait impossibilité de rapprochement, mais même identité de sexe.

2° M. Courty concluait ainsi : « La personne en question doit donc être rangée dans la catégorie des sujets tératalogiques, qui n'ont, à proprement parler, pas de sexe, et qui ne peuvent, par conséquent, être unis par le mariage à aucun individu normalement organisé, quel que soit le sexe de ce dernier. »

3° Enfin le docteur Legrand du Saulle disait : « En résumé,

« 1° La personne désignée n'est pas une femme ;

« 2° Elle n'est vraisemblablement point un homme;

« 3° Elle ne possède très probablement aucun sexe ».

Par un jugement du 28 janvier 1873, le tribunal d'Alais annula le mariage de Darbousse avec Justine Jumias.

Il importe de reproduire ici un des *considérants* de ce jugement; il est fondé sur des motifs de l'ordre le plus élevé :

« Attendu qu'il ne faut pas d'ailleurs oublier que la question de savoir si ladite partie défenderesse est réellement privée de tous les organes essentiels féminins, ne doit être examinée qu'au point de vue du mariage et de la demande en nullité dont le tribunal est saisi ; que ce contrat, qui participe du droit civil qui en règle les conditions, et du droit naturel par l'union des sexes, et a toujours été consacré par la religion de tous les peuples, a un but social et un but moral tout à la fois : le premier, de perpétuer la famille, base de toute société, par la procréation des enfants, et le second, de donner un aliment modérateur aux instincts de la nature, de prévenir ainsi les écarts des passions, assurer les joies et la prospérité du foyer domestique ; et ce double but serait évidemment manqué s'il pouvait se faire qu'un pareil contrat dût être maintenu lorsqu'un vice général organique sexuel de l'un des époux présenterait entre eux, comme dans l'espèce, ainsi que le constate suffisamment le certificat, un obstacle perpétuel, invincible, de rapprochement. »

Nous savons bien qu'on nous répondra : le tribunal d'Alais a bien jugé, parce que Anne-Justine Jumias n'appartient à aucun sexe, et que le mariage est l'union légitime de l'*homme* et de la *femme*. Mais on peut en dire autant de tous les cas d'impuissance manifeste.

61. L'importante question qui nous occupe a été traitée d'une façon complète par M. Rodière dans une note publiée par le *Journal du Palais* sous un arrêt de la Cour de Toulouse, du 10 mars 1858 (1). Nous la reproduisons en entier :

« La question de savoir si l'impuissance naturelle ou accidentelle de l'un des époux doit entraîner la nullité du mariage est assuré-

(1) *P*. 1859. 553.

ment une des plus graves que le titre *du mariage* présente, et il nous semble que la Cour de Toulouse s'est écartée des principes qui doivent servir de guide dans cette importante matière (1).

« Il convient d'abord de prendre ici en grande considération la législation qui a précédé celle qui nous régit, parce que plus une chose est importante, et moins il est à présumer qu'un nouveau législateur ait voulu briser avec les traditions transmises d'âge en âge dans une longue série de siècles. Jetons donc un coup d'œil rapide sur les principes qui étaient admis autrefois dans le droit canon relativement au vice d'impuissance.

« L'impuissance était, dans le droit canon, un empêchement *dirimant* du mariage. Cet empêchement, suivant saint Thomas, était de droit naturel en même temps que de droit positif ecclésiastique ; et ce qui déterminait l'Ange de l'École à voir dans ce vice un empêchement de droit naturel, c'est que l'impuissance met la personne qui en est atteinte hors d'état de remplir les devoirs auxquels elle s'est engagée en se mariant.

« Quant au droit positif ecclésiastique, il avait dû s'inspirer en ce point des principes du droit naturel dès la plus haute antiquité. Aussi plusieurs canonistes faisaient-ils remonter, non pas l'introduction, qu'ils supposaient tous être contemporaine du christianisme, mais la consécration formelle de l'empêchement résultant de l'impuissance, jusqu'à Grégoire le Grand, auquel, dans cette opinion, il faudrait attribuer le canon *Quod autem*, et le canon *Requisisti, caus.* 33, *quest.* 1re, du décret de Gratien.

« Supposé que ces deux canons, dont l'inscription porte simplement : *Gregorius scribit,* ne doivent pas être attribués à saint Grégoire le Grand, premier pontife de ce nom, ils ne sauraient au moins être attribués à un pape plus récent que Grégoire II, qui occupa le trône pontifical de l'année 715 à l'année 731 (2).

« C'est donc depuis le commencement du huitième siècle, au plus tard, que l'impuissance fut classée positivement par les canons parmi les empêchements dirimants.

« Cette règle fut suivie dès lors invariablement dans tous les pays chrétiens, dont la législation civile, en matière de mariage, n'avait d'autre fondement que le droit canon. Elle fut, par conséquent, suivie en France d'une manière invariable par tous les tribunaux ecclésiastiques, et aussi par les Parlements, qui, par la voie de l'appel comme d'abus, connaissaient souvent des procès jugés en première instance par les officialités. Cette jurisprudence était encore en pleine vigueur lors de la révolution de 1789.

« Jamais donc, dans l'espace de plus de dix siècles, on n'avait fait difficulté d'admettre les demandes en nullité de mariage pour impuissance, lorsqu'elles étaient formées par l'époux autre que l'impuissant, qui prétendait n'avoir pas connu, quand il s'était marié, le vice de conformation de son conjoint.

« La jurisprudence des Parlements avait seulement condamné, dès le commencement du dix-septième siècle, tout *mode* de vérification

(1) La Cour de Toulouse avait jugé que l'impuissance naturelle de l'un des époux ne peut servir de base à aucune action.

(2) V. Durand de Maillane, *Diction. de droit canonique*, v° *Impuissance.*

qui pouvait offenser les mœurs, et notamment le *congrès*, qui, dans le cours du seizième siècle, avait été, à ce qu'il paraît, ordonné dans certaines officialités.

« Mais l'abolition d'une procédure indécente n'avait apporté aucun changement aux règles admises sur le fond du droit, et jamais on ne contesta à un époux le droit d'opposer l'impuissance de l'autre époux, quand il prétendait que cette impuissance lui avait été inconnue lors de la célébration du mariage ; sauf à lui à n'appuyer son allégation que sur des preuves décentes et licites.

« Il y avait seulement entre les canonistes une dissidence très grave sur le point de savoir si la nullité du mariage pouvait être demandée quand l'impuissance d'un époux avait été connue de l'autre au moment de la célébration. Saint Thomas enseignait l'affirmative, tandis que saint Antonin tenait pour la négative ; mais, suivant Durand de Maillane, c'est l'opinion de saint Thomas qui était la plus suivie.

« Nous préférons cependant pour notre part l'opinion de saint Antonin. Puisque le mariage n'a jamais, dans l'Église, été interdit aux vieillards, nous ne voyons pas pourquoi il serait interdit à des personnes qui, pour quelque cause autre que la vieillesse, ne sauraient espérer de progéniture. L'idée d'une association conjugale fondée sur la seule sympathie des âmes n'a rien assurément que de très moral, et la continence parfaite dans le mariage excite même à un plus haut degré l'admiration du monde que la continence observée dans le célibat, parce que l'on s'attend moins à la trouver dans le premier état que dans le second.

« Or épouser, une personne dont on connaît l'impuissance, c'est, aux yeux du moraliste chrétien, se vouer en réalité à la continence, et nous ne voyons pas pourquoi les lois refuseraient de laisser son effet à ce vœu implicite, quand il est fait en pleine connaissance de cause.

« Mais, nous le demandons à toute personne douée de quelque sens, une pareille résolution est-elle commune ? Quand on s'engage dans le mariage, n'est-ce pas à peu près toujours parce qu'on espère fonder une famille ? Toute femme ne s'attend-elle pas à trouver dans l'homme qu'elle épouse plus qu'un frère, et l'homme, à son tour, ne croit-il pas trouver, dans celle dont il fait sa compagne, plus qu'une sœur ?

« S'il est donc pour nous une vérité démontrée, c'est que rien n'était plus fondé en raison que l'opinion des canonistes qui s'accordaient tous à permettre à un époux de demander la nullité du mariage pour cause de l'impuissance de l'autre époux, quand il avait ignoré cette impuissance.

« Pour nous résigner à croire que les auteurs du Code Napoléon aient voulu proscrire une règle aussi raisonnable, nous voudrions des preuves positives. Or, ces preuves positives manquent absolument ; et les jurisconsultes qui n'admettent pas l'impuissance comme cause de nullité du mariage en sont réduits, pour soutenir leur thèse, à des arguments sans portée.

« L'argument le plus spécieux consiste à dire que le Code Napoléon n'a pas nommé formellement l'impuissance comme cause de nullité du mariage. Il ne l'a pas nommée explicitement, c'est vrai, mais nous soutenons qu'il l'a indiquée implicitement, et qu'il a donné à l'impuissance, sinon tout l'effet que lui reconnaissait saint Thomas, au moins tout l'effet que lui attribuait saint Antonin.

« Tous les interprètes de la loi conviennent, en effet, aujourd'hui, qu'en indiquant l'erreur sur la personne comme cause de nullité du mariage, les auteurs du Code Napoléon n'ont pas eu simplement en vue une méprise sur l'identité, qui est à peu près impossible, mais aussi toute erreur sur une qualité manifestement *essentielle*, car le consentement de l'époux trompé est aussi vicié dans le second cas que dans le premier.

« Or nous prions qu'on nous dise s'il est possible d'errer d'une manière plus *essentielle*, que lorsqu'on se trompe totalement sur l'aptitude de l'autre conjoint aux fins ordinaires du mariage.

« Exclure l'impuissance comme cause de nullité du mariage parce que le Code ne l'a pas nommée, c'est être amené à dire que l'impuissance, même accidentelle, ne peut pas fournir un moyen de nullité à l'époux trompé, et nous devons reconnaître qu'en effet quelques auteurs, notamment Favard de Langlade (1), Zachariæ (2), Pezzani (3) et M. Taulier (4), sont allés jusque-là. Mais, à nos yeux, cela est inadmissible. Quoi donc ! un homme aura subi la castration ; cet homme ensuite n'aura pas craint, en cachant son état, d'obtenir une fille en mariage, et cette fille sera obligée de demeurer l'épouse d'un homme qui l'aura ainsi trompée ! Notre conscience repousse énergiquement une pareille conséquence. Aussi la grande majorité des auteurs n'admet pas la doctrine véritablement par trop rigoriste de MM. Favard, Zachariæ, Pezzani et Taulier (5).

« Mais beaucoup veulent voir ici une différence profonde entre l'impuissance naturelle et l'impuissance accidentelle ; et parce que le législateur a décidé expressément, dans l'article 313 du Code Nap., que l'impuissance naturelle ne peut être une cause de désaveu, nombre d'auteurs en ont conclu que cette impuissance ne peut non plus donner lieu à une demande en nullité de mariage (6). Il n'y a cependant entre les deux situations aucune analogie.

« Pourquoi les auteurs du Code Nap. n'ont-ils pas admis l'impuissance comme cause de désaveu ? Quelques-uns ont supposé que c'est parce que l'impuissance naturelle ne peut pas être prouvée, et nous devons reconnaître que, dans la séance du Conseil d'État du 14 brumaire an X, Portalis dit, en effet, qu'il n'y avait pas de moyen de reconnaître *avec certitude* cette impuissance. Mais cette allégation de Portalis nous paraît avoir peu d'autorité ; Portalis était un juris-

(1) *Répert.*, v° *Mariage*, sect. 1re, § 2, n° 7.
(2) *Dr. franç.*, 1re édit., p. 290 à 292.
(3) *Tr. des empêch. au mar.* n° 48.
(4) *Théor. du C. civ.*, t. 1, p. 251 et 252.
(5) V. notamment Toullier, *Dr. civ.*, t. 1er, n° 526. — Duranton, *Cours de Dr. fr.*, t. 2, n° 69, et les auteurs cités *infra*.
(6) V. Toullier et M. Duvergier, son annotateur, t. 1er, n° 525, et note 1re. — Duranton, t. 2, nos 67 et s.

consulte, ce n'était pas un physiologiste, par la raison toute simple que cet esprit n'avait jamais cultivé les sciences médicales.

« Il nous semble qu'à ce sujet, il est beaucoup plus sûr de s'én tenir à la conviction qu'on a eue dans toute la chrétienté pendant plus de dix siècles, savoir qu'il est des cas où l'impuissance naturelle, soit de l'homme, soit de la femme, peut être constatée d'une manière indubitable.

« Dans l'espèce même jugée par la Cour de Toulouse, dont nous avons eu une parfaite connaissance parce que nous avons été consulté par le demandeur en nullité, le mari offrait de prouver que des médecins habiles, dont sa femme avait spontanément requis les lumières, avaient affirmé qu'il était d'une impossibilité absolue qu'elle pût et qu'elle eût pu jamais devenir mère. Est-ce aux juristes, dans cette circonstance, à faire la leçon aux médecins ? N'est-ce pas plutôt aux médecins à faire la leçon aux juristes ?

« Il ne faut donc pas fonder l'inadmissibilité du désaveu pour cause d'impuissance naturelle sur une prétendue impossibilité de prouver cette impuissance ; ce serait exposer la loi à se trouver en contradiction flagrante avec la science.

« Sans recourir à cette prétendue impossibilité, l'article 313 se justifie par des considérations toutes juridiques ; c'est qu'en supposant même l'impuissance naturelle, le mari qui, nonobstant cette infirmité, a voulu embrasser un état qui n'était point fait pour lui, doit être écarté par application de la maxime que nul ne peut alléguer sa propre turpitude. C'est par une raison analogue que les lois pénales déclarent le mari indigne de poursuivre l'adultère de sa femme, quand il a lui-même entretenu une concubine dans la maison commune.

« D'après cela nous admettons parfaitement qu'on puisse induire par analogie, de l'article 313, qu'un conjoint ne peut pas se prévaloir de sa propre impuissance pour demander la nullité de son mariage ; mais il nous semble impossible d'induire de ce texte qu'un époux ne peut pas se prévaloir de l'impuissance naturelle de l'autre époux, parce qu'il y a pour nous autant de différence entre l'époux trompeur et l'époux trompé, qu'il y en a entre la nuit et le jour.

« Il va sans dire seulement que l'impuissance doit être établie d'une manière qui ne laisse pas de doutes dans l'esprit des juges ; mais nous ne voyons en cela d'autre règle à appliquer que la maxime certaine : *Actore non probante, reus absolvitur*. Et nous n'apercevons pas de fondement juridique à la distinction que d'autres auteurs ont voulu faire entre l'impuissance qu'ils appellent *manifeste* et celle qui ne l'est point de prime-abord (1). Toute la différence gît pour nous en ce que la preuve sera plus difficile dans le second cas que dans le premier.

« Il nous reste, pour justifier notre théorie, à repondre à quelques objections.

(1) V. notamment Merlin, *Rép.* v° *Impuissance*, n° 2. — Demolombe, *Cours C. N.* t. 3, n° 254. — Valette sur Proudhon, *État des person.*, t. 1er, p. 395, note *a*. — Vazeille, *Traité du mar.*, t. 1er, n° 93. — Allemand, *Tr. du mar*, t. 1er, n° 107. — Chardon, *Dol et fr.*, t. 1er, n° 23.

« La Cour de Toulouse a objecté, dans son arrêt, que l'époux trompé n'est pourtant pas admissible à se plaindre de l'impuissance de son conjoint, parce qu'un particulier doit savoir se résigner à supporter un malheur, toutes les fois que l'intérêt de la société le veut ainsi. — Cette objection ne nous semble pas fondée. Pour contraindre légitimement une femme à se contenter d'un simulacre de mari, ou un mari d'un simulacre de femme, il faudrait, suivant nous, démontrer que la société ne peut subsister qu'à cette condition ; or à qui persuadera-t-on que la conservation de la société exige absolument que l'impuissance ne puisse être une cause de nullité du mariage, quand toutes les sociétés chrétiennes ont, durant une longue série de siècles, admis la règle toute contraire ?

« On parle encore de difficulté de prouver et de considérations de décence. — Nous ne voyons pas non plus ce que tout cela signifie. Nous approuvons, à coup sûr, grandement la sagesse de nos pères qui, deux siècles déjà avant nos lois nouvelles, avaient absolument condamné le *congrès* ; mais pourquoi interdire des preuves telles que des vérifications de médecins ou de matrones, dont nul esprit raisonnable ne saurait s'effaroucher ?

« Dira-t-on que la dignité humaine veut que l'homme aussi bien que la femme puisse se refuser absolument à une inspection corporelle ? — Nous sommes porté à partager ce scrupule ; pourtant quel inconvénient y a-t-il à laisser alors aux magistrats un pouvoir complètement discrétionnaire et à leur permettre de se guider d'après les autres présomptions que la cause peut fournir ? Nous n'en voyons absolument aucun.

« On a dit qu'en refusant de se laisser visiter, l'époux défendeur pourrait peut-être colluder avec l'époux demandeur, parce qu'ils auraient tous deux en vue d'arriver à un divorce. — C'est oublier que le juge, en cette matière, n'a d'autre guide que sa conviction intime, qui ne pourra le tromper que bien rarement.

« Quoique l'arrêt de la Cour de Toulouse soit conforme à la plupart des précédents judiciaires, notamment à un arrêt de Gènes, du 7 mars 1811, à un arrêt de Riom, du 30 juin 1828, et à un arrêt de Besançon, du 28 août 1840, nous pensons donc que l'opinion contraire, consacrée par la Cour de Trèves le 1er juillet 1808, et que paraissent suivre Delvincourt (1) et Marcadé (2), doit être préférée (3).

« Nous ne croyons pas qu'on puisse dire que notre siècle se distingue entre tous les autres par la sévérité de ses mœurs. Nous entendons au contraire tout le monde se plaindre du progrès de l'im-

(1) *Cours de C. civ.* Edit. 1819. t. 1er, p. 361, notes; p. 84, note 6.

(2) Expl. C. N. après l'art. 164. Append. au chap. 1er du liv. *Du mariage*, n° 7.

(3) Aux auteurs cités par M. Rodière, ajoutons encore : Richefort, *Etat des familles*, t. 1er, n° 16. — Ducaurroy, Bonnier et Roustain, t. 1er, n° 319, note. — Mourlon, t. 1er, p. 349. — Bédarride, *Dol et fraude*, 2e édit., t. 1er, n° 360. — Legrand du Saulle, *Méd. lég.*, p. 13. — Soc. de méd. lég. *Annales d'hyg. et de méd. lég.*, 2e série, t. 38, p. 409. — Enfin nous citerons aussi le nouveau code italien, dont l'article 107 porte que l'impuissance manifeste et permanente de l'un des époux, quand elle est antérieure au mariage, peut être proposée comme une cause de nullité par l'autre conjoint.

moralité. Nous éprouvons donc une véritable surprise quand, dès qu'on parle d'impuissance, nous voyons bien des gens paraître se scandaliser. Prétendre cependant vouloir se montrer ici plus chaste que saint Thomas, c'est, ce nous semble, trop de délicatesse. Nous ne prétendons pas dire que la chasteté ne doit pas être respectée jusque dans les mots, mais nous prétendons qu'elle doit l'être surtout dans les faits.

« Spécialement, dans la matière qui nous occupe, la doctrine la plus chaste est certainement celle qui tend à préserver le lit nuptial de toute souillure, et ce n'est pas la doctrine qui interdit même à l'époux trompé de demander la nullité du mariage pour cause d'impuissance, qui nous semble favoriser ce résultat.

« Nous ajoutons en terminant que, puisque nous voyons dans une impuissance ignorée de l'autre époux, une erreur sur la personne de l'impuissant, nous croyons que l'action en nullité se prescrit conformément à l'article 181 du Code Napoléon, c'est-à-dire par six mois de cohabitation continuée depuis que l'époux trompé *a acquis la conviction de l'impuissance de son conjoint*. Nous n'admettons pas en effet, avec M. Vazeille, qu'une pareille erreur soit nécessairement découverte dès le lendemain des noces ; il est évident pour nous, au contraire, que plus l'époux trompé sera chaste, plus il tardera à la découvrir, et qu'il faut, par conséquent, laisser aux magistrats le soin de rechercher à quel moment il aura dû faire une aussi triste découverte. »

62. Tout ce que nous avons dit de l'impuissance, en général, s'applique évidemment à l'hermaphrodisme, qui n'est autre chose qu'un cas particulier d'impuissance. L'hermaphrodite, dans le sens classique du mot, n'existe pas dans la nature, c'est une fiction (1); mais on rencontre des êtres qui présentent à la fois les rudiments d'organes caractérisant l'un et l'autre sexe. Souvent les organes d'un sexe prédominent sur ceux de l'autre et peuvent même, dans certains cas, remplir les fonctions de l'un des deux. Le docteur Chesnet, de la Rochelle, cite (2) un cas fort curieux observé par lui sur une personne qui se croyait une fille, qui était sous-maîtresse dans un pensionnat, et qui, pourtant, était un homme. Souvent aussi le sexe est indéterminable, et, dans ce cas, comme dans l'affaire jugée par le tribunal d'Alais, le mariage est radicalement nul.

63. Nous considérons donc l'impuissance naturelle comme un empêchement *dirimant* résultant de notre législation actuelle, et, pour fonder notre conviction à cet égard, nous n'avons pas besoin de chercher des arguments en dehors de la loi et même de la ju-

(1) Legrand du Saulle, *Méd. lég.*, p. 27.

(2) *Annales d'hygiène publique et de médecine légale*, 2e série, t. 14, 1860, p. 206.

risprudence. Mais, en se plaçant à un autre point de vue, des physiologistes ont songé à faire introduire dans nos codes de nouveaux empêchements prohibitifs.

Les questions que soulèvent les mariages entre proches ne datent pas d'hier, et, dès l'antiquité, les moralistes, les législateurs et théologiens s'en sont préoccupés. Le principal inconvénient que l'on signale, de nos jours, dans les mariages consanguins, est celui de la dégénérescence de la race résultant du mélange d'un même sang et de la perpétuation des maladies héréditaires. Il est clair que si deux personnes appartenant à la même famille et ayant apporté l'une et l'autre, en naissant, le germe d'une maladie héréditaire, la folie, la phthisie, le scrofule, etc., s'unissent par le mariage, les enfants qui naîtront de cette union seront doublement exposés à recueillir ce triste héritage, tandis que si ces deux conjoints s'étaient unis, au contraire, chacun de son côté, à une personne parfaitement saine, d'une autre famille, on pourrait espérer voir le principe morbide disparaître plus facilement. On peut consulter, à ce sujet, les travaux de M. Devay (1). Suivant cet auteur, les nombreuses expérimentations faites en Angleterre sur les animaux domestiques par les accouplements qu'on appelle *production en dedans* (*breeding in and in*) ont démontré, de la façon la plus péremptoire, l'influence débilitante des accouplements entre parents très proches. Dans un travail lu à l'Académie de médecine, le 29 avril 1856 (2), M. Ménière, médecin de l'Institut des sourds-muets, affirmait que, parmi les causes de la surdi-mutité, le mariage entre consanguins est une des plus fréquentes. M. Th. Perrin déclare que *le quart au moins* des sourds-muets de l'établissement de Lyon est le fruit de mariages de cette nature. Des constatations à peu près semblables ont été faites à l'Institut de Bordeaux. D'après M. le docteur Boudin (3), il résulte des statistiques que si l'on représente par 1 le danger de procréer un enfant sourd-muet dans un mariage croisé, ce danger devient de :

18 pour mariages entre cousins germains,
37 pour mariages entre oncles et nièces,
70 pour mariages entre neveux et tantes.

Le danger est moins grand dans les mariages entre cousins issus de germains, il diminue à mesure que la parenté s'éloigne.

La surdi-mutité n'est pas le seul effet habituel des mariages

(1) Devay, *Hygiène des familles*. Paris, 1846. — 2e Édition. Paris, 1858.
(2) Ménière, *Note sur l'Étiologie de la Surdi-mutité congénitale*. *Bull. de l'Académie de médecine*. Tome XXI, p. 702.
(3) *Annales d'hyg. et de méd. lég.*, 2e série, t. 18, 1862, p. 12.

consanguins ; l'albinisme, la stérilité, l'aliénation mentale, les maladies de la vue, etc..., seraient produits par ces alliances (1).

On le voit, la théorie de la nocuité des mariages entre parents a des partisans déclarés; mais ceux de l'innocuité parfaite ne sont pas moins ardents. Selon M. le docteur Alfred Bourgeois (2), ceux qui croient à la nocuité des mariages entre consanguins ne s'en sont rapportés qu'à l'opinion erronée du vulgaire, à la fausse interprétation des livres anciens, à une mauvaise observation des faits. La prévention et la négligence, telle serait la cause de l'erreur, etc... — M. Périer a noté vingt-six cas d'innocuité (ce qui est un bien petit chiffre, alors qu'il se contracte annuellement, en France, trois ou quatre mille mariages consanguins).

Quoi qu'il en soit, la question est encore à l'étude. Plusieurs Conseils généraux émettent depuis longtemps le vœu de voir étendre, par une loi, la prohibition du mariage à la consanguinité, au moins jusqu'au degré de cousins germains, et le gouvernement, préoccupé, à juste titre, d'un intérêt si considérable, se livre à une enquête dont le résultat ne nous est pas encore connu.

64. Mais les inconvénients, réels ou imaginaires, des mariages entre parents ne sont pas les seuls dont on s'est préoccupé dans les derniers temps. Des médecins, animés assurément des meilleures intentions, ont proposé d'interdire le mariage à toute personne atteinte de certaines maladies. M. Marc (3) et un honorable chirurgien de Lyon (4) voudraient que tout homme prêt à contracter mariage produisît un certificat de santé. M. G. Lagneau (5) reconnaît qu'une pareille mesure porterait peut-être une atteinte trop directe à la liberté individuelle, mais il pense qu'on pourrait du moins, par un avis publié sur les maladies vénériennes, prévenir les hommes atteints de la syphilis, des conséquences funestes que leur mariage peut avoir non seulement pour leurs femmes et leurs enfants, mais aussi pour eux-mêmes.

Enfin, la Société de médecine publique et d'hygiène professionnelle a été saisie récemment par l'un de ses membres, M. le docteur Alexandre-Louis-Félix Bourgeois, d'une proposition tendant à émettre l'avis que de nouvelles prohibitions de mariage soient introduites dans la loi. Un rapport a été présenté

(1) *Op. cit.*, *loc. cit.*, p. 80. *Adde* t. 24, p. 44 et 241.
(2) Alfred Bourgeois, *ibid.* t. 18, p. 63.
(3) *Dictionn. des sc. médic.*, v° *Copulation*, p. 272.
(4) *Gazet. médic.* 1850, p. 198 et s.
(5) *Annales d'hyg. et de méd. lég.*, 2e sér., t. 5, 1856, p. 64.

à cette Société, le 24 mars 1880, par une commission composée de MM. Rougon, Thévenot, Marchal, Mathelin et Duverdy (1). M. Bourgeois voudrait voir interdire le mariage aux personnes atteintes d'épilepsie, de phthisie et de folie. Selon lui, ce serait le meilleur moyen d'arriver, au bout d'un certain temps, à en supprimer la propagation. La commission se demande d'abord si le législateur a le droit d'interdire le mariage à certains individus pour cause de santé, et elle répond immédiatement que le droit de se marier est un droit naturel qui appartient à tout individu de l'espèce humaine, et dont on ne peut le priver par une loi civile. Puis elle fait remarquer que, d'après M. Bourgeois, on ne pourrait se marier qu'en produisant un certificat de visite médicale portant une sorte de *Bon pour le mariage*. Mais si le médecin refusait le certificat, si celui qui l'a sollicité n'acceptait pas ses conclusions, quelle serait la juridiction qui statuerait en appel? Comment vérifier si les parents des futurs époux sont morts de telle ou telle maladie, sans consulter les médecins de la famille et sans violer le secret professionnel? La proposition dont il s'agit se heurterait à beaucoup d'autres difficultés encore, et elle sera toujours trouvée inacceptable.

M. Bourgeois demande enfin que le mariage soit prohibé entre parents jusqu'au quatrième degré inclusivement. En cela, il se trouve d'accord, ainsi que nous l'avons dit, avec un grand nombre de ses confrères et de personnes étrangères à la médecine; mais il va plus loin, et il veut encore interdire le mariage aux personnes ayant entre elles une différence d'âge de plus de vingt-cinq ans. Un homme de soixante ans pourrait épouser une femme de trente-six ans, mais non une femme de trente-quatre. Nous ne croyons pas qu'il soit nécessaire de discuter sérieusement de pareilles idées.

La commission, tout en rendant hommage aux bonnes intentions de M. Bourgeois, a pensé qu'il n'y avait pas lieu de modifier notre législation sur le mariage (2).

Pour réaliser le programme de M. Bourgeois, c'est plutôt à l'hygiène et au progrès de la médecine publique qu'il faut recourir; il ne faut pas supprimer les malades, mais les maladies. Nous pensons, quant à nous, que s'il était démontré d'une façon

(1) Duverdy, *Ann. d'hygiène*, 1880, 3e série, tome III, p. 435, et tome IV, p. 144.

(2) *Gaz. des tribun.*, 29, 30 et 31 mars 1880.— Voir aussi dans les *Annales d'hyg. et de méd. lég.*, 2e série, t. 44, p. 193, une spirituelle lettre du doct. Henry Bennett, au *British medical journal*, dans laquelle il condamne les mariages des phthisiques.

indéniable et par des enquêtes minutieuses et répétées, que les mariages entre parents, jusqu'au degré de cousins germains inclusivement, produisent les funestes effets que signalent un grand nombre de personnes compétentes, il y aurait lieu d'interdire absolument ces mariages. Il faudrait, dans ce cas, supprimer les dispenses de parenté et ne laisser subsister que les dispenses d'alliance. Cette modification aux art. 161, 162 et 163 du Code civil ne devrait être que le résultat des investigations les plus sérieuses et les plus complètes.

Quant aux autres prohibitions proposées, on doit les écarter *à priori*.

Nous n'avons pas besoin de dire que la démence, quand elle est certaine, est un empêchement prohibitif absolu. Pas de mariage valable sans le consentement libre des deux parties, et pas de consentement sans la raison.

CHAPITRE III

DISPOSITIONS A TITRE GRATUIT AU PROFIT DES MÉDECINS ET PHARMACIENS.

---

65. L'article 909 du Code civil est ainsi conçu :

« Les docteurs en medecine ou en chirurgie, les officiers de santé « et les pharmaciens qui auront traité une personne pendant la « maladie dont elle meurt, ne pourront profiter des dispositions entre-« vifs ou testamentaires qu'elle aurait faites en leur faveur pendant « le cours de cette maladie. — Sont exceptées : 1° les dispositions « rémunératoires faites à titre particulier, eu égard aux facultés du « disposant et aux services rendus; — 2° les dispositions univer-« selles, dans le cas de parenté jusqu'au quatrième degré inclusive-« ment, pourvu toutefois que le décédé n'ait pas d'héritiers en ligne « directe; à moins que celui au profit de qui la disposition a été faite « ne soit lui-même du nombre de ces héritiers. — Les mêmes règles « seront observées à l'égard du ministre du culte. »

Nous rechercherons, en premier lieu, quelles sont les personnes que notre article frappe ainsi d'incapacité relative, et, ensuite, ce qu'il faut entendre par la dernière maladie du disposant.

66. Et d'abord, quels sont les incapables? L'énumération de l'article 909 est-elle limitative ?

Pour bien comprendre l'esprit et la portée d'une disposition de loi, il faut être fixé non seulement sur le but qu'elle veut atteindre, mais aussi sur les motifs qui l'ont dictée.

67. Les commentateurs et les arrêts donnent pour seul motif de l'incapacité établie par l'article 909, l'influence que le médecin, l'officier de santé, le pharmacien ou le prêtre peuvent prendre sur l'esprit du malade. Il suit de là que l'incapacité résulte du *traitement*, et le traitement consiste dans les soins médicaux donnés d'une manière régulière, habituelle, par celui qui a entrepris *une cure*. — « C'est par la continuité même de ces soins, dit M. Demolombe, que l'homme de l'art acquiert, sans le vouloir souvent, et même sans le savoir, une influence toute-puissante sur l'esprit du malade auquel il finit par devenir nécessaire (1). » Et le savant professeur en conclut que le pharmacien ne serait point frappé d'incapacité s'il n'avait fait que fournir des médicaments de son officine, sur la prescription d'un médecin dirigeant le traitement. M. Demolombe pense qu'en désignant nommément le pharmacien dans l'article 909, le législateur a voulu seulement prévoir le cas où, comme cela arrive parfois dans les campagnes, le pharmacien aurait donné des soins ayant le caractère d'*un traitement*.

68. Il est clair que si la loi ne soupçonne pas autre chose qu'une influence acquise sur l'esprit du malade par la continuité et l'assiduité des soins donnés, la conclusion est rigoureusement exacte; ce n'est pas, en effet, en envoyant au malade les remèdes ordonnés par le médecin, que le pharmacien pourra acquérir une grande autorité sur son esprit ; mais nous croyons, quant à nous, que les défiances du législateur ont eu plus d'un objet, autrement on ne comprendrait pas pourquoi l'article 909 serait si rigoureux pour le pharmacien, alors qu'il n'atteindrait ni la sage-femme, ni la garde-malade, ni toute autre personne ayant prodigué des soins au défunt.

A-t-on vu si souvent, *dans les campagnes*, des pharmaciens traiter eux-mêmes les malades, pour que la loi ait dû songer à les frapper d'incapacité ?

L'honorabilité très connue du corps médical, nous dira-t-on, ne permet pas même le soupçon d'un crime. Nous répondrons que la loi ne peut pas être dictée par des considérations de cette nature, et qu'elle soupçonne bien les suggestions ; qu'au surplus, le corps le plus honorable contient de tristes excep-

(1) Demolombe, t. XVIII, p. 504.

tions (1). L'article 909 est loin d'avoir porté atteinte à la considération du corps médical, il l'a relevée au contraire, en mettant fin aux discussions qui s'agitaient devant les tribunaux sur la validité des actes de libéralité qui sont aujourd'hui déclarés nuls.

Si cet article n'existait pas, le médecin ayant donné des soins à un malade et en ayant reçu un legs serait placé dans cette alternative, ou de ramener son malade à la santé et de lui faciliter ainsi la possibilité de revenir sur sa libéralité, ou de le laisser mourir et de rendre par là cette libéralité irrévocable.

Le pharmacien légataire n'aurait pas moins d'intérêt, dans ce cas, à l'inefficacité de ses remèdes. Mais la loi, prévoyant, sinon la tentation qui pourrait naître dans l'esprit du médecin ou du pharmacien, au moins les suppositions que les parties intéressées pourraient faire, a introduit un principe salutaire dans l'article 909.

Cette disposition de loi est critiquée par plusieurs auteurs : Voyez, disent-ils, quelle inconséquence : la donation entre-vifs faite au médecin sera irrévocable si le malade revient à la santé (article 894 du Code civil), et elle sera nulle s'il vient à mourir (article 909)! M. Marcadé, entre autres, s'élève contre cette doctrine qui lui paraît fort bizarre :

« On a critiqué, du reste, et avec raison, dit cet auteur (2), quant à la donation entre-vifs, la règle de notre article, qui rend la disposition valable par cela seul que le disposant revient à la santé. Elle est fort juste pour le testament, puisque cet acte étant révocable à la volonté du testateur, si celui-ci le laisse subsister, quand il a recouvré la santé et la liberté d'esprit, c'est qu'il est bien l'expression de sa volonté. Mais comment justifier le Code quant à la donation qui, par le retour à la santé, se trouve valable immédiatement et *irrévocablement!* Comment! vous craignez que cette donation ne soit le résultat de la captation, vous le présumez même (puisque vous la déclarez nulle si son auteur meurt sous l'influence où vous le supposez être), et voilà que, dès que le donateur revient à la santé, dès le moment où il recouvre sa liberté d'esprit, vous déclarez l'acte valable avec ses effets ordinaires, c'est-à-dire avec irrévocabilité ! Quelle inconséquence ! »

L'étonnement de ces auteurs cesserait s'ils apercevaient que la crainte de suggestions n'est pas le seul motif de la loi (3). Dans notre système, au contraire, les dispositions de l'article 909 se justifient pleinement. Si le malade revient à la santé après la

(1) V. aff. Couty de la Pommerais, C. d'assises de la Seine, 17 mai 1864. Voy. *Ann. d'hyg. et de méd. légale*, 1864, 2e série, tome XXII, p. 80. — Aff. Danval, mai 1878. Voy. *Ann. d'hyg. publ. et de méd. lég.*, 1878, 2e série, tome L, p. 72, 314.

(2) Marcadé, t. 3, p. 468.

(3) Dalloz, *Rép.*, vo *Disposition entre-vifs*, no 367.

donation faite, toute suspicion disparaît, il n'y a plus aucune raison pour annuler la libéralité ; au contraire, le donataire recevra la récompense de ses bons soins.

Objectera-t-on que la libéralité faite en état de santé ne peut, dans la suite, être annulée par le motif que le donataire ou le légataire aurait donné des soins à l'auteur de l'acte dans la maladie dont il meurt ; que pourtant on peut craindre la même tentation chez le bénéficiaire de l'acte ? — Cette considération n'a pas la valeur qu'on lui suppose. La loi ne pouvait pas, dans le but de prévenir des cas fort rares d'indignité, exclure presque entièrement toute une classe honorable de citoyens du droit de recueillir des legs ou des donations. En indiquant un des motifs de la loi, et il nous paraît être le principal, nous n'entendons pas rejeter les autres. Le législateur a pensé aussi sans doute que le médecin, et même peut-être le pharmacien, pouvaient acquérir sur le malade, pendant la maladie qui va amener la mort, un empire suffisant pour que ce dernier dispose de sa fortune en faveur de celui qu'il croit pouvoir le guérir, et en outre, une fois cette disposition testamentaire accomplie, que l'homme capable d'obtenir par ses obsessions, ses suggestions, un testament en sa faveur, était capable aussi de hâter le moment où il pourrait jouir de la libéralité. C'est pendant la dernière maladie, pendant cette maladie qui a, selon l'expression consacrée, un trait prochain à la mort, que l'influence du médecin pourrait s'exercer avec plus d'autorité ; c'est donc pendant cette maladie que l'incapacité doit prendre naissance, mais c'est aussi pendant cette maladie que le sort du donateur est le plus particulièrement livré à la discrétion de ceux qui lui doivent leurs soins.

Et que l'on ne dise pas que ce raisonnement exclut aussi du droit de recueillir des libéralités les autres personnes qui soignent le malade. Si la loi a visé spécialement le médecin et le pharmacien dans l'article 909, c'est qu'ils possèdent les moyens de guérir le malade ou de le laisser plus facilement mourir. Le soupçon de suggestion peut d'ailleurs aussi bien atteindre ces personnes que le médecin et le pharmacien.

Quant à nous, il nous paraît impossible que le législateur n'ait pas été frappé de cette considération que le médecin ou le pharmacien en faveur de qui le malade vient de tester tiennent entre leurs mains la vie du testateur. Et cela est si vrai, qu'il s'agit, dans notre article, tous les auteurs le reconnaissent, de la maladie dont le donateur ou testateur est mort. Si donc un malade fait une donation à son médecin et, au cours de la maladie, vient à mourir d'accident, par suite d'une chute, d'un naufrage, d'un incendie, d'un accident de voiture ou de chemin de fer, etc..., on n'annulera pas la donation ! Ce qui rend suspects le médecin et le pharmacien, c'est donc la mort du malade, et sa mort de la maladie *qu'ils traitaient*. La loi n'a pas voulu qu'ils fussent intéressés à ce que leur traitement demeurât inefficace.

Il est vrai que le ministre du culte, soumis par l'art. 909 à la même règle que le médecin et le pharmacien, n'est pas frappé d'incapacité pour le même motif, bien que l'on puisse dire de lui, aussi bien que du pharmacien, que, dans les *campagnes*, il traite ses paroissiens malades ; personne n'a jamais songé à contester qu'il s'agisse, pour lui, des consolations spirituelles données pendant la maladie ; mais on doit reconnaître que, dans l'exercice de son ministère, il peut acquérir sur l'esprit affaibli d'un malade une influence bien autrement puissante que le médecin, et surtout que le pharmacien. — Le dernier paragraphe de l'article a été ajouté après coup ; il est évident que, malgré les expressions employées, la loi n'a pas exigé, pour annuler la donation faite en faveur du ministre du culte, qu'il ait *traité* le malade ; pourquoi n'en serait-il pas de même du pharmacien ?

Enfin, il est un dernier argument qui nous paraît topique en faveur de notre système : un malade, pendant sa dernière maladie, fait son testament en faveur d'un médecin autre que celui qui le soigne, et, postérieurement à cet acte de libéralité, il reçoit les soins médicaux de son légataire. La jurisprudence et les auteurs sont d'accord pour reconnaître que le testament sera nul. Dans ce cas, l'on ne peut pourtant pas redouter les suggestions du médecin ou son influence résultant du traitement. Pourquoi donc le testament n'est-il pas valable ? — On donne une explication qui n'explique rien : « parce que, dit-on, la loi ne distingue pas et n'exige pas la concomitance du traitement avec la libéralité ». — Parce que, disons-nous, il n'est pas bon, il n'est pas moral que le médecin tienne entre ses mains la vie de l'homme qui doit lui laisser sa fortune. Si une loi quelconque avait prononcé la nullité de l'assurance constituée par le docteur Couty de la Pommerais sur la tête de Mme de Paw, ce médecin n'aurait pas eu peut-être l'idée d'administrer de la digitaline à sa victime.

69. Cette discussion ne présente pas seulement un intérêt théorique, il est facile d'en tirer des conséquences. En effet, si le motif que nous supposons à l'art. 909 est sinon le seul, au moins le principal, le pharmacien devra être suspect par cela seul qu'il aura fourni des remèdes, et il ne sera pas nécessaire, pour que la donation faite en sa faveur soit annulée, qu'il ait, en outre, prescrit et dirigé lui-même le traitement.

70. Quoi qu'il en soit, la doctrine et la jurisprudence sont fixées aujourd'hui ; il est enseigné par tous les auteurs et jugé par tous les arrêts que l'incapacité ne frappe point le pharmacien qui s'est borné à fournir des médicaments (1).

Nous devons, bien qu'à regret, nous incliner devant une pareille unanimité. Puisqu'une distinction doit être faite, elle sera facile. Quand le pharmacien aura fourni des médicaments sur une ordonnance de médecin, la direction du traitement ne lui appartenant pas, il ne tombera pas sous le coup de l'art. 909 ; mais s'il a fourni ces médicaments de sa propre autorité, sans le concours d'un médecin, s'il a prescrit et dirigé un véritable traitement, il sera atteint par l'incapacité édictée par cet article (2).

71. Nous ne citerons qu'une espèce.

Le 11 juillet 1866, la Cour de Caen rendait un arrêt ainsi conçu :

« Considérant que Louis Lépine, dit Lagoupillière, ancien notaire à Séez, fut atteint, à la fin d'avril 1863, de la maladie à laquelle il a succombé le 23 mai suivant, en laissant deux testaments olographes, en date des 21 et 22 mai, par lesquels il instituait cinq légataires universels, dont l'un était Gabriel Perrine, pharmacien, demeurant à Séez ; — que c'est cette disposition universelle faite en faveur de Perrine, dont Antoine Lépine, frère et héritier légitime du testateur, demande aujourd'hui la nullité comme contraire aux prohibitions de l'article 909 du Code Napoléon ;

« Considérant que ledit article 909 ne déclare pas incapable de recevoir par disposition entre-vifs ou testamentaire, les pharmaciens qui se seraient bornés à préparer, sur les ordonnances du médecin, les médicaments destinés au malade, mais seulement ceux qui auront traité une personne pendant sa dernière maladie, c'est-à-dire qui lui auront donné des soins médicaux, prescrit des remèdes, ou modifié ceux ordonnés par le médecin ; qu'il y a lieu dès lors de déterminer si tel fut le rôle de Perrine auprès de Lépine-Lagoupillière, pendant la dernière maladie de celui-ci ;

« Considérant qu'il résulte des enquêtes auxquelles il a été procédé, que, pendant le dernier mois de la vie de Lépine-Lagoupillière, Perrine lui faisait de longues et fréquentes visites, soit qu'il se rendît spontanément auprès de lui, soit qu'il y fût appelé par le malade lui-même ; que si d'anciennes relations expliquent et peuvent justifier ses assiduités, Perrine y trouvait du moins l'occasion facile et par lui utilisée d'apporter dans le traitement prescrit par le

(1) V. notamment Demolombe, *loc. cit.*— Marcadé sous l'art. 909.—Dalloz, *Disp. entre-vifs*, n° 370. — Montpellier, 31 août 1853. *D. P.* 54. 2, 91.

(2) Dalloz, *loc. cit.*, n° 369. — Troplong, *Donat. et test.*, t. 2, n° 645. — Demolombe, t. 1er, n° 506.

médecin ordinaire une intervention personnelle d'autant mieux acceptée que sa profession même et les connaissances qu'elle suppose donnaient plus d'autorité à sa parole, et que ses indications devaient être plus facilement exécutées ;

« Ainsi Perrine tâtait le pouls du malade, examinait sa langue et sa gorge, lui disait qu'il le guérirait, que ses médicaments le sauveraient, qu'il allait lui donner quelque chose qui lui ferait du bien ; — il s'informait de ce qui avait été fait, et annonçait qu'il indiquerait ce qu'il y aurait à faire ; — il a, de son chef, autorisé l'administration de l'éther à hautes doses, contrôlé l'emploi du vin de Malaga ordonné par le médecin, insisté sur l'usage de pilules que ce dernier avait proscrites, fourni, sans ordonnance, deux potions et un lavement préparé avec des têtes de pavot ;

« Considérant que, indépendamment de ces faits, directement établis par les enquêtes, on trouve, sur les mémoires de Perrine, une certaine quantité de médicaments fournis par lui à Lépine-Lagoupillière depuis le 25 avril jusqu'au jour de sa mort, et cependant on n'a découvert, au domicile du défunt, aucune ordonnance délivrée par le médecin qui, chaque jour pourtant, visitait le malade et qui a dû faire de nombreuses prescriptions. — La disparition de ces ordonnances ne permet malheureusement pas de vérifier si les fournitures de Perrine, autres que celles indiquées plus haut, ont été livrées conformément aux formules données par le médecin ordinaire ;

« Considérant que si chacun des faits indiqués ci-dessus ,apprécié isolément, pouvait ne paraître que le témoignage indifférent, au point de vue de l'article 909, d'un affectueux intérêt et d'une sympathique sollicitude, ils forment, par leur réunion, un ensemble de soins répétés qui constitue un véritable traitement médical, c'est-à-dire l'ingérance habituelle dans la constatation du mal et dans la prescription des remèdes destinés à le combattre ;

« Que, à une situation ainsi caractérisée, s'appliquent évidemment les dispositions prohibitives de l'article 909 qui a voulu opposer un obstacle infranchissable à l'influence, même involontaire, mais naturelle et puissante, qu'exercent sur l'esprit du malade ceux qui, à quelque titre que ce soit, entreprennent de le guérir ;

« Qu'il y a lieu, dans cette circonstance, de prononcer la nullité de la disposition universelle faite par Lépine-Lagoupillière au profit de Perrine, dans ses testaments des 21 et 22 mai 1863, etc... »

Pourvoi du sieur Perrine et arrêt de la Cour de cassation, Chambre des requêtes, du 7 avril 1868.

« La Cour, — Attendu qu'aux termes de l'article 909, les pharmaciens qui auront traité une personne pendant la maladie dont elle meurt, ne pourront profiter des dispositions testamentaires qu'elle aurait faites en leur faveur pendant le cours de leur maladie ;

« Attendu que l'arrêt attaqué, appréciant souverainement le résultat des enquêtes, déclare que Perrine, pharmacien, a soigné Lépine-Lagoupillière pendant la maladie dont il est mort ; que les faits établis au procès forment, par leur réunion, un ensemble de soins répétés qui constitue un véritable traitement médical ; qu'en prononçant, par suite, la nullité de l'institution universelle faite par Lépine-Lagoupillière, décédé le 23 mai 1863, au profit de Perrine, dans les testaments olographes des 21 et 22 du même mois, l'arrêt attaqué a fait une saine application de l'article 909 du Code Napoléon, etc., rejette (1). »

72. Tous les commentateurs s'accordent aujourd'hui à reconnaître que les dispositions de l'article 909, créant des incapacités, ne peuvent être étendues, et que cet article ne s'applique ni aux sages-femmes (2), ni aux gardes-malades, ni surtout aux personnes qui ne font pas profession de guérir, comme les instituteurs et les maîtres de pension, que M. Delvincourt voudrait assimiler aux médecins. Aussi peut-on s'étonner de voir les mêmes auteurs, qui refusent, avec raison, de comprendre la sage-femme parmi les incapables, parce qu'elle n'y est pas spécialement désignée, déclarer qu'au contraire la loi a voulu frapper d'incapacité les charlatans, les empiriques, les magnétiseurs, etc., qui font métier de guérir sans y être autorisés par des diplômes réguliers, bien que l'article 909 ne les mentionne pas plus que la sage-femme.

S'il faut respecter avant tout la prohibition d'étendre les incapacités, on doit dire que non seulement il ne faut pas déclarer incapable la sage-femme, qui pourtant est *diplômée*, mais encore toutes les personnes qui ne sont pas *docteurs en médecine*, *officiers de santé* ou *pharmaciens*.

Ne nous attachons donc pas aux termes de l'article 909 dont la rédaction est ambiguë, autrement il faudrait, ainsi que nous l'avons dit, décider que le ministre du culte, pour être incapable, devrait avoir *traité* le disposant.

Mais le véritable motif qui a dicté la solution aujourd'hui adoptée unanimement par la jurisprudence, c'est que les empiriques et les charlatans n'inspirent aucune confiance, qu'ils sont rendus suspects par leur seul métier ; qu'en usurpant une profession qui ne leur appartient pas, ils se soumettent aux prohibitions qu'elle entraîne. Il faut néanmoins reconnaître que l'article 909 ne leur est appliqué que par analogie et par extension.

L'incapacité s'applique même aux étudiants en médecine (3). Mais il a été jugé que la prohibition ne serait pas applicable à

(1) Cassat. 7 avril 1868. *D. P.* 68, 1, 378.
(2) Dalloz, *loc. cit.*, n° 360. — *Contrà.* Marcadé, p. 465. — Vazeille, n° 10. — Grenoble, 6 févr. 1830.
(3) Caen, 10 août 1841. — D. *Rép.*, *loc. cit.*, n° 363, 3°.

un étudiant en médecine, s'il était constaté, en fait, que c'est à la reconnaissance pour une affection tendre qu'on doit attribuer les soins donnés par lui au testateur dans sa dernière maladie, et que cette affection a été la cause déterminante, et la seule des dispositions testamentaires faites à son profit (1).

73. De la jurisprudence il résulte que deux conditions sont nécessaires pour que l'article 909 soit applicable ; il faut : 1° que le médecin ou pharmacien à qui la libéralité est faite ait traité le donateur pendant la maladie dont il est mort ; 2° que la disposition ait été faite pendant la dernière maladie.

74. L'existence d'un *traitement* devait être évidemment la première condition ; mais c'est là une question de fait livrée à l'appréciation des tribunaux. L'incapacité est restreinte au médecin habituel du malade, à celui qui a prescrit et dirigé le traitement, et ne peut être étendue à celui qui aurait été seulement appelé en consultation (2).

Il a été jugé que le médecin qui, pendant une certaine période d'une maladie lente et de longue durée, et à une époque éloignée du décès, a surveillé l'application des remèdes prescrits par le médecin ordinaire, ne peut être considéré comme ayant traité le malade dans le sens de l'article 909, alors surtout que ces soins envers le malade lui étaient prescrits par sa position d'ami intime ou de frère vivant avec lui (3). Toutefois, si les visites de ce médecin devenaient assez fréquentes pour qu'on pût le considérer comme adjoint au médecin ordinaire dans le traitement de la maladie, il devrait être soumis à la même incapacité ; les tribunaux sont appréciateurs souverains des caractères qui constituent le traitement médical (4). Aussi la Cour de cassation a-t-elle jugé que le testament fait à la femme du médecin qui a soigné le malade pendant sa dernière maladie peut être annulé comme fait à personne interposée; mais il en serait autrement s'il était constaté que ces soins, purement accidentels, n'ont pas eu la continuité et la régularité qui caractérisent l'exercice de la profession de l'art de guérir (5).

75. Un malade fait, en faveur de son médecin, une donation ou un testament ; il revient à la santé et meurt bientôt après d'une autre maladie ; la libéralité est parfaitement valable. —

(1) Cassat. 24 juillet 1832. Dall., *ibid.*, n°s 375 et 364.
(2) Angers, 19 mars 1875. D. *P.* 75, 2, 79.
(3) Trib. de Niort, 30 avril 1857. D. *P.* 59, 3, 15.
(4) Cassat. 9 avril 1835. Dall., *loc. cit.*, n°s 367 et 369.
(5) Cassat. 17 janv. 1876. D. *P.* 76, 1, 181.

Mais ce malade était-il vraiment revenu à la santé après la crise pendant laquelle il a fait l'acte de libéralité ? N'a-t-il pas succombé à une nouvelle crise de son mal dont il n'était guéri qu'en apparence ? Que faut-il donc entendre par la *dernière maladie ?* Cette question est très délicate et a donné lieu, dans la pratique, à de nombreuses et vives discussions.

La dernière maladie, pendant laquelle le malade ne peut tester au profit de son médecin, doit s'entendre, en cas de maladie chronique, de la période où le mal s'était aggravé de manière à enlever tout espoir de guérison ; est valable, en conséquence, le legs fait en faveur du médecin qui a traité le testateur pendant sa dernière maladie, mais avant le moment où cette maladie était devenue mortelle (1).

Le secours des gens de l'art est presque toujours nécessaire pour décider si l'auteur de la libéralité était atteint, au moment de la donation ou du testament, de la maladie dont il est mort. C'est là une question de fait que, dans la plupart des cas, les tribunaux seraient dans l'impossibilité de trancher par eux-mêmes.

Les principes sur cette matière sont posés dans un important arrêt de la Cour de Paris, du 8 mars 1867, et dans le réquisitoire de M. Oscar de Vallée, premier avocat général. Il résulte de cet arrêt que la dernière maladie, dans le sens de l'article 909, existe, quelque éloigné que soit le décès, dès l'instant où est arrivé chez le testateur un état morbide mortel qui défie tous les efforts de la médecine et n'admet plus que les palliatifs pour la douleur et les distractions pour les préoccupations du malade.

76. Mais est-il nécessaire, pour que le testament ou la donation soient annulés, qu'ils aient été faits pendant le traitement de la maladie par le médecin bénéficiaire de l'acte de libéralité ? — En d'autres termes, quand le malade, après avoir fait une donation au médecin qui le soigne, cesse de recevoir les soins de ce dernier, et appelle d'autres gens de l'art, la libéralité doit-elle être annulée, si le malade meurt de la maladie pendant laquelle cette libéralité a été faite, mais alors que le médecin donataire ou légataire a cessé de donner ses soins ?

Si la crainte de l'influence acquise par le médecin et des suggestions possibles est la seule cause de son incapacité, l'affirmative ne saurait être douteuse. L'arrêt du 8 mars 1867 ne tran-

(1) Paris, 23 déc. 1872, D. *P.* 74, 2, 205.

che point la question, bien que le sommaire placé en tête par les arrêtistes puisse faire croire le contraire.

77. Dans l'espèce, le duc de Grammont-Caderousse, atteint d'une maladie de poitrine (phthisie tuberculeuse), avait reçu, à partir de l'année 1858, les soins du docteur Déclat. Vers 1864, son état s'était notablement aggravé, et il eut alors recours à la médecine homœopathique. Le 29 décembre de la même année, il partait pour l'Egypte ; le 24 janvier suivant, il faisait un testament olographe daté du Caire, par lequel il laissait toute sa fortune au docteur Déclat, et enfin, rentré à Paris, il y mourait le 25 septembre 1865. Le testament fut attaqué par les héritiers, et la Cour de Paris ayant été saisie de la question, M. l'avocat général Oscar de Vallée s'exprima ainsi :

« L'homme diminué par la maladie n'a jamais été laissé à la merci du médecin relativement à sa liberté de contracter avec lui ou de disposer en sa faveur ; on a toujours supposé la lutte inégale entre le malade et le médecin. Ecoutez les empereurs Valentinien et Valens : « *Archiatri scientes annonaria sibi commoda a populi commodis ministrari, honeste obsequi, tenuioribus malint, quam turpiter servire divitibus. Quos etiam ea patimur accipere, quæ sani offerunt pro obsequiis, non ea quæ periclitantes pro salute promittunt* (1).

« Cette idée que ne désavoue pas la raison, puisqu'il est vrai qu'en général, dans la maladie comme dans l'adversité, nous perdons la moitié de nos forces, a trouvé place dans le droit français.....

« Toutefois les premiers documents législatifs qui déclarent nulles les libéralités au profit de personnes ayant acquis sur l'esprit du disposant une grande influence, ne mentionnent pas les médecins. — L'ordonnance de Villers-Coterets, en 1539, article 131, ne parle que des tuteurs, curateurs, gardiens, baillistes, et autres administrateurs. La Coutume de Paris, article 276, y ajoute les pédagogues. La Coutume de Sedan, article 127, définit très bien ceux auxquels l'incapacité de recevoir est opposée comme un frein au pouvoir d'exiger, par cette expression : « ceux ayant le gouvernement de lui et de ses biens ».

« On présume un abus de puissance, et la loi intervient entre la faiblesse gouvernée et la force qui gouverne. L'incapacité repose sur une présomption et frappe sans distinction.....

« Mais la Coutume ne parle pas des médecins. D'où viendra donc l'incapacité du médecin ? Elle viendra de la jurisprudence. Le premier texte, pour ainsi dire, qui constate cette jurisprudence, se trouve dans les arrêtés du premier président de Lamoignon. Nous lisons en effet dans ce livre célèbre, composé avec la collaboration d'Auzannet et de onze avocats au Parlement : « Le legs fait par un « malade à son médecin, chirurgien, ou apothicaire, leurs femmes, « enfants, descendants, leurs père et mère et autres ascendants, est

(1) (L. 9. C. *De profess. et medic.* Comp. L. 3, *De extraord. cognit.*)

« nul, encore que les légataires soient parents ou filleuls du tes-
« tateur ».

Voici comment les jurisconsultes justifiaient cette jurisprudence. Ecoutez Henrys, le célèbre jurisconsulte du Forez, dont l'autorité était si grande : « Puisque les anciens appelaient les médecins sau-
« veurs, au rapport de Lucien, il ne faut pas douter du grand pou-
« voir qu'ils ont sur les hommes. Tant il y a qu'un malade considé-
« rant son médecin comme son sauveur, et s'imaginant que c'est de
« là que dépend sa guérison, il ne lui peut rien refuser. Il est le
« maître de la dernière volonté qui est l'âme du testament (1).

M. l'avocat général cite encore Ferrières (2), Furgole (3), Ricard (4). Il continue ainsi :

« Vous remarquerez que si énergique que soit la présomption, elle n'est pas absolue ; qu'elle peut être détruite. Le médecin peut se défendre, et s'il prouve que ni lui ni son art n'ont déterminé, même aux approches de la mort, les libéralités, il peut profiter de ces libéralités.

« Les plus grands magistrats se divisaient sur l'empire et sur l'étendue de cette règle d'incapacité... Les arrêts reproduisent très fidèlement cette variété d'opinions et de doctrines, qui tantôt s'attachaient à la règle pour la faire triompher, tantôt se montraient plus favorables à l'exception. C'était la conséquence naturelle de cette incapacité fondée sur une présomption de captation qui n'excluait pas la preuve contraire...

« On trouve la jurisprudence exactement résumée par Ferrières (5) :
« Les dispositions testamentaires faites aux médecins, apothicaires et
« chirurgiens par les malades pendant leur dernière maladie, sont
« aussi nulles, si ce n'est pour quelques circonstances particulières ».

« Je touche presque au rédacteur de l'article 909, en plaçant sous vos yeux l'opinion d'un jurisconsulte qui était bien un homme d'école, mais qui y joignait l'avantage d'être un juge aussi. Je veux parler de Pothier. Vous y verrez naître l'article 909. Pothier dit (6) : « Il
« y a des personnes à qui le testateur ne peut rien léguer, quoiqu'elles
« soient capables de recevoir des legs de toute autre personne.
« Telles sont les personnes qui ont quelque pouvoir sur la personne
« du testateur, ce qui pourrait faire craindre la suggestion. C'est
« pour cette raison que l'ordonnance de 1539, article 131, déclara nulles
« toutes donations entre-vifs et testamentaires faites au profit des
« tuteurs et autres administrateurs, ce qui a été étendu par la
« Coutume de Paris aux pédagogues, et par la jurisprudence, aux
« médecins, chirurgiens, apothicaires, opérateurs qui gouvernaient
« le malade dans le temps qu'il a fait son testament, aux direc-
« teurs et confesseurs du testateur, au procureur dont le testateur
« était le client ».

(1) T. 2, p. 929, quest. 99, 1.
(2) Sur l'article 276 de la Coutume de Paris.
(3) *Des testaments*, chap. V, sect. 1re, n° 11, et chap. VI, sect. 2, n° 76, et *Donations*, quest. 32.
(4) *Donations*, part. 1re, chap. III, sect. 9, n° 494.
(5) *Nouvelles institutions coutumières*, art. 63.
(6) *Traité des donations testamentaires*, ch. III, sect. 2, art. 3, n° 148.

« Grâce à l'étude du droit antérieur, on arrive aisément à reconnaître que le législateur de 1804 a voulu imposer aux juges l'incapacité du médecin sous cette double condition, laissée à leur jugement, de la dernière maladie et du traitement. Il a voulu couper la racine des procès, comme disait Talon, et enlever aux juges l'appréciation des circonstances. Il a créé une incapacité tirée d'une présomption qu'il n'a, dans aucun cas, permis de détruire. Il n'a pas voulu se fier aux juges, et il a cru qu'il épuisait la matière en faisant une part à l'amitié et aux services rendus, dans les legs rémunératoires, une à la parenté, en faisant fléchir la règle pour les parents au quatrième degré. — Est-ce bien, est-ce mal ? Ne suffisait-il pas, comme autrefois, d'avertir le juge de surveiller l'influence du médecin, d'en détruire les effets abusifs et injustes, d'assurer une protection aux familles, en cas d'abus ? Etait-il juste, était-il tout à fait nécessaire d'interdire au mourant dont la vie se prolonge par les soins de son médecin, devenu son ami, de donner ses biens à cet ami, en l'absence d'héritiers réservataires ? Si j'écrivais un livre, comme M. Troplong, je serais bien tenté de contredire cette loi dans son excès de réglementation. Je le ferais plus aisément qu'ici, et cependant, Messieurs, la Cour de cassation elle-même a laissé percer ce sentiment de contradiction, le jour où elle a validé le testament fait par une femme à son mari médecin qui l'avait soignée dans sa dernière maladie (1). Elle a, ce jour-là, introduit une exception nouvelle dans la loi, parce que la loi blessait la raison. Juridiquement, je ne saurais accepter cet arrêt, et je n'en parle que parce qu'il montre l'excès de la loi.... mais c'est la loi, et il faut s'y soumettre.

« J'ai bien, je le crois, déterminé son esprit. Ecoutez ceux qui ont eu à l'interpréter les premiers. » — M. l'avocat général lit des passages de Malleville (2) et de Grenier (3). — Parmi les auteurs modernes, il invoque M. Demolombe (4).

« J'ajouterai, dit ensuite l'organe du ministère public, pour compléter cette partie du débat, que M. Demolombe, cherchant à bien fixer le caractère de cette disposition, dit ailleurs : « Ce n'est pas « que le législateur ait présumé que toute libéralité qui serait faite « par un mineur à son tuteur, durant la tutelle, ou par un ex-mineur « à son ex-tuteur avant la reddition du compte, serait nécessairement « toujours le résultat d'un abus coupable de cette autorité. Nous sa- « vons bien que l'on a souvent, dans notre ancien droit et dans notre « droit nouveau, expliqué ainsi l'incapacité du tuteur, de même que « l'incapacité prononcée par l'article 909 contre les médecins et les « ministres du culte..... Mais cette explication peut paraître excessive « et injustement blessante pour une classe très honorable de per- « sonnes. Ce que le législateur a voulu, c'est précisément écarter de « ces situations les soupçons injurieux de ce genre. Il a considéré « que ces libéralités, lors même qu'elles seraient l'expression libre de « la volonté du disposant, pourraient paraître plus ou moins suspec-

(1) Cassat. 30 août 1808.
(2) *Anal. de la discuss. du Code*, 3e édit., t. 2, p. 320.
(3) *Donat. et testam.*, t. 1er, no 126.
(4) *Donat. et testam.*, t. 1er, no 499.

« tes ; qu'il y avait là d'ailleurs des abus possibles qu'il importait « de prévenir dans l'intérêt et pour l'honneur de tous ; et sa « disposition ainsi entendue, comme elle doit l'être, à notre avis, « est, en effet, préventive tout au moins que répressive (1).

« C'est un mur d'airain que l'article 909 dresse devant le juge. Dès lors il importe peu que les circonstances soient favorables ou défavorables au médecin gratifié. On ne pourra céder au désir, si impérieux qu'il soit, de proclamer que l'induction de la loi est détruite par les faits de la cause. C'est ce que la Cour de cassation a reconnu par son arrêt du 7 avril 1863, en des termes qui sont décisifs (2).

« Mais le pouvoir du juge s'exercera sur les conditions dans lesquelles cette incapacité n'existe pas. Que la disposition ait été faite pendant le cours de la maladie dont meurt le disposant, c'est là un membre de cette incapacité. Que le médecin ait traité le malade pendant cette maladie, c'est l'autre membre de cette incapacité. Qu'entend-on juridiquement par dernière maladie ? par traitement ?

« La première condition, c'est que la libéralité ait été faite pendant la maladie dont on décède. Quelle sera cette maladie ? Commencera-t-elle, pour les phthisiques, avec le germe qui les tuera ? Non, à coup sûr. Ici je ne suis pas d'accord avec la Cour de Toulouse, ah ! pas du tout. Quand bien même la maladie aura été persévérante dans son cours et fatale dans son issue, comme le dit l'arrêt Lacordaire (3), ce ne sera la dernière maladie qu'à des conditions juridiques que l'ancien droit détermine bien mieux que le nôtre, mais que le nôtre a tacitement acceptées. Vous savez que les textes des Coutumes caractérisaient la maladie dont on meurt, au point de vue des actes de dernière volonté. Ces textes décidaient que les donations faites entre-vifs par les malades gisants au lit et malades de la maladie dont ils décédaient, seraient considérées comme à cause de mort. Voici la Coutume du Nivernais : « Donation est censée et réputée à « cause de mort quand elle est faite par malade de maladie dont il « meurt après, ou de maladie vraisemblablement dangereuse de « mort, et même quand elle est faite par personne étant en vraisem- « blant danger de mort (4) ». Et la Coutume de Paris, précisant « encore, dans son article 277 : « Toutes donations, encore qu'elles « soient entre-vifs, faites par personnes *gisants au lit malades* de « la maladie dont elles décèdent, sont réputées faites à cause de « mort et testamentaires, et non entre-vifs ». Pothier (5) et Ferrières, sur l'article précité, se demandent si ces mots : *gisants au lit malades*, sont sacramentels, et ils répondent négativement, en faisant remarquer qu'on peut être très malade de la maladie dont on va mourir, sans être gisant au lit, qu'il suffirait d'ailleurs de se lever

(1) *Op. cit., loc. cit.*, n. 470.
(2) *Pal.* 1863. 737.
(3) Toulouse, 12 janv. 1864. *Pal.* 1864. 724.
(4) Chap. 37, *Des donat.*, art. 5.
(5) *Donat. entre-vifs*, sect. 1re, art. 1, n. 15.

pour éluder la loi. Pothier ajoute que la personne hydropique notamment meurt presque toujours sans être au lit.

« Mais, en revanche, tous les jurisconsultes exigent que la maladie ait un trait prochain à la mort. Ils n'exigent pas cet affaiblissement des derniers jours qui diminue beaucoup la volonté ; ils se bornent à exiger que la maladie ait un trait prochain à la mort, et alors ils indiquent les limites fixées par les Coutumes. C'est quarante jours dans quelques Coutumes, moins dans d'autres. Ils prévoient les difficultés qui peuvent naître, sur ce point, du caractère des maladies. Pothier prévoit même le cas de phthisie : « Que si la maladie, lors de la donation, était mortelle de sa nature, mais qu'elle « n'eût trait qu'à une mort éloignée, et n'empêchât pas le donateur « de pouvoir espérer encore plusieurs années de vie, telle qu'est, « par exemple, une pulmonie qui n'est pas encore parvenue à une « certaine période, en ce cas, la donation ne sera pas réputée à cause « de mort. »

« Les arrêts suivent ces règles. Le 20 août 1663, l'avocat général Bignon fait confirmer une donation, « sur ce que la maladie n'était « pas pressante et n'avait pas trait à la mort ».

« Quand il s'agissait d'une maladie incurable, les principes du droit et de la raison voulaient que la limite ne fût pas trop reculée. Un arrêt du 23 janvier 1672 confirme une donation faite huit mois avant sa mort par une fille malade d'un chancre à l'œil.

« Ainsi ce qu'exigent les auteurs, comme la jurisprudence, c'est que la maladie ait un trait prochain à la mort.

« Après avoir déterminé où commençait juridiquement la dernière maladie, déterminons maintenant ce que la loi entend par *traitement*, car elle ne frappe d'incapacité que le médecin qui a traité le malade dans cette dernière maladie.

« Pothier disait : « celui qui entreprend une cure ». Mais ce caractère du traitement ne saurait être absolu. Ce sera là sans doute le caractère le plus ordinaire ; mais pourra-t-il en être de même pour les maladies incurables ? Et alors que toute cure est impossible, dira-t-on que ce que la loi appelle traitement ne peut y trouver place ? Non. Mais ce qu'il faut, de toute nécessité, c'est que ce traitement n'ait pas été purement accidentel et passager. On doit écarter ce que la jurisprudence a appelé « l'intervention momentanée du médecin ». C'est bien ainsi que M. Demolombe entend l'article 909, et nous nous rangeons à son opinion. « C'est, dit-il, par la « continuité même de ses soins que l'homme de l'art acquiert, sans « le vouloir le plus souvent et même sans le savoir, une influence « toute-puissante sur l'esprit du malade, auquel il finit par devenir « nécessaire. » Et la jurisprudence a consacré la même doctrine dans les arrêts des 12 octobre 1812 et 9 avril 1835 (1).

« Telles sont, à l'égard du traitement, les appréciations juridiques qu'il ne faut pas perdre de vue, dont il faut se pénétrer.

« Et maintenant il ne me reste plus, ou plutôt il me reste encore, avant d'arriver aux faits, à examiner la question de la coïncidence. L'honorable et savant professeur qui a prêté à cette question l'appui

(1) *Pal. chron.*

de son autorité, ne méritait pas les reproches qui lui ont été adressés. Il n'est pas l'inventeur de la thèse qu'il a développée dans la consultation, et quand il le serait, la valeur de cette thèse n'en serait pas diminuée. Oui, cette doctrine de M. Valette est très ancienne ; je la trouve contredite par le sommaire d'un arrêt du Parlement de Bretagne du 15 juillet 1632. J'extrais ce sommaire d'un recueil d'arrêts très connu, réunis par M. Sébastien Frain, et cité par Ricard : « Donation du malade à son médecin nulle, quoiqu'elle soit faite par testament et en l'absence du médecin ». — A propos de l'incapacité du tuteur, de l'administrateur, elle a été discutée par de grands jurisconsultes. Montholon, plus tard Duplessis, sur la Coutume de Paris, tenaient pour la coïncidence, et leur grande raison était que l'effet ne pouvait pas survivre à la cause. — Mais d'autres jurisconsultes la combattaient, Ricard, par exemple, et nous trouvons dans son *Traité des donations* (part. 1re, n° 47) en quelque sorte le compte-rendu de toute cette querelle : « Jacques de Montholon, dit-il, donne « une résolution notable à ce sujet pour servir de limitation à l'or- « donnance, savoir qu'elle ne doit pas avoir d'effet lorsque le mineur « fait son testament en un lieu éloigné de son tuteur ; de sorte que « les conjectures de suggestion qui ont servi de motifs à l'ordon- « nance cessent, et que l'on ne puisse pas présumer que la volonté du « mineur eût été violentée ni excitée par aucune induction de la « part du tuteur ; cette question est importante et susceptible de « raison de part et d'autre. Car, d'un côté, on peut dire que la loi, en « faisant cette prohibition, a considéré le mineur comme étant en l'ad- « ministration et sous la puissance de son tuteur, et, en ce faisant, « sujet à des persuasions, et non pas en cas qu'il soit hors de sa con- « duite, en un lieu éloigné, en sorte qu'il ne puisse y avoir aucune « suggestion de sa part. Le dessein de l'ordonnance n'a pas été de « faire passer les tuteurs au rang des indignes, mais seulement de « prévenir les suggestions, lorsque le tuteur a le pupille en sa puis- « sance et qu'il est en état d'en pouvoir abuser... L'autre opinion a « aussi ses raisons, qui ne semblent pas moins considérables que « celles de la première. En effet, outre que l'ordonnance parle géné- « ralement et sans exception, on peut dire que la persuasion d'un « tuteur, quoique éloigné, ne laisse pas d'être à craindre, parce qu'il « ne s'agit pas tant d'un effort violent, qui, en vérité, ne peut être « exercé que quand les objets sont présents, mais qui a moins souvent « son effet, vu qu'il y a plusieurs moyens de le prévenir, que d'une « persuasion qui s'insinue facilement dans l'esprit d'un jeune homme, « et dont les fondements étant jetés quand le tuteur le tient en sa « puissance, se conserve aisément pour avoir effet lorsque l'occasion « s'en présente, etc... »

« La question a été traitée aussi par Pothier, et je m'empresse de dire que, dans l'ancien droit, qui ne frappait pas les médecins d'une incapacité légale, c'est-à-dire dans des circonstances juridiques dont vous verrez bientôt la différence profonde avec celles de l'article 909, Pothier n'aurait pas hésité à être de l'avis de M. Valette. Voici ce que dit Pothier sur l'article 296 de la Coutume d'Orléans : « Observez « que les legs faits à des personnes à qui il est défendu de léguer « par une loi précise, telles que sont un tuteur, une épouse, sont

« nuls, quand elles ne seraient devenues personnes prohibées que « depuis le testament, car n'ayant plus été permis au testateur, « depuis que cette personne est devenue prohibée, de vouloir lui « léguer le legs qu'il lui a fait, qui ne peut valoir que comme « une ordonnance de sa dernière volonté, cette personne, se trouvant « prohibée et incapable lors de l'ouverture du legs, ne peut pas le « recueillir. » — Il est vrai que Pothier ajoute, faisant une distinction qui nous servira tout à l'heure à expliquer le sens de l'article 909 : « Il n'en est pas de même des personnes à qui il n'est dé- « fendu par aucune loi de léguer, quoique l'on ait coutume de décla- « rer nuls les legs qui leur sont faits comme étant présumés être « l'effet de l'empire de ces personnes sur la volonté du testateur, tels « que sont les directeurs, médecins, etc... ; car si ce legs leur a été « fait dans un temps où elles n'avaient pas encore cette qualité, n'y « ayant pas lieu, dans ce cas, à cette présomption, le legs doit être « confirmé. Observez encore une autre différence entre ces person- « nes et celles à qui il est défendu de donner par une loi précise. « Les legs faits à celles-ci sont indistinctement nuls ; à l'égard des « autres, cela dépend beaucoup des circonstances ».

« La doctrine de Pothier est bien nette et facile à comprendre dans l'ancien droit, où la prohibition relative aux médecins était une simple présomption, qui tombait devant la preuve contraire. Il ne s'agissait pas, en un mot, d'une incapacité légale, comme aujourd'hui. Mais vous voyez aussi l'argument considérable que ce passage de Pothier fournit pour interpréter l'article 909. — Supposez, en effet, que Pothier soit en face de l'article 909, au lieu de l'être d'une jurisprudence plus facile, et il décidera pour les médecins comme il décidait pour les tuteurs, sous l'empire de l'ordonnance de 1539.

« Quoi qu'il en soit, il faut écarter de la thèse de M. Valette ce reproche de nouveauté qui lui a été adressé et l'étudier en elle-même. Examinons-la donc avec toute la déférence qui est due à l'opinion des savants professeurs et de notre collègue M. Massé (1). Elle ne repose pas sur un grand nombre d'arguments ; je la résume : L'article 909 est une disposition *strictissimi juris* qui repose sur une présomption d'empire abusif exercé sur une volonté affaiblie et malade. Le traitement est l'élément essentiel de cette présomption ; s'il manque au moment de la disposition, il ne saurait engendrer la présomption. Or, la présomption absente, l'incapacité manque de base. C'est ainsi qu'on raisonne et qu'on fait raisonner M. Demolombe. — On ajoute que le texte primitif de l'article 909 traduisait cette opinion expressément, et que les changements qui y ont été apportés n'ont pas modifié la pensée de la loi, en paraissant mettre le traitement au passé. On signale l'inconvénient d'étendre l'incapacité aux médecins antérieurs et aux médecins postérieurs à la disposition. On écarte l'objection tirée de ce que le testament pouvant être révoqué et ne l'étant pas, il devient ainsi, *a posteriori*, contemporain du traitement. On fait remarquer avec raison que ces arguments ne s'appliqueraient pas du tout aux donations, qui sont irrévocables

(1) Sur Zachariæ, t. 3, § 418, p. 42, note 28.

et que l'article 909 traite absolument comme les testaments. — Examinons.

« Si Pothier avait fait l'article 909, aurait-il fait dépendre la nullité de l'acte de libéralité, notamment du testament, de la concomitance précise de la disposition et du traitement, de telle sorte que, le testament fait aujourd'hui et le traitement ne commençant que demain, l'incapacité n'eût pas existé ? Non. — Car créant une incapacite tirée d'une présomption, mais qui s'impose aux juges, il ne l'aurait pas attachée à ce fait si spécial, si exclusif, si étroit, pour ainsi parler, de la concomitance. Tant que le médecin de la dernière maladie n'est pas une personne prohibée, on comprend sans peine que le juge puisse dire : je ne verrai de cause de nullité que dans la concomitance. Mais le législateur pouvait-il établir là-dessus une incapacité légale? Cela n'en valait pas la peine, et la loi, en général, ne procède pas ainsi. Il est donc bien entendu que si l'incapacité du médecin eût été édictée par la loi comme celle du tuteur, Pothier n'eût pas songé à soutenir la thèse de la concomitance ; il aurait dit au médecin de la dernière maladie : vous êtes personne prohibée au moment de la mort, dès que la disposition a été faite pendant la dernière maladie.

« Mais voyons le Code. Je laisse de côté les arguments du texte, M. Valette leur donne trop d'importance. Que, dans sa première rédaction, M. Bigot-Préameneu ait parlé de l'officier de santé qui traite ; qu'ensuite, voulant introduire le confesseur dans la prohibition, on ait passé au pluriel en disant : les médecins, les chirurgiens, etc..., et au passé en disant : qui ont traité, cela ne saurait avoir une grande importance, surtout dans le sens de la coïncidence : *scire leges non est earum verba tenere, sed vim ac potestatem*. Ce ne fut jamais plus vrai ; le texte ici n'apprend rien. Mais voyons comment l'article 909 se forme. M. Demolombe nous éclaire complètement sur ce point et avec sa sagacité accoutumée. C'est l'article 907 qui engendre l'article 909. Là l'incapacité naît de la tutelle, ici elle naît du traitement. Or M. Demolombe écarte la thèse de coïncidence de l'article 907, parce que la disposition est conçue en termes généraux et qui ne comportent aucune distinction (1). On dira bien sans doute : la tutelle n'est pas un fait comme le traitement ; elle gouverne le mineur de loin comme de près, tandis que le traitement n'étant pas continué, il n'y a pas de tutelle, et, pour ainsi dire, pas de traitement. Mais d'où vient que l'incapacité continue quand la tutelle a cessé, et qu'elle dure jusqu'à la reddition du compte? La présomption de la loi est bien affaiblie, et cependant l'incapacité subsiste. Où sera la différence entre ce tuteur qui ne l'est plus et le médecin qui aura traité, qui ne traitera plus, qui n'aura pas encore reçu ses honoraires, et en faveur de qui le mourant testera? *Ubi eadem ratio, ibi idem jus*. Sans doute la loi a supposé que le plus souvent la libéralité coïnciderait avec le traitement, parce qu'elle a supposé, ce qui arrive souvent, l'unité de traitement et l'unité de médecin, et alors pas de difficulté. La thèse ne se présente pas ; mais si, comme cela arrive fréquemment, il y a plusieurs médecins, comment con-

(1) Demolombe, *loc. cit.*, n° 474.

cilier avec le bon sens la thèse de la coïncidence ? Si la loi suppose l'unité de médecin et de traitement, elle n'exclut pas la variété ; le mourant pourra faire venir successivement plusieurs médecins. Alors que devient la thèse de la coïncidence ? Non, la loi n'exige pas ce fait dramatique et spécial du médecin qui tâte le pouls du mourant, pendant que le mourant lui fait une donation ou un testament ; elle regarde deux faits qu'elle détermine : la disposition pendant la dernière maladie, le traitement pendant cette maladie. Voilà ses limites , elle n'en a pas d'autres. Prenez le confesseur, et le sens de la loi devient plus manifeste. On ne l'appelle pas aussitôt que le médecin. Admettre à son égard la thèse de la coïncidence, c'est anéantir complètement l'article 909. L'homme qui a vécu philosophe finit par se rendre ; huit jours, quinze jours avant la mort, il appelle près de lui le confesseur ; mais avant, n'ayant que des parents inconnus ou ennemis, il teste en faveur du ministre de Dieu. Est-ce que le confesseur ne sera pas incapable ? Et puisque la loi a édicté contre lui des prescriptions, est-ce qu'elles ne tiendront pas ? On peut regretter la loi comme législateur, il faut s'y soumettre comme juge... »

M. de Vallée cite l'arrêt de la Cour de Toulouse du 12 janvier 1864, comme ayant résolu implicitement la question : « La thèse de la coïncidence, dit-il, n'a pas été présentée, et elle pouvait l'être. Ah ! si elle eût pu prévaloir , quelle occasion de la soutenir ! Et je suis bien sûr que les magistrats eux-mêmes auraient été heureux de l'appliquer..... Ils l'ont donc implicitement écartée, jugeant , comme nous le jugeons nous-même, qu'elle est inconciliable avec le sens et la portée de la loi. »

M. l'avocat général aborde ensuite l'examen des faits et termine en exprimant le regret que la justice ne puisse plus, comme autrefois, réduire et transformer une libéralité dont le principe de nullité se trouve surtout dans l'excès de son étendue. Il conclut à l'annulation du testament.

Conformément à ces conclusions, la Cour rendit l'arrêt suivant :

« Considérant que la sentence dont est appel ayant fait application des dispositions de l'article 909 du Code Nap. au testament du duc de Grammont-Caderousse du 24 janvier 1865, l'appelant en demande la réformation : 1° parce que, en droit, pour que l'article 909 soit applicable, il faut que le testament soit contemporain du traitement ordonné par le médecin légataire, ce qui n'existerait point dans la cause ; 2° parce que le testament dont il s'agit n'a point été écrit pendant la dernière maladie du testateur, dont le docteur Déclat n'était pas d'ailleurs le médecin pendant cette dernière maladie.

« Sur le premier moyen : — Considérant que l'article 909 établit une présomption légale résultant de deux circonstances, à savoir : la confection du testament et le traitement donné pendant la dernière maladie ; qu'on éluderait la volonté de la loi en ajoutant une troisième condition à celles qu'elle a limitativement édictées ;

« Considérant qu'avant la promulgation de l'article 909, l'incapacité qu'il établit ne résultait point d'une disposition formelle; que la valeur des legs faits au médecin du testateur était livrée complètement à l'appréciation des tribunaux, lesquels pouvaient alors prendre en considération l'éloignement du médecin au moment de la rédaction du testament ; mais qu'il n'en est point ainsi sous l'empire de la règle posée par l'article 909 ; que les conditions établies audit article se trouvant remplies, le juge est lié et contraint d'annuler la disposition testamentaire, quels que soient d'ailleurs les autres éléments de la cause et les garanties dont ils peuvent entourer l'acte de dernière volonté ;

« Considérant que le droit étant ainsi reconnu, il n'y a pas lieu d'examiner, au point de vue de ce premier moyen, si le docteur Déclat était le médecin du duc de Grammont-Caderousse au 24 janvier 1865 ;

« Sur le deuxième moyen : — Considérant que les documents de la cause démontrent que le duc de Grammont-Caderousse, au jour où il est parti pour l'Égypte, à la fin de 1864, était atteint de la maladie dont il est mort ; que, dès cette époque, était arrivé pour lui cet état morbide qui défie tous les efforts de la médecine et n'admet plus que les palliatifs pour la douleur et les distractions pour les préoccupations du malade ;

« Que c'est là ce qui explique même la conduite du docteur Déclat, laissant intervenir les médications les plus contraires à ses convictions, et surveillant seulement, à partir de la fin de 1864, l'ensemble des moyens de distraction et de soulagement entrepris successivement par son malade et son ami ;

« Considérant qu'en examinant l'ensemble des faits, on reste convaincu que le docteur Déclat a été, en réalité, sans interruption depuis 1858, le médecin du duc de Grammont-Caderousse, qu'il l'a traité exclusivement, tant que la guérison lui a paru possible, admettant ensuite tous les soins et toutes les tentatives, ainsi qu'on agit envers un malade arrivé à une situation désespérée ;

« Considérant, en résumé, qu'il est justifié, d'une part, que la maladie dernière du testateur était commencée au jour de son testament, et, d'autre part, que le légataire le traitait alors et a continué de le traiter en qualité de médecin jusqu'à son dernier jour ;

« Considérant que cette situation autorisait, en faveur du docteur Déclat, les libéralités les plus largement rémunératoires, mais a pour effet d'annuler le legs universel contenu au testament du 24 janvier 1865 ;

« Adoptant au surplus les motifs des premiers juges, etc (1). »

Après cette décision, le docteur Déclat ne se tint pas pour battu ; il intenta devant le tribunal civil de la Seine, contre les héritiers du duc de Grammont-Caderousse, une action en paiement d'une somme de 200,000 francs, soit à titre de legs rémunératoire, venant remplacer par le pouvoir du juge, et dans une proportion réductible à la volonté de celui-ci, le legs universel, soit à titre d'honoraires de médecin.

(1) Paris, 8 mars 1867. — P. 1867. 680.

Les héritiers lui offrirent 20,000 francs pour honoraires.

Le tribunal, par jugement du 10 juillet 1868, les condamna à payer au docteur Déclat une somme de 25,000 francs à titre d'honoraires, et non en vertu d'une conversion du legs universel en un legs à titre particulier, ce qu'il n'appartient pas au juge de faire.

La Cour de Paris confirma ce jugement par arrêt du 19 juin 1869, et enfin la Cour de cassation, saisie à son tour de la question, statua en ces termes :

« Attendu que l'article 909 du Code Nap., après avoir prohibé les dispositions testamentaires faites par le malade au profit du médecin dont il a reçu les soins pendant sa dernière maladie, n'excepte de cette prohibition générale que les legs réunissant ces deux caractères : 1° qu'ils sont faits à titre particulier ; 2° qu'ils sont rémunératoires, eu égard aux facultés du disposant et aux services rendus ; que ce double caractère du legs doit ressortir du testament même, sans qu'il appartienne au juge de se substituer au testateur et de transformer, par une réduction arbitraire, un legs universel en un legs à titre particulier ;

« Attendu que l'arrêt attaqué, en jugeant comme il l'a fait, n'a point violé l'article 909 précité, et a, au contraire, littéralement appliqué cet article, — rejette, etc... (1). »

L'instance terminée par l'arrêt du 8 mars 1867 donnait lieu à la discussion des deux questions les plus importantes qui naissent de l'article 909. D'abord la concomitance du traitement avec la libéralité.

78. Deux hypothèses peuvent se présenter : une personne atteinte de la maladie dont elle doit bientôt mourir institue son médecin son légataire universel, puis cesse complètement de recevoir les soins de ce médecin pour en prendre un autre. La libéralité est nulle. Ainsi le veut la loi, parce que le médecin pourrait être soupçonné d'avoir influencé la volonté du malade. Celui-ci, dont l'esprit est affaibli par la maladie, peut n'avoir pas assez d'énergie pour revenir sur sa décision première et, après avoir quitté son médecin, faire de nouvelles dispositions. Il fallait donc la nullité.

Ou bien un malade, pendant sa dernière maladie, ainsi que nous l'avons dit plus haut, fait son testament en faveur d'un médecin autre que celui qui le soigne actuellement et, postérieurement à cet acte de libéralité, reçoit les soins médicaux de son légataire. Le testament n'en est pas moins nul, nous avons dit pourquoi.

(1) Cassat. 21 mars 1870. *P.* 1870. 609.

79. En second lieu, la Cour de Paris avait à définir ce que l'on doit entendre par la *dernière maladie*. Le réquisitoire et l'arrêt l'ont fait d'une façon fort claire. Il est certain qu'il ne suffirait pas d'un vice d'organisation, d'une affection du sang, d'un mal intérieur qui laisse le malade livré aux occupations, au travail, aux plaisirs même de la vie ordinaire. Il ne faudrait donc pas dire que la dernière maladie a commencé au moment où les médecins ont constaté l'existence d'un mal réputé incurable. Combien n'a-t-on pas vu de malades condamnés par la médecine revenir à la santé! La dernière maladie commence donc au moment où tous les efforts de la science deviennent manifestement inutiles.

80. Nous avons vu M. Oscar de Vallée repousser énergiquement la doctrine adoptée par la Cour de Toulouse, dans son arrêt du 12 janvier 1864. Il résulte de cet arrêt que, quelle qu'ait été la durée de la maladie pendant laquelle a été fait le testament et à laquelle a succombé le testateur, les dispositions faites dans ce testament en faveur des personnes mentionnées en l'article 909 du Code civil doivent être annulées, alors même que le cours de cette maladie a été marqué par des intermittences qui laissaient un peu de repos au malade et lui permettaient de se livrer à certains travaux, si d'ailleurs il est constant en fait qu'il a toujours été atteint de cette maladie depuis son invasion, maladie qui, persévérant dans son cours, a été fatale dans son issue.

En fait, le Père Lacordaire est décédé le 21 novembre 1861, en laissant un testament olographe à la date du 17 décembre 1860. Cet acte a été attaqué par Léon Lacordaire, l'un des trois frères du testateur, comme renfermant, au profit du Père Dominicain Mourey, confesseur du Père Lacordaire, une institution prohibée par l'article 909. Or, il était constaté que dès le commencement de l'année 1860 la santé du Père Lacordaire s'était gravement altérée, que les médecins avaient reconnu qu'il était atteint d'anémie et avaient commandé le repos ; que le cœur, l'estomac, les entrailles ressentaient successivement les atteintes du mal ; qu'on en voyait les traces dans un amaigrissement successif. Néanmoins, si cet état de souffrance obligeait l'illustre Dominicain à prendre des mesures pour alléger le fardeau que faisaient peser sur lui l'administration de son Ordre et la direction du collège de Sorrèze, il continuait néanmoins à se livrer à de nombreuses occupations, et il prenait même possession de son fauteuil à l'Académie française, après avoir prononcé un remarquable discours. C'est pourtant dans ces faits que la Cour de Toulouse a vu l'existence de la dernière maladie qui doit entraîner la nullité de certaines dispositions testamentaires.

M. Oscar de Vallée n'est pas la seule autorité qui ait critiqué cette décision ; M. Bressolles, professeur à la faculté de droit de Toulouse (1), a publié une importante dissertation sur la question de savoir si l'incapacité existe dès le commencement d'une maladie chronique qui plus tard se termine par la mort. Le savant professeur pense que le legs ne doit être annulé qu'autant qu'il a été fait dans la période où l'état du malade a été définitivement déclaré désespéré, et où les progrès incessants du mal ont dû bientôt amener la mort.

81. Il a été jugé dans ce sens, que le testament fait en faveur de son médecin, dans un intervalle de santé, par l'individu atteint d'une maladie chronique dont le germe est incurable, ne peut être considéré comme ayant été fait dans le cours de la maladie, alors surtout qu'à cette époque le traitement avait cessé et que le légataire n'a pas traité le malade lors de la rechute postérieure qui a amené la mort (2).

Le 13 janvier 1869, un sieur C..... fit, par acte authentique, reçu Mᵉ Campet, notaire, son testament en faveur du docteur P.... Après la mort de C..... qui arriva le 20 juin suivant, les héritiers attaquèrent le testament. Le 20 janvier 1871, le tribunal civil de Dax annulait cet acte par ce motif qu'une enquête aurait démontré que le testateur aurait été atteint d'une fièvre typhoïde, puis d'un zona, et qu'enfin il serait mort d'une bronchite chronique.

Pour décider que le sieur C..... était atteint de cette maladie au moment du testament, le tribunal se fondait sur ce fait qu'il portait alors un visicatoire sur le bras gauche. Le docteur P..... n'avait point donné ses soins à C..... depuis le testament, mais seulement en 1868 ; le tribunal vit dans ce fait l'intention d'éluder la loi.

La Société de médecine légale, appréciant les faits de cette cause dans sa séance du 14 août 1871, déclara, au vu des enquêtes et des autres pièces du procès, que le malade n'avait pas été atteint de fièvre typhoïde ; que tout au moins, si elle avait existé, ainsi que le zona, ces maladies étaient complètement indépendantes de la bronchite chronique qui avait emporté le malade, et qu'enfin, quel que soit le nom de la maladie dont C..... avait pu être atteint en 1868, il était, au moment du testament, en état de

(1) *Revue critique de jurisprudence*, t. 24, p. 426.
(2) Trib. de Niort, 30 avril 1857. *D. P.* 59. 3. 15.

santé parfaite, ainsi que le déclaraient le notaire qui avait écrit cet acte et les témoins qui l'avaient assisté (1).

82. Il est inutile de dire que l'on ne peut éluder la loi en instituant, à la place du médecin, pendant la période suspecte, des personnes qui devraient recueillir pour lui le bénéfice de la libéralité, sa femme, ses enfants, etc...

83. La loi, dans l'article 909, a établi une présomption légale contre laquelle aucune preuve ne peut être admise ; le médecin gratifié offrirait donc en vain de prouver qu'il n'a pas influencé le malade pour obtenir de lui une libéralité, que ce malade avait pour lui une affection particulière, ou que le testament ou la donation en faveur du médecin ont été déterminés par la qualité de parent ou d'ami de ce dernier (2).

84. A l'incapacité imposée aux médecins et pharmaciens, la loi apporte quelques exceptions que nous devons indiquer.

1° Les dispositions rémunératoires faites pendant la dernière maladie sont valables. Les tribunaux ont seulement à apprécier si elles sont en rapport avec les facultés du disposant et les services rendus. En outre, ces dons rémunératoires ne sont permis qu'autant qu'ils sont à *titre particulier*, c'est-à-dire qu'ils n'ont pour objet ni l'universalité, ni une quote-part de la fortune du disposant, mais seulement un objet ou une somme déterminée (3).

La remise de dette qu'un malade fait par testament au médecin qui lui a donné des soins dans sa dernière maladie, constitue un legs rémunératoire excepté de la prohibition établie par notre article, s'il est démontré qu'elle a eu lieu comme témoignage de reconnaissance (4).

Au surplus, c'est aux tribunaux à apprécier les circonstances qui ont accompagné l'acte de libéralité, et à décider si elles lui impriment le caractère d'une disposition rémunératoire. Si cette disposition paraît excessive, le juge doit la réduire dans de justes proportions (5).

85. 2° Les dispositions universelles sont permises dans le cas de parenté jusqu'au quatrième degré inclusivement (cousins germains), pourvu toutefois que le décédé n'ait pas d'héritiers en

(1) *Annales d'hyg. et de méd. lég.*, 2e série, t. 37, 1872, p. 175.
(2) Toulouse, 10 mai 1856. *D. P.* 56. 2. 190. — Trib. de Niort, cité. — Bordeaux, 12 mai 1862. *D. P.* 62. 2. 167. — Cassat. 7 avril 1863. *D. P.* 63. 1. 231.
(3) Grenoble, 6 févr. 1830. Dall. *loc. cit.* nos 373 et 363.
(4) Cassat. 10 décembre 1851. *D. P.* 53. 1. 80.
(5) Cassat. 13 août. Dall., n. 373.

ligne directe, à moins que celui au profit de qui la disposition a été faite ne soit lui-même du nombre de ces héritiers.

86. La jurisprudence décide également avec raison, bien que la loi n'en parle pas, que la libéralité faite au médecin par sa femme ne tombe pas sous le coup des prohibitions portées par l'article 909. Les mêmes motifs qui ont fait introduire dans la loi la deuxième exception doivent faire excepter aussi la donation ou le testament fait par une femme à son mari ; mais, dans ce cas encore, la libéralité ne vaudra qu'autant que la femme ne laissera pas d'héritiers directs.

La question deviendrait plus délicate si le médecin avait épousé sa femme pendant la maladie dont elle est morte. Les tribunaux auraient alors à rechercher si le mariage a été déterminé par l'affection réciproque des époux, et s'il n'a pas eu au contraire pour but d'éluder les dispositions de l'article 909.

La Cour de Paris avait jugé, le 24 février 1817, que l'incapacité du médecin n'est pas effacée par le mariage qu'il a contracté avec sa malade, mais il a été décidé par la Cour de cassation que le médecin qui a traité une personne pendant la maladie dont elle est morte, et qu'il a épousée durant le cours de cette maladie, peut profiter des donations qu'elle lui a faites dans cet intervalle, soit par contrat de mariage, soit par testament ; que néanmoins ces donations peuvent être annulées lorsqu'il est prouvé qu'au lieu d'avoir été déterminées par l'affection conjugale, elles n'ont eu d'autre cause que l'empire que le médecin avait sur sa malade et les manœuvres employées par le donataire dans les derniers moments de la vie de la donatrice (1).

Sous l'empire des lois romaines et des anciennes ordonnances, le mariage du médecin avec sa malade couvrait l'incapacité de recevoir dont ces lois frappaient les médecins en général, et les libéralités faites par la femme malade au médecin qu'elle avait épousé ne pouvaient être attaquées qu'autant qu'il était prouvé qu'elles étaient l'ouvrage de l'obsession et de la fraude, et non le fruit d'une véritable affection (2).

Il paraît résulter aujourd'hui de la jurisprudence qu'en thèse générale, le mariage a pour effet de couvrir l'incapacité du médecin ; que néanmoins cette incapacité subsiste s'il résulte des circonstances que la libéralité a été déterminée par l'empire que le

(1) Cassat. 11 janv. 1820. *P.* chron. — Merlin, *Rép.*, v° *Simulation*, § 2, et *Chirurgien*, § 1er, n° 4. — Grenier, t. 1er, n° 127. — Toullier, t. 5, n° 66. — Duranton, nos 257 et 258. — Coin-Delisle sur l'art. 909, n° 19.

(2) Cassat. 21 août 1822. *P.* chron.

mari a exercé sur sa femme *comme médecin* plutôt que par l'ascendant de la puissance maritale. Mais alors la preuve incombe aux héritiers de la femme qui critiquent le testament.

M. Dalloz fait observer (1) que ce système, consacré après les discussions les plus solennelles et les délibérations les plus mûres, est fort séduisant en théorie, mais que, dans la pratique, il n'est pas sans danger, parce qu'il tend à substituer le pouvoir arbitraire des tribunaux à la règle invariable de la loi, et à faire dépendre la validité d'une disposition d'une enquête dont le résultat doit être bien incertain, car elle a pour objet l'investigation de sentiments et d'intentions qu'il est, en général, fort difficile de pénétrer. Il serait donc préférable, dit-il, de valider la donation ou le legs, même quand le mariage a eu lieu pendant la dernière maladie, à moins qu'il ne fût clairement démontré que ce mariage n'a eu lieu que dans le but d'échapper à la prohibition de la loi.

(1) *Dispositions entre-vifs*, n° 380.

CHAPITRE IV

DE LA RESPONSABILITÉ MÉDICALE.

§ 1er. — *Responsabilité civile.*

87. La responsabilité des médecins pour les actes de leur profession a divisé depuis longtemps la doctrine et la jurisprudence. Nous envisagerons cette importante question en nous plaçant d'abord au point de vue du droit civil, et ensuite au point de vue du droit criminel.

Dans le langage du droit civil, le mot *délit* a une signification différente de celle qu'on lui donne en droit criminel. En droit civil, il désigne, disent MM. Aubry et Rau, toute action illicite par laquelle une personne lèse sciemment et méchamment les droits d'autrui. En droit criminel, il désigne toute infraction définie et punie par la loi pénale (1). Au civil, on confond souvent le *délit* et la *faute*.

Le principe qui domine toute la matière est posé dans les articles 1382 et 1383 du Code civil. Ils sont ainsi conçus :

Article 1382 : « Tout fait quelconque de l'homme qui cause à autrui « un dommage oblige celui par la faute duquel il est arrivé à le « réparer. »

L'article 1383 répète le même axiome en d'autres termes :

« Chacun est responsable du dommage qu'il a causé non seu- « lement par son fait, mais encore par sa négligence ou son impru- « dence. »

88. Il suit de là qu'il n'y a de responsabilité pour l'auteur d'un fait qu'autant qu'il y a eu un préjudice, un *dommage causé*, et que le fait qui a causé ce préjudice était illicite et constituait *une faute* de la part de son auteur. *Nemo damnum facit nisi qui id facit quod facere jus non habet* (2). Il ne suffit pas qu'un fait dommageable ait eu lieu, il faut encore, pour que la responsabilité de l'auteur soit engagée, que cet acte constitue une faute (3).

89. Et il en est ainsi d'un fait négatif comme d'un fait positif, de l'*omission* comme de la *commission*. Pour que l'omission entraîne la responsabilité et la réparation, il faut qu'elle soit imputable à l'auteur et qu'elle soit illicite, c'est-à-dire que l'acte omis ait été commandé par la loi, sans cela l'omission ne constituerait plus une faute.

On a écrit, il est vrai, que celui-là est tenu de réparer un dommage qui, pouvant empêcher ce dommage, ne l'a pourtant pas empêché (4). C'est là une erreur; il ne suffit pas qu'*on ait pu* empêcher le mal, il faut aussi qu'*on l'ait dû*. M. Marcadé observe qu'il s'agit ici de faits soit positifs, soit négatifs, qui présentent la violation d'un devoir.

« C'est de la violation d'un devoir proprement dit qu'il s'agit, d'un de ces devoirs généraux existant au profit de toute personne, et non du devoir existant spécialement de telle personne à telle autre personne déterminée, ce qui constituerait l'obligation prévue aux articles 1146 et 1155 du Code civil (5). »

La théorie des fautes, comme leur division en faute *lourde*,

(1) Aubry et Rau, t. 4, § 443.
(2) L. 151, ff. *De reg. juris.*
(3) Cassat. 12 décembre 1873. P. 1874. 435.
(4) Toullier, XI, n° 117.
(5) Marcadé, t. V, p. 282.

faute *légère* et faute *très légère*, adoptée par les anciens auteurs, est ici sans application, parce qu'en matière de délits et de quasi-délits, c'est-à-dire dans les cas prévus par les articles 1382, 1383 et suivants du Code civil, la faute, quand elle existe, est toujours une faute lourde entraînant la responsabilité de son auteur.

« Toutes les pertes, tous les dommages, disait Domat, qui peuvent arriver par le fait de quelque personne, soit imprudence, légèreté, ignorance de ce qu'on doit savoir, ou autres fautes semblables, si légères qu'elles puissent être, doivent être réparées par celui dont l'imprudence ou autre faute y a donné lieu. C'est un tort qu'il a fait, quand même il n'aurait pas eu l'intention de nuire. »

90. Tels sont les principes généraux que nous devons appliquer à notre sujet.

L'exercice de l'art de guérir peut-il donner lieu à la responsabilité civile ?

La loi du 19 ventôse an XI a seulement prévu, ainsi que nous le verrons plus loin, le cas où, contrairement à ses prescriptions, un officier de santé aurait pratiqué une grande opération chirurgicale sans l'assistance d'un docteur, et où il en serait résulté des accidents graves. Dans ce cas, la victime de ces accidents aurait une action en indemnité contre l'officier de santé (article 29).

91. Quant à la responsabilité des docteurs, la loi de l'an XI n'en parle pas ; on en a conclu qu'ils ne devaient jamais répondre d'aucun acte de leur pratique, et on a voulu restreindre même la responsabilité des officiers de santé aux accidents graves dont parle l'article 29. Cette théorie a été longtemps celle de l'Académie de médecine. Consultée en 1834 sur un projet de loi réglant l'exercice de la médecine, elle proposa d'y introduire un article ainsi conçu :

« Les médecins et chirurgiens ne sont pas responsables des erreurs « qu'ils pourraient commettre de bonne foi dans l'exercice conscien- « cieux de leur art. Les articles 1382 et 1383 du Code civil ne leur « sont pas applicables dans ce cas. »

Messieurs les docteurs Bouillaud, Maingault et Marc voulaient même qu'il fût décidé que les médecins ne pourraient, *dans aucun cas*, être poursuivis en justice. M. Adelon, professeur de médecine légale, combattit seul cette proposition. Si elle était admise, disait-il, la société se trouverait désarmée contre les dangers résultant de la négligence, de l'inattention et de l'imprudence des médecins. L'Académie n'aurait pas cependant persisté dans sa première opinion. D'après MM. Briand et Chaudé, une mère de famille étant morte en 1850, par suite d'une erreur commise dans l'administration d'un médicament par un médecin et un pharmacien, ces derniers auraient été poursuivis, et l'Académie aurait décidé que le fait rentrait dans le droit commun et qu'elle n'avait pas à s'en préoccuper (1).

Quand elle émettait la première opinion, l'Académie était dans l'erreur ; les médecins sont assurément soumis aux principes généraux sur la responsabilité civile, et on doit seulement rechercher quels sont les faits de leur pratique qui peuvent la leur faire encourir.

92. Nous ne trouvons, dans l'ancien droit, qu'un petit nombre de documents sur cette question. Les lois romaines prévoyaient seulement le cas où un médecin aurait occasionné la mort d'un esclave par des soins inintelligents et donnés mal à propos (2) ; mais elles étaient sévères au point de vue pénal, elles punissaient de la peine capitale le médecin, quand son impéritie avait causé la mort de son client (3).

L'ancienne jurisprudence française était divisée. Un arrêt du Parlement de Bordeaux, de 1596, condamnait à 450 livres de dommages-intérêts les héritiers d'un chirurgien qui avait blessé un malade en le saignant. Le Parlement de Paris, par un arrêt du 22 juin 1768, condamnait aussi un chirurgien à 15,000 livres de dommages-intérêts, somme énorme pour l'époque, envers un jeune homme à qui il fallut couper le bras, parce que ce chirurgien l'avait mal opéré.

Et pourtant, le même Parlement de Paris avait décidé, en 1696, que les chirurgiens n'étaient pas responsables, tant qu'on ne pouvait leur imputer que de l'ignorance ou de l'impéritie, *quia ægrotus debet sibi imputare cur talem elegerit* ; et, le 6 avril 1710, le Parlement de Bordeaux rejeta une demande formée contre un chirurgien, par ce motif qu'il n'y avait eu *ni dol ni malice.*

93. Ce n'est point dans la législation moderne qu'il faut chercher la solution de la question ; nous ne la trouverions même pas, ainsi que nous venons de le dire, dans la loi du 19 ventôse an XI. Quant à la doctrine et à la jurisprudence, elles paraissent aujourd'hui mieux fixées.

Nous dirons avec les auteurs, notamment MM. Trebuchet (4) et Coffinières (5), et en appliquant les principes que nous venons de

(1) Briand et Chaudé, *Manuel de méd. lég.*, 10e édit., p. 75.
(2) L. 8, ff. *Ad.*, *leg. Aquil.* — L. 9, ff., § 5, *Locati.*
(3) L. 6, ff., § 5, *De officio præsidis.*
(4) *Jurisprudence de la médec. et de la pharmac.*, p. 186 et s.
(5) *Encyclopédie du droit*, vo ART DE GUÉRIR, nos 61 et s.

rappeler, que les médecins ne peuvent échapper, dans certaines limites, à la responsabilité de leurs actes.

L'étudiant en médecine est astreint par la loi à subir des épreuves multipliées, et le diplôme obtenu par lui après de longues et laborieuses études, toujours surveillées, contrôlées par les hommes les plus éminents dans cette science difficile, présente à la société les garanties de capacité les plus sérieuses. Le diplôme une fois obtenu, l'exercice de l'art de guérir n'est plus soumis à aucune surveillance particulière et, pour la sûreté de son diagnostic, comme pour l'efficacité des moyens curatifs qu'il emploie, le médecin n'est, en principe, justiciable de personne. En lui conférant son titre de docteur, la Faculté n'a pu, hélas! le rendre infaillible, et, dans l'application des principes scientifiques qu'il connaît, il peut se tromper. L'art de guérir est fort conjectural, il serait téméraire aux tribunaux de juger, d'apprécier le plus ou moins d'opportunité d'un traitement thérapeutique. La loi pouvait-elle faire plus qu'elle n'a fait, quand elle a imposé les conditions auxquelles l'obtention du diplôme est soumise, et les tribunaux peuvent-ils ajouter aux dispositions de la loi une responsabilité qui obligerait le médecin à guérir son malade ou à l'indemniser en cas d'insuccès, comme la Convention obligeait, sous peine de mort, les généraux à vaincre l'ennemi? Personne n'oserait le soutenir.

D'un autre côté, il n'est pas possible d'admettre que les médecins ne soient pas soumis, comme tous les citoyens, aux conséquences de leurs fautes. Le titre de docteur ne peut être un sauf-conduit qui leur permette de commettre impunément toutes les imprudences volontaires ou involontaires. Par cela même que la loi les investit d'un monopole, qu'elle leur garantit l'exercice exclusif de leur art, ils sont astreints à une plus grande circonspection.

94. Ainsi donc la responsabilité existe, mais il lui faut une limite; comment la tracer? C'est là qu'est la difficulté et, il faut bien le reconnaître, elle est grande.

Le médecin est responsable, suivant les principes généraux, quand il a commis *une faute*, une négligence, une imprudence manifestes. Si le fait dommageable était étranger à l'art de guérir, il est inutile de dire que la responsabilité ne pourrait faire aucun doute, comme le cas où un médecin, après une opération grave, aurait tout à coup et sans motifs suffisants abandonné son malade et qu'il en fût résulté des accidents; le cas où une opération n'aurait pas réussi, parce que le chirurgien qui l'aurait pratiquée était en état d'ivresse.

Mais la faute peut se rencontrer aussi plus directement dans la pratique médicale. Si, par suite d'inattention, de légèreté, le médecin, en rédigeant une ordonnance, a commis une erreur et prescrit une substance au lieu d'une autre et ainsi aggravé la situation du malade ; s'il s'est trompé sur la dose à ordonner et s'il a fait absorber par son client une substance qui, prise en aussi grande quantité, devait nécessairement être mortelle ; s'il a omis d'indiquer les précautions à prendre en son absence pour l'emploi d'un médicament dangereux qu'il a ordonné ; s'il a négligé les prescriptions élémentaires de son art ; s'il a, d'une façon inconsidérée, expérimenté sur un de ses malades l'effet d'un traitement anormal et inusité, etc..., dans tous ces cas, sa responsabilité sera certainement engagée (1).

Mais nous sommes bien forcés de reconnaître qu'il n'est pas possible de tracer des règles absolues pour fixer d'une façon certaine, invariable, les limites de cette responsabilité ; les cas où elle pourra être invoquée varieront à l'infini ; les magistrats n'auront d'autres guides que les principes généraux indiqués ci-dessus et que l'on ne doit jamais oublier. Ils devront, avant tout, dans la plupart des cas, recourir aux lumières de médecins éclairés et d'une capacité reconnue, afin de savoir si les règles de la prudence ordinaire ont été observées.

95. Nous devons tout d'abord établir ce principe que le ministère du médecin est parfaitement libre et n'est nullement obligatoire. Le médecin peut donc refuser de se rendre à l'appel d'un malade, même quand ce dernier se trouve, soit en raison de l'éloignement, soit pour toute autre cause, dans l'impossibilité de requérir un autre homme de l'art. Le médecin n'est pas plus tenu d'accourir près d'un malade qu'un passant n'est obligé de se jeter à l'eau pour sauver un homme qui se noie. Disons de suite, à l'honneur du corps médical, qu'on a vu bien rarement des exemples d'un pareil refus ; les médecins ont, chez nous, habitué le public à un dévouement, à une abnégation dont on ne leur témoigne pas toujours assez de reconnaissance. Quoi qu'il en soit, le médecin ne doit compte de sa conduite, sur ce point, qu'à sa conscience (2).

Nous examinerons plus loin, au chapitre *des honoraires*, la question de savoir si les médecins sont tenus d'obtempérer aux réquisitions de l'autorité pour donner des soins aux malades en cas d'épidémie.

(1) Taulier, *Théor. du Code civ.*, t. 4, p. 588. — Sourdat, *Traité de la responsabilité*, t. 2, p. 676. — Orfila, *Tr. de méd. lég.*, 4e édit., p. 47.
(2) Cassat. 29 fructid. an X, P. chron., et 4 juin 1830, P. chron.

Mais quand le médecin a commencé à traiter un malade, quand il a entrepris une cure, il s'est établi entre lui et son client une sorte de contrat tacite qu'il ne peut rompre seul sans motif, et, s'il abandonnait le malade quand ce dernier a encore besoin de ses soins, il serait tenu à une réparation (1).

Les cas dans lesquels la responsabilité du médecin pourra être engagée ne peuvent être prévus à l'avance ; nous nous bornerons à citer les principales décisions rendues par les tribunaux dans cette matière ; on y trouvera des motifs de décider dans les espèces qui se présenteront dans la pratique.

96. En 1825, le docteur Hélie fut appelé pour faire un accouchement qui paraissait offrir des difficultés ; l'enfant présentait les bras. Le médecin ne chercha pas à faire la version, il crut l'enfant mort, les bras sphacélés, et il les amputa ; l'accouchement terminé, il dut reconnaître son erreur ; l'enfant était bien vivant et il survécut à l'opération. Le père intenta devant le tribunal de Domfront une demande en dommages-intérêts contre le docteur Hélie.

Le tribunal voulut avoir l'appréciation de l'Académie de médecine, qui désigna, pour étudier la question, quatre de ses membres les plus distingués, tous professeurs d'accouchement, MM. Desormeaux, Deneux, Gardien et Moreau, auxquels fut adjoint M. Adelon, professeur de médecine légale. Il résulta de leur rapport : 1° que rien n'avait pu démontrer à l'accoucheur que les bras de l'enfant fussent frappés de sphacèle ; 2° que l'impossibilité d'opérer la version n'était point établie ; 3° que rien ne prouvait l'urgence de terminer l'accouchement ; 4° que l'amputation des bras n'était pas nécessaire, surtout le gauche, les doigts seuls étant engagés. La conclusion de ce rapport était que l'opération pratiquée par le docteur Hélie constituait, de sa part, une faute contre les règles de l'art.

Néanmoins, l'Académie ne partagea point ce sentiment, et elle désigna cinq autres membres *non accoucheurs* pour faire une contre-expertise : c'étaient MM. Desgenettes, Dupuytren, Récamier, Itard et Double. Leur conclusion fut entièrement opposée à celle des premiers experts. En terminant, M. Double, rédacteur de leur rapport, disait :

« L'Académie croit de son devoir de protester contre l'interprétation forcée et l'application abusive, dans certains cas, des articles 1382 et 1383 du Code civil. Nul doute que les médecins ne demeurent légalement responsables des dommages qu'ils causent à autrui par

(1) Amiens, 16 nov. 1857, cité par MM. Briand et Chaudé, 10e édit., p. 26.

la coupable application des moyens de l'art faite sciemment, avec préméditation et dans de perfides desseins ou de criminelles intentions ; mais la responsabilité des médecins dans l'exercice consciencieux de leur profession ne saurait être justiciable de la loi. Les erreurs involontaires, les fautes hors de prévoyance, les résultats fâcheux hors de calcul ne doivent relever que de l'opinion publique. Si l'on veut qu'il en soit autrement, c'en est fait de la médecine. C'est un mandat illimité qu'il faut auprès des malades ; l'art de guérir ne peut devenir profitable qu'à cette condition. En fait donc de médecine pratique, de même qu'en matière de justice distributive, les médecins, non plus que les juges, ne sauraient devenir légalement passibles des erreurs qu'ils peuvent commettre de bonne foi dans l'exercice de leurs fonctions. Là, comme ici, la responsabilité est toute morale, toute de conscience : nulle action juridique ne peut être légalement intentée, si ce n'est en cas de captation, de dol, de fraude ou de prévarication. Ainsi le veut la juste intelligence des intérêts privés. »

On voit, par la conclusion de ce rapport, sous l'empire de quelle préoccupation les derniers experts avaient procédé à leur expertise. D'après eux, les médecins ne pourraient être jamais passibles de réparations civiles qu'autant qu'ils auraient causé *intentionnellement* un dommage, dans de *perfides desseins* et de *criminelles intentions;* il faudrait, en un mot, supprimer, en ce qui les concerne, les articles 1382 et 1383 du Code civil. Cette théorie ne pouvait être admise par la justice, et le tribunal de Domfront jugea ainsi :

« Le tribunal, — appréciant l'avis de l'Académie, considérant qu'il ne peut prendre pour règle ces avis incomplets où les questions sont éludées plutôt que résolues et délibérées sous l'influence de cette pensée prédominante : *que les médecins, dans l'exercice de leur profession, ne sont pas justiciables des tribunaux pour les fautes graves résultant du défaut de science, de l'imprudence ou de quelque faute que ce soit, pourvu qu'il n'y ait pas coupable application des moyens de l'art faite sciemment, avec préméditation, dans de perfides desseins ou des intentions criminelles,* pensée que le tribunal ne peut partager ;

« Considérant que les douleurs pour accoucher n'ont été vives et pressantes qu'à six heures du matin ; que tout annonce que ces douleurs vives et pressantes n'ont eu lieu qu'après l'arrivée du docteur Hélie ; qu'il est constant que ce médecin arriva au plus tard à neuf heures et que l'accouchement était terminé une heure après ; que la compression du bras droit de l'enfant n'a pu être ni violente ni de longue durée et n'a pu produire le sphacèle ; qu'elle a dû le produire encore moins au bras gauche qui se trouvait à peine engagé ; que d'ailleurs toutes les circonstances établissent l'absence du sphacèle, et que si le sphacèle n'existait pas, comme il faut le reconnaître, le préjudice causé par l'amputation des bras de l'enfant Foucault est évident ;

« Considérant que, malgré l'assertion du médecin, il est douteux qu'il ait tenté la version de l'enfant avant de faire l'amputation; que, d'ailleurs, il n'a essayé aucun des moyens recommandés en pareil cas; que, loin de là, une heure lui a suffi pour faire les préparatifs de l'accouchement, tenter vainement, dit-il, l'introduction de la main (qu'il n'a même pas eu le soin d'enduire d'un corps gras), couper les deux bras, opérer la version et délivrer la femme Foucault; que rien ne nécessitait cette précipitation, puisque, après six heures du matin, la femme Foucault se promenait encore dans son jardin; qu'au moment de l'opération, elle s'est rendue elle-même sur son lit de douleurs, marchant seulement à l'aide d'un bras, et qu'après l'opération, elle a marché encore pour se rendre à un autre lit; que par conséquent l'accoucheur avait tout le temps nécessaire pour suivre, dans un accouchement qui présentait des difficultés, les prescriptions des maîtres de l'art, essayer des divers moyens que cet art lui indiquait et appeler des confrères en consultation; que, ne l'ayant pas fait, mais ayant, au contraire, agi sans prudence et avec une précipitation incroyable, il est coupable d'une faute grave qui le rend responsable du dommage résultant de la mutilation de l'enfant Foucault;

« Par ces motifs, condamne Hélie à payer à l'enfant Foucault cent francs par an jusqu'à ce qu'il ait atteint l'âge de dix ans, et à lui servir ensuite une rente viagère de 200 francs (1).

97. Le docteur Thouret-Noroy fut appelé, le 10 octobre 1832, auprès d'un ouvrier, le sieur Guigne, qui était malade. Il crut devoir pratiquer une saignée. Quelque temps après, une tumeur se forma au pli du bras qui avait été saigné.

Le médecin, appelé de nouveau près du malade, qui déclarait souffrir beaucoup de cette tumeur, répondit que cet accident n'aurait aucune suite fâcheuse. Mais la douleur ne diminuant pas, et le médecin ayant abandonné le malade, un officier de santé fut appelé. Celui-ci reconnut, dans la tumeur, un anévrisme causé par la piqûre de l'artère brachiale. La tumeur avait alors la grosseur d'un œuf; la gangrène se manifesta bientôt, et, l'amputation étant jugée indispensable, il y fut procédé aussitôt. Guigne forma contre le docteur Thouret-Noroy une demande en dommages-intérêts.

Le tribunal d'Evreux, saisi de l'action, ordonna une enquête et, après l'audition des témoins, rendit, le 17 décembre 1833, un jugement définitif qui statuait en ces termes :

« Vu le jugement d'appointement de preuve daté du sept août dernier, les principes qu'il consacre et les résolutions qu'il contient, si la preuve entreprise par Guigne est faite, ou au moins s'il résulte de son enquête que le dommage qu'il éprouve par la priva-

(1) Dalloz, *Rép.*, v° *Responsabilité*, n° 129, 1°.

tion du bras doit nécessairement être imputé à la maladresse, à l'oubli des règles de son art, à la négligence ou à l'indifférence de Noroy ;

« Or, attendu qu'il résulte de l'enquête directe : 1° qu'en saignant au bras droit Guigne, le sieur Noroy a ouvert l'artère dite brachiale; 2° que Noroy a dû reconnaître sur-le-champ cet accident grave ; 3° que cependant il a négligé, à dessein, de le dissimuler, de pratiquer immédiatement le seul moyen indiqué par la médecine, la compression par application d'un corps dur, se contentant d'un simple bandage ; 4° qu'en cet état, Guigne a été abandonné pendant plusieurs jours par son médecin ; 5° que l'anévrisme, conséquence nécessaire de la rupture de l'artère, s'étant manifesté et Noroy en ayant été informé, au lieu de suivre encore les inspirations ou les prescriptions de son art, c'est-à-dire de tenter l'opération consistant dans la ligature, ce médecin aurait employé au moins les résolutifs, ce qui ne pouvait amener aucun résultat utile; 6° que c'est ainsi que Guigne, dont la position s'aggravait chaque jour, a été conduit à réclamer le secours d'un autre médecin ; qu'il a souffert, mais trop tard, l'opération de l'anévrisme, puis enfin l'amputation ;

« Attendu qu'il résulte de chacun comme de l'ensemble de tous ces faits, qu'il y a eu, de la part de Noroy, maladresse, oubli des règles, négligence grave, et conséquemment faute grossière dans la saignée et dans le traitement ultérieur ;

« Vu les articles 1382 et 1383 du Code civil, et attendu qu'il est dû à Guigne une réparation en rapport au préjudice qu'il éprouve, à sa position sociale et aux dépenses qu'il a été obligé de faire ;

« Le tribunal déclare l'enquête de Guigne concluante et prévalante sur la contre-enquête ; en conséquence, admet sa demande, condamne le sieur Noroy, à titre d'indemnité du tort qu'il lui a causé, à payer audit Guigne, dans le délai de huit jours, la somme de 600 francs et à lui servir annuellement, à compter de l'introduction du procès, à titre viager, et jusqu'à son décès, une somme de 150 francs payable de six mois en six mois ; ordonne l'exécution provisoire quant aux 600 francs, conformément à l'article 135 du Code de procédure civile, étant accordés à titre de provision. »

Thouret-Noroy fit appel de ce jugement, et un premier arrêt rendu par défaut contre lui confirma la sentence des premiers juges. Sur son opposition, il intervint un nouvel arrêt de la Cour de Rouen, qui statua en ces termes :

« Attendu que les bases du jugement définitif sont fixées par le jugement d'appointement en preuve, et que ce jugement a été exécuté par les deux parties ;

« Attendu qu'il résulte de l'ensemble des dépositions des témoins de l'enquête directe : 1° que les personnes présentes lors de la saignée faite par Thouret au bras de Guigne furent étonnées de l'effet immédiat de cette saignée, de la manière dont le sang jaillissait et *brouait* ou *brouissait ;* de la couleur du sang ; de l'insistance que Thouret, malgré les observations qui lui furent faites, mit ce que le sang fût jeté, ce qu'il exécuta lui-même et presque immédiatement ; des symptômes alarmants qui suivirent cette saignée ;

2° Que pendant dix-huit jours, Guigne se plaignait continuellement de la douleur qu'il éprouvait au bras ; qu'une tumeur se manifesta bientôt au siège de la saignée et augmenta chaque jour ; que, pendant ce temps, Guigne a été obligé de garder le lit et qu'on avait beaucoup de peine à lui passer ses vêtements lorsqu'il se levait ;

3° Que, dans cet intervalle, Guigne ne s'est livré à aucun travail ; qu'après ces dix-huit jours, la tumeur présentait la grosseur et le volume d'un œuf ; que cependant Thouret disait que ce n'était rien et qu'il donnerait de quoi faire passer cette tumeur ;

« Attendu qu'il est inutile de s'attacher aux petites fioles fournies par Thouret, aux substances qu'elles contenaient, à la couleur qu'elles offraient à l'œil et à la douleur qu'elles ont produite au bras de Guigne ; qu'il suffit qu'il soit prouvé et même reconnu par Thouret qu'il a fourni ces fioles et la liqueur qu'elles contenaient, pour qu'il demeure constant que, longtemps après la saignée, le malade souffrait beaucoup et que le siège du mal était à l'endroit de cette saignée, où l'on remarquait cette forte tumeur attestée par un grand nombre de témoins, et dont Thouret n'a pu diminuer le volume, nonobstant ses diverses applications ou compressions ;

« Attendu que c'est après diverses tentatives infructueuses et sans succès, et dans un moment où Guigne avait le plus grand besoin de l'assistance et des secours de son médecin, que celui-ci, désespérant sans doute de pouvoir guérir ou du moins soulager son malade, l'abandonna à ses souffrances ;

« Attendu qu'aux symptômes qui ont accompagné la saignée, aux événements qui sont survenus postérieurement, à la tumeur qui s'est formée et a progressivement augmenté, aux douleurs continuelles du malade, à l'impossibilité où il était de se livrer à aucun travail, à l'inefficacité des remèdes de Thouret et à l'abandon du malheureux Guigne, il faut réunir ce qui s'est passé ultérieurement et les autres circonstances que révèle également l'enquête ; qu'il résulte des dépositions de quatre témoins qui ont été présents aux opérations antérieures à l'amputation, que l'officier de santé leur fit palper et reconnaître les battements qui existaient à la tumeur ; que lorsqu'elle fut ouverte, il en sortit du sang caillé et du sang liquide, de couleur rouge ; qu'ils reconnurent que la piqûre existait à l'artère ; qu'ils jugèrent à l'odeur et à la couleur du sang que c'était du sang artériel, et qu'ils ont vu le sang jaillir de l'artère avant l'introduction de la sonde ; qu'enfin, la gangrène survenue a nécessité l'amputation ;

« Que Thouret, présent à l'enquête, n'a fait aucune observation, aucune interpellation lors de la déposition de Chuippe, dont il avait tant d'intérêt à contredire les déclarations, et les symptômes dont l'officier de santé rendait compte ;

« Attendu qu'il est également établi par tous les documents du procès que c'est par le fait de Thouret-Noroy, par le résultat de la saignée qu'il a pratiquée, par la lésion de l'artère brachiale, par l'inefficacité de ses remèdes, par sa négligence grave, par sa faute grossière, notamment par l'abandon du malade dont il a refusé de visiter le bras, lors même qu'il en était par lui requis, que l'amputation du bras de l'infortuné Guigne, après ces opérations réitérées et douloureuses qu'il avait subies, est devenue indispensable ;

« Et adoptant les autres motifs qui ont déterminé les premiers juges,

« La Cour, sans avoir égard à l'opposition formée par Thouret-Noroy, dont il est évincé, ordonne que son arrêt par défaut sera exécuté suivant sa forme et teneur, et, vu l'article 126 du Code de procédure, condamne Thouret-Noroy, et par corps, en 400 francs à titre de supplément de dommages-intérêts envers Guigne ; fixe à six mois d'emprisonnement la durée de la contrainte par corps à raison de ce supplément seulement ; le condamne en outre aux dépens, etc... »

Le docteur Thouret-Noroy forma un pourvoi en cassation contre cet arrêt pour violation : 1° de la loi du 19 ventôse an XI et fausse application des articles 1382 et 1383 du Code civil ; 2° de la double maxime de droit : *volenti non fit injuria* et *consilii non fraudulentis nulla est obligatio.*

98. Me Crémieux, avocat de Thouret, reproduisait, dans l'intérêt du pourvoi, la doctrine émise par le docteur Double dans son rapport cité plus haut au sujet de l'affaire Hélie. Il ne contestait pas, d'une façon absolue, la responsabilité des médecins, mais il soutenait qu'ils échappent à toute action judiciaire pour ce qui tient à l'exercice de leur profession, pratiquée de bonne foi et dans la mesure de leur savoir.

« Ainsi, disait-il, qu'un médecin donne des remèdes contraires à la maladie et que le malade meure ; qu'il opère contrairement aux règles de l'art, et que le malade meure, il n'y a contre le médecin aucune action. Et pourquoi ? c'est que nul médecin ne peut être responsable de ses pensées, de son opinion, de son système. Soumis par la loi à des épreuves, à des examens, il a une capacité légale que nul ne peut lui contester. Qui pourra lui imputer à faute ce qu'il regarde comme une nécessité ?

« Vainement ceux qui passent pour les plus habiles affirmeraient-ils que l'art indiquait d'autres voies et proscrivait le remède indiqué, l'opération entreprise ; le médecin répondrait toujours : l'erreur est chez vous ; le malade n'est pas mort par ma faute, car mon remède ou mon opération devait le guérir, si une circonstance imprévue ne l'eût entraîné. Toujours au moins le médecin pourrait dire : il est possible que l'erreur soit chez moi, mais je n'en suis pas même convaincu, et l'expérience que j'ai tentée, que je crois devoir réussir, que je crois même utile aux progrès de l'art, je la tenterais de nouveau en pareille occurrence.

« On ne peut donc trouver dans la mort d'un malade cause de responsabilité pour un médecin, car rien n'est plus conjectural que la médecine. Dans un siècle où tant d'hommes remarquables brillent en France et en Europe de l'éclat d'un immense savoir et d'une si belle réputation, une maladie atroce a sévi sur la population qu'elle a, pour ainsi dire, décimée, et l'art est demeuré impuissant. (On sortait à peine de la période la plus intense du choléra.) Il n'est pas une de ces grandes renommées qui n'ait tenté de tous les systèmes, et tous les médecins différaient d'opinions, de vues, sur la nature, sur les causes, sur les préservatifs, sur les remèdes. Qui donc, parmi eux, a bien agi ? Qui donc pourrait être responsable ? Ce que nous disons pour cette affreuse épidémie, nous pouvons le dire même pour les maladies les plus ordinaires. Dès qu'elles ne suivent plus leur cours habituel, la science s'arrête et tâtonne. Elle essaie. Dans les premiers siècles, elle inscrivait sur des colonnes le genre de maladie et le traitement qui avait réussi. Aujourd'hui elle le répand dans les livres. Mais chaque médecin a son système ; il aide la nature à sa manière ; il la brise peut-être quand il croit la seconder. Rendez-le responsable, il laissera le malade.

« Le médecin ne doit pourtant pas être à l'abri de la responsabilité ; il ne s'agit que de préciser : un médecin appelé arrive en état d'ivresse, ordonne une prescription qui tue, fait subir une opération qui prive à jamais le malade de l'un de ses membres ; la responsabilité est certaine. Elle ne reposera pas sur la prescription mal à propos ordonnée ou l'opération faite à contre-temps ; elle reposera sur ce fait de l'ivresse qui, troublant les facultés du médecin, n'a laissé à sa place qu'un homme indigne de sa profession. Un médecin voit un malade dans un état alarmant ; il dit : cet homme est bien mal, mais je ne veux pas lui donner le remède nécessaire ; tant pis pour lui, je me retire. Le malade meurt ; cette retraite, au moment du plus grand danger, est un fait qui entraînera une responsabilité possible.

« Un autre opère une saignée, il s'est pourvu d'un instrument qui ne pique pas, mais qui déchire et brise ; ou bien il n'a préparé aucun moyen d'arrêter le sang et, après avoir donné le coup de lancette, il a disparu, ne laissant aucun ordre, aucun préparatif, aucune ordonnance ; une terrible hémorrhagie emporte le malade, ou bien un autre accident se déclare qui amène l'amputation, — la responsabilité frappera le médecin.

« C'est que, dans toutes ces hypothèses, on ne recherche pas si, en elle-même, la prescription était bonne, l'opération bien faite, ce qui est l'art, la science ; on juge le fait de l'homme complètement distinct de l'avis, de l'opinion, de l'acte du médecin.

« Ces principes que la raison indique, la législation les consacre. Non seulement aucune loi ne pose en principe la responsabilité du médecin, pour ses prescriptions ou ses opérations, mais il est certain que la loi spéciale du 19 ventôse an XI vient à l'appui de notre doctrine. En effet, après avoir tracé les conditions sans lesquelles nul ne peut exercer la profession de médecin, après avoir fixé les études, les exercices, les épreuves qui sont les garanties de la société, cette loi dit, à son article 28 : « Les docteurs reçus dans les écoles « de médecine pourront exercer leur profession dans toutes les « communes de la République, en remplissant les formalités prescri- « tes par les articles précédents. »

« Puis vient l'article 29 qui tranche la question ; il est ainsi conçu :

« Les officiers de santé ne pourront s'établir que dans le dépar-
« tement où ils auront été examinés par le jury, après s'être fait en-
« registrer comme il vient d'être prescrit. Ils ne pourront pratiquer
« les grandes opérations chirurgicales que sous la surveillance et
« l'inspection d'un docteur, dans les lieux où celui-ci sera établi.
« Dans le cas d'accidents graves arrivés à la suite d'une opération
« exécutée hors de la surveillance et de l'inspection prescrites ci-
« dessus, il y aura recours en indemnité contre l'officier de santé
« qui s'en sera rendu coupable. »

« Toute la loi, pour ce qui concerne la cause, est dans ces deux articles.

« L'orateur du gouvernement disait au Tribunat : « Après avoir
« réuni les deux branches d'une seule et même science, qui doivent
« être inséparables, et formé de toutes les parties de l'art de guérir un
« ensemble complet, le nouveau système en distribue l'exercice en
« deux parties : l'une, vulgaire et commune, l'autre transcendante et
« supérieure. A l'état ancien qui blessait les convenances et que la
« raison condamnait, il substitue une disposition qui, en réglant
« les rangs suivant l'échelle des connaissances, ne distingue que ce
« qui en diffère par l'étendue du savoir et ne subordonne que ce qui
« est inférieur par la mesure du talent. Enfin ce système organise
« tout suivant l'ordre naturel et fait prendre à l'édifice médical une
« structure régulière, au lieu de cette forme gothique qu'il avait
« toujours présentée. »

« Il ajoutait : « Pour cimenter toutes les parties de ce système,
« pour fortifier les liens de cette nouvelle institution, des mesures
« répressives et des dispositions pénales sont indiquées ».

« Il est maintenant facile de saisir l'esprit de la loi : cette partie de l'art transcendante et supérieure qui n'appartient qu'aux hommes dont la capacité est prouvée par les études les plus sérieuses ne pouvait appeler des mesures d'indemnité. A qui pouvait-on déférer le jugement ?

« Quant à la partie vulgaire et commune, elle est soumise à l'autorité du savoir, elle n'a pas le droit de s'élever sans assistance. Si pourtant, loin de tout autre secours, il faut recourir à un officier de santé, il a le droit d'agir ; mais il y a recours en indemnité contre lui dans le cas d'accidents graves, arrivés à la suite de son opération.

« Dans la première circonstance, le savoir est à l'abri ; dans la seconde, le savoir met à l'abri celui qu'il protège. Quelque accident qui suive, lorsque l'homme de l'art opère par lui-même, ou lorsque l'officier de santé opère sous ses yeux, point de recours en indemnité, parce qu'alors la loi suppose que la nature seule a contrarié la science. Le recours existe contre celui-là seul que la loi ne présume pas assez capable pour agir de sa propre inspiration.

« Aussi l'orateur du gouvernement disait au Corps législatif :
« Le projet qui vous est aujourd'hui soumis ôte à l'ignorance et à
« l'avide charlatanisme les moyens de nuire à la santé des citoyens ;
« il enjoint de n'admettre à l'exercice de l'art de guérir que les sujets

« qui feront preuve d'une étude solide de cet art ; il rend à un état « honorable la dignité qui seule peut en soutenir les avantages ; il « donne au peuple français une garantie dans le choix des hommes « éclairés dont les listes lui seront offertes d'après des épreuves « sévères ; enfin il remédie aux maux que le silence des lois sur « cet objet de sûreté publique avait fait naître dans toutes les parties « de la France. »

« Comment donc, en présence de ces paroles si explicites, en présence des expressions si claires de la loi, résister à cette vérité qu'il ne saurait y avoir contre le médecin aucun recours pour les prescriptions ou les opérations de son art ?

« Voulez-vous que le médecin dont la présence ne permet pas même le recours contre l'officier de santé y reste lui-même soumis ? *Quod jure permittante fit, non magis delictum est quam quod aliis non nocet* (1).

« Ajoutons que si jamais la responsabilité a dû être repoussée, à peine d'être absurde, c'est quand il s'agit d'un art où les plus habiles sont si souvent trompés, où l'on ne peut exiger de personne une science absolue, mais seulement une science relative et encore une science qui, s'étudiant sans cesse à pénétrer le mystère impénétrable de la nature humaine, restera toujours conjecturale et pleine des plus désespérantes incertitudes. »

Me Crémieux résume ainsi la discussion à laquelle il vient de se livrer :

« Le médecin, dans l'exercice de sa profession, n'est soumis, pour les prescriptions, ordonnances, opérations de son art, à aucune responsabilité. La responsabilité ne peut être invoquée contre lui que si, oubliant qu'il est médecin, et se livrant aux passions, aux vices, aux imprudences de l'homme, il occasionne, par un fait répréhensible, un préjudice réel au malade qui se confie à ses soins. En d'autres termes, et à vrai dire, la responsabilité s'exercera contre l'homme, jamais contre le médecin.

« Ainsi, l'attaque-t-on pour avoir procédé à telle opération, ordonné tel remède dont les conséquences auraient, dit-on, été désastreuses, il échappe au recours par son titre, par la présomption légale de savoir qui s'attache à sa profession ; allons plus loin : par la nécessité de la protection qui doit l'entourer, sous peine des plus grands malheurs.

« Lui reproche-t-on, au contraire, un fait répréhensible dans lequel se trouvent confondues l'opération ou la prescription médicale, mais qui peut s'en détacher et dont l'influence déplorable s'est fait ressentir dans l'acte même du médecin, le recours est ouvert.

« Il en est de lui comme de l'avocat : que l'avocat donne le conseil le plus funeste aux intérêts d'un client qui le consulte, aucune responsabilité judiciaire ne peut l'atteindre; mais que l'on prouve qu'un fait répréhensible en lui-même a été cause que l'avocat a donné le conseil ruineux, le recours est ouvert. »

(1) Vinnius, *Instit.*, liv. III, tit. XV.

Me Crémieux, pour protéger l'interprétation du système qu'il vient d'établir contre la rigueur des lois romaines, soutient que les décisions de ces textes s'appuient sur des principes étrangers à la règle qui, chez nous, fait la base de la responsabilité et ne sont plus en rapport avec nos usages et nos mœurs. Pour prouver cette proposition et fortifier l'interprétation qu'il a donnée de la loi du 19 ventôse an XI, il cite un arrêt du Parlement de Paris, du mois de juin 1696, que nous avons indiqué plus haut :

« Il n'y a, dit Brillon (*Dictionnaire des arrêts*), qui cite cet arrêt au mot *chirurgien*, qu'un seul cas où l'on ait une action contre eux : c'est lorsqu'il y a du dol, auquel cas c'est un véritable délit ; mais il en est autrement lorsqu'on ne peut leur imputer qu'un simple quasi-délit, à la différence du droit romain, qui voulait que l'impéritie fût regardée comme une faute. »

La Peyrère (1) rapporte une espèce qui a été décidée d'après ce principe ; il ajoute que, par un arrêt du 6 juin 1714, le Parlement de Bordeaux déchargea un chirurgien des dommages-intérêts que lui demandait le sieur Monier, avocat à Limoges, pour avoir piqué l'artère à sa fille et l'avoir estropiée.

L'avocat discute ensuite les motifs sur lesquels s'est appuyé l'arrêt attaqué, et il s'efforce d'établir que les magistrats qui l'ont rendu sont sortis des bornes de la responsabilité légale pour entrer dans le domaine de la science médicale, et qu'ils ont ainsi excédé leurs attributions.

« Supposons, dit-il en terminant, que tous ces motifs trouvés incontestables par la Cour royale, trouvés insoutenables par tous les médecins, soient l'expression d'une vérité absolue, qu'en résulterait-il ? — Une grande ignorance de la part du médecin. Mais encore une fois, ce n'est pas son ignorance, c'est sa volonté de faillir que la loi punit. *Consilii non fraudulentis nulla est obligatio.* Or, à moins qu'on ne veuille trouver cette volonté de faillir dans l'abandon du malade, il est bien constant qu'elle ne saurait être nulle part. Or l'abandon ne saurait être coupable que si le médecin avait compris la nécessité de ses soins et les avait refusés par volonté de nuire. Au contraire, d'après l'arrêt, Thouret-Noroy a cru que cette tumeur n'était rien, il a donné diverses liqueurs dans des fioles pour la guérir ; il n'a pu la dominer, malgré ses diverses applications ou compressions. Il n'y a pas là un refus de traitement ; il y a peut-être négation d'un état grave, en un mot une opinion. Cette opinion peut être erronée, mais les hommes de l'art et de la science ne sont pas responsables de leurs opinions, lors même qu'elles reposent sur une erreur ! »

(1) Lettre *C*, n° 12.

99. M. le Procureur général Dupin prend la parole en ces termes :

« Messieurs, on doit s'étonner du caractère de généralité que le demandeur en cassation s'est efforcé de donner à cette affaire. A l'entendre, s'il ne parvient à gagner son procès, il n'y a plus de médecine possible ; les hommes les plus recommandables par leur science et leur vertu n'oseront plus exercer leur art, leur réputation sera remise à la merci des tribunaux, et ils se trouveront placés dans cette désespérante alternative, ou de refuser leur ministère dans toutes les circonstances difficiles, ou de répondre des malades sur leur fortune et leur considération.

« Non, Messieurs, telle n'est pas la conséquence de l'arrêt qui vous est déféré ; tel ne sera pas l'effet de celui que vous êtes appelés à rendre. Le docteur Thouret-Noroy aura seul perdu son procès ; la noble profession de médecin n'en recevra pas d'atteintes, elle restera ce qu'elle a toujours été, une des plus belles, des plus utiles et des plus honorables, quand elle est honorablement exercée.

« Il ne peut venir à la pensée de personne de rendre les médecins indéfiniment responsables de l'emploi d'un art qui, de l'aveu de tous, est souvent conjectural ; depuis longtemps on l'a dit : *quod medicorum est promittant medici.*

« Mais si le simple défaut de science ou le défaut de succès ne suffisent pas pour motiver une action contre les médecins, il peut se rencontrer des circonstances où le dol, la mauvaise foi, une pensée criminelle, une négligence inexcusable et d'autres faits du même genre, entièrement séparés de la question médicale, constituent, de leur part, un manquement aux devoirs de leur état, tel qu'on ne pourrait proclamer, en pareil cas, l'irresponsabilité de l'homme de l'art, sans mettre en péril le reste de la société.

« Dans ces circonstances rares, mais qui peuvent se présenter quelquefois, si le médecin est traduit devant les tribunaux, on ne doit pas dire que sa réputation est à leur merci. Seulement, ses actes sont soumis à leur équitable appréciation, comme le sont les actions de tous les autres citoyens, quels que soient d'ailleurs leur état et leur condition.

« Les articles 1382 et 1383 du Code civil rappellent le principe général que chacun est responsable des dommages qu'il a causés non seulement par son fait, mais encore par sa négligence ou par son imprudence. Le savant et judicieux Domat l'avait développé en ces termes :

« Toutes les pertes et tous les dommages qui peuvent arriver par « le fait de quelque personne, soit imprudence, légèreté, ignorance « de ce qu'on doit savoir, ou autres fautes semblables, si légères « qu'elles puissent être, doivent être réparées par celui dont l'im- « prudence ou autre faute y a donné lieu, car c'est un tort qu'il a « fait, quand même il n'aurait pas eu l'intention de nuire (1). »

« Ce principe est établi par la loi civile de la manière la plus étendue, sans exception. Il exerce sa puissance non seulement sur les

(1) Domat, liv. III, sect. 4, n° 1er.

actes et sur les faits accidentels de la vie privée, mais encore sur ceux qui se rattachent à l'exercice des diverses professions ou même à celui des fonctions publiques.

« C'est principalement dans ces derniers cas, c'est-à-dire lorsqu'il s'agit de l'exercice d'une profession ou d'une fonction publique, que l'on est responsable envers les tiers, non seulement de son imprudence, de sa légèreté, mais encore de l'ignorance de ce que l'on doit savoir.

« Il faut mettre au nombre des dommages causés par des fautes, « dit encore Domat, ceux qui arrivent par l'ignorance des choses « que l'on doit savoir. Ainsi, lorsqu'un artisan, pour ne pas savoir ce « qui est de sa profession, fait une faute qui cause quelque dom- « mage, il en sera tenu ; ainsi, s'il arrive qu'un charretier ayant mal « rangé des pierres sur une charrette, la chute d'une pierre cause « quelque mal, il en répondra (1). »

« De même l'architecte ou l'entrepreneur est responsable pendant dix ans, aux termes de l'article 1792 du Code civil, de l'édifice qu'il a construit, et il doit réparation de tous les dommages qu'aurait occasionnés sa chute survenue, en tout ou en partie, par le vice de la construction, même par le vice du sol, parce qu'il devait connaître les règles de son art et les mettre en pratique, de manière à prévenir cette chute.

« Une responsabilité semblable péserait sur le charpentier, sur le couvreur, et sur tout autre artisan exerçant une profession industrielle. Pothier cite notamment pour exemple le cas où un charpentier aurait mis des étais trop faibles et aurait ainsi, par sa faute, entraîné la chute d'un édifice.

« Cette rigueur de principes, puisée dans la loi naturelle elle-même, serait-elle uniquement réservée contre ceux qui exercent des professions mécaniques, industrielles ? De telle sorte que, dans les professions scientifiques, dans les charges ou les fonctions publiques, qui supposent plus d'études, plus de savoir, et des conditions d'aptitude plus élevées, il y aurait, à l'inverse, moins de responsabilité ? Non, Messieurs, il n'en est pas ainsi.

« Parcourons la série de ces diverses professions, charges ou fonctions publiques ; dans toutes, nous trouverons l'application des mêmes principes pour la réparation du dommage causé.

« 1° Le notaire répond de la nullité ou des vices des actes qu'il passe, soit qu'elle provienne des surcharges, interlignes, additions, vices ou omissions de forme, aux termes des articles 16 et 68 de la loi du 25 ventôse an XI. Et la jurisprudence et les auteurs sont d'accord pour étendre cette responsabilité aux nullités qui sont le résultat non seulement d'une faute proprement dite, mais encore de l'impéritie, de l'ignorance d'une chose que le notaire ne devait pas ignorer. Ainsi, dans un cas pareil, la nullité d'un testament, d'une donation ou des transactions les plus importantes retomberait à sa charge, et il serait obligé d'indemniser les parties lésées par les conséquences de son impéritie (2).

(1) Domat, l. III, sect. 4, n° 5.
(2) Grenier, *Traité des donations*, t. 1er, n° 232. — Toullier, t. 5, n° 389.

« 2° L'huissier est soumis aux mêmes règles pour la nullité des exploits ou des actes dont il est chargé, provenant de sa négligence ou de son impéritie dans les choses qu'il doit savoir. L'article 45 du décret du 14 juin 1813 contient une application particulière de cette responsabilité ;

« 3° De même l'avoué, pour les procédures qu'il est chargé de diriger ;

« 4° L'agent de change ; pour les opérations qui lui sont confiées.

« 5° Nul doute enfin que l'avocat ne soit aussi responsable dans l'exercice de sa profession. Sans doute il ne sera pas exposé à se voir assigné, à l'issue de l'audience, pour répondre du jugement du procès. L'avocat ne peut répondre de l'arrêt ; il ne peut répondre de ce qui serait le résultat de l'erreur, de la partialité ou de la passion du juge. Un mal jugé est pour lui ce que la nature, la mort, la fatalité sont pour le médecin : des cas fortuits, une force majeure. Mais il serait responsable si, par négligence, légèreté ou même ignorance de ce qu'il devait savoir nécessairement, il avait porté préjudice à ses clients. L'article 17 de l'ordonnance du 20 novembre 1822 en contient la réserve expresse.

« Cela ne veut pas dire que les notaires, les agents de change, les huissiers, les avoués et les avocats se trouveront exposés à des procès quotidiens de la part de leurs clients ; que nul d'entre eux n'osera plus se charger des actes de son ministère ; enfin, que l'on méconnaîtra les règles de la simple raison qui veulent que l'on tienne compte du plus ou du moins de capacité, du plus ou du moins d'expérience ou de talent dans les hommes qui exercent une même profession, et qu'on réponde aux clients qui se plaignent de ceux qu'ils ont choisi : pourquoi avez-vous choisi ainsi ? *cur talem elegeris ?*

« Aucune de ces objections n'est fondée, parce que, dans la responsabilité telle que l'entend la loi civile, il ne s'agit pas de capacité plus ou moins étendue, de talent plus ou moins brillant, plus ou moins solide, mais seulement de la garantie contre l'imprudence, la négligence, la légèreté et une ignorance crasse des choses que l'on devait nécessairement savoir et pratiquer dans sa profession.

« Les tribunaux sont là pour apprécier les faits et, dans cette appréciation, ils ne doivent pas perdre de vue ces principes : que pour qu'un homme puisse être déclaré responsable d'un acte de sa profession, il faut qu'il y ait une faute dans son action, c'est-à-dire il faut qu'il lui ait été possible, avec plus de vigilance sur lui-même ou sur ses actes, de s'en garantir, ou que le fait qui lui est reproché soit tel qu'il soit tout à fait inexcusable de l'avoir commis.

« Ce qui doit consoler les professions de la responsabilité qui pèse sur ceux qui les exercent, c'est que l'exercice des fonctions publiques entraîne la même responsabilité dans les cas qui en sont susceptibles. Cette responsabilité, à l'égard des fonctionnaires publics, est non seulement l'application d'un principe de droit naturel, mais l'application d'un principe de droit constitutionnel. Le roi seul est irresponsable.

« Ainsi, sans parler des dépositaires publics, responsables des deniers ou des actes qui leur sont confiés ; des conservateurs des hypothèques, responsables, à peine de dommages-intérêts envers les tiers, des formalités que la loi prescrit de remplir, je parlerai de ce qui concerne les magistrats.

« Le Code de procédure établit, d'une manière générale, la prise à partie contre les juges, en réparation du dommage qu'ils ont pu causer par leur faute à leurs justiciables ; et il établit cette action non seulement pour des cas de négligence, par exemple, en matière criminelle, si le juge qui a tenu l'audience n'a pas signé dans les vingt-quatre heures la minute du jugement (1), ou si le juge de paix a laissé périmer l'instance par sa faute (2), mais encore dans des cas où il peut n'y avoir eu qu'une ignorance ou un oubli de la loi. Ainsi la responsabilité pèse sur le juge s'il a prononcé la contrainte par corps dans des cas pour lesquels la loi ne l'a pas établie (3) ; sur le juge d'instruction pour l'inobservation des formalités requises à l'égard des témoins (4) ; sur le juge d'instruction et sur le ministère public, pour inobservation des formes prescrites dans les divers mandats (5) ; sur le juge d'instruction ou sur l'officier qui a commis une nullité qui oblige à recommencer tout ou partie de la procédure (6) ; enfin sur le procureur général, s'il a porté devant la Cour une accusation hors les formes et les cas déterminés par la loi (7). »

M. le Procureur général cite ici l'exemple de Pothier qui, dans un procès dont il était rapporteur, indemnisa la partie qui avait perdu son procès par suite de l'omission qu'il avait faite d'une pièce décisive dans son rapport.

« Pourquoi donc les médecins et les chirurgiens seraient-ils seuls exempts de cette responsabilité naturelle qui pèse à la fois sur toutes les fonctions publiques et sur toutes les professions ? Comment donc leur diplôme serait-il, pour eux, un brevet d'impunité ? Renferme-t-il donc la clause burlesque qu'a rapportée à cette audience l'avocat du demandeur, le droit d'agir *impune per omnem terram ?*

« Dira-t-on qu'avant d'être autorisés à exercer leur profession, ils subissent des examens, soutiennent des thèses, et que leur capacité se trouvant ainsi légalement établie, ils n'ont plus à répondre ? Mais le notaire, l'avocat ont aussi des épreuves légales à subir, des diplômes à recevoir, et cela ne les empêche pas d'être responsables !

« Dira-t-on que c'est au client à s'en prendre à lui-même du mauvais choix qu'il a fait et qu'on pourra toujours lui dire : « Pourquoi avez-vous choisi celui-là ? » Mais la même raison pourrait aussi bien s'appliquer à l'égard du notaire, de l'avoué, de l'avocat.

« Dira-t-on enfin, comme les médecins eux-mêmes ont la modestie d'en convenir, que la médecine est un art conjectural ; que les plus

(1) Code d'instruction criminelle, article 164.
(2) Code de procédure civile, article 15.
(3) Code civil, article 2063. Cet article n'a plus d'objet depuis la loi du 22 juillet 1867 qui a supprimé la contrainte par corps en matière commerciale, civile, et contre les étrangers. Mais le principe posé par M. Dupin s'appliquerait aujourd'hui aux articles 13 et suivants de cette loi.
(4) Code d'instruction crimin., art. 77.
(5) *Idem*, art. 112.
(6) *Idem*, art. 415.
(7) *Idem*, art. 271.

grandes renommées de la science diffèrent souvent, dans la même maladie, d'opinion, de vues, sur la nature, sur les causes, sur les préservatifs, sur les remèdes, et que nul n'osera plus entreprendre une cure, hasarder une opération, s'il lui faut répondre du résultat?

« Mais qui songe à imposer aux médecins ou à toute autre profession scientifique quelconque une telle responsabilité? Dans les questions de ce genre, il ne s'agit pas de savoir si tel traitement a été ordonné à propos ou mal à propos, s'il devait avoir des effets salutaires ou nuisibles, si un autre n'aurait pas été préférable, si une telle opération était ou non indispensable, s'il y a eu imprudence ou non à la tenter, adresse ou maladresse à l'exécuter, si avec tel ou tel instrument, d'après tel ou tel autre procédé, elle n'aurait pas mieux réussi. — Ce sont là des questions scientifiques à débattre entre docteurs, et qui ne peuvent pas constituer des cas de responsabilité civile et tomber sous l'examen des tribunaux.

« Mais du moment que les faits reprochés aux médecins sortent de la classe de ceux qui, par leur nature, sont exclusivement réservés aux doutes et aux discussions de la science, du moment qu'ils se compliquent de négligences, de légèreté, ou d'ignorance de choses qu'on doit nécessairement savoir, la responsabilité de droit commun est encourue et la compétence de la justice est ouverte.

« Qu'un médecin ordonnance une potion, qu'il proportionne les éléments dont il la compose d'une manière plus ou moins salutaire, plus ou moins en harmonie avec le mal et avec le tempérament du malade, jusque-là, il peut n'y avoir qu'un fait soumis aux discussions scientifiques des docteurs; mais qu'il prescrive une dose telle qu'elle a dû être infailliblement un poison, par exemple une once d'émétique au lieu de deux ou trois grains, toute la responsabilité de ce fait retombe sur lui, sans qu'il soit nécessaire, à l'égard de la responsabilité purement civile, de rechercher s'il y a, de sa part, intention coupable; il suffit qu'il y ait eu négligence, légèreté ou méprise grossière, et par là même inexcusable.

« Assurément il serait injuste et absurde de prétendre qu'un médecin ou un chirurgien réponde indéfiniment des résultats qu'on voudrait attribuer à l'ignorance ou à l'impéritie. Mais, réciproquement, il serait injuste et dangereux pour la société de proclamer comme un principe absolu qu'en aucun cas ils ne sont responsables dans l'exercice de leur art.

« Un jugement qui se serait décidé par l'une ou l'autre de ces deux raisons ne pourrait échapper à la cassation.

« Mais si la vérité n'est dans aucun de ces deux extrêmes, elle se trouve dans le juste milieu qu'il faut garder ici comme en bien d'autres circonstances. — Non, le médecin, le chirurgien ne sont pas indéfiniment responsables, mais ils le sont quelquefois; ils ne le sont pas toujours, mais on ne peut pas dire qu'ils ne le soient jamais.

« Cependant, où est la limite de cette responsabilité? Où tracerons-nous la ligne de démarcation? Il est impossible de la fixer d'une manière générale. C'est au juge à la saisir et à la déterminer dans chaque espèce, selon les faits et les circonstances qui peuvent varier à l'infini, en ne perdant jamais de vue le principe fondamental que nous avons posé et qui doit toujours lui servir de guide: qu'il faut, pour qu'un homme soit responsable d'un acte de sa profession, qu'il y ait eu faute dans son action ; soit qu'il lui eût été possible, avec plus de vigilance sur lui-même ou sur ses actes, de s'en garantir, ou que le fait qui lui est reproché soit tel que l'ignorance, sur ce point, ne lui était pas permise dans sa profession. C'est aux tribunaux à faire cette application avec discernement, avec modération, en laissant à la science toute la latitude dont elle a besoin, mais en accordant aussi à la justice et au droit commun tout ce qui lui appartient.

« Les docteurs ont invoqué l'autorité de Montesquieu fondée sur ce passage de l'*Esprit des lois :* « Les lois romaines voulaient que les « médecins pussent être punis pour leur négligence ou leur impéritie. « Dans ces cas, elles condamnaient à la déportation le médecin d'une « condition un peu relevée et à la mort celui qui était d'une condition « plus basse. Par nos lois il en est autrement ; les lois de Rome « n'avaient pas été faites dans les mêmes circonstances que les « nôtres : à Rome, s'ingérait de la médecine qui voulait ; mais, parmi « nous, les médecins sont obligés de faire des études et de prendre « certains grades ; ils sont donc censés connaître leur art (1). »

« Mais la présomption peut être détruite par les faits. Tout est dans la preuve, telle est la jurisprudence française.

« Monsieur le conseiller a établi, dans son rapport, que, dans l'ancienne jurisprudence, il y avait doute si l'on pouvait agir par la voie criminelle ; mais il a démontré, en même temps, qu'il n'y avait aucun doute qu'on pût agir par l'action civile : seulement cette responsabilité civile, rarement invoquée, était tantôt accueillie, tantôt repoussée par les tribunaux, selon la qualité des faits et la nature des circonstances (2).

« Tout dépendait des circonstances et, comme le dit Papon : « de la « faute des médecins et chirurgiens il faut enquérir ». C'est-à-dire, il faut procéder à une instruction pour rechercher et constater la nature et la vérité des faits et juger en conséquence.

« La loi spéciale du 19 ventôse an XI, invoquée par le demandeur, ne contient rien qui soit contraire aux principes que nous venons d'exposer. De ce qu'elle accorde un recours en indemnité contre l'officier de santé dans le cas d'accidents graves arrivés à la suite d'une opération qu'il aurait exécutée hors de la surveillance et de l'inspection d'un docteur (article 29), on a cru être en droit de conclure que, puisque la loi déclare l'officier de santé responsable, et n'étend pas cette disposition au docteur, puisque, au contraire, le docteur, par sa seule surveillance, suffit pour communiquer à l'officier de santé son irresponsabilité, il est lui-même irresponsable.

« Mais la conclusion n'est pas juste. La loi ne dit nulle part que le docteur en médecine est dispensé de répondre de ses faits de négligence, de légèreté ou d'ignorance des choses qu'il doit savoir ; elle dit seulement que l'officier de santé sera soumis à un recours en in-

(1) Montesquieu, *Esprit des lois*, l. 29, ch. 14.

(2) Autorités citées par M. le conseiller Brière-Valigny dans son rapport : — *De lege Aquilia*, § 6 et 7, Inst. 4, 3.— FF. 7, *De off. præsid.*, ff. 1, 18.— FF. 7, 8. — FF. 8, *Ad leg. Aquil.*, ff. 9, 2.— Papon. *Recueil d'arrêts*, l. 23, tit. 8 — Denizart, v° *Chirurgien*, n° 12. — Brillon, *Dict. des arrêts*, v^is^ *Apothicaire Chirurgien et Médecin.*

demnité pour les suites graves d'une opération, lorsqu'il aura négligé d'appeler un docteur. Ainsi la différence entre eux, c'est que, pour rendre le docteur responsable, il faudrait établir contre lui des faits de négligence, de légèreté ou d'ignorance impardonnable, tandis que, contre l'officier de santé, le simple fait de n'avoir pas réclamé l'assistance d'un docteur est une négligence suffisante pour entraîner la responsabilité, et il n'y a aucun besoin d'en établir d'autre contre lui.

« Aussi voyons-nous que, sous l'empire de cette loi comme sous l'ancienne jurisprudence, la responsabilité invoquée contre les pharmaciens, chirurgiens et médecins, a été appliquée par plusieurs arrêts que je ne rappellerai pas, parce qu'ils ont été cités par M. le rapporteur, toutes les fois qu'il s'est présenté des cas, rares à la vérité, mais des cas précis, où les faits avaient le caractère de gravité jugé nécessaire pour entraîner cette responsabilité.

« Faisons maintenant l'application de ces principes à l'espèce. La Cour de cassation n'est pas juge du fait ; elle n'a point à le rechercher, à le construire, à le prouver : c'est la mission des juges ordinaires. La Cour de cassation accepte le fait tel qu'il est établi dans l'arrêt attaqué, et le mal jugé fût-il patent, il suffit qu'il soit en fait pour qu'il échappe à la censure de la Cour. — La question dépend des circonstances. Voilà pourquoi, ainsi que nous l'avons vu, on peut citer des arrêts qui auront condamné, d'autres qui auront absous pour ce fait.

« Il n'y a pas à examiner non plus avec les premiers juges si, l'accident arrivé, il fallait employer tel mode de compression ou tel autre, si les moyens résolutifs étaient suffisants ou non. La question est ici entre Hippocrate et Galien ; elle n'est pas judiciaire, et s'il n'y avait que de pareils motifs pour soutenir l'arrêt, ils seraient impuissants ; il devrait être cassé.

« Mais l'arrêt, en cela d'ailleurs mieux motivé que le jugement des premiers juges, nous fournit d'autres faits précis, judiciairement établis, qu'il ne nous appartient pas de rechercher ni de vérifier, mais que nous devons admettre pour constants.

« Il y a eu enquête, contre-enquête ordonnée, faite et acceptée de part et d'autre, et, à la suite de cette recherche, l'arrêt déclare, en termes exprès :

« Qu'il est établi par tous les documents du procès que c'est par « le fait de Thouret-Noroy, par le résultat de la saignée qu'il a pra- « tiquée, par la lésion de l'artère brachiale,.... par sa négligence « grave, par sa faute grossière, notamment par l'abandon du malade « dont il a refusé de visiter le bras, lors même qu'il en était par lui « requis, que l'amputation du bras de l'infortuné Guigne, après les « opérations réitérées et douloureuses qu'il avait subies, est devenue « indispensable. »

« La discussion de ces faits, quant à la vérité de leur existence, n'est plus permise devant vous.

« N'y eût-il que celui d'avoir abandonné le malade et refusé de le visiter lors même qu'on en était par lui requis, ce fait, à lui seul, suffirait pour justifier la condamnation en dommages-intérêts civils prononcée contre Thouret-Noroy ; en désertant son malade, il a manqué au premier devoir de son état, à cette double qualité qui distinguait le médecin d'Horace : *celer atque fidelis medicus.*

« Que les médecins se rassurent, l'exercice de leur art n'est pas mis en péril, la gloire et la réputation de ceux qui l'exercent avec tant d'avantage pour l'humanité ne seront pas compromis par la faute d'un homme qui aura failli sous le titre de docteur. On ne conclut pas, ou l'on conclurait mal du particulier au général et d'un fait isolé à des cas qui n'offriraient rien de semblable. Chaque profession renferme dans son sein des hommes dont elle s'enorgueillit et d'autres qu'elle désavoue.

« Dans ces circonstances et par ces considérations, nous estimons qu'il y a lieu de rejeter le pourvoi. »

100. Le 18 juin 1835, la Cour, faisant droit à ces réquisitions, rendit l'arrêt suivant :

« La Cour, attendu que, pour décider que le sieur Thouret-Noroy était responsable envers Guigne de la perte de son bras, l'arrêt attaqué s'est fondé sur la négligence de ce médecin, sur la faute grave, et notamment sur l'abandon volontaire où il avait laissé le malade, en refusant de lui continuer ses soins et de visiter son bras lorsqu'il en était par lui requis ;

« Que ces faits matériels sont du nombre de ceux qui peuvent entraîner la responsabilité civile de la part des individus à qui ils sont imputables, et qu'ils sont soumis, d'après les articles 1382 et 1383 du Code civil, à l'appréciation des juges ;

« Que l'arrêt attaqué, en se conformant à ces principes, n'a violé ni la loi du 19 ventôse an XI ni les deux maximes de droit invoquées et n'a commis aucun excès de pouvoir ;... — rejette (1)..... »

Cet arrêt est fort connu, il est cité dans la plupart des traités de médecine légale. Nous avons cru néanmoins devoir le reproduire nous aussi, en y joignant, *in extenso*, les débats qui l'ont préparé, parce qu'on y trouve développés avec une grande autorité par deux de nos plus célèbres jurisconsultes les arguments qui ont toujours été produits à l'appui des deux opinions contraires. Aussi cet arrêt a-t-il fixé, d'une manière définitive, la jurisprudence, qui n'a guère été discutée depuis.

101. Nous rapporterons encore un autre arrêt de la Cour de cassation, du 21 juillet 1862, qui semble aller plus loin que le précédent, les faits qui motivaient l'action civile ayant paru donner lieu, jusqu'à un certain point, à l'appréciation d'une opération, et l'arrêt attaqué ayant nécessairement discuté l'efficacité d'un traitement médical.

Ces faits sont exposés suffisamment dans les motifs du jugement

(1) Pal. 1835, 1836, p. 337.

du tribunal civil de Rouen, du 30 avril 1860. Ce jugement est ainsi conçu :

« Attendu que, le 28 janvier 1860, dans l'école des Frères de Darnetal, le jeune Hyacinthe Boulanger, âgé de 13 ans, s'est fracturé le bras ; que X... , officier de santé, fut immédiatement appelé ; qu'il reconnut une fracture de l'avant-bras et appliqua de suite un appareil ; que les doigts et la main tout entière se gangrenèrent et finirent par se détacher cent trente-cinq jours après l'accident ; que Boulanger père, au nom de son fils, a intenté une action pour faire nommer des experts à l'effet de faire constater les causes de la perte de sa main ;

« Qu'un jugement de ce tribunal, en date du 22 mars 1860, nomma MM Flaubert, Hellot et Barré, chirurgiens aux hôpitaux de Rouen, à l'effet de visiter le jeune Boulanger, de constater son état, de rechercher les causes qui ont occasionné la maladie de la main ; de dire s'il n'est pas vrai que la perte de la main droite provient de la faute de X...., par suite de la compression des artères de l'avant-bras, et de déclarer dans quelles conditions se trouvait le malade ; que M. Barré, n'ayant pu accepter cette mission, a été remplacé par M. Melays, docteur-médecin ; que les experts ont rédigé un procès-verbal de leurs opérations ;

« Qu'à l'audience, Boulanger père prétend que X..... est responsable de la perte de la main de son fils, par la constriction trop forte et trop prolongée de l'appareil posé sur l'avant-bras ; qu'en conséquence, il demande contre lui condamnation à la somme de 10,000 francs à titre de dommages-intérêts pour réparation du préjudice qu'il lui a causé ;

« Que X.... soutient qu'il ne doit aucune réparation, parce que la fracture était grave et de nature à amener la gangrène ;

« Attendu que les experts constatent, dans leur procès-verbal, que la perte du membre du jeune Boulanger peut être attribuée soit à la gravité de la fracture, soit à la constriction de l'appareil ; que si la constriction a été trop forte et contraire aux règles de l'art, elle a pu n'être pas l'unique cause de la gangrène, parce qu'il a été impossible de constater l'étendue des lésions primitives, mais qu'il est évident que cette constriction a été de nature à augmenter la gravité des accidents ;

« Attendu que les faits connus du tribunal établissent que c'est la constriction de l'appareil qui a causé la perte de la main droite de l'enfant ; en effet, des deux os de l'avant-bras, un seul était fracturé, le second était parfaitement intact, le bras avait été tellement serré par l'appareil posé par X... que, le troisième jour, la famille, ayant remarqué la lividité et le gonflement des doigts, réclama la visite du docteur Delabrosse, qui recommanda expressément de faire desserrer l'appareil. X... s'empressa de le faire ; dès le lendemain, les douleurs augmentèrent, le bras se gonfla et l'agitation survint. X... fit appliquer un cataplasme sur le bras ; dix jours après, on reconnut qu'il existait des phlyctènes d'où s'écoulait un liquide de couleur brune, les faces palmaire et dorsale de la main étaient noires et les doigts avaient perdu leur sensibilité ; quelques jours après, la main était amaigrie, mortifiée, noire, froide et insensible, la gangrène existait, et la main tomba le cent trente-cinquième jour ;

« Attendu que tous ces faits réunis établissent la preuve que la gangrène a été déterminée par la constriction de l'appareil, qui en a été la cause première ; que cette constriction trop forte a été exercée sans méthode et sans discernement ; que le traitement a été tout à fait contraire aux règles de l'art et de la science ; que X... seul est la cause de la perte de la main du jeune Boulanger ; qu'il doit réparer le préjudice qu'il lui a causé ;

« Par ces motifs, condamne X.., à payer à Boulanger père, agissant au nom de son fils, la somme de 4,000 francs à titre de dommages-intérêts, etc... ».

Appel de la part du sieur X..., et, le 14 août 1861, arrêt de la Cour de Rouen, qui confirme en ces termes :

« Considérant qu'au moment où il opérait la réduction de la fracture, X... fut averti du péril que pouvait entraîner pour Boulanger fils la trop forte constriction du membre par l'appareil, et qu'il ne tint pas compte de cet avis ;

« Considérant que le pansement fut relâché seulement le troisième jour de l'accident et sur le conseil exprès d'un second homme de l'art ; mais que X... ne voulut encore tenir aucun compte de la lividité, du gonflement et du froid des doigts, signalés à son attention par les parents du malade ;

« Considérant que, lors du second changement d'appareil, il ne tint pas mieux compte des symptômes plus graves sur lesquels on insistait pour éveiller sa sollicitude, bien que lui-même eût reconnu, ainsi qu'il l'a avoué, la coloration noire et l'insensibilité complète de la main ;

« Considérant que, loin de chercher à prévenir les résultats annoncés par ces symptômes, il ne parut même pas se préoccuper des signes manifestes de gangrène qui se produisaient successivement et d'une façon de plus en plus marquée, jusqu'au jour où un troisième homme de l'art, appelé en consultation, déclara que le mal était désormais sans remède ;

« Considérant que ces faits sont constitutifs de la faute et de l'imprudence auxquelles doivent s'appliquer les dispositions des articles 1382 et 1383 du Code Napoléon ;

« Et adoptant au surplus, autant qu'ils se concilient avec ceux du présent arrêt, les motifs qui ont déterminé les premiers juges ;

« Considérant que la décision de première instance a sainement mesuré la portée du préjudice et le montant de la réparation pécuniaire due par X... à Boulanger fils ;

« Confirme etc... »

Pourvoi en cassation par le sieur X... :

1° Pour violation et fausse application des articles 1382 et 1383 du Code civil, en ce que l'arrêt attaqué a déclaré le demandeur responsable des résultats d'une opération dont l'appréciation soulève une question purement scientifique qui échappe à la compétence des tribunaux, sans relever contre lui aucun fait de négligence ou de légèreté qui serait la seule base possible de cette responsabilité ;

2° Pour violation de l'article 7 de la loi du 20 avril 1810 par insuffisance de motifs.

Comme M. Dupin dans l'affaire Thouret-Noroy, M. l'avocat-général Blanche conclut au rejet du pourvoi. Il cita un passage curieux d'une décision remontant au treizième siècle, émanée de la Cour des Bourgeois, et rapportée tome 11, page 164, des *assises de Jérusalem*, édition de M. Beugnot. Ce passage, qui prouve que le médecin n'était pas plus qu'aujourd'hui irresponsable de ses fautes et imprudences, est ainsi conçu :

« **Et il avient que il** (le miège ou médecin) **le taille malelement ou por ce que ne devet estre taillé et il le tailla et por ce il mourut et por ce que il devet tailler la plaie par la leveure et lapostême et il la tailla de travers et por ce morut, la raison iuge et commande en ce à iuger que celui miège doit amender le serf ou la serve par dreit taut comme il valet au iour que il fut nafvré ou taut comme il lacheta celui de cui il esteit, car ce est dreit et raison par lassise.** »

La Cour de cassation rendit l'arrêt suivant :

« La Cour; — Sur le premier moyen :

« Vu les articles 1382 et 1383 du Code Napoléon ;

« Attendu que ces articles contiennent une règle générale, celle de l'imputabilité des fautes et de la nécessité de réparer le dommage que l'on a causé, non seulement par son fait, mais encore par sa négligence ou son imprudence ;

« Que toute personne, quelles que soient sa situation ou sa profession, est soumise à cette règle qui ne comporte d'exception que celles qui sont nominativement formulées par la loi ;

« Qu'aucune exception de cette nature n'existe au profit des médecins, soit dans les lois de droit commun, soit dans la loi du 19 ventôse an XI, qui est le code de leur institution ;

« Que, sans doute, il est de la sagesse du juge de ne pas s'ingérer témérairement dans l'examen des théories ou des méthodes médicales et prétendre discuter des questions de pure science ; mais qu'il est des règles générales de bons sens et de prudence auxquelles on doit se conformer, avant tout, dans l'exercice de chaque profession, et que, sous ce rapport, les médecins restent soumis au droit commun comme tous les autres citoyens ;

Attendu que le jugement du tribunal de Rouen, dont l'arrêt attaqué a adopté les motifs, déclare qu'il est établi en fait que la gangrène a été déterminée par la constriction de l'appareil qui en a été la cause première ; que cette constriction trop forte a été exercée sans méthode et sans discernement ; que le traitement a été tout à fait contraire aux règles de l'art et de la science ;

« Que, dans cet état des faits, la Cour impériale, en déclarant la responsabilité de X... et en le condamnant à payer des dommages-intérêts, loin de violer les articles 1382 et 1383 du Code Napoléon, en a fait une juste et saine application ;

« Sur le deuxième moyen : — Attendu que le jugement et l'arrêt, en se fondant tout à la fois et sur l'opinion émise par les experts et sur les faits connus des magistrats, ont suffisamment motivé leur décision et n'ont point contrevenu aux prescriptions de l'article 7 de la loi du 20 avril 1810 ; — Rejette (1) ».

Les tribunaux ne font donc pas difficulté de reconnaître la responsabilité des médecins.

102. — Veut-on savoir maintenant ce que pensent sur la question les médecins légistes les plus autorisés? Il suffira de consulter les écrits du docteur Ambroise Tardieu. Cet esprit si judicieux, si droit et si impartial, ne pouvait hésiter un moment.

« Les médecins, dit-il (2), sont responsables, cela n'est pas douteux, non pas du résultat de leurs prescriptions et de leur pratique, mais des dommages qu'ils ont pu causer par leur négligence ou leur imprudence. Ils sont responsables, à l'égard des autres citoyens; seulement leur responsabilité s'étend en raison des actes de leur ministère. Si l'imprudence d'un individu qui manie une arme à feu peut fortuitement le rendre coupable d'un homicide involontaire, le médecin a constamment entre les mains des armes non moins dangereuses dont il peut faire un aussi fatal usage ; sa lancette mal dirigée peut ouvrir une artère, son impéritie peut compromettre la vie de ceux auxquels il doit la protection et les secours d'un art bienfaisant. »

Mais après avoir constaté que la responsabilité médicale existe, et est indiscutable, il fait remarquer que la justice doit se tenir en garde contre les exagérations, les commérages, les suggestions de la malignité et parfois de l'envie. Il fait observer aussi avec beaucoup de raison que les magistrats, pénétrés de ce principe, doivent s'entourer des lumières spéciales que la science seule et l'expérience de l'art peuvent leur fournir. Le savant professeur indique à l'expert commis, dans ce cas, par la justice, les précautions délicates qu'il doit prendre pour éviter, autant que pos-

(1) Cassat. 21 juillet 1862. P. 1863, 196.
(2) *Annales d'hyg et de méd. lég.*, 2e série, t. Ier, 1854, p. 148.

sible, les erreurs dans la mission si difficile qui lui est confiée, et lui montre qu'il doit s'attacher, avant tout, aux conditions anatomiques résultant d'un examen direct et, s'il y a lieu, de l'autopsie cadavérique. Il cite enfin deux espèces dans lesquelles il fut commis comme expert. Il s'agissait, dans la première, d'une femme morte à la suite d'un accouchement laborieux. Deux médecins appelés près d'elle l'avaient abandonnée pendant toute la nuit, après avoir tenté en vain l'extraction du fœtus et avoir amputé un bras et une jambe de l'enfant qui se présentait mal.

Dans la seconde, une femme grosse de huit mois était morte après avoir pris, sur le conseil d'un médecin, un lavement au tabac.

Dans ces deux cas, si l'on n'avait pris en considération que les renseignements fournis par les enquêtes, les tribunaux auraient inévitablement condamné les médecins à des dommages-intérêts. Mais le docteur Tardieu, se fondant sur d'autres données, concluait à leur irresponsabilité.

103. Le tribunal de Gray nous semble dépasser un peu la mesure dans son jugement du 29 juillet 1873, lorsqu'il décide que non seulement le médecin doit réparer sa faute lourde, sa négligence coupable et son impéritie manifeste, mais encore qu'il est responsable *s'il ne s'est pas conformé aux principes rationels du traitement à suivre.*

Voici au surplus le texte de ce jugement :

« Attendu qu'en réponse à la demande d'honoraires dont il est l'objet de la part de B...., Th..... forme reconventionnellement contre lui une demande en paiement de 5,000 francs à titre de dommages-intérêts, et que, pour appuyer sa demande, il articule qu'ayant, en février 1873, chargé le docteur B.... de donner quelques soins à son enfant qui était alors atteint de la maladie dite *gale de lait*, ce médecin, après l'application de quelques émollients, enleva, au moyen de pinces, des croûtes qui s'étaient formées sur le front et notamment sur les paupières dudit enfant, et détermina, par cette opération que Th.... considère comme contraire à toutes les règles de l'art, une ophthalmie purulente qui fit perdre la vue au petit malade ;

« Attendu que le docteur B.... soutient de son côté que la reconvention dont il est l'objet doit être rejetée *de plano* et sans examen, le médecin consciencieux ne pouvant, en aucun cas, être déclaré responsable du traitement qu'il a ordonné ou des opérations qu'il a faites, quel qu'en soit le résultat ;

« Mais attendu que ce système, qui assurerait l'impunité à tout empirique, pourvu qu'il fût porteur d'un diplôme régulier, doit être rejeté sans hésitation ;

« Attendu en effet, comme l'énonce une jurisprudence ratifiée par la raison, que si un médecin ne peut être actionné par cela seul qu'il n'a pas réussi dans ses opérations, ou même qu'il s'est trompé, il n'a pas le droit de tenter impunément toute espèce d'opérations sur son malade, et que s'il apparaît que, dans l'exercice de son art, déjà si conjectural, il a commis une faute lourde et montré une négligence coupable ou manifesté une impéritie évidente, ou encore s'il a fait des essais hasardés et a omis de se conformer aux principes rationnels du traitement à suivre, il peut être soumis à un recours en vertu des articles 1382 et 1383 du Code civil, qui contiennent un principe de garantie contre tout individu, quelle que soit d'ailleurs sa profession, dont la faute, la négligence ou l'imprudence a causé un préjudice à autrui ;

« Attendu, sur le fond de la demande, que les articulations de Th.... ne peuvent être tenues pour constantes par le tribunal et appréciées par lui, qu'à vue d'un rapport complet et concluant dressé par des hommes spéciaux ;

« Par ces motifs, commet les docteurs B.... de Besançon, F.... de Champiste et G.... de Vesoul pour, après avoir examiné l'enfant, répondre aux questions suivantes :

1° Quel est l'état actuel du jeune Th.... tant au point de vue de la santé générale que des facultés visuelles ?

2° Quelle était la nature du mal pour lequel le docteur B.... lui a donné des soins ?

3° Pendant combien de temps l'a-t-il soigné ? — Quel traitement lui a-t-il appliqué ? — Quelles opérations lui a-t-il fait subir ?

4° Le traitement du docteur B.... a-t-il été le seul suivi par l'enfant ? — ou bien cet enfant a-t-il été soigné par d'autres docteurs, soit à Gray, soit ailleurs, et quels sont les soins qu'ils lui ont donnés ? — Ces soins ont-ils précédé ou suivi l'accident dont Th.... père demande la réparation ? — Ont-ils pu l'occasionner ?

5° Le traitement appliqué par le docteur B.... a-t-il été ou non conforme aux principes rationnels de la médecine et de la chirurgie ?

6° A-t-il ou non déterminé la perte ou la diminution notable de la vision chez l'enfant ?

7° Le docteur B.... a-t-il, dans l'opinion des experts, commis une faute lourde, montré de l'impéritie ou tenté un de ces essais hasardés qu'un médecin expérimenté et consciencieux condamnerait et refuserait de conseiller ou d'encourager par son assistance, etc.... (1) ?

104. Par la cinquième question posée aux experts, le tribunal de Gray pourrait bien avoir franchi la limite que fixe, d'une façon très nette et très juridique, l'arrêt de Besançon, du 18 décembre 1844, rendu en matière criminelle, et que nous citerons plus loin. Cette limite avait été encore précisée par un arrêt de la Cour

(1) Gray, 29 juillet 1873. P. 1874. 234. — Il est résulté du rapport des experts que le médecin n'avait commis aucune faute ; aussi, par jugement du 17 février 1874, le tribunal alloua à ce dernier le montant de ses honoraires et 100 francs à titre de dommages-intérêts. Enfin, sur l'appel de Th..., la Cour de Besançon confirma le jugement, par adoption de motifs, le 10 décembre 1874.

de Metz, du 21 mai 1867, rendu dans les circonstances suivantes :

Un sieur Lœvenbruck, tanneur, demeurant à Boulay, étant en état d'ivresse, tomba par la fenêtre d'un premier étage et, dans sa chute, se brisa le col du fémur gauche. Le docteur Richert reconnut la fracture le lendemain de l'accident et entreprit la réduction au moyen de l'appareil appelé *boîte de Baudens*. Cet appareil, posé le 1er mars, fut levé dans la matinée du 6 ; mais alors la jambe présentait les symptômes d'une gangrène profonde qui fit des progrès rapides, et l'amputation, devenue indispensable, fut pratiquée le 9 par le docteur Isnard, chirurgien en chef de l'hôpital militaire de Metz.

Le sieur Lœvenbruck intenta contre le docteur Richert une action en dommages-intérêts, et le tribunal civil de Metz condamna ce dernier à lui payer la somme de 12,000 francs à titre d'indemnité.

Ce jugement était fondé sur ce que le médecin aurait commis une imprudence en soumettant le membre fracturé à une compression trop forte, en levant tardivement l'appareil et en entreprenant seul un traitement aussi difficile.

Mais, sur l'appel interjeté par le docteur Richert, la Cour rendit un arrêt par lequel, tout en reconnaissant le principe de la responsabilité des médecins, conformément aux articles 1382 et 1383 du Code civil, elle spécifiait que cette responsabilité est restreinte aux circonstances dans lesquelles les imprudences ou les négligences de l'homme privé viennent se mêler aux actes de l'homme de l'art. Elle ajoutait que cette responsabilité s'applique, il est vrai, aux faits purement médicaux, et qu'on ne pourrait, à cet égard, décliner d'une manière absolue la compétence des tribunaux, par le motif qu'ils s'ingéreraient dans l'examen de questions qui sont du domaine exclusif de la science, mais que, en pareil cas, le médecin ne peut être tenu que d'une faute lourde, s'accusant par des faits palpables et évidents, constituant en soi l'oubli des règles générales de bon sens et de prudence qui sont hors de discussion.

Et faisant application de ces principes à l'espèce, la Cour déclarait que la boîte de Baudens est un procédé classique, usité pour la réduction des fractures, et dont le docteur Richert avait fait autrefois avec succès l'application ; que la gangrène avait pu résulter de la commotion éprouvée par le malade dans sa chute et de son état d'ivresse au moment de l'accident ; que s'il est permis de croire que le docteur Richert a manqué d'un certain degré de pénétration dans son diagnostic, s'il a laissé son malade exposé à des périls qu'un praticien plus expérimenté aurait peut-être conjurés, les faits de la cause et le rapport des experts n'avaient pas néanmoins fait la preuve d'une faute de nature à motiver une condamnation à des dommages-intérêts. Le jugement fut infirmé et l'action rejetée (1). »

105. Nous avons dit, au commencement de ce chapitre, que la responsabilité peut résulter de faits *négatifs* tout aussi bien que de faits *positifs*, qu'on peut l'encourir par *commission* et par *omission*. Ce principe a aussi été établi par la jurisprudence.

Le 26 janvier 1863, un enfant naissait du mariage des époux Poncet, qui le confiaient à la femme Protat, en qualité de nourrice. Peu de jours après sa naissance, cet enfant présentait les symptômes non équivoques d'une syphilis héréditaire ou congéniale. Le 20 février suivant, le docteur B...., appelé par les époux Poncet pour visiter l'enfant, n'eut pas de peine à constater l'existence de la maladie ; il prescrivit les remèdes nécessaires pour l'enfant et la nourrice, mais il laissa ignorer à celle-ci et la nature de la maladie dont son nourrisson était atteint et les dangers que son allaitement pouvait présenter pour elle-même. Cette femme consulta, le 26 février, un autre médecin, le docteur G..., qui reconnut aussi l'existence de la syphilis héréditaire chez l'enfant et remarqua, sur le sein gauche de la femme Protat, une pustule muqueuse et plate, dont la forme et la couleur démontraient qu'elle avait été contaminée. Néanmoins, le docteur G..., pas plus que son confrère, ne crut devoir avertir la nourrice de la nature de son mal, par ce motif, a-t-il dit, que *le mal était fait*.

L'enfant guérit complètement de sa maladie, mais il n'en fut pas ainsi de la nourrice. La syphilis fit chez elle des progrès alarmants ; au mois de mai 1864, il se produisit du ptyalisme, ou salivation exagérée, puis une hémiplégie, la perte successive de l'intelligence et enfin la mort.

Le docteur B... avait reconnu lui-même, par écrit, que la maladie avait été communiquée à la femme Protat par son nourrisson. Aussitôt après la mort de sa femme, le sieur Protat, au nom de ses enfants mineurs, intenta une action en indemnité contre le docteur B... Celui-ci se borna à dire qu'appelé à donner des soins à l'enfant des époux Poncet, il n'avait pas été le médecin de la nourrice et n'avait eu, en conséquence, rien à lui dire.

(1) Metz, 21 mai 1867. P. 1868, 468.

On lui répondait que la santé de la nourrice et celle de l'enfant se confondent pour tout ce qui se rapporte à l'allaitement, et que le médecin ne peut soigner l'un sans soigner l'autre.

La Cour de Dijon, appelée à statuer sur la demande de Protat, reconnut, en droit, qu'en dehors des questions professionnelles exclusivement réservées par leur nature aux doutes et aux controverses de la science, le médecin est, comme tout citoyen, responsable du dommage causé par son imprudence, sa légèreté, son impéritie notoire, en un mot, par sa faute personnelle; qu'ainsi le médecin qui laisse ignorer à une nourrice les dangers auxquels l'expose l'allaitement d'un enfant atteint de la syphilis congéniale peut être déclaré responsable du préjudice causé par sa réticence.

Néanmoins, la Cour rejeta la demande, parce qu'il n'était pas prouvé que, le 20 février, époque à laquelle le docteur B... fut appelé, la nourrice pût encore échapper à la contagion, alors même qu'elle eût été avertie du danger par le médecin et qu'elle eût cessé aussitôt l'allaitement (1).

§ 2. — *Responsabilité pénale.*

106. Ainsi que nous l'avons dit, la loi, la doctrine et la jurisprudence décident que toute *faute* oblige son auteur à la réparer. C'est là un axiome de droit naturel. L'action civile est donc, en principe, accordée à la victime de cette faute pour obtenir réparation du préjudice qu'elle a éprouvé.

Bien plus, quand la faute a non seulement occasionné un dommage pécuniaire, mais a aussi compromis la vie ou la santé de la victime, quand il y a eu homicide ou blessures, ce n'est plus la victime seule qui a le droit de demander une réparation, c'est la société lésée dans un de ses membres, et l'action publique peut alors être aussi mise en mouvement.

L'article 319 du Code pénal porte :

« Quiconque, par maladresse, imprudence, inattention, négligence « ou inobservation des règlements, aura commis involontairement « un homicide ou en aura involontairement été la cause, sera puni « d'un emprisonnement de trois mois à deux ans et d'une amende de « cinquante francs à six cents francs. »

Et l'article 320 : « S'il n'est résulté du défaut d'adresse ou de pré-

(1) Dijon, 14 mai 1868. P. 186,997.

« caution que des blessures ou coups, l'emprisonnement sera de dix « jours à deux mois, et l'amende de seize francs à cent francs. »

Comme l'action civile, l'action publique ne peut prendre naissance qu'autant qu'il y a eu faute constatée, résultant de maladresse, d'imprudence, d'inattention, de négligence ou d'inobservation des règlements.

107. Il y aura évidemment inobservation des règlements de la part de l'officier de santé qui aura négligé, pour faire une opération difficile, d'appeler un docteur, ainsi que le lui prescrit l'article 29 de la loi du 19 ventôse an XI.

En vain dira-t-on que cet article de loi ne donne ouverture qu'à une action en réparation civile du dommage causé ; il est certain que la loi pénale n'a fait aucune exception en faveur des médecins, et que s'ils n'observent pas les règlements de leur profession, ils sont punissables au même titre que les autres citoyens.

Il faut observer ici que la seule infraction à l'article 29 de la loi du 19 ventôse an XI suffit pour donner ouverture tant à l'action publique qu'à l'action civile, en cas d'accidents graves arrivés par suite de l'opération. La loi établit ainsi une présomption d'impéritie à l'encontre de l'officier de santé qui a pratiqué une grande opération sans le secours d'un docteur ; s'il a été assez imprudent pour tenter seul cette opération, il a su qu'il engageait sa responsabilité au cas d'insuccès. (Nous verrons bientôt ce qu'il faut entendre par *grande opération*.)

En conséquence, il a été jugé que :

« Si un officier de santé a pratiqué une grande opération sans appeler un docteur, contrairement aux prescriptions de la loi de ventôse an XI, et si des accidents graves ont eu lieu à la suite, des poursuites peuvent être dirigées contre l'officier de santé qui s'en est rendu coupable ; que cette loi se réfère formellement à la loi générale ;

« Que, d'après le droit commun, l'officier de santé qui a négligé de remplir ses devoirs se rend coupable du délit de blessures graves par imprudence ou inobservation des règlements, prévu par les articles 319 et 320 du Code pénal (1). »

Il suffit donc, pour qu'un officier de santé soit passible d'une peine correctionnelle, qu'il ait pratiqué une grande opération sans l'assistance d'un docteur et qu'il en soit résulté des accidents graves.

(1) Paris, 5 juillet 1833. P. 1833, 639.

108. Quant aux médecins, les articles 319 et 320 du Code pénal leur sont applicables aussi bien que les articles 1382 et 1383 du Code civil. La jurisprudence est également fixée sur ce point.

Le sieur C..., officier de santé, en pratiquant une saignée sur un de ses malades, piqua l'artère brachiale. La gangrène s'étant mise au bras, il fallut recourir à l'amputation. C... fut traduit en police correctionnelle pour blessures par imprudence. On lui reprochait, outre la piqûre de l'artère, de n'avoir pas employé les moyens que l'art lui prescrivait en pareille occurrence et d'avoir caché l'accident à d'autres médecins qui avaient vu le malade.

Quant à lui, il déniait aux tribunaux le droit de s'immiscer dans les questions médicales, si nombreuses et si controversées, alors qu'ils n'ont point d'éléments pour prononcer si la marche adoptée par le médecin est ou non répréhensible.

On le voit, cette espèce présentait une grande analogie avec l'affaire Thouret-Noroy, que nous avons rapportée plus haut, et qui a fixé la jurisprudence en ce qui concerne la responsabilité civile des médecins.

Le 6 février 1833, le tribunal correctionnel du Mans décida que C... avait, par *défaut de précaution*, occasionné à Chevallier une blessure grave et la perte du bras droit, et, lui faisant application de l'article 320 du Code pénal, le condamna en six jours de prison et cinquante francs d'amende.

Sur l'appel de C..., la Cour d'Angers confirma le jugement par adoption de motifs (1).

La Cour de Besançon, dans un arrêt du 18 décembre 1844, résumait ainsi les principes qui régissent la matière :

« Attendu, en droit, qu'aux termes des articles 319 et 320 du Code pénal, quiconque, par maladresse, imprudence, inattention, négligence, inobservation des règlements, a involontairement commis un homicide, en a été involontairement la cause, ou a fait des blessures à autrui, est passible des peines prononcées par ces articles ;

« Que ces termes, par leur généralité, s'appliquent à toutes personnes, quels que soient leur art et leur profession, et, par conséquent, au médecin ou à l'opérateur qui, dans l'exercice de son art, se rend coupable de fautes et de négligences graves ; que la règle générale doit prévaloir là où l'exception n'est point établie ;

« Que l'on chercherait en vain cette exception dans l'article 29 de la loi du 19 ventôse an XI qui, après avoir imposé à l'officier de santé l'obligation de ne pratiquer les grandes opérations chirurgi-

(1) Angers, 1er avril 1833. P. 1833.1331.

cales que sous la surveillance et l'inspection d'un docteur en médecine, ajoute qu'en cas d'accidents graves arrivés à la suite d'une opération exécutée hors de cette surveillance, il y aura recours en indemnité contre l'officier qui s'en sera rendu coupable ;

« Que cet article ni aucun autre de nos lois n'absout le médecin ou l'officier de santé qui blesse ou tue par une faute lourde démontrée à sa charge ;

« Qu'il suit seulement de ses dispositions que l'officier de santé assez téméraire pour entreprendre seul une grande opération chirurgicale est en faute par ce fait et responsable, même sans maladresse ou faute grave, des accidents sérieux qui arrivent et qu'auraient prévenus peut-être un concours éclairé et une opération plus parfaite ;

« Que la loi du 19 ventôse an XI ainsi écartée, les articles 319 et 320 conservent tout leur empire, et qu'à la généralité de leurs termes, vient se joindre un nouveau motif tiré de l'esprit qui a dû animer le législateur ;

« Qu'en effet, dans la société civile, toutes les professions, même les plus élevées, même celles dont l'exercice est précédé d'épreuves et accompagné de diplômes, sont assujetties par la loi à une responsabilité sévère, et qu'on ne concevrait pas que l'art du médecin, si honorable et si utile, mais qui tient de si près à la vie des hommes, jouirait seul du privilège inouï d'une irresponsabilité absolue ; et que, là où la négligence et la maladresse offrent le plus de danger, l'impunité, quelque inexcusables qu'on les suppose, serait par avance, et dans tous les cas, plus invariablement assurée ;

« Mais que si le législateur n'eût pu sans péril désarmer à ce point la société, on doit reconnaître aussi que les tribunaux doivent user avec prudence et modération des pouvoirs que la loi pénale leur confère ; qu'ils ne sont point juges compétents des théories, des opinions, des systèmes ; qu'ils ne peuvent apprécier l'opportunité, l'exactitude plus ou moins parfaite d'une opération chirurgicale, la valeur d'un procédé comparée aux résultats d'un autre procédé, parce qu'ils ne sauraient jamais être convertis en conseils médicaux supérieurs, distribuant le blâme avec la peine et indiquant la route qu'il faut suivre ;

« Que leur action ne peut donc s'exercer dans cette région réservée à la science, mais qu'elle commence là où, pour tout homme de bon sens, et indépendamment des théories sujettes à discussion, il y a eu, de la part du médecin, faute lourde, négligence, maladresse visible, impéritie ou ignorance des choses que tout homme de l'art doit savoir, et qu'il a ainsi compromis les jours du malade ou converti son opération en une véritable blessure ;

« Que cette distinction, conforme à la jurisprudence, concilie la liberté nécessaire à l'art et à l'opération avec les justes garanties dues à la société tout entière (1). »

109. Nous avons cité, à l'occasion de la responsabilité civile

(1) Besançon, 18 déc. 1844. P. 1845, 2, 317.

(page 100), l'affaire du docteur Hélie qui, chargé d'opérer un accouchement, crut l'enfant mort et amputa les bras, alors que cet enfant vivait encore et survécut même à l'opération. Ce cas n'est malheureusement pas le seul où l'opération de la brachiotomie, pratiquée sans réflexion et avec une précipitation coupable, ait entraîné la responsabilité de l'accoucheur.

Le 22 mai 1880, le docteur X... était appelé dans un village voisin de sa résidence pour opérer l'accouchement d'une femme Pagès. L'opération offrait des difficultés ; la femme Pagès était primipare, et l'enfant se présentait par le bras.

Dès son arrivée, le docteur X..., en constatant les conditions anormales de l'accouchement, déclara que l'enfant était mort et qu'il fallait lui couper le bras pour pouvoir opérer l'accouchement. Les personnes présentes lui firent observer que l'enfant devait être vivant, que la mère venait de le sentir remuer un instant auparavant, et la mère confirma ce dire. Le docteur X... n'en persista pas moins à soutenir que l'enfant était mort, et il précisa que la mort remontait à quatre heures, et qu'il ne pouvait opérer qu'en lui coupant le bras. Il prit des ciseaux et opéra en effet l'ablation du bras, puis il procéda à l'accouchement, qui eut lieu alors sans difficulté. L'enfant ne donna pas, tout d'abord, signe de vie ; le docteur X... le plia dans un linge, puis, considérant ce corps comme un cadavre, il le déposa dans un coffre dont il rabattit le couvercle.

Une demi-heure après, alors que le docteur donnait encore des soins à l'accouchée, on entendit des vagissements. Le docteur X... se précipita vers le coffre, l'ouvrit et en retira l'enfant parfaitement en vie. Il lui donna alors les soins que nécessitait son état et le baptisa. L'enfant vécut encore vingt-quatre heures, mais finit par succomber, victime de l'opération dont il avait été l'objet.

Le docteur X... fut, pour ce fait, traduit en police correctionnelle devant le tribunal du Puy. La prévention lui reprochait :

1° De ne s'être pas assuré, en présence des affirmations de la mère et des personnes qui l'entouraient, si l'enfant était réellement vivant. Il n'avait rien fait dans ce but, il n'avait fait aucune auscultation et s'était contenté de dire d'une façon affirmative qu'il était mort depuis quatre heures ;

2° De n'avoir pas, une fois cette vérification faite, ou même seulement en présence des affirmations que l'enfant était vivant, tenté d'opérer la version, sauf à la suspendre si, après des tentatives infructueuses, il avait acquis la conviction qu'elle était impossible ou qu'elle présentait un danger sérieux pour la mère.

Le docteur X... n'est pas un médecin à ses débuts ; il est âgé et a, dans son canton, une grande réputation comme accoucheur. Il alléguait pour sa défense qu'il ne pouvait agir autrement qu'il ne l'a fait, sous peine de compromettre l'existence de la mère ; que le bras de l'enfant présentait un aspect violacé qui lui a fait croire qu'il était mort, et que dans tous les cas, s'il ne s'est pas assuré si l'enfant était vivant ou mort, c'est qu'alors même qu'il ne l'eût pas cru mort, il ne pouvait agir différemment, à moins de s'exposer à tuer la mère qui était, disait-il, en proie à un épanchement sanguin et menacée d'une attaque d'éclampsie.

Il fut procédé à l'autopsie du petit cadavre, et trois médecins furent nommés comme experts pour apprécier, d'après les éléments fournis par l'information, la responsabilité que pouvait avoir encourue le docteur X...

Deux d'entre eux se prononcèrent nettement contre lui. Le troisième, tout en étant d'accord avec ses confrères sur la constatation des faits, pensa que la conduite du docteur X... peut trouver son excuse dans la crainte qu'il avait de voir la mère en proie à une attaque d'éclampsie, crainte dont lui seul pouvait être juge par les symptômes qui pouvaient se manifester dans la physionomie de celle-ci.

Le tribunal du Puy rendit le jugement suivant :

« Attendu que le docteur X... est prévenu d'avoir, par sa négligence ou son imprudence, causé la mort de l'enfant dont la femme Pagès est accouchée le 22 mai 1880 ;

« Attendu qu'en arrivant auprès de la femme Pagès, le sieur X... aurait dû tout d'abord s'assurer si l'enfant était mort ou vivant, et qu'en ne le faisant pas, en concluant à la mort d'après son premier diagnostic qui n'offrait aucun caractère de certitude à l'aspect violacé et tuméfié du bras, alors que les dires de la mère et des personnes présentes à l'accouchement lui imposaient le devoir impérieux de vérifier l'exactitude de ses premières constatations, il a commis une faute lourde qui a entraîné de funestes conséquences ;

« Attendu que l'enfant étant vivant, le docteur X... aurait dû tenter d'en opérer la version ;

« Qu'il résulte cependant des témoignages entendus et des aveux mêmes du docteur X... qu'il n'a fait aucune tentative et qu'il n'a essayé aucun des moyens usités en pareil cas ;

« Que cependant rien ne prouve que la version fût impossible et que le docteur X... n'avait pas le droit de croire à cette impossibilité qu'après des essais qu'il n'a même pas tentés ;

« Attendu que le docteur X... n'aurait été autorisé à pratiquer la brachiotomie sur un enfant vivant et avant tout essai de version, que s'il y avait eu urgence à délivrer la mère ;

« Qu'à cet égard le docteur X... a allégué : 1° un épanchement sanguin, 2° la crainte d'une attaque d'éclampsie ;

« Attendu que l'épanchement sanguin allégué par le docteur X... n'a jamais existé que dans son imagination ; que les médecins appelés à donner leur avis repoussent unanimement cette hypothèse ;

« Attendu que la crainte d'une attaque d'éclampsie n'est pas plus sérieuse ; que le docteur X... n'a fait part à personne, au moment de l'accouchement, d'une pareille crainte qu'il n'aurait pas manqué de manifester ;

« Que son attitude après la délivrance de la mère et les paroles par lui prononcées dénotent qu'il n'a jamais eu de crainte à cet endroit ;

« Que de tout cela il résulte qu'en pratiquant la brachiotomie sur l'enfant de la femme Pagès, le docteur X... a agi sous l'empire de cette idée que cet enfant était mort, et que c'est là seulement ce qui explique qu'il n'ait fait aucune tentative de version ;

« Attendu que, dans de telles circonstances, le docteur X... doit être déclaré coupable d'homicide par imprudence ;

« Attendu que le fait reproché au docteur X... tombe sous le coup de l'article 319 du Code pénal ;

« Attendu qu'il y a lieu d'admettre en faveur du prévenu des circonstances atténuantes, à raison de ce que, suivant les probabilités les plus nombreuses, l'enfant ne fût pas venu au monde, même en supposant que la version eût été opérée ;

« Par ces motifs, le tribunal déclare le prévenu atteint et convaincu du délit d'homicide par imprudence qui lui est imputé, et, pour réparation, vu les articles 319 et 463 du Code pénal, condamne le sieur X... à 200 francs d'amende et aux dépens (1). »

Le tribunal, en disant que : « *le docteur X... n'aurait été autorisé à pratiquer la brachiotomie sur un enfant vivant* ET AVANT TOUT ESSAI DE VERSION, *que s'il y avait eu urgence à délivrer la mère* », tranche implicitement l'importante question de savoir si le devoir de l'accoucheur l'oblige à tuer l'enfant pour sauver la mère. Nous n'avons pas l'intention de discuter ici la doctrine émise par le tribunal du Puy ; nous reconnaissons d'ailleurs qu'elle se justifie par de sérieuses considérations d'intérêt social, mais nous faisons des réserves en ce qui concerne *l'essai de version*. Il faudrait que l'urgence fût bien absolue et bien démontrée pour que cet essai ne fût pas tenté.

110. Pour qu'une peine soit appliquée, il faut aussi que non seulement la faute soit bien caractérisée, mais encore qu'elle ait évidemment été la cause de la mort ou de la maladie.

(1) Trib. du Puy, 31 janvier 1881. *Gazette des Tribunaux*, 9 février 1881.

Une dame Saugeron mourut à Evreux, le 23 mai 1845 ; cette femme était dans la force de l'âge, d'une robuste constitution, et sa maladie n'avait duré que fort peu de jours. Cette mort surprit les habitants et éveilla l'attention des magistrats. On sut bientôt que la dame Saugeron n'avait pas voulu voir de médecin ; que lorsque ses parents, effrayés des progrès du mal, avaient, malgré ses défenses, appelé un homme de l'art, elle avait refusé de se conformer à ses prescriptions. Une visite à son domicile y fit découvrir un grand nombre de fioles vides ayant toutes contenu des purgatifs ou des vomitifs *Leroy*, et le sieur Saugeron annonça que sa femme, depuis plusieurs années, se soignait ellemême d'après cette méthode que lui avait conseillée un docteur en médecine de Paris, le sieur Signoret, qui l'avait encore prescrite dans la dernière maladie de la dame Saugeron, qu'il traitait par correspondance et à laquelle il écrivait sans cesse de prendre son remède Leroy *résolûment, courageusement et sans crainte.*

Il fut procédé à l'autopsie, et trois médecins experts constatèrent que la dame Saugeron avait originairement été atteinte d'une fièvre typhoïde, mais que cette maladie était peu grave et ne pouvait être la cause de la mort ; que cette mort était au contraire le résultat d'une inflammation très aiguë de l'estomac et des intestins, et que cette inflammation avait été produite ellemême par l'usage immodéré et abusif du remède Leroy. Le docteur Signoret fut traduit, à raison de ces faits, en police correctionnelle, et condamné par le tribunal d'Évreux à trois mois d'emprisonnement et 600 francs d'amende. Mais, sur l'appel du prévenu, la Cour de Rouen infirma le jugement par ce motif : « qu'il est assez difficile pour les médecins, même les plus habiles, d'affirmer avec une certitude entière, que, dans tel ou tel cas donné, c'est l'action des remèdes et non celle de la maladie qui a causé la mort (1). »

Cet arrêt pourrait assurément être discuté en ce qui concerne la possibilité de reconnaître les causes de la mort. Les rapports produits chaque jour par les médecins légistes dans une multitude d'affaires criminelles, et qui servent de base aux décisions judiciaires les plus importantes, démontrent au contraire avec une grande clarté que s'il est *assez difficile* d'affirmer la cause de la mort, cela pourtant est très possible. Nous voulons seulement retenir de la décision de la Cour de Rouen ce principe que le médecin ne peut être rendu responsable d'un décès qu'autant

(1) Rouen, 4 décemb. 1845. P. 1846, 1, 660.

qu'il est démontré, de la façon la plus indiscutable, que ce décès ne peut être attribué à une autre cause qu'à son imprudence.

111. Les magistrats doivent au surplus, en cette matière, agir avec la plus grande circonspection ; ils n'oublieront pas que si l'intérêt de la société leur commande de punir les imprudences qui ont occasionné de graves accidents, il n'exige pas moins impérieusement qu'il ne soit porté aucune atteinte à la liberté de la science ; que, sans cette liberté, tout progrès serait impossible, que des poursuites irréfléchies et des condamnations rigoureuses pourraient décourager les hommes de l'art et leur enlever une initiative à laquelle les malades doivent parfois le salut.

112. Ce n'est pas toujours la lettre de la loi qui doit les guider, mais son esprit. Aussi a-t-il été jugé plus d'une fois que l'officier de santé ne commet point une infraction à l'article 29 de la loi du 19 ventôse an XI, lorsque, dans un cas d'urgence absolue, il pratique une grande opération sans le concours ou la surveillance d'un docteur (1).

M. Orfila (2) a publié une consultation rédigée par MM. Paul Dubois et Olivier d'Angers, à la suite de laquelle fut rendue une ordonnance de *non-lieu* en faveur d'un officier de santé poursuivi pour avoir fait un accouchement au forceps sans l'assistance d'un docteur.

« Les circonstances qui requièrent l'application du forceps, disait la consultation, ne sauraient être prévues dans un grand nombre de cas, et lorsqu'elles se présentent, tout délai apporté à la terminaison artificielle de l'accouchement pouvant devenir préjudiciable à l'enfant et à la mère, et compromettre le salut de l'un et de l'autre, l'accoucheur, lorsqu'il n'a que le titre d'officier de santé, est non seulement excusable de ne pas se conformer au texte rigoureux de la loi et de ne pas différer l'opération jusqu'à l'arrivée d'un docteur, mais il pourrait même être répréhensible de sacrifier à ce texte les intérêts que le législateur a voulu au contraire protéger. »

113. Cette doctrine qui, jusqu'à un certain point, nous paraît contestable, a été consacrée par un arrêt de la Cour de cassation. Le sieur Casimir, officier de santé, avait été poursuivi pour avoir pratiqué un accouchement au forceps sans avoir appelé un docteur ; mais les premiers juges avaient constaté que l'enfant était mort depuis plusieurs jours, qu'il était arrivé à un état de décom-

(1) Rouen, 29 juin 1843. P. 1844, 1, 193. — Orfila, *Traité de méd. lég.*, p. 46.
(2) *Annales d'hyg. publ. et de méd. lég.*, 1re série, t. 23, 1840.

position, et que sa présence prolongée dans l'utérus présentait de grands dangers pour la mère. La Cour de cassation a reconnu dans ces faits le cas de force majeure (1).

114. A ne s'en tenir qu'aux termes du jugement de première instance et de l'arrêt de la Cour de cassation, on pourrait croire que le sieur Casimir n'était poursuivi que pour *exercice illégal de la médecine*, à raison de l'emploi par lui fait du forceps, ce qui, aux yeux du ministère public, aurait constitué une grande opération interdite par l'article 29 de la loi du 19 ventôse an XI aux simples officiers de santé. Il ne semblerait résulter ni du jugement ni de l'arrêt de cassation que, dans l'espèce, l'emploi du forceps eût occasionné un accident quelconque. Or la loi de ventôse an XI ne voit de responsabilité pour l'officier de santé que dans le cas d'accidents graves ; elle décide qu'il y aura alors *recours à indemnité*.

Il est certain qu'en outre de ce recours à indemnité, il y aurait aussi matière à poursuites pour blessures ou homicide involontaires occasionnés par l'*inobservation des règlements*.

Il n'est donc pas exact de dire, comme l'a fait M. Horteloup, avocat au Conseil d'Etat et à la Cour de cassation, dans son rapport à la Société de médecine légale, dans la séance du 8 avril 1878 (2), que l'article 29 de la loi du 19 ventôse an XI est dépourvu de sanction au point de vue pénal. La sanction se trouvera dans les articles 319 et 320 du Code pénal pour l'application d'une peine, comme dans la loi de l'an XI elle-même et dans les articles 1382 et 1383 du Code civil pour les dommages-intérêts. — La sanction manque seulement dans le cas où il n'y a eu aucun accident, aucun dommage causé; aussi, en dehors de ces cas d'accidents causés par l'inobservation des précautions prescrites par la loi, nous reconnaissons qu'il ne peut être prononcé aucune peine. En conséquence, l'officier de santé entreprend seul, à ses risques et périls, les grandes opérations ; si elles réussissent, tout va bien, il ne recueillera que les avantages d'un succès chirurgical ; si elles manquent, c'est bien différent, il sera exposé à un recours en indemnité devant les tribunaux civils, et même à des poursuites correctionnelles, sans qu'il y ait lieu de rechercher si ces opérations ont été faites ou non selon les règles de l'art.

Malheureusement, dans l'affaire Casimir, ce n'est pas seule-

(1) Cassat. 2 mai 1878. P. 1878, 698.
(2) *Annales d'hyg. publ. et de méd. lég.*, 2e série, t. 50, 1878, p. 534.

ment à raison de l'emploi du forceps sans assistance d'un docteur que des poursuites avaient été dirigées contre l'officier de santé ; la femme accouchée par ce dernier était morte quelques jours après, et le sieur Casimir était bien traduit en police correctionnelle pour homicide par imprudence. M. Horteloup avait donc tort encore de dire que le tribunal d'Avignon avait pris une peine inutile pour chercher d'aussi longs motifs, parce qu'il aurait suffi de dire que la loi ne punissait pas le fait incriminé.

Le docteur Jaumes, professeur de médecine légale à la Faculté de Montpellier, fait observer avec raison, au sujet de cette affaire, que le cas d'urgence invoqué par le sieur Casimir, le sera aussi par tous les officiers de santé qui auront pratiqué seuls de grandes opérations et ne les auront pas réussies, qu'ils pourront ainsi se jouer de la loi et se dérober à son action, et il puise dans ces considérations un nouvel argument en faveur de la révision, devenue si nécessaire, de la loi de ventôse an XI (1).

115. Une difficulté peut se présenter sur la question de savoir ce qu'il faut entendre par *grande opération chirurgicale.*

« En créant les deux ordres de médecins, a dit le docteur Gallard (2), on a voulu permettre à des praticiens moins instruits et qui, par conséquent, devraient être plus modestes et surtout moins entreprenants, de venir au secours des populations les plus déshéritées et de leur donner des soins journaliers qu'elles ne pourraient pas demander à un docteur ; mais on a recommandé à ces médecins de second ordre de se bien garder de jamais entreprendre une tâche au-dessus de leurs forces, et d'avoir soin d'appeler à leur aide un docteur en médecine, toutes les fois qu'ils se trouveraient en présence d'un cas embarrassant ou dont la gravité serait de nature à les inquiéter.

« Seulement, comme la loi n'a aucun moyen de distinguer les *cas graves* en médecine, elle n'a pu parler, dans son texte, que des cas graves en chirurgie, qui sont, eux, faciles à reconnaître à la nature et à l'importance des opérations qu'ils nécessitent pour leur traitement.

« Il en résulte que l'officier de santé qui assume seul la responsabilité du traitement médical d'une maladie, si grave soit-elle, ne peut être recherché pour ce fait, quoiqu'il soit assurément répréhensible. Mais il n'en est plus de même lorsque le traitement emprunte ses ressources à l'arsenal de la chirurgie. Dans ce cas, l'opération pratiquée est un fait matériel qui, démontrant la nature et la gravité du mal, permet d'établir si celui qui l'a faite a dépassé la mesure de ses attributions et de ses forces. Or, l'importance d'une opération ne se mesure pas seulement à l'étendue des délabrements qu'elle pro-

(1) *Op. cit.*, 3e série, t. 1er, 1879, p. 219.
(2) *Op. cit.*, 2e série, t. 49, 1878, p. 319.

duit, ni à l'abondance de l'écoulement sanguin auquel elle donne lieu.

« L'opération de la cataracte n'amène aucune effusion de sang, elle se fait avec des instruments d'une ténuité extrême, incapables, en apparence, de déterminer de graves désordres, et cependant, comme de la plus ou moins grande habileté avec laquelle elle sera pratiquée, résultera presque forcément la perte ou la conservation de la vue, personne n'hésitera à la ranger au nombre des *grandes opérations chirurgicales* interdites aux simples officiers de santé.

« Il en doit être ainsi de la plus simple ponction qui, non par elle-même, mais bien souvent par les organes auxquels elle s'adresse, constitue ou une petite opération presque insignifiante lorsqu'il s'agit d'ouvrir un abcès sous-cutané ou un kyste superficiel, et qui devient une très grande et surtout très grave opération chirurgicale lorsqu'il s'agit de pénétrer dans des organes importants et profondément situés, comme le foie, la rate, le rein, etc... »

La grande opération chirurgicale est donc celle qui, par les difficultés qu'elle présente et les organes qu'elle intéresse, est de nature à occasionner des accidents graves, si elle n'est pas faite avec toute la dextérité que procure la pratique de l'art chirurgical et les précautions que la science commande.

116. M. Toulmouche, professeur à l'École préparatoire de médecine et de pharmacie de Rennes, a publié, dans les *Annales d'hygiène publique et de médecine légale* (1), une série d'articles sur la responsabilité médicale. Il cite des faits fort graves où la responsabilité du médecin a pu paraître, au premier abord, indiscutable pour les parties, les témoins et même les magistrats, mais où l'examen attentif et éclairé des experts devait amener au moins des doutes sérieux sur l'existence d'une faute :

« Le rôle du médecin légiste, dit-il (2), dans ces sortes d'affaires criminelles, devient d'une difficulté extrême, parce que, pressé d'une part par les exigences du juge d'instruction qui cherche, par tous les moyens en son pouvoir, à s'éclairer et à arriver à une certitude, et de l'autre par les doutes qui, comme expert, viennent assiéger son esprit relativement à la difficulté du diagnostic et sur les manœuvres dans certains cas obscurs ou insolites de la pratique, il n'ose se prononcer d'une manière très affirmative. Il a donc besoin de consulter le plus grand nombre possible de cas identiques qui auraient pu se présenter devant les tribunaux, afin de régler sa conduite sur celle qu'ont tenue, dans de semblables occurrences, des confrères appelés à décider des questions aussi ardues et aussi délicates. »

Et il cite avec des détails très complets l'instruction d'une affaire importante qui causa une certaine émotion.

(1) 2e série, t. 7, 1857.
(2) *Loc. cit.*, p. 208.

Un sieur O..., officier de santé, fut poursuivi sous inculpation d'homicide par imprudence dans les circonstances suivantes :

Le 12 février 1850, au dire des témoins, la femme M... était accouchée au bourg de G..., dans des conditions malheureuses. Le sieur M..., également officier de santé, appelé auprès de la malade, avait reconnu que l'accouchement se présentait mal et avait réclamé l'assistance d'un confrère. Le mari avait alors demandé le sieur O..., qui se trouvait en ce moment au café, dans un état voisin de l'ivresse. Comme il ne vivait point en bonne intelligence avec son confrère M..., il refusa d'abord de se rendre près de la malade ; puis, sollicité de nouveau par le mari, il consentit enfin à prêter son concours, à la condition, dit-il, *que M...f... le camp*. En effet, à son arrivée, son confrère cessa de tenter l'accouchement. Après des essais multipliés et infructueux, O... employa inutilement le forceps d'abord, puis un crochet, et enfin, avec la main, il arracha les intestins de la femme M... Sur l'observation de son confrère qui lui signalait le fait, il répondit : *Non, c'est le placenta ;* et il continua à arracher le paquet d'intestin ; puis il chercha ensuite en vain à le faire rentrer, disant que c'était le cordon ombilical. Il partit alors en déclarant qu'il était fatigué, et on ne le revit plus. — La femme M... mourut peu de temps après. C'est à raison de ces faits que O... fut traduit devant le tribunal correctionnel de Rennes pour homicide par imprudence.

Les docteurs Toulmouche et Guyot furent appelés comme experts. Ils déclarèrent, après avoir procédé à l'autopsie du cadavre de la femme M... et de celui de l'enfant, qu'il n'était pas possible de déterminer comment et à quel moment le vagin avait été déchiré et avait laissé passer l'intestin ; qu'on avait pu prendre un paquet d'intestins pour la tête de l'enfant ; un troisième expert, appelé par la défense, déclara, lui aussi, que la méprise était possible ; aussi le tribunal jugea-t-il ainsi :

« Attendu qu'il résulte de l'instruction et des débats que si le sieur O... était échauffé par la boisson au moment où il s'est rendu près de la femme M... pour l'accoucher, il n'en résulte pas qu'il fût ivre ;

« Attendu qu'il n'en résulte pas non plus d'une manière suffisante que ce soit par imprudence, inattention, négligence ou maladresse qu'il ait occasionné la mort de la femme M...; qu'il résulte au contraire de l'ensemble des opinions émises par les médecins appelés comme témoins, qu'un accoucheur, sans imprudence, maladresse ni malintention, a pu, après les fatigues morales et physiques que doit occasionner un accouchement anormal, long, laborieux, arracher une partie des intestins contractés et présentant, en quelque sorte, la forme de la tête d'un enfant ;

« Par ces motifs, le tribunal dit qu'il n'est pas suffisamment appris que O... ait été, par imprudence, inattention, maladresse, la cause de la mort de la femme M..., le renvoie hors de cause, sans dépens. »

On remarquera que le tribunal recherche, dans son jugement, s'il y aurait eu imprudence, maladresse, inattention, malintention même, mais qu'il évite de se prononcer sur l'*inobservation des règlements* comme élément de l'homicide involontaire, et en conséquence, d'examiner la question de savoir si l'officier de santé avait eu le tort de pratiquer une grande opération sans le concours d'un docteur. Le ministère public interjeta appel et ne parut pas se préoccuper davantage de cette question ; il fonda seulement son appel sur ce que O... était, au moment de l'opération, dans un état voisin de l'ivresse, sur l'impéritie et l'ignorance dont il avait fait preuve, sur ce que les médecins appelés à donner leur avis avaient raisonné en dehors des faits appris dans l'instruction, s'étaient renfermés dans des généralités et paraissaient beaucoup plus préoccupés de la responsabilité qui semble peser sur les médecins et les chirurgiens, que de la question spéciale sur laquelle ils étaient appelés à s'expliquer, et enfin sur ce qu'il y avait lieu d'écarter la question scientifique et d'appeler les magistrats à juger la question de fait ; il demanda l'application de l'article 319 du Code pénal.

La Cour, faisant droit aux réquisitions du ministère public, condamna le sieur O... à quinze jours d'emprisonnement et aux dépens.

117. On lira aussi avec intérêt, dans le même recueil, un rapport dressé par MM. Denonvilliers, Nélaton et Tardieu, publié à la suite de l'article du docteur Toulmouche, sur des poursuites intentées par un sieur H..., en 1854, contre le docteur D... qui, suivant le plaignant, n'aurait pas convenablement soigné une fracture de la jambe.

En 1861, un sieur Hamelain avait cité directement devant le tribunal correctionnel de la Seine le docteur Canuet pour blessures par imprudence, et en paiement de 10,000 francs de dommages-intérêts. Selon lui, le docteur Canuet, prenant une hernie pour un abcès, aurait, en incisant la prétendue tumeur, perforé l'intestin. Après un examen médical et un rapport très clair dressé par le docteur Ambroise Tardieu, le tribunal prononça le jugement suivant :

« Attendu que des débats, des pièces et des documents produits, et particulièrement du rapport dressé par le docteur Tardieu, en exécution du jugement du 14 mai dernier, il résulte qu'en septembre 1860, au moment où il s'est remis aux soins du docteur Canuet, Hamelain était atteint à la fois et sur le même point de l'aine droite, d'une tumeur inflammatoire et d'une hernie ;

« Que l'incision pratiquée par le docteur Canuet n'a intéressé que la tumeur ; que cette opération était indiquée par l'état du malade et conseillée par la science médicale ; que la perforation de l'intestin, qui s'est manifestée quelques jours après, ne doit nullement être attribuée à cette incision, mais qu'elle est la conséquence naturelle des progrès de l'inflammation qui s'est emparée de l'intestin hernié ;

« Attendu, d'un autre côté, qu'il est constaté que Canuet a continué ses soins à Hamelain aussi longtemps que celui-ci a jugé bon de les réclamer ;

« Que, dans ces circonstances, les faits résultant des débats ne présentent nullement à la charge de Canuet les caractères du délit prévu par l'article 320 du Code pénal ;

« Renvoie Canuet des fins de la plainte et condamne la partie civile aux dépens. »

118. Il est des cas où la faute est tellement grossière que la responsabilité devient des plus graves et appelle toutes les sévérités de la justice.

Dans le courant de l'année 1873, la ville de Brive fut le théâtre d'une émotion profonde. La santé générale était excellente, les suites de couches, en particulier, étaient régulières et heureuses, quand tout à coup on remarqua que certaines femmes récemment accouchées éprouvaient des accidents d'une nature exceptionnelle ; les enfants de plusieurs d'entre elles étaient gravement atteints, quelques-uns même succombèrent ; certains maris étaient pris à leur tour et présentaient des symptômes semblables à ceux qui s'étaient développés chez leurs femmes.

A côté de ces accidents tout matériels, des conséquences d'un autre ordre devaient inévitablement se produire : le trouble se mettait dans les ménages ; maris et femmes s'adressaient de mutuels reproches ; des menaces de séparation se faisaient entendre. Dans tous ces accidents, les médecins consultés reconnurent la syphilis et constatèrent qu'ils se produisaient exclusivement dans la clientèle d'une même sage-femme. Une instruction fut ouverte, et elle établit que cette sage-femme avait eu, depuis quelque temps, *un doigt malade*, que cette lésion avait même persisté pendant une année, et que la sage-femme avait présenté tous les symptômes d'une syphilis générale : affaiblissement, douleurs rhumatoïdes, chute des cheveux et des sourcils. Les mêmes accidents se produisirent chez son mari. Il fut même démontré que cette femme, quelle que fût la façon dont la maladie avait été contractée par elle, n'avait pu ignorer la nature de son mal, et qu'elle avait néanmoins continué à pratiquer de nombreux accouchements en se servant de sa main malade. Traduite en police correctionnelle sous l'inculpation d'homicide par imprudence, de blessures involontaires et d'exercice illégal de la médecine, elle fut condamnée à deux années d'emprisonnement et cinquante francs d'amende, c'est-à-dire *au maximum* de la peine corporelle (1).

119. Le 28 février 1876, la Cour d'Angers condamnait à quinze jours de prison, pour homicide par imprudence, un médecin qui avait expédié à un malade un flacon de baume Opodeldoch sans avoir placé sur le flacon l'étiquette rouge et sans indication sur l'ordonnance que le remède était destiné à l'usage externe (2).

120. Les fautes varient d'ailleurs à l'infini, et elles peuvent, suivant les cas, prendre un caractère de gravité qui motive l'application de peines plus sévères.

Un sieur T...., docteur en médecine, vint un jour se fixer à Amiens. Il s'y était fait précéder par des annonces publiées dans tous les journaux, par d'énormes affiches placardées sur toutes les murailles et faisant connaître le jour et l'heure de son arrivée dans la localité où il aurait, disaient ces annonces, été appelé sur son immense réputation et en raison du grand succès obtenu par une nouvelle médication qui aurait guéri plus de deux mille personnes atteintes de maladies réputées jusqu'alors incurables. Il était porteur de plus de certificats que n'en posséda jamais l'inventeur de la Revalescière.

Comme on le pense bien, la clientèle ne se fit pas attendre, et à peine avait-il mis le pied dans son nouveau domicile, qu'il était assailli par une multitude de malades. Leur admiration pour le fameux docteur n'eut plus de bornes quand il leur eut appris qu'il les guérirait tous *pour rien !*..... Seulement ils ne devaient prendre que les médicaments qu'il leur ferait adresser par un pharmacien de Paris, les simples pharmaciens de province étant incapables d'exécuter convenablement ses infaillibles prescriptions.

On devinera sans peine que le pharmacien de Paris était le compère de l'illustre docteur T...., et que ce dernier, par le partage des bénéfices réalisés sur la vente des médicaments, obtenait encore une rémunération largement suffisante.

(1) *Annales d'hyg. et de méd. lég.*, 2e série, t. 42, 1874, p. 134.
(2) *Op. cit.*, 3e série, t. 1er, 1879, p. 160.

Mais, hélas! la déception des malades naïfs qui ne guérirent pas, fut d'autant plus cruelle que leur confiance dans les talents de l'Esculape avait été plus absolue, et bientôt leur tendresse pour le fameux médecin se changea en fureur. Ils portèrent plainte, et des poursuites furent intentées par le ministère public. La Cour d'Amiens, dans les affiches, les publications et la production de certificats mensongers, vit l'emploi de manœuvres frauduleuses. Elle déclara que :

« Si le dogme médical échappe à l'examen du juge, il appartient cependant aux magistrats de rechercher si le médecin s'est proposé une spéculation plutôt que la guérison ou le soulagement des malades, et d'apprécier ainsi sa bonne foi ;

« Que consulté, à son arrivée à Amiens, par de nombreux malades, notamment par....., Th... est parvenu, en employant des manœuvres frauduleuses, à faire naître dans l'esprit des sus-nommés l'espérance d'une guérison chimérique, et même à persuader à plusieurs d'entre eux qu'il avait le pouvoir de les guérir, pouvoir qu'il savait n'être qu'imaginaire, alors qu'il n'agissait ainsi que dans le but unique de leur faire accepter, moyennant un prix excessif, les prescriptions et les remèdes qu'il promettait de leur envoyer, prescriptions et remèdes qui se trouvaient toujours préparés d'avance, étaient les mêmes pour tous les malades, quel que fût leur âge, leur sexe, leur constitution et l'affection dont ils étaient atteints ;

« Que ces faits constituent le délit d'escroquerie, prévu et réprimé par l'article 405 du Code pénal, etc.... condamne (1).... »

Cet arrêt fut confirmé par la Cour de cassation le 31 mars de la même année (2).

121. Nous trouvons, dans les *Annales d'hygiène publique et de médecine légale* (3), avec l'arrêt qui précède, deux autres espèces rapportées par le docteur Ambroise Tardieu, avec de très justes réflexions sur le charlatanisme médical.

Le tribunal de Coutances avait condamné, le 13 août 1853, le sieur Adrien-Félix Charpeaux à trois mois d'emprisonnement et quinze francs d'amende pour escroqueries. La Cour de cassation, par arrêt du 5 novembre 1853, rejeta le pourvoi du condamné par les motifs suivants :

« Attendu qu'il résulte des motifs du jugement que le demandeur a publié ses prospectus sous son prénom d'*Adrien* et dissimulé son nom de famille sous lequel il avait encouru deux condamnations, et que, pour persuader aux malades qu'il visitait l'existence d'un pouvoir imaginaire et faire naître l'espérance d'un succès, il a employé

(1) Amiens, 10 févr. 1854. P. 1854, 1, 558.
(2) Cassat. 31 mars 1854. P. 1856, 1, 446.
(3) 2e série, t. 5, 1856, p. 357.

des manœuvres frauduleuses, consistant notamment dans la délivrance de remèdes *qu'il savait* inefficaces et de prescriptions incapables de produire les bons effets *qu'il annonçait ;* que ces déclarations mensongères, appuyées de manœuvres frauduleuses, et à l'aide desquelles il a escroqué partie de la fortune d'autrui, ne constituent pas seulement des actes de *charlatanisme,* mais présentent tous les caractères du délit d'escroquerie ;

« Que les juges du tribunal de Coutances ont donc fait une saine application de l'article 405 du Code pénal ; — rejette, etc... »

122. L'autre affaire est rapportée avec détails, parce que disait M. Tardieu (1), elle offre, réunies comme à dessein, toutes les formes sous lesquelles se résume le charlatanisme médical le plus effréné. « On ne verra pas sans une sorte d'effroi, ajoutait-il, ce qu'on peut faire de notre belle profession et de cet art de guérir qui est à la fois, pour l'humanité, une si grande gloire et un si grand bienfait. »

Il nous suffira, quant à nous, de rapporter ici le jugement rendu par le tribunal ; il résume tous les faits de l'affaire :

« Attendu qu'il résulte de l'instruction et des débats que, dans le courant des années 1852, 1853 et 1854, Rey de Jougla, à l'aide de manœuvres frauduleuses pour faire croire à la guérison de maladies incurables et qu'il qualifiait lui-même comme telles, a obtenu d'un grand nombre de personnes la remise de diverses sommes d'argent ;

« Attendu que ces manœuvres frauduleuses consistaient principalement : 1° dans un prospectus mensonger et rempli d'exagération qui, répandu à profusion dans toute la France, allait, sur la foi de promesses d'une guérison chimérique, exciter chez les malades, la plupart désespérés, un espoir qui les entraînait nécessairement à s'adresser au médecin qui était l'auteur de ces annonces frauduleuses ; 2° dans une multitude de lettres toutes semblables, écrites à la main, préparées d'avance, commençant par ces mots : « en réponse à votre lettre, j'ai l'honneur de vous annoncer, etc.... » ;

« Que ces lettres annonçaient que, dans l'espace de 30 ou 40 jours, Rey de Jougla avait guéri un si grand nombre de maladies semblables, qu'il pouvait assurer la guérison de ses correspondants ; que les médicaments si difficiles à préparer ne pouvaient l'être qu'à Paris ; que son traitement était des moins dispendieux, et que, moyennant l'envoi de 16 francs, il enverrait une caisse de ses médicaments ;

« Que ces lettres, toutes pareilles, et comme stéréotypées, selon le rapport des experts, étaient ainsi préparées d'avance et envoyées sans discernement ni distinction de maladies, à tous ceux qui, sur la foi du prospectus mensonger, s'étaient engagés dans une correspondance avec Rey de Jougla ;

« Qu'ainsi et quelle que fût la maladie du consultant, soit qu'il s'agît de maux d'yeux, de paralysie, de cancer, de maladies de poi-

(1) *Loc. cit.*, p. 359.

trine, de douleurs de toute nature et de toute variété, l'inculpé envoyait sa lettre où était invariablement appris au correspondant que, dans l'espace de 30 ou 40 jours, il avait guéri un grand nombre de maladies semblables ;

« Que ces lettres constituent, dans cet état de choses, des manœuvres frauduleuses tendant à faire croire à des guérisons fausses pour le passé et chimériques pour le consultant, et qu'elles avaient pour objet d'obtenir de lui la remise de sommes de 16 francs par chaque envoi de caisses de médicaments ;

« Attendu que le tribunal ne peut s'arrêter à l'objection tirée des témoignages résultant de l'instruction elle-même et de certificats étrangers qui établiraient que plusieurs personnes ont été guéries par les médicaments fournis ;

« Qu'il ne s'agit pas, en effet, d'apprécier l'impéritie, l'ignorance de Rey de Jougla ou les morts et maladies dont il aurait été la cause involontaire par ses imprudences ; qu'il s'agit au contraire de reconnaître les moyens fallacieux, les mensonges, les manœuvres habiles et frauduleuses à l'aide desquelles il escroquait une partie de la fortune de ses correspondants, délits que n'amoindrissent en rien les résultats favorables et postérieurs qui ont pu se produire accidentellement dans la santé des malades qui avaient été entraînés à le consulter et à lui remettre des sommes d'argent à l'aide de ces manœuvres frauduleuses ;

« En ce qui touche la complicité de Duval pour les faits d'escroquerie :

« Attendu qu'il n'est point établi que Duval ait assisté avec connaissance Rey de Jougla, soit dans la confection des prospectus, soit dans la rédaction des lettres ci-dessus qualifiées, soit dans les faits qui ont préparé, facilité et consommé l'escroquerie ;

« Que si un registre indicatif des personnes consultant Rey a été trouvé chez Duval, ce registre paraît se rattacher bien plutôt à la régularité des envois que Duval devait faire des médicaments qu'il préparait, qu'à un compte ouvert pour les produits de l'escroquerie commune ; que ce registre avait pour but le règlement du prix des médicaments préparés et fournis par Duval, mais qu'on ne peut le considérer comme l'état du recel que ce dernier aurait fait d'une partie des sommes escroquées ; qu'ainsi le chef de la prévention de complicité d'escroquerie contre Duval n'est point établi ;

« En ce qui touche les autres caractères de l'escroquerie reprochée à Rey de Jougla, fondés sur la prise de faux nom, de fausses qualités :

« Attendu qu'ils n'ont point été établis par l'instruction et les débats, et qu'ils ne sauraient être reprochés à Rey de Jougla, le renvoie de la prévention sur ce chef ;

« En ce qui touche le chef de la prévention relatif à la fabrication et à la vente des remèdes secrets imputés aux inculpés :

« Attendu qu'il résulte de tous les éléments de la cause, des procès-verbaux de saisie, du relevé de diverses pièces et de registres saisis chez Duval, et enfin du rapport des experts, que, dans le courant des années 1852, 1853 et 1854, Rey de Jougla et Duval ont conjointement fabriqué, vendu et distribué des préparations médicinales qui n'étaient ni inscrites au Codex ni le résultat d'ordonnances spéciales et particulières pour chaque malade et chaque maladie ; que ces remèdes étaient au contraire préparés d'avance, d'après les formules générales inscrites sur le registre saisi et formant un Codex particulier à l'usage des inculpés ;

« Que ces préparations avaient tellement ce caractère de généralité, qu'elles avaient reçu entre les inculpés des dénominations particulières convenues, comme : *potion rouge n° 1*, — *potion bleue n° 1*, — *potion laudanisée*, — *potion au tartre 1 et 2*, — *potion stibiée*, — *liquide vert*, — *pommade jaune*, — *pommade blanche*, — et autres ;

« Que ces préparations ainsi faites d'avance, en quantité considérable, sur une simple indication renvoyant au registre-codex des inculpés, et n'étant ni le résultat de préparations conformes au Codex légal, ni d'ordonnances spéciales et régulières, constituent de véritables et nombreux remèdes secrets, dont la qualité même, loin d'être un fait excusable, n'est qu'une aggravation du délit ;

« Qu'ainsi Rey de Jougla et Duval, le premier en état de récidive comme ayant déjà été condamné pour ce fait de vente de remède secret, ont conjointement commis le délit prévu par l'article 36 de la loi du 21 germinal an XI et la loi du 9 pluviôse an XIII ;

« Qu'il résulte également de ce qui précède que Rey de Jougla a commis le délit prévu par l'article 405 du Code pénal ;

« Renvoie Rey de Jougla du chef de la prévention relatif à l'usage de faux noms et de fausses qualités ;

« Renvoie Duval des fins de la plainte, en ce qui touche la complicité d'escroquerie ;

« Et attendu, par tout ce qui précède, que Rey de Jougla, dans le courant des années 1852, 1853 et 1854, en employant des manœuvres frauduleuses pour persuader l'existence d'un pouvoir imaginaire et faire naître l'espérance d'un succès chimérique, s'est fait remettre des sommes d'argent par un grand nombre de personnes, et notamment par la dame Salme, 16 francs ; par la dame Marthe, 14 francs, etc., etc.... et qu'il a ainsi escroqué tout ou partie de la fortune d'autrui, délit prévu par l'article 405 du Code pénal ;

« Et contre Rey de Jougla et Duval, d'avoir, en 1853 et 1854, conjointement annoncé, vendu et mis en vente des remèdes secrets, délit prévu par l'article 36 de la loi du 21 germinal an XI et la loi du 9 pluviôse an XIII ;

« Attendu que Rey dit de Jougla est en état de récidive légale en ce qui touche le chef relatif aux remèdes secrets, comme ayant déjà été condamné pour ce fait ; et lui faisant, à cet égard, l'application de la loi du 9 pluviôse an XIII ; vu également l'article 265 du Code d'instruction criminelle ;

« Condamne Rey dit de Jougla à treize mois d'emprisonnement et 6,000 francs d'amende ;

« Duval, à 600 francs d'amende ;

« Condamne Rey dit de Jougla aux trois cinquièmes, et Duval aux deux cinquièmes des dépens. »

Par arrêt du 16 mars 1855, la Cour de Paris confirma ce jugement par adoption de motifs.

123. Nous n'avons que fort peu de chose à ajouter en ce qui concerne la responsabilité des pharmaciens. Les imprudences ou négligences qu'on peut leur reprocher sont presque toujours faciles à constater ; elles tombent évidemment sous l'application des règles de droit commun ; aussi n'ont-elles guère donné lieu qu'à des discussions de fait.

124. Une petite fille de neuf ans et demi, enfant des époux Crochet, se trouvait légèrement indisposée par un embarras gastrique sans gravité ; le docteur avait prescrit une dose déterminée de sel de seignette (tartre de potasse de soude). Ce médicament, délivré par l'élève de M. P....., pharmacien, était administré à la petite fille. Voici ce que déclara le père :

« Dès qu'elle a eu bu le liquide, elle a pris son ventre dans ses mains, puis elle m'a dit que c'était salé et que ça la brûlait ; aussitôt elle rendit de l'écume blanche par la bouche ; ses lèvres devinrent bleues et enflées, ses yeux s'injectèrent de sang ; elle rendit, dans une cuvette, à peu près la valeur d'un demi-verre de matières rouges de sang, puis elle dit : Papa, maman, je ne vois plus, je meurs !... Tout de suite après, elle poussa quelques cris et rendit le dernier soupir. Le tout a duré moins de vingt minutes. »

Il fut bientôt constaté que la pauvre enfant avait absorbé du sel d'oseille.

Une instruction fut ouverte. L'élève pharmacien, interrogé, prouva qu'il avait pris la substance par lui délivrée dans un bocal étiqueté « *sel de seignette* », et cette étiquette existait depuis le 19 juin 1877. La faute devait donc être imputée à M. P.....

Ce pharmacien rejeta la responsabilité de l'accident sur le droguiste en gros, M. Darnac, qui, déclara-t-il, lui aurait, le 19 juin 1877, délivré 250 grammes de sel d'oseille pour du sel de seignette, et ces deux sels en poudre ayant un aspect tellement identique que la différence entre eux est inappréciable à l'œil et à la main, on ne saurait lui imputer une erreur qu'il ne pouvait constater.

Le rapport du docteur Brouardel signale, en effet, cette ressemblance entre les deux produits. Mais M. P.... ne put faire la preuve de son allégation, et le ministère public estima que, la preuve fût-elle faite, il est du devoir étroit de tout pharmacien, pour justifier le monopole dont il est investi par la loi, de vérifier exactement et scrupuleusement tous les médicaments qu'il débite.

L'élève fut donc mis hors de cause et M. P.... fut seul poursuivi. Le tribunal de la Seine (9e chambre) condamna M. P....

à un mois de prison, 100 francs d'amende et 2,000 francs de dommages-intérêts (1).

Dans cette affaire, le pharmacien seul pouvait en effet être poursuivi, parce que l'élève devait supposer que toutes les substances contenues sous étiquettes, dans les bocaux de la pharmacie, avaient été vérifiées ; mais il arrive assez fréquemment que l'erreur commise par l'élève ne se justifie pas de la même façon. Dans ce cas, si la faute lui est réellement imputable, c'est lui qui est l'auteur principal du délit et qui encourt la responsabilité pénale ; mais alors le pharmacien, de son côté, est civilement responsable quant aux frais et aux dommages-intérêts, conformément à l'article 1384 du Code civil, parce qu'il est de son devoir de surveiller ses élèves ; il pourrait même, suivant les circonstances, être poursuivi personnellement, comme, par exemple, s'il avait laissé préparer par un élève nouvellement installé et complètement inexpérimenté, un médicament qui n'aurait pas été composé conformément à l'ordonnance du médecin, et qui, par suite, aurait occasionné des accidents.

125. Il en serait de même si le pharmacien s'absentait et confiait sa pharmacie à un élève qui commît des imprudences et fût cause d'accidents. Nous verrons plus loin que ce fait pourrait aussi motiver une condamnation pour exercice illégal de la pharmacie; mais il y aurait en même temps matière à poursuites pour homicide ou blessures involontaires tant contre l'élève que contre le pharmacien. Au surplus, les tribunaux apprécient le degré de responsabilité dans tous les cas.

(1) *Gazette des Tribunaux*, 19 janvier 1881.

CHAPITRE V

DU SECRET PROFESSIONNEL.

126. Nous touchons ici à une matière des plus délicates ; on peut dire qu'elle intéresse autant l'honneur du corps médical tout entier que celui des familles, et les difficultés qu'elle soulève sont d'autant plus graves qu'elles tiennent de plus près aux susceptibilités de la conscience. Nous étudierons la question en nous plaçant à deux points de vue différents : nous examinerons d'abord le droit du médecin de garder le silence sur les faits délictueux ou autres qu'il découvre dans l'exercice de sa profession, et ensuite nous nous occuperons des infractions qu'il peut commettre à la loi du secret professionnel ; c'est-à-dire que nous traiterons d'abord des cas où le silence des médecins est un droit et un devoir imposé par la conscience, et ensuite de ceux où il constitue une obligation dont la violation entraîne une répression pénale.

L'article 378 du Code pénal est ainsi conçu :

« Les médecins, chirurgiens et autres officiers de santé, ainsi que « les pharmaciens, les sages-femmes, et toutes autres personnes dé- « positaires par état ou profession des secrets qu'on leur confie, qui, « hors les cas où la loi les oblige à se porter dénonciateurs, auront « révélé ces secrets, seront punis d'un emprisonnement d'un mois à « six mois et d'une amende de cent francs à cinq cents francs. »

La loi pose ici le principe nécessaire du secret professionnel, principe que commandent non seulement les intérêts privés, mais l'ordre public lui-même. Néanmoins elle y apporte une exception pour le cas où les dépositaires des secrets sont tenus de se porter dénonciateurs. On s'est demandé quelle peut être l'étendue de cette exception, et même s'il existe encore des cas où les dépositaires de secrets sont obligés de se porter dénonciateurs.

Aux termes de l'article 30 du Code d'instruction criminelle :

« Toute personne qui aura été témoin d'un attentat, soit contre la « sûreté publique, soit contre la vie ou la propriété d'un individu, « sera tenue d'en donner avis au procureur de la République soit du « lieu du crime ou du délit, soit du lieu où le prévenu pourra être « trouvé (1). »

Le Code de brumaire an IV qualifiait de *dénonciation officielle* celle que devaient faire les fonctionnaires publics des délits qui venaient à leur connaissance dans l'exercice de leurs fonctions, et de *dénonciation civique* celle émanée des particuliers.

Bien que notre Code d'instruction criminelle n'ait pas reproduit cette distinction, elle n'en existe pas moins en fait, et il est certain que les simples particuliers sont toujours tenus de dénoncer les crimes et délits dont ils ont connaissance ; cette obligation s'impose aux médecins comme aux autres citoyens.

127. Mais si le médecin a appris, dans l'exercice de sa profession, l'existence du fait criminel, si la connaissance qu'il en a acquise résulte du secret à lui confié *comme médecin*, ou qu'il a surpris en cette qualité, est-il tenu de le révéler et de dénoncer le fait ? — Non, assurément.

Quelle est donc l'utilité et la portée de l'exception introduite

(1) Diverses ordonnances de police ont enjoint aux officiers de santé, sous des peines plus ou moins sévères, de faire connaître les noms et demeures des personnes blessées auxquelles ils auraient donné des soins. (Édit de décembre 1666. — Ordonnances des 8 novembre 1780, — 17 ventôse an XI, — 4 pluviôse an XII, — 5 février 1806, — 25 mars 1816, — juin 1832.) — Ces règlements avaient pour but de faire découvrir les auteurs de troubles et d'émeutes ; ils sont aujourd'hui tombés en désuétude ; l'ordonnance de 1832, qui souleva une réprobation générale, n'a même jamais été exécutée.

dans l'article 378 du Code pénal, et quels sont les cas où la loi oblige *les dépositaires de secrets à se porter dénonciateurs?*

Une ordonnance de Louis XI, du 14 décembre 1477, enjoignait, sous des peines fort sévères, à *toute personne quelconque* connaissant un crime contre la sûreté de l'Etat ou la personne du roi, à le dénoncer aussitôt. Cette disposition fut reproduite dans les articles 103 et suivants du Code pénal de 1810, et c'est à elle que se réfère l'exception de l'article 378. La loi du 28 avril 1832, en abrogeant les articles 103 à 107, laissa subsister tel qu'il était l'article 378 ; mais il est aujourd'hui reconnu qu'il n'existe plus de cas où les personnes qui y sont désignées soient tenues de faire une dénonciation, et qu'il ne s'agit nullement, dans cet article, de l'obligation imposée à tout citoyen par l'article 30 du Code d'instruction criminelle, dépourvu d'ailleurs de sanction pénale (1).

128. Le médecin n'est donc jamais tenu de dénoncer les faits délictueux qu'il apprend dans la pratique de son art. Mais, en dehors de ce cas, l'obligation de garder le secret professionnel présentera souvent au médecin, dans l'exercice de sa délicate et difficile profession, de bien graves embarras.

Les circonstances dans lesquelles il se trouvera placé entre deux obligations opposées varieront à l'infini ; nous ne pouvons qu'en citer quelques exemples.

129. L'article 56 du Code civil oblige le médecin et la sage-femme qui ont assisté à un accouchement à déclarer à l'officier de l'état civil la naissance de l'enfant. Il peut arriver que la mère, si elle n'est pas mariée, ou si elle ne vit pas avec son mari, ne veuille pas avouer cet accouchement.

Il est aujourd'hui reconnu, en doctrine comme en jurisprudence, que la personne qui déclare une naissance n'est pas obligée de faire connaître le nom de la mère (2); mais au moins faut-il déclarer *le lieu* de la naissance avec le sexe du nouveau-né et *le nom* qu'on lui donne. A quoi servirait la déclaration, si l'acte ne devait pas contenir les indications essentielles pour constituer, dans l'avenir, l'état civil de l'enfant?

Or, la seule indication *du lieu* de la naissance équivaudra bien souvent à la révélation du nom de la mère. Le médecin se bornera-t-il à déclarer qu'un enfant est né tel jour, de père et mère incon-

(1) Chauveau et Hélie, *Théorie du Code pénal*, t. v, p. 529. — Blanche, t. v, n° 153. — Réquisitoire de M. Quenault, avocat général, arrêt de cassat. du 26 juillet 1845.

(2) V. *suprà*, n° 28, p. 20 et s.

nus? Il est douteux que l'officier de l'état civil se contente d'une indication aussi vague et aussi incomplète.

D'un autre côté, l'article 346 du Code pénal punit de six jours à six mois d'emprisonnement le défaut de déclaration de naissance (une déclaration incomplète, dérisoire, ne pouvant servir à la rédaction de l'acte, constituerait évidemment le même délit). — Et pourtant, le médecin a reçu un secret de la plus haute importance, intéressant l'honneur de toute une famille, un de ces secrets que protège le plus efficacement l'article 378 du Code pénal, et cet article, de son côté, prononce un emprisonnement d'un mois à six mois contre le révélateur du secret !..... Quelle est celle des deux infractions à la loi que choisira le médecin?

130. Autre exemple :

Une femme mariée tombe malade ; le mari appelle un médecin et lui révèle la nature et la cause du mal ; il lui déclare que sa femme est atteinte d'une maladie vénérienne qu'il lui a lui-même communiquée. — La femme intente une demande en séparation de corps contre son mari, et le principal grief sur lequel elle fonde cette demande est l'outrage qui lui a été fait par le mari, lequel lui a communiqué une maladie honteuse contractée dans un mauvais lieu.

Le seul témoin possible pour constater ce fait est le médecin ; mais le mari lui a confié un secret ; devra-t-il le révéler, s'il est cité comme témoin à la requête de la femme? — Le Code de procédure civile, article 263, punit d'une amende de 100 francs le témoin qui ne comparaît pas, en matière civile, et la plupart des auteurs enseignent que la même peine doit être infligée au témoin qui refuse de déposer (1). Il est vrai que Chauveau Adolphe repousse cette doctrine ; selon lui, le témoin qui refuse de déposer est seulement passible de dommages-intérêts ; mais cette dernière éventualité peut encore être assez redoutable, suivant les cas, pour embarrasser le médecin.

Aux termes de l'article 80 du Code d'instruction criminelle :

« Toute personne citée pour être entendue en témoignage (2) sera « tenue de comparaître et *de satisfaire à la citation;* sinon, elle pourra « y être contrainte par le juge d'instruction qui, à cet effet, sur les « conclusions du procureur de la République, sans autre formalité « ni délai et sans appel, prononcera une amende qui n'excédera pas « 100 francs et pourra ordonner que la personne citée sera contrainte « par corps à venir donner son témoignage. »

(1) Carré, 1036. — Favard, t. 2, p. 364. — Thomine, p. 467. — Boitard, t. 2, p. 203.

(2) Devant le juge d'instruction.

L'article 304 du même Code porte :

« Les témoins qui n'auront pas comparu (1) sur la citation du pré-« sident ou du juge commis par lui, et qui n'auront pas justifié qu'ils « en étaient légitimement empêchés, ou qui refuseront de faire leur « déposition, seront jugés par la Cour d'assises et punis conformé-« ment à l'article 80. »

Enfin l'article 355 est ainsi conçu dans son dernier alinéa :

« Et néanmoins, dans tous les cas, le témoin qui ne comparaîtra « pas (2) ou qui refusera soit de prêter serment, soit de faire sa dé-« position, sera condamné à la peine portée à l'article 80. »

Le médecin appelé en témoignage pourra-t-il refuser de déposer et de faire connaître ce qu'il a appris dans l'exercice de sa profession ?

131. Il y a certes des circonstances où les médecins n'hésitent point, lorsqu'ils sont interrogés, à révéler l'existence des crimes qu'ils ont découverts ; souvent même ils les dénoncent spontanément à la justice, par exemple dans les cas d'infanticide, d'empoisonnement, etc... Mais la victime d'un viol ou sa famille peuvent désirer le secret le plus absolu ; le médecin qui a donné ses soins devra-t-il déposer, s'il est appelé en justice, alors surtout que le secret lui a été recommandé ?

132. Il y a d'ailleurs d'autres faits que la loi réprime et qui pourtant ne sont pas considérés, dans l'opinion du monde, comme des actes criminels.

Quand deux hommes vont se battre en duel, il est d'usage qu'ils se procurent l'assistance d'un médecin, afin de porter secours au blessé, s'il y a lieu. La justice répressive, qui poursuit les témoins du duel comme complices, n'a jamais songé, que nous sachions, à incriminer la conduite du médecin ; on ne pourrait le poursuivre sans exposer à l'avenir la victime du duel à être privée des secours de l'art. Mais si le médecin n'est pas poursuivi comme complice pour avoir fourni son assistance dans un duel, il peut être appelé comme témoin devant la Cour d'assises, et alors est-il tenu de déclarer ce qu'il sait sur le duel qui a motivé l'accusation ?

La doctrine et la jurisprudence ne s'accordent pas sur toutes ces questions ; les jurisconsultes eux-mêmes sont divisés : les uns veulent l'exécution rigoureuse et littérale des prescriptions de l'article 378 du Code pénal : le médecin ne doit, en aucun cas,

(1) Devant le magistrat chargé de procéder à un supplément d'information après renvoi à la cour d'assises.

(2) Devant la cour d'assises.

révéler les faits qu'il a pu découvrir dans l'exercice de sa profession ; — les autres pensent au contraire que des motifs d'ordre public et de préservation sociale exigent que les articles 80, 304 et 355 du Code d'instruction criminelle reçoivent toujours leur application : le médecin ne doit pas révéler spontanément un secret, mais il ne peut le dissimuler quand il est interrogé par la justice (1).

Les tribunaux ont eu à se prononcer souvent sur ces questions.

133. Dans la nuit du 23 au 24 décembre 1849, un jeune homme enveloppé d'un manteau, après avoir erré longtemps dans la campagne couverte de neige et s'être égaré plus d'une fois, arrivait chez la veuve Dufond, au village du Boisseau, dans l'arrondissement de Civray. Ce jeune homme portait une petite fille soigneusement et chaudement emmaillotée. Il demanda à la veuve Dufond si elle n'était pas la nourrice qu'avait retenue le docteur T.... Sur la réponse affirmative de cette femme, il lui confia l'enfant et partit. Ce jeune homme, qui revint quelque temps après avec un autre homme plus âgé que lui, également inconnu, refusa de se nommer et de faire connaître les noms des père et mère de l'enfant.

Ces circonstances mystérieuses furent bientôt révélées à l'autorité locale ; le parquet de Civray rechercha si la naissance de l'enfant avait été régulièrement déclarée, si une infraction n'avait pas été commise à l'article 346 du Code pénal, et une instruction fut ouverte.

Le docteur T...., entendu d'abord comme témoin, se borna à répondre : « Je déclare que je suis dépositaire d'un secret que « je ne puis révéler ; je me réserve donc de ne répondre qu'aux « questions qui ne se référeront pas, soit directement, soit indi- « rectement, à ce secret qui m'a été confié comme médecin ».

Puis il déclara qu'il avait connu la mère de l'enfant ; que, chargé de chercher une nourrice, il avait fait choix de la veuve Dufond, qu'il lui avait payé ses salaires, qu'il avait visité l'enfant et lui avait donné quelques soins. Il affirma n'avoir point assisté à l'accouchement, ajoutant que la mère lui avait formellement promis que la naissance serait déclarée aussitôt qu'elle aurait lieu. Mais il fut impossible aux magistrats instructeurs d'obtenir de lui aucune au e indication pouvant faire connaître la mère de l'enfant.

Le ministère public, se trouvant dans l'impossibilité de démontrer que le docteur T..... avait assisté à l'accouchement, renonça

(1) Legraverend, *Législat. crim.*, t. 1er, p. 157.

à voir dans les faits une infraction aux dispositions de l'article 346 du Code pénal, mais il crut y découvrir le crime bien autrement grave de suppression d'état et de recélé d'enfant, prévu par l'article 345 du même Code. En conséquence, l'instruction reçut une direction nouvelle, et le docteur T..... fut incarcéré le 18 décembre 1850.

De nombreux témoins furent entendus, mais aucun fait nouveau ne put être révélé à la charge du médecin ; en conséquence, le tribunal de Civray rendit, le 22 décembre 1850, en la Chambre du conseil, une ordonnance de non-lieu. Sur l'opposition formée par le procureur de la République contre cette ordonnance, la Cour de Poitiers, Chambre des mises en accusation, ordonna, le 3 janvier 1851, un supplément d'information par un de ses membres. Les nouvelles investigations de la justice firent découvrir d'autres circonstances non moins romanesques que les premières.

L'opinion publique crut reconnaître dans le jeune homme au manteau qui, dans la nuit du 23 au 24 décembre 1849, avait porté l'enfant chez la veuve Dufond, un sieur Adolphe P..... ouvrier menuisier qui travaillait, en 1849 et 1850, à environ dix kilomètres de l'endroit où l'enfant avait été mis en nourrice. — L'instruction suivit donc une nouvelle piste, et Adolphe P...., qui avait disparu du pays, fut recherché. Ce jeune homme travaillait alors chez un menuisier, à Maillezais, aux environs de Fontenay-le-Comte. Aussitôt que des poursuites furent commencées contre lui, un individu demeuré inconnu vint le chercher et l'emmena avec une extrême précipitation. Adolphe P.... se rendit à Poitiers, où il fit dresser par un notaire, le 9 janvier 1851, un acte par lequel il se reconnaissait le père naturel de l'enfant qui avait reçu au baptême les prénoms de Marguerite-Louise, puis il revint dans l'arrondissement de Civray, où il fut arrêté.

Ses réponses dans ses nombreux interrogatoires et les renseignements fournis par une longue et minutieuse information firent supposer que cette reconnaissance n'était pas sérieuse, et qu'Adolphe P.... n'était qu'un prête-nom qui cherchait à tromper la justice.

Il est inutile de révéler ici les circonstances fort graves qui tendaient à faire connaître la mère et même le père de l'enfant. Qu'il nous suffise de dire que le docteur T.... ne varia pas un seul instant dans ses affirmations ; il déclara toujours qu'il connaissait la mère, qu'elle l'avait consulté comme médecin, qu'elle devait l'appeler au moment de l'accouchement, si son concours devenait nécessaire, ce qui n'avait pas eu lieu ; qu'il s'était chargé de choisir la nourrice et de veiller sur l'enfant, mais qu'il avait promis de taire le nom de la mère et qu'il ne le révèlerait jamais. Ni les instances des magistrats instructeurs, ni les angoisses d'un long emprisonnement ne purent faire fléchir sa résolution, il fut inébranlable. — Enfin, le 14 février 1851, un arrêt de *non-lieu* lui rendit la liberté après cinquante-huit jours de détention préventive.

Nous ne pouvons tirer de cet arrêt aucune conséquence juridique pour le sujet qui nous occupe, parce qu'il est motivé, conformément aux réquisitions du procureur général, sur ce qu'on s'aperçut (un peu tard) qu'aux termes de l'article 327 du Code civil, l'action criminelle contre un délit de suppression de part ne peut commencer qu'après le jugement définitif sur la question d'état ; mais l'exception tirée du secret professionnel ne fut pas discutée. Quoi qu'il en soit, nous avons dû rapporter ces faits, parce que, s'il faut blâmer le médecin pour s'être prêté, même fort indirectement, à dissimuler l'état de l'enfant en lui cherchant une nourrice, nous ne pouvons que l'approuver d'avoir aussi scrupuleusement conservé le secret qu'il avait promis.

134. La question est traitée d'une façon fort complète dans une remarquable consultation délibérée par Me Amable Boulanger, conseil judiciaire de l'association des médecins de Paris.

Le docteur Saint-Pair, chirurgien de 1re classe de la marine, fut appelé, le 7 décembre 1844, devant le juge d'instruction de la Pointe-à-Pitre qui lui adressa la question suivante : « N'avez-vous pas soigné le sieur Giraud aîné, blessé ces jours derniers dans un duel au fusil ? — Quel est le siège de la blessure, et quelle sera, selon vous, la durée de l'incapacité de travail ? »

Le docteur Saint-Pair se borna à dire : « Je suis appelé en qualité de médecin, pour répondre à des questions posées sur des faits dont je puis avoir eu connaissance dans l'exercice de ma profession. Je ne crois pas devoir répondre aux questions qui me sont faites, conformément aux dispositions du Code. »

Et le 10 décembre 1844, le juge d'instruction rendit une ordonnance condamnant le docteur Saint-Pair en 150 francs d'amende.

Cette ordonnance était basée sur des considérants par lesquels le juge appréciait, à son point de vue, la portée des dispositions de l'article 378 du Code pénal.

D'après lui, cet article n'a pour but que de prévenir la divulgation des secrets faite spontanément et de mauvaise foi, dans l'intention de nuire, mais il ne saurait autoriser le médecin à refuser son témoignage à la justice.

Le docteur Saint-Pair, appelé ultérieurement comme témoin devant la Cour d'assises de la Pointe-à-Pitre, persista daus son refus, et la Cour décida qu'il ne serait pas tenu de déposer. Le docteur se pourvut en cassation contre l'ordonnance du juge d'instruction qui l'avait condamné à l'amende, et, de son côté, le ministère public déféra à la Cour de cassation l'arrêt de la Cour d'assises qui avait refusé de prononcer la condamnation contre ce témoin.

Me Amable Boulanger fournit sur l'affaire une consultation dont voici les principaux arguments :

« Un médecin est appelé auprès d'un malade : tout ce qu'il voit, tout ce qu'il entend, tout ce qu'il sait, il ne le voit, il ne l'entend, il ne le sait qu'en sa qualité de médecin et sous le sceau du secret.

« Appelé plus tard devant la justice pour révéler ce qu'il a vu et entendu, quelle conduite ce médecin doit-il tenir ? Déférera-t-il au vœu des magistrats qui l'interrogent ? Devra-t-il, au contraire, ou pourra-t-il du moins refuser de répondre ?

« Disons sans hésiter que, pour le médecin placé dans cette position, le silence est, à la fois, un droit et un devoir : c'est ce que démontrent jusqu'au plus haut degré d'évidence la saine interprétation de la loi pénale et les documents nombreux fournis par la jurisprudence. L'article 378 du Code pénal dispose en ces termes : « Les mé« decins, chirurgiens et autres officiers de santé, ainsi que les phar« maciens, les sages-femmes et toutes autres personnes dépositaires « par état ou profession des secrets qu'on leur confie, qui, hors les « cas où la loi les oblige à se porter dénonciateurs, auront révélé ces « secrets, seront punis d'un emprisonnement d'un mois à six mois et « d'une amende de 100 francs à 500 francs ». — Cette disposition prend sa source dans une pensée morale qui donne à la fois la raison de son existence et la mesure de son étendue. Le législateur a compris que si, dans les situations ordinaires de la vie, la violation des secrets est une action blâmable, cette action devient plus blâmable encore lorsque la confiance dont on abuse est une confiance obligée, nécessaire. Il a pensé qu'il fallait, suivant les expressions de M. Faure (1), considérer et punir comme un délit grave « des révé« lations qui souvent ne tendraient à rien moins qu'à compromettre « la réputation de la personne dont le secret serait trahi, à détruire « en elle une confiance devenue plus nuisible qu'utile, et à déter« miner ceux qui se trouveraient dans la même position, à aimer « mieux être victimes de leur silence que de l'indiscrétion d'autrui. »

« On comprend donc que, dans la pensée du législateur, l'obligation du silence, qui résulte de l'article 378 du Code pénal, ait dû être absolue, impérieuse, applicable enfin à tous les cas où il y avait eu secret reçu, secret accepté. Ajoutons sur-le-champ que les médecins l'ont de tout temps entendue et observée en ce sens, car, même avant que la loi eût édicté des peines contre la violation du secret, ils

(1) Locré, *Exposé des motifs*, t. 30, p. 494.

avaient adopté, comme première règle de conduite, le précepte du serment d'Hippocrate, dont les anciens statuts de la Faculté de Paris résumaient en ces termes l'énergique expression : *ægrorum arcana, visa, audita, intellecta, eliminet nemo* (1).

« De cette obligation imposée aux personnes mentionnées dans l'article 378, naît incontestablement pour elles un droit : ce droit, c'est celui de se taire et de refuser de répondre à toutes les questions qui seraient relatives aux confidences reçues dans l'exercice de leur profession.

« Mais la règle créée par cet article, le devoir et le droit qui en résultent ne disparaissent-ils pas lorsque les révélations sont provoquées par la justice elle-même ?

« Un commentateur (2) a cru devoir adopter cette opinion. Il a enseigné que telle était la conséquence nécessaire de la combinaison de l'article 378 avec l'article 80 du Code d'instruction criminelle, qui oblige tout citoyen à déposer en justice des faits parvenus à sa connaissance. Mais ce commentateur est resté seul de son avis (3), et la Cour de cassation, se montrant plus large et plus libérale dans son interprétation, s'est exprimée à cet égard, à plusieurs reprises, dans des termes qui ne permettent aucun doute.

« Ainsi elle a successivement jugé : 1º qu'un prêtre ne peut être tenu de déposer ni même être interrogé (hors les cas qui tiennent immédiatement à la sûreté de l'Etat) sur les révélations qu'il a reçues dans le secret de la confession, ou même hors de la confession, mais en qualité de confesseur et par suite de la confession (4) ; — 2º (par application de l'article 378 du Code pénal) qu'un avocat qui a reçu des révélations qui lui ont été faites à raison de ses fonctions, ne pourrait, sans violer les devoirs spéciaux de sa profession et la foi due à ses clients, déposer de ce qu'il a appris de cette manière, et que, s'il est appelé comme témoin dans une instance relative à des faits qui lui avaient été confiés, avant de prêter le serment prescrit par la loi, il peut annoncer au tribunal qu'il ne se croira pas obligé par ce serment à déclarer, comme témoin, ce qu'il ne sait que comme avocat (5) ; — 3º que les avocats des parties ne sont pas incapables d'être témoins, que seulement ils ne sont pas tenus de révéler ce qu'ils ont appris par suite de la confiance qui leur a été accordée (6) ; — 4º qu'un témoin qui, en sa qualité d'avoué de l'accusé, et sous le sceau de la confiance due à son ministère, aurait eu connaissance des faits sur lesquels il était appelé à déposer, a la faculté de ne pas déposer de ces faits (7).

(1) Art. 77 des statuts de 1751 et art. 19 des statuts de 1600 de la Faculté de Paris.

(2) M. Legraverend, *Législat. crimin.*, t. 1er, p. 281.

(3) V. en sens contraire : Chauveau et Hélie, *Théor. du Code pén.*, t. 6, p. 532. — Merlin, *Rép.*, vis *Déposition*, § 2, et *Témoins judiciaires*, § 1er, art. 6. — Favard de Langlade, *Répert.*, vº *Enquête*, sect. 1re, § 4, nº 3. — Dupin aîné, *Lettres sur la profession d'avocat*, t. 1er, p. 225. — Jousse, t. 2, p. 98 et 104. — Muyart de Vouglans, p. 786. — Domat, *Lois civ.*, part. 1re, p. 154.

(4) Cassat. 3 novembre 1810. P. t. 11, p. 957.

(5) Cassat. 20 janv. 1826. P. 1826. 2. 101.

(6) Cassat. 22 févr. 1828. P. 1828. 2. 388.

(7) Cassat. 18 juin 1835.

« Enfin, dans une affaire récente où il s'agissait de savoir si les médecins sont tenus de comprendre, dans la déclaration de naissance prescrite par l'article 56 du Code civil, l'indication du nom de la mère, la Cour, pour relever les médecins de cette obligation, s'est fondée non seulement sur ce que l'article 56 du Code civil et l'article 346 du Code pénal n'exigeaient pas cette indication, mais encore sur ce que l'article 346 ne pouvait spécialement être appliqué au médecin qui n'avait su qu'à raison de son état la grossesse et le nom de la mère, et à qui tout avait été confié sous le sceau du secret ; qu'au lieu d'être puni par l'article 346, le silence sur toutes ces choses à lui confiées lui est imposé par l'article 378 du même Code, qui lui défend, sous des peines sévères, de révéler de tels secrets (1).

« Ainsi, on le voit, la Cour de cassation n'admet pas que l'intervention de la justice puisse en rien modifier la position de ceux auxquels l'article 378 défend la révélation des secrets confiés dans l'exercice de leur profession ; que la révélation soit ou non provoquée, elle leur rappelle que leur devoir est de se taire, qu'ils ne pourraient parler sans violer les devoirs spéciaux de leur état et la foi due à leurs clients, et que, dès lors, ils ne peuvent être tenus de déposer, ni même être interrogés sur des confidences ainsi reçues.

« Elle va même plus loin encore, et dans la crainte que la liberté de ceux auxquels elle s'adresse ne soit gênée par de trop pressantes investigations, elle leur dit (arrêt précité du 22 février 1828) que c'est à eux, lorsqu'ils sont appelés en témoignage, à interroger leur conscience et à discerner ce qu'ils doivent taire, les laissant ainsi souverains appréciateurs de l'application d'un principe qu'ils doivent observer uniquement dans l'intérêt de la morale et de l'humanité, et non dans le but de nuire à la découverte de la vérité et au succès des investigations de la justice.

« Ajoutons que les cours royales se sont rangées à l'opinion consacrée par la Cour suprême (2).

« La Cour d'Angers a même fait une application bien remarquable de l'article 378, lorsqu'elle a jugé que l'évêque ou l'ecclésiastique auquel il a donné une délégation régulière, cité comme témoin dans un procès correctionnel dirigé contre un ecclésiastique de son diocèse, n'est pas tenu de déposer des faits dont il n'a acquis connaissance que sous la condition d'un secret absolu et dans l'exercice de sa juridiction disciplinaire, par suite d'une enquête canonique ordonnée par lui contre l'ecclésiastique inculpé (3).

« Par toutes ces décisions, la Cour de cassation et les cours royales ont rendu un solennel hommage à la haute moralité de l'article 378. Elles ont pensé, comme le disent justement MM. Chauveau et Hélie, p. 534, que si la société a intérêt à découvrir les indices de crimes, un intérêt non moins sacré l'engage à ne pas détruire la sûreté de rapports de certaines professions avec les citoyens, à protéger la foi jurée, à veiller à l'accomplissement des devoirs moraux ; elles ont pensé qu'il ne fallait pas, même dans un but respectable, risquer

(1) Cassat. 1er juin 1844. P. 1844. 2. 305. — V. *suprà*, chap. 2, p. 25.
(2) Montpellier, 24 sept. 1827 ; — Grenoble, 23 août 1828 ; — Rouen, 9 juin 1825. P. 1826. 2. 90.
(3) Cassat. 31 mars 1841. P. 1841. 2. 529.

d'enlever indiscrètement à des professions sur lesquelles la société a besoin de pouvoir s'appuyer, la confiance qui doit les environner.

« Il serait superflu d'ajouter que l'interprétation de l'article 378, ainsi fixée en faveur des prêtres, des avocats, etc..., ne saurait être différente à l'égard des médecins, puisque c'est à eux, avant tout, et nominativement, que s'adresse cet article.

« C'est au surplus ce qui résulte de l'arrêt du 1er juin 1844 précité; c'est aussi ce qui a été décidé formellement par la Cour de Grenoble, le 23 août 1828, et ce qu'enseignent MM. Merlin (1) et Favard de Langlade (2).

« Ces principes trouvent dans la cause leur évidente application.

« En effet, M. le docteur Saint-Pair était appelé devant M. le juge d'instruction et devant la Cour d'assises pour répondre sur des faits dont il n'avait été témoin que dans l'exercice de son art, sur la nature et la gravité de blessures par lui soignées, sur toutes choses enfin qui, suivant sa déclaration recueillie et constatée par la Cour d'assises, n'étaient arrivées à sa connaissance que sous le sceau du secret. En pareille occurrence, il pouvait se taire: c'était même pour lui un devoir impérieux, et la Cour d'assises n'a pas hésité à le reconnaitre, rejetant ainsi l'interprétation assez étrange, il faut en convenir, donnée par M. le juge d'instruction à l'article 378 du Code pénal.

« Si M. Saint-Pair pouvait et devait se taire, son refus de répondre n'était donc pas une infraction aux règles tracées par le Code d'instruction criminelle, et l'ordonnance qui l'a condamné comme coupable de cette infraction a encouru la censure de la Cour suprême, comme aussi le pourvoi dirigé contre l'arrêt qui a refusé de lui appliquer la peine infligée aux témoins rebelles doit être rejeté.

« Ici devraient se borner nos observations, et nous croirions en avoir assez dit pour la défense de M. le docteur Saint-Pair, s'il n'était nécessaire de répondre par avance à une objection dont l'indication se trouve dans l'ordonnance de M. le juge d'instruction. Cette objection sera-t-elle reproduite ? nous l'ignorons ; mais enfin, et à tout événemennt, quelques mots suffiront pour en faire justice.

« L'article 378, peut-on dire, ne pose pas une règle complètement absolue; il excepte de sa disposition un cas spécialement prévu, celui où la loi oblige les personnes assujetties d'ailleurs à l'obligation du silence, à se porter dénonciateurs. Ainsi, dans ce cas, l'article 378 et les privilèges qui en résultent disparaissent ; le silence n'est plus ni un droit ni un devoir, et dès lors, le principe consigné dans l'article 80 du Code d'instruction criminelle reprend son empire. Or il existe, en ce qui concerne les médecins et les chirurgiens, certains édits et règlements de police qui leur enjoignent impérieusement et sous peine d'amende, de déclarer au commissaire de police les blessés qu'ils auraient pansés chez eux ou ailleurs. Donc, lorsqu'il s'agit de soins administrés à des blessés, les médecins ne peuvent se retrancher derrière l'article 378 du Code pénal. Déjà coupables et pas-

(1) Merlin, *Rép.*, v° *Déposition*, § 2.
(2) Favard de Langlade, v° *Enquête*, sect. 1re, § 4, n° 3.

sibles d'une peine pour ne pas avoir déclaré ou dénoncé, ils ne sauraient impunément refuser de venir en aide à la justice qui les interroge sur ce qui devait faire l'objet de leur dénonciation spontanée.

« Telle est l'objection, et nous croyons ne l'avoir ni dénaturée ni affaiblie.

« La réponse est facile.

« Et d'abord, il faut le reconnaître, le cas réservé par l'article 378 n'est autre chose qu'une exception à une règle d'ailleurs générale et absolue, et cette exception aurait pour but de transformer occasionnellement en une infraction répréhensible, un silence que la Cour de cassation considère, en thèse ordinaire, comme l'accomplissement d'un devoir, même en présence des investigations de la justice : or il est de principe que les exceptions doivent être restreintes dans les termes spécialement prévus.

«A quoi le législateur a-t-il donc voulu faire allusion lorsque, dans l'article 378, il a parlé du cas où les médecins ou autres doivent se porter dénonciateurs ?

« Il existait dans l'ancien Code pénal de 1810 plusieurs articles (art. 103 et s.) renouvelés de l'ancienne législation, et notamment d'une ordonnance de Louis XI du 22 décembre 1477, « qui imposaient « à toutes personnes qui auraient eu connaissance de complots for« més ou de crimes projetés contre la sûreté intérieure ou extérieure « de l'Etat, l'obligation de faire la déclaration de ces complots ou « crimes, de révéler au gouvernement ou aux autorités adminis« tratives ou de police judiciaire, les circonstances qui en seraient « venues à leur connaissance, et qui punissaient le seul fait de non« révélation. »

« Ainsi, dans les termes de ces articles, la révélation, la dénonciation étaient, lorsqu'il s'agissait de crimes, un devoir pour toutes personnes, et le législateur avait considéré ce devoir comme tellement impérieux qu'il avait jugé nécessaire d'y assujettir même les personnes que leur situation exceptionnelle aurait pu en dispenser.

« C'est ce qu'il a voulu exprimer dans l'article 378, et telle est la seule portée qu'il faut donner au mot *dénonciateur*. Cet article se réfère aux articles 103 et suivants, et non à d'autres, car il n'est aucun autre qui fasse à qui que ce soit une obligation légale de la révélation, de la dénonciation (1).

« Ajoutons que les articles 103 et suivants du Code pénal de 1810 ont été abrogés par la loi du 28 avril 1832; que l'exception réservée dans l'article 378 a donc cessé d'être applicable, et que, si elle y est restée écrite, c'est, ainsi que le font remarquer MM. Chauveau et Hélie, « par une inadvertance, l'obligation de se porter dénoncia« teurs, à l'égard des médecins, des avocats, des prêtres, ne résul« tant plus d'aucune loi ».

« Nous disons aucune loi : il est en effet impossible de considérer les édits et règlements de police invoqués par le juge d'instruction comme des lois auxquelles l'article 378 aurait voulu se référer.

« ..... Une dernière considération nous frappe, et il importe, en terminant, de la soumettre à la Cour.

(1) Voir pourtant l'art. 30 du Code d'instruct. crimin.

« Comment, si l'obligation de dénoncer les blessés qu'ils soignent chez eux ou ailleurs existe encore pour les médecins, et si cette obligation en fait désormais des auxiliaires complets de la justice, les magistrats arriveront-ils à la connaissance exacte, certaine, de la contravention commise? Comment leur sera-t-il donné de distinguer dans quels cas il y aura eu blessures? dans quels cas, au contraire, il s'agira de maladies ordinaires auxquelles les édits et ordonnances ne seraient pas applicables? Quels documents, quels témoignages interrogeront-ils à cet égard? Et cependant cette distinction sera nécessaire, indispensable, capitale, puisque, selon qu'il y aura eu ou non cas de blessures, le médecin devra être confident fidèle ou dénonciateur forcé de dévoiler les secrets de ses malades ou relevé de cette nécessité en vertu des devoirs sacrés de sa profession.

« Qui ne voit sur-le-champ quelles impossibilités viendront se dresser devant la justice? Et la cause actuelle en est une preuve évidente.

« M. le juge d'instruction a considéré comme constant que M. Saint-Pair avait été appelé auprès d'un blessé : sur quoi sa conviction s'est-elle fondée? Est-ce sur un acte de poursuite dirigée contre M. Saint-Pair en vertu de l'édit de 1666? Nullement. Est-ce sur les explications et les aveux de M. Saint-Pair? Non encore, car à toutes les questions qui lui ont été adressées, M. Saint-Pair n'a répondu qu'une seule chose, à savoir: « qu'il ne voulait pas, qu'il ne pouvait pas répondre ». — Ainsi c'est sur une simple supposition, puisée nous ne savons à quelle source, que M. le juge d'instruction a refusé à M. Saint-Pair l'honorable privilège de sa profession.

« Position étrange que celle d'un médecin! Le juge lui dirait: « Vous avez été appelé auprès d'un blessé, et vous deviez le dénoncer ».

« Et le médecin ainsi accusé, ainsi menacé personnellement, se trouverait dans cette alternative ou de se laisser condamner sans défense, ou de trahir, pour se défendre, et prouver qu'il ne s'agissait ni de blessé ni de blessure, celui auquel il aurait donné ses soins!

« Toutes ces anomalies, toutes ces impossibilités n'attestent-elles donc pas la nécessité de se retrancher dans la règle si simple et si sûre de l'article 378, et de maintenir dans toute sa pureté la jurisprudence de la Cour?

« Si le corps médical venait réclamer un privilège nouveau; si, étendant outre mesure les bornes de l'article 378, il soutenait qu'en matière de témoignage, la qualité de médecin domine toujours et absorbe celle de citoyen et d'homme privé, on comprendrait les incertitudes de la justice. Mais il s'agit pour lui d'un privilège ancien, traditionnel, reconnu depuis longtemps, consacré par la loi elle-même dans l'intérêt social, d'un privilège renfermé dans les limites de la pratique médicale, et qui n'est au surplus que le droit d'exercer noblement, avec honneur, d'une manière rassurante pour la société, une profession qui est, avant tout, une profession de dévouement et de confiance.

« En quoi donc cette prétention si légitime pourrait-elle paraître inquiétante?

« La Cour d'assises de la Pointe-à-Pitre n'a pas partagé, à cet égard, les impressions de M. le juge d'instruction. En consacrant, au profit de M. Saint-Pair, le droit incontestable écrit dans l'article 378, celui de ne pas dévoiler ce qu'il n'avait connu qu'en qualité de médecin, et sous le sceau du secret, elle a fait bonne justice.... »

M. l'avocat général Quénault développe des conclusions tendant à l'annulation de l'ordonnance du juge d'instruction et au rejet du pourvoi formé par le ministère public contre l'arrêt de la Cour d'assises de la Pointe-à-Pitre. L'honorable magistrat termine ainsi :

« Ce qui nous frappe encore, c'est que cette résistance (le refus de déposer), qui s'appuie sur un devoir, part de la conscience d'un témoin, et que, pour obtenir une déposition exacte et sincère, c'est à la conscience du témoin que la justice doit s'adresser. Or il faut se garder de violenter la conscience des témoins. Le domaine de la conscience est celui de la liberté morale. La contrainte, la menace d'une peine, peut faire parler des lèvres mais non du cœur; et c'est le cœur qui doit s'ouvrir pour rendre hommage à la vérité et à la justice. Nous nous plaisons à penser que si notre opinion était adoptée, les médecins, qui se révoltent aujourd'hui contre la contrainte, s'empresseraient de reconnaître que leur conscience et la vraie dignité de leur profession sont intéressées à ne jamais exagérer leurs droits aux dépens de l'ordre public. »

Néanmoins, le 26 juillet 1845, intervint un arrêt de la Cour suprême ainsi conçu :

« Attendu que tout citoyen doit la vérité à la justice lorsqu'il est interpellé par elle ;

« Qu'aucune profession ne dispense de cette obligation d'une manière absolue, pas même celles qui sont tenues au secret, au nombre desquelles sont rangées, par l'article 378 du Code pénal, celles de médecin et de chirurgien ;

Qu'il ne suffit donc pas à celui qui exerce une de ces professions, pour se refuser à déposer, d'alléguer que c'est dans l'exercice de sa profession que le fait sur lequel sa déposition est requise est venu à sa connaissance ;

« Mais qu'il en est autrement lorsque ce fait lui a été confié sous le sceau du secret, auquel il est astreint à raison de sa profession;

« Attendu, en ce qui concerne les médecins, chirurgiens et sages-femmes, que si l'on admettait la dispense de déposer dans le premier cas, la justice pourrait se trouver privée de renseignements et de preuves indispensables à son action, sans aucun motif que le caprice du témoin;

« Que si on la refusait dans le second, il en pourrait résulter les inconvénients les plus graves pour l'honneur des familles et pour la conservation de la vie des citoyens ; que ces intérêts exigent, en effet, dans les cas particuliers où le secret est nécessaire, que le malade soit assuré de le trouver dans l'homme de l'art auquel il se confie;

« Attendu que la dispense de déposer, ainsi restreinte, a toujours été admise dans l'ancienne jurisprudence, à laquelle n'a dérogé aucune des dispositions de nos codes ;

« Et attendu, en fait, que, devant le juge d'instruction, le sieur Saint-Pair s'est borné à déclarer, pour justifier son refus de répondre « qu'il était appelé en qualité de médecin pour répondre à des « questions posées sur des faits dont il pouvait avoir eu connais- « sance dans l'exercice de sa profession ; »

« Que c'est seulement devant la Cour d'assises qu'il a déclaré, sous la foi du serment, « que ce qui s'était passé entre lui et le sieur « Giraud avait été confidentiel, ajoutant que ce n'était que secrète- « ment qu'il avait été introduit près du blessé » ;

« Que dans ces positions différentes, d'après les principes ci-dessus fixés, le juge d'instruction a pu condamner ledit sieur Saint-Pair à l'amende, comme la Cour d'assises a éte autorisée à le dispenser de déposer ;

« Par ces motifs, — rejette les pourvois d'Almir Charles Saint-Pair et du procureur du roi de la Pointe-à-Pitre ; confirme, etc. (1). »

135. Il résulte de cette jurisprudence que le médecin, pour se dispenser de faire sa déposition, doit affirmer, sous la foi du serment, non seulement qu'il n'a connu les faits que dans l'exercice de sa profession, mais encore *que ces faits lui ont été confiés sous le sceau du secret*.

La doctrine proclamée par cet arrêt est encore trop absolue : obliger le médecin, pour justifier son refus, à attester qu'il a connu les faits, mais qu'ils lui ont été confiés sous le sceau du secret, c'est lui faire reconnaître que ces faits existent, et, dans un grand nombre de cas, la reticence que sa conscience impose au médecin deviendra inutile. En menaçant le docteur Saint-Pair d'une nouvelle amende, on l'amène à dire, devant la Cour d'assises, que c'est secrètement qu'il a été conduit près du blessé ! — Il y a donc eu un blessé ?....

136. Néanmoins nous devons reconnaître que la plupart des auteurs se rangent à la doctrine de cet arrêt (2) .M. Blanche (3) dit que « les dépositaires du secret seront placés entre deux obligations : celle de conserver le secret et celle de dire la vérité, toute la vérité, rien que la vérité. Leur conscience les autorise à choisir, sans qu'ils puissent encourir aucune peine pour le refus de déposer ». Mais cet auteur ajoute que l'article 80 du Code d'instruction criminelle leur deviendra applicable s'ils refusent de faire connaître des faits dont il ne leur a point été fait confidence, *lors même qu'ils n'en auraient eu connaissance qu'à raison de leur profession.*

(1) Cassat. 26 juillet 1845. P. 1845, 2. 289.
(2) Merlin, *Répert.*, v[is] *Déposition*, § 2, et *Témoin judiciaire*, § 1er, art. 6.
(3) *Etudes pratiques sur le Code pénal*, t. V, p. 553.

137. Nous ne pouvons accepter, en ce qui concerne les médecins, le principe posé en ces termes. Il suffit que le médecin, le chirurgien, la sage-femme aient connu les faits dans l'exercice de leur profession, pour qu'ils soient dispensés de les révéler à la justice.

Dans une consultation produite à la Cour de cassation, dans l'affaire Mallet, le 16 septembre 1843 (1), Me Amable Boulanger disait :

« Plus on réfléchit sur la pensée morale qui a dicté l'article 378, plus on demeure convaincu que l'obligation du secret, pour remplir complètement son but, devait être absolue et sans limites. Qui ne sent, en effet, que, du jour où une doctrine plus facile serait admise, du jour où il serait dit et proclamé que des révélations, fussent-elles même ordonnées par la loi, peuvent mettre à nu les plaies les plus cachées et initier le public à des confidences qu'une nécessité impérieuse aurait seule arrachées à la douleur, l'exercice de la médecine perdrait ce caractère sacré que chacun a besoin de lui savoir et de lui reconnaître ! La crainte de révélations compromettantes peut-être pour l'honneur et l'avenir des familles, ce sentiment instinctif de pudeur ou de fausse honte qui fait préférer la souffrance ignorée, quels que soient ses dangers, au soulagement qui ne serait acheté qu'au prix d'une désolante publicité, viendrait nécessairement se placer entre le malade et les ressources de la médecine. Rarement consulté, car il n'apparaîtrait plus que sous la forme d'un dépositaire infidèle, le médecin ne pourrait même plus offrir spontanément le secours de son art. De quel droit irait-il en effet, même sous prétexte d'humanité, surprendre ce qu'on aurait voulu lui cacher ?

« De là une perturbation grave dont les conséquences seraient incalculables dans l'intérêt de la société et de la santé publique.

« Il faut donc que l'obligation du secret soit absolue pour les médecins, car c'est à ce prix seul que la confiance des familles leur est assurée ; il faut que le médecin, confident des plaies du corps, comme le prêtre est le confident des plaies de l'âme, soit tenu, comme le prêtre, de tout oublier après avoir entendu.

« C'est toujours ainsi, au surplus, que les médecins ont compris l'exercice de leur profession. Avant même que la loi eût édicté des peines contre la violation du secret, ils avaient senti que si, dans les habitudes ordinaires de la vie, cette violation est chose blâmable, de leur part ce serait plus qu'une inconvenance, plus qu'une faute : ce serait presque un crime. Aussi, de tout temps, ont-ils adopté, comme première règle de conduite, le précepte du serment d'Hippocrate, que les anciens statuts de la Faculté de Paris résumaient énergiquement en ces termes : « *ægrorum arcana, visa, audita, intellecta, eliminet nemo* (2) ».

(1) P. 1843. chron. — Voir *supra*, p. 25.

(2) *Quæ vero inter curandum aut etiam medicinam minime faciens, in communi hominum vita vel videro, vel audiero, quæ minime in vulgus efferri oporteat, ea arcana esse ratus, silebo.* (Hippocrate.)

138. On comprend que le curé qui a donné lieu à l'arrêt du Parlement de Toulouse du 17 mars 1780, rapporté par Merlin (1), ait été contraint de déposer sur des faits dont il avait reçu confidence autrement qu'en confession. Le secret de la confession est évidemment le seul obligatoire pour le prêtre ; ceux qu'il reçoit dans le courant de la vie civile ne peuvent pas l'engager autrement qu'un laïque. Mais le médecin appelé près d'un malade ne doit-il pas être considéré, au point de vue du secret professionnel, comme le prêtre au confessionnal ? Leur ministère, à tous les deux, ne s'impose-t-il pas, l'un pour les intérêts de l'âme, l'autre pour ceux du corps ? On n'exige pas, pour dispenser le prêtre de déposer en justice, qu'il ait promis au pénitent de garder le secret de la confession, parce que chacun doit savoir, en abordant le confessionnal, qu'un engagement particulier serait superflu et qu'on ne pourrait le demander sans faire injure au prêtre ; or il en est évidemment ainsi du médecin, et le malade doit considérer comme inutile de lui demander un engagement particulier : il doit compter à l'avance sur la discrétion absolue du médecin aussi bien que sur celle du prêtre qu'il appellera à son lit de mort. Et d'ailleurs, ainsi que nous le remarquerons bientôt, le médecin découvre souvent des infirmités cachées dont la nature et la cause sont ignorées du malade lui-même ; on ne peut pas obliger ce dernier à demander, dans tous les cas, une discrétion éventuelle au médecin qui va lui donner des soins.

139. Nous ne trouvons point la réfutation de notre opinion dans la jurisprudence adoptée par la Cour suprême au sujet des notaires. Il est jugé avec raison, en effet, qu'ils ne peuvent se refuser à déposer en justice sur les faits venus à leur connaissance dans l'exercice de leur profession, qu'autant que ces faits leur ont été confiés sous le sceau du secret (2).

Mais qui ne voit la différence qui sépare les deux professions de notaire et de médecin ? — Le premier peut être assurément le conseil de ses clients, il peut avoir et mériter toute leur confiance, mais ceux-ci ne sont pas contraints de lui demander ses avis ; son ministère, pour cela, n'est pas forcé ; les clients peuvent aussi bien s'adresser à un avocat, à un avoué, et quand ils préfèrent les conseils du notaire, s'ils veulent s'assurer le secret, ils doivent au moins le recommander.

(1) Merlin, *loc. cit.*, v° *Témoins judiciaires*. — Voir, dans le même sens, Cass. belge, 5 févr. 1877. P. 1878. 111.
(2) Cassat. 10 juin 1853. P. 1853. 2. 77. — Cassat. 7 avril 1870. P. 1870. 683.

Le secret des études de notaires ne peut s'appliquer aux actes publics et authentiques, soumis aux formalités de l'enregistrement et de la transcription, et contre lesquels on ne peut rien prouver qu'en s'inscrivant en faux. C'est seulement pour ces sortes d'actes que le ministère du notaire est forcé ; mais leur caractère d'*actes publics* éloigne, en ce qui les concerne, tant pour la forme et la rédaction de l'acte lui-même que pour les circonstances accessoires qui s'y rattachent, toute idée de mystère et de secret professionnel. Quand donc on parle du secret des études de notaires, il ne peut être question que des secrets qui sont confiés au notaire en dehors des actes authentiques et des cas où son ministère est obligatoire. S'il est vrai de dire alors qu'il agit comme notaire en donnant des conseils, on ne peut prétendre en même temps que son concours était indispensable, et c'est avec raison que les tribunaux l'obligent à faire sa déposition.

Il n'en est pas ainsi du médecin : dans le cas de maladie, on ne peut appeler une autre personne, puisque les citoyens non pourvus de diplômes réguliers ne peuvent exercer la médecine sans encourir une peine. Le médecin surprend, pour ainsi dire, les secrets des malades alors qu'il leur est impossible de les lui cacher ; la science découvre souvent les causes d'une maladie qu'on voudrait lui dissimuler à tout prix ; n'est-il pas superflu de recommander le secret, et le malade ne doit-il pas compter, dans tous les cas, sur la discrétion absolue de son médecin ?

140. La Cour de cassation a paru, dans un arrêt du 26 mars 1862 (1), revenir sur sa jurisprudence, quand elle a décidé que l'avocat a toujours été tenu « de garder un secret inviolable sur tout ce qu'il apprend à ce titre ; que cette obligation absolue est d'ordre public ; — que l'avocat appelé en témoignage n'a donc, dans sa déposition, d'autre règle que sa conscience, et qu'il doit s'abstenir des réponses qu'elle lui interdit ».

A *avocat* ajoutons *médecin*, et cette jurisprudence sera conforme aux vrais principes de la morale et de l'honneur professionnel. Nous avouons ne pas comprendre la distinction que M. Nouguier veut faire entre l'avocat et le médecin, en ce qui concerne l'obligation du secret (2).

« Supposez, dit cet auteur, un accusé faisant à son conseil, dans le secret du parloir du greffe, les confidences les plus intimes ; supposez-le aux genoux de son directeur spirituel, lui ouvrant sa cons-

(1) Affaire Brion. P. 1863. 30.
(2) Nouguier, *Cour d'assises*, n° 2151.

cience et son âme, nul ne songera à demander si les confidences de l'accusé, la confession du pénitent ont été faites sous le sceau du secret. Le fait seul suffit pour l'affirmer. Mais qu'il s'agisse d'un médecin, par exemple, il n'en sera plus ainsi. Son devoir de discrétion n'est pas absolu, tant s'en faut. Ce devoir n'existe que dans des circonstances très exceptionnelles, et, dès lors, la nécessité du secret ne reposant plus sur une présomption semblable à celle qui couvre l'avocat et le prêtre, il faudra quelque chose qui supplée à cette présomption. »

Nous croyons avoir démontré tout à l'heure qu'il n'y a aucune différence à faire, au sujet du secret professionnel, entre le médecin et le prêtre ; pourquoi donc en chercher une avec l'avocat ? — L'accusé qui avoue son crime à son défenseur n'a pas besoin de lui recommander la discrétion ; mais si cet accusé a été blessé et si, obligé d'appeler le médecin, il a été contraint de lui dire d'où proviennent ses blessures, si le médecin n'a pas eu besoin de ses confidences pour en découvrir la nature et la cause, la discrétion sera-t-elle moins imposée à ce médecin qu'à l'avocat ?

141. Le consentement de la personne qui a confié le secret pourrait autoriser le médecin à en faire la révélation, mais à la condition que ce secret n'intéresserait pas en même temps un tiers qui n'aurait pas donné la même autorisation. La Cour de Grenoble l'a ainsi jugé le 23 août 1828.

142. La dame Rémusat fondait sa demande en séparation de corps contre son mari, entre autres motifs, sur ce qu'elle avait été victime d'une maladie honteuse que celui-ci lui aurait communiquée.

Jugement qui ordonne la preuve des faits articulés.

Au nombre des témoins produits se trouvait le docteur Fournier, qui fut assigné par la dame Rémusat à l'effet de déposer s'il l'avait traitée dans sa maladie, et de rendre compte de tout ce qu'il savait à cet égard.

Mais ce médecin, s'étant présenté devant le juge-commissaire, déclara que, d'après l'allégation de la dame Rémusat, il n'aurait eu de relations avec elle que comme homme de l'art ; que dès lors le silence le plus absolu lui était imposé par les devoirs et les privilèges de sa profession et l'article 378 du Code pénal.

La dame Rémusat soutint que le principe dont se prévalait le docteur Fournier était ici sans application, parce qu'il ne s'agissait point d'une révélation de secret faite à l'insu de la personne qui l'avait confié, mais, au contraire, à une interpellation faite par cette même personne, dans son propre intérêt, et qui relèverait, en tant que de besoin, le médecin de l'obligation de garder le secret.

Le 16 juin 1828, un jugement du tribunal accueillit ces moyens et enjoignit au docteur Fournier de déposer des faits dont il avait connaissance.

Sur l'appel, la Cour de Grenoble réforma ce jugement par des motifs que nous devons faire connaître ; on y trouvera résumée d'une façon complète la doctrine que nous avons adoptée :

« Attendu que le refus du docteur Fournier de déposer sur les faits retenus par le jugement interlocutoire intervenu entre la dame Rémusat et son mari, à l'occasion de la demande en séparation de corps de ladite dame Rémusat, a été motivé sur les considérations les plus impératives ;

« Attendu que le jugement précité avait pour objet la preuve de la communication d'une maladie par le mari à sa femme, du traitement fait à celle-ci par des gens de l'art, du traitement fait au mari pour la même cause, etc..., en sorte que le docteur Fournier était cité par la dame Rémusat pour s'expliquer sur une maladie secrète, sur une maladie dont il n'aurait pu avoir connaissance qu'en sa qualité de médecin et par suite d'une confidence qui lui aurait imposé le devoir de ne point révéler le secret qui lui aurait été confié ;

« Attendu qu'il est de principe, en effet, que toute personne dépositaire par état ou profession des secrets qui lui sont confiés ne peut les révéler sans manquer d'une manière sensible à la morale, sans encourir punition ; que ce principe, qui repose sur les plus grands intérêts, a été professé par les auteurs les plus distingués et consacré par nombre d'arrêts ;

« Attendu que si cette personne est assignée pour déposer en justice, elle doit, ainsi que l'a fait le docteur Fournier, déclarer que sa conscience et sa profession ne lui permettent pas de s'expliquer sur des faits dont elle n'aurait été instruite que dans l'exercice de cette même profession, que par des confidences que l'honneur lui commandait de respecter ;

« Attendu que le devoir du silence doit être surtout rigoureusement observé lorsqu'il s'agit de médecins ou chirurgiens, de maladies dont la nature honteuse ne pourrait être publiée sans porter atteinte à la réputation des personnes et à l'honnêteté publique ;

« Attendu qu'en portant sa pensée sur les révélations immorales et préjudiciables, le législateur a infligé des peines correctionnelles contre quiconque révèlerait des secrets qui ne lui auraient été confiés que dans l'exercice de son état ou de sa profession ; l'article 378 du Code pénal dispose, en effet, que les médecins, chirurgiens et autres officiers de santé, ainsi que les pharmaciens, les sages-femmes et toutes autres personnes dépositaires, par état ou par profession, des secrets qu'on leur confie, qui, hors le cas où la loi les oblige à se porter dénonciateurs (s'il s'agit du salut public), auront révélé ces secrets, seront punis d'amende et d'emprisonnement ; à l'appui de cet article, l'orateur du gouvernement disait qu'on devait considérer comme un délit grave des révélations qui souvent ne tendent à rien moins qu'à compromettre la réputation de la personne dont le secret est trahi, à détruire en elle une confiance devenue plus nuisible qu'utile, à déterminer ceux qui se trouvent dans la même situation, à mieux aimer être victimes de leur silence que de l'indiscrétion d'autrui, enfin à ne montrer que des traîtres dans ceux dont l'état semble ne devoir offrir que des êtres bienfaisants et de vrais consolateurs ;

« Attendu que cette disposition de la loi, dictée par la morale, l'ordre public et l'honneur des familles, a été appliquée par la Cour de cassation aux avocats dont on avait invoqué le témoignage ; elle aurait exprimé, dans un arrêt du 5 août 1816, que toute confidence secrète faite à un avocat ne pouvait être révélée à la justice, sans trahir le secret du cabinet ; dans un autre arrêt du 20 janvier 1826, qu'un avocat qui a reçu des révélations qui lui ont été faites à raison de ses fonctions ne pourrait, sans violer les droits spéciaux de sa profession et la foi due à ses clients, déposer de ce qu'il aurait appris de cette manière ; qu'il n'est point obligé de déclarer comme témoin ce qu'il ne sait que comme avocat ; dans un autre arrêt du 22 février 1828, que les avocats ne sont pas tenus de révéler ce qu'ils ont appris par suite de la confiance qui leur est accordée ; que c'est aux avocats appelés en témoignage à interroger leur conscience à discerner ce qu'ils doivent dire de ce qu'ils doivent taire ;

« Attendu que si un arrêt de la même Cour, à la date du 14 septembre 1827, a validé la déposition d'un avocat appelé devant une Cour d'assises, cela a été par le motif que la déposition de cet avocat ne portait que sur des faits qui étaient venus à sa connaissance autrement que dans l'exercice de sa profession d'avocat ;

« Attendu qu'on ne peut contester que les médecins, les chirurgiens, appelés en témoignage, doivent, comme les avocats, comme toutes les personnes soumises à l'empire de la loi, déclarer à la justice tout ce qui est à leur connaissance, autrement que comme dépositaires, par état, des secrets confiés à l'occasion d'événements extraordinaires, ou de maladies cachées, de maladies honteuses ; que c'est en ce sens qu'ils doivent interroger leur conscience et ne taire que ce que la morale et les devoirs de leur état leur défendent de révéler ; que c'est en ce sens qu'ils peuvent concilier les exigences de la justice avec les obligations qu'imposent des professions aussi utiles qu'honorables ;

« Attendu qu'il se serait agi, dans l'espèce, de secrets qui auraient été confiés au docteur Fournier, en sa qualité de médecin, et sur lesquels celui-ci, fort de sa conscience et des principes qui doivent diriger celui qui se dévoue au soulagement de ses semblables, en même temps qu'il est le confident des faiblesses humaines, aurait avec raison refusé de rendre témoignage ;

« Attendu que les premiers juges ne pouvaient pas, pour enjoindre au docteur Fournier de déposer, s'étayer de la circonstance que c'est la dame Rémusat elle-même qui invoque son témoignage ;

« Attendu, en effet, que ce ne serait pas moins, de la part du docteur Fournier, trahir un secret important, un secret à la conservation duquel la femme et le mari étaient également intéressés ;

« Attendu que le sieur Rémusat aurait pu, de diverses manières, prendre part à la confidence faite par sa femme au médecin, et que, sous ce rapport, le secret de la dame Rémusat aurait aussi été celui du mari ;

« Attendu d'ailleurs que la dame Rémusat, voulant faire déposer le docteur Fournier, même sur la maladie qu'elle reprocherait au sieur Rémusat, cette circonstance serait encore exclusive de toute déposition empreinte de révélation ;

« Attendu enfin que la loi qui défend aux médecins, aux chirurgiens, de révéler les secrets qui leur sont confiés, ne faisant aucune espèce d'exception, il est évident que, dans toutes les hypothèses, ce qui ne parvient à la connaissance des médecins et chirurgiens que par cette voie doit rester impénétrable ;

« Attendu qu'il résulte de ce qui précède qu'en refusant de révéler un secret dont il n'aurait été dépositaire que par état, qu'en refusant de se livrer à un acte que sa conscience aurait repoussé, et qui d'ailleurs aurait pu compromettre les intérêts d'un tiers qui n'aurait pas été étranger au secret, le docteur Fournier a donné la mesure de son respect pour la loi, pour la morale et l'ordre public ;

« A mis l'appellation et ce dont est appel au néant, et par nouveau jugement déclare que le docteur Fournier, en tant que dépositaire de secrets à lui confiés en sa qualité de médecin, est dispensé de déposer sur les faits retenus par le jugement interlocutoire du 11 mars 1828, intervenu entre les mariés Rémusat, etc... (1). »

143. On ne pouvait tracer en termes plus nets et plus élevés les droits et les devoirs de la profession médicale.

Nous pensons donc que les tribunaux doivent laisser au médecin la plus grande latitude. La médecine n'est pas un métier, et il serait imprudent d'exciter ceux qui l'exercent à n'avoir pas assez souci de leur dignité. Les magistrats sauront, suivant les cas, lever les doutes et les scrupules du médecin, lui faire comprendre l'importance de son témoignage, les nécessités de la répression ; mais si, malgré ces avis, fondés sur de graves raisons d'ordre public, il persiste dans son refus, si les observations du magistrat ne peuvent apaiser la révolte de sa conscience, on devra respecter des scrupules toujours honorables et le laisser libre de garder son secret.

144. Il importe néanmoins de bien préciser la limite des droits et des devoirs du médecin en cette matière. Appelé en témoignage, même à raison de faits qu'il a connus dans la pratique de sa profession, il est toujours tenu de comparaître et il ne lui est pas permis de refuser le serment ; dans ce cas, il serait

( ) Dalloz, *Rép.*, v° *Témoin*, n° 49.

considéré comme témoin défaillant et condamné à la peine portée par l'article 80 du Code d'instruction criminelle ou l'article 263 du Code de procédure civile. C'est seulement après les questions posées qu'il appréciera s'il doit ou non y répondre et déclarer ce qu'il sait. Ce principe incontestable a été posé dans un arrêt de la Cour d'assises de la Seine, du 10 avril 1877, qui a condamné à 100 francs d'amende le docteur Berrut pour avoir refusé de prêter serment (1). Bien que le scrupule qui avait dicté la conduite de cet honorable médecin fût le résultat d'une erreur, il est facile de se l'expliquer. M. le docteur Berrut avait cru, en effet, qu'il serait lié par son serment, et qu'après l'avoir fait, après avoir *juré de parler sans haine et sans crainte, et de dire la vérité, toute la vérité, rien que la vérité*, il ne lui serait plus possible de se taire. En cela, il se trompait évidemment, parce qu'il ne pouvait savoir à l'avance quelles questions lui seraient posées; le serment de déclarer toute la vérité ne l'engageait que jusqu'au secret professionnel, mais non au delà. Cette erreur a été au surplus partagée par les auteurs les plus recommandables. M. Faustin Hélie (2) croit que le médecin appelé en témoignage doit déclarer, avant sa prestation de serment, qu'il ne déposera pas sur les faits qu'il a connus dans l'exercice de sa profession, et que cette déclaration faite après la prestation de serment serait tardive, par ce motif que le témoin, après son serment, est tenu de dire tout ce qu'il sait.

Cette distinction nous semble bien subtile. Si l'on admet que le serment oblige à ne rien céler de la vérité, malgré la recommandation du secret professionnel, les réserves que le témoin aura pu faire auparavant n'auront pas grande valeur. Et d'ailleurs c'est, le plus souvent, ainsi que nous l'avons dit, par les questions qui lui sont posées que le témoin apprend sur quels faits il est appelé à s'expliquer. Il est possible que sa conscience lui permette de répondre à une partie de ces questions et s'oppose à ce qu'il s'explique sur quelques autres. Il faut donc, puisqu'il ne peut se dispenser de prêter serment, lui permettre de se taire quand il croira que son devoir professionnel lui commande le silence.

145. Nous avons, jusqu'ici, examiné le droit qu'ont les médecins de ne pas révéler, même sur les requisitions de la justice,

(1) Cour d'assises de la Seine, 10 avril 1877. P. 1878. 218. — Nouguier. *C. d'assises*, n° 2167.
(2) Faustin Hélie, *Instruct. crim.*, t. IV, n° 1857, p. 482.

les secrets qui leur sont confiés, et nous croyons avoir démontré que, dans ce cas, le silence est souvent pour eux un devoir. Nous avons maintenant à nous occuper des infractions commises par les médecins, chirurgiens, sages-femmes et pharmaciens, aux dispositions de l'article 378 du Code pénal. Si les médecins et autres dépositaires de secrets ont le droit de se taire, dans quels cas sont-ils punissables pour avoir parlé?

146. Les termes de l'article 378 ne laissent pas place à l'équivoque : la loi punit *la révélation* du secret. Il n'est pas nécessaire, pour que le délit existe, qu'il y ait *publication*, à la différence des autres délits de la parole, une simple confidence suffit (1).

Mais il faut que le fait révélé puisse être considéré comme *un secret confié* au dépositaire.

Et d'abord doit-on exiger, pour l'application d'une peine, que le secret ait été confié expressément, et ne suffit-il pas que le médecin l'ait surpris? — Nous avons eu l'occasion de nous expliquer sur ce point en ce qui concerne le droit du médecin, appelé en témoignage, de refuser de déposer. Or le principe qu'il peut invoquer en sa faveur quand il revendique un droit, on doit le lui opposer quand on lui impute un délit. Il n'est donc pas nécessaire, pour qu'il y ait infraction à l'article 378, que la discrétion ait été recommandée. On comprend d'ailleurs que la preuve d'une pareille recommandation serait presque toujours impossible. Un habile praticien n'a pas besoin de confidences pour s'éclairer sur la nature des maux qu'il est appelé à soigner, et bien souvent, nous le répétons, c'est à l'insu même du malade qu'il en découvre la cause ; son devoir, dans ce cas, peut être d'instruire soit le malade lui-même, soit la famille ; mais la loi lui défend de révéler, sans nécessité, à des tiers la pénible découverte qu'il a faite. M. Trébuchet (2) cite le cas où un médecin appelé auprès d'une femme menacée d'une fausse couche constate d'une façon certaine qu'une tentative d'avortement a été pratiquée, et l'auteur pense que le médecin n'est pas tenu au secret parce qu'on ne lui a fait aucune confidence. C'est assurément une erreur : quand une malade dans une pareille situation appelle près d'elle un homme de l'art ou consent à subir son examen, la recommandation du secret est superflue, cette femme doit compter sur la discrétion du médecin. Le système contraire,

(1) Hémar, *Le secret médical*, p. 6.
(2) Trébuchet, *Jurispr. de la méd. et de la pharm.*, p. 284.

ainsi que le dit avec raison la Cour d'Angers, dans son arrêt déjà cité du 18 novembre 1850 (1), aurait le grave inconvénient *soit de compromettre une réputation qui forme souvent le plus précieux patrimoine d'une famille, soit de déterminer la malade à se priver des secours dont elle a besoin dans un moment suprême.*

Et ce ne sont pas seulement les constatations faites par le médecin sur la personne même du malade qui l'obligent au secret ; tout ce qu'il apprend à l'occasion de la maladie qu'il soigne peut donner lieu à l'application de l'article 378.

« Comme les médecins, les chirurgiens et les apothicaires, disait Domat, ont souvent des occasions où les secrets des malades ou de leurs familles leur sont découverts, soit par la confiance que l'on peut avoir en eux, ou par les conjectures qui rendent leur présence nécessaire dans le temps où l'on traite d'affaires ou autres choses qui demandent le secret, c'est un de leurs devoirs de ne pas abuser de la confiance qu'on leur a faite et de garder exactement et fidèlement le secret des choses qui sont venues à leur connaissance et qui doivent rester secrètes (2). »

147. Ainsi que nous l'avons dit précédemment, les confidences du malade à son médecin sur les causes de la maladie sont forcées, et le secret confié, dans ce cas, est un *secret nécessaire*. M. Hémar pense que ce serait au médecin révélateur à prouver que la confidence divulguée ne lui a pas été faite à titre de secret. — Outre que cette preuve est, la plupart du temps, impossible, elle ne suffirait pas, selon nous, puisque nous admettons la nécessité du secret, alors même que le malade a ignoré les constatations faites par le médecin.

Une femme appelle un médecin à l'occasion d'une maladie dont elle ignore la nature et la cause. L'homme de l'art reconnaît une affection syphilitique ; il n'en avertit pas sa cliente, mais, dans un esprit de malice et de commérage, il s'empresse de raconter le fait à des tiers, et la nouvelle devient publique. Le médecin sera-t-il admis à prouver qu'aucun secret ne lui a été confié ? — Qu'importe que la malade ne lui ait fait aucune confidence ? Elle n'en avait pas à lui faire, elle ignorait les causes de ses souffrances, et elle l'avait appelé pour les soulager. Il a surpris un secret qu'elle ignore elle-même et il en a abusé ; il mérite un châtiment.

Le médecin poursuivi pour contravention à l'article 378 du

(1) V. page 24.
(2) Domat, *Droit public*, liv. 1er, tit. 17, sect. 2, p. 129.

Code pénal n'a, selon nous, qu'un seul moyen d'échapper à la condamnation, c'est de prouver que la révélation a été autorisée par toutes les personnes intéressées au secret.

148. Cependant le fait matériel de la révélation ne serait pas suffisant pour motiver l'application d'une peine. Le délit prévu par l'article 378 est ce que l'on appelle, en droit criminel, *un délit de droit commun*, et il ne peut exister, comme les autres délits de cette nature, qu'autant que les juges reconnaissent chez son auteur l'intention de nuire qui en est l'élément essentiel.

149. Le seul fait de la révélation du secret établit-il une présomption de culpabilité, et le prévenu a-t-il, ainsi que l'enseignent MM. Chauveau et Hélie (1), la charge de prouver qu'il n'avait pas l'intention de nuire ? Nous ne le pensons pas. Rien, dans la loi, n'autorise une pareille dérogation à un principe certain de droit criminel. Le contraire nous semble même résulter des motifs qui ont dicté l'article 378.

« Ne doit-on pas considérer comme un délit grave, dit l'exposé des motifs, des révélations qui souvent ne tendent à rien moins qu'à compromettre la réputation de la personne dont le secret a été trahi, à détruire en elle une confiance devenue plus nuisible qu'utile, et à déterminer ceux qui se trouvent dans la même situation à mieux aimer être victimes de leur silence que de l'indiscrétion d'autrui, enfin à ne montrer que des traîtres dans ceux dont l'état semble ne devoir offrir que des êtres bienfaisants et de vrais consolateurs ? »

Et l'orateur du Corps législatif ajoutait :

« Cette disposition est nouvelle dans nos lois, il serait à désirer que la délicatesse la rendît inutile ; mais combien ne voit-on pas de personnes dépositaires de secrets dus à leur état sacrifier leur devoir à leur causticité, se jouer des sujets les plus graves, alimenter la malignité par des révélations indécentes, des anecdotes scandaleuses, et déverser ainsi la honte sur les individus, en portant la désolation dans les familles (2)! »

On voit par là quel est l'esprit de la loi : le délit n'existe pas sans cette malignité, cette causticité dont parle l'orateur du gouvernement ; l'intention criminelle est un des éléments constitutifs du délit, mais cette intention mauvaise ne se présume pas plus pour ce délit que pour l'abus de confiance, le vol, etc... C'est au ministère public à prouver qu'elle existe, et cette preuve, il peut la trouver dans les faits de la cause, dans les circonstances qui ont accompagné la révélation.

(1) *Théor. du Code pén.*, 2e édit., t. 5, p. 11.
(2) Locré, *Législat. civile et crim. de la France*, t. XXX, p. 539, n° 38.

150. Nous savons maintenant qu'il est loisible au médecin de ne pas dénoncer les crimes et les délits dont il a eu connaissance dans l'exercice de sa profession; mais s'il lui est permis de garder le silence, il ne lui est pas, dans ce cas, interdit de parler, et, fort souvent, les médecins ont cru de leur devoir d'éclairer spontanément la justice. On ne peut voir, dans une révélation de ce genre, que l'accomplissement d'un devoir civique dicté par l'intérêt social, et non l'intention de nuire. Les cas peuvent se multiplier à l'infini où le médecin croira nécessaire d'avertir soit l'autorité judiciaire, soit les parents, les maîtres, les supérieurs, des faits qu'il a constatés. Les tribunaux apprécieront le mobile qui l'a porté à faire cette révélation, et si ce mobile est honorable, ils n'hésiteront pas à écarter toute idée de criminalité.

151. Il arrive fort souvent qu'à l'occasion d'une action en paiement de ses honoraires, le médecin est dans la nécessité de produire en justice un relevé de ses livres et parfois ses livres eux-mêmes. Dans les documents fournis par lui, on peut trouver l'indication de maladies, d'infirmités que la partie adverse aurait eu intérêt à cacher, et là encore on ne peut voir l'intention criminelle nécessaire pour constituer le délit. Mais s'il était démontré que la demande en justice a été inspirée par le désir de nuire, ou que la révélation faite à l'occasion du procès était inutile et n'a pu avoir lieu que par malice et avec mauvaise foi, la loi pénale devrait être appliquée.

M. Hémar cite, à ce sujet, une espèce que nous devons rapporter après lui :

Le sieur Halbrand, médecin, se prétendant créancier du sieur N... d'une note d'honoraires s'élevant à 300 francs, le fit citer par acte extrajudiciaire en conciliation, et remit entre les mains de l'huissier une note ainsi conçue : « Doit M. N... la somme de « 300 fr., soit pour visites et soins donnés à sa belle-mère dans « une maladie, soit pour consultations, opérations et soins donnés « à sa femme, affectée d'une maladie vénérienne qui lui avait été « communiquée par son mari, soit pour consultations à heure « fixe, cautérisations de chancres de mauvaise nature, ulcères vé- « nériens, rhagades, choux-fleurs, pratiquées sur lui-même, et « l'avoir traité et guéri de deux maladies syphilitiques graves, « contractées à des époques différentes, dans le courant des « années 1862 et 1863 ». L'huissier, dans la citation, reproduisit les énonciations essentielles de cette note, dont il atténua cependant les parties les plus compromettantes. Le sieur N... cita Halbrand en police correctionnelle.

Le 11 mars 1864, le tribunal de la Seine (6e chambre) condamna le prévenu à une année d'emprisonnement, 500 fr. d'amende, 5 ans de surveillance et 1,000 fr. de dommages-intérêts envers la partie civile. Pour justifier cette condamnation au maximum des peines de la récidive, le tribunal, loin de se fonder sur la révélation résultant de l'action intentée, vise au contraire, en les spécifiant, les circonstances qui impriment à cette action un caractère délictueux. Voici la partie importante de cette sentence :

« En ce qui touche le délit de divulgation de secret, attendu « que les énonciations de l'acte extrajudiciaire du 4 décembre « 1863, singulièrement aggravées par les détails donnés dans une « note de la propre main d'Halbrand, et remise à l'huissier Gen- « drier, constituent la révélation de faits d'une haute gravité ; « que ces faits seraient parvenus à la connaissance d'Halbrand « en sa qualité de médecin et dans l'exercice de sa profession ; « que le tribunal ne peut ni ne doit examiner si ces faits ont « réellement existé ; qu'il doit prendre pour base de sa décision « la déclaration même de l'inculpé, qui, à l'audience, a persisté à en « affirmer l'existence ; attendu que cette révélation a été faite dans « une intention de nuire et dans une pensée de lucre, et afin d'obte- « tenir sans contestation les 300 fr. réclamés ; attendu qu'il résulte « de ce que dessus qu'Halbrand s'est rendu coupable du délit prévu « et puni par l'article 378 du Code pénal combiné avec l'article 57 du « même Code, en raison de la condamnation prononcée pour crime « par la Cour d'assises des Hautes-Alpes, condamne... »

Appel. — Arrêt du 14 avril 1864 qui confirme, avec adoption pure et simple de motifs. Halbrand se pourvut en Cassation et se désista ensuite (1).

152. Il faut donc, pour que le délit existe, le concours de trois éléments essentiels :

1° Le dépôt du secret dans le sein d'une personne tenue, par état, à la discrétion, ou simplement la connaissance du secret acquise par cette personne dans l'exercice de sa profession ;

2° La divulgation de ce secret par le fait de cette personne;

3° L'intention criminelle qui doit accompagner cette révélation (2).

153. Les principes nous paraissent ainsi parfaitement établis. Le médecin appelé en témoignage parlera ou gardera le silence sur les faits dont il a eu connaissance dans l'exercice de sa pro-

(1) Hémar, *Le secret médical*, p. 16.
(2) Chauveau et Hélie, *Théor. du Code pén.*, t. v, p. 11.

fession, il réglera sa conduite à cet égard, sur les inspirations de sa conscience, sans que les tribunaux aient le droit de lui arracher son secret, s'il croit de son devoir de le garder.

Il fera connaître spontanément ces faits, s'il le croit utile au bien général ou à l'intérêt particulier des familles ; dans ce cas encore, il ne relève que de sa conscience.

Enfin, chaque fois qu'une révélation sera faite par lui, on ne pourra lui en demander compte devant la justice répressive qu'autant que l'on prouvera de sa part l'intention de nuire, indispensable pour caractériser le délit. Mais nous devons ajouter que les tribunaux considéreront comme faite dans un but coupable la révélation qui aura été dictée, selon l'expression employée par l'orateur du Corps législatif, par un esprit de causticité, par le désir d'alimenter la malignité au moyen de confidences indécentes, d'anecdotes scandaleuses, etc...

154. Des médecins ont demandé que des règles précises leur fussent tracées pour déterminer à l'avance les cas où ils devront dévoiler les faits parvenus à leur connaissance et ceux où ils devront les céler (1).

Nous répondrons qu'on ne peut, dans des traités de jurisprudence ou de médecine légale, poser des règles destinées à guider la conscience des gens. C'est au dépositaire d'un secret embarrassant à apprécier, dans son for intérieur, l'usage qu'il en doit faire ; s'il livre ce secret dans une intention honnête, il n'encourt aucune responsabilité (2). Nous sommes bien loin de partager l'opinion de M. Demange (3), qui ne croit pas que l'intention du médecin, le but qu'il se propose en divulgant un secret, puissent être appréciés par les tribunaux et le soustraire à l'application de l'article 378 du Code pénal. C'est là une erreur manifeste et l'oubli d'une des règles fondamentales de notre droit pénal. Pour tous les délits de droit commun, l'intention criminelle, l'intention de nuire est le premier élément ; s'il fait défaut, le délit n'existe pas.

Mais, dit M. Demange, certains délits existent bien indépendamment de l'intention criminelle : l'homicide involontaire, par exemple.

L'assimilation que veut faire M. Demange de l'homicide par

(1) *Soc. de méd. lég.*, séance du 8 févr. 1869. *Annales d'hyg. et de méd. lég.*, 2e série, t. 33, 1870, p. 190.
(2) Briand et Chaudé, 10e édit., t. 2, p. 568.
(3) *Société de méd. lég.*, séance du 8 mars 1869. *Annales d'hyg. et de méd. lég.*, 2e série, t. 33, 1870, p. 193.

imprudence à la révélation des secrets ne peut se soutenir. Il est clair qu'il ne peut y avoir d'intention criminelle dans un homicide *involontaire*, puisque, si cette intention existait, le fait perdrait par cela même son caractère de délit et deviendrait un crime. Tandis que la divulgation d'un secret est toujours un acte volontaire, raisonné, réfléchi. Ce que l'on reproche au contraire à l'auteur d'un homicide par imprudence, c'est le défaut de réflexion (1).

155. Nous venons d'indiquer les éléments du délit prévu par l'article 378 du Code pénal ; il ne nous reste plus qu'à envisager la question au point de vue des réparations civiles que la révélation d'un secret pourrait entraîner.

Quand une poursuite est intentée, en police correctionnelle, à l'occasion d'un délit de cette nature, la partie qui se prétend lésée peut toujours, en accomplissant les formalités exigées, réclamer des dommages-intérêts qui seraient alloués, s'il y avait lieu, par le tribunal de répression. Mais il peut arriver qu'aucune poursuite ne soit exercée, que le délit ne soit pas suffisamment caractérisé pour motiver l'application d'une peine, et que néanmoins les personnes qui ont subi un préjudice matériel ou moral par suite d'une indiscrétion commise aient une action civile pour en obtenir réparation.

A l'occasion de la responsabilité médicale, nous avons exposé la théorie *des fautes* en droit civil, telle qu'elle résulte des articles 1382 et 1383 du Code civil. C'est à cette théorie qu'il faudra se reporter pour apprécier la question qui nous occupe.

Pour que la divulgation d'un secret puisse motiver une action en dommages-intérêts, il faut qu'elle constitue une faute. Si donc elle n'était que l'exercice d'un droit, elle ne pourrait entraîner contre son auteur aucune responsabilité, comme, par exemple, si cette révélation ne consistait que dans une déposition en justice ou si elle n'était que l'accomplissement d'un devoir.

Mais une parole imprudente, une *indiscrétion* commise par légèreté et sans intention de nuire, et pouvant néanmoins porter préjudice à autrui, motiverait une réparation pécuniaire.

La seconde condition pour que la révélation d'un secret puisse donner naissance à une action en indemnité, c'est qu'il y ait eu un préjudice causé, matériel ou moral. S'il n'était pas démontré que

(1) Voir en entier la remarquable discussion qui a eu lieu à la Société de médecine légale sur le travail de M. Hémar. *Annales d'hyg. et de méd. lég.*, 2e série, t. 33, 1870, p. 188 et s.

les indiscrétions eussent porté un tort quelconque au malade ou aux siens, on ne pourrait évidemment demander aucune réparation. Mais un tort moral suffirait ; on ne pourrait pas opposer à l'action que le préjudice ne peut être réparé qu'autant qu'il peut être évalué en argent. On voit chaque jour les tribunaux condamner à des dommages-intérêts les auteurs de propos injurieux ou diffamatoires. Les tribunaux ont, dans tous ces cas, un pouvoir souverain pour évaluer l'importance du dommage.

156. Tout ce que nous avons dit des médecins au sujet du secret professionnel s'applique aux pharmaciens. Ils sont tenus, sous ce rapport, à une réserve tout aussi rigoureuse ; le pharmacien doit éviter scrupuleusement de faire connaître les secrets qu'il a pu apprendre dans l'exercice de sa profession ; l'article 378 du Code pénal le range nominativement au nombre des personnes auxquelles le secret est imposé, et toute indiscrétion de sa part le rendrait passible de la même peine que le médecin. Il est bien évident qu'en faisant connaître les remèdes qu'il délivre aux malades, il désignerait clairement la nature de leur maladie. Il doit donc veiller à ce que, sous ce rapport, aucune indiscrétion ne soit commise par les personnes qu'il emploie. Si la divulgation d'un secret qu'il doit garder provenait d'un élève ou d'une personne de sa maison, il ne serait pas sans doute passible des peines portées par l'article 378 du Code pénal, mais il serait incontestablement exposé à une action en dommages-intérêts, comme civilement responsable.

C'est ici le cas de faire une observation dont bon nombre de pharmaciens feront bien de profiter.

Dans les petites villes de province, la pharmacie est souvent le lieu de rendez-vous d'un grand nombre d'oisifs, comme autrefois la boutique du barbier. Pourquoi? nous n'avons point à le rechercher ; toujours est-il que ces petites réunions peuvent avoir pour le pharmacien des inconvénients de plus d'une sorte, dont le principal est de ne pas lui permettre l'entière et absolue discrétion que ses clients sont en droit d'exiger et que la loi lui impose. Qu'il reçoive donc ses amis dans son salon, si le charme de ses relations les y attire, mais qu'il ait soin d'éloigner, autant que possible, les curieux et les oisifs de son officine.

157. Enfin la sage-femme n'est pas moins tenue au secret professionnel que le médecin et le pharmacien. L'article 378 la place sur la même ligne, bien qu'elle surprenne souvent des secrets autrement graves que ceux dont le pharmacien a connaissance.

158. Les dispositions d'une loi pénale ne pouvant être étendues, les personnes qui ne sont pas spécialement désignées dans cet article n'encourraient aucune peine, dans le cas où elles révèleraient un secret médical ; elles pourraient seulement, suivant les cas, être exposées à une action en dommages-intérêts. Il en serait ainsi des élèves, des aides, des gardes-malades, etc...(1).

(1) Cassat. 8 décembre 1864, cité par M. Hémar, *op. cit.*, p. 7.

CHAPITRE VI

EXPERTISES.

SECTION PREMIÈRE

EXPERTISES EN MATIÈRE CRIMINELLE.

§ 1er. *Qui peut requérir les hommes de l'art.*

159. Officiers de police judiciaire.
160. Droit de réquisition.
161. Réquisition facultative.
162. Réquisition obligatoire.
163. Instructions ministérielles. — Critique.
164. Commission par les tribunaux.

§ 2. *Du choix des experts.*

165. Législation antérieure.
166. Importance du choix.
167. Désignation de plusieurs experts.
168. Divergences des experts. — Affaire Danval.
169. Choix à faire à l'avance.
170. Analyses chimiques.
171. Premières constatations. — Leur importance.
172. Espèce.
173. Docteurs ou officiers de santé.
174. Médecins de nationalité étrangère.
175. Instructions ministérielles pour le choix des experts.

§ 3. *Les experts sont-ils tenus d'obtempérer à la réquisition?*

176. Jurisprudence.
177. Critique.
178. Accident individuel.
179. Flagrant délit.
180. Espèce.
181. Avis de la Société de médecine légale.
182. Espèce. — Affaire G..., de Pontarlier.
183. Critique.

§ 4. *Du serment.*

184. Serment de l'expert.
185. Serment du témoin.
186. Nullité.
187. Espèce.
188. Critique.
189. Le serment est prêté avant l'expertise.
190. Caractère d'expert.
191. Appelé en vertu du pouvoir discrétionnaire.
192. Où et en quelles mains est prêté le serment avant l'expertise ?

§ 5. *Des rapports.*

193. Renvoi aux auteurs pour le fond du rapport.
194. Présence des parties.
195. Visites corporelles.
196. Etat mental des accusés.
197. Suite. — Affaire Dunand.
198. Suite. — Affaire Billet.
199. Suite. — Autre espèce : M..., juge de paix.
200. Devoirs généraux des experts.
201. Rédaction du rapport.
202. Etendue de la mission de l'expert.
203. Suite. — Affaire Jean.

SECTION II

EXPERTISES EN MATIÈRE CIVILE.

204. Des cas multiples où le concours du médecin et du chimiste est nécessaire.
205. Les magistrats peuvent appliquer leurs connaissances scientifiques personnelles.

206. Des cas où l'expertise est de rigueur
207. Des formes de l'expertise.
208. Nombre des experts.
209. Responsabilité des experts.
210. Du serment.
211. Présence des parties.
212. Récusation des experts.
213. Limites de la mission de l'expert
214. Forme et rédaction du rapport.
215. Autorité du rapport.
216. Formalité de l'enregistrement.
217. Timbre.

SECTION III

DES EXPERTISES EN MATIÈRE ADMINISTRATIVE.

218. Aliénés.
219. Formalités pour le placement dans les asiles.
220. Pénalité à raison de leur inobservation.
221. Fausse attestation d'aliénation mentale.
222. Docteurs en médecine, ou officiers de santé.
223. Autres missions administratives.

SECTION IV

DES EXPERTISES A LA REQUÊTE DES PARTICULIERS.

FAUX DANS LES CERTIFICATS.

224. Renvoi pour les assurances sur la vie et les rentes viagères.
225. Certificats de complaisance.
226. Fausses constatations dans les certificats.
227. Conditions du délit.
228. Premier élément du délit. — Médecins.
229. Suite. — Pharmaciens.
230. Second élément du délit, — Maladie ou infirmité.
231. Troisième élément du délit, — Dispense d'un service public.
232. Autres faux commis dans les certificats.

SECTION V

CORRUPTION DES ARBITRES, EXPERTS ET MÉDECINS MILITAIRES.

233. Législation.
234. Premier élément du crime. — Arbitre ou expert.
235. Deuxième élément. — Acceptation des offres ou présents.
236. Troisième élément. — But de l'acceptation.
237. Tentative de corruption.
238. Corruption en matière de recrutement militaire.

SECTION VI

DU SALAIRE DES EXPERTS.

§ 1er. *Matières criminelles, correctionnelles ou de police.*

239. Tarif criminel.
240 Différences suivant le chiffre de la population.
241. Opérations plus difficiles que la simple visite.
242. Pansement.
243. Opérations multiples sur le même sujet.

SECTION I

EXPERTISES EN MATIÈRE CRIMINELLE.

§ 1er. — *Qui peut requérir les hommes de l'art.*

159. Aux termes de l'article 8 du Code d'instruction criminelle, la police judiciaire a pour objet la recherche des crimes, des délits et des contraventions ; elle en rassemble les preuves et en livre les auteurs aux tribunaux chargés de la répression. La police judiciaire (article 9) est exercée par :

Les gardes champêtres et forestiers,
Les commissaires de police,
Les maires et les adjoints de maires,
Les procureurs de la République et leurs substituts,
Les juges de paix,
Les officiers de gendarmerie,
Les commissaires généraux de police,
Les juges d'instruction.

Ces fonctionnaires composent ce qu'on appelle le corps des *officiers de police judiciaire.*

160. Dans le cas de flagrant délit, et lorsqu'il y a urgence de procéder à des constatations dans le but de faciliter la découverte de la vérité, chacun d'eux, sauf les gardes champêtres et forestiers, a le droit de requérir

« Une ou deux personnes présumées, par leur art ou profession, « capables d'apprécier la nature et les circonstances du crime ou du « délit (1). »

« S'il s'agit d'une mort violente, ou d'une mort dont la cause soit « inconnue et suspecte, ils se font assister d'un ou de deux officiers « de santé qui doivent faire leur rapport sur les causes de la mort et « l'état du cadavre (2). »

(1) Articles 43, 48, 49 et 50 du Code d'instr. crim.
(2) Article 44, *ibid.*

Quant au juge d'instruction, il peut requérir les hommes de l'art soit en cas de flagrant délit, soit après avoir été saisi par un réquisitoire du ministère public, et alors qu'il procède en exécution des articles 61 et suivants du Code d'instruction criminelle.

161. Dans la plupart des cas, l'exercice de ce droit de réquisition est facultatif, ainsi que cela résulte de l'article 43 précité : « Ils se font accompagner, *au besoin,* d'une ou deux personnes.... »

Les officiers de police judiciaire sont donc libres, en général, de requérir les hommes de l'art ou de procéder seuls aux constatations nécessaires, sauf à répondre de leur façon d'agir vis-à-vis de leurs chefs hiérarchiques.

162. Dans le cas de mort violente, ou de mort dont la cause est suspecte, ils n'ont plus l'option, la loi devient impérative. Dans ce cas, « *ils se feront assister* d'un ou deux officiers de santé « qui feront leur rapport sur les causes de la mort et l'état du « cadavre. »

Les cas pour lesquels les médecins seront toujours requis sont donc ceux d'empoisonnement, d'assassinat, de meurtre, d'asphyxie par immersion ou par strangulation ; ils seront toujours appelés pour rechercher si la mort est due à un suicide ou à un meurtre.

163. Le ministre de la justice, préoccupé de l'élévation des frais de justice criminelle, a recommandé parfois aux officiers du ministère public de ne point requérir le concours des hommes de l'art, et même d'éviter de se transporter eux-mêmes sur les lieux, quand la mort paraît devoir être attribuée à un suicide ou à un accident. Nous avons vu rejeter, pour ce motif, par la comptabilité de la chancellerie, des mémoires de frais de justice criminelle.

Ces instructions sont regrettables. Il est souvent fort difficile à un médecin légiste expérimenté de reconnaître, après un minutieux examen, si la mort est naturelle, si elle est due à un suicide ou à un crime ; comment les officiers du ministère public pourraient-ils trancher cette question sans même aucun examen personnel ? On pourrait, dans un but de mesquine économie, assurer l'impunité aux plus grands criminels.

164. Quand des experts n'ont pas été requis par les officiers de police judiciaire ou le juge d'instruction, et que l'affaire se présente, pour être jugée, devant la juridiction répressive, les tribunaux, soit la Cour d'assises, soit le tribunal correctionnel, soit la Cour d'appel, soit même le tribunal de simple police, peuvent encore ordonner une expertise. Il en est de même de la Chambre des mises en accusation, quand l'instruction d'une affaire lui paraît incomplète (1).

§ 2. — *Du choix des experts.*

165. Autrefois, les expertises médicales ne pouvaient pas être confiées à tous les médecins indistinctement. Un édit de février 1692 créait des « médecins experts jurés dans toutes les « villes du royaume, pour faire, à l'exclusion de tous autres, « les rapports qui devaient être rédigés tant en conséquence « d'ordonnances de justice que de dénonciation de corps morts « ou blessés. »

Les statuts des chirurgiens de Paris, en date de 1669, portent que les rapports des personnes *non approuvées* ne pourront faire foi en justice (2).

La loi du 19 ventôse an XI, qui a implicitement abrogé l'édit de 1692, n'a point réglé le choix des médecins pour les expertises judiciaires. Pour faire leur réquisition, les magistrats doivent donc se décider par suite de considérations particulières que l'on ne peut préciser exactement à l'avance.

166. Dans les matières délicates et compliquées de la médecine légale, le choix d'un expert est toujours difficile.

« Si l'on porte à ce sujet toute l'attention qu'il mérite, l'on ne pourra qu'être effrayé de l'immensité des connaissances qu'exige l'exercice légitime de la médecine légale, à cause de la variété des objets avec lesquels elle est en rapport, d'où l'on est forcé de conclure que cet exercice ne saurait être le fait de praticiens ordinaires.

« A la connaissance exacte des diverses branches qui constituent la médecine proprement dite, le médecin légiste doit joindre celle de la physique générale et particulière, de la chimie, de l'histoire naturelle, et même des lois civiles et criminelles du pays qu'il habite. La physique est nécessaire pour apprécier l'effet du choc des corps, de certains mouvements, des erreurs des sens de l'ouïe et de la vue, elle l'est surtout dans les questions de police médicale ou d'hygiène publique, lorsqu'il s'agit de donner l'explication de plusieurs grands phénomènes qui alarment les hommes, de reconnaître l'influence des météores, de la chaleur, du froid, de l'air et de l'eau sur le corps humain et sur les substances dont il se nourrit, afin de les garantir de leurs mauvaises impressions, soit en prévenant leurs effets délétères par de grandes mesures de salubrité, soit en donnant aux citoyens des conseils salutaires.

« La physique et la chimie réunies sont indispensables pour les rapports de commodité ou d'incommodité de certains établissements

(1) Article 235 du Code d'instr. crim.
(2) Dalloz, *Rép.*, v° *Médecine*, n° 86.

que l'on voit élever près des habitations, et cette dernière est surtout d'une nécessité absolue dans la recherche du crime d'empoisonnement.

« Des diverses branches de la médecine, il n'en est aucune qui ne trouve son application lorsqu'il s'agit d'un rapport juridique. Par l'anatomie, l'expert reconnaît d'abord, dans une blessure, la route qu'aura faite l'arme meurtrière ; la physiologie, jointe à cette première science, lui indique tout de suite la nature des fonctions qui sont lésées et ce qu'il y a à craindre ou à espérer. La séméiologie et la pathologie réunies aux deux premières donnent une idée nette de la maladie, rassemblent en un seul faisceau le passé, le présent et l'avenir, forment un jugement et préparent le pronostic que l'expert devra porter des effets de l'accident. La thérapeutique met sur la voie du traitement qu'il faut suivre, sinon pour guérir, du moins pour ne pas aggraver le mal. Dans d'autres cas, elle nous met à portée de juger, avec connaissance de cause, si les maladies qu'on soumet à notre examen ont été traitées d'une manière convenable, ce qui contribue à rendre les délits plus ou moins graves et, par conséquent, leurs auteurs plus ou moins punissables.

« Enfin tout homme doit connaître les lois de son pays, pour savoir ce qu'elles permettent et ce qu'elles défendent, à plus forte raison celui dont les fonctions le rapprochent souvent de ces lois. Imbu de leur esprit, il sera plus attentif à ses devoirs et plus réservé dans ses conclusions. Le médecin légiste ne doit pas ignorer surtout les articles des lois qui le concernent et la forme judiciaire qui a rapport à son ministère, pour ne pas tomber dans des erreurs ou des inconséquences dangereuses. Le défaut de toutes ces connaissances a souvent produit ou occasionné des meurtres juridiques dont les exemples sont sans nombre (1). »

« La médecine légale n'est pas une partie de la médecine, mais la médecine tout entière appliquée à ce double but, l'institution des lois et l'administration de la justice.

« *Science fort étendue,* car les questions de législation et de justice qui réclament, pour leur solution, une application des connaissances médicales, sont fort nombreuses ; chaque jour même en voit naître de nouvelles ; leur nombre change comme la civilisation et la législation des peuples ; il s'augmente avec l'une, se modifie avec l'autre.

« *Science fort difficile,* car non seulement elle exige l'universalité des connaissances médicales, mais souvent ce qu'il y a de plus transcendant dans la science, ce qui n'est pas nécessaire pour la pratique ordinaire de la médecine.

« *Science fort importante,* puisque son interprète exerce alors sur la société la même influence que les pouvoirs législatif et judiciaire auxquels il fournit des lumières.

« *Science qui ne doit être abordée qu'à la fin des études médicales,* puisque, consistant dans une application des connaissances médicales à un but particulier, il faut bien que ces connaissances soient acquises pour apprendre à faire cette application (2). »

(1) Fodéré, *Médecine légale,* t. 1er.
(2) Adelon, *Cours oral de méd. lég.*

« On pense généralement dans le monde, dit M. Parent Duchatelet, à propos du Conseil de salubrité de la Seine, que les connaissances médicales qu'on acquiert dans les écoles suffisent pour devenir à l'instant même utile dans ces réunions, et qu'avec un diplôme et quelques protections, on possède tous les titres pour y être admis ; les médecins eux-mêmes, pour la plupart, partagent cette opinion, et, forts des préceptes qu'ils ont recueillis dans quelques livres sur l'hygiène et sur les professions, ils se croient suffisamment instruits pour décider à l'instant les questions les plus graves, qui ne peuvent être résolues que par des études spéciales.

« On peut posséder à fond toute la littérature médicale, on peut être un excellent praticien au lit d'un malade, un médecin savant, un habile et éloquent professeur, mais toutes ces connaissances, prises en elles-mêmes, sont à peu près inutiles dans un conseil de salubrité comme celui de Paris, et si l'occasion se présente d'en faire quelque usage, un très petit nombre de personnes suffisent pour les appliquer (1). »

167. Dans les affaires criminelles, l'appréciation du médecin exerce sur les décisions du jury une influence considérable ; c'est lui qui, pour ainsi dire, tient entre ses mains la vie de l'accusé. Le sentiment de l'énorme responsabilité qui pèse sur lui peut l'effrayer parfois, et nous conviendrons volontiers qu'il lui faut une force d'âme peu commune et une conviction bien nettement arrêtée pour se décider à conclure dans le sens de l'accusation. Si l'expert doit faire taire ses appréhensions et n'écouter que les révélations de la science, il doit, en même temps, se prononcer avec une bien grande réserve. D'un autre côté, dans des affaires si graves, les magistrats agissent sagement en ordonnant une contre-expertise et en mettant en présence, aux débats publics, les deux experts, si leurs conclusions sont contraires. C'est bien souvent pour n'avoir pas pris cette salutaire précaution, que la justice a commis des erreurs irréparables. (On peut voir, dans les *Annales d'hygiène publique et de médecine légale* (2), un travail de M. le docteur Desbois qui cite deux affaires dans lesquelles des individus qu'il croit innocents auraient été condamnés sur les déclarations trop légèrement émises par les médecins experts.)

Les magistrats de l'ordre judiciaire ou administratif ne sauraient donc apporter trop de soin dans le choix des médecins légistes dont ils doivent invoquer les lumières. Les annales judiciaires fournissent de nombreux exemples des erreurs dans lesquelles peuvent tomber les experts. Qui ne se rappelle la triste fin de Calas, condamné et exécuté en 1761, pour avoir étranglé

(1) Trébuchet, *Jurisp. de la méd.*, p. 166.
(2) 2e série, t. 1er, 1854, p. 97.

son fils, et dont la mémoire fut réhabilitée quatre ans après, quand il fut prouvé et reconnu que la prétendue victime s'était suicidée.

186. Et sans remonter aussi haut, n'est-on pas épouvanté en voyant chaque jour les divergences d'opinion qui se produisent entre plusieurs experts, dans les affaires les plus graves ? Une cause encore récente en a donné un exemple affligeant.

Le pharmacien Danval, demeurant à Paris, rue de Maubeuge, était accusé d'avoir empoisonné sa femme. La victime avait succombé après de longues et cruelles souffrances. Plusieurs médecins lui avaient donné des soins ; les docteurs Dervillez, Ch. Ozanam, Al. Renault, Calvis, Bermutz, furent successivement appelés auprès d'elle jusqu'à sa mort. L'autopsie fut confiée aux docteurs Bergeron et Delens et au chimiste Lhote, qui conclurent à un empoisonnement lent par doses répétées de préparations arsenicales.

Le docteur Bouis procéda à une contre-expertise, et ses conclusions furent contraires à celles des premiers experts. Une vive discussion s'éleva à la Cour d'assises entre les docteurs Gübler et Gallard sur les résultats de l'empoisonnement par l'arsenic et la question de savoir si cette substance doit nécessairement se trouver emmagasinée dans le foie.

Enfin le docteur Cornil, appelé par la défense, se borna à examiner et à critiquer les rapports des experts commis par la justice ; selon lui, les opérations avaient été faites avec la plus grande négligence et, entraîné par la discussion scientifique, il s'écria, dans un élan d'indignation : « A dire vrai, quand on voit comment les autopsies sont pratiquées, on a honte pour son pays (1) ! »

En présence d'affirmations aussi radicalement opposées et alors qu'elles émanent de gens également recommandables par leur savoir et leur parfaite honorabilité, on comprend l'embarras, les perplexités du juge.

Il importe donc, encore une fois, de ne confier, autant que possible, les expertises médico-légales qu'à des praticiens habiles, expérimentés, ayant l'habitude de ces sortes d'opérations. Aussi doit-on, dans chaque arrondissement, choisir un médecin éclairé et le charger habituellement de toutes les expertises ; il acquerra ainsi l'expérience qui pourrait manquer aux autres praticiens.

(1) V. dans les *Annales d'hyg. et de méd. lég.*, 2e série, t. 50, 1878, p. 72 et 314, les rapports des experts et leur discussion.

169. Une circulaire du ministre de la justice, du 16 août 1842, prescrit à chaque Cour d'appel « de faire choix à l'avance « d'hommes expérimentés dans chaque partie des sciences médi- « cales et se les attacher, de manière à être assuré de les retrou- « ver au besoin. » Elle recommandait aux magistrats du ministère public de choisir aussi à l'avance, *dans chaque canton*, les médecins les plus dignes de leur confiance et de les désigner à leurs auxiliaires.

Ces instructions sont, en général, exécutées, surtout à Paris, où les magistrats n'ont qu'à choisir parmi les hommes les plus éminents dans la science médico-légale. Aussi, les personnes qui savent avec quelle scrupuleuse et minutieuse attention sont faites les expertises à Paris, ont-elles dû s'étonner des critiques du docteur Cornil dans l'affaire Danval et supposer qu'elles étaient dictées par des raisons fort étrangères à la médecine légale.

On comprend aussi que les honorables médecins chargés habituellement des expertises aient cru devoir protester contre des paroles prononcées à la Cour de Paris, le 3 novembre 1880, et qui semblaient être un écho de ces critiques imméritées (1).

170. Quant aux analyses chimiques, nous conseillons, *pour les affaires capitales*, de les faire faire soit à Paris, soit dans les villes de province où se trouvent des écoles de pharmacie. Les experts de Paris, surtout, ont, pour ces sortes de travaux, des connaissances pratiques et une expérience de manipulation que l'on

(1) Dans l'audience solennelle de rentrée de la Cour d'appel de Paris, le 3 novembre 1880, M. le Procureur général Dauphin avait prononcé la phrase suivante :

« Les expertises se font sans lui (l'accusé) par des hommes pour qui leurs « opinions scientifiques personnelles, des négligences inévitables dans les opé- « rations sans contrôle et la trop longue fréquentation des chambres d'instruc- « tion sont autant de causes d'erreurs. »

Les médecins et les chimistes experts près la Cour de Paris et le tribunal de la Seine, se sentant atteints dans leur dignité professionnelle et dans leur probité scientifique, avaient déclaré qu'ils s'abstiendraient désormais de prendre part aux opérations médico-légales.

Dans le numéro du *Droit* et de la *Gazette des Tribunaux* du 14 novembre, on lit la note suivante, qui donne satisfaction à MM. les experts et leur a permis de reprendre au Palais leurs anciennes fonctions.

« Monsieur le Procureur général nous fait la communication suivante, avec prière d'insérer :

« Le Procureur général près la Cour de Paris a appris que MM. les médecins « et chimistes chargés à Paris des expertises dans les affaires criminelles et « correctionnelles ont considéré une phrase du discours prononcé par lui à l'au- « dience de rentrée de la Cour comme impliquant une critique de la manière « dont ils accomplissent leur mission. Il tient à repousser cette interprétation « tout à fait contraire à sa pensée et à l'opinion qu'il professe sur le savoir, « l'impartialité et le dévouement consciencieux de MM. les experts. Il a voulu « seulement, dans une étude théorique, reprocher à la législation criminelle « de ne pas placer, à côté des expertises, un contrôle qui garantisse contre toutes « causes d'erreurs. »

rencontrera difficilement autre part, outre qu'ils possèdent, dans leurs laboratoires, l'outillage spécial le plus complet. On trouve aussi les plus grandes garanties auprès des écoles de pharmacie de province. Nous ne voulons pas dire que l'on ne rencontre pas souvent ailleurs des chimistes expérimentés ; mais quand la vie d'un homme dépend du résultat d'une analyse chimique, il est bon que la conscience publique soit rassurée par la notoriété qui s'attache au nom de l'expert.

171. Mais l'expert de la localité n'en doit pas moins recueillir avec le plus grand soin tous les éléments, tous les matériaux nécessaires, et fournir dans un rapport clair, précis, détaillé, les indications qu'il juge de nature à guider l'expert chimiste dans son opération.

172. Un sieur V...., demeurant dans l'arrondissement de Confolens, était fortement soupçonné d'avoir empoisonné, à l'aide de l'acétate de cuivre, une vieille tante, dans le but de jouir plus tôt de sa succession. Le 28 janvier 1862, il fut procédé à l'exhumation et à l'autopsie du cadavre de la femme C....., décédée le 21 septembre 1856, c'est-à-dire depuis plus de cinq ans.

Le docteur Dumas, qui procéda à cette première opération, après avoir fait toutes les constatations nécessaires pour établir l'identité du cadavre, recueillit, avec toutes les précautions possibles, les matières qu'il put trouver dans les cavités thoracique, abdominale et pelvienne, ainsi que des matières fibreuses prises entre les cuisses. Il joignit à ces matières, placées dans des bocaux soigneusement bouchés et étiquetés, de la terre recueillie en dessus et en dessous du cercueil, et enfin un chapelet trouvé sur le cadavre.

MM. Félix Boudet, membre de l'Académie de médecine, et Roussin, professeur agrégé de chimie et de toxicologie à l'Ecole du Val-de-Grâce, furent chargés d'analyser les matières recueillies. Il résulta des opérations très complètes auxquelles ils durent se livrer que, dans la terre prise tant au-dessus qu'au-dessous du cercueil, il n'existait aucune trace de composé cuivreux, mais que, dans les débris extraits des cavités thoracique, abdominale et pelvienne, ils avaient découvert une notable quantité de cuivre. Il ne s'en trouva point dans les matières fibreuses adhérentes à la partie interne des cuisses.

Néanmoins, le chapelet trouvé sur le cadavre étant composé de boules de bois reliées entre elles par un fil de laiton, les experts ne purent affirmer que le cuivre trouvé dans les matières analysées fût dû à un empoisonnement et ne provînt pas de ce chapelet, bien qu'il en eût été retrouvé en quantité relativement considérable.

Indépendamment de l'expertise, l'instruction avait révélé contre le sieur V... les charges les plus graves. Il est donc certain que si le médecin chargé de l'autopsie n'eût pas recueilli le chapelet ou au moins signalé sa présence sur la poitrine de la veuve C..., les conclusions des chimistes auraient dû être différentes, et que, selon toute probabilité, V... eût été condamné, tandis que le doute émis par les experts sur la provenance du cuivre trouvé dans leur analyse motiva un arrêt de *non-lieu* par la Chambre des mises en accusation.

173. Aux termes de l'article 44 du Code d'instruction criminelle, les officiers de police judiciaire doivent, dans les cas de mort violente, se faire assister d'un ou deux *officiers de santé*.

D'un autre côté, l'article 81 du Code civil dit que, s'il y a des indices de mort violente lors de la constatation d'un décès, l'inhumation ne peut avoir lieu avant les constatations légales que doit faire l'officier de police judiciaire, assisté d'un *docteur en médecine ou en chirurgie*.

On s'est demandé s'il n'y a point contradiction entre ces deux dispositions de loi. La question mérite à peine d'être posée.

La loi emploie habituellement l'expression *officiers de santé* comme terme générique, pour désigner toute personne qui se livre légalement à l'art de guérir. Le mot *officier* signifie toute personne revêtue d'un caractère légal. On dit : les *officiers* de police judiciaire, les *officiers* publics, les *officiers* de l'état civil, les *officiers* ministériels, et l'on dit de la même façon, les *officiers* de santé. La loi dit souvent: les médecins, chirurgiens et autres *officiers de santé*. (Articles 160, 317, 378 du Code pénal.) Il ne faut donc pas entendre par là seulement les personnes pourvues du diplôme restreint conféré en vertu des articles 15 et suivants de la loi du 19 ventôse an XI. Mais il ne faut pas non plus exagérer les dispositions de l'article 81 du Code civil et décider qu'on ne doit appeler *que des docteurs*.

174. Un étranger non naturalisé Français, mais reçu docteur dans une Faculté de France, peut-il être nommé expert ?

Pour la négative, on fait remarquer que les étrangers ne jouissent pas, en France, des droits civils, que le droit d'être expert constitue assurément un droit civil, ainsi que cela résulte implicitement de l'article 42 du Code pénal ; que les experts remplissent un ministère légal et public, puisque leur signature imprime un caractère d'authenticité à leur rapport, et que, pour remplir un office public, en France, il faut être Français (1).

Mais l'opinion contraire paraît prévaloir par ce motif que le droit d'être expert ne serait pas un droit civil ; que l'argument tiré de l'article 42 du Code pénal est sans valeur, l'incapacité d'être expert provenant, dans ce cas, de l'indignité qui résulte de la condamnation et non de la privation des droits civils ; qu'enfin l'expertise n'est que l'accomplissement d'un mandat ordinaire, qui peut être confié à toute personne que la loi n'en déclare pas indigne (2). Aussi a-t-il été jugé, en matière criminelle notamment, qu'un étranger peut procéder à une expertise et en faire le rapport en justice (3).

Les expertises peuvent donc être confiées soit à des *docteurs*, soit à de simples officiers de santé, français ou étrangers. Sans doute on doit toujours, ainsi que nous l'avons dit, désigner, autant que possible, ceux qui offrent les plus grandes garanties de savoir et d'expérience ; mais il peut se présenter bien des cas où, dans les communes ou cantons ruraux, le choix n'est pas possible et où les officiers de police judiciaire sont contraints de prendre le premier *officier de santé* qui leur tombe sous la main. Les premières constatations sont souvent très urgentes ; le maire ou le juge de paix ne peut pas toujours attendre, pour y faire procéder, que les magistrats du parquet aient été avertis, et qu'un docteur du chef-lieu d'arrondissement ait pu se rendre sur les lieux. L'officier de santé qu'ils s'adjoignent doit procéder avec beaucoup de soin et de prudence, et recueillir principalement les indications qui pourraient promptement disparaître. Le procureur de la République, immédiatement averti par son auxiliaire, arrivera sur le lieu du crime avec le médecin habituel du parquet. Ce dernier devra, autant que possible, opérer en présence de son confrère, déjà chargé des premières recherches, afin de recueillir toutes les indications de nature à éclairer son travail. Les deux rapports se compléteront d'ailleurs l'un par l'autre.

175. Le 6 février 1867, le ministre de la justice adressait aux procureurs généraux une circulaire qui a peut-être été un peu perdue de vue aujourd'hui ; nous ne pouvons qu'engager les magistrats du parquet à la méditer. Elle était ainsi conçue :

(1) Guichard, *Traité des droits civils*, p. 54 et 55, n° 42. — Chauveau sur Carré, q. 1163. — Bioche, v° *Expert.*, n° 61.
(2) Dalloz, *Rép.*, v° *Droits civils*, n° 218.
(3) Cassat. 16 décembre 1847. D. P. 47. 1. 238. Aff. Pey.

« Monsieur le Procureur général, depuis longtemps la Chancellerie constate que les expertises ordonnées, tant en matière criminelle qu'en matière correctionnelle, donnent lieu à de nombreux et graves abus. La lenteur mise par les experts à rendre compte des missions qui leur sont confiées augmente considérablement la longueur des détentions préventives, et, d'autre part, les sommes réclamées pour rais d'expertise s'élèvent à des chiffres souvent exorbitants, qu'une bonne administration du budget des frais de justice ne permet pas de passer en taxe.

« J'ai dû rechercher les causes de ce regrettable état de choses et les moyens d'y porter remède. En formulant, dans cette circulaire, quelques-unes des règles qu'il me paraît convenable de suivre désormais, j'appelle toute votre sollicitude sur cette importante partie du service judiciaire.

Choix des experts. — D'abord, en ce qui concerne le choix des experts, je ne puis mieux faire que de reproduire les sages dispositions de l'article 17 de l'instruction générale du 30 septembre 1826 :

« Les expertises exerçant toujours une grande influence sur la « solution que les tribunaux donnent aux questions qui leur sont « soumises, il est important de ne les confier qu'à des hommes capa-« bles et expérimentés ; car, si on a recours à des experts peu ins-« truits, on s'expose à des erreurs, à des méprises trop souvent « irréparables, puisqu'on peut se trouver dans l'impossibilité de « refaire ce qui a été mal fait dans le principe ; et quand bien même « l'erreur est réparable, on a encore le grave inconvénient d'augmen-« ter, dans de notables proportions, les frais de justice. Je ne saurais « donc trop insister pour qu'on apporte le plus grand soin dans le « choix des experts.

Il faut n'en nommer qu'un seul, et au plus deux. — Sous prétexte d'arriver à une plus grande certitude, de porter une conviction plus entière dans les esprits, les magistrats se montrent beaucoup trop faciles à requérir, de prime abord et sans distinction, deux et même trois experts. C'est là une tendance regrettable contre laquelle il faut réagir. En définitive, l'expertise ne lie ni les magistrats ni la défense, et le nombre, qui retarde toujours la solution des questions posées, n'est pas une garantie de la valeur du travail.

Il me paraît évident, en effet, que les expertises tirent leur force probante, beaucoup moins du nombre des hommes spéciaux consultés, que du mérite, de la science et de l'intégrité bien connue de l'expert. Il arrive même souvent qu'un rapport offre d'autant plus de garanties qu'il est signé par un seul expert, parce que la responsabilité en retombe sur lui seul ; qu'il a dû vérifier tout par lui-même, et qu'aucune opinion n'est énoncée en vertu d'une sorte de compromis ou de transaction.

C'est donc, je le répète, en sachant bien choisir l'expert auquel on confie une mission, et non en multipliant le nombre, qu'on assure à ce complément de l'information, nécessaire dans bien des cas, toute l'importance qu'il doit avoir.

Médecine légale. — Le Code d'instruction criminelle a d'ailleurs lui-même tracé cette règle dans les articles 43 et 44, qui ne s'appliquent pas seulement au cas de flagrant délit, mais dont les indications ont un caractère général. Lors donc qu'au cours d'une information, il importe de recourir à la médecine légale, il suffit de désigner un expert dans les cas ordinaires, comme ceux de simples coups et blessures, et deux pour les autopsies et autres opérations qui ne peuvent être renouvelées.

On ne connaît l'utilité d'un troisième expert qu'en cas de partage.

Je dois aussi signaler à votre attention un scandale qui s'est produit devant certaines Cours d'assises. Lorsqu'à la suite d'une expertise, la justice est arrivée à constater l'existence d'un crime, elle éprouve le regret de voir la défense faire venir à l'audience des hommes sans capacité connue, à la recherche d'une clientèle ou mécontents d'avoir été écartés de la mission d'experts judiciaires. Largement salariés et s'appuyant sur un exposé souvent tronqué des faits, ils viennent émettre des doctrines hasardées, et combattent, par leurs affirmations, souvent dénuées de fondement, l'opinion d'hommes justement considérés, qui ont rempli leur mission avec honneur et conscience. Si cette pratique se continuait, les médecins, dont la réputation est faite, redouteraient cette arène où la malignité publique trouve toujours son compte, et ne voudraient plus prêter à la justice le secours à peu près gratuit de leur savoir, en sorte que l'action publique se verrait privée de puissants auxiliaires destinés à l'éclairer.

Pour remédier à ce système déloyal, il existe des moyens légaux qui, tout en respectant le droit de défense, peuvent prévenir des abus trop réels. Amener, sous le faux titre de témoins à décharge, des individus qui ne connaissent rien personnellement des faits de l'accusation, c'est constituer une expertise déguisée qu'aucune loi n'a autorisée, et que condamnent les arrêts de cassation du 26 juin 1823 (1) et du 20 mars 1847 (2). (On pourrait citer des affaires dans lesquelles le condamné s'est plaint avec amertume d'avoir payé 4,000 francs un expert nomade, appelé sous le titre de témoin à décharge, venant revendiquer les droits de la science et réclamant sa taxe !)

Il faut que la défense propose ouvertement ses conclusions contre l'expertise, si elle ne se fie pas à ses propres forces pour la combattre. La Cour fera droit à ces réclamations tendant à un complément de vérification ou à une contre-expertise qu'il est, du reste, de son devoir d'ordonner d'office, en cas de doutes sérieux. Mais, dans tous les cas, le choix éclairé des nouveaux experts fera disparaître les inconvénients que j'ai signalés, et empêchera que le prétoire ne soit transformé en une arène où les théories et les personnalités viennent se heurter avec fracas, au préjudice de la vérité (3).

Analyses chimiques. — J'ai à peine besoin d'ajouter que toutes les règles que je viens de tracer s'appliquent aux analyses chimiques qui ont, avec la médecine légale, une si grande analogie, et qu'elles doivent, sans difficulté, être étendues aux expertises en matière de

(1) Lacuisine, *Traité du pouvoir judiciaire*, p. 346.
(2) *Appendice de la table analyt. des arrêts de la Cour de cassat.*, vº *Cour d'assises*, nº 441. — Dalloz, p. 47. 3. 434. — Pal. 1849. 1. 512.
(3) V. ci-après, nº 200.

faux ; on ne peut invoquer aucune bonne raison pour nommer, en ces matières, plus de deux experts, en dehors des cas exceptionnels.

Pour les premières, où la justice doit s'en rapporter aveuglément aux lumières des savants, il est souvent difficile d'avoir à sa disposition plusieurs hommes spéciaux, surtout dans les cas d'empoisonnement par des toxiques végétaux. Dans les autres, il suffit que l'expert fasse ressortir des similitudes ou des différences que le magistrat ou le juré voudra toujours vérifier par lui-même avant de condamner.

Tromperie sur la qualité de la marchandise vendue. — C'est surtout en matière correctionnelle que les magistrats doivent s'imposer l'obligation de ne requérir, en règle générale, qu'un expert, comme en matière de falsification de denrées alimentaires, de tromperie sur la qualité de la marchandise vendue. Ici, en effet, l'intérêt de la société est beaucoup moindre. Il est doublement important de réduire les frais autant que possible. D'ailleurs les contre-expertises sont plus faciles en cas de besoin.

Je ne terminerai pas sur ce sujet sans insister pour que les magistrats s'abstiennent de confier de nouvelles missions à des experts qui, après avoir posé des conclusions formelles dans un rapport, ne savent pas les défendre à l'audience, et trahissent une hésitation ou une versatilité qui doivent à l'avenir ôter toute confiance à la justice. Il importe également de ne plus avoir recours à ceux dont les recherches aboutissent toujours au doute, et qui ne savent arriver à une conclusion précise en faveur de l'inculpé ni contre lui.

Réclamation de fournitures par les experts. — Enfin les magistrats doivent vérifier, avec le plus grand soin, les réclamations de fournitures de toute sorte présentées par les experts (1) ; ce chapitre augmente dans de notables proportions, depuis quelques années surtout, les frais de justice à la charge de mon département. En demandant le remboursement de fournitures dont l'utilité et la réalité sont très contestables, certains experts cherchent à élever le chiffre de leurs honoraires, et quelque évidente que soit l'exagération des notes qu'ils présentent, beaucoup de magistrats ont le tort de les admettre, sans jamais les discuter ni les examiner.

Je citerai encore à ce sujet les dispositions de l'Instruction générale du 30 septembre 1826, qui porte, article 19 : « Que le prix des fournitures ne sera remboursé qu'autant que les experts auront joint à « leurs mémoires des états détaillés des fournitures qu'ils auront « faites, afin que la quotité et le prix puissent en être débattus et « que la dépense en soit réduite, s'il y a lieu. »

Il est de principe que les experts doivent supporter, sans recours, la perte des instruments qu'ils brisent dans le cours de leurs opérations, quand cet accident doit être attribué à la mauvaise qualité des objets cassés ou à la maladresse de l'opérateur. Cependant, lorsque les instruments, comme dans les analyses chimiques, doivent être brisés ou rendus impropres au service par suite de l'opération elle-même, il y a lieu exceptionnellement de tenir compte à l'expert de la perte qu'il a éprouvée, après avoir constaté la sincérité de la

(1) V. ci-après, no 245.

réclamation, tant sous le rapport de l'existence du fait que sous celui du dédommagement......

La circulaire ajoute des recommandations particulières pour les vérifications d'écritures et les expertises en matière de faillite. Le ministre recommande l'économie des frais dans ces sortes d'affaires et constate que, depuis 1862, il était arrivé au ministère de la justice des mémoires de frais d'experts en matière commerciale s'élevant aux chiffres de 8,600 francs, 10,300 francs, 12,900 francs, 22,500 francs, et jusqu'à 25,000 francs (1) !

Le réquisitoire que les officiers de police judiciaire adressent à l'expert n'est assujetti à aucune forme sacramentelle, il suffit d'une simple lettre.

§ 3. — *Les experts sont-ils tenus d'obtempérer à la réquisition?*

176. La plupart des auteurs enseignent que le médecin requis peut refuser d'obtempérer à la réquisition (2) ; mais la jurisprudence a adopté une solution différente. La Cour de cassation a jugé, le 6 août 1836, que le refus, par un officier de santé, de déférer à la réquisition qui lui est faite par un maire afin de procéder, en cas de flagrant délit, à la visite d'un cadavre, est passible de la peine de simple police édictée par l'article 475, n° 12, du Code pénal. Cet article est ainsi conçu : « Seront punis « depuis 6 francs jusqu'à dix francs inclusivement..... 12° ceux « qui, le pouvant, auront refusé ou négligé de faire les travaux, « le service, ou de prêter le concours dont ils auront été requis, « dans les circonstances d'accidents, de tumulte, naufrage, « inondation, incendie ou autres calamités, ainsi que dans les « cas de brigandage, pillage, flagrant délit, clameur publique « ou d'exécution judiciaire. »

177. La Cour de cassation n'a point dit, dans son arrêt, sur quelles raisons elle entendait baser sa jurisprudence, puisqu'elle se borne à poser en principe, dans l'unique *considérant* consacré au point de droit, que « ces personnes (les officiers de santé) encourent la peine prononcée par l'article 475, n° 12, du Code

(1) L'exagération des frais d'expertise n'a point diminué en matière administrative, car on voit, le 30 juin 1880, le Conseil de préfecture de la Seine allouer à trois experts une somme de 28,143 fr. 70. Ils avaient réclamé 39,308 fr.

(2) Duvergier, p. 89, 90 et 91. — Devergie. *Méd. lég.*, t. 1er, p. 8. — Trébuchet, *Jurispr. de la méd.*, p. 9. — Chauveau et Hélie. *Théor. du Code pén.*, t. 4, p. 424, et t. 8, p. 393. — Dalloz, *Rép.*, v° *Expert.*, n° 411. — *Journ. du Palais*, *Rép.*, v° *Médecine et chirurgie*, n°s 161 et s.

pénal lorsqu'elles refusent ou négligent d'obtempérer aux réquisitions. » C'est trancher la question par la question.

Nous ne pouvons, quant à nous, approuver cette jurisprudence, et nous pensons, avec les auteurs de la *Théorie du Code pénal*, que le seul but du législateur, en édictant la pénalité de l'article 475, a été d'apporter une sanction à la loi humaine et naturelle qui veut que les hommes se portent réciproquement secours dans les périls où ils peuvent être exposés, et qu'on ne saurait, sans le détourner de son sens légal, l'appliquer au refus d'obtempérer à des réquisitions qui n'ont pour objet qu'une instruction judiciaire.

Mais, dira-t-on, il y a, en pareil cas, un véritable péril social à conjurer, et le refus d'assistance, s'il ne nuit pas à une personne déterminée, peut porter préjudice à la société tout entière. — Nous répondrons qu'il n'y a aucune assimilation possible et qu'en exigeant, sous peine d'amende, le concours immédiat du médecin, on peut compromettre gravement les intérêts privés, la santé et même la vie des malades.

C'est en vain aussi qu'on a voulu assimiler le refus, par le médecin, de procéder à une constatation quand il en est requis, à un refus de déposer en justice comme témoin. Les articles 80 et 355 du Code d'instruction criminelle ont formellement prévu le cas et punissent le refus de déposer fait par le témoin, tandis qu'aucune loi ne punit l'expert qui refuse son ministère. Nous avons vu, au surplus, dans le chapitre précédent, que le médecin n'est pas tenu de déposer des faits qu'il a connus dans l'exercice de sa profession.

La Cour de cassation a néanmoins persisté dans sa jurisprudence et, par deux arrêts, aussi brièvement motivés que le premier, elle a jugé, le 20 février 1857, que l'officier de santé requis par un commissaire de police de l'accompagner dans un cas de flagrant délit pour apprécier la nature et les circonstances d'une blessure ou pour constater l'état d'un cadavre trouvé au bord de l'eau, est passible de la peine portée par l'art. 475, n° 12, du Code pénal (1).

178. Mais elle a décidé aussi que cet article n'est point applicable lorsqu'il s'agit d'un accident individuel et non susceptible de compromettre la paix publique, par exemple quand le médecin est requis de constater le décès d'un individu tué par la chute d'un ballot de marchandises (2).

(1) Cassat. 20 févr. 1857. P. 1857. 1259.
(2) Cassat. 18 mai 1855. P. 1855. 2. 448.

179. Enfin il résulte des arrêts cités, qu'elle entend restreindre l'obligation de l'officier de santé aux cas de flagrant délit.

180. Un commissaire de police avait constaté la mort d'un enfant nouveau-né trouvé sur la voie publique et avait remis le procès-verbal au parquet. Postérieurement, il requit un médecin pour visiter une fille soupçonnée d'avoir commis l'infanticide. Le médecin ayant refusé d'obtempérer à la réquisition, le commissaire le fit citer en simple police ; mais ce médecin fut acquitté, et le pourvoi formé par le ministère public contre le jugement fut rejeté par la Cour de cassation, le 9 septembre 1853, par ce motif qu'au moment où la réquisition avait été faite, le flagrant délit n'existait plus.

181. La Société de médecine légale, consultée par le docteur X...., d'Aubervilliers, a décidé, dans sa séance du 6 janvier 1869 (1), que le médecin requis de prêter son concours, soit en cas d'accident intéressant non un particulier, mais la paix publique, soit lorsqu'il y a flagrant délit, soit enfin lorsqu'il s'agit d'exécution judiciaire, c'est-à-dire de l'exécution d'un jugement ordonnant l'expertise et commettant le médecin, ne peut refuser d'obtempérer à la réquisition. M. Ernest Chaudé, dans son rapport fait à cette Société en 1875, émettait une opinion contraire, et il citait, à l'appui, un arrêt de la Cour de cassation de Belgique décidant que l'article 475, n° 12, du Code pénal, n'est point destiné à servir de sanction aux articles 44 et 49 du Code d'instruction criminelle ; mais cette opinion ne fut pas admise par la Société (2).

182. Enfin, dans un dernier arrêt du 18 décembre 1875, la Cour de cassation a confirmé et accentué sa jurisprudence en statuant ainsi :

« Vu l'article 475, n° 12, du Code pénal :

« Attendu qu'il résulte d'un procès-verbal régulièrement dressé par un gendarme de la brigade de Pontarlier, que cet agent de la force publique a requis, le 7 octobre dernier, au nom du juge d'instruction de cette ville, G....., docteur en médecine, d'avoir à se rendre sans délai à l'hôpital de Pontarlier, de visiter un cadavre qui venait d'être retiré de la rivière, de constater s'il existait des traces de violences, de procéder à l'autopsie et de faire toutes constatations utiles à la découverte de la cause de la mort ;

(1) *Annales d'hyg. et de méd. lég.*, 2e série, t. XXXI, 1869, p. 456, et t. XLIV, 1875, p. 373 et s.

(2) V. la discussion, *op. cit.*, t. XLV, 1876, p. 338, — et l'arrêt de la Cour de cassation belge, dans le *Manuel de méd. lég.* de MM. Briand et Chaudé, 10e édit., t. Ier, p. 22.

« Attendu que cette réquisition était faite, dans un cas de flagrant délit, par le juge d'instruction chargé, d'après le réquisitoire du ministère public, de rechercher si la mort de l'individu dont on venait de découvrir le cadavre était le résultat d'un crime, et qu'elle était conforme aux dispositions combinées des articles 32, 43, 44 et 59 du Code d'instruction criminelle ;

« Que le refus d'un docteur d'obtempérer à cette réquisition, alors qu'il ne justifiait pas de l'impossibilité d'y obéir, constituait la contravention prévue par l'article 475, n° 12 ;

« Que néanmoins le tribunal de simple police a renvoyé G..., en décidant que cet article n'est pas applicable au cas où un homme de l'art est requis pour apprécier les causes de la mort et les circonstances d'un crime ou d'un délit, et que d'ailleurs il n'appartiendrait qu'à lui seul d'apprécier la possibilité ou l'impossibilité d'obéir à la réquisition ;.....

« Casse le jugement du tribunal de simple police de Pontarlier du 6 novembre 1875, etc.... (1). »

183. Voilà donc les médecins placés devant une jurisprudence bien embarrassante : l'homme de l'art, requis pour constater la mort d'un individu tué par la chute d'un ballot de marchanses, pourra refuser d'obéir à la réquisition, mais il ne pourra s'empêcher d'y obtempérer s'il est requis pour visiter un cadavre que l'on vient de retirer de la rivière !.... Comment le médecin requis saura-t-il si le fait que l'on veut vérifier n'intéresse qu'un particulier ou si, au contraire, l'ordre public est en jeu ?

On peut ajouter encore qu'il lui sera fort souvent très difficile de reconnaître, d'après les termes de la réquisition, si le fait pour lequel il est appelé constitue ou non un flagrant délit.

Il ne pourra refuser d'obéir qu'en cas d'impossibilité, et la Cour de cassation décide qu'il ne lui appartient pas d'apprécier lui-même cette impossibilité. Tout cela revient à dire que le médecin doit obéir dans tous les cas, puisqu'il ne peut discerner ceux dans lesquels il pourrait s'abstenir.

Un médecin part en toute hâte pour procéder à un accouchement difficile, la femme est en danger de mort. En route, il rencontre un commissaire de police qui le requiert de venir constater les blessures que viennent de se faire deux ivrognes qui se sont battus au cabaret. Le délit est *flagrant*. Le médecin n'est pas dans l'impossibilité d'obéir à la réquisition, et d'ailleurs il n'est pas juge de cette impossibilité ; si donc il veut sauver la vie de

(1) D.-P. 76.1. 462.—V. ci-après, au chapitre des honoraires, n° 280, le droit des médecins de refuser leur concours à l'autorité administrative ou municipale pour donner des secours en temps d'épidémie.

la femme en couches, il faudra qu'il subisse la condamnation prononcée par l'article 475 du Code pénal !

On nous dira, nous le savons bien, que le ministère public poursuivra ou s'abstiendra, selon les circonstances, mais nous répondrons encore une fois, comme pour les déclarations de naissance (1), que nous n'aimons pas une pareille latitude accordée aux fonctionnaires chargés de la poursuite ; elle laisse trop de place à l'arbitraire. Il ne faut pas oublier que l'action publique, en simple police, est confiée à des agents subalternes qui, malgré leur qualité de magistrats, ne présentent pas toujours les mêmes garanties de savoir et d'impartialité que l'on rencontre dans les membres du parquet de première instance. Dans un grand nombre de cantons ruraux, les fonctions du ministère public sont remplies par l'adjoint du maire. Sans vouloir médire de MM. les adjoints, nous pouvons bien supposer que, dans certains cas, des rivalités, des animosités personnelles peuvent les porter à une rigueur ou à une indulgence excessive.

§ 4. — *Du serment.*

184. Le médecin et le chimiste requis en matière criminelle ne peuvent procéder à une expertise qu'après avoir prêté, entre les mains du fonctionnaire qui a dressé la réquisition, le serment *de faire leur rapport en leur honneur et conscience* (2).

185. Si les mêmes experts sont appelés plus tard en justice pour fournir des explications et soutenir les conclusions de leur rapport, ils doivent prêter en outre le serment prescrit par l'article 317 du Code d'instruction criminelle, c'est-à-dire qu'ils jurent *de parler sans haine et sans crainte, de dire toute la vérité, rien que la vérité.*

186. Et réciproquement, si, appelés d'abord comme témoins et après avoir prêté le serment imposé par l'article 317, ils sont, au cours des débats, chargés d'un examen, ils doivent prêter encore le serment spécial des experts prescrit par l'article 44. Le tout à peine de nullité (3).

187. Trois experts commis dans une instruction à l'occasion d'un empoisonnement avaient procédé à une autopsie et à des constatations chimiques. Devant la Cour d'assises du Nord, des

(1) V. chap. 2, n° 24, p. 16.
(2) Article 44, *Code d'Instr. crim.*
(3) Cassat. 8 avril 1869. P. 1870. 186. — 28 août 1875. P. 1875. 1080. — 1er mars 1877. P. 1877. 568.

discussions s'élevèrent sur les résultats de leurs opérations, et la Cour, ayant reconnu qu'ils avaient négligé d'analyser des déjections, vêtements, linges et eau de lavage, renvoya à une autre session, en ordonnant que les mêmes experts procédassent à une expertise complémentaire. Ils déposèrent leur rapport, mais il ne fut pas établi qu'ils avaient prêté de nouveau le serment prescrit par l'article 44. La Cour de cassation a cassé, pour ce motif, l'arrêt de la Cour d'assises du Nord rendu à la suite de cette nouvelle expertise (1).

188. Cette jurisprudence, aujourd'hui constante, est critiquée par M. Faustin Hélie (2) comme contraire à la vérité des faits. Les experts ne disent pas, en effet, comme témoins, ce qu'ils ont vu et entendu, mais ce qu'ils pensent de tel ou tel fait, de telle ou telle chose ; ils ne sont pas responsables, comme les témoins, de la sincérité de leurs déclarations, ils jugent, ils ne déposent pas.

La Cour de cassation elle-même considère si peu comme un témoin le médecin qui a rédigé un rapport médico-légal, qu'elle a jugé que « quoique, aux termes de l'article 317, les témoins doivent déposer oralement, il n'y a pas nullité parce que le témoin fait, dans sa déposition, usage de notes écrites relatives au rapport médical dont il a été chargé comme expert » (3).

Néanmoins il faut reconnaître que la jurisprudence, en cette matière, est conforme à la lettre de la loi, et qu'une personne appelée en témoignage doit être considérée comme un témoin et non comme un expert. C'est donc la loi qu'il faudrait critiquer et non la jurisprudence.

189. Il est bien certain, au surplus, que c'est avant le commencement de l'expertise que doit être prêté le serment de l'expert, et, par exemple, il ne suffirait pas qu'il le fût au moment de rendre compte de ses opérations à la Cour (4) ; toutes les opérations qui auraient précédé le serment seraient frappées d'une nullité radicale. Toutes les formalités établies par la loi dans l'intérêt de l'accusé, et le serment est une garantie pour lui, doivent être, en effet, observées à peine de nullité.

190. Le médecin désigné par arrêt de la Cour d'assises pour vérifier l'état d'un accusé, et déclarer si cet accusé est ou non en état de suivre les débats, a le caractère d'expert. En consé-

(1) Cassat. 27 décembre 1878. D. P. 79. 1. 190.
(2) Faustin Hélie, *Instr. crim.*, t. VII, n° 3554.
(3) Cassat. 20 mars 1851. — 7 mai 1875. Sir. 75. 8. 240.
(4) Cassat. 17 mars 1864. Sir. 64. 1. 432. — Nouguier, *Cour d'assises*, n° 2490.

quence, il doit prêter le serment prescrit par l'article 44 du Code d'instruction criminelle. Cette formalité étant substantielle, il y a nullité de l'arrêt s'il n'est pas constaté qu'elle a été remplie (1). Il en serait de même assurément du cas où la Cour aurait ordonné l'examen de l'état mental de l'accusé.

191. Mais le président des assises peut, au cours des débats et conformément aux dispositions de l'article 269 du Code d'instruction criminelle, appeler ou commettre des hommes de l'art pour fournir des renseignements à la Cour. Dans ce cas, il n'y a pas lieu au serment (2).

Il faut donc distinguer : si l'expert est commis par un arrêt, le serment est de rigueur ; s'il n'est appelé que par le président des assises, le serment n'est pas nécessaire.

De même, si l'expert est appelé par citation, pour fournir des explications, des renseignements sur le contenu de son rapport, il doit, comme nous l'avons dit, prêter le serment exigé des témoins par l'article 317 du Code d'instruction criminelle ; mais s'il ne comparaît aux mêmes fins qu'en vertu du pouvoir discrétionnaire du président, il n'est plus alors *un témoin*, et il ne prête pas serment.

Et encore, si le médecin, après avoir déposé comme témoin, était, au cours des débats, chargé par le président seul et non par arrêt de la Cour d'assises, de procéder à une expertise, le serment ne serait point exigé.

Mais, dans tous les cas où l'expert reçoit sa mission du pouvoir discrétionnaire du président, qu'il dépose comme le ferait un témoin, ou qu'il opère comme les autres experts, il ne résulterait aucune nullité de ce que le serment aurait été prêté alors qu'il n'était pas nécessaire (3).

192. Quant au serment qui doit précéder le rapport, il peut être reçu par le procureur de la République ou le juge d'instruction, et dans le cabinet du magistrat qui a requis l'expert. Cependant nous avons toujours considéré cette formalité comme plus utilement accomplie en présence du corps du délit et au moment où va commencer l'opération. Il en est fait mention dans le procès-verbal de constat. Dans le cas contraire, il faudrait

(1) Cassat. 17 févr. 1848. P. 1849. 1. 128.

(2) Cassat. 4 févr. 1819. — 10 avril 1828. — 25 févr. 1831. — 2 avril 1831. — 14 juin 1832. — 16 janv. 1836. Pal. chron. — 7 avril 1837. P. 1838. 1. 316. — 5 juin 1837. P. 1837. 2. 608.

(3) Cassat. 4 nov. 1836. P. 1837. 2. 88. — 1er févr. 1839. P. 1840. 2. 199. — 21 sept. 1848. P. 1849. 2. 631. — 19 janv. 1855. P. 1855. 1. 534.

en dresser un procès-verbal séparé, ce qui a toujours lieu quand l'expert ne se transporte pas avec les magistrats.

§ 5. — *Des rapports.*

193. Nous n'avons pas qualité pour traiter des principes particuliers de l'art médical qui devront guider l'expert dans ses recherches ; nous devons, pour cela, renvoyer aux ouvrages spéciaux sur la matière, notamment aux remarquables monographies du docteur Ambroise Tardieu sur *les attentats aux mœurs, l'avortement provoqué, l'infanticide, l'empoisonnement, les blessures, les maladies provoquées, la pendaison, strangulation et suffocation, la folie, les questions d'identité*, etc., et aux traités de médecine légale de MM. Briand et Chaudé, Devergie et Dehaussy de Ribécourt, Lacassagne, Casper, Orfila, Legrand du Saulle, E. Hofmann (1), etc... On consultera aussi avec fruit Brillaud-Laujardière sur *l'infanticide, l'avortement et l'ivresse ;* Flandin, dans son *traité des poisons*, Roussin *sur l'empoisonnement*, etc., et surtout l'importante collection des *Annales d'hygiène publique et de médecine légale.* Mais il est des observations qui rentrent dans le cadre de cet ouvrage et que nous devons présenter ici.

194. La présence des parties et du prévenu aux expertises en matière criminelle n'est point requise à peine de nullité, et les articles 316 et 317 du Code de procédure civile ne reçoivent pas ici leur application (2).

Les auteurs des projets récemment présentés pour la réforme de notre procédure criminelle proposent de rendre cette présence obligatoire, et cela dans l'intérêt exclusif des accusés. Nous n'y verrions, quant à nous, aucun inconvénient, et nous pensons qu'elle serait plus utile à l'accusation qu'à la défense. Quand un homme aura assassiné sa mère, il faudra qu'il soit singulièrement endurci pour assister sans broncher, pendant deux heures, à la dissection du cadavre de sa victime, et les aveux lui monteront souvent aux lèvres. Ce n'est point, croyons-nous, le but que poursuivent les auteurs de ces projets de réforme. Il est vrai qu'ils veulent aussi imposer la présence de l'avocat, et que celui-ci pourra réconforter son client, si toutefois il n'a pas besoin d'être un peu réconforté lui-même.

(1) *Nouveaux éléments de médecine légale*, par E. Hofmann, professeur à la Faculté de médecine de Vienne, *traduction de E. Levy, introduction* par P. Brouardel. Paris, 1881, 1 vol. in-8° de 832 pages avec 50 fig.
(2) Cassat. 15 nov. 1844. P. 1845. 1. 747. — 15 mars 1845. P. 1846. 1. 372.

195. Lorsqu'il s'agit de visiter les organes génitaux d'une femme ou d'une fille à l'occasion d'un crime dont elle aurait été la victime ou l'auteur, l'officier de santé ne peut procéder à son examen sans le consentement de la personne qui doit y être soumise. La recherche et la constatation des crimes et des délits intéressent, il est vrai, au plus haut point, la sécurité publique ; mais la pudeur a des droits d'un ordre plus élevé, et il n'est pas possible de les méconnaître sans compromettre, en même temps, les intérêts de cette société que l'on voudrait servir.

Si donc un médecin était requis de procéder à la visite malgré la résistance de la femme, si, après avoir employé tous les moyens légitimes de persuasion, si, après lui avoir fait comprendre que son refus pourrait être considéré comme un demi-aveu, elle persistait dans sa résistance, le médecin devrait refuser, de son côté, d'obtempérer à des réquisitions illégales, l'emploi de la violence devant engager sa responsabilité.

Il n'en serait pas tout à fait ainsi pour la visite d'un homme. En effet, on n'a jamais songé à se plaindre de ce que les jeunes gens appelés sous les drapeaux par la loi du recrutement fussent soumis à une visite minutieuse. On ne se plaint pas non plus de la visite que les gardiens font subir à un détenu lorsqu'il entre dans une prison. Et encore ne saurions-nous approuver l'emploi de la force pour contraindre un homme à un examen médical qui blesse la pudeur. Il est vrai qu'on voit bien peu d'hommes s'y refuser.

196. Une des questions qui se présentent le plus fréquemment aujourd'hui devant la justice répressive est celle de la responsabilité morale de l'accusé. Dans la plupart des affaires capitales, nous voyons les Cours d'assises commettre des médecins légistes pour examiner l'état mental des accusés et en faire leur rapport. Mais, il faut bien le dire, il existe, parmi quelques-uns des médecins désignés par la justice, une tendance regrettable qui consiste à transformer l'expert en juge. Cette tendance peut partir d'un sentiment honorable.

« Le malheureux, dit le professeur anglais Conolly, le malheureux promis d'avance à la folie par une organisation défectueuse ou par un vice héréditaire, rendu fou par la misère ou par une déception violente réagissant sur un cerveau malade, n'a plus au monde d'autre ami que le médecin..... Le même courage qui fait braver au médecin les dangers de la peste doit le soutenir dans son devoir et lui faire braver les attaques des langues et des plumes venimeuses. Ni les cris du peuple réclamant des exécutions, ni les sévérités des magistrats méprisant la vérité psychologique, ne doivent le détourner de sa tâche de savant et de son devoir de témoin. Son devoir est de déclarer la vérité, la société fera ensuite de cette vérité ce qui lui plaira. »

Ce sont là des exagérations.

Chacun a un penchant naturel à élargir le cadre de son action ; le médecin tend à juger, le juge tend à faire de la science, et cela, au grand détriment de la justice. Il n'est pas toujours facile de tirer des constatations scientifiques une conséquence bien nette et bien précise. Un médecin habile déterminera aisément l'existence et la nature de faits psychologiques certains ; mais quand il faudra en préciser les causes et les résultats, il devra se prononcer avec la plus grande circonspection. L'expert doit se borner à fournir, dans la cause, des renseignements de la valeur desquels le magistrat reste juge.

197. Un sieur Dunand, frotteur, demeurant à Paris, et âgé de 48 ans, est poursuivi pour avoir volé plusieurs mouchoirs. « C'est malheureusement vrai, dit-il, chaque fois que je vois un mouchoir qui sort de la poche d'une femme, il faut que je le prenne ; c'est une passion folle, irrésistible !... »

Le docteur appelé à examiner l'inculpé au point de vue mental fournit un rapport qui porte, en substance :

« Le sieur Dunand est atteint d'infériorité intellectuelle évidente, avec phénomènes émotifs, impulsions subites au vol, et perversions génésiaques.

« Cet individu, né en Savoie, fort peu développé mentalement, est d'une impressionnabilité maladive ; il s'émeut, se trouble, et tremble à la moindre occasion ; ou bien il devient anxieux, prend peur sans motifs, ne se possède plus et est exposé à déférer machinalement à la première suscitation venue. Ses actes sont alors imprévus, instinctifs, inconscients.

« Semblable à tant de sujets débiles presque fatalement entraînés dans la voie des impossibilités, placé sous l'empire d'appétits sexuels incorrects, il se sent subitement envahi par une sensation érotique violente à la vue d'un mouchoir qui sort de la poche d'une femme ; il vole le mouchoir, le place....

« L'histoire clinique de la folie érotique renferme les exemples les plus étranges et les plus abjects en fait de dérèglements et de perversion. Depuis le trop célèbre marquis de Sade, qui fut enfermé à Charenton, jusqu'à l'inculpé Dunand, on a pu noter toutes les obscénités les plus invraisemblables et les plus délirantes. Il y a des aberrations qui se constatent, mais qui ne peuvent s'expliquer.

« Dunand *n'est point un voleur,* mais il est un érotique ; il *n'est point un vicieux,* il est un malade. Une punition nouvelle ne saurait le guérir ; les châtiments n'ont jamais triomphé de la folie. »

Le prévenu est acquitté (1).

Nous ne demandons pas mieux que de croire à la folie érotique de Dunand, mais nous craignons qu'en sortant libre de l'audience il se soit irrespectueusement félicité du savant rapport qui l'a sauvé de la prison. Voilà un nouveau genre d'excuse qui pourra faire école, et nous ne désespérons pas de voir bientôt le caissier qui part pour la Belgique, emportant le portefeuille de son patron, dire, s'il est pris, qu'il a cédé à une folie érotique, que sa passion pour les billets de banque n'est que le résultat d'une perversion génésiaque excitée par la vue des personnages qui y sont gravés, qu'il les place où Dunand mettait les mouchoirs, jusqu'à ce qu'il les change pour de la monnaie. *Il y a des aberrations qui se constatent, mais qui ne peuvent s'expliquer !*

198. Billet Alfred, âgé de 30 ans, garçon boucher, est accusé d'avoir tué sa femme pendant qu'elle écrivait, penchée sur une table ; il l'a frappée de trois coups derrière la tête, à l'aide d'un fort couperet de boucher. Il a prétendu qu'elle l'avait elle-même frappé auparavant, ce qui n'est pas démontré. — L'accusé s'adonnait à l'ivrognerie.

Le docteur commis pour vérifier l'état mental de Billet dépose ainsi devant la Cour d'assises :

« J'ai examiné l'accusé peu de temps après le crime ; j'ai reconnu en lui les signes caractéristiques de l'alcoolisme ; *il se plaignait* d'être étranglé par le sang ; j'en ai conclu qu'il avait des poussées épileptiques d'origine alcoolique. Il voyait, *disait-il*, courir autour de lui des souris et autres animaux, marque certaine d'alcoolisme. Pendant les nuits qui ont précédé le crime, il aurait ressenti de violentes douleurs de tête, et il m'a affirmé que sa femme l'avait frappé à coups de botte sur le crâne. — *Je crois volontiers à sa bonne foi*, bien qu'évidemment il se trompe. L'accusé avait contracté l'habitude de boire avant de venir à Paris et, à une époque concomitante du crime, il n'allait plus au café, mais il prenait chaque jour, chez lui, des quantités importantes de spiritueux ; il était devenu violent, d'un caractère difficile et toujours disposé à commettre un acte de brutalité. Dans cet état, *il avait conscience de ses actes*, mais il lui était impossible de se contenir. Lorsqu'il a frappé sa femme, dans la matinée du 12 mai, il s'est parfaitement rendu compte de son action, mais sa volonté était incapable de lui permettre de résister. *Il n'est donc pas irresponsable, mais sa responsabilité est limitée.* »

Billet est acquitté (2).

199. Malgré les détestables antécédents de l'accusé, malgré la

(1) *Gazette des Tribunaux*, 10 août 1879.
(2) *Gazette des Tribunaux*, 24 sept. 1879.

certitude absolue du crime résultant même de ses aveux, le jury ne pouvait, en présence des déclarations du savant médecin aliéniste, que rendre un verdict négatif.

En effet, le docteur constate bien, il est vrai, que Billet n'est pas irresponsable, mais il s'empresse d'ajouter que sa responsabilité *est limitée*. Or, dans quelles proportions fallait-il réduire cette responsabilité ?

Les jurés n'ignorent pas qu'en raison des circonstances atténuantes qu'ils ont la faculté d'admettre, la Cour pourra abaisser la peine de deux degrés ; mais cette atténuation sera-t-elle trop forte, ou sera-t-elle insuffisante ? Dans le doute, le jury a acquitté, et il ne pouvait pas faire autrement.

La société est vraiment compromise par des décisions de ce genre, et la déclaration du médecin qui les prépare est trop vague ou dépasse les limites de sa mission.

Voilà un misérable qui, en se livrant à un vice dégradant, s'est réduit à l'état de bête brute : il a tué. Le jury est moralement contraint d'acquitter après le rapport de l'expert. Aucune mesure administrative ne peut être prise pour mettre le meurtrier dans l'impossibilité de nuire désormais. La science, en effet, déclare *qu'il n'est pas irresponsable*, on ne peut donc le considérer comme un aliéné ; l'autorité est obligée de lui laisser sa liberté, avec la faculté de tuer encore, et, s'il commet un nouveau meurtre, la même cause l'y ayant poussé, il faudra l'acquitter une seconde fois et le remettre de nouveau en liberté.

Et que l'on ne dise pas qu'après un second meurtre, la justice se montrera plus sévère et condamnera. Il est bien certain que si l'état d'alcoolisme a motivé un premier acquittement, il en sera ainsi de toutes les poursuites, tant que l'état physique de l'accusé n'aura pas changé. M. le docteur, *qui croit volontiers à la bonne foi* des accusés quand ils allèguent la folie comme excuse, viendra encore déclarer que si l'accusé n'est pas entièrement irresponsable, sa responsabilité est limitée, et le jury devra acquitter de nouveau l'assassin, lui permettant d'accomplir une série ininterrompue d'homicides jusqu'à ce qu'une de ses victimes se défende et le tue à son tour. Vraiment la raison, le bon sens se révolte à cette pensée !

Ou l'auteur du crime est responsable, et il doit être condamné, ou il est tout à fait inconscient et, dans ce cas, commence le rôle de l'administration ; le meurtrier sera considéré alors comme un fou dangereux et enfermé dans un asile d'aliénés où sa guérison sera entreprise ; mais on ne verra pas se produire le scandale d'un acquittement, suivi d'une mise en liberté si dangereuse pour la sécurité publique.

Quand un meurtre a été commis, la société a le droit de se défendre et la justice a le devoir de la protéger. Si l'accusé est coupable, il faut le mettre dans l'impossibilité de nuire de nouveau, au moins en le séquestrant. S'il est fou, il faut encore l'enfermer, car il est plus dangereux qu'un criminel, que la crainte du châtiment pourrait peut-être retenir ; un monomane qui a commis un crime en commettra vraisemblablement d'autres tant qu'il sera en liberté. Le fou, comme le coupable, doit donc être enfermé.

Quant au médecin, son rôle doit se borner à constater un fait positif : « l'accusé est dans un état particulier produit par l'alcoolisme ; il a conscience de ses actes, il les raisonne, mais sa volonté est impuissante à résister à l'entraînement qui le pousse à l'homicide. » Le jury tirera de ces constatations les conséquences qu'elles comportent ; la science, en restant sur son domaine, aura encore un champ assez vaste à parcourir. Mais quand le médecin ajoute : « l'accusé n'est pas irresponsable, seulement sa responsabilité est limitée, » il sort du domaine de la médecine pour entrer dans celui de la philosophie, et il empiète sur la mission du juge ; ce n'est pas à lui à trancher la question de responsabilité. Une fois entré dans cette voie, à quel point l'expert s'arrêtera-t-il ?— *L'accusé n'est pas irresponsable, mais sa responsabilité est limitée!...* Pourquoi ne pas dire : *L'accusé est coupable, mais il existe en sa faveur des circonstances atténuantes?* — Au fond, n'est-ce pas la même chose ? Et pourtant en déclarant la culpabilité, en admettant les circonstances atténuantes, l'expert outrepasse évidemment les bornes de sa mission, et il entre dans celle du jury.

Et qu'on y prenne garde ; en suivant un pareil système, nous nous placerions sur une pente bien dangereuse. Trois facultés dominent dans l'accomplissement d'un acte de l'homme : l'intelligence, la volonté, la sensibilité. L'absence de la première fait incontestablement disparaître la responsabilité ; mais faudra-t-il donc toujours étendre le même effet à la seconde et aussi à la troisième ? Faut-il décider que l'auteur d'un fait ne sera responsable qu'autant qu'il aura la plénitude de son intelligence, la plénitude de sa volonté, la plénitude de sa sensibilité ? — Combien de criminel, ne se sentant pas assez d'énergie pour commettre, une mauvaise action, surexcitent leurs sens et leur volonté en se procurant une ivresse qui trouble momentanément ces trois facultés !

Remarquons aussi l'extrême facilité avec laquelle certains médecins aliénistes écartent la responsabilité des criminels. Quand ils ont fait leur spécialité de l'étude des maladies mentales, ils voient des fous partout, dans toutes les personnes qu'ils observent, à tel point qu'on en a vu dont les actions mêmes paraissaient assez bizarres. Nous avons connu un directeur d'un asile départemental d'aliénés qui semblait plus extravagant que plusieurs de ses pensionnaires. S'ils sont appelés à étudier l'état mental d'un accusé, on croirait que leur plus grand désir est de trouver en lui un fou, et ils y réussissent presque toujours. Adoptant avec ardeur ce système qui, plus ou moins, réduit la liberté humaine à n'être plus qu'une affaire de constitution, de muscles, de nerfs, d'appétits et d'instincts, d'éducation, de milieu et d'habitudes, ils trouvent dans le crimininel qu'on leur montre un homme que tout d'abord ils présument atteint d'aliénation mentale. Selon eux, s'il était sain d'esprit, il est vraisemblable qu'il n'eût pas accompli son crime ; plus ce crime est monstrueux, plus la folie leur paraît certaine, et, partant de là, il ne leur est pas difficile de conclure, sans hésitation, à l'irresponsabilité. Un coup jadis reçu sur la tête, une ancienne fièvre typhoïde, le moindre soupçon fondé sur l'hérédité, tout leur est bon. Ils croient avoir tout dit quand ils ont constaté que l'accusé n'est pas responsable, parce qu'il a agi sous l'empire d'une surexcitation nerveuse produite, soit par l'alcoolisme, comme dans l'affaire Billet, soit par un état de somnambulisme intermittent, comme dans une affaire récente dont la presse s'est émue à bon droit. Et si la surexcitation nerveuse causée par l'ivresse habituelle fait disparaître ou atténue la responsabilité, pourquoi ne pas étendre la théorie à toutes les passions, à la colère, à la haine, à la jalousie, à la cupidité, etc..., qui toutes provoquent une surexcitation nerveuse ? Nous nous souvenons d'avoir vu, dans les environs d'Alger, un chevrier maltais, dans un épouvantable accès de colère, après avoir déchiré ses vêtements, s'arracher, avec les dents, des lambeaux de chair sur les bras. Si cet homme eût alors commis un meurtre, il aurait agi sous l'empire d'une surexcitation nerveuse, et les mêmes experts l'auraient déclaré irresponsable.

En portant ces idées jusqu'à leurs dernières conséquences, on arrive à ces singuliers systèmes philosophiques présentés plus d'une fois par nos littérateurs modernes, que les criminels, les voleurs et les assassins, sont simplement des malades qu'il faut non châtier, mais guérir. Nous comprenons, à la rigueur, toutes les théories humanitaires, et même l'intérêt qu'inspirent à certaines personnes, les voleurs et les assassins; mais il nous semble qu'on pourrait en accorder aussi à leurs victimes.

Les magistrats doivent donc confier au médecin légiste le soin de constater l'état mental du prévenu, et non la mission de décider s'il est ou s'il n'est pas responsable, c'est-à-dire s'il est coupable ou non.

Quand l'expert se sera renfermé dans les limites de cette mission, nous nous garderons bien de contester les conclusions de son rapport, si incompréhensibles qu'elles soient pour nous.

Un magistrat, le juge de paix d'un des cantons les plus importants d'un département du Midi, est convaincu d'avoir, pendant plus d'un an, volé chaque jour, et même plusieurs fois par jour, à l'aide d'une fausse clef, la bourse commune du cercle dont il faisait partie. Le crime est constant, mais il est tellement extraordinaire, que l'état mental de l'accusé est soumis à un examen médical.

Cette mission est confiée à trois honorables médecins du pays. Voici la conclusion de leur rapport :

« En résumé, voilà un homme intelligent, qui sait, pense, calcule, prévoit, raisonne, délibère et remplit très bien, jusqu'au jour de son emprisonnement, ses fonctions de juge de paix.

Il est accusé d'un vol qui paraît tellement étrange à tout le monde, qu'on ne peut guère se décider à lui attribuer une intention volontaire et coupable ; mais personne n'apporte, en faveur de cette opinion des faits probants. Le docteur F.... lui-même, tout en parlant de l'épilepsie, ne dit pas un mot, dans sa longue et remarquable déposition, de l'existence chez M..... d'un délire manifeste.

Cependant, lorsqu'on prend pour guide les lumières de l'analyse clinique et qu'on examine un à un, et en détail, les divers ressorts de son intelligence et de son moral, ainsi que ses principes d'action et ses influences pathologiques, on arrive à se convaincre que M..... n'est pas aliéné, mais que son organisation physique est imparfaite. En outre, il est épileptique, et son épilepsie, qui exerce sur ses facultés une influence considérable, le place dans des conditions d'infériorité mentale incompatibles avec la plénitude de son libre arbitre.

Il est dans une sorte de zone intermédiaire entre la raison et la folie, comme le crépuscule entre le jour et la nuit. Or, s'il en est ainsi, il ne saurait avoir ni toute liberté morale, ni toute irresponsabilité. Il n'est donc responsable de ses actes que d'une manière limitée, partielle, restreinte et variable dans son étendue, selon les diverses phases de ses manifestations épileptiques.

Et en conséquence, les experts décident que :

« 1° Jules M..... est épileptique ;

2° L'épilepsie peut être une cause de l'altération du sens moral ;

3° Son influence est permanente, mais à des degrés divers, selon les périodes, l'ancienneté et la rapidité de la marche du mal ;

4° Sous son inflence et très exceptionnellement, M..... a pu commettre, sans s'en douter, les actes qui répugnent le plus à son caractère ;

5° Il a pu, très exceptionnellement, voler sans le vouloir, et plus exceptionnellement encore sans le savoir ;

6° Il prétend qu'il n'a pas volé, et qu'il se souvient très bien de n'avoir rien volé ;

7° En dehors de ses crises convulsives, il comprend la portée d'un vol ; il ne la comprend pas immédiatement après l'attaque épileptique ;

8° Quoique M..... soit atteint d'épilepsie, il jouit de toutes ses facultés, dans ses périodes de rémission complète. Toutefois elles sont souvent obscurcies par des crises nerveuses qui exercent, sur son libre arbitre, une action toujours fâcheuse, mais à des degrés différents, suivant les circonstances. »

Deux autres médecins sont assignés par la défense. Le premier déclare avoir donné des soins à l'accusé il y a plusieurs années, et avoir constaté chez lui des vertiges accompagnés de convulsions. — Le second raconte que l'accusé est épileptique depuis longtemps, et sous la forme la plus terrible, la forme vertigineuse. Dès 1873, M..... se plaignait de vertiges. Le docteur s'est aperçu que le sujet était inquiet, qu'il pleurait souvent et que ses paroles étaient incohérentes. Une fois, à C...., voyant trois louis sur une table, il en a pris un. Plusieurs fois, au café, il prenait les paquets de tabac qui étaient sur la table. Tous ces faits étaient connus dans le pays, et personne ne s'en étonnait, sachant qu'il y avait des fous dans la famille. Malgré cela, le témoin n'a pas craint de recommander M.... pour le faire nommer juge de paix.

Le ministère public n'a point manqué, sans doute, de faire remarquer au jury que, d'après le rapport des experts, si l'accusé a volé sans le vouloir, c'était *très exceptionnellement ;* que néanmoins il s'était muni d'une fausse clef pour ouvrir le tiroir dans lequel était l'argent du cercle, qu'il commettait ces vols presque chaque jour, qu'il prenait les plus adroites précautions pour dissimuler son action ; que cet homme remplissait parfaitement ses fonctions de juge de paix, motivait bien ses jugements et paraissait enfin avoir la plénitude de sa raison. Cependant, en présence des constatations médicales, le jury devait acquitter, et c'est ce qu'il a fait (1).

(1) *Gazette des Tribunaux*, du 17 avril 1881.

Nous n'avons pas qualité pour discuter le rapport des experts, qui nous paraît d'ailleurs inattaquable, sauf en ce qui concerne la question de *responsabilité* que les experts ont eu, selon nous, le tort de trancher par eux-mêmes.

200. Et maintenant, s'il nous faut parler des devoirs généraux du médecin expert, nous ne pouvons mieux faire que de conseiller la lecture d'un très remarquable discours prononcé par M. Ambroise Tardieu, à la séance de rentrée de la Faculté de médecine de Paris, le 16 novembre 1863 (1).

Après avoir tracé, d'une façon très claire et très savante, les origines de la médecine légale, et son développement depuis les Hébreux jusqu'à nos jours, après avoir fait ressortir les différences que l'on trouve dans cette partie de la science chez plusieurs peuples de l'Europe, l'illustre professeur proteste contre le préjugé qui tend à faire considérer les médecins légistes comme des *spécialistes*. Il ne veut voir, dans la médecine judiciaire, qu'une des branches de l'art médical qu'on ne doit pas négliger plus que les autres. Il fait remarquer qu'on n'est pas toujours libre de ne pas pratiquer la médecine légale, et qu'il n'y a guère de médecin qui, en sa vie, ne rencontre ou ne subisse plus d'une occasion d'être appelé en justice. Il fait ressortir ensuite la grandeur et l'autorité du rôle que cette mission assigne à la médecine qui, selon l'expression de Royer-Collard, *s'assied, pour ainsi dire, à côté des juges, et partage avec eux le redoutable privilège de peser dans la balance de la justice les intérêts les plus chers des citoyens.*

« Cette tâche, dit-il, d'éclairer la justice et de préparer ses arrêts, vous l'accepterez comme une des plus hautes qui puissent être confiées au ministère des médecins ; vous vous y appliquerez dans le recueillement de votre conscience, sans trouble et sans passion, et vous échapperez à ces défaillances, à ces hésitations, à ces erreurs qui attestent trop souvent l'inexpérience et la défiance de soi-même.

« Le rapport doit être rédigé d'une façon nette, précise, de manière à éclairer les magistrats et non à les embarrasser.

« Mais cette première partie de l'expertise n'est pas celle où le médecin inexpérimenté rencontrera les plus périlleux écueils, ceux contre le danger desquels je voudrais vous aguerrir, mais qu'en aucun cas je ne veux vous dissimuler.

« Vous allez être appelés à soutenir dans le prétoire l'opinion que vous vous êtes faite d'après les constatations résultant d'un examen direct ou d'après l'étude consciencieuse d'une procédure criminelle. Là, en présence de la religion qui reçoit votre serment, de la justice

(1) *Annales d'hyg. et de méd. lég.*, 2e série, t. XXI, 1864, p. 178.

qui vous interroge, du jury qui attend de vous la lumière et pèse, dans le recueillement, chacune de vos paroles, de la défense enfin ardente à les combattre, à en amoindrir la portée, à en déduire l'effet, il faut se sentir bien fort de la vérité que l'on porte en soi et bien pénétré de l'étendue, mais en même temps des limites de sa mission, pour ne pas être ébranlé et compromettre, du même coup, la science et la dignité de la profession, soit par des hésitations et des compromis impuissants, soit par la témérité d'affirmations hasardées. Pour moi, je ne comparais pas une fois devant une Cour d'assises sans une secrète et très vive préoccupation, bien moins du triomphe de mon opinion que de la responsabilité dans laquelle j'engage avec moi la science que je représente. *Medici non sunt proprie testes, sed est magis judicium quam testimonium*. Le médecin n'est pas un témoin, c'est un juge. Dans combien de circonstances, et des plus graves, n'en est-il pas ainsi à la lettre? Et que de questions capitales la parole du médecin expert peut seule instruire et résoudre! Il tient bien réellement dans sa main le sort, c'est-à-dire la vie et l'honneur des accusés, et sa précipitation ou sa faiblesse peuvent, en égarant la justice, laisser échapper un coupable ou, pensée terrifiante, faire condamner un innocent... .

« L'un, exposant avec une abondante facilité les plus minutieux détails d'une longue expertise, développe successivement toutes les opinions qui peuvent être débattues et, s'il ne conclut pas toujours avec fermeté, donne du moins tous les éléments d'une conclusion. — L'autre, ardent, passionné, auxiliaire habituel et convaincu de l'accusation, tranche les questions et formule en réquisitoire ses déductions médicales. — Un troisième, transportant dans le prétoire la chaire du professeur, cède à l'illusion facile que crée pour lui la foule attentive qui, sur les bancs de la Cour d'assises, reste suspendue à ses lèvres. Sa déposition est une leçon, et il ne ménage ni les expressions techniques, ni l'énumération des procédés, ni même les réminiscences de la polémique. Pendant plus d'une heure l'audience est transformée et, quand il s'arrête, les applaudissements lui font croire encore qu'il est sous les voûtes de son amphithéâtre. — Le dernier, plus modeste, s'efforce de rester scrupuleusement dans le rôle qui lui est tracé. Il ne sait pas, il ne veut pas savoir quelle cause, de l'accusation ou de la défense, il favorise en donnant tout à la vérité, Il évite de faire entendre à des oreilles profanes le langage trop souvent obscur de la science ; il tâche, avant tout, d'être clair et intelligible pour tous ; il expose brièvement les faits qu'il a eu à constater, et résume aussi nettement que possible les conclusions auxquelles son examen l'a conduit. Il attend alors que des questions nouvelles lui donnent l'occasion et le droit de fournir des explications, de rétorquer des arguments contradictoires. Il accepte la discussion, il ne la provoque ni ne la devance ; il ne craint pas de douter et il ne se croit pas tenu d'affirmer toujours, persuadé que sa modération sert mieux que ne l'eût fait l'expression brillante ou passionnée d'une opinion, la vérité, la justice et la science elle-même. »

201. Il nous faut rappeler ici, quant à la rédaction du rapport, quelques préceptes connus, il est vrai, de tous les médecins légistes, mais dont les experts nouvellement employés par la justice devront se bien pénétrer.

Orfila (1) et Chaussier (2) estiment que le rapport doit être dressé séance tenante, au fur et à mesure des constatations, afin d'en reproduire fidèlement, scrupuleusement, tous les détails. D'autres médecins, et notamment M. le docteur Louis Penard, dans un travail fort complet sur les questions d'attentats aux mœurs, que nous regrettons de ne pouvoir rapporter ici en entier et dont nous recommandons la lecture (3), pensent au contraire que le médecin expert ne saurait trop prendre son temps pour bien mesurer et arrêter les expressions de ses conclusions. — M. Penard constate que les magistrats, connaissant les nombreux devoirs que les médecins ont à remplir, se prêtent généralement avec une grande complaisance aux convenances personnelles de l'expert ; mais en même temps il signale la nécessité où se trouve le juge d'instruction, aux termes de l'article 127 du Code d'instruction criminelle, de rendre compte, chaque semaine, des affaires dont la conduite lui est dévolue. Il y aurait donc mauvaise grâce à retarder mal à propos l'action de la justice et à entraver la marche des affaires (4).

D'après cet auteur, on doit mentionner, dans le préambule, l'autorité judiciaire d'où émane l'ordonnance, et reproduire textuellement les termes du réquisitoire pour bien préciser la nature de la mission que l'expert a reçue. Il faut ensuite indiquer le quantième, le jour et même l'heure de l'expertise. Le professeur Taylor insiste sur ce point que l'expert ne doit jamais se servir des mots d'*hier*, *avant-hier*, et qu'il faut, avant tout, préciser les quantièmes et les jours. Puis le point capital est l'exposé du *visum* et *repertum*. Tout est là, dit M. Penard, parce que si cet exposé est bien fait, alors même que les conclusions qui en découlent seraient fausses ou mauvaises, tout le monde pourra s'appuyer sur la constatation matérielle pour accepter ou redresser les conséquences qu'en a tirées le médecin légiste.

Que le rapport soit net et clair, qu'il fournisse, au besoin, l'explication en langage vulgaire des termes scientifiques employés.

Quant aux conclusions, c'est assurément la partie la plus dif-

(1) Orfila, *Traité de méd. lég.*, 4e édit., t. Ier, p. 12.
(2) Chaussier, *Observat. chirurgico-légales sur un point important.*
(3) *Annales d'hyg. et de méd. lég.*, 2e série, t. XIV, p. 380.
(4) V. *suprà*, n° 175, les instructions ministérielles au sujet de la lenteur des expertises.

ficile de ce travail. Ces conclusions doivent répondre catégoriquement aux questions posées dans la commission ou le réquisitoire. Pour plus de clarté, les réponses peuvent être classées au moyen de numéros renvoyant à ceux des questions. C'est le système des médecins allemands.

M. Penard examine, à son tour, le rôle du médecin dans sa comparution à l'audience. Il critique spirituellement la procédure française, qui du médecin légiste fait *un témoin*, bien qu'il n'ait à déposer d'aucun fait, le condamne à l'amende s'il ne comparaît pas sur la citation; et, s'il obéit, le parque, avec vingt-cinq ou trente autres témoins, l'appelle le trentième, suivant son rang, lui demande s'il n'est pas parent, allié, ou au service de l'accusé qui a peut-être assassiné père et mère ; et il ajoute qu'à cette interpellation du président : « Témoin, dites ce que vous savez !... » le malheureux médecin qui se présente pour la première fois devant la Cour d'assises a peine à se défendre d'un éblouissement. Il ne doit pas oublier alors qu'il n'a rien à raconter de l'affaire et qu'il doit se borner à expliquer modestement, mais clairement, les constatations qu'il a faites. Il discutera avec calme les objections que le défenseur ne manquera pas de lui faire, et il ne s'en effraiera pas. S'il se trouve en présence d'un confrère dont les opinions viennent heurter les siennes, il s'exprimera avec convenance et, tout en persistant, s'il croit devoir le faire, dans ses appréciations, il évitera avec soin toute formule blessante pour les opinions contraires.

202. On nous pardonnera d'insister ici et de traiter avec détails la question des devoirs généraux de l'expert en matière criminelle, elle en vaut vraiment la peine ; il s'agit souvent à la fois de la vie d'un homme et d'un grand acte de préservation sociale ; il importe donc que le médecin légiste ne se méprenne pas sur la nature et l'étendue de sa mission.

M. le docteur H... d'A..., médecin à Clamecy, communiquait, le 13 juillet 1868, à la Société de médecine légale, un travail où il énonçait cette proposition : « Le médecin légiste doit répondre aux questions qu'on lui adresse sans réticences, mais il n'a ni à les commenter ni à leur donner de l'extension, car, dans ce cas, il se ferait à tort l'auxiliaire du ministère public. » — Et, à ce sujet, il cite pour exemple le fait suivant :

Un individu, jardinier de profession, fut accusé d'avoir violé une femme mariée qui était loin de passer pour une Lucrèce. Je fus commis pour visiter cette femme et son agresseur. Celui-ci n'avait pas la moindre égratignure. La femme avait une contusion à la partie interne et moyenne du bras droit; j'en constatai une autre, un peu plus large que la première, à la partie interne et inférieure de la cuisse du même côté. *Je n'avais, à ce sujet, aucune conjecture à émettre, tout au plus avais-je, pendant les débats, à répondre aux questions qu'on eût pu me faire à cet égard;* on ne m'en adressa aucune. Le ministère public s'évertua à faire des phrases sur l'immoralité en général, sur celle de cet homme en particulier, qui se permettait d'embrasser les filles qui venaient lui demander des bouquets. Le prévenu fut acquitté. Après l'audience, le substitut qui avait porté la parole me demanda mon opinion sur la prévention qu'il avait soutenue : elle est très fondée, lui répondis-je, la contusion observée à la partie interne et moyenne du bras droit de la femme a dû être occasionnée par la pression du pouce gauche de l'agresseur, celle de la cuisse a été faite par le genou gauche du prévenu, qui avait déjà relevé les vêtements lorsqu'il entendit du bruit. — Mais pourquoi n'avez-vous pas expliqué cela à l'audience ? — Par l'excellente raison que ma mission se bornait à rendre compte des faits, et que vous ne m'avez pas interrogé sur leur interprétation (1).

Cette doctrine est complètement erronée. En se bornant à relater les faits, à indiquer ses constatations, l'expert commis par la justice néglige la partie la plus importante et assurément la plus difficile de sa mission, mais aussi celle principalement pour laquelle il a été désigné. Le fait matériel peut être constaté par le premier venu, mais à l'homme de l'art seul il appartient d'en tirer les conséquences. On n'avait pas besoin d'un médecin pour établir que la victime avait des ecchymoses au bras et à la cuisse, une femme illettrée aurait pu en témoigner ; le médecin avait à rechercher la cause de ces blessures, et s'il n'a pas fait connaître cette cause, il n'avait pas le droit de s'étonner des phrases du ministère public sur l'immoralité, alors qu'il aurait pu en faire aussi sur l'insuffisance des experts qui ne comprennent pas leur mission.

Ce qui a dû causer l'erreur du médecin dont il s'agit, et qui, sans aucun doute, n'avait pas l'habitude des expertises médico-légales, c'est la confusion que paraît faire notre Code d'instruction criminelle, et que signalait avec tant de raison M. le docteur Louis Penard, de l'expert avec le témoin. Le docteur H... d'A... a cru qu'il n'était qu'un témoin appelé à déposer d'un fait, alors qu'il était un expert chargé d'éclairer la justice sur les conséquences des constatations matérielles qu'il avait pu faire.

203. Insistons encore sur la gravité, l'importance souvent effrayante de la mission confiée à l'expert, afin de lui faire bien

(1) *Annales d'hyg. et de méd. lég.*, 2e série, t. XXX, 1868, p. 463.

comprendre avec quel soin il doit peser toutes ses affirmations avant de les émettre, pour n'avoir pas à rougir plus tard de sa légèreté et de son imprévoyance.

Un jeune accusé, le sieur Jean, vient répondre devant la Cour d'assises à une accusation capitale : il aurait assassiné une vieille femme pour la voler. Diverses charges pèsent sur lui, en voici la principale : sur la blouse que, de son aveu, il portait le soir même du crime, on a remarqué treize taches. — Un chimiste et un médecin commis dans l'instruction affirment que ces taches ont été produites par du sang humain.

A l'audience du 22 janvier 1881, les hommes de l'art sont entendus, ils persistent dans les conclusions de leur rapport. Le défenseur conclut alors à la nomination de nouveaux experts ; il cite l'opinion des auteurs les plus autorisés, Donné, Dragendorff, Roussin, Tardieu, Briand et Chaudé, qui tous enseignent qu'il est impossible de distinguer le sang humain, quand il est desséché, du sang des autres mammifères. — Les experts sont rappelés, le médecin dit qu'en effet il a été téméraire en parlant de sang humain, qu'il aurait dû dire seulement : *sang de mammifère*. Le chimiste persiste dans ses affirmations. La Cour commet M. R..., docteur ès sciences et pharmacien, pour donner son avis. Ce chimiste se présente aussitôt et établit qu'il est impossible, étant donnée une tache de sang desséché, de dire si elle provient d'un être humain ou d'un autre mammifère.

Les experts, rappelés encore une fois, déclarent, l'un et l'autre, qu'ils s'étaient trompés et qu'ils le reconnaissent. La Cour rend alors un arrêt qui ordonne une nouvelle expertise qu'elle confie à MM. Lhote, Brouardel et Bergeron.

Le 12 avril 1881, l'affaire se présente de nouveau devant le jury, mais dans des conditions bien différentes. Tout l'intérêt de la cause se résume dans l'opinion des gens de l'art. M. le professeur Lhote la fait connaître à la Cour. Après avoir rendu compte des examens chimique, spectroscopique et microscopique, auxquels il a procédé avec ses savants confrères, il émet l'avis que les premiers experts se sont trompés dans leurs premières conclusions ; ils ont été victimes d'une erreur, et ils ont pris pour des globules sanguins des spores existant dans les taches. Dans tous les cas, en admettant que ces experts aient réussi à voir des globules sanguins, rien ne justifie, dans leur rapport, la conclusion que ces globules appartiennent au sang humain. On ne peut, dans l'immense majorité des cas, affirmer que des globules de sang de mammifère proviennent du sang de l'homme ou du sang d'un autre animal de cette classe. On ne le peut, exceptionnellement, que lorsque le sang est frais ou coagulé en grosses masses, ou emprisonné dans la graisse.

La conclusion de M. le professeur Lhote est qu'il était impossible de démontrer que les taches de la blouse de l'accusé fussent faites par du sang, et surtout par du sang humain.

M. le docteur Brouardel confirme la déclaration de son confrère.

M. le docteur Bergeron, récemment nommé doyen de la Faculté de médecine de Lille, ne peut se présenter, mais il a signé le rapport de contre-expertise, d'accord avec ses deux collègues.

Le ministère public déclare qu'à la dernière session il avait une conviction énergique de la culpabilité de Jean, conviction basée sur l'expertise relative aux taches de sang, mais qu'en présence des conclusions des nouveaux experts, un doute s'est fait jour dans son esprit. Il relève néanmoins toutes les charges de l'accusation. Mais le jury rend un verdict négatif, et Jean est acquitté.

Si l'avocat, M. Froidefond des Farges, un ancien et très honorable magistrat, n'avait pas, dans sa pratique judiciaire, étudié les traités de médecine légale cités par lui à la première audience, s'il n'avait pas aussi vivement insisté et obtenu une contre-expertise, il est vraisemblable que l'accusé, qui peut fort bien être innocent, aurait été condamné sur les affirmations inconsidérées des premiers experts (1).

SECTION II.

DES EXPERTISES EN MATIÈRE CIVILE.

204. Les médecins sont appelés moins fréquemment à donner leur concours à la justice dans les affaires civiles que dans les affaires criminelles, mais le secours de leurs lumières n'est pas moins précieux dans un cas que dans l'autre. Quand il s'agit d'un crime, le médecin tient fort souvent la vie de l'accusé entre ses mains, et quand il est appelé par les tribunaux civils, il dispose de la fortune, de l'état civil, de l'honneur, des intérêts les plus chers des citoyens. La science médicale intervient, soit qu'il y ait

(1) *Gazette des Tribunaux*, du 16 avril 1881.

lieu de constater la folie dans le but d'arriver à une interdiction, d'empêcher un mariage, de faire annuler un testament ou une donation, soit qu'il s'agisse de constater l'époque de la conception, soit qu'elle ait à rechercher la viabilité d'un enfant, les causes physiques de la nullité d'un mariage, les conséquences d'un accident, etc., etc. — Le médecin peut être appelé à constater la nature et la gravité de blessures accidentelles ou même de coups volontaires, quand la victime en poursuit l'auteur devant les tribunaux civils pour obtenir des dommages-intérêts. Il peut aussi, sur la demande des parties intéressées, avoir à donner son avis sur les établissements insalubres, etc... Son concours enfin est indispensable pour conclure un traité d'assurance sur la vie.

Quant au chimiste, il est souvent chargé d'analyser les marchandises qui font l'objet de procès.

205. Il est bien entendu que les magistrats ne doivent recourir aux lumières des hommes de l'art qu'autant que leurs connaissances personnelles ne leur fournissent pas des éléments suffisants d'appréciation. Il ne faut pas étendre au delà de ses limites raisonnables la maxime du droit romain : *non sufficit ut judex sciat, sed necesse est ut ordine juris cognoscat*. Cela veut dire que le juge ne peut invoquer, dans sa décision, la connaissance qu'il peut avoir d'un fait qui donne lieu au procès, et qu'il ne peut être, à la fois, juge et témoin ; mais il ne lui est certes pas interdit, lorsque les faits de la cause lui sont juridiquement prouvés, d'y appliquer les ressources de son instruction particulière. Il lui est aussi bien permis d'invoquer un principe scientifique ou une simple règle de l'art qu'un article du Code : « Il serait tout aussi ridicule de l'obliger à mettre de côté ses propres connaissances pour avoir recours à celles des experts, que de l'assujettir à prendre une consultation d'un avocat sur un point de droit controversé » (1).

206. Mais il en serait autrement si la loi exigeait formellement une expertise. C'est ainsi qu'il a été jugé que les tribunaux ne peuvent se dispenser d'ordonner une expertise dans le cas où un voisin se plaint de ce que le propriétaire d'un mur mitoyen y a appliqué ou appuyé un ouvrage qui lui cause préjudice, l'article 662 du Code civil voulant que des experts indiquent les moyens nécessaires pour que le nouvel ouvrage ne nuise pas à l'autre propriétaire (2).

Il a encore été jugé qu'en matière criminelle, un tribunal de

(1) Chauveau sur Carré, n° 1155 *bis*. — Orléans, 19 févr. 1812.
(2) Rennes, 5 juillet 1819. P. chron.

simple police ne peut, à peine de nullité, procéder lui-même, à l'aide d'un galactomètre, à une expérience qu'il a reconnue nécessaire (1)

207. Les formalités relatives aux expertises en matière civile sont réglées par le Code de procédure civile, dans les articles 303 et suivants :

Article 303. — « L'expertise ne pourra se faire que par trois experts, à moins que les parties ne consentent qu'il soit procédé par un seul. »

Article 304. — « Si, lors du jugement qui ordonne l'expertise, les parties se sont accordées pour nommer des experts, le jugement leur donne acte de la nomination. »

Article 305. — « Si les experts ne sont pas convenus par les parties, le jugement ordonnera qu'elles seront tenues d'en nommer dans les trois jours de la signification, sinon qu'il sera procédé par les experts qui seront nommés d'office par le même jugement. »

208. Toute expertise doit donc, en principe, être faite par trois experts, et la jurisprudence a longtemps décidé que si les tribunaux civils peuvent n'en nommer qu'un seul, c'est uniquement avec le consentement des parties. Quoi qu'il en soit, les hommes de l'art doivent toujours être en nombre impair, afin d'éviter le partage égal des opinions (2).

Mais, aujourd'hui, il est un point constant en jurisprudence, c'est que, lorsqu'une expertise est ordonnée d'office par le juge, un seul expert peut être désigné (3).

209. Les fonctions d'expert sont essentiellement libres ; chacun peut refuser la mission qui lui est confiée, soit par les parties, soit par le juge, et l'expert, tant qu'il n'a pas accepté cette mission, peut y renoncer. Mais quand il a prêté serment, il est engagé, et s'il n'accomplit pas son mandat, il peut alors supporter les frais frustratoires et être même condamné à des dommages-intérêts, aux termes de l'article 316 du Code de procédure civile, et l'article 320, plus sévère encore pour celui qui ne dépose pas son rapport, autorisait les tribunaux à prononcer contre lui la contrainte par corps. Mais la loi du 22 juillet 1867 ayant aboli la contrainte par corps en matière civile, ce moyen de coercition

(1) Cassat. 26 sept. 1840. D. *Rép.*, v° *Expert.*, n° 34.
(2) Cassat. 21 brumaire an III. P. chron. — Paris, 1er avril 1811. 220.
(3) Cassat. 8 novembre 1869. P. 1870. 164. — 14 mai 1872. P. 1872. 558. — 18 mars 1873. P. 1873. 655. — Lyon, 24 mars 1876. P. 1877. 846.

ne peut plus être employé contre les experts en retard de déposer leur rapport.

Quand les magistrats ne trouvent pas dans le travail des experts des éléments de conviction suffisants pour juger, ils peuvent ordonner d'office une nouvelle expertise, et, dans ce cas, les nouveaux experts, nommés également d'office par le tribunal ou la Cour, peuvent demander aux premiers les renseignements qu'ils trouvent convenables (1).

Les principes généraux posés dans les articles 1382 et suivants du Code civil, et que nous avons rappelés dans le chapitre IV au sujet de la responsabilité médicale, sont, sans contredit, applicables aux experts. Aussi ces derniers sont-ils responsables du préjudice que leurs erreurs grossières ont causé aux parties (2). Et dans ce cas, s'il y a lieu de recommencer l'expertise, les frais peuvent être mis à la charge de ceux qui l'ont faite. Néanmoins, si leur travail a été homologué par un jugement devenu définitif, ils ne sont pas responsables des inexactitudes de leurs opérations, quand leur bonne foi est reconnue (3).

Les experts ne peuvent pas invoquer l'ignorance de la loi pour échapper à la responsabilité de leur faute (4).

210. Le serment des gens de l'art est substantiel en matière civile comme en matière criminelle, et l'absence de cette formalité annule la procédure, à moins qne les parties n'aient déclaré y renoncer.

La formule du serment en matière civile n'est donnée par aucune loi, il en résulte qu'elle n'a rien de sacramentel. Le juge fait habituellement promettre aux experts *de bien et fidèlement remplir la mission qui leur est confiée.* Le procès-verbal qui constate cette formalité indique en même temps le jour, le lieu et l'heure que les experts ont fixés pour le commencement de leurs opérations, et les parties sont par là intimées à s'y trouver présentes.

211. Cependant il est bien évident que si l'expertise pouvait blesser la pudeur de l'une des parties, elle devrait se faire hors la présence de l'autre (5). — Il a été jugé qu'une expertise n'est pas nulle, bien que l'analyse chimique qui était l'un de ses objets

(1) Article 322 du *Code de procédure.*
(2) Rennes, 16 juillet 1812. D. *Rép.*, v° *Expert.*, n° 122. — Cassat. 21 novembre 1822, *loc. cit.*, et 117, 3° — Dijon, 25 juillet 1854. D.-P. 54. 2. 249.
(3) Pau, 30 décembre 1863. D. P. 64. 2. 63.
(4) Dalloz, *Rép.*, v° *Expert.*, n° 122.
(5) V. *suprà*, n°s 194 et 195.

ait été faite en l'absence des parties, si cette analyse était terminée lorsque celles des parties qui contestent ont demandé à y être admises, et si d'ailleurs ces parties ont assisté à toutes les opérations essentielles de l'expertise et ont été mises à même, par les détails contenus dans le rapport des experts sur la marche et sur la méthode suivie dans l'analyse et sur ses résultats, d'exercer utilement leur droit de contrôle et de critique (1).

212. Les médecins sont fort souvent appelés à fournir des certificats avant le procès. Dans ce cas, peuvent-ils être désignés comme experts ? Le doute peut naître de l'article 283 du Code de procédure civile, qui autorise les parties à reprocher le témoin qui aurait fourni un certificat sur les faits relatifs au procès, et de l'article 310 du même Code portant que les experts pourront être récusés par les motifs pour lesquels les témoins peuvent être reprochés. Il semblerait résulter d'un arrêt de la Cour de Lyon que nous avons déjà cité (2) que la loi n'a point étendu aux experts cette cause d'incapacité, qui n'existe pas quand le certificat a été délivré avant qu'aucune contestation se fût élevée et n'a pas été donné en vue d'un procès qui n'existait pas et dont il n'était pas encore question. Cependant, si le médecin avait fait connaître nettement son opinion dans un certificat, même antérieur au commencement du procès, il nous semblerait bien difficile de repousser la récusation, l'indépendance de ce médecin dans la cause pouvant être suspectée (3).

Quand les parties ont choisi elles-mêmes les experts, elles ne peuvent pas les récuser : c'était à elles à en désigner d'autres. Les récusations ne peuvent donc être proposées que contre ceux nommés d'office par les tribunaux, à moins, toutefois, que les causes de récusation ne soient survenues qu'après la nomination faite par les parties (4).

213. Les experts doivent avant tout se bien pénétrer de la mission qui leur est confiée, afin de répondre exactement et catégoriquement à toutes les questions ; mais en même temps ils ne doivent pas oublier que cette mission est circonscrite par les termes du jugement qui les a commis, et qu'ils ne doivent jamais aller au delà, à moins que les parties n'aient consenti expressément ou tacitement à étendre les limites de cette mission (5).

(1) Cassat. 5 janvier 1881. D. P. 1881. 1. 129. (V. les observations de M. G. Dutruc sous cet arrêt.)
(2) Lyon, 24 mars 1876. P. 1877. 846.
(3) *Annales d'hyg. et de méd. lég.*, 3e série, t. 1er, p. 159.
(4) Article 308 du *Code de procédure.*
(5) Cassat. 1er mars 1881. *Gazette des Tribunaux*, 2 mars 1881.

214. Quand une expertise est confiée à plusieurs personnes, elles doivent opérer ensemble et simultanément. Si l'une d'elles ne se présente pas, l'opération est ajournée, et l'expert défaillant en est averti (1).

L'article 318 du Code de procédure civile porte :

« Les experts dresseront un seul rapport ; ils ne formeront qu'un « seul avis, à la pluralité des voix. — Ils indiqueront néanmoins, en « cas d'avis différents, les motifs des divers avis, sans faire connaître « quel a été l'avis personnel de chacun d'eux. »

Bien que la loi ne le dise pas formellement, le rapport doit être motivé. Il est rédigé par écrit, à moins qu'il n'y ait qu'un seul expert et que le jugement porte que le rapport sera fait à l'audience ; car, autrement, si trois faisaient un rapport oral, chacun d'eux ferait, par cela même, connaître son avis personnel, ce qui n'est pas permis.

Le rapport est écrit par l'un des experts, signé par tous et déposé ensuite au greffe du tribunal qui a ordonné l'expertise. Le défaut de signature de l'un d'eux n'entraînerait pas la nullité du rapport, la doctrine et la jurisprudence sont d'accord sur ce point (2), et ce rapport ne serait même pas nul si l'un des experts n'avait pas assisté à toutes les opérations de l'expertise(3).

215. Le procès-verbal fait foi jusqu'à inscription de faux de tous les faits qu'il a constatés. Quant aux appréciations des experts, elles sont toujours discutables et peuvent même faire l'objet d'une seconde expertise, si le tribunal ne se trouve pas suffisamment éclairé.

216. Le rapport est assujetti à la formalité de l'enregistrement, mais les experts ne sont pas tenus de le faire enregistrer eux-mêmes ; c'est au receveur de l'enregistrement et des domaines qu'il appartient de poursuivre le recouvrement du droit sur l'extrait de l'acte de dépôt qui lui est fourni par le greffier.

217. Il en est autrement en ce qui concerne le timbre du papier employé pour la rédaction du rapport. Aux termes de l'article 1er de la loi du 13 brumaire an VII :

« La contribution du timbre est établie sur tous les papiers des-

(1) Bordeaux, 2 août 1833. P. chron.

(2) Favard, t. IV, p. 705, nº 7. — Boncennes, t. IV, p. 490. — Thomine, t. Ier, p. 522. — Rodière, t. II, p. 169. — Chauveau, sur Carré, nº 1198 *bis*. — Agen, 30 juillet 1828. P. 1828, chron. — Orléans, 14 novembre 1817. P. 1817, chron.— Cassation, 1 novembre 1820. P. 1820, chron. — Cassation, 30 novembre 1824. P. 1824, chron. — Caen, 25 juin 1840. D. *Rép.*, vº *Expert.* — Orléans, 9 janv. 1847. D. P. 47. 2. 22.

(3) *Annales d'hyg. et de méd. lég.*, 2e série, t. XLIX, 1878, p. 164.

« tinés aux actes civils et judiciaires et aux écritures qui peuvent « être produites en justice et y faire foi. Il n'y a d'autres exceptions « que celles notamment exprimées dans la présente. »

L'article 2 distingue deux sortes de contributions de timbre, l'une applicable aux effets négociables et de commerce, graduée en raison des sommes à y exprimer, l'autre relative aux autres actes, et tarifée en raison de la dimension du papier employé.

Ensuite la loi établit deux catégories d'actes soumis au timbre de dimension. Quand on emploie du papier préalablement timbré, il n'y a pas à s'en préoccuper, puisque le prix en est perçu par le débitant, au moment où il le livre ; mais si l'on emploie du papier non timbré à l'avance, il faut le soumettre au *visa pour timbre*. Ce visa est apposé par les receveurs de l'enregistrement et des domaines qui perçoivent les droits. Si une pièce, rapport ou certificat, délivrée par un médecin et écrite sur papier libre, était produite en justice, elle motiverait une amende.

Certains actes sont assujettis au timbre préalable, ils ne peuvent pas être écrits sur papier libre qui serait plus tard visé pour timbre. Parmi ces actes qui ne peuvent jamais être écrits que sur du papier timbré à l'avance, on doit compter :

« Les consultations, mémoires, observations et pièces signés des « hommes de loi et défenseurs officieux près les tribunaux, et les « copies ou expéditions qui en seront faites ou signifiées..... et géné« ralement tous actes et écritures, extraits, copies et expéditions, soit « publics, soit privés, devant ou pouvant faire titre ou être produits « pour obligation, décharge, justification, demande ou défense. »

Il suit de là que les rapports d'experts ne peuvent être dressés, en matière civile, que sur papier timbré. Il en est ainsi des certificats délivrés par les médecins, lorsqu'ils sont destinés à être produits en justice dans les affaires civiles. Il a même été jugé qu'un certificat de médecin remis à une compagnie d'assurances sur la vie, pour établir le décès d'un assuré, devait être rédigé sur timbre, et que l'amende est encourue, bien que la pièce n'ait jamais été produite devant aucune autorité judiciaire ou administrative, et qu'elle ait été simplement trouvée dans les papiers de la compagnie d'assurances, par ce motif :

« Qu'un certificat devant servir de justification pour la liquidation d'une indemnité réclamée à la compagnie d'assurances se trouve dans la catégorie des actes privés *pouvant* être produits pour justification, lesquels actes sont assujettis par l'article 12 de la loi du 13 brumaire an VII au timbre de dimension (1). »

(1) Trib. d'Angoulême, 12 juillet 1875. Sir. 76. 3. 183.

Il est bien entendu que les rapports et certificats produits en matière criminelle sont exempts du droit de timbre.

SECTION III.

DES EXPERTISES EN MATIÈRE ADMINISTRATIVE.

218. Indépendamment des affaires judiciaires dont nous venons de nous occuper, les médecins et les chimistes sont fort souvent appelés à prêter leur concours à l'autorité dans un grand nombre de circonstances particulières qu'il n'est pas possible d'énumérer, parce qu'elles varient à l'infini.

Nous avons dit que si le ministère public poursuit d'office l'interdiction d'un individu atteint d'aliénation mentale, les médecins sont, le plus souvent, requis pour fournir un certificat constatant la folie ; mais ils doivent toujours être consultés quand il s'agit de placer le malade dans une maison d'aliénés.

219. Aux termes de l'article 8 de la loi du 30 juin 1838 :

« Les chefs ou préposés responsables des établissements publics, et « les directeurs des établissements privés et consacrés aux aliénés, « ne pourront recevoir aucune personne atteinte d'aliénation mentale, « s'il ne leur est remis :

« 1° Une demande d'admission, contenant.... etc..... ;

« 2° Un certificat de médecin constatant l'état mental de la per- « sonne à placer et indiquant les particularités de sa maladie et la « nécessité de faire traiter la personne désignée dans un établisse- « ment d'aliénés et de l'y tenir enfermée.

« Ce certificat ne pourra être admis s'il a été délivré plus de quinze « jours avant sa remise au chef ou directeur ;

« — S'il est signé d'un médecin attaché à l'établissement ;

« — Ou si le médecin signataire est parent ou allié au second « degré inclusivement des chefs ou propriétaires de l'établissement « ou de la personne qui fera effectuer le placement.

« En cas d'urgence, les chefs des établissements pourront se dis- « penser d'exiger le certificat du médecin.

« Il sera fait mention de toutes les pièces produites dans un bul- « letin d'entrée qui sera renvoyé, dans les vingt-quatre heures, avec « un certificat du médecin de l'établissement et la copie de celui ci- « dessus mentionné, au préfet de police à Paris, au préfet ou au « sous-préfet dans les communes chefs-lieux de département ou d'ar- « rondissement, et au maire dans les autres communes. Le sous- « préfet ou le maire en fera immédiatement l'envoi au préfet. »

L'article 9 porte :

« Si le placement est fait dans un établissement privé, le préfet, « dans les trois jours de la réception du bulletin, chargera un ou « plusieurs hommes de l'art de visiter la personne désignée dans ce « bulletin à l'effet de constater son état mental et d'en faire rapport « sur-le-champ. Il pourra leur adjoindre telle autre personne qu'il « désignera. »

Article 11. — « Quinze jours après le placement d'une personne « dans un établissement public ou privé, il sera adressé au préfet, « conformément au dernier paragraphe de l'article 8, un nouveau « certificat du médecin de l'établissement. Ce certificat confirmera « ou rectifiera, s'il y a lieu, les observations contenues dans le pre- « mier certificat, en indiquant le retour plus ou moins fréquent des « accès ou des actes de démence. »

Le nouveau certificat dont il est question dans cet article doit être délivré par le médecin en chef de l'établissement et, seulement en cas d'empêchement constaté, par le médecin adjoint. S'ils étaient empêchés l'un et l'autre, c'est le préfet qui pourvoirait à leur remplacement (1).

D'après l'article 12, le registre de l'établissement contient, parmi plusieurs autres indications, la transcription :

« 1° Du certificat du médecin joint à la demande d'admission ;

« 2° De ceux que le médecin de l'établissement devra adresser à « l'autorité, conformément aux articles 8 et 11.

« Le médecin sera tenu de consigner sur ce registre, au moins tous « les mois, les changements survenus dans l'état mental de chaque « malade. »

Article 13. — « Toute personne placée dans un établissement « d'aliénés cessera d'y être retenue aussitôt que les médecins de « l'établissement auront déclaré, sur le registre énoncé en l'article « précédent, que la guérison est obtenue. »

Une circulaire du ministre de l'intérieur du 23 juillet 1838 explique ainsi cette disposition :

« Vous ne perdrez pas de vue, M. le préfet, que cette déclaration des médecins est souveraine ; que les chefs des établissements n'ont pas besoin d'autre autorisation pour mettre en liberté la personne détenue, et qu'ils ne pourraient continuer, sous aucun prétexte, à la séquestrer, sans compromettre leur responsabilité personnelle. Au surplus, je n'ai pas besoin de vous faire remarquer que cet article ne s'applique qu'à la sortie des personnes qui ont été l'objet d'un placement volontaire. Les personnes placées d'office, en vertu de

(1) Ordonnance du 18 décembre 1839, art. 9.

l'article 18, sur l'ordre des préfets, ne peuvent, d'après les articles 20 et 23, sortir des établissements que sur l'ordre des préfets. »

Les dispositions de loi qui précèdent se réfèrent en effet au placement volontaire dans les établissements d'aliénés ; mais l'autorité administrative peut ordonner le placement d'office.

Article 19. — « En cas de danger imminent *attesté par le certificat* « *d'un médecin*, ou par la notoriété publique, les commissaires de « police à Paris, et les maires dans les autres communes, ordonne- « ront, à l'égard des personnes atteintes d'aliénation mentale, toutes « les mesures provisoires nécessaires, à la charge d'en référer, dans « les vingt-quatre heures, au préfet, qui statuera sans délai. »

Article 20. — « Les chefs, les directeurs ou préposés responsables « des établissements seront tenus d'adresser aux préfets, dans le « premier mois de chaque semestre, un rapport rédigé par le médecin « de l'établissement sur l'état de chaque personne qui y sera rete- « nue, sur la nature de la maladie et le résultat du traitement. »

Article 23. — « Si, dans l'intervalle qui s'écoulera entre les « rapports ordonnés par l'article 20, les médecins déclarent, sur le « registre tenu en exécution de l'article 12, que la sortie peut être « ordonnée, les chefs, directeurs ou préposés responsables des éta- « blissements seront tenus, sous peine d'être poursuivis confor- « mément à l'article 30 ci-après, d'en référer aussitôt au préfet, qui « statuera sans délai. »

Article 30. — « Les chefs, directeurs ou préposés responsables ne « pourront, sous les peines portées par l'article 120 du Code pénal, « retenir une personne placée dans un établissement d'aliénés, dès « que sa sortie aura été ordonnée par le préfet, aux termes des « articles 16, 20 et 23, ou par le tribunal, aux termes de l'article 29, « ni lorsque cette personne se trouvera dans les cas énoncés aux « articles 13 et 14. »

220. La seule omission de l'une des formalités prescrites par les articles 5, 8, 11, 12, 13, 15, 17, 20, 21 et 29 de cette loi et commise, soit par les directeurs, préposés ou chefs d'établissements d'aliénés, soit par les médecins attachés à ces établissements, est punie, par l'article 41, d'un emprisonnement de cinq jours à un an, et d'une amende de cinquante à trois mille francs, ou de l'une de ces deux peines seulement.

221. Indépendamment de ces infractions à la loi de 1838, le médecin, attaché ou non à un établissement d'aliénés, qui, en attestant faussement l'aliénation mentale d'une personne, aurait ainsi concouru sciemment à une sequestration arbitraire, serait passible des peines suivantes :

— De deux à cinq ans d'emprisonnement, si la séquestration avait duré moins de dix jours ;

— Des travaux forcés à temps, si cette séquestration avait duré de dix jours à un mois ;

— Et enfin des travaux forcés à perpétuité, si elle s'était prolongée au delà d'un mois (1).

222. La loi, en parlant de *médecin* pour fournir les certificats nécessaires, soit pour l'admission des malades dans les établissements d'aliénés, soit pour leur maintien, soit pour leur sortie, paraît avoir eu en vue les docteurs en médecine ; on ne pourrait donc se contenter d'un certificat délivré par un officier de santé (2).

223. Les médecins reçoivent encore, dans un grand nombre de cas, des missions délicates ayant pour but d'indiquer les mesures à prescrire, soit pour éviter les épidémies, soit pour déterminer les établissements insalubres, les propriétés des comestibles et des boissons mis en vente, etc., etc.

C'est ainsi qu'en 1830, des précautions infinies durent être prises pour enlever des caveaux de Saint-Eustache où ils avaient été entassés, les cadavres de 43 personnes tuées dans les journées de juillet. M. Trébuchet (3) cite un extrait de l'intéressant rapport fait à ce sujet par le Conseil de salubrité au préfet de police.

On trouve également, dans le même ouvrage, des fragments d'un remarquable travail fait par M. Parent-Duchâtelet sur les inconvénients que présentait, au point de vue de la salubrité, une féculerie de pommes de terre établie sur une petite rivière venant de l'étang de Montmorency.

Enfin on y voit aussi un rapport du Conseil de salubrité sur une épidémie qui éclata à Paris en 1829, notamment dans les casernes.

On pourrait citer encore les innombrables rapports du même Conseil sur toutes les matières intéressant la santé publique, l'usage des bonbons, liqueurs et sucreries coloriés avec des substances nuisibles ; les vins fuchsinés, la trichinose, les secours à donner aux blessés, noyés ou asphyxiés, l'assainissement des villes, des casernes, des prisons, des hôpitaux, des marchés, des abattoirs ; sur les amphithéâtres de dissection, le desséchement des marais, etc... Le recueil si complet et si intéressant des *Annales*

(1) Articles 341, 342, 343 du Code pénal.
(2) Durieu et Roche, n° 30.
(3) Trébuchet, *Jurisprud. de la méd. et de la pharmac.*, p. 152.

d'hygiène publique et de médecine légale en reproduit plusieurs chaque année.

Mais, pour cette mission très étendue et très importante confiée aux médecins et aux chimistes, nous n'avons, on le comprend, aucune règle à indiquer. Les rapports ne sont soumis à aucune formalité, ils sont abandonnés à la conscience, au savoir et à la sagacité des experts.

SECTION IV.

DES EXPERTISES A LA REQUÊTE DES PARTICULIERS. FAUX DANS LES CERTIFICATS.

224. Nous ne pouvons examiner ici toutes les circonstances dans lesquelles les médecins et chimistes peuvent être appelés à procéder à des expertises dans l'intérêt des particuliers ; nous étudierons, au chapitre X, ce qui concerne les assurances sur la vie et les rentes viagères.

225. Nous n'avons rien à ajouter à ce que nous avons dit précédemment sur les rapports et certificats à produire par les parties, soit à la justice civile ou criminelle, soit à l'autorité administrative ; nous ferons seulement remarquer que les médecins ne sauraient être trop scrupuleux pour la délivrance des certificats qui leur sont constamment demandés. Il arrive parfois que le médecin atteste par écrit l'existence d'une maladie dont il ne s'est pas suffisamment assuré. Les praticiens ne doivent jamais oublier qu'ils ne peuvent, sans compromettre gravement leur dignité professionnelle, délivrer de ces pièces que l'on est convenu d'appeler des *certificats de complaisance*. Les conséquences en paraissent parfois peu importantes, ce n'est pas une raison pour ne pas les éviter. C'est ainsi que le ministre de la justice a dû rappeler, à différentes reprises, aux magistrats, avec quelle abusive facilité les médecins délivrent souvent des certificats au moyen desquels on élude les dispositions formelles des décrets du 18 juin 1811 et du 1er mai 1854, qui ne permettent la translation en voiture des prévenus et accusés qu'autant que des infirmités réelles les empêchent de voyager à pied (1).

(1) Circul. du 13 août 1855. — 5 mars 1856. — 27 juin 1857. — 6 octobre 1858 — 17 août 1860.

226. Le fait serait d'ailleurs fort grave si le certificat avait eu pour but de dispenser un citoyen d'un service public. Le médecin qui s'en rendrait coupable tomberait sous l'application de l'article 160 du Code pénal et serait passible d'une peine de deux à cinq ans d'emprisonnement. Cet article, modifié par la loi du 13 mai 1863, est ainsi conçu :

« Tout médecin, chirurgien ou autre officier de santé qui, pour « favoriser quelqu'un, certifiera faussement des maladies ou infir- « mités propres à dispenser d'un service public, sera puni d'un em- « prisonnement d'une année au moins et de trois ans au plus.

« S'il a été mû par dons ou promesses, la peine de l'emprisonne- « ment sera d'une année au moins et de quatre ans au plus.

« Dans les deux cas, le coupable pourra, en outre, être privé des « droits mentionnés en l'article 42 du présent Code, pendant cinq « ans au moins et dix ans au plus, à compter du jour où il aura « subi sa peine.

« Dans le deuxième cas, les corrupteurs seront punis des mêmes « peines que le médecin, chirurgien ou officier de santé qui aura « délivré le faux certificat. »

227. Cet article n'offre aucune difficulté d'interprétation, et il suffit de le lire pour comprendre les conditions du délit qu'il prévoit. Il s'applique au médecin, chirurgien ou autre officier de santé qui, pour favoriser quelqu'un, certifie faussement des maladies propres à dispenser d'un service public, et il classe les délinquants en deux catégories. Si le médecin n'a cédé qu'à un sentiment de bienveillance pour un client, si l'acte a été complètement désintéressé de sa part, il n'a commis qu'un délit correctionnel et n'a encouru qu'un emprisonnement de un à trois ans. S'il a été mû par dons ou promesses, le fait est encore un simple délit, mais la peine est plus sévère, elle peut s'élever à quatre années d'emprisonnement.

Les dispositions de cet article sont enfin complétées par celles de l'article 164, qui dispose ainsi :

« Il sera prononcé contre les coupables une amende dont le mini- « mum sera de cent francs et le maximum de trois mille francs ; « l'amende pourra cependant être portée jusqu'au quart du bénéfice « illégitime que le faux aura procuré ou était destiné à procurer aux « auteurs du crime ou du délit, à leurs complices ou à ceux qui ont « fait usage de la pièce fausse. »

Et l'amende prononcée par cet article n'est pas facultative, elle est de rigueur et doit être prononcée contre tout individu déclaré coupable de faux (1).

(1) Blanche, *Etude pratique sur le Code pénal*, t. III, p. 585.

228. La première condition pour que l'article 160 soit applicable, c'est que le certificat ait été délivré par un médecin, chirurgien ou officier de santé.

Faut-il décider, comme l'a fait M. Laterrade (1), que la loi a voulu désigner toutes les personnes qui exercent l'art de guérir, non seulement celles qui sont pourvues de diplômes, mais même celles qui n'ont aucun titre délivré par la Faculté, comme les dentistes, les orthopédistes, etc...? Nous ne le pensons pas; d'abord parce que les lois pénales ne peuvent pas être étendues, et ensuite parce que le délit prend surtout sa gravité dans l'autorité dont jouit le rédacteur du certificat. Il est difficile d'admettre que le certificat délivré par un dentiste ou un pédicure puisse avoir pour effet de dispenser un citoyen d'un service public. Le but importe peu, c'est le résultat qu'il faut considérer. Il en serait autrement, si le dentiste ou le pédicure était en même temps officier de santé.

229. Enfin, dans la formule générale adoptée par l'article 160, faut-il comprendre le pharmacien? — Non, assurément. D'abord, les pharmaciens n'ont aucune qualité pour délivrer des certificats et, en outre, la loi ne paraît pas les avoir fait jamais rentrer dans la catégorie des *officiers de santé*. L'article 317 du Code pénal, qui punit le crime d'avortement, dit: « Les médecins, chirurgiens et autres officiers de santé, *ainsi que les pharmaciens*... »

L'article 378 du même Code, sur la révélation des secrets, emploie la même formule: « Les médecins, les chirurgiens et les autres officiers de santé, ainsi que les pharmaciens... » Si l'article 160 avait voulu frapper aussi les pharmaciens, il n'eût pas manqué de le dire.

Pour que cet article soit applicable, il faut donc que le certificat émane d'un médecin, c'est-à-dire d'un docteur en médecine, d'un chirurgien ou d'un officier de santé.

230. En second lieu, il faut que le certificat atteste une maladie ou une infirmité qui n'existe pas. Si la maladie est réelle, il n'y a pas de délit; l'élément essentiel du faux, en effet, est l'altération de la vérité.

231. Enfin, l'article 160 n'est applicable qu'autant que le certificat a pour but la dispense d'un service public, comme le service militaire, le service du jury.... Il est certain pour nous que la peine serait encourue si le certificat était destiné à dispenser

(3) Laterrade, *Code expliqué des pharmaciens*, n° 301.

un fonctionnaire public de remplir momentanément ses fonctions, à lui faire obtenir un congé, etc...

232. Comme on le voit, les articles 160 et 164 du Code pénal prévoient le faux commis par les médecins dans les certificats qu'ils délivrent à la demande des particuliers. Quant aux autres faux que pourraient commettre les médecins, ils rentrent dans le droit commun.

Un arrêté du ministre de l'intérieur, du 16 juillet 1823, a décidé que, chaque année, il serait distribué aux médecins et officiers de santé qui se seraient distingués dans la propagation de la vaccine et dans la pratique de la vaccination, un prix de 1,500 fr., quatre médailles d'or et cent médailles d'argent. A ces récompenses données par l'administration centrale, les Conseils généraux ont ajouté des allocations qui sont distribuées annuellement dans le même but. — Chaque année, au mois de janvier, un concours est ouvert pour la distribution de ces prix, qui sont attribués, d'après la comparaison des statistiques et des certificats administratifs, aux médecins qui ont vacciné le plus grand nombre d'enfants. Des états constatant le nombre des vaccinations sont transmis par les maires aux préfets, et servent à la répartition, entre les médecins ayant droit, des fonds départementaux; et, pour la répartition des fonds pris dans la caisse centrale de l'Etat et des récompenses nationales, les préfets adressent au ministre de l'intérieur des états certifiés qui sont appréciés en définitive par l'Académie de médecine, chargée par l'ordonnance royale du 20 décembre 1820, qui l'a instituée, des fonctions autrefois attribuées à la commission centrale de la vaccine.

Un sieur E..., officier de santé dans le département d'Ille-et-Vilaine, se livrait à la vaccine et ambitionnait les récompenses que distribue l'Académie de médecine. Pour atteindre ce but, il altéra les documents qui devaient servir de base, en ce qui le concernait, à la statistique de la vaccine, et plusieurs fois il augmenta, dans les notes qu'il transmettait au maire de la commune, le nombre des vaccinations qu'il avait pratiquées. Mais la comparaison d'un certificat contenant les noms de 76 enfants vaccinés en un an, dans une commune, avec l'état des naissances, qui ne s'élevaient, dans ladite commune, qu'à 15 pendant la même année, fit découvrir la fraude.

Traduit devant la Cour d'assises d'Ille-et-Vilaine, sous l'accusation de faux: 1° pour avoir fourni de faux états de vaccination; 2° pour avoir altéré ces mêmes états, en y ajoutant des noms nouveaux, après qu'ils avaient été revêtus de la signature des maires certificateurs, le sieur E... fut, le 15 août 1847, déclaré non coupable du crime de faux en écriture authentique, mais seulement de faux en écriture privée, et condamné à trois ans de prison et 100 fr. d'amende.

Il forma un pourvoi en cassation contre l'arrêt qui le condamnait, en se fondant sur ce que les faits servant de base à la condamnation ne constituaient pas le crime de faux, puisqu'il ne s'agissait ni d'obligations, ni de décharges, mais de simples notes que les maires, auxquels elles étaient transmises, pouvaient rejeter ou modifier.

La Cour de cassation adopta ce système et déclara que le fait ne constituait ni crime, ni délit (1).

On peut, en effet, ne pas voir dans cet acte le crime de faux ; on pouvait même, en 1847, n'y pas trouver le délit d'escroquerie prévu par l'article 405 du Code pénal qui punit : « quiconque... en employant des manœuvres frauduleuses pour persuader l'existence... d'un crédit imaginaire, se sera fait remettre ou délivrer des fonds, etc... »

Au moment où a été rendu l'arrêt que nous citons, l'escroquerie n'était punissable qu'autant qu'elle avait produit son effet ; mais la loi du 13 mai 1863, modifiant l'article 405, atteint la tentative aussi bien que le délit consommé ; il serait donc impossible aujourd'hui de ne pas prononcer une condamnation à raison du fait que nous venons de signaler.

SECTION V.

CORRUPTION DES ARBITRES, EXPERTS ET MÉDECINS DES CONSEILS DE RECRUTEMENT.

233. Chaque année, les tribunaux civils français ordonnent environ 8,000 expertises ; la loi devait prévoir le cas où, parmi tant de personnes investies de la confiance de la justice, il s'en trouverait qui tromperaient cette confiance, méconnaîtraient l'importance et la dignité des fonctions temporaires qui leur sont confiées et favoriseraient injustement et sciemment l'une des parties.

L'article 177 du Code pénal, dans son troisième alinéa, a pour but de prévenir ce genre de prévarication :

(1) Cassat. 4 novembre 1847. P. 1848. 1. 186.

« Tout fonctionnaire public de l'ordre administratif ou judiciaire, « tout préposé d'une administration publique qui aura agréé des « offres ou promesses ou reçu des dons ou présents pour faire un « acte de sa fonction ou de son emploi, même juste, mais non sujet à « salaire, sera puni de la dégradation civique et condamné à une « amende double de la valeur des promesses agréées ou des choses « reçues, sans que ladite amende puisse être inférieure à deux cents « francs.

« La présente disposition est applicable à tout fonctionnaire, agent « ou préposé de la qualité ci-dessus exprimée qui, par offres ou pro- « messes agréées, dons ou présents reçus, se sera abstenu de faire un « acte qui entrait dans l'ordre de ses devoirs.

« Sera puni de la même peine tout arbitre ou expert nommé, soit « par le tribunal, soit par les parties, qui aura agréé des offres ou « promesses, ou reçu des dons ou présents, pour rendre une décision « ou donner une opinion favorable à l'une des parties. »

Nous n'avons à nous occuper ici que de la corruption des arbitres et experts, tout ce qui concerne la corruption des *fonctionnaires publics* est étranger à notre sujet.

234. La première condition, pour que le crime existe, c'est qu'il ait été commis par un arbitre ou expert.

Etablissons d'abord la différence entre les arbitres et les experts.

En matière civile, les arbitres sont choisis par les parties pour trancher le différend qui les divise. Par exemple, lorsqu'un procès est engagé entre un médecin et son client, pour le paiement des honoraires, les parties peuvent désigner d'autres médecins pour juger la difficulté. Il pourrait en être ainsi du cas où un médecin aurait cédé sa clientèle ; comme nous le verrons plus loin, le contrat serait valable, mais de nature à soulever des discussions. Les arbitres ainsi nommés rendent une véritable *sentence* qui, revêtue des formalités prescrites par la loi, a toute la force, toute l'autorité d'un jugement. On donne à cette décision le nom de *sentence arbitrale.*

L'arbitrage est un moyen fort ancien de terminer les procès : « *c'est*, dit Bouteiller (1), *une volonté ou une puissance donnée à aucun qui entreprendre le veut, à déterminer ou prononcer sur le débat des parties, ce que raison ordonne.* »

L'acte qui confère leurs pouvoirs aux arbitres volontaires, les seuls dont nous nous occupions en ce moment, se nomme *compromis*, et est assujetti à des règles particulières. Ainsi cet acte doit être rédigé par écrit, et aux termes de l'article 1006 du Code de procédure civile, il doit désigner, à peine de nullité, les objets en litige et les noms des arbitres.

(1) *Somme rurale*, liv. 2, tit. 3.

Les experts, au contraire, ne décident, ne jugent rien, ils donnent seulement leur avis à la justice, qui est libre de n'en tenir aucun compte.

Nous avons vu à quelles formalités sont soumises les expertises, et nous savons que les experts ne peuvent procéder à leurs constations sans avoir prêté serment, à moins qu'ils n'en aient été formellement dispensés par le commun accord des parties, mentionné dans le jugement qui les a commis.

Or, on peut se demander si, pour l'existence du crime de corruption prévu et puni par l'article 177, il est nécessaire que les pouvoirs des arbitres ou experts soient réguliers ; si le compromis était nul ou si les experts n'avaient pas prêté serment alors qu'ils n'en étaient pas dispensés, la corruption à laquelle ils auraient succombé serait-elle punissable ?

Evidemment non, puisque la nullité du compromis comme l'absence de prestation de serment enlèverait leur qualité à l'arbitre et à l'expert. Mais si l'irrégularité n'était pas de nature à faire disparaître la qualité, si la sentence arbitrale ou l'expertise ne devait pas être nulle de plein droit, il y aurait lieu d'appliquer la loi pénale.

235. La seconde condition pour l'existence du crime prévu par l'article 177 est que l'arbitre ou l'expert ait agréé des offres ou promesses, reçu des dons ou présents. S'il n'avait cédé qu'aux sollicitations des parties, s'il n'avait eu aucun intérêt personnel à se laisser corrompre, le crime n'existerait pas. C'est une différence à noter entre l'article 177 du Code pénal et l'article 160 que nous avons étudié précédemment.

236. Enfin la troisième condition est que l'arbitre ou l'expert ait agréé les offres ou promesses, reçu les dons ou présents, pour faire un acte ou s'abstenir de faire un acte rentrant dans la mission qui lui est confiée. Ce que la loi réprime, dit M. Blanche, c'est le trafic de la fonction (1).

Si, après avoir agréé des promesses ou des présents, l'arbitre ou l'expert s'arrête volontairement dans la tâche criminelle qu'il a entreprise, il ne commet ni le crime ni même la tentative ; mais s'il n'a été retenu que par des circonstances indépendantes de sa volonté, la tentative existe et est punie comme le crime lui-même.

237. Il nous reste enfin à étudier l'article 179 du Code pénal, qui s'exprime en ces termes :

« Quiconque aura contraint ou tenté de contraindre par voies de

(1) Blanche, *Etude pratique sur le Code pénal*, t. III, p. 698.

« fait ou menaces, corrompu ou tenté de corrompre par promesses, « offres, dons ou présents, l'une des personnes de la qualité exprimée « en l'article 177, pour obtenir soit une opinion favorable, soit des « procès-verbaux, états, certificats ou estimations contraires à la « vérité, soit des places, emplois, adjudications, entreprises ou autres « bénéfices quelconques, soit tout autre acte du ministère d'un fonc- « tionnaire, agent ou préposé, soit enfin l'abstention d'un acte qui « rentrait dans l'exercice de ses devoirs, sera puni des mêmes peines « que la personne corrompue.

« Toutefois, si les tentatives de contrainte ou corruption n'ont eu « aucun effet, les auteurs de ces tentatives seront simplement punis « d'un emprisonnement de trois mois au moins et de six mois au « plus, et d'une amende de cent francs à trois cents francs. »

Comme l'article 177, l'article 179 exige, pour constituer le crime ou le délit qu'il prévoit, la réunion de trois conditions :

1° Il faut que la contrainte ou la corruption ait été exercée contre les personnes désignées en l'article 177 ;

2° Que la contrainte ait eu lieu par voies de fait, ou menaces, et la corruption par promesses, offres, dons ou présents ;

3° Que la contrainte ou la corruption, en ce qui concerne les arbitres et les experts, ait eu pour objet d'obtenir soit une opinion ou décision favorable, soit des procès-verbaux, états, certificats ou estimation contraires à la vérité.

L'article 179 prévoit deux hypothèses. Dans la première, les tentatives de contrainte ou de corruption ont produit jusqu'à un certain point leur effet, mais néanmoins sans avoir conduit l'agent jusqu'à l'accomplissement d'un acte criminel, car alors il n'y aurait plus seulement tentative, mais crime accompli. Dans la seconde, la tentative de contrainte a laissé l'agent inébranlable dans son devoir, la tentative de corruption a été repoussée, et dans ce cas le corrupteur n'a plus commis qu'un simple délit punissable de peines correctionnelles.

Nous avons vu, dans l'article 177, que l'arbitre ou l'expert qui a reçu des dons ou promesses pour accomplir un acte *même juste*, commet le crime de corruption. L'article 179 ne s'applique qu'au corrupteur; celui-ci sera-t-il punissable s'il n'a demandé qu'un acte juste et qui n'était point contraire aux devoirs de l'agent?

Selon MM. Chauveau et Hélie (1), si l'agent commet une infraction à ses devoirs en recevant de l'argent pour accomplir un acte même juste, il en est différemment de celui que fait le provo-

(1) *Théor. du Code pén.*, t. 2, p. 854.

cateur ; la criminalité de ce dernier se puise dans l'immoralité, dans l'injustice du fait, objet de la provocation ; il n'est coupable que lorsqu'il cherche à corrompre, c'est-à-dire à obtenir, à prix d'argent, un acte injuste.

Nous ne pouvons partager cette manière de voir. Il a été jugé avec raison par la Cour de cassation que si le fonctionnaire est coupable quand il agrée des dons ou des promesses, même pour des actes justes, c'est parce qu'en faisant ces actes, il cède à la corruption et non à ce qu'exigeaient ses devoirs ; que, par la même raison, le corrupteur doit être puni, parce qu'en les sollicitant à prix d'argent, il les a obtenus ou provoqués, non de la justice de celui qui devait les faire, mais de sa cupidité ; que les termes de l'article 179 ne permettent pas de supposer que le législateur ait voulu subordonner les peines qu'il prononce contre les corrupteurs à la preuve que la corruption aurait été exercée ou tentée pour obtenir des actes illégitimes (1).

238. Avant la loi du 21 mars 1832, sur le recrutement militaire, la corruption des médecins, chirurgiens et officiers de santé, appelés au conseil de révision en matière de recrutement, tombait sous l'application de l'article 177 du Code pénal qui punit la corruption de fonctionnaire, et la tentative de ce délit était elle-même punie, en vertu de l'article 179 du même Code, soit des mêmes peines que la corruption, si elle avait été suivie d'effet, soit de peines moins sévères, si elle n'avait produit aucun résultat. Mais la loi du 21 mars 1832, dans son article 45, ayant substitué une qualification et une pénalité nouvelle, en ce qui concerne les médecins, chirurgiens et officiers de santé appelés au conseil de révision, à celles que porte l'article 177 du Code pénal à l'égard des fonctionnaires publics, agents ou préposés des administrations publiques en général, la tentative de corruption envers ces médecins a, dès lors, cessé elle-même d'être réprimée par l'article 179, et ne s'est plus trouvée passible d'aucune peine, puisque, aux termes de l'article 3 du Code pénal, les tentatives de délits ne sont considérées comme délits que dans les cas déterminés par la loi, et que la loi du 21 mars 1832 ne punissait point la tentative du délit de corruption prévu par son article 45. Plusieurs arrêts l'ont ainsi jugé sous l'empire de la loi de 1832 (2).

(1) Cassat. 30 sept. 1853. — Blanche, *op. cit.*, t. III, n° 431.
(2) Cassat. 14 juin 1851. P. 1852. 2. 664. — 10 novemb. 1853. P. 1854. 2. 577. — Chauveau et Hélie, *Théor. du Code pén.*, t. II, n° 718. — Trébutien, *Dr. crimin.*, t. Iᵉʳ, p. 103, note 9.

Le Code de justice militaire du 9 juin 1857 punit, par son article 262, d'une peine de un à quatre ans d'emprisonnement :

« Tout médecin militaire qui, dans l'exercice de ses fonctions, et « pour favoriser quelqu'un, certifie faussement ou dissimule l'exis- « tence de maladies ou infirmités. Il peut encore être puni de la des- « titution.

« S'il a été mû par des dons ou promesses, il est puni de la dégra- « dation militaire. Les corrupteurs sont, en ce cas, punis de la même « peine. Si les corrupteurs sont de l'ordre civil, la dégradation mili- « taire se convertit pour eux, aux termes de l'article 197 du même « Code, en celle de la dégradation civique. »

L'article 270 du même Code dispose :

« Les peines portées par les articles 41, 43 et 44 de la loi du 21 « mars 1832 sur le recrutement de l'armée, sont applicables aux ten- « tatives des délits prévus par ces articles, quelle que soit la juridic- « tion appelée à en connaître.

« Dans le cas prévu par l'article 45 de la même loi, ceux qui ont « fait les dons et promesses sont punis des peines portées par ledit « article contre les médecins, chirurgiens ou officiers de santé. »

Et l'article 45 de la loi de 1832 punissait le médecin qui avait reçu des dons ou agréé des promesses.

Le Code de justice militaire de 1857 a donc voulu atteindre les tentatives du délit prévu par les articles 41, 43 et 44 de la loi de 1832, c'est-à-dire ceux qui ont tenté de se rendre impropres au service militaire, soit temporairement, soit d'une manière permanente, ceux qui ont tenté d'échapper au service au moyen de substitutions ou de remplacement, soit en contravention aux dispositions de la loi, soit en produisant des pièces fausses, et enfin ceux qui étant fonctionnaires ou officiers publics, civils ou militaires, ont tenté d'admettre ou d'autoriser des exemptions, déductions ou exclusions autres que celles autorisées par la loi ; mais il n'a pas puni la tentative du délit prévu par l'article 45, c'est-à-dire la tentative de corruption ; il a seulement étendu la peine à ceux *qui ont fait* les dons et promesses, mais non à ceux qui se sont bornés à faire des offres non acceptées.

Au conseil de révision de Mortrée, le 17 mars 1862, les sieurs Bureau père et Gibori, peu d'instants avant l'entrée en séance du conseil de révision, firent parvenir entre les mains du chirurgien-major appelé au conseil une somme d'argent consistant en trois pièces de 20 francs, dans le but de le rendre favorable à Bureau fils.

Ces offres et propositions furent immédiatement repoussées et dénoncées, et Bureau fils mis en état d'arrestation. Bureau père et Gibori, poursuivis pour tentative de corruption, furent renvoyés des fins de la plainte. La sentence des premiers juges fut confirmée par arrêt de la Cour de Caen, du 24 juillet 1862 et, sur le pourvoi du ministère public, par la Cour de cassation.

« Attendu, dit ce dernier arrêt, que l'article 270 du Code de justice militaire du 9 juin 1857 a, dans son paragraphe premier, expressément énuméré les tentatives de délit qu'il entendait assimiler aux délits et punir des mêmes peines ; qu'il relève uniquement à cet égard les articles 41, 43 et 44 de la loi du 21 mars 1832 sur le recrutement de l'armée, et ne rattache qu'à eux seuls, en cette partie, sa nouvelle disposition pénale ;

« Que, dans son paragraphe second, le même article dispose spécialement en ce qui concerne l'article 45 de la même loi ; qu'il dit sur ce point : « *que dans les cas prévus par l'article 45, ceux qui ont fait des dons et promesses sont punis des peines portées contre les médecins, chirurgiens et officiers de santé;* »

« Que, pour la saine application de ce paragraphe final, il suffit dès lors de rechercher quel est le cas formellement prévu par ledit article 45 ; que ses termes ne sont pas équivoques ; qu'il punit seulement : « *les médecins, chirurgiens et officiers de santé..... qui ont reçu des dons ou agréé des promesses pour être favorables aux jeunes gens qu'ils doivent examiner ;*

« Que dès que le législateur parle de dons reçus et de promesses agréées, il envisage évidemment un fait de corruption accompli ; qu'en étendant la peine *à ceux qui ont fait les dons et promesses,* il se place au même point de vue à l'égard du corrupteur et suppose non une simple tentative, mais une corruption suivie d'effet ; qu'ainsi l'a entendu la commission du Corps législatif à qui est due la disposition finale de l'article 270, comme en témoigne le langage de son rapporteur (1)..... »

Dans les premiers jours de juin 1865, quelques instants avant la séance du conseil de révision opérant dans la ville de Boulogne, arrondissement de Saint-Gaudens, le sieur L..., officier de santé et maire de sa commune, se présenta à M. Rueff, chirurgien-major appelé à ce conseil, en lui offrant, au nom de la famille d'un jeune homme pris par le sort, une somme de 1,000 fr. dans le but de le rendre favorable à ce jeune homme. Cette proposition fut repoussée avec indignation. L..., poursuivi comme auteur de cette tentative de corruption, fut renvoyé de la poursuite.

La Cour de Toulouse confirma, le 11 août 1865, le jugement de première instance, et la Cour de cassation, saisie de nouveau de

(1) Cassat. 11 décemb. 1862. P. 1862. 1161.

la question qu'elle avait déjà tranchée le 11 décembre 1862, persista dans sa jurisprudence, par les mêmes motifs. Mais le ministère public avait pensé que si l'article 270 du Code de justice militaire n'était pas applicable, au moins devait-on voir dans l'offre d'une somme d'argent faite à un chirurgien-major, dans le but de le corrompre et de lui faire commettre une action déshonorante, le délit d'outrages prévu par l'article 224 du Code pénal.

La Cour de Toulouse et la Cour de cassation ensuite ont décidé :

« Que l'outrage par paroles prévu et défini par l'article 224 du Code pénal n'est passible des peines prononcées par ledit article qu'à la double condition que les expressions incriminées seraient, par elles-mêmes, diffamatoires, outrageantes ou injurieuses, de nature à porter atteinte à l'honneur ou à la considération de la personne à laquelle elles sont adressées, et qu'il soit établi que le prévenu avait l'intention d'outrager cette personne ; — Qu'on chercherait en vain l'un ou l'autre de ces caractères dans l'arrêt attaqué ; — Que les circonstances qui ont précédé et accompagné l'action imputée à L....., loin de se porter à cette interprétation, en sont, au contraire, exclusives de tous points ;

« Qu'en effet, si les propositions faites au sieur Rueff, en sa qualité de chirurgien-major, faisant partie du conseil de révision, ont pu et dû blesser sa délicatesse, il faut reconnaître qu'elles n'avaient pas eu pour but et qu'elles n'ont pas eu pour résultat une atteinte portée à son honneur et à sa considération (1)..... »

SECTION VI.

DU SALAIRE DES EXPERTS.

§ 1er. — *Matières criminelles, correctionnelles et de police.*

239. Le tarif des frais de justice criminelle a été réglé par le décret du 18 juin 1811. Les articles qui se réfèrent aux expertises médicales sont les suivants :

Article 16. — « Les honoraires et vacations des médecins, chirur-
« giens, sages-femmes, experts et interprètes, à raison des opérations
« qu'ils feront, sur la réquisition de nos officiers de justice ou de
« police judiciaire, dans les cas prévus par les articles 43, 44, 148, 332
« et 333 du Code d'instruction criminelle, seront réglés ainsi qu'il
« suit : »

(1) Cassat. 25 janv. 1866. P. 1866. 665.

Art. 17. — « Chaque médecin ou chirurgien recevra, savoir :

« 1° Pour chaque visite et rapport, y compris le premier pansement, « s'il y a lieu,

« Paris. . . . . 6 fr.

« Villes de quarante mille habitants. . . . . 5 fr.

« Autres. . . . . 3 fr.

« 2° Pour les ouvertures de cadavre ou autres opérations plus « difficiles que la simple visite, et en sus des droits ci-dessus :

« A Paris, 9 fr. — Villes de 40,000 habitants et au-dessus, 7 fr. — « Autres, 5 fr. »

Art. 18. — « Les visites faites par les sages-femmes seront payées, « à Paris, 3 fr. — Ailleurs, 2 fr. »

Art. 19. — « Outre les droits ci-dessus, le prix des fournitures né- « cessaires pour les opérations sera remboursé. »

Art. 20. — « Pour les frais d'exhumation des cadavres, on suivra « les tarifs locaux. »

Art. 21. — « Il ne sera rien alloué pour soins et traitements admi- « nistrés, soit après le premier pansement, soit après les visites « ordonnées d'office. »

Art. 22. — « Chaque expert ou interprète recevra pour chaque « vacation de trois heures, et pour chaque rapport, lorsqu'il sera fait « par écrit, savoir :

« A Paris, 5 fr. — Ville de 40,000 babitants et au-dessus, 4 fr. — « Autres, 3 fr.

« Les vacations de nuit seront payées *moitié en sus*. — Il ne pourra « être alloué, pour *chaque journée*, que *deux* vacations de jour et *une* « de nuit. »

Art. 24. — « Dans le cas de transport à plus de deux kilomètres de « leur résidence, les médecins, chirurgiens, sages-femmes, experts « et interprètes, outre la taxe ci-dessus fixée pour leurs vacations, « seront indemnisés de leurs frais de voyage et séjour, de la manière « déterminée dans le chapitre VIII, ci-après. »

Art. 25. — « Dans tous les cas où les médecins, chirurgiens, sages- « femmes, experts et interprètes seront appelés, soit devant le juge « d'instruction, soit aux débats, à raison de leurs déclarations, visites « ou rapports, les indemnités dues pour cette comparution leur seront « payées, comme à des témoins, s'ils requièrent taxe. »

Art. 90. — « Il est accordé des indemnités aux médecins, chirur- « giens, sages-femmes, experts, interprètes, témoins, jurés, huis- « siers, et gardes champêtres et forestiers, lorsqu'à raison des fonc- « tions qu'ils doivent remplir, et notamment dans les cas prévus par « les articles 20, 43 et 44 du Code d'instruction criminelle, ils sont « obligés de se transporter à plus de deux kilomètres de leur rési- « dence, soit dans le canton, soit au delà. »

Art. 91. — « Cette indemnité est fixée, pour chaque myriamètre « parcouru en allant et en revenant, savoir :

« 1° Pour les médecins, chirurgiens, experts, interprètes et jurés, « à 2 fr. 50 cent.

« 2° Pour les sages-femmes, témoins, huissiers, gardes champêtres « et forestiers, à 1 fr. 50 cent. »

Art. 92. — « L'indemnité sera réglée par myriamètre et demi-

« myriamètre. — Les fractions de huit ou neuf kilomètres seront « comptées pour un myriamètre, et celles de trois à sept kilomètres, « pour un demi-myriamètre. »

Art. 95. — « Lorsque les individus dénommés ci-dessus seront « arrêtés, dans le cours du voyage, par force majeure, ils recevront « en indemnité, pour chaque jour de séjour forcé, savoir :

« 1° Ceux de la première classe, 2 fr.

« 2° Ceux de la seconde, 1 fr. 50 c.

« Ils seront tenus de faire constater par le juge de paix ou ses « suppléants, ou par le maire, ou à son défaut, par ses adjoints, « la cause du séjour forcé en route, et d'en présenter le certificat à « l'appui de leur demande en taxe. »

Art. 96. — « Si les mêmes individus, autres que les jurés, huis- « siers, gardes champêtres et forestiers, sont obligés de prolonger « leur séjour dans la ville où se fera l'instruction de la procédure, « et qui ne sera point celle de leur résidence, il leur sera alloué, pour « chaque jour de séjour, une indemnité fixée ainsi qu'il suit :

« 1° Pour les médecins, chirurgiens, experts et interprètes :

« A Paris, 4 fr. — Villes de 40,000 habitants et au-dessus, 2 fr. 50 c.

« — Autres, 2 fr.

« 2° Pour les sages-femmes et témoins :

« A Paris, 3 fr. — Villes de 40,000 habitants et au-dessus, 2 fr. — » Autres, 1 fr. 50 c. »

240. Le tarif a, comme on le voit, classé les médecins et experts et a gradué le taux de leurs salaires suivant que le chiffre de la population est supérieur ou inférieur à 40,000 habitants. Il s'agit ici de la population de leur résidence, et non de celle du lieu où ils pratiquent leurs opérations. Ainsi, un médecin du Hâvre, qui procéderait à Yvetot à une ouverture de cadavre, recevrait, pour cette opération, d'après l'article 17, n° 2, 7 francs; et réciproquement, un médecin d'Yvetot qui viendrait opérer au Hâvre, ne recevrait, pour une opération de même nature que 5 francs.

241. Aux termes de l'article 17, il est dû aux médecins, un droit pour chaque visite et rapport, *indépendamment de l'allocation plus forte qu'ils peuvent réclamer quand ils procèdent à une opération plus difficile que la simple visite.*

Ainsi le médecin qui réside dans une ville de 40,000 habitants et qui fait une autopsie, reçoit: 1° pour le rapport 5 francs, et 2° pour l'autopsie 7 francs, ou total 12 francs ; et le médecin d'une ville dont la population n'atteint pas 40,000 habitants, reçoit, pour le rapport 3 francs, et pour l'autopsie 5 francs, au total 8 francs.

242. Le pansement est évidemment plus difficile que la simple visite, néanmoins il ne donne pas droit à un salaire plus élevé.

On ne doit considérer comme une opération plus difficile que la visite, que les opérations exigeant plus de soins que cette visite et qu'un pansement, par exemple l'examen des os du cadavre, lorsque cet examen a été ordonné pour parvenir à la connaissance des causes du décès (1) ; mais un examen au speculum ne constitue qu'une simple visite.

243. Au surplus, d'après l'article 17, il n'est dû qu'un seul droit pour chacune des opérations qui y sont spécifiées. Ainsi, quand les médecins n'ont à constater que des blessures, ils ne peuvent exiger que 6 francs, 5 francs ou 3 francs, suivant les lieux, quel que soit le nombre de ces blessures, à moins toutefois qu'elles n'aient pas été faites au même individu ; et lorsqu'ils font l'ouverture d'un cadavre, l'indemnité ne leur doit être allouée que pour l'ensemble de l'opération, et non pour chacun des détails dont elle peut se composer ; de sorte qu'ils ne peuvent prétendre qu'à un seul droit, par exemple pour l'ouverture des diverses cavités du cadavre (2) ; comme pour l'autopsie cadavérique d'un enfant suivie de l'expérience de la docimasie-hydrostatique faite sur les poumons du même sujet, à l'effet de s'assurer s'il est né mort ou vivant (3).

244. Les indemnités dues aux médecins sont les mêmes, qu'ils aient opéré de jour ou de nuit, puisque le règlement ne fait de distinction à cet égard qu'en ce qui concerne les experts. C'est donc seulement lorsque les médecins sont employés en cette dernière qualité, comme, par exemple, lorsqu'ils sont appelés à décomposer ou analyser des substances ou matières quelconques, que l'on doit prendre en considération, pour la fixation de leurs honoraires, le temps pendant lequel leurs opérations ont été faites, et qu'on doit leur allouer des vacations (4).

245. Quand un médecin est requis deux fois, à un certain intervalle de temps, pour visiter le même sujet, on doit lui allouer aussi deux fois le droit fixé par le n° 1 de l'article 17 (5).

Les magistrats doivent, autant que possible, éviter de multiplier ces visites. Lors même qu'elles sont reconnues n'avoir produit aucun résultat utile, on n'en est pas moins tenu de payer les médecins qui, en les faisant, ont obtempéré à des réquisitions dont il ne leur appartient pas de discuter le mérite. Aussi,

(1) Décision ministérielle du 27 juillet 1824. — Circulaire du 30 septembre 1826, § 18.
(2) Décision ministér. du 20 décembre 1824.
(3) Décision minist. du 9 avril 1825.
(4) Décision minist. du 15 juin 1825.
(5) Décision minist. du 26 octob. 1824.

lorsque les visites et opérations ont été requises sans nécessité, n'est-ce pas contre les médecins qui les ont faites, mais bien contre les officiers qui les ont ordonnées qu'il y a lieu, dans l'intérêt du trésor, à décerner des rôles de restitution (1).

246. Les frais d'exhumation sont payés, mais en vertu de l'article 20, conformément aux tarifs locaux. Les frais dont il est question dans cet article ne concernent que les journaliers et autres personnes employées pour le travail matériel de l'opération. Mais quand le médecin surveille une exhumation avant de procéder à l'autopsie, nous ne pouvons admettre qu'il ne lui soit alloué qu'un droit de 9 francs, 7 francs ou 5 francs accordé par l'article 17, no 2, pour les autopsies. En effet, l'assistance du médecin est indispensable pour la surveillance des opérations préliminaires, une fausse manœuvre pouvant parfois compromettre le résultat définitif. Il est donc juste, dans ce cas, de lui allouer une indemnité fixée par vacations et de l'ajouter à celle de l'article 17.

247. Un traitement étant accordé aux médecins et chirurgiens des prisons, ils sont obligés non seulement de soigner et traiter les détenus blessés ou malades, du moment où ceux-ci entrent dans la prison, et pendant tout le temps qu'ils y restent, mais, encore de rendre compte à l'autorité, de l'état dans lequel les malades se trouvent pendant le même intervalle. Ce traitement doit être considéré comme une espèce d'abonnement pour les visites et rapports faits par les médecins et chirurgiens, et les soins qu'ils doivent donner indistinctement aux détenus ont, avec ces visites et rapports, une connexion nécessaire. Ainsi, dans le cas dont il s'agit, l'indemnité allouée par le 1er paragraphe de l'article 17 ne peut être accordée aux médecins et chirurgiens des prisons. Mais il n'en est pas de même de celle dont parle le paragraphe 2 de cet article ; cette indemnité leur est due lorsque, comme les autres médecins, ils procèdent, soit dans les prisons, soit hors des prisons, aux opérations plus difficiles que la simple visite. Les droits de simples visites leur sont également dus lorsqu'elles se font hors des prisons (2).

248. Il résulte de l'article 3 du décret du 18 juin 1811, paragraphe 12, que le fonds des frais de justice criminelle ne doit supporter que les dépenses qui ont pour objet la recherche, la constatation et la punition des crimes, délits ou contraventions ; en

(1) Décision minist. du 23 novembre 1824.
(2) Circulaire ministér. du 30 septembre 1826.

conséquence, il ne doit pas supporter une visite de médecin qui n'a pas été requise par suite d'une information judiciaire, mais dans un intérêt privé, par exemple pour porter à un homme qui s'était volontairement jeté à l'eau, les secours qui l'ont rappelé à la vie. Dans ce cas, c'est au malade lui-même, ou bien, s'il est indigent, à l'autorité municipale ou administrative, que le médecin doit réclamer ses honoraires, lesquels ne sont pas tarifés (1).

249. Quand les médecins ou chimistes réclament le remboursement de fournitures nécessaires à leurs opérations, ils doivent toujours joindre à leurs mémoires un état détaillé des objets employés à cet effet, et cet état, en double expédition, doit être certifié, lorsqu'il s'agit de médicaments, par le pharmacien qui les a vendus (2).

Il n'y a pas lieu d'allouer au médecin le prix d'instruments qu'il aurait brisés en faisant les opérations requises (3); à moins toutefois que la nature de l'opération elle-même, comme cela peut arriver dans les analyses chimiques, ne rendît inévitable la destruction des instruments employés, tels que cornues, ballons de verre, coupes, capsules etc.

250. L'ordonnance du 28 novembre 1838 porte :

« Art. 2. — Il doit être fait deux expéditions de chaque état ou « mémoire de frais de justice criminelle non réputés urgents, l'une « sur papier timbré, l'autre sur papier libre ; chacune de ces expédi- « tions sera revêtue de la taxe et de l'exécutoire du juge.

« La première sera remise au receveur de l'enregistrement avec « les pièces au soutien des articles susceptibles d'être ainsi justifiés ; « la seconde sera transmise au ministre de la justice, avec le bordereau « mensuel dont il sera parlé ci-après. Le prix du timbre, tant du « mémoire que des pièces à l'appui, est à la charge de la partie « prenante. »

« Art. 3. — Les frais non réputés urgents continueront à être payés « sur les états ou mémoires des parties prenantes ; ils seront taxés, « article par article, soit par les présidents et juges des cours et tri- « bunaux, soit par les juges de paix, et ils seront payables aussitôt « qu'ils auront été revêtus de l'ordonnance du magistrat taxateur.

« Cette ordonnance sera toujours décernée sur le réquisitoire de « l'officier du ministère public, qui devra préalablement procéder à « la vérification des mémoires.

« La taxe de chaque article rappellera la disposition législative ou « réglementaire sur laquelle elle sera fondée. »

« Art. 5. — Les mémoires qui n'auront pas été présentés à la taxe « du juge dans le délai d'une année à partir de l'époque à laquelle les

(1) Lettres ministér. des 30 octobre 1825. — 20 février 1847. — 4 mars 1851.
(2) Décisions ministér. des 4 avril 1823. — 24 juin 1848.
(3) Décision ministér. 13 décembre 1824.

« frais auront été faits ou dont le paiement n'aura pas été réclamé « dans les six mois de leur date, ne pourront, conformément à l'ar- « ticle 149 du décret du 18 juin 1811, être acquittés qu'autant qu'il « sera justifié que les retards ne sont pas imputables à la partie « dénommée dans l'exécutoire.

« Cette justification ne pourra être admise que par le ministre de « la justice, après avoir pris l'avis du procureur général, s'il y a « lieu. »

Les officiers du parquet ne doivent jamais requérir le paiement d'un mémoire de frais de justice criminelle qu'autant que les deux expéditions, l'une sur papier timbré, l'autre sur papier libre, leur ont été remises (1).

L'exemplaire sur timbre est rendu à la partie prenante, qui le dépose, après l'avoir acquitté, au bureau du receveur de l'enregistrement pour obtenir le paiement de la dépense ; l'autre reste au parquet pour être transmis au ministre de la justice.

Les mémoires doivent être rejetés, s'ils ne sont pas, pour les deux doubles, du format du papier timbré de 35 centimes (aujourd'hui 60 centimes) (2).

Ces mémoires peuvent être l'un et l'autre sur papier libre, si le montant total de la somme réclamée est inférieur à 10 francs.

Il est arrivé parfois que les parties prenantes ont évité les droits de timbre en scindant leurs mémoires de façon à en présenter plusieurs, s'élevant chacun à une somme inférieure à 10 francs. Le garde des sceaux a reconnu qu'aucun texte de loi ne pouvait être invoqué contre ce procédé (3).

Les experts doivent joindre à leurs mémoires de frais les réquisitions en vertu desquelles ils ont opéré. Cette formalité, souvent mise en oubli, a été très fréquemment rappelée dans les instructions ministérielles (4).

251. Le paiement des frais de justice criminelle est effectué par le receveur de l'enregistrement établi près le tribunal qui a liquidé la dépense, et non par celui du domicile de la partie prenante (5).

252. D'après l'article 5 de l'ordonnance de 1838, les mémoires doivent être présentés dans le délai d'une année à la taxe du juge. Ce délai court pour chaque article porté au mémoire, à partir de la date de l'opération qui y est mentionnée ; mais il

(1) Circulaire minist. du 23 avril 1856.
(2) Circulaire du Procureur général de Bordeaux du 31 mai 1855.
(3) Circulaire minist. du 30 septembre 1861.
(4) Circulaire minist. du 14 août 1876, § 4, n° 12.
(5) Décision minist. du 31 octobre 1845.

n'est pas nécessaire que l'exécutoire soit délivré dans l'année, il suffit que l'officier dn ministère public ait requis cet exécutoire dans les douze mois.

Lorsque la surannation d'un mémoire ne provient pas du fait de l'expert qui l'a dressé en temps utile, le chef du parquet, sur l'invitation du garde des sceaux, et en vertu de cet article 5, mentionne dans le réquisitoire qu'il a apposé par anticipation sur ce mémoire, que le ministre en a autorisé le paiement, nonobstant la prescription de la dépense (1).

253. Le décret du 18 juin 1811 et l'ordonnance du 28 novembre 1838 prescrivent un mode d'ordonnancement différent pour les frais urgents et pour les dépenses ordinaires.

Dans les frais urgents sont compris, aux termes de l'article 134, nº 2, « toutes dépenses relatives à des fournitures ou opérations pour lesquelles les parties prenantes ne sont pas habituellement employées. » En conséquence, les médecins, les experts, les chimistes qui ne sont pas *habituellement employés* par les tribunaux peuvent être payés, d'après l'article 133 : « sur simple taxe et mandat du juge, mis au bas des réquisitions, copies de convocation ou de citation, états ou mémoires des parties. »

C'est donc dans le cas où l'homme de l'art est employé *accidentellement* qu'il est payé sur simple taxe du juge.

La convocation est alors faite dans la forme suivante :

« Nous..... juge d'instruction près le tribunal de première instance de.....

Invitons M.... docteur en médecine, demeurant à...... à se rendre en notre cabinet, au palais de justice, le..... heure de..... à l'effet de prêter serment en qualité d'expert, aux fins des opérations dont il lui sera donné connaissance.

A...., le..... 188..

(*Signature du juge.*)

Au bas de cette convocation, que l'expert remet au greffier, après l'opération, ce dernier établit la mention suivante :

EXÉCUTOIRE :

Nous, juge d'instruction soussigné,

Vu l'urgence,

Vu les articles 133 et 134 du décret du 18 juin 1811,

Attendu qu'il n'y a pas de partie civile en cause, avons taxé, sur ses réquisitions, à M..... non habituellement employé par le tribunal,

(1) Lettre minist. du 26 juin 1848.

la somme de..... pour..., (*indiquer la nature des opérations*) dans l'affaire qui s'instruit contre le nommé..... inculpé de.....

Ordonnons que, conformément aux articles..... dudit décret, ladite somme de..... sera payée à M..... par le receveur de l'enregistrement au bureau de..... sur les frais généraux de justice criminelle.

A..... le..... 188.

(*Signature du juge.*)

Lorsque les magistrats du parquet agissent en cas de flagrant délit, ils peuvent, ainsi que nous l'avons déjà dit ci-dessus (n° 160), requérir eux-mêmes des hommes de l'art pour procéder aux premières constatations. Dans ce cas, la réquisition peut être faite dans la forme suivante :

Nous...., Procureur de la République près le tribunal de première instance de...;

Vu les articles 32 et 43 du Code d'instruction criminelle;

Vu le procès-verbal dressé par la gendarmerie de.....;

Commettons M......, docteur en médecine, demeurant à....., à l'effet de visiter...... et de rechercher......

A........ le........ 188....

(*Signature du magistrat.*)

Et, après l'opération, ce réquisitoire sera, comme le précédent, remis par le médecin au greffier du tribunal, qui établira au bas la formule de l'exécutoire.

MM. Briand et Chaudé prétendent (1), que les juges d'instruction font rarement la distinction entre les frais urgents et les frais ordinaires ; que, pour éviter aux médecins *des formalités et de longs retards de paiement et pour s'épargner à eux-mêmes ultérieurement des recherches et des vérifications*, les juges d'instruction supposent le cas d'urgence et délivrent un exécutoire pour chaque affaire séparément.

Nous pouvons affirmer que cet usage est beaucoup moins général que ne le disent les éminents auteurs, et que les motifs qu'ils invoquent pour le justifier ne sont rien moins que fondés.

En effet, les *formalités* que les juges d'instruction éviteraient aux médecins ne sont pas bien compliquées, elles consistent uniquement dans la rédaction, en double, de leurs mémoires, l'un sur timbre et l'autre sur papier libre. Quant aux *longs retards* de paiement, nous ne pouvons les apercevoir, les vérifications des mémoires n'exigeant pas un long travail. Nous venons de voir que les médecins sont libres de fractionner leurs mémoires et que

(1) *Manuel de médecine légale*, 10e édit., t. 1er, p. 94.

rien ne les oblige à attendre la fin de l'année pour les présenter.

Enfin les juges d'instruction, en taxant comme frais urgents, *ne s'épargnent à eux-mêmes ultérieurement ni recherches ni vérification*, car les recherches et vérifications sont mises, par l'article 3, § 2, de l'ordonnance de 1838, à la charge exclusive des officiers du ministère public, et l'exécutoire est délivré, non par le juge d'instruction, mais par le président du tribunal. Ce qui est vrai, c'est que le juge d'instruction a la peine de faire la taxe et l'exécutoire des frais urgents, tandis qu'il n'a jamais à s'occuper des autres.

Au surplus, cette manière de procéder serait contraire à la loi, et la Chancellerie l'interdit formellement aux magistrats par une circulaire ainsi conçue :

« Par suite de son examen des pièces de dépense concernant les frais de justice criminelle, la Cour des comptes a remarqué que l'on avait fait payer, à titre de frais urgents, des honoraires attribués à des médecins et experts habituellement employés. Elle a vu, dans ce mode de procéder, une dérogation à l'article 134, n° 2, du décret du 18 juin 1811, portant d'ailleurs préjudice aux intérêts du trésor public, et M. le ministre des finances a demandé le rappel aux dispositions réglementaires qui exigent que les personnes habituellement employées pour le service de la justice soient astreintes à fournir un mémoire pour obtenir le paiement de leurs honoraires, mémoire qui doit être timbré lorsqu'il s'élève au-dessus de 10 francs.

« J'ai reconnu qu'il y avait lieu, en effet, d'éviter l'inexécution des règles spéciales établies en matière de frais de justice criminelle, et, dans ce but, je vous prie de donner des instructions aux magistrats taxateurs pour que, dorénavant, les médecins et experts ne soient jamais payés sur simples taxes qu'autant qu'ils *ne seront pas habituellement employés*, et vous voudrez bien recommander qu'il soit fait mention de cette circonstance dans le mandat du magistrat, afin d'éviter un refus de paiement de la part du receveur de l'enregistrement (1). »

A cette occasion, nous ferons remarquer que les membres du parquet et les juges d'instruction près le tribunal de la Seine peuvent adopter, sur différentes questions, une procédure particulière nécessitée par le nombre très considérable d'affaires dont ils ont à s'occuper, mais que cette procédure, qui n'est pas toujours très régulière, n'est pas suivie dans les autres ressorts où l'on se conforme scrupuleusement à la loi.

254. En résumé, et pour faciliter la rédaction des mémoires à fournir, nous donnons ici un tableau des droits, honoraires et indemnités dus aux médecins et experts, ainsi que des modèles de ces mémoires :

(1) Circulaire minist. du 5 uin 1860.

TABLEAU

DES DROITS ET HONORAIRES DUS AUX MÉDECINS, CHIMISTES ET SAGES-FEMMES, EN MATIÈRE CRIMINELLE, CORRECTIONNELLE ET DE POLICE.

Détail des droits, indemnités et honoraires	A PARIS	Dans les villes de 40,000 habitants et au-dessus	Dans les villes de moins de 40,000 habitants	LOIS ET DÉCRETS
	fr. c.	fr. c.	fr. c.	
Pour chaque visite et rapport, y compris le premier pansement. . . .	6 »	5 »	3 »	18 juin 1811 art. 17.
Pour les ouvertures de cadavres et autres opérations plus difficiles que la simple visite, et en sus des droits ci-dessus.	9 »	7 »	5 »	Id. art. 17
Pour chaque visite de sage-femme. .	3 »	2 »	2 »	Id. art. 18
Pour chaque vacation de trois heures, de jour.	5 »	4 »	3 »	Id. art. 22
Pour chaque vacation de trois heures, de nuit.	7 50	6 »	4 50	Id. id.
On n'alloue, par journée, que deux vacations de jour et une de nuit.				
Pour indemnité de voyage au-delà de 2 kilomètres de la résidence de l'expert, savoir : par chaque myriamètre parcouru, tant en allant qu'en revenant, aux médecins.	2 50	2 50	2 50	Id. art. 91
Pour indemnité de voyage au delà de 2 kilomètres de la résidence de l'expert, savoir : par chaque myriamètre parcouru, tant en allant qu'en revenant, aux sages-femmes. . . .	1 50	1 50	1 50	Id. id.
Pour indemnité de séjour forcé, quand l'expert est arrêté en route par un cas de force majeure, aux médecins.	2 »	2 »	2 »	Id. art. 95
Aux sages-femmes.	1 50	1 50	1 50	Id. id.
Pour indemnité de séjour au lieu où se fait l'instruction, savoir : aux médecins.	4 »	2 50	2 »	Id. art. 96
Aux sages-femmes.	3 »	2 »	1 50	Id. id.

FRAIS DE JUSTICE CRIMINELLE

Mois de.... de l'année 188..

N...., médecin.

MÉMOIRE DES FRAIS ET HONORAIRES

Dus à N...., docteur en médecine (ou officier de santé), demeurant à....... (1) pendant l'année 188...

NUMÉROS d'ordre.	DATES des OPÉRATIONS.	ESPÈCE des crimes et des délits.	AUTORITÉS qui ont requis les visites et les opérations.	NATURE DES OPÉRATIONS.	NOMBRE DE			
					Visites et rapports.	Opérations plus difficiles que la simple visite	Myriamètres parcourus.	Jours de séjour.
1	26 février 188.	Infanticide (affaire X...)	Juge d'Instruction.	Visite de la fille X... inculpée d'infanticide. . . .	1	»	»	»
	Id.	Id.	Id.	Autopsie du cadavre d'un enfant et expérience de la docimasie hydrostatique.	»	1	2	»
2	3 juillet 188.	Meurtre (aff. Y...)	Id.	Visite du sieur Y... inculpé de meurtre sur le sieur A...	1	»	»	»
	4 juillet 188.	Id.	Id.	Autopsie du cadavre du sieur A..., à.... (parcouru un myriamètre — un jour de séjour).	1	1	1	1
3	5 septem. 188.	Attentat à la pudeur (aff. B...)	Procureur de la République.	Visite de la femme R... victime supposée.	1	»	2	»
	6 septem. 188.	Id.	Id.	Visite du sieur H... prévenu.	1	»	2	»
				Totaux.	5	2	7	1

(1) Nous supposons le mémoire dressé par un médecin qui habite une ville chef-lieu d'arrondissement dont la population est inférieure à 40,000 habitants.

V. *ci-contre la suite du mémoire.*

RÉCAPITULATION

NATURE DES OPÉRATIONS	Nombre	PRIX		MONTANT TOTAL		ARTICLES du RÈGLEMENT	TAXE DU JUGE	OBSERVATIONS
		fr.	c.	fr.	c.			
Visites et rapports.	4	3	»	12	»	17 N° 1er		
Opérations plus difficiles que la visite.	2	5	»	10	»	17 N° 2		
Myriamètres parcourus.	7	2	50	17	50	91		
Jours de séjour.	1	2	»	2	»	96		
Médicaments fournis suivant la note ci-jointe. .	»	»	»	3	»	»»		
Totaux.	»	»	»	44	50			

Je soussigné, docteur en médecine, certifie le présent mémoire pour la somme de quarante-quatre francs cinquante centimes.

A . . . . le 188

RÉQUISITOIRE

Nous, ... Procureur de la République près le tribunal de première instance de . . . .

Vu les articles 16, 17, 19 et 24 du règlement du 18 juin 1811 et les pièces jointes au présent mémoire, requérons, conformément à l'article 3 de l'ordonnance du 28 novembre 1838, qu'il soit délivré exécutoire par M. le Président du Tribunal, sur la caisse de l'Administration de l'Enregistrement et des Domaines, pour le paiement de la somme de . . . .

A . . . . le 188

EXÉCUTOIRE

Nous, ... Président du Tribunal de première instance de . . . .

Vu le réquisitoire ci-dessus et les pièces jointes au mémoire, ...

Avons arrêté et rendu exécutoire ledit mémoire pour la somme de . . . montant de la taxe que nous en avons faite ; et attendu qu'il n'y a pas de parties civiles en cause, (ou qu'elles ont justifié de leur indigence) ordonnons que cette somme sera payée au sieur . . . . . par le Receveur de l'enregistrement au bureau de . . . .

A . . . . le . . . . 188 Pour acquit : Le . . . . 188 *(Signature du médecin.)*

Les pharmaciens sont assimilés aux médecins pour le paiement des honoraires toutes les fois qu'ils sont requis. S'ils procèdent à une expertise, à une analyse chimique, etc... ils sont taxés par vacations. Voici un modèle du mémoire qu'ils doivent dresser :

FRAIS DE JUSTICE CRIMINELLE

Mois de..... Année.....

N... et X... (leur qualité)

MÉMOIRE DES VACATIONS

Dues à N..., docteur en médecine, et à X..., pharmacien, demeurant à.... (1), experts près le Tribunal de... pendant le... (mois, trimestre ou semestre) de l'année 188...

NUMÉROS D'ORDRE.	DATE des VACATIONS	NATURE des crimes, délits et CONTRAVENTIONS	AUTORITÉS qui ont requis les opérations	NATURE DES OPÉRATIONS	NOMBRE DES VACATIONS de jour	VACATIONS de nuit	Myriamètres parcourus	Jours de séjour
1	4 et 5 sep. 188.	Attentat à la pudeur (aff. B...)	Procureur de la République.	Analyse de taches sur des linges.. . . .	4	2	»	»
2	6, 7 et 8 nov. 188.	Tromperie sur la marchandise vendue (aff. D...)	Juge d'Instruction.	Analyse de plusieurs pains et de farines.	8	4		
				Totaux. . .	12	6	»	»

RÉCAPITULATION

NATURE DES OPÉRATIONS	Nombre	Prix	Montant total	ARTICLES du règlement	Taxe du juge	OBSERVATIONS
Vacations de jour. . . .	12	4 fr.	48 fr.	22		
Vacations de nuit. . . .	6	6 fr.	36 fr.	22		
Myriamètres parcourus.. .	»	»	»	»	»	
Jours de séjour..	»	»	»	»	»	
Fourniture de substances employées suivant la note ci-jointe.	»	»	30	»	»	
Totaux. . .	»	»	114 fr.	»	»	

Nous, soussignés, docteur en médecine et pharmacien, certifions exact le présent mémoire pour la somme de . . . . . .

A . . . . . . le 188

(*Réquisitoire et exécutoire comme au modèle précédent.*)

Pour acquit

A . . . . . le 188

(*Signature du médecin.*)

Pour acquit

A . . . . . , le 188

(*Signature du pharmacien.*)

(1) Nous supposons une ville de plus de 40,000 habitants.

Si l'on ne consultait que les modèles de mémoires donnés par les ouvrages spéciaux (1), on pourrait croire que la même affaire ne peut donner lieu, à la fois, à un droit de visite, à une opération plus difficile et à une indemnité pour frais de transport. Ce serait une erreur.

255. Les médecins sont, en général, fort jaloux de la confiance de la justice, et ils ambitionnent presque toujours les fonctions d'experts. On conviendra, d'après ce qui précède, que ce n'est pas par amour du lucre. Il faut les avoir vus à l'œuvre pour se faire une idée de ce qu'est cette noble profession, pour laquelle on trouve plaisant de rajeunir les sarcasmes de Molière. Aller déterrer les cadavres, les dépecer pendant des journées entières, en compagnie des vers et des nécrophores, n'est pas un travail bien séduisant. Nous avons vu des médecins faisant, au mois d'août, l'autopsie d'un corps en putréfaction, asphyxiés, empoisonnés par l'horrible odeur, par les miasmes qui s'échappaient de cette pourriture, s'éloigner cinq ou six fois pour vomir, et revenir bravement à leur affreuse besogne avec la perspective, s'ils avaient la moindre petite érosion à un doigt, de mourir dans trois jours. S'ils avaient opéré dans l'intérêt des familles, ce travail n'eût pas été suffisamment rétribué par cinq ou six cents francs d'honoraires. L'Etat, dans sa largesse, leur alloue jusqu'à *huit francs* et leur fait payer le papier timbré !...

Il s'est trouvé une fois un garde des sceaux que cette absurde parcimonie indignait. M. Delangle, en 1861, avait entrepris la révision des tarifs ; une intrigue le renversa avant qu'il eût pu réaliser les réformes qu'il avait méditées. Il pensait que les rétributions allouées soit par le règlement du 18 juin 1811, soit par les tarifs civils, ont toujours été dérisoires, mais qu'elles le deviennent chaque jour davantage, par suite de la dépréciation de l'argent et de l'augmentation croissante du prix de toutes choses. Dans une circulaire du 7 décembre 1861, il disait :

« Mon attention et celle de mes prédécesseurs ont été souvent appelées sur la situation que le décret du 18 juin 1811 fait aux médecins et experts, lorsqu'ils sont cités devant les cours et tribunaux pour donner des explications sur les travaux qui leur ont été confiés.

« Dans ce cas, vous le savez, ils doivent être assimilés à de simples témoins et taxés comme tels, si on leur applique littéralement l'article 25 dudit décret. Or cette assimilation est généralement en désaccord avec la vérité des faits. Il arrive presque toujours, en effet,

(1) Briand et Chaudé, *Manuel de médecine lég.*, 10e édit., t. 1er, p. 98. — Laval et Benoît, *Guide-formulaire des experts en matière médico-légale*, p. 55.

qu'ils ont à discuter, contradictoirement avec les accusés, les conclusions de leurs rapports, à répondre à des questions qui leur sont soumises, en un mot, à apporter de nouvelles lumières à la justice. Ce n'est donc pas sans raison qu'ils soutiennent que c'est réellement en qualité d'experts qu'ils comparaissent devant elle et qu'il est rigoureux de considérer comme une simple déposition, des explications souvent longues et difficiles (1).

« J'ai dû examiner sérieusement les réclamations que cet état de choses a soulevées ; et, frappé surtout de cette considération que les magistrats requièrent d'ordinaire le concours des praticiens que leur mérite met le plus en évidence, j'ai jugé qu'il était convenable de ne plus leur contester le caractère de médecins et d'experts dans la circonstance où ils le revendiquent et de faire cesser une assimilation qui, en lésant leurs intérêts, blesse en même temps leur dignité.

« En conséquence, j'ai décidé que les médecins et experts qui seront appelés à l'avenir devant les cours et tribunaux pour donner des explications sur leurs rapports et leurs opérations, seront taxés conformément aux dispositions du décret du 18 juin 1811, qui leur seront spécialement applicables (2). »

Néanmoins, quand les médecins et experts comparaissent devant le juge d'instruction, l'article 25 du décret du 18 juin 1811 continue à leur être applicable (3).

Dans les premiers mois de l'année 1869, la Société de médecine légale, sur l'invitation de son président, M. Devergie, s'adressa au garde des sceaux pour obtenir l'accroissement des honoraires alloués aux médecins pour leurs expertises, notamment pour les visites aux blessés et les autopsies ; mais le garde des sceaux n'était plus M. Delangle. Depuis cette époque, la Société a sollicité en vain cet acte de justice. La médecine légale, dans les grandes villes surtout, constitue souvent une spécialité ; si elle n'est pas mieux rémunérée, quel sera le sort des médecins qui abandonneront leur clientèle civile pour prêter un concours habituel à la justice? N'est pas médecin légiste qui veut, et avec les exigences pécuniaires toujours croissantes de notre époque, il ne faudrait pas s'étonner outre mesure si les magistrats ne trouvaient plus de médecins disposés à les assister. M. Baroche a pu constater avec un légitime regret, dans sa circulaire précitée du 6 février 1867 (4), que des experts avaient réclamé jusqu'à 25,000 francs d'honoraires, mais nous pouvons affirmer, sans craindre de nous tromper, que ces experts n'étaient pas des médecins.

(1) Voir ci-dessus, n° 201.
(2) Voir aussi circulaires minist. du 5 juin 1860.— 6 févr. 1867.— 30 septemb. 1825.
(3) Décis. minist. du 14 août 1868.
(4) Voir ci-dessus, n° 175. p., 192.

La Société de médecine légale élabora, en 1871, par les soins d'un de ses membres les plus autorisés, M. le docteur Louis Penard, un projet de tarif qui ne fut complété qu'en 1877. S'il était adopté, les travaux des médecins légistes ne seraient pas assurément rémunérés selon leur valeur, mais au moins le médecin qui négligerait sa clientèle pour assister les magistrats, trouverait, *en partie*, dans les honoraires qui lui seraient alloués, une compensation à ses sacrifices pécuniaires (1).

§ 2. — *Matières civiles.*

256. Quand les médecins sont appelés à concourir à une expertise en matière civile, mais sur la poursuite du ministère public, c'est encore le décret du 18 juin 1811 qui fixe leurs honoraires par ses articles 117 et suivants. Ainsi, lorsque le ministère public provoque d'office l'interdiction d'un individu, un médecin est habituellement commis par jugement pour examiner la personne qu'il s'agit d'interdire, afin de faire un rapport sur son état mental (2).

Le rapport est dressé sur papier libre et visé pour timbre par le receveur de l'enregistrement et des domaines (3).

Le médecin dresse son mémoire d'honoraires conformément au modèle qui précède. Néanmoins, ce n'est pas l'article 17 qui est applicable, parce que, quand il s'agit d'apprécier l'état mental d'un individu, une simple visite est fort souvent insuffisante, il faut étudier pendant longtemps le malade, le revoir à différentes reprises ; on ne peut pas demander un rapport après chaque visite ni rendre un nouveau jugement pour en ordonner d'autres ; ce sont des *vacations* qui sont dues au médecin (4).

Nous pouvons en dire autant d'ailleurs, quand le médecin est chargé de vérifier l'état mental d'un accusé.

En matière d'interdiction, les frais sont à la charge de l'interdit, mais on ne pouvait obliger les experts, les témoins, etc... à exercer une action civile contre lui pour se faire payer leurs salaires et honoraires ; aussi l'article 118 du décret dispose que ces frais sont avancés par l'administration de l'enregistrement qui, si l'interdit est solvable, en poursuit le recouvrement contre lui ou contre les père, mère, époux ou épouse.

(1) *Annales d'hyg. et de méd. lég.*, 2e *série*, t. 36, 1871, p. 423, et t. 48, 1877, p. 122.
(2) Décret du 18 juin 1811, art. 117.
(3) Décret du 18 juin 1811, art. 118.
(4) *Ibid.* art. 22.

257. En matière civile, les honoraires des experts sont réglés par les articles 159 et suivants du tarif civil (1).

Nous en donnons ci-dessous un tableau qui suffira pour guider les médecins, chirurgiens et pharmaciens dans la réclamation de leurs honoraires, quand ils seront désignés par les tribunaux pour procéder à des expertises dans les affaires civiles.

TABLEAU

DES DROITS, HONORAIRES ET INDEMNITÉS DUS AUX EXPERTS EN MATIÈRE CIVILE

	ARTICLES du TARIF	DROITS DANS LES				
		Cours d'Appel		Tribun. de 1re instance		
		PARIS	Autres Cours	Paris, Lyon, Bordeaux Rouen.	Ville où siège une Cour, popul. de 30,000 h.	Autres Villes
		fr. c.	fr. c.	fr. c.	fr. c.	fr. c.
Prestation de serment.—Vacation pour prêter serment.	159 162 § 1er	8 »	6 »	8 »	6 »	6 »
Frais de transport et de nourriture, si les experts sont domiciliés à plus de 2 myriamètres du lieu où siège le tribunal. — Par myriamètre.	161 § 1er 161 § 1er	6 40	4 80	6 40	4.80	4 80
Opérations. — Vacations aux opérations dont ils sont chargés quand ils opèrent au lieu de leur domicile ou dans un rayon de 2 myriamètres. Par vacation de 3 heures.	159	8 »	6 »	8 »	6 »	6 »
Frais de transport et de nourriture quand ils se transportent à plus de 2 myriamètres de leur domicile. — Par chaque myriamètre.	160 161 § 3	6 »	4 50	6 »	4 50	4 50
Et pour le retour.	Id.	6 »	4 50	6 »	4 50	4 50
Journée de campagne ou honoraires des experts pendant le temps de leur séjour, à la charge par eux de faire 4 vacations par jour.	161 § 1 et 2	32 »	24 »	32 »	24 »	24 »
Dépôt du rapport. — Vacation pour déposer le rapport.	162 § 1er	8 »	6 »	8 »	6 »	6 »
Frais de voyage, si les experts sont domiciliés à plus de 2 myriamètres du lieu où siège le tribunal.— Par chaque myriamètre.	161 § 1er 162 § 1er	6 40	4 80	6 40	4 80	4 80

(1) Décret du 16 février 1807.

258. Prenons un exemple :

Un accident de chemin de fer se produit sur la ligne d'Orléans, par la faute d'un employé de la Compagnie. Une famille composée de cinq personnes et habitant Bazas en est victime.

Le chef de la famille intente une action à la Compagnie d'Orléans, et le tribunal de la Seine, saisi de l'affaire, commet un professeur à la Faculté de médecine de Bordeaux à l'effet de rechercher la nature des blessures occasionnées au demandeur et aux membres de sa famille, la durée de l'incapacité de travail, et de dire si les victimes de l'accident sont ou non atteintes d'infirmités permanentes.

Le décompte des frais dus à l'expert pourra se faire de la manière suivante :

Vacation pour prêter serment.	8	»
(Pas de frais de transport, le serment ayant été prêté à Bordeaux) (1).		
Vacation aux opérations : une journée de campagne.	32	»
Frais de transport à 6 myriamètres. . . .	36	»
Retour. . . .	36	»
Vacation pour rédiger le rapport.	8	»
Vacation pour le déposer.	8	»
Total :	128	»

Si l'examen de l'expert a été long et qu'il ait dû le prolonger au delà d'un jour, il comptera deux journées de campagne au lieu d'une, et son mémoire s'élèvera, dans ce cas, à 160 francs.

Le détail de ce mémoire sera établi à la suite du rapport, afin que le juge puisse le taxer.

Ainsi qu'on peut le voir par l'exemple que nous venons de donner, le tarif civil est bien plus généreux que le tarif criminel. Il est vrai que ce sont ici les plaideurs qui paient, tandis qu'en matière criminelle, l'Etat est le plus souvent obligé de supporter la dépense, en raison de l'indigence des condamnés. Il les supporte toujours en cas d'acquittement.

259. L'article 160 du tarif n'alloue de frais de voyage aux experts qu'autant qu'ils sont domiciliés à plus de deux myriamètres du lieu de leur opération. « Au delà de deux myriamètres, dit cet article, il sera alloué, etc... »

(1) Conformément aux dispositions des articles 305 et 1035 du *Code de procédure civile*.

On a conclu de ces expressions que les frais de voyage devaient ne se calculer qu'à partir de ces deux myriamètres, c'est-à-dire que si l'expert avait trois myriamètres à parcourir, on ne devrait lui en allouer qu'un seul. Mais cette interprétation est erronée, ainsi que l'ont reconnu tous les commentateurs du tarif; c'est à partir du domicile de l'expert et non après deux myriamètres de ce domicile qu'il faut compter la distance (1).

C'est également le même domicile qui est pris pour point de départ, quand il s'agit du transport des experts pour aller prêter serment (2).

Enfin les deux myriamètres après lesquels les frais de voyage sont dus se comptent en allant et en revenant. Ainsi un expert domicilié à 18 kilomètres a droit à une indemnité de voyage, parce qu'il a 3 myriamètres 6 kilomètres à parcourir (3).

260. Quand les frais d'expertise ont été taxés, l'homme de l'art en réclame le montant à l'avoué qui lui a fait signifier le jugement et qui a requis la prestation de serment. Si cet avoué ne le paie pas, il se fait délivrer par le greffier du tribunal, au vu de la taxe, un exécutoire pour le montant de la somme qui lui a été allouée.

Si la partie refuse de payer, l'exécutoire est un titre en vertu duquel l'expert peut faire pratiquer une saisie au préjudice de son débiteur ou prendre une inscription hypothécaire sur ses immeubles.

C'est contre la partie qui a requis l'expertise ou qui l'a poursuivie que l'exécutoire doit être délivré, quand bien même elle aurait gagné son procès. Elle doit payer les frais de cette expertise, sauf son recours contre la partie condamnée aux dépens (4).

Mais la personne contre laquelle l'exécutoire est délivré peut être insolvable. Dans ce cas, l'expert a-t-il un recours solidaire contre les autres parties au procès?

Si l'expertise avait été sollicitée par toutes les personnes qui ont figuré au procès, ou si elle avait eu lieu dans un intérêt commun, la solidarité ne pourrait faire aucun doute ; mais si cette

(1) Chauveau et Godoffre, *Commentaire du tarif*, n° 1717. — Carré de Tours, *De la taxe en matière civile*, p. 125. — Boucher d'Argis, *Dictionn. de la taxe en matière civile*. 2e édit., p. 264, n° 7.
(2) Dalloz, v° *Frais et dépens*, n° 444.
(3) Nancy, 4 décembre 1879. *Bulletin de la taxe des frais et dépens*, par G. Dutruc, 1881, p. 9.
(4) Bourges, 9 janv. 1832. Dalloz, *Rép.*, v° *Expert*, n° 263.

expertise n'a été demandée que par l'un des plaideurs ou si elle n'a été faite que dans son intérêt,c'est lui seul qui est obligé vis-à-vis de l'expert. Et encore le contraire a-t-il été jugé pour le cas où les experts ont été nommés d'office par les tribunaux (1).

Prenons encore des exemples : Un médecin réclame en justice une somme de 5,000 francs à titre d'honoraires à un client qui offre seulement 2,000 francs. Le tribunal saisi du litige désigne un ou trois experts à l'effet de donner leurs avis sur la nature et l'importance des soins donnés par le médecin au défendeur et sur le chiffre des honoraires qui peuvent lui être dus, eu égard à la situation des deux parties. Il est clair que l'expertise, quand même elle aurait été sollicitée par l'une d'elles seulement, et que l'autre l'aurait repoussée, est pourtant ordonnée dans leur intérêt commun, puisque, selon les conclusions du rapport, les tribunaux pourront déclarer ou que la demande est justifiée ou que les offres du défendeur sont suffisantes. Dans ce cas, les experts ont une action contre les deux plaideurs pour le paiement de leurs droits et honoraires.

Une personne a été blessée volontairement ou par imprudence, et elle demande, devant les tribunaux civils, réparation du préjudice qui lui a été causé. Il est nécessaire de désigner des experts à l'effet de rechercher quelle a pu être la durée de l'incapacité de travail ou de vérifier s'il existe une infirmité permanente, conséquence du fait imputé au défendeur, et, par suite, quelle est l'indemnité qui doit être allouée. On peut dire encore que l'expertise ordonnée est faite dans l'intérêt des deux parties, les conclusions des hommes de l'art devant avoir pour effet de faire accueillir ou rejeter la demande ou d'en modifier les conséquences.

Il arrivera fort rarement que l'expertise confiée à des médecins ou pharmaciens ne créera pas contre les parties une dette indivisible. La jurisprudence incline dans ce sens (2). On peut dire, en effet, que les experts sont les mandataires directs des juges, qu'ils sont même les mandataires indirects des parties, non seulement quand elles ont requis ou poursuivi l'expertise, mais encore quand elles y ont consenti, ou qu'elle a eu lieu dans leur intérêt. C'est donc seulement au cas où l'expertise, *inutile à l'une des parties*, aurait été repoussée par elle, que cette partie pourrait refuser d'en payer les frais.

(1) Montpellier, 30 janv. 1840. P. 1840. 1. 573. — Rennes, 25 janv. 1844.

(2) Cassation, 11 août 1813. — Montpellier, arrêt cité. — Douai, 30 mars 1846. P. 1849. 1. 90 — Dijon, 11 décembre 1847. P. 1848. 2. 208. — Paris, 22 juin 1848. P. 1848. 2. 287. — Grenoble, 18 décembre 1848. P. 1850. 2. 52. — Riom, 30 avril. 1850. P. 1851. 1. 545.

261. L'ordonnance du président ou du juge délégué qui taxe les honoraires des experts est susceptible d'opposition. Si donc ils estiment qu'ils ne sont pas suffisamment rémunérés et que leur demande d'honoraires a été réduite à tort, ils peuvent constituer un avoué qui instruit leur demande en opposition, et le tribunal statue en chambre du conseil.

262. En matière administrative, les honoraires des médecins doivent être payés d'après le tarif civil. On comprend en effet qu'il faut une règle quelconque pour servir de base à la taxe et qu'autrement on tomberait bien vite dans l'arbitraire.

Il a pourtant été jugé que le tarif du 16 février 1807 n'est pas applicable aux frais devant le conseil de préfecture ; — que, notamment, les frais et honoraires dus à des experts dans une instance suivie devant le conseil de préfecture, ne doivent pas être taxés d'après ce tarif, mais seulement en prenant pour base l'importance du travail exécuté et les dépenses faites par les experts dans l'étendue de leur mission (1).

263. Quant aux expertises faites dans l'intérêt des particuliers, elles donnent lieu à des honoraires qui ne sont point tarifés et que l'on peut débattre, mais que les tribunaux réduiraient, s'ils paraissaient excessifs.

(1) Conseil de préfect. de la Seine, 30 juin 1880. *Bulletin de la taxe*, 1881, p. 45, et la note.

CHAPITRE VII

HONORAIRES DES MÉDECINS
CRÉANCES DES PHARMACIENS POUR FOURNITURE DE MÉDICAMENTS.

§ 1er. — *Fixation des honoraires et du prix des médicaments.*

264. Nous avons examiné, dans le chapitre précédent, ce qui concerne les honoraires des médecins et des chimistes ou pharmaciens quand ils sont appelés par la justice ou par l'administration ; nous avons maintenant à nous occuper de la rétribution qui leur est due par leurs clients.

L'exercice de la profession médicale n'est point gratuit, et si, dans bien des cas, les médecins, mus par d'honorables scrupules, refusent d'accepter aucune rémunération pour les soins qu'ils ont donnés, c'est pour eux une simple question de conscience abandonnée exclusivement à leur appréciation.

Les études de médecine sont longues et fort coûteuses, il est donc de toute justice qu'elles procurent des moyens d'existence à ceux qui s'y sont livrés. En principe, les médecins ont droit à des honoraires et ils ont une action pour en obtenir le paiement.

265. La loi a tarifé, ainsi que nous l'avons vu, les salaires auxquels ont droit les experts désignés par les autorités, tant en matière civile qu'en matière criminelle; mais les honoraires dus par les malades aux médecins, chirurgiens, officiers de santé et sages-femmes, ne pouvaient, sans arbitraire, être l'objet d'une semblable réglementation.

Dans certaines localités, les médecins ont arrêté entre eux un tarif auquel ils ont pris l'engagement d'honneur de se conformer. Mais ils ne sont point obligés *légalement* de s'y soumettre, et un pareil tarif, si modéré qu'il soit, ne lie ni les médecins, ni les malades, ni surtout les tribunaux.

266. La loi s'en rapporte, à cet égard, en cas de contestation, à la sagesse du juge, qui prend en considération la gravité de la maladie, la fortune du malade, la situation que le médecin a pu se faire dans le corps médical, les relations antérieures qu'il a eues, soit avec le même malade, soit avec sa famille, pour la fixation d'autres honoraires (1).

Si les médecins doivent se baser, pour fixer le chiffre de leurs honoraires, sur la situation de fortune du malade, ce n'est point par la raison qu'en donnent MM. Briand et Chaudé. D'après ces auteurs, « *il est évident* que les malades qui appartiennent à une haute classe de la société exigeant plus de soins, de visites, d'as-

(1) Paris, 3 germin. an XI. P. chron. — Coffinières, *Encyclopédie du droit*, vo *Art de guérir*, no 99. — Orfila, *Leçons de méd lég.*, p. 36 et s.

siduités, il y a lieu d'accorder au médecin un prix plus élevé ». Nous ne pouvons admettre ce raisonnement. Personne n'ignore que les médecins les plus célèbres donnent des soins tout aussi assidus, tout aussi empressés aux indigents qu'aux personnes les plus favorisées de la fortune ; c'est seulement quand il s'agit de régler les honoraires que le médecin songe à la fortune de son client. *Ce qui est évident* pour nous, c'est que, à nombre égal de visites, le riche doit payer plus cher que le pauvre. Il est clair qu'on ne peut réclamer deux, trois, quatre mille francs pour une opération à un homme qui n'a pour vivre que son travail et qui gagne quatre ou cinq francs par jour, tandis qu'un homme ayant cent mille livres de rentes devra payer, pour la même opération, quatre mille francs et plus, sans se plaindre. Il est clair aussi qu'un officier de santé établi dans un village ne pourra exiger les mêmes honoraires qu'une des célébrités médicales de Paris.

267. Le sieur K..., distillateur à Brie-Comte-Robert, était atteint d'une tumeur à la cuisse. Le docteur X..., agrégé à la Faculté de médecine de Paris, chirurgien en chef d'un hôpital, fit l'opération avec emploi de chloroforme. L'opération réussit, paraît-il, mais le malade succomba à des complications internes dues à une autre origine.

Le docteur X... réclama 4,000 fr. d'honoraires ; la veuve K... offrit 1,000 fr. Les parties n'ayant voulu faire aucune concession, le tribunal de Melun fut saisi de la contestation ; il condamna la veuve K... à payer 2,000 fr. et partagea les dépens par moitié (1).

268. Quand les tribunaux sont embarrassés pour trancher les difficultés qui se produisent au sujet de la fixation des honoraires, ils commettent des médecins comme experts afin de vérifier les mémoires et de donner leur avis.

269. Le sieur C..., pharmacien homœopathe à Paris, était atteint de trois maladies simultanées : une hémiplégie, une paralysie complète de la vessie qui, en même temps, contenait trois calculs d'une certaine dimension. Les soins de son médecin ordinaire, le docteur J....t, médecin homœopathe, furent infructueux. Le malade se décida à s'adresser à un spécialiste, le docteur M.... qui lui prodigua ses soins; il fit surtout des sondages multipliés, répétés souvent chaque jour et chaque nuit. Le docteur J....n, désigné par le docteur M..., vint s'installer près du malade pour pouvoir répéter à chaque instant ces sondages. Puis vint l'opéra-

(1) *Gazette des Tribunaux*, 15 juillet 1877.

tion de la lithotricie par les deux médecins. Enfin, après cinq mois de traitement, le malade était guéri. On voulut alors régler la question des honoraires. Le docteur M.... réclama 17,000 fr., savoir : 12,000 fr. pour lui et 5,000 fr. pour le docteur J....n. — K... offrait 10,000 fr. aux deux médecins. Ceux-ci refusèrent d'accepter cette somme et intentèrent une action contre leur client. — Le 23 juillet 1879, le tribunal de la Seine (5e chambre) commit MM. les docteurs Laugier, Bergeron et Piogey experts pour donner leur avis sur la contestation (1).

270. Si, au début et dans le cours d'une maladie, le malade prend l'engagement, verbal ou écrit, de payer une somme fixe après la guérison, cet engagement est-il valable ?

L'ancienne jurisprudence avait adopté la négative ; si même un médecin se permettait une pareille stipulation, il pouvait se rendre passible d'une peine (2). Et la loi romaine disait : « *Et* « *patimur accipere quæ sani offerunt pro obsequiis ; non ea quæ* « *periclitantes pro salute promittunt. Non libera voluntas, sed tru-* « *culentæ necessitatis manus hujus modi contractibus stylum suum* « *imponit* » (3).

M. Trébuchet (4) pense que cette convention ne serait pas plus valable aujourd'hui, parce que le consentement serait vicié par la violence morale.

Nous croyons qu'il faut se garder de trancher la question d'une manière aussi absolue et de poser comme un principe la nullité de la convention. S'il est établi pour les tribunaux que le malade, sous l'empire des appréhensions, de la terreur que lui inspire la maladie, a cédé à une véritable violence morale, à une pression exercée par le médecin dans le but d'enfler le chiffre de ses honoraires, les prétentions de ce médecin pourront être réduites ; mais quelque insolite et immorale même que puisse être une pareille convention, nous ne croyons pas qu'il soit possible de la déclarer nulle *de plano* et sans examen.

M. Trébuchet reconnaît d'ailleurs qu'un médecin appelé dans une ville éloignée de sa résidence, ou dans un autre pays, pourrait, avant de se déplacer, faire ses conditions pour entreprendre un voyage dispendieux qui l'éloignerait de sa clientèle ; enfin que les médecins qui tiennent des maisons de santé peuvent aussi faire des conditions avant de recevoir des malades.

(1) *Gazette des Tribunaux*, 24 juillet 1879.
(2) Arrêt du Parlement de Provence du 19 novembre 1633.
(3) L. ff. *de profess. et med.*
(4) Trébuchet, *Jurisprudence de la médecine*, p. 240.

Nous ajouterons qu'il peut se présenter telle autre circonstance où le médecin soit fort excusable d'avoir pris ses précautions avant d'entreprendre une cure. Supposons, ce qui malheureusement se voit chaque jour, qu'un mauvais débiteur qui s'est arrangé de façon à soustraire tout son actif à l'action de ses créanciers, ait refusé de payer à son médecin des honoraires très légitimement dus ; que néanmoins, tombé de nouveau malade, il ait recours au même médecin ; pourra-t-on blâmer ce dernier s'il exige des garanties d'un débiteur qu'il sait être d'aussi mauvaise foi et qui lui a déjà fait perdre ce qu'il lui devait ?

271. Un médecin peut-il, moyennant une rétribution annuelle, s'obliger envers une personne à lui donner, pendant toute sa vie, et en tel lieu qu'il lui plaira d'habiter, à elle et aux gens de sa maison, les soins de son art ?

Une convention de ce genre n'est pas très rare, et nous en avons vu, quant à nous, plus d'un exemple. Citons ici le plus connu, parce qu'il a donné lieu à des décisions judiciaires rapportées par tous les arrêtistes.

En 1832, la dame de Feuchères, étant à Gênes, y rencontra la demoiselle Bianca Milesi, qu'elle avait connue en France et qui avait depuis épousé le sieur Mojon, médecin. Mme de Feuchères désira s'attacher ces deux époux et, pour y parvenir, elle leur proposa une convention qui fut acceptée, par laquelle le docteur Mojon s'engagea à donner, *pendant sa vie*, des soins comme médecin à Mme de Feuchères elle-même et aux personnes de sa maison, tant qu'elle résiderait en France.

Pour reconnaître ces soins, Mme de Feuchères promit et s'obligea, sur ses revenus et ses biens meubles, d'assurer à perpétuité aux époux Mojon, aux enfants issus de leur union et à leurs descendants en ligne directe, un revenu annuel de 10,000 francs, avec faculté d'en opérer l'extinction moyennant le paiement d'un capital de 200,000 fr. Par de nouvelles conventions, les parties expliquèrent que, dans cette constitution, 5,000 fr. de rente étaient assurés au docteur Mojon pour le dédommager de ses soins comme médecin, et 5,000 fr. à Bianca Milesi et à ses descendants, en reconnaissance des soins qu'elle donnerait à la demoiselle Thanaron, nièce de Mme de Feuchères, qu'elle garderait chez elle jusqu'à l'achèvement de son éducation.

Ces conventions s'exécutèrent jusqu'en 1837. A cette époque, Mme de Feuchères refusa de continuer le service de la rente, en soutenant que la dame Mojon n'avait pas voulu continuer l'éducation de Sophie Thanaron.

Le 22 décembre 1837, un jugement du tribunal de la Seine condamna la dame de Feuchères à remplir ses obligations, et le 23 avril 1838, ce jugement fut confirmé en appel.

Pourvoi en cassation par la dame de Feuchères. Dans son intérêt, on soutenait entre autres moyens :

Que la convention de 1832 était nulle comme contraire à la loi, parce qu'elle imposait au docteur Mojon des *services perpétuels* prohibés par l'art. 1780 du Code civil, qui dispose qu'on ne peut engager ses services qu'*à temps ;* que cet article, il est vrai, s'applique plus habituellement aux domestiques et ouvriers, mais que si on n'en faisait pas aussi l'application aux médecins, il faudrait arriver à cette conclusion que ceux-ci peuvent engager leurs services à vie, c'est-à-dire disposer de leur liberté et devenir les esclaves de ceux qui seraient assez riches pour les dédommager en argent d'un pareil sacrifice. Cette conclusion, disait-on, est inadmissible, elle serait contraire à la raison et à l'esprit qui a guidé les dispositions de la loi. Au surplus, les auteurs et la jurisprudence ont fixé le sens qu'on doit attacher au mot *domestiques*, et ils ont reconnu qu'on doit y comprendre non seulement les individus attachés au service subalterne de la personne ou de la maison, mais encore ceux qui, avec un titre plus honorable, n'en reçoivent pas moins un traitement ou des gages pour prix des soins et services qu'ils se sont engagés à rendre. « On appelle domestiques, dit Henrion de Pansey (1), tous ceux qui font partie d'une maison et qui, subordonnés à la volonté du maître, en reçoivent des gages. Les domestiques sont de deux sortes : ceux dont les fonctions n'ont rien d'avilissant, et même sont honorables, et ceux dont les services supposent une dépendance plus absolue. A la première classe appartiennent les bibliothécaires, les intendants de maison, les précepteurs, les secrétaires. » L'auteur qui citait ces exemples eût pu ajouter les médecins, etc... (2). Ainsi l'art. 1780, expliqué dans le sens naturel que le législateur a voulu lui attribuer, s'oppose nécessairement à ce que les médecins, comme les autres personnes qui louent leurs services, puissent s'engager autrement qu'*à temps*, et la convention par laquelle le docteur Mojon s'est engagé à donner des soins à Mme de Feuchères *pendant toute sa vie*, en tel lieu de France où il lui plairait de résider, est contraire à ses dispositions.

La Cour repoussa cette argumentation par les motifs suivants :

« Attendu que la convention par laquelle un médecin s'oblige à donner, pendant toute sa vie, les soins de son art à une personne et aux gens de sa maison, n'est contraire ni aux bonnes mœurs ni à l'ordre public ; qu'elle n'est prohibée non plus par aucune loi, et que l'art. 1780 du Code civil, duquel on voudrait faire résulter cette

(1) Henrion de Pansey, *Compétence des juges de paix*, chap. 30.
(2) Cette définition du mot *domestique*, reproduite d'après l'ancien Denizart, v° *Domestique*, par Duranton, Delvincourt, Carré, Merlin, est repoussée par Duvergier, *Louage*, t. 2. — Contin. de Toullier, t. 19, n° 278. — Troplong, *Prescription*, t. 2, n° 975, et par un arrêt de Bourges du 30 mai 1829.

prohibition, n'est applicable qu'aux domestiques et gens de service, dans la classe desquels on ne peut faire entrer les médecins ; qu'ainsi les articles 1131, 1133 et 1780 n'ont point été violés, etc... » (1).

272. Quant au prix des médicaments et autres substances pharmaceutiques, il n'est déterminé non plus par aucun tarif. Les pharmaciens peuvent donc fixer ce prix au chiffre qu'il leur plaît d'indiquer, sauf aux tribunaux à réduire, en cas d'exagération, au vu des prix moyens cotés dans les diverses pharmacies.

§ 2. — *A qui les médecins et pharmaciens doivent-ils réclamer leurs honoraires et le prix des médicaments?*

273. Cette question, qui paraît simple au premier abord, a présenté néanmoins, dans la pratique, certaines difficultés.

Pendant le mariage, aux termes de l'article 1409, n° 5, du Code civil, la communauté doit pourvoir aux aliments des époux, à l'éducation et à l'entretien des enfants et à *toute autre charge du mariage*. Il est clair que les frais occasionnés par la maladie des époux et des enfants doivent être payés par la communauté, même ceux faits pour les enfants d'un premier lit. La communauté, intéressée à l'existence de chacun de ses membres, doit payer non seulement leur nourriture, mais aussi les soins destinés à leur conserver la santé et la vie, et c'est au mari, qui en est le chef, à acquitter cette dette naturelle, sauf son recours ultérieur contre la communauté, quand elle sera dissoute.

274. Mais voici où commencent les difficultés :

La femme peut faire prononcer sa séparation de biens pour mauvaise administration du mari. Dans ce cas, la cohabitation continue entre les époux ; rien ne révèle aux yeux du public la cessation de la communauté, si ce n'est une publication, la plupart du temps inefficace. Le médecin qui aura donné des soins à la femme, et le pharmacien qui aura fourni des médicaments pourront-ils poursuivre personnellement le mari pour le paiement de leurs mémoires? Peut-on poursuivre indistinctement le mari ou la femme séparés de biens pour la totalité des frais de maladie des enfants?

La séparation de biens laisse subsister dans le mariage les devoirs et obligations réciproques des époux, qui continuent à se devoir, l'un à l'autre, secours et assistance (2). Comme avant la dissolution de la communauté, ils sont toujours tenus de pourvoir

(1) Cassation, 21 août 1839. P. 1839. 2. 204.
(2) Article 212 Code civil.

à l'entretien et à l'éducation des enfants (1). Et enfin l'article 1448 dispose que :

« La femme qui a obtenu la séparation de biens doit contribuer « proportionnellement à ses facultés et à celles du mari, tant aux « frais du ménage qu'à ceux d'éducation des enfants communs. — « Elle doit supporter entièrement ces frais, s'il ne reste rien au « mari. »

Nous n'hésitons pas à penser que les frais d'un traitement médical fourni à l'un des époux ou à leurs enfants font partie des *frais du ménage*. En conséquence, les médecins et les pharmaciens ont une action directe contre le mari pour le paiement de leurs mémoires, parce qu'il est toujours le chef du ménage, et ils peuvent en outre poursuivre le remboursement de leurs créances sur les biens de la femme, dans les cas prévus par l'article 1448 du Code civil.

275. Le tribunal de la Seine a pourtant jugé que les frais de maladie d'une femme séparée de biens ne peuvent donner lieu à une action contre le mari.

Mme Jouanneau, veuve d'un médecin qui avait donné des soins à Mme Blanc, réclamait au mari, M. Blanc, une somme de 95 fr. pour honoraires. Le défendeur, cité devant le juge de paix du 9e arrondissement de Paris, répondit que c'était une dette incombant aux héritiers de sa femme, laquelle était décédée depuis, et demandait reconventionnellement 150 fr. de dommages-intérêts.

Mme veuve Jouanneau répliquait que le mari et la femme, quel que soit le régime sous lequel ils sont mariés, se doivent aide, secours et assistance ; que M. Blanc était donc personnellement débiteur de la somme réclamée.

Le juge de paix rendit une sentence conforme à ces dernières conclusions.

Sur l'appel, le tribunal, considérant que l'article 212 du Code civil ne peut conférer aux tiers une action contre l'époux séparé de biens, pour l'exécution des obligations consenties par son conjoint ; que, dans l'espèce, les sommes pouvant être dues à la succession Jouanneau pour soins donnés à la dame Blanc pendant sa dernière maladie, et alors qu'elle était séparée de biens d'avec son mari, constituent une dette de la succession de cette dame, dont le recouvrement ne peut être poursuivi contre le mari, alors qu'il n'est justifié d'aucun engagement personnel par lui con-

(1) Article 203.

tracté, a infirmé la sentence rendue par le juge de paix et déclaré la dame veuve Jouanneau mal fondée en sa demande (1).

276. La doctrine consacrée par cette décision nous paraît fort discutable. En effet, s'il est vrai que l'article 212 ne peut conférer aux tiers une action contre l'époux séparé de biens, pour l'exécution *des obligations consenties par son conjoint*, encore faut-il que les obligations dont le tiers demande l'exécution aient été consenties *personnellement* par ce conjoint pour qu'elles ne puissent pas donner naissance à une action contre l'autre.

Or est-ce bien le conjoint malade seul qui contracte l'obligation de payer le médecin qui le soigne? — L'article 212 n'est rien, ou il oblige le mari qui voit sa femme en danger de mort, à appeler un médecin pour tenter de la soulager. Et l'on dira ensuite que ce mari, en appelant le médecin, n'a pu prendre envers lui aucun engagement!

Les frais d'un traitement médical, ayant pour but de conserver la vie à l'un des époux, incombent assurément *au ménage;* l'autre époux ne peut se désintéresser à ce point de ce qui touche à l'existence même de son conjoint qu'il ait le droit de ne pas participer aux frais du traitement. Comment! l'époux, même séparé de corps, aura, suivant les circonstances, une action pour se faire payer par l'autre une pension alimentaire, les mémoires du boulanger et du boucher pourront être à la charge de ce dernier, et ceux du médecin et du pharmacien ne seront pas payés!...

Il s'agissait, il est vrai, dans l'espèce, des frais *de dernière maladie*, mais il n'y a point de distinction à faire à ce sujet; ces frais seraient à la charge de la communauté, si elle existait encore au moment du décès de l'époux (2), et si la communauté a été dissoute antérieurement, c'est une charge du ménage dont chacun des époux est tenu solidairement (3).

277. Au surplus, la jurisprudence est assez favorable à l'action des médecins en paiement de leurs honoraires. La Cour de cassation a décidé que l'intermédiaire qui a pris l'initiative de l'appel d'un médecin auprès d'une femme malade peut être considéré comme s'étant par là obligé solidairement avec le mari de cette malade au paiement des honoraires de l'homme de l'art.

Un jugement du tribunal civil de Narbonne, du 22 janvier 1872, fait suffisamment connaître les faits; il est ainsi conçu:

(1) Tribun. de la Seine, 7e ch., 19 mars 1878. — *Gazette des Tribun.*, 5 avril 1878.
(2) Marcadé, *Explication du Code civil*, t. v., p. 503.
(3) Voir le jugement qui suit, *dans ses motifs*.

« Considérant que les défendeurs ne contestent ni les soins donnés par Alphonse Duprat, en sa qualité de médecin, à la femme Courbet, pendant la maladie dont elle était atteinte jusqu'à son décès, ni le nombre des visites simples, ni le nombre des visites accompagnées d'opérations chirurgicales, ni le salaire de chaque visite, ni les frais de déplacement ; que chacun d'eux se borne à contester l'obligation de payer les honoraires des médecins, Courbet rejetant cette obligation sur Fabre, et Fabre rejetant l'obligation sur Courbet ;

« Considérant que Courbet est tenu de payer les honoraires du médecin en vertu d'une obligation naturelle et en vertu des dispositions de l'art. 214 du Code civil ; qu'il n'est pas tenu comme maître de la communauté qui a existé entre lui et sa femme, mais en sa qualité de mari, comme conséquence de la puissance maritale et de l'obligation imposée à la femme d'habiter avec le mari et de le suivre partout où il jugera à propos de résider ;

« Considérant que, dans la comparution personnelle, Courbet a avoué qu'il avait eu connaissance des visites faites par Alphonse Duprat, du traitement que le médecin avait imposé, du voyage fait par la femme Courbet, accompagnée de sa fille, à Carcassonne, pour se mettre à la disposition du médecin et pour recevoir ses visites de plus près ; qu'il a eu connaissance des voyages faits par Alphonse Duprat à Narbonne, pendant la dernière période de la maladie ; qu'il a vu le médecin entrer dans la chambre de sa femme ; qu'il n'a pu ignorer pour quel objet il y entrait, et n'a manifesté aucune opposition ;

« Considérant qu'il suit de là que, si Courbet a ignoré les premières visites du médecin, il n'a pas ignoré la suite du traitement, il l'a ratifié pour le passé et l'a autorisé pour l'avenir ; que, dès lors, il est obligé de satisfaire à sa demande ;

« Considérant, en ce qui concerne Fabre, que s'il nie plusieurs circonstances de la cause, malgré la notoriété publique la plus constante, il a du moins avoué, dans sa comparution personnelle, qu'il était présent à Lézignan, lorsque la femme Courbet s'y est rendue pour se soumettre aux visites et au traitement d'Alphonse Duprat ; que, lorsque la femme Courbet a séjourné à Carcassonne, près de son médecin, ledit Fabre y a séjourné aussi pendant plusieurs jours ; qu'il a assisté aux visites, sinon aux opérations ; qu'il est allé lui-même prendre les médicaments chez le pharmacien et les a payés ; qu'à l'occasion du traitement, il a lié des relations étroites avec le médecin ; qu'il s'est chargé de lui écrire de Narbonne, pour lui faire connaître l'état de la malade et le succès du traitement ; qu'il a adressé au sieur Duprat trois dépêches télégraphiques, en son propre nom, pour le faire venir ; qu'il l'a reçu à Narbonne ; qu'il l'a fait manger à sa table et qu'il a assisté à toutes les visites que le médecin a faites pendant les trois voyages ;

Considérant qu'il résulte de ces aveux que Fabre a appelé le médecin ; qu'il a pris l'initiative de l'appel et s'est obligé de payer les honoraires du médecin solidairement avec le mari, dont l'insolvabilité devait être suspecte à l'homme de l'art ;

« Par ces motifs, etc... »

Pourvoi en cassation par le sieur Fabre. Violation et fausse application des art. 1119, 1120 et 1202 du Code civil, en ce que le jugement attaqué a condamné le demandeur comme obligé solidairement avec le sieur Courbet envers le défendeur, alors que le sieur Fabre s'étant borné à servir d'intermédiaire entre le sieur Duprat et la dame Courbet, n'avait pris envers le sieur Duprat aucun engagement personnel.

Dans le contrat qui s'établit entre le malade et le médecin qui le traite, a-t-on dit, il est certain qu'en principe, c'est le malade seul qui est obligé envers le médecin. Par exception, des tiers peuvent également être obligés; mais, pour cela, il faut un texte de loi ou un engagement personnel. C'est ainsi qu'un père est obligé pour le traitement donné à ses enfants, un mari pour le traitement de sa femme. Or, dans l'espece, le demandeur ne se trouve point dans un cas d'exception légale ou contractuelle. C'est en vain qu'on se fonde sur ce qu'il a parfois servi d'intermédiaire complaisant entre la malade et le médecin, pour en faire découler une obligation de sa part. Une telle solution est repoussée par tous les principes. En effet, elle présume une obligation qui doit être prouvée contre celui auquel on l'oppose. Et même en concédant que les présomptions soient admissibles en pareil cas, on sait qu'il est de règle que la présomption a lieu *de eo quod plerumque fit*. Or, dans l'usage, celui qui appelle un médecin pour un malade, l'appelle au nom de ce malade, comme *negotiorum gestor* ou mandataire de celui-ci ; et, dans notre droit, le *negotiorum gestor* et le mandataire obligent le géré et le mandant sans s'obliger eux-mêmes.

Si l'obligation mise par le jugement à la charge du demandeur ne peut se justifier, la solidarité prononcée par le même jugement est plus injustifiable encore, puisque l'art. 1202 du Code civil dispose que la solidarité ne se présume pas et doit être expressément stipulée. Or, il est impossible de trouver dans les faits de la cause aucune stipulation de ce genre.

Arrêt : — « La Cour, — Attendu que le jugement attaqué a retenu dans ses motifs les faits avoués par le demandeur en cassation dans sa comparution personnelle à l'audience, et qu'il a tiré de ces aveux, souverainement appréciés, la preuve que ce demandeur s'était obligé de payer les honoraires du médecin, solidairement avec le mari, puisque c'était lui qui avait pris l'initiative de l'appel de l'homme de l'art ; que cette décision, conforme à l'art. 1371 du Code civil, n'a rien de contraire aux autres articles du même Code invoqués par le pourvoi.....

« Rejette, etc... » (1).

L'arrêt est parfaitement fondé en droit. Quant au jugement qui était déféré à la Cour suprême, c'était évidemment ce qu'au palais on appelle *une décision d'espèce*, dont il ne faudrait pas exagérer la portée ; le commissionnaire chargé d'appeler le médecin près d'un malade n'est pas tenu de payer les frais de la visite; mais ce qu'il faut retenir du jugement, c'est que le médecin

(1) Cassation, 4 décembre 1872 P. 1872. 1139.

a une action contre la personne qui l'a appelé, quand cette personne paraît avoir eu un intérêt quelconque à la guérison du malade, et qu'enfin elle a contracté l'obligation tacite de payer les honoraires.

273. Pour que le médecin ait une action contre les tiers pour les soins donnés à un malade, il faut que l'obligation de ce tiers résulte clairement, soit de la loi, soit des circonstances.

Le jeune Meu, apprenti depuis deux ans dans les ateliers des sieurs Privat et Guignard, de Bordeaux, fut obligé, pour son service, de passer sur des fers à T et fit, le 11 octobre 1875, une chute grave qui occasionna une carie de l'os de la jambe et nécessita l'amputation. Cette opération fut pratiquée, dans le courant du mois de mai 1876, par le docteur Lande, assisté des docteurs Chapelle et Hirigoyen. MM. Chapelle et Lande, qui avaient donné des soins au jeune Meu, intentèrent une action contre les sieurs Privat et Guignard pour le paiement de leurs honoraires qu'ils fixaient, le docteur Lande à 1750 fr., et le docteur Chapelle à 1,950 fr. Ils fondaient cette demande sur ce que Guignard aurait écrit, le 28 avril 1876, à la dame Meu, mère du jeune malade, une lettre par laquelle il annonçait que, le lendemain, il se rendrait chez elle, avec son médecin, pour que celui-ci examinât, avec le docteur Chapelle, ce qu'il convenait de faire.

Ils prétendaient aussi que, dans le mois de février 1876, les sieurs Privat et Guignard avaient chargé leur médecin, le docteur Hirogoyen, de s'entendre avec le docteur Chapelle sur le traitement à suivre ; que des consultations avaient eu lieu avec ce dernier en présence de Guignard lui-même, qui se serait chargé d'amener la famille à consentir à l'opération

La Cour de Bordeaux a jugé que ces faits ne pouvaient établir suffisamment l'obligation, de la part de Privat et Guignard, de payer les honoraires des médecins, et que d'ailleurs, dès le mois de novembre 1875, la famille Meu avait déjà fait appeler le docteur Chapelle, qui donnait des soins au blessé depuis six mois, quand la lettre du 28 avril 1876 avait été écrite, et qu'il ne s'était pas préoccupé jusque-là de savoir si c'était Privat et Guignard qui devaient acquitter ses honoraires (1).

279. Nous avons vu comment les médecins sont rétribués lorsqu'ils sont requis par l'autorité judiciaire ou administrative pour procéder à des expertises, pour donner leur avis, pour faire des rapports ; mais il peut arriver aussi qu'ils soient appelés par

(1) Bordeaux, 24 novembre 1879.

l'autorité non plus en qualité d'experts, mais comme médecins et pour fournir des soins aux malades. Dans ce cas, quels sont les honoraires qui leur sont dus ?

Et d'abord, il se présente une question préliminaire fort importante : l'autorité administrative a-t-elle le droit de requérir les médecins pour donner des soins médicaux aux malades, par exemple en cas d'épidémie ?

280. Nous avons étudié la question en nous plaçant au point de vue des réquisitions ayant pour but la constatation des crimes, délits et contraventions (1) ; ici la question n'est plus la même, et elle mérite d'être examinée sous cette nouvelle face. Elle a été traitée par M. Paillard de Villeneuve, conseil judiciaire de l'association des médecins de Paris, dans une consultation qu'il importe de rapporter. Il y est dit :

« Si l'art 3, titre XI, de la loi des 16-24 août 1790 confie à la vigilance et à l'autorité des corps municipaux le soin de prévenir, par les précautions convenables, et celui de faire cesser par la distribution des secours nécessaires, « les accidents et fléaux calamiteux, « tels que les incendies, les épidémies, les épizooties... », est-ce à dire que, pour arriver à ce résultat, l'autorité municipale soit investie d'un pouvoir illimité, qu'elle puisse ordonner tout ce qu'elle veut et faire appel, non seulement au concours matériel des citoyens, mais aussi à cette puissance morale qui constitue l'intelligence de l'homme et sa capacité scientifique ? — La question s'est élevée plus d'une fois sur l'application du § 12 de l'art. 475 du Code pénal, aux termes duquel « sont punis d'une amende de 6 à 10 fr. ceux qui, *le pouvant*, auront refusé de faire le service ou de prêter le secours dont ils auront été requis dans les circonstances d'accidents, de tumulte, naufrage, inondation, incendie *ou autres calamités* ».

On s'est demandé si l'homme de l'art pouvait, en vertu de cet article, être mis en réquisition pour l'exercice de sa profession. La doctrine et la jurisprudence ont répondu négativement. La loi, en effet, peut bien, comme sanction de l'accomplissement d'un devoir social, frapper d'une peine ceux qui, *le pouvant*, ont refusé le concours matériel qui leur est demandé, soit pour certains services publics, soit en cas d'accidents ou de calamités ; mais comment admettre la possibilité d'une telle sanction quand il s'agit d'une assistance purement intellectuelle, d'un concours scientifique ? Quel sera le tribunal qui jugera que tels et tels, *le pouvant*, s'y sont refusés ? La loi ne peut rien vouloir que d'efficace et de sérieux ; or, quand elle demande le concours pour un sauvetage, l'aide pour éteindre un incendie, le travail pour arrêter l'inondation, elle ne demande qu'une force dont elle peut diriger et surveiller l'accomplissement. Mais ordonner à un médecin de soigner et de guérir ; placer sa volonté, son intelligence sous la pression d'un mandat administratif, ce n'est pas seulement

(1) V. *supra*, nos 176 et s.

porter atteinte à l'indépendance morale de l'homme, c'est vouloir ce qu'on ne peut ordonner ; ou alors il faudrait aller jusqu'à soumettre à un droit de discussion et de contrôle la façon dont l'ordre aura été exécuté (1).

C'est ce que la Cour de cassation a jugé quand elle a décidé, le 4 juin 1830, que le refus d'une sage-femme d'assister à l'accouchement d'une femme indigente ne constituait pas une contravention à l'art. 475 (2), en ce qui concerne le refus fait par un médecin d'obéir à la réquisition qui lui était adressée par un officier de police judiciaire d'avoir à constater un décès causé par accident. Or, si telle est l'interprétation qu'il convient de donner à l'art. 475 du Code pénal, il est évident que la loi de 1790 doit être entendue dans le même sens, car il y a même raison de décider.

Invoquera-t-on les dispositions de la loi du 3 mars 1822 sur la police sanitaire ? — Il faut d'abord remarquer que cette loi a été rédigée exclusivement en vue des *maladies pestilentielles,* dont *la contagion* rend nécessaire le recours à des mesures exceptionnelles et spéciales. Mais à supposer que l'application de cette loi doive être généralisée pour tous les cas d'épidémie, quelles en sont les dispositions et quel argument pourrait-on y trouver pour la solution de la question actuelle ?

L'art. 12 punit, au cas d'inexécution des ordres qu'ils ont reçus : « tout commandant de la force publique, tout individu attaché à un « service sanitaire ou chargé par état de concourir à l'exécution des « dispositions prescrites par ce service, tout citoyen faisant partie « de la garde nationale, toute personne officiellement chargée de « lettres ou paquets pour une autorité sanitaire ». Or, cet article, d'après son texte, est évidemment inapplicable à ceux qui ne sont investis d'aucune fonction, d'aucun caractère public ; il ne peut donc pas être invoqué dans l'espèce.

Quant à ceux qui ne sont pas dans cette catégorie, « à tout individu qui n'est pas dans le cas de l'article précédent », comme dit l'art. 13, quelles sont les dispositions qui peuvent être appliquées ?

« Sera puni d'un emprisonnement de 15 jours à trois mois et d'une « amende de 50 fr. à 500 fr. tout individu qui aurait refusé d'obéir à « des réquisitions d'urgence pour un service sanitaire, ou qui, ayant « connaissance d'un symptôme de maladie pestilentielle, aurait « négligé d'en informer qui de droit. — Si le prévenu de l'un ou de « l'autre de ces délits est un médecin, il sera en outre puni d'une « interdiction d'un an à cinq ans. »

La première partie de cet article n'est que la reproduction, sauf aggravation de la pénalité, des prescriptions de l'art. 475, § 12, du Code pénal ; il n'y a donc à en tirer aucun argument ; et elle doit être entendue, dans son application, comme l'art. 475 lui-même. — Dira-t-on que le paragraphe final tranche la question du moment où il indique, en termes exprès, le médecin comme étant au nombre de ceux à qui la réquisition peut être adressée, et que si le médecin est,

(1) Chauveau et Hélie, *Théorie du Code pén.*, 2e édit., t. VI, p. 433 et s.

(2) V. aussi Cassation 4 juin 1830. P. chron. — 18 mai 1855. P. 1855. 2. 448.— V. *supra*, n° 178, p. 197.

comme tout autre citoyen, soumis à l'exercice de ce droit, il faut en conclure, surtout en présence de la pénalité spéciale édictée contre lui, que c'est en sa qualité de médecin et pour donner le concours de son art ? On doit reconnaître qu'il y a quelque chose de vrai dans cette interprétation, et que la loi fait ici un appel direct à la profession même. Mais indépendamment de ce que nous avons dit sur le but spécial de la loi dans sa pensée primitive, et dans l'ensemble de ses dispositions, il ne faut pas donner à ces expressions de l'art. 13 une extension impossible et contraire aux véritables principes. Quand nous examinions tout à l'heure le sens de l'art. 475 du Code pénal, quand nous soutenions qu'il n'avait pas entendu placer l'assistance intellectuelle sous le coup du droit de réquisition, cela était vrai en termes généraux et absolus, et la loi de 1822, pas plus que le Code pénal, n'a entendu faire violence à un principe moral qui est plus fort que la loi elle-même. Ce qu'a voulu l'art. 13, c'est appeler le médecin, comme tout autre, à ce concours matériel qui est seul dans le domaine du droit de réquisition, mais auquel la spécialité même de sa profession et de ses connaissances donne nécessairement un plus grand caractère d'utilité. La loi ne pouvait pas demander plus. — D'ailleurs, et à supposer que la loi eût voulu exiger l'assistance professionnelle proprement dite, il faut remarquer qu'elle prévoit seulement la réquisition d'urgence, pour un cas exceptionnel, transitoire, et non comme on l'a exigé, dans l'espèce, pour le docteur Andreux, un service permanent qui s'est prolongé pendant un mois et qui eût pu se prolonger plus longtemps encore, si le fléau n'eût pas disparu. Veut-on la preuve qu'en effet la loi de 1822, en décrétant le droit de réquisition d'urgence, n'a entendu parler que d'un service accidentel ? On la trouve dans le décret du 24 décembre 1850 sur la police sanitaire, décret rendu en exécution de la loi du 3 mars 1822. « Ont droit de requérir la force publique, dit l'art. 33, les directeurs « de santé, les agents principaux et ordinaires du service sanitaire ; « les mêmes ont le droit de requérir, *mais seulement dans les cas « d'urgence, et pour un service momentané*, la coopération des officiers « et employés de la marine, et, *au besoin*, tous les citoyens. » Et l'article ajoute : « Ne pourront lesdites réquisitions *enlever à leurs « fonctions habituelles* les individus attachés à un service public, à « moins d'un danger assez imminent pour exiger le sacrifice de tout « autre intérêt ».

Ainsi la distinction est nettement établie, la coopération des simples citoyens ne peut être requise qu'*en cas d'urgence* et pour un *service momentané*. Quant au service permanent, il ne peut être imposé qu'aux agents spéciaux du service sanitaire ; et les individus attachés à un autre service public ne peuvent *être enlevés à leurs fonctions habituelles*, à moins d'un danger imminent. Comment est-il donc possible d'admettre qu'un citoyen non revêtu de fonctions publiques puisse être placé dans une situation de dépendance plus grande que ceux à qui la nature de leur emploi impose de consacrer tout leur temps à un service public ? Il est donc évident que, même avec l'interprétation la plus large que l'on puisse donner à la loi du 3 mars 1822, le droit de réquisition attribué par la loi de 1790 et par les lois spéciales à l'autorité municipale ne peut aller jusqu'à imposer à un médecin, qui ne se rattache par aucune fonction au service administratif, l'obligation de donner un concours permanent et prolongé...

« Les magistrats, disait-on en terminant, ne se méprendront pas sur la pensée du corps médical, quand il conteste le droit dont on veut user contre lui. Ce n'est pas une immunité qu'il réclame, mais il veut maintenir son indépendance et sa dignité. Qu'on ne craigne pas, en renfermant dans leurs limites légales les pouvoirs de l'autorité administrative, de compromettre les intérêts de la santé publique et d'enlever aux pauvres, dans les jours de calamités, l'assistance qu'ils demandent. A aucune époque, en aucun lieu, le corps médical n'a failli à l'accomplissement de ses devoirs; mais ce n'est pas au droit de réquisition qu'ont obéi tous ceux qui sont tombés victimes des fléaux qu'ils combattaient pour les autres, et c'est parce que leur sacrifice était un élan volontaire et spontané de leur conscience que leurs noms sont restés glorieux et vénérés. »

Cette argumentation était vigoureusement combattue par la partie adverse. On observait que les arrêts de 1830 et de 1855 sont sans application dans l'espèce, puisqu'ils ont statué dans des causes où l'intérêt public n'était nullement en jeu. Ce serait, au reste, disait-on encore, se méprendre étrangement sur le sens de ces arrêts que de trouver la raison de leur décision dans la nature du concours tout professionnel, tout intellectuel, qui, dans l'espèce qui y a donné lieu, était réclamé de la sage-femme ou du médecin. Dans un danger public, tous les citoyens doivent le concours de leurs forces, de quelque nature qu'elles soient, intellectuelles ou physiques ; dans un incendie, dans une inondation, l'homme de l'art, ingénieur ou architecte, doit ses soins pour la direction des travaux, aussi bien que l'ouvrier pour leur exécution. Pourquoi donc un médecin, pendant une épidémie, serait-il affranchi du devoir de consacrer, sur la réquisition de l'autorité, son talent au salut public, pour lequel les membres du conseil d'hygiène, sur cette réquisition, prêtent, chaque jour et chaque nuit, leur assistance ?

281. Voici d'ailleurs les faits qui avaient motivé cette discussion :

En juillet 1854, le choléra ayant fait invasion à Bar-le-Duc, l'autorité municipale s'empressa d'organiser un service médical ; plusieurs médecins furent désignés par le maire, notamment le docteur Andreux, qui se vit assigner un quartier de la ville. Le docteur Andreux obtempéra à la réquisition du maire, puis, après la cessation de l'épidémie, il demanda, pour honoraires, à raison de 25 fr. par jour et de 40 fr. par nuit, une somme de 910 fr. — Cette demande fut repoussée par le Conseil municipal qui : « sans

« reconnaître être tenu de payer une rétribution pour le service que le docteur Andreux avait fait », accordait une indemnité de 200 fr., qu'il éleva, par une deuxième délibération, à 300 fr.

Le 12 décembre 1855, le tribunal de Bar-le-Duc rejeta la demande par ce motif : « Que si la loi punit ceux qui refusent d'obtempérer aux réquisitions de l'autorité municipale faites en vertu de la loi du 24 août 1790, aucune loi n'établit que celui qui se sera conformé à ces réquisitions aura droit à un salaire, à une indemnité ; que, dans tous les cas où le législateur a exigé le sacrifice de quelques intérêts privés à l'intérêt public, elle dispose, comme dans l'article 545 du Code civil ou la loi de 1841 sur l'expropriation publique, que le sacrifice ne devra être fait qu'après juste et préalable indemnité, ou, comme dans le tarif des dépens en matière criminelle, que les médecins ou autres, requis pour le service de la justice, recevront une indemnité déterminée à l'avance ».

Sur le pourvoi du docteur Andreux, la Cour de cassation jugea ainsi :

« Vu l'art. 1999 du Code civil : — Attendu qu'il résulte des faits constatés par le jugement attaqué qu'Andreux, requis par le maire de Bar-le-Duc de donner ses secours aux malades atteints du choléra, dans les circonscriptions à lui assignées, a obtempéré à cette réquisition ; qu'il devait dès lors, et par cela seul, recevoir le salaire des soins par lui donnés ; que nul ne peut être tenu, en l'absence de toute disposition de la loi, de faire gratuitement le sacrifice de son temps, de son travail ou de son industrie, même à l'intérêt public ou communal ; qu'aucune disposition de loi n'a exigé ce sacrifice dans le cas de calamités publiques ; que l'appel fait à tout individu exerçant une profession salariée pour obtenir de lui un acte de cette profession suppose nécessairement et implique la promesse et l'obligation d'en payer le salaire ;

« Que, dans les faits de la cause, le maire de Bar-le-Duc, agissant en vertu des dispositions de la loi des 16-24 août 1790, pour arrêter dans son progrès un fléau calamiteux, répandu dans la commune confiée à son administration, exerçait l'un des pouvoirs attribués par cette loi à l'autorité municipale ; qu'avant tout, et indépendamment de l'influence utile que les mesures par lui prises pouvaient avoir dans un intérêt général, ces mesures avaient pour but l'intérêt de la ville de Bar-le-Duc et la conservation de ses habitants ; d'où il suit que la dépense à faire pour leur accomplissement, ou pour le paiement des indemnités auxquelles elles pouvaient donner lieu, était éminemment une dépense communale et devait être à la charge de la ville ;

« Et attendu que le jugement attaqué a décidé qu'il n'est dû aucun salaire ni indemnité à un médecin qui, dans les cas de calamités ou fléaux publics, a obtempéré aux réquisitions de l'autorité munici-

pale, et qu'ainsi il n'était dû aucun salaire ni indemnité à Andreux ;
« Qu'en jugeant ainsi, il a violé l'article précité ; — Casse, etc. » (1).

La Cour n'a pas eu à statuer sur le droit de réquisition examiné par M. Paillard de Villeneuve, puisque le docteur Andreux s'était conformé à la réquisition du maire, mais il résulte implicitement des termes de l'arrêt qu'elle reconnaît l'existence du droit contesté dans la consultation. La Cour déclare, en effet, que « le maire de Bar-le-Duc, en agissant en vertu des dispositions de la loi des 16-24 août 1790, exerçait l'un des pouvoirs attribués par cette loi à l'autorité municipale ». Il résulte donc de cet arrêt que l'autorité municipale a le droit de requérir un médecin pour traiter les malades en cas d'épidémie, et que les honoraires de ce médecin sont à la charge de la commune (2).

§ 3. — *Privilège.*

282. Il ne suffisait pas que la loi accordât au médecin et au pharmacien une action en paiement de leurs honoraires et déboursés, il fallait encore leur assurer d'une manière efficace le recouvrement de leurs créances. Aussi l'article 2101 du Code civil porte que, parmi les créances privilégiées sur la généralité des meubles, on doit compter, en troisième rang, *les frais quelconques de la dernière maladie, concurremment entre ceux à qui ils sont dus.* Et l'article 2104 dispose que les privilèges qui s'étendent sur les meubles et les immeubles sont ceux énoncés en l'article 2101. Les frais de dernière maladie doivent donc être payés par privilège sur le prix, soit des meubles, soit des immeubles ayant appartenu au débiteur.

283. Néanmoins les médecins et pharmaciens ne pourraient demander à être payés sur le prix des immeubles, que dans le cas où le mobilier n'existerait pas ou serait insuffisant ; c'est un principe qui ne fait aucun doute aujourd'hui (3). Mais s'ils produisaient à un ordre ouvert sur le prix des immeubles de leur débiteur, le juge devrait les colloquer éventuellement, sauf à leur impartir un délai pendant lequel ils seraient tenus de discuter le mobilier (4).

284. Le Code, dans les articles 2104 et 2105, a bien réglé le

(1) Cassation, 27 janvier 1858. P. 1858. 273.
(2) Pour le traitement des médecins inspecteurs des eaux minérales, voir chapitre X.
(3) Bruxelles, 21 août 1810 — Amiens, 24 avril 1822.
(4) Même arrêt d'Amiens.

rang des privilèges généraux par rapport aux privilèges spéciaux sur les immeubles, mais il a omis d'en faire autant par rapport aux privilèges spéciaux sur certains meubles. Que faudra-t-il donc décider lorsque le médecin et le pharmacien se présenteront, par exemple, en concurrence avec le propriétaire de la maison, pour être payés sur le prix du mobilier ? Le privilège spécial du propriétaire sur les meubles qui garnissent les lieux loués devra-t-il primer les frais de dernière maladie et les autres privilèges établis par l'article 2101 ?

Trois systèmes se sont produits. Dans le premier, les privilèges généraux sur les meubles devraient toujours être classés avant les privilèges spéciaux sur certains meubles, comme ils le sont avant les privilèges spéciaux sur certains immeubles, parce qu'il il y aurait même raison de décider. Ce premier système paraît avoir réuni le plus grand nombre d'autorités (1).

Dans le second système, les privilèges spéciaux l'emporteraient toujours sur les privilèges généraux (2).

Tous les deux ont paru trop absolus. Ne serait-il pas choquant, d'une part, de voir, par exemple, l'aubergiste primé par d'autres créanciers, sur le prix des effets du voyageur transportés dans son auberge, et des animaux qu'il y a reçus et nourris, et d'un autre coté, de voir les frais funéraires ou de dernière maladie ne passer qu'après un vendeur d'objets mobiliers qui aura laissé s'écouler plusieurs mois, peut-être plusieurs années, sans se faire payer sa facture !

Aussi s'est-il produit un troisième système intermédiaire qui fait dépendre la préférence, non pas de la circonstance que le privilège est général ou qu'il est spécial, mais du plus ou du moins de faveur que paraissent mériter les privilèges qu'il s'agit de classer (3).

(1) Limoges, 15 juillet 1813. — Rouen, 12 mai 1828. — Poitiers, 30 juillet 1830. Pal. chron. — Lyon, 16 janv. 1851. P. 1852. 2. 664. — Rouen, 30 janvier 1851. P. 1852. 2. 111. — Bordeaux, 12 avril 1853, (*sous cassation, 25 avril* 1854). P. 1854. 2. 109. — Malleville, article 2102. — Delvincourt, t. 3, p. 152. — Favart de Langlade, v° *Privilèges*, sect. 3, § 1er. — Grenier, *Privil. et hypoth.*, t. 2, n° 298. — Berriat-Saint-Prix, *Cours de procéd.*, t. 2, p. 622. — Troplong, *Privilèges*, n° 74. — Paul Pont, *Privilèges*, n° 178. — Massé et Vergé sur Zachariæ, t. 5, p. 250. — Jay, *Revue critique*, t. 2, p. 116. — Lemenuet, *Revue crit.*, t. 7, p. 116.

(2) Cassation. 20 mars 1849 P. 1850. 1. 214. — Rouen, 17 juin 1826. — Paris, 25 février 1832. — Delaporte, *Pandectes françaises*, t. 15, p. 101. — Pigeau, *Procéd. civile*. t. 2, p. 192. — Persil, *Régime hypoth.*, sur l'art, 2101 *in fine*. — Rolland de Villargues, *Rép. du notariat*, v° *Privilège de créance*, nos 197 et 198 (2e édition). — Valette, *Privilèges*, n° 119. — Boileux, *Comm. du Code civil*, t. 7, p. 262. — Sevin., *Rev. crit.*, t. 16, p. 502.

(3) Caen, 8 mars 1838. P. 1838. 2. 310. — Cassation, 19 janv. 1864 P. 1864. 465. — Demante, *Themis*, t. 4, p. 255. — Duranton, t. 19, n° 203. — Taulier, t. 7, p. 192. — Mourlon, *Examen crit. du Comm. de M. Troplong*, 2e part., p. 617, et *Répétit. écr.*, t. 3, p. 424. — Aubry et Rau, t. 2, § 289.

Et on en a conclu que la créance du locateur doit être classée après les frais funéraires, les frais de dernière maladie et les salaires domestiques.

Pour les frais funéraires, ce sont des considérations d'intérêt général qui doivent les faire passer avant la créance du locateur. Pour les frais de dernière maladie, ce sont des considérations d'humanité. Si le premier devoir d'un médecin ou d'un chirurgien est de courir au secours d'un malade ou d'un blessé, s'il ne peut, sans manquer à la délicatesse, exiger qu'on le paie d'avance, il paraît équitable de ne pas le rendre victime de sa confiance, parce qu'il serait peu séant de l'obliger, avant de pénétrer dans l'appartement où il est appelé, de s'enquérir si le locataire a ou non payé son loyer. La loi doit une protection toute particulière aux personnes qui, vu les circonstances exceptionnelles dans lesquelles elles se sont trouvées placées, n'ont pu se protéger elles-mêmes (1).

285. Par dernière maladie, faut-il entendre seulement la maladie à laquelle le débiteur a succombé ? La Cour de cassation a jugé l'affirmative et a décidé que les frais de la maladie qui a précédé la faillite ne seraient pas privilégiés.

Un jugement du tribunal de commerce de la Seine, du 20 août 1862, avait statué en ces termes :

« Attendu que le docteur Vergnes a donné à Pesty, du 1er septembre 1861 au 27 décembre suivant, jour de la déclaration de faillite de ce dernier, des soins dont la rémunération est justement fixée à la somme de 600 fr. ;

« Mais attendu qu'il réclame à tort son admission par privilège au passif de la faillite, arguant des termes de l'art. 2101 du Code civil; que, par les mots : *la dernière maladie*, la loi a clairement désigné celle qui est suivie du décès ; qu'il ne peut y avoir de doute, ni ouverture à aucune autre interprétation, en raison même de la place assignée à ce privilège, immédiatement après celui énoncé au § 2, pour les frais funéraires ;

« Qu'il y a donc lieu, sous réserves par le docteur Vergnes de produire sa créance chirographairement, de le déclarer mal fondé en sa demande ;

« Par ces motifs, etc... »

Pourvoi en cassation de la part du docteur Vergnes pour violation de l'article 2101, § 3, du Code civil, en ce que le jugement attaqué a refusé de déclarer privilégiée la créance du demandeur.

(1) Rodière, sous l'arrêt précité du 19 janvier 1864.

Arrêt : « La Cour : — Attendu que, sous l'ancien droit, le privilège pour les frais de la dernière maladie n'existait que pour ceux causés par la maladie suivie du décès du débiteur ; que les rédacteurs du Code civil, par les expressions dont ils se sont servis et par la place qu'ils ont assignée à ce même privilège, immédiatement après celui énoncé au second paragraphe de l'art. 2101 pour les frais funéraires, ont clairement manifesté la volonté qu'il devait en être encore ainsi sous l'empire de la législation nouvelle ; que les privilèges sont de droit étroit et ne peuvent être étendus au delà des cas pour lesquels ils ont été limitativement établis ;

« Attendu, en fait, que Pesty n'a pas succombé à la maladie à l'occasion de laquelle le docteur Vergnes a donné les soins dont il demande la rémunération ; qu'il n'importait, dès lors, que ces soins eussent été donnés jusqu'au jour de la déclaration de la faillite du débiteur ;

« Rejette, etc... » (1).

286. Cet arrêt tranche une question fort controversée. La doctrine adoptée par la Cour de cassation est enseignée par de nombreux auteurs (2), mais l'opinion contraire n'a pas moins de partisans (3).

Les premiers n'invoquent point d'autres motifs que ceux de l'arrêt que nous rapportons. C'est d'abord l'ancienne jurisprudence qui restreignait le privilège aux frais de la maladie suivie de mort, et ensuite la place qu'occupe ce privilège dans l'article 2101.

Ces motifs ont été, selon nous, réfutés d'une manière victorieuse. Par ces mots : *la dernière maladie*, la loi n'a point aussi clairement désigné que le déclare le jugement du tribunal de commerce de la Seine, la maladie qui précède la mort du débiteur. Si l'on s'en tient à la lettre de la loi, à ses termes, il est certain que le sens naturel de l'expression employée est justement celui qu'a repoussé le tribunal. En effet, la loi dit *la dernière maladie ;* pourquoi serait-ce la maladie qui a précédé la mort, plutôt que celle qui a précédé la faillite ou la déconfiture du débiteur ? Quand celui-ci parlera de son médecin, ne dira-t-il pas : *c'est le docteur qui m'a soigné pendant ma dernière maladie ?*

Ah ! s'il s'agissait d'apprécier la validité d'une disposition à

(1) Cassation, 21 novembre 1864, P. 1865 38.

(2) Grenier, *Hypothèques*, t. 2, n° 302. — Valette, *Privilèges*, n° 27. — Massé et Vergé, sur Zachariæ, t. 2, § 790, p. 133, note 7. — Massé, *Droit commerc.*, t. 4, n° 2938 (2e édit.). — Aubry et Rau, t. 3, p. 131. (4e édit.)

(3) Duranton, t. 19, p. 54. — Pigeau, *Procéd. civ.* t. 2, p. 191. — Taulier, *Cod. civ.*, t. 7, p. 124. — Renouard, *Faillites*, t. 2, p. 210. — Mourlon, *Exam. crit. du comm. des privil. de M. Troplong*, no 73. — P. Pont, *Privil. et hypoth.*, n° 76. — Boileux, *Comm. Code civ.*, t. 7, sur l'art. 2101. — Alauzet, *Code comm.*, t. 4, n° 1858. — Laroque-Saissinel, *Faillites*, t. 2, p. 462.

titre gratuit, le sens serait différent, nous en avons indiqué les motifs au chapitre III. Mais, en matière de privilège, on ne comprend vraiment pas pourquoi la loi aurait fait une distinction. Il s'agit en effet du paiement d'une créance et non d'un acte de libéralité, il s'agit du rang à assigner au créancier dans l'ordre des paiements, et non de la validité ou de la nullité d'une donation ou d'un testament. Et si l'on se place au point de vue de l'équité, on ne peut s'empêcher de donner à l'expression employée par la loi son sens logique et le plus général. Voyez en effet à quelle singulière conséquence on est entraîné dans le système que nous combattons : le médecin qui sauve la vie à son client perd son privilège, celui qui laisse mourir son malade sera payé avant les autres créanciers ; le succès du médecin sera puni, son échec sera récompensé !..... Si le législateur avait voulu faire une distinction entre la maladie qui a précédé la mort et celle qui a précédé la faillite, n'aurait-il pas accordé de préférence le privilège aux frais de cette dernière ? — Ce qui importe, en pareil cas, ce n'est pas la mort du débiteur, c'est son insolvabilité, puisqu'au moment où la question de privilège se présentera, cette question n'aura d'intérêt qu'autant que les créanciers ne seront pas tous payés intégralement.

L'argument tiré de l'ancienne jurisprudence n'a pas une grande valeur. Il est vrai que, dans l'ancien droit, les frais de dernière maladie étaient privilégiés quand le débiteur était mort ; mais nous ne voyons nulle part que l'on se soit demandé si ce privilège devait s'étendre aussi aux frais de la maladie qui précède la faillite ou la déconfiture. Les rédacteurs du Code se sont placés assurément au point de vue de l'ancien droit ; en effet, le conseiller d'Etat Treilhard disait, dans l'exposé des motifs, en parlant des frais de justice, de dernière maladie, de salaires domestiques et de fournitures de subsistances : « Ces créances sont sacrées en quelque manière, puisque c'est par elles que le débiteur a vécu, et c'est par ce motif qu'elles frappent également les meubles et les immeubles ». Mais ce n'est pas une raison pour que les soins donnés au débiteur avant sa faillite constituent une dette moins *sacrée ;* n'est-ce pas aussi par ces soins qu'il a vécu ?

De ce que les rédacteurs du Code ont eu principalement en vue la maladie qui a précédé et amené la mort, il ne s'ensuit pas qu'ils aient entendu exclure du privilège les frais de la maladie qui a précédé la faillite ou la déconfiture.

Quant au deuxième argument, tiré de la place qu'occupe le privilège, dans l'article 2101, il ne nous paraît pas plus concluant.

Il est possible, il est vraisemblable même, qu'en rédigeant cet article, les législateurs aient pensé surtout aux frais de la maladie qui a précédé le décès ; mais cela ne prouve pas du tout qu'ils aient voulu restreindre le privilège aux frais de cette maladie nécessairement suivie de mort et ne pas l'étendre au cas de faillite ou de déconfiture.

Quel a été le but de la loi ? A-t-elle voulu prémunir le médecin, le pharmacien et tous ceux qui ont donné des soins au malade, contre l'insolvabilité possible du débiteur ? A-t-elle voulu assurer à celui-ci les soins dont il a besoin en attachant un privilège à la créance de ceux qui les lui auront fournis ? Quel que soit le motif qui ait dicté l'article 2101, il s'applique aussi bien au cas de la faillite qu'au cas du décès. Qu'importe alors la place qu'occupe dans la loi le paragraphe qui accorde le privilège ?

Ce privilège vient, il est vrai, dans l'ordre du Code, après les frais funéraires ; mais il est placé immédiatement avant celui des gens de service et des fournisseurs, et la jurisprudence n'a jamais songé à repousser ce dernier dans le cas de faillite ou de déconfiture. Il est bien évident que l'article 2101 a voulu seulement régler le rang des divers privilèges généraux ; si l'on veut une relation nécessaire entre les 2e et 3e paragraphes de cet article, nous ne voyons pas pourquoi on ne la trouverait pas aussi avec les paragraphes 1er, 4e et 5e. La jurisprudence et les auteurs sont d'accord pour reconnaître que le privilège accordé par le paragraphe cinquième de l'article 2101 à ceux qui ont fourni des subsistances au débiteur et à sa famille pendant six mois ou un an, suivant la nature de leur profession, est parfaitement dû en cas de faillite. Mais la créance du médecin qui a rendu la vie au malade est bien aussi *sacrée*, pour employer l'expression du conseiller d'Etat Treilhard, que la créance du boucher et du boulanger, et il est difficile de comprendre la distinction que l'on voudrait établir entre ces diverses créances, quand la loi n'en a fait aucune.

La Cour de cassation, dans l'arrêt qui précède, ne veut pas que l'on étende les privilèges au delà des cas pour lesquels ils ont été limitativement établis. — Nous l'entendons bien ainsi ; mais il faudrait démontrer d'abord que la loi *a limité* le privilège aux frais de la maladie qui a précédé la mort, et c'est ce que l'on ne peut pas faire.

287. Nous devons citer encore cinq autres décisions judiciaires prises sur cette question. Ce sont d'abord trois jugements du tribunal de commerce de la Seine, qui ont jugé dans le même sens que la Cour de cassation (1) ; mais nous trouvons, en sens contraire, deux autres jugements qui nous paraissent avoir autant d'autorité. Le premier a été rendu, dans les termes suivants, par le tribunal de commerce de Montargis :

« Considérant qu'au moment de la vérification des créances de la faillite du sieur Bille, le sieur Vannier, médecin, demeurant à Cepoy, a demandé son admission au passif par privilège pour une somme de 53 fr. 50 cent., à raison des soins par lui donnés aux enfants du failli pendant l'année qui avait précédé la déclaration de faillite ;

« Considérant que le syndic a contesté le privilège réclamé, en ce que les soins du docteur Vannier ne s'appliquaient point directement à la personne du failli, et en ce que, dans tous les cas, les frais de dernière maladie, pour lesquels l'art. 2101 du Code Nap. accordait un privilège, ne pouvaient s'entendre que des frais relatifs à la maladie suivie du décès du débiteur ;

« Considérant qu'à la suite de cette contestation, M. le juge commissaire a renvoyé les parties devant le tribunal pour être statué ce qu'il appartiendrait ;

« Considérant que les frais de la dernière maladie dont il est parlé à l'art. 2101 du Code Nap. s'entendent aussi bien de celle qui a précédé la faillite que de celle qui a causé le décès ; — que le médecin qui a été assez heureux pour sauver son malade ne peut pas être de piré condition que celui qui n'a pas eu ce bonheur ; qu'il y a là, en effet, un sentiment de justice et d'équité qu'on ne saurait méconnaître ;

« Que l'art. 2101 ne dit pas d'ailleurs : *les frais de dernière maladie* (ce qui pourrait, à la rigueur, être entendu de celle-là seulement dont le débiteur serait mort), mais bien : *les frais* DE LA DERNIÈRE MALADIE, c'est-à-dire celle qui précède immédiatement l'événement quelconque qui donne lieu à la distribution par contribution ;

« Considérant que le privilège dont s'agit doit s'appliquer aussi bien pour la maladie des enfants du débiteur que lorsqu'il est soigné pour sa propre maladie ;

« Qu'en effet, aux termes de l'art. 203 du Code Nap., le père est tenu de nourrir, entretenir et élever ses enfants, ce qui comporte, par cela même, l'obligation de les faire soigner dans leurs maladies ;

« Par ces motifs,... admet le docteur Vannier au passif de la faillite, par privilège, pour la somme de 53 fr. 50 cent., montant des causes sus-énoncées, etc... » (2).

L'autre jugement a été prononcé par le tribunal civil de Saint-Amand-Mont-Rond, dans les circonstances suivantes : Un ordre fut ouvert, en 1864, pour la distribution du prix des immeubles ayant appartenu à un sieur Mousse. La veuve d'un sieur Pelletier, pharmacien, et sa fille mineure, furent colloquées par privi-

(1) Tribun. de comm. de la Seine. 28 janvier 1834, *Alibert C. syndics Bouy.* — 17 décembre 1857, *Levacher C. syndics Béchet.* — 11 décembre 1862.
(2) Trib. de commerce de Montargis, 3 mai 1860.

lège, pour la somme de 55 fr. 35 cent., représentant le prix de médicaments fournis à Mousse pendant la maladie qui avait précédé la saisie et, par conséquent, sa déconfiture. Le règlement provisoire de l'ordre donna lieu à de nombreuses contestations, et notamment à un contredit au sujet de la collocation accordée par privilège à la veuve Pelletier. Le tribunal jugea ainsi, en ce qui concerne ce chef :

« Attendu que la veuve et héritier Pelletier ont été colloqués pour une somme de 55 fr. 35 cent., montant du prix de médicaments qu'en sa qualité de pharmacien, feu Pelletier aurait fournis à Mousse pendant sa dernière maladie ; qu'on ne doit pas entendre par dernière maladie celle dont ce débiteur serait décédé ; que ces frais peuvent aussi bien s'entendre de ceux de la maladie qui a précédé la faillite du débiteur que de celle qui a précédé son décès ; qu'il y a donc lieu de maintenir, à cet égard, le travail de M. le juge commissaire ;

..... Par ces motifs,... maintient effectivement comme privilégiée la créance de veuve et héritier Pelletier, telle qu'elle a été portée au règlement provisoire, etc... » (1).

On peut donc dire que la jurisprudence n'est pas encore fixée en cette matière, et nous espérons que la Cour de cassation reviendra sur l'interprétation qu'elle a donnée de l'article 2101.

288. Quoi qu'il en soit, si l'on adopte la doctrine de l'arrêt précité, il faut reconnaître qu'il est souvent fort difficile de préciser quelle est la maladie à laquelle une personne a succombé. Nous renverrons, sur cette question, au chapitre III, *des Donations au profit des médecins et pharmaciens*, et notamment à l'arrêt du 8 mars 1867, page 78.

Des difficultés se sont élevées principalement sur l'étendue du privilège, dans le cas où le débiteur est mort d'une maladie chronique, ayant duré pendant plusieurs années. Si l'on restreint le privilège aux frais de la maladie qui a précédé le décès, nous répéterons ici que la maladie dont on meurt commence au moment où elle a un trait prochain à la mort. Si l'on décide, au contraire, comme nous le demandons, que le privilège s'applique aux frais de la maladie qui a précédé la faillite ou la déconfiture, il faudra, dans le cas d'une affection chronique, se décider d'après les circonstances ; les tribunaux auront à déterminer à quelle période du traitement se rapporte le privilège.

289. Nous avons vu précédemment que le mari, chef de la communauté, est tenu au paiement des frais de maladie de sa

(1) Tribun. de Saint-Amand-Mont-Rond, 6 janvier 1865.

femme et de ses enfants ; mais le privilège de l'article 2101 ne garantirait point la créance du médecin ou du pharmacien, en cas de décès du mari, pour les soins donnés aux membres de la famille; le privilège n'est accordé que pour les frais de dernière maladie de la personne malade. Nous ne pouvons donc approuver, sur ce point, la décision du tribunal de commerce de Montargis. Il nous semble en effet que la lecture de l'article 2101 suffit pour lever tous les doutes : quand l'article a voulu étendre le privilège à une créance ayant pour cause des fournitures faites à la famille, il a eu bien soin de le dire ; le n° 5 porte : *les fournitures de subsistances faites au débiteur et à sa famille...*, tandis que le n° 3 se borne à dire : *les frais quelconques de la dernière maladie, concurremment entre ceux à qui ils sont dus*. C'est donc de la maladie du débiteur qu'il s'agit (1).

290. Par frais de la dernière maladie, la loi a entendu toutes les dépenses faites en vue du traitement. Le privilège couvre donc les créances du médecin, du chirurgien, du pharmacien, de la sage-femme, de la garde-malade, et, en un mot, de tous ceux qui ont participé d'une façon quelconque au traitement. Mais il est bien entendu que les dépenses qui auraient eu seulement pour objet de satisfaire de simples caprices du malade ne pourraient créer un privilège (2), à moins que la satisfaction d'une fantaisie ne fût reconnue nécessaire pour le traitement de la même ladie (3).

291. Toutes les personnes auxquelles ce privilège est accordé concourent entre elles au marc le franc ; leur privilège procédant de la même cause, ils ne doivent prétendre qu'à un rang unique (4). Si donc les fonds viennent à manquer sur le chapitre des frais de dernière maladie, les médecins, pharmaciens et autres créanciers pouvant profiter de ce privilège, recevront ensemble la somme restant disponible qui leur sera distribuée au marc le franc, au prorata de leurs créances particulières.

§ 4. — *De la prescription.*

292. Si la loi a favorisé le médecin et le pharmacien en leur accordant un privilège sur le prix des biens meubles et immeubles

(1) Aubry et Rau, t. 3, p. 131, § 260. — Hémar, *Annales d'hyg. et de méd. lég.*, t. 47, 1877, p. 307. — *Contrà*, Duranton, 19, n° 55.
(2) Persil, *Privilèges et hypothèques*, sur l'art. 2101, § 3, n° 1. — Pont, n° 78.
(3) Aubry et Rau, t. 3, p. 132, note 17.
(4) Troplong, *Privilèges*, n° 140.

de leur client, elle s'est, d'un autre côté, montrée bien sévère à leur égard en fixant à un délai d'un an le temps pendant lequel ils doivent réclamer le paiement de leurs mémoires, sous peine de voir repousser leur demande par la prescription.

En effet, l'article 2272 du Code civil dispose ainsi :

« L'action des médecins, chirurgiens et apothicaires pour leurs « visites, opérations et médicaments... se prescrit par un an. »

293. C'est une opinion généralement adoptée que l'exception tirée de la prescription n'a point été accordée par cet article au débiteur comme un moyen de se libérer, et qu'elle ne constitue qu'une présomption de paiement.

On pourrait croire, au premier abord, que toute *présomption* peut être combattue par la preuve contraire. Il n'en est rien cependant. Aux termes de l'article 1352 du Code civil :

« La présomption légale dispense de toute preuve celui au profit « duquel elle existe.

« Nulle preuve n'est admise contre la présomption de la loi, « lorsque, sur le fondement de cette présomption, elle annule cer- « tains actes ou dénie l'action en justice, à moins qu'elle n'ait réservé « la preuve contraire, et sauf ce qui sera dit sur le serment et l'aveu « judiciaire. »

De tout temps on a distingué des présomptions légales, contre lesquelles aucune preuve n'est admise, et d'autres qui peuvent être détruites par la preuve contraire. Dans l'ancien droit, les premières étaient appelées : présomptions *juris et de jure*, et les secondes : présomptions *juris tantum* (1).

Le Code civil n'a point reproduit ces dénominations, mais il résulte assez clairement de son texte qu'il a voulu conserver la distinction entre les deux sortes de présomptions légales établies par le droit ancien ; toute la difficulté est de reconnaître à quelle catégorie, des présomptions *juris et de jure*, ou des présomptions *juris tantum*, appartient celle dont on doit faire l'application. Il est généralement reconnu que la présomption qui, selon l'expression employée dans l'article 1352, *dénie l'action en justice*, est une présomption *juris et de jure ;* or, celle qui résulte de la prescription établie par l'article 2272 doit bien être considérée comme déniant l'action en justice, elle ne peut donc pas être combattue

(1) Toullier, t. 10, nos 35 et suiv. — Rolland de Villargues, nos 29 et suiv. — Solon, no 179. — Bonnier, *Traité des pr.*, no 663.

par la preuve contraire. C'est ce qui résulte d'une jurisprudence constante (1).

Lorsqu'un médecin ou un pharmacien a porté devant un tribunal une demande en paiement d'honoraires ou de fourniture de médicaments, et que le défendeur oppose la prescription, il ne reste plus au créancier d'autre ressource que de déférer le serment à son débiteur.

L'article 2275, en effet, est ainsi conçu :

« Néanmoins ceux auxquels ces prescriptions seront opposées « peuvent déférer le serment à ceux qui les opposent, sur la question « de savoir si la chose a été réellement payée. Le serment pourra « être déféré aux veuves et héritiers, ou aux tuteurs de ces derniers « s'ils sont mineurs, pour qu'ils aient à déclarer s'ils ne savent pas « que la chose soit due. »

Le serment *décisoire*, prêté par un plaideur à la demande d'un autre, et le serment *supplétoire*, déféré par le juge, s'ils attestent un fait inexact, ne tombent point sous l'application de nos lois pénales ; la délation de serment n'est donc autre chose, aujourd'hui, qu'un appel à la conscience du débiteur. Autrefois, dans le temps où la sainteté du serment procédait d'un sentiment religieux, cette mesure pouvait être efficace : l'homme assez malhonnête pour nier sa dette et opposer la prescription, quand il savait n'avoir point payé, pouvait hésiter et même renoncer à son exception lorsqu'il lui fallait lever la main à Dieu pour le prendre à témoin de la véracité de ses allégations ; mais si tout sentiment religieux disparaît, si l'on ne doit plus compter pour guider les hommes que sur la notion du bien et du mal, appréciée par chacun selon son libre arbitre, il est à craindre que la délation de serment ne soit une mesure bien illusoire, l'homme qui oppose la prescription n'hésitera guère à lever la main et à jurer qu'il a payé.

Quoi qu'il en soit, la Cour de cassation, se conformant à la rigueur des principes de notre droit civil sur la matière, décide que le médecin à qui l'on oppose la prescription d'un an n'a pas d'autre ressource que la délation de serment ; que le juge ne peut ordonner ni la comparution personnelle des parties, ni l'interrogatoire sur faits et articles du défendeur. Voici le dernier arrêt prononcé sur la question :

« La Cour, — Vu les art. 1352, 2272, 2275 du Code civil : — Attendu

(1) Cassation, 29 novemb. 1837. P. 1838. 1. 667. — 7 novemb. 1860. P. 1861. 318. — 7 janv. 1861. P. 1861. 330. — 26 janv. 1881. *Gaz. des trib.* 27 janv. 1881. — Chambéry, 28 févr. 1873. P. 1873. 1236.

que la prescription annale établie par l'art. 2272 du Code civil est fondée sur une présomption légale de paiement, et que, d'après l'art. 1352 du même Code, nulle preuve n'est admise contre la présomption de la loi, à moins que celle-ci n'ait réservé la preuve contraire;—Attendu que la seule preuve contraire réservée par l'art. 2275 au médecin ou au chirurgien à qui l'on oppose la prescription d'un an est le droit de déférer le serment à son adversaire sur la question de savoir si la dette a été réellement payée, et que la rigueur de la matière ne permet pas d'étendre par analogie cette disposition à d'autres genres de preuve; que le tribunal civil de Saint-Malo, en se fondant, pour rejeter l'exception de prescription opposée à Botrel par la veuve Le Pomellec, sur le refus de cette dernière de comparaître à l'audience pour y être entendue par le juge, a donc admis une preuve de non-paiement de la dette qui n'était pas réservée par la loi, et ainsi violé les art. 1352, 2272 et 2275 du Code civil; — Casse, etc... (1). »

294. Plusieurs auteurs, aggravant encore la situation faite aux médecins par l'article 2272, veulent que chaque visite constitue une créance particulière assujettie isolément à la prescription.

Si le médecin, disent-ils, voulait exiger le paiement de ses honoraires non seulement une fois, au cours de la maladie, mais même après chaque visite, aucune disposition légale ne s'y opposerait, il en résulte donc que chaque visite constitue une créance distincte. On peut en dire autant, à plus forte raison, du pharmacien, qui a certainement le droit de se faire payer ses médicaments au moment de leur livraison (2).

Mais cette opinion est combattue victorieusement, selon nous, en ce qui concerne les médecins, par un grand nombre d'auteurs et de décisions judiciaires; la prescription de l'action en paiement des honoraires dus pour visites et opérations ne commence à courir que de la guérison ou de la mort du malade, ou du renvoi du médecin.

Dans l'ancien droit, ce point ne faisait pas question :

« La créance du médecin ou du chirurgien pour les dernières visites et opérations par lui faites, disait Pothier, ne doit être considérée que comme une seule et même créance, qui n'a été consommée que lorsque les soins du médecin ou du chirurgien ont été achevés, soit par la guérison ou la mort du malade, qui ont mis fin à la maladie, ou lorsque le médecin ou le chirurgien ont été congédiés (3). »

(1) Cassation, 26 janvier 1881. P. 1881. 251. — V. Cassation, 30 juillet 1879. P. 1879. 1195, et les annotations.

(2) Vazeille, 11, 733. — Aubry et Rau, t. 8, p. 448, 1. — *Journ. du Pal., observations sous l'arrêt de Caen* du 21 avril 1868. P. 1869. 454. —Cassation, 29 octobre 1810, *dans ses motifs*. Syr. 11. 1. 23.

(3) Pothier, *Obligations*, n° 715.

Et Brodeau dit, sur l'article 125 de la Coutume de Paris :

« La prescription ne peut avoir son cours pendant qu'un médecin « ou chirurgien continue à traiter ou panser ses malades, quand la « maladie durerait deux et trois ans, n'étant pas raisonnable de les « obliger de faire la demande de leurs salaires tant qu'ils traitent le « malade (1). »

Ce n'est point dans l'article 2272 que l'on peut trouver des éléments de décision pour la question qui nous occupe. On n'arrive à établir que chaque visite constitue une créance particulière soumise isolément à la prescription d'une année, qu'en considérant les soins du médecin comme un *service* et un *travail*, dans le sens de l'article 2274, qui porte :

« La prescription, dans les cas ci-dessus, a lieu, quoiqu'il y ait eu « continuation de fournitures, livraisons, services et travaux. »

C'est ce qu'a jugé la Cour de Limoges, par son arrêt du 3 juillet 1839.

Nous soutenons que cet article ne s'applique pas aux médecins pour les soins qu'ils donnent aux malades, et que, leur fût-il applicable, il faudrait l'entendre en ce sens qu'il s'agirait de la continuation des services par des soins donnés pour une nouvelle maladie ; et nous ajouterons que la loi ne peut pas faire la position des médecins plus désavantageuse que celle des autres personnes soumises à des prescriptions de courte durée. La jurisprudence et la doctrine s'accordent pour reconnaître que la prescription qui atteint les actes de procédure faits par les avoués ne commence à courir que du jour où le litige a pris fin ou du jour où le mandat de l'avoué a cessé par suite de révocation, décès, démission ou destitution ; et pourtant l'avoué peut se refuser à faire aucun acte de procédure, si son client ne lui en fait pas l'avance. Pourquoi cette latitude laissée à l'avoué pour réclamer ses déboursés et honoraires pendant un an à partir du dernier acte de procédure, et non dans l'année qui suit chacun des actes qu'il fait ? C'est que l'avoué, dit-on, a entrepris de mener le litige jusqu'à la fin, et que son mandat n'est accompli que par la solution du procès. Mais ne peut-on pas dire aussi du médecin qu'il a entrepris une cure pour laquelle il s'est établi entre le malade et lui une convention tacite qui l'oblige à continuer ses soins jusqu'à la fin de la maladie ? On ne peut pas raisonnablement soutenir qu'il ait

(1) V. aussi Rousseau de Lacombe, *Recueil de jurispr.*, v° *Prescription*, sect. V, n° 1er.

accompli sa mission à la fin de chaque visite ; il est même certain qu'il ne pourrait pas, sans engager sa responsabilité, abandonner son malade après avoir entrepris de le guérir (1).

Nous avons vu que l'article 2101 accorde un privilège pour les frais de la dernière maladie ; or cette maladie peut durer plus d'un an ; comment concilier le droit au privilège avec la préscription ? Il faudrait donc que l'article 2101 n'accordât pas le privilège pour les frais *de la dernière maladie*, mais pour chaque visite non atteinte par la prescription !...

295. Ajoutons que cette solution est donnée par la plus grande partie des auteurs et par la jurisprudence (2). Il a été décidé par plusieurs jugements et arrêts que les visites d'un médecin pour le traitement d'une même maladie ne donnent pas naissance à autant de créances distinctes prescriptibles séparément, mais à une créance unique qui, devenue complète seulement au jour de la guérison ou de la cessation des rapports du malade et du médecin, est prescriptible seulement à partir de ce même jour, et il n'y a pas lieu, à cet égard, de distinguer entre les maladies chroniques et les maladies aiguës, alors d'ailleurs que cette distinction est contraire à l'usage suivi par le corps médical de la localité. La Cour de Toulouse l'a jugé ainsi par les motifs suivants :

« Attendu que si, aux termes des art. 2272 et 2274 du Code Nap., la prescription annale atteint les créances réclamées par les médecins à raison des visites par eux faites à leurs malades, on chercherait vainement, dans le texte comme dans l'esprit de la loi, l'obligation absolue d'interpréter le mot *visites* dans un sens rigoureux et restrictif à chacune des entrevues qui peuvent avoir eu lieu entre le malade et le médecin appelé près de lui, et de décider, sans tenir aucun compte de l'omission dans l'art. 2274 de ce même mot *visites*, que chacune d'elles est le point de départ d'où doit inévitablement courir le temps voulu pour arriver à la prescription ;

« Que si une haute sagesse a introduit dans nos lois la prescription, à bon droit proclamée la patronne du genre humain, il est vrai néanmoins que le principe protecteur de l'intérêt général peut, en certaines circonstances, léser des intérêts particuliers et consacrer parfois des injustices, d'où il suit qu'au lieu d'interpréter largement les textes qui doivent donner lieu à son application, il convient, au contraire, d'en restreindre directement les effets dans les limites tracées par la loi, et d'éviter d'y recourir partout où elle n'est pas impérieusement imposée ;

« Attendu que si l'on peut citer quelques exemples du mot *visite*

(1) V. *supra*, p. 100.

(2) Mourlon, *Rép. écr.*, 3e *examen*, no 1970. — Boileux, t. 7, sur l'art, 2272. — Massé et Vergé, sur Zachariæ, art. 2274, no 3. — Delsol, *Expl. élément., du C. N.*, t. 2, p. 689. — Troplong, *Prescription*, t. 2, no 959.

pris dans le sens étroit adopté par le jugement attaqué, la doctrine en a presqu'unanimement appelé d'une interprétation si sévère, et demandé, dans un esprit d'équité, que des visites isolées, des consultations éphémères ne soient pas confondues avec ces soins de tous les jours donnés assidûment aux malades, soins dont la série non interrompue constitue, par sa continuité, ce qu'on appelle le traitement de la maladie, et qui doivent, dans leur ensemble, être considérés comme un fait multiple en ses phases diverses;

« Que décider autrement et faire partir le délai de la prescription de la première et non de la dernière visite, serait, en quelque sorte, méconnaitre la dignité de la profession, les ménagements que commandent souvent au médecin les positions délicates où il peut se trouver placé, et le mettre enfin dans la fâcheuse alternative de s'abandonner à une confiance quelquefois trompée par des malades oublieux et des héritiers ingrats, ou de montrer une dureté alarmante....., de telles exigences devant certainement paraître à l'ombrageuse susceptibilité des malades inspirée par la prévision d'une mort prochaine, ou par une méfiance d'autant plus blessante qu'elle pourrait parfois être mieux fondée;

« Que s'il s'est trouvé de bons esprits entraînés vers ce dernier système par la crainte que la théorie contraire n'amenât les inconvénients que le législateur a voulu éviter, lorsqu'il a soumis certaines créances à la prescription *brevi temporis*, ces appréhensions ne sauraient être justifiées, en ce qui concerne les créances de la nature de celle qui nous occupe;

« Qu'en effet, dans le cas de maladie ordinaire, à dater du jour de la guérison ou de la mort, une année écoulée suffit pour les éteindre, et que s'il s'agit de maladies chroniques et de soins donnés pendant leur durée, on pourra toujours opposer victorieusement à des demandes abusives l'usage généralement adopté d'un règlement de compte à chaque fin d'année;

« Attendu, en fait, etc..... (1). »

Mais quand la maladie a eu des périodes distinctes dans l'intervalle desquelles les relations du médecin et du malade ont cessé et ont dû être l'objet d'un règlement, la créance, pour les visites comprises dans chacune de ces périodes, est prescriptible séparément à partir de chaque interruption des relations (2).

296. Il en est autrement de la créance du pharmacien. Celui-ci est un commerçant qui vend une marchandise. Il peut se faire payer chaque médicament au moment de la livraison ; c'est donc à chacune de ces livraisons que commence à courir la prescription d'un an.

Cette prescription atteint les fournitures faites à un médecin

(1) Arrêt cité dans les *Annales d'hyg. et de méd. lég.*, t. XIV, p. 465.
(2) Tribun. de Besançon, 14 août 1866. D. P. 71. 3, 101. —Caen, 21 avril 1868. D. P. 71. 2. 180. — Tribun. de la Seine, 15 janv. 1870. P. 1872. 108. — Chambéry, 28 février 1873. P. 1873 1236.

qui habite une commune où il n'existe pas de pharmacie et qui débite les médicaments à ses malades, en vertu de l'article 27 de la loi du 21 germinal an XI (1), comme elle atteindrait les fournitures faites par un pharmacien à un marchand (2). C'est à tort que le jugement du tribunal d'Aurillac, qui a motivé l'arrêt de cassation du 9 juillet 1850, a confondu la créance du pharmacien, prévue au premier alinéa de l'article 2272, avec celle du marchand qui figure au troisième. Le pharmacien, il est vrai, est un commerçant ; mais si le législateur avait voulu le mettre à l'abri de la prescription d'un an pour les fournitures de médicaments faites à un marchand, par exemple à un autre pharmacien, elle n'aurait pas manqué de le dire comme elle l'a dit pour les marchands, dans la disposition spéciale qui leur est consacrée. Aucune distinction n'étant faite pour les pharmaciens, ils sont atteints par la prescription pour toutes les ventes de médicaments. Notons seulement que la loi ayant établi par l'article 2272 une dérogation au droit commun par l'établissement de prescriptions particulières, on ne doit pas étendre les dispositions de cet article. La prescription d'un an ne s'appliquera donc *qu'aux médicaments* et non aux autres substances que peuvent vendre les pharmaciens à des marchands et qui ne seraient pas destinées à un emploi curatif.

§ 5. — *Compétence.*

297. Pour les actions que les médecins et pharmaciens peuvent diriger contre leurs clients en paiement de leurs honoraires et fournitures, ils doivent se conformer aux règles générales de la compétence. Ces actions, étant essentiellement personnelles et mobilières, doivent être portées devant le juge de paix si la créance est inférieure à 200 fr., et le juge de paix statue sans appel jusqu'à la valeur de 100 fr., et à charge d'appel jusqu'à la valeur de 200 fr. (3).

Si la demande en paiement d'honoraires ou de fourniture de médicaments dépasse la somme de 200 fr., elle doit être portée devant le tribunal civil de première instance, à moins que la fourniture de médicaments n'ait été faite à un marchand pour son commerce, auquel cas, l'action serait portée devant le tribunal de commerce, quel que fût le chiffre de la facture.

(1) Cassation, 9 juillet 1850. P. 1850. 2. 218.
(2) D. P. 50. 1. 221, note 1re.
(3) Loi du 25 mai 1838, art. 1er.

Quant aux actions auxquelles les médecins et pharmaciens ont à défendre, elles sont jugées, soit par les juges de paix, soit par les tribunaux civils de première instance, soit enfin par les tribunaux de commerce.

298. Pour que les médecins soient soumis à cette dernière juridiction, il faut qu'ils aient fait acte de commerce. Le médecin paie une patente en vertu de la loi du 18 mai 1850, mais la patente ne suffit pas pour imprimer à celui à qui elle est imposée, la qualité de commerçant et le rendre justiciable des tribunaux de commerce, qui sont des tribunaux d'exception. Les médecins, au contraire, sont, en principe, réputés non commerçants, et c'est dans des cas assez rares qu'ils pourront être considérés comme ayant fait acte de commerce.

Nous avons vu que la loi du 21 germinal an XI autorise le médecin à fournir des médicaments à ses malades, lorsqu'il n'existe pas de pharmacie dans la commune, mais sans tenir officine ouverte. On ne peut assimiler l'achat de médicaments par le médecin pour les livrer à ses malades à l'achat et à la revente des denrées et marchandises dont parle l'article 632 du Code de commerce. C'est donc à tort que, dans ces conditions, le médecin qui se serait renfermé dans les limites tracées par la loi de l'an XI serait assigné devant le tribunal de commerce en paiement de ces médicaments par le pharmacien qui les aurait fournis (1).

Mais le médecin qui livrerait des remèdes à tout venant, transformant ainsi son cabinet en une véritable officine ouverte, ferait assurément acte de commerce, et pourrait être poursuivi commercialement pour le paiement des drogues qui lui auraient été fournies (2).

De même, le médecin accoucheur qui fabrique et vend habituellement des instruments de chirurgie peut être considéré comme commerçant et même déclaré en état de faillite (3).

299. On doit considérer, en effet, pour déterminer quelle est la juridiction compétente, l'objet principal de l'acte accompli, et non ses accessoires. — Un restaurateur, un maître d'hôtel, sont incontestablement des commerçants, ils achètent des denrées pour les faire consommer, c'est l'objet de leur industrie ; mais le maître

(1) Montpellier, 31 mars 1821. — Cassation, 25 juin 1822. — Limoges, 6 janvier 1827. — Bourges, 9 août 1828. — Toulouse, 6 mai 1843. P. 1845. 1. 334. — Cassation, 9 juillet 1850. D. P. 50. 1. 221. — Rennes, 20 janvier 1859. P. 1859. 755. — Nouguier, *Des tribun., de commerce*, t. 1er, p. 382. — Goujet et Merger, *Dictionn. de dr. commerc.*, v° *Acte de commerce*, n° 46.

(2) Rennes, 20 janvier 1859, précité.

(3) Dalloz, *Rép.*, v° *Commerce*, n° 91.

de pension, bien qu'il achète aussi des denrées avec lesquelles il nourrit ses élèves, n'est pas un commerçant, parce que son état principal est d'instruire la jeunesse, et non de lui fournir la nourriture et le logement, qui ne sont qu'un accessoire. Le médecin qui tient une maison de santé ne fait pas acte de commerce, bien qu'il nourrisse et loge ses pensionnaires, parce que son but doit être, avant tout, de les guérir (1).

Mais il en serait autrement, et le médecin ferait acte de commerce, si son but principal était de spéculer sur le logement et l'entretien d'un grand nombre de pensionnaires. C'est ainsi qu'il a pu être jugé qu'une société formée pour l'établissement d'une *villa sanitaire*, où les malades qui y sont reçus sont traités par le magnétisme, constitue une société de commerce dont les fondateurs sont soumis à la juridiction commerciale (2). La Cour de Paris a sans doute pensé que les soins médicaux donnés aux pensionnaires au moyen du magnétisme, et par l'intermédiaire d'une somnambule, n'étaient pas sérieux, et que le but principal que se proposaient les sociétaires n'était point la guérison des malades.

Si un médecin fondait une véritable maison de santé, mais confiait à des confrères le soin d'y traiter les malades, il pourrait être considéré comme commerçant (3).

300. En principe, la sage-femme, même quand elle reçoit des pensionnaires, n'est point commerçante; mais si le principal but qu'elle se propose est le logement et l'entretien d'un grand nombre de pensionnaires et si l'exercice de l'art des accouchements n'est que l'accessoire, elle fait acte de commerce (4).

301. Quant aux pharmaciens, la question de savoir s'ils sont commerçants par cela seul qu'ils ont ouvert une officine est fort controversée.

Pour la négative, on dit : Si l'article 1er du Code de commerce déclare commerçants ceux qui exercent des actes de commerce et en font leur profession habituelle, et si l'article 632 du même Code répute acte de commerce tout achat de denrées et marchandises pour les revendre, soit en nature, soit après les avoir travaillées et mises en œuvre, cela ne doit s'entendre que d'un travail qui a pour objet le perfectionnement de la marchandise, sans en dénaturer la substance, et par lequel la marchandise ne cesse

(1) Orillard, n° 279. — Nouguier, t. 1er, p. 383.
(2) Paris, 9 avril 1847. D. P. 47. 2. 6.
(3) Nouguier, *loc. cit.*
(4) Paris, 15 avril 1837. — Dalloz, *Rép.*, v° *Acte de commerce*, n° 105.

pas d'être l'objet principal dont la mise en œuvre n'est que l'accessoire. Dans certains cas, il est vrai, les pharmaciens revendent des objets qu'ils ont achetés, sans même les avoir manipulés; mais ces actes, purement accidentels, ne sont pas constitutifs de l'exercice de leur profession. Les pharmaciens sont soumis par la loi à des conditions de capacité : ils subissent des épreuves et examens scientifiques, et ils ont été institués, dans un intérêt public, pour préparer et vendre des compositions chimiques et des médicaments, sous la garantie de leur savoir et de leur expérience ; on ne peut donc pas dire qu'ils revendent des matières premières, puisqu'en réalité ils vendent des produits nouveaux qu'ils ont fabriqués (1).

Pour l'opinion contraire, on dit : si, pour n'être pas rangé dans la catégorie des commerçants, il suffisait de dénaturer la matière première que l'on achète, pour en fabriquer des produits nouveaux, il faudrait dire que le tailleur n'est pas un commerçant, parce que, s'il achète du drap, il le convertit en habits; le cordonnier n'est pas un commerçant, parce que, s'il achète du cuir, il en fait des chaussures; le boulanger n'est pas un commerçant, parce que, s'il achète des farines, c'est pour faire du pain : ce serait absurde. Le pharmacien est commerçant; sa profession a pour objet le débit, soit de médicaments composés par lui avec des matières premières qu'il achète, soit de substances, préparations et objets divers qu'il achète et revend en nature; il figure sur la liste des notables négociants qui concourent à l'élection des membres des tribunaux et des chambres de commerce, et il est appelé à faire partie de ces chambres et de ces tribunaux. Si la loi exige que tout pharmacien soit muni d'un brevet ou diplôme délivré suivant des formes spéciales, cette précaution, motivée par l'intérêt de la santé publique, ne change en rien la nature de la profession (2).

302. L'opinion qui attribue aux pharmaciens la qualité de commerçants paraît prévaloir ; elle a des conséquences fort

(1) Montpellier, 19 février 1836. P. chron. — Nouguier, *Tribun. de comm.*, t. 1er, p. 380, n° 13. — Orillard, *Compét. des trib. de comm.*, n° 278. — Pâris, *Comment. du Code de comm.*, art. 1er, nos 194 et 195.

(2) Nîmes, 19 novembre 1813. Dalloz, *Rép.*, vo *Acte de commerce*, n° 107. — 27 mai 1829, et Cassat. 28 décembre 1840, *ibidem*. — Rouen, 30 mai 1840. P. chron. — Tribun. de Beaune, 29 mars 1845. D. P. 45. 3. 112. — Tribun. de Draguignan, 10 octobre 1854. D. P. 55. 3. 78. — Paris, 25 mars 1858. P. 1858. 724. — Grenoble, 28 mars 1859. P. 1859. 756. — Laterrade, *Code des pharmaciens*, n° 79. — Molinier, *Droit commerc.*, t. 1er, n° 133. — Pardessus, *Droit commerc.*, n° 16. — Alauzet, *Code de com.*, t. 4, no 2047. — Esnault, *Faillite et banq.*, t. 1er, no 41. — Briand et Chaudé, t. 2, p. 857.

importantes. — Ainsi l'acquisition d'une pharmacie sera considérée comme un acte de négoce, et toutes les difficultés qu'elle pourra faire naître seront déférées aux tribunaux de commerce. — Le contrat de mariage d'un pharmacien devra être publié, conformément à l'article 67 du Code de commerce ; les achats de toute nature qu'il pourra faire pour l'exploitation de son officine seront des actes commerciaux et le soumettront à la justice consulaire. Il en sera de même des billets qu'il souscrira et des lettres de change qui seront tirées sur lui (1); il devra faire parapher régulièrement ses livres afin qu'ils puissent faire foi en justice, et qu'il prouve, par leur simple production, les fournitures qu'il aura faites (2); il devra, chaque année, faire un inventaire constatant sa situation active et passive (3) ; enfin il pourra être déclaré en état de faillite (4) et poursuivi, selon les cas, pour banqueroute (5).

(1) Art. 110 et s. du Code de comm.
(2) Art. 8.
(3) Art. 9.
(4) Art. 437 et s.
(5) Art. 584 et s. Code de comm, et 402 Code pénal.

CHAPITRE VIII.

EXERCICE ILLÉGAL DE LA MÉDECINE.

---

§ 1er. *Législation.*

303. Loi du 19 ventôse an XI.
304. But de la loi. Elle est inefficace.

§ 2. *Qui peut poursuivre.*

305. Ministère public.
306. Droit des médecins.
307. C'est un devoir pour les médecins de dénoncer ou de poursuivre les auteurs de l'infraction.

§ 3. *Quelles personnes peuvent être poursuivies.*

308. Conditions requises pour exercer la médecine.
309. Obscurité de la loi. — Interprétation.
310. Formalités tombées en désuétude.
311. Rappel à l'exécution de la loi. — Circulaire ministérielle.
312. Médecins étrangers.
313. Espèce. — Affaire G. Von Schmidt.
314. Suite. — Affaire Motteau.
315. Nature de l'infraction.
316. Peu importe le but que se propose l'auteur.
317. La bonne foi ne constitue pas une excuse. — Espèce. Aff. femme Beaudouin.
318. Pharmacien : cas d'urgence. — Espèce. Affaire de Bossy.
319. Suite. — Espèce. Affaire Vayssé.
320. Urgence absolue. — Force majeure.
321. Espèce. Affaire Gautier.
322. Tolérance pour les curés et desservants. — Avis du Conseil d'Etat du 30 septembre 1805.
323. Sœurs de charité.
324. Modification d'une ordonnance par un pharmacien. — Affaire Rœské.
325. Cumul, par un docteur, des fonctions de médecin et de pharmacien.
326. Doit-on exiger un diplôme de l'oculiste ?
327. Doit-on exiger un diplôme de l'orthopédiste ?
328 Doit-on exiger un diplôme du dentiste ?
329. Un dentiste ne peut faire usage du chloroforme comme agent anesthésique.
330. Etat de la jurisprudence sur la question de savoir si le dentiste doit être diplômé. — Affaire Philippe.
331. Avis de l'administration.

§ 4. *Quels faits doivent être poursuivis.*

332. Fait unique.
333. Sommeil magnétique.
334. Publication, par une personne non diplômée, d'un livre contenant des formules et ordonnances médicales.
335. Emploi de l'électricité. — Espèce. Affaire Guayod.
336. Emploi du chloroforme.
337. Réduction des fractures.
338. Médecine vétérinaire.
339. Médecins musulmans en Algérie.

§ 5. *Pénalité. — Contravention de police. — Conséquences.*

340. Le législateur a oublié de fixer le *quantum* de la peine. — Conséquences.
341. Compétence. — Tribunaux correctionnels.
342. Pas de complicité.
343. Récidive.
344. Suite. — Espèce. Affaire Seguin.
345. La récidive n'est constituée que par des faits de même nature.
346. L'article 58 du Code pénal n'est pas applicable.
347. On n'applique pas non plus le principe du non-cumul des peines.

§ 1er. — *Législation.*

303. La loi du 19 ventôse an XI dispose:

Art. 1er. — « A compter du premier vendémiaire de l'an XII, nul « ne pourra embrasser la profession de médecin, de chirurgien ou « d'officier de santé, sans être examiné et reçu comme il sera pres- « crit par la présente loi.

Art. 2. — « Tous ceux qui obtiendront, à partir du commencement « de l'an XII, le droit d'exercer l'art de guérir, porteront le titre de « *docteur en médecine ou en chirurgie* lorsqu'ils auront été examinés « et reçus dans l'une des six écoles spéciales de médecine, ou celui « d'*officiers de santé* quand ils seront reçus par les jurys dont il « sera parlé aux articles suivants.

Art. 15.—« Les jeunes gens qui se destineront à devenir officiers de « santé ne seront pas obligés d'étudier dans les écoles de médecine ; « ils pourront être reçus officiers de santé après avoir été attachés, « pendant six années, comme élèves, à des docteurs, ou après avoir « suivi, pendant cinq années consécutives, la pratique des hôpitaux « civils ou militaires. Une étude de trois années consécutives dans « les écoles de médecine leur tiendra lieu de la résidence de six « années chez les docteurs ou de cinq années dans les hospices.

Art. 16. — « Pour la réception des officiers de santé, il sera formé, « dans le chef-lieu de chaque département, un jury composé de « deux docteurs, domiciliés dans le département, nommés par le « premier Consul, et d'un commissaire pris parmi les professeurs « des six écoles de médecine, et désignés par le premier Consul. Ce « jury sera renommé tous les cinq ans ; ses membres pourront être « continués.

Art. 24. — « Les docteurs ou officiers de santé reçus suivant les « formes établies dans les deux titres précédents seront tenus de « présenter, dans le délai d'un mois après la fixation de leur domi- « cile, les diplômes qu'ils auront obtenus, au greffe du tribunal de « première instance et au bureau de la sous-préfecture de l'arron- « dissement dans lequel les docteurs et officiers de santé voudront « s'établir.

Art. 25. — « Les commissaires du gouvernement près les tribu- « naux de première instance dresseront les listes des médecins et

« chirurgiens anciennement reçus, de ceux qui sont établis depuis « sans réception et des docteurs et officiers de santé nouvellement « reçus suivant les formes de la présente loi et enregistrés au greffe « de ces tribunaux ; ils adresseront, en fructidor de chaque année, « copie certifiée de ces listes au grand-juge ministre de la justice.

Art. 26. — « Les sous-préfets adresseront l'extrait de l'enregistrement des anciennes lettres de réception, des anciens certificats et « des nouveaux diplômes dont il vient d'être parlé, aux préfets, qui « dresseront et publieront les listes de tous les médecins et chirurgiens anciennement reçus, des docteurs et officiers de santé domiciliés dans l'étendue de leurs départements. Ces listes seront « adressées par les préfets au ministre de l'intérieur dans le dernier « mois de chaque année.

Art. 28. — « Les docteurs reçus dans les écoles de médecine « pourront exercer leur profession dans toutes les communes de la « République, en remplissant les formalités prescrites par les articles « précédents.

Art. 29. — « Les officiers de santé ne pourront s'établir que dans « le département où ils auront été examinés par le jury, après s'être « fait enregistrer comme il vient d'être prescrit. — Ils ne pourront « pratiquer les grandes opérations chirurgicales que sous la surveillance et l'inspection d'un docteur, dans les lieux où celui-ci sera « établi. Dans le cas d'accidents graves arrivés à la suite d'une « opération exécutée hors de la surveillance et de l'inspection prescrites ci-dessus, il y aura recours à indemnité contre l'officier de « santé qui s'en sera rendu coupable.

Art. 33. — « Les sages-femmes ne pourront employer les instruments dans les cas d'accouchements laborieux sans appeler un docteur ou un médecin ou chirurgien anciennement reçu.

Art. 34. — « Les sages-femmes feront enregistrer leur diplôme « au tribunal de première instance et à la sous-préfecture de l'arrondissement où elles s'établiront et où elles auront été reçues. — La « liste des sages-femmes reçues pour chaque département sera dressée, dans les tribunaux de première instance et par les préfets, « suivant les formes indiquées aux articles 25 et 26 ci-dessus.

Art. 35. — « Six mois après la publication de la présente loi, tout « individu qui continuerait d'exercer la médecine ou la chirurgie ou « de pratiquer l'art des accouchements sans être sur les listes dont « il est parlé aux articles 25, 26 et 34, et sans avoir de diplôme, de « certificat ou de lettre de réception, sera poursuivi et condamné à « une amende pécuniaire envers les hospices.

Art. 36. — « Ce délit sera dénoncé aux tribunaux de police correctionnelle à la diligence du commissaire du gouvernement près « ces tribunaux. — L'amende pourra être portée jusqu'à 1,000 francs « pour ceux qui prendraient le titre et exerceraient la profession « de *docteur*, à 500 francs pour ceux qui se qualifieraient d'*officiers de* « *santé* et verraient des malades en cette qualité, à 100 francs pour « les femmes qui pratiqueraient illicitement l'art des accouchements. « — L'amende sera double en cas de récidive, et les délinquants « pourront en outre être condamnés à un emprisonnement qui « n'excédera pas six mois. »

304. Il résulte de l'exposé des motifs présenté au Corps législatif que le rédacteur de la loi de l'an XI a eu l'espoir de faire disparaître à jamais les empiriques et les charlatans. Il faut convenir qu'il s'est bien trompé ; jamais ils n'ont été plus triomphants que dans notre siècle de lumières. Essayez, si vous le pouvez, d'ébranler, dans l'esprit d'un paysan poitevin sa confiance entière, absolue, aveugle dans les talents extraordinaires de son voisin l'*adoubou*, le *touchou* ou le *buffou*; essayez de lui persuader que ce voisin qui raccommode les membres cassés, guérit les tumeurs en les touchant et les plaies en soufflant dessus, n'est pas mille fois plus habile que toute l'Académie de médecine réunie ! Vous verrez avec quel sourire de commisération pour votre ignorance et votre crédulité ce brave paysan accueillera vos efforts. Ce voisin, dans lequel il croit assurément plus qu'en Dieu, est habituellement, dit-on, le descendant plus ou moins direct du domestique d'un ancien chirurgien-major de régiment du premier Empire. C'est en aidant son maître à panser les blessés que ce domestique avait appris son art, et il l'a transmis à ses descendants.

Vous essayez de dire au brave homme qu'il est bien étonnant que, les médecins *ne sachant rien de rien*, leurs domestiques apprennent tant de choses en les voyant opérer ; mais vous perdez votre peine. Si l'on peut s'expliquer, à la rigueur, que de pareilles idées se logent dans la cervelle d'un paysan ignare, comment comprendre qu'elles soient partagées par des personnes ayant reçu un peu d'éducation et d'instruction? Et pourtant cela arrive chaque jour, les calèches ne sont pas si rares qu'on le croit à la porte des rebouteurs.

« Le charlatanisme, disait M. le docteur Ambroise Tardieu (1), est « la plaie honteuse de la profession médicale. Nulle part il ne « s'exerce avec plus d'impudence et, il faut le reconnaître, avec « plus de liberté que dans ces matières où la crédulité, d'une part, se « montre si empressée et si facile, et où, de l'autre, la répression trop « illusoire n'est souvent qu'un nouveau moyen de publicité et de « réclame.

« Jamais aussi il ne s'est produit d'une manière plus dangereuse « qu'à l'époque actuelle, au milieu de cet esprit général de spéculation « qui s'est répandu de toutes parts dans la société, et jusque dans les « professions les plus libérales. De là, cette indignation unanime des « hommes honnêtes, ces réclamations incessantes adressées au pou- « voir, cette ardeur à implorer des lois nouvelles protectrices de la « santé publique. »

(1) *Annales d'hyg. et de méd. lég.*, 2e sér., t. V, 1856, p. 351.

Que l'on rapproche, si l'on veut, ce tableau de celui que traçait M. Fourcroy devant le Corps législatif, le 7 germinal an XI (1), et l'on reconnaîtra que la seule loi qui nous reste sur la matière est loin d'avoir atteint son but.

C'est que la bêtise humaine est, de toutes les maladies, la plus incurable, et que rien ne pouvant la guérir, il faudrait une loi plus efficace et plus sévère pour en prévenir les effets. La loi de ventôse an XI est insuffisante, les peines qu'elle prononce sont dérisoires, et il faut espérer que notre législation s'enrichira bientôt d'une disposition plus énergique, qui protégera enfin le public, malgré lui, contre les guérisseurs non diplômés qui savent si bien et si facilement s'attirer sa confiance.

Quoi qu'il en soit, nous ne possédons encore que la loi de l'an XI, et il faut l'appliquer telle qu'elle est.

§ 2. — *Qui peut poursuivre.*

305. Il résulte de l'article 36 que les poursuites sont dirigées par le ministère public. « *Ce délit sera dénoncé aux tribunaux de police correctionnelle, à la diligence du commissaire du gouvernement près ces tribunaux.* »

306. De ce que le ministère public est ainsi chargé de la poursuite, il ne s'ensuit pas qu'en cas d'inaction de sa part, les parties lésées par le délit ne puissent elles-mêmes en demander la réparation devant les tribunaux correctionnels.

Aussi a-t-il été jugé que les médecins d'une ville ont qualité pour réclamer collectivement, comme parties civiles, des dommages-intérêts contre l'auteur d'un fait d'exercice illégal de la médecine, si ce fait leur cause un préjudice (2) matériel ou moral (3).

En vain objecterait-on, dans ce cas, aux médecins, qu'ils ne peuvent justifier d'un dommage appréciable en argent pour chacun d'eux. Il est certain que l'exercice illégal de leur art établit contre eux une concurrence illicite qui peut leur causer un réel préjudice. Sans doute, il ne serait pas possible de préciser le dommage qu'ils éprouvent individuellement, mais il est incontestable que leurs intérêts sont lésés, et aucun texte de loi ne s'oppose

(1) Voir chapitre Ier, p. 4, et chapitre XI.

(2) Cassation, 31 mars 1859. P. 1859.1111. — Grenoble, 26 mai 1859. P. *idem*. — Cassation, 18 août 1860. P. 1861. 370.

(3) Lyon, 7 mai 1860. P. 1861. 370.

à ce que chacun réclame personnellement une réparation ou à ce qu'ils s'unissent pour l'obtenir en commun, sauf aux tribunaux à déterminer le chiffre des dommages-intérêts. Si on leur refusait ce droit, les médecins seraient contraints de garder le silence en présence d'une concurrence coupable, très fructueuse pour celui qui s'y livrerait et très préjudiciable pour tous ceux qui ont seuls le droit d'exercer l'art de guérir (1).

D'ailleurs, si un préjudice matériel ne peut être fixé d'une manière précise, ce qui n'est pas indispensable, selon nous, pour donner lieu à une action, le préjudice moral existe toujours. Il importe en effet à l'homme de la profession que la médecine ne soit exercée que par des personnes ayant acquis les connaissances nécessaires, ayant subi les épreuves exigées et présentant toutes les garanties. Or, si le préjudice moral ne peut se chiffrer en argent, personne ne conteste qu'il puisse donner lieu à une action civile.

On verra au chapitre suivant la doctrine professée par M. Dupin à l'occasion du droit des pharmaciens de poursuivre les contraventions aux lois sur la pharmacie; la théorie qu'il exposait avec son talent ordinaire s'applique évidemment aux médecins. Ceux-ci peuvent donc poursuivre à leur requête et à leurs risques et périls, en police correctionnelle, comme ils peuvent aussi se borner à signaler les faits au ministère public. Ils peuvent enfin, quand le parquet poursuit directement, se porter parties civiles.

Ils agissent d'ailleurs, soit isolément, soit collectivement, mais non comme faisant partie d'une association, d'une corporation qui n'aurait pas d'existence légale.

Il leur suffit d'alléguer un dommage causé à chacun d'eux et d'en demander réparation.

307. En présence des pénalités dérisoires appliquées en matière d'exercice illégal de la médecine, nous ne saurions trop engager les médecins à réclamer des dommages-intérêts, non dans le but de se procurer un dédommagement et un lucre qu'ils dédaignent, mais afin d'assurer une répression plus efficace d'un délit qui porte une si grave atteinte à la santé publique dont ils ont bien autrement souci.

Nous l'avons dit déjà, les délits d'exercice illégal de la médecine sont fort rarement poursuivis, parce qu'il répugne aux médecins de se porter dénonciateurs. Nous déplorons ce scrupule. Dès 1842, le professeur H. Royer-Collard proposait à l'Académie de méde-

(1) Amiens, 16 janvier 1863. D. P. 1863. 5. 30.

cine d'instituer une commission spécialement chargée de veiller à l'exécution des lois relatives à la médecine et à la pharmacie, de rechercher les cas dans lesquels ces lois peuvent être enfreintes, et de déférer, au besoin, les délits de ce genre à l'autorité compétente, dans le but d'en obtenir la répression. Cette proposition ne paraît pas avoir été adoptée, et on peut le regretter aujourd'hui. Nous voudrions que la société de médecine légale, dont l'existence et l'utilité ont été officiellement reconnues, ou même que les congrès médicaux des départements prissent l'initiative afin de porter à la connaissance du ministère public les faits dont chacun de leurs membres a chaque jour connaissance.

La condamnation à des dommages-intérêts au profit des médecins qui se seraient portés partie civile entraînerait la contrainte par corps (1), et ce serait là encore un moyen d'assurer une répression plus efficace pour des faits que la loi et la jurisprudence punissent de peines insuffisantes. Dans les affaires où la peine aurait été d'abord prononcée par le tribunal correctionnel, les médecins pourraient encore poursuivre l'auteur du fait d'exercice illégal de la médecine devant le tribunal civil qui condamnerait à des dommages-intérêts, et, dans ce cas, la contrainte par corps serait également applicable (2).

§ 3. — *Quelles personnes peuvent être poursuivies.*

308. Aux termes de l'article 35, on ne peut exercer la médecine qu'à deux conditions : 1° avoir un diplôme ; 2° figurer sur les listes officielles.

L'absence de l'une ou l'autre de ces deux conditions peut incontestablement motiver des poursuites. Si un médecin reçu docteur a négligé de faire inscrire son diplôme au greffe du tribunal de première instance et à la sous-préfecture de l'arrondissement où il a fixé sa résidence, il peut être poursuivi ; de même, l'individu qui, trompant les magistrats, aurait obtenu son inscription sur les listes en prenant le titre de docteur sans y avoir droit, tomberait sous l'application de l'article 36, sans préjudice des peines plus sévères qu'il pourrait encourir s'il y avait crime de faux.

Ce second fait ne peut être que fort rare, mais le premier, le défaut d'inscription sur les listes, se présente fréquemment. — Rien ne peut suppléer aux formalités prescrites par la loi.

309. L'intention du législateur était évidemment d'astreindre les médecins à faire inscrire leurs diplômes, et il a voulu qu'ils ne

(1) Loi du 22 juillet 1867, art. 4.
(2) *Ibid.*, art. 5.

pussent exercer leur profession avant d'avoir accompli cette formalité. La mesure est fort sage, l'intérêt de la société l'exige assurément. Mais les auteurs de la loi de l'an XI paraissent avoir agi avec une inconcevable précipitation ; aussi l'article 35 laisse-t-il, jusqu'à un certain point, place à l'équivoque. « Tout individu, y est-il dit, qui continuerait d'exercer la médecine ou la chirurgie ou de pratiquer l'art des accouchements *sans être sur les listes dont il est parlé aux articles* 25, 26 *et* 34, *et sans avoir de diplôme, de certificat ou de lettre de réception, sera poursuivi, &...* » On a conclu des termes de cet article que l'exercice de la médecine sans diplôme, certificat ou lettre de réception était seul punissable (1) !...

Cette interprétation nous paraît bien difficile à justifier. Si l'on s'attache au texte de la loi, on ne peut méconnaître qu'elle a exigé, pour l'exercice de la profession, les deux conditions à la fois: *l'inscription et le titre ;* et si l'on consulte son esprit, on conviendra qu'elle a prescrit, avec des détails trop minutieux, dans les articles 25, 26 et 34, l'inscription sur les listes, pour qu'elle ait voulu laisser ces prescriptions sans aucune sanction pénale. Nous ne pourrions comprendre cette opinion que dans le silence de la loi ; parfois elle a certainement voulu punir, et elle a oublié de le dire ; mais elle a parlé clairement dans l'article 35. Si elle n'avait pas eu l'intention de réprimer le défaut d'inscription, elle ne l'aurait pas dit dans cet article ; on ne peut pas supposer que le législateur ait voulu dire une chose inutile.

L'officier de santé est astreint par l'article 29 à l'inscription, comme le docteur ; en outre, il ne peut exercer que dans le département où il a été reçu. La jurisprudence n'a point hésité, ainsi que nous le dirons plus loin, (n°s 356 et 357), à voir dans les articles 35 et 36 la sanction pénale aux dispositions de l'article 29 ; il en est de même pour la défense faite par l'article 4 aux médecins étrangers d'exercer en France sans l'autorisation du gouvernement ; et on ne veut pas que la même sanction s'applique aux articles 24 et 25 !

Au surplus, l'article 28 ne laisse aucun doute : « Les docteur reçus dans les écoles de médecine pourront exercer leur profession dans toutes les communes de la République *en remplissant le formalités prescrites par les articles précédents* ». Donc, en ne remplissant pas ces formalités, ils ne pourront pas exercer leur profession, rien n'est plus clair ; et s'ils l'exercent quand même, ils le font illégalement et encourent une peine.

(1) Coffinières, *Encyclopédie du droit*, v° *Art de guérir*, n° 20. — Morin, *Dictionn. de droit crimin.*, v° *Art de guérir*.

310. La tolérance des officiers du ministère public a laissé tomber en désuétude l'inscription des titres au greffe ; aussi les médecins se dispensent, en général, de se conformer à l'article 24, et ils ne font plus guère inscrire leurs diplômes au greffe du tribunal. Mais les magistrats ont incontestablement le droit de vérifier s'ils réunissent les conditions exigées pour l'exercice de la médecine. Ils peuvent donc demander la production du diplôme aux médecins qui ont négligé de le faire inscrire.

311. Le gouvernement a d'ailleurs plus d'une fois rappelé aux autorités compétentes les dispositions de la loi à cet égard. Une circulaire du ministre de l'intérieur le faisait en ces termes :

« M. le préfet, l'article 24 de la loi du 19 ventose an XI dispose que les docteurs ou officiers de santé, reçus suivant les formes établies par cette loi, seront tenus de présenter, dans le délai d'un mois après la fixation de leur domicile, les diplômes qu'ils auront obtenus, au greffe du tribunal de première instance et au bureau de la sous-préfecture de l'arrondissement dans lequel ils voudront s'établir. L'article 29 impose la même obligation aux sages-femmes reçues dans chaque département. Enfin les articles 21 et 22 de la loi du 21 germinal an XI exigent aussi l'enregistrement des diplômes des pharmaciens aux préfectures et aux greffes des tribunaux.

« L'administration doit se garder de laisser tomber en désuétude ces sages dispositions. Les médecins, les sages-femmes et les pharmaciens légalement reçus ont, de leur côté, intérêt à les observer, puisqu'elles ont pour effet, non seulement de protéger la société, mais encore de les garantir eux-mêmes de la concurrence illicite des praticiens non pourvus de diplômes.

« Les prescriptions dont il s'agit sont loin cependant, M. le préfet, d'être partout scrupuleusement exécutées.

« Comme conséquence de cette négligence, un très grand nombre de préfectures omettent de publier et de faire parvenir à mon ministère les listes des docteurs, officiers de santé, sages-femmes et pharmaciens domiciliés dans leur département, nonobstant la prescription formelle des articles 26 et 34 de la loi du 19 ventose an XI et de l'article 28 de la loi du 21 germinal de la même année, prescription rappelée à plusieurs reprises par mes prédécesseurs, notamment par les circulaires des 27 juin 1840 et 25 janvier 1847.

« Je vous invite, M. le préfet, à tenir la main à l'exacte observation de la formalité de l'enregistrement des diplômes dans votre département, en vous concertant, à cet effet, avec MM. les chefs du parquet, et en insérant, au besoin, un avis spécial dans le recueil des actes de votre préfecture, avec indication des pénalités attachées aux contraventions en cette matière.

« Je vous recommande, en outre, de ne pas omettre de publier et de m'adresser, tous les cinq ans, la liste générale des médecins, pharmaciens et sages-femmes de votre département, conformément à l'arrêté ministériel du 22 mars 1812 qui, moyennant la publication annuelle de suppléments indiquant les additions et les changements à faire à cette liste, a autorisé la substitution de la publication quinquennale à la liste annuelle dont le principe est posé dans la loi (1).

312. Les médecins reçus dans les facultés étrangères ne peuvent exercer en France qu'après en avoir obtenu l'autorisation du gouvernement (2) et après avoir acquitté tous les frais imposés aux nationaux (3). S'ils veulent obtenir les grades que confèrent les facultés françaises, ils doivent y subir les examens prescrits et en acquitter les droits.

Il serait à désirer que le médecin étranger ne pût être admis à exercer en France qu'à la condition d'obtenir préalablement l'avis favorable d'une faculté de médecine française (4).

L'infraction à l'article 4, c'est-à-dire l'exercice de la médecine en France par un médecin étranger sans autorisation spéciale du gouvernement, donne lieu à l'application des articles 35 et 36.

313. Un individu du nom de Gérard von Schmidt, se disant Hollandais et docteur en médecine de Moscou, de Saint-Pétersbourg et de New-York, s'est installé à Paris et y a fondé, d'abord avenue d'Eylau, puis avenue du Trocadéro, une maison de santé pour la guérison des maladies cancéreuses par une méthode qu'il déclare infaillible, sans aucune opération, *par le Guaco*. Le prétendu docteur Von Schmidt a annoncé les résultats merveilleux de sa méthode curative dans une brochure, dans les journaux le *Figaro* et la *Liberté*, et enfin dans un journal plus modeste, le *Moniteur de la charcuterie*.

Ces annonces ont éveillé l'attention du ministère public, et Gérard von Schmidt a été traduit en police correctionnelle pour exercice illégal de la médecine avec usurpation de titres. Condamné pour ce fait par le tribunal de la Seine, 10e chambre, à 1,000 francs d'amende, il a formé opposition au jugement rendu par défaut contre lui. — A l'audience, il reconnaît avoir été condamné en Belgique, pour exercice illégal de la médecine, à 25 fr. d'amende; mais il prétend qu'à cette époque, il n'était pas encore docteur.

Son système de défense, présenté par Me Gatineau, avocat, consiste à dire que l'inculpé faisait donner, dans sa maison de santé, des soins aux malades par des médecins régulièrement

(1) Circulaire minist. du 10 février 1861. — Cette circulaire fut adressée aux procureurs généraux par le ministre de la justice, le 2 mai de la même année.
(2) Loi du 19 vent. an XI, art. 4.
(3) Décret du 22 août 1852, art. 5.
(4) Briand et Chaudé, *Manuel de méd. lég.*, 10e édit., t. 2, p 499.

munis de diplômes, et que le ministère public ne prouvait pas que Von Schmidt eût lui-même exercé la médecine.

Jugement du tribunal de la Seine, du 30 avril 1880, ainsi conçu :

« Attendu que Von Schmidt prétend vainement qu'inventeur d'une méthode spéciale pour le traitement des maladies cancéreuses par le guaco, il fait appliquer sa méthode par des médecins en titre, attachés à sa maison de santé, et qu'il ne les assiste que comme interne ou infirmier, sans initiative et sans direction ;

« Qu'une pareille allégation est contraire à la fois à la vraisemblance et à la vérité : à la vraisemblance, parce qu'il est inadmissible qu'un médecin qui ouvre un établissement de clinique se contente de fonctions subalternes dans sa propre maison, quand surtout sa prospérité et sa réputation sont en jeu ; à la vérité, parce que dans toutes les réclames publiées dans les journaux, en 1879, et dans une petite brochure qu'il a fait paraître sur le guaco, la même année, et où il recommande sa clinique, il se présente au public comme médecin traitant, s'attribue le mérite des résultats brillants qu'il a obtenus et se vante de la guérison des malades auxquels il a rendu la santé ;

« Qu'il a aggravé tous ses torts en prenant en outre le titre de docteur, etc... »

La condamnation est maintenue (1).

Gérard von Schmidt interjeta appel de ce jugement, qui fut confirmé par la Cour de Paris, le 18 juin suivant (2).

Enfin la Cour de cassation, saisie de l'affaire, rejeta le pourvoi par arrêt du 17 décembre 1880, par ce motif que Gérard von Schmidt, en admettant qu'il fût, ainsi qu'il le prétendait, pourvu de diplômes délivrés par des facultés étrangères, ne justifiait point de l'autorisation accordée par le gouvernement français (3).

Au mépris de ces décisions judiciaires, le prétendu docteur G. von Schmidt continue d'exercer la médecine avec une ténacité toute germanique. En effet, on lit dans le *Moniteur universel* du 16 novembre 1880 une réclame ainsi conçue :

« Nous recevons la lettre suivante, que nous nous faisons un plaisir d'insérer :

« La question de la guérison des affections cancéreuses est tellement grave, que je crois de mon devoir d'inviter mes collègues à venir à la maison de santé, 16, rue de Passy, se convaincre des nombreux et heureux résultats obtenus par ma méthode.

« Veuillez agréer, etc...

(1) *Gazette des tribunaux*, 1er mai 1880.
(2) *Idem*, 19 juin 1880.
(3) *Idem*, décembre 1880.

« Signé : G. Von Schmidt, *docteur-médecin et chirurgien du C. de New-York, agréé de St-Pétersbourg, membre d'honneur de la croix rouge des sauveteurs et de plusieurs sociétés savantes.* »

A ce moment, la Cour de cassation n'avait pas encore statué, et, bien que le pourvoi ne soit pas suspensif, on aurait pu croire, à la rigueur, à la bonne foi du condamné ; mais voici le comble de l'audace :

Dans le journal qui avait publié à quatre reprises toutes les condamnations prononcées contre lui depuis moins d'un an, dans la *Gazette des Tribunaux* du 26 janvier 1881, nous lisons une nouvelle réclame insérée dans les termes suivants :

« Monsieur le Rédacteur, nous constatons chez Mme Blanchard, 33, avenue Malakoff, la guérison rapide et inattendue d'un grave cancer du sein obtenue par la méthode du Dr G. V. Schmidt, 16, rue de Passy; MM. général de Tucy, 14, avenue de Tourville ; Petit Pierre, pasteur, etc., etc... » (Suivent, dit la réclame, 40 signatures.)

Nous ignorons s'il y a eu de nouvelles poursuites et si l'obstination du soi-disant docteur de New-York a fini par décourager le ministère public.

314. Les charlatans français ne paraissent pas aussi tenaces que leurs confrères d'outre-Rhin. Un sieur Motteau, se prétendant muni d'un diplôme de docteur qui lui aurait été délivré par l'*Institut homéopathique de Rio-Janeiro*, est venu se fixer à Paris ; il a fait placer sur sa porte une belle plaque indiquant son adresse, avec le titre de docteur-médecin, et il s'est mis aussitôt en quête d'une clientèle qu'il recrutait principalement à l'aide d'un journal fondé par lui, l'*Émancipation*, et dirigé par Mme Motteau. Il s'occupait aussi de magnétisme. Enfin il préparait et vendait des médicaments sans être reçu pharmacien.

Traduit en police correctionnelle à raison de ces divers délits, il ne conteste rien. Il reconnaît bien que son titre de docteur homéopathique de l'Institut de Rio-Janeiro n'a pas, en France, une grande valeur, mais il déclare qu'ayant exercé pendant vingt ans en Algérie, il a cru pouvoir en faire autant à Paris. Motteau a été condamné à 1,000 fr. d'amende (1).

315. La prohibition d'exercer la médecine sans diplôme, certificat ou lettre de réception, est générale et absolue. Mais que faut-il entendre par l'*exercice illégal* de la médecine ? — On ne peut donner, à cet égard, aucune définition précise; il appartient

(1) *Gazette des tribunaux*, 4-5 avril 1880.

exclusivement aux magistrats chargés d'apprécier les faits, de décider si ces faits constituent ou non la pratique de l'art de guérir, et leur décision, sur ce point, échappe à la censure de la Cour de cassation (1).

316. Si la loi de l'an XI a eu pour effet de créer un monopole au profit des personnes pourvues de diplômes, son but a été plus élevé; elle a voulu, avant tout, protéger la santé des citoyens contre les empiriques et les ignorants.

L'édit de 1707 prononçait une amende de 500 livres contre toute personne autre que les docteurs qui s'aviserait d'ordonner des remèdes *même gratuitement*.

Bien que la loi de l'an XI n'ait pas reproduit cette dernière disposition, il est certain qu'aujourd'hui encore, les personnes qui exercent la médecine sans diplôme ne peuvent échapper à une condamnation par ce motif qu'elles n'auraient réalisé aucun bénéfice et qu'elles n'auraient été guidées que par un sentiment d'humanité, alors même qu'elles n'auraient fait que céder aux prières des malades ou de leurs familles et auraient refusé tout salaire (2).

317. L'exercice illégal de la médecine constituant, ainsi que nous le verrons bientôt, une simple contravention, aucune excuse ne peut être tirée de la bonne foi de l'inculpé. Tout au plus pourrait-on, dans des cas bien rares, invoquer la force majeure dont la preuve serait toujours à la charge du prévenu.

Le 2 janvier 1858, le sieur Pinck, habitant le village de Remelfing, près Sarreguemines, frère d'une femme qui se trouvait dans les douleurs de l'enfantement, se rendit en toute hâte dans la ville de Sarreguemines pour y réclamer les soins de l'une des deux sages-femmes de cette localité. La première à laquelle il s'adressa était malade, la seconde était occupée à un accouchement. Pinck réclama l'assistance d'un médecin accoucheur, M. Sclafer, qui lui-même aussi procédait à un accouchement et lui fit connaître l'impossibilité où il était de s'absenter. Pinck se rendit alors chez une femme Baudouin qui, n'étant pourvue d'aucun brevet, refusa d'aller à Remelfing si le docteur Sclafer ne l'y autorisait. Une nouvelle démarche fut faite près de ce dernier qui, fort occupé en ce moment, répondit : « Oui, prenez la femme Baudouin et laissez-moi tranquille ! » En conséquence, la

(1) Cassation, 30 août 1839. P. 1842. 2. 51.
(2) Cassation, 27 mai 1854. P. 1855. 1. 529. — Voir ci-après nos 322, 323, pour ce qui concerne les sœurs de charité et les curés.

femme Baudouin procéda à l'accouchement. Traduite, pour ce fait, devant le tribunal correctionnel, elle fut acquittée. La Cour de Metz confirma le jugement par ce motif que les deux sages-femmes et le médecin accoucheur de Sarreguemines étant empêchés, rien n'établissait qu'il existât d'autres accoucheurs ou sages-femmes à une certaine distance de la commune de Remelfing, qu'il y avait donc urgence et, en quelque sorte, force majeure.

Mais la Cour de cassation réforma cette décision par arrêt du 23 avril 1858, parce que :

« En droit, la loi de ventose an XI, qui interdit l'exercice de la médecine et de la chirurgie à tous les individus dépourvus de diplômes ou de lettres de réception, est conçue en termes généraux et absolus ; que la loi n'admet aucune excuse tirée soit de la bonne foi, soit de l'absence de salaire, soit même d'un sentiment d'humanité ; — que cette rigueur apparente était commandée par des considérations de l'ordre le plus élevé, se rattachant toutes à la nécessité de protéger les hommes de l'art et la vie des citoyens contre les calculs de la cupidité et les dangers de l'ignorance ; — que si, dans quelques cas exceptionnels, la *force majeure* peut être utilement invoquée, ce n'est qu'autant que cette exception, laissée à la charge de l'inculpé, résulte de faits et circonstances parfaitement établis ; — que, dans la cause, l'arrêt de la Cour de Metz, après avoir reconnu que la femme Baudouin, non munie de diplôme de sage-femme, avait procédé à l'accouchement de la fille Pinck, se borne à déclarer que les faits qui ont précédé cette pratique illégale de l'art des accouchements constituent *une sorte de force majeure*, sans que cependant cette qualification légale résulte des faits consignés dans ledit arrêt, dont la preuve est abandonnée au ministère public, lorsqu'elle rentrait dans les obligations de la défense ; — qu'en conséquence, les motifs de l'arrêt attaqué n'étaient ni probants ni juridiques pour déterminer l'existence de la force majeure (1). »

La Cour de cassation avait pourtant jugé, le 20 février 1834, qu'une femme qui aurait pratiqué l'art des accouchements sans diplôme serait excusable, s'il y avait preuve que la sage-femme munie d'un diplôme se trouvait, par maladie, ou autre cause, dans l'impossibilité d'assister aux accouchements qu'on lui reproche d'avoir opérés (2).

318. Le pharmacien qui, dans un cas très urgent, est appelé à donner des soins à un malade en l'absence du médecin, commet aussi une infraction à la loi et est passible d'une peine (3).

M. Lallemant, contre-maître dans l'usine de M. Ball, à Harfleur,

(1) Cassation, 23 avril 1858. P. 1858. 1205. — Coffinières, n° 82.
(2) Cassation, 20 février 1834. P. chron. — Cassat., 9 juin 1836. P. 1837. 1. 18.
(3) Cassation, 25 mars 1876. P. 1876. 416.

avait une petite fille dangereusement malade. Le docteur Baillard, de Montivilliers, médecin de la famille, fut appelé. Il ne put se rendre aussitôt qu'on le désirait, et le mal faisait de terribles progrès. — M. Lallemant envoya en toute hâte chez M. de Bossy, pharmacien à Harfleur, pour le prier de venir près de son enfant, et de voir s'il y avait quelque chose à faire. M. de Bossy s'y refusa, disant qu'on eût à s'adresser à un docteur, voire au médecin de la localité même, bien qu'il ne fût pas celui de la famille.

Cependant l'état de l'enfant devenait de plus en plus grave et, M. le docteur Baillard n'arrivant pas, M. Lallemant lui-même alla suplier M. de Bossy de se rendre près de son enfant, afin de voir si l'on ne pourrait pas, en lui faisant prendre quelque médicament, la soulager un peu en attendant que le médecin arrivât.

M. de Bossy, cédant aux instances de M. Lallemant, se rendit enfin auprès de la petite malade, reconnut qu'elle était atteinte du croup, et le vendredi matin, 16 septembre, il lui fit prendre une potion composée de cubèbe et d'émétique.

Le mercredi précédent, sur une ordonnance de M. le docteur Baillard, M. de Bossy avait remis une potion à base de kermès et de santonine; le jeudi, une nouvelle potion avec de l'ipécacuanha ; enfin, le vendredi, lorsqu'ayant vu l'enfant, il reconnut le croup, il administra le cubèbe et l'émétique.

L'enfant mourut, et M. de Bossy fut poursuivi pour exercice illégal de la médecine et pour vente de remèdes qu'il ne pouvait délivrer que sur ordonnance de médecin.

Le docteur Lecadre, qui avait été commis pour procéder à l'autopsie, déclara que l'enfant avait succombé à une atteinte de croup, que la médication administrée par M. de Bossy était bien la médication usuelle, lorsqu'on ne procède pas à l'incision du cou, que le traitement fait n'avait rien d'exagéré, et enfin qu'il y avait incontestablement urgence à administrer le remède.

Le tribunal jugea ainsi :

« Attendu qu'il résulte de l'instruction, des débats, et des aveux du prévenu, la preuve que de Bossy, pharmacien à Harfleur, a, dans cette même localité, le 14 novembre 1879, contrevenu aux lois, décrets et ordonnances sur la vente des substances vénéneuses, en vendant au sieur Lallemant, sans la prescription d'un médecin, chirurgien, officier de santé, ni vétérinaire breveté, une potion contenant de l'émétique ;

« Attendu qu'il est, en outre, établi que le même jour, et au même lieu, de Bossy, bien que n'étant ni docteur en médecine, ni officier de santé, a soigné la jeune Lallemant, atteinte du croup, et lui a fait prendre la potion ci-dessus indiquée ;

« Attendu que de Bossy prétend en vain n'avoir cédé aux instances des parents de la jeune Lallemant que parce que la position de cette malade était tellementgrave, qu'elle nécessitait des soins immédiats ; que le médecin demandé par les époux Lallemant n'arrivait pas et que ceux-ci se refusaient à faire venir le médecin demeurant à Harfleur ;

« Attendu que le fait seul qu'un médecin demeurait à Harfleur même ne permet pas d'admettre l'exception de force majeure proposée par de Bossy ; qu'il aurait dû exiger qu'on allât tout au moins chercher ce médecin, avant de consentir à soigner lui-même la jeune Lallemant et à lui administrer une potion contenant de l'émétique ;

« Attendu que ces faits constituent donc la contravention et le délit prévus par les articles 35 et 36 de la loi du 19 ventose an XI, 1er de la loi du 19 juillet 1845, 5 de l'ordonnance du 29 octobre 1846, et par l'article 1er du décret du 8 juillet 1850 (11e article du tableau annexé audit décret) ;

« Attendu, toutefois, qu'il existe en la cause des circonstances particulièrement atténuantes ;

« Par ces motifs, le tribunal déclare le prévenu de Bossy coupable, etc..., le condamne à 1 franc d'amende pour le délit et à 1 franc d'amende pour la contravention, le condamne en outre aux dépens (1). »

319. Le 1er août 1875, une femme Foucaud, se plaignant d'une inflammation de l'œil gauche, se présenta chez le sieur Vayssé, pharmacien à Saint-Germain-les-Belles, pour le consulter et lui demander un remède. Vayssé lui délivra, sans ordonnance de médecin, une pommade renfermant une certaine dose de belladone et dix paquets de calomel et de sucre en poudre, à prendre en deux jours, deux paquets le matin et trois le soir. A la suite de cette médication, l'état de la femme Foucaud empira singulièrement ; l'inflammation occasionna la perte de l'œil et, en outre, il se déclara chez cette femme une violente stomatite. Le sieur Vayssé fut poursuivi sous inculpation : 1° d'infraction à l'article 32 de la loi du 21 germinal an XI, pour avoir débité une drogue composée sans ordonnance de médecin ; 2° pour blessures graves par imprudence ; 3° pour exercice illégal de la médecine. L'inculpé ayant été acquitté en première instance et en appel, la Cour de cassation cassa l'arrêt de la Cour de Limoges par les motifs suivants, en ce qui concerne l'exercice illégal de la médecine :

« Attendu que, d'après la constatation de l'arrêt, Vayssé, qui est

(1) Tribunal du Havre, 13 janvier 1880. — *Gazette des tribunaux* des 19-20 janvier 1880.

pharmacien, a prescrit à la femme Foucaud un traitement complet, externe et interne, pour combattre l'inflammation de l'œil gauche sur lequel avaient porté son examen et son diagnostic ; qu'en agissant ainsi, Vayssé a illégalement exercé la médecine ; que la Cour d'appel devait tirer les conséquences légales de ses propres constatations, et déclarer constante la contravention reprochée au prévenu ; — Qu'il importait peu, au point de vue de l'existence des éléments constitutifs de cette contravention, que le prévenu n'eût pas perçu des honoraires de médecin et qu'il eût touché seulement le prix des médicaments ; — Que l'absence et l'empêchement des deux médecins de la localité, relevés par l'arrêt, ne pouvaient autoriser un pharmacien à prescrire un traitement complet auquel la femme Foucaud ne devait pas être immédiatement soumise par suite d'une nécessité actuelle et urgente ; que Vayssé pouvait faire acte d'humanité, dans les limites posées par l'avis du Conseil d'Etat du 8 vendémiaire an XIII, mais qu'il lui était interdit de procéder à un examen médical, et de prescrire un traitement, non absolument urgent à l'instant même, qui constituaient l'exercice de la médecine ; — Qu'en effet, la prohibition de la loi d'exercer la médecine ou la chirurgie sans être pourvu de diplôme est générale et absolue ; que le législateur l'a établie dans le but de mettre la santé et la vie des citoyens à l'abri des dangers auxquels les exposeraient l'ignorance et l'impéritie ; — Attendu que les motifs d'humanité, invoqués par l'arrêt attaqué, ne sauraient équivaloir, dans l'espèce, à une force majeure, et que l'excuse admise est contraire aux dispositions de la loi ; — D'où il suit que l'acquittement, sur ce chef, constitue une violation des articles 35 et 36 susvisés ; — Casse, dans toutes ses parties, l'arrêt rendu le 23 décembre 1875 par la Cour d'appel de Limoges, chambre correctionnelle, etc. (1). »

320. Il résulte implicitement des termes de cet arrêt que, *dans les cas de force majeure*, c'est-à-dire de *nécessité actuelle et urgente*, lorsqu'il y a lieu de prescrire un traitement *absolument urgent à l'instant même*, le pharmacien pourrait donner des soins aux malades sans encourir une condamnation, parce qu'il ne ferait qu'accomplir un acte d'humanité, autorisé par l'avis du Conseil d'État du 8 vendémiaire an XIII.

Et, en effet, on ne saurait assimiler à un acte d'exercice illégal de la médecine le cas où un blessé est apporté dans une pharmacie et où le pharmacien ou son élève lui donne les premiers soins, en attendant l'arrivée du médecin. S'il s'agit, par exemple, d'arrêter une hémorrhagie, le pharmacien, qui a sous la main le perchlorure de fer, ne peut pas attendre, pour l'employer, l'arrivée du médecin, qui peut-être viendrait trop tard. Il y a bien là *nécessité actuelle et urgente*.

(1) 25 mars 1876. P. 1876. 416.

321. Au mois de septembre 1879, pendant que se passaient à Harfleur les faits que nous venons de raconter, une mère de famille, portant son enfant dans ses bras, entrait chez un pharmacien de Paris, et demandait au premier élève en pharmacie, qui se trouvait seul en ce moment, un remède pour son enfant malade. L'élève accéda à ce désir, et remit une potion calmante. Mais l'enfant était atteint d'une congestion pulmonaire qui l'enlevait, le soir même, malgré les soins du médecin, qui avait reconnu de suite l'état désespéré du malade.

Sur la plainte de la mère, l'élève fut poursuivi pour exercice illégal de la médecine.

M. le docteur Laugier, chargé d'analyser la potion, avait d'ailleurs constaté qu'elle était absolument inoffensive et qu'elle n'avait produit aucune influence nuisible sur la maladie.

Le tribunal correctionnel de la Seine, à la date du 4 septembre 1879, avait admis le système de la défense, consistant à dire que l'élève n'avait jamais eu la pensée de se substituer au médecin, qu'il avait donné une potion dans le but de soulager l'enfant qui, à son avis, était très malade, et de permettre d'attendre l'arrivée du médecin ; en conséquence, l'élève avait été renvoyé des fins de la plainte, sans dépens.

La Cour de Paris, sur le rapport de M. le conseiller Legeard de la Diriays, après les conclusions de M. l'avocat général Loubers et la plaidoirie de Me de Sal, avocat, confirma la sentence des premiers juges dans les termes suivants :

« La Cour, considérant que la prévention impute à Gautier un fait unique ;

« Considérant qu'il résulte de l'information et des débats que le 5 septembre 1879, à 4 heures du soir, la femme Stuvéras s'est présentée dans la pharmacie, portant dans ses bras un enfant mourant, qui est mort dans la soirée d'une congestion pulmonaire ; que cette femme, au désespoir, a déclaré qu'elle avait en vain sollicité le secours d'un médecin qu'elle avait attendu deux heures et qui n'avait pu se rendre près d'elle ;

« Considérant que, dans ces circonstances de force majeure et d'extrême urgence, qui n'admettaient aucun retard, Gautier, cédant à un sentiment d'humanité, et sans aucun espoir de lucre, a administré à l'enfant, dans l'espoir de lui sauver la vie, un médicament n'offrant par lui-même aucun danger et ne pouvant produire que de bons effets ; que dès lors la prévention n'est pas suffisamment établie ;
Par ces motifs, confirme le jugement, etc. (1). »

(1) Paris, 7 février 1880. *Gazette des tribun.*, 11 mars 1880.

322. Le Conseil d'État a émis, le 8 vendémiaire an XIV (30 septembre 1805), l'avis que :

« Les curés ou desservants qui donnent seulement des conseils ou des soins à leurs paroissiens malades, pourvu toutefois qu'ils ne signent ni ordonnances, ni consultations, et que leurs visites soient gratuites, ne font que ce qui est permis à la bienfaisance et à la charité de tous les citoyens, ce que nulle loi ne défend, ce que la morale conseille et que l'administration provoque. »

323. Il a été décidé, d'après le même principe, qu'il n'y a pas exercice illégal de la médecine de la part de la sœur de charité qui, dans un cas d'urgence, a pratiqué une saignée ou conseillé une application de sangsues. De tels soins rentrent dans la classe des actes d'humanité qu'autorise l'avis du Conseil d'État (1).

Mais le Conseil d'État n'a pas entendu déroger en quoi que ce soit à la loi du 19 ventose an XI, l'avis qu'il a émis ne s'applique qu'à des actes de charité qui ne constituent pas des opérations chirurgicales ou l'exercice de la médecine (2).

324. A part ces quelques exceptions, il faut dire que la prohibition d'exercer la médecine sans diplôme est absolue et que nul ne peut s'y soustraire. Nous venons de voir qu'elle s'applique au pharmacien comme à toute autre personne. Il y a même plus : le fait, par un pharmacien, d'avoir modifié, en quoi que ce soit, l'ordonnance d'un médecin, constitue une immixtion illégale dans l'art de la médecine.

Le docteur Thomas avait rédigé une ordonnance dans laquelle il avait écrit, entre autres éléments de sa formule : « Sucre q. s. (*quantité suffisante*). » Cette ordonnance fut présentée au sieur Ræské, pharmacien à Sucy-en-Brie, qui, à la formule du médecin, substitua celle ci : « Sirop de sucre, 60 grammes », par voie de surcharge du texte de l'ordonnance.

Sur la plainte du docteur Thomas, le tribunal de Corbeil condamna le pharmacien Ræské, par application des articles 35 et 36 de la loi du 19 ventose an XI. La Cour de Paris confirma ce jugement par arrêt du 26 mars 1870, par ce motif : « que toute modification apportée à une ordonnance de médecin constitue une immixtion dans l'exercice de la médecine (3).

325. Des difficultés se sont élevées au sujet de certaines pro-

(1) Cassation, 14 août 1863. P. 1864. 612.
(2) Cassation, 27 mai 1854. P. 1855. 1. 529.
(3) Paris, 26 mars 1870. P. 1870. 724.

fessions spéciales, mais elles sont aujourd'hui résolues par la jurisprudence.

On s'est demandé si le pharmacien reçu docteur en médecine pouvait exercer à la fois les deux professions. Quelques auteurs ont pensé que l'esprit de la loi s'y oppose formellement. Si ce cumul était toléré, disent-ils, on ne rencontrerait plus la double garantie que le législateur a voulu établir, celle du médecin délivrant l'ordonnance, celle du pharmacien l'exécutant et la conservant pour sa décharge (1). Le projet de loi de 1847 prohibait sévèrement ce cumul. La Chambre des Pairs pensait avec raison qu'il peut porter une grave atteinte à la dignité et à la considération des deux professions. Nous devons dire cependant qu'en l'absence d'un texte précis, la jurisprudence n'a pas adopté ce système. Et pourtant elle décide, ainsi que nous le verrons plus loin, que l'association entre un médecin et un pharmacien est, en général, prohibée comme immorale ; il semblerait qu'*à fortiori*, on ne doit pas permettre l'exercice des deux professions par la même personne.

326. Doit-on exiger un diplôme pour l'exercice des professions d'oculiste, d'orthopédiste, de dentiste, etc., etc...?

En ce qui concerne les oculistes, l'affirmative est indiscutable. L'organe de la vue est trop délicat et en même temps trop compliqué, il exige des soins trop minutieux, pour qu'il puisse être livré impunément à des mains inhabiles. Le traitement des maladies des yeux peut d'ailleurs nécessiter l'emploi de médicaments tant internes qu'externes ; il peut, dans un grand nombre de cas, exiger des opérations chirurgicales extrêmement délicates : l'art de l'oculiste fait donc essentiellement partie de la médecine et de la chirurgie, et il doit être interdit aux personnes qui ne sont pas munies de diplômes (2).

327. Nous pensons qu'on doit en exiger autant des orthopédistes. Les moyens usités pour redresser la taille ou les membres peuvent être fort dangereux, s'ils sont employés sans discernement et s'ils sont abandonnés à des ignorants. Il est d'ailleurs plus difficile de rendre droite la colonne vertébrale d'un bossu que de réparer un bras cassé. Si donc on exige le diplôme pour les *renoueurs d'os*, pourquoi ne pas l'exiger, aussi, des orthopédistes ?

(1) Laugier et Duruy, *Pandectes pharmaceutiques*. — V. *infrà*, n° 382.
(2) Cassation, 20 juillet 1833. — 14 mars 1839. — Coffinières, § 7. — V. *suprà*, n° 115.

328. Quant aux dentistes, la question a été longtemps controversée.

Les déclarations du 24 février 1730 et de mai 1768 soumettaient les dentistes de Paris à certaines épreuves pour constater leur capacité. La loi de l'an XI, qui a abrogé ces déclarations, n'a pas reproduit leurs dispositions sur ce point.

Plusieurs auteurs pensent que l'on ne doit être admis à exercer l'art du dentiste qu'à la condition d'être muni d'un diplôme de docteur ou au moins d'officier de santé. Cet art, disent-ils, a fait, dans notre siècle, de grands progrès ; il ne consiste pas seulement aujourd'hui à procéder à l'extraction des dents ; les soins de la bouche deviennent plus complets, plus délicats ; ils exigent des connaissances techniques, des notions générales d'anatomie et de physiologie, de médecine, d'hygiène et de mécanique ; il faut donc que le dentiste soit astreint à justifier de ces connaissances par l'obtention d'un diplôme (1).

Dans les anciens règlements sur l'exercice de la médecine et de la chirurgie, la profession de dentiste était considérée et réglée comme une partie de la chirurgie. A la vérité, ces règlements ne leur attribuaient que la qualité d'*experts dentistes* et leur défendaient de prendre le titre de chirurgien, mais ils leur défendaient en même temps d'exercer aucune autre partie de la chirurgie que celle sur laquelle ils avaient été reçus, ce qui prouve que l'on considérait l'art du dentiste comme une partie de la chirurgie.

Les dentistes ne sont pas d'ailleurs les seuls qui aient été mis ainsi dans une classe à part ; l'article 102 des statuts de la communauté des chirurgiens de Paris, approuvés par lettres patentes du roi Louis XIV, en date du mois de septembre 1699, mettait sur la même ligne les dentistes, les oculistes, les renoueurs d'os et les lithotimistes ; il défendait à tous également de prendre d'autres titres que celui d'experts pour la partie de la chirurgie sur laquelle ils auraient été reçus.

Dans un nouveau règlement pour cette communauté, approuvé par lettres patentes du mois de mai 1760, on ne trouve plus de dispositions spéciales pour les oculistes, les lithotimistes et les renoueurs d'os ; d'où il suit qu'ils doivent à l'avenir être soumis aux conditions générales imposées aux chirurgiens ; mais les anciennes règles furent reproduites pour les dentistes.

(1) Coffinières, § 7. — Marjolin, *Dictionnaire de médecine*. — Malgaigne, *Manuel de médec. opérat*. — Lisfranc, *Précis de médec. opérat*. — Morin, *Diction. de dr. crimin.*, v° *Art de guérir*, p. 75. — MM. Briand et Chaudé (10e édit., t. 2, p. 520) posent la question sans la résoudre.

La loi de l'an XI n'ayant pas non plus établi de catégorie pour les dentistes, on en a conclu qu'elle a voulu, elle aussi, les soumettre à la règle commune (1).

Mais la jurisprudence n'a point adopté cette doctrine. La Cour de cassation, par un arrêt du 15 mai 1846, sur le pourvoi formé contre un arrêt de la Cour de Paris, et la Cour d'Amiens à la suite, ont décidé que :

« S'il est théoriquement vrai que l'art du dentiste, considéré *in extenso*, soit à l'art de guérir ce que la partie est au tout, il est également vrai que la profession d'un dentiste peut se concevoir restreinte à des actes matériels, tels que l'extraction des dents, la fabrication et la pose de dents artificielles; que, de fait, cette profession ainsi restreinte est exercée depuis longues années par une foule d'individus non pourvus de diplômes, sans autre qualité médicale recherchée que la hardiesse ou la subtilité de la main qu'on emploie (2) ».

Nous ne pouvons, quant à nous, approuver cette jurisprudence, et les motifs donnés nous touchent peu. S'il est vrai qu'en général, la simple extraction d'une dent et la pose de dents artificielles n'exigent, de la part de l'opérateur, qu'une certaine dextérité, il est incontestable que le traitement des maladies de la bouche demande autre chose encore.

Comment distinguer, sans avoir acquis des connaissances théoriques assez étendues, les maladies purement locales de la bouche de celles qui ne sont que le symptôme ou la conséquence d'une affection générale ? N'est-il pas évident que le dentiste ne possédant d'autre mérite que l'adresse de la main pourra compromettre gravement la santé des malades, s'il ne sait pas reconnaître les causes de la maladie, choisir le traitement qui lui est approprié et en prévoir toutes les conséquences ? Une opération pratiquée par un dentiste ignorant peut avoir les résultats les plus funestes, on en a vu de tristes exemples.

329. Le 1er février 1873, le sieur de B..., dentiste à Lille, avait à pratiquer une opération dentaire sur la dame Caron. La malade redoutant beaucoup la douleur, le dentiste provoqua l'anesthésie au moyen du chloroforme et pratiqua l'opération. Le 27 du même mois, la même personne s'adressa de nouveau à lui et, la première opération s'étant faite facilement, il eut recours au même procédé et employa encore le chloroforme. Cette fois, l'anes-

(1) Paris, 21 févr. 1846, *aff. W. Rogers.*
(2) Cassation, 15 mai 1846. — Amiens, 26 juin 1846. P. 1846. 2. 732. V. aussi Cassation, 23 février 1827. Sir. 27. 1. 214.

thésie fut suivie de la mort. Le dentiste fut traduit en police correctionnelle, et le tribunal de Lille le condamna par un jugement ainsi motivé :

« Attendu que l'emploi du chloroforme, qui est tout à la fois un médicament, une substance vénéneuse et un agent anesthésique d'une grande énergie, constitue nécessairement un acte d'exercice de la médecine ; — Que de B..., ne justifiant d'aucun diplôme, n'avait pas qualité pour en faire usage ; — Qu'il a ainsi, à deux reprises différentes, exercé illégalement la médecine ;

« Attendu que, le 27 février, l'inhalation du chloroforme, pratiquée par de B..., a causé la mort de la dame Caron ; — Que cette opération, qui avait pour but de provoquer l'anesthésie, est essentiellement différente des opérations réservées aux dentistes ; qu'elle exige des précautions et des connaissances spéciales, et qu'elle est exclusivement du domaine de la médecine et de la chirurgie ; — Qu'en se livrant à cette opération sans être muni d'un diplôme, de B... a manqué à l'observation des règlements ; — Qu'il a, de plus, commis une imprudence, en ne demandant pas le concours d'un médecin, et une négligence en ne se préoccupant pas suffisamment, pendant le cours de l'opération, de l'état des organes de la respiration et de la circulation au point de vue des conséquences que pouvait produire l'anesthésie ; — Qu'il y a des circonstances atténuantes ;

« Par ces motifs ; condamne de B..., par corps, à deux amendes de 15 francs chacune, pour exercice illégal de la médecine ; — le condamne en outre à un mois d'emprisonnement, et, par corps, à une amende de 500 fr., à raison de l'homicide involontaire, etc... (1). »

Il peut arriver fréquemment que le dentiste soit entraîné en dehors du petit cercle des opérations que la jurisprudence lui réserve ; les hémorrhagies, les syncopes que causent souvent l'extraction des dents l'amèneront forcément à faire de la médecine.

330. Au surplus, l'état de la jurisprudence ne nous donne pas encore une solution bien définitive de la question ; nous avons cité un arrêt de la Cour de cassation et un autre arrêt de la Cour d'Amiens, mais nous devons donner une décision en sens contraire, émanée du tribunal de Boulogne, et nous devons bien dire que les motifs donnés par ce jugement conservent toute leur force, même après l'arrêt de la Cour suprême. Il est ainsi conçu :

« Le Tribunal ; — Considérant que de l'instruction et des débats il résulte la preuve que, depuis plusieurs années, Philippe, se qualifiant dentiste, mécanicien, pratique, à la fois, l'extraction des dents malades et la pose des dents artificielles sans avoir obtenu aucun des titres voulus par la loi du 19 ventose an XI, ce qu'il reconnaît lui-même ;

(1) Trib. de Lille, 8 avril 1873. D. P. 73. 3. 79.

« Que, n'étant pas établi qu'il ait aucunement traité les maladies de la bouche ni employé des moyens chirurgicaux pour fixer les dents artificielles, la question du procès se circonscrit dans les termes suivants : à savoir si la simple extraction des dents par ledit Philippe constitue une infraction aux inhibitions de la loi du 19 ventose an XI, relative à l'exercice de la médecine ;

« Considérant que l'extraction des dents est de nature à entraîner des accidents consécutifs, selon quelle est exécutée avec plus ou moins d'habileté; — Qu'avant d'y procéder, le dentiste est appelé, dans les cas les plus ordinaires, c'est-à-dire quand il y a douleur et carie de plusieurs dents, à découvrir quelle est celle de ces dents qui est le véritable siège du mal ; — Qu'il doit encore reconnaître, préalablement à l'opération : 1° si la douleur accusée ne reconnaîtrait pas pour cause une affection des nerfs dentaires sur laquelle la dent signalée par le patient serait sans influence ; 2° si l'état d'inflammation plus ou moins intense des gencives ou des parois internes de la bouche ne commande pas un ajournement;

« Qu'il doit aussi être à même d'apprécier, par l'examen de la bouche ou par la résistance qu'il rencontrerait dans le mouvement des lèvres qui doit amener l'évulsion de la dent, si un accident de conformation ne lui prescrit pas de s'arrêter ; — Qu'enfin, dans certains cas, l'entretien des dents entraîne des hémorrhagies dangereuses et nécessitant des soins médicaux immédiats; que cette opération exige donc la connaissance de l'anatomie et de la pathologie de la bouche ; qu'aussi fait-elle partie de l'enseignement chirurgical ; — Qu'il demeure dès lors évident que l'extraction des dents ne constitue pas un simple fait mécanique ; qu'elle doit, au contraire, être classée parmi les opérations dites de petite chirurgie, et qu'elle forme ainsi l'une des branches de l'art de guérir;

En droit : — Considérant que les dispositions pénales de la loi du 19 ventose an XI, sont générales et absolues; qu'elles embrassent l'ensemble des faits dont la réunion constitue l'art de guérir, considéré *in extenso ;* — Qu'elles portent dès lors virtuellement sur l'extraction des dents, qui n'est qu'une partie du tout ; — Que, loin donc qu'il puisse être argumenté, dans l'intérêt du prévenu, de l'absence de dispositions spéciales relatives aux dentistes, il faut reconnaître qu'une exception formelle eût été indispensable pour rendre leur art au domaine des professions communes ;

« Que vainement on invoque cette circonstance qu'autrefois les dentistes formaient un corps d'opérateurs spéciaux, pour prétendre que le silence de la loi de ventose, en ce qui les concerne, la laisse en dehors des trois classes qu'elle crée et n'impose à l'exercice de cette partie de la médecine opératoire aucune condition légale; — Que ce serait supposer au législateur de l'an XI moins de vigilance qu'à ceux de 1669 et 1760, qui ne reconnaissent pas les experts dentistes reçus en cette qualité ; — Que l'on doit d'autant moins admettre un pareil système, que la loi de ventose, qui porte l'empreinte d'une réaction salutaire contre les abus d'une liberté aussi dangereuse que déraisonnable, a eu pour objet de créer, en faveur de la santé publique, des garanties rendues plus nécessaires par l'état de la législation d'alors, qui laissait à l'ignorance ou au charlatanisme une plus grande prise sur la crédulité; — Que cette loi, en instituant au-dessous du degré de docteur en médecine et en chirurgie celui d'officier de santé, a précisément voulu pourvoir par là au traitement des cas les moins graves de la médecine et de la chirurgie;

« Considérant enfin que les dispositions de la loi de l'an XI, relatives aux sages-femmes, n'autorisent nullement à prétendre que le législateur considérait certaines branches secondaires de l'art de guérir, et notamment la pratique de l'extraction des dents, comme laissées en dehors des exigences de la loi, par cela qu'elle ne les reprenait pas nominativement; — Qu'en effet, l'exercice de l'art des accouchements n'a été autorisé comme spécialité que par exception au principe général de la loi, qui le plaçait essentiellement dans les attributions des docteurs et officiers de santé;

« Par ces motifs, déclare Philippe coupable d'avoir exercé la chirurgie sans être sur la liste dont il est parlé aux art. 25 et 26 de la loi du 19 vent. an XI et sans avoir de diplôme, de certificat ou de lettre de réception; — Condamne Philippe en 15 fr. d'amende, et, attendu que de cette contravention est résulté pour Teneur un préjudice dont il doit obtenir réparation; — Condamne Philippe à lui payer, à titre de dommages-intérêts, la somme de 50 fr... (1) ».

331. L'administration elle-même a partagé cette opinion. On cite une lettre de M. Cunin-Gridaine, ministre de l'agriculture et du commerce, dans laquelle on lit :

« Toutes les fois que l'administration a été consultée sur la question de savoir s'il faut être docteur en médecine ou officier de santé pour exercer la profession de dentiste, elle a répondu affirmativement. Il lui a paru que, l'art du dentiste étant une branche de la chirurgie, nul ne devait être autorisé à le pratiquer sans avoir justifié des connaissances exigées du chirurgien, et qu'il y avait lieu d'appliquer aux contrevenants les dispositions des art. 35 et 36 de la loi du 19 vent. an XI. »

Enfin les Chambres ont tellement considéré l'art du dentiste comme faisant partie de la chirurgie, que la loi du 25 avril 1844 affranchit les dentistes, comme tous autres médecins et chirurgiens, de la patente que tous avaient payée jusque-là. En effet, la commission de la Chambre des députés avait déclaré que l'exemption devait profiter à « tous les *médecins, chirurgiens, officiers de santé, oculistes, dentistes et sages-femmes* ».

M. Bouillaud fit observer que les termes de la loi de l'an XI sont généraux et comprennent toutes les classes; aussi fit-il adopter la rédaction suivante : « Les docteurs en médecine, les docteurs en chirurgie, les officiers de santé, les sages-femmes ». Il

(1) Trib. correct. de Boulogne, 15 juin 1846. D. P. 46. 3. 123.

fut entendu que les oculistes et les dentistes figuraient dans cette nomenclature générale (1).

La loi du 18 mai 1850 a rétabli la patente pour les docteurs en médecine ou en chirurgie et les *chirurgiens-dentistes.*

Le projet de loi de 1847 n'assujettissait les dentistes qu'à l'obtention d'un brevet. Sur la communication de ce projet faite par le Ministre de l'instruction publique à la commission des hautes études médicales, M. Orfila proposa d'introduire une disposition qui rendrait le diplôme de médecin ou de chirurgien obligatoire pour les dentistes ; mais cette proposition fut rejetée à l'unanimité.

§ 4. — *Quels faits doivent être poursuivis.*

332. Il n'est pas nécessaire, pour qu'il y ait lieu d'appliquer les articles 35 et 36 de la loi, que les actes d'exercice illégal de la médecine aient été multipliés ; ce n'est donc pas l'exercice *habituel* de la médecine sans diplôme que la loi punit, un seul fait suffit pour motiver une condamnation. Il a été jugé, par exemple, que le fait, par un mari non médecin, d'avoir accouché sa femme, bien que ce fait soit isolé, suffit pour constituer le délit prévu par la loi (2).

Il a pourtant été décidé par la Cour de Metz qu'il en est autrement en ce qui concerne la pratique illégale de l'art des accouchements. L'habitude serait un des éléments du délit (3). Mais si la sage-femme avait pratiqué aussi la chirurgie, un seul fait ayant un caractère chirurgical suffirait pour motiver une condamnation, comme, par exemple, si elle avait pratiqué l'opération césarienne sur un cadavre avant la constatation officielle du décès et avant l'expiration du délai de 24 heures à partir du décès (4).

L'arrêt de la Cour de Metz ne nous paraît pas appelé à faire jurisprudence.

333. Le sommeil magnétique, employé comme moyen d'arriver à la guérison des maladies, a eu, pendant plusieurs années, un grand succès. Aujourd'hui, ce procédé est bien délaissé, et on ne le rencontre plus guères que dans les baraques de saltimbanques. Néanmoins, on l'a pendant longtemps si bien pris au sérieux,

(1) Duverger, *Collect. des lois*, 1844, p. 242.
(2) Cassation, 9 juin 1836. P. 1837. 1. 18.
(3) Metz, 13 novembre 1867. D. P. 67. 2. 242.
(4) Même arrêt.

qu'on a agité la question de savoir si le somnambule, ou plutôt *la somnambule* (c'est habituellement une femme qui se charge de ce rôle) qui, sans être pourvue d'aucun titre, prescrit des médicaments à des malades, se rend coupable du délit d'exercice illégal de la médecine. La solution ne peut pas être douteuse ; la jurisprudence confond les somnambules avec les simples mortels, et le charlatanisme est puni sous quelque forme qu'il se présente. Il suffit de se reporter à l'exposé des motifs de la loi pour reconnaître que c'est principalement pour des cas pareils qu'elle a été faite.

Il y a donc exercice illégal de la médecine de la part d'une somnambule qui indique à des malades les traitements à suivre par eux, bien qu'elle se fasse assister d'un médecin ou officier de santé qui signe les ordonnances, alors que celui-ci n'exerce, à l'égard de ces prescriptions, aucun contrôle personnel ; et le médecin ou officier de santé qui l'assiste peut être poursuivi, non comme complice, l'exercice illégal de la médecine sans usurpation de titre ne comportant pas la complicité, mais comme co-auteur (1). Peu importe d'ailleurs que le traitement soit gratuit (2).

334. On s'est demandé encore si le fait d'avoir écrit un livre qui au lieu de se borner à traiter des généralités de l'art médical, contiendrait des formules d'ordonnances et l'indication de tels ou tels moyens curatifs applicables à certaines maladies déterminées, tomberait sous l'application de la loi.

Cette question, fort délicate, s'est présentée à l'occasion de la publication du *Manuel de santé* de Raspail. Elle n'a pas été résolue, Raspail ayant commis, en même temps, d'autres infractions à la loi qui en ont permis l'application.

La disposition de l'article 35 est générale et absolue, sans distinction. Elle ne subordonne pas l'existence de la contravention prévue et définie à telle ou telle condition particulière, à tel ou tel mode spécial de traitement, à telle ou telle prescription ou administration de médicaments ; mais elle frappe, au contraire, par la généralité de sa prohibition, et abstraction faite du mode de traitement pratiqué, tout exercice de l'art de guérir. Celui-là est plus dangereux que tout autre pour la santé publique. Qu'une personne n'ayant aucune connaissance médicale ait le malheur de consulter un livre de médecine, fut-il écrit par une des célé-

(1) Cassation. 24 décembre 1852. P. 1853. 2. 47.— Trib. de la Seine, 22 mars 1843. *Gazette des Tribunaux*, mars 1843. — Cassation, 17 décembre 1859 P. 1860. 914. — Lyon, 7 mai 1860. P. 1861. 370.

(2) Aix, 19 mars 1874. D. P. 75. 2. 94.

brités de la Faculté, qu'elle y cherche la définition de la maladie qu'elle a ou croit avoir et le traitement qui lui est propre, il faudra qu'elle soit servie par un hasard invraisemblable pour ne pas faire fausse route et commettre les plus graves imprudences. Que sera-ce donc si le livre est écrit par un empirique ?

Pendant des années, la France entière a été infestée du camphre de Raspail ; et il ne faut pas croire que sa médication soit toujours sans danger et que l'emploi immodéré du camphre ne puisse causer des accidents.

La mode est aujourd'hui à la vulgarisation de la science. Que des gens du monde, après avoir lu les livres de M. Figuier et de M. Verne, parlent de tout avec un certain aplomb et se figurent avoir approfondi toutes choses, nous n'y voyons pas grand inconvénient ; mais la médecine est une science qui ne veut pas être vulgarisée. A plus forte raison, ne doit-on pas permettre qu'un individu qui n'est muni d'aucun titre publie un livre contenant des formules et ordonnances applicables à telle ou telle maladie. Le livre se glisse partout, il procure un moyen facile et économique de se traiter soi-même ; mais, encore une fois, il est très dangereux, et il ne doit pas être toléré, s'il est écrit par une personne non munie de diplôme. En vain dirait-on que le public n'est pas forcé d'acheter le livre et d'adopter le traitement qu'il conseille ; le public n'est pas forcé non plus d'aller chez le rebouteur, et, s'il y va, ce dernier est poursuivi.

335. Depuis quelque temps, le traitement de certaines affection à l'aide de l'électricité a pris faveur ; aussi, dans plusieurs localités, des individus dépourvus de toute espèce de diplôme avaient installé des appareils électriques qu'ils mettaient, moyennant salaire, à la disposition des malades. Une circulaire du préfet de police, du 16 février 1854 (1), se fondant sur ce que l'emploi de ces appareils pouvait présenter des dangers sérieux s'ils étaient employés sans discernement et en dehors surtout des prescriptions d'un médecin, invita les maires et commissaires de police à rechercher ces appareils, à en défendre l'usage et à dresser procès-verbal au besoin Il est hors de doute que les propriétaires de ces appareils commettaient le délit d'exercice illégal de la médecine.

Malgré les mesures préventives prises par l'autorité, ce genre d'industrie n'a point complètement disparu. En 1876, une plainte fut portée par un sieur Mallet, qui avait payé de grosses sommes

(1) *Annales d'hyg. et de méd. lég.*, 2e *série*, t. Ier, 1854, p. 467.

pour se faire traiter par l'électricité, et qui n'en avait éprouvé aucun soulagement. Des poursuites furent dirigées à cette occasion contre un ouvrier tisseur, nommé Gayod, pour exercice illégal de la médecine et de la pharmacie, et même pour escroquerie. M. Delahaye, juge d'instruction près le tribunal de la Seine, saisi de l'affaire, commit M. le docteur Gallard, médecin de l'hôpital de la Pitié, à l'effet : 1° de constater si les faits reprochés à Gayod, même s'il n'employait que l'électricité, constituaient l'exercice illégal de la médecine ; — 2° de constater s'il opérait suivant les règles de l'art ; — 3° de rechercher si, à raison des circonstances dans lesquelles il avait opéré, les faits pouvaient être assimilés à l'escroquerie, comme ayant abusé de la crédulité publique et comme ayant fait naître, à l'aide de manœuvres, l'espérance d'un événement chimérique ; — 4° en ce qui concerne le plaignant Mallet, si, comme il le soutenait, le traitement que l'inculpé lui avait fait subir avait pu avoir pour effet d'aggraver son état. Il résulta du rapport de l'expert qu'alors même que Gayod n'aurait employé que l'électricité, il avait fait acte d'exercice de la médecine ; qu'au surplus, il avait prescrit d'autres médicaments, qu'il les avait délivrés lui-même et avait ainsi exercé la pharmacie ; que la manière d'opérer de Gayod n'était, en aucune façon, conforme aux règles de l'art ; qu'en promettant de guérir par son traitement des maladies absolument incurables, il avait abusé de la crédulité de ses clients et avait dès lors commis une escroquerie ; que, néanmoins, le traitement imposé n'avait pu aggraver l'état du sieur Mallet.

Le 18 août 1876, le tribunal correctionnel de la Seine, 10e chambre, prononça un jugement qui écartait le délit d'escroquerie et condamnait Gayod en 368 amendes de 3 francs chacune pour 368 faits constatés d'exercice illégal de la médecine, 500 fr. d'amende pour exercice illégal de la pharmacie et 3,200 francs de dommages-intérêts envers le plaignant Mallet (1).

336. Nous avons vu que l'emploi du chloroforme pour provoquer l'anesthésie chez une personne à opérer est du domaine exclusif de la médecine et de la chirurgie et, par suite, est interdit à toute personne non munie de diplôme ; le seul emploi du chloroforme comme agent anesthésique peut donc motiver des poursuites, et en outre, la contravention à cette défense, quand elle a eu pour conséquence la mort du patient, doit faire déclarer l'auteur cou-

(2) *Op. cit.* 2e *série* t. 46, 1876, p. 455.

pable du délit d'homicide involontaire par inobservation des règlements (1).

337. Le mode le plus fréquent d'exercice illégal de la médecine ou plutôt de la chirurgie, surtout dans les campagnes, est la réduction de luxation ou de fracture des membres. Cette pratique constitue essentiellement l'infraction à la loi (2). Ce serait un délit facile à constater, la réputation des rebouteurs étant presque toujours fort étendue, et pourtant il est assez rarement poursuivi. Les médecins hésitent à porter plainte par suite de la répugnance qu'inspire toujours une dénonciation, et aussi parce que les peines paraissent insuffisantes ; aussi l'attention du ministère public n'est-elle éveillée, en général, que par les accidents qu'occasionnent la maladresse et l'ignorance des coupables. Cet état de choses est très malheureux. Nous ne pouvons que répéter encore que le devoir des médecins, qui, par état, sont chargés de veiller à la santé publique, est de signaler ces délits aux autorités compétentes chaque fois qu'ils en ont connaissance. Nous devons aussi faire observer que les peines ne sont pas toujours, ainsi qu'ils le croient, hors de proportion avec le délit. Nous verrons bientôt que si les actes d'exercice illégal de la médecine ont été fréquents, la peine peut être fort élevée, surtout en cas de récidive.

338. C'est seulement la santé et la vie des hommes que la loi de l'an XI a eu pour but de protéger ; les délits qu'elle prévoit ne peuvent donc s'appliquer à l'exercice de la médecine vétérinaire (3). En conséquence, les particuliers non diplômés peuvent traiter impunément les animaux, à la condition, bien entendu, qu'ils ne débiteront pas de préparation pharmaceutique, ce qui les rendrait passibles des peines portées par la loi du 21 germinal an XI, ainsi que nous le verrons plus loin. Il a été jugé que si l'art de guérir les animaux peut être exercé librement par toute personne, il n'appartient qu'à ceux qui, après avoir fait des études professionnelles dans des écoles spéciales, ont obtenu un diplôme, de prendre le titre de *vétérinaire*. Si donc un individu non diplômé prenait ce titre, les vétérinaires diplômés auraient une action contre lui en réparation du préjudice qu'il leur cause en prenant un titre qui leur appartient exclusivement (4).

(1) Jug. du trib. de Lille, 8 avril 1873, déjà cité.
(2) Cassation, 27 mai 1854. P. 1855. 1. 529.
(3) Colmar, 11 juillet 1832. — Bourges, 14 janvier 1832. P. chron. — Cassation, 17 juillet 1867. P. 1867. 1169.
(4) Ordonnance du 1er septembre 1825, art. 19. — Angers, 16 février 1881. P. 1881. 467.

339. En Algérie, l'exercice de la médecine sans titre légal est permis aux indigènes, musulmans ou israélites, mais seulement quand ils se bornent à pratiquer la médecine à l'égard de leurs coreligionnaires (1). En effet, dans un intérêt politique et de bonne administration, le gouvernement a cru devoir maintenir les coutumes et les usages de la population algérienne, et notamment le droit, pour les indigènes, de recourir, comme par le passé, aux soins et à la pratique médicale de ceux de leurs coreligionnaires dans lesquels ils avaient confiance. Mais le décret du 12 juillet 1851 n'a pas voulu créer un privilège au profit des médecins arabes en les autorisant à sortir du cercle de leur pratique et à la généraliser à l'égard de tous ceux qui pourraient y recourir, sans distinction de nationalité.

§ 5. — *Pénalité.* — *Compétence.* — *Contravention de police. Conséquences.*

340. Le législateur de l'an XI a cru se montrer justement sévère en disposant, dans l'article 35, que les individus convaincus d'avoir exercé la médecine sans diplôme seraient condamnés à une amende envers les hospices ; mais, dans sa précipitation, il a oublié de fixer le chiffre de cette amende. Il est vraisemblable que, dans sa pensée, elle ne devait pas être inférieure à 16 fr. — En effet, aux termes de l'article 1er du Code pénal, *un délit* est une infraction que les lois punissent de peines correctionnelles, et d'après l'article 466 du même Code, l'amende de simple police ne dépasse pas 15 francs, le minimum de l'amende correctionnelle est donc de 16 francs ; et l'article 179 du Code d'instruction criminelle porte que les tribunaux correctionnels connaissent de tous les délits dont la peine excède cinq jours d'emprisonnement et quinze francs d'amende. Or nous avons vu que, d'après l'article 36, *le délit* prévu par l'article précédent est dénoncé aux *tribunaux correctionnels* par le commissaire du gouvernement près ces tribunaux. C'était donc bien une peine correctionnelle, c'est-à-dire une amende de 16 fr. *au minimum* que la loi voulait prononcer. Mais il existe dans notre droit pénal moderne un principe qui proscrit de nos codes toute peine arbitraire, et, par voie de conséquence, lorsque la loi, en établissant la peine, a omis d'en fixer la quotité, le juge ne doit appliquer que les amendes les plus faibles,

(1) Décret du 12 juillet 1851, art. 11.— Cassation, 20 juillet 1872. P. 1872.1169. — Aix, 10 mai 1873. P. 1874.1269.

c'est-à-dire celles de simple police (1). Aussi la jurisprudence a-t-elle décidé que l'exercice de l'art de guérir, sans usurpation du titre de docteur ou d'officier de santé, ne donne lieu qu'à des peines de simple police, c'est-à-dire à une amende de 1 fr. à 15 fr.

On a même contesté encore cette solution. Rien, a-t-on dit, n'autorise à déterminer le chiffre de l'amende ; puisque la loi ne l'a pas fait, pourquoi donc l'élever jusqu'à 15 fr. ? Aucun texte, aucune loi ne dit que si la quotité de la peine n'a pas été déterminée, cette peine pourra s'élever jusqu'au maximum de l'amende de simple police. Et d'ailleurs pourquoi celle de l'article 479 du Code pénal, qui s'élève à 15 fr., plutôt que celle de l'article 471, qui ne s'élève qu'à 5 fr. ? La lacune que présente la loi devrait donc amener à décider qu'aucune peine ne peut être appliquée, et que, en tout cas, elle ne devrait pas s'élever au-dessus du minimum des peines de simple police, c'est-à-dire 1 fr.

Mais les tribunaux, dans la nécessité de réprimer des faits qui portent un grave préjudice à la société, ont dû repousser cette argumentation. La jurisprudence est aujourd'hui parfaitement fixée, et il est reconnu que la peine à appliquer est une amende qui peut varier entre 1 fr. et 15 fr. (2).

341. Quant à la compétence, elle a aussi été discutée, malgré les termes formels de l'article 36. Sans doute, disait-on, le tribunal correctionnel est désigné pour appliquer les peines édictées par l'article 36 en cas d'usurpation de titres; mais, dans le cas de l'article 35, lorsqu'il s'agit de condamner à une amende de simple police, les juges de police seuls doivent en être chargés.

La Cour de cassation avait d'abord adopté cette doctrine, ainsi que cela résulte d'un arrêt du 5 novembre 1831, mais elle n'a pas persisté dans sa première jurisprudence, et elle décide aujourd'hui que tous les faits d'exercice illégal de la médecine, avec ou sans usurpation de titre, doivent être déférés au tribunal correctionnel (3).

342. De ce principe que l'exercice illégal de la médecine sans usurpation du titre de docteur ou d'officier de santé ne constitue

(1) Le Sellyer, t. Ier, p. 364. — Chauveau et Hélie, t. Ier, p. 263.

(2) Cassation, 18 juillet 1840. P. 1840. 2. 439.— 12 novembre 1841. P. 1842. 1. 588. — Rouen, 30 juillet 1842. P. 1842. 2. 369. — Cassation, 9 novembre 1843. P. 1844. 1. 257. — Bordeaux, 24 juillet 1845. P. 1848. 2. 170. — Paris, 18 sept. 1851. P. 1853. 1. 122.— Cassation, 9 et 21 juillet 1853. P. 1854. 1. 497.— Orléans, 5 novembre 1855. P. 1855. 1. 571.

(3) Cassation, 28 août 1832. — 7 juin 1833. — 24 janvier 1834. P. chron. — — 18 juillet 1840. P. 1840. 2. 439. — 30 juillet 1842. P. 1842. 2. 369. — 9 et 21 juillet 1853. P. 1854. 1. 497. — Orléans, 23 février 1846. P. 1848. 2. 459. — Coffinières, n° 29

qu'une simple contravention, passible de peines de simple police, découlent plusieurs conséquences.

Ainsi cette contravention ne comporte pas les règles de la complicité. En effet, les caractères généraux de la complicité définis par les articles 59 et 60 du Code pénal ne s'appliquent qu'aux crimes et délits. C'est là un principe incontestable, reconnu et proclamé plusieurs fois par la Cour suprême (1) ; mais, tout en le consacrant, elle a refusé, avec raison, d'en étendre l'application au cas où il s'agit d'actes qui, par leur simultanéité d'action et l'assistance réciproque, constituent la perpétration même. C'est pourquoi il a été jugé que le médecin qui prête son concours à la somnambule dont il signe les ordonnances sans les contrôler doit être puni comme co-auteur (2). Ce principe ne serait pas applicable au cas où il y aurait usurpation de titre, puisque le fait constituerait un délit.

343. Les peines de la récidive ne peuvent être appliquées à l'exercice illégal de la médecine sans usurpation de titre que suivant les règles de l'article 483 du Code pénal, c'est-à-dire qu'il y a récidive lorsqu'il a été rendu, dans les douze mois précédents, contre le contrevenant, un jugement de condamnation pour contravention de même nature, dans le ressort du tribunal (3) ; et la récidive, dans ce cas, ne donne lieu qu'à une amende de 15 francs et à un emprisonnement de un à cinq jours (4).

344. La question a été définitivement tranchée par un arrêt de la Cour de cassation, chambres réunies, du 3 avril 1858 ; voici dans quelles circonstances :

Un sieur Seguin avait été condamné cinq fois par le tribunal correctionnel de Beauvais pour exercice illégal de la médecine sans usurpation de titres. Le 18 décembre 1856, il fut condamné de nouveau pour ce fait, étant en état de récidive légale, à 30 fr. d'amende et deux mois d'emprisonnement. — Appel par Seguin et arrêt de la Cour d'Amiens du 29 janvier 1857, qui confirme le jugement par ce motif que les articles 35 et 36 de la loi du 19 ventose an XI forment un ensemble indivisible, et que le dernier paragraphe de l'article 36 s'applique indistinctement aux délits

(1) Cassation, 26 décembre 1857. P. 1858. 1136. — 14 avril 1861. P. 1861. 1099.
(2) Lyon, 7 mai 1860. P. 1861. 370.
(3) Cassation, 14 mars 1839. P. 1843. 1. 353. — Bordeaux, 24 juillet 1845. P. 1848. 2. 170.
(4) Cassation, 9 novembre 1843. P. 1844. 1. 256. — Orléans, 23 février 1846. P. 1848. 2. 359. — Cassation, 21 juillet 1853. — D. P. 53. 1. 138. — 27 août 1853. P. 1854. 1. 497. — Ch. réunies, 3 avril 1858. P. 1858. 581, — 18 août 1860. P. 1861. 370.

d'exercice illégal de la médecine, qu'ils soient commis avec ou sans usurpation de titre. — Le 19 mars 1857, la chambre criminelle de la Cour de cassation cassa l'arrêt d'Amiens et renvoya l'affaire devant la Cour de Rouen qui, par un arrêt fortement motivé en date du 22 mai 1857, jugea comme celle d'Amiens. Enfin la Cour de cassation, saisie de nouveau, jugea ainsi, toutes cham bres réunies, le 3 avril 1858, sur les réquisitions conformes de M. le procureur général Dupin :

« Attendu que si, en règle générale, l'attribution aux tribunaux de police correctionnelle de la connaissance d'une infraction range cette infraction dans la classe des délits et la rend passible d'une peine correctionnelle, il en est autrement lorsque des dispositions mêmes de la loi attributive il résulte que le fait, quoique déféré à la juridiction qui connaît ordinairement des délits, reste exceptionnellement dans la classe des contraventions et n'est puni que d'une peine de simple police ;

« Attendu qu'il en est ainsi de l'exercice illégal de la médecine lorsque l'usurpation de titre ne vient pas s'y joindre, la peine, quoiqu'appliquée par le tribunal correctionnel, n'étant alors, aux termes de la loi du 19 ventose an XI, art. 35, qu'une amende indéterminée et, par conséquent, de la classe la plus faible, une amende de simple police ;

« Attendu qu'il n'en saurait être autrement au cas de récidive, l'aggravation de la peine n'en changeant pas la nature ; d'où il suit que, l'amende, quoique doublée audit cas, n'en demeure pas moins une amende de simple police, comme celle édictée d'abord par l'article 35 de la loi précitée, et que l'emprisonnement qui peut alors être prononcé doit lui-même être renfermé dans les limites déterminées par l'article 465 du Code pénal ;

« Que, de cette manière, la différence essentielle établie par la loi entre le simple exercice non autorisé de l'art de guérir et l'usurpation de titre, différence à laquelle la récidive ne peut rien changer, se maintient dans le caractère et l'intensité de la peine, nonobstant la juridiction correctionnelle qui ne fait pas plus de la contravention un délit, au cas spécial du dernier paragraphe de l'article 36, que dans les termes généraux de l'article 35 de la même loi ;

« Attendu qu'il n'est pas exact de dire que l'exercice de l'art de guérir implique nécessairement l'usurpation du titre d'officier de santé ou de docteur ; qu'on comprend très bien, au contraire, la pratique illicite de la médecine, même sans qualité publique usurpée ; et que l'infraction étant alors moins grave, il était juste de ne la punir que d'une peine moins forte, ainsi que l'a fait la loi ; — D'où il suit qu'en condamnant Seguin, qu'il déclarait coupable, étant en état de récidive, d'exercice illégal de la médecine, mais sans usurpation de titre, à 30 fr. d'amende et deux mois d'emprisonnement, l'arrêt attaqué a expressément violé les dispositions ci-dessus visées ; — Casse, etc... (1). »

(1) Cassation, 30 avril 1858. P. 1858. 581.

345. La récidive pour exercice illégal de la médecine ne peut résulter, avons-nous dit, que d'une condamnation pour des faits *de même nature*. Ainsi, une première condamnation prononcée en vertu d'un article du Code pénal dans les douze mois précédents ne pourrait constituer en état de récidive l'auteur d'un fait d'exercice illégal de la médecine sans usurpation de titre.

S'il y avait eu exercice illégal avec une des circonstances aggravantes prévues par l'article 36, l'infraction deviendrait un délit, et alors il ne serait pas nécessaire que le second fait eût été commis dans les douze mois à partir du jugement portant condamnation du premier.

Mais, là encore, il faut que le premier comme le second fait constitue une infraction à la loi du 19 ventose an XI. « L'amende, « dit l'article 36, sera double en cas de récidive, et les délin« quants pourront en outre être condamnés à un emprisonne« ment qui n'excèdera pas six mois. » — Il s'agit évidemment de récidive pour faits de même nature. Une première condamnation pour escroquerie, suivie, dans les trois ans, d'un délit d'exercice illégal de la médecine avec usurpation du titre de docteur, ne constituerait pas l'inculpé en état de récidive légale (1).

346. Mais ici vient se poser une autre question. Le Code pénal prévoit un autre cas de récidive résultant de la gravité des condamnations antérieures.

L'article 58 est ainsi conçu :

« Les coupables condamnés correctionnellement à un emprisonne« ment de plus d'une année seront aussi, en cas de nouveau délit ou « de crime qui devra n'être puni que de peines correctionnelles, con« damnés au maximum de la peine portée par la loi, et cette peine « pourra être élevée jusqu'au double ; ils seront, de plus, mis sous la « surveillance spéciale du gouvernement pendant au moins cinq « années et dix ans au plus. »

Nous supposons un individu condamné à un emprisonnement correctionnel de plus d'une année pour un délit de droit commun, vol par exemple, et commettant plus tard le délit d'exercice illégal de la médecine avec usurpation du titre de docteur.

Il n'est pas dans l'état de récidive légale prévu par l'article 36 de la loi de l'an XI, si c'est la première fois que cette loi lui est appliquée ; mais il est bien en état de récidive légale dans les conditions prévues par l'article 58 du Code pénal. Aux termes de l'article 36 précité, on ne pourrait le condamner à l'emprisonne-

(1) Cassation, 16 février 1877. P. 1877. 705.

ment que s'il était condamné *une seconde fois* pour exercice illégal de la médecine avec usurpation de titre ; mais faut-il, en vertu de l'article 58 du Code pénal, élever la peine simple jusqu'au double ou tout au moins au maximum de la peine, c'est-à-dire à 1,000 francs d'amende, et placer le délinquant sous la surveillance de la police pendant au moins cinq ans ?

L'article 58 est impératif, les tribunaux ne peuvent éviter de l'appliquer dans sa rigueur, et notamment dispenser le récidiviste de la surveillance qu'en admettant les circonstances atténuantes autorisées par l'article 463 du même Code. Or l'article 463 n'est applicable qu'autant que la loi l'a formellement autorisé, et la loi de l'an XI, antérieure au Code pénal, n'a pu le faire.

On ne peut donc pas admettre de circonstances atténuantes pour les délits d'exercice illégal de la médecine ; si l'article 58 du Code pénal est applicable au cas qui nous occupe, les tribunaux sont liés et ne peuvent s'empêcher de prononcer une amende de 1,000 francs avec surveillance de la police. — Cette solution serait rigoureuse, bien qu'elle soit conforme aux principes généraux du droit pénal. Il est à remarquer, en effet, que l'article 58 est conçu en termes absolus ; la qualification des faits incriminés importe peu, c'est la peine appliquée qui sert de base. Aussi plusieurs auteurs considèrent-ils comme étant en état de récidive légale le condamné correctionnel à plus d'un an d'emprisonnement qui commettrait ensuite un délit prévu par les lois sur les contributions indirectes ou par les règlements universitaires (1).

Un grand nombre de lois spéciales ont établi une récidive particulière qui se constitue par la répétition des faits de même nature ; la question est de savoir si elles ont, en cela, entendu déroger aux règles de droit commun sur la récidive.

Si l'on se conformait dans tous les cas aux dispositions de l'article 58 du Code pénal, on arriverait à décider que le condamné correctionnel à plus d'un an d'emprisonnement qui aura commis un délit de chasse sans permis sera forcément, pour ce dernier fait, placé sous la surveillance de la police pendant cinq années, puisque la loi du 3 mai 1844 sur la police de la chasse n'admet pas les circonstances atténuantes, et ainsi pour d'autres délits de peu d'importance. Ce serait absurde.

Il faut donc décider que toutes les fois qu'une loi spéciale a

(1) Pal. *Rép.*, v° *Récidive*, n°s 165, 166.— Cassation, 24 septembre 1868. P. 1870, 317. — 28 novembre 1868. — Amiens, 16 janvier 1869. P. 1869. 911.

prévu le cas de récidive, même en s'écartant des principes posés dans le Code pénal, les articles 56 et 58 de ce Code ne sont pas applicables, c'est d'ailleurs ce qui résulte d'une jurisprudence parfaitement établie (1); et, dans la matière qui nous occupe, l'individu convaincu d'exercice illégal de la médecine avec usurpation de titre ne sera pas soumis à une aggravation de peine par ce seul fait qu'il aurait été précédemment condamné pour un crime ou un délit de droit commun, même à un emprisonnement de plus d'une année.

347. De ce que l'exercice illégal de la médecine sans usurpation de titre n'est qu'une simple contravention, il résulte encore cette conséquence que la règle prohibitive du cumul des peines ne lui est pas applicable (2), d'où il suit qu'il doit être prononcé autant de peines qu'il y a eu d'actes constitutifs de la contravention (3).

Il en résulte encore que, dans le cas de récidive, la peine prononcée pouvant être de 15 fr. d'amende et de cinq jours d'emprisonnement pour chaque contravention, et la règle du non-cumul étant obligatoire et non facultative pour le juge, la peine totale pourra atteindre un chiffre assez élevé s'il y a eu un grand nombre de faits constatés. Nous avons déjà dit que les circonstances atténuantes ne sont pas admises en cette matière.

348. Ce n'est pas une peine par chaque malade traité qui devra être prononcée, mais bien une peine par chaque visite ou chaque consultation. La Cour d'Aix l'a ainsi jugé dans les circonstances suivantes et par un arrêt dont nous avons déjà indiqué la date :

« Au fond : — Attendu qu'il est résulté des débats et des aveux du prévenu qu'il s'est fixé, du mois d'octobre 1873 au mois de janvier 1874, dans la commune de Salon, où, moyennant 50 centimes par visite, il traitait les malades au moyen du magnétisme ; que la minimité même de chaque visite, jointe aux manœuvres employées par lui pour capter la crédulité publique dont il abusait, était de nature à lui attirer un nombre de malades qui devint bientôt si considérable que Strong se trouvait dans l'impossibilité d'en préciser le chiffre qui, de son aveu, a dû s'élever de 1,300 à 1,400 dans une période de trois mois à peine ; — Attendu, néanmoins, que la Cour ne saurait retenir ce chiffre en bloc, et qu'elle ne doit faire porter la prévention

(1) Mêmes arrêts.
(2) Cassation, 18 août 1860. P. 1861. 370. — 10 novembre 1864. P. 1865. 576.
(3) Cassation, 10 novembre 1864, précité. — Toulouse, *sur renvoi*, 19 janvier 1865. — Paris, 29 juillet 1871. P. 1871. 674. — Angers, 23 novembre 1868. D. P. 69. 2. 62. — 23 décembre 1872. D. P. 73. 2. 47. — Trib. de Lille, 8 avril 1873. D. P. 73. 3. 79. — Aix, 19 mars 1874. D. P. 75. 2. 94.

que sur les faits qui sont précis et déterminés ; qu'à ce titre il est établi que Strong a traité, au moyen du magnétisme : 1° Tussier une fois ; 2° Dumas, six fois, etc., etc..., ce qui donne le chiffre de quarante traitements distincts et successifs ; — Que le prévenu allègue, pour sa justification, que la magnétisation à laquelle il se livrait exclusivement, sans signer aucune ordonnance, ni prescrire aucun remède, ne saurait être assimilée à un mode d'exercice illégal de la médecine ; mais que, en admettant les faits tels qu'ils sont représentés par lui, le délit ne serait pas moins justifié ;

« Attendu, en effet, que la disposition de l'article 35 de la loi du 19 ventose an XI, générale et absolue ne fait aucune distinction et comprend, dans sa prohibition, tout exercice illégal de l'art de guérir sans l'accomplissement des conditions qu'elle prescrit, quel que soit le mode de traitement pratiqué, et, par conséquent, le traitement par le magnétisme comme tout autre ; — Qu'il a été suffisamment établi par l'enquête du commissaire de police et par la déclaration des témoins que le prévenu recevait un salaire, contrairement à ses allégations, mais que, sur ce point encore, la vérité de ce qu'il avance, fût-elle démontrée, n'enlèverait pas au fait son caractère délictueux ; que ce n'est point au salaire reçu mais à l'exercice illégal de la profession de médecin qu'une pénalité a été attachée par le législateur, et que la Cour ne saurait admettre une excuse non autorisée par la loi ;

« Attendu que l'article 35 de la loi de ventose n'ayant fixé ni le maximum ni le minimum de l'amende qu'il édicte contre ceux qui enfreindraient ses dispositions sans aucune des circonstances aggravantes mentionnées en l'article 36, il s'ensuit que les contrevenants devront être punis des peines de la classe la plus faible, c'est-à-dire des peines de simple police dans les limites déterminées par l'article 466 du Code pénal ;

« Attendu que les faits, objet de la prévention, rentrent, quant à la pénalité qu'ils encourent, dans la classe des contraventions ; que des termes mêmes de l'article 365 du Code d'instruction criminelle (1), il résulte que cet article ne peut être appliqué en dehors des crimes et des délits, et quand il s'agit de contraventions de simple police ; qu'en cas de plusieurs contraventions distinctes, des amendes distinctes aussi doivent être prononcées pour chacune d'elles ;

« Attendu que vainement il est allégué par le prévenu qu'il aurait agi dans la conviction, légitimée par une ordonnance de non-lieu rendue en sa faveur, le 30 août 1873, par le juge d'instruction de Marseille, à l'occasion d'une poursuite semblable, que les actes auxquels il se livrait étaient permis ; que cette excuse ne saurait être admise par la Cour, car l'ordonnance de non-lieu précitée n'a pu faire obstacle à la poursuite de faits ultérieurs, moins encore déroger à la loi qui les proscrit, ni légitimer la prétendue ignorance de la loi ; — Que d'ailleurs la Cour ne saurait admettre une excuse non autorisée par la loi en cette matière, et consistant dans la bonne foi du

(1) Relatif au non-cumul des peines.

prévenu ; — Attendu qu'en adoptant la qualification donnée aux faits par les premiers juges, la Cour doit cependant les compléter en énonçant et déterminant les faits retenus par elle à l'appui de la prévention ; — Par ces motifs, etc... (1). »

349. Mais il est bien entendu que si des poursuites étaient dirigées à la fois, contre le même individu, pour des infractions de diverse nature, par exemple pour exercice illégal de la médecine et pour un délit d'escroquerie et d'exercice illégal de la pharmacie, il y aurait lieu de prononcer une seule peine pour les deux délits d'escroquerie et d'exercice illégal de la pharmacie, et, séparément, une peine de simple police pour chacun des actes constatés d'exercice illégal de la médecine.

350. L'action pour la contravention prévue et punie par l'article 35 est prescriptible par un an et non par trois ans, bien qu'elle soit de la compétence des tribunaux correctionnels (2). La peine se prescrit par un an à partir de la signification du jugement.

351. L'article 172 du Code d'instruction criminelle porte :

« Les jugements rendus en matière de simple police pourront être « attaqués par la voie de l'appel, lorsqu'ils prononceront un empri- « sonnement, ou lorsque les amendes, restitutions et autres répara- « tions civiles excèderont la somme de cinq francs, outre les dé- « pens. »

C'est un point constant en jurisprudence que la faculté d'appeler n'appartient jamais au ministère public, en matière de simple police. Néanmoins, la Cour d'Aix a jugé, par l'arrêt dont nous venons de rapporter une partie, que le tribunal correctionnel ne statue qu'en premier ressort sur le fait d'exercice illégal de la médecine, même dans le cas où ce fait ne constitue qu'une simple contravention (3). Cette solution adoptée dans cette forme générale nous paraît au moins contestable. L'appel des jugements rendus en matière de simple police n'est autorisée, ainsi qu'on le voit, qu'autant que la peine prononcée est l'emprisonnement, ou que l'amende et les réparations civiles dépassent 5 francs outre les dépens, et il est de principe que la faculté d'appeler appartient exclusivement au contrevenant condamné (4). Il est à remarquer que l'article 172 du Code d'instruction criminelle ne dit pas : *les jugements rendus par*

(1) Aix, 19 mars 1874. D. P. 75. 2. 94.
(2) Cassation, 30 août 1839. P. 1842. 1. 51.
(3) V. également Aix, 10 mai 1873. D. P. 74. 2. 135.
(4) Cassation, 29 mars 1812. — 28 août 1823. P. chron.

les tribunaux de simple police, mais bien : les jugements rendus *en matière de simple police*, voulant bien indiquer par là que c'est la matière comme le taux de la condamnation qui donne naissance au droit d'appel et non pas la juridiction saisie. Puisque l'exercice illégal de la médecine sans usurpation de titre n'est pas un délit mais seulement une contravention passible non de peines correctionnelles mais de peines de simple police, puisqu'on lui applique, par voie de conséquences, les règles relatives au cumul des peines, à la récidive, à la prescription, à la prohibition de la complicité, pourquoi ne pas lui appliquer aussi les règles sur l'appel des jugements en simple police (1)?

Nous devons néanmoins reconnaître que, dans la pratique, on ne paraît pas contester au ministère public le droit d'interjeter appel des jugements correctionnels en matière d'exercice illégal de la médecine, même sans usurpation de titre.

352. Disons en terminant que des faits d'exercice illégal de la médecine ne peuvent faire accorder à leur auteur une action en paiement d'honoraires pour des soins donnés en contravention à la loi. Tout engagement pris pour le paiement de ces honoraires serait radicalement nul (2). Néanmoins la question est controversée de savoir si l'on pourrait réclamer la restitution des sommes payées pour cette cause.

§ 6. — *Des officiers de santé.*

353. La loi du 19 ventose an XI, tout en évitant l'ancienne distinction entre les médecins et les chirurgiens et la prééminence des premiers sur les seconds, a néanmoins créé deux catégories de médecins, les docteurs et les officiers de santé.

Le législateur de l'an XI a eu pour but de :

« Pourvoir à une nécessité plus pressante encore que de former et de recevoir des docteurs en médecine et en chirurgie. Les soins dus aux habitants des campagnes, le traitement des maladies légères, celui d'une foule de maux qui, pour céder à des moyens simples, n'en demandent pas moins des lumières supérieures à celles du commun des hommes, exigeaient qu'on substituât aux chirurgiens anciennement reçus dans les communautés des hommes assez éclairés

(1) V. conf. Coffinières, nº 20. — Morin, *Dictionn. de dr. crim.*, vº *Art de guérir*, nº 15. — Cassation, 18 juillet 1840. Aff. *Poinel.* Dall., *Rép.*, vº *Médecine*, nº 64.

(2) Art. 1131, Code civil. — Besançon, 19 janvier 1872. P. 1872. 206.

pour ne pas compromettre sans cesse la santé de leurs concitoyens (1). »

Et la loi crée les officiers de santé, reçus par un jury départemental, après six ans de travaux assidus *auprès des docteurs*, ou cinq années de résidence dans les hôpitaux civils ou militaires.

L'institution des officiers de santé a-t-elle pleinement répondu à l'attente des législateurs ? Nous ne discuterons pas cette question ; mais ce que nous pouvons affirmer, c'est que l'institution dont il s'agit n'est plus en rapport aujourd'hui avec nos mœurs, le développement progressif de la science et la facilité toujours croissante d'acquérir des connaissances supérieures par l'augmentation du nombre des écoles.

Ne doit-on pas s'étonner de voir le Corps législatif de l'an XI déclarer sérieusement que les officiers de santé, présentant moins de garantie de savoir que les docteurs, seront suffisants pour donner des soins aux *habitants des campagnes ?* Que d'ailleurs, ces officiers de santé se borneront à traiter les *maladies légères* et une foule de maux qui cèdent à des moyens simples ?

Outre que les habitants des campagnes nous paraissent aujourd'hui avoir droit aux mêmes soins que ceux des villes, il est incontestable que, dans la pratique, les officiers de santé ne se bornent point à traiter les maladies légères et les maux qui cèdent à des moyens simples. En ce qui concerne la chirurgie, la loi leur enlève les grandes opérations ; c'est fort bien, quoique la jurisprudence les leur restitue en cas d'urgence (2). Mais pour la médecine, dont la pratique est bien autrement délicate et conjecturale que la chirurgie, qui exige une bien plus grande sûreté de diagnostic, aucune restriction ne se rencontre dans la loi à l'exercice de la profession des officiers de santé. N'est-ce pas une singulière anomalie ?

A la séance du 8 mars 1803, Carret du Rhône affirmait, avec cette assurance qu'on rencontrait si souvent dans la bouche des orateurs de l'époque, que :

« Les habitants des campagnes, ayant des mœurs plus pures que ceux des villes (?), ont des maladies plus simples qui exigent, par cette raison, moins d'instruction et moins d'apprêts. D'ailleurs, lorsque les hommes ont fait de grands sacrifices pour leur éducation et qu'ils ont acquis une connaissance profonde de la médecine, il serait tout à la fois injuste et difficile de les obliger à enfouir leurs talents dans les campagnes. »

(1) Exposé des motifs. § 9.
(2) V. suprà, *De la responsabilité médicale*, n° 115.

Les rédacteurs des lois de l'an XI sur la médecine et la pharmacie ne supposaient donc pas qu'un docteur, aussi bien qu'un pharmacien de première classe, pût s'établir ailleurs que dans une ville. Aussi lit-on dans l'article 27 de la loi du 21 germinal an XI : « Les officiers de santé établis dans les bourgs, villages ou communes où il n'y aurait pas de pharmaciens..., pourront... fournir des médicaments simples ou composés .... ». — Personne n'a jamais songé à soutenir que cette disposition de loi ne s'appliquât pas aux docteurs aussi bien qu'aux officiers de santé, mais les termes de l'article montrent bien la préoccupation du législateur. Dans sa pensée, on ne pouvait guère espérer trouver un docteur dans un bourg, village ou commune rurale. Aujourd'hui les temps sont changés, on en rencontre un grand nombre, et même de fort instruits et fort capables, dans des hameaux, dans des campagnes isolées.

La Chambre des Pairs, dans le projet de loi discuté en 1847, avait supprimé le grade d'officier de santé et ne conservait que celui de docteur. La réforme si souvent demandée et si impatiemment attendue dans notre législation médicale ne peut manquer de porter sur ce point.

Quoi qu'il en soit, la loi de l'an XI, toute surannée et incomplète qu'elle est, subsiste encore, et il faut s'y conformer.

354. Aux termes de l'article 29, 1er alinéa, les officiers de santé ne peuvent s'établir que dans le département où ils ont été examinés par le jury, après s'être fait enregistrer comme il est prescrit à l'article 24. Cette obligation, avec la défense de pratiquer les grandes opérations chirurgicales est ce qui distingue, pour l'exercice de la profession, les officiers de santé des docteurs. Mais l'administration préfectorale use souvent d'une grande tolérance pour l'application de la loi. Il arrive que des officiers de santé reçus pour un département, sont autorisés par les préfets à exercer dans d'autres départements. Ce sont là des actes de pure tolérance qui n'empêchent point les tribunaux de réprimer les infractions à la loi chaque fois qu'elles leur sont signalées.

Aujourd'hui, ainsi que nous l'avons déjà vu, ce ne sont plus les jurys médicaux de département qui confèrent le titre d'officier de santé. Aux termes du décret du 22 août 1854, articles 17, 19 et 20, les certificats d'aptitude sont délivrés aux officiers de santé par les facultés de médecine ou les écoles préparatoires, après examens, et suivant que les aspirants justifient de 12 inscriptions dans une faculté, ou de 14 dans une école préparatoire de médecine et de pharmacie.

Un autre décret du 18 juin 1862 astreint les aspirants au grade d'officier de santé à un stage dans les hôpitaux, depuis leur quatrième inscription jusqu'à la douzième.

Enfin le décret du 23 août 1873 porte, dans son article unique :

« Les officiers de santé... qui veulent s'établir dans un autre département que celui pour lequel ils ont été reçus, peuvent être dispensés, par le ministre de l'instruction publique, des deux premiers examens de fin d'études. Le troisième examen sera subi par eux devant le jury de la faculté de médecine... ou de l'école préparatoire de médecine et de pharmacie de laquelle relève le département où ils se proposent d'exercer. »

Les circonscriptions de chaque faculté ou école de médecine sont fixées par un arrêté ministériel.

355. On peut se demander d'abord ce qu'il faut entendre par le mot *s'établir* employé tant dans l'article 29 de la loi de l'an XI que dans le décret du 23 août 1873. La question s'était déjà présentée sous l'ancienne législation. MM. Ollivier d'Angers, Velpeau et Adelon avaient écrit dans les *Annales d'hygiène publique et de médecine légale* (1) que la prohibition de *s'établir* hors du département où il a été reçu ne s'opposait pas à ce que l'officier de santé *allât* exercer sa profession *partout* où peut l'appeler la confiance d'un malade, mais seulement à ce qu'il *fixât sa résidence* ailleurs que dans le département où il a été reçu.

« On ne saurait, disaient-ils, contester que tout citoyen a le droit de se faire soigner dans ses maladies par le médecin (docteur ou officier de santé) qui lui parait mériter la préférence : or, comment concilier ce droit avec l'inhibition faite à un officier de santé de dépasser telle ou telle circonscription ? Du moment où il est mandé, il peut porter ses soins à qui les réclame ; seulement il ne peut prendre domicile, il ne peut *établir* sa résidence hors de son département. Dans l'occasion, ce serait aux tribunaux à apprécier les faits, à voir si un exercice plus ou moins fréquent dans un autre département constitue un établissement en contravention à la loi. »

L'opinion des trois habiles médecins n'eut aucun succès devant la Cour de cassation, et M. le Procureur général Dupin renversa

(1) Andelon, Ollivier (d'Angers) et Velpeau, *Quelles sont les opérations que les officiers de santé ne peuvent pratiquer sans la surveillance et l'inspection d'un docteur en médecine* (*Ann. d'Hyg.*, 1re série, t., XLI 1841, p. 196.)

de fond en comble leur argumentation dans le réquisitoire qui précéda l'arrêt du 2 août 1851. Il disait :

« Qu'est-ce qu'un diplôme de docteur en médecine ou un certificat de réception d'officier de santé ?

« L'un et l'autre constituent un privilège. — C'est le droit accordé à des citoyens, à l'exclusion de tous autres, d'exercer l'art de guérir.

« Mais ce privilège a-t-il la même origine pour les docteurs en médecine et pour les officiers de santé ? Nullement.

« Aux termes de l'article 5 de la loi du 19 ventose an XI, les docteurs en médecine ou en chirurgie sont reçus par une des six écoles spéciales de médecine après des épreuves longues, nombreuses et difficiles. Les écoles ont un caractère national, elles appartiennent à toute la France, et, par suite, il était naturel que les docteurs qui sortent de ces écoles pussent exercer par toute la France.

« Au contraire, les officiers de santé sont reçus après une pratique beaucoup moins longue, non dans une école nationale, mais par un jury de département composé de deux docteurs domiciliés dans le département, et d'un commissaire pris parmi les professeurs des six écoles de médecine. Les épreuves se réduisent à trois examens, l'un sur l'anatomie, l'autre sur les éléments de la médecine, le troisième sur la chirurgie et les connaissances les plus usuelles de la pharmacie.

« Or, comment un jury, dont les pouvoirs sont bornés au département pour lequel il a été institué, pourrait-il donner un privilège qui s'étendrait à un autre département ? Ne porterait-il pas ainsi atteinte aux droits et prérogatives des jurys des autres départements ?

C'était donc une conséquence nécessaire des prérogatives absolues dans un cas, restreintes dans l'autre, dont sont investis les écoles spéciales et les jurys de département, que le privilège s'étendît, quant aux docteurs en médecine et en chirurgie, par toute la France, et, quant aux officiers de santé, qu'il se restreignît au département pour lequel ils étaient reçus.

« Ceci posé, si le privilège, le titre légal, accompagne le docteur en médecine ou en chirurgie par toute la France, le privilège de l'officier de santé l'abandonne aux limites du département pour lequel il lui a été conféré. Et s'il en est ainsi, l'officier de santé, dépouillé dans tous les départements autres que celui où il a été reçu du privilège dont il était investi, n'est plus qu'un simple particulier auquel s'applique la défense générale d'exercer l'art de guérir.

« Et peu importent les connaissances que supposent les examens qu'il a subis dans un autre département. Ce ne sont pas les connaissances acquises qui constituent le privilège, c'est le titre que confère le gouvernement par ses écoles spéciales ou par le jury du département, et un titre manque absolument à l'officier de santé dans les départements pour lesquels il n'a pas été reçu.

« Mais ce principe, qui veut que les citoyens revêtus d'un certain privilège ne soient plus considérés que comme de simples particuliers hors du lieu pour lequel ils ont obtenu ce privilège, ne se retrouve-t-il pas dans d'autres professions ? Un avoué pourrait-il faire un acte de son ministère devant un tribunal autre que celui auquel il est attaché? Ne serait-il pas, quant à cet acte, considéré comme un simple particulier?

« Ne faut-il pas en dire autant des huissiers?

« Mais la loi sur le notariat nous offre un exemple encore plus frappant de l'application de ce principe. En effet, l'article 6 de la loi du 19 ventose an XI porte : « Il est défendu à tout notaire d'instrumenter « hors de son ressort, à peine d'être suspendu de ses fonctions pen- « dant trois mois, d'être destitué en cas de récidive, et de tous dom- « mages-intérêts. »

« Et l'article 68 de la même loi est ainsi conçu : « Tout acte fait en « contravention aux dispositions contenues aux articles 6, 8, 9... est « nul s'il n'est pas revêtu de la signature de toutes les parties con- « tractantes; il ne vaudra que comme écrit sous signatures privées, « etc... »

« Ainsi, hors de son ressort, le notaire est dépouillé de son caractère, il n'est plus qu'un simple particulier.

« Une dernière observation doit dominer toute cette discussion: c'est qu'il est bien difficile d'admettre que le législateur ait entendu porter une disposition d'intérêt général sans aucune sanction.

« Ce n'est pas évidemment sans de graves motifs qu'il a voulu que les officiers de santé fussent reçus par un jury dont les principaux membres sont deux docteurs en médecine, domiciliés dans le département. Il importe que ce jury, connaissant les besoins du département au point de vue médical, la nature des maladies qui y règnent le plus fréquemment, le degré d'instruction qu'on peut exiger des officiers de santé à raison du plus ou moins grand nombre de docteurs qui exercent dans les principales localités, il importe, disons-nous, que le jury procède aux examens avec la connaissance personnelle qu'il a de toutes ces circonstances, et qu'il y apporte une sévérité qu'il pourrait ne pas montrer si les officiers de santé devaient exercer dans d'autres départements.

« Laisser sans aucune sanction l'article 29 de la loi de ventose, ce serait évidemment ouvrir la porte à de graves abus, ce serait permettre à trois personnes composant un jury de département peu soucieux d'accomplir fidèlement un devoir dont il n'assumerait pas la responsabilité, de peupler les départements voisins et toute la France d'officiers de santé qui n'offriraient pas les garanties d'aptitude et d'instruction qu'on est en droit d'exiger d'eux dans l'intérêt général (1). »

Une partie de ces arguments n'auraient plus la même portée depuis la suppression des jurys médicaux de département, mais il n'en est pas moins certain qu'en disant *s'établir* la loi a voulu dire *exercer la profession*. On pourrait trouver un nouveau motif de décider dans les termes du décret du 23 août 1873, qui dit :

« Le troisième examen sera subi par eux devant le jury de la « faculté de médecine.... ou de l'école préparatoire de médecine

(1) Cassation, 18 novembre 1841. P. 1842. 1. 46. — P. 1852. 2. 37.

« et de pharmacie de laquelle relève le département où ils se « proposent d'EXERCER. »

356. La Cour de cassation n'admet pas que l'officier de santé ait le droit de donner des soins hors de son département, même quand il est appelé. La jurisprudence établie par l'arrêt du 18 novembre 1841 n'a pas varié depuis (1) ; ce point de droit est aujourd'hui incontestable. Il reste seulement à rechercher sous quelle qualification le fait doit être rangé.

La Cour de Bourges, dans un arrêt du 5 août 1847, y avait vu l'usurpation de titre. Le sieur Dumorest cumulait à Bourges les fonctions d'exécuteur des hautes œuvres et d'officier de santé ; mais le diplôme en vertu duquel il exerçait cette dernière profession lui avait été délivré à Paris et non à Bourges. Il fut traduit, pour ce fait, devant le tribunal correctionnel, qui le condamna à cinq francs d'amende pour défaut d'inscription sur les listes médicales du Cher. Sur l'appel du ministère public, la Cour le condamna, par application de l'article 36, pour exercice illégal de la médecine avec usurpation du titre d'officier de santé. La Cour se fondait, pour juger ainsi, sur ce que le titre obtenu à Paris était sans valeur dans le département du Cher, que Dumorest devait donc être considéré, dans ce département, comme n'étant pas officier de santé.

Sur le pourvoi formé par le condamné, M. l'avocat général Nicias Gaillard rétablit, devant la Cour de cassation, les principes méconnus par la Cour royale. « L'article 29 de la loi du 19 ventose an XI, disait-il, n'a pas été frappé de désuétude ; les négligences de l'Administration ne peuvent avoir pour effet d'entraîner l'annulation d'une loi qui, comme celle du 19 ventose an XI, n'a pas encore pu être usée par le temps. »

En ce qui concernait la peine à appliquer, M. l'avocat général faisait remarquer que le titre d'officier de santé, bien que conféré dans un département, suit partout l'homme qui en est revêtu ; que cet homme est officier de santé aussi bien à Bourges qu'à Paris, mais qu'il ne peut exercer l'art de guérir là où il n'a pas été reçu par le jury. Dumorest n'a donc pas commis une usurpation de titre et il n'a encouru qu'une amende de simple police.

La Cour de cassation adopta ces conclusions (2).

357. On ne comprendrait pas, en effet, comment un officier de

(1) Cassation, 2 août 1851. P. 1852. 2. 37. — 7 mars 1868. P. 1869. 74.
(2) Cassation, 16 octobre 1847. P. 1848. 1. 33. — 9 et 21 juillet 1853. P. 1854. 1. 497.

santé, muni d'un diplôme régulier, serait puni d'une peine correctionnelle pour avoir dépassé la limite de son département, alors qu'un individu n'ayant aucun titre médical et exerçant la médecine n'encourrait qu'une peine de simple police. La délivrance du diplôme a constaté la capacité du candidat, elle a conféré à celui qui l'a obtenu un titre dont il ne peut plus être dépouillé une fois qu'il en a été revêtu, et il n'a pu perdre ce titre en franchissant la limite de son département.

Il faut une sanction à l'article 29 et, en cas d'infraction, il y a lieu, pour le tribunal correctionnel, de prononcer une peine de simple police. Ce principe incontestable est consacré aujourd'hui par une jurisprudence constante. Nous nous demandons seulement pourquoi la Cour de cassation, dans ses arrêts des 16 octobre 1847 et 2 août 1851, a cru devoir appliquer l'article 471, § 15, du Code pénal à cette infraction. — La loi du 19 ventose an XI contient-elle, oui ou non, une sanction pénale à ses diverses prescriptions ? Si non, aucune peine ne peut être prononcée ; si oui, il faut trouver la répression dans l'article 35, qui punit tout exercice illégal de la médecine ; et l'exercice de la profession par un officier de santé dans un département autre que celui pour lequel il a été reçu ne peut constituer que *l'exercice illégal* de la médecine. La peine est indéterminée, aussi prononce-t-on une amende de simple police ; mais l'article 471 du Code pénal n'a rien à voir dans l'affaire. Si cet article n'existait pas, devrait-on acquitter faute d'une peine à prononcer ?

358. L'autorisation accordée, soit par le préfet, soit par le ministre, ne pourrait conférer à l'officier de santé le droit d'exercer hors de son département. Il n'appartient pas à l'autorité administrative d'annuler les dispositions de la loi, et les tribunaux ne verraient pas, dans une semblable autorisation, une cause suffisante pour faire disparaître la contravention (1). Au surplus, le décret du 23 août 1873 aurait, au besoin, tranché la difficulté s'il avait pu s'en présenter une, en disposant que l'officier de santé qui veut exercer dans un autre département que celui pour lequel il a été reçu doit subir un nouvel examen.

359. Nous avons vu plus haut que l'exercice illégal de la médecine sans usurpation de titre étant une contravention et non un délit successif, il y a autant d'infractions distinctes, et il doit être

(1) Cassation, 9 et 21 juillet 1853. P. 1854. 1. 497. — 1er mai 1854. P. 1854, 2. 416. — 7 mars 1868. P. 1869. 74.

prononcé autant de peines qu'il y a eu d'actes séparés. Ce principe est applicable à l'officier de santé exerçant hors du département pour lequel il a été reçu (1).

360. Le second alinéa de l'article 29 est ainsi conçu :

« Les officiers de santé ne pourront pratiquer les grandes opéra-
« tions chirurgicales que sous la surveillance et l'inspection d'un
« docteur, dans les lieux où celui-ci sera établi. Dans le cas d'acci-
« dents graves arrivés à la suite d'opération exécutée hors la surveil-
« lance et l'inspection prescrites ci-dessus, il y aura recours à in-
« demnité contre l'officier de santé qui s'en sera rendu coupable. »

Nous avons traité tout ce qui concerne cette matière au chapitre *De la responsabilité médicale*, et notamment aux numéros 107 et 115.

(1) Angers, 24 décembre 1872. P. 1872. 602.

CHAPITRE IX

CONTRAVENTIONS AUX LOIS SUR LA PHARMACIE.

§ 1er. *Législation.*

361. Loi du 21 germinal an XI.
362. Insuffisance de cette loi. — Défaut de sanction.
363. Arrêt du Parlement de Paris du 23 juillet 1748.
364. Déclaration du roi du 25 avril 1777.
365. Loi du 29 pluviose an XIII.

§ 2. *Contraventions commises par les pharmaciens et élèves.*

366. Formalités préliminaires. Déclation d'ouverture. — Serment.
367. Pharmaciens de 2e classe.
368. Leur résidence. — Ils peuvent s'établir dans les villes où sont établies les écoles de pharmacie. — Affaire Lebron et autres C. Noblet et autres.
369. Jugement du tribunal de la Seine.
370. Arrêt de la Cour de Paris.
371. Pourvoi en cassation. Rapport de M. le conseiller Dumont.
372. Arrêt.
373. Le titulaire doit gérer lui-même sa pharmacie.
374. Première jurisprudence de la cour de Paris. — Trois espèces.
375. Jurisprudence contraire de la Cour de cassation.
376. Nouvelle jurisprudence de la cour de Paris. — Espèce. Affaire de la *Pharmacie nouvelle.*
377. Pharmacies particulières. — Hospices.
378. Sociétés de secours mutuels.
379. Le propriétaire non diplômé d'une pharmacie peut la vendre à un pharmacien régulièrement reçu. — Espèce. Affaire Pons C. Gadot.
380. Mais serait nulle la vente d'une officine faite par un pharmacien à un tiers non diplômé.
381. Un pharmacien peut avoir pour associé une personne non diplômée, à la condition de gérer lui-même sa pharmacie.
382. Association entre un médecin et un pharmacien.
383. Le pharmacien est toujours réputé propriétaire de la pharmacie. — Saisie. — Revendication par la femme. — Espèce. Affaire Meynet.
384. Ingérance de l'élève dans la gestion. – Espèce. Affaire Mauté et Seurre.
385. Un pharmacien ne peut avoir deux pharmacies. — Erreur de quelques auteurs.
386. Gestion par la veuve en cas de décès du pharmacien.
387. La même faculté ne s'étend pas aux héritiers.
388. Le délai d'un an accordé à la veuve ne peut être prorogé. Critique de la jurisprudence du tribunal de la Seine.
389. Obligation du pharmacien de se conformer aux formules du Codex ou du médecin. — Sanction pénale. — Arrêt du Parlement du 23 juillet 1748.
390. Cet arrêt du Parlement est applicable à toute la France.
391. Modification d'une ordonnance par un pharmacien. Erreur manifeste commise par le médecin dans sa formule.

§ 3. *Des remèdes secrets et spécialités.*

392. Législation.
393. Circulaire ministérielle.
394. Décret du 3 mai 1850.
395. Circulaire ministérielle du 2 novembre 1850.
396. Définition du remède secret.
397. Jurisprudence. — Espèce. Affaire Edant.
398. Observations de M. le conseiller Grand.
399. Pour que les modifications à la formule du Codex n'impriment pas à la préparaton le caractère de remède secret, il faut qu'elles

§ 1er. — *Législation.*

361. Le titre IV de la loi du 21 germinal an XI règle la police de la pharmacie. Nous en donnons ici les principales dispositions.

Art. 21. « Dans le délai de trois mois après la publication de la « présente loi, tout pharmacien ayant officine ouverte sera tenu d'a- « dresser copie légalisée de son titre à Paris, au préfet de police, et, « dans les autres villes, au préfet de département.

Art. 22. « Ce titre sera également produit par les pharmaciens, et « sous les délais indiqués, aux greffes des tribunaux de 1re instance « dans le ressort desquels se trouve placé le lieu où ces pharmaciens « sont établis.

Art. 23. — « Les pharmaciens reçus dans une des six écoles de « pharmacie pourront s'établir et exercer leur profession dans toutes « les parties du territoire de la République.

Art. 24. — « Les pharmaciens reçus par les jurys ne pourront s'é- « tablir que dans l'étendue du département où ils auront été reçus.

Art. 16. — « Pour être reçu, l'aspirant, âgé de moins de 25 ans ac- « complis, devra réunir les deux tiers des suffrages des examina- « teurs. Il recevra des écoles ou des jurys un diplôme qu'il présen- « tera, à Paris, au préfet de police, et dans les autres villes, au pré- « fet de département devant lequel il prêtera le serment d'exercer « son art avec probité et fidélité. Le préfet lui délivrera, sur son di- « plôme, l'acte de prestation de serment.

Art. 25. — « Nul ne pourra obtenir de patente pour exercer la pro- « fession de pharmacien, ouvrir une officine de pharmacie, préparer, « vendre ou débiter aucun médicament, s'il n'a été reçu suivant les « formes voulues jusqu'à ce jour, ou s'il ne l'est dans l'une des écoles « de pharmacie ou par l'un des jurys, suivant celles qui sont éta- « blies par la présente loi, et après avoir rempli toutes les formalités « qui y sont prescrites.

Art. 27. — « Les officiers de santé établis dans les bourgs, villa- « ges ou communes où il n'y aurait pas de pharmaciens ayant of- « ficine ouverte, pourront, nonobstant les deux articles précédents, « fournir des médicaments simples ou composés aux personnes près « desquelles ils seront appelés, mais sans avoir le droit de tenir une « officine ouverte.

Art. 28. — « Les préfets feront imprimer et afficher, chaque an- « née, les listes des pharmaciens établis dans les différentes villes

« de leur département ; ces listes contiendront les noms, prénoms « des pharmaciens, les dates de leur réception et les lieux de leur « résidence.

Art. 29. — « A Paris et dans les villes où seront placées les nou- « velles écoles de pharmacie, deux docteurs et professeurs des écoles « de médecine, accompagnés des membres des écoles de pharmacie « et assistés d'un commissaire de police, visiteront, au moins une « fois l'an, les officines et magasins des pharmaciens et droguistes, « pour vérifier la bonne qualité des drogues et médicaments simples « et composés. Les pharmaciens et droguistes seront tenus de re- « présenter les drogues et compositions qu'ils auront dans leurs ma- « gasins, officines et laboratoires. Les drogues mal préparées ou dété- « riorées seront saisies à l'instant par le commissaire de police, et il « sera procédé ensuite conformément aux lois et règlements actuelle- « ment existants.

Art. 30. — « Les mêmes professeurs en médecine et membres des « écoles de pharmacie pourront, avec l'autorisation des préfets, sous- « préfets ou maires, et assistés d'un commissaire de police, visiter « et inspecter les magasins de drogues, laboratoires et officines des « villes placées dans le rayon de 10 lieues de celles où sont établies « les écoles, et se transporter dans tous les lieux où l'on fabriquera « et débitera, sans autorisation légale, des préparations ou composi- « tions médicinales. Les maires et adjoints ou, à leur défaut, les com- « missaires de police, dresseront procès-verbal de ces visites pour, « en cas de contravention, être procédé contre les délinquants, con- « formément aux lois antérieures.

Art. 31. — « Dans les autres villes et communes, les visites indi- « quées ci-dessus seront faites par les membres des jurys de méde- « cine réunis aux quatre pharmaciens qui leur sont adjoints par l'ar- « ticle 13.

Art. 32. — « Les pharmaciens ne pourront livrer et débiter des « préparations médicinales ou drogues composées quelconques que « d'après la prescription qui en sera faite par les docteurs en méde- « cine ou en chirurgie, ou par des officiers de santé, et sur leur signa- « ture. — Ils ne pourront vendre aucun remède secret. — Ils se con- « formeront, pour les préparations et compositions qu'ils devront « exécuter et tenir dans leurs officines, aux formules insérées et « décrites dans les dispensaires ou formulaires qui ont été rédigés « ou qui le seront dans la suite par les écoles de médecine. — Ils ne « pourront faire, dans les mêmes lieux ou officines, aucun autre « commerce ou débit que celui des drogues et préparations médici- « nales.

Art. 33. — « Les épiciers et droguistes ne pourront vendre aucune « composition ou préparation pharmaceutique sous peine de 500 fr. « d'amende. Ils pourront continuer de faire le commerce en gros des « drogues simples, sans pouvoir néanmoins en débiter aucune au « poids médicinal. »

(Les articles 34 et 35, relatifs aux substances vénéneuses, ont été abrogés par la loi du 19 juillet 1845 et l'ordonnance du 27 octobre 1846.)

Art. 36. — « Tout débit au poids médicinal, toute distribution de « drogues et préparations médicamenteuses sur des théâtres ou éta- « lages, dans les places publiques, foires et marchés, toute annonce « et affiche imprimée qui indiquerait des remèdes secrets sous quel- « que dénomination qu'ils soient présentés, sont sévèrement prohi- « bés. Les individus qui se rendraient coupables de ce délit seront « poursuivis par mesure de police correctionnelle et punis conformé- « ment à l'article 183 et suivants du Code des délits et des peines.

Art. 37. — « Nul ne pourra vendre, à l'avenir, des plantes ou des « parties de plantes médicinales indigènes, fraîches ou sèches, ni « exercer la profession d'herboriste, sans avoir subi auparavant, « dans une des écoles de pharmacie, ou par-devant un jury de mé- « decine, un examen qui prouve qu'il connaît exactement les plantes « médicinales, et sans avoir payé une rétribution qui ne pourra ex- « céder 50 fr. à Paris et 30 fr. dans les autres départements, pour les « frais de cet examen. Il sera délivré aux herboristes un certificat « d'examen par l'école ou le jury par lesquels ils seront examinés ; « et ce certificat devra être enregistré à la municipalité du lieu où « ils s'établiront.

Art. 38. — « Le gouvernement chargera les professeurs des écoles « de médecine, réunis aux membres des écoles de pharmacie, de ré- « diger un *codex* ou formulaire contenant les préparations médici- « nales et pharmaceutiques qui devront être tenues par les pharma- « ciens. Le formulaire devra contenir des préparations assez variées « pour être appropriées à la différence du climat et des productions « des diverses parties du territoire français : il ne sera publié « qu'avec la sanction du gouvernement, et d'après ses ordres. »

362. Cette loi n'a été, dans la pensée de ses auteurs, que le complément de celle du 19 ventose de la même année sur la médecine ; aussi remarque-t-on une grande analogie dans leurs dispositions. La loi de germinal, comme celle de ventose, ordonne le dépôt des titres à la préfecture et au greffe du tribunal afin que le gouvernement puisse « donner au peuple français une garantie dans le choix des hommes éclairés dont les listes lui seront offertes d'après des épreuves sévères (1). »

Il faut bien le dire, nous trouvons dans cette loi la preuve de la précipitation et de l'inconcevable inexpérience que nous avons signalées dans la loi de ventose. A une foule de dispositions très impératives, le législateur a oublié de poser une sanction pénale, et les tribunaux se sont trouvés fort embarrassés quand ils ont reconnu la nécessité d'une répression. Mais dans une matière qui intéresse à un si haut degré la santé publique, la jurisprudence n'a pas longtemps hésité, elle est aujourd'hui parfaitement fixée.

(1) Rapport au Corps législatif sur la loi du 19 ventose an XI par Carret (du Rhône), § 17. V. chap. XI.

Les tribunaux ont remarqué que la loi de germinal an XI n'a pas prononcé l'abrogation des lois préexistantes. En terminant son rapport au Tribunat, le citoyen Carret (du Rhône) disait : « Telles sont, citoyens tribuns, les dispositions du projet de loi sur l'exercice de la pharmacie ; elles ont moins pour but d'innover que de perfectionner cette partie de notre législation. Elles présentent une garantie suffisante contre l'inexpérience et la mauvaise foi ; elles forment le complément de la loi sur l'exercice de la médecine et donnent lieu d'espérer que les progrès de ces deux sciences contribueront de plus en plus à diminuer les maux qui affligent l'humanité ». Et dans les article 29 et 30, la loi de germinal renvoie aux lois antérieures, comme dans l'article 36 elle renvoie au code des délits et des peines, aujourd'hui le Code pénal.

363. Il fallait trouver une sanction aux dispositions de la loi que l'on ne pouvait laisser à l'état de lettre morte, il fallait punir l'exercice illégal de la pharmacie comme on punissait l'exercice illégal de la médecine, et cette sanction on l'a trouvée dans l'arrêt du Parlement de Paris du 23 juillet 1748 et dans la déclaration du roi du 25 avril 1777 (1).

L'arrêt du Parlement frappe d'une amende de 500 livres l'apothicaire qui ne se serait pas conformé au nouveau dispensaire (appelé aujourd'hui le *Codex*), ou qui aurait délivré les compositions mentionnées audit dispensaire, sans ordonnance d'un docteur de la Faculté ou autre médecin exerçant légalement. Voici cet arrêt du 23 juillet 1748 :

« Vu par la Cour la requête présentée par les doyen et docteurs régens de la Faculté de médecine de Paris, à ce que, pour les causes y contenues, il plût à notre dite Cour ordonner que les arrêts et règlements de notre dite Cour du 3 août 1536, 25 octobre 1591, 12 septembre 1598, 20 décembre 1599, 30 août 1566, 20 janvier 1571, 17 et 25 octobre 1597, 28 avril 1671, 1er septembre 1672, les déclarations du roi des 29 mars et 19 juillet 1696, l'édit du mois de mars 1707, ensemble l'arrêt de notre dite Cour du 26 mars 1732 seront exécutés selon leur forme et teneur, etc... Notre dite Cour ordonne que les ordonnances, édits et déclarations enregistrés en notre dite Cour, ensemble les arrêts et réglements de notre dite Cour, rendus au sujet des médecins et apothicaires, seront exécutés selon leur forme et teneur ; ce faisant, que tous les apothicaires de cette ville et faubourgs de Paris seront tenus de se conformer au nouveau dispensaire fait par les suppléants pour la composition des remèdes y mentionnés, et ce dans six mois à compter du jour du présent arrêt, et de l'acte de dépôt qui sera fait au greffe de notre dite Cour dudit dispensaire, après avoir été signé

(1) Cassation, 25 mars 1876. P. 1876.418.—Angers, 27 octobre 1877. P. 1878.363.

du doyen de la Faculté de médecine de cette ville de Paris. Fait prohibition et défense aux apothicaires de donner les compositions mentionnées audit dispensaire ou autres, par eux faites aux malades, sur autres ordonnances que celles des docteurs de ladite Faculté, licenciés d'icelle ou autres ayant pouvoir d'exercer la médecine dans cette ville et faubourgs de Paris, et sans ordonnances datées et signées desdits docteurs, licenciés ou autres ayant pouvoir, desquelles ordonnances les dits apothicaires seront tenus de tenir bon et fidèle registre, le tout sous les peines portées par les ordonnances, édits, déclarations et arrêts de la Cour (500 livres d'amende). »

364. Voilà donc trouvée la sanction de l'article 32 de la loi de germinal an XI. Quant à celle des articles 21, 22, 23, 24, 25, 33, elle est dans la déclaration du roi, du 25 avril 1777, qui porte :

Art. 5. — « Les épiciers continueront d'avoir le droit et faculté de « faire le commerce en gros des drogues simples, sans qu'ils puis- « sent en vendre et débiter au poids médicinal, mais seulement au « poids de commerce; leur permettons néanmoins de vendre au dé- « tail et au poids médicinal la manne, la casse, la rhubarbe et le séné, « ainsi que les bois et racines, le tout en nature, sans préparation, « manipulation ni mixtion, sous peine de 500 livres d'amende pour la « première fois, et de plus grande peine en cas de récidive. »

Art. 6. — « Défendons aux épiciers et à toutes autres personnes « de fabriquer, vendre et débiter aucuns sels, compositions ou pré- « parations entrantes au corps humain en forme de médicaments, « ni de faire aucune mixtion de drogues simples pour administrer « en forme de médecine, sous peine de 500 livres d'amende, et de « plus grande s'il y échoit. Voulons qu'ils soient tenus de représenter « toutes leurs drogues, lors des visites que les doyens et docteurs « de la Faculté de médecine, accompagnés des gardes de l'épicerie, « feront chez eux ; à l'effet, s'il s'en trouve de détériorées, d'en « être dressé procès-verbal, signé desdits docteurs et gardes, pour y « être pourvu ainsi qu'il appartiendra (1). »

365. Enfin une loi du 29 pluviôse an XIII dispose :

« Ceux qui contreviendront aux dispositions de l'article 36 de la « loi du 21 germinal an XI, relatif à la police de la pharmacie, seront « poursuivis par mesure de police correctionnelle, et punis d'une « amende de 25 à 600 fr.; et en outre, en cas de récidive, d'une dé- « tention de trois jours au moins, et de dix au plus. »

(1) Cassation, 23 août 1860. P. 1861. 157. — 31 mai 1862. P. 1863. 302. — 8 avril 1864. P. 1864. 1237. — Chambéry, 30 octobre 1874. P. 1875. 673. — Pellault, *Code des pharmaciens*, n° 29. — Rolland de Villargues, *Police de la pharmacie*, ous l'art. 6 de la déclarat. de 1777.

§ 2. *Contraventions commises par les pharmaciens et élèves.*

366. Nous venons de voir que la déclaration du 25 avril 1777 punit d'une amende de 500 livres les épiciers et *toutes autres personnes* qui exercent illégalement la pharmacie.

Or le pharmacien, jusqu'à ce qu'il ait rempli toutes les formalités prescrites par la loi du 21 germinal an XI, doit être considéré comme n'étant pas encore pharmacien, et il se trouve dans la catégorie des *autres personnes* auxquelles s'applique l'article 6 de la déclaration.

En conséquence, il est bien certain aujourd'hui que le pharmacien qui débiterait des médicaments, qui même ouvrirait son officine avant d'avoir fait sa déclaration d'ouverture, présenté son diplôme au préfet et prêté serment, encourrait une condamnation en 500 fr. d'amende (1).

367. De même que la loi du 19 ventôse an XI a créé deux catégories de médecins, les docteurs et les officiers de santé, de même qu'elle a décidé que les docteurs pourraient exercer dans toute la France, et les officiers de santé, seulement dans le département pour lequel ils auraient été reçus, de même la loi du 21 germinal a créé deux catégories de pharmaciens, ceux de première classe et ceux de seconde classe ; les premiers peuvent se fixer où bon leur semble, par toute la France, et les seconds ne peuvent s'établir que dans le département pour lequel ils sont reçus (articles 23 et 24).

Pour connaître les raisons qui ont dicté des dispositions analogues dans ces deux lois, il faut se reporter à l'exposé des motifs présenté sur chacune d'elles par M. Fourcroy, conseiller d'Etat. Afin de justifier la création des officiers de santé, il disait, n. 9 :

« Il fallait pourvoir à une nécessité plus pressante peut-être encore que celle de former et de recevoir des docteurs en médecine et en chirurgie. Les soins dus aux habitants des campagnes, le traitement des maladies légères, celui d'une foule de maux qui, pour céder à des moyens simples, n'en demandent pas moins quelques lumières, supérieures à celles du commun des hommes, exigeaient qu'on substituât aux chirurgiens anciennement reçus dans les communautés des hommes assez éclairés pour ne pas compromettre sans cesse la santé de leurs concitoyens. On propose, à cet effet, d'établir dans chaque département un jury chargé de recevoir les jeunes gens que les moyens de leurs parents ne permettraient pas d'entretenir dans des études trop dispendieuses, mais qui, par six ans de travaux assidus auprès des docteurs ou cinq années de résidence

(1) V. circulaire du 10 février 1861, *suprà*, chapitre VIII, n° 311, p. 307.

dans les hôpitaux civils ou militaires, auront acquis assez de connaissances pratiques et auront été assez à portée de faire assez d'applications utiles pour être devenus capables de soigner les malades et d'éviter les erreurs funestes que l'ignorance et l'impéritie ne commettent que trop souvent. Ils porteront le nom d'officiers de santé. »

Et le même conseiller d'Etat disait, dans l'exposé des motifs de la loi de germinal, n. 6 :

« La réception des pharmaciens est le sujet du troisième titre. Elle a des rapports avec celle qui a été fixée pour l'art de guérir. Il y aura deux genres de réception : l'une aura lieu dans les six écoles et par leurs professeurs réunis à deux docteurs de l'école de médecine ; l'autre dans les jurys de médecine de chaque département, auxquels seront adjoints quatre pharmaciens. Il était nécessaire de ne pas établir des jurys de pharmacie dans les villes où il y aura des écoles, parce que celles-ci eussent été privées des rétributions destinées à les entretenir. Cependant les examens seront les mêmes dans les uns et les autres de ces établissements, parce que les pharmaciens doivent également savoir préparer partout les médicaments usuels. »

On n'osait pas dire que les pharmaciens de seconde classe seraient suffisants, comme les officiers de santé, pour les habitants des campagnes. On a bien soin de décider que les examens seront les mêmes pour tous les candidats, qu'ils soient examinés dans les écoles ou par les jurys départementaux ; mais la composition de ces jurys d'examen, pour chaque catégorie, offrait des garanties si différentes que, par le fait, la loi a créé deux classes bien distinctes de pharmaciens, la seconde répondant à celle des officiers de santé pour la médecine. La distinction est encore plus tranchée dans le décret du 22 août 1854, qui exige des conditions d'aptitudes différentes pour chacune des deux classes.

Cette considération que des parents peuvent éprouver certaines difficultés *à entretenir leurs enfants dans des études dispendieuses* paraît avoir contribué à dicter les dispositions des lois de ventose et de germinal an XI, qui créent des catégories de médecins et de pharmaciens ; mais elle ne devrait plus l'emporter, de nos jours, sur l'intérêt général, qui exige chez le médecin et le pharmacien des connaissances étendues et bien constatées. Cette distinction s'explique encore moins depuis que les jurys départementaux ont été supprimés et que tous les candidats sont examinés dans les écoles de pharmacie. Et pourtant, au lieu de deux classes, on en compte trois, aujourd'hui que le décret du 12 juillet 1878 a institué des pharmaciens de première classe avec *diplôme supérieur.*

Aux termes de l'article 17 du décret du 22 août 1854 (1), les jurys médicaux ont cessé leurs fonctions en ce qui concerne la délivrance des certificats d'aptitude pour la profession de pharmacien de deuxième classe. Ces certificats sont délivrés, soit par les écoles supérieures de pharmacie, soit par les écoles préparatoires de médecine et de pharmacie, sous la présidence d'un professeur de l'une des écoles supérieures de pharmacie.

Il résulte de l'article 19 du même décret que les pharmaciens de deuxième classe ne peuvent, comme par le passé, s'établir que dans le département pour lequel ils ont été reçus. S'ils veulent exercer dans un autre département, ils doivent subir de nouveaux examens et obtenir un nouveau certificat d'aptitude.

Enfin l'article 18 a décidé que la circonscription des facultés de médecine, écoles supérieures de pharmacie et écoles préparatoires de médecine et de pharmacie chargées de la délivrance des certificats d'aptitude, serait fixée par un arrêté ministériel.

Un autre décret du 23 août 1873 complète l'article 19 du décret précédent et dispose ainsi :

« Les officiers de santé et pharmaciens de deuxième classe qui « veulent s'établir dans un autre département que celui pour lequel « ils ont été reçus peuvent être dispensés, par le ministre de l'ins« truction publique, des deux premiers examens de fin d'études.

« Le troisième examen sera subi par eux devant le jury de la « Faculté de médecine, ou de l'école supérieure de pharmacie, ou de « l'école préparatoire de médecine et de pharmacie de laquelle « relève le département où ils se proposent d'exercer. »

368. Voyons maintenant les conséquences qu'entraîne cette division des diplômes de pharmaciens en plusieurs classes.

Sous l'empire de la loi de germinal, les pharmaciens reçus pour un département, c'est-à-dire les pharmaciens de seconde classe, devaient être examinés par un jury spécial, le même qui est constitué par l'article 16 de la loi du 19 ventôse an XI pour la réception des officiers de santé (article 11). — En outre, la loi décide, dans son article 14, que ces jurys ne seront point formés dans les villes où seront placées les écoles de médecine et les écoles de pharmacie. Il en résultait forcément que les pharmaciens de seconde classe ne pouvaient jamais s'établir dans une ville où il existait une école de médecine et de pharmacie.

Les dispositions de la loi de germinal an XI ayant été, sur ce point, modifiées par les lois postérieures, faut-il décider d'une

(1) Voir chapitre XI.

manière différente et dire que les pharmaciens de seconde classe, examinés et reçus par une école de pharmacie, pourront s'établir dans la ville où se trouve cette école?

Cette question, qui s'est présentée et avait soulevé un conflit pour les départements de la Seine, de l'Hérault et du Bas-Rhin entre les pharmaciens de première et de seconde classe, a été tranchée définitivement par un arrêt fortement motivé de la Cour de cassation, rendu dans des circonstances que nous devons rapporter ici.

Les sieurs Noblet et autres, pharmaciens de deuxième classe, reçus par les professeurs et agrégés de l'école supérieure de pharmacie de Paris, et porteurs de diplômes délivrés par le ministre de l'instruction publique pour exercer dans le département de la Seine, s'étaient établis à Paris et y avaient ouvert leurs officines.

Les sieurs Lebron et autres, pharmaciens de première classe, prétendant avoir, en cette qualité, le droit exclusif de s'établir à Paris, s'unirent pour intenter contre Noblet et autres, devant le tribunal de la Seine, une action ayant pour but de faire défendre à ces derniers d'exercer à l'avenir dans le département de la Seine, et de les faire, en même temps, condamner à des dommages-intérêts.

369. Le 19 février 1870, le tribunal accueillit la demande par les motifs suivants :

« Attendu, en droit, qu'en établissant des règles fondamentales pour l'exercice de la profession de pharmacien, la loi du 21 germinal an XI a, en même temps, posé des principes d'après lesquels a été réglementé le mode de réception des candidats; que c'est donc à cette loi qu'il faut remonter tout d'abord pour apprécier sainement l'objet du litige et déterminer avec précision les droits respectifs de chacune des classes de pharmaciens ;

« Attendu qu'après avoir prescrit, dans son article 1er, l'établissement d'écoles de pharmacie à Paris, à Strasbourg et à Montpellier, et déclaré, dans son article XI, que l'examen et la réception des pharmaciens seront faits, soit par lesdites écoles, soit par des jurys départementaux, la loi sus-énoncée dit, dans son article 14, que les jurys ne seront pas formés dans les villes où seront placées les écoles ; dans son article 23, que les pharmaciens reçus dans les écoles pourront exercer leur profession dans toutes les parties du territoire ; et dans son article 24, que les pharmaciens reçus par les jurys ne pourront s'établir que dans l'étendue du département où ils auront été reçus ;

« Attendu que ces dispositions sont claires et précises ; que si les pharmaciens n'y sont pas expressément divisés en pharmaciens de première classe et en pharmaciens de deuxième classe, il en résulte néanmoins, d'une manière certaine, que le législateur a voulu établir entre eux deux catégories parfaitement distinctes, ensuite que les jurys ne peuvent jamais fonctionner dans les lieux où sont instituées les écoles, et les pharmaciens par eux reçus n'ayant le droit d'exercer que dans leur département de réception, ces mêmes pharmaciens ne peuvent jamais s'établir légalement dans l'une ou l'autre des trois villes déterminées par l'article 1er de la loi ;

« Attendu que la loi du 14 juin 1854 sur l'instruction publique n'a aucunement dérogé à ce principe général; — que, dans son article 14, elle permet sans doute de régler ultérieurement, par simple règlement d'administration publique, les conditions d'âge et d'études pour l'admission aux grades, mais que cette délégation n'implique aucunement, de la part de ce législateur, la pensée de porter atteinte aux principes ci-dessus établis ; — que le décret du 22 août 1854, rendu en vertu de l'article précité, consacre, au contraire, d'une manière expresse, les deux catégories de pharmaciens créées par la loi de l'an XI, en établissant, dans son article 20, des différences notables entre les épreuves à subir par chaque catégorie, et en déclarant formellement, dans son article 19, qu'en exécution de l'article 24 de ladite loi, les pharmaciens de deuxième classe ne pourront, comme par le passé, exercer leur profession que dans le département où ils auront été reçus ; — que la seule dérogation apportée par ledit décret aux dispositions antérieures, consiste, conformément à la délégation de l'article 14 de la loi organique, à modifier les conditions d'admission aux grades, c'est-à-dire à supprimer les jurys pour la réception des pharmaciens de deuxième classe, et à conférer leurs attributions soit aux écoles supérieures, soit aux écoles préparatoires ; — que cette dérogation, uniquement relative au mode de réception des candidats, ne change en aucune manière l'étendue du droit d'exercice telle qu'elle résulte de la loi du 21 germinal an XI ; — que ce droit, établi par une loi, ne peut être modifié ou détruit que par une autre loi ;

« Attendu que c'est donc surabondamment et simplement en vue de lever tous les doutes sur la véritable portée du décret précité, qu'a été rendu l'arrêté ministériel du 23 décembre 1854 qui, après avoir réglé, dans ses deux premiers articles, les attributions des écoles supérieures et secondaires, dispose, dans son article 3, que, par exception aux articles qui précèdent, et conformément aux articles 14 et 24 de la loi du 21 germinal an XI, aucun pharmacien de deuxième classe ne pourra être reçu, pour les départements de la Seine, de l'Hérault et du Bas-Rhin, qui sont le siège des écoles supérieures ;

« Attendu qu'en disposant ainsi, l'arrêté du 23 décembre n'a fait que proclamer, une fois de plus, le principe fondamental de la loi de germinal an XI, et n'a introduit, dans la réglementation générale de la pharmacie, aucune disposition nouvelle, puisqu'en introduisant la réception des pharmaciens de deuxième classe dans les départements où siègent les écoles supérieures, il n'a fait que reproduire, sous une forme différente, l'interdiction contenue dans l'article 14 de la loi ;

Attendu, dès lors, qu'il importe peu que l'article 3 de cet arrêté ait été abrogé par un autre arrêté du 30 novembre 1867 ; que si cette abrogation a pu avoir pour effet d'anéantir partiellement l'arrêté dont il s'agit, elle ne peut avoir pour résultat de faire disparaître le principe légal dont ledit arrêté, dans la partie abrogée, ne contenait autre chose que l'exécution et la confirmation ; — que le principe qui domine toute la cause, n'a donc reçu aucune atteinte des dispositions réglementaires postérieures à la loi qui l'a établi ;

« Attendu qu'il est constant en fait que, méconnaissant les principes, les défendeurs, qui ne sont pharmaciens que de deuxième classe, ont ouvert, dans Paris, lieu du fonctionnement d'une seule école supérieure, des officines dans lesquelles ils fabriquent, exposent ou vendent des médicaments ; — que, par cette infraction, ils ont causé un préjudice aux demandeurs en leur faisant une concurrence illicite, et en portant atteinte au droit exclusif qui leur est accordé par la loi, en qualité de pharmaciens de première classe, d'exercer la pharmacie dans Paris ; que ce préjudice sera suffisamment réparé par la fermeture des officines illégalement ouvertes, etc.... »

370. Sur l'appel interjeté par les sieurs Noblet et autres, la Cour de Paris réforma le jugement qui précède par un arrêt dont voici le texte:

« Considérant que les appelants produisent des diplômes de pharmaciens de deuxième classe à eux délivrés par le ministre de l'instruction publique pour exercer dans le département de la Seine, et ce, sur des certificats d'aptitude accordés par les professeurs et agrégés de l'école supérieure de pharmacie de Paris ; qu'ils prétendent que ces diplômes leur conféraient le droit, dont ils ont usé, de s'établir à Paris, et qu'ils échappent ainsi à l'action en dommages-intérêts dirigée contre eux par les intimés en leur qualité de pharmaciens de première classe;

« Considérant qu'il y a lieu de rechercher si les actes en vertu desquels les diplômes ont été accordés avaient force de loi et ont pu modifier, au préjudice de Lebron et consorts, les conditions des pharmaciens dans la ville de Paris;

« Considérant que la loi de germinal an XI a organisé la pharmacie d'une manière complète en France ; qu'elle a créé deux modes de réception de pharmaciens d'après les éléments d'instruction qu'elle créait en même temps ; qu'en effet, elle exigeait que les candidats au grade de pharmacien, pour les départements où siégaient des écoles supérieures de pharmacie, fussent reçus exclusivement par les écoles, et leur donnait une situation particulière ou éloignait de ces départements tous autres porteurs de diplômes de pharmaciens qui ne pouvaient exercer que dans le département où ils avaient été reçus par des jurys d'examen, bien que soumis aux mêmes épreuves;

« Considérant que l'exclusion des autres pharmaciens était une exclusion de fait, puisqu'il n'y avait pas alors de jury pour le département de la Seine, et que la loi de police s'opposait à leur établissement en ce qu'ils ne pouvaient être reçus pour ce département;

« Considérant que la loi du 14 juin 1854 et le décret du 22 août 1854, qui a été rendu en conséquence d'une disposition formelle de cette loi, la complète et prend, dans cette délégation, une force législative, ont modifié la police de la pharmacie et les conditions de la collation des grades ;

« Considérant qu'au lieu de faire conférer des diplômes de deux natures aux pharmaciens par deux autorités différentes, savoir par les écoles supérieures et par les jurys départementaux, la législation nouvelle attribue aux écoles supérieures de pharmacie la collation des diplômes de première et de deuxième classe, et aux écoles préparatoires celle des diplômes de deuxième classe, avec cette restriction que les pharmaciens de deuxième classe ne pourraient, comme par le passé, exercer leur profession que dans le département pour lequel ils seront reçus ;

« Considérant que la loi de germinal an XI ne prononçait pas expressément et formellement l'exclusion des pharmaciens de deuxième classe à Paris ou dans le département de la Seine ; — qu'il résultait seulement de ses dispositions qu'aucun pharmacien de deuxième classe n'étant reçu pour ce département, aucun ne pouvait s'y établir ; qu'ainsi le privilège qu'avaient les pharmaciens de première classe n'était que la conséquence du mode de réception, mais n'était point inscrit dans la loi ;

« Considérant d'ailleurs qu'aujourd'hui, à la différence d'autrefois, l'école supérieure de pharmacie de Paris peut délivrer des diplômes de deuxième classe ; qu'aucune prescription législative ne la prive du droit d'en délivrer pour le département de la Seine, et qu'elle en a délivré aux appelants ;

« Considérant qu'on ne saurait faire valoir contre eux un arrêté ministériel interprétant autrement la législation et rapporté peu après par un autre arrêté de même nature ; que ces arrêtés ne peuvent déroger à des textes clairs et précis ;

« Considérant que c'est régulièrement et avec titres que les appelants se sont établis dans la ville de Paris ; — Infirme... »

371. Les sieurs Lebron et autres formèrent un pourvoi en cassation contre cet arrêt et, devant la Chambre des requêtes, M. le conseiller rapporteur Dumon présenta des observations que nous devons reproduire *in extenso*, parce qu'elles font connaître d'une manière complète la législation sur la matière et l'interprétation qu'il faut en donner :

« La question qui vous est soumise vous paraîtra peut-être pouvoir être facilement résolue par les divers textes des lois, des décrets et des arrêtés ministériels ci-dessus rappelés, et vous croirez sans doute que les reproches d'illégalité qui sont adressés au décret de 1854 et aux arrêtés ministériels doivent être écartés.

« La loi du 21 germinal an XI a accordé aux écoles supérieures de pharmacie la faculté de conférer les grades dans les départements où elles étaient établies. Dans tous les autres départements, les pharmaciens étaient reçus par des jurys départementaux. Elle dispose, dans son article 23 : « Les pharmaciens reçus dans des écoles de

« pharmacie pourront s'établir et exercer leur profession dans tou-« tes les parties du territoire de la République ». L'article 24 ajoute : « Les pharmaciens reçus par les jurys ne pourront s'établir que « dans l'étendue du département où ils auront été reçus. »

« Le décret du 22 août 1854 dispose, dans son article 14 : « Les écoles « supérieures de pharmacie confèrent le titre de pharmacien de pre-« mière classe. Elles délivreront en outre, mais seulement pour les « départements compris dans leur ressort, les certificats d'aptitude « pour la profession de pharmacien de deuxième classe. Les phar-« maciens de première classe peuvent exercer leur profession dans « toute l'étendue du territoire français. »

L'article 17 porte : « Les jurys médicaux cesseront leurs fonctions « au 1er janvier 1855, en ce qui concerne la délivrance des certificats « d'aptitude pour la profession de pharmacien de deuxième classe. A « partir de cette époque, les certificats d'aptitude pour l'exercice de « la profession de pharmacien de deuxième classe seront délivrés « soit par les écoles supérieures de pharmacie, soit par les écoles « préparatoires de médecine et de pharmacie, sous la présidence « d'un professeur de l'une des écoles de pharmacie supérieure. »

« Enfin l'article 19 dispose qu'en exécution de l'article 24 de la loi du 21 germinal an XI, « les pharmaciens de deuxième classe, pourvus « de diplômes ou certificats d'aptitude délivrés soit par les anciens « jurys médicaux, soit d'après les règles déterminées par les articles « 17 et 18 ci-dessus, ne peuvent, comme par le passé, exercer leur « profession que dans les départements où ils ont été reçus. »

« Ces dispositions sont claires et précises. Les écoles supérieures de pharmacie recevront les pharmaciens de première et de deuxième classe. — Les pharmaciens de première classe pourront exercer dans toute l'étendue du territoire français.

« Les pharmaciens de deuxième classe reçus par les écoles supérieures de pharmacie ne pourront exercer que dans le département du ressort de ces écoles pour lequel ils auront été reçus.

« Un seul point était à déterminer, c'était la circonscription des écoles. Le décret du 22 août 1854, dans son article 18, dispose que cette circonscription sera déterminée par un arrêté du ministre de l'instruction publique délibéré en conseil impérial de l'instruction publique. L'arrêté intervenu le 23 décembre 1854 s'exprime ainsi dans son art. 2 : « La circonscription de l'école supérieure de phar-« macie de Paris embrasse le département de la Seine. »

« Ainsi l'Ecole supérieure de pharmacie de Paris peut recevoir des pharmaciens de deuxième classe pour le département de la Seine et, aux termes des art. 24 de la loi du 21 germinal an XI, 14 et 19 du décret du 22 août 1854, les pharmaciens de deuxième classe, pouvant exercer leur profession dans le département pour lequel ils sont reçus, auront le droit de s'établir dans toutes les villes et communes du département de la Seine.

« En 1854, il y avait un obstacle dans l'art. 3 de l'arrêté du 23 décembre de cette année, lequel portait : « Par exception aux articles « qui précèdent, et conformément aux art. 23 et 24 de la loi du 21 « germinal an XI, aucun pharmacien de deuxième classe ne pourra « être reçu pour les départements de la Seine, de l'Hérault et du

« Bas-Rhin, qui sont sièges d'une école supérieure de pharmacie. »

« Sans examiner si cette disposition de l'arrêté de 1854 ne dépassait pas les pouvoirs du ministre, il nous suffit de faire remarquer que, par un arrêté ministériel pris également après avoir entendu le conseil impérial de l'instruction publique, et portant la date du 30 novembre 1857, cet article 3 de l'arrêté du 23 décembre 1854 a été purement et simplement abrogé. Dès ce moment, les dispositions claires et précises des lois et décrets ci-dessus rappelés ont dû recevoir leur exécution.

« Mais ici se place l'objection principale du pourvoi. Le décret du 22 août 1854, dit-on, est illégal, car il est rendu en exécution de la loi du 14 juin 1854 qui, dans son article 14, ne permettait de régler par décret que la condition d'âge et d'études pour l'admission aux grades. Il a donc dépassé les limites de la délégation et empiété sur le pouvoir législatif en modifiant l'art. 24 de la loi du 21 germinal an XI, qui ne permettait pas aux pharmaciens de deuxième classe d'exercer leur profession dans les départements où siègent des écoles supérieures de pharmacie.

« Le pourvoi nous paraît méconnaître la véritable portée de l'article 14 de la loi du 14 juin 1854. Cet article a voulu remettre au gouvernement le pouvoir de régler par décret tout ce qui concernait les études exigées pour les candidats, les établissements d'enseignement qui seraient chargés de conférer les grades. L'art. 14 contient une première partie qui dispose qu'un décret rendu en forme des règlements d'administration publique déterminera le tarif des droits d'inscription, d'examen et de diplôme à percevoir dans les établissements d'enseignement supérieur chargés de la collation des grades. Le même article ajoute : « Un décret rendu en la même forme, après « avis du Conseil impérial de l'instruction publique, réglera les « conditions d'âge et d'études pour l'admission aux grades. »

« On veut attacher un sens restrictif à ces mots : « réglera les « conditions d'âge et d'études pour l'admission aux grades. » Mais cette prétention est repoussée par les explications qui ont été données au cours de la discussion par notre regretté président M. Bonjean, alors président de section au Conseil d'Etat, commissaire du gouvernement. Une nouvelle rédaction de l'art. 14 avait, il est vrai, été proposée par la commission de la Chambre des députés pour assurer l'exécution de l'art. 63 de la loi du 15 mars 1850 qui avait supprimé le certificat d'études ; la commission avait inséré dans cette rédaction ces mots : « *dans les facultés.* » Ces trois mots ont été supprimés par le Conseil d'Etat. A cette occasion, M. Bonjean a dit : « La suppression de ces mots ne change rien à la pensée de l'amen- « dement. » Par là, le Conseil d'Etat a voulu seulement qu'un règlement d'administration publique *pût suffire pour fixer ce qui est relatif* aux grades qui ne sont pas conférés par les Facultés, comme les grades d'*officiers de santé et de pharmaciens.*

« La délégation au gouvernement du droit de réglementer tout ce qui est relatif aux grades de pharmacien est donc aussi générale que possible. Aussi n'a-t-on jamais contesté la légalité des dispositions du décret du 22 août 1854, qui supprime les jurys départementaux et qui confère, pour l'avenir, le droit de conférer les grades de pharmacien de deuxième classe aux écoles supérieures de pharmacie pour les départements de leur ressort.

« Le décret du 22 août 1854 dispose, dans son art. 18, qu'un arrêté ministériel, délibéré en conseil de l'instruction publique, détermine la circonscription des Ecoles supérieures de pharmacie. Nous avons vu que cet arrêté du 23 décembre 1854 a compris le département de la Seine dans les circonscriptions de l'école supérieure de pharmacie de Paris. Mais comme l'art. 23 de la loi du 21 germinal an XI donnait aux pharmaciens reçus par les écoles supérieures de pharmacie le droit de s'établir dans toute la France, un doute aurait pu naître sur le droit des pharmaciens de deuxième classe reçus par les Écoles supérieures de pharmacie.

« L'art. 19 a eu pour but de lever ce doute en disant que ces pharmaciens de deuxième classe ne pourraient exercer leur profession que dans le département pour lequel ils auraient été reçus. En cela, le décret du 22 août 1854, loin de déroger à la loi du 21 germinal an XI, l'a confirmée, mais avec la modification qui était la conséquence forcée du nouvel état de choses.

« Sous la loi de germinal, dans les départements de la Seine, de l'Hérault et du Bas-Rhin, il n'y avait pas de jurys départementaux ; des pharmaciens de deuxième classe ne pouvaient y être reçus ; et dès lors, par une conséquence forcée qui résultait de ce fait, et non d'une disposition de loi, créant expressément un privilège au profit des pharmaciens de ces trois départements, des pharmaciens de deuxième classe ne pouvaient s'établir dans les départements de la Seine, de l'Hérault et du Bas-Rhin. Cet état de choses qui, nous le répétons, n'était que la conséquence d'un fait (du mode de réception), et qui ne résultait pas d'une disposition de loi créant un privilège au profit des pharmaciens de première classe de ces trois départements, qui, d'ailleurs, ne s'expliquait pas, a cessé d'exister le jour où, au fait ancien, c'est-à-dire à l'existence des jurys départementaux, a été substitué le droit de conférer les grades de pharmaciens de deuxième classe aux Écoles supérieures de pharmacie pour tous les départements de leur circonscription. Dès ce moment a cessé cet état de choses anormal qui ne permettait pas l'établissement d'un pharmacien de deuxième classe dans la plus modeste commune des départements de la Seine, de l'Hérault et du Bas-Rhin, et qui les autorisait à exercer leur profession dans les grandes villes de France, comme Lyon, Marseille, Bordeaux, etc....

« Cependant les pharmaciens de première classe des trois départements sus-indiqués ont été émus de ce nouvel état de choses, et leurs réclamations ont été favorablement accueillies; l'art. 3 de l'arrêté ministériel du 23 décembre 1854 dit qu'aucun pharmacien de deuxième classe ne pourrait être reçu pour ces trois départements.

« Il nous paraît fort douteux que cet arrêté ministériel ait pu ainsi déroger aux dispositions formelles du décret du 22 août. Mais cette question est sans intérêt dans la cause, puisque, le 30 novembre 1867, un nouvel arrêté ministériel, intervenu après avis du Conseil impérial de l'instruction publique, a abrogé cet article 3. Les arrêtés ministériels, comme l'a dit avec raison l'arrêt attaqué, doivent être mis à l'écart en ce qui touche la question qui nous est soumise, et les lois de germinal an XI, du 14 juin 1854, sont les seules règles à consulter.

« En résumé, sous la législation actuelle, les pharmaciens de deuxième classe peuvent être reçus par les Écoles supérieures de pharmacie pour l'un des départements se trouvant dans leur circonscription. Les pharmaciens de deuxième classe peuvent s'établir dans le département pour lequel ils ont été reçus. Ce décret ne contient aucune exception pour les départements de la Seine, de l'Hérault et du Bas-Rhin. L'exception créée par l'art. 3 de l'arrêté ministériel du 23 décembre 1854 a été abrogée par l'arrêté ministériel du 30 novembre 1867.

« Dans l'espèce actuelle, l'arrêt attaqué constate que les défendeurs éventuels ont produit des diplômes de pharmaciens de deuxième classe à eux délivrés par le ministre de l'instruction publique pour exercer dans le département de la Seine, et ce, sur des certificats d'aptitude accordés par les professeurs et agrégés de l'Ecole supérieure de pharmacie. D'après les principes que nous avons rappelés, les défendeurs éventuels avaient donc le droit de s'établir à Paris. »

372. La Cour, adoptant les motifs du rapport, jugea ainsi :

« Sur le moyen unique, tiré de la violation des articles 2, 11, 14, 23 et 24 de la loi du 21 germinal an XI ;

« Attendu que l'article 14 du décret du 22 août 1854 confère aux Écoles supérieures de pharmacie le droit de délivrer, mais seulement pour les départements compris dans leur ressort, les certificats d'aptitude pour la profession de pharmacien de deuxième classe ;

« Qu'un arrêté ministériel du 23 décembre 1854, pris en exécution de ce décret, a compris le département de la Seine dans la circonscription de l'Ecole supérieure de pharmacie de Paris ; — qu'aux termes de l'art. 19 du décret du 22 août 1854, les pharmaciens de deuxième classe peuvent exercer leur profession dans le département pour lequel ils ont été reçus ; — qu'il résulte de la combinaison de ces dispositions que les pharmaciens de deuxième classe reçus par l'Ecole supérieure de pharmacie de Paris, pour le département de la Seine, ont le droit d'exercer leur profession dans ce département ; — que si l'art. 3 de l'arrêté ministériel du 23 décembre 1854 disposait qu'un pharmacien de deuxième classe ne pourrait être reçu pour les départements de la Seine, de l'Hérault et du Bas-Rhin, qui sont sièges d'une Ecole supérieure de pharmacie, cet article a été abrogé par un autre arrêté ministériel du 30 novembre 1867, pris après avis du Conseil supérieur de l'instruction publique ; — que les demandeurs en cassation soutiennent vainement l'illégalité du décret du 22 août 1854, qui aurait modifié la loi du 21 germinal an XI, et qui aurait ainsi empiété sur le pouvoir législatif ; — qu'en effet, le décret du 22 août 1854 a été rendu en exécution de la loi sur l'instruction publique du 14 juin 1854 (art. 141) ;

« Qu'il résulte des termes généraux de cet article et des explications données à la Chambre des députés par le commissaire du gouvernement que le législateur a délégué au pouvoir exécutif le droit de fixer, par un règlement d'administration publique, tout ce qui est relatif aux grades qui ne sont pas conférés par les Facultés, comme les grades d'officier de santé et de pharmacien ; — que dès lors la suppression des jurys départementaux était légale, et que le décret du 22 août 1854 a pu conférer aux Ecoles supérieures de pharmacie, pour les départements de leur circonscription, le droit de délivrer des certificats d'aptitude aux pharmaciens de deuxième classe ;

« Que l'interdiction, pour les pharmaciens de deuxième classe, sous la loi du 21 germinal an XI, de s'établir dans les départements de la Seine, de l'Hérault et du Bas-Rhin, ne résultait ni d'une disposition expresse de la loi, ni d'un privilège constitué en faveur des pharmaciens de première classe ; — que cette interdiction était la conséquence de l'absence de jurys d'examen dans ces cinq départements ; — que dès le moment où le mode de réception des pharmaciens a été modifié et que les Ecoles supérieures de pharmacie ont été appelées à recevoir les pharmaciens de deuxième classe pour tous les départements de leur ressort, cette interdiction a cessé, et les pharmaciens de deuxième classe ont pu exercer leur profession dans le département pour lequel ils ont été reçus, ce département fût-il l'un des trois départements de la Seine, de l'Hérault ou du Bas-Rhin ;

« Attendu que l'arrêt attaqué constate que les défendeurs éventuels ont produit des diplômes de pharmaciens de deuxième classe à eux délivrés par le ministre de l'instruction publique pour exercer dans le département de la Seine, et ce, sur le vu des certificats d'aptitude accordés par les professeurs et agrégés de l'Ecole supérieure de pharmacie de Paris ;

« Qu'en jugeant, dans ces circonstances, que les défendeurs éventuels avaient eu le droit d'exercer leur profession à Paris, l'arrêt attaqué n'a violé aucun des articles de la loi du 21 germinal an XI invoquée par le pourvoi, et a fait, au contraire, une juste application des principes qui régissent la matière, — Rejette, etc.... (1). »

373. Une fois reçu pharmacien, le titulaire doit gérer lui-même sa pharmacie. Il ne peut donc ni gérer la pharmacie d'une autre personne, ni faire administrer la sienne par un autre pharmacien.

374. La Cour de Paris avait d'abord adopté l'opinion contraire, se conformant, en cela, à une jurisprudence qui paraissait alors parfaitement établie. En effet, la même Cour avait jugé déjà, en ce sens, dès le 19 août 1830, qu'un individu non pharmacien pouvait être propriétaire d'une pharmacie dans laquelle il placerait, soit comme gérant, soit comme associé responsable, un pharmacien légalement reçu (2). Et le ministre du commerce, à qui l'on demandait une autorisation à cet effet, répondait, le 29 mai 1831 : « Une autorisation particulière ne vous est nulle-

(1) Cassation, 9 juillet 1872. P. 1872. 673.
(2) Paris, 19 août 1830, P. chr.

ment nécessaire, car vous ne demandez, en cela, rien qui ne soit conforme à la loi (1). »

Les sieurs Carré et Piau étaient propriétaires de la pharmacie dite *du progrès*, établie rue Vieille-du-Temple, 5 *bis*, à Paris, et ils en avaient confié la gérance successivement aux sieurs Rougier et Viger, pharmaciens brevetés, qui avaient reçu pour cela un traitement fixe.

Le tribunal de la Seine avait vu dans ce fait l'exercice illégal de la pharmacie et, appliquant l'article 36 de la loi du 21 germinal an XI et la loi du 29 pluviose an XIII, il avait condamné Piau, Carré, Rougier et Viger à l'amende.

La Cour de Paris réforma ce jugement par ce motif : « qu'aucune loi ne prescrit la réunion dans les mêmes mains de la propriété du diplôme de pharmacien et de la propriété du fonds de la pharmacie, et que, par suite, le propriétaire d'une pharmacie peut faire gérer sa propre officine par un pharmacien titulaire, pourvu que le gérant la dirige sérieusement et réellement (2). »

Le sieur Gros, maître d'hôtel garni, est devenu propriétaire d'une pharmacie homœopathique située rue de Richelieu, 102, et y a mis comme gérant à appointements un sieur Jaurand, pharmacien. Le tribunal correctionnel de la Seine condamne Gros à 100 francs d'amende pour exercice illégal de la pharmacie, par application de l'article 36 de la loi de germinal an XI et de la loi du 29 pluviose an XIII.

La Cour de Paris réforme encore ce jugement, par les mêmes motifs (3).

Le sieur Ratel, officier de santé, avait ouvert une pharmacie qu'il faisait gérer par un individu muni d'un diplôme de pharmacien. Il fut condamné, pour ce fait, par le tribunal correctionnel de la Seine, le 25 novembre 1858, et la Cour de Paris, persistant dans sa jurisprudence, l'acquitta par arrêt du 5 mars 1859.

375. Mais ces décisions ne sont pas approuvées par la Cour de cassation, qui a décidé, par plusieurs arrêts, que des dispositions combinées de l'article 6 de la déclaration du roi du 25 avril 1777 et de la loi du 21 germinal an XI, il résulte que nul ne peut ouvrir une officine de pharmacie s'il n'est en même temps propriétaire du fonds et muni d'un diplôme de pharmacien (4).

(1) Laterrade, *Code expliqué des pharmaciens*, n° 71.
(2) Paris, 31 juillet 1851. P. 1852. 1. 297.
(3) Paris, 15 février 1859. P. 1859. 401.
(4) Cassation, 25 juin 1859. P. 1859. 960. — 23 août 1860. P. 1861. 157. — 25 mars 1876. P. 1876. 418.
V. Orléans, 8 août 1859. P. 1860. 529.— Angers, 27 octobre 1877. P. 1878. 363.

376. Enfin la Cour de Paris s'est décidée à revenir sur sa première jurisprudence et a adopté la doctrine de la Cour de cassation (1).

A la date du 25 mars 1870, une société anonyme se fondait à Paris pour exploiter une pharmacie sise rue Saint-Lazare, n° 75, et connue sous le nom de *Pharmacie nouvelle.* M. Guettrot, pharmacien, était nommé directeur de cette société ; MM. Allemand, Latache et Well, administrateurs. Guettrot, étant décédé, fut remplacé par M. Cocheux, également pharmacien diplômé.

MM. Fontoyron, Miloille, Champigny et Lemonnier, pharmaciens établis dans des quartiers voisins, se sont réunis pour assigner Cocheux, Allemand, Latache et Well devant le tribunal correctionnel de la Seine, sous prévention d'exercice illégal de la pharmacie, et ont formé contre chacun d'eux une demande de 1,000 fr. de dommages-intérêts. Le 16 décembre 1879, le tribunal a rendu le jugement suivant :

« Attendu qu'aux termes des articles 1er et 2 de la déclaration du roi du 25 avril 1777, les maîtres apothicaires de Paris pouvaient seuls avoir laboratoire et officine ouverts ; que les titulaires de charges ne pouvaient se qualifier maîtres en pharmacie et avoir laboratoire et officine que tant qu'ils possédaient et exerçaient personnellement leurs charges ;

« Attendu que, si le décret des 2 et 17 mars 1791 a prononcé la suppression de toutes les maîtrises et jurandes, la loi des 16 et 17 avril de la même année a reconnu la nécessité, par suite d'abus qui s'étaient introduits, de continuer à faire exécuter les lois, statuts et règlements existants au 2 mars, relatifs à l'exercice de la pharmacie, jusqu'à ce qu'il ait été définitivement statué à cet égard ;

« Attendu que la loi du 21 germinal an XI ne renferme aucun texte qui accorde au pharmacien le droit de se substituer un mandataire ;

« Attendu que la santé publique est intéressée à l'accomplissement de cette prescription ; que la responsabilité du propriétaire de la pharmacie est la meilleure des garanties d'une bonne gestion ; que ces considérations si graves n'ont pas échappé à l'attention du législateur ; que la pensée qui avait dicté la déclaration de 1777 a guidé dans une voie semblable les rédacteurs de la loi de germinal ;

« Attendu que les défenses et prohibitions édictées par la déclaration de 1777 ont été complètement reproduites dans la loi de germinal ; qu'en effet, les articles 21, 25 et 26, en énumérant les conditions d'aptitude auxquelles sont soumis les pharmaciens, exigent que la patente pour exercer cette profession et tenir officine ouverte ne soit octroyée qu'à l'individu dûment breveté ; qu'ils supposent la réu-

(1) Paris, 12 mai 1860. *Confirmé par arrêt de cassation du* 23 *août* 1860. — Paris, 19 février 1869. D. P. 71. 2. 81.

nion en la même personne de la propriété de l'officine et du titre de pharmacien ;

« Attendu que la dérogation à cette règle, caractérisée spécialement pour un cas exceptionnel et un délai déterminé par l'art. 41 de l'arrêté du 25 thermidor an XI, confirme le principe général ;

« Attendu que la loi de germinal, loin de contenir une formule abrogative de la déclaration de 1777, renvoie, dans l'art. 30, *in fine*, aux lois antérieures, pour toutes les contraventions non prévues par ces articles ; qu'il résulte de ces diverses dispositions légales que le pharmacien pourvu de son titre régulier est tenu d'exercer personnellement sa profession ;

« Attendu que, suivant acte reçu Me Batardy, notaire à Paris, le 25 mars 1870, une société anonyme a été fondée pour l'exploitation d'une pharmacie, sise rue Saint-Lazare, nº 75, désignée sous le nom de *Pharmacie nouvelle* ;

« Attendu que Guettrot, nommé directeur, et Allemand, Latache et Well, administrateurs, n'étaient que les mandataires de la société, chargés de l'administrer et de gérer l'affaire ;

« Attendu que le décès de Guettrot n'a pas modifié cette situation anormale et illicite ; que le directeur mort a été remplacé par Cocheux ; que l'agrément donné à ce dernier, par l'Ecole supérieure de pharmacie, de gérer provisoirement la *Pharmacie nouvelle*, a été obtenue par surprise et ne peut pas légitimer une illégalité ;

« Attendu que la *Pharmacie nouvelle* n'a pas été tenue personnellement par le propriétaire ; que Cocheux, Allemand, Latache et Well ont, individuellement et par suite de leur qualité de mandataires de la société, seule et véritable propriétaire de l'officine, fait acte d'exercice de la pharmacie ; qu'ils sont pénalement responsables de leur gestion et des infractions qu'ils ont commises ; qu'ils ont été à bon droit et régulièrement cités ; que Cocheux, en acceptant le titre de directeur de cette pharmacie, s'est rendu complice de l'infraction commise par Allemand, Latache et Well ;

« Attendu que, depuis les poursuites entamées, et par un acte sous seings privés reçu pour minute par Me Batardy, notaire, le 6 décembre courant, la société anonyme formée pour l'exploitation de la *Pharmacie nouvelle* a été dissoute ;

« Attendu que, dans ces circonstances, il n'y a pas lieu de prononcer la fermeture de l'officine, ni l'affiche, ni l'insertion du présent jugement dans les journaux ;

« Attendu que les prévenus, en se livrant illégalement à l'exercice de la pharmacie, ont contrevenu aux dispositions des articles 1, 2 et 6 de la déclaration du roi du 25 avril 1777, et ont causé aux demandeurs un dommage que le tribunal est en mesure d'apprécier ;

« Vu lesdits articles ; — Par ces motifs : déclare bonne et valable la citation délivrée à Allemand, Latache et Well ; — les condamne tous trois comme auteurs principaux, et Cocheux comme complice, solidairement à 500 fr. d'amende ; — les condamne, sous la même solidarité, à payer, à titre de dommages-intérêts, la somme de 1,000 fr. à répartir entre Fontoyron, Lemonnier, Champigny et Milloille, par portions égales, etc... »

Sur l'appel des prévenus, la Cour de Paris a, le 7 janvier 1880, conformément aux conclusions de M. l'avocat général Loubers, confirmé ce jugement par adoption de motifs, sauf en ce qui concerne Cocheux, qui a été renvoyé des fins de la plainte sans dépens, la complicité n'existant pas en cette matière (1).

Pourvoi en cassation par Allemand et consorts. — Arrêt :

« La Cour; — Sur le moyen unique du pourvoi tiré de la fausse application des articles 25 et 26 de la loi du 21 germinal an XI et la déclaration du roi du 25 avril 1777 ;

« Attendu qu'il résulte de la combinaison des articles 21, 25, 26 et 30 de la loi du 21 germinal an XI, et des articles 1, 2 et 6 de la déclaration du roi du 25 avril 1777, que nul ne peut ouvrir une officine de pharmacie s'il n'est à la fois propriétaire du fonds et muni d'un diplôme de pharmacien ;

« Attendu, en fait, que l'arrêt attaqué constate que la pharmacie ouverte à Paris, rue Saint-Lazare, n° 75, était la propriété d'une société anonyme dont Allemand, Latache et Well étaient les administrateurs, et qu'elle était tenue par un gérant salarié, muni d'un diplôme de pharmacien ; que l'arrêt déclare, en outre, que les trois demandeurs, quoique non pourvus de diplômes, ont fait personnellement acte d'exercice de la pharmacie et qu'ils sont responsables de leur gestion ;

« Attendu que de l'ensemble de ces faits, la Cour d'appel de Paris a conclu avec raison qu'Allemand, Latache et Well avaient contrevenu aux dispositions de la loi du 21 germinal an XI, et leur a justement appliqué la peine édictée par l'art. 6 de la déclaration du 25 avril 1777 ;

« Attendu d'ailleurs que l'arrêt attaqué est régulier en la forme ; Rejette, etc... (2) ».

Aux considérations qui ont dicté ces décisions et qui sont tirées exclusivement du droit, il faut ajouter que l'intérêt public et les nécessités d'une bonne administration n'exigent pas moins impérieusement qu'il en soit ainsi. L'exercice de la pharmacie demande une grande prudence, et le sentiment de sa responsabilité doit toujours tenir en éveil l'attention du pharmacien ; or ce sentiment n'aura jamais autant de force chez un gérant salarié, souvent insolvable, qui n'aura même pas pour stimulant le désir de conserver ou d'augmenter l'achalandage (3).

377. Il faut donc, pour ouvrir une pharmacie et la gérer, la réunion, sur une même tête, du diplôme et de la propriété de

(1) *Gazette des tribunaux*, 19 février 1880.
(2) Cassation, 22 avril 1880. P. 1880. 1078.
(3) *Contrà* : Briand et Chaudé, *Manuel complet de médec. légale*, 10e édition, t. 2, p. 675.

l'officine. Néanmoins il n'en est ainsi que pour les officines ouvertes au public. — Lorsqu'il s'agit, par exemple, d'une pharmacie exclusivement réservée à l'usage particulier d'une société de secours mutuels, il suffit qu'elle soit gérée par un pharmacien diplômé ; la propriété peut appartenir non à celui-ci, mais à la société de secours mutuels. La déclaration de 1777 et la loi de germinal an XI ne parlent, en effet, que des pharmacies *ouvertes*, c'est-à-dire ouvertes au public (1).

Cette distinction se justifie aisément. Si le gérant d'une pharmacie ouverte au public n'était pas, en même temps, propriétaire de l'officine, il manquerait de la liberté nécessaire pour prévenir les abus que peut comporter l'exercice de la pharmacie, tandis que le véritable propriétaire sans titre légal serait porté par son intérêt à favoriser ces abus en spéculant, par exemple, sur des produits de mauvaise qualité. Un pareil danger n'est pas à craindre quand il s'agit d'une pharmacie privée, appartenant à une société particulière. Les propriétaires étant seuls à en faire usage, ont dès lors intérêt à n'avoir que de bons produits. Il en est ainsi des pharmacies des hospices (2).

378. En ce qui concerne les sociétés de secours mutuels, la Cour de cassation décide qu'elles ne sauraient être assimilées à des spéculateurs qui, dans un intérêt purement mercantile, achètent une officine de pharmacie et la font tenir par un simple gérant ; que les dangers qu'offre une pareille exploitation, prohibée à juste titre par la loi du 21 germinal an XI, ne peuvent se présenter pour les pharmacies des sociétés de secours mutuels ; qu'en effet ces sociétés instituées par la loi du 15 juillet 1850, dans un but de bienfaisance, sont reconnues, par cette loi, comme des établissements publics ; qu'elles sont placées sous la surveillance de l'autorité municipale, du préfet du département et de l'Etat ; qu'enfin, si leur pharmacie est gérée par un pharmacien diplômé, qui ne délivre de médicaments aux sociétaires que sur la production d'ordonnances des médecins de la société, toutes les garanties sont assurées au point de vue de la santé publique, et qu'en conséquence les présidents de ces sociétés ne peuvent être recherchés pour la tenue d'une pharmacie particulière.

Cette question, qui intéresse au plus haut point la corporation des pharmaciens et les sociétés de bienfaisance, a été définitivement tranchée par la Cour de cassation, le 17 juin 1880, sur le rapport

(1) Cassation, 31 mai 1862. P. 1863. 392.—Grenoble, 21 août 1879. P. 1880. 91.
(2) Voir *infrà* n° 430, pour les pharmacies des hospices.

de M. le conseiller Sallantin et les conclusions conformes de M. Petiton, avocat général (1).

379. Si le propriétaire d'une pharmacie ne peut la gérer sans être muni d'un diplôme régulier ni la faire gérer par un tiers diplômé, il ne s'en suit pas qu'il n'ait pas le droit de vendre son officine à une personne ayant les titres exigés pour exercer la profession.

Un sieur Pons avait vendu au sieur Gadot, pourvu d'un diplôme de pharmacien, une officine ouverte à Aïn-Beïda. Plus tard, Gadot n'ayant pas payé le prix convenu, prétendit que la vente était nulle par ce motif que Pons n'était pas diplômé.

La Cour d'Alger repoussa cette exception parce que :

« Si le législateur a voulu que la propriété et la gérance d'une pharmacie fussent toujours réunies dans les mains d'un titulaire diplômé, et s'il a, en conséquence, proscrit toutes les conventions contraires, il est essentiel de remarquer que la vente dont il s'agit ne saurait encourir ce reproche ; tout au contraire, qu'elle a eu précisément pour résultat de faire cesser une exploitation illégale dans la personne du sieur Pons, en plaçant à la tête de l'officine d'Aïn-Beïda le sieur Gadot qui était muni de son diplôme de pharmacien (2). »

Cette décision nous paraît parfaitement juridique. Si le système soutenu par le sieur Gadot pouvait être admis, il faudrait dire aussi qu'un fonds de pharmacie ne peut être vendu ni par les héritiers du pharmacien ni par ses créanciers, que ces derniers, dès lors, ne pourraient le faire saisir, ce qui serait contraire à tous les principes.

380. Ainsi le propriétaire d'une pharmacie, lorsqu'il n'est pas reçu lui-même pharmacien, peut vendre son officine à une personne munie du diplôme; mais, en sens inverse, on ne pourrait pas dire qu'un pharmacien peut vendre son officine à une personne ne remplissant pas les conditions exigées pour l'exercice de la profession; la vente, en ce cas, serait nulle (3).

381. Mais si un individu ne possédant aucun titre ne peut faire gérer sa pharmacie par un tiers diplômé, qui ne sera que son agent recevant un salaire fixe, peut-il au moins la faire gérer par *un associé* pharmacien, et, en d'autres termes, un

(1) *Gazette des tribunaux*, 28-29 juin 1880.
(2) Alger, 24 mars 1879. P. 1880. 438. — *Contrà*, Paris, 19 février 1869. D. P. 71. 2. 81.
(3) Bordeaux, 27 mai 1874. D. P. 75. 2. 30. 31.

pharmacien ayant le droit d'exercer peut-il s'associer une personne non diplômée ?

Nous ne croyons pas qu'il soit possible de l'empêcher.

Le pharmacien est un commerçant, ainsi que nous le verrons plus loin ; si ses ressources personnelles ne lui permettent pas d'exploiter son commerce, pourquoi ne pas l'autoriser à s'adjoindre un associé ou commanditaire, qui ne sera qu'un simple bailleur de fonds ?

C'est ce qui a été reconnu par la Cour de Lyon, le 22 mai 1861. Cette Cour a formellement déclaré valable l'association formée entre un pharmacien et un tiers (un droguiste) qui s'engagerait à lui fournir le local, le matériel et les drogues simples nécessaires à l'établissement d'une pharmacie, moyennant une part dans les bénéfices, alors que l'associé pourvu du diplôme devrait gérer lui-même la pharmacie sous son propre nom (1).

Il est vrai que la validité d'une association de ce genre dépendra des circonstances, et notamment des conventions arrêtées entre les parties. Si l'associé non pharmacien ne doit participer en rien à la gestion de la pharmacie, l'association sera valable ; mais il est clair que si l'acte de société lui donne le droit de s'immiscer en quoique ce soit dans cette gestion, l'acte sera nul. Ainsi il a été jugé que la société en nom collectif formée entre un pharmacien et des individus non pharmaciens (des médecins) pour l'exploitation d'une pharmacie, alors que chacun des associés doit avoir des droits égaux dans la direction de l'établissement, est nulle comme illicite (2).

382. Il y a plus, l'association entre un médecin et un pharmacien peut être nulle comme entachée d'immoralité. On a vu un médecin associé à un pharmacien pour donner des consultations gratuites dans un cabinet dépendant de l'officine, le pharmacien exécutant les ordonnances et tous les deux partageant les bénéfices tirés de la vente des médicaments. La Cour de Paris a jugé, le 31 mai 1866, que, par cette convention, ils ne manquaient pas seulement tous les deux aux devoirs de leur profession, le médecin en faisant commerce de son art et en se créant un intérêt à prescrire des remèdes superflus, le pharmacien en se prêtant à cette spéculation abusive et en privant les malades du seul contrôle qui puisse prévenir le danger des préparations

(1) Lyon, 22 mai 1861. P. 1862. 610.
Briand et Chaudé *Manuel de médec. lég.* 10e édition, t. 2, p. 675.
(2) Paris, 27 mars 1862. P. 1863. 402.

médicales infidèles ou défectueuses, mais encore que l'association était viciée dans son principe même, puisqu'elle reposait sur une combinaison frauduleuse destinée à tromper le public par l'appât de consultations gratuites en apparence et rétribuées en réalité (1). — L'association est donc nulle ; mais tombe-t-elle sous l'application d'une loi pénale ? — Nous n'hésitons pas à répondre affirmativement.

Le simple particulier, l'associé qui n'est, pour le pharmacien, qu'un bailleur de fonds et ne s'ingère en aucune façon dans l'exploitation de la pharmacie, n'encourt évidemment aucune peine, mais il n'en est pas ainsi du médecin dans le cas qui nous occupe. Son rôle comme médecin n'est qu'un accessoire, son principal but, sa principale profession est de vendre des médicaments ; il donne, il est vrai, des consultations, il les annonce gratuites, ainsi que le dit la Cour de Paris, comme un appât pour attirer le public, mais, au fond, que fait-il ? — Il vend des médicaments de concert avec le pharmacien.

En 1845, le congrès médical réuni à Paris avait émis le vœu : « que toute association entre un médecin et un pharmacien fût interdite *sous les peines prescrites par la loi* (2). »

La loi qui fut présentée et discutée à la Chambre des Pairs en 1847 renfermait un article spécial prohibant les associations entre médecins et pharmaciens.

Nous croyons, quant à nous, que la législation actuelle elle-même n'est pas désarmée en présence d'un pareil fait (3).

383. De ce que le pharmacien ne peut faire gérer sa pharmacie par un tiers, résulte cette conséquence qu'il est toujours censé propriétaire de la pharmacie qu'il exploite ; aussi a-t-il été jugé qu'en cas de saisie du fonds par un créancier, il n'y a pas lieu d'avoir égard à la revendication exercée par la femme de ce pharmacien, judiciairement séparée de biens, alors même qu'elle demanderait à prouver que le fonds est géré à son profit, dans un local loué à son nom.

Un sieur Meynet exerçait à Paris, rue d'Amsterdam, la profession de pharmacien. Le sieur Guffroy fit saisir, en qualité de créancier, le fonds de pharmacie ; mais la femme Meynet forma, contre Guffroy, une demande en revendication des objets saisis. Elle déclara, pour justifier cette demande, qu'elle avait fait pro-

(1) Paris, 31 mai 1866. P. 1867. 226.
(2) Actes du congrès publiés en 1848, p. 216, 236, 238.
(3) *Contrà*, Gallard, *Annales d'hyg. et de méd. lég* 2e sér., t. 49, p. 327.

noncer sa séparation de biens, qu'elle avait acheté et payé de ses deniers les objets composant le fonds de pharmacie, qu'elle avait loué le local en son nom, qu'elle en avait toujours payé le prix et qu'elle était propriétaire de la pharmacie gérée pour son compte par son mari.

Le tribunal de la Seine repoussa la demande en revendication par les motifs suivants :

« Attendu qu'aux termes de la loi du 21 germinal an XI et de l'arrêté du 25 thermidor de la même année, celui-là seul qui a obtenu un diplôme de pharmacien a le droit d'ouvrir une pharmacie, de préparer des produits pharmaceutiques ;

« Que si une exception a été introduite en faveur de la veuve d'un pharmacien, qui a le droit, pendant un an, de faire exploiter pour son compte, et par des personnes spécialement désignées par la loi, l'officine qui appartient à son mari, cette exception introduite dans un cas particulier vient confirmer la règle générale ;

« Qu'enfin l'obligation pour la veuve de vendre le fonds dans l'année du décès prouve que le législateur n'a pas voulu qu'un fonds de pharmacie appartînt à un autre qu'à celui pourvu du diplôme, et que la tolérance momentanée, introduite dans l'intérêt des familles, ne doit pas se prolonger au delà d'une année, après lequel délai l'intérêt public exige que l'exploitation de ce commerce spécial appartienne à celui-là seul qui a fourni la preuve de sa capacité à cet effet ;

« Attendu, dès lors, que, quelles que soient les avances faites par la femme Meynet, le fonds ouvert rue d'Amsterdam appartient à Meynet, ainsi que le mobilier et les marchandises qui le garnissent ; que la saisie est donc régulière, et que la revendication de la femme Meynet ne peut pas être admise ;

« Par ces motifs, déclare la femme Meynet mal fondée dans sa revendication, l'en déboute et la condamne aux dépens (1). »

384. L'élève en pharmacie peut bien préparer lui-même les médicaments et les vendre dans la pharmacie où il est agréé, tant qu'il agit sous la surveillance de son chef, mais dès que cette surveillance a cessé, l'élève doit s'abstenir.

Le sieur Mauté, pharmacien à Baumont (Sarthe), s'absenta, du 29 juin au 3 juillet 1877 ; en son absence, Sœurre, son élève, géra la pharmacie et, pendant cette gestion de quatre jours, fit preuve de négligence ou d'incapacité, tantôt en mélangeant ensemble des médicaments qui, d'après l'ordonnance du médecin, devaient être préparés séparément, tantôt en délivrant en deux flacons des médicaments qui devaient former une seule potion, tantôt en augmentant notablement la dose des substances toxiques prescrites par le médecin.

Les sieurs Mauté et Sœurre furent traduits, à raison de ces

(1) Trib. de la Seine, 5e ch., 20 août 1868. D. P. 69. 3. 54.

faits, devant le tribunal correctionnel de Mamers, qui les condamna l'un et l'autre, Sœurre comme auteur principal du délit d'exercice illégal de la pharmacie, et Mauté comme complice, par application de l'article 6 de la déclaration du 25 avril 1777.

En appel, la Cour d'Angers décida que les seules lois applicables à l'espèce étaient la loi du 21 germinal an XI, articles 25 et 36, et la loi du 29 pluviôse an XIII ; que le fait, bien que puni d'une peine correctionnelle, n'en est pas moins une contravention à une loi spéciale qui ne comporte pas la complicité ; en conséquence, elle maintint l'amende de 500 francs prononcée contre l'élève Sœurre, mais renvoya Mauté des fins de la plainte (1).

Nous avons vu plus haut, n° 123 et suivants, que si l'imprudence ou l'impéritie de l'élève laissé sans surveillance par le pharmacien avait occasionné des accidents, ce dernier en serait responsable.

385. Un pharmacien peut-il avoir deux pharmacies ? — Oui, disent MM. Briand et Chaudé, si l'une d'elles est gérée par lui-même, et l'autre par un pharmacien diplômé, son associé. Cette solution est conforme à ce que nous venons de dire ; mais les mêmes auteurs ajoutent que le pharmacien propriétaire de deux pharmacies pourra en faire administrer une, sous sa surveillance, par un élève non encore diplômé.

Nous ne pouvons adopter cette opinion ; la surveillance ne sera jamais efficace ; comment le pharmacien, quand il prépare un médicament dans l'une de ses pharmacies, pourra-t-il surveiller son élève qui, de son côté, en prépare un dans l'autre ? Et si l'on autorise ce pharmacien à posséder ainsi deux officines dont l'une est gerée par un élève, pourquoi s'arrêter à ce chiffre de deux, et ne pas lui permettre d'en avoir trois, quatre ou six? — Pourra-t-il les surveiller toutes à la fois ? Supposons qu'il n'en ait que deux, si elles sont situées dans des communes ou des arrondissements différents, la surveillance du pharmacien pourra-t-elle s'exercer en réalité? — Nous entendons bien, dira-t-on, que les deux pharmacies devraient être dans la même ville. — Soit, mais si l'une est à Vaugirard et l'autre au faubourg Saint-Denis, nous nous demandons comment le pharmacien pourra les surveiller l'une et l'autre.

Mais, disent MM. Briand et Chaudé (2), la loi ne le défend pas !... C'est une erreur, et ces auteurs le comprennent bien eux-mêmes, puisqu'ils veulent que la surveillance *soit efficace* ; seulement ils devraient reconnaître qu'elle est impossible.

(1) Angers, 27 octobre 1877. P. 1878. 363.
(2) Briand et Chaudé, *Manuel de médec. lég.* 10e *édit.*, t. 2., p. 682.

L'argument tiré de l'arrêté de thermidor, article 41, est sans valeur, cet article se référant à un cas spécial, le décès d'un pharmacien. La précaution prise par cet arrêté de faire une exception pour le cas dont il s'agit, confirme au contraire la règle générale. Si la loi a pris la peine de dire qu'en cas de décès d'un pharmacien, la veuve pourra faire gérer l'officine par un élève agréé par le jury, sous la surveillance d'un pharmacien désigné, il en résulte que, dans les autres cas, cette gestion serait irrégulière et ne pourrait avoir lieu.

D'ailleurs les décisions judiciaires citées par MM. Briand et Chaudé sont loin de confirmer leur opinion, elles établissent au contraire que la jurisprudence la condamne formellement.

M. Laterrade (1) enseigne également que le même pharmacien peut gérer plusieurs pharmacies, et il en donne, lui aussi, pour raison que la loi ne l'a pas formellement défendu. Il reconnaît bien que la loi exige la surveillance du gérant, mais il ajoute que cette surveillance n'est pas tellement exclusive qu'elle doive absorber tous les instants du pharmacien. Cette surveillance, dit-il, n'est, en effet, autre chose que l'*œil du maître* agissant sur ses préposés, sans cela, à quoi servirait l'élève que la loi lui accorde pour le remplacer dans la majeure partie de son exploitation? Cet argument nous touche peu : si *l'œil du maître* peut s'exercer efficacement à surveiller un ou plusieurs élèves dans la même pharmacie, les cent yeux d'Argus ne suffiraient pas à surveiller les élèves préparant des remèdes dans deux, trois, quatre, six pharmacies séparées.

Malheureusement, dit M. Laterrade, la Cour de Paris a jugé, en 1833 (2), que l'ensemble des lois sur la matière astreint les pharmaciens à des obligations qui ne peuvent être remplies par eux que personnellement, et qu'un pharmacien ne peut avoir qu'une officine.

Cette décision ne nous paraît pas, à nous, aussi *malheureuse*, et nous croyons, au contraire, que la jurisprudence adoptée par la Cour de Paris, outre qu'elle est conforme aux vrais principes et à l'esprit de la loi, est en même temps inspirée par l'intérêt bien entendu de la société. Nous croyons même que l'intérêt de la plupart des pharmaciens n'y est pas moins engagé. Dans le temps d'entreprises et de spéculations de toute sorte où nous vivons, il ne faudrait pas s'étonner de voir des industriels acca-

(1) Laterrade, *Code expliqué des pharmaciens*, n° 63.
(2) V. Paris, 19 août 1830, *à contrario*. P. chron.

parer le monopole de la pharmacie en réunissant dans une même main toutes les officines de la même ville, ne laissant ainsi aucune place aux fortunes modestes et à l'initiative privée.

Au surplus, M. Laterrade fait une distinction impossible et laisse aux tribunaux une latitude qui serait fort embarrassante pour eux. Cet auteur, en effet, accorde au pharmacien le droit d'avoir deux pharmacies, et il ajoute que, pour lui permettre d'en exploiter un plus grand nombre, soit dans la même ville, soit dans plusieurs localités différentes, il faudrait rechercher si la surveillance est suffisamment efficace. La loi ne peut permettre de pareilles concessions qui conduiraient trop facilement à l'arbitraire (1).

Si le pharmacien propriétaire de plusieurs pharmacies qui ne les gère pas et ne peut les gérer lui-même, ne peut être l'objet de poursuites correctionnelles, ses préposés, s'ils ne sont pas eux-mêmes pharmaciens, se rendent évidemment passibles d'une peine, et, dans tous les cas, les autres pharmaciens auraient toujours qualité pour intenter une action ayant pour objet la fermeture des officines ainsi ouvertes sans droit.

Quand les tribunaux ont condamné un pharmacien pour n'avoir pas géré lui-même sa pharmacie ou n'avoir pas suffisamment surveillé ses élèves, l'autorité municipale peut ordonner la fermeture de la pharmacie (2).

386. La loi a dû s'efforcer de concilier les dispositions qui prohibent l'exercice de la pharmacie par une personne non diplômée, avec les intérêts des familles et même avec l'intérêt public. Ainsi, quand un pharmacien vient à mourir, l'officine ne pouvant être gérée par un mandataire salarié, fût-il muni d'un diplôme, la famille du défunt, qui ne peut pas toujours opérer immédiatement la vente de la pharmacie, serait gravement lésée, et même la population pourrait se trouver privée de remèdes, dans le cas où il n'existerait pas d'autre officine dans la localité. C'est pourquoi l'article 41 de l'arrêté du 25 thermidor an XI porte que :

« Au décès d'un pharmacien, la veuve pourra continuer de tenir « son officine ouverte pendant un an, aux conditions de présenter « un élève, âgé au moins de 22 ans, à l'école dans les villes où il en « sera établi, au jury de son département s'il est rassemblé, ou aux « quatre pharmaciens agrégés au jury par le préfet, si c'est dans « l'intervalle des sessions de ce jury ;

« L'école, ou le jury, ou les quatre pharmaciens agrégés s'assure- « ront de la moralité et de la capacité du sujet, et désigneront un

(1) Nîmes, 13 août 1829, aff. Salaville. P. chron.
(2) Nîmes, 13 août 1829, cité. V. *infrà* n° 460 et s.

« pharmacien pour diriger et surveiller toutes les opérations de l'of-
« ficine.

« L'année révolue, il ne sera plus permis à la veuve de tenir sa
« pharmacie ouverte. »

Depuis le décret du 22 août 1854 qui a supprimé les jurys de département pour la délivrance des certificats d'aptitude aux pharmaciens de deuxième classe, l'acceptation de l'élève et la désignation du pharmacien surveillant prescrites par l'arrêté de thermidor sont nécessairement dévolues soit aux écoles supérieures de pharmacie, soit aux écoles préparatoires, conformément à l'art. 17 du décret du 22 août 1854.

387. Les dispositions de l'article 41 de l'arrêté de thermidor an XI sont-elles limitatives, et ne peut-on pas les étendre aux héritiers du pharmacien décédé?

Pour l'affirmative, on dit que la loi a voulu donner, par ces dispositions, une garantie efficace à deux intérêts également importants qui pourraient se trouver compromis par le décès d'un pharmacien, savoir : la conservation de la clientèle de l'officine qui est la propriété de la famille, et en outre, dans l'intérêt général, la possibilité, pour les habitants d'une localité, d'avoir toujours à leur portée les médicaments dont ils peuvent avoir besoin. Pour arriver à ce résultat, la loi a prévu le cas qui paraît devoir se réaliser le plus souvent, celui où le titulaire est marié, et, dans cette hypothèse, elle a investi la veuve, c'est-à-dire la personne qui doit être la plus dévouée aux intérêts des enfants et de la famille, du droit de faire gérer la pharmacie pendant un an, sous certaines conditions. Les deux intérêts que la loi a voulu sauvegarder peuvent se trouver également en souffrance, si le pharmacien décédé était veuf lui-même ou célibataire et si l'on refuse à ses héritiers le droit que la loi a accordé à la veuve. En effet, dans ce cas, la clientèle de l'officine, qui est souvent l'une des valeurs les plus importantes de la succession, sera réduite à néant, si la pharmacie ne peut être immédiatement vendue, et une localité plus ou moins importante peut se trouver complètement privée de médicaments, si la pharmacie dont le titulaire est décédé célibataire est la seule qui existe. La formule employée par l'article 41 dont il s'agit démontre une fois de plus la précipitation et l'inexpérience du législateur du temps, mais il faut chercher dans le texte l'esprit de la loi, et non s'attacher servilement à ses termes.

A ces considérations qui ont certainement leur valeur, on

répond que les termes de l'arrêté de thermidor sont clairs et précis ; qu'ils ne font que reproduire une disposition spéciale contenue dans l'édit de 1648 pour autoriser les veuves des maîtres pharmaciens à exercer la pharmacie, mais seulement pendant leur viduité ; que l'unique modification apportée par cet arrêté au droit ancien a pour but de borner à une année l'exercice de la pharmacie que les veuves avaient auparavant la faculté de faire durer pendant un temps indéterminé ; qu'on a donc voulu restreindre l'exception introduite par l'édit de 1648, au lieu de l'étendre à des personnes auxquelles il ne s'appliquait pas ; qu'enfin les exceptions portées par une loi ne peuvent jamais être étendues : *exceptiones strictissimi sunt juris ;* que d'ailleurs les raisons de bienveillance qui ont fait accorder à la veuve la faveur spéciale que l'on trouve dans l'édit de 1648 et dans l'arrêté de thermidor n'existent pas, au moins au même degré, pour les héritiers du pharmacien.

Ces derniers motifs paraissent adoptés aujourd'hui par la jurisprudence (1), et nous devons reconnaître qu'ils sont juridiques. Nous ne pouvons donc que faire des vœux pour que les nouvelles lois organiques attendues étendent aux héritiers du pharmacien la faculté dont il s'agit. Cette modification à la loi ancienne offrirait assurément plus d'avantages que d'inconvénients.

388. Le délai d'un an fixé par l'arrêté du 25 thermidor est de rigueur et ne peut être dépassé sous aucun prétexte. Il a été jugé « que l'infraction commise par la veuve d'un pharmacien qui a continué de faire exploiter l'officine sans s'être pourvue d'un successeur au delà du délai d'un an fixé par ledit arrêté, ne peut être couverte par l'arrêté du préfet accordant une prorogation de délai, si cette décision n'est intervenue qu'après l'année écoulée ; en pareil cas, la position de la veuve n'est régularisée que pour l'avenir » (2). Le tribunal de la Seine reconnaît implicitement au préfet le droit de proroger le délai d'un an accordé par l'article 41 de l'arrêté de thermidor, mais ce droit nous paraît au moins contestable. L'article 41 n'en fait aucune mention, il est très précis et dispose que, « *l'année révolue, il ne sera plus permis à la veuve de tenir sa pharmacie ouverte.* » Si le préfet a le droit de proroger ce délai, dans quelles limites pourra-t-il le faire et à quoi aura servi alors de fixer, par une disposition formelle, un délai de rigueur ? Au lieu de dire que la veuve pourra tenir

(1) Caen, 2 avril 1873. P. 1874. 194.
(2) Tribun. de la Seine, 15 février 1873. D. P. 73. 3. 63.

son officine ouverte pendant un an, sous les conditions requises, il fallait dire qu'elle pourra la tenir ouverte pendant le temps qu'il plaira au préfet de fixer.

389. L'article 32 de la loi de germinal an XI impose aux pharmaciens deux obligations : d'abord de ne délivrer aucun médicament sans une ordonnance de médecin, et ensuite de se conformer, pour la préparation des remèdes, aux formules du Codex.

On s'est demandé si cette prescription de la loi était assortie d'une sanction ; la jurisprudence paraît avoir hésité d'abord (1), mais depuis qu'elle a reconnu que la loi de germinal a renvoyé aux lois précédentes, notamment à l'arrêt du Parlement de Paris du 23 juillet 1748, la question ne pouvait plus présenter de difficulté.

Le sieur Mulot, pharmacien à Beaugency, avait vendu à la femme Villiers, sans ordonnance de médecin, une certaine quantité de manne, de sené et de sulfate de potasse ; il avait pesé séparément ces substances, mais les avait mélangées dans le même paquet, sachant qu'elles seraient employées comme médecine. La Cour d'Orléans l'avait acquitté par arrêt du 27 août 1866, par ce motif que l'arrêt de règlement du 23 juillet 1748 aurait été abrogé. Mais cet arrêt fut cassé par la Cour de cassation, le 8 février 1867, et, sur le renvoi, la Cour de Paris, le 2 mai 1867, condamna le pharmacien Mulot à 500 fr. d'amende.

Cette jurisprudence a été maintenue par la Cour de cassation, qui a décidé, le 25 mars 1876, que la pommade de belladone et le calomel sont des préparations médicinales et des remèdes composés que le pharmacien ne peut vendre sans ordonnance de médecin, la contravention à cette prescription légale étant toujours punie de la peine portée par l'arrêt du 23 juillet 1748 (2).

390. La Cour d'Agen avait jugé que le pharmacien de province qui ne se conforme pas aux formules du Codex n'encourt aucune peine par ce motif que, dans le cas où l'arrêt du Parlement de 1748 n'aurait pas été abrogé, il ne s'appliquerait qu'à la ville de Paris (3). Mais la Cour de cassation a décidé que l'arrêt de 1748 est toujours en vigueur, et qu'en outre il a été étendu à toute la France par les articles 29, 30 et 32 de la loi du 21

(1) La Cour de cassation avait décidé que l'arrêt du Parlement du 20 juillet 1748 était abrogé. (Arrêt du 28 juillet 1828, aff. Esparbié.)
(2) Cassation, 25 mars 1876. P. 1876. 416.
(3) Agen, 28 février 1850. P. 1850. 2. 166.

germinal an XI, ainsi que par l'ordonnance du 8 août 1816 (1). C'est donc une amende de 500 fr. qui doit être prononcée.

391. Quant au pharmacien qui modifie l'ordonnance d'un médecin, nous avons vu qu'il se rend passible d'une peine pour exercice illégal de la médecine. Il lui est donc formellement interdit de changer quoi que ce soit à la formule rédigée et signée par un médecin. Néanmoins, les études médicales auxquelles le pharmacien s'est livré, l'expérience qu'il a acquise dans la préparation des remèdes peuvent lui permettre de constater une erreur dans une ordonnance. Dans ce cas, s'il ne doit pas la modifier de sa propre autorité, son devoir l'oblige, avant de délivrer un médicament qu'il sait devoir être nécessairement dangereux, d'en référer de suite au médecin. L'inobservation de cette règle de prudence et d'humanité pourrait, jusqu'à un certain point, engager sa responsabilité avec celle du médecin, s'il était démontré que l'erreur commise dans l'ordonnance était tellement manifeste qu'elle ne pouvait échapper à un pharmacien possédant les connaissances élémentaires de son art.

§ 3. — *Des remèdes secrets et spécialités.*

392. La loi de germinal, dans ses articles 32 et 36, a interdit expressément, même aux pharmaciens, l'annonce et la vente de tous remèdes secrets ; la loi du 29 pluviôse an XIII a apporté une sanction aux prescriptions de ces deux articles. Cette loi porte :

« Ceux qui contreviendront aux dispositions de l'article 36 de la « loi du 21 germinal an XI, relatif à la police de la pharmacie, seront « poursuivis par mesure de police correctionnelle, et punis d'une « amende de vingt-cinq à six cents francs ; et en outre, en cas de ré« cidive, d'une détention de trois jours au moins et de dix au plus. »

Un décret du 25 prairial de la même année fait une exception en faveur des remèdes secrets qui seraient approuvés par le gouvernement.

Le décret du 18 août 1810 a annulé toutes les permissions accordées aux détenteurs de remèdes secrets et a décidé que ces remèdes déjà connus et ceux qui seraient inventés dans la suite,

(1) Cassation, 7 février, 25 juillet 1851. P. 1852. 1. 319. — 24 mars 1859. P. 1859. 1055. — 8 février 1867. P. 1867. 977. — Paris, 2 mai 1867. *loc. cit.* — Pellault, *Code des pharmaciens*, n° 221. — Briand et Chaudé, *Manuel de médecine légale*, 10e édition, t. 2, p. 750 et s.

seraient achetés par l'Etat, sur l'avis d'une commission. Ce décret ne paraît pas avoir été exécuté, et la loi du 21 germinal an XI, complétée par celle du 29 pluviôse an XIII, a continué à être appliquée.

393. En 1828, le gouvernement sentit la nécessité de rappeler les dispositions des lois précédentes et, le 16 avril, le ministre de l'intérieur lança une circulaire que nous devons transcrire ici, parce qu'elle touche à plus d'une question intéressante pour les pharmaciens ; elle est ainsi conçue :

« Des plaintes s'élèvent de toutes parts sur l'exécution de quelques-unes des dispositions des lois et des règlements relatifs à l'exercice de la pharmacie, particulièrement en ce qui concerne la vente des remèdes secrets.

« J'ai la preuve qu'on affiche dans les rues, qu'on annonce dans les journaux, qu'on vend chez les pharmaciens des remèdes secrets pour le traitement de certaines maladies ; souvent, dans ces annonces, on se prévaut d'autorisations qui n'ont jamais été accordées, d'approbations données par l'Académie royale de médecine qui n'a, jusqu'à présent, approuvé aucun remède secret.

« Cependant, aux termes de l'article 36 de la loi du 21 germinal an XI, la publication de toute affiche ou annonce imprimée qui indiquerait des remèdes secrets, sous quelque dénomination qu'ils soient présentés, est sévèrement prohibée.

« D'après la loi du 29 pluviôse an XIII, ceux qui contreviendraient aux dispositions de cet article doivent être poursuivis par mesure de police correctionnelle et punis d'une amende de 25 à 600 fr. et, en outre, en cas de récidive, d'un emprisonnement de trois jours au moins et de dix au plus.

« Les pharmaciens eux-mêmes sont soumis à l'application de cette peine, puisqu'il leur est interdit, par l'article 32 de la loi du 21 germinal an XI, de vendre des remèdes secrets.

« J'ai cru devoir vous rappeler ces dispositions qu'on paraît avoir trop souvent perdues de vue, oubli qui a donné lieu à beaucoup d'abus dont on accuse à tort la législation actuellement en vigueur.

« Je sais qu'un assez grand nombre de distributeurs de remèdes secrets cherchent à éluder le vœu de la loi en donnant à ces prétendus remèdes le nom de *cosmétiques* ou quelque autre dénomination analogue ; mais on ne doit pas se laisser imposer par des mots. — Si les préparations dont il s'agit sont de véritables cosmétiques, on ne doit leur attribuer aucune propriété médicinale ; si on les recommande comme efficaces dans le traitement de certaines maladies, ce sont des remèdes qui sont compris dans les dispositions de l'article 36 de la loi du 21 germinal an XI.

« Enfin il est un petit nombre de remèdes secrets qui avaient été autorisés avant la publication du décret du 10 août 1810 et auxquels ce décret n'a pu être encore appliqué, par suite de diverses circonstances. Une décision ministérielle a maintenu ces autorisations jusqu'à ce qu'il puisse être statué, par un règlement général, sur les difficultés que présente encore la législation relative aux remèdes secrets. Si un distributeur de remèdes secrets s'appuie d'une autorisation de ce genre, vous devrez vous la faire représenter et prendre les mesures nécessaires pour que les conditions auxquelles elle est subordonnée ne soient pas enfreintes.

« L'exercice illégal de la pharmacie donne lieu à d'autres abus sur lesquels je crois devoir appeler votre attention.

« Aux termes de la loi, les pharmaciens légalement reçus ont seuls le droit de préparer et de vendre des médicaments ; mais il arrive souvent que les épiciers, les droguistes, les confiseurs, etc... empiètent sur le domaine de la pharmacie.

« Les limites de ces diverses professions ne sont pas toujours distinctes ; cependant, en faisant une large part à la liberté de l'industrie, au besoin des arts et de la vie commune, il doit être facile de déterminer quelles préparations doivent être considérées exclusivement comme remèdes et ne peuvent être vendues, par consequent, que par les pharmaciens.

« Beaucoup d'hospices et d'établissements de bienfaisance sont desservis par des sœurs de charité qui non seulement préparent des médicaments pour les malades confiés à leurs soins, mais encore en distribuent et en vendent au dehors. Quelque louables que soient les intentions de ces pieuses sœurs, une telle pratique entraîne des abus que l'administration ne doit pas tolérer. On ne peut certainement pas interdire aux sœurs de charité la faculté de préparer des médicaments pour l'usage des établissements auxquels elles sont attachées, si l'autorité dont elles dépendent le leur permet ; mais elles ne pourraient distribuer et vendre des remèdes composés, de véritables préparations pharmaceutiques, sans contrevenir aux dispositions des lois concernant l'exercice de la pharmacie, sans s'exposer à commettre des erreurs dont elles ne sauraient prévoir toutes les conséquences.

« On a pensé, d'après l'avis de la Faculté de médecine, qu'on pourrait autoriser les sœurs de charité à préparer elles-mêmes et à vendre à bas prix des sirops, des tisanes et quelques autres remèdes qu'on désigne dans la pharmacie sous le nom de *magistraux ;* mais là doit se borner la tolérance qu'elles sont en droit de réclamer dans l'intérêt des pauvres. L'ancienne législation était encore plus sévère à cet égard ; car, d'après la déclaration du roi du 25 avril 1777, il était expressément défendu aux communautés séculières ou régulières, même aux hôpitaux, de vendre et de débiter aucune drogue simple ou composée, à peine de 500 livres d'amende. »

394. On a compris que, tout en prohibant la vente des remèdes secrets, il importait de ne pas fermer la porte aux inventions nouvelles qui peuvent venir au secours de la thérapeutique, et c'est dans ce but qu'a été publié le décret suivant, du 3 mai 1850 (1).

(1) Publié seulement le 21 juin 1852.

« Considérant que, dans l'état actuel de la législation et de la jurisprudence, tout remède non formulé au Codex pharmaceutique ou dont la recette n'a pas été publiée par le gouvernement, est considéré comme remède secret;

« Considérant qu'aux termes de la loi du 21 germinal an XI, toute vente de remèdes secrets est prohibée ;

« Considérant qu'il importe à la thérapeutique de faciliter l'usage des remèdes nouveaux dont l'utilité aurait été régulièrement reconnue;

« Décrète : art. 1er. « Les remèdes qui auront été reconnus nouveaux « et utiles par l'Académie nationale de médecine, et dont les formu- « les approuvées par le ministre de l'agriculture et du commerce, « conformément à l'avis de cette compagnie savante, auront été pu- « bliées dans son bulletin, avec l'assentiment des inventeurs ou pos- « sesseurs, cesseront d'être considérés comme remèdes secrets.

« Ils pourront être, en conséquence, vendus librement par les « pharmaciens, en attendant que la recette en soit insérée dans une « nouvelle édition du Codex.

« Art. 2. Le ministre de l'agriculture et du commerce est chargé, etc... »

395. La circulaire suivante, du 2 novembre 1850, contient des instructions pour l'exécution de ce décret :

« M. le préfet, la législation et la jurisprudence concernant l'exercice de la pharmacie, en ce qui touche l'annonce et la vente des remèdes secrets, sont, depuis longtemps, une cause d'embarras pour l'administration, d'hésitation et de doute pour les jurys médicaux, de décisions opposées et contradictoires par les tribunaux.

« Cependant la haute jurisprudence de la Cour de cassation semblait avoir fixé, sur ce point, les idées et les principes. Suivant cette jurisprudence, on doit entendre par *remède secret* toute préparation qui n'est point inscrite au Codex ou qui n'a pas été composée par un pharmacien sur l'ordonnance d'un médecin, pour un cas particulier, ou enfin qui n'a pas été spécialement autorisée par le gouvernement. La même jurisprudence a établi, en outre, qu'on ne doit considérer ni comme remèdes, ni comme médicaments les préparations simplement hygiéniques, qui sont parfois tout aussi bien du domaine du confiseur ou du parfumeur que du pharmacien; telles sont les pâtes pectorales de guimauve, de jujube, de Regnault et autres du même genre; les eaux de Cologne et de Portugal, l'eau de mélisse des carmes, etc...

« Les jurys médicaux, en présence de la jurisprudence de la Cour de cassation, se sont trouvés dans l'obligation de sévir contre plusieurs préparations médicinales dont l'utilité avait été consacrée déjà par l'expérience chimique, et dont les avantages avaient été reconnus par l'Académie de médecine.

« Les inventeurs ou les possesseurs de ces préparations invoquaient en vain leur bonne foi, l'approbation des corps scientifiques, la publicité donnée à la composition de ces médicaments et l'usage général qui en était fait par les hommes de l'art ; les jurys médicaux et même les parquets trouvaient une contravention dans l'annonce et la vente des médicaments ; de là des poursuites contre lesquelles on invoquait l'appui de l'Administration.

« L'Administration, de son côté, a dû se préoccuper, dans l'intérêt des inventeurs sérieux et de la santé publique, des difficultés sans cesse renaissantes et qui toutes prenaient leur source dans l'application rigoureuse de la jurisprudence; elle s'est demandé si les remèdes qui avaient été accueillis par l'Académie de médecine, dans l'intervalle écoulé entre leur approbation et leur insertion au Codex, devaient et pouvaient être assimilés à des remèdes secrets, et si, par suite, on devait en poursuivre et l'annonce et la vente.

« L'Académie de médecine, consultée, a émis un avis par suite duquel j'ai été amené à proposer à la signature du Président de la République le décret ci-joint qui décide que les remèdes reconnus comme nouveaux et utiles par l'Académie de médecine cesseront d'être considérés comme remèdes secrets et pourront être, en conséquence, vendus librement par les pharmaciens, en attendant que la recette en soit insérée dans une nouvelle édition du Codex, lorsque les formules approuvées par mon ministère, conformément à l'avis de l'Académie, auront été publiées dans le bulletin de cette compagnie savante.

« Vous le voyez, M. le Préfet, le décret a pour but de concilier les exigences salutaires de la loi avec les intérêts des inventeurs sérieux de choses utiles, les garanties précieuses données à la santé publique avec les progrès non moins précieux de l'art.

« Si ce décret ne change rien à la législation, l'esprit dans lequel il a été conçu doit, à l'avenir, éclairer les jurys médicaux dans la conduite qu'ils auront à tenir, et prévenir les difficultés et les divergences d'opinion qui s'étaient produites.

« Il est bien entendu, M. le Préfet, que l'*annonce* et la *vente* des remèdes secrets continueront à être poursuivies par les jurys médicaux, auxquels vous devez même recommander de redoubler de surveillance et de sévérité pour réprimer les dangereux abus qui sont journellement signalés à cet égard.

« Mais le décret du 3 mai 1850 ayant eu pour but de modifier la jurisprudence de la Cour de cassation, en ce qui concerne les remèdes reconnus utiles, les jurys médicaux seront, par les soins de mon département, tenus au courant des remèdes qui, autorisés en vertu du décret du 3 mai 1850, pourront être annoncés et vendus légalement.

« Quant à ceux qui ont été, dans ces derniers temps, et antérieurement au décret, l'objet de rapports favorables de l'Académie de médecine, et qui sont, on peut le dire, passés dans la pratique, tels que :

« 1° Les pilules de carbonate ferreux de Vallet ;

« 2° Les pains ferrugineux de Derouet-Boissière;

« 3° Le lactate de fer de Gélis et Conté ;

« 4° Le citrate de magnésie de Rogé ;

« 5° Le cousso, remède contre le tœnia, apporté d'Abyssinie par M. Rochet-d'Héricourt ;

« 6° La poudre et les pastilles de charbon végétal du docteur Belloc ;

« Ceux-là, dis-je, me semblent aujourd'hui à l'abri de toute poursuite et ne pouvoir être assimilés à des remèdes secrets.

« En conséquence des explications qui précèdent, vous devez, M. le Préfet, recommander aux jurys médicaux de n'apporter aucune entrave à l'annonce et à la vente des médicaments qui, depuis la promulgation du Codex, auront été, ainsi que ceux dont l'énumération est ci-dessus faite, approuvés par l'Académie de médecine, soit avant, soit après le décret du 5 mai 1850, et dont les formules et les procédés de la fabrication insérés dans son bulletin auront été, conformément audit décret, soumis à mon approbation. »

Il résulte de cette circulaire que le décret du 3 mai 1850 n'a rien changé à la législation antérieure, si ce n'est que l'approbation de l'Académie de médecine et l'insertion à son bulletin suffisent pour enlever à une préparation pharmaceutique le caractère de remède secret, ou, en d'autres termes, que le décret de 1850 substitue simplement l'avis de l'Académie de médecine à celui de la commission instituée par le décret de 1810.

396. Que faut-il donc entendre aujourd'hui par *remèdes secrets ?*

Le *Codex medicamentarius* prescrit par l'ordonnance du 8 août 1816 contient, dans la nouvelle édition publiée en exécution du décret du 5 décembre 1866, les formules auxquelles tous les pharmaciens sont assujettis. Ces formules sont de deux sortes : les formules *officinales* et les formules *magistrales*. Les premières concernent les médicaments composés conformément au Codex : les pharmaciens doivent tenir ces médicaments préparés dans leurs officines ; les formules *magistrales* sont prescrites par le médecin pour chaque cas particulier, et ne peuvent être préparées à l'avance. Si le médecin s'écarte, en quoi que ce soit, de la formule officinale, le pharmacien doit préparer de nouveau le médicament ; il ne peut fournir celui qu'il aurait préparé à l'avance sans s'exposer à des poursuites, car il lui est interdit de convertir une formule officinale en formule magistrale. C'est en conformité de ces principes que l'on peut donner une définition du remède secret.

Doit être considérée comme *remède secret* toute préparation pharmaceutique qui n'est ni conforme au Codex officiel, ni achetée ou rendue publique par le gouvernement, ni autorisée par l'Académie de médecine, ni composée, pour chaque cas particulier, sur la prescription du médecin.

397. Cette définition du remède secret résulte d'une jurisprudence constante (1). Peu importe, d'ailleurs, que le remède soit destiné à l'usage interne ou à l'usage externe (2). C'est notamment à l'occasion du sirop d'asperges de Johnson, du purgatif du docteur Leroy, du thé Chambard, du sirop pectoral de Lhoste, de la poudre et des pastilles de Paterson, que cette définition a été donnée par la jurisprudence.

Nous rapportons ici l'arrêt de la Cour de Metz du 11 février 1857 qui a traité d'une manière complète la théorie des remèdes secrets. Les faits de la cause sont ainsi exposés dans le *Journal du Palais* :

« Le sieur Edant, pharmacien à Metz, fut assigné directement devant le tribunal de police correctionnelle de cette ville sous l'inculpation d'avoir, le 10 juillet 1856, mis en vente, dans son officine, des remèdes secrets au nombre de huit, délit prévu par les articles 32, 36 de la loi du 21 germinal an XI, et par la loi du 29 pluviôse an XIII.

Le premier octobre 1856, jugement qui décide que le sirop antiphlogistique de Briant n'est pas un remède secret, et qui écarte, en conséquence, cette partie de la prévention, mais qui, envisageant comme remèdes secrets l'élixir anti-glaireux du docteur Guillé, le sirop du docteur Dusourd, le sirop de Flon, le sirop de Lhoste, la poudre et les pastilles américaines de Paterson, les biscuits Pinel, condamne le sieur Edant, à raison de la mise en vente de ces remèdes, à 25 fr. d'amende et aux frais.

Toute l'économie de ce jugement, qui contient de très longs développements, peut se résumer en quelques lignes : — est remède secret, toute préparation pharmaceutique qui n'entre pas dans la catégorie : 1° des remèdes magistraux, c'est-à-dire des remèdes composés par les pharmaciens sur des ordonnances spéciales de médecins ; 2° des remèdes officinaux, c'est-à-dire confectionnés à l'avance suivant les formules du Codex ; 3° des remèdes dont la recette a été communiquée au gouvernement par les inventeurs, selon les décrets des 18 août et 26 décembre 1810, ou bien dont la recette n'a point été communiquée, parce que les inventeurs en ont été dispensés, suivant le décret du 26 décembre 1810, le gouvernement ayant été mis en demeure, par une communication précédente, d'acheter et de publier les inventions ; 4° des remèdes qui, conformément au décret du 3 mai 1850, ont été reconnus nouveaux et utiles par l'Académie de médecine, et dont les formules, approuvées par le ministre de l'agriculture et du commerce, ont été publiées dans le bulletin de cette compagnie savante avec l'assentiment des inventeurs ou possesseurs. — D'où suit que, vainement les éléments constituant une préparation pharmaceutique seront-ils connus d'une

(1) Cassation, 16 décembre 1837. P. 1838. 1. 282. — 19 novembre 1840. P. 1841. 1. 95. — 22 janvier 1842. P. 1842. 1. 596. — 17 août 1867. P. 1868. 547. — Toulouse, 25 août 1853. P. 1857. 456. — Metz, 11 février 1857. P. 1857. 449.
(2) Cassation, 28 mars 1873. D. P. 73. 1. 174.

manière indubitable par l'analyse, vainement des ouvrages scientifiques ou des formulaires pharmaceutiques auront-ils publié les recettes pour la fabrication d'un médicament, ces préparations pharmaceutiques ou médicaments n'en seront pas moins des remèdes secrets, s'ils n'entrent pas complètement et identiquement dans l'une des quatre catégories sus-énoncées. — Vainement encore la formule de la préparation pharmaceutique mise en vente sera-t-elle inscrite au Codex ; si cette préparation pharmaceutique est présentée par le vendeur sous un nom nouveau, sous une dénomination qui n'est pas celle du Codex, l'identité de cette préparation avec le remède porté au Codex ne pouvant point être saisie et reconnue à première vue, ce sera encore là un remède secret. — C'est par application de ces principes que les préparations énumérées plus haut ont été condamnées. — Quant au sirop de Briant, pour motiver l'acquittement dont il a été l'objet, le jugement a constaté : 1° que cette composition, en date de 1825, a été, en 1829, l'objet d'un brevet d'invention ; 2° que pour l'obtention de ce brevet, la formule du sirop a été remise au ministre ; 3° qu'à l'expiration de la durée du brevet, la formule est nécessairement tombée dans le domaine public ; 4° que cette formule a dû être publiée conformément à la législation sur les brevets d'invention ; 5° que ce sirop a été soumis, en 1839, à l'Académie de médecine dans la vue d'en faire acquérir la formule par le gouvernement ; que l'Académie déclara qu'il n'y avait rien dans ce sirop qui ne fût connu, en médecine et dans les traités de pharmacie, sous les noms de tisane pectorale et de sirop béchique, ce qui amenait l'Académie à conclure qu'il n'y avait pas lieu, pour l'Etat, d'en faire l'acquisition ; 6° que le ministre du commerce, en annonçant par la lettre du 9 février 1839 ce résultat aux propriétaires du remède, ajoutait que leur qualité de pharmaciens leur donnait le droit de préparer et de délivrer le sirop sous les conditions déterminées par la loi. — De l'ensemble de ces circonstances, le jugement conclut que le sirop de Briant est un remède secret, mais dont la vente est licite, puiqu'on rencontre à la fois : 1° examen de la formule par l'Académie de médecine ; 2° publication par le gouvernement de cette formule comme ayant été l'objet d'un brevet expiré ; 3° et enfin autorisation expresse donnée à la vente par le ministre compétent. — Le jugement, se plaçant à un autre point de vue, a exprimé l'idée que la vente du sirop de Briant pouvait d'ailleurs être considérée comme licite, par cela seul que, d'après sa composition connue, il n'est qu'une préparation purement adoucissante, tirée du suc de quelques végétaux, et qui, à vrai dire, ne constitue qu'une boisson hygiénique, à peu près sans vertu, comme le sirop de guimauve, de gomme, de capillaire, que vendent les confiseurs aussi bien que les pharmaciens.

Appel par le sieur Edant. — Le ministère public s'est abstenu d'appeler.

Sur la plaidoirie de Me Nogent-Saint-Laurens et les conclusions contraires de l'avocat général quant aux remèdes acquittés, la Cour a rendu l'arrêt suivant :

« La Cour : — Attendu que la vente des remèdes secrets, formellement interdite en France par les anciens règlements, qui ne la permettaient qu'à certaines conditions d'examen et d'appropriation préalables, a été également prohibée sous la législation nouvelle par les décrets du 21 germinal an XI et 29 pluviôse an XIII ; — Que néanmoins, dans un but d'utilité publique et pour ne mettre aucun obstacle au progrès de la science, les décrets des 18 août et 26 décembre 1810 ont favorisé la publicité et l'emploi des remèdes nouveaux qui seraient découverts, à charge par les inventeurs d'en soumettre les formules à des commissions d'examen et de révision qui devaient éclairer le gouvernement sur la valeur de ces préparations ; — Que, toujours dans le même but, et pour faciliter l'usage des remèdes nouveaux dont la formule ne serait pas inscrite au Codex, mais dont l'utilité aurait été régulièrement reconnue, un décret du 3 mai 1850 a cessé de considérer comme remèdes secrets et a, en conséquence, autorisé les pharmaciens à vendre librement, en attendant que la recette en soit insérée dans une nouvelle édition du Codex, les remèdes qui auront été reconnus nouveaux et utiles par l'Académie de médecine, et dont les formules, approuvées par le ministre de l'agriculture et du commerce, conformément à l'avis de cette Société savante, auront été publiées dans son bulletin avec l'assentiment des inventeurs ou possesseurs ; — Qu'il résulte de ces diverses dispositions législatives, qu'il y a lieu de considérer comme remèdes secrets, dont l'annonce et la vente sont interdites par les décrets de l'an XI et de l'an XIII, ceux qui ne peuvent être compris dans aucune des catégories mentionnées au jugement, lesquelles sont au nombre de quatre, savoir : 1° les remèdes dont la formule est inscrite au Codex et que les pharmaciens préparent à l'avance pour les conserver dans leurs officines, ou remèdes officinaux ; 2° ceux que les pharmaciens composent sur des prescriptions spéciales d'un médecin, chirurgien ou officier de santé, ou remèdes magistraux ; 3° ceux qui ont été achetés et rendus publics par le gouvernement, conformément aux décrets de 1810 ; 4° enfin ceux dont la formule a été, avec l'assentiment des inventeurs ou possesseurs, publiée dans le Bulletin de l'Académie de médecine, conformément à l'avis de cette compagnie, et après approbation par le ministre de l'agriculture et du commerce, en exécution du décret du 3 mai 1850 ;

« Attendu qu'il serait néanmoins inexact de prétendre que toutes les préparations pharmaceutiques qui ne rentrent dans aucune des quatre catégories ci-dessus spécifiées doivent nécessairement être qualifiées *remèdes secrets ;* — Qu'on ne peut, en effet, considérer comme tels les médicaments présentés comme nouveaux et désignés sous un nom différent de celui sous lequel ils étaient connus, lorsque d'ailleurs il est constant que ces médicaments sont composés suivant la formule insérée au Codex ; que, dans ce cas, le simple changement de dénomination ne suffit pas pour faire attribuer au remède un caractère autre que celui qui lui est assigné par sa nature et sa composition ;

« Qu'il faut aussi reconnaître qu'on ne peut donner la qualification de remède secret à celui dont la nouveauté et le mérite consistent dans une modification de peu d'importance, telle que serait un meilleur mode de préparation officinal, un perfectionnement dans l'emploi des substances élémentaires du remède ou dans le dosage des quantités, une légère amélioration à la formule indiquée au Codex ou l'addition d'une substance bénigne, employée comme excipient, adjuvant ou véhicule ;

« Qu'enfin il est impossible de classer parmi les remèdes secrets les diverses compositions chimiques, hygiéniques, odontalgiques, cosmétiques, alimentaires ou autres qui ne doivent point entrer au corps humain en qualité de médicaments, ou qui, si elles sont en même temps susceptibles d'être employées accidentellement en médecine, n'ont pas cependant cette destination d'une manière exclusive, tels que certains sirops qui appartiennent à la fois à l'usage économique et à l'usage médical, et dont la vente est opérée par les confiseurs, liquoristes ou distillateurs aussi bien que par les pharmaciens et les droguistes ;

« Attendu qu'il importe peu que, dans l'annonce des compositions de cette nature, on leur attribue une efficacité et des vertus médicinales qui leur donneraient l'apparence d'un remède et les feraient accepter à ce titre par le public, si d'ailleurs il est reconnu qu'on ne peut y voir un véritable médicament, et si les termes menteurs ou hyperboliques de l'annonce ne donnent lieu ni au délit d'escroquerie, ni à celui de tromperie sur la nature de la marchandise ;

« Attendu qu'en faisant application de ces principes aux préparations pharmaceutiques incriminées, il s'en suit qu'il n'y a lieu de considérer comme remèdes secrets : 1° l'élixir tonique anti-glaireux du docteur Guillé ; 2° le sirop ferreux de Dusourd ; 3° le sirop Flon ; 4° les biscuits Pinel ; — Qu'en effet, *l'élixir tonique anti-glaireux du docteur Guillé* n'est qu'un perfectionnement du remède nommé *teinture de jalap composée ou eau-de-vie allemande*, dont la formule est inscrite au Codex sous le n° 327 ; qu'en donnant à ce remède perfectionné une désignation nouvelle qui met en relief ses propriétés, l'auteur de la préparation n'a fait que consacrer par cette désignation suivie de son nom, la méthode inventée par lui pour améliorer la fabrication d'un remède connu ;

« Attendu que le *sirop ferreux de Dusourd* n'est rien autre chose qu'une combinaison de protoxyde de fer avec le sirop de sucre employé comme excipient ou véhicule ; que ce remède ayant pour base, comme son nom l'indique suffisamment, le protoxyde de fer, dont l'usage est fort ancien et dont l'indication se trouve au Codex, on ne saurait trouver dans une mixture innocente et dans un nom nouveau des motifs suffisants pour le classer parmi les remèdes secrets ; — Qu'il résulte des documents du procès qu'antérieurement au décret du 3 mai 1850, le sirop dont il s'agit a été soumis, avec la recette indiquant le mode de préparation, à l'Académie de médecine, où il a été, en 1841, l'objet d'un rapport qui, à la vérité, ne concluait pas à une adoption immédiate et à une approbation définitive, mais qui lui accordait une mention favorable, insérée au bulletin de l'Académie de ladite année ; que si cette mention ne remplace pas l'accomplissement des formalités exigées pour l'autorisation des remèdes nouveaux, elle prouve du moins que l'Académie n'a trouvé dans la composition et la préparation de ce remède rien qui fût de nature à en interdire la vente ;

« Attendu que le *sirop de Flon* a été, en 1853, l'objet d'une analyse chimique faite par des experts nommés par la Cour de Dijon qui l'a renvoyé de la poursuite dirigée contre lui ; qu'il semble résulter de cette analyse et de la décision qui l'a suivie, qu'on ne devrait voir dans le sirop de Flon qu'une préparation purement hygiénique, dont les ingrédients ont peu de propriétés médicamenteuses ; que si les prospectus et annonces de ce sirop l'élèvent à la hauteur d'un remède et le présentent comme pourvu de grandes vertus curatives, il faut imputer ces exagérations à des habitudes commerciales d'autant plus blâmables que les auteurs des préparations ainsi vantées se voient obligés de rétracter et de nier devant la justice les prétendues qualités dont il leur a plu de décorer leurs inventions devant le public ;

« Qu'il convient aussi de remarquer que par suite de l'acceptation d'un legs fait, par le sieur Flon, de son officine et de son fonds de commerce à l'école de pharmacie de Paris et au bureau de bienfaisance du deuxième arrondissement de cette ville, la formule du sirop Flon, vendue au profit de ces deux établissements, a été en quelque sorte patronnée par le gouvernement, car, si on ne peut voir dans l'autorisation donnée pour accepter le legs, l'équivalent d'une approbation régulière du médicament, on doit admettre cependant que l'Administration, même dans un intérêt de charité publique, ne permettrait pas, ne fût-ce qu'indirectement, la vente illicite d'un remède secret ;

« Attendu que si la formule exacte des *biscuits Pinel* n'a été communiquée par l'inventeur à aucune des autorités compétentes, et si les annonces n'indiquent même pas quelle est la base de ce médicament, l'expérience, l'analyse et les déclarations officieuses de l'auteur ont fait connaître le principal élément constitutif de ce vermifuge, qui est la santonine ;

« Que cette substance médicale, qui figure parmi les médicaments simples inscrits au Codex, a pu être associée à un excipient utile, sans que le produit de cette association devienne pour cela un remède secret ; qu'il n'y a donc lieu de prohiber l'annonce et la vente de ce médicament ;

« Attendu qu'il n'en est pas de même en ce qui concerne le *sirop pectoral de Lhoste*, ainsi que la *poudre* et les *pastilles de Paterson ;* — que ces médicaments ne sont pas inscrits au Codex et n'ont jamais été publiés en exécution des lois sur la matière ;

« Adoptant, au surplus, à leur égard, les motifs du jugement ;

« Par ces motifs, — Réforme le jugement, en ce qu'il a déclaré Edant coupable d'exposition en vente de remèdes secrets, pour avoir tenu publiquement dans son officine, au mois de juillet 1856, à Metz : 1° l'élixir tonique anti-glaireux du docteur Guillé ; 2° le sirop ferreux de Dusourd ; 3° le sirop Flon ; 4° les biscuits Pinel ; — Renvoie Edant de l'inculpation en ce qui touche l'annonce et la mise en vente des quatre médicaments ci-dessus spécifiés ; le surplus du jugement sortissant effet, etc... » (1).

398. Cet arrêt a inspiré à M. Grand, alors conseiller à la

(1) Metz, 11 février 1857. P. 1857. 149.

Cour de Metz, les observations suivantes qui sont également rapportées au *Journal du Palais :*

§ 1er. « — Cette cause met en présence deux systèmes complètement distincts et opposés : celui du jugement et celui de l'arrêt. Suivant que l'on adopte l'un ou l'autre, telle composition chimique pourra être librement étalée, mise en vente dans une officine pharmaceutique et débitée, ou bien sa simple apparition sur les rayons du laboratoire du pharmacien motivera une saisie, un procès-verbal, la traduction du pharmacien devant le tribunal de police correctionnelle et sa condamnation pour mise en vente de remèdes secrets. — Ces systêmes, qui conduisent à des conséquences si divergentes, s'accordent d'ailleurs sur la législation applicable; ils ne diffèrent que sur son interprétation.

« En ce qui concerne la législation, elle se compose de la loi du 21 germinal an XI, que l'on a appelée le règlement fondamental de la pharmacie, et le complément de la loi sur l'exercice de la médecine, dénomination judicieuse, puisqu'il est vrai, suivant l'expression du conseiller d'Etat Fourcroy, dans son exposé des motifs, que le traitement heureux des maladies suppose la bonne préparation des médicaments ; de la loi du 29 pluviôse an XIII, des décrets du 25 prairial an XIII, du 18 août 1810, du 26 décembre 1810, de l'ordonnance du 20 décembre 1820, du décret des 3 mai–21 juin 1850. On doit aussi consulter une circulaire ministérielle du 2 novembre 1850 (1).

« Personne ne conteste qu'aux termes de cette législation, les seuls remèdes reconnus par la loi, *que peuvent ou doivent tenir et débiter les pharmaciens,* sont : 1° les remèdes magistraux, c'est-à-dire ceux composés d'après les prescriptions spéciales des médecins; 2° les remèdes officinaux, c'est-à-dire ceux composés conformément au Codex ou formulaire rédigé par les écoles de médecine ; 3° ceux dont la recette a été achetée et publiée par le gouvernement; 4° les remèdes reconnus nouveaux et utiles par l'Académie de médecine, et dont les formules, approuvées par le ministre de l'agriculture et du commerce, ont été publiées dans le bulletin de l'Académie de médecine avec l'assentiment des inventeurs ou possesseurs.

« Mais de cette volonté de la loi, ainsi formulée, le jugement et le ministère public ont inféré d'une manière absolue : 1° que le caractère de remède secret non autorisé se détermine non pas seulement par la nature et la composition réelles du remède, d'après la vérification qui en est faite et qui constate son identité avec la formule du Codex, mais principalement d'après l'objet, la nature et les effets que les possesseurs assignent à leurs préparations, par le titre ou le nom qu'ils leur donnent, et par les étiquettes, prospectus et brochures dont ils les accompagnent ; 2° que l'on doit encore assimiler au remède secret toute composition chimique, fût-elle purement hygiénique et employée indifféremment à l'usage économique et à l'usage médicinal, par cela seul que, dans l'annonce de cette composition, des vertus médicinales lui ont été attribuées; 3° qu'il doit enfin

(1) V. *suprà*, p. 384.

en être de même en ce qui concerne le remède, composé suivant la formule du Codex, mais modifié par un mode de préparation, ou par un excipient quelconque, quoique cette modification soit une véritable amélioration du remède, et n'altère point conséquemment ses vertus médicinales.

« La saine interprétation de la législation pharmaceutique conduit-elle à ces conséquences, consacrées par le jugement, et que le ministère public s'est efforcé de faire prévaloir devant le second degré de juridiction ? — La Cour de Metz ne l'a pas pensé, Le système qu'elle a adopté nous paraît le plus juridique ; il s'appuie tout à la fois sur la lettre de la loi, qui admet comme parfaitement licites les remèdes officinaux, c'est-à-dire composés conformément au Codex ou formulaire rédigé par les écoles de médecine, et conservés dans les officines des pharmaciens, et sur son véritable esprit, qui ne permet pas que certaines circonstances, purement accessoires et extrinsèques, privent les remèdes essentiellement officinaux du *laissez-passer* qu'ils tiennent de la loi.

« En effet, voilà un pharmacien qui met en vente dans son officine un remède préparé à l'avance, et conformément aux prescriptions du Codex. Ce remède est évidemment irréprochable, au point de vue juridique, et quant à sa composition et quant à l'établissement où s'opère la mise en vente ; c'est le remède officinal par excellence, puisque le pharmacien, loin de contrevenir à l'art. 32 de la loi du 21 germinal an XI, qui lui interdit de vendre aucun remède secret, obéit à la prescription formelle de cet article, portant que les pharmaciens se conformeront, pour les préparations et compositions qu'ils devront exécuter et tenir dans leurs officines, aux formules insérées et décrites dans les dispensaires ou formulaires qui ont été rédigés ou qui le seront dans la suite, par les écoles de médecine ; et cependant, quoique ce remède soit exactement dans les conditions légales qui viennent d'être indiquées, l'étiquette collée à la fiole qui le contient, le prospectus qui l'accompagne, en lui attribuant, *en totalité ou en partie, une dénomination non inscrite au Codex*, lui imprimeront un cachet de clandestinité suffisant pour le faire entrer aussitôt dans la catégorie des remèdes secrets ! — C'est ce qui a été jugé par la Cour de Paris, chambre correctionnelle, les 23 janvier et 17 juin 1829.

« Je repousse cette doctrine trop absolue, en faisant remarquer qu'en pareille matière, la première démonstration imposée à la prévention doit établir, au fond, d'une manière certaine et non équivoque, que le remède, matériellement parlant, dans ses éléments essentiels et pharmaceutiques, est un remède secret, c'est-à-dire un remède non inscrit au Codex. — Sans doute la loi du 21 germ. an XI, qui prohibe les remèdes secrets, prohibe également, dans son art. 36, toute annonce et affiche imprimées qui annonceraient des remèdes secrets, sous quelque dénomination qu'ils soient présentés ; et la sanction pénale de ces infractions, on la trouve, d'après une jurisprudence constante, qu'on ne discute plus, dans la loi du 29 pluv. an XIII, qui prononce une amende de 25 à 600 fr., et, en outre, en cas de récidive, une détention de trois jours au moins, et de dix au plus.

« Mais ce n'est pas l'annonce qui constitue le caractère secret des remèdes, ce sont les éléments, c'est le principe pris en dehors du Codex, car le danger pour la santé publique n'est pas apparemment dans un prospectus, mais il existe, et il peut être immense, dans un mauvais remède; et, par une présomption *juris et de jure* (1), est réputé mauvais, le remède entaché de clandestinité, dont l'inventeur n'a pas fait disparaître le vice en se conformant soit au décret du 18 août 1810, protecteur des *remèdes spécifiques* contre diverses maladies, ou des substances utiles à l'art de guérir, soit au décret des 3 mai-21 juin 1850, qui prend également sous sa protection les remèdes reconnus nouveaux et utiles par l'Académie de médecine. — S'agit-il donc, comme dans l'espèce, de la prévention de mise en vente, dans une officine, de remèdes secrets, cette prévention, pour triompher, devra établir que le remède est secret dans les éléments qui le constituent et qui ne sont pas conformes au Codex. — Que s'il s'agit de la prévention d'avoir annoncé, par la voie d'affiches, des remèdes secrets, il faudra évidemment, pour appliquer la loi, la réunion de deux choses : remède secret et annonce ou mise en vente. L'annonce et l'étiquette, quelles qu'elles soient, ne peuvent pas imprimer le caractère de remède secret à une préparation exactement conforme à la formule du Codex. De même et *à contrario*, comme on l'a dit dans cette affaire, un remède véritablement secret, qui ne serait conséquemment point composé suivant les prescriptions du Codex, ne pourrait recevoir le caractère de remède autorisé, parce qu'on lui aurait donné le nom d'une formule du Codex. — Avant tout, c'est le fond des choses qu'il faut examiner, c'est la vérité qu'il faut rechercher; et si elle nous montre, dans une composition poursuivie comme secrète, un remède conforme au Codex, il faut permettre à ce remède de se produire !

« Je ne prétends pas, néanmoins, soutenir que ce soit chose indifférente que d'affubler d'un nom inconnu un médicament composé suivant la formule insérée au Codex ; on cite des arrêts, et notamment un arrêt de la Cour de Paris, du 17 juin 1829, qui jugent que l'on peut considérer comme remèdes secrets des remèdes mis en vente sous des noms inconnus. — J'admets que le déguisement du remède, à l'aide d'un nom nouveau et différent de celui sous lequel il est connu dans le Codex, puisse, combiné avec des circonstances spéciales, le faire descendre dans la catégorie des remèdes secrets. Cette concession, que ne fait point l'arrêt de la Cour de Metz, qui, peut-être, sous ce rapport, est aussi, comme le jugement dans un autre sens, trop absolu dans ses termes, je la crois admissible. Mais il faudra que les circonstances soient d'une extrême gravité, pour qu'elles déterminent le juge à frapper. Il a, en pareille matière, un pouvoir d'appréciation dont il doit user en n'oubliant pas, avant tout, que la conformité du remède aux exigences du Codex implique son caractère juridique. — Disons donc, en thèse générale, qu'un remède a son passe-port dans le Codex, et qu'il ne deviendra pas nécessairement secret, parce qu'on l'aura produit sous un nom nouveau n'en révélant point, ou en révélant imparfaitement la composition. Cette

(1) V. *suprà*, p. 288, ce que l'on entend par présomption *juris et de jure*.

irrégularité ne métamorphose point le remède, et ne lui enlève point son caractère de remède essentiellement officinal.

« Mais, me dira-t-on, le remède préparé à l'avance, et tenu dans l'officine du pharmacien, est licite à vos yeux, malgré des prospectus et des annonces plus ou moins véridiques, parce que vous reconnaissez, en fait, qu'il est composé conformément au Codex, et qu'il a conséquemment au plus haut point le caractère de remède officinal, ce qui le fait entrer dans l'une des quatre catégories admises par la législation pharmaceutique ; d'où vient donc qu'il est dit dans l'arrêt, qui semble d'ailleurs consacrer votre système quant au fond, quelque chose de nature à contrarier la règle qui ne permet pas de reconnaître de remède licite en dehors de ces quatre catégories ? En effet, l'arrêt dit textuellement : « qu'il serait inexact de prétendre que toutes les préparations pharmaceutiques qui ne rentrent dans aucune des quatre catégories ci-dessus spécifiées doivent nécessairement être qualifiées remèdes secrets ; qu'on ne peut, en effet, considérer comme tels les médicaments présentés comme nouveaux et désignés sous un nom différent de celui sous lequel ils étaient connus, *lorsque d'ailleurs il est constant que ces médicaments sont composés suivant la formule insérée au Codex.* »

« A cette objection, je n'ai qu'une réponse, mais catégorique et décisive; la voici : la dernière partie du motif qu'on vient de reproduire corrige la première partie, qui, à mon point de vue, n'est point conforme aux véritables principes sur la matière. Il faut reconnaître, en droit, et contrairement à la proposition formulée dans la première partie du motif, que toutes les préparations pharmaceutiques qui n'entrent dans aucune des quatre catégories sont illicites si elles constituent des remèdes. Mais c'est précisément parce que les remèdes composés suivant la formule insérée au Codex entrent dans une de ces quatre catégories, c'est-à-dire dans celle des remèdes officinaux, qu'ils sont licites, le simple changement de dénomination étant impuissant, à lui seul et d'une manière absolue, pour enlever aux remèdes officinaux le caractère qui leur est assigné par leur nature et leur composition, comme le dit très judicieusement la seconde partie du motif.

§ 2. « — Une solution non moins importante, contenue dans l'arrêt de la Cour de Metz, et qui a beaucoup d'affinité avec la précédente, est celle qui refuse d'assimiler à un remède secret le remède composé suivant la formule du Codex, c'est-à-dire demeurant, au fond, le même que celui du Codex, quoique, par suite d'un nouveau mode de préparation, il ait été amélioré d'une manière plus ou moins sensible. — La doctrine sur laquelle repose cette solution a été vivement contestée dans les espèces que la Cour avait à juger. Pour la faire prévaloir, la Cour a dû d'abord s'attribuer un droit d'examen et se reconnaître une certaine latitude d'appréciation. C'est ainsi que, s'assurant de la composition de l'*élixir tonique anti glaireux du docteur Guillé*, elle a constaté, à l'aide des documents qu'elle avait sous la main, que cet élixir n'est qu'un perfectionnement du remède nommé *teinture de jalap composée*, ou eau-de-vie allemande, dont la formule est inscrite au Codex. — C'est ainsi qu'elle a constaté également que le *sirop ferreux de Dusourd* a pour base, comme son nom l'indique d'ailleurs, le protoxyde de fer, dont mention est faite au Codex, ce qui l'a conduite à cette conséquence, que la combinaison de ce protoxyde de fer avec le sirop de sucre employé comme véhicule, ne constituait qu'une mixture innocente, que l'on ne saurait, sans fausser l'esprit de la loi sur la matière, ranger dans la catégorie des remèdes secrets. — C'est ainsi, encore, qu'elle a admis comme incontestable que le principal élément constitutif du vermifuge connu sous le nom de *biscuits Pinel*, est la *santonine*, substance inscrite au Codex, et que son association à un excipient utile a donné naissance au biscuit Pinel, qui, dès lors, n'est point un remède nouveau, mais une application d'un remède connu, inscrit au Codex, la *santonine*, avec cette différence que la substance est préparée différemment et à l'aide de procédés qui donnent des résultats meilleurs.

« L'arrêt de la Cour de Metz, en concluant de ces diverses constatations qu'il n'y a pas lieu à proclamer l'existence de remèdes secrets, a adopté un système moins exclusif, moins étroit que celui du jugement qu'il a infirmé en partie, et, à coup sûr, plus en harmonie avec la pensée du législateur, qui ne saurait vouloir que, sans se renseigner sur le plus ou moins d'influence que la modification apportée au remède inscrit au Codex est de nature à exercer sur ce même remède, le juge se croie obligé, en n'ayant d'autre base de sa rigueur que la modification elle-même, de condamner comme secret un remède amélioré, perfectionné, mais identique dans son essence avec celui indiqué dans le Codex, et ordonné chaque jour par les princes de la science médicale.

« Déjà une jurisprudence progressive et intelligente, comme la législation elle-même, se séparant d'une jurisprudence surannée, avait tracé à la Cour de Metz la voie dans laquelle elle est entrée. — Nous voyons notamment, en effet, la Cour de Rouen déclarer, par arrêt du 29 nov. 1855 (1), que l'*élixir de Guillé* « n'est, en définitive, « que de l'eau-de-vie allemande, dont la composition est donnée par le « Codex, qu'il contient tous les mêmes éléments, produit les mêmes « effets, et n'en diffère que par un mode de préparation perfectionné « dont les résultats sont toujours plus sûrs que ceux qu'on peut « obtenir par les formules écrites au Codex, et qu'ainsi ce médica- « ment ne peut être considéré comme un remède secret. » — La Cour de cassation, par arrêt du 6 août 1842, a jugé que l'arrêt qui décide que le mode de préparation d'un médicament (*Pilules ferrugineuses de Vallet*) ne constitue pas un remède nouveau et secret, mais une simple amélioration à la formule indiquée au Codex, ne viole aucune loi (2). — Un arrêt de la Cour de Dijon, du 17 août 1853 (3), s'expliquant sur l'*huile iodée de Personne*, contient un motif ainsi conçu : « Considérant qu'il est suffisamment établi que ce mé- « dicament ne constitue qu'un nouveau mode d'administration de « l'*iode*, substance simple, dont les propriétés sont bien connues, et « que les pharmaciens sont tenus d'avoir dans leurs officines, qu'en « un mot l'*huile étant un adjuvant de l'iode*, on ne peut ranger ce

(1) Recueil des arrêts de la Cour de Rouen, année 1855, p. 320.
(2) Pal. 1843. 2. 385.
(3) Pal. 1853. 2. 147.

« médicament dans la catégorie des remèdes secrets ; que c'est donc « à tort que le jury médical de la Côte-d'Or a prescrit la saisie dudit « médicament. » — Enfin, un arrêt de la Cour de Toulouse, du 25 août 1853 (1), fait application des mêmes principes au *sirop de digitale de Labelonye*, qu'il déclare ne différer du sirop de digitale formulé au Codex que par une préparation meilleure, qui enlève au sirop du Codex son âcreté et son odeur, en même temps qu'elle lui donne plus de stabilité et d'efficacité, ce qui constitue une amélioration, un perfectionnement d'un remède approuvé, et non un remède nouveau et secret.

« Ainsi, droit d'examen de comparaison, et, par voie de conséquence, droit de décider que le principe du remède étant, nonobstant certaines modifications ou améliorations, resté le même que celui du Codex, le délit n'existe pas. Voilà bien l'esprit des décisions que nous venons de rappeler. — C'est cet esprit que l'on retrouve aussi dans l'arrêt de la Cour de Metz.

« Si des raisons d'analogie peuvent être utilement invoquées, nous dirons que le ministre de l'intérieur paraît aussi comprendre dans ce sens la législation pharmaceutique. En effet, dans sa circulaire du 2 novembre 1850, explicative du décret du 3 mai de la même année, après avoir fait connaître aux préfets les remèdes qui, autorisés en vertu de ce décret, pourront être vendus légalement, c'est-à-dire les remèdes : 1° qui ont été reconnus nouveaux et utiles par l'Académie de médecine ; 2° dont les formules ont été approuvées par le ministre du commerce; 3° et ont été publiées dans le *Bulletin de l'Académie de médecine*, le ministre reconnaît qu'il y en a qui, *sans réunir ces trois conditions*, ne doivent néanmoins pas être poursuivis ; « ce sont ceux, dit-« il, qui ont été, dans ces derniers temps et antérieurement au décret, « l'objet de rapports favorables de l'Académie de médecine, et qui sont, « on peut le dire, passés dans la pratique. » Suit, dans la circulaire, l'énumération de plusieurs remèdes qui semblent aujourd'hui au ministre à l'abri de toute poursuite et ne pouvoir être assimilés à des remèdes secrets. Ce ne sont pas, qu'on le remarque bien, des remèdes reconnus nouveaux et utiles, et adoptés par l'Académie de médecine, mais qui ont été *seulement* l'objet de rapports favorables de cette Académie, qui semblent au ministre devoir être placés sous la protection de la justice, *quoiqu'ils ne réunissent pas les trois conditions exigées par le décret* du *3 mai* 1850. Comment donc, quand il s'agit de remèdes passés également dans la pratique depuis de longues années, tels que l'*élixir anti-glaireux*, c'est-à-dire l'eau-de-vie allemande *du docteur Guillé, le sirop ferreux du docteur Dusourd* et les *biscuits Pinel*, remèdes qui ont sur quelques-uns de ceux indiqués dans la circulaire ministérielle, et protégés par elle, l'avantage d'être inscrits au Codex dans leurs éléments essentiels et pharmaceutiques, sauf quelques légères modifications, comment donc le juge serait-il privé du droit d'examen et d'appréciation, dont le ministre lui-même ne balance point à user avec une certaine extension, qui ne l'empêche pas apparemment d'être le fidèle observateur

(1) Pal. 1857. 456.

du décret de 1850, sinon dans la lettre rigoureuse, du moins dans l'esprit qui vivifie et qui ne tarderait pas à être dénaturé par un zèle exagéré de formalité ?

« Le système qui protège comme officinal, malgré certaines modifications, le remède ne conservant de la formule du Codex que son principe et sa vertu, ne peut, appliqué par des magistrats éclairés et consciencieux, énerver la législation pharmaceutique en assurant l'impunité de charlatans propagateurs de remèdes mystérieux dont font tout le mérite la crédulité de ceux qui les emploient et le charlatanisme de ceux qui les débitent. — Nous en avons un exemple sous les yeux. Le jugement du tribunal de Metz, frappé d'appel par le pharmacien Edant, avait condamné le *sirop pectoral de Lhoste*, en se fondant sur ce que jamais ce pharmacien n'en a soumis la formule à l'Académie, ni au gouvernement, et qu'il se borne à prétendre que les formulaires de pharmacie contiennent des formules qui ont beaucoup d'analogie avec la sienne ; « cette analogie, ajoutait le jugement, « n'équivaudrait pas à l'accomplissement des conditions légales. » — Devant la Cour de Metz, le pharmacien Edant produisait un mémoire où il était dit, pour sa justification et celle du sirop pectoral de Lhoste, que c'était *simplement* un mélange de sirop d'hysope, d'ipécacuanha, d'iacode, de fleurs d'oranger et de thridace, arrosé de quelques gouttes de laurier-cerise. — En présence de la combinaison de ces six substances, le mot *simplement* était aussi hasardé que téméraire ; aussi vainement ajoutait-il que si l'on consultait le formulaire médical, p. 519, 520, 522, 524 (1), l'on trouverait un certain nombre de sirops pectoraux ayant la plus grande analogie avec le sirop pectoral de Lhoste, et que les substances dont il est composé étaient toutes formulées au Codex. — L'arrêt n'en a pas moins confirmé la partie du jugement qui condamnait ce sirop, parce que, en effet, le remède est nouveau et secret lorsque les modifications faites au Codex sont graves, compliquées, et portent sur le mode de préparation, de telle sorte que la composition elle-même puisse en être affectée sans qu'il en résulte clairement une amélioration. — Voilà ce qu'enseigne une saine doctrine consacrée par l'arrêt de la Cour de Metz.

§ 3. « — En renvoyant le pharmacien Edant de l'inculpation, en ce qui touche le *sirop de Flon*, l'arrêt de la Cour de Metz s'est associé à la haute jurisprudence de la Cour de cassation, qui, ainsi que le rappelait la circulaire ministérielle du 2 novembre 1850, a établi qu'on ne doit considérer ni comme remèdes, ni comme médicaments, les préparations simplement hygiéniques, qui sont parfois tout aussi bien du domaine du confiseur ou du parfumeur que du pharmacien. L'attribution faite, par annonce, à cette inoffensive et salutaire composition, de quelques vertus médicinales, ne lui a pas paru non plus, et à juste titre, être de nature à lui imprimer un caractère délictueux.

« Lorsqu'on met en présence les titres respectifs invoqués en faveur du *sirop de Briant* et du *sirop de Flon*, comme leurs degrés relatifs d'innocuité, on ne comprend pas comment leur sort judiciaire pourrait être différent. — Qu'importe qu'il soit présumable, comme

(1) *Encyclopédie des sciences médicales.*

l'annonce le jugement, que, à l'expiration du brevet d'invention dont le sirop de Briant a été l'objet, la formule, tombée dans le domaine public, ait dû être publiée conformément à la législation sur les brevets d'invention ! Sans doute, au point de vue de la loi, il est une publication opérante en faveur du remède : c'est la publication, dans le *Bulletin de l'Académie de médecine,* de la formule médicamenteuse après approbation de cette même formule par le ministre de l'agriculture et du commerce, et après que l'Académie de médecine a reconnu, conformément au décret du 3 mai 1850, le remède nouveau et utile. Mais ce n'est pas cette publication, avec tous les accessoires qui viennent d'être rappelés, que le jugement relève en faveur du remède Briant, pour en conclure que, *tout en étant secret, sa vente est licite.* La publication qu'il met en relief, c'est celle qui est la conséquence d'un brevet d'invention obtenu en 1829, avant la loi de 1844, qui n'admet plus de brevets d'invention pour les préparations médicamenteuses ; c'est là un tort ; il ne saurait être permis d'appliquer les règles d'une matière spéciale à une matière entièrement distincte, et la publication qui concerne les brevets est profondément distincte, quant à ses effets, de celle qui concerne les matières pharmaceutiques. — Il est vrai, comme le dit le jugement, que la formule a été examinée par l'Académie de médecine, mais quel a été le résultat de cet examen ? Que ce qui constitue ce sirop est connu en médecine et dans les traités de pharmacie sous les noms de tisane pectorale et de tisane béchique. Mais l'Académie de médecine a-t-elle reconnu, conformément au décret du 3 mai 1850, la nouveauté et l'utilité de ce remède ? Loin de là, elle a dit formellement qu'il n'y avait pas lieu pour l'Etat d'en faire l'acquisition. Dans ces conditions, quelle portée juridique peut avoir l'examen de la formule par l'Académie de médecine ? — Mais il y a une autorisation donnée à la vente par le ministre compétent, est-il dit dans le jugement. Peut-être ne pourrait-on voir, dans la lettre du ministre du commerce du 9 février 1839, analysée dans le jugement, rien de concluant, puisqu'on se borne à dire, dans cette lettre, à des pharmaciens, ce qui n'est pas contestable, que leur qualité de pharmaciens leur donne le droit de préparer et délivrer ce sirop *sous les conditions déterminées par la loi.* Est-ce que parmi ces conditions ne se trouve pas l'ordonnance spéciale du médecin qui imprime au remède confectionné, suivant cette ordonnance, *et en vertu de cette ordonnance,* le caractère magistral ? Il semble donc que la lettre ministérielle n'a pas d'autre valeur que celle du conseil qu'elle donne de se conformer à la loi.

« Que résulte-t-il de ces observations ? Qu'en vertu du principe proclamé avec beaucoup de force par le jugement lui-même, et portant qu'aucuns remèdes non magistraux et non officinaux ne sont licites s'ils ne sont dans les conditions d'autorisation exigées par les décrets des 18 août-26 décembre 1810 et 3 mai 1850, le jugement n'aurait pas dû considérer les circonstances de fait qui viennent d'être rappelées comme imprimant au *sirop de Briant* le caractère de remède tout à la fois secret et licite, comme étant régulièrement autorisé. — Sans doute, le *sirop de Briant* devait être, comme il l'a été devant les deux juridictions, l'objet d'un acquittement; mais par un seul motif, celui que donne *in fine* le jugement du tribunal correctionnel de Metz, à savoir que, *d'après sa composition, il n'est qu'une préparation purement adoucissante et hygiénique.* — C'est aussi la raison décisive en faveur du *sirop de Flon*, doué de propriétés lénitives et pectorales qu'apprécient les médecins les plus renommés. L'élément de ce sirop, qualifié par le jugement d'essence de *laurier-cerise, substance très active et parfois toxique*, ne les alarme point, parce que l'analyse chimique leur a démontré, en définitive, que la préparation appelée *sirop de Flon* n'est qu'un sirop de sucre dans les proportions de 250 grammes, légèrement aromatisé par deux grammes D'EAU DISTILLÉE *de laurier-cerise*, et colorié par un peu de cochenille, ce qui constitue une combinaison d'une innocuité parfaite, mais non dépourvue de certaines propriétés hygiéniques, c'est-à-dire conservatrices de la santé, qui ont pu être indiquées dans des prospectus et sur des étiquettes, comme on y signale les vertus du sirop de Briant et du chocolat, sans violation des règles éternelles de la loyauté et de la morale,

« Un dernier mot encore. — Le décret des 3 mai-21 juin 1850, dicté par la pensée, ainsi que l'indique le préambule, qu'il importe à la thérapeutique de faciliter l'usage de remèdes nouveaux dont l'utilité aurait été régulièrement reconnue, permet aux pharmaciens de vendre librement, en attendant que la recette en soit insérée dans une nouvelle édition du Codex, les remèdes qui auront été reconnus nouveaux et utiles par l'Académie de médecine; mais si, parmi ceux qui lui sont fréquemment soumis, plusieurs lui paraissent *utiles*, aucuns ne lui paraissent *nouveaux*...., à l'exception peut-être du *biscuit du docteur Olivier*, acheté, dit-on, par le gouvernement, qui le paiera, quand l'état des fonds affectés à ce service le permettra.... — Ainsi il est permis de penser, sans témérité, qu'il y a, en ce qui concerne la législation pharmaceutique, *quelque chose à faire*, suivant une expression qui nous reporte à d'autres temps.

« En attendant, appliquons les lois sur la matière qui nous occupe, en nous efforçant de concilier leur texte et leur esprit. Peut-être parviendrons-nous à empêcher de se reproduire cette anomalie qui fait qu'à un moment donné on saisit, dans une ville de second ou de troisième ordre, le sirop de Flon, vraiment salutaire pour les poitrines délicates, et d'autres compositions non moins irréprochables à d'autres titres, tandis qu'à Paris, à Bordeaux, à Lyon, à Rouen, à Dijon, on les laisse librement circuler. Ce sera ainsi que, dans notre modeste sphère nous agirons comme tous les gouvernements qui, pour me servir des expressions de Carret, dans son rapport sur la loi du 21 germinal an XI, ont étendu leur sollicitude sur la pharmacie, cette profession qui intéresse si essentiellement la santé et la vie des hommes. »

Il n'y a rien à ajouter à un exposé aussi clair et aussi complet de la véritable théorie des remèdes secrets.

La jurisprudence ne paraît pas avoir varié depuis l'arrêt de la Cour de Metz. C'est par application des principes développés ci-dessus qu'il a été jugé par la Cour d'Amiens que la *Copahine-Mège* ne constitue pas un remède secret, bien qu'elle ne se trouve pas au Codex sous son nom commercial, dès lors qu'elle y figure en réalité dans le rapport des substances dont elle se compose (1).

Il en est encore ainsi du *sirop d'Homs*, qui n'est que le *sirop de morphine* du Codex aromatisé avec de l'eau de fleur d'oranger et de laurier-cerise (2).

399. Mais pour que les modifications apportées aux formules du Codex n'impriment pas au remède le caractère de remède secret, il faut qu'elles soient, comme l'a jugé la Cour de Metz, de peu d'importance et consistent seulement dans l'adjonction de substances bénignes, employées comme excipient, adjuvant ou véhicule.

Le sieur Bigot, pharmacien à Sourdeval, avait été condamné par jugement du tribunal correctionnel de Mortain, en date du 27 juillet 1872, pour avoir annoncé publiquement la vente d'un remède secret. — Appel. -- Le 28 août 1872, arrêt de la Cour d'appel de Caen qui déclare la condamnation fondée, par les motifs suivants :

« Considérant qu'il résulte d'un procès-verbal rédigé à la date du 27 juin, par le commissaire de police d'Auray, que quatre affiches, dont trois annoncent la guérison de la gale, et la quatrième la destruction des rats, ont été apposées sur les murs de cette ville par un sieur Labiche, afficheur, de la maison Bigot ; que le remède préconisé porte le nom de solution Bigot, pharmacien à Sourdeval ; — que ce procès-verbal et ces affiches ont été transmis à M. le Procureur de la République de Mortain, qui de suite a fait demander des explications à Bigot ; — que cet individu, reconnaissant le fait matériel d'apposition de placards, a immédiatement formulé son système de défense, qu'il a reproduit à toutes les phases de la procédure, à savoir : que la solution dite de Bigot est un composé de sulfure de calcium et d'acide phénique ; — que le sulfure de calcium figure au Codex, à la p. 171, et l'acide phénique à la p. 97, ce qui est parfaitement exact ; que la réunion de ces deux substances ne peut donc constituer un remède secret, puisque toutes deux sont inscrites au vœu de la loi ;

« Considérant qu'il est utile de rechercher quelle est la valeur juridique de ces moyens de défense, qui déjà ont, à juste titre, été repoussés par les premiers juges ; — qu'il importe d'abord de préciser le but et la portée du *Codex médicamentarius* ou *Pharmacopée française,* et de se pénétrer de l'esprit de ses rédacteurs ; que les termes du rapport et de la préface qui précède cet important travail, revisé en 1866, indiquent suffisamment qu'il n'est et ne peut être

(1) Amiens, 26 juillet 1877. P. 1877. 1042.
(2) Trib. de la Seine, 13 février 1880. *Gazette des tribun.*, 15 févr. 1880.

qu'une nomenclature de corps simples ou composés, dont il indique le degré de purification ou le dosage; — Que de la sorte, lorsqu'une préparation médicale est faite conformément au Codex, elle doit toujours être la même dans toute l'étendue du territoire français; qu'en un mot le Codex constitue l'unité médicale de l'Etat qui l'édicte; — Que de là il résulte manifestement que le mélange ou la combinaison de ces substances constituent l'exercice de la médecine, s'ils s'appliquent à des cas particuliers; la fabrication de remèdes secrets, s'ils s'appliquent à des cas généraux; — Qu'on peut donc affirmer, ainsi que l'a fait la Cour de cassation dans une jurisprudence constante, qu'on doit entendre par un remède secret toute préparation qui n'est point inscrite au Codex, ou qui n'a pas été composée par un pharmacien, sur l'ordonnance d'un médecin, pour un cas particulier, ou qui n'a pas été spécialement autorisée par le gouvernement, conformément au décret du 3 mai 1850; — Qu'un remède peut encore être considéré comme secret lorsque son nom n'indique pas clairement sa nature et sa composition, ainsi que cela a lieu dans l'espèce; — Qu'en appel, Bigot a soutenu que les lois sur les remèdes secrets ne sont pas applicables aux remèdes externes contre la destruction des parasites, tels que l'acarus, cause de la gale; que la cause de cette différence serait que les remèdes externes n'entrent pas dans le corps humain; — Mais qu'en fait, c'est là une erreur évidente, puisque les remèdes externes n'agissent qu'en pénétrant dans l'économie générale du corps humain; que le fait ne légitime donc pas les conséquences de droit que l'appelant a voulu en déduire;

« Considérant, en ce qui concerne l'application de la loi, que Bigot a déjà été quatre fois condamné, et trois fois pour des faits analogues; qu'il y a donc lieu d'aggraver la peine qui lui a été appliquée; — Confirme le jugement dont est appel en tant qu'il a déclaré Bigot coupable du fait relevé contre lui par le ministère public, et, le réformant quant à l'application de la loi, le condamne à 300 fr. d'amende et aux dépens. »

Pourvoi en cassation par le sieur Bigot. — Arrêt.

« La Cour; — Sur le premier moyen, tiré de la fausse application et de la violation de l'art. 36 de la loi du 21 germ. an XI, en ce que l'arrêt attaqué aurait considéré comme un remède secret une composition pharmaceutique destinée à l'usage externe et provenant du mélange et de la composition de deux substances (sulfure de calcium et acide phénique) dont la préparation est indiquée au Codex; — Attendu que Bigot a été traduit devant la juridiction correctionnelle, comme prévenu d'avoir, à Auray, au cours des mois de mai et juin 1872, fait apposer publiquement plusieurs affiches imprimées indiquant un remède secret pour la guérison de la gale, sous la dénomination de solution sulfure-phéniqué, fait prévu et puni par l'art. 36 de la loi du 21 germ. an XI et par la loi du 29 pluv. an XIII; — Que Bigot a opposé à la poursuite : 1° que l'art. 36 de la loi du 21 germ. an XI n'est pas applicable aux remèdes externes pour la destruction des parasites, tels que l'acarus, cause de la gale; 2° que la formule principale (sulfure de calcium) étant inscrite au Codex, ainsi que l'acide phénique, qui y est également indiqué comme un remède contre la gale, le mélange et la combinaison de ces deux médicaments, dont la préparation a été légalement publiée, ne pouvaient constituer un remède secret ;

« Attendu que la Cour d'appel a rejeté cette défense, en déclarant : 1° qu'il n'y a pas à distinguer, au point de vue des prohibitions de la loi du 21 germ. an XI, entre les remèdes internes et les remèdes externes, ces derniers n'agissant qu'en pénétrant dans l'économie générale du corps humain ; 2° que doivent être considérées comme étant des remèdes secrets rentrant dans les prévisions de l'art. 36 de la loi précitée, toutes compositions ou préparations ayant le caractère de médicaments qui n'ont point été faits pour un cas spécial sur la prescription d'un médecin, ou qui ne sont point conformes au Codex, ou dont la formule n'a pas été légalement publiée, conformément aux décrets des 18 août et 3 mai 1850 ; — Attendu qu'en repoussant la distinction proposée entre les remèdes externes et les remèdes internes, en considérant comme un remède secret une préparation médicamenteuse dont la formule n'est pas inscrite au Codex, et n'a pas été légalement publiée selon les prescriptions des décrets sus-indiqués, et en écartant une prétendue exception tirée de ce que la solution Bigot proviendrait du mélange et de la combinaison de deux remèdes dont la formule est mentionnée séparément au Codex, la Cour d'appel, loin de violer les dispositions de l'art. 36, visé dans ce moyen, en a fait une exacte application, ainsi que des règles de la matière ;

« Sur le deuxième moyen, pris de la violation de l'art. 7 de la loi du 20 avril 1810, en ce que l'arrêt attaqué n'aurait pas répondu par un motif spécial à la défense du prévenu... etc... (sans intérêt en ce qui concerne l'exercice de la pharmacie)... Rejette (1). »

400. Le sieur G...., pharmacien à Paris, a fait annoncer par la voie des journaux une préparation pharmaceutique appelée *Thé Chambard*, purgatif, dépuratif et fortifiant. Des échantillons de cette préparation ont été saisis et analysés, et G..... a été renvoyé devant la police correctionnelle pour vente de remède secret.

Il prétend que le thé Chambard n'est qu'une modification du *thé vulnéraire Suisse* et du *thé Saint-Germain*, espèces bien connues et inscrites au Codex. Toute l'innovation consisterait dans le mélange.

De son côté, l'homme de l'art chargé d'examiner le thé Chambard qui ne serait, suivant le pharmacien G...., qu'une modification du thé Saint-Germain, dit, dans son rapport, que ce dernier thé renferme deux principes actifs : le *séné*, qui est purgatif, et la *crème de tartre*, qui agit comme matière rafraîchissante et joue un rôle important, en corrigeant l'action échauffante du séné.

(1) 28 mars 1873. D. P. 73. 1. 174.

« Le *thé Chambard*, dit l'expert, ne renferme pas de tartre, et, par suite, l'effet du séné n'y est pas tempéré. Ce thé produit souvent d'atroces coliques qu'il faut attribuer à la forte quantité d'*argel* qu'il contient, et à une dose considérable de *mercuriale*. »

Le rapport conclut ainsi :

« Le thé Chambard est un remède secret très répandu, parce qu'on le fait connaître à force d'annonces. Nous le rencontrons fréquemment dans nos visites chez les herboristes qui trouvent, dans sa vente, un procédé commode, facile à dissimuler, de faire à la fois de la pharmacie et de la médecine. »

G... est condamné à 50 fr. d'amende (1).

401. C'est encore par application des mêmes principes qu'il a été jugé, le 17 août 1851, par la Cour de Dijon, que le *sirop et les pastilles de digitale de Labelonye*, le *sirop de salsepareille de Quet*, les *globules de digitale*, le *sirop d'iodure d'amidon* et l'*huile iodée de Personne* étaient préparés conformément aux formules du Codex, sauf, pour certains de ces médicaments, quelques modifications sans importance ; que le *sirop de Macors* et les *pilules et pastilles de Barresville* avaient été approuvés par l'Académie ; qu'enfin le *sirop de Lamouroux* ne constituait pas un remède ; mais que les *pilules anti-goutteuses de Lartigues*, les *pilules, poudre et pastilles de Borin-Dubuisson*, les *pilules de Morison*, le *sirop de Harambure*, les *pilules de Dehaut*, les *pilules ou grains de vie de Clérambourg* et la *poudre anti-nerveuse de P. M. M. D. M. P.* n'étaient pas des médicaments préparés d'après les formules du Codex et n'avaient, à cette époque, été l'objet d'aucune autorisation (2). — Même décision au sujet des *pilules de Cronier*, qui ne seraient pas, ainsi que le soutenaient les inculpés, une simple modification des pilules de Méglin, mais bien un remède nouveau non autorisé (3).

402. Quant aux pilules de Morison, dont il est question dans cet arrêt, elles ont donné lieu à une nouvelle décision judiciaire. Ces pilules, d'origine anglaise, étaient vendues par MM. Evrard et Morison. Leur représentant ayant fait, avec un sieur Coulpir, une convention relative à l'usage du nom de Morison, des contestations survinrent, et MM. Evrard et Morison assignèrent M. Coulpir comme ayant usurpé leurs étiquettes et marques de fabrique. Le

(1) Tribun. correct. de la Seine. — *Gazette des tribun.*, 15 novembre 1879.
(2) Dijon, 17 août 1853. P. 1853. 2. 147.
(3). Tribun. de la Seine, 9e ch., 21 avril 1877. *Gazette des tribun.*, 25 avril 1877.

tribunal de commerce de la Seine ayant admis leur demande, la Cour de Paris réforma le jugement par arrêt du 30 novembre 1876, qui décide que la vente en France d'un remède secret, qu'il soit de provenance étrangère ou d'origine française, est un délit et ne saurait donner lieu à une action en concurrence déloyale, et que toute convention relative à la vente d'un remède non autorisé par l'Administration, après avis préalable de l'Académie de médecine, est une convention illicite frappée d'une nullité d'ordre public (1).

403. De toutes ces décisions judiciaires il est facile de tirer des conséquences afin de formuler la règle générale qui devra guider les magistrats dans l'appréciation des faits qui leur seront soumis.

En thèse générale, il y aura remède secret, ainsi que nous l'avons déjà dit, lorsque la préparation ne sera ni conforme au Codex, ni rendue publique par le gouvernement, ni approuvée par l'Académie de médecine, ni composée, pour chaque cas particulier, sur ordonnance d'un médecin.

Mais la préparation sera conforme au Codex lorsqu'on se sera borné à y ajouter une substance bénigne ne pouvant avoir d'autre caractère que celui d'excipient, d'adjuvant ou de véhicule. — Le mélange de deux substances inscrites au Codex peut constituer un remède secret.

404. Les pharmaciens ne peuvent donc, aux termes de l'article 32 de la loi de germ. an XI, annoncer, vendre ou débiter aucun remède secret. L'interdiction est absolue, et l'infraction à la loi ne pourrait être couverte par l'ordonnance d'un médecin prescrivant au malade l'usage du remède entaché de clandestinité (2). Néanmoins, il est permis à un médecin de considérer comme utile un remède ne rentrant dans aucune des quatre catégories que nous venons d'indiquer. Dans ce cas, le médecin ne doit pas se borner à prescrire le remède purement et simplement, sous les dénominations que lui a données l'inventeur, ou toute autre désignation générale, il doit, dans son ordonnance, en indiquer la formule complète et détaillée, et le pharmacien doit préparer lui-même le médicament, mais non le livrer tout préparé comme remède officinal, de telle sorte que la composition ainsi ordonnée et préparée rentrera dans la quatrième catégorie, celle des remèdes magistraux.

Au surplus, le pharmacien ne pouvant, sans encourir une peine, détenir des remèdes secrets dans son officine, il est clair qu'il ne

(1) *Annales d'hyg. et de méd. lég.*, 3e série, t. 1er, 1879, p. 166.
(2) Cassation, 16 novembre 1837. P. 1838. 1. 169.

peut jamais en vendre, même sur ordonnance de médecin (1).

405. La jurisprudence que nous venons de citer a été critiquée par la Société de médecine légale.

« Cette jurisprudence, dit-on, est trop élastique, et ouvre la porte à tous les propagateurs de remèdes secrets. Il suffira de prendre une formule quelconque du Codex ; de changer son excipient, la poudre de réglisse contre une autre poudre inerte ; de donner un nom, une qualification, comme propriété thérapeutique, à cette formule ; et on pourra l'annoncer comme une préparation spéciale, jouissant de la propriété de guérir telles ou telles maladies ; et si cette préparation est poursuivie, de se présenter devant le tribunal et de dire : Mon remède n'est pas un remède secret, il est inscrit au Codex ; seulement la poudre de réglisse, qui sert d'excipient dans le Codex, a été remplacée par la poudre de guimauve, poudre inerte, qui, suivant moi, auteur du remède, ne change en rien la base de la préparation, mais constitue une légère *amélioration* dans la formule par l'addition d'une substance *bénigne* qui sert d'excipient ou de véhicule aux éléments actifs de la préparation.

« Ou bien, ce qui est beaucoup plus grave, un éditeur de remède secret va prendre une formule du Codex, il va modifier le dosage des substances qui la composent, ce qu'il considérera comme un *perfectionnement* dans la composition du médicament ; dans ses annonces, il pourra imprimer : « Codex, page.... tant ! » Le tribunal va donc s'établir juge de l'amélioration ou de la dépréciation apportée par la formule, ou, s'il consulte des experts, il sera obligé de s'en rapporter *exclusivement* à l'expertise ; ce ne sera plus le tribunal qui jugera, ce seront les experts ! »

Et la Société de médecine légale propose, par l'organe de son président, M. Devergie, la définition suivante du remède secret :

« Est qualifiée remède secret, toute préparation médicamenteuse ou substance qui n'est pas formulée ou inscrite au Codex, ou qui n'a pas reçu l'approbation de l'Académie de médecine, aux termes des décrets de 1850, et dont la vente s'effectue dans des conditions de forme et d'annonces plus ou moins trompeuses, qui réservent à leurs auteurs seuls le secret de la préparation. »

« La pharmacie, dit encore M. Devergie, est empoisonnée de remèdes auxquels, il faut bien le reconnaître, les médecins donnent un puissant concours ; ils évitent sur leurs ordonnances une ou deux formules détaillées et trouvent plus simple de désigner l'emploi de tel ou tel remède par le nom de son auteur. Alors, le pharmacien qui exerce honorablement sa profession ne trouve plus d'aliments pour subvenir aux dépenses de son exercice ; le pharmacien en est réduit à prêter gratuitement un local qu'il paie fort cher, à tous ces vendeurs de remèdes secrets, en faisant montre au dehors de tout ce dont il est approvisionné ! »

(1) Cassation, 17 août 1867. P. 1868. 547.

Il ajoute qu'en 1874 le gouvernement, connaissant les bénéfices énormes que réalisent les inventeurs des spécialités médicamenteuses, avait songé à frapper d'un impôt toutes ces préparations. On fut embarrassé pour définir ce qu'on doit entendre sous le nom de *spécialités*. L'Académie de médecine proposa cette définition :

« Sont considérés comme spécialités pharmaceutiques :

1° Tout médicament annoncé par la voie des journaux, affiches, circulaires ou autres moyens de publicité.

2° Toute substance, préparation ou composition quelconque annoncées par les mêmes voies de publicité, comme possédant des propriétés médicamenteuses (1). »

La Société de médecine légale peut avoir raison, mais la jurisprudence n'a pas tort.... C'est que chacun se place à un point de vue différent. Les tribunaux ne considèrent que la loi, son texte et son esprit, l'intérêt de la santé publique, tandis que la Société de médecine légale envisage surtout l'intérêt de la pharmacie. — Que, dans la composition d'un remède, on substitue la poudre de guimauve à la poudre de réglisse, où sera le préjudice pour la santé publique ? — Quant à la modification dans le dosage, la Société se trompe si elle suppose que les tribunaux n'y verront pas l'élément du délit. — Ils n'apprécieront pas par eux-mêmes, ils auront recours à l'expertise, et c'est, en définitive, l'expert qui jugera ; nous n'en disconvenons pas, mais n'en est-il pas ainsi dans la plupart des cas où il faut recourir à ce moyen d'instruction ? Le juge n'est pas lié par le rapport de l'expert, mais il est bien forcé, quand ses connaissances personnelles ne l'éclairent pas suffisamment, de recourir aux lumières de l'homme de l'art.

L'abus signalé par M. Devergie et consistant dans la prescription par les médecins des remèdes non formulés au Codex, existe, il est vrai, nous en trouvons la preuve dans l'arrêt de cassation du 17 août 1867; mais nous venons de dire que ce fait constitue un délit et que le pharmacien ne peut, sans s'exposer à une condamnation, se conformer à une pareille ordonnance. Que tous les pharmaciens résistent, et les médecins seront bien obligés d'exécuter la loi.

406. Et cependant, ainsi que le disait M. le conseiller Grand dans les observations que nous avons citées plus haut, *il y a quelque chose à faire*. La jurisprudence, nous le répétons, est parfai-

(1) *Annales d'hyg. et de méd. lég.*, 2e série, t. 48, 1877, p. 167.

tement fondée sur le texte et l'esprit de la loi, mais nous reconnaissons volontiers qu'il vaudrait mieux ne pas obliger les tribunaux à trancher des questions qui, en somme, ne sortent guère du domaine de la science et qui devraient être abandonnées à l'appréciation de l'Académie de médecine. Ce résultat désirable serait peut-être obtenu si la loi chargeait l'Académie de publier, chaque année, un supplément au Codex, avec le catalogue des remèdes qu'elle reconnaîtrait nouveaux et utiles, et en même temps les procédés nouveaux de fabrication et d'extraction qu'elle croirait devoir sanctionner. On distinguerait aisément alors les remèdes qui pourraient être débités sans ordonnance par les pharmaciens, et la police de la pharmacie pourrait être exercée d'une façon permanente, au lieu de l'être accidentellement comme aujourd'hui (1).

407. Une circulaire du préfet de police a eu pour objet de faire disparaître certains abus qui se commettaient, avant 1858, dans des pharmacies dites *populaires*; ces abus pouvant se renouveler, nous croyons devoir la reproduire ici :

« Je suis informé que des médecins attachés à certaines pharmacies, et notamment à celles dites *populaires*, ou qui suivent des méthodes particulières de traitement, se contentent, au lieu de formuler leurs ordonnances, de les désigner par un numéro d'ordre qui ne révèle rien, et qui ne peut remplacer l'ordonnance médicale qui, seule, peut offrir les garanties nécessaires et à laquelle, aux termes de la loi, doivent se conformer les pharmaciens.

« Après avoir consulté l'Ecole supérieure de pharmacie et soumis à l'approbation de M. le ministre de l'agriculture, du commerce et des travaux publics les mesures qu'elle m'a proposées pour remédier à ce grave état de choses, j'ai décidé : 1° Que tout médicament portant une étiquette avec un numéro d'ordre, ou tout autre signe particulier, ayant pour effet de dissimuler le nom et la nature de ce médicament, devra être considéré comme remède secret;

2° Que le pharmacien qui l'aura livré sera traduit devant les tribunaux;

3° Qu'il en sera de même des médicaments désignés sur l'étiquette par le nom de l'inventeur ou par toute autre dénomination, et dont la formule n'aura point été inscrite au Codex ou publiée dans le *Bulletin de l'Académie de médecine*, en vertu du décret du 3 mai 1850. (Sont exceptés toutefois les médicaments qui peuvent être considérés comme secrets, mais dont la vente est provisoirement autorisée ou tolérée par des décisions spéciales.)

« Je vous invite donc, MM., à porter les dispositions qui précèdent à la connaissance des pharmaciens de vos circonscriptions et à me

(1) V. arrêt de Dijon, 17 août 1853, P. 1853. 2. 147, *note*.

transmettre, le plus tôt possible, les procès-verbaux constatant l'accomplissement de cette formalité.

« Toutefois, MM., comme les médicaments dont il s'agit sont aujourd'hui très répandus, il me paraît nécessaire, avant de sévir, que les pharmaciens qui préparent ces médicaments soient officiellement prévenus qu'ils s'exposeraient à des poursuites judiciaires s'ils persistaient, après l'avertissement qu'ils auront reçu, dans une voie qu'ils ont pu, jusqu'à présent, croire légale, mais qui, en réalité, est contraire à la loi.

« J'appelle, MM., toute votre attention sur les instructions qui précèdent ; vous devrez, pour en assurer l'exécution, vous transporter fréquemment dans les établissements que ces instructions concernent et me rendre compte des résultats de vos observations, afin que je fasse constater les infractions que vous me signaleriez par des procès-verbaux que je déférerai aux tribunaux (1). »

Nous verrons, sous le § 6, ce qui concerne la pénalité à appliquer à l'annonce et à la vente des remèdes secrets.

408. Nous avons dit précédemment, au sujet des *pilules Morison*, que toute convention relative à la vente d'un remède secret est illicite et frappée d'une nullité d'ordre public ; mais quelle est l'étendue des droits que confère la reconnaissance par le gouvernement d'un remède déclaré nouveau et utile et régulièrement autorisé ?

Dans l'état actuel de la législation, l'invention d'une préparation pharmaceutique nouvelle ne peut, à raison de sa nature et de sa destination, être l'objet d'un droit privatif indéfini dans sa durée, comme le droit de propriété : le seul privilège qui puisse appartenir à l'inventeur consiste dans la possibilité d'obtenir une indemnité du gouvernement, en lui révélant un secret utile que celui-ci pourrait acquérir et conserver dans l'intérêt de la santé publique. Ainsi l'inventeur d'une telle composition ou ceux qui le représentent ne peuvent, alors que les éléments et le mode de préparation en sont connus, que la formule en est même énoncée au Codex, s'opposer à ce que toute autre personne, en se conformant aux lois sur la pharmacie, confectionne et vende un remède composé des mêmes éléments et suivant la même formule. Ils ne peuvent même s'opposer à ce que ce remède soit désigné sous le nom de l'inventeur, lorsque, dans l'usage, ce nom s'est incorporé au produit et en est devenu la désignation indispensable ; il suffit, pour mettre le fabricant à l'abri de l'accusation de concurrence déloyale, que ses annonces et prospectus soient rédigés de manière à éviter toute confusion

(1) *Annales d'hyg. et de méd. lég.*, 2e série, t. 10, p. 459.

entre ses produits et ceux qui sont fabriqués par l'inventeur ou ses représentants.

C'est ainsi qu'il a été jugé que le privilège concédé par lettres patentes du 12 septembre 1778, d'annoncer et débiter publiquement un remède secret connu sous le nom de *Rob dépuratif végétal de Boyveau-Laffecteur*, à supposer qu'il n'ait pas été réduit et annulé par les déclarations et arrêts du Conseil, antérieurs à 1789, a été mis à néant par le décret du 18 août 1810 (1).

409. La pâte de Régnault, après avoir enrichi son inventeur qui ne s'y attendait guère, et avoir contribué, pour une large part, à la fortune d'un homme qui fut, dans son temps, une des célébrités parisiennes, a eu des vicissitudes diverses, et bien que ce produit ne paraisse pas jouir aujourd'hui de son ancienne faveur, il constitue encore une composition très appréciée, surtout par son propriétaire. Le sieur Torchon, pharmacien, est l'ayant droit du sieur Régnault ; il livre sa pâte au public sous des marques particulières, dont il s'est assuré la propriété en remplissant les formalités exigées par la loi du 23 juin 1857. Le sieur Pauliac, pharmacien, ayant débité cette pâte en se servant du nom de Régnault, a été assigné par Torchon devant le tribunal civil de la Seine, à fin de dommages-intérêts pour imitation frauduleuse de sa marque et pour s'entendre faire défense de se servir du nom de Régnault.

Le 20 juin 1874, le tribunal a rendu un jugement ainsi conçu :

« En ce qui concerne la pâte Régnault ; — Attendu qu'il est allégué et non contesté que le brevet pris pour la fabrication de la pâte Régnault est depuis longtemps tombé dans le domaine public ; que, dès lors, la dénomination résultant du nom de l'inventeur ajoutée à une désignation banale peut être employée par des tiers, à charge d'y apporter un changement de nature à empêcher la confusion ; que la modification adoptée par Pauliac est suffisante ; qu'il n'y a pas lieu d'appliquer à la cause l'art. 17 de la loi du 22 germinal an XI, dont les prescriptions se restreignent à une formule dont Pauliac n'a pas fait usage ; que celui-ci n'a pas imité les éléments de la marque de Torchon ; que l'apparence donnée à ses produits ne parait pas avoir été combinée en vue de produire une confusion préjudiciable au demandeur ; — Par ces motifs, ... »

Sur l'appel interjeté par Torchon, un arrêt de la Cour de Paris, en date du 14 mars 1876, a confirmé le jugement par adoption de motifs.

Pourvoi en cassation par Torchon. — 1er moyen, violation des art. 1382 du Code civil, 1er de la loi du 18 juillet 1824 et 17

(1) Dijon, 3 août 1866. D. P. 67. 2. 6.

de la loi du 22 germ. an XI combinés, en ce que l'arrêt attaqué aurait refusé d'interdire l'emploi du nom de Régnault au sieur Pauliac pour la dénomination d'une pâte pectorale préparée par ce dernier. — 2e moyen : violation de l'art. 7 de la loi du 20 avril 1810 pour défaut de motifs. — Arrêt.

« La Cour ; — Sur le premier moyen du pourvoi : — Attendu que si, en principe, le nom patronymique d'un inventeur, resté sa propriété exclusive à l'expiration de son brevet, ne peut pas être employé par tous ceux qui fabriquent le produit tombé dans le domaine public, il en est, toutefois, autrement dans le cas où, par un long usage, ou, par suite du consentement, soit exprès, soit tacite, de l'inventeur, son nom est devenu la seule désignation usuelle de ce produit ; que lorsqu'il s'agit spécialement d'un médicament entré dans le domaine commun de la pharmacie, tous les pharmaciens, qui ont le droit de fabriquer et d'exploiter ce médicament, peuvent l'annoncer et le débiter sous la dénomination qui est devenue dans l'usage sa désignation, à la charge seulement de prendre les précautions nécessaires pour ne pas induire le public en erreur sur l'origine du produit par eux fabriqué; qu'on ne saurait leur imposer l'obligation de donner à ce produit une dénomination autre que celle sous laquelle il est connu, sans les exposer à contrevenir aux règles de leur profession et au reproche d'annoncer un remède secret ;

« Attendu que le jugement, dont les motifs ont été adoptés par la Cour de Paris, déclare que la dénomination de la pâte pour laquelle un brevet depuis longtemps tombé dans le domaine public a été délivré à Régnault, résulte du nom de l'inventeur ajouté à une désignation banale; qu'il ressort de cette déclaration que le nom de Régnault est un élément nécessaire de la désignation de la pâte fabriquée selon sa formule. et qu'en décidant que Pauliac pouvait s'en servir à la seule condition d'y joindre une mention de nature à empêcher toute confusion sur la provenance du produit sorti de son officine, l'arrêt attaqué n'a violé aucune des lois visées au pourvoi;

« Sur le deuxième moyen : — (sans intérêt) (1). »

410. La loi du 27 mars 1851, article 1er, no 2, punit des peines édictées par l'article 423 du Code pénal (2) non seulement la vente, mais aussi la *mise en vente* de médicaments falsifiés ou corrompus. Cette loi a abrogé implicitement celle du 19 juillet 1791 qui punissait de 100 livres d'amende et d'un emprisonnement pouvant s'élever jusqu'à six mois, la vente de médicaments corrompus. Aujourd'hui, le pharmacien qui serait trouvé détenteur, dans son officine, d'un médicament gâté ou falsifié, serait passi-

(1) Cassation, 16 avril 1878. P. 1879. 627.

(2) L'article 423 du Code pénal prononce un emprisonnement de trois mois au moins et d'un an au plus, et une amende qui ne peut excéder le quart des restitutions et dommages-intérêts ni être inférieure à 50 fr.

ble des peines de l'article 423 du Code pénal. Il est vrai qu'aux termes de l'article 1er, n° 2, de la loi du 27 mars 1851, il faut, pour cela, *qu'il sache* que la substance était falsifiée ou corrompue; mais le pharmacien devant toujours s'assurer de la qualité des médicaments qu'il détient, il lui serait difficile de prouver son ignorance à cet égard. Et la peine serait encourue quand même le médicament aurait été acheté d'un autre pharmacien (1).

Les objets saisis sont confisqués ou détruits, et l'affichage du jugement peut être ordonné par les tribunaux. Enfin, en cas de récidive dans le délai de cinq années, la peine peut être élevée jusqu'au double du maximum.

§ 4. — *De la vente des substances vénéneuses.*

411. Toutes les lois qui ont successivement réglementé la pharmacie, depuis et y compris l'édit de 1682, ont dû se préoccuper des dangers que présente la mise en vente des substances toxiques et ordonner des mesures propres à prévenir les erreurs et les accidents.

Les articles 34 et 35 de la loi du 21 germ. an XI portaient que les substances vénéneuses seront tenues sous clef dans les officines des pharmaciens et dans les boutiques des épiciers, qu'elles ne pourront être vendues qu'à des personnes connues et domiciliées qui pourront en avoir besoin pour leur profession ou pour cause connue, à peine de 3,000 fr. d'amende. L'article 35 prescrivait en outre aux pharmaciens et épiciers la tenue d'un registre coté et paraphé pour l'inscription des ventes de substances vénéneuses.

Ces dispositions n'étaient guère appliquées. Il n'existait pas de nomenclature légale des substances vénéneuses dont plusieurs, employées journellement pour le chaulage des grains, pour la destruction des insectes et animaux nuisibles, pour le traitement des animaux domestiques, étaient vendues par le premier venu. L'élévation de la peine, qui ne pouvait être abaissée par l'admission des circonstances atténuantes, était aussi une cause du relâchement qui s'était introduit dans le régime applicable à la vente des poisons.

C'est pour remédier à cet état de choses que fut votée la loi du 19 juillet 1845. Elle est ainsi conçue :

Art. 1er. — « Les contraventions aux ordonnances royales portant « règlement d'administration publique sur la vente, l'achat et l'em-

(1) Orléans, 8 avril 1851. P. 1851. 1. 478.

« ploi des substances vénéneuses, seront punies d'une amende de « 100 fr. à 3,000 fr. et d'un emprisonnement de six jours à deux mois, « sauf application, s'il y a lieu, de l'art. 463 du Code pénal (concer- « nant les circonstances atténuantes).

« Dans tous les cas, les tribunaux pourront prononcer la confisca- « tion des substances saisies en contravention. »

Art. 2. — « Les articles 34 et 35 de la loi du 21 germ. an XI seront « abrogés à partir de la promulgation de l'ordonnance qui aura « statué sur la vente des substances vénéneuses. »

412. L'ordonnance royale annoncée par cette loi fut rendue le 29 octobre 1846; elle contient les dispositions suivantes :

TITRE I.

DU COMMERCE DES SUBSTANCES VÉNÉNEUSES.

« Art. 1er. — Quiconque voudra faire le commerce d'une ou de « plusieurs des substances comprises dans le tableau annexé à la « présente ordonnance, sera tenu d'en faire préalablement la décla- « ration devant le maire de la commune, en indiquant le lieu où est « situé son établissement.

« Les chimistes, fabricants ou manufacturiers, employant une ou « plusieurs desdites substances, seront également tenus d'en faire la « déclaration dans la même forme.

« Ladite déclaration sera inscrite sur un registre à ce destiné, et « dont un extrait sera remis au déclarant; elle devra être renouvelée « dans le cas de déplacement de l'établissement.

« Art. 2. — Les substances auxquelles s'applique la présente « ordonnance ne pourront être vendues ou livrées qu'aux commer- « çants, chimistes, fabricants ou manufacturiers, qui auront fait la « déclaration prescrite par l'article précédent, ou aux pharmaciens.

« Lesdites substances ne devront être livrées que sur la demande « écrite et signée de l'acheteur.

« Art. 3. — Tous achats ou ventes de substances vénéneuses « seront inscrits sur un registre spécial, coté et paraphé par le maire « ou le commissaire de police.

« Les inscriptions seront faites de suite et sans aucun blanc, au « moment même de l'achat ou de la vente ; elles indiqueront l'espèce « et la quantité des substances achetées ou vendues, ainsi que les « noms, professions et domicile des vendeurs ou des acheteurs.

« Art. 4. — Les fabricants et manufacturiers employant des sub- « stances vénéneuses en surveilleront l'emploi dans leur établisse- « ment et constateront cet emploi sur un registre établi conformé- « ment au premier paragraphe de l'article 3. »

TITRE II.

DE LA VENTE DES SUBSTANCES VÉNÉNEUSES PAR LES PHARMACIENS.

« Art. 5. — La vente des substances vénéneuses ne peut être faite « pour l'usage de la médecine que par les pharmaciens, et sur la « prescription d'un médecin, chirurgien, officier de santé, ou d'un « vétérinaire breveté.

« Cette prescription doit être signée, datée, et énoncer en toutes « lettres la dose desdites substances, ainsi que le mode d'administra- « tion du médicament.

« Art. 6. — Les pharmaciens transcriront lesdites prescriptions, « avec les indications qui précèdent, sur un registre établi dans la « forme déterminée par le paragraphe 1er de l'article 3.

« Ces transcriptions devront être faites de suite et sans aucun blanc.

« Les pharmaciens ne rendront les prescriptions que revêtues de « leur cachet, et après y avoir indiqué le jour où les substances « auront été livrées, ainsi que le numéro d'ordre de la transcription « sur le registre.

« Ledit registre sera conservé pendant vingt ans au moins (1), et « devra être représenté à toute réquisition de l'autorité,

« Art. 7. — Avant de délivrer la préparation médicale, le pharma- « cien y apposera une étiquette indiquant son nom et son domicile, « et rappelant la destination interne ou externe du médicament.

« Art. 8. — L'arsenic et ses composés ne pourront être vendus, « pour d'autres usages que la médecine, que combinés avec d'autres « substances.

« Les formules de ces préparations seront arrêtées, sous l'approba- « tion de notre ministre secrétaire d'Etat de l'agriculture et du com- « merce, savoir :

« Pour le traitement des animaux domestiques, par le conseil des « professeurs de l'Ecole royale d'Alfort ;

« Pour la destruction des animaux nuisibles, et pour la conservation « des peaux et objets d'histoire naturelle, par l'École de pharmacie.

« Art. 9. — Les préparations mentionnées dans l'article précédent « ne pourront être vendues ou délivrées que par les pharmaciens, et « seulement à des personnes connues et domiciliées.

« Les quantités livrées, ainsi que le nom et le domicile des ache- « teurs, seront inscrits sur le registre spécial, dont la tenue est pres- « crite par l'article 6.

« Art. 10. — La vente et l'emploi de l'arsenic et de ses composés « sont interdits pour le chaulage des grains, l'embaumement des corps « et la destruction des insectes. »

TITRE III.

DISPOSITIONS GÉNÉRALES.

« Art. 11. — Les substances vénéneuses doivent être tenues par « les commerçants, fabricants, manufacturiers et pharmaciens, dans « un endroit sûr et fermé à clef.

« Art. 12. — L'expédition, l'emballage, le transport, l'emmagasi- « nage et l'emploi doivent être effectués par les expéditeurs, voitu- « riers, commerçants et manufacturiers avec les précautions néces- « saires pour prévenir tout accident.

« Les fûts, récipients ou enveloppes ayant servi directement à con-

(1) A partir du jour où il aura été clos, temps pendant lequel des poursuites criminelles peuvent être exercées, les crimes se prescrivant par vingt ans.

« tenir les substances vénéneuses ne pourront recevoir aucune au-
« tre destination.

« Art. 13. — A Paris et dans l'étendue du ressort de la préfecture
« de police, les déclarations prescrites par l'article 1er seront faites
« devant le préfet de police.

« Art. 14. — Indépendamment des visites qui doivent être faites
« en vertu de la loi du 21 germinal an XI (1), les maires ou commis-
« saires de police, assistés, s'il y a lieu, d'un docteur en médecine
« désigné par le préfet, s'assureront de l'exécution des dispositions
« de la présente ordonnance.

« Ils visiteront, à cet effet, les officines des pharmaciens, les bou-
« tiques et magasins des commerçants et manufacturiers vendant ou
« employant lesdites substances. Ils se feront représenter les regis-
« tres mentionnés dans les articles 1, 3, 4 et 6, et constateront les
« contraventions.

« Leurs procès-verbaux seront transmis au Procureur du roi (pro-
« cureur de la république), pour l'application des peines prononcées
« par l'article 1er de la loi du 19 juillet 1845. »

413. Suit le tableau des substances vénéneuses, lequel a été remplacé par le décret du 8 juillet 1850, qui contient la nomenclature suivante :

Acide cyanhydrique.
Alcaloïdes végétaux vénéneux et leurs sels.
Arsenic et ses préparations.
Belladone, extrait et teinture.
Cantharides entières, poudre et extrait.
Chloroforme.
Ciguë, extrait et teinture.
Cyanure de mercure.
Cyanure de potassium.
Digitale, extrait et teinture.
Emétique.
Jusquiame, extrait et teinture.
Nicotiane.
Nitrate de mercure.
Opium et son extrait.
Phosphore.
Seigle ergoté.
Stramonium, extrait et teinture.
Sublimé corrosif.

Une décision ministérielle du 9 avril 1852 a ajouté la *pâte phosphorée*, et un décret du 1er octobre 1864 a ajouté, à son tour, la *coque du Levant*.

Ce tableau est limitatif, c'est-à-dire que l'on ne peut considérer comme vénéneuse une substance qui n'y serait pas comprise. En effet, le tableau annexé à l'ordonnance du 27 octobre 1846 indiquait 72 substances; le nouveau tableau, avec ses deux additions, n'en contient plus que 21. Si le gouvernement avait voulu que ce tableau fût simplement énonciatif, il aurait laissé subsister l'ancienne nomenclature en y ajoutant les nouvelles substances qu'elle ne contenait pas et qu'il voulait y comprendre, comme les *alcaloïdes végétaux*, l'*arsenic*, le *chloroforme*, le *cyanure de potassium*, la *jus-*

(1) Voir les articles 29, 30, 31 et 13 de cette loi.

quiame, etc... Mais en substituant à cette première nomenclature, relativement très complète, un tableau beaucoup plus restreint, il a montré son intention de limiter aux substances récemment énumérées l'application de la loi du 19 juillet 1845 (1).

Il résulte d'une circulaire du ministre de l'intérieur du 25 juin 1855 que la nécessité de l'étiquette de couleur rouge avec l'indication : POUR L'USAGE EXTERNE, s'impose non seulement pour les substances contenues dans le tableau annexé au décret du 8 juillet 1850, mais encore à toutes les substances dangereuses.

On voit par les termes de l'ordonnance du 29 octobre 1846 (article 1er) que tout individu peut faire ce commerce en remplissant les formalités prescrites, mais que les pharmaciens seuls peuvent débiter ces substances pour la médecine.

414. Il résulte de la loi du 19 juillet 1845 et de l'ordonnance du 27 octobre 1846, que la vente des substances vénéneuses comme moyen curatif est sévèrement interdite à toutes personnes autres que les pharmaciens, et qu'elle ne peut avoir lieu que dans les formes déterminées. — Les pharmaciens ont-ils le droit de délivrer l'arsenic pur (acide arsénieux) sur l'ordonnance d'un vétérinaire breveté ?

L'article 5, titre II, de l'ordonnance du 29 octobre 1846 répond à cette question. La vente des substances vénéneuses ne peut être faite que pour l'usage de la médecine, sur l'ordonnance d'un médecin *ou d'un vétérinaire breveté*. Par ces mots : *usage de la médecine*, la loi entend aussi bien la médecine vétérinaire que la médecine humaine.

Il suit aussi de là que si les vétérinaires, brevetés ou non, peuvent se livrer à la préparation des médicaments pour les animaux, ainsi que nous le verrons plus loin, c'est à la condition que ces médicaments ne contiendront pas de substances vénéneuses, auquel cas la préparation en serait réservée aux pharmaciens, et la vente n'en pourrait être faite que sur l'ordonnance d'un vétérinaire *breveté*.

Quant à l'arsenic, il faut, aux termes de l'article 8 de la même ordonnance, pour qu'il puisse être livré par les pharmaciens à la médecine vétérinaire, qu'il soit préparé selon les formules arrêtées par les professeurs de l'Ecole d'Alfort. Si donc on présente à un pharmacien une ordonnance signée par un vétérinaire breveté et prescrivant l'arsenic pur (acide arsénieux), il doit refuser de livrer cette substance.

(1) Briand et Chaudé, *Manuel de médec. légale*, 10e édit., t. 2, p. 783.

Les pharmaciens doivent aussi se pénétrer de ce principe, qui ressort d'une manière bien nette de l'ordonnance de 1846, que les médicaments contenant des substances vénéneuses sont soumis à une législation spéciale et rigoureuse ; qu'il s'agisse de la médecine vétérinaire ou de la médecine humaine, les pharmaciens ont seuls le droit de les préparer et de les vendre. Si le médicament est destiné à l'homme, il ne peut être prescrit que par un médecin ; s'il s'agit d'un médicament destiné aux animaux, il ne peut également être fourni que par le pharmacien ; le vétérinaire breveté n'aura pas plus que le médecin le droit de le préparer, de le conserver, de le débiter directement. Entre le vétérinaire breveté et l'empirique, il y a cette différence que le premier seul a le droit de prescrire les médicaments contenant des substances vénéneuses. L'empirique peut bien exercer librement la médecine vétérinaire, il peut préparer, pour les animaux, les médicaments ordinaires ; mais il ne peut ni préparer ni même prescrire ceux qui contiennent une substance vénéneuse (1).

415. Le tribunal correctionnel d'Albi a rendu, en 1867, un jugement dans les circonstances que ses motifs font suffisamment connaître :

« Attendu qu'il résulte du rapport du jury médical institué par M. le préfet du Tarn, par son arrêté du 14 septembre 1867, ledit rapport sous la date du 19 octobre de la même année : 1° qu'à la date du 24 janvier 1867, M. X..., pharmacien à C..., a délivré, sur l'ordonnance de M. C..., médecin vétérinaire breveté, 10 grammes d'acide arsénieux en nature au sieur Giroussens, cultivateur à Valats ; 2° qu'à la date du 8 juin 1867, le même pharmacien, sur l'ordonnance du même vétérinaire, a livré au sieur Galaup, dont le domicile n'est pas indiqué, 30 grammes d'acide arsénieux en nature, divisé en six paquets ; 3° qu'à la date du 18 juin, même année, le même pharmacien a encore livré, sur l'ordonnance de M. C...., vétérinaire breveté, 10 grammes d'acide arsénieux en nature au même dit Galaup, sans indication de domicile ;

« Attendu que ces divers faits constituent autant de contraventions à l'article 8 de l'ordonnance du 29 octobre 1846, rendue en exécution de la loi du 19 juillet 1845, sur la vente des substances vénéneuses ;

« Attendu, en effet, qu'il résulte de l'article 8 de l'ordonnance précitée qu'un pharmacien ne peut faire la vente de l'arsenic que pour l'usage médical et sur la prescription écrite d'un médecin, mais qu'il ne peut opérer la vente de cette substance à des vétérinaires pour le traitement des animaux domestiques ;

« Attendu que c'est sans fondement que le prévenu a invoqué, pour justifier le droit qui lui est dénié, l'article 5 de l'ordonnance, qui dispose que la vente des substances vénéneuses ne peut être faite

(1) *Annales d'hyg. et de méd. lég.*, 2e série, t. XXXII, 1869, p. 413.

pour l'usage de la médecine que par les pharmaciens et sur la prescription d'un médecin, chirurgien, officier de santé, ou d'un vétérinaire breveté ; que s'il est vrai que ces termes semblent devoir s'appliquer, dans leur généralité, à toutes les substances vénéneuses dont le tableau est annexé au bas de l'ordonnance, et semblent donner par là aux vétérinaires brevetés le droit de se faire délivrer en nature par le pharmacien, et à celui-ci le droit de vendre aux vétérinaires l'acide arsénieux aussi bien que toutes substances vénéneuses, on ne peut pas méconnaître que l'article 8 de la même ordonnance a fait une exception formelle et expresse à cette faculté, qu'il a restreinte à l'usage seul de la médecine proprement dite et à l'exclusion de la médecine vétérinaire ;

« Attendu, en effet, que cet article dispose expressément que l'arsenic et ses composés ne pourront être vendus pour d'autres usages que la médecine, que combinés avec d'autres substances ; il ajoute que les formules de ces préparations seront dressées, pour le traitement des animaux domestiques, par le conseil des professeurs de l'École vétérinaire d'Alfort ; pour la destruction des animaux nuisibles et pour la conservation des peaux et objets d'histoire naturelle, par l'École de pharmacie. Ces préparations ne peuvent même être délivrées, aux termes de l'article 9, qu'à des personnes connues et domiciliées ;

« Attendu que si, par les dispositions de la loi de 1845, et par l'ordonnance de 1846, faite en exécution de cette loi, le législateur a voulu, par des mesures salutaires et préventives, remédier, de la manière la plus efficace que possible, à un état de choses qui paraissait aux pouvoirs publics aussi menaçant pour la sécurité des citoyens que pour la morale publique, il s'est préoccupé des dangers que présentait l'acide arsénieux, et il a cru devoir prendre, à l'égard de cette substance essentiellement dangereuse, des précautions autrement importantes que celles qu'il formulait à l'égard des autres matières vénéneuses. Ces précautions ont pour objet de proscrire la vente de l'acide arsénieux pur, autrement que pour l'usage de la médecine, et de ne la permettre, pour le traitement des animaux domestiques, que sur des formules expressément arrêtées ; tandis qu'il n'en est pas de même pour les autres substances vénéneuses qui, aux termes de l'article 5, peuvent être livrées en vente sans aucun composé, et livrées non seulement pour la médecine proprement dite, mais encore pour la médecine vétérinaire ; que ces motifs sont clairement exprimés dans l'exposé de M. le ministre de l'agriculture et du commerce à la Chambre des députés, le 31 mai 1845, et dans le rapport au roi sur l'ordonnance du 24 octobre 1846 ;

« Attendu, dès lors, que les délits dont le sieur X.... est prévenu sont pleinement justifiés ;

« Attendu, en ce qui touche l'application de la peine, que X.... avait transcrit dans ses registres l'ordonnance de médecin vétérinaire, qu'il a déclaré avoir perdu de vue les dispositions de la circulaire de M. le préfet du Tarn, en date du 16 janvier 1863 ; qu'il allègue sa bonne foi, et que tout porte le tribunal à croire à son assertion à cet égard ; qu'il y a donc lieu de lui accorder le bénéfice des circonstances atténuantes ;

« Attendu que, s'agissant de contravention, l'article 365 du Code d'instruction criminelle n'est pas applicable, et qu'il doit être prononcé autant de condamnations qu'il y a eu de contraventions commises;

« Par ces motifs, le tribunal déclare X.... atteint et convaincu d'avoir : 1° le 24 janvier 1867, vendu au sieur Giroussens, cultivateur à Valats, une certaine quantité d'acide arsénieux destiné à d'autres usages que la médecine, sans l'avoir combiné avec d'autres substances ; 2° le 8 juin 1867, vendu au sieur Galaup, propriétaire, une certaine quantité d'acide arsénieux destiné à d'autres usages que la médecine, sans l'avoir combiné avec d'autres substances ; 3° le 18 juin 1867, vendu au sieur Galaup, propriétaire, une certaine quantité d'acide arsénieux destiné à d'autres usages que la médecine, sans l'avoir combiné avec d'autres substances ; en punition de quoi, le condamne, eu égard aux circonstances atténuantes, à la peine de 10 fr. d'amende par chaque contravention, soit 30 fr., exigibles par la voie de la contrainte par corps, dont la durée, etc... (1). »

416. On pourrait s'étonner de ce que l'acide arsénieux soit seul l'objet de mesures aussi rigoureuses, alors que l'interdiction ne frappe pas d'autres substances dont les propriétés sont tout aussi toxiques, tout aussi dangereuses, et dont la recherche, soit à l'autopsie, soit dans les déjections, est plus délicate. Mais on s'explique les dispositions spéciales de l'ordonnance quand on se reporte à sa date et qu'on se rappelle les procès devenus célèbres qui, à cette époque, avaient si vivement impressionné l'opinion publique, et où l'acide arsénieux avait été employé comme poison. Le législateur, afin de donner satisfaction à la masse des citoyens, et surtout afin de tranquilliser les campagnes, avait dû frapper de proscription une substance qui venait d'acquérir une si redoutable popularité (2). Il ne faudrait pas s'étonner si, de nos jours, l'acide sulfurique, devenu depuis quelque temps un terrible instrument de vengeance, était l'objet de mesures aussi sévères.

417. Ainsi que nous venons de le voir, l'article 5 de l'ordonnance du 29 octobre 1846 exige, pour qu'un pharmacien puisse délivrer une substance vénéneuse, que la prescription médicale soit signée, datée et énonce, *en toutes lettres*, la dose desdites substances, ainsi que le mode d'administration du médicament. Ces dispositions de loi ont souvent été mises en oubli, et l'autorité a dû, plus d'une fois, les rappeler pour en exiger l'exécution. Une circulaire du ministre de l'agriculture et du commerce, en date du 12 mars 1881, est consacrée à cet objet :

« Monsieur le préfet, aux termes de l'ordonnance royale du 29 octobre 1846, article 5, l'ordonnance d'un médecin prescrivant l'emploi de

(1) *Annales d'hyg. et de méd. lég.*, 2e série, t. XXIX, 1868, p. 371.
(2) Ernest Chaudé, *op. cit.*, t. XXXII, 1869, p. 434.

substances vénéneuses doit être signée, datée, et énoncer en toutes lettres la dose desdites substances, ainsi que le mode d'administration du médicament.

« Cette disposition paraît avoir été perdue de vue, et la plupart des médecins se contenteraient aujourd'hui d'indiquer seulement en chiffres la quantité des substances vénéneuses qu'ils prescrivent.

« Les pharmaciens, de leur côté, exécuteraient ces ordonnances irrégulières, au risque de compromettre également leur responsabilité.

« L'ordonnance de 1846, en imposant aux médecins l'obligation d'indiquer en toutes lettres la dose des substances vénéneuses entrant dans un médicament, a voulu prévenir les erreurs qui peuvent résulter du déplacement, par inadvertance, de la virgule dans l'indication, en chiffres, des fractions du gramme.

« Il importe beaucoup à la sécurité publique que cette sage prescription ne tombe pas en désuétude, et que le médecin se conforme strictement aux obligations qui lui sont imposées.

« Je vous prie, en conséquence, de vouloir bien rappeler aux médecins qui exercent dans votre département que toute ordonnance prescrivant l'emploi de substances vénéneuses doit indiquer la dose en toutes lettres. Vous aurez également à rappeler aux pharmaciens qu'ils ne doivent jamais exécuter une prescription médicale formulée en chiffres, quand elle exige l'emploi de substances vénéneuses.

« Vous voudrez bien, en outre, avertir ces praticiens de l'un et de l'autre ordre, que s'ils ne tenaient aucun compte de ce rappel aux règlements, ils s'exposeraient aux pénalités édictées par la loi du 19 juillet 1845. »

418. Enfin, aux termes de l'article 11 de l'ordonnance du 29 octobre 1846, les substances vénéneuses doivent toujours être tenues par les commerçants, fabricants, manufacturiers et pharmaciens, *dans un endroit sûr et fermé à clef.*

Le 7 septembre 1854, un commissaire de police, accompagnant les membres du jury médical, se présenta chez le sieur Larousse, pharmacien à Marseille, et constata qu'ayant demandé la clef de l'armoire renfermant les substances vénéneuses, un élève en pharmacie, présent dans l'officine, l'avait prise dans le tiroir du comptoir qui était complètement ouvert, et avait ensuite lui-même ouvert ladite armoire.

Des poursuites furent, en conséquence, dirigées contre le sieur Larousse, pour contravention aux prescriptions de l'article 11 de l'ordonnance et à l'article 1er de la loi du 19 juillet 1845.

Le 26 janvier 1854, le tribunal correctionnel de Marseille renvoya le prévenu de la poursuite par ce motif que, la clef ayant été déposée momentanément, en l'absence de Larousse, dans le tiroir où était l'argent, on ne pouvait pas dire qu'elle ne fût pas *en lieu sûr*. Mais, sur l'appel du ministère public, la Cour d'Aix réforma la décision du tribunal de Marseille par les motifs suivants :

« Attendu qu'aux termes de l'ordonnance du 29 octobre 1846, les substances vénéneuses doivent toujours être tenues par les pharmaciens dans un endroit sûr et fermé à clef ;

« Attendu que le sieur Prat, commissaire de police, s'étant présenté, le 7 septembre dernier, chez le sieur Larousse, pharmacien à Marseille, a demandé, en l'absence momentanée de celui-ci, au sieur Lieutaud, son commis, la clef de l'armoire renfermant les substances vénéneuses, et que Lieutaud, son commis, l'a prise dans le tiroir du comptoir, *tiroir qui était parfaitement ouvert* ;

« Attendu qu'en l'état de ces faits établis par le procès-verbal du commissaire de police et par les débats, il est constant que les substances vénéneuses de l'officine n'étaient pas dans un lieu sûr puisque la clef de l'armoire qui les renfermait se trouvait à la disposition des personnes de la maison ;

« Par ces motifs, etc... (1) ».

M. Roque, avocat général, allait plus loin dans son réquisitoire. D'après lui, la clef de l'armoire renfermant les substances vénéneuses doit être en la possession du pharmacien seul. Si, disait-il, l'ordonnance du 29 octobre 1846, rendue en exécution de la loi du 19 juillet 1845, n'est pas aussi explicite sur ce point que l'article 34 de la loi du 21 germinal an XI, il résulte des débats qui ont précédé la nouvelle loi que le législateur de 1845 a voulu user de plus de rigueur que celui de l'an XI, et, sans diminuer les responsabilités des pharmaciens, non plus que l'étendue des obligations qui leur sont imposées, assurer, dans tous les cas, par une sanction pénale, la répression de toutes les contraventions.

§ 5. — *Contraventions commises par des personnes autres que des pharmaciens.*

419. Il résulte de l'article 36 de la loi du 21 germinal an XI que les pharmaciens seuls ont le droit de débiter des préparations médicamenteuses au poids médicinal. Cet article renvoie, pour la pénalité, au Code des délits et des peines, articles 83 et suivants ; mais là encore on a oublié de déterminer la peine. Il a donc fallu une autre loi pour suppléer à l'omission. Nous avons rapporté plus haut, au numéro 365, la loi du 27 pluviôse an XIII, qui contient

(1) Aix, 15 novembre 1854. P. 1855. 2. 74.

la sanction, à l'article 36, de la loi de l'an XI, et qui punit d'une amende de 25 à 600 fr. *tout débit au poids médicinal, toute distribution de drogues et préparations médicamenteuses sur des théâtres ou étalages, dans les places publiques, foires et marchés, toute annonce et affiche imprimée qui indiquerait des remèdes secrets, etc...* »

Quant à l'exercice de la pharmacie ailleurs que dans les foires et marchés, et autrement que par l'annonce et la vente des remèdes secrets, il est interdit à toute autre personne que le pharmacien et puni par la déclaration du 25 avril 1777, article 6, que nous avons rapporté également. Cet article défend aux épiciers et à *toutes autres personnes* de fabriquer, vendre et débiter des médicaments. La loi de germinal an XI, dans son article 33, a bien abrogé implicitement les anciens règlements en ce qui concerne les épiciers et droguistes, mais elle a laissé subsister ce qui est relatif aux *autres personnes*. La vente clandestine des substances ou préparations médicamenteuses par une personne étrangère à la pharmacie est donc assurément encore punie par cet article 6, dont la disposition spécifiée par ces mots : *toutes autres personnes*, n'est pas abrogée (1).

C'est donc la déclaration du roi du 25 avril 1777 qui punira l'exercice illégal de la pharmacie par les particuliers, et la loi du 29 pluviôse an XIII sera appliquée au débit de médicaments dans les foires, marchés, etc..., par les charlatans, et à l'annonce comme à la vente des remèdes secrets (2).

Les épiciers et droguistes ne peuvent vendre que des drogues simples et seulement en gros. Il leur est absolument interdit de vendre des remèdes composés.

420. L'interdiction s'applique aux médecins comme aux droguistes, aux épiciers et à toute autre personne ; elle est absolue et n'admet aucune distinction entre le débit gratuit et le débit fait à prix d'argent. Nous avons cité, au chapitre *de la responsabilité médicale*, page 141, le cas du docteur T... qui, habitant Amiens, convenait avec ses malades de les traiter gratuitement en leur fournissant les médicaments qu'il leur faisait expédier, au poids médicinal, par un pharmacien de Paris. La Cour d'Amiens d'abord et, après elle, la Cour de cassation, ont vu, dans ce fait, une contravention à

(1) Paris, 21 mai ; — 10 septembre 1829 ; — 22 juin 1833 ; — 1er avril 1842 ; — 13 juillet 1844 ; — 7 février 1862 ; — 14 janvier 1863 ; — 9 mars 1872 ; — 27 février 1873. — Cassation, 10 février ; — 15 novembre 1844 ; — 23 août 1860 ; — 7 décembre 1861 ; — 27 décembre 1862 ; — 20 juillet 1872 ; — 26 juillet 1873 ; — 22 janvier 1876. — Laterrade, *Code expliqué des pharmaciens*, p. 145.

(2) Briand et Chaudé, *Manuel de méd. lég.*, 10e édit., t. II, p. 744.

l'article 36 de la loi du 21 germinal an XI et à la loi du 29 pluv. an XIII. Il est vrai que, dans l'espèce, la gratuité des médicaments n'était qu'apparente, puisque, si le médecin ne se les faisait pas payer, le pharmacien qui les expédiait en partageait le prix avec lui. Néanmoins, le principe est constant en jurisprudence (1). Un médecin qui n'est pas pharmacien ne peut donc pas vendre de remèdes, sauf l'exception ci-après.

MM. Briand et Chaudé pensent qu'en pareil cas, ce n'est point la loi de pluviôse an XIII, comme l'a jugé la Cour de cassation, mais bien la déclaration de 1777 qui doit être appliquée. Nous partageons entièrement cette appréciation. La loi de pluviôse an XIII ne punit que le fait prévu par l'article 36 de la loi de germinal an XI, c'est-à-dire la vente de médicaments dans les places, foires et marchés par les charlatans, et la vente des remèdes secrets. L'exercice illégal de la pharmacie par les autres personnes et les autres moyens est réprimé par la déclaration de 1777. Mais il ne s'agit là que de l'application de la peine ; quant à la constatation du délit, elle est faite en vertu de l'article 36 de la loi de l'an XI.

C'est ainsi qu'il a encore été jugé que cet article 36 est applicable aux ventes au poids médicinal faites à domicile, notamment par un officier de santé, dans une localité où existent des pharmaciens ayant officine ouverte (2) ; et que la distribution des médicaments aux malades par un médecin, dans une commune où il existe des pharmaciens, constitue une contravention aux articles 27 et 36. Cette contravention, qui existe quand même la distribution aurait été gratuite, ne peut être excusée par la bonne foi (3).

421. Aux termes de l'article 27 de la loi de germinal an XI, le médecin établi dans une localité où il n'y a pas de pharmacien ayant officine ouverte peut débiter à ses malades des médicaments simples ou composés, à la condition de ne pas tenir officine ouverte. Ainsi le veut l'intérêt des malades. Mais quelle est l'étendue de cette faculté?

Elle ne s'applique pas seulement à la commune où le médecin a fixé sa résidence, elle le suit encore dans toutes celles où il est appelé et où n'existe pas d'officine (4).

(1) Cassation, 7 juin 1833. — Aix, 4 janvier 1838. P. 1839. 1. 19. — Cassation, 18 juillet 1845. P. 1846. 1. 48. — Amiens, 10 février 1854. P. 1854. 1. 559.
(2) Cassation, 20 janvier 1855. P. 1855. 1. 536.
(3) Poitiers, 21 novembre 1879. *Gazette des Tribun.*, 22 janv. 1880.
(4) Paris, 27 août 1868. P. 1868. 1005.

On s'est demandé si un médecin habitant une commune où se trouve un pharmacien aurait le droit de distribuer des médicaments aux malades dans les communes circonvoisines où il n'y aurait pas de pharmacie. On disait, pour l'affirmative, que l'exception à la loi n'a pas été introduite par l'article 27 dans l'intérêt du médecin, mais bien dans celui du malade ; qu'obliger ce dernier à faire acheter ses médicaments à une grande distance, dans une commune très éloignée, serait souvent rendre inutiles les secours de la science ; qu'il y aurait donc un grand intérêt pour le public à autoriser le médecin qui va visiter des malades dans des communes dépourvues de pharmacie à se munir des médicaments nécessaires en cas d'urgence. Cet argument, qui ne manque point de valeur, n'a pas triomphé, et la Cour de cassation, appliquant le texte de la loi, a refusé d'étendre l'exception de l'article 27. Elle a jugé ainsi :

« La Cour, — Vu les art. 27 et 36 de la loi du 21 germinal an XI et la loi du 27 pluv. an XIII : — Attendu qu'il résulte des dispositions de la loi du 21 germinal an XI que les pharmaciens ont seuls le droit de vendre des drogues au poids médicinal, des compositions ou préparations pharmaceutiques et médicamenteuses ;

« Que si l'art. 27 de ladite loi permet aux officiers de santé de fournir, dans les bourgs, villages ou communes, des médicaments simples ou composés aux personnes près desquelles ils seraient appelés, cette faculté ne leur est accordée qu'autant qu'il n'y aurait pas dans lesdits bourgs, villages ou communes, de pharmacien ayant officine ouverte, d'où il suit que, dans le cas où il y a un pharmacien ayant officine ouverte, la prohibition subsiste à leur égard ;

« Attendu que la défense faite par l'art. 36 à tous autres que les pharmaciens de vendre des drogues au poids médicinal est générale et absolue, et que, hors le cas prévu par l'art. 27, elle s'applique aux officiers de santé comme à tous autres, et que les individus qui y contreviennent doivent être punis correctionnellement des peines prononcées par la loi du 27 pluv. an XIII ;

« Attendu que le jugement attaqué reconnaît et déclare constant en fait que Gérard, officier de santé à Pouilly, où réside un pharmacien ayant officine ouverte, tient renfermée chez lui une certaine quantité de médicaments simples ou composés, qu'il débite et distribue au poids médicinal à ses malades, autres toutefois que ceux habitant la commune de Pouilly ; que ce jugement ajoute que ce fait ne tombe pas sous l'application de l'art. 36 de la loi du 21 germinal an XI, mais rentre dans l'exception établie par l'art. 27 de ladite loi, pour laquelle la loi du 27 pluv. an XIII n'a pas établi de sanction pénale ;

« Attendu que ledit jugement s'est fondé sur ces motifs pour prononcer le relaxe de Gérard des fins de la poursuite dirigée contre lui ;

« Attendu que l'exception établie par l'art. 27 de la loi du 21 germinal an XI ne s'applique, d'après la teneur dudit article, qu'aux officiers de santé établis dans les bourgs, villages ou communes où il n'y a pas de pharmacien ayant officine ouverte ; que cette exception est de droit étroit et ne peut recevoir aucune extension ; que néanmoins le jugement attaqué, tout en reconnaissant que Gérard, officier de santé, est établi à Pouilly, où il existe un pharmacien ayant officine ouverte, et qu'il débite et distribue au poids médicinal, à ses malades autres que ceux habitant la commune de Pouilly, des médicaments simples ou composés, a relaxé le prévenu des fins de la poursuite, en se fondant sur cette circonstance, que cet officier de santé ne débite des médicaments qu'à ceux de ses malades qui n'habitent pas la commune de Pouilly ; en quoi ledit jugement a étendu l'exception portée en l'art. 27 de la loi du 21 germinal an XI, a méconnu et violé l'art. 36 de ladite loi, et violé, en ne l'appliquant pas, la loi du 27 pluv. an XIII. — Casse (1). »

Cette jurisprudence n'est pas discutable ; elle est fondée sur les termes précis de la loi qui ne peut être étendue, surtout quand il s'agit d'une exception. Mais ce que ne peuvent faire les tribunaux en présence d'un texte formel pourrait être établi par une loi nouvelle qui concilierait tous les intérêts. Il serait donc à désirer que la loi accordât au médecin la faculté de distribuer des médicaments simples ou composés aux malades dont la résidence serait à une distance déterminée de toute pharmacie, l'interdiction subsistant pour les malades se trouvant dans un rayon plus rapproché. Ce n'est pas la résidence du médecin, mais celle du malade qui devrait être prise en considération.

422. Le 5 juin 1879, le sieur Vallade, pharmacien à Vivonne, appelait le docteur Lenoir, médecin au même lieu, en police correctionnelle et demandait contre lui une condamnation à 10,000 fr. de dommages-intérêts, attendu que, depuis moins de trois ans, il s'était permis et se permettait journellement de vendre à ses malades, soit à Vivonne, soit dans les communes environnantes, des drogues et médicaments.

Or, le 25 du même mois, le docteur Lenoir faisait également citer le pharmacien Vallade en police correctionnelle, devant les mêmes juges, pour infraction à la loi du 19 ventôse an XI ; dans la même assignation, il se plaignait, à la fois d'exercice illégal de la médecine et de diffamation, et, par suite, demandait, lui aussi, 10,000 fr. de dommages-intérêts.

Le tribunal de Poitiers joignit les deux instances, puis on enten-

(1) Cassation, 16 octobre 1844. P. 1845. 1. 775. — Orléans, 27 février 1840. P. 1840. 1. 439. — Briand et Chaudé, *Manuel de méd. lég.*, 10e édit., t. II, p. 701. et s.

dit les témoins cités dans l'un et l'autre intérêt. Le pharmacien en avait assigné quarante, le médecin n'en avait appelé que treize.

Après des débats animés, le tribunal, à la date du 28 juillet, rendait un jugement ainsi conçu :

« Attendu qu'en se munissant, à l'exemple de ses confrères, des remèdes les plus usuels pour aller visiter ses malades, principalement à la campagne, en délivrant gratuitement des remèdes aux malheureux, en exigeant de quelques autres, mieux partagés du côté de la fortune, tantôt la restitution intégrale en nature, et tantôt la valeur en argent; enfin en tirant d'une pharmacie de Poitiers les drogues adressées de là directement à ses clients et facturées en leurs noms, Lenoir n'a point, à proprement parler, ouvert une officine de pharmacie, préparé, vendu et débité des médicaments, dans le sens de l'article 25 de la loi du 21 germinal an XI, sur l'exercice de la pharmacie, et contrevenu, par suite, aux dispositions de ladite loi;

« Qu'il n'est pas non plus exact de prétendre que, de son côté, Vallade a enfreint la loi du 19 ventôse an XI sur l'exercice de la médecine, en prodiguant, gratuitement ou non, ses conseils et ses soins, toutes les fois qu'en l'absence d'un médecin, il paraissait urgent d'agir et que, pour cette cause, son assistance était requise ;

« Qu'il suit de là que ni l'un ni l'autre des délits que s'imputent respectivement les parties n'est justifié ;

« Que ce qui ressort des enquêtes, c'est uniquement le sentiment d'animosité regrettable qui a poussé jusqu'à présent Lenoir et Vallade à s'entre-nuire, au grand détriment des convenances professionnelles et de leur propre dignité ;

« Que dans cette lutte, poursuivie des deux parts avec un acharnement égal, les torts paraissent réciproques, et que si des propos par trop vifs sont relevés d'un certain côté, ces propos ne sauraient, en raison des circonstances, revêtir un caractère véritablement délictueux ;

« Par ces motifs, — le tribunal dit n'y avoir lieu à condamnation ni contre Lenoir ni contre Vallade ; — les acquitte en conséquence l'un et l'autre des poursuites qu'ils se sont réciproquement intentées, et, laissant à la charge de chacun d'eux les dépens personnels, dit qu'ils supporteront par moitié les frais du présent jugement. »

Le docteur Lenoir respecta cette décision, mais il n'en fut pas ainsi du pharmacien Vallade, qui interjeta appel. La Cour statua en ces termes :

« Attendu que Vallade, pharmacien à Vivonne, a fait citer Lenoir, docteur-médecin établi dans la même localité, devant le tribunal correctionnel de Poitiers, pour se voir déclarer convaincu d'avoir illégalement exercé la pharmacie, et s'entendre condamner à lui payer la somme de 10,000 fr. à titre de dommages-intérêts ;

« Attendu que par cela seul que Vallade est pourvu du diplôme de pharmacien et qu'il tient une officine ouverte dans les conditions prescrites par la loi, il avait incontestablement qualité pour exercer l'action par lui introduite ;

« Attendu, en fait, que de l'enquête à laquelle il a été procédé devant le tribunal, et notamment des dépositions des 1er, 2e, 18e.... témoins de l'enquête, ainsi que du 4e de la contre-enquête, il résulte que le docteur Lenoir, dans des circonstances où l'urgence des cas n'exigeait pas une médication prompte et énergique, a délivré directement à des malades des préparations pharmaceutiques qu'il avait apportées avec lui ;

« Attendu qu'il a contrevenu par là aux dispositions de la loi du 21 germ. an XI, qui fait défense à toutes personnes autres que les pharmaciens, de vendre ou débiter des médicaments ;

« Attendu qu'il n'y a aucune distinction à faire entre le cas où Lenoir a distribué gratuitement ces remèdes et ceux où il en a reçu le prix, la disposition précitée s'appliquant, dans la généralité de ses termes, aux uns comme aux autres ;

« Attendu que ces faits, constitutifs d'une contravention caractérisée, ne sauraient être innocentés par des propos désobligeants que Vallade aurait tenus sur le compte de Lenoir, ou par de mauvais procédés que la Cour n'a point d'ailleurs à apprécier, puisqu'ils ont fait l'objet d'une décision de justice ayant acquis l'autorité de la chose jugée ;

« En ce qui concerne le chiffre des dommages-intérêts : — Attendu qu'il n'est pas établi que la distribution faite par Lenoir de quelques médicaments d'une valeur peu considérable ait causé à Vallade un préjudice appréciable en argent ;

« La Cour dit qu'il a été mal jugé par le jugement du 28 juillet 1879, dont est appel ; — Émendant...., déclare Lenoir coupable d'avoir, depuis moins de trois ans, à Vivonne, contrevenu aux dispositions de la loi du 21 germ. an XI, en vendant et débitant des médicaments ;

« Pourquoi, lui faisant application des articles 25 de la loi de germ. an XI et 194 du Code d'instruction criminelle, le condamne à payer à Vallade, pour tous dommages-intérêts, la part des frais du jugement de première instance à laquelle ce dernier avait été condamné, etc... (1) ».

423. Dans le ressort de la préfecture de la Seine, les officiers de santé qui veulent profiter de la tolérance accordée par l'article 27 de la loi de germinal an XI doivent en faire la déclaration au préfet et au maire (2). Cette obligation, imposée par une ordonnance de police du 9 floréal an XI, paraît aujourd'hui tombée en désuétude.

Il résulte encore des termes de l'article 27 que l'officier de santé qui peut délivrer des médicaments, parce qu'il n'existe pas de pharmacie ouverte dans la commune, ne peut en vendre au premier venu. Mais il ne serait point réputé avoir tenu pharma-

(1) Poitiers, 21 novembre 1879. *Gazette des Tribun.*, 22 janvier 1880.
(2) Trébuchet, *Jurispr. de la méd.*, p. 595.

cie ouverte par cela seul qu'il aurait déposé ses médicaments dans une dépendance d'un magasin exploité par une personne de sa famille (1).

424. La prohibition d'exercer la pharmacie hors les cas prévus par l'article 27 concerne les médecins homœopathes comme les autres.

Le sieur Moreau, médecin homœopathe, fut cité devant le tribunal correctionnel d'Angoulême par les pharmaciens de cette ville comme ayant, contrairement à l'article 36 de la loi du 21 germinal an XI, distribué des médicaments à ses malades. Le prévenu opposait que la loi de l'an XI était inapplicable à la distribution qu'il avait faite de globules homœopathiques. Le tribunal accueillit une fin de non-recevoir tirée de ce que les pharmaciens n'auraient pas d'action directe.

En appel, les pharmaciens soutenaient que leur action était recevable et, au fond, prétendaient que le fait dont ils se plaignaient tombait nécessairement sous l'application de la loi du 21 germinal an XI. En effet, disaient-ils, ou les globules distribués par les homœopathes ne sont rien, et alors le fait serait pire qu'une contravention, ou ils sont quelque chose, et, dans ce cas, ils ne peuvent être que des remèdes dont le débit n'appartient qu'à des pharmaciens.

Le sieur Moreau répondait, au fond :

« Que les globules ne constituent pas une drogue ou préparation médicamenteuse, dans le sens de la loi du 21 germinal an XI. Qu'y a-t-il, en effet, de commun entre les combinaisons pharmaceutiques et amalgames officiels de substances toxicantes au poids médicinal, produits redoutables des fourneaux, des pilons, des creusets, arsenal obligé de la pharmacie esclave du Codex, et les substances simples, réduites par les secousses de la trituration et par la multiplicité des dilutions à des doses tellement infinitésimales, qu'elles échappent à l'œil de la chimie, et dont la puissance augmente d'autant plus que la matière diminue, qu'elle dépasse davantage les invisibles limites de l'atome et qu'elle se rapproche plus du néant ; entre ces médecines atroces que l'erreur d'un grain peut seule rendre mortelles, et ces globules tout-puissants, ou tellement annihilés, suivant l'emploi, que l'ingurgitation d'un assortiment tout entier ne peut porter le moindre trouble dans les fonctions digestives ?

« D'ailleurs, les pharmaciens du Codex ne pourraient répondre aux exigences du monopole qu'ils réclament. Ni eux ni leurs officines ne sont prêts pour la pharmacie homœopathique, dont ils ne connaissent et ne peuvent étudier en un jour les principes, les

(1) Cassation, 23 août 1861. P. 1862. 980

éléments, ni même les appellations. Pour être pharmacien, il y a des études, des examens, des épreuves qui n'ont rien de commun avec l'homœopathie, qui, au contraire, font un devoir de la proscrire. Comment, dès lors, un pharmacien de l'école pourrait-il être en même temps pharmacien homœopathe? Il y a peut-être plus d'hostilité encore entre les préparations pharmaceutiques du Codex et les substances homœopathiques, dont la sensibilité exquise s'altère, non seulement au contact, mais à la simple cohabitation avec la pharmacopée vulgaire. Tout cela est si vrai que les pharmaciens ne pourraient faire que ce qu'ont fait ceux qu'on a essayé de constituer pharmaciens homœopathes, ce que font les médecins eux-mêmes, c'est-à-dire tirer les préparations homœopathiques des trois seules pharmacies spéciales qui existent en France. Hors de là nulle garantie pour les malades, ni pour les médecins eux-mêmes, puisqu'il n'existe aucun moyen de contrôler les préparations homœopathiques ; d'où il suit que les pharmaciens seraient les arbitres absolus de la santé des malades, de l'efficacité des remèdes, de la réputation du médecin, en un mot, du sort d'une science qu'ils déclarent être un leurre, et qu'ils repoussent comme leur ennemie.

« La législation de l'an XI, uniquement préoccupée de la santé publique, et non d'assurer aux pharmaciens des bénéfices incommutables, ne peut avoir eu la pensée de constituer en eux une phalange de privilégiés, douaniers de la routine, préposés pour empêcher de passer tout progrès, pour barrer le chemin à la science, à toute découverte nouvelle, quelque utile qu'elle puisse être pour l'humanité. »

Le 29 novembre 1856, la Cour de Bordeaux, adoptant la doctrine de la Cour de Paris (1), accueillit ce système et débouta les pharmaciens de leur demande.

L'affaire fut portée devant la Cour de cassation, qui cassa l'arrêt de Bordeaux et renvoya les parties devant la Cour de Poitiers (2). Cette dernière Cour ayant jugé comme celle de Bordeaux (3), la Cour de cassation fut appelée à statuer définitivement, toutes chambres réunies, et M. le Procureur général Dupin présenta les observations suivantes dans un réquisitoire devenu célèbre et cité bien souvent depuis :

« La question que présente à juger le pourvoi dépend de deux maximes corrélatives : l'une, qu'il ne faut pas distinguer là où la loi n'a pas fait de distinction ; l'autre, qu'il ne faut pas confondre quand la loi a pris soin de distinguer.

« La médecine, la chirurgie, la pharmacie demeurèrent longtemps confondues ensemble. La médecine, orgueilleuse comme la science et

(1) Paris, 10 août 1855. P. 1857. 212.— Angers, 26 sept. 1856, *loc. cit.*
(2) Cassation, 6 février 1857. P. 1857.214.
(3) Poitiers, 7 mai 1857. P. 7.157. 824.

à cause d'elle, s'attribuait sur toutes les branches de l'art de guérir une sorte de suprématie aristocratique. Les docteurs en médecine considéraient dédaigneusement les chirurgiens comme de simples praticiens qu'on nomma d'abord renoueurs, rebouteurs, chirurgiens-barbiers.

« Et de fait, pendant très longtemps, et jusqu'à la fin du dernier siècle, bon nombre de pauvres étudiants, à qui leurs parents n'avaient pas le moyen ou la complaisance de faire, comme aujourd'hui, une subvention de deux à trois mille francs pour suivre leurs cours, entraient chez un barbier, servaient le matin leurs pratiques, et le soir allaient chercher une instruction particulière dans d'infects ateliers d'anatomie. D'un si dur apprentissage sont sortis plusieurs hommes de mérite.

« Quant aux remèdes, les médecins, dans les occasions importantes, les faisaient quelquefois préparer sous leurs yeux ; et l'on achetait les diverses substances chez les épiciers, les herboristes, les droguistes. Il n'y avait pas, ou il y avait bien peu de véritables pharmaciens ; on les nommait apothicaires, et l'on en parlait fort légèrement.

« Au seizième siècle, Ambroise Paré, résumant les connaissances de ceux qui l'avaient précédé, apparut comme le véritable créateur de la chirurgie française ; cependant la chirurgie restait toujours subordonnée à la suprématie du médecin, qui prescrivait et dirigeait les opérations ; et il fallut tout l'ascendant que prirent, au commencement du dix-huitième siècle, Chirac, Maréchal et Lamartinière, successivement chirurgiens du roi, pour assurer à leur profession sa place et sa dignité.

« L'Académie de chirurgie fut fondée en 1731. Depuis ce temps, on a vu autant d'habiles chirurgiens que de savants médecins ; on pourrait placer leurs noms en regard sur deux colonnes ; et si aujourd'hui on distingue encore les uns des autres, ce n'est point par l'enseignement, car ils suivent les mêmes cours, ni par l'étendue des connaissances théoriques, car celles des chirurgiens s'étendent aux mêmes objets ; mais par la pratique, l'habileté de la main, la dextérité qu'exigent les opérations. Ajoutons à cela la chirurgie militaire, une des gloires de la France, qui unit à la science du docteur le courage et le dévouement du soldat.

« La pharmacie eut aussi ses commencements pénibles et ses lents progrès. Chez les anciens, les médecins préparaient eux-mêmes les remèdes. Le médecin d'Alexandre lui apporta tout préparé le breuvage héroïque qui devait le tuer ou le sauver après qu'il s'était baigné dans le Cydnus. — Chez les modernes, la vente des herbes et des drogues était abandonnée à des hommes dont on n'exigeait aucune étude préalable. — Au douzième siècle, on voit, à Naples, les pharmaciens assujettis à composer leurs médicaments selon les formules consignées dans l'antidotaire de l'Ecole de Salerne. — En France, quelques ordonnances incomplètes, publiées en 1484, 1514 et 1638, composent tout le Code pharmaceutique jusqu'à l'ordonnance qui, en 1777, créa un collège de pharmacie à Paris. — Depuis cette époque, et grâce aux progrès de l'histoire naturelle, surtout de la chimie, les travaux de Charras, Lémerye, Macquet, Glauber, etc...

ouvrirent à la pharmacie une voie nouvelle, et plus tard, les Vauquelin, les Cadet-Gassicourt, Robiquet, Guibourt, Chevallier, Bussy, achevèrent d'en faire une science véritable. — Alors apparut la loi du 21 germinal an XI, qui a créé les écoles de pharmacie et fixé la position des pharmaciens.

« Au point de vue de la science, on trouve dans l'Académie nationale de médecine ces trois branches : médecine, chirurgie, pharmacie, unies pour le conseil, afin d'éclairer le gouvernement sur tout ce qui tient à la santé publique ; divisées ensuite pour l'exercice de la profession. — La loi qui constitue ces professions les protège ; et de même qu'on voit les avoués protégés contre la postulation, on trouve le médecin en titre protégé contre le charlatan non commissionné ; le chirurgien contre l'opérateur ; le pharmacien contre les vendeurs de remèdes patents ou secrets, et même contre les médecins qui, empiétant sur l'office du pharmacien, entreprendraient de fournir eux-mêmes des remèdes à leurs malades, et c'est justice : car la loi oblige les pharmaciens à de longues études théoriques et pratiques ; elle, les assujettit à des examens, à des épreuves ; elle exige d'eux, pour l'exercice de leur état, qu'ils tiennent une officine ouverte, garnie de substances médicales simples ou composées, avec l'aptitude à préparer tous les autres remèdes ou selon les formules du Codex, ou selon les formules magistrales, dictées par le caprice et la volonté des médecins ; on leur impose des précautions sévères et une grande responsabilité pour la garde et le débit des substances vénéneuses ; enfin, on assujettit leurs établissements à des visites annuelles, et c'est à ces conditions qu'on leur assure le monopole de la vente des médicaments.

« Tel est, Messieurs, le régime légal institué par la loi de germinal an XI, pour l'exercice de la pharmacie. — C'est à ce régime qu'a voulu se soustraire le sieur Moreau, médecin à Angoulême, défendeur à la demande en cassation de l'arrêt de la Cour de Poitiers qui a consacré ses prétentions. — Le docteur Moreau pratique l'homœopathie. Or, dit-il avec l'arrêt attaqué, l'homœopathie est une science entièrement nouvelle ; elle pratique ce qu'on ne lui a point enseigné dans les écoles ; elle est en dehors des prévisions de la loi de germinal et des remèdes officiels indiqués dans le Codex. Donc cette loi, en ce qui touche le monopole des pharmaciens, ne peut être invoquée pour les prescriptions homœopathiques.

« Eh quoi, Messieurs, est-ce donc la première fois que les systèmes médicaux ont changé? Combien n'y a-t-il pas eu d'écoles différentes ? Hippocrate dit oui, et Galien dit non, est devenu proverbial. L'Ecole de Salerne se fonde au douzième siècle, et jouit d'une grande popularité. Les Arabes ont aussi leurs médecins avec leurs modes particuliers de traitement et une juste célébrité. A la fin du quinzième siècle, Paracelse s'élève contre le système de Galien : avant lui on avait cherché des antidotes contre les poisons ; plus hardi que ses devanciers, il ose le premier employer les poisons, comme remèdes. Dans le siècle suivant, Sylvius traite les humeurs à l'aide de la chimie ; il combat les acides par les alcalis et envoie ceux-ci à la poursuite de ceux-là dans le corps humain.

En 1618, Harvey, ce grand anatomiste, découvre et démontre la circulation du sang, dont jusqu'alors les médecins spéculatifs ne s'étaient pas aperçus. Cette découverte, à elle seule, modifie tous les systèmes. Boerhave et Haller ont eu le leur, Broussais a eu le sien. A la fin du dernier siècle, Mesmer présentait le magnétisme animal comme un moyen thérapeutique tout nouveau. Hanneman a créé l'homœopathie qui, pour guérir une maladie réelle, lui substitue une indisposition factice; nous avons l'hydrothérapie, imaginée par un paysan de Silésie. Que n'avons-nous pas ? — Bref, à de fréquents intervalles on a vu de nouveaux docteurs s'élever, donner le démenti à leurs contemporains ou à leurs devanciers, en disant bien haut, comme au temps de Molière : « Nous avons changé tout cela. »

« Aujourd'hui on va plus loin, on ose davantage ; et, parce qu'on a, dit-on, changé la médecine, cela doit, de plein droit, changer la législation ! — Non, non, Messieurs, la science peut aller son train ; mais les lois ne s'abolissent point ainsi. Où n'irait-on point avec ces prétendues abolitions de plein droit ? Lorsqu'est apparue parmi nous la littérature romantique, on aurait donc pu prétendre qu'elle ne pouvait pas invoquer les lois sur la propriété littéraire, parce que ces lois avaient été portées en 1791, à une époque où on ne connaissait que la littérature classique? Récemment n'entendiez-vous pas dire que, parce que les richesses mobilières étaient plus abondantes aujourd'hui qu'au temps de la promulgation du code civil, cela devait modifier le principe de la communauté? Mais c'est surtout dans les temps de révolution qu'on voit les esprits remuants alléguer ces abolitions de plein droit, et soutenir qu'il suffit d'un trouble apporté dans le fait, pour en induire aussitôt une perturbation dans le droit. A cette occasion, je me suis rappelé ce matin même, au moment de partir pour l'audience, une lettre que m'écrivait, en 1831, mon savant prédécesseur, M. Merlin, et j'ai pensé qu'il serait opportun de la citer devant vous. — A propos d'une loi répressive, dont l'exécution était invoquée, un avocat avait dit dans cette enceinte que : « cette loi avait été abolie par le canon de Juillet. » Cette parole avait retenti jusque dans le cabinet du vieux jurisconsulte ; il en avait tressailli ; et, en m'accusant réception d'un opuscule que je lui avais adressé, il me disait :

« M. le Procureur général, je gémis comme vous de l'allure que « prend actuellement le barreau, mais il faut espérer que cette fré- « nésie n'aura qu'un temps, et que le goût de l'étude, sans laquelle « il est impossible de bien entendre et d'appliquer justement les « lois, reprendra le dessus. » (C'est en effet ce qui est arrivé, dit en s'interrompant M. le Procureur général ; et il continue la lecture de la lettre.) « Comme on ose dire aujourd'hui à l'audience de la « Cour de cassation : telle loi a été abrogée par le canon de Juillet, on « disait à la Convention nationale, en 1794, pour répondre aux argu- « ments que Cambacérès et nous faisions valoir contre la proposition « tendant à faire rétroagir la loi du 5 brumaire an II jusqu'au 14 juil- « let 1789 : le canon de la Bastille a décrété l'égalité des partages et « abrogé toutes les lois, toutes les coutumes, tous les actes, tous les « contrats de mariage qui la blessaient. Mais à peine un an s'était-il « écoulé, que déjà ce langage extravagant faisait rougir ceux qui l'avaient tenu avec un succès éphémère. »

Je le répète donc avec confiance, ce n'est point ainsi que procède la législation, les lois sont des sentinelles qu'il faut relever; jusque là, elles gardent le poste avec la consigne, et chacun est tenu de s'y conformer. Si quelques faits survenus depuis la loi de germinal réclament quelques modifications, que le législateur y pourvoie dans la mesure qui lui conviendra ; en attendant, tenons-nous à la loi telle qu'elle existe, et faisons-la respecter.

« Or, cette loi de germinal an XI consacre la séparation de la médecine et de la pharmacie. Elle laisse à la science médicale toute son indépendance, elle n'entrave ni ses découvertes ni ses progrès. — Le médecin, devenu plus savant, peut modifier le traitement de ses malades et varier ses prescriptions à son gré : qu'il ordonne, cela s'appelle ainsi, qu'il ordonne des remèdes simples ou composés, le pharmacien les lui fournira, selon la formule s'ils sont dans le Codex, ou selon la formule dite magistrale, que le maître, c'est-à-dire le médecin, aura prescrite pour des remèdes qui ne sont pas dans le Codex, mais qui peuvent plus tard y prendre place, en se conformant au décret du 3 mai 1850. En un mot, que le docteur, quel qu'il soit, allopathe ou homœopathe, prescrive ce qui lui plaira, et, fidèle exécuteur de ses ordonnances, le pharmacien, dont le privilège est de préparer les nouveaux comme les anciens remèdes, lui obéira. — Ainsi disparaît l'objection tirée de la nouveauté de la doctrine homœopathique.

« Est-on mieux fondé à invoquer l'exception contenue dans l'article 27 de la loi de germinal ? Cet article est ainsi conçu : « Les officiers de santé établis dans les bourgs, villages ou communes, où « il n'y aurait pas de pharmacien ayant officine ouverte, pourront, « nonobstant les deux articles précédents, fournir les médicaments « simples ou composés aux personnes près desquelles ils seront « appelés, mais sans avoir le droit de tenir une officine ouverte. » — Or, en fait, il existe à Angoulême dix pharmaciens tenant officine ouverte; donc aucun médecin habitant Angoulême ne peut lui-même fournir et débiter des remèdes à ses malades.

« A ce fait, on objecte que ces pharmaciens ne sont pas des pharmaciens homœopathes.

« Mais la loi ne donne pas de qualification aux pharmaciens, elle ne les a pas divisés en catégories spéciales : elle a institué la pharmacie en général, pour tous les systèmes possibles. Elle a voulu faire deux professions distinctes. Elle place d'un coté la médecine avec ses prescriptions diverses, variables, quelles qu'elles soient, et, en face, le pharmacien avec ses substances, son mortier, ses cornues, son alambic et son aptitude à préparer tous les remèdes prescrits dans les ordonnances qui lui sont présentées. C'est son art propre, il s'étend à toutes les prescriptions médicinales, anciennes et nouvelles.

« Le défendeur objecte encore, pour échapper à la disposition de l'article 27, que, dans l'espèce, le médecin a pris ses remèdes dans une pharmacie régulière, la pharmacie centrale à Paris. — Qu'importe ? Quand le médecin a délivré son ordonnance, les particuliers sont assurément maîtres d'acheter le remède dans le lieu où ils voudront ; et ils ne sont pas assujettis à aller dans une pharmacie de la localité, s'ils préfèrent aller ailleurs. Mais quand c'est le médecin lui-même qui fournit le remède, en le faisant venir d'une pharmacie éloignée, il se fait revendeur, entrepositaire, au préjudice du pharmacien de la localité; il lui fait concurrence, il détruit son état, il viole l'article 27, il n'est pas dans le cas précis de l'exception.

« Voilà le droit. Après cela, il devient même superflu de s'arrêter à ces circonstances, qu'en fait, un sieur Laroche avait lui-même ouvert une pharmacie homœopathique, et que le sieur Sicaud, pharmacien ordinaire, tenait aussi des remèdes homœopathiques, comme l'a constaté un procès-verbal du jury médical. — Que ces faits soient plus ou moins controversés, la solution n'est pas là : elle est dans l'aptitude du pharmacien à préparer tous les remèdes qu'on lui commandera, et dans le droit qu'il a de les vendre à l'exclusion de tous autres, même des médecins qui prétendraient avoir inventé des remèdes spéciaux. — Sans cela, et si la prétention contraire était admise, il n'y a pas de médecin qui, en introduisant quelque bizarrerie nouvelle dans ses prescriptions, ne put dire qu'il a inventé un remède à lui et alléguer que, pour sa préparation, il ait besoin d'une manipulation secrète dont lui seul connait le procédé ; et il dépendrait ainsi de lui de se constituer pharmacien pour son compte, à l'exclusion du pharmacien légal.

« En définitive, Messieurs, la justice applaudit à toutes les inventions, à tous les perfectionnements utiles ; mais elle ne juge point les systèmes scientifiques. Elle applique la loi dans sa généralité, dans l'esprit qui a dicté ses dispositions. — Elle voit en présence la médecine et la pharmacie. Si la médecine a fait des progrès, la pharmacie a fait aussi les siens. La justice de la Cour d'assises emploie les docteurs en médecine et en chirurgie à l'autopsie des cadavres; elle emploie également la science chimique des pharmaciens pour les analyses les plus délicates et les plus subtiles dans les questions d'empoisonnement.

« La société a des obligations particulières à la pharmacie : elle lui doit d'avoir adouci ce que les médicaments avaient de plus rebutant. Elle a remplacé par la quinine ces horribles prises de quinquina en poudre ; on lui doit surtout l'abolition de ces médecines noires, répugnantes à la fois à la vue, à l'odorat, au goût, et qui du jour où l'on devait prendre médecine faisait un jour néfaste pour les malades. Les remèdes actuels n'ont plus rien de repoussant, les préparations ont souvent même un goût agréable. Les pharmaciens ont trouvé l'art de dorer la pilule, cela ne nuit point à la science, qui seule a droit de déterminer les éléments dont cette pilule sera composée. A chacun donc son mérite et son droit. Au docteur le droit de prescrire les remèdes, au pharmacien seul le droit de les préparer et de les vendre.

« Nous estimons qu'il y a lieu de casser. »

426. Et la Cour, toutes chambres réunies, sous la présidence de M. le Premier Président Troplong, rendit un arrêt dont voici le texte :

« La Cour ; vu les art. 25, 33, et 36 de la loi du 21 germinal an XI et la loi du 29 pluviose an XIII ; — Attendu que la loi du 21 germinal an XI a voulu séparer définitivement la médecine de la pharmacie, et faire de celle-ci une profession particulière ; — Que, dans ce but, elle a créé et établi des écoles de pharmacie à côté des écoles de médecine, et déterminé les études théoriques et pratiques auxquelles serait subordonné le titre de pharmacien ;

« Qu'en échange des obligations imposées aux pharmaciens, ladite loi a confié à ceux-ci le droit exclusif de préparer et de débiter les médicaments inscrits au Codex ou prescrits par un médecin, en sorte que, de même que nul ne peut exercer la médecine s'il n'a au moins le titre d'officier de santé, de même nul ne peut préparer ou débiter les médicaments quelconques s'il n'est pharmacien ;

« Que l'article 27 de la loi précitée a autorisé, il est vrai, les officiers de santé établis dans une localité où il n'y a pas d'officine ouverte à fournir des médicaments aux personnes près desquelles ils seraient appelés ; mais que cette disposition, toute exceptionnelle, n'est point applicable à une localité qui compte plusieurs pharmaciens ayant officine ouverte, lorsque d'ailleurs rien ne constate, de la part de ces pharmaciens, le refus de se conformer à une ordonnance médicale quelconque ; — Qu'il n'est pas possible non plus de trouver la justification d'un débit de médicaments par un médecin dans le fait de l'achat de ces médicaments dans une pharmacie spéciale ; que s'approvisionner de médicaments pour la plupart des cas qui se présentent et en fournir habituellement aux personnes près desquelles on est appelé, c'est empiéter sur les droits des pharmaciens, contrairement aux prohibitions de la loi ;

« Attendu que l'arrêt attaqué constate en fait : 1° l'existence à Angoulême de plusieurs officines ouvertes ; 2° l'approvisionnement et le débit par le docteur Moreau de préparations médicinales ; que, malgré ces constatations, il a refusé de faire application audit Moreau de la loi du 21 germinal an XI et de la loi du 29 pluviose an XIII, en quoi cet arrêt a formellement violé les dites lois ; — Casse, etc. (1). »

427. La Cour d'Angers avait déjà statué dans le même sens par deux arrêts fondés sur les mêmes motifs (2). Cette jurisprudence est inattaquable en droit, mais elle rend fort difficile, dans la pratique, l'exercice de la médecine homœopathique. La nouvelle méthode curative a pris aujourd'hui une assez grande extension, et il y a peu de villes en France où elle n'ait pas ses partisans. D'après les arrêts, il suffit qu'un seul des pharmaciens de la localité n'ait pas refusé de préparer les médicaments homœopathiques pour que le médecin ne puisse les fournir en se les procurant dans une pharmacie spéciale étrangère à cette localité. Or, il sera bien rare de trouver dans une ville de province, de moyenne importance, un pharmacien qui se consacre exclusivement aux prépa-

(1) Cassation, 4 mars 1858. P. 1858. 770.

(2) Angers, 26 janvier 1852. P. 1852. 1. 667. — 26 septembre 1856. P. 1857. 212. — Dijon, 7 mars 1835.

rations homœopathiques. Les produits que fournissent les pharmaciens ordinaires pour l'application de la méthode spéciale inspirent peu de confiance aux médecins qui les emploient, parce qu'il est de principe, dans le système homœopathique, que la vertu des préparations infinitésimales est compromise par le simple contact avec un grand nombre de substances d'une autre nature, et que ce contact est presque permanent dans les pharmacies mixtes.

428. Les dispositions de la loi du 21 germinal an XI qui réservent aux pharmaciens seuls le droit de vendre des médicaments se réfèrent exclusivement à ceux destinés à la médecine humaine. Les vétérinaires ont donc le droit de composer et de vendre toutes les préparations pharmaceutiques, inscrites ou non au Codex, et destinées à la médication des animaux confiés à leurs soins, à la condition, bien entendu, de ne vendre ces médicaments que pour l'usage de la médecine vétérinaire (1).

429. Mais il y a toutefois exception en ce qui concerne les substances vénéneuses. Les vétérinaires n'ont le droit, ni de détenir de pareilles substances, ni d'en faire emploi dans leurs médicaments ; ce droit rentre dans le monopole exclusif de la pharmacie. En vain diraient-ils qu'ils se trouvent dans les conditions prévues par le titre premier de l'ordonnance du 29 octobre 1846 qui autorise les commerçants, chimistes, fabricants ou manufacturiers à employer les substances vénéneuses sous certaines conditions. Le vétérinaire ne peut être, pour la vente et le débit des poisons, considéré comme un commerçant, un chimiste, un fabricant ou un manufacturier. En outre, la personne qui achète des substances vénéneuses doit en faire la déclaration, aux termes de l'article 1er de la même ordonnance, et l'article 6 exige que tout *achat* ou vente soit inscrit sur un registre *ad hoc*. Pourrait-on obliger les propriétaires d'animaux soignés par les vétérinaires à faire la déclaration prescrite par l'article 1er et à ouvrir le registre exigé par l'article 6 ?

En vain diraient-ils encore que si le titre deuxième de l'ordonnance réserve aux pharmaciens seuls la préparation et la vente des substances vénéneuses destinées à la médecine, il s'agit seulement de la *médecine humaine* ; l'esprit de l'ordonnance ne comporte pas cette interprétation, surtout si on se reporte au rapport qui l'a précédée, et où on lit que « dans les substances vénéneuses se trouvent rangées un grand nombre de substances dont on

(1) Angers, 8 avril 1845. P. 1847. 1. 575. — Orléans, 13 août 1860. P. 1861. 53. — Caen, 28 août 1865. P. 1866. 1108.

ne se sert que pour la médecine des hommes *et des animaux.* »

Au surplus, l'exercice de la profession de vétérinaire est entièrement libre ; les lois qui ont institué les écoles vétérinaires d'Alfort, de Lyon, de Toulouse, n'ont point créé en même temps de privilège en faveur des élèves qui en sortent avec un brevet. Tout individu quelconque, s'intitulant vétérinaire de sa propre autorité, pourrait donc se livrer à la vente, à la distribution des poisons les plus violents. Il est facile de comprendre les dangers que présenterait une pareille tolérance (1).

Nous avons dit plus haut, n° 414, que les pharmaciens ne peuvent même pas délivrer l'acide arsénieux sur ordonnance d'un vétérinaire breveté.

430. Une société particulière peut, ainsi que nous l'avons vu au n° 378, avoir une pharmacie qui lui appartienne en propre, à la condition de ne vendre aucun remède au public. Il en est ainsi, à plus forte raison, des hôpitaux qui ont, presque tous, des pharmacies, et les sœurs de charité emploient ces médicaments aussi bien au soulagement des malades qu'elles soignent dans les hospices que pour les indigents qu'elles visitent à domicile.

Le 9 pluviose an X, l'Ecole de médecine de Paris rédigea une instruction particulière au sujet des médicaments dont la préparation et l'emploi pouvaient être confiés aux sœurs de charité ; elle était ainsi conçue :

« 1° Dans les hospices particuliers dont la direction serait confiée « aux sœurs de charité, ces sœurs seront chargées d'administrer les « médicaments prescrits par les officiers de santé, en se conformant « exactement aux précautions qui leur seront indiquées par ces derniers.

« 2° Elles seront autorisées à préparer elles-mêmes les tisanes, les « potions huileuses, les potions simples, les loochs simples, les cata- « plasmes, les fomentations, les médecines et autre médicaments ma- « gistraux semblables, dont la préparation est si simple qu'elle n'exige « pas des connaissances pharmaceutiques bien étendues.

« 3° Il leur sera interdit de s'occuper des médicaments officinaux, « tels que les sirops composés, les pilules, les électuaires, les sels, « les emplâtres, les extraits, les liqueurs alcooliques, et générale- « ment tous ceux dont la bonne préparation est subordonnée à l'em- « ploi de manipulations compliquées.

« 4° Les médicaments officinaux dont le besoin aura été constaté « par les officiers de santé attachés aux hospices seront procurés « aux sœurs de charité par l'Administration, laquelle fera faire cette « fourniture par un pharmacien légalement reçu.

« 5° Il en sera de même pour les drogues simples que l'Adminis-

(1) Caen, 28 août 1865. P. 1866. 1108.

« tration leur fera fournir par un droguiste connu dont la capacité « soit constatée.

« 6° Les officiers de santé attachés aux hospices veilleront à ce « que le local destiné à l'établissement de la pharmacie confiée aux « sœurs soit situé de manière que les médicaments qu'elles seront « obligées de garder ne soient pas altérés par l'humidité, la lumière, « le froid et la chaleur.

« 7° Indépendamment de la surveillance habituelle des officiers de « santé des hospices, il sera fait, de temps à autre, des visites dans les « pharmacies des sœurs de charité, pour s'assurer si les drogues, « tant simples que composées, qu'elles auront à leur disposition, « sont de bonne qualité.

« Ces visites seront confiées à des officiers de santé désignés à cet « effet, et le procès-verbal de chaque visite sera envoyé à l'Adminis- « tration qui en devra connaître.

« 8° Les médicaments que des sœurs de charité conserveront dans « leur pharmacie ne devant être destinés que pour (*sic*) les malades « des hospices, il leur sera expressément défendu d'en vendre au « public, à moins d'une autorisation spéciale de l'administration.

« 9° Elles seront tenues d'inscrire sur un registre les fournitures « qui leur seront faites, tant de drogues simples que de drogues « composées. Sur un autre registre, elles feront mention de l'emploi « de ces mêmes drogues, emploi qui ne pourra être fait que d'après « les prescriptions des officiers de santé attachés aux hospices.

« 10° Toutes les dispositions comprises dans les précédents arti- « cles ne pourront avoir lieu (*sic*) que dans les hospices où il n'y au- « rait point de pharmaciens salariés. Dans le cas contraire, les sœurs « de charité ne pourront, en aucune manière, s'occuper de la prépa- « ration des médicaments ; les pharmaciens seuls en seront chargés, « sauf à eux à se conformer aux règlements particuliers qui seront « jugés nécessaires pour assurer le service des hospices auxquels « ces pharmaciens sont attachés.

« 11° Enfin ces mêmes dispositions seront appliquées aux établis- « sements de secours à domicile. »

Une circulaire du ministre de l'intérieur du 1er novembre 1806 disait que l'article 25 de la loi du 21 germinal an XI ne devait pas être appliqué aux hôpitaux et aux sœurs de charité, par ce double motif que les drogues et médicaments qui composent leur pharmacie sont tous fournis par l'Administration, qui les prend chez des pharmaciens légalement reçus et des droguistes connus, et que les sœurs de charité ne peuvent employer que ceux provenant de ces pharmaciens, soit dans l'intérieur des hôpitaux, soit pour les pauvres à domicile ; qu'au surplus, les pharmacies des hospices, comme celles des sœurs de charité, sont soumises à de fréquentes inspections qui offrent une garantie assurée de leur bonne administration.

431. La jurisprudence des Cours d'appel a pendant longtemps considéré ces instructions comme contraires à la loi, et elle a refusé de les sanctionner (1) ; mais la Cour de cassation a adopté l'opinion contraire. La question lui était soumise notamment en 1862, à l'occasion de poursuites dirigées par les pharmaciens du Puy contre les hospices de la même ville.

Les hospices du Puy sont propriétaires d'une pharmacie desservie par des dames religieuses, sous la direction d'un pharmacien commissionné par le préfet, et dans laquelle les médicaments préparés par ce pharmacien sont, non seulement livrés aux malades de l'établissement, mais vendus et débités au public. Les pharmaciens du Puy, se plaignant de la concurrence que leur faisait ce débit, actionnèrent devant le tribunal correctionnel de cette ville, tant les dames religieuses que les administrateurs des hospices, pris comme civilement responsables, pour voir faire défense auxdites dames religieuses de continuer l'exploitation de la pharmacie ouverte dans l'hospice.

Cette action fut repoussée par jugement du 26 août 1861, confirmé, en appel, par la Cour de Riom, le 12 février 1862.

Sur le pourvoi formé par les pharmaciens du Puy contre cet arrêt, M. le Procureur général de Riom, dans un mémoire soumis à la Cour de cassation, insistait d'abord sur ce principe que nous avons précédemment développé, qu'une pharmacie ne peut être gérée par un pharmacien qui n'en serait pas propriétaire, et il soutenait que ce principe était applicable aux hospices.

« L'hospice, disait-il, est le propriétaire, et le pharmacien breveté n'est que le gérant. L'article 8 de la déclaration du 25 avril 1777, toujours en vigueur, est ainsi conçu : « Ne pourront les communautés régulières ou séculières, même les hôpitaux et religieux mendiants, avoir de pharmacie, si ce n'est pour leur usage particulier intérieur ; leur défendons de vendre et débiter aucunes drogues simples ou composées à peine de 50 livres d'amende. » Cette prohibition claire, absolue, générale, se justifie en raison. En donnant aux hospices le bénéfice d'une pharmacie particulière, le législateur de 1777 leur permettait de subvenir avec moins de frais aux besoins intérieurs des établissements charitables ; mais, en leur faisant cette faveur, il leur interdisait formellement de vendre au dehors, les actes de commerce et de spéculation ne pouvant convenir aux maisons de charité. Tel est le but que l'on se proposait en 1777, les mêmes raisons subsistent encore aujourd'hui.

« On peut ajouter que si ce droit était accordé aux hospices, rapproché de la législation spéciale des établissements charitables, il aurait pour résultat la violation la plus flagrante du principe d'égalité. En effet, les hospices, dispensés de la patente et de l'impôt mobilier,

(1) Bordeaux, 28 janvier 1830. Trébuchet, *Jurisprud. de la méd.*, p. 336.

dotés du tiers des amendes encourues pour contravention aux lois sur la pharmacie, exerceraient ainsi un commerce sans en subir les charges et feraient aux pharmaciens brevetés une concurrence inégale et mortelle. Ils exerceraient un commerce, et cela sans autorisation, eux qui sont perpétuellement dans les liens de la minorité. Ils se livreraient ainsi à des actes de spéculation si contraires à l'institution et au caractère des établissements charitables qu'ils sont l'objet d'un blâme même de la part de ceux qui pensent qu'il n'existe à cet égard aucune prohibition écrite et spéciale (1).

« Mais cette disposition de l'article 8 de la déclaration de 1777, disposition si claire et si sage, a-t-elle été frappée d'abrogation par les lois postérieures ? — Ici le mémoire établit que la déclaration n'a été l'objet d'aucune abrogation, ni expresse ni tacite.

« Maintenant, ajoute-t-il, la prohibition cesserait-elle d'exister parce que, à la tête des pharmacies des hospices serait placé un pharmacien breveté ? Non encore, car la prohibition de l'art. 8 de la déclaration ne peut précisément s'appliquer qu'au cas où il y a un pharmacien. En effet, les lois générales sur l'exercice de la pharmacie suffiraient pour faire interdire aux hôpitaux, comme à toutes personnes, la préparation et la vente des médicaments sans l'assistance d'un pharmacien breveté. De plus encore, le principe général posé par l'article 25 de la loi de germinal an XI reçoit ici son application nécessaire.... »

La Cour de cassation a ainsi jugé :

« Sur le moyen unique, tiré de la violation de l'article 8, de la déclaration du 25 avril 1777 et des articles 2, 13 et 25 de la loi du 21 germinal an XI :

« Attendu 1° que si la loi du 21 germinal an XI, loin d'avoir abrogé la déclaration du 25 avril 1777, qui avait force de loi, se l'est au contraire, par ses articles 29 et 30, appropriée pour se compléter quant aux éléments constitutifs des contraventions et à la pénalité, ce n'est toutefois que relativement à la police de la pharmacie, mais que l'article 8 de ladite déclaration qui défendait aux communautés séculières ou régulières, même aux hôpitaux, d'avoir des pharmacies, si ce n'était pour leur usage particulier et intérieur, et de vendre ou débiter aucunes drogues simples ou composées, n'était que la conséquence du monopole établi au profit de la corporation des pharmaciens;

« Attendu que cette disposition a été abolie par la loi du 2 mars 1791 ;

« Attendu que les restrictions apportées au libre exercice de la profession de pharmacien, provisoirement par la loi du 14 avril 1791 et définitivement par la loi du 21 germinal an XI, l'ont été dans le but d'assurer des garanties à la santé publique, et non de favoriser un intérêt mercantile; qu'aussi la patente est expressément rappelée dans ces lois, à l'exclusion du droit de maîtrise, comme donnant droit à l'exercice, après justification de l'aptitude ; d'où il suit que

(1) V. Circulaires ministérielles des 29 janvier 1840 et 30 janvier 1841.

l'article 8 de la déclaration de 1777, qui a cessé d'exister et qui n'a été remis en vigueur par aucune loi, ne peut servir de base au moyen du pourvoi ;

« Attendu 2° que, s'il résulte de la combinaison des articles 1, 2, 6 de la déclaration de 1777, des articles 21, 25, 26, 30, de la loi du 21 germinal an XI, 41 de l'arrêté du 25 thermidor an XI, qu'une pharmacie ne peut être tenue par un gérant, et que les pharmaciens doivent posséder et exercer personnellement leur charge ou profession, ces dispositions ne sont pas applicables aux pharmaciens régulièrement chargés du service des hospices ;

« Attendu, en effet, qu'aux termes de l'article 8 de la loi du 7 août 1851, la commission administrative des hospices arrête, mais avec l'approbation du préfet, les règlements du service tant intérieur qu'extérieur et de santé, et les contrats à passer pour ce service avec les congrégations religieuses ; que le pharmacien d'un hospice peut donc légalement, quoique n'agissant pas pour son compte personnel, préparer et composer toutes sortes de médicaments ; qu'on ne saurait, au point de vue de la police de la pharmacie et de la sûreté de la vie humaine, distinguer entre les destinations diverses que ces médicaments peuvent recevoir, soit dans l'intérieur de l'établissement, soit au dehors, gratuitement ou moyennant un prix quelconque ; que les garanties doivent être et sont, en effet, les mêmes pour tous les cas ;

« Attendu que, si la vente commerciale, en dehors de médicaments composés même dans des conditions pleinement licites, n'est pas prévue comme rentrant dans les attributions ordinaires des commissions administratives des hospices, de tels actes n'ont cependant rien d'incompatible avec ces attributions, pourvu que cette partie du service ait été, conformément à la loi, approuvée par le préfet, et que la pharmacie soit réellement gérée par un pharmacien muni du diplôme et préposé à cet effet;

« Attendu que les pharmaciens établis dans la même localité, ne pouvant critiquer la légalité d'une officine fonctionnant dans l'hospice, ne pourraient se plaindre du préjudice qu'ils prétendraient éprouver de la concurrence dans le débit des médicaments, qu'en se prévalant d'un monopole qui n'existe pas à leur profit ;

« Attendu qu'il est constaté par l'arrêt attaqué que s'il est constant que les hospices du Puy possédent une pharmacie ouverte au public, et si des dames religieuses, agissant sous les ordres des administrateurs, desservent cette pharmacie, il est constant également que ces dames se conforment en cela au règlement approuvé par le préfet de la Haute-Loire; qu'elles subissent spécialement un examen, sous la présidence d'un administrateur, par les médecins et pharmacien de l'établissement ; et qu'il est reconnu par le jugement dont est appel et qu'il n'a pas été dénié devant la Cour que la préparation, le débit et la vente des médicaments sont sérieusement faits par le pharmacien préposé par arrêté préfectoral à la gestion de la pharmacie ;

« Attendu qu'en cet état, il n'existait pas de contravention à la loi du 21 germinal an XI, ce qui, sans qu'il soit besoin d'examiner si, dans le cas d'ouverture illicite d'une officine, le fait eût été imputable aux dames religieuses, justifie le dispositif de l'arrêt attaqué qui a renvoyé des poursuites les prévenues et les personnes prises comme civilement responsables ; — Rejette, etc... (1) »

432. La Cour de cassation jugeait encore dans le même sens, l'année suivante, dans une affaire différente :

« Attendu, dit l'arrêt, qu'il appert de l'arrêt dénoncé que la sœur Sainte-Marie-Théophile s'est bornée à remettre à des malades des sirops, des potions, des gargarismes d'une composition simple et, sur la demande, au moins dans une circonstance, de l'officier de santé Goulay lui-même ;

« Qu'en agissant ainsi, l'inculpée a suivi l'exemple des religieuses vouées, comme elle, au soulagement des malades indigents, et autorisées, depuis plus de soixante années, par l'Administration supérieure, conformément aux avis de l'Ecole de médecine et du comité consultatif d'hygiène de Paris, à préparer et à délivrer *des tisanes, des potions huileuses, potions simples, loochs simples, cataplasmes, fomentations, médecines et autres médicaments semblables, dont la préparation n'exige pas des connaissances pharmaceutiques bien étendues ;*

« Attendu d'ailleurs que l'arrêt n'impute pas à la sœur Sainte-Marie-Théophile d'avoir préparé ou distribué des remèdes officinaux ni d'avoir tiré un profit des actes de charité qui lui sont reprochés ;

« Que cet arrêt déclare enfin, par une appréciation souveraine, que la partie civile n'a subi ni préjudice moral ni préjudice matériel ;

» Que dans cet état des faits, et en présence de l'interprétation constamment donnée par le Gouvernement, par l'Administration, par une longue pratique, aux lois sur l'art de guérir, lois dont le but a été de protéger les populations contre les surprises d'une ignorance cupide et d'un empirisme dangereux, c'est à bon droit que la cour impériale de Rennes a décidé que la supérieure des sœurs de Saint-Didier n'avait pas contrevenu aux dispositions législatives précitées ; — Rejette, etc... (2) »

433. En résumé, si les lois accordent un monopole à l'art de guérir, c'est beaucoup moins dans l'intérêt des médecins et des pharmaciens que dans celui des malades. Les tribunaux ont pensé que si ce monopole était poussé jusqu'à ses limites les plus rigoureuses, les indigents pourraient être privés des secours de cet art, surtout dans les cas d'urgence ; c'est donc dans un but d'humanité que cette tolérance a été établie. Cette jurisprudence ne porte d'ailleurs aucune atteinte aux prérogatives de l'Administration, qui peut toujours interdire aux hôpitaux et aux sœurs de charité

(1) Cassation, 31 mai 1862. P. 1863. 302.

(2) Cassation, 14 août 1863. P. 1864. 612. — Conf. 17 avril 1848. — 16 février 1878. D. P. 78. 1. 282 — *Contrà*, Briand et Chaudé, *Manuel de médec. lég.*, 10 édition, t. 2, p. 691.

de vendre des médicaments au public et de faire concurrence à l'industrie particulière. Nous croyons même que l'instruction ministérielle du 31 janvier 1840, portant que les pharmacies des hospices ne doivent être affectées qu'au service intérieur de l'hôpital, devrait être particulièrement exécutée dans l'intérêt des hospices eux-mêmes et de la dignité des établissements de bienfaisance.

434. Les pharmaciens seuls ont le droit de débiter les médicaments, simples ou composés, au poids médicinal ; les droguistes ne peuvent les livrer qu'en gros (art. 33 de la loi du 21 germinal an XI). Ainsi la vente par un épicier-droguiste d'une drogue simple, telle que du quinquina concassé, par paquets contenant la dose, représentant, d'après le Codex, le poids médicinal de cette substance, constitue la contravention prévue par l'article 33 et l'article 36 et par la loi du 29 pluviose an XIII (1).

435. Mais que doit-on entendre par débit au poids médicinal ? La jurisprudence a varié sur cette question qui, au premier abord, paraît très simple.

La Cour de cassation a décidé, le 26 juin 1835 (2), que toute vente ou distribution de médicaments faite d'après les doses dans lesquelles ils doivent être employés est un débit au poids médicinal, sans qu'il soit nécessaire que ces doses aient été prescrites par des médecins, chirurgiens ou officiers de santé.

Par un autre arrêt du 16 décembre 1836 (3), elle a jugé que toute vente en détail et par parcelles de drogues et préparations médicamenteuses est une vente au poids médicinal (4).

La Cour de Montpellier a jugé, le 11 avril 1837 (5), qu'il n'y a débit au poids médicinal que lorsque la vente est faite suivant le formulaire légal et selon les prescriptions des médecins et chirurgiens.

D'après la Cour de Poitiers (6), le poids médicinal est le poids indiqué au Codex, et cette expression s'applique à la vente des drogues simples en détail, et suivant les proportions prescrites par les médecins, chirurgiens et officiers de santé.

436. On le voit, la jurisprudence était fixée sur la définition à donner, et les juges n'avaient plus à apprécier qu'une question de poids. Mais voilà qu'en 1873, la Cour de cassation a adopté une

(1) Poitiers, 11 mars 1869. P. 1869. 1019.
(2) Cassation, 1835. P. *Chron.*
(3) Cassation, 16 décembre 1836. P. 1837. 1. 136.
(4) Pellault, *Code des pharmaciens*, n° 256.
(5) Montpellier, 11 avril 1837. P. 1837. 1. 410.
(6) Poitiers, 11 mars 1869. 1019.

nouvelle doctrine et décidé que le *débit au poids médicinal* et le *débit médicinal* ne sont qu'une seule et même chose atteinte par la même prohibition ; qu'en interdisant aux épiciers et droguistes le débit des drogues simples au poids médicinal, la loi a entendu interdire tout débit fait en vue d'un emploi curatif nettement caractérisé et démontré par les circonstances. Il faut voir sur quels motifs la Cour suprême a pu fonder une aussi rigoureuse interprétation de la loi.

Le 10 mars 1873, on saisissait, dans la boutique d'un sieur Brevart, droguiste à Lille, une bouteille de la capacité d'un litre, contenant 50 centilitres d'huile de foie de morue épurée, portant la marque d'une fabrique de Dunkerque. Brevart fut, pour ce fait, traduit en police correctionnelle, comme inculpé d'avoir contrevenu aux dispositions des articles 33 et 36 de la loi du 21 germinal an XI et 6 de la déclaration du 25 avril 1777. Il fut condamné par le tribunal correctionnel à 500 fr. d'amende, et acquitté en appel le 30 avril 1873. — Pourvoi en cassation par le ministère public, et arrêt :

« La Cour ; — Sur le moyen unique du pourvoi, tiré de la violation de l'article 5 de la déclaration royale du 25 avril 1777, et de l'article 33 de la loi du 21 germinal an XI : — Attendu que ledit article porte, en substance, que les épiciers continueront d'avoir le droit et la faculté de faire le commerce en gros des drogues simples sans qu'ils puissent en vendre et débiter au poids médicinal, mais seulement au poids de commerce ; — Que l'article 33 de la loi du 21 germinal an XI, parlant à la fois des épiciers et des droguistes, a édicté à son tour qu'ils pourront continuer de faire le commerce en gros des drogues simples, sans pouvoir néanmoins en débiter aucune au poids médicinal ;

« Attendu qu'il appartient au juge du fait d'apprécier si une substance simple a le caractère de drogue, c'est-à-dire si elle est communément employée comme médicament ;

« Attendu que l'arrêt attaqué a formellement reconnu ce caractère à l'huile de foie de morue en disant qu'elle est du nombre des substances qui s'emploient dans la pratique de l'art de guérir et en déclarant qu'elle est mentionnée comme telle dans le Codex officiel ;

« Attendu que, malgré ces constatations de fait, ledit arrêt a refusé de voir dans cette substance une des drogues simples dont le débit est régi par les dispositions de lois sus-visées ;

« Attendu que, pour décider ainsi, il s'est à tort appuyé sur le motif que l'huile dont il s'agit ne figure pas dans le tableau des drogues simples, annexé à l'ordonnance du 20 septembre 1870 ;

« Attendu, en effet, que cette ordonnance n'a eu qu'un objet purement fiscal, celui de réglementer l'application de l'article 17 de la loi du 23 juillet précédent, relative à la fixation du budget des recettes de 1820, et portant dans ledit article exemption du paiement des droits de visite au profit des épiciers non droguistes chez lesquels il ne serait pas trouvé de drogues appartenant à l'art de la pharmacie ;

« Attendu, d'autre part, qu'une nomenclature de l'espèce de celle dont il est question n'a pu avoir pour effet d'exclure par avance de la classe des drogues médicinales les substances auxquelles les découvertes ultérieures de la science viendraient à reconnaître, ainsi qu'il est arrivé pour l'huile de foie de morue, des propriétés et une utilité curatives ;

« Attendu donc qu'en statuant comme il l'a fait, l'arrêt attaqué a faussement interprété et expressément violé les dits articles 5 de la déclaration de 1777 et 33 de la loi de germinal an XI ;— Casse, etc... (1) »

Le 21 août 1872, une saisie était pratiquée au domicile de la femme Dieudonné, et cette saisie comprenait : 1° 150 flacons d'une substance qualifiée : « huile de foie de morue de Derocque » ; 2° deux boîtes contenant des dragées dites à l'extrait d'huile de foie de morue de Derocque ; 3° un prospectus annonçant la vente au public de ces objets.

Le tribunal correctionnel de la Seine et, après lui, la Cour de Paris, dans son arrêt du 17 janvier 1873, virent dans cette détention le débit de drogues simples au poids médicinal. La femme Dieudonné fut condamnée spécialement, pour ce fait, à 500 francs d'amende.

La Cour de cassation, appelée à se prononcer sur la question, jugea ainsi :

« Sur le troisième moyen, pris d'une autre violation alléguée des mêmes dispositions, en ce qu'elles ne puniraient les droguistes et les épiciers, pour débit de drogues simples, qu'autant qu'il a lieu au poids médicinal ;

« Attendu que les articles 33 de la loi du 21 germinal an XI, en employant cette expression, ne lui ont pas attribué un sens limitatif ; — Qu'en effet, les dispositions dont il s'agit ont été empruntées par la loi de l'an XI à la déclaration royale du 25 avril 1777, laquelle, dans son préambule, en avait expliqué les motifs, par le danger qui pourrait résulter du débit médicinal, s'il restait confié à des marchands qui, jusqu'alors, avaient été autorisés à vendre les substances entrantes au corps humain sans être obligés d'en connaître les propriétés ;

« Attendu qu'en présence de ce but et de ce motif de la prohibition, celle-ci doit être appliquée toutes les fois qu'il y a eu débit médicinal, c'est-à-dire débit en vue d'un emploi curatif nettement caractérisé et démontré par des circonstances ;

« Attendu, en fait, que des constatations de l'arrêt attaqué, etc... (2) »

437. Et la Cour persiste dans sa nouvelle jurisprudence (3). La première nous paraissait pourtant bien plus juridique. La doctrine

(1) Cassation, 26 juillet 1873. P. 1874. 66.
(2) Cassation, *même date*, *loc. cit.*
(3) Cassation, 27 novembre 1874. P. 1875. 187.

nouvelle est, selon nous, le résultat d'une confusion, d'une erreur sur le sens vrai des termes employés par la loi. La Cour de cassation se fonde aujourd'hui sur l'article 33 de la loi de germinal, où les mots *vente au poids médicinal* ne sont employés que par opposition à *vente en gros*. Nous n'avons pas besoin de faire remarquer les négligences que l'on rencontre dans la rédaction de la plupart des lois de cette époque ; le sens grammatical ou autre des mots employés dans ces lois n'est point ce qui paraît avoir préoccupé le plus les législateurs du temps. Si donc on veut avoir une idée nette du véritable but de la loi, il faut remonter jusqu'à son origine, jusqu'à la déclaration du roi, du 25 avril 1777, dont l'article 5 d'ailleurs est seul appliqué en cas de contravention. Cet article, après avoir permis aux épiciers et droguistes de continuer à faire le commerce en gros des drogues simples, ajoute : « sans qu'ils puissent en *vendre et débiter* « *au poids médicinal, mais seulement au poids du commerce.* »

Voilà où se trouve la véritable antithèse, entre le poids médicinal et le poids du commerce, et non entre la vente en gros et la vente au détail. C'est *le poids* qui doit être pris en considération pour fixer le droit de chacun, et non le but que l'on se propose dans l'emploi des drogues. — Le poids médicinal diffère du poids du commerce en ce que l'once, au poids médicinal, se compose *d'un sixième en moins* que l'once au poids du commerce, et qu'en outre le poids médicinal contient une série de subdivisions totalement inconnues dans le poids ordinaire (1).

Comment la Cour de cassation n'a-t-elle pas vu qu'en interdisant aux droguistes le débit des drogues *en vue d'un emploi curatif*, elle leur interdit entièrement le commerce des drogues simples ?—Mais, dira-t-on, nous ne le défendons qu'autant que cet emploi curatif est *nettement caractérisé et démontré par les circonstances.* Sans doute, mais la vente des drogues ne peut, la plupart du temps, avoir d'autre objet qu'un emploi curatif ; qu'importent donc les circonstances ?

La nouvelle jurisprudence nous paraît en opposition manifeste avec l'esprit et le texte de la déclaration de 1777 et de la loi de l'an XI. On ne voit pas, en effet, que, dans ces textes, il soit question du *débit médicinal* ; les législateurs n'ont jamais interdit que le *debit au poids médicinal.*

On ne peut contester que les épiciers et droguistes aient le droit de vendre en détail les substances énumérées dans le tableau annexé à l'ordonnance du 20 septembre 1820, et pourtant, parmi ces substances

(1) Laterrade, *Code expliqué des pharmaciens* 13.

il en est dont l'emploi est exclusivement médicinal. Il résulte de l'arrêt du 26 juillet 1873 que les pharmaciens ont le droit exclusif de vendre au détail l'huile de foie de morue ; un arrêt de la Cour de Douai, du 21 avril 1874 (1), leur réserve également la vente au détail de l'huile de ricin. Devant la Cour d'Amiens, ils ont élevé la même prétention en ce qui concerne la farine de graine de lin et la farine de moutarde (2) ; où s'arrêtera-t-on ? Faudra-t-il aussi proscrire des magasins d'épicerie et de droguerie l'amidon, la farine de riz, la farine de pomme de terre, qui sont parfois employés en médecine ? Sous le prétexte que l'eau-de-vie est souvent administrée comme médicament, faudra-t-il en réserver aussi la vente en détail aux pharmaciens ? — Il s'agit, dira-t-on toujours, d'un emploi curatif *déterminé par les circonstances.* — Qu'est-ce à dire et de quelles circonstances veut-on parler ? On ne peut pas obliger le vendeur à surveiller l'emploi des produits qu'il met en vente, et si l'acheteur donne à ces produits une autre destination que celle qu'il a indiquée, faudra-t-il, pour cela, punir le vendeur ? — Et que l'on ne dise pas : les tribunaux apprécieront, car on tomberait trop facilement dans l'arbitraire.

438. C'est donc la vente *au poids médicinal* des drogues simples qui est interdite aux épiciers et droguistes, et cette interdiction ne s'applique qu'aux substances exclusivement médicamenteuses, parce que ce sont elles seules dont le débit intéresse la santé publique.

C'est par suite de ce principe que la Cour d'Amiens a jugé, par l'arrêt précité du 21 novembre 1874, que la farine de graine de lin et la farine de graine de moutarde, qui s'obtiennent par une opération purement matérielle, ne peuvent être considérées comme des préparations pharmaceutiques. Qu'à supposer que ces farines pussent être considérées comme des drogues simples, la vente qu'en feraient les épiciers ou droguistes, en quelque proportion que ce fût, ne tomberait pas sous l'application de la loi de germinal an XI, ces sortes de substances n'étant jamais dosées dans la pratique de la médecine, il ne saurait y avoir, en ce qui les concerne, un poids médicinal.

439. A la suite d'une visite réglementaire opérée le 3 octobre 1879 dans les magasins du sieur Simon, herboriste à Chaumont (Haute-Marne), ce dernier fut renvoyé en police correctionnelle comme prévenu d'exercice illégal de la pharmacie et vente d'un remède secret. Les préparations trouvées chez l'inculpé et qui

(1) Douai, 21 avril 1874. P. 1875. 217.
(2) Amiens, 21 novembre 1874. P. 1875. 99.

motivaient la poursuite étaient : 1° le baume sédatif Chautard, contre le mal de dents ; 2° le thé citronnelle ; 3° la graine de lin Tarin. — Le tribunal correctionnel de Chaumont condamna Simon à 500 fr. d'amende par ce motif que le baume Chautard serait un remède secret, et que les deux autres produits rentreraient dans le domaine exclusif de la pharmacie et ne pourraient être débités par les herboristes.

Sur l'appel de Simon, et après une spirituelle et très complète plaidoirie de Me Forni, avocat, la Cour de Dijon réforma ce jugement et renvoya l'inculpé des fins de la plainte sans dépens, parce que les produits saisis chez lui n'étaient pas des médicaments (1).

440. Une liqueur purement hygiénique, comme l'*Eau de mélisse des Carmes,* ne peut être considérée comme une préparation pharmaceutique, par cela seul qu'elle est administrée, dans quelques circonstances, comme médicament. Elle peut donc être vendue au détail par les épiciers et droguistes (2).

441. Mais la poudre de scille est une préparation pharmaceutique. Bien que les bulbes de la plante perdent de leur âcreté par la dessiccation, ce n'en est pas moins un médicament énergique ; le choix des squames et leur pulvérisation ne sont pas seulement des opérations mécaniques, mais exigent la connaissance de la bonne ou mauvaise qualité, le choix de la matière à pulvériser précédant nécessairement l'opération manuelle dont la pulvérisation est le résultat. L'ordonnance du 20 septembre 1820 ne permet aux épiciers et droguistes de vendre, comme drogue simple, que la scille verte, sans parler de scilles pulvérisées ou de poudre de scille, ni des autres espèces ou variétés exclues par cette indication. Aussi un épicier-droguiste ayant été trouvé détenteur, dans son magasin, de cinq flacons de poudre de scille, fut-il condamné par application de l'article 33 de la loi du 21 germinal an XI.

Les pastilles dites *de Vichy* ou *de Darcet*, dont la formule est insérée au Codex, ne sont pas une simple préparation alimentaire ou d'agrément et d'une complète innocuité ; elles constituent au contraire un véritable médicament composé, un remède officinal que les pharmaciens seuls ont dès lors le droit de préparer, vendre et débiter. En conséquence le fait par un épicier d'avoir *vendu* ou *exposé en vente* des pastilles composées des mêmes substances et drogues que celles dites de *Vichy* ou de *Darcet*, constitue la

(1) Gazette des tribun., 3 décembre 1879.
(2) Cassation, 8 mai 1868. P. 1869 440.

contravention prévue et réprimée par le paragraphe premier de la loi du 21 germinal an XI (1).

442. Il résulte de la jurisprudence, et notamment de tous les arrêts dont nous venons de citer les dates, que la mise en vente de substances médicamenteuses dosées au poids médicinal, ou seulement l'exposition de ces substances dans le magasin de l'épicier, équivaut à la vente elle-même et doit être punie comme telle (2).

443. M. Laterrade (3) et MM. Briand et Chaudé (4) pensent que si la loi de germinal prohibe la *vente*, le *débit*, la distribution des drogues et préparations médicamenteuses par les épiciers et particuliers non pharmaciens, la prohibition ne s'applique pas à la *mise en vente*, *à l'exposition*. Ne peut-il pas arriver, disent ces derniers auteurs, que le droguiste ou l'épicier n'ait exposé des médicaments que *pour donner plus d'apparence à sa boutique, et sans intention de les vendre?* — Ces arguments leur paraissent *très puissants !...* — Nous croyons, quant à nous, que l'objet exposé dans un magasin et dépendant par sa nature du commerce qu'on y exploite, doit être réputé exposé pour être mis en vente. C'est donc avec beaucoup de raison que la Cour de cassation a jugé, dans son arrêt du 3 avril 1862 que la vente, la mise en vente et l'exposition dans un magasin ne sont qu'une seule et même chose au point de vue de la contravention.

Il suit de là que les droguistes ont seulement le droit de débiter en gros les drogues simples, mais qu'il ne leur serait pas permis de fabriquer des capsules contenant une drogue simple pour les vendre même en gros, parce que, dans ce cas, la vente, le débit serait fait au poids médicinal, chaque capsule ne pouvant contenir qu'une très petite quantité de la drogue qu'elle renferme ; les pharmaciens seuls ont le droit de donner cette forme au médicament (5).

444. Quant aux distillateurs, ils sont astreints, pour les substances médicamenteuses dont ils font le commerce, à se conformer, aussi bien que les pharmaciens, aux formules de préparation et de fabrication détaillées au Codex. Spécialement, il y a contravention à l'arrêt de règlement du 23 juillet 1748 de la part du distillateur qui est trouvé détenteur de sirops de gomme préparés avec des substances qui, selon les prescriptions du Codex, ne devaient pas entrer dans leur composition. Le sirop de gomme constitue, en effet, une préparation pharmaceutique par sa nature, sa pro-

(1) Metz, 22 novembre 1863.

(2) Voir notamment Cassation, 3 avril 1862. P. 1862. 1134. — Poitiers, 11 mars 1869, précité. — Pellaut, *Code des pharmaciens*, nos 242 et s.

(3) *Code expliqué des pharmaciens*, n. 127.

(4) *Loc. cit.*, p. 759.

(5) Briand et Chaudé, *Manuel de méd. lég.*, 10e édit., t. 2, p. 736.

priété hygiénique et l'emploi auquel il est destiné dans les usages ordinaires ; il rentre dans la classe des sirops médicinaux ; il ne saurait donc être assimilé aux simples boissons d'agrément, et sa préparation ne peut se faire que conformément à la formule établie par le Codex, dont la rédaction a été ordonnée par l'article 38 de la loi du 21 germinal an XI, et qui est devenu obligatoire, aux termes de l'article 2 de l'ordonnance du 8 août 1816. Il n'est pas permis au distillateur plus qu'au pharmacien de substituer dans la fabrication de ce sirop, et autres analogues, le sucre de pomme de terre ou la glucose au sucre pur, sans qu'il y ait besoin de rechercher si le sirop ainsi préparé est ou non nuisible à la santé (1). Nous avouons ne pas comprendre pourquoi MM. Briand et Chaudé ont adopté la doctrine contraire (2). Il est certain que si les formules du Codex ont été avec tant de soin déclarées obligatoires, ce n'est point dans le simple but d'imposer aux pharmaciens une gêne désagréable. On ne pouvait leur permettre de composer à leur guise les médicaments officinaux, au risque de compromettre la santé publique. Il est également indiscutable que le moindre écart commis par eux, dans une formule du Codex, serait sévèrement réprimé, quelle que pût en être la conséquence, que la modification introduite dans cette formule fût ou non de nature à nuire à la santé ; on comprend, en effet, que si une tolérance était permise, il serait impossible d'en fixer la limite. Nous avons vu également que la plus légère modification apportée à une formule magistrale (*sirop de sucre* au lieu de *sucre en quantité suffisante*) entraîne aussi une condamnation. Comment donc ce qui est si sévèrement défendu à un pharmacien qui, par ses études, les examens qu'il a subis et le brevet qu'il a obtenu, présente les plus sérieuses garanties de capacité, serait-il permis à un épicier, à un droguiste, à un distillateur qui pourrait composer à sa guise et vendre sans surveillance, sans contrôle, une préparation si rigoureusement surveillée dans l'officine du pharmacien ? — Il s'agit, nous dira-t-on, de substances inoffensives, puisque l'épicier peut les fabriquer et les vendre. — Sans doute, mais croit-on que le pharmacien ne serait pas punissable s'il ne composait pas son sirop de gomme conformément au Codex?

Si donc la vente d'une préparation formulée au Codex peut être permise au droguiste, à l'épicier, c'est à la condition qu'elle ne s'écartera en rien, par sa composition, de la formule prescrite ; peu

(1) Cassation, 7 février et 25 juillet 1851. P. 1852. 1. 319. — Paris, 23 août 1851. P. 1852. 1. 321, et 1er février 1862.

(2) Briand et Chaudé, *op. cit.*, t. 2, p. 755.

importe que la vente ait lieu en gros ou en détail. — Un pharmacien, au lieu de fabriquer son sirop de gomme lui-même, l'achète en gros, tout préparé, chez un droguiste ; ce sirop n'est pas conforme à la formule du Codex ; les inspecteurs de la pharmacie le saisissent chez le pharmacien qui est condamné!... Et le droguiste qui l'a préparé et en possède encore de pareil n'encourra aucune peine ? — Nous ne pouvons l'admettre.

445. Nous avons vu avec quel soin l'ordonnance du 27 octobre 1846, dans les articles 5 et 7, a interdit la vente des substances vénéneuses à toute personne autre que le pharmacien, et les précautions qu'elle exige pour prévenir les accidents. Aucune difficulté ne peut se présenter en ce qui concerne les substances énumérées dans le tableau annexé au décret du 8 juillet 1850 ; mais ce tableau laisse de côté un très grand nombre de matières toxiques dont l'emploi n'est pas moins dangereux : des précautions sont nécessaires en ce qui les concerne. En 1858, le préfet de police adressa aux maires des communes rurales du département de la Seine et aux commissaires de police la circulaire suivante :

« Messieurs, un abus des plus graves et pour la répression duquel des instructions vous ont été adressées par mes prédécesseurs, notamment dans leurs circulaires en date des 5 janvier 1847 et 25 juillet 1852, continue de se produire chez les droguistes et les épiciers : je veux parler de la négligence et de l'imprévoyance de ces commerçants qui renferment dans des tiroirs mal clos, placés souvent au-dessus de ceux où se trouvent les denrées médicinales ou alimentaires, des substances dangereuses, et notamment du *sulfate de cuivre*, dont il se fait un commerce assez considérable pour le chaulage des blés.

« Le sulfate de cuivre n'étant pas compris dans la nomenclature formulée par le décret du 8 juillet 1850, on ne peut appliquer à ce produit chimique les dispositions de la loi du 19 juillet 1845 et de l'ordonnance du 29 octobre 1846 qui régissent le commerce des substances vénéneuses; mais l'Administration ne doit pas, pour cela, fermer les yeux sur un état de choses compromettant pour la sûreté publique. Il importe donc, MM., de rappeler aux commerçants dont il s'agit que les accidents qui pourraient résulter de leur négligence en ce qui concerne les précautions à prendre pour la conservation et la vente des substances vénéneuses, les rendraient passibles de peines correctionnelles et, suivant les cas, de réparations civiles.

« Je vous invite, en conséquence, MM., à enjoindre aux droguistes et épiciers qui joignent au commerce de l'épicerie proprement dit celui des articles de couleurs, des acides concentrés, de l'eau de javelle, de la potasse, de la soude, des sels métalliques, des produits chimiques en général ou toutes autres substances toxiques quelconques, de tenir lesdites substances dans un local séparé ou dans une partie distincte de leur magasin qui soit, autant que possible, exclusivement réservée à cet usage. Dans tous les cas, les vases renfermant les substances toxiques devront être exactement fermés, parfaitement distincts, par leur forme et leurs dimensions, et suffisamment éloignés des récipients où sont renfermées les denrées médicinales ou alimentaires. Ces dispositions dont ils comprendront l'importance, et qui sont d'ailleurs dans leur intérêt aussi bien que dans l'intérêt du public, sont les seules qui puissent éviter les méprises pouvant résulter de l'interposition des matières toxiques parmi les denrées alimentaires et empêcher que, dans les déplacements et les mouvements continuels qui s'accomplissent dans un magasin de détail, on puisse répandre du poison sur les denrées alimentaires mises en vente.

« Vous leur signifierez, en outre, de nouveau qu'ils doivent s'abstenir, de la manière la plus expresse, de livrer des substances vénéneuses aux personnes qui leur sont inconnues, et que les noms, profession et domicile de celles auxquelles ils peuvent en vendre doivent être inscrits sur un registre spécial, qui mentionnera également la quantité des substances délivrées, l'emploi qu'on en prétend faire, et enfin la date exacte du jour de l'achat.

« Je vous demande, MM., la plus sévère surveillance à cet égard et d'assurer, par tous les moyens dont vous disposez, l'exécution des mesures prescrites par la présente circulaire.

« Vous constaterez toute contravention par des procès-verbaux, et vous aurez soin de me rendre compte du résultat de vos démarches (1). »

446. Les herboristes ont une position spéciale qui a été réglée par diverses dispositions législatives concernant la pharmacie. La loi du 21 germinal an XI leur consacre son article 37 qui les soumet à un examen et à l'obtention d'un certificat d'aptitude. L'arrêté du 25 thermidor de la même année, dans les articles 43, 44, 45 et 46, détermine les conditions de l'examen, la composition du jury, et astreint les herboristes aux visites prescrites par l'article 29 de la loi de germinal. Enfin le décret du 22 août 1854 les divise en deux classes qui suivent le sort des pharmaciens. Les herboristes de première classe sont reçus après examen par les écoles supérieures de pharmacie et peuvent exercer dans toute l'étendue du territoire français (2). Quant aux herboristes de deuxième classe, ils reçoivent leur certificat d'aptitude, soit des écoles supérieures de pharmacie, soit des écoles préparatoires de médecine et de pharmacie sous la présidence d'un professeur de l'une des écoles supérieures de pharmacie (3), et ils ne peuvent exercer leur profession que dans le département pour lequel ils ont été reçus. S'ils veulent exercer dans un autre département, ils doivent subir de nouveaux examens et obtenir

(1) *Annales d'hyg. et de méd. lég.*, 2e sér., t. 10, 1858, p. 458.
(2) Décret du 22 août 1854, art. 14.
(3) Id., article 17.

un nouveau certificat d'aptitude (1). Au surplus, tout ce que nous avons dit au sujet de la résidence des pharmaciens de deuxième classe s'applique aux herboristes.

De ces diverses dispositions de loi résultent des conséquences qu'il n'est pas sans intérêt d'examiner ici.

447. Nous avons vu quel monopole est réservé aux pharmaciens relativement à la vente des drogues simples et au commerce de la droguerie et de l'épicerie. Les épiciers et droguistes ne peuvent vendre ces substances qu'en gros, il leur est interdit de les débiter au poids médicinal. Faut-il en dire autant des plantes médicinales ? Si l'on considère ces plantes comme des drogues simples, on dira que les épiciers peuvent les vendre en gros. Mais alors, dans quel but la loi aurait-elle institué les herboristes ? Pourquoi les soumettre à des examens, les diviser en deux classes? Si la loi a voulu exiger d'eux des garanties de capacité pour lesquelles on s'est montré de plus en plus sévère, c'est apparemment que le commerce des plantes médicinales demande chez ceux qui l'exercent des connaissances particulières, sans lesquelles il peut devenir dangereux pour la santé publique. Les plantes médicinales sont souvent des poisons fort énergiques, et une erreur à leur sujet peut devenir funeste. Les solanées, les euphorbiacées, etc.... seront déterminées, même sur le sec, par un botaniste érudit et expérimenté ; mais quand la plante a été desséchée tout simplement au soleil, qu'elle est dépourvue de ses organes de reproduction, il est parfois très facile à une personne dont les connaissances en botanique ne sont pas très étendues, de la confondre avec une plante inoffensive; permettre à un épicier d'en vendre, même en gros, pourrait causer les plus grands malheurs. C'est donc avec raison, selon nous, que la Cour de Douai a décidé que les épiciers, s'ils ne sont pourvus d'un certificat d'herboriste, ne peuvent vendre aucune plante médicinale (2).

Il faut pourtant faire une distinction que nous ne trouvons pas dans l'arrêt de la Cour de Douai. Dans le tableau annexé à l'ordonnance du 20 septembre 1820 (3), on trouve, parmi les substances qui doivent être considérées comme drogues médicinales, un assez grand nombre de plantes indigènes, telles que l'ammi, le berberis, la coriandre, l'euphorbe, le fenouil, la fleur d'arnica, la fleur de camomille, l'opoponax, la racine de pyrèthre, de tormentille, etc... Pour toutes ces plantes, il ne peut y avoir de doute ;

(1) Décret du 22 août 1854, article 19.
(2) Douai, 21 avril 1874. P. 1875. 217.
(3) V. *infrà*, no 452.

la loi les rangeant parmi les drogues simples que peuvent détenir les épiciers et droguistes, ceux-ci ont le droit de les vendre en gros ; mais il n'en sera pas ainsi des autres plantes, le commerce en sera réservé aux herboristes ; ainsi le veut l'intérêt public.

Il est vrai que la Cour de Douai n'a trouvé aucune sanction pénale à l'article 37 de la loi du 21 germinal an XI ; est-ce à dire pour cela que la question ne présentera jamais aucun intérêt, et que l'épicier pourra impunément violer la loi, au grand détriment de la santé publique ? — Assurément non. Les pharmaciens et les herboristes auraient certes qualité pour intenter contre lui une action civile en dommages-intérêts, car, en se livrant à un commerce qui lui est interdit et leur est réservé, il est évident qu'il leur causerait un préjudice pouvant donner lieu à réparation.

§ 5. — *Inspection des pharmacies, drogueries, etc...*

448. Pour assurer la répression et prévenir le retour des délits et contraventions que nous venons d'énumérer dans ce chapitre, il était nécessaire d'organiser une surveillance constante des officines des pharmaciens, comme des magasins des droguistes, des épiciers et des herboristes. C'est ce qu'a fait la loi du 21 germinal an XI, continuant en cela d'ailleurs la législation précédente. Les articles 29, 30 et 31 disposent que, dans les villes où se trouvent des écoles de pharmacie, une commission composée de deux docteurs et professeurs des écoles de médecine, accompagnés des membres des écoles de pharmacie et assistés d'un commissaire de police, visitera, au moins une fois l'an, les officines et magasins des pharmaciens et droguistes, pour vérifier la bonne qualité des médicaments simples et composés. Avec l'autorisation des préfets, sous-préfets ou maires, la même commission peut visiter les magasins, officines et laboratoires des villes placées dans un rayon de 10 lieues de celles où sont les écoles. Dans les autres villes et communes, les visites sont faites par les membres des jurys de médecine formés en vertu de l'article 13 pour la réception des pharmaciens de deuxième classe.

L'article 42 de l'arrêté du 25 thermidor de la même année porte :

« Il sera fait, au moins une fois par an, conformément à la loi, des « visites chez les pharmaciens, les droguistes et les épiciers. — A « cet effet, le directeur de l'école de pharmacie s'entendra avec celui « de l'école de médecine pour demander aux préfets des départe- « ments et, à Paris, au préfet de police, d'indiquer le jour où les vi- « sites pourront être faites, et de désigner le commissaire qui devra « y assister.

« Il sera payé, pour les frais de ces visites, six francs par chaque « pharmacien et quatre francs par chaque épicier ou droguiste, con- « formément à l'article 16 des lettres patentes du 10 février 1780. »

Ces diverses dispositions ne sont point, comme beaucoup d'autres, tombées en désuétude, et il faut s'en féliciter ; l'institution des commissions de visites est assurément une des plus salutaires qui aient jamais été prises dans l'intérêt de la santé publique, et tous les gouvernements ont tenu la main à l'exécution des lois à cet égard.

Le décret du 22 août 1854 ayant supprimé les jurys d'examen pour la réception des officiers de santé et des pharmaciens de deuxième classe, il fallait pourvoir, par une nouvelle disposition, à la formation des commissions d'inspection. C'est ce qui a été fait par le décret du 23 mars 1859 ainsi conçu :

Article 1er. « L'inspection des officines des pharmaciens et des ma- « gasins de droguistes, précédemment exercée par les jurys médi- « caux, est attribuée au Conseil d'hygiène et de salubrité; la visite « en sera faite, au moins une fois par année, dans chaque arrondisse- « ment, par trois membres de ces conseils, désignés spécialement par « arrêté du préfet. »

Article 2. « Les écoles supérieures de pharmacie de Paris, de « Strasbourg et de Montpellier, continueront à remplir, en ce qui « concerne la visite des officines des pharmaciens et des magasins « des droguistes, les attributions qui leur ont été conférées par « l'art. 29 de la loi du 21 germinal an XI. »

Article 3. « Il sera pourvu au paiement des frais de ces inspections « conformément aux lois et règlements en vigueur. »

449. Les visites à faire dans plusieurs départements entraînent des frais, dont les membres de la commission doivent être indemnisés ; afin de pourvoir à cette dépense, l'arrêté du 25 thermidor an XI a établi, ainsi que nous venons de le voir, une taxe sur les pharmaciens, les épiciers et les droguistes. C'est à cette disposition que se réfère l'article 3 du décret du 23 mars 1859. Le 24 avril suivant, le ministre de l'agriculture et du commerce adressa aux préfets une circulaire pour l'exécution de ce décret. Après avoir dit que les commissions d'inspection que les préfets auront à désigner devront, à moins d'obstacles, se composer d'un docteur en médecine et de deux pharmaciens, ou d'un docteur en médecine, d'un pharmacien et d'un chimiste, et que les membres délégués prendront le titre d'inspecteurs de la pharmacie, le ministre s'exprime en ces termes, à propos de l'article 3 du décret, d'après lequel il doit être pourvu aux frais d'inspection conformément aux lois en vigueur :

« La quotité des taxes à percevoir demeure donc fixée à 6 fr. pour chaque pharmacie visitée et à 4 fr. pour chaque magasin de droguiste ou d'épicier tenant quelqu'un des articles de droguerie énoncés au tableau annexé à l'ordonnance royale du 20 septembre 1820.

« Les magasins d'herboristes devront aussi être visités ; mais je crois utile de rappeler ici que ces établissements ne donneraient lieu à la perception du droit qu'autant qu'on y vendrait de la droguerie, et, dans ce cas, les propriétaires seraient désignés au rôle comme droguistes.

« Les inspecteurs de la pharmacie devront, en outre, comme le faisait le jury médical, mettre à profit leurs tournées pour vérifier la qualité des substances alimentaires tenues par les épiciers et les droguistes, et pour éclairer sur ce point les autorités appelées à constater les contraventions ou à en poursuivre les auteurs. Il vous appartient, M. le préfet, de leur donner une délégation spéciale, par l'arrêté même qui prescrira les visites et désignera les membres chargés d'y procéder (1).

450. Les épiciers ne peuvent se refuser à subir la visite par le motif qu'ils ne détiendraient aucune drogue. Les commissions ne peuvent d'ailleurs s'en convaincre qu'en visitant les magasins, et elles ont en outre pour mission de vérifier la qualité des denrées alimentaires mises en vente. Seulement, si l'inspection démontre que l'épicier ne détient aucune substance médicamenteuse, il n'est pas soumis au paiement des droits.

451. Les membres de ces commissions ne sont point des fonctionnaires publics dans le sens légal du mot, mais la résistance, les violences, les outrages dont ils auraient à se plaindre dans l'accomplissement de leur mission n'en constitueraient pas moins, selon les cas, les délits de rébellion ou d'outrages prévus et punis par les articles 224 et 230 du Code pénal, modifiés par la loi du 13 mai 1863. Ils devraient donc constater par des procès-verbaux les faits de cette nature et les signaler à l'autorité compétente.

452. Voici la nomenclature des substances indiquées dans le tableau annexé à l'ordonnance du 20 septembre 1820, et dont la détention soumet les droguistes, épiciers et herboristes à la visite des inspecteurs de la pharmacie (2) :

Acide muriatique à 23 degrés.
— nitrique à 35 —
— sulfurique à 36 —
Aloès succotrin.
Ammi.
Amome.
Antimoine régule.
Arsénic blanc.
Assa fœtida.
Baume de copahu.
Baume de Pérou noir.
Baume de tolu.
Benjoin amygdaloïde.
Berberis (semences).
Bismuth.
Bitume de Judée.
Bois de gaiac rapé.
Bol d'Arménie.
Borax purifié.
Bourgeons de sapin du Nord.
Cachou brut.
Camphre raffiné.
Cantharides.
Capillaire du Canada.
Cardamome.
Carvi.
Casse en bâton.
Castoreum vrai.
Cevadille.
Cloportes.
Coloquinte.
Coques du Levant.
Coriandre.
Cornes de cerf râpées.
Cornichons de cerf.
Crème de tartre entière.
Écorce de cascarille.
— de Garou.
— de Simarouba.

(1) V. *suprà*. p. 411, ce qui concerne l'application de la loi du 27 mars 1851.

(2) L'ordre alphabétique n'ayant pas été suivi dans ce tableau, nous avons cru devoir le rétablir.

Ecorce de Winther.
Euphorbe.
Fenouil.
Fleurs d'arnica.
— de camomille.
Follicules de séné.
Galbanum.
Gomme adragante.
— ammoniaque.
Ipécacuanha.
Jalap.
Kermès.
Kina.
Lichen d'Irlande.
Litharge anglaise.
Magnésie blanche.
Manne en larmes.
— en sorte.
Mastic.
Mousse de Corse.
Musc tonquin.
Myrobolan.
Myrrhe.
Noix vomique râpée.
Oliban.
Opium.
Opoponax.
Oxyde de manganèse.
Polygala de Virginie.
Quinquina gris fin roulé.
— jaune royal.
— rouge.

Racine d'angélique de B.
— d'asclépias.
— de bistorte.
— de Colombo.
— d'ellébore blanc.
— — noir.
— de gingembre.
— d'iris de Florence.
— de pareira brava.
— de pyrèthre.
— de quassia amara.
— de rathania.
— de Salep.
— de tormentille.
— de turbith.
— de zédoaire.
Réglisse d'Espagne.
Résine d'élemi.
— de gaïac
— de ricin.
Rhubarbe de Chine.
— de Moscovie.
Safran du Gâtinais.
Sagapenum.
Salsepareille de Honduras.
Sang de dragon.
Santal citrin râpé.
Sassafras râpé.
Scammomée d'Alep.
Scilles vertes.
Sel ammoniac blanc.
— Duobus.

Sel d'Epsom anglais.
— de Saturne.
— de soude desséché.
— d'oseille.
Semen-contra.
Semences de phellandrium.
Séné.
Serpentaire de Virginie.
Séséli de Marseille.
Squine.
Staphisaigre.
Styrax.
Suc d'acacia.
— de réglisse.
Succin.
Sulfate de baryte.
— de cuivre.
— de zinc.
Sulfure d'antimoine.
Tamarins.
Tartre rouge.
Thlaspi.
Térébenthine de Suisse.
— de Venise.
Terre sigillée.
Turbith minéral.
Tutie.
Verdet cristallisé.
Verre d'antimoine.
Vipères sèches.
Yeux d'écrevisses.

453. Ce tableau n'est point limitatif. Si donc la commission découvre chez un épicier d'autres substances médicamenteuses que celles mentionnées ci-dessus, il est astreint à la visite et obligé d'en payer les droits. C'est ce qui résulte de l'arrêt de cassation du 26 juillet 1873 que nous avons précédemment cité (1).

454. La composition de la commission chargée d'inspecter les pharmacies, épiceries et drogueries est de rigueur. Au mois de septembre 1849, deux membres de l'école de pharmacie de Paris, assistés d'un commissaire de police, procédèrent à une visite chez les pharmaciens, épiciers et droguistes de la commune de Montrouge. Ils avaient négligé de se faire assister de deux professeurs de l'école de médecine, ainsi que l'exige l'article 30 de la loi du 21 germinal an XI. Ils découvrirent chez un pharmacien, le sieur B..., des médicaments dont la préparation leur parut illégale ; le commissaire de police dressa procès-verbal et saisit ces médicaments. Le pharmacien fut poursuivi et condamné ; sur son pourvoi, la Cour de cassation décida que les membres de l'école de pharmacie étaient sans qualité pour procéder à une visite en l'absence de deux professeurs de l'école de médecine, et que les pharmaciens et autres assujettis pouvaient refuser de la subir ; que néanmoins le pharmacien B... ne s'étant pas opposé à cette visite,

(1) P. 1874. 65.

le commissaire de police avait pu saisir les médicaments dont la préparation avait paru illégale ; que l'identité des objets saisis était établie jusqu'à preuve contraire par son procès-verbal, et que les juges de la prévention pouvaient statuer d'après l'instruction et les débats (1).

455. Par un nouvel arrêt, la Cour de cassation a complété et expliqué sa jurisprudence. Voici ce qu'elle a jugé à l'occasion de poursuites dirigées contre le sieur Raspail :

« Sur le moyen unique tiré de la violation de l'art. 6 de la déclaration de 1777, la violation des art. 29 et 30 de la loi du 21 germinal an XI, et la fausse application du décret du 8 juillet 1850;

« Attendu qu'il ne s'agissait pas au procès de la visite annuelle et ordinaire prescrite par les articles 29 et 30 de la loi du 21 germinal an XI; que, dès lors, les formes tracées par lesdits articles pour la rédaction des procès-verbaux, comme la présence et le concours de deux docteurs et professeurs des écoles de médecine, n'étaient pas de rigueur; qu'en le décidant ainsi, l'arrêt attaqué n'a violé ni les dispositions sus-rappelées, ni l'article 6 de la déclaration de 1777, ni celles des articles 29 et 30 précités;

« Attendu que, pour la recherche et la constatation des délits ou contraventions qui peuvent être commis en infraction à l'article 33 de la loi de germinal an XI, cette loi n'a pas imposé des formes spéciales et sacramentelles; qu'elle s'en remet implicitement aux voies ordinaires et de droit commun; qu'ici il avait été procédé par un commissaire de police assistant deux professeurs de l'école de pharmacie, et après réquisition du préfet de police; que le procès-verbal dressé dans de telles circonstances pouvait, tout au moins, suffire pour constater l'identité des médicaments saisis comme illégalement exposés et mis en vente; que, dès lors, l'arrêt attaqué a pu, sans violer la loi, prendre ce procès-verbal comme base des poursuites;

« Attendu, en outre, que la saisie étant régulière et l'identité des médicaments n'étant pas contestée, c'est à bon droit que l'arrêt attaqué s'est appuyé sur les résultats de l'expertise par lui ordonnée et sur les témoignages appelés à l'audience pour déterminer la nature des substances dont il s'agissait au procès, soit comme préparation et composition pharmaceutiques, soit comme drogues simples, et déclarer, par suite, que la vente ou la mise en vente en était ou n'en était pas interdite au demandeur;

« Attendu d'ailleurs que l'arrêt est régulier en la forme, et que l'erreur de ses motifs sur l'application de l'article 2 du décret du 8 juillet 1850 ne peut suffire pour l'entacher de nullité ; — Rejette, etc... » (2).

Il suit donc de là que si la composition des commissions est de rigueur, c'est seulement en ce qui concerne les visites périodiques

(1) Cassation, 7 juin 1850. P. 1852. 2. 664. — 28 mars 1862. P. 1862. 1134.
(2) Cassation, 16 août 1862. D. P. 1863. 5. 31.

annuelles, mais qu'en dehors de ces visites régulières et obligatoires, l'autorité a toujours le droit de faire procéder à d'autres visites, que pourrait même faire seul le commissaire de police. Si on lui adjoint des professeurs ou des docteurs en médecine, c'est afin de le guider dans ses recherches.

Un arrêté des consuls du 12 messidor an VIII, article 23, chargeait le préfet de police :

« D'assurer la salubrité de la ville.... en faisant saisir ou détruire « dans les halles, marchés et boutiques, chez les bouchers, boulan- « gers, marchands de vin, brasseurs, limonadiers, *épiciers-droguis- « tes, apothicaires ou autres*, les comestibles ou médicaments gâtés, « corrompus ou nuisibles. »

Il résulte des arrêts que nous venons de citer que l'attribution faite au préfet de police par cet article dérive de celle qui avait été donnée dans le même but aux municipalités, par les articles 9 et 13, titre 1er, de la loi du 22 juillet 1791 ; qu'elle n'a point été abrogée par la loi du 21 germinal an XI ; qu'en effet, on ne saurait admettre que, par cela seul que cette loi a soumis le commerce de la pharmacie et des drogues médicamenteuses à la surveillance spéciale des écoles de médecine et de pharmacie, elle a entendu dépouiller l'autorité chargée de la police et de la recherche des délits de toute nature, d'une partie si essentielle de ses attributions, qu'une disposition expresse eût été nécessaire pour cela, et qu'elle ne se trouve pas dans la loi. Il en résulte que les commissaires de police peuvent verbaliser contre les pharmaciens, épiciers et droguistes, et saisir les produits falsifiés ou corrompus dont ils seraient trouvés détenteurs, en dehors des inspections ordonnées par la loi de l'an XI et les décrets postérieurs.

456. Nous venons de voir qu'aux termes du décret du 23 mars 1859, les visites sont confiées, dans les localités qui ne se trouvent pas dans la circonscription des écoles supérieures de pharmacie, à trois membres du conseil d'hygiène publique et de salubrité. Or ces conseils ont été institués, pour chaque arrondissement, par le décret des 18 décembre 1848-5 janvier 1849, qui n'a point indiqué la composition de ces commissions. Faut-il y faire entrer exclusivement des pharmaciens de première classe, ainsi que le prescrivait la loi du 21 germinal an XI ?

Le préfet de Tarn-et-Garonne avait désigné un pharmacien de seconde classe pour faire partie de l'inspection dans l'arrondissement de Castelsarrasin. Le sieur Boscredon, pharmacien de première classe dans cette ville, déféra l'arrêté du préfet au Conseil d'Etat, en se fondant sur ce que cette désignation, faite à son préjudice, constituerait une infraction à la loi de l'an XI, à laquelle il n'avait pu être dérogé par un simple décret. Le Conseil d'Etat a décidé que l'arrêté par lequel le préfet désigne les membres de la commission chargée d'inspecter les pharmacies et magasins de droguistes, est un acte de pure administration, dont un pharmacien n'est pas recevable à demander l'annulation pour excès de pouvoir (1). La question reste donc entière. Elle aurait pu être examinée, si les procès-verbaux dressés par la commission ainsi composée avaient été attaqués devant la justice criminelle.

La loi de l'an XI confiait les visites annuelles aux jurys d'examen. Il est facile de comprendre que dans ces jurys, chargés de conférer le brevet aux pharmaciens de seconde classe, on ne pouvait faire entrer que des pharmaciens de première classe. Mais aujourd'hui les jurys départementaux d'examens sont supprimés ; le travail des commissions qui les remplacent pour les inspections des pharmacies et drogueries est moins important et paraît, dans tous les cas, moins difficile ; nous ne voyons donc pas pourquoi, dans le silence des décrets sur ce point, on refuserait d'y admettre les pharmaciens de seconde classe.

457. Le médecin qui, dans les termes de l'article 27 de la loi de germinal an XI, débite des médicaments à ses malades, est-il soumis, comme les pharmaciens, à la visite annuelle ?

La Cour de cassation a implicitement jugé l'affirmative, le 28 mars 1862 (2). En effet, elle a décidé que le sieur Lelièvre, docteur médecin à Pipriac, avait eu le droit de refuser de se soumettre à la visite d'une commission d'inspection qui n'était pas assistée d'un commissaire de police, et qui se présentait à son domicile à l'effet de visiter son dépôt de médicaments. Il en résulte que si cette commission avait été régulièrement composée, la visite aurait été obligatoire pour le médecin (3).

§ 6. — *Exercice de l'action — Pénalité.*

458. Nous avons vu dans le chapitre précédent (page 303) que les médecins ont le droit de s'unir pour déférer aux tribunaux les actes d'exercice illégal de la médecine ; nous dirons éga-

(1) Conseil d'Etat, 31 mars 1876. D. P. 76. 3. 77.
(2) Arrêt précité.
(3) V. Conseil d'Etat, 18 juillet 1858.

lement, et par suite des mêmes principes, que les pharmaciens ont, eux aussi, une action pour poursuivre l'exercice illégal de la pharmacie.

En effet, si l'action qui appartient au ministère public contre les personnes qui exercent illégalement la pharmacie ou annoncent des remèdes secrets a pour objet de protéger la santé publique, il est incontestable aussi que ces infractions à la loi pénale causent un grave préjudice aux pharmaciens, et qu'ils ont le droit d'en demander la réparation. Une double voie leur est ouverte pour l'obtenir : ils peuvent s'adresser à la justice civile en vertu de l'article 1382 du Code civil, posant ce principe de droit naturel que tout fait quelconque de l'homme qui cause un dommage à autrui oblige celui par la faute de qui il est arrivé à le réparer. Ils peuvent aussi, s'ils le préfèrent, se pourvoir devant la justice répressive; leur droit, dans ce cas, est écrit dans les articles 1er et 63 du Code d'instruction criminelle, portant que l'action en réparation du préjudice causé par un crime, par un délit ou par une contravention, peut être exercée par tous ceux qui en ont souffert un dommage.

Peu importe d'ailleurs que le *quantum* de ce dommage ne soit pas mathématiquement fixé, les tribunaux le déterminent en tenant compte des circonstances. « Dans tous les cas, disait M. le procureur général Dupin, s'il y a difficulté *sur le chiffre*, c'est au juge à l'estimer, mais il n'y en a aucune sur *le principe*. »

Les pharmaciens d'une ville peuvent s'unir afin d'introduire une action collective contre les délinquants, à la condition qu'ils réclament une réparation individuelle (1).

559. Les principes que nous avons exposés dans le présent chapitre font connaître les diverses pénalités à appliquer à chaque espèce de contravention en matière pharmaceutique ; néanmoins nous croyons devoir les résumer ici, afin que l'on puisse reconnaître, au premier abord, la loi applicable au fait incriminé. Le tableau suivant permettra d'atteindre ce but.

(1) Cassation, 1er septembre 1832 ; id. 15 juin 1833. — Bordeaux, 21 novembre 1856. — Cassation; 6 février 1857. P. 1857. 214. — Poitiers. 7 mai 1857. P. 1857. 824. Id. 15 mars 1869. P. 1869. 1019. — Caen, 28 août 1865. P. 1866. 1108. — *Contrà* : Mangin, *Act. publique*, t. 1er, no 123. — F. Hélie, *Just. crim.*, 2e édit., t. 2, no 564.

FAITS PUNISSABLES.	LOIS A APPLIQUER.	PEINES.
Un pharmacien exerce la profession sans avoir fait inscrire son diplôme et prêté serment.	L. 21 germ. an XI, art. 16, 21, 22. — Déc. 25 avril 1777, art. 6.	Amende de 500 fr.
Un pharmacien dirige à la fois plusieurs pharmacies.	Id.	Id.
Un individu gère une pharmacie sans être pharmacien.	Id.	Id.
Un pharmacien gère une officine qui ne lui appartient pas.	Id.	Id.
Un médecin, hors les cas où la loi l'y autorise, vend et débite des médicaments à ses malades.	Id.	Id.
Un pharmacien de 2e classe exerce dans un autre département que celui pour lequel il a été reçu.	L. 21 germ. an XI, art. 24. — Déc. 25 avril 1777, art. 6.	Id.
Un pharmacien délivre des médicaments sans ordonnance de médecin, — ou ne se conforme pas à l'ordonnance du médecin ou aux formules du Codex.	L. 21 germ. an XI, art. 38. — Arrêt du Parlement du 23 juill. 1748.	Id.
Des épiciers ou droguistes vendent des drogues au poids médicinal.	Loi de germ. an XI, art. 33. — Déc. de 1777, art. 5.	Id.
Un individu non pharmacien vend des remèdes sur les places, dans les foires ou marchés.	L. de germ. an XI, art. 36. — L. 29 pluv. an XIII.	Amende 25 à 600 fr., empr. de 6 jours à 10 jours.
Un individu, même pharmacien, annonce ou met en vente des remèdes secrets.	Id.	Id.
Une personne non autorisée vend des substances vénéneuses.	L. 19 juillet 1845, article 1er. — Ord. 27 octobre 1846, art. 1er. — Code pénal, art. 463.	Amende de 100 fr. à 3000 fr., empr. de 6 jours à 2 mois.
Une personne autorisée a vendu des substances vénéneuses sans s'être fait remettre une demande écrite et signée par l'acheteur.	L. 19 juill. 1845, art. 1er. — Ord. 27 octobre 1846, art. 2.	Amende de 100 fr. à 3000 fr., empr. de 6 jours à 2 mois.
Les ventes de substances vénéneuses n'ont pas été inscrites sur un registre spécial coté et paraphé par le commissaire de police.	Ord. art. 3.	Id.
Le registre spécial des ventes de substances vénéneuses contient des blancs, des interlignes, des surcharges, des ratures, ou les ventes n'y sont pas inscrites par ordre de date.	Id.	Id.
Le registre n'indique pas l'espèce et la quantité des substances vénéneuses vendues, le nom, la profession et le domicile des acheteurs.	Id.	Id.

Une personne, autorisée ou non, autre qu'un phamacien, a vendu des substances vénéneuses pour l'usage de la médecine.	Id. Art. 5.	Id.
Un pharmacien a livré des substances vénéneuses sans ordonnance d'un médecin ou d'un vétérinaire breveté, — où l'ordonnance n'était pas signée, datée, et n'énonçait pas, en toutes lettres, la dose desdites substances, ainsi que le mode d'administration du médicament.	Id.	Id.
Un médecin a délivré une ordonnance prescrivant l'emploi de substances vénéneuses et ne s'est pas conformé, pour la rédaction de cette ordonnance, aux indications qui précèdent.	Id.	Id.
Un pharmacien n'a pas transcrit sur le registre spécial les ordonnances prescrivant des substances vénéneuses.	Id. Art. 6.	Id.
Le registre contient des blancs, ou les mentions n'y sont pas établies par ordre de date.	Id.	Id.
Un pharmacien a remis l'ordonnance au client sans y avoir apposé son cachet, avec indication des jours où les substances ont été délivrées, et le numéro d'ordre du registre.	Id.	Id.
Un pharmacien n'a pas conservé ce registre pendant 20 ans à partir du jour où il a été clos.	Id.	Id.
Un pharmacien a délivré une substance vénéneuse sans placer sur le récipient une étiquette indiquant son nom, son domicile, et rappelant la destination interne ou externe du médicament. . .	Id. Art. 7.	Id.
Un pharmacien a délivré l'acide arsénieux pour d'autres usages que la médecine.	Id. Art. 8.	Id.
Un pharmacien a vendu de l'arsenic pur ou composé pour le chaulage des grains, l'embaumement des corps, ou la destruction des insectes.	Id. Art. 10.	Id.
Des pharmaciens, commerçants, fabricants ou manufacturiers n'ont pas tenu les substances vénéneuses dans un endroit sûr et fermé à clef.	Id. Art. 11.	Id.
Les précautions nécessaires pour éviter les accidents n'ont pas été prises dans l'expédition, l'emballage, le transport, l'emmagasinage et l'emploi des substances vénéneuses.	Id. Art. 12.	Id.
Les fûts, récipients ou enveloppes ayant contenu des substances vénéneuses ont été affectés à d'autres usages.	Id.	Id.
Un pharmacien, un épicier, un droguiste, un herboriste, etc., vend ou met en vente des substances médicamenteuses ou alimentaires falsifiées ou corrompues.	L. 27 mars 1851, art. 1er et 2. — Code pénal, art. 423 et 463.	Amende égale au 1/4 des restitutions et de 50 fr. au moins, empr. de 3 mois à un an.

460. En outre des peines que nous venons d'énumérer dans le tableau qui précède, les tribunaux peuvent encore prononcer des peines accessoires. Ainsi, en cas de tenue illégale d'une officine de pharmacien, les juges peuvent en ordonner la fermeture, même sur la poursuite de la partie civile. Cette mesure, n'étant que l'application des articles 25, 26 et 28 de la loi du 21 germinal an XI, doit même être prise d'office, dans un intérêt public, dès que le délit est constaté ; il n'est pas nécessaire qu'elle soit requise (1).

461. Dans le cas de vente ou mise en vente de substances alimentaires ou médicamenteuses falsifiées ou corrompues, les tribunaux peuvent, aux termes de l'article 6 de la loi du 27 mars 1851, ordonner l'affiche du jugement dans les lieux qu'il désigne et son insertion intégrale ou par extrait dans les journaux, le tout aux frais du condamné.

462. Le jugement de condamnation peut aussi, pour les délits de cette nature, prononcer la confiscation des objets dont la vente, l'usage ou la possession constitue le délit. S'ils sont propres à un usage alimentaire ou médical, ils sont mis à la disposition de l'autorité administrative pour être livrés aux établissements de bienfaisance ; s'ils sont impropres à cet usage, ou nuisibles, ils sont détruits ou répandus aux frais du délinquant, et le tribunal peut ordonner que la destruction ou l'effusion aura lieu devant l'établissement ou le domicile du condamné (2).

Mais la confiscation ne peut avoir lieu qu'en vertu de la loi du 27 mars 1851, c'est-à-dire pour mise en vente de substances alimentaires ou médicamenteuses falsifiées ou corrompues. Si la condamnation était prononcée par application de la loi du 21 germinal an XI, la confiscation ne pourrait plus être ordonnée, cette loi, pas plus que celle du 29 pluviôse an XIII, n'autorisant cette mesure (3).

463. Les infractions aux lois sur la pharmacie constituent-elles de simples contraventions de police, ou, au contraire, sont-elles des délits, comme le sont, en général, les infractions justiciables des tribunaux correctionnels?

La question a une grande importance. Nous avons vu, en effet, que les infractions à la loi du 19 ventôse an XI sur l'exercice de

(1) Nîmes, 13 août 1829. P. chr. — Cassation, 2 octobre 1834. P. chr. — Nancy, 5 mai 1868. P. 1868. 836.
(2) Loi du 27 mars 1851, art. 5.
(3) Cassation, 18 mai 1844. P. 1844. 2. 432. — Paris, 18 septembre 1851. P. 1853. 1. 123. — Cassation, 26 janvier 1855. P. 1855. 1. 144.

la médecine sont considérées par la jurisprudence comme de simples contraventions de police, nous en avons tiré de nombreuses conséquences, notamment qu'on ne peut leur appliquer les règles de la complicité; que la bonne foi reconnue chez le contrevenant ne peut le soustraire à l'application de la peine ; que la récidive ne peut être constituée que par une nouvelle contravention de même nature commise dans l'année ; que la faculté d'appeler du jugement de condamnation appartient au condamné, mais non à la partie civile et au ministère public, etc. En sera-t-il de même des infractions aux lois sur la pharmacie?

MM. Briand et Chaudé (1) pensent que la jurisprudence a longtemps hésité sur cette question, parce que, dans plusieurs décisions judiciaires, on a employé tantôt le mot *délit*, tantôt le mot *contravention*. — Il ne faut pas se méprendre sur le sens de ces mots. Aux termes de l'article 1er du Code pénal :

« L'infraction que les lois punissent de peines de police est une « *contravention*. — L'infraction que les lois punissent de peines « correctionnelles est un *délit*. — L'infraction que les lois punis- « sent de peines afflictives et infamantes est un *crime*. »

Les contraventions sont jugées par les tribunaux de simple police, les délits par les tribunaux correctionnels, et les crimes par les Cours d'assises, sauf quelques exceptions qu'il est inutile d'indiquer ici.

Mais la définition donnée par l'article 1er du Code pénal est essentiellement défectueuse.

La qualification du fait ne peut pas dépendre de la peine encourue. Aussi, dans le langage usuel, même au palais, a-t-on toujours confondu les mots de délit et de contravention. La *contravention* se dit fort souvent du fait par lequel on a *contrevenu* à une loi de répression, quelle que soit la nature de la peine. Les magistrats qui prononçaient les jugements et arrêts dont parlent MM. Briand et Chaudé, où l'on employait le mot *contravention* pour qualifier les infractions aux lois sur la pharmacie, savaient très bien qu'il ne s'agissait pas de contravention dans le sens restreint que l'article 1er du Code pénal donne à ce mot, puisqu'ils appliquaient, en même temps, des peines bien supérieures aux peines de simple police. Dans le langage ordinaire, on qualifie par ce mot les infractions à une foule de lois spéciales punies de peines fort sévères : les lois sur les contributions indirectes, qui prononcent des amendes, s'élevant parfois jusqu'à 20,000 francs et plus; la loi sur

(1) Briand et Chaudé, *Manuel de méd. lég.*, 10e édit., t. 2, p. 770 et s.

la chasse, qui prononce un emprisonnement d'un mois, etc., etc... C'est par suite de la fausse définition donnée par le Code pénal qu'il s'est introduit dans le nouveau langage du droit une expression qui n'est peut-être pas très logique, mais qui est destinée à désigner les infractions mixtes qui participent à la fois de la simple contravention par le but que la loi se propose d'atteindre et du délit par le taux de la peine édictée. On appelle ces infractions des *délits-contraventions* (1).

Nous ne croyons donc pas que la jurisprudence ait hésité le moins du monde.

En ce qui concerne l'exercice illégal de la médecine, le doute a pu naître de ce que, en raison du silence de la loi, la jurisprudence a décidé que la peine encourue est une peine de simple police, qui néanmoins est appliquée par les tribunaux correctionnels, aux termes de l'article 36 de la loi du 19 ventôse an XI. — Il ne peut en être ainsi des lois sur la pharmacie, le *minimum* des peines, en pareil cas, étant bien supérieur au *maximum* des peines de simple police. Ces infractions sont donc des délits quant à la peine à appliquer et quant à la compétence des tribunaux qui en connaissent.

464. Mais si les infractions aux lois sur la pharmacie ne sont pas de simples contraventions de police, elles n'en constituent pas moins des délits spéciaux auxquels ne s'appliquent pas toutes les règles générales qui concernent exclusivement les délits de droit commun.

Elles rentrent dans la classe des infractions mixtes que l'on désigne sous le nom de *délits-contraventions*.

465. Ainsi la complicité n'existe pas plus pour cette nature d'infraction que pour les délits de chasse, par exemple (2), et la bonne foi de l'auteur ne peut pas être invoquée comme excuse (3).

466. En ce qui concerne l'étendue des peines à appliquer, il faut faire une distinction : lorsqu'une loi spéciale renvoie à un article du Code pénal, il faut suivre toutes les règles posées par ce Code pour les délits de droit commun ; quand, au contraire, la loi spéciale a déterminé elle-même la peine, sans renvoi au Code pénal, cette peine ne peut être réduite qu'autant que la loi l'a formellement autorisé.

(1) Dalloz, *Rép.*, v° *Contravention*, n° 4. — Dalloz et Vergé, *Code pénal annoté*, art. 1er, nos 132 et s.

(2) Cassation, 20 juillet 1872. D. P. 72. 1. 280. — Dalloz et Vergé, *Code pénal annoté*, art. 1, nos 191 et s. — *Contrà* : Rouen, 22 octobre 1836. — Paris, 31 juillet 1851. D. P. 52. 5. 420 ; — 18 septembre 1851. D. P. 54. 2. 292.

(3) Dalloz et Vergé, *op. cit.*, *loc. cit.*, n° 189.

La loi du 19 juillet 1845 sur la vente des substances vénéneuses, celle du 27 mars 1851 sur la détention et la vente des denrées alimentaires ou médicamenteuses falsifiées ou corrompues, autorisent l'admission des circonstances atténuantes ; cette dernière n'aurait même pas eu besoin de le dire, puisqu'elle se borne à renvoyer au Code pénal pour la fixation de la peine ; elles laissent en outre une grande latitude au juge entre le *minimum* et le *maximum*. Si l'on applique la loi du 27 mars 1851, on peut graduer la peine depuis un franc d'amende jusqu'à un emprisonnement d'un an et une amende de 50 francs. Si le juge applique la loi du 19 juillet 1845, il peut prononcer depuis une amende d'un franc jusqu'à deux mois de prison et 3,000 fr. d'amende.

Mais les lois anciennes ne laissaient pas une pareille latitude aux magistrats, elles prononçaient presque toujours une peine fixe, invariable, inflexible, que les tribunaux n'étaient point libres d'abaisser. Ainsi la déclaration de 1777 porte une amende de 500 fr.,rien de plus, rien de moins ; il n'est pas permis d'en abaisser le chiffre, l'article 463 du Code pénal n'étant pas applicable. Il en est de même de la loi du 29 pluviôse an XIII. Il est vrai que cette dernière loi a fixé un *minimum* et un *maximum*, mais ces deux limites ne peuvent être dépassées.

467. La règle du non-cumul des peines ne s'applique pas aux lois spéciales ; en conséquence, il doit être prononcé autant d'amendes qu'il y a d'infractions (1).

468. Le Code pénal, dans ses articles 56, 57 et 58, ces deux derniers modifiés par la loi du 13 mai 1863, a déterminé l'aggravation de peine qui résulte de l'état de récidive. Il faut distinguer la récidive de crime à crime prévue par l'article 56, c'est-à-dire le cas où un crime a été commis après une condamnation précédemment prononcée pour un autre crime ; nous n'avons pas à nous en occuper ici ; — la récidive de crime à délit, ou le cas où un délit est commis par une personne antérieurement condamnée pour un crime ; l'article 57 lui est applicable ; — la récidive, enfin, de délit à délit, prévue par l'article 58. Il n'existe pas de récidive de délit à crime, c'est-à-dire que l'individu qui se rend coupable d'un crime n'encourt pas une aggravation de peine par ce

(1) Cassation, 7 juin 1842. D. P. 43. 1. 258. — 16 février 1844. P. 1844. 2. 435. — 15 mars 1845. D. P. 45. 4. 543. — 2 décembre 1848. — Paris, 24 juillet 1850. — Cassation, 22 mars 1851. — 10 mai 1851. — 17 mai 1851. — Paris, 18 septembre 1851. D. P. 54. 2. 192. — Douai, 26 avril 1853. D. P. 53. 2. 153.
Contrà : Chauveau et Hélie, *Théor. du Code pénal*, t. 1er p. 260. — Dalloz, et Vergé, *Code pén. annoté*, art. 1er, no 252.

fait qu'il aurait déjà été condamné pour un délit, à moins que le crime ne soit pas puni de peines afflictives et infamantes.

Dans les cas prévus par les articles 57 et 58, c'est-à-dire quand un individu a déjà été condamné pour un crime ou un délit à une peine supérieure à une année d'emprisonnement, et qu'il commet un nouveau délit, les tribunaux doivent lui appliquer le *maximum* de la peine qu'il a encourue par ce nouveau délit, ils peuvent même la porter jusqu'au double, et ils doivent, de plus, placer le condamné sous la surveillance de la police pendant cinq ans au moins et dix ans au plus. Il importe peu que le nouveau délit soit ou non de la même nature que le premier.

En ce qui concerne les lois spéciales, les règles que nous venons de résumer sont appliquées ou ne le sont pas, selon que ces lois ont ou n'ont pas établi une récidive particulière. Ainsi le fait prévu par l'article 36 de la loi du 21 germinal an XI, c'est-à-dire vente de remèdes dans les places, foires et marchés, l'annonce et la vente de remèdes secrets, est puni par la loi du 29 pluviôse an XIII. Cette loi dispose qu'en cas de récidive, la détention sera de trois jours au moins, de dix au plus. La récidive est constituée alors par un délit de même nature.

Il en sera de même de la détention ou vente de substances alimentaires ou médicamenteuses falsifiées ou corrompues, la loi du 27 mars 1851 ayant établi, par son article 4, une récidive particulière pour les nouvelles infractions commises dans les cinq années qui suivent une précédente condamnation. Mais cette loi permet expressément l'application des articles 57 et 58 du Code pénal. En conséquence, si l'inculpé a déjà subi une peine de plus d'un an d'emprisonnement pour un fait d'une autre nature, il devra être condamné au maximum de la peine, qui pourra même être portée jusqu'au double, avec surveillance de la police. C'est seulement en reconnaissant les circonstances atténuantes et en appliquant l'article 463 du Code pénal que les tribunaux pourront éviter au condamné l'aggravation de peine résultant de ce genre de récidive.

Quant à la déclaration du 25 avril 1777, elle se borne à dire qu'au cas de récidive, la peine sera *plus forte*. Les infractions prévues par cette loi, c'est-à-dire l'exercice illégal de la pharmacie par les moyens autres que ceux prohibés par l'article 36 de la loi de germinal an XI, pourront constituer l'auteur en état de récidive légale dans les conditions des articles 57 et 58 du Code pénal.

469. Les jugements prononçant des condamnations pour contraventions aux lois sur la police de la pharmacie sont susceptibles d'appel, et la faculté d'appeler appartient au ministère public aussi bien qu'à la partie civile et au condamné.

470. En ce qui concerne la prescription, les *délits-contraventions* sont assimilés à tous les délits de droit commun. En conséquence, l'action publique et l'action civile en réparation des infractions que nous avons énumérées ci-dessus se prescrivent par trois années révolues à compter du jour où le délit a été commis, si, dans l'intervalle, il n'a été fait aucun acte d'instruction ou de poursuite (1).

La peine prononcée se prescrit par cinq ans révolus à compter de la date de l'arrêt ou du jugement rendu en dernier ressort. A l'égard des condamnations prononcées par les tribunaux correctionnels, la peine se prescrit par cinq années écoulées depuis le jour où le jugement ne peut plus être attaqué par la voie de l'appel (2).

(1) Code d'instruction criminelle, art. 637 et 638.
(2) Id. art. 636.

CHAPITRE X

VARIA.

§ 1er. — *Rentes viagères.*

471. Définition.
472. Causes de nullité du contrat.
473. Conditions pour qu'une maladie annule le contrat.
474. Maladie qui a causé la mort.
475. Maladie mentale. — Suicide. — Aff. Lavergne.
476. Suite, aff. Lecourbe.
477. Critique de l'arrêt de la Cour de Caen.

§ 2. — *Assurances sur la vie.*

478. Définition.
479. Caractère aléatoire du contrat.
480. Concours du médecin à la préparation du contrat ; son devoir.
481. Dissimulation de maladie. — Aff. B.....
482. Suite, aff. Pierrard.
483. Suite, aff. Him.
484. Suite, aff. Reuter.
485. Suite, aff. Villain.
486. Suite, aff. Coyette.
487. Suite, aff. Van Veerssen.
488. Les médecins doivent-ils refuser leur concours aux Compagnies ?

§ 3. — *Police sanitaire.*

489. Historique et législation.
490. Responsabilité des médecins en matière de police sanitaire.
491. Obligations qui leur sont imposées.

§ 4. — *Avortement.*

492. Caractères du crime d'avortement. — Législation.
493. Tentative. Celle des médecins et des pharmaciens est-elle punissable ?
494. Critique de la jurisprudence.
495. L'aggravation résultant de la qualité de l'agent s'applique-t-elle à la sage-femme ?
496. Nécessité de l'intention criminelle pour constituer le crime. — Avortement médical.

§ 5. — *Vente de clientèle médicale.*

497. La clientèle d'un médecin peut-elle être vendue ?
498. Espèce. — Aff. Anquetin C. Argentier.
499. Suite, aff. Latourette C. Bory.
500. Le traité est valable, mais non comme vente.
501. Espèce. — Aff. Demommerot C. Dumont.
502. Espèce. — Aff. Bayard C. Lombard.
503. Bien que le contrat ne soit pas une vente, il en a tous les caractères et est obligatoire.

§ 6. — *Inaptitude au service militaire.*

504. Législation.
505. Instructions ministérielles.
506. Causes d'exemption du service armé.
507. Maladies générales.
508. Maladies des régions.
509. Service auxiliaire.
510. Impotence légale.

§ 7. — *Eaux minérales et thermales.*

a. Médecins-inspecteurs des eaux minérales.

511. Importance du traitement par les eaux minérales.
512. Loi du 14 juillet 1856.
513. Règlement d'administration publique du 28 janvier 1860. — Médecins-inspecteurs et inspecteurs adjoints.
514. Nomination, classes et traitements.
515. Les propriétaires d'établissements sont-ils tenus de payer le traitement des inspecteurs ? Espèce. Aff. Privat C. Cère.

b. Vente d'eaux minérales naturelles ou artificielles.

516. Législation.

§ 1er — *Rentes viagères.*

471. La rente viagère est un contrat par lequel l'un des contractants, le débi-rentier, s'engage à payer à l'autre, appelé crédi-rentier, une redevance périodique, pendant toute la vie de ce dernier ou d'une tierce personne, moyennant l'abandon immédiat d'un capital. Ce contrat est essentiellement aléatoire, puisque la paiement de la rente doit prendre fin à la mort du crédi-rentier ou du tiers sur la tête de qui la rente a été constituée. Il faut donc, pour que la convention soit valable, que les chances soient égales entre les deux parties ; et, dès lors, si la personne dont la vie est la base de l'*aléa* était morte au moment où l'acte est accompli, le contrat n'aurait plus de cause et serait nul. Par voie de conséquence, il serait nul encore si la mort de cette personne était imminente au moment de la convention.

472. Dans l'ancien droit, les causes de nullité de la rente viagère étaient abandonnées à l'appréciation du juge ; le Code civil a évité l'arbitraire en édictant les articles 1974 et 1975, ainsi conçus :

Art. 1974 « Tout contrat de rente viagère créée sur la tête d'une « personne qui était morte au jour du contrat ne produit aucun « effet. »

Art. 1975. « Il en est de même du contrat par lequel la rente a été « créée sur la tête d'une personne atteinte de la maladie dont elle est « décédée dans les vingt jours de la date du contrat. »

Le but de la loi est ici clairement exprimé ; c'est le caractère aléatoire qui est le premier élément essentiel de cette convention. Je stipule que vous me donnerez dix mille francs dès aujourd'hui, moyennant quoi, je m'engage à payer six cents francs, chaque année, à votre père, pendant toute sa vie. Or, au moment où je fais cette stipulation, votre père est déjà mort ; il est clair que la convention n'a plus de raison d'être et qu'elle est nulle.

Mais si votre père, vivant encore au moment du contrat, était pourtant atteint d'une maladie mortelle qui l'emporte au bout de quelques jours, on peut considérer que l'engagement est unilatéral puisque vous vous seriez obligé à me verser dix mille francs et que je n'aurais pas à payer la rente stipulée. La loi devait donc annuler aussi cette convention, dans laquelle les intérêts d'une partie ne pouvaient qu'être lésés.

La règle posée par l'article 1975 est d'ordre public, on ne peut y déroger et décider que la constitution de rente viagère sera valable quand bien même le crédi-rentier viendrait à mourir dans les vingt jours (1).

Pour que la nullité du contrat de rente viagère soit prononcée par application de l'art. 1975 du Code civil, il faut donc trois conditions : 1° que le décès ait eu lieu dans les 20 jours de la date du contrat ; — 2° que la personne sur la tête de qui la rente est constituée ait été malade au moment de ce contrat ; — 3° qu'elle ait succombé à la maladie dont elle était alors affectée.

473. La difficulté qui peut se présenter consiste à savoir si la personne décédée moins de vingt jours après que la rente viagère a été constituée était déjà atteinte, au moment du contrat, de la maladie dont elle est morte. En traitant la matière des privilèges et celle des dispositions à titre gratuit faites en faveur des médecins et des pharmaciens, nous avons déterminé ce qu'il faut entendre par la dernière maladie ; nous devons renvoyer aux principes déjà posés, et répéter encore que le concours du médecin sera toujours indispensable pour éclairer les tribunaux.

Il ne faudrait pas s'en tenir à la lettre de l'art. 1975. Pour que l'acte soit annulé, il ne suffit pas que le crédi-rentier ait été malade au moment où cet acte a été passé et qu'il soit mort dans les vingt jours, il faut encore que cette maladie ait été mortelle et ait pu au moins inspirer des craintes sérieuses lors du contrat. Une maladie commençant par une légère indisposition peut avoir promptement un dénouement fatal. Le médecin aura donc à rechercher, à préciser les phases de la maladie et à décider à quel moment elle a commencé à être mortelle, chaque phase constituant, pour ainsi dire, une nouvelle maladie.

Il faut encore, pour que la nullité soit prononcée, que la personne soit morte de la maladie dont elle était atteinte au moment de la convention. Si cette personne, en proie à une affection réputée mortelle, a néanmoins succombé, soit à un accident, soit à un autre mal qui n'existait pas au jour du contrat, l'article 1975 ne peut être appliqué. En vain dirait-on que, dans ce cas, l'aléa n'existait point, puisque cette personne devait nécessairement mourir dans

(1) Cassation, 10 juillet 1855.

un délai plus ou moins rapproché ; on répondrait toujours avec raison que la loi fixe un délai de 20 jours après lequel la mort n'aura plus pour effet d'invalider l'acte de rente viagère, que la mort ayant été accidentelle, on ne peut savoir si elle serait bien survenue dans ce court délai. Le médecin expert recherchera donc avec le plus grand soin la cause réelle et effective du décès. La difficulté est là et non ailleurs.

474. Il importe aussi de se bien fixer sur ce que l'on doit entendre par la maladie qui a causé la mort.

Une femme meurt en couches dans le délai fixé par l'art. 1975, après une constitution de rente viagère sur sa tête. Dira-t-on qu'elle était atteinte de la maladie qui l'a fait mourir ? Evidemment non, dans les cas ordinaires. La grossesse ne peut être considérée comme une maladie. Mais si la femme était atteinte d'un vice de conformation, d'une angustie extrême, par exemple, ne pouvant permettre l'enfantement, nous ne pourrions nous prononcer de la même façon, et nous devrions laisser à la science le soin de décider.

Il en sera ainsi pour le cas de décès par suite d'apoplexie. Un malade atteint depuis longtemps d'hémiplégie succombe à une nouvelle attaque dans les délais de l'art. 1975 ; peut-on dire qu'il était atteint de la maladie qui l'a tué ? Cette question, qui s'est présentée en 1809, a donné lieu à une discussion scientifique intéressante : les médecins de la Faculté de Strasbourg déclaraient que les attaques anciennes et celle qui avait amené la mort ne formaient qu'une seule et même maladie, tandis que Marc, Renauldin, Desgenettes, Chaussier, Baumes, Vigaroux et Delpech soutenaient avec une grande énergie cette opinion que *la prédisposition à l'apoplexie ne constituait pas l'apoplexie*, et que l'on ne pouvait pas appliquer le cas de nullité à une affection paroxystique, les intermittences rompant la continuité(1).

On peut en dire autant de l'épilepsie.

475. La difficulté sera plus grande lorsqu'il s'agira d'apprécier une maladie mentale.

Le 26 juin 1855, le sieur Lavergne, capitaine en retraite des armées du premier Empire, retiré depuis longues années dans la ville de Tours, se brûle la cervelle d'un coup de pistolet. Le commissaire de police, appelé sur les lieux du suicide, trouve, dans divers meubles, une somme de 6,752 fr. en pièces d'or et d'argent. Il découvre en même temps, dans le foyer de la cheminée, un paquet de billets

(1) Legrand du Saulle, *Traité de méd. lég.*, p. 93.

de banque presque entièrement consumés, et des notes, à dessein laissées sur un meuble, annonçant, en même temps que la résolution du suicide, celle de détruire par le feu ces billets de banque dont le chiffre s'élève à 33,300 fr.

On trouva encore dans un portefeuille des titres sur parchemin constatant que cet homme avait, au jour de son suicide, 58,300 fr. de rentes viagères constituées à son profit par la compagnie *la Nationale*, pour un capital que des versements successifs avaient élevé à 483,149 fr.

Vingt-huit contrats étaient intervenus dans une période de vingt-trois ans. Le dernier portait la date du 14 juin 1855. Douze jours après, le sieur Lavergne se donnait la mort.

Il ne laissait point d'héritiers à réserve ; sa femme, séparée de corps et de biens d'avec lui, par jugement rendu à Niort en 1838, vivait à Versailles et n'avait rien à réclamer contre sa succession.

Il laissait pour héritières légitimes deux vieilles parentes éloignées, toutes les deux octogénaires : les dames Flottard et Poupet, habitant la ville de La Rochelle. Celles-ci tentèrent un premier procès contre la Banque de France en paiement des 33,300 fr., montant indiqué par le sieur Lavergne des billets de banque brûlés ; mais les restes de ces billets ne permirent pas d'en reconnaître les numéros et la valeur : les dames Flottard et Poupet furent déclarées mal fondées dans leur réclamation.

Elles entreprirent alors contre la compagnie *la Nationale* un procès beaucoup plus important et beaucoup plus grave.

Elles prétendirent qu'il résultait de notes écrites par le sieur Lavergne, de correspondances échangées entre lui et sa femme, de registres dans lesquels cet homme étrange avait consigné toutes ses pensées, que depuis plus de trente ans avant sa mort, entraîné par la violence de sa haine contre sa femme, cédant aux inspirations les plus effroyables de la vengeance et de l'orgueil ulcéré, il était atteint d'une folie dont le dernier accès avait été le suicide ; que, sous l'empire d'une véritable démence, il avait, pour enlever tout ce qu'il possédait à de prétendus enfants adultérins qu'aurait eus sa femme depuis sa séparation, et qui, suivant les demanderesses, n'existaient que dans son imagination en délire, fait à la compagnie des contrats de constitution de rentes viagères qui ne seraient, en réalité, que des actes de libéralité, dénués de toute valeur, puisque, d'une part, ils n'étaient pas revêtus des formalités voulues par la loi, pour les donations, et que, d'autre part, ils ne seraient pas l'œuvre d'un homme jouissant de la plénitude de son intelligence et de la liberté de sa volonté.

En conséquence, elles formèrent, devant le tribunal de Tours, contre l'agent principal de la compagnie *la Nationale* et contre cette compagnie, une demande en restitution des 483,194 fr. versés par le sieur Lavergne à la compagnie pour l'acquisition de 58,300 fr. de rente viagère dont les titres avaient été retrouvés à son décès ; subsidiairement elles soutinrent que le dernier placement de 21,232 fr. était nul, aux termes de l'art. 1975 du C. Nap., par le motif que le sieur Lavergne, atteint depuis longtemps de ce qu'elles appelaient la folie du suicide, était mort des suites de cette maladie, dans les 20 jours de la dernière constitution de rente viagère constituée à son profit.

A l'appui de cette demande, les dames Flottard et Poupet produisirent, après les avoir fait imprimer dans un volumineux mémoire, une série de 132 pièces écrites de la main de Lavergne, attestant au plus haut degré : 1° la violence de sa haine contre sa femme et contre la famille de celle-ci; 2° le désir le plus ardent de la vengeance et l'expression maintes fois répétée de son intention de faire passer toute sa fortune dans les caisses de *la Nationale*, pour éviter qu'elle ne fût recueillie par les prétendus enfants adultérins de sa femme, dont il paraît ignorer l'existence et le nombre ; 3° la volonté ferme, reproduite à chaque ligne de ces écrits, pendant une période de plus de 30 ans, de se donner la mort après avoir consommé ce qu'il appelle le suicide de sa fortune..... Elles ajoutaient qu'il résultait de la date des placements que la compagnie n'avait réellement pas fait de contrat aléatoire, puisqu'à chaque échéance, Lavergne, après avoir reçu tout ou partie du semestre d'arrérages, le remettait à la compagnie en échange d'autres titres, n'achetant, en réalité, comme il l'écrivait lui-même, à la compagnie *que du parchemin pour ses héritiers.* Elles en concluaient que, les contrats étant à titre gratuit, elles avaient le droit de démontrer, même en dehors des actes, l'insanité d'esprit du sieur Lavergne, encore qu'il n'eût pas été interdit durant sa vie, et nonobstant les termes de l'art. 504 C. Nap. (1).

Le tribunal de Tours, par un jugement du 26 janvier 1858, rejeta la demande des dames Flottard et Poupet. Il considéra que la conduite et la fin déplorable de Lavergne s'expliquaient facilement par le souvenir de la séparation de corps de 1838, par l'influence du fait constant, du moins pour lui, des torts de sa femme à son égard, et de l'existence d'enfants adultérins ; que les sentiments qu'il éprouvait, comme l'énergie sauvage et farouche avec laquelle il les avait exprimés, se comprenaient de la part d'un homme aux principes aujourd'hui connus, avec son caractère et les torts, fondés ou imaginaires, de sa femme et de toute sa famille à son égard; fondés, dans tous les cas, d'après ses appréciations personnelles; que si l'on peut voir dans Lavergne une nature ulcérée, sauvage et pervertie, on ne remarque en lui, en aucune façon, un esprit oblitéré, une absence de jugement ou de raison, etc..., — qu'enfin Lavergne n'est pas mort de maladie, puisqu'il s'est tué dans la crainte d'être surpris par la mort avant d'avoir pu détruire toutes ses valeurs, sans avoir pleinement assouvi sa détestable passion de haine et de vengeance ; que son suicide, acte raisonné de sa part, ne saurait être assimilé à une maladie dans le sens de l'art. 1975 C. Nap.

Les dames Flottard et Poupet interjetèrent appel de ce jugement, qui fut confirmé par la Cour (2).

476. Un sieur Lecourbe avait vendu, le 2 novembre 1869, à

(1) Cet article est ainsi conçu : « Après la mort d'un individu, les actes par lui faits ne pourront être attaqués pour cause de démence, qu'autant que son interdiction aurait été prononcée ou provoquée avant son décès ; à moins que la preuve de la démence ne résulte de l'acte même qui est attaqué. »

(2) Orléans, 21 avril 1860. D. P. 60. 2. 98.

Lesueur, des immeubles moyennant une rente viagère. Le vendeur était mort dans les 20 jours du contrat. Les héritiers prétendirent qu'il s'était suicidé et, devant le tribunal civil de Mortagne, ils demandèrent la nullité de l'acte de vente, offrant de prouver que leur auteur était, au moment de la vente, atteint de la monomanie du suicide à laquelle il aurait succombé.

Le tribunal admit la preuve des faits. En appel, la Cour statua ainsi :

« Considérant que les héritiers Lecourbe demandent la nullité de l'acte de vente et constitution de rente viagère consenti à Lesueur par leur auteur, devant le notaire de Nocé, à la date du 2 novembre 1869 ;

« Qu'ils appuient leur demande sur ce que Lecourbe se serait suicidé le 12 novembre suivant, c'est-à-dire dans les vingt jours du contrat, et soutiennent qu'il était en proie, lors du contrat, à une maladie qu'ils désignent sous le nom de *suicide chronique* ou *maladie du suicide ;* qu'ils offrent de prouver qu'antérieurement et depuis plusieurs années, Lecourbe était en proie à cette maladie, et que le tribunal, par le jugement dont est appel, a admis cet appointement de preuve ;

« Considérant qu'il ne résulte pas des faits de la cause et des documents produits que Lecourbe se soit suicidé et que sa mort, en l'absence de preuve directe et précise, pourrait être aussi justement attribuée à un accident qu'à un suicide; que cette preuve n'est point offerte avec articulation et précision, et qu'il est au moins douteux que les héritiers Lecourbe puissent la faire ;

« Mais considérant qu'en admettant même que la preuve du suicide puisse être administrée, il n'y aurait pas lieu d'appliquer les dispositions de l'art. 1975 du Code civil aux faits de la cause, tels qu'ils résulteraient de l'enquête offerte ;

« Considérant, en effet, que l'art. 1975, en assimilant le cas qu'il prévoit à celui de l'art 1974, en plaçant sur la même ligne le contrat de rente viagère créée sur la tête d'une personne qui était morte au jour du contrat, et le contrat par lequel la rente aurait été créée sur la tête d'une personne atteinte de la maladie dont elle est décédée dans les vingt jours de la date du contrat, et, en prononçant l'annulation, n'a eu en vue que le cas d'une maladie physique;

« Que le législateur, en posant une règle fixe, a voulu tarir la source des procès ayant pour objet de rechercher et de constater la relation que pouvait avoir le décès avec une maladie antérieure, et que le but serait manqué s'il pouvait être permis de se livrer à des investigations sur l'état moral antérieur du crédi-rentier qui a mis fin à ses jours dans le délai de vingt jours déterminé par la loi ;

« Que deux conditions sont nécessaires pour qu'il y ait lieu de faire l'application de l'art 1975 du Code civil ; qu'il faut que le crédirentier sur la tête duquel la rente a été constituée ait été atteint d'une maladie physique au moment du contrat, et qu'il meure de cette maladie dans les vingt jours de la date du contrat ;

« Que cette réunion de circonstances, exigée par la loi, ne peut raisonnablement s'entendre du suicide du crédi-rentier dans les vingt jours du contrat ;

« Que, d'une part, l'absence de chance aléatoire qui a motivé les dispositions des art. 1974 et 1975 du Code civil ne se rencontre pas, puisqu'il est impossible à celui qui contracte avec un monomane atteint de la folie du suicide, de déterminer à quelle époque le monomane réalisera ses funestes intentions, ou même s'il les réalisera jamais ;

« Que, d'autre part, Lecourbe ne serait pas mort seulement de la monomanie du suicide qui, durant son cours, ainsi qu'une maladie physique, aurait altéré et tari chez lui les sources de la vie ; mais qu'il a fallu qu'à la monomanie vînt se joindre un acte extérieur dont l'époque et la réalisation étaient également incertaines ;

« Par ces motifs, infirme, etc. (1). »

477. La Cour de Caen nous semble émettre ici une théorie beaucoup trop absolue.

Et d'abord elle tranche une question qui est aujourd'hui résolue unanimement en sens inverse par la science. Il n'est plus possible de faire une distinction entre les maladies mentales et les maladies physiques. Toutes sont des maladies qui ne sont pas toujours produites par des influences de même nature, mais qui n'en sont pas moins dues à une altération des organes physiques du corps humain. Nous ne comprendrions pas pourquoi la loi serait appliquée ou ne le serait pas, selon que la maladie aurait atteint le cœur, le poumon ou le cerveau. Il n'est pas permis de douter que le cerveau ne soit l'organe de la pensée, comme le larynx est l'organe de la voix, et il ne faut pas plus confondre le cerveau avec la pensée et la pensée avec l'âme que le larynx avec la voix, le son avec l'instrument qui le produit (2). La folie est-elle une maladie

(1) Caen, 22 novemb. 1871. P. 1872. 213.

(2) Nous ne voulons pas que l'on puisse se méprendre sur notre pensée. — Nul n'est plus éloigné que nous de toute idée matérialiste. Un anatomiste célèbre a pu dire que son scalpel avait fouillé le corps humain pendant de longues années et qu'il avait en vain cherché l'âme sans pouvoir la découvrir. On ne peut, en effet, la découvrir, puisqu'elle échappe à nos sens, mais ce n'est pas un motif pour en nier l'existence ; et, par cette raison que, dans la folie, le cerveau, qui est l'organe de la pensée, ne fonctionne pas régulièrement, on ne peut pas nier la pensée ni l'âme qui l'inspire. Si le scalpel n'a pu découvrir l'âme, il n'a point non plus mis la pensée à nu, et pourtant on ne la nie pas.

Ecoutez deux artistes de talent jouer, sur le piano et le violon une sonate de Beethoven ; si vous n'êtes pas dépourvu de tout sentiment musical, vous ne pourrez vous défendre d'un transport d'admiration en entendant ces mélodies enchâssées comme des perles dans une sublime harmonie ; mais que les mêmes artistes essaient de jouer la même sonate à l'aide d'un piano discord et d'un violon décollé, vous n'entendrez plus qu'une affreuse cacophonie. Est-ce que vous nierez pour cela l'existence de l'harmonie et le génie de Beethoven ? — Les maladies de l'âme ne sont, hélas ! que trop réelles, ce sont les mauvaises passions. La folie est une maladie physique ; le cerveau humain est l'instrument

physique ? — Assurément. — Où donc la Cour de Caen trouvera-t-elle des *maladies* qui ne le soient pas?

La loi, dit la Cour, a fait une sage distinction entre les maladies *mentales* et les maladies *physiques* ; l'article 1975 exige, pour l'annulation de l'acte, l'existence d'une maladie physique. Nous relisons en vain l'art. 1975, nous ne pouvons y rien découvrir de tout cela.

Nous pensons, il est vrai, comme l'arrêt rapporté, que l'on ne doit pas annuler l'acte par le seul motif que le crédi-rentier s'est suicidé dans les 20 jours, alors même qu'il en aurait manifesté l'intention, mais tout dépend des circonstances : il peut arriver que la monomanie du suicide ait pris un développement, un caractère tellement accentué, que la mort ait dû être certaine ou presque certaine dans un temps rapproché ; dans ce cas, la chance aléatoire peut faire défaut et l'acte doit être annulé. — La Cour de Caen objecte que la monomanie du suicide ne prouve pas que la mort devait nécessairement arriver dans les 20 jours du contrat ; qu'il est impossible à celui qui contracte avec un monomane atteint de la folie du suicide, de déterminer à quelle époque le monomane réalisera ses funestes intentions, ou même s'il les réalisera jamais. — C'est très vrai, mais n'en est-il pas ainsi pour toutes les maladies ? Si le crédi-rentier, au lieu d'être atteint de monomanie, était malade d'une fièvre typhoïde, rien ne prouverait non plus aux contractants qu'il mourra nécessairement dans le même délai, ou même s'il succombera à cette maladie, puisqu'heureusement on peut en guérir.

§ 2. — *Assurances sur la vie.*

478. Les assurances sur la vie ont pris depuis quelques années une grande extension. Les médecins sont presque toujours appelés à fournir leur concours pour ces sortes de conventions.

L'assurance sur la vie (1) est un contrat par lequel l'assureur entreprend, pour une certaine somme appelée *prime*, payée en une fois ou échelonnée en plusieurs versements périodiques (proportionnée, du reste, à l'âge, au sexe, à la profession, à la santé ou à d'autres particularités de la personne dont la vie est

de l'âme pour servir à sa manifestation ; un cerveau atteint de folie est un instrument faussé ; l'âme est toujours là, mais ses manifestations ne sont plus régulières.

(1) Taylor et Tardieu, *Assurances sur la vie. Annales d'hyg. et de méd. légale*, 2 sér., 1866. T. XXV, p. 387.

assurée), de payer à la personne au bénéfice de laquelle l'assurance est faite une somme stipulée en une annuité équivalente, et ce, à la mort de l'individu dont la vie est assurée, à quelque moment que cette mort arrive, lorsque l'assurance est pour toute la vie. Lorsque l'assurance est pour une période limitée, la compagnie paie, si la mort arrive pendant cette période.— L'acte qui règle ce contrat est appelé *police*, et c'est sur les stipulations de la police et sur le sens qu'il faut attacher à certaines expressions médicales qu'on y emploie, que d'ordinaire il s'élève des difficultés.

479. Les compagnies ne peuvent pas agir tout à fait au hasard, et il leur faut des garanties, afin d'éviter, autant que possible, les risques aléatoires de leur contrat. Elles doivent, avant tout, s'enquérir de l'état général de santé de l'assuré, et c'est au médecin qu'elles ont recours pour le constater.

La dissimulation d'une maladie de la part de l'assuré est de nature à faire annuler la convention. Aussi, indépendamment des raisons morales qui doivent les en éloigner, les parties ont-elles un intérêt matériel à s'abstenir de ces sortes de fraudes, dont l'existence est prévue généralement dans les polices d'assurances, pour stipuler la confiscation au profit de la compagnie.

480. C'est presque toujours au médecin de l'assuré que la compagnie s'adresse pour être renseignée avec plus de précision. Elle lui pose une série de questions confidentielles fort nombreuses, auxquelles, s'il accepte la mission, il faut répondre nettement.

Inutile de dire que le médecin ne doit pas fournir son rapport sans en informer son client. Il peut ne pas le lui communiquer, s'il craint de l'effrayer en lui faisant connaître la gravité des maladies dont il peut être atteint, mais il doit toujours lui faire remarquer qu'il révèlera exactement à la compagnie l'état de sa santé actuelle et passée. Le client est libre alors, s'il veut éviter de laisser divulguer une situation parfois pénible, de renoncer à l'assurance. Agir autrement serait, selon nous, de la part du médecin, trahir le secret professionnel.

Nous répéterons d'ailleurs encore une fois que les médecins doivent s'abstenir de délivrer des certificats de complaisance, et plus encore dans ces sortes de matières que dans tout autre cas. En effet, le médecin qui, dans le but d'obtenir pour son client une assurance plus avantageuse, dissimulerait une maladie, pourrait porter préjudice tout à la fois à la compagnie et à l'assuré ou à sa famille, en jetant ainsi dans le traité le germe de procès toujours fort graves ; ce médecin pourrait même s'exposer, suivant les circonstances, à une action en dommages-intérêts.

481. Il n'a encore été rendu sur ces questions qu'un petit nombre d'arrêts, parce que l'usage des assurances sur la vie ne s'est répandu en France que depuis peu de temps, et en outre que la dissimulation des maladies par l'assuré ne peut pas donner lieu à de grandes divergences d'opinion ; il est clair que si la maladie dissimulée devait avoir une influence sur la durée de la vie de l'assuré, et, par conséquent, si elle avait augmenté les risques de l'assureur, elle serait de nature à motiver l'annulation du contrat. C'est ce qui a été jugé par la Cour de Rouen, dans l'arrêt qui suit :

« Attendu qu'il est intervenu, les 20 novembre et 2 décembre 1873, entre la Compagnie d'assurance sur la vie l'*Alliance des départements*, et B..., négociant, âgé de 34 ans, un contrat par lequel ladite Compagnie s'est engagée à payer 30,000 fr. soit à sa femme, en cas de prédécès, soit à ses enfants ou à son ordre, moyennant la prime annuelle de 834 fr.;

« Que B..., étant tombé malade en juillet 1874, et la Compagnie ayant demandé la résiliation du contrat pour cause de réticence, en offrant de lui restituer le montant de la prime déjà payée, il s'agit de rechercher aujourd'hui avec sa veuve, ès noms qu'elle agit, si l'assurance est valable ou nulle ;

« Attendu que l'art. 1er de la police porte que, les déclarations de l'assuré servant de base à la convention, toute réticence, toute déclaration fausse et inexacte, de nature à modifier l'opinion de la Compagnie sur le risque, annulent l'assurance ; — que le 21 octobre, lors de la proposition faite à l'assuré, il a été consigné sur la police, d'après ses propres déclarations, qu'il n'était atteint d'aucune infirmité, et n'avait jamais eu de maladie grave ; — que, lors de l'examen médical du 30 octobre par le docteur Tinel, B... répondait encore négativement aux questions qui lui étaient posées, notamment s'il avait été attaqué, et à quelle époque, d'une maladie de la moelle épinière ou des organes génitaux ; — qu'il affirmait enfin se bien porter et ne rien dissimuler de ce qui pourrait influencer la décision de la Compagnie ;

Qu'il est cependant établi qu'à l'époque même de l'assurance, B... se savait affecté de la moelle épinière ; — qu'il résulte, en effet, de la lettre du 16 avril 1874, adressée à sa belle-mère par Gabbé, médecin à Paris, « que son gendre était depuis longtemps atteint « d'une maladie de la moelle à marche lente, chronique, en un mot ; « que la lésion est malheureusement trop certaine, et que, s'il existe « une amélioration dans la marche, si les jambes sont moins hésitantes, les bras restent toujours ce qu'elle les avait vus ; »

« Qu'il ignorait si peu la nature de son mal, que, dans ses conclusions du 18 décembre 1874, devant le tribunal d'Yvetot, il est forcé de confesser que, « quant à sa santé personnelle, ce qui était du « reste parfaitement visible, il souffrait en ce moment d'une affection « caractérisée nerveuse dans les membres inférieurs, qui le faisait « boiter très sensiblement ; »

« Que vainement il prétend que cette indisposition qui, pour lui comme pour les médecins, ne présentait aucune gravité, a trompé les pronostics de la science et s'est aggravée contre toute prévision ; — qu'en présence des aveux qu'il a eu l'imprudence de signifier lui-même à la Compagnie, il est constant que, par une dissimulation qui porte sur la substance même de la chose objet du contrat, il a induit celle-ci en erreur et vicié son consentement (art. 1110, C. civ.) ; — que d'ailleurs le mal avait, dès le jour du traité, pris une telle intensité que, moins de cinq mois après, les médecins de Paris le déclaraient incurable, et que l'assuré succombait à ses atteintes le 31 mars 1875 ; — qu'il est, en outre, établi par la lettre du 16 avril, qu'antérieurement à son mariage, B... avait été affecté de la syphilis ; qu'il a cependant affirmé qu'il n'avait jamais eu de maladie des organes génitaux, nouvelle inexactitude qui aggravait le risque et portait préjudice à la Compagnie ;

« Que la veuve B... soutient, il est vrai, que l'examen subi par son mari chez le docteur Tinel, à Rouen, avant la conclusion définitive du traité, en a changé les conditions ; — que sans doute, si, par le fait spécial d'un de ses agents, la police contenait une réticence ou une déclaration inexacte, la Compagnie serait responsable de l'omission ou de la rédaction vicieuse de son préposé ; qu'elle ne pourrait imputer sa propre faute à l'assuré qui a suivi sa foi ; — mais que le docteur Tinel n'a jamais été le représentant de la Compagnie vis-à-vis de B... ; qu'il ne s'est substitué à l'assuré ni dans la constatation des circonstances, ni dans la rédaction de la police ; — que, chargé par elle de la délicate mission de vérifier d'une part les déclarations de celui-ci, et de donner de l'autre un avis confidentiel sur le mérite de ces déclarations, sa visite n'était qu'une garantie particulière, un contrôle exercé dans l'intérêt de l'assureur et complètement étranger à l'assuré ;

« Que le secret personnel imposé au médecin, comme son caractère professionnel, s'opposait à des révélations de cette nature, et qu'aucun lien de droit ne s'est formé entre B... et lui ; — que c'est le 21 octobre que les réponses de B... étaient consignées sur la police par le préposé de la Compagnie, tandis que l'examen médical n'avait lieu que le 30 ; — que cet examen ultérieur et purement confidentiel n'a donc pu ni modifier les statuts sous l'empire desquels il a contracté, ni déplacer les responsabilités en couvrant le vice dont cet acte était infecté dès l'origine ;

« Attendu que les conventions librement formées tiennent lieu de loi à ceux qui les ont faites (art. 1134, C. civ.) ; — que d'ailleurs, à défaut de stipulation expresse et spéciale, il est de principe, en matière d'assurances, que toute réticence, toute fausse déclaration de la part de l'assuré, qui diminueraient l'opinion du risque ou en changeraient le sujet, annulent le contrat (art. 348, C. comm.) ; — qu'il en est ainsi aux termes de droit, alors même que la réticence ou la fausse déclaration n'aurait pas influé sur le dommage ou la perte de l'objet assuré ; — qu'il importe donc peu que les affections qui avaient altéré la santé de B... aient ou non influé sur son décès prématuré ; — que, nulle dès le principe, à défaut du concours des volontés sur les éléments essentiels et constitutifs, la convention aléatoire du 20 novembre n'a pu produire aucun effet légal et juridique ; — qu'il y a lieu, dès lors, de la déclarer non avenue, et de valider les offres faites à B... par l'*Alliance des départements*, le 11 juillet 1874, de lui restituer la somme de 834 fr., montant de la prime qu'il a payée ; — Par ces motifs, confirme, etc... (1). »

De son côté, la Cour de Paris a jugé que si l'infirmité dissimulée ne peut avoir aucune influence sur la durée de la vie de l'assuré, la réticence ne vicie pas le contrat.

482. Le 21 août 1877, la 5e chambre du tribunal civil de la Seine avait rendu un jugement qui fait complètement connaître les circonstances de la cause :

« Attendu que par contrat d'assurance sur la vie, en date des 21 et 22 juin 1872, la Compagnie l'*Alliance* s'est engagée à payer au survivant des époux Pierrard une somme de 4,000 fr. ;

« Attendu que Avrillon, avant le décès de la dame Pierrard, est devenu régulièrement cessionnaire du bénéfice de ce contrat ; — que depuis le décès de la dame Pierrard, il n'a pu obtenir le paiement de la somme de 4,000 fr., stipulée dans le contrat ;

« Attendu que la Compagnie défenderesse allègue, pour se soustraire au paiement, que le contrat est nul, comme entaché de fraude et de dol ;

« Attendu que des faits et documents de la cause et des dépositions reçues dans l'enquête, il résulte qu'Avrillon est devenu cessionnaire dans des circonstances qui ne permettent pas de soupçonner sa bonne foi ;

« Attendu, en effet, que Pierrard étant tombé en faillite, Avrillon, ami des époux Pierrard, a assisté le failli à la réunion des créanciers de ce dernier ; — qu'il a soutenu que le contrat d'assurances dont s'agit n'était pas dans les biens du failli ; que le bénéfice qui pouvait en résulter n'était pas encore acquis ; que c'était un contrat aléatoire qui, dans le présent, n'était qu'onéreux, et qu'il devait rester personnel à Pierrard ;

« Attendu que les créanciers, le syndic et le juge-commissaire ayant été d'un avis opposé, Avrillon conseilla vainement aux créanciers de s'entendre pour payer les primes et pour conserver les bénéfices à venir du contrat ; que le syndic, les créanciers et le juge-commissaire insistèrent alors pour qu'Avrillion se rendît acquereur dudit contrat ; que, mis en demeure de prouver la sincérité de son langage, en conformant sa conduite à ses paroles, il s'engagea à acquérir, moyennant 400 fr., les bénéfices dudit contrat d'assurances ;

« Attendu que, postérieurement, Avrillon ayant voulu se soustraire à la réalisation de cette acquisition, le syndic l'assigna pour le contraindre à réaliser la cession dudit contrat ;

« Qu'Avrillon se résigna alors à s'exécuter et devint cessionnaire

(1) Rouen, 21 janv. 1876. — D. P. 77. 2. 126. — V. Tribun. de Hanovre, 10 févr. 1871. D. P. *loc. cit.*

de la police d'assurances Pierrard ; que le simple exposé de ces faits démontre qu'Avrillon, en faisant contracter en 1872 la police d'assurances aux époux Pierrard, agissait sans aucun calcul d'intérêt personnel et que sa bonne foi était entière ;

« Attendu que la Compagnie défenderesse soutient que la police doit être annulée, parce qu'il a été commis par les contractants une réticence qui, aux termes de l'art. 348 du Code de commerce, rend nulle l'assurance même dans le cas où la réticence n'a pas influé sur la perte de l'objet assuré ;

« Attendu que la dame Pierrard, lorsqu'elle a contracté l'assurance, a été examinée par le médecin de la Compagnie, qui connaissait l'état de sa santé ; — qu'en effet la dame Pierrard avait donné de graves inquiétudes lors de son second accouchement ; qu'après son premier accouchement, qui avait dû être opéré à l'aide du forceps, la dame Pierrard était restée affligée d'une déchirure du périné, qui constituait, par ses conséquences, une infirmité pénible et désagréable ; — que les médecins s'étaient préoccupés du danger que ferait courir à sa vie un second accouchement ; — qu'une seconde grossesse s'étant manifestée, son médecin, inquiet sur les dangers du second accouchement, s'était fait assister de plusieurs médecins ; que parmi eux se trouvait précisément le médecin de la Compagnie défenderesse ;

« Que le second accouchement avait eu lieu, comme le premier, à l'aide du forceps, sans aucun des accidents redoutés des hommes de l'art, et sans aucune aggravation de la déchirure produite lors du premier accouchement ; — que, postérieurement aux deux accouchements, le médecin de la Compagnie chargé d'examiner la dame Pierrard au moment où l'assurance a été contractée, avait fait connaître ces précédents, qui pouvaient être inquiétants au point de vue de la conservation de la vie ; qu'il n'avait pas dit un mot de la déchirure du périné ni de l'infirmité qui en avait été la suite ; que c'était évidemment, pour le médecin de la compagnie, une circonstance absolument indifférente à connaître, puisque, selon lui, tout incommode que fût l'infirmité, elle ne pouvait exercer sur le plus ou le moins de durée de la vie de la dame Pierrard aucune influence ;

« Que si tel était le sentiment du médecin de la Compagnie, on se demande comment il est possible de reprocher aux contractants de n'avoir pas parlé, dans leur déclaration, d'une circonstance de fait absolument étrangère ou inutile au contrat ; qu'il est constant que la dame Pierrard est morte d'une affection de poitrine, sur laquelle l'infirmité de la dame Pierrard provenant de la déchirure du périné n'a exercé aucune influence, même éloignée ; que l'infirmité dont s'agit n'a aucune relation avec le plus ou le moins de durée de la vie de ceux qui en sont atteints ; que, par suite, le silence gardé sur cette infirmité n'a pas le caractère de la réticence prévu et puni par le paragraphe 2 de l'art. 348 du Code de commerce ; — qu'une omission indifférente n'est pas une réticence au point de vue juridique de ce mot ; — que l'omission, pour être une réticence, doit entraîner la dissimulation d'une circonstance qui n'a pas influé sur la perte de l'objet assuré, mais qui du moins aurait pu influer sur cette perte ;

« Attendu que, de ce qui précède, il résulte que la Compagnie défenderesse n'a pas fait la preuve du dol ou de la fraude allégués par elle, qu'il y a lieu, par suite, d'accueillir la demande d'Avrillon;

« Par ces motifs, — condamne la Compagnie défenderesse à payer au demandeur une somme de 4,000 fr. avec intérêts de droit, pour les causes sus-énoncées, etc... »

Appel de ce jugement par la compagnie l'*Alliance*, qui soutient que le véritable état de santé de la dame Pierrard a été intentionnellement dissimulé au médecin de la Compagnie ; que les dissimulations et déclarations frauduleuses ont été précisément inspirées par Avrillon, représentant de la Compagnie à Rethel, et créancier lui-même des époux Pierrard ; que ces faits constituent la réticence prévue par l'art. 348 du Code de commerce, § 2, et doivent entraîner l'annulation du contrat.

Mais la Cour, sur les conclusions de M. l'avocat général Hémar, confirma, par adoption de motifs, la sentence des premiers juges (1).

483. Le sieur Jean Him vivait, en 1872, aux environs de Genève, avec Joséphine Gogeat, artiste dramatique, âgée de 23 ans. Le 20 mars 1872, Him stipula avec la compagnie l'*Alliance des départements* une assurance pour une somme de 12,000 fr. sur la tête de Joséphine Gogeat, moyennant une prime annuelle de 250 fr. 80 c. L'assurance fut contractée sur la déclaration de la demoiselle Gogeat « qu'elle jouissait d'une bonne santé, qu'il n'existait, dans sa famille, aucune maladie héréditaire, qu'elle n'avait jamais été atteinte de toux habituelle, qu'elle n'avait enfin nulle maladie assez grave pour nécessiter les soins d'un médecin ; » elle ajoutait qu'elle ne cachait rien de nature à influencer la décision de la Compagnie. Jean Him conduisit sa maîtresse chez le médecin de la Compagnie, et celui-ci, après examen, déclara que l'état de santé de la demoiselle Gogeat « permettait de placer, sans crainte fondée, un capital sur sa vie. »

La demoiselle Gogeat mourut à Lyon le 23 février 1873, moins d'un an après le contrat d'assurance. La Compagnie apprit alors que sa bonne foi avait été surprise, et que Him aussi bien que sa maîtresse avaient sciemment et intentionnellement dissimulé l'état de cette dernière. En effet, sa mère était morte, en 1867, d'un catarrhe pulmonaire chronique, à l'âge de 46 ans, et la fille Gogeat elle-même avait souffert, quatre mois durant, d'une affection de poitrine qui l'avait forcée de renoncer au théâtre, et qui, vingt mois après, la conduisait au tombeau. Déjà, en 1871, avant et surtout depuis l'époque de ses couches, elle était pâle, d'une santé délicate,

(1) Paris, 7 janvier 1879. *Gazette des tribun.*, 2 févr. 1879.

et se plaignait d'une toux persistante. Le docteur Odier, de Genève, appelé à lui donner des soins au mois de février de la même année, n'avait pas dissimulé à Jean Him la gravité du mal et l'existence des symptômes alarmants de la phthisie pulmonaire. La Compagnie refusa donc de payer les 12,000 fr., prix de l'assurance. Le tribunal du Havre accueillit les prétentions de Him, principalement par ce motif que le docteur Poux, médecin de la Compagnie, avait examiné avec soin la fille Gogeat et n'avait constaté aucune maladie. Mais la Cour de Rouen réforma cette décision, parce que la rétience, imputable tant à Jean Him qu'à la demoiselle Gogeat, avait dénaturé l'opinion du risque qui avait servi de base au contrat, qui devait, en conséquence, être annulé (1).

484. En 1864, un sieur Reuter contracta deux assurances sur la vie, de 25,000 fr. chacune, à la *Compagnie d'assurances générales*. Le 27 août 1872, dans un établissement de bains, à Paris, Reuter fut trouvé mort dans sa baignoire. Il fut constaté qu'il avait succombé à une attaque d'épilepsie, maladie dont il était atteint deux ou trois ans avant l'assurance. Le tribunal de la Seine et la Cour de Paris ensuite ont décidé qu'il n'avait pu ignorer l'existence et la nature de cette maladie, et qu'il l'avait sciemment dissimulée dans le contrat d'assurances; que le médecin de la Compagnie avait pu l'ignorer, l'épilepsie ne laissant pas habituellement de traces appréciables dans l'intervalle des crises; en conséquence, le contrat fut annulé (2).

485. Le sieur Villain avait demandé à la *Compagnie d'assurances générales* d'assurer sur sa tête une somme de 10,000 fr. Cette Compagnie le fit examiner par le docteur Pucelle, qui conclut au rejet de la demande. Elle refusa l'assurance. Villain s'adressa alors à deux autres compagnies, le *Monde* et l'*Urbaine*, et contracta avec elles cinq assurances pour un total de 100,000 fr. Villain étant mort par suite d'une tuberculisation pulmonaire, les compagnies refusèrent de payer les sommes assurées, parce que Villain avait déclaré n'avoir éprouvé de refus d'aucune autre Compagnie, et que cette dissimulation viciait les contrats. Ce système fut consacré par le tribunal de la Seine et par la Cour de Paris (3).

486. Lucien Coyette, changeur, demeurant à Paris, avait contracté, à la date du 12 juillet 1879, à Bruxelles, avec *la Confiance*,

(1) Rouen, 7 mai 1877. P. 1880. 926.
(2) Paris, 12 février 1878. P. 1880. 934.
(3) Paris, 5 juillet 1878. P. 1880. 935.

dont le siège est à Paris, une assurance sur la vie de 100,000 fr. moyennant une prime annuelle de 3,760 fr.

Le 9 janvier 1880, Coyette mourait à Wierville (Belgique) d'une apoplexie intercérébrale. La veuve et les enfants ont réclamé à la Compagnie les 100,000 fr., montant de la police, et, sur son refus, ils l'ont fait assigner devant le tribunal de la Seine. Il est résulté de l'enquête à laquelle il a été procédé que longtemps avant l'assurance Coyette était gravement malade; qu'en 1877 le docteur Morelle de Gosselin était appelé à lui donner des soins et le trouvait sous le coup d'une congestion cérébrale et dans un état général qui dénotait un organisme en décadence, et qui faisait supposer que le cerveau avait déjà éprouvé des atteintes congestives antérieures, avec tendance au ramollissement; qu'enfin, le 6 janvier 1878, Coyette était dans un état de paralysie générale. C'est dans ces conditions que, le 12 juillet 1879, il contractait l'assurance en déclarant qu'il n'avait jamais été malade, que sa santé était actuellement très bonne. Le docteur Decamps, de Mons, fut chargé de le visiter. Il lui déclara aussi qu'il n'avait jamais eu d'autre maladie qu'une fièvre typhoïde à l'âge de 15 ans.

L'avocat de la Compagnie a donné au tribunal lecture du passage suivant du *Traité de médecine légale* du docteur Legrand du Saulle :

« Les questions médico-légales relatives aux assurances sur la vie ne rencontrent nulle part une application plus saisissante qu'à l'occasion d'un état morbide très grave et aujourd'hui d'une fréquence vraiment alarmante dans la classe aisée de la société : je veux parler de la *paralysie générale*. Cette affection est sans cesse désignée à tort par les gens du monde sous les noms de *ramollissement du cerveau*, de *maladie de la moelle épinière* ou de *folie orgueilleuse*. L'individu qui présente les prodrômes de la paralysie générale est un condamné à mort : toutes les tentatives de spoliation peuvent s'exercer autour de lui, et les jours si misérables qu'il lui reste à vivre serviront, au besoin, d'appât à de criminelles ou d'audacieuses spéculations. Rien n'est plus facile : le malade s'ignore lui-même, et les médecins des compagnies passent nécessairement à côté du vice rédhibitoire.

Deux hommes d'un certain âge, — et les deux frères, — se présentent un jour dans le salon d'un médecin aliéniste de Paris. L'aîné pénètre seul d'abord dans le cabinet de notre confrère et le prie d'examiner avec soin le malade qu'il lui amène. « Il n'a rien, dit-il, il se porte bien, et cependant il n'est plus le même. » Après un long interrogatoire, le frère aîné prend en particulier le médecin aliéniste et le supplie de lui parler à cœur ouvert. « La situation me paraît fort grave, répond l'homme de l'art ; votre frère a des signes avant-coureurs de paralysie générale. » Des explications furent ensuite réclamées et données au sujet de cette terrible maladie, et l'on parla même de la possibilité d'une échéance fatale dans l'espace de trois ou quatre ans. Les visiteurs disparurent, mais une assurance de 100,000 fr. fut placée sur la tête du malade, et trois ans après, le frère aîné recueillait tranquillement le produit de son vol (1). »

Le tribunal a considéré que Coyette avait sciemment dissimulé à la Compagnie l'état réel de sa santé, et il a repoussé la demande (2).

487. Par police du 8 mars 1877, MM. Van Veerssen et Cie firent assurer par la compagnie *The Gresham* 60,000 fr. payables au décès de M. Honoré Celliez. M. Celliez avait répondu au questionnaire que la Compagnie est dans l'usage de soumettre aux assurés, qu'il n'avait eu, avant le 7 mars 1877, ni maladie de foie, ni maladie de cœur, ni maladie des voies urinaires, qu'il n'avait jamais consulté de médecin, si ce n'est à l'occasion d'une fluxion de poitrine qu'il eut à 25 ans. Il mourut quelques mois après le contrat d'assurances. La Compagnie refusa de payer le capital assuré. — Procès. — Enquête. — Contre-enquête. — La Compagnie avait offert de prouver : 1° que Celliez était atteint d'une maladie grave du foie compliquée d'une affection de cœur très sérieuse pour laquelle il aurait consulté des médecins ; 2° qu'il avait subi, dans le courant de janvier 1877, une crise très violente de coliques hépatiques, et avait réclamé les soins d'un médecin ; 3° qu'il a succombé à cette même affection de foie accompagnée de néphrite. Ces faits ne parurent pas suffisamment prouvés au tribunal et à la Cour. Il parut démontré que la maladie dont Celliez avait été atteint ne s'était déclarée qu'après un retour de Vichy, dont les eaux avaient produit sur sa santé un effet déplorable, mais postérieurement au contrat d'assurances. La Compagnie fut donc condamnée au paiement de 60,000 fr. (3).

488. On voit par les exemples que nous venons de citer, quelle est l'influence de l'intervention du médecin dans ces sortes de contrats ; il nous reste maintenant à examiner quels sont ses devoirs.

En cette matière toute neuve encore dans notre pays, et qui n'est pas complètement passée dans les mœurs, il ne faut pas s'étonner de rencontrer des opinions très diverses, des hésitations, des scrupules chez les médecins les plus honorables. Les sociétés médicales de Paris, désirant maintenir intacte la dignité profes-

(1) Legrand du Saulle, *Traité de méd. lég.*, p. 978.
(2) Trib. de la Seine (6e ch.), 9 avril 1881. *Gazette des trib.*, 6-7 juin 1881.
(3) Paris, 30 janvier 1880. P. 1881. 938.

sionnelle et croyant voir de graves inconvénients dans le concours prêté par leurs membres aux compagnies d'assurances, ont voulu les tenir étrangers à ces transactions. La Société du deuxième arrondissement a voté la délibération suivante :

« 1° Tous les membres de la Société médicale du deuxième arrondissement, se fondant sur l'obligation du secret médical, prennent l'engagement de ne délivrer aucun certificat demandé par les compagnies d'assurances sur la vie, quel que soit l'état de la santé du postulant.

« 2° Cette décision sera transmise à toutes les Sociétés d'arrondissement de Paris, en les invitant à prendre une détermination semblable. »

L'association des médecins de Toulouse a voté des résolutions analogues (1).

D'autres, au contraire, voyant dans l'assurance un véritable bienfait pour tous, pensent que le médecin non seulement doit fournir avec empressement son concours aux compagnies, mais encore qu'il serait coupable envers lui-même et envers sa famille s'il ne contractait pas personnellement une assurance (2).

Gardons-nous de ces systèmes absolus. Oui, il est des cas où le médecin doit refuser de fournir le certificat : c'est, par exemple, quand son client ne consent pas formellement à ce qu'il fasse connaître entièrement et loyalement toute la vérité. Les compagnies ont leurs médecins, mais il faut bien reconnaître qu'elles ne peuvent être parfaitement renseignées qu'en prenant l'avis du médecin habituel de l'assuré ; il y a bien des maladies qui échapperont à un examen momentané, si attentif et si habile qu'il soit. Le médecin habituel est donc consulté. Doit-il répondre purement et simplement sur la seule demande de la Compagnie? — Non. Il ne doit pas perdre de vue que deux contractants sont en présence, l'assuré, son client, et l'assureur. Que tous les deux aient recours à ses lumières, à son expérience et lui demandent son avis, *il peut le donner*, si bon lui semble, ainsi que nous l'avons déjà dit, sans violer le secret professionnel, puisque la partie la plus intéressée y donne son consentement. Mais c'est là une condition absolue. Il faut que l'assuré sache que l'état de sa santé sera dévoilé exactement à l'assureur. Il peut arriver que le malade soit atteint d'une affection dont il ignore la nature, que, s'il la connaissait, il voulût en garder le secret; le médecin ne doit pas la révéler sans son assentiment, et il

(1) Legrand du Saulle, *op. cit.*, p. 959.
(2) *Ibid.*, p. 957.

doit l'avertir avant de délivrer son certificat, qu'il ne fournira pas sans un consentement formel.

Mais, dit-on, l'assurance est une excellente chose, il s'agit de rendre aux parties un service signalé ; on va même jusqu'à citer les paroles de Gaide sur le secret médical :

« Qu'un de vos clients, rongé par une de ces syphilis constitutionnelles qui résistent à tout traitement, ne craigne pas de solliciter la main d'une jeune fille pure et qui fait la joie de sa famille ; que le père de cette jeune fille vienne avec confiance vous demander s'il peut, en toute sécurité, la donner à l'homme qui va la souiller au premier contact, et qui, pour toute consolation, lui laissera des enfants infectés de la maladie de leur père; devrons-nous répondre par un silence qui peut être mal compris, et nous rend ainsi complices d'un mariage dont les fruits seront si déplorables ? Je ne le crois pas, et, pour ma part, je le déclare, jamais je ne me sentirais le courage d'obéir à la loi en pareille circonstance ; ma conscience parlerait plus haut qu'elle, et, sans hésiter, je dirais : Non, ne donnez pas votre fille à cet homme. Je n'ajouterais pas un mot, j'aurais la prétention de n'avoir pas trahi mon secret ; et si, par impossible, la peine prononcée par l'art. 378 m'était appliquée pour ce fait, j'en appellerais à tous les pères de famille, et, la tête haute, je plaindrais le tribunal qui se serait cru autorisé à me punir d'avoir préservé d'une infection presque certaine une femme et sa génération tout entière (1). »

D'abord, si l'on veut bien se reporter à ce que nous avons dit précédemment sur le secret médical, on verra que le médecin ne serait pas du tout punissable pour avoir révélé un secret dans le cas prévu à l'article qui précède. Ensuite, les compagnies d'assurances ne sont pas toujours aussi pures et aussi intéressantes que la jeune fille dont il s'agit. On en a vu provoquer des réticences, spéculer sur les erreurs des médecins. Il faut donc envisager les choses avec plus de sang-froid. Nous ne croyons pas que le médecin habituel de l'assuré engage sa conscience par le refus de fournir un certificat et de répondre aux questions de la Compagnie, de même que nous pensons aussi qu'il peut très bien, avec l'assentiment de son client, faire connaître sans détours l'état de santé de l'assuré. Mais, encore une fois, il ne doit pas révéler aux compagnies, à l'insu de son client, les constatations qu'il a pu faire dans sa pratique ; en le faisant, il manquerait essentiellement à son devoir professionnel.

M. Taylor, professeur de médecine légale à Guy's Hospital, cons-

(1) *Gazette des hôpitaux*, 1863.

tate qu'en Angleterre le certificat sollicité gratuitement du médecin habituel de l'assuré devient pour lui une source d'ennuis : s'il délivre un certificat défavorable, il fait manquer l'assurance et perd son client ; si, ce qui est rare, il dissimule une maladie, il devient complice d'une fraude et peut avoir à en répondre devant les tribunaux ; et Taylor demande que le certificat soit convenablement rémunéré, pour éviter au moins une partie des inconvénients signalés ; enfin il cherche à tourner la difficulté en proposant de faire examiner l'assuré par le médecin de la Compagnie, après entente et consultation entre lui et le médecin habituel de l'assuré. — Que le secret soit révélé dans un certificat fourni directement à la Compagnie ou dans une consultation avec son médecin, nous ne voyons pas trop où est la différence. Le procédé de M. Taylor n'est qu'un moyen inefficace qui serait loin de sauvegarder la dignité du corps médical. Laissons donc le médecin libre de fournir ou de refuser les renseignements demandés ; il suivra, pour guider sa conduite, les inspirations de sa conscience.

Le docteur Ambroise Tardieu s'adresse aux compagnies et leur conseille de s'en tenir à l'avis de leur médecin particulier.

« Elles devraient, en toute occasion, dit-il, renoncer à l'avis du médecin particulier de l'assuré et se contenter de la visite et du jugement de leur propre médecin. Quelques-unes suivent déjà cette marche en Angleterre. Nous croyons qu'il n'y aurait qu'avantage pour toutes à suivre cet exemple. Le médecin officiel de la Compagnie trouvera chez la personne qui se propose elle-même à l'assurance toutes les facilités nécessaires pour procéder à un examen complet. D'un autre côté, son appréciation offre à la Compagnie toutes les garanties d'indépendance et de sincérité, en même temps qu'il est envers elle responsable, à tous les degrés, de la manière dont il a rempli son mandat (1). »

M. Legrand du Saulle estime que les inconvénients dont on se plaint seraient évités si les compagnies ne posaient pas elles-mêmes leurs questions, si elles modifiaient la rédaction du certificat, si elles laissaient chaque praticien libre de formuler son opinion dans les termes qu'il lui conviendrait d'employer, et surtout si elles savaient s'adjoindre un personnel médical numériquement suffisant.

L'expérience amènera sans doute des améliorations, des innovations utiles dans des entreprises tout à la fois avantageuses pour le public et lucratives pour les grandes sociétés financières qui

(1) *Annales d'hyg. et de méd. lég.*, 2e série, t. XXV.

les ont conçues. Nous n'en sommes encore, pour ainsi dire, qu'à des essais, mais ce qui tient à la dignité professionnelle, à l'honneur médical, ne peut varier.

§ 3. — *Police sanitaire.*

489. L'Etat, intéressé au bien-être, à la santé et à la vie des citoyens, a le devoir étroit de veiller avec soin sur tout ce qui touche à la salubrité du pays. Les gouvernements l'ont toujours reconnu, et ils n'ont point négligé les mesures de préservation que l'état de la science pouvait suggérer. Sans qu'il soit besoin de remonter aux anciens règlements, arrêts et ordonnances tombés en désuétude, nous voyons la loi du 24 août 1790, dans son titre II, art. 3, confier à la vigilance et à l'autorité des corps municipaux le soin de veiller à toutes les mesures qui peuvent assurer la salubrité publique.

En ce qui concerne Paris, l'arrêté du gouvernement du 12 messidor an VIII porte, entre autres dispositions, dans son article 23 :

« Le préfet de police assurera la salubrité de la ville en prenant « des mesures pour prévenir et arrêter les épidémies, les épizooties, « les maladies contagieuses ; en faisant observer les règlements de « police sur les inhumations ; en faisant enfouir les cadavres des ani- « maux morts, surveiller les fosses vétérinaires, la construction, « entretien et vidange des fosses d'aisances ; en faisant arrêter, « visiter les animaux suspects de mal contagieux, et mettre à mort « ceux qui en seront atteints ; en surveillant les échaudoirs, fon- « doirs, salles de dissection et la basse geôle ; en empêchant d'éta- « blir dans l'intérieur de Paris des ateliers, manufactures, labora- « toires ou maisons de santé, qui doivent être hors de l'enceinte des « villes, selon les lois et règlements ; en empêchant qu'on ne jette « ou dépose dans les rues aucune substance malsaine ; en faisant « saisir ou détruire dans les halles, marchés et boutiques, chez les « bouchers, boulangers, marchands de vin, brasseurs, limonadiers, « épiciers-droguistes, apothicaires ou tous autres, les comestibles « ou médicaments gâtés, corrompus ou nuisibles. »

Toutes ces mesures abandonnées à l'initiative des administrations municipales dans les provinces, et à la préfecture de police à Paris, ont paru insuffisantes pour que la santé publique fût constamment surveillée.

L'ordonnance du 7 août 1822 institua un conseil supérieur de santé près du ministère de l'intérieur, mais sans en déterminer les attributions. Ce n'est que le 10 août 1848 qu'un comité d'hygiène publique fut créé près du ministère de l'agriculture et du commerce. Ce comité prit, le 23 octobre 1856, le nom de *Comité consultatif d'hygiène publique*. Il fut réorganisé le 5 novembre 1869, et enfin des décrets des 7 et 14 octobre 1879, en maintenant les attributions que lui avaient conférées les décrets précédents, augmentèrent le nombre de ses membres, qui fut porté à vingt-deux.

Un décret du 18 décembre 1848 avait aussi procédé à l'utile organisation des conseils d'hygiène publique et de salubrité. Ce décret a eu pour but de couvrir toute la France d'un vaste réseau sanitaire destiné à ne laisser passer, à ne laisser apparaître aucun vestige de maladie épidémique, sans le signaler aussitôt, afin que les mesures nécessaires soient prises pour combattre le mal, et aussi de veiller avec le plus grand soin sur tout ce qui intéresse la santé publique.

Mais les maladies épidémiques ou endémiques qui se développent à l'intérieur du territoire, malgré les ravages qu'elles peuvent faire, ont toujours moins effrayé les populations que celles qui viennent des pays étrangers.

Il ne nous appartient pas de rechercher s'il existe des maladies véritablement contagieuses, c'est-à-dire pouvant se communiquer par le simple contact, et si au contraire l'épidémie ne doit pas être attribuée, la plupart du temps, soit à des animalcules, à des infusoires vivant dans l'eau, soit à des ferments, à des végétations microscopiques répandues dans l'atmosphère, ou à toute autre influence affectant à la fois un grand nombre d'individus, mais provenant d'une cause générale et uniforme. Le public et les gouvernements paraissent avoir toujours cru au caractère contagieux de la plupart des maladies épidémiques, et c'est sous l'empire de cette préoccupation qu'ont été édictées toutes les lois sur la matière.

La peste nous est presque toujours venue d'Orient, et nos populations du littoral de la Méditerranée, en rapport constant avec les pays d'où partait la maladie, redoutaient beaucoup l'invasion du fléau et sollicitaient des mesures sévères pour les en préserver. Un arrêt du Parlement de Provence de 1639 rappelle les règlements déjà anciens comme étant en pleine vigueur.

Cet arrêt fut suivi d'un règlement du roi du 25 août 1683, concernant les ports de Marseille et Toulon (1).

En 1720, après l'arrivée d'un navire qui venait d'Orient, la peste éclata à Marseille, avec une intensité jusqu'alors inconnue. Cette épouvantable épidémie est restée légendaire, et chacun con-

(1) Dalloz, *Rép.*, vº *Salubrité publique*, n. 4.

naît le dévouement dont fit preuve, dans cette circonstance, Monseigneur de Belzunce, alors évêque de Marseille, qui, pendant plus d'une année, ne prit aucun repos, ni de jour ni de nuit, consacrant tout son temps au soulagement des pestiférés. La terreur qu'inspirait le fléau appelait de nouvelles dispositions législatives, et un grand nombre de déclarations et d'ordonnances se succédèrent pour régler, au point de vue de la police sanitaire, notre commerce avec l'Orient.

La révolution de 1789 n'apporta point d'interruption dans cette série de règlements, qui continuèrent à prescrire les précautions reconnues nécessaires pour résister à l'envahissement de la maladie.

Ainsi que nous l'avons dit, on ne s'était guère préoccupé que de l'Orient, où paraissait exister le principal foyer pestilentiel ; quelques ordonnances rendues au commencement du XVIIIe siècle et ayant pour but de généraliser les mesures sanitaires, étaient tombées en désuétude en ce qui concernait les provenances de l'Océan. En 1821, la fièvre jaune éclata en Catalogne et y causa de grands ravages. L'émotion fut grande en France ; on établit aussitôt un cordon sanitaire du côté de la frontière d'Espagne, et après qu'une ordonnance, en date du 27 septembre 1821, eut pourvu aux nécessités les plus urgentes, une loi d'ensemble fut préparée ; elle fut votée le 3 mars 1822.

Il est facile de voir que cette loi fut dictée par la peur. Elle porte, en effet, avec une prodigalité qui n'est pas de notre temps, les peines les plus sévères : la mort, les travaux forcés, la réclusion, dix ans d'emprisonnement, 20,000 fr. d'amende, etc. ; mais il faut bien reconnaître que si les circonstances se présentaient de nouveau dans les mêmes conditions, la terreur reprenant son empire, la sévérité de la loi paraîtrait encore naturelle.

Pendant longtemps, on n'avait vu de préservatif contre la peste que dans les précautions à prendre pour éviter les communications avec les pays infectés. On a fini par comprendre que le meilleur moyen d'éviter le fléau était de l'attaquer dans son germe et d'aller le détruire à sa source même. En 1838, le sultan Mahmoud, entrant enfin dans la voie des réformes, et secouant les préjugés nationaux, consentit à la création, dans son empire, d'un conseil de salubrité composé de trois fonctionnaires musulmans, de trois médecins européens et de sept délégués des légations européennes ; puis il institua des offices sanitaires, où entraient aussi des médecins européens. C'est ainsi qu'on a pu assainir peu à peu les contrées d'où partait presque toujours le typhus pestilentiel. Mais le résultat a été lent à obtenir, et il a fallu encore de nombreux règlements pour nous mettre à l'abri des invasions épidémiques. C'est ainsi qu'une ordonnance du 18 avril 1847 régla les quarantaines, en adoucissant beaucoup le régime antérieur.

Cet adoucissement n'était pas la seule innovation importante que cette ordonnance devait introduire dans la police sanitaire. Le gouvernement avait fait étudier la question sur les lieux mêmes où la peste existait à l'état endémique. L'Académie de médecine, mise en possession de tous les documents recueillis au moyen d'une enquête et d'études longues et minutieuses, put déterminer la durée d'incubation de la peste et décider que cette durée ne dépasse pas huit jours. C'est cette donnée de la science qui permit de régler la quarantaine et de fixer les conditions d'admission à la patente nette.

Nous n'avons pas à entrer ici dans tous les détails de la législation sanitaire, nous ne le ferions qu'à la condition de reculer indéfiniment les limites de notre travail ; mais nous ne sortirons pas de notre cadre en recherchant quels sont, en cas d'épidémie, les devoirs des médecins civils, au point de vue de la santé générale, et si la loi leur impose des obligations sous une sanction pénale déterminée.

L'article 7 de la loi du 3 mars 1822 punit de la mort, de la réclusion ou de l'emprisonnement, selon la qualité des délinquants et le régime sous lequel étaient placées les provenances, ceux qui auraient établi communication avec des personnes ou des choses suspectes.

L'article 8 restreint la peine à la réclusion lorsque cette communication n'a pas occasionné d'invasion pestilentielle. Enfin les articles 12 et 13 sont ainsi conçus :

Art. 12. « Sera puni d'un emprisonnement d'un à cinq ans, « tout commandant de la force publique qui, après avoir été requis « par l'autorité compétente, aurait refusé de faire agir pour un ser- « vice sanitaire la force sous ses ordres. — Seront punis de la même « peine et d'une amende de cinquante francs à cinq cents francs, « tout individu attaché à un service sanitaire, ou chargé, par état, « de concourir à l'exécution des dispositions prescrites pour ce ser- « vice, qui aurait, sans excuse légitime, refusé ou négligé de rem- « plir ses fonctions ; — tout citoyen faisant partie de la garde natio- « nale qui se refuserait à un service de police sanitaire pour lequel « il aurait été légalement requis en cette qualité ; — toute personne « qui, officiellement chargée de lettres ou paquets pour une autorité ou

« une agence sanitaire, ne les aurait point remis, ou aurait exposé « la santé publique en tardant à les remettre, sans préjudice des réparations civiles qui pourraient être dues, aux termes de l'article 10 « du Code pénal. »

Art. 13. « Sera puni d'un emprisonnement de quinze jours à trois « mois et d'une amende de cinquante francs à cinq cents francs, tout « individu qui, n'étant dans aucun des cas prévus par les articles « précédents, aurait refusé d'obéir à des réquisitions d'urgence pour « un service sanitaire, ou qui, ayant connaissance d'un symptôme de « maladie pestilentielle, aurait négligé d'en informer qui de droit. « — Si le prévenu de l'un ou de l'autre de ces délits est médecin, il « sera, en outre, puni d'une interdiction d'un à cinq ans. »

490. Voilà donc où apparaît directement l'obligation et la responsabilité du médecin : il doit immédiatement, dès qu'il reconnaît les symptômes d'une maladie pestilentielle, en avertir qui de droit, et, en cas d'omission ou de négligence, il encourt un emprisonnement de quinze jours à trois mois et une amende de cinquante francs à cinq cents francs. Il est en outre privé d'exercer pendant un an au moins et cinq ans au plus.

On peut se demander à quels faits se réfère cette disposition de la loi : s'agit-il seulement des maladies venant de l'étranger, comme la peste d'Orient, la fièvre jaune, le *vomito nero*, etc..., ou doit-on appliquer l'obligation imposée au médecin et même aux simples particuliers à toute maladie épidémique pouvant prendre naissance à l'intérieur de notre territoire ?

Il est bien certain que la loi de 1822, en raison des circonstances dans lesquelles elle a été votée et des préoccupations qu'elles avaient causées, a eu principalement en vue de défendre la France contre l'invasion des maladies importées de l'extérieur. Toutes ses dispositions, en effet, se rapportent aux mesures à prendre pour empêcher les communications réputées dangereuses et pouvant donner lieu à la propagation du mal. Mais la loi ne dit point, dans son article 13, qu'il s'agit exclusivement des maladies développées à l'étranger et importées sur notre territoire. Le but de la loi est, avant tout, de préserver le pays des maladies contagieuses ; qu'importe donc qu'elles se déclarent à l'intérieur ou dans les pays étrangers ? Disons plus, si la maladie prend naissance en France, il est plus difficile d'en arrêter le développement sans le concours de tous. En effet, comment pourrait-on étouffer le mal dès son origine, si les autorités chargées de prescrire les mesures sanitaires ne sont pas averties aussitôt qu'il a fait son apparition ? — Quand un navire part d'un pays infecté, la contagion est signalée par nos agents consulaires et les médecins qui les assistent ; si un cas de maladie pestilentielle se manifeste pendant la traversée, le médecin du bord est là qui la constate ; dans tous les cas, la patente délivrée au commandant ne permet pas la communication à l'arrivée. — Mais qu'une maladie contagieuse se déclare spontanément à l'intérieur du territoire, l'autorité ne peut être avertie des premiers symptômes que par les médecins. Il faut donc qu'ils s'empressent de donner avis de ces symptômes, et s'ils ne le font pas, ils encourent la peine rigoureuse édictée par la loi de 1822.

Nous ne méconnaissons pas les difficultés que peut offrir, dans la pratique, l'application de ces dispositions pénales. La loi parle de *maladies pestilentielles*. Que faut-il entendre par là ?

Ce que l'on a voulu prévoir, ce sont assurément les maladies contagieuses. La question sera de savoir si le médecin a dû nécessairement considérer comme telle la maladie dont les symptômes lui ont été révélés. Les tribunaux apprécieront.

491. Le médecin qui a connaissance d'un symptôme de maladie pestilentielle doit donc en informer *qui de droit*. Les personnes qui doivent être averties les premières sont les magistrats municipaux et administratifs, qui ont le droit et le devoir de prescrire immédiatement les mesures sanitaires indiquées par la science. Le médecin devra les aviser tout d'abord ; il devra aussi faire part de ses observations aux conseils d'hygiène de l'arrondissement et du département, afin que l'épidémie soit enrayée à son début, si cela est possible.

L'art 14 de la loi du 3 mars 1822 porte :

« Sera puni d'un emprisonnement de trois à quinze jours et d'une « amende de cinq à cinquante francs, quiconque, sans avoir commis « aucun des délits qui viennent d'être spécifiés, aurait contrevenu, « en matière sanitaire, aux règlements généraux ou locaux, aux or- « dres des autorités compétentes. »

Il s'agit, dans cet article, des contraventions aux arrêtés municipaux ou autres, et des instructions que peuvent donner les autorités en cas d'épidémie. Ces arrêtés et instructions peuvent concerner les médecins comme tous les particuliers.

Si la loi n'avait pas fait un délit spécial de cette infraction, les contraventions dont il s'agit n'auraient été réprimées que par l'article 471, n° 15 du Code pénal, qui prononce une simple amende de un franc à cinq francs contre ceux qui auront contrevenu aux règlements légalement faits par l'autorité administrative.

La loi de 1822 crée ici une catégorie spéciale de peines. En effet, le minimum des peines correctionnelles est six jours de prison et seize francs d'amende. Celles de simple police ne dépassent pas cinq jours de prison et quinze francs d'amende, et, en général, la loi ne prononce pas une peine appartenant à la fois à ces deux catégories. L'infraction prévue par l'art. 14 est de la compétence des tribunaux correctionnels, puisque le maximum de la condamnation peut être de quinze jours de prison et cinquante francs d'amende, mais le minimum descend jusqu'aux peines de simple police. La loi ne s'est pas conformée, en cela, aux règles du droit pénal ; c'est seulement quand les tribunaux correctionnels sont autorisés à admettre les circonstances atténuantes qu'ils peuvent prononcer une condamnation inférieure à six jours de prison et 16 fr. d'amende, mais il faut que l'application de l'art. 463, du Code pénal ait été formellement autorisée, ce qui n'existe pas ici. Nous sommes loin de blâmer l'innovation introduite par cet article 14, nous regrettons même que, dans les articles précédents, la loi de 1822, puisqu'elle n'a pas autorisé l'application de l'art. 463, n'ait pas cru devoir abaisser davantage le minimum des peines prononcées et laisser au juge une plus grande latitude. L'extrême sévérité d'une loi en rend souvent l'application difficile et procure l'impunité aux coupables.

§ 4. — *De l'avortement.*

492. L'avortement volontaire a été considéré, dans tous les temps, comme un crime des plus graves, dénotant, chez son auteur, une profonde immoralité : *grave scelus est partûs abactio.* Cependant, bien que l'infanticide et l'avortement aient, en général, le même mobile, notre loi pénale fait une grande différence pour la répression de ces deux crimes. L'infanticide est puni de mort par l'art. 302 du Code pénal, tandis que l'article 317, qui prévoit l'avortement, est ainsi conçu :

« Quiconque, par aliments, breuvages, médicaments, violences, « ou par tout autre moyen, aura procuré l'avortement d'une femme « enceinte, soit qu'elle y ait consenti ou non, sera puni de la réclu- « sion.

« La même peine sera prononcée contre la femme qui se sera pro- « curé l'avortement à elle-même, ou qui aura consenti à faire usage « des moyens à elle indiqués ou administrés à cet effet, si l'avorte- « ment s'en est suivi.

« Les médecins, chirurgiens et autres officiers de santé, ainsi que « les pharmaciens qui auront indiqué ou administré ces moyens, « seront condamnés à la peine des travaux forcés à temps, dans le « cas où l'avortement aurait eu lieu... »

Nous n'avons pas à nous occuper ici de la culpabilité de la femme qui s'est prêtée aux manœuvres abortives pratiquées sur sa personne, pas plus que des moyens de découvrir les preuves du crime (1) ; nous examinerons seulement l'intervention du médecin, du chirurgien, du pharmacien, de la sage-femme, et l'aggravation qui résulte de leur qualité.

493. La seule question importante qu'ait soulevée cet article, en ce qui concerne les médecins et pharmaciens, est celle de la tentative. — Quand un médecin ou un pharmacien a pratiqué des manœuvres abortives sur une femme, mais que l'avortement ne s'en est pas suivi, la peine est-elle encourue ? — La Cour de cassation juge l'affirmative.

Aux termes de l'article 2 du Code pénal :

« Toute tentative de *crime* qui aura été manifestée par un com-
« mencement d'exécution, si elle n'a été suspendue ou si elle n'a
« manqué son effet que par des circonstances indépendantes de la
« volonté de son auteur, est considérée comme le *crime* même. »

Et l'article 3 ajoute :

« Les tentatives de *délits* ne sont considérées comme *délits* que
« dans les cas déterminés par une disposition spéciale de la loi. »

Il suit de là que toute tentative de crime est punie comme le crime lui-même et qu'il n'y a pas d'exception, à la différence des tentatives de délits, qui ne sont punies qu'autant que chaque loi réprimant l'infraction l'a formellement exprimé.

De ce principe posé ainsi d'une façon absolue par le Code pénal, la jurisprudence a conclu que la tentative d'avortement devait être punie comme le crime lui-même. C'est ce qu'a jugé la Cour de cassation par plusieurs arrêts dans lesquels elle n'a pas invoqué d'autres motifs, et plusieurs de ces décisions ont été rendues contre des médecins.

Il est donc admis, par la Cour suprême que la tentative existe, en matière d'avortement. Une distinction est faite en ce qui concerne la femme, en raison des termes du même alinéa de l'article 317, les manœuvres que cette femme a employées ou auxquelles elle a consenti n'étant punies, quant à elle, qu'autant que l'avortement s'en est suivi.

Pour la tentative commise par les tiers, la Cour de cassation la

(1) V. les monographies de Tardieu et de Brillaud-Laujardière sur l'*avortement provoqué*, et les traités de médecine légale de Briand et Chaudé, Casper, Hofmann, Legrand du Saulle, cités *suprà*, p. 203.

fait tomber sous l'application des articles 317 et 2 du Code pénal.

En ce qui concerne les médecins, il semblerait naturel de les faire bénéficier de la même exception que la femme, puisque le troisième alinéa porte que les médecins, chirurgiens, etc., qui auront procuré les moyens de l'avortement, seront condamnés à la peine des travaux forcés à temps, *dans le cas où l'avortement aurait eu lieu.* L'article punit la femme, *si l'avortement s'en est suivi.* — C'est bien la même chose.

494. Mais voici comment la jurisprudence a interprété le troisième alinéa : si l'avortement a eu lieu, le crime est complet, l'aggravation de peine sera appliquée au médecin ; si l'avortement n'a pas été consommé, ce n'est plus qu'une simple tentative, et alors l'aggravation disparaît, le médecin n'est plus passible que de la peine simple de la réclusion.

Le premier arrêt que nous connaissions sur la matière fut rendu dans les circonstances suivantes :

Par arrêt de la chambre des mises en accusation, du 14 août 1817, Marie-Jeanne Besnard, veuve Sévin, et Pierre Martoury avaient été renvoyés devant la Cour d'assises comme accusés, la veuve Sévin du crime d'infanticide, et Martoury de complicité de ce même crime. Bien que l'arrêt de renvoi et l'acte d'accusation ne portassent sur aucun autre chef, le président des assises posa au jury les questions suivantes :

1° Marie Jeanne Besnard, veuve Sévin, est-elle coupable d'avoir, au commencement de novembre 1816, commis volontairement et avec préméditation un homicide sur un enfant du sexe féminin dont elle venait d'accoucher?

2° Pierre Martoury est-il coupable de s'être rendu complice de cet homicide?

3° Pierre Martoury est-il coupable d'avoir tenté de procurer l'*avortement* de la femme Sévin par une *violence exercée sur elle?*

Sur la première question relative à la veuve Sévin, la réponse du jury fut affirmative. Sur la deuxième question, relative à Martoury (complicité d'infanticide), la réponse fut : *non, l'accusé n'est pas coupable.* Enfin, sur la troisième question, concernant la tentative d'avortement, le jury répondit : *oui, l'accusé est coupable.*

La veuve Sévin fut condamnée, le 3 septembre 1817, pour infanticide, aux travaux forcés à perpétuité, et Martoury, pour complicité d'avortement, à sept années de réclusion.

Martoury forma un pourvoi en cassation, en se fondant sur la fausse application de l'art. 317 du Code pénal ; contravention à l'article 2 du même Code ; violation des articles 241 et 271 du Code d'instruction criminelle.

En ce qui concerne les deux premiers moyens, la Cour jugea ainsi :

« Attendu que la disposition de l'art. 2 du Code pénal, conçu en termes généraux, ne peut être restreinte que dans le cas et pour les crimes à l'égard desquels la loi a exclu son application, soit en termes formels, soit par des dispositions inconciliables avec cette application ;

« Qu'il n'y a point, dans le Code pénal, de disposition qui porte expressément que la tentative du crime d'avortement ne sera point considérée et punie comme si le crime avait été consommé ;

« Que, relativement aux dispositions de ce Code qui pouvaient affranchir la tentative de ce crime de l'application du susdit art. 2, parce qu'elles seraient inconciliables avec cette application, l'art. 317, qui a prévu et puni le crime d'avortement, doit être entendu et exécuté dans le sens qui résulte clairement de son texte ;

« Que cet article se compose de trois dispositions distinctes et indépendantes les unes des autres ; — que la première punit de la réclusion quiconque aura procuré, par quelque moyen que ce soit, l'avortement d'une femme enceinte, qu'elle y ait consenti ou non ; que, dans cette disposition, *aucune expression n'exclut* implicitement l'application du susdit art. 2 du Code pénal sur la tentative ;

« Que la deuxième est relative à la femme qui se procure à elle-même l'avortement ou qui consent à faire usage des moyens à elle indiqués ou administrés à cet effet; qu'à son égard, pour qu'il y ait lieu à la peine de la réclusion, il faut que l'avortement ait été effectué ; que cette condition laxative modifie évidemment la loi générale en faveur de la femme enceinte qui tente de commettre sur elle-même le crime d'avortement, et lui rend inapplicable l'art. 2 du Code pénal ; que le législateur a eu des motifs graves pour traiter avec indulgence les personnes du sexe enceintes, lorsque le crime n'a pas été consommé ;

Que la troisième disposition a pour objet les pharmaciens et les officiers de santé qui font usage de leur art pour procurer des avortements ; que si les moyens par eux indiqués ou employés ont été sans effet, la loi n'aggrave pas pour eux la peine ; ils restent dans la classe commune de ceux qui tentent de procurer les avortements, et comme eux ils ne sont punis que de la réclusion, d'après la première disposition de l'art. 317, combiné avec l'art. 2 du Code pénal ;

« Que si, au contraire, par l'effet des moyens par eux indiqués ou administrés, l'avortement a été opéré, le législateur déploie contre eux une plus grande sévérité et les punit de la peine plus rigoureuse des travaux forcés à temps ; qu'en jugeant donc que la peine de la réclusion devrait être prononcée contre un individu reconnu coupable d'une tentative d'avortement sur une femme enceinte, la Cour d'assises du département de Seine-et-Marne a fait une juste application de la première disposition des articles 2 et 317 du Code pénal ;

« D'après ces motifs, Rejette, etc... (1). »

Cet arrêt à peine rendu fut l'objet des critiques unanimes des jurisconsultes (2). Bourguignon exprimait l'espoir que la Cour de cassation changerait sa jurisprudence ; elle y a au contraire persisté (3). Nous ne pouvons que joindre nos modestes protestations à celles de tant d'auteurs éminents.

Laissons de côté l'immoralité du fait, personne ne la conteste ; mais cette considération est insuffisante pour motiver une répression que, selon nous, la loi n'autorise pas et n'a pas voulu autoriser. C'est dans l'article 317, dans son texte, dans son esprit, dans les motifs qui l'ont dicté, qu'il faut chercher les raisons de décider.

L'article 317 punit seulement l'individu *qui a procuré* l'avortement ; il s'agit donc d'un avortement consommé. — Mais, dit-on, l'article 2 est général et s'applique indistinctement à tous les crimes ; l'article 302 punit l'assassinat, le parricide, l'infanticide, l'empoisonnement, quand ces crimes ont été *consommés*, et pourtant on n'a jamais refusé de faire à la tentative de ces mêmes crimes l'application de l'art. 2 du Code pénal, pas plus qu'aux vols qualifiés, aux incendies volontaires, etc.

Cela est vrai, et si notre article 317 était conçu en termes généraux comme ceux qui prévoient et punissent tous ces crimes, il serait puéril de discuter l'assimilation ; mais il n'en est pas ainsi. La loi, dans l'article 317, a entendu exclure la tentative de toute criminalité, puisqu'elle a pris soin de l'exprimer formellement dans les deuxième et troisième alinéas. Pour nous, il est clair que la femme est punie pour avoir employé ou permis de pratiquer sur sa personne des manœuvres abortives, *si l'avortement s'en est suivi ;* — les médecins, chirurgiens, pharmaciens sont punis pour avoir donné leur concours à ces manœuvres, *dans le cas où l'avortement*

(1) Cassation, 16 octobre 1817. P. chron.

(2) Bourguignon, *Jurisprud. des Codes crim.* T. 3, p. 291, n° 2. — Chauveau et Hélie, *Théor. du C. pén.* T. 4, n° 1218. — Rauter, *Dr. crim.* T. 2, p. 30. — Hans, *Observ. sur le projet de C. pén. belge.* T. 2, p. 225. — Trébutien, *Cours de dr. crim.* T. 1er, p. 101. — Legraverend, *Législ. crim.* T. 1er, chap. 2, p. 121 et 122. — Carnot, *Comm. sur le C. pén.*, sur l'art. 317, no 3. — Le Sellyer, *Dr. crim.* T. 1er, n. 31. — Chauveau, *Code pén. progressif*, p. 283. — Boitard, *Leçons sur le Code pén.*, p. 57. — Boyron, *Code pén. expliqué*, sur l'art. 2. — Morin, *Rép. de dr. crim.*, v° *Avortement*, n° 10. — Duverger, *Manuel des juges d'instr.* T. 1er, no 15. — Harel, *Revue de dr. fr.*, année 1849, p. 210 — Orfila, *Méd. lég.* T. 1er, p. 483. — *Contrà*, Favard de Langlade, *Rép.*, vo *Avortement*. — Devergie, *Méd. lég.* T. 1er, p. 666. — Sébire et Carteret, *Encyclop. de dr.*, v° *Avortement*, n. 15. — Massabiau, *Man. du proc. du roi.* T. 2, n° 1263.

(3) Cassation, 17 mars 1827. — 15 avril 1830. — 29 janv. 1852. P. 1853. 1. 251. — 24 juin 1858. P. 1858. 921. — 7 octob. 1858. P. 1858. 1190. — 26 juill. et 1er décemb. 1860. P. 1861. 1135. — 3 mars 1864. P. 1864. 907. — *Contrà*, Cassation Belge, 21 décemb. 1847.

aurait eu lieu. Si l'on rapproche ces expressions de celle employée dans le premier alinéa : *aura procuré l'avortement*, il nous semble que le sens de la loi ne peut pas être plus évident.

D'ailleurs, le meilleur moyen de connaître l'intention du législateur, c'est de l'interroger lui-même en se reportant à l'exposé des motifs et à la discussion qui a précédé le vote de la loi.

Voici comment s'exprimait, au Corps législatif, le rapporteur de la commission chargée d'examiner le projet de l'article 317 :

« Il est cependant un attentat des plus graves, et pour lequel les rédacteurs de la loi n'ont pas cru devoir punir les seules tentatives de le commettre : c'est l'avortement volontaire. Ce crime porte souvent sur des craintes ; et quand il n'est pas consommé, outre que la société n'éprouve aucun tort, c'est qu'il est fort difficile de constater légalement une intention presque toujours incertaine, une tentative presque toujours équivoque, surtout dans la suppression de la cause et de la nullité de ses résultats. Tout doute cesse si l'avortement a eu lieu ; dès lors, le fait conduit à la culpabilité de ses auteurs ; de quelque manière qu'ils l'aient favorisé, ils sont punis, ainsi que la mère qui aura employé ou permis qu'on employât des moyens pour arriver à ce but. »

Et voici ce que porte le procès-verbal de la séance du Conseil d'Etat du 26 août 1809 :

« M. Corvetto demande qu'on généralise la disposition qui exempte de punir la femme, lorsque les moyens qu'elle a employés n'ont pas produit l'avortement.

« M. Berlier dit que ces expressions : *quiconque aura procuré l'avortement* ne laissent pas de doute que leur application se borne aux avortements consommés, ce qui rend l'amendement inutile.

« M. Regnault dit qu'alors l'article n'est pas suffisant ; un chirurgien qui ne réussirait pas demeurerait impuni, et néanmoins on ne peut pas prétendre qu'il soit innocent.

« M. Merlin répond que ce médecin serait atteint par la disposition qui punit la tentative du crime. — M. Treilhard partage cette opinion.

« M. Berlier dit que les observations de M. Merlin l'engagent à adopter l'amendement de M. Corvetto. Au fond, M. Regnault a seul exprimé le désir que la simple tentative fût punie comme l'avortement même ; mais si le législateur doit désirer que les mœurs s'épurent, il doit craindre aussi de donner ouverture à des procédures indiscrètes, et qui amèneraient souvent, pour tout résultat, beaucoup de scandale. Comment, en effet, pénétrer dans une matière aussi mystérieuse ? Et comment croire qu'on voudra s'y engager, quand le crime n'aura pas été suivi de son effet ? C'est bien assez qu'on poursuive les auteurs d'un avortement consommé, et la nature des choses prescrit de s'en tenir là. »

C'est cette discussion et ses résultats que l'orateur du Corps législatif résumait en disant que la tentative d'avortement ne serait pas punie.

Dans le système de la Cour de cassation, les contradictions se présentent en foule : il est impossible de nier que la femme soit à l'abri des poursuites quand l'avortement n'a pas été consommé. Qu'arrivera-t-il si elle a été aidée dans sa tentative? C'est que l'auteur principal, la femme, ne sera pas poursuivi, et le complice sera condamné !..... La Cour de cassation reconnaît que le législateur a eu des motifs graves *pour traiter avec indulgence les personnes du sexe enceintes, lorsque le crime n'a pas été consommé.* Si donc l'avortement n'a pas suivi les manœuvres abortives, le crime n'existe pas pour la femme ; donc, pas d'auteur principal ; et les complices seraient punis? Mais il n'y a pas de complice sans auteur principal.

Pour ne pas paraître soutenir un système aussi contraire aux principes du droit en matière de complicité, il faudrait dire que la loi a voulu créer un crime particulier, indépendant de toute idée de complicité ; que le médecin ou le pharmacien qui a tenté de procurer un avortement en donnant des conseils à la femme serait condamné non comme complice, mais comme auteur du crime; que ce crime spécial consiste dans la tentative elle-même. Seulement le législateur ne l'a pas dit, et nous venons de voir que son intention était toute contraire.

Quand l'avortement a été accompli, le médecin est puni plus sévèrement qu'un simple particulier, cela se conçoit. En admettant qu'il ne soit que complice, qu'il se soit borné à donner des conseils pour la perpétration du crime, il n'en sera pas moins coupable, et la loi le frappe ; elle s'en explique formellement. Mais que la tentative n'ait pas réussi, on ne pourra plus appliquer le troisième alinéa de l'article 317, puisque l'aggravation n'existe qu'autant que l'*avortement a eu lieu.* Il faudra donc, si l'on veut punir la tentative, décider que le médecin ne sera plus considéré comme médecin, mais comme simple particulier. Et pourtant, la culpabilité, au point de vue moral, est-elle moins grande? Si l'avortement n'a pas suivi les manœuvres du médecin, ce n'est pas apparemment que la volonté lui ait manqué, s'il avait donné toutes les instructions pour le provoquer. Ce qui constitue l'aggravation, dans le cas prévu par le troisième alinéa, c'est la qualité de l'agent; or cette qualité ne disparaît pas parce que l'avortement n'a pas réussi et que la tentative est restée sans effet. Peut-on comprendre que la loi ait voulu faire abstraction de cette qualité dans une hypothèse et non dans l'autre ?

Mais voici une contradiction plus frappante encore : L'article 2 du Code pénal veut que la tentative du crime soit punie comme le crime lui-même ; c'est la doctrine de Filangieri (1) ; elle est sévère ; la plupart des criminalistes l'ont toujours combattue et auraient voulu voir la tentative punie d'une peine inférieure d'un degré à celle encourue par le crime consommé (2). Quoi qu'il en soit, ce n'est pas le système du Code pénal, qui punit la tentative de crime comme le crime lui-même, et nous ne connaissons pas d'exception à ce principe. Or, la jurisprudence de la Cour de cassation vient en créer une qui ne résulte d'aucun texte de loi. Si l'avortement est consommé, les médecins subissent l'aggravation de peine en raison de leur qualité ; si la tentative n'a pas réussi, l'aggravation disparaît, et, par suite, la tentative est punie d'une peine moins forte que le crime accompli, ce qui est contraire au système du Code.

A toutes ces considérations maintes fois répétées, qu'oppose la Cour de cassation ? — Rien autre chose que les motifs de l'arrêt du 16 octobre 1817 que nous avons cités et que les arrêts suivants se bornent à résumer en quelques mots ; aucun d'eux n'a même tenté de réfuter les arguments si pressants produits par les jurisconsultes.

495. Il se présente ici une autre question non moins intéressante : c'est celle de savoir si la sage-femme est atteinte par le troisième alinéa de notre article, ou du moins si sa qualité doit motiver, en ce qui la concerne, une aggravation de peine, et si l'on doit la ranger parmi les *officiers de santé* dont parle l'article 317. La Cour de cassation a adopté résolûment l'affirmative et a toujours maintenu sa jurisprudence, que nous n'hésitons pas, pour notre part, à approuver sans réserve (3).

(1) Filangieri, *Science de la législat.* T. 4, chap 1er, p. 174.

(2) Beccaria, *Des délits et des peines*, p. 101. — Carmignani, *Teoria delle legge.* T. 2, chap. 15. — Mittermaïer, *Journ. de législ. étr.* T. 4. — Weber, *Arch. du dr. crim.* — Bauer, *Motifs du projet de C. pén. en Hanovre.* — Legraverend, *Législ. crim.* T. 1er, chap. 2, p. 220. — Carnot, *C. pén.* T. 1er, p. 11. — Rossi, *Tr. de dr. pén.* T. 2, p 321. — Chauveau et Hélie, *Théor. du C. pén.* T. 2, p. 19.

(3) Cassation, 26 janv. 1839. P. 1839. 1. 312. — 24 juill. 1840. P. 1843. 1. 331. — 9 janv. 1847. P. 1847. 1. 558. — Assises de la Somme, 22 avril 1852. P. 1852. 1. 523. — Carnot, *Comment. C. pén.*, art. 317, nº 8. — Morin, *Rép. de dr. crim.*, vº *Avortement.* nº 11. — Briand et Chaudé, *Man. de méd. lég.*, p. 144. — Blanche, *Etud. pratiq. sur le C. pén.* T. 4, nº 621. — *Contrà :* Orléans, 30 décemb. 1850. P. 1852. 1. 523. — Legraverend, *Législ. crim.* T. 2, p. 125. — Sebire et Carteret *Encycl. du dr.*, v. *Avortement*, n. 18. — Chauveau et Hélie, *Théor. du C. pén.* T. 4, n. 1225.

L'article 317 dit, dans ce paragraphe : « Les médecins, chirurgiens et autres officiers de santé, ainsi que les pharmaciens..... » La seule raison que l'on donne pour combattre notre opinion est que les sages-femmes ne sont pas nominativement indiquées, et que ces mots : *et autres officiers de santé*, ne peuvent désigner que les personnes pourvues du diplôme restreint que confère le titre 3 de la loi du 19 ventôse an XI. C'est là une erreur manifeste. Si l'on n'avait entendu appliquer l'aggravation de peine qu'aux officiers de santé dans le sens restreint du mot et en affranchir les sages-femmes, on n'eût pas employé le mot AUTRES ; cette expression signifie que les personnes précédemment énumérées, les médecins, les chirurgiens, sont aussi officiers de santé, et qu'il y en a encore d'autres que la loi veut frapper plus sévèrement que les simples particuliers, autrement elle se bornerait à dire : *et les officiers de santé*... On pourrait même dire que les personnes munies du diplôme restreint étaient déjà comprises dans le terme générique de médecins et chirurgiens, et que l'expression : *autres officiers de santé*, ne désigne, en définitive, que les sages-femmes. Peut-on nier, en effet, qu'elles puissent être classées dans la catégorie générale des officiers de santé, c'est-à-dire des personnes exerçant légalement, dans l'une de ses branches, l'art de guérir? Elles sont astreintes à des études particulières ; elles doivent, avant d'exercer leur profession, obtenir un brevet qui n'est délivré qu'après examens préalables, elles doivent faire inscrire ce diplôme ou brevet et figurer sur les listes départementales ; en un mot, elles sont revêtues d'un caractère public.

Il est donc impossible de ne pas les considérer comme de véritables officiers de santé à un point de vue spécial, et de ne pas les comprendre dans la classe des personnes auxquelles la loi inflige une aggravation de peine. Cette intention du législateur qui résulte clairement des termes de l'article 317, de la construction grammaticale de la phrase, laquelle serait défectueuse si on lui prêtait un autre sens, se justifie par cette considération que le crime d'avortement est rendu plus facile aux sages-femmes par leur profession même, et en effet, on voit les femmes qui cherchent à se faire avorter, s'adresser bien plus souvent à elles qu'aux médecins.

496. Il est à peine besoin d'ajouter qu'en matière d'avortement, la première charge qui incombe au ministère public est la preuve de l'intention criminelle ; il est évident que si cette intention fait défaut, le crime n'existe pas. Il ne nous appartient pas de nous prononcer sur la nécessité de l'avortement médical, c'est-à-dire pratiqué comme opération chirurgicale. Le médecin peut être amené à cette extrémité, par exemple, dans les cas d'angustie extrême du bassin, par la crainte de compromettre la vie de la mère par l'opération césarienne, dans les cas de vomissements incoercibles, etc. (1). Le motif qui l'a déterminé doit être apprécié par les magistrats, et ce motif peut être honorable ; mais alors, le fait ne devra pas être dissimulé par le médecin.

§ 5. — *Vente de clientèle médicale.*

497. La clientèle d'un médecin peut-elle faire l'objet d'une vente ? La question est controversée.

C'est par la confiance qu'il inspire, a-t-on dit, par son savoir et son habileté pratique, qu'un médecin se constitue une clientèle ; il ne peut donc en disposer et la vendre. Néanmoins, cette clientèle peut devenir l'objet d'un contrat qui ne constitue pas une vente, mais consiste seulement dans l'engagement pris par un médecin, moyennant une indemnité déterminée, de ne plus exercer la médecine dans la localité et de recommander à ses clients celui qui doit le remplacer. Un pareil traité n'a rien de contraire à la loi ni aux bonnes mœurs et est parfaitement valuble.

498. Le docteur Anquetin, médecin à Veyrières, avait cédé sa clientèle au docteur Argentier et lui avait, en même temps, loué sa maison. Sur le refus du docteur Argentier d'exécuter ses engagements, le tribunal de la Seine (3e chambre) rendit le jugement suivant, le 18 février 1846 :

« Attendu que, s'il est incontestable que les conventions tiennent lieu de loi entre les parties contractantes, il faut que ces conventions soient légalement formées, qu'elles ne soient pas illicites et contraires à l'ordre public ;

« Que, dans ce dernier cas, les tribunaux doivent apprécier la nature du traité dont l'exécution leur est demandée; qu'ils peuvent même suppléer le moyen de nullité ;

« Attendu que la clientèle des médecins, fondée sur la confiance publique et le choix libre des parties intéressées, n'est point dans le commerce ; que, dès lors, elle ne peut faire la matière d'une vente, aux termes de la loi ;

« Attendu que de ce qui précède, il résulte que la demande à fin de prise de possession par le sieur Argentier de la clientèle du sieur Anquetin n'est pas fondée, non plus que celle en paiement de 2,000 fr. pour prix de la cession de ladite clientèle ;

« En ce qui touche la prise de possession des lieux faisant partie de la location :

(1) Legrand de Saulle, *Traité de méd. lég.*, p. 253.

« Attendu que, dans l'espèce, la cession de cette location n'est en réalité que l'accessoire de l'obligation principale, la vente de la clientèle; que les deux conventions ont été faites simultanément en vue l'une de l'autre et ne peuvent être divisées ; que la nullité de l'obligation principale entraîne l'annulation des conditions accessoires ;

« Par tous ces motifs, et sans qu'il soit besoin d'examiner le mérite de l'articulation de fait présentée par le défendeur, déboute Anquetin de sa demande, et le condamne aux dépens. »

Ce jugement fut confirmé, en appel, par adoption de motifs (1).

499. Le 17 février 1846, le sieur Bory, officier de santé à Saint-Laurent-de-la-Plaine (Maine-et-Loire), sur le point d'entreprendre un voyage de long cours, vendit au sieur Latourette, moyennant une somme de 550 fr., sa clientèle de médecin, ainsi que le mobilier garnissant sa maison. Il lui céda aussi le bail de cette maison et s'engagea en outre à ne pas revenir comme médecin dans le département de Maine-et-Loire, avant l'expiration de trois années, et, dans le cas où il reviendrait postérieurement, à ne pas s'établir à Saint-Laurent-de-la-Plaine et dans un rayon de huit kilomètres alentour.

Au mois de juillet 1848, au mépris de la convention qui précède, le sieur Bory revint à son ancienne résidence, où il reprit l'exercice de la médecine. — Le sieur Latourette intenta alors contre lui, devant le tribuual de Beaupréau, une action en dommages-intérêts, qui fut accueillie par un jugement du 29 août 1848, ainsi conçu :

« Attendu que, sans nul doute, en droit, la vente de la clientèle d'un médecin est nulle par ce motif tout simple que la confiance sur laquelle l'exercice de la médecine repose est toute personnelle et ne peut se transmettre avec apparence d'appréciation ; mais attendu qu'à côté de ce principe s'en place un autre qui protège les conventions légalement formées, quand, en définitive, elles ne blessent ni les lois ni la morale ;

« Qu'en conséquence, la question du procès est celle de savoir si, après tout, Bory, en cédant pour 550 fr., avec sa clientèle, un mobilier et un bail dont la valeur, d'après l'appréciation que le tribunal en a faite, est équivalente au prix stipulé pour le tout, a réellement fait un acte prohibé par la loi ;

« Attendu que la position connue de Bory, au moment du traité du 17 février 1846, le voyage de long cours qu'il projetait et qu'il a effectué, expliquent parfaitement le peu de prix qu'il attachait à une clientèle dont il se séparait nécessairement;

« Que sa principale affaire était de se délier de son bail et de réa-

(1) Paris, 29 décemb. 1847. P. 1848. 1. 123.

liser son mobilier, et que, si la mention de la clientèle a figuré dans la stipulation, la réalité est qu'elle n'y prenait point une place intéressée ; — que, dès lors, la clientèle a été non le prix, mais la cause de la condition qu'il s'est imposée, sans contrevenir à aucune loi, de s'abstenir, pendant trois ans, de s'établir comme médecin dans le département de Maine-et-Loire, et de ne pouvoir, après ces trois années, se fixer, en la même qualité, à moins de huit kilomètres du bourg de Saint-Laurent-de-la-Plaine ;

« Par ces motifs, condamne Bory à 50 fr. de dommages-intérêts envers la partie d'Hervé (Latourette), à quitter la résidence de Saint-Laurent-de-la-Plaine, et à ne pas s'établir dans le département avant l'expiration des trois années fixées, et, après cette époque, à moins de huit kilomètres du bourg de Saint-Laurent, conformément aux conventions précitées ; et faute par lui de se conformer aux dispositions de ce jugement, le condamne à payer à Latourette 10 fr. de dommages-intérêts par chaque jour de retard, à partir de la signification du présent, limite à six mois l'effet de la condamnation à 10 fr. de dommages-intérêts par jour de retard. »

Le sieur Bory ayant interjeté appel, la Cour d'Angers statua ainsi :

« Attendu que, quelque opinion que l'on doive avoir sur la question agitée entre les parties, si la clientèle d'un médecin est dans le commerce et susceptible d'être vendue, toujours est-il certain, dans la cause, que Bory s'était interdit de faire concurrence à Latourette; par les conventions intervenues entre eux, il se soumettait à ne pas exercer la médecine dans le département de Maine-et-Loire pendant trois ans, qui doivent expirer d'ici au 1er mars prochain, et à ne jamais l'exercer dans la distance de huit kilomètres du bourg de Saint-Laurent-de-la-Plaine ; ces obligations étaient parfaitement licites, et leur infraction bien constante de la part de Bory justifie la demande en dommages-intérêts de Latourette, qui a été accueillie par les premiers juges ;

« Par ces motifs, confirme, etc... (1). »

Et le tribunal de la Seine (2e chambre) avait jugé dans le même sens, le 17 mars 1846, dans les termes suivants :

« Sans avoir à examiner si la clientèle d'un médecin, reposant sur la confiance personnelle, est ou non dans le commerce ;

« Attendu, en droit, qu'il est incontestable que l'obligation prise par un médecin de ne plus exercer sa profession dans un lieu déterminé; d'introduire un autre médecin auprès de ses clients dans cette localité, de l'aider pendant un certain temps à acquérir leur confiance, peut faire l'objet d'une convention et est une cause licite de l'obligation contractée par le médecin au profit duquel cet engagement t pris, de payer une somme d'argent comme indemnité de cet abandon et de la coopération qui en est la suite ;

(1) Angers, 28 décemb. 1848. P. 1849. 2. 260.

« Attendu que, par la nature même des engagements pris par le médecin qui renonce ainsi en partie à l'exercice de sa profession, le prix de cette renonciation doit être fixé en raison de l'importance de la clientèle abandonnée ; qu'une telle obligation est sujette à réduction pour le cas d'erreur dans les conventions ;

« Attendu, en fait, etc... (1) ».

500. Ainsi donc un médecin, moyennant une somme convenue, renonce à sa clientèle en faveur d'un confrère, s'engage à présenter ce confrère à ses clients et à l'aider à gagner leur confiance ; la somme due est proportionnée à l'importance de la clientèle. — Ce n'est pas une vente, dira le tribunal de la Seine (3e chambre), car la vente de la clientèle n'est pas valable, mais c'est un contrat qui lie les parties (2e chambre), et qui doit être exécuté comme une vente.

501. La Cour de Paris a adopté à son tour cette jurisprudence dans l'espèce suivante :

Le sieur Demommerot, médecin à Couilly, près Meaux, et le sieur Dumont, aussi médecin, avaient fait entre eux un traité par lequel le premier s'engageait, moyennant une somme de 7,000 fr., à présenter le second à ses clients et à se le substituer auprès d'eux. Le sieur Demommerot s'interdit en outre la faculté d'exercer sa profession dans un rayon de dix kilomètres de Couilly.

Ce traité reçut son exécution : Demommerot présenta à sa clientèle le sieur Dumont qui, de son côté, fit un premier paiement sur la somme de 7,000 fr.

Les choses étaient en cet état depuis plus d'une année, lorsque le sieur Dumont refusa de payer le complément des 7,000 fr. stipulés, prétendant que l'engagement qu'il avait pris était nul en ce que la clientèle d'un médecin, étant une chose hors du commerce, ne pouvait, par suite, faire l'objet d'aucun contrat valable.

Le 27 août 1849, jugement du tribunal de Meaux qui statue en ces termes :

« Attendu que la clientèle de médecin proprement dite ne peut pas faire l'objet d'un traité, puisque cette clientèle ne repose uniquement que sur la confiance qu'inspirent aux familles le savoir et l'expérience du médecin, et qu'il ne peut pas dépendre de la volonté du médecin cédant d'assurer à celui avec lequel il traite telle ou telle cure ; que, par conséquent, la vente d'une clientèle médicale ne peut entrer dans le commerce ;

« Mais attendu qu'aucune disposition de loi ne s'oppose à ce qu'un médecin prenne vis-à-vis d'un autre l'engagement de s'abstenir d'exercer son état dans une circonscription déterminée ; — qu'une pareille convention constitue l'obligation de ne pas faire, laquelle, de sa nature, est licite, conformément à l'art. 1126 du Code civil ;

(1) Pal. *loc. cit.*

« Attendu que les conventions verbales intervenues entre le feu sieur Demommerot et le sieur Dumont renferment les deux stipulations particulières ci-dessus; qu'il suit des motifs ci-dessus développés que l'une, celle relative à la clientèle, est nulle, et que l'autre est valable;

« En conséquence, déboute Demommerot en partie de sa demande, et condamne les deux parties chacune à moitié des dépens. »

Appel par les héritiers Demommerot. On a dit dans leur intérêt.

« Il est hors de contestation aujourd'hui qu'une clientèle est une propriété aussi respectable que toute autre. On ne pourrait le nier sans frapper le travail de stérilité et d'impuissance. Aussi admet-on qu'une clientèle peut faire l'objet d'une vente. On l'a jugé non seulement en faveur des officiers ministériels désignés dans la loi du 28 avril 1816, mais encore en faveur de certaines fonctions soumises à la nomination de l'autorité publique, comme celles de facteurs à la halle et de commissionnaires au mont de piété. Cette jurisprudence est un hommage rendu à la propriété acquise par le travail; elle permet à celui qui a consacré une vie de labeur à réunir autour de lui une clientèle nombreuse, de trouver une juste récompense dans la cession qu'il en fait, alors que l'âge ou la maladie lui commande le repos.

« Pourquoi les médecins seraient-ils privés de cet avantage? Nous ne parlerons pas ici des princes de la science, qui sont par leur renommée et la supériorité de leur talent appelés à prendre part à toutes les clientèles particulières. C'est pour eux qu'on a dit : *Dat Galienus opes*. Ils sont désintéressés dans la question, qui ne touche réellement que les médecins placés dans les conditions ordinaires de cette profession, et surtout les médecins de campagne.

« Les arguments qu'on oppose à la validité de la cession d'une clientèle de médecin peuvent se réduire à ces termes : D'après l'article 1598 du Code civil, on ne peut vendre que ce qui est dans le commerce; or une chose qui ne peut être livrée est nécessairement hors du commerce; donc la clientèle d'un médecin, fondée sur la confiance personnelle qu'il a acquise, et qu'il ne peut transmettre, ne peut faire l'objet d'une vente.

« Mais d'abord, l'objection tirée de la confiance personnelle semble devoir être écartée, par la raison qu'elle s'applique à toutes les clientèles de notaires, d'avoués et autres, aussi bien qu'à celle de médecins, ce qui n'a pas empêché les tribunaux de considérer les clientèles comme des propriétés aliénables et très susceptibles de tradition. — Il reste donc à examiner si la clientèle d'un médecin, en particulier, est d'une nature telle qu'elle ne puisse être livrée.

« Or, en fait, il est avéré qu'une cession de clientèle de médecin reçoit son effet par la présentation du cessionnaire aux familles composant la clientèle, par le patronage et la recommandation du cédant et par l'abstention de celui-ci de l'exercice de la médecine au préjudice de son successeur. — En droit, ce mode de livraison satisfait aux prescriptions de l'article 1607 du Code civil, aux termes duquel la tradition des droits incorporels s'opère par l'usage que l'acquéreur en fait, du consentement du vendeur. — Sans doute, dans ce cas, comme dans tous les traités du même genre, il ne peut y avoir certitude pour le successeur de conserver toute la clientèle qu'on lui cède ; mais c'est à lui de mériter, par son zèle, par son talent, par sa délicatesse, la confiance qu'on l'a mis en position de conquérir ; et, d'un autre côté, l'obligation du vendeur est accomplie par cela seul qu'il a mis l'acquéreur à même de lui succéder dans la confiance des clients. — Les traités dont il s'agit n'ont d'ailleurs rien de contraire aux lois qui régissent l'exercice de l'art de guérir, ni à la morale publique, et, sous tous ces rapports, il faut en conclure qu'ils sont licites.

Et la Cour prononce l'arrêt suivant :

« Considérant que la cession verbalement faite à Dumont par Demommerot de sa clientèle médicale à Couilly, et dans un rayon de dix kilomètres de cette localité, n'a été, suivant la commune intention des parties contractantes, qu'une promesse de Demommerot à Dumont de le recommander à ses anciens clients et de se le substituer auprès d'eux, autant du moins que cela dépendait de sa volonté dans l'exercice de son art ;

« Considérant que cette promesse, de même que l'engagement pris par Demommerot de s'interdire l'exercice de la médecine dans la circonscription sus-indiquée, n'ont eu pour objet qu'une obligation soit de faire, soit de ne pas faire, qui est autorisée par l'article 1126 du Code civil ;

« Considérant que la convention dont il s'agit a été conclue de bonne foi ; — que le prix a été librement débattu, et que Dumont, qui s'était réservé la faculté de se dédire après une année d'essai, a laissé passer le délai fixé, sans avoir usé de cette faculté ;

« Considérant néanmoins que le départ de Demommerot de Couilly à une époque très rapprochée de cette convention, départ bientôt suivi de son décès, en privant Dumont d'un appui temporaire sur lequel il était en droit de compter, a constitué, au préjudice de celui-ci, une inexécution partielle qui doit entraîner une réduction proportionnelle dans le prix du traité ;

« Infirme ; au principal, déclare licite et régulière la convention verbale du 28 août 1846 ; dit qu'elle continuera de recevoir son exécution, et, néanmoins, réduit de 1,000 fr. le prix y porté, en raison de l'inexécution partielle de la convention à l'égard de Dumont, etc... (1). »

502. Enfin la difficulté a été définitivement tranchée dans les circonstances suivantes :

Par acte du 19 septembre 1859, le sieur Lombard, médecin à la Selle-sur-le-Bied, déclara vendre, céder et transporter au sieur Bayard, la clientèle de médecin qui lui appartenait audit lieu, et

(1) Paris, 6 mars 1851. P. 1851. 2. 293.

qu'il avait lui-même acquise d'un autre médecin. Cette cession était faite aux conditions suivantes :

1° Le sieur Lombard s'interdisait la faculté d'exercer la médecine, à compter du 1er novembre suivant, dans un rayon de deux myriamètres au moins.

2° Jusqu'à cette époque, il devait continuer à soigner les malades comme auparavant, afin de conserver la clientèle vendue.

3° Le prix de la cession était fixé à une somme de 1,000 fr.

Le 2 novembre 1859, le sieur Bayard fit offre au sieur Lombard de cette somme, à la charge par lui de ne plus exercer la médecine dans un rayon de deux myriamètres entourant la commune de la Selle-sur-le-Bied, comme aussi de fournir, en temps et lieu, une liste des malades en voie de traitement, le tarif des prix qu'il se faisait allouer comme salaire et sa démission de médecin cantonal en faveur du sieur Bayard.

Le sieur Lombard refusa ces offres, déclarant considérer la vente par lui faite de sa clientèle comme nulle et de nul effet ; il critiquait d'ailleurs les offres comme faites sous des conditions non prévues dans la convention du 19 septembre.

Le 21 novembre 1859, jugement du tribunal de Montargis qui, sans avoir égard aux conclusions des parties, qu'il rejette, délare d'*office* le contrat dont il s'agit nul, soit comme contenant des choses incompatibles avec l'ordre et la morale publics, soit comme ayant pour objet des choses hors du commerce des hommes et ne pouvant être l'objet d'un contrat.

Sur l'appel du sieur Bayard, qui, tout en persistant dans l'objet de sa demande, déclare se désister des conditions imposées dans ses offres ayant pour but la remise, par le sieur Lombard, d'une liste des malades, du tarif du prix de ses visites et de sa démission de médecin cantonal, intervint un arrêt de la Cour d'Orléans, conçu en ces termes :

« Considérant que, sans qu'il soit besoin d'examiner quelle peut être la valeur, en droit, de la stipulation par laquelle Lombard cédait sa clientèle à Bayard, stipulation qui n'était et ne pouvait être l'objet essentiel du contrat, il résulte des termes et de l'esprit du traité du 19 septembre 1859, que la clause principale et déterminante était de la part de Lombard l'interdiction qu'il s'imposait d'exercer la médecine, à compter du 1er octobre 1859, dans la commune de la Selle-sur-le-Bied et environs, moyennant une somme de 1,000 fr. ;

« Considérant qu'une pareille convention, loin d'être contraire à l'ordre public, est parfaitement licite ;

« En ce qui touche la validité des offres réelles :

« Considérant que Bayard reconnaît lui-même, dans son acte d'appel, qu'il a, à tort, imposé à ses offres certaines conditions auxquelles Lombard n'était pas tenu de se soumettre ; mais qu'à partir de cet acte, Lombard n'avait plus aucun motif pour refuser lesdites offres, et, par conséquent, l'exécution du traité ; qu'il doit donc s'imputer les suites de ce refus et les frais qui en ont été la conséquence ;

« Donne acte à Bayard de ce qu'il a déclaré se désister des conditions imposées dans ses offres ; déclare en conséquence lesdites offres bonnes et valables et, par suite, Bayard libéré envers Lombard du prix du traité intervenu entre eux, etc... »

Pourvoi en cassation de la part du sieur Lombard, pour violation des articles 1108, 1128, 1131, 1133, 1134 et 1598 du Code civil : 1° en ce que l'arrêt attaqué a dénaturé le contrat du 19 septembre 1859, en refusant d'y voir une cession de clientèle médicale, bien qu'il résultât, tant de ses termes que de l'interprétation que les parties elles-mêmes lui avaient donnée, que tel était, en réalité, l'objet du contrat, et que la condition, pour le cédant, de ne plus exercer la médecine, ne fut que la conséquence et un moyen d'exécution de la cession qu'il venait de consentir ; 2 en ce qu'en tout cas l'arrêt a reconnu valable l'interdiction d'exercer la médecine, imposée à prix d'argent à Lombard, et validé ainsi indirectement la cession d'une clientèle de médecin, chose hors du commerce.

Après s'être attaché à prouver, par les termes mêmes du contrat, qu'il s'agissait bien, dans l'espèce, d'une vente de clientèle médicale, on soutenait, en invoquant les termes précis d'un arrêt de la Cour de Paris du 29 décembre 1847 (cité plus haut, p. 507), que la clientèle des médecins, fondée sur la confiance publique et le choix libre des citoyens, n'est pas dans le commerce et ne peut faire l'objet d'une vente.

« Dans tous les cas, ajoutait-on, et en admettant même qu'il s'agisse d'une simple interdiction, acceptée par un médecin au profit d'un autre, d'exercer à l'avenir la médecine dans une localité, on arrive au même résultat. — D'une part, en effet, un pareil engagement n'est qu'une aliénation déguisée de clientèle, moins ce qui peut, sinon justifier cette aliénation, au moins lui servir de prétexte, c'est-à-dire l'équivalent que l'acquéreur peut trouver pour le prix de la cession dans les services rendus par le vendeur. — D'autre part, une telle interdiction constitue une atteinte à la liberté individuelle et une convention contraire à l'ordre public. En effet, le droit naturel donne à tout Français la faculté imprescriptible et inaliénable d'exercer, en se conformant aux lois, la profession qui lui plait, et à laquelle il est apte. On ne peut interdire à un individu, et nul ne peut s'interdire à soi-même, d'exercer tel ou tel art, et bien moins encore s'obliger à renoncer à la profession qu'il a embrassée ; principe qui a servi de base à la disposition de l'article 1780 du Code civil, laquelle ne permet d'engager ses services qu'à temps et pour une entreprise déterminée, et qui, par une conséquence non moins nécessaire, prohibe tout engagement ayant pour résultat de s'obliger, d'une manière indéfinie, à ne pas faire un emploi déterminé de ses services et de son travail (1).

« C'est surtout en ce qui concerne les médecins que l'ordre public et l'humanité s'opposent à ce qu'une pareille convention puisse être maintenue. Le médecin n'a pas seulement des droits, il a aussi des devoirs. Moralement, sinon légalement, il ne peut refuser ses soins au malade qui l'appelle ; il ne peut d'avance se lier les mains, se fermer la bouche, vendre son inaction au premier venu pour un sac d'argent. L'ordre public ne saurait permettre à un praticien inhabile ou insuffisant de s'assurer, à deniers comptants, le monopole de l'art de guérir et l'exploitation exclusive de tous les malades d'une ville ou d'une contrée. On comprend à quelles conséquences pourraient conduire, dans des temps de désastre et d'épidémie, de pareilles interdictions frappant les hommes de science et de dévouement, toujours trop rares, dont les populations attendraient leur salut. — Sous ces divers rapports, l'arrêt attaqué a donc violé les articles précités du Code Nap. »

Il n'était pas difficile de réfuter l'argument tiré de l'atteinte portée à la liberté individuelle et à l'ordre public.

La liberté individuelle ? — D'abord, dans toutes les espèces qui se sont présentées devant les tribunaux, le médecin cédant ne s'interdisait l'exercice de son art que dans un rayon limité ; mais quand bien même il se fût interdit d'exercer la médecine à l'avenir, pour un temps déterminé, qui aurait pu l'en empêcher ? N'est-il pas libre de renoncer entièrement à sa profession ? Il ne s'agit pas là d'enchaîner ses services, et ce n'est point pour ce cas que l'art 1780 du Code civil a été fait.

La morale et l'ordre public ? — En vérité, on se demande en quoi un pareil contrat peut les blesser. Sans doute il est regrettable qu'un médecin habile et expérimenté cesse l'exercice de sa profession, alors qu'il peut être remplacé par un praticien beaucoup moins recommandable ; mais alors il faudrait dire que le médecin, et surtout le médecin habile, est fatalement lié à son art, comme autrefois le serf était attaché à la glèbe, et ce serait bien le cas où la liberté individuelle serait, non pas compromise, mais supprimée. Heureusement il n'en est pas ainsi, et chaque jour

Cassation, 11 mai 1858. P. 1859. 327.

on voit des médecins renoncer à leur profession, soit pour jouir en paix d'un repos très légitimement conquis par un labeur assidu, ou pour exercer quelque fonction publique, sans que l'on ait jamais songé à se scandaliser et à plaindre pour cela la morale publique.

Aussi l'argumentation du pourvoi fut-elle repoussée par l'arrêt suivant :

« La Cour ; — Sur le moyen du pourvoi examiné dans ses deux branches :

« Attendu qu'il est constaté par l'arrêt attaqué, que l'objet principal, et même exclusif du contrat, était l'interdiction de l'exercice de la médecine par Lombard dans un rayon déterminé, ce qui était proposé par celui-ci, et accepté par Bayard ;

« Attendu que, d'une part, l'arrêt, en jugeant ainsi, n'a fait qu'interpréter, comme il en avait le droit, la convention intervenue entre les parties ;

« Que, de l'autre, une pareille convention n'a rien d'illicite, puisqu'elle n'empêche l'exercice de la profession de médecin par Lombard que dans une localité déterminée, et qu'elle n'est prohibée par aucune disposition de loi ;

« Rejette, etc... » (1).

503. Il est donc certain que la convention dont il s'agit, quel que soit le nom qu'on lui donne, est licite, puisqu'elle n'est contraire ni à la loi, ni à l'ordre public, ni aux bonnes mœurs. Mais il y a intérêt à en déterminer la nature en raison des obligations accessoires qui peuvent en résulter.

Cette convention, nous le reconnaissons, n'est pas, à proprement parler, une vente, mais elle se rapproche singulièrement de ce contrat. La distinction que fait la jurisprudence paraît, au premier abord, être plutôt dans les mots que dans les choses : le médecin, dit-on, ne vend pas sa clientèle, parce que cette clientèle n'est pas dans le commerce, mais il peut s'engager, moyennant le paiement d'une somme convenue, à ne plus exercer dans un rayon déterminé et à recommander son successeur à ses clients. Qu'est-ce donc que cette convention, si ce n'est une cession de clientèle ? — Qu'on n'appelle pas, si l'on veut, ce contrat une vente, mais une cession, comme pour l'office d'un notaire ou d'un huissier. L'officier ministériel ne vend pas son titre, qui n'est pas dans le commerce, puisqu'il est conféré par l'Etat, mais il est bien évident qu'il cède sa clientèle (2). Le médecin, de la même

(1) Cassation, 13 mai 1861. P. 1861. 1100.
(2) Cassation, 20 juin 1820 ; — 10 décembre 1823. — Orléans, 18 août 1824 ;

façon, ne vend ni son titre ni son diplôme, mais il cède sa clientèle. Dans la cession faite par le médecin, on trouve bien les trois éléments de la vente : *res, pretium et consensus.* Quant à la tradition de la chose, elle s'opère, conformément à l'article 1607 du Code civil, par l'usage que l'acquereur en fait, du consentement de l'acheteur.

Nous soutenons, en outre, que la jurisprudence ne peut pas sanctionner une pareille convention sans imposer aux parties contractantes les obligations qui résultent, pour le vendeur et l'acheteur, du titre VI du Code civil. Que le contrat soit reconnu valable, comme le veut la Cour de cassation, et il faudra exiger la délivrance, c'est-à-dire que le cédant ne pourra mettre obstacle à ce que le cessionnaire jouisse de la clientèle. — Il en sera ainsi de la garantie, dans les termes de l'article 1625 du Code civil. Il est clair que le cédant ne pourra s'opposer à ce qu'un autre médecin vienne s'établir dans la localité; il ne pourra pas garantir au cessionnaire que la clientèle ne le quittera pas, mais il devra s'interdire tout acte personnel qui mettrait obstacle à l'exécution du contrat. Enfin, le cessionnaire sera tenu au paiement du prix, sous les mêmes conditions qu'un acheteur.

Sans doute, la clientèle d'un médecin est une propriété d'une nature particulière, qui ne peut se transmettre par voie de succession ; on ne pourrait pas dire que les héritiers ont le droit de la vendre, et c'est pourtant ce qui serait logique, si l'on admettait que la cession de cette clientèle constitue une vente ordinaire. Mais le médecin seul, et non son héritier, peut contracter au sujet de sa clientèle, précisément par ce motif que cette propriété disparaît avec lui, parce qu'elle ne procède que de la confiance qu'il a pu acquérir. Le médecin mort, elle n'existe plus, en tant que propriété, ou plutôt elle appartient au premier occupant et ne peut plus faire l'objet d'une cession tant qu'elle ne s'est pas fixée sur une autre tête.

Ainsi qu'on l'a vu, la jurisprudence paraît établie : elle valide le contrat, alors même que les parties lui ont donné la forme d'une vente ordinaire. Cependant, pour éviter les difficultés, il est prudent de lui laisser la forme d'un contrat innommé dans lequel le médecin qui se retire prend l'engagement de laisser le médecin arrivant jouir de la clientèle et de lui en faciliter les moyens,

— 28 février 1828. — Besançon, 25 mars 1828. — Lyon, 9 février 1830 ; — 16 février 1831. — Rennes, 14 novembre 1832. — Paris, 11 déc. 1834. — Douai, 20 janv. 1838. P. 1839. 2. 413 ; — 23 janv. 1843. P. 1843. 1. 200 ; — 30 juillet 1844. P. 1845. 1. 231, etc...

notamment en le présentant aux clients et en s'interdisant l'exercice de la médecine dans un rayon déterminé.

§ 6. — *De l'inaptitude au service militaire.*

504. Nous ne pourrions, sans sortir des limites que nous nous sommes tracées, nous occuper ici de ce qui concerne particulièrement la médecine militaire; mais les médecins civils étant fréquemment consultés par leurs clients sur la question de savoir si des jeunes gens sont aptes à faire partie de l'armée, nous croyons devoir donner la nomenclature des infirmités et maladies qui constituent des causes d'exemption du service militaire.

Une instruction ministérielle du 14 novembre 1845 avait déjà réglé la matière, mais nos lois nouvelles sur le recrutement et l'organisation de l'armée ont dû motiver des instructions plus récentes, qui ont été approuvées par le ministre de la guerre, les 3 avril 1873 et 27 février 1877. Nous en donnons l'analyse.

La loi du 27 juillet 1872 porte :

« Art. 1er. Tout Français doit le service militaire personnel.

« 3. Tout Français qui n'est pas déclaré impropre à tout service « militaire, peut être appelé, depuis l'âge de vingt ans jusqu'à celui « de quarante, à faire partie de l'armée active ou des réserves, selon « le mode déterminé par la loi.

« 16. Sont exemptés du service militaire les jeunes gens que leurs « infirmités rendent impropres à tout service actif ou auxiliaire dans « l'armée.

« 18. Peuvent être ajournés deux années de suite à un nouvel exa- « men, les jeunes gens qui, au moment de la réunion du conseil, « n'ont pas la taille de 1m, 54, ou sont reconnus d'une constitution « trop faible pour un service armé.

« Les jeunes gens ajournés à un nouvel examen sont tenus, à moins « d'une autorisation spéciale, de se présenter au conseil de révision « du canton devant lequel ils ont comparu.

« Après l'examen définitif, ils sont classés ; et ceux de ces jeunes « gens reconnus propres soit au service armé, soit à un service « auxiliaire, sont soumis, selon la catégorie dans laquelle ils sont « placés, à toutes les obligations de la classe à laquelle ils appartien- « nent. »

Il résulte de ces dispositions que les maladies, infirmités ou vices de conformation doivent être classés en trois catégories, selon qu'ils peuvent entraîner : 1° l'inaptitude absolue, d'où l'exemption définitive ; 2° l'inaptitude temporaire, pour défaut de taille ou faiblesse de constitution motivant l'ajournement à un nouvel examen ; 3° l'inaptitude au service actif ou armé déterminant le classement dans le service auxiliaire.

A côté du service *actif* ou *armé*, se place, en effet, le service *auxiliaire*, pour lequel sont désignés les sujets qui, en raison de certaines défectuosités, ne sont pas aptes au service de guerre proprement dit, mais qui néanmoins peuvent être employés utilement dans un service sédentaire (bureaux, ateliers, magasins, arsenaux, etc...). C'est au médecin qui assiste au conseil de révision qu'il appartient de décider si ces jeunes gens présentent des conditions physiques permettant de les utiliser.

Enfin, aux termes de l'article 17 de la loi du 27 juillet 1872 :

« Sont dispensés du service d'activité, en temps de paix...

« 2° Le fils unique ou l'aîné des fils, ou à défaut du fils ou du gen-
« dre, le petit-fils unique ou l'aîné des petits-fils d'une femme actuel-
« lement veuve ou d'une femme dont le mari a été légalement déclaré
« absent ; ou d'un père aveugle ou entré dans sa soixante-dixième
« année : dans ce cas, le frère puîné jouira de la dispense, si le frère
« aîné est aveugle *ou atteint de toute autre infirmité incurable qui le*
« *rende impotent.* »

505. Voici les instructions données pour l'examen physique du conscrit :

L'examen de l'individu soumis à la visite comprend deux opérations distinctes :

L'homme se présente entièrement nu et subit déjà un premier examen en s'avançant vers le médecin ; on le fait placer debout, les pieds sur un tapis ou sur une natte, les talons rapprochés, les bras pendants sur les côtés du corps, les mains étalées et la paume dirigée en avant. On jette alors sur tout l'individu un regard d'ensemble qui fait apercevoir et juger d'emblée les grands vices de conformation et ceux qui ne peuvent permettre aucun doute sur l'inaptitude au service.

On passe ensuite successivement à l'examen particulier et détaillé des différentes régions du corps, en commençant par la tête et en procédant, dans chaque région, de l'extérieur à l'intérieur. On interroge, par tous les moyens d'investigation, chaque organe, dans le but de s'assurer :

1° Si rien ne porte obstacle à la liberté et à la plénitude des actes nécessaires à la profession des armes ;

2° Si aucune partie ne doit souffrir du port des vêtements, de l'armure ou de l'équipement ;

3° Si, par suite de faiblesse, de disposition morbide ou de maladie existante, la santé et même la vie du sujet ne seraient pas compromises par quelqu'une des circonstances inhérentes à la carrière militaire ;

4° Enfin, si quelque infirmité, sans gêner l'exercice des fonctions, est de nature à exciter le dégoût, et, par là même, incompatible avec la vie en commun des soldats.

CAUSES D'EXEMPTION DU SERVICE ARMÉ.

506. La première cause d'exemption est le défaut de taille. Nous avons vu qu'il motive d'abord un ajournement. Il en est ainsi de la faiblesse de constitution.

Le minimum de taille est 1m 54.

Maladies générales.

507. Scrofules caractérisés par l'engorgement chronique des ganglions lymphatiques des régions sous-maxillaire, cervicale, etc...; les abcès, les ulcères ou les cicatrices qui en résultent, et que leur aspect et l'état général du sujet permettent de reconnaître.

Anémie caractérisée par la faiblesse musculaire, la maigreur, la flaccidité et la pâleur des tissus, quelquefois par l'infiltration du tissu cellulaire, par la mollesse et la petitesse du pouls et des battements du cœur ; — lorsqu'elle est très prononcée et qu'elle exigerait, pour sa guérison, un long travail de reconstitution organique.

Cachexies paludéenne, saturnine, mercurielle et autres, quand l'ensemble des symptômes indique une infection profonde.

Scorbut caractérisé par la fongosité des gencives, le déchaussement des dents, l'œdème des membres, leur dureté, la décoloration des tissus, l'infiltration séreuse, les taches rosées, les hemorrhagies passives et les douleurs musculaires.

Diabète sucré ou glycosurie. — Albuminurie.

Cancer. — Cancroïdes. — Tumeurs fibro-plastiques.

Mélanose.

Tubercules.

Syphilis primitive, dans le cas où il existe de vastes ulcères devant laisser après eux des cicatrices faibles, étendues ou difformes, ou une perte de substance considérable ; — accidents secondaires graves, — et accidents tertiaires.

Morve et farcin chroniques.
Pellagre.

MALADIES DES TISSUS.

Maladies de la peau.

Eczéma chronique. — Lichen chronique. — Psoriasis. — Icthyose. — Pityriasis. — Impétigo chronique, s'il est sous la dépendance d'une constitution lymphatique exagérée.

Ecthyma cachecticum. — Rupia. — Pemphigus chronique. — Acné rosacea ou couperose, quand son développement est assez grand pour donner à la physionomie un aspect repoussant.

Lupus à forme tuberculeuse, ulcéreuse ou serpigineuse.

Affections parasitaires. — Herpis circiné. — (Motivent rarement l'exemption.)

Sycosis tuberculeux, quand il a pris un grand développement.

Eléphantiasis.

Nævi materni, siégeant à la face et constituant une difformité repoussante.

Productions cornées volumineuses, s'opposant au libre mouvement des parties voisines.

Ulcères qui dépendent d'un état diathésique ou d'une mauvaise constitution ; les ulcères entretenus par des varices.

Cicatrices étendues, difformes, gênantes.

Maladies du tissu cellulaire.

Maigreur exagérée. Rechercher la maladie dont elle est la conséquence.

Obésité apportant un obstacle sérieux à la marche et aux obligations du service militaire.

Anasarque et œdème, conséquence de maladies à déterminer.

Abcès aigus, ne sont pas une cause d'exemption.

Abcès froids, rendent impropre au service. — Abcès ossifluants ou par congestion.

Lipômes ou kystes, quand, par leur volume et leur position, ils occasionnent de la gêne ou causent une difformité.

Maladies des membranes séreuses.

Epanchements chroniques des grandes cavités splanchniques.

Maladies des vaisseaux sanguins.

Tumeurs érectiles. — Varices. — Anévrysmes.

Maladies du système lymphatique.

Dilatation considérable des vaisseaux lymphatiques.

Angioleucite, si elle détermine un engorgement chronique des tissus.

Adénite aiguë, lorsqu'elle s'accompagne de décollements et de trajets fistuleux dont la guérison est jugée difficile.

Adénite chronique de nature scrofuleuse. — Engorgements, hypertrophies ganglionnaires volumineux.

Maladies des nerfs.

Paralysies constatées. — Contractures musculaires symptomatiques d'affection des centres nerveux.

Spasmes fonctionnels ou contractions musculaires spasmodiques involontaires et continues, indolentes ou douloureuses, qui se manifestent à l'occasion de certains mouvements ou exercices.

Tremblement habituel, partiel ou général.

Névralgies persistantes.

Névroses, tumeurs douloureuses développées dans le tissu ou sur le trajet des nerfs.

Maladies du système musculaire.

Rupture ou section des fibres musculaires ou des tendons, quand il en résulte la perte ou la diminution définitive des fonctions d'un organe important.

Rétractions musculaires ou tendineuses entraînant des changements dans les rapports anatomiques des parties auxquelles les muscles et les tendons rétractés s'insèrent, et apportant un obstacle plus ou moins considérable à l'exécution des mouvements.

Atrophie partielle des muscles, de cause traumatique ou rhumatismale, si elle a pour résultat la perte ou l'affaiblissement de mouvements nécessaires à la vie de relation.

Hydropisie des gaînes tendineuses.

Maladies des articulations.

Arthrite chronique et hydartrose.

Tumeurs blanches.

Corps mobiles des articulations.

Ankylose vraie, constituée par la soudure osseuse des extrémités articulaires, absolument immobiles l'une et l'autre.

Ankylose fausse, suivant l'importance des troubles fonctionnels qui en résultent.

Déformations, distensions, relâchements articulaires, consécutifs à l'entorse, à la luxation et à d'autres causes.

Maladies des os.

Périostite accompagnée de suppuration abondante et de décollements étendus qui doivent en prolonger la durée.

Ostéite, à moins qu'elle ne soit superficielle et qu'elle ne doive pas se terminer par suppuration.

Nécrose et carie.

Périostose, — Exostose, quand elles apportent de la gêne dans les parties où elles siègent. Mais elles motivent rarement l'exemption.

Tumeurs et déformations.

MALADIES DES RÉGIONS.

Maladies du cuir chevelu et du crâne.

Favus ou teigne faveuse (achorion).

Herpès tonsurant (trycophyton).

Porrigo décalvans (microsporon).

Pityriasis (teigne amiantacée), n'est pas habituellement un motif d'exemption.

Eczéma et impetigo chronique.

Alopécie reconnue incurable, existant dans une grande étendue.

Tumeur volumineuse de la tête.

Ossification imparfaite des os du crâne.

Cicatrices étendues, inégales, fragiles. — Grandes lésions provenant de plaies profondes, de dépressions, d'enfoncements, d'exfoliation ou d'extraction d'os etc...

Maladies de l'encéphale et de la moelle.

Idiotie — crétinisme — aliénation mentale — paralysie générale progressive.

Délirium tremens, quand il est ancien et fortement accentué.

Epilepsie. — Vertige épileptiforme.

Catalepsie — Chorée rythmique — Mouvements choréiformes.

Tétanie, s'il est prouvé que les convulsions sont fréquentes et la maladie persistante.

Somnambulisme bien constaté.

Aphasie.

Ataxie locomotrice.

Atrophie musculaire progressive.

Sclérose musculaire progressive. — Paralysie pseudo-hypertrophique.

Maladies des oreilles.

Perte du pavillon de l'oreille. — Atrophie, hypertrophie, tumeurs volumineuses ou de mauvaise nature, déformations ou malformations du pavillon, quand il en résulte diminution de l'ouïe, obstacle pour la coiffure ou dangers d'aggravation.

Atrésie, oblitération complète et déviation du conduit auditif, avec gêne notable de l'audition.

Polypes dans le conduit auditif.

Affections aiguës de l'oreille, peuvent motiver l'ajournement.

Affections chroniques avec ou sans écoulement puriforme ou purulent.

Inflammation des cellules mastoïdiennes.

Affections de l'oreille interne.

Surdité. Se constate à l'aide d'une montre, ou mieux d'un diapason placé sur le sommet de la tête, sur la région temporo-mastoïdienne ou entre les dents.

Surdi-mutité.

Maladies de la face.

Laideur extrême, peut motiver l'exemption.

Protubérance, difformité, exostoses du front ne permettant pas l'usage des coiffures militaires.

Mutilations de la face, suivant leur étendue, la gêne qu'elles apportent aux fonctions et l'aspect qu'elles donnent à la physionomie.

Kystes. — Tumeurs érectiles. — Exostoses, quand ces affections sont considérables.

Ulcères de la face, s'ils sont de nature grave.

Fistules, autres que les fistules dentaires.

Prosopalgie faciale ou tic douloureux.

Hémiplégie faciale, ancienne ou symptomatique d'une affection cérébrale.

Maladies des sinus de la face.

Déformation, oblitération, perforation des sinus frontaux et des sinus maxillaires.

Maladies des os maxillaires.

Difformité. — Atrophie. — Hypertrophie.

Fractures non ou mal consolidées. — Perte de substance des os maxillaires.

Luxation mal réduite de l'articulation temporo-maxillaire.

Constriction des mâchoires.

Maladies des yeux.

On vérifie l'acuité de la vision au moyen de l'optomètre ou de l'ophthalmoscope. Quelles que soient les lésions observées, elles motivent l'exemption lorsqu'elles réduisent l'acuité de la vision au-dessous du quart des deux côtés ou de l'œil droit, ou de un douzième de l'œil gauche, ou qu'elles occasionnent une diminution de la moitié environ de l'angle temporal du champ visuel.

Maladies des paupières.

Destruction. — Division (coloboma) plus ou moins étendue de l'une ou l'autre des paupières, lorsqu'elles compromettent la protection du globe oculaire.

Cicatrices vicieuses. — Adhérence des paupières, soit entre elles (ankyloblépharon), soit avec la conjonctive oculaire (symblépharon), qui gênent la vision.

Renversement des paupières en dedans (entropion), s'accompagnant du frottement des cils sur la cornée ; renversement en dehors (ectropion), assez prononcé pour déterminer le larmoiement et nuire à la physionomie.

Tumeurs assez volumineuses pour être gênantes et pour produire une difformité.

Blépharite ciliaire, avec atrophie ou perte des cils; épaississement et déformation du bord palpébral, qui laisse l'œil sans protection contre les corps étrangers.

Trichiasis assez prononcé pour entretenir une irritation constante de la cornée.

Chute de la paupière supérieure ou ptosis. — Paralysie du moteur oculaire commun ou blépharoptose.

Blépharospasme, selon les lésions qui l'occasionnent.

Maladies des voies lacrymales.

Tumeurs de la glande lacrymale.

Larmoiement ou épiphora chronique, s'il est suffisamment développé pour constituer une infirmité.

Dacryocystite chronique, tumeurs ou fistules lacrymales.

Maladies de la conjonctive.

Conjonctivite aiguë grave. — Ophthalmie purulente ou blennorrhagique, nécessitent un deuxième examen, à cause des accidents sérieux qui peuvent être la conséquence de ces affections.

Conjonctivite chronique, quand elle est sous l'influence d'une constitution strumeuse.

Conjonctivite ou ophthalmie granuleuse.

Ptérygion, quand sa pointe s'avance vers la corvée et menace de compromettre la vision.

Tumeurs de la conjonctive, suivant les troubles qu'elles apportent dans le fonctionnement oculo-palpébral.

Maladies de la caroncule lacrymale.

Hypertrophie (encanthis) et dégénérescence de la caroncule.

Maladies de la cornée.

Plaies de la cornée.

Kératites vasculaires, panniformes, interstitielles ou profondes, ou compliquées d'abcès ou d'ulcérations.
Opacités périphériques de la cornée, étendues et gênant la vision.
Staphylome pellucide et opaque.

Maladies de la sclérotique.

Staphylome antérieur de la sclérotique.

Maladies de l'iris.

Vices de conformation congénitaux ou accidentels de l'iris, son absence, sa division (coloboma), son décollement, sa déchirure, la multiplicité des pupilles.
Adhérences de l'iris avec la cornée (synéchies antérieures), avec la capsule cristalline (synéchies postérieures), compliquées d'atrésie et d'occlusion de la pupille.
Myosis, suivant les affections qui l'occasionnent.
Mydriase, résultant d'affections oculaires graves. — La mydriase idiopathique n'est pas une cause d'exemption.
Tremblement de l'iris. Les affections graves qui l'occasionnent, hydrophthalmie, liquéfaction du corps vitré, luxation ou atrophie du cristallin, peuvent être des causes d'exemption.

Maladies du cristallin.

Luxation du cristallin, son extraction ou sa résorption.
Opacités du cristallin. — Les exsudats, les dépôts uvéens qui réduisent l'acuité visuelle à un quart.

Maladies du corps vitré.

Les corps étrangers logés dans le corps vitré, les opacités fixes ou flottantes, le ramollissement (synchisis).

Maladies de la choroïde.

Coloboma. — Absence de pigment de l'iris et de la choroïde.
Choroïdite. — Irido-choroïdite, glaucôme, choroïdites exsudative, spécifique, etc.
Tumeurs de la choroïde, bénignes ou malignes. — Kystes hydratiques, sarcômes ou mélano-sarcômes, etc...

Maladies de la rétine et du nerf optique.

Rétinite.
Décollement de la rétine.
Nevro-rétinite et névrite optique, atrophie du nerf optique.
Amblyopie. — Héméralopie.

Anomalies de la réfraction.

Myopie irrégulière.
Hypermétropie, quand l'acuité visuelle est inférieure à un quart à droite et un douzième à gauche.
Astygmatisme, dans les mêmes conditions que l'affection précédente.

Maladies du globe oculaire.

Perte, désorganisation de l'œil ; son atrophie, si elle s'accompagne d'une diminution notable de la vision.
Buphthalmie.
Exophthalmie.

Maladies des muscles de l'œil.

Paralysie et rétraction.
Strabisme, lorsqu'il détermine, à droite, une acuité visuelle inférieure au quart ; à gauche, au douzième, ou une dilopie permanente, ou une diminution de la moitié environ de l'angle temporal du champ visuel de l'œil dévié.
Diplopie.
Nystagmus, si les oscillations de l'œil sont précipitées et s'opposent à la vue fixe.

Maladies de l'orbite.

Affections intra-orbitaires, comme corps étrangers, tumeurs diverses qui déterminent l'exorbitisme ou une altération de la vue.
Ostéite, carie, exostose de la paroi orbitaire, si elles causent une infirmité gênante.

Maladies du nez.

Difformité portée au point de gêner manifestement la respiration et la parole, ou seulement une de ces fonctions.
Couperose. — Lupus. (Voir *Maladies des tissus.*)
Polypes.
Ozène ou punaise.

Maladies de la bouche.

Bec-de-lièvre, à moins qu'il ne soit peu étendu.
Cicatrices vicieuses ou adhérences gênant le mouvement des lèvres.
Hypertrophie de la lèvre supérieure.
Tumeurs érectiles et tumeurs épithéliales.
Paralysie de l'orbiculaire, si elle est ancienne et ne paraît pas susceptible de guérison.

Maladies des gencives et de la muqueuse buccale.

Stomatite ulcéreuse, stomatite gangréneuse, stomatite chronique avec décollement, gonflement et état fongueux des gencives.
Epulis, si elle envahit les grandes surfaces.

Maladies des dents.

Mauvais état des dents, quand la mastication est difficile et incomplète.
Fétidité de l'haleine.

Maladies de la langue.

Difformités de la langue, sa perte partielle, son atrophie, sa division congénitale ou accidentelle, ses adhérences anormales, lorsqu'elles sont assez étendues pour gêner la phonation et la déglutition.
Tumeurs cancéreuses, ulcères de mauvaise nature.
Bégaiement, quand il est assez prononcé pour empêcher de crier : *Qui vive !* ou de transmettre intelligemment une consigne.
Mutisme.

Affections des glandes salivaires.

Grenouillette, lorsqu'elle a acquis un certain développement.

Tumeurs, engorgements chroniques des glandes salivaires augmentées notablement de volume, leur envahissement par le cancer.

Fistules salivaires qui ont leur siège à la face.

Hypertrophie des amygdales, quand elle est assez considérable pour gêner la respiration et la déglutition.

Affections de la voûte palatine et du voile du palais.

Vices de conformation : division et perte de substance qui altèrent la voix et nuisent à la déglutition.

Adhérences pharyngiennes.

Paralysie du voile du palais, dépendant d'une autre cause que de la diphthérie.

Tumeurs, quelle que soit leur nature.

Hypertrophie de la luette, mais seulement si elle est due à une affection cancéreuse.

Maladies du cou.

Plaies, suivant leur gravité.

Engorgements et abcès ganglionnaires, ulcérations et cicatrices difformes qui sont des manifestations de la scrofule.

Adénites cervicales chroniques, indépendantes de là diathèse précédente, quand les tumeurs sont multiples et volumineuses.

Tumeurs de la parotide, engorgements chroniques, enchodrômes.

Goître.

Kystes, Lypomes, Anévrysmes.

Torticolis ou inclinaison vicieuse de la tête sur l'une ou l'autre épaule.

Maladies du larynx.

Lésions traumatiques : plaies ou fractures.

Laryngite chronique.

Laryngite syphilitique, seulement quand les altérations du larynx sont assez graves pour exiger un traitement prolongé ou porter atteinte à la phonation.

Déformation ou destruction de l'épiglotte.

Rétrécissement et toute déformation du larynx qui entravent les fonctions de cet organe.

Polypes.

Nécrose.
Aphonie.

Maladies du pharynx.

Anomalies. — Rétrécissement du pharynx.
Lésions traumatiques, si elles doivent être suivies d'infirmités capables d'entraver la déglutition.
Pharyngites chronique et granuleuse.
Ulcères de mauvaise nature.

Maladies de l'œsophage.

Rétrécissement.
Dilatation.
Corps étrangers.
Ulcérations de toute nature. — Dégénérescences carcinomateuses.
Œsophagisme ou spasme de l'œsophage lié à une lésion organique de ce canal.
Paralysie de l'œsophage et du pharynx.

MALADIES DE LA POITRINE.

Parois thoraciques.

Difformités congénitales ou acquises de la poitrine. — Fissures, défaut d'ossification du sternum, absence du cartilage d'une ou plusieurs côtes ; — Proéminence du thorax : — Enfoncements ; — Déviations partielles ; — Rétrécissement d'un côté de la poitrine, consécutif à un épanchement pleurétique ; — Difformités dépendant du rachitisme ; — Voussures de la poitrine ; — Arrêts de développement ; — Courbures difformes ou irrégulières de la clavicule qui gênent le port du sac, ou entravent les mouvements ; — Difformité de l'omoplate.
Carie, nécrose, ostéo-sarcôme des côtes, du sternum, de la clavicule, de l'omoplate.
Ostéite, exostose, abcès ossifiants.

Maladies de la glande mammaire.

Hyperthrophies glandulaires très développées.

Affections intra-thoraciques.

Contusions, plaies, déchirures du poumon.
Hernie du poumon.
Phthisie pulmonaire. (Mesurer le pourtour de la poitrine à trois centimètres au-dessous des mamelons, et vérifier s'il est inférieur à 78 centimètres.)
Hémoptysie.
Bronchite et pneumonie chroniques, avec dépérissement de la constitution.
Emphysème pulmonaire.
Asthme.
Épanchements pleurétiques.

Maladies du cœur et de l'aorte.

Cyanose provenant de la persistance du trou de Botal.
Transposition des organes pectoraux, si elle cause des troubles fonctionnels.
Péricardite chronique et hydro-péricardite.
Hypertrophie du cœur.
Dilatation du cœur avec amincissement des parois.
Insuffisance ou rétrécissement des ouvertures cardiaques.
Anévrysme de l'aorte thoracique.

Maladies de l'abdomen.

Contusions, plaies, ruptures musculaires, suivant leurs conséquences.
Hernie abdominale, inguinale, crurale, ombilicale, épigastrique, etc., simple ou compliquée, réductible ou non.
Péritonite chronique.
Ascite.
Tympanite, mais seulement si elle est liée à une affection grave.
Tumeurs de l'abdomen : engorgements ganglionnaires volumineux, tumeurs tuberculeuses ou carcinomateuses, etc.
Affections chroniques de l'estomac et des intestins dont l'existence est bien démontrée.
Hématémèse.
Affections du foie de longue durée. — Engorgements volumineux de la rate, abcès de cet organe.

Maladies du rachis.

Spina bifida ou hydrorachis.

Déviations du rachis.

Fractures et luxations, ostéite, carie des vertèbres, ramollissement des cartilages intervertébraux.

Arthrites chroniques et arthropathies traumatiques ou de nature scrofuleuse ou rhumatismale.

Ostéite, nécrose, carie de la colonne vertébrale, mal vertébral de Pott.

Hernies lombaires.

Maladies du bassin.

Vices de conformation du bassin.

Relâchement des symphises.

Arthropathie sacro-iliaque.

Psoïtis.

Phlegmons, abcès de la fosse iliaque.

Maladies de la région ano-périnéale.

Plaies et contusions du périnée, lorsqu'elles intéressent l'urèthre.

Phlegmons et abcès du périnée déterminés par une lésion des voies urinaires ou symptomatiques de lésions osseuses.

Fistules.

Affections du rectum : ulcérations de mauvaise nature, carcinômes.

Rétrécissement du rectum.

Hémorrhoïdes volumineuses, internes ou externes, ou compliquées d'ulcérations, de fongosité de la muqueuse.

Chute du rectum et procidence de la membrane muqueuse du rectum.

Incontinence des matières fécales.

Maladies des voies urinaires.

Lésions traumatiques des reins.

Néphrite albumineuse. — Néphrite calculeuse.

Calculs rénaux,

Abcès. — Kystes. — Dégénérescence des reins.

Maladies de la vessie.

Vices de conformation de la vessie. — Absence complète, atrophie, extrophie.

Lésions traumatiques.

Inflammation chronique. — Cystite aiguë, suivant son intensité et les causes qui la déterminent.

Corps étrangers. — Calculs vésicaux.

Lésions organiques : Polypes, fongus, etc...

Incontinence d'urine permanente.

Incontinence d'urine nocturne, quand elle est la conséquence d'une faiblesse générale ou d'une affection des centres nerveux,

Rétention d'urine, suivant la gravité de l'affection qui l'occasionne.

Hématurie provenant d'affection grave des reins ou de la vessie.

Maladies de l'urèthre.

Vices de conformation. — Epispadias. — Hypospadias. — A moins que l'urine ne puisse être projetée à distance.

Fistules uréthrales.

Corps étrangers quand l'extraction présente des difficultés graves.

Rétrécissement de l'urèthre.

Abcès. — Hypertrophie de la prostate. — Calculs prostatiques.

Maladies du pénis et du scrotum.

Hermaphrodisme. — Absence, perte partielle ou totale du pénis.

Affections cutanées.

Maladies du cordon spermatique et des testicules.

Varicocèle, quand il est douloureux et que, par son volume, il détermine une gêne prononcée dans la marche.

Hydrocèle du cordon spermatique et de la tunique vaginale.

Hématocèle de la tunique vaginale.

Perte, atrophie d'un ou des deux testicules.

Orchite chronique, tuberculeuse, syphilitique.

Enchondrôme, encéphaloïde.

Maladies des membres.

Anomalie dans le nombre, la forme, les rapports des membres.

Inégalité, déviation des membres thoraciques ou abdominaux compromettant l'harmonie des mouvements.

Jambes cagneuses ou bancales gênant la marche.

Atrophie congénitale.

Lésions traumatiques graves, étendues, déterminant des difformités.

Déformations rachitiques, engorgements chroniques, tumeurs blanches, hydropisies anciennes des articulations, fistules osseuses et articulaires, corps mobiles, cancer, éléphantiasis.

Varices se détachant en paquets noueux ou s'élevant jusqu'à la cuisse. — Varices compliquées d'ulcères.

Hygroma volumineux et gênant la marche. — Kystes synoviaux graves.

Névralgies persistantes.

Goutte. — Rhumatisme noueux.

Lésions des doigts. Main droite : 1° Perte du pouce ou d'une de ses phalanges ; 2° Perte de l'indicateur ou d'une phalange ; 3° Perte de deux doigts ou de deux phalanges ; 4° Perte simultanée d'une phalange des trois derniers doigts.

Main gauche : 1° Perte du pouce ou d'une de ses phalanges ; 2° Perte de l'indicateur ou de deux phalanges de ce doigt ; 3° Perte de deux doigts ou de deux phalanges de deux doigts ; 4° Perte simultanée d'une phalange des trois derniers doigts.

Incurvation, flexion, ou extension permanente d'un ou de plusieurs doigts, excepté quand elles sont très limitées et n'entravent pas les fonctions de la main.

Doigts surnuméraires.

Doigts palmés, quand la membrane qui les réunit s'oppose au libre exercice de leur fonction.

Difformités professionnelles des membres, quand elles apportent une gêne notable aux fonctions de ces membres.

Pied-bot.

Pied-plat caractérisé par la déviation du pied en dehors, avec effacement de la voûte plantaire, saillie anormale de l'astragale au-dessous de la malléole interne et projection de l'axe de la jambe en dedans de l'axe du pied.

Pied-creux. — Conformation opposée à la précédente, quand elle entrave la marche.

Orteils surnuméraires.

Chevauchement d'un ou plusieurs orteils, s'il existe à un degré intense et permanent.

Orteils en marteau, marche sur l'ongle, suivant le degré de flexion.

Orteils palmés, s'ils sont tous accolés jusqu'à leur phalange unguéale inclusivement.

Perte totale du gros orteil ou d'une phalange du gros orteil, perte simultanée de deux orteils voisins, perte totale d'une phalange aux quatre derniers orteils.

Exostose sous-unguéale du gros orteil.

Cors, oignons, quand l'affection s'étend au delà de l'épiderme et du derme, et altère les tissus péri-articulaires ou les os eux-mêmes.

Mal perforant du pied.

Hypertrophie des ongles du pied et leur déviation, si l'on ne peut y remédier par des sections fréquentes.

Ongle incarné, quand il offre une gravité exceptionnelle.

Transpiration fétide des pieds, légalement constatée.

Claudication permanente.

SERVICE AUXILIAIRE.

509. *Infirmités ou difformités qui sont compatibles avec le service auxiliaire.*

Alopécie. — Tumeurs bénignes du crâne.

Perte, atrophie du pavillon de l'oreille ; — son adhérence aux parois du crâne.

Rétrécissement d'un des conduits auditifs.

Perforation de la membrane du tympan, sans complication d'otorrhée.

Rétrécissement ou oblitération de la trompe d'Eustache.

Affaiblissement de l'ouïe.

Symblépharon qui n'est pas un obstacle à la fonction visuelle.

Blépharite ciliaire ancienne, sans renversement des paupières.

Opacités de la cornée. — Exsudats de la pupille qui ont abaissé d'un côté la vision d'un quart, mais ont conservé de l'autre côté une vision normale ou égale à un quart.

Myopie comprise entre un quart et un sixième, sans complication d'amblyopie ou complication pathologique des organes internes.

Hypermétropie abaissant l'acuïté visuelle au-dessous d'un quart, mais susceptible d'être corrigée par des verres.

Strabisme, lorsque la vision de l'œil dévié n'est pas sensiblement altérée.

Difformités de la face, du nez, qui excluent du service actif, mais n'entraînent aucun trouble important.

Bec-de-lièvre congénital ou accidentel simple et peu étendu.

Bégaiement, à moins qu'il ne soit très-prononcé.

Tumeurs du cou peu développées qui ne sont une cause d'exclusion du service actif que par la gêne que produit l'habillement militaire.

Déformations de la poitrine qui ne nuisent pas aux fonctions internes.

Tumeurs bénignes qui, en dehors de l'obstacle qu'elles apportent au port du sac et du ceinturon, ne causent pas une grande gêne.

Obésité, à moins qu'elle ne soit exagérée.

Hernies inguinales et crurales ne dépassant pas l'orifice externe du canal.

Hydrocèle de la tunique vaginale ou du cordon spermatique peu volumineuse.

Varicocèle développé, ne diminuant pas l'aptitude au travail.

Difformités congénitales ou acquises des membres qui n'entravent pas notablement leurs fonctions.

Varices, à moins qu'elles ne soient très étendues, qu'elles ne forment des tumeurs très développées, qu'elles ne produisent de l'œdème ou de l'engourdissement du membre, ou qu'elles ne soient disposées à se rompre, ou compliquées d'ulcérations.

Hygroma chronique, kystes synoviaux assez prononcés pour exclure du service actif, mais ne compromettant pas néanmoins le jeu des articulations.

Faiblesse d'une articulation consécutive à une entorse ou à une luxation sans relâchement des ligaments ou engorgement des tissus, si l'on peut croire qu'elle disparaîtra avec le temps.

Raideur d'une articulation avec diminution légère de l'étendue des mouvements et qui ne nuit pas très sensiblement à l'action du membre.

Incurvation, perte ou mutilation des doigts ou des orteils, incompatibles avec le service armé, qui ne gênent pas notablement la fonction de la main et du pied.

Doigts et orteils surnuméraires qui se présentent dans les mêmes conditions.

Pieds-plats, avec une déviation peu considérable, mais suffisante pour rendre impropre au service armé.

510. *Impotence légale.*

L'impotence et l'incurabilité de certains parents des appelés qui, aux termes de l'article 17 de la loi du 27 juillet 1872, constituent pour ceux-ci une cause de dispense, sont ainsi caractérisées par l'instruction du 27 février 1877 :

« *L'impotence*, dans le sens de loi, doit être considérée comme l'impossibilité, par suite d'infirmités congénitales ou acquises, de pourvoir à sa propre subsistance et de venir en aide à sa famille. Lorsqu'il s'agit d'une infirmité acquise, l'impotence doit s'entendre de l'impossibilité de continuer à exercer la profession qu'on avait embrassée, ou toute profession en rapport avec les aptitudes de l'individu.

L'incurabilité, quand il ne s'agit pas de la perte absolue d'un membre ou d'un organe important, doit être admise lorsque les caractères séméiologiques de l'infirmité ou de la blessure, et l'insuccès de traitements méthodiques, suffisamment variés et prolongés, s'accordent à faire présumer que le sujet ne guérira point, à moins de circonstances exceptionnelles que la science et l'expérience ne permettent pas de prévoir.

§ 7. — *Eeaux minérales et thermales.*

A. — Médecins inspecteurs des eaux minérales.

511. Le traitement des maladies par les eaux minérales naturelles a été usité de tout temps, mais aujourd'hui, en raison des facilités de communication, il a pris un développement considérable.

En 1856, on comptait en France environ 1,200 sources d'eaux minérales réunies en 450 ou 460 stations ou groupes, dont 150 avaient une réelle importance et étaient exploités dans de véritables établissements thermaux. Six de ces groupes appartenaient à l'Etat, neuf ou dix étaient la propriété des départements, vingt appartenaient aux communes, deux à des établissements de bienfaisance et tout le reste à des particuliers (1).

Lorsqu'en 1837 un projet de loi fut présenté sur la matière, il fut constaté que 38,000 personnes, à peu près allaient boire ou se baigner aux 150 établissements thermaux dont nous venons de parler. — Vingt ans plus tard, vers 1856, ce nombre s'élevait

(1) Rapport de M. Lélut à la séance du Corps législatif du 14 mai 1856. V. *infrà*, chapitre XI, *Code de la pharmacie*, la loi à sa date et le rapport.

déjà à environ 140,000. Aujourd'hui il a encore beaucoup augmenté.

L'importance que prenait le traitement par les eaux minérales naturelles devait appeler l'attention du législateur, et la loi du 14 juillet 1856 fut votée.

En 1823, une ordonnance avait déjà réglementé l'ouverture et l'exploitation des établissements d'eaux minérales (2). Elle disposait que toute entreprise ayant pour objet de livrer ou d'administrer au public les eaux minérales naturelles ou artificielles serait soumise à une autorisation préalable et à l'inspection de docteurs en médecine ou en chirurgie, nommés par le ministre de l'intérieur, de façon qu'il y ait un inspecteur par établissement, avec faculté pour l'Etat de désigner les inspecteurs adjoints. Les articles 4, 5 et 6 précisaient la mission de ces inspecteurs. L'article 7 disait :

« Les traitements des inspecteurs étant une charge des établisse-
« ments inspectés, les propriétaires, régisseurs ou fermiers seront
« nécessairement entendus pour leur fixation, laquelle continuera à
« être faite par les préfets et confirmée par notre ministre secrétaire
« d'Etat de l'intérieur.

« Il n'est point dû de traitement aux inspecteurs adjoints. »

512. La loi de 1856 est divisée en trois titres. Le titre 1er décide que les sources d'eaux minérales peuvent être déclarées d'intérêt public. Une fois cette formalité remplie, la source devient l'objet de la surveillance et des soins de l'administration, qui prend toutes les mesures nécessaires pour qu'il ne soit fait aucune entreprise pouvant en diminuer le débit. Le titre 2 édicte des peines pour réprimer les infractions commises aux différentes dispositions de cette loi. Enfin le titre 3 s'occupe de l'inspection médicale de ces eaux. L'article 18 est ainsi conçu :

« *La somme nécessaire pour couvrir les frais d'inspection médicale et de surveillance des établissements d'eaux minérales autorisées est perçue sur l'ensemble de ces établissements.*

« *Le montant en est déterminé tous les ans par la loi de finances.*

« *La répartition en est faite entre les établissements, au prorata de leurs revenus.*

« *Le recouvrement a lieu, comme en matière de contributions directes, sur les propriétaires, régisseurs ou fermiers des établissements.* »

(1) Ordonnance royale du 18 juin 1823. V. *ibid.*

Et l'article 19 ajoute :

« *Des règlements d'administration publique déterminent... l'organisation de l'inspection médicale et la surveillance des sources et des établissements d'eaux minérales naturelles, les bases et le mode de la répartition énoncée en l'article 18;*

« *Les conditions générales d'ordre, de police et de salubrité, auxquelles tous les établissements d'eaux minérales naturelles doivent satisfaire.* »

513. C'est en exécution de ces prescriptions que fut publié le décret du 28 janvier 1860 portant règlement d'administration publique pour les établissements d'eaux minérales naturelles (1). Un médecin inspecteur est attaché à toute localité comprenant un ou plusieurs établissements de cette nature, et, en cas de nécessité, on peut désigner, pour l'assister, un ou plusieurs inspecteurs adjoints (2).

Les fonctions de l'inspecteur et de ses adjoints consistent dans la surveillance de toutes les parties de l'établissement affectées à l'administration des eaux et au traitement des malades, ainsi que de l'exécution des mesures qui s'y rapportent.

Il est formellement expliqué que l'action du médecin inspecteur ne peut, en quoi que ce soit, restreindre la liberté qu'ont les malades de suivre la prescription de leur propre médecin ou d'être accompagnés par lui, s'ils le demandent, et même de prendre les eaux sans aucune permission ni ordonnance de médecin, s'ils le désirent.

L'inspecteur ne peut rien exiger des malades dont il ne dirige pas le traitement ou auxquels il ne donne pas de soins particuliers.

Il soigne gratuitement les malades indigents admis à faire usage des eaux minérales, à moins qu'ils ne soient placés dans des

(1) V. *infrà* : *Code de la médecine.*

(2) L'inspection médicale des sources et des établissements thermaux n'est point une innovation, elle existait depuis longtemps déjà. L'idée se trouve même en germe dans la déclaration du roi du 25 avril 1772 qui instituait une commission royale de médecine pour l'examen des remèdes particuliers et la distribution des eaux minérales.

L'idée se dévelope dans l'arrêté du Conseil du 1er avril 1774 qui ordonne la visite des eaux minérales dans les bureaux de distribution, avant qu'on ne les livre aux particuliers qui doivent en faire usage.

Enfin l'arrêté du 5 mai 1781 compléta l'institution en exigeant que des médecins intendants veillassent à l'entretien, à la propreté, à la conservation des sources, qu'ils fussent présents à tous les puisements aux sources et indiquassent l'heure à laquelle il convenait de les faire.

Un arrêté du directoire exécutif du 29 floréal an VII institua et réglementa définitivement le corps des médecins-inspecteurs des eaux minérales et détermina leurs fonctions. (V. cet arrêté au chap. XI, *Code de la pharmacie.*)

établissements hospitaliers et traités aux frais des communes, des départements ou de l'Etat.

Enfin l'inspecteur informe le préfet des infractions qu'il peut constater aux règlements sur les eaux minérales. Il propose les mesures dont la nécessité lui est démontrée.

514. C'est le ministre de l'agriculture et du commerce qui devait nommer et révoquer les médecins inspecteurs et les adjoints.

Le décret du 28 janvier 1860 divise les inspecteurs en trois classes, suivant que le revenu des établissements compris dans leur circonscription est supérieur à 10,000 fr., à 5,000 fr., ou à 1,500 fr. Au-dessous d'un revenu de 1,500 fr. il n'y a pas d'inspecteur spécialement attaché à la localité, et l'inspection consiste dans des visites faites par des inspecteurs envoyés en tournée par le ministre quand il le juge convenable.

Le traitement est fixé, pour la première classe, à 1,000 fr., par la deuxième à 800 fr., et pour le troisième à 600 fr. Les inspecteurs adjoints ne reçoivent aucun traitement.

Tous les ans, il doit être inscrit au ministère de l'agriculture et du commerce une somme égale au montant total des traitements des inspecteurs attachés aux différentes localités d'eaux minérales ; il y est ajouté une somme qui n'excède pas dix pour cent de ce montant, afin de couvrir les frais généraux d'inspection et de surveillance. Une somme égale est inscrite au budget des recettes.

Pour effectuer la répartition entre les établissements et le recouvrement de la somme portée au budget, le décret prend les dispositions suivantes :

A la fin de chaque année, les propriétaires, régisseurs ou fermiers des établissements d'eaux minérales naturelles adressent au préfet les états des produits et des dépenses de leurs établissements pendant l'année. L'état des produits comprend les revenus afférents aux bains, douches, piscines, buvettes et à tout autre mode d'administration des eaux. Les articles 26 et 27 indiquent les dépenses qui doivent être portées dans ces états.

Les états des produits et des dépenses sont remis par le ministre à une commission dont l'avis est soumis à une commission centrale, et, sur le rapport de cette dernière, un arrêté du ministre détermine le revenu des divers établissements et répartit entre eux, au prorata dudit revenu, le montant total des frais de l'inspection médicale et de surveillance, et le ministre est chargé de poursuivre le recouvrement des sommes pour lesquelles chacun des établissements est imposé.

Il résulte de ces diverses dispositions législatives que les médecins-inspecteurs des eaux minérales et thermales sont nommés et révoqués par le ministre, et que les sommes affectées au paiement de leur traitement sont recouvrées par les agents de l'Etat. On en conclut naturellement que c'est l'Etat lui-même qui doit payer ce traitement. Mais pour que cela se fît d'une façon indiscutable, il faudrait que le décret du 28 janvier 1860 fût appliqué ; or il ne paraît pas l'avoir jamais été, au moins régulièrement.

L'article 20 oblige le propriétaire, fermier ou directeur de chaque établissement à remettre à la fin de chaque année, au médecin-inspecteur ou au préfet, un état indiquant le nombre des personnes qui ont fréquenté l'établissement. Cet état doit être envoyé au ministre avec les observations du médecin-inspecteur.

Aux termes de l'article 24, les mêmes propriétaires, fermiers ou régisseurs doivent adresser au préfet l'état des produits et des dépenses de l'établissement. Ces obligations ne paraissent pas avoir été bien exactement remplies jusqu'à ce jour. Il est difficile de comprendre comment le gouvernement n'exige pas plus de régularité dans cette partie du service. Nous savons, il est vrai, que les propriétaires d'établissements thermaux, surtout les grandes compagnies, ne se prêtent pas à ces investigations, mais on pourrait obtenir des résultats au moins approximatifs, en chargeant, par exemple, les contrôleurs des contributions directes de vérifier les livres constatant les recettes et les dépenses.

515. Des difficultés se sont élevées sur la question de savoir qui, de l'établissement ou de l'Etat, doit être tenu directement de payer le traitement du médecin-inspecteur, et quelle est l'autorité compétente pour statuer sur les réclamations qui peuvent se produire à ce sujet.

M. le docteur Privat, médecin-inspecteur de l'établissement de Lamalou-les-Bains (Hérault), avait assigné devant le tribunal civil de la Seine M. Cère, propriétaire de cet établissement, en paiement de son traitement qui lui était dû depuis plusieurs années. M. Cère résista à cette demande : il prétendait qu'il ne devait rien à M. Privat, l'Etat ayant pris à sa charge, depuis 1860, le traitement des médecins inspecteurs.

Le docteur Privat répondait que la loi du 14 juillet 1856 et le décret du 28 janvier 1860 n'avaient point affranchi des obligations qui leur incombaient, les propriétaires des établissements balnéaires. L'Etat, disait-il, n'est point débiteur, il n'est, aux termes de ces textes de lois, qu'un intermédiaire entre les médecins inspecteurs et les propriétaires d'eaux minérales, car c'est l'Etat qui devrait encaisser, au prorata des revenus de chaque établissement, les sommes nécessaires pour couvrir les frais d'inspection médicale, et qui devrait ensuite remettre aux médecins les honoraires qui leur sont dus ; mais la loi et le décret n'ayant jamais reçu d'application, il y a lieu de revenir purement et simplement aux usages et aux lois suivis antérieurement à 1856 et 1860.

Le tribunal de la Seine rendit à la date du 22 juillet 1879, le jugement suivant :

« Attendu que Privat, docteur en médecine, nommé médecin-inspecteur des eaux minérales de Lamalou (Hérault) par arrêté du ministre de l'agriculture et du commerce, à la date du 10 juin 1850, demande contre Cère, propriétaire et directeur de l'établissement desdites eaux, le paiement de 8,000 fr. de ses honoraires, à raison de 1000 fr, par an, à partir de l'année 1872, et avec intérêts tels que de droit, sans préjudice d'une autre somme de 5,000 fr. à lui due pour la même cause, en vertu d'un acte authentique, à la date du 29 mars 1862, reçu par Lunz, notaire à Pau, à la résidence de Poujol, canton de Saint-Gervais ;

« Attendu que Cère, sans contester la dette de 5,000 fr. résultant de l'acte authentique sus-énoncé, prétend s'être libéré de cette dette au moyen de sommes par lui versées à Privat depuis l'année 1861, et, en outre, exercer reconventionnellement contre Privat une action en répétition de la somme 8,400 fr. 50 c. qu'il prétend lui avoir payée indûment ;

« Qu'en d'autres termes, Cère prétend que par la loi de 1856 et le décret du 28 janvier 1860, l'Etat ayant pris à sa charge le traitement des médecins-inspecteurs des eaux minérales, il a été déchargé, depuis l'année 1861, de l'obligation de payer ce traitement, et que, s'il consent à ne point répéter ce qui a servi, sur les sommes par lui payées depuis cette époque, à éteindre l'obligation de 5.000 fr., il n'en est pas de même de ce qu'il a payé à Privat pour ses honoraires au delà de cette somme ;

« Que cet excédent ayant été payé par lui sans cause, est sujet à répétition ;

« Attendu qu'il y a lieu pour le tribunal de connaître de la valeur juridique de cette prétention, qui constitue à la fois une fin de non-recevoir contre la demande de Privat et le fondement de la demande reconventionnelle du défendeur ;

« Attendu que la loi du 14 juillet 1856 sur les eaux minérales, introduisant un droit nouveau en cette matière, contient, entre autres, les dispositions suivantes :

« Art. 18. La somme nécessaire pour couvrir les frais d'inspection « médicale et de surveillance des établissements d'eaux minérales

« autorisés est perçue sur l'ensemble de ces établissements. Le mon-
« tant en est déterminé tous les ans par la loi de finances. — La ré-
« partition en est faite entre les établissements, au prorata de leurs
« revenus. — Le recouvrement a lieu comme en matière de contri-
« butions directes, sur les propriétaires, régisseurs ou fermiers des
« établissements » ;

« Qu'ainsi, en ce qui concerne le traitement des médecins-inspecteurs, l'innovation édictée par le législateur de 1856 consistait en ce que ce traitement ne devait plus, comme par le passé, être payé directement aux ayants droit par les propriétaires, régisseurs ou fermiers des établissements, mais par l'Etat lui-même, ainsi que cela se pratique pour tous les services publics, sauf recouvrement contre les établissements eux-mêmes ;

« Attendu qu'en exécution de cette loi, le décret, du 28 janvier 1860 a ordonné que, tous les ans, il serait inscrit au budget du ministère de l'agriculture et du commerce, une somme égale au montant total des traitements des médecins-inspecteurs, et qu'une somme égale serait inscrite au budget des recettes (art. 22);

« Que pour opérer la répartition entre les divers établissements de la somme portée au budget, et le recouvrement à la fin de chaque année, les propriétaires, régisseurs ou fermiers adresseraient au préfet les états des produits et des dépenses de leurs établissements pendant l'année (art. 24, 25 et 26) ; que ces états seraient communiqués par le préfet à une commission présidée par lui (art. 30) ; que l'avis de cette commission, avec les pièces à l'appui, serait soumis à l'examen d'une commission centrale nommée par le ministre (art. 30) ; que, sur le rapport de cette commission, un arrêté du ministre déterminerait le revenu des divers établissements, et répartirait entre eux, au prorata de ce revenu, le montant des frais de l'inspection médicale et de la surveillance ; que cet arrêté serait notifié par voie administrative au propriétaire, fermier ou régisseur de chaque établissement, et transmis au ministre des finances, chargé de poursuivre le recouvrement des sommes pour lesquelles chacun de ces établissements serait imposé (art. 31 et 32) ;

« Attendu que ces prescriptions, édictées par le décret du 28 janvier 1860 pour assurer l'exécution de la loi du 14 juillet 1856, n'ont jamais été mises à exécution ; qu'il résulte de documents officiels, et notamment de déclarations ministérielles, que ce défaut d'exécution a eu principalement pour cause la difficulté et presque l'impossibilité d'obtenir des propriétaires ou fermiers des états de recettes et de dépenses exacts et sincères, pouvant permettre la répartition des frais d'inspection selon le vœu de la loi nouvelle ;

« Attendu d'ailleurs que, quelle que soit la cause de l'inaccomplissement des formalités édictées par le décret de 1860, il est certain, en fait, que ce décret est resté, jusqu'à ce jour, à l'état de lettre morte ;

« Attendu que cette inexécution ne saurait avoir pour effet, d'une part, d'affranchir les propriétaires des établissements d'eaux minérales de l'obligation de pourvoir au traitement des médecins-inspecteurs ; et, d'autre part, de priver les médecins du traitement auquel ils ont droit ; qu'en effet, le législateur de 1856 et 1860, sans décharger ces propriétaires des obligations que leur imposait la législation antérieure, n'a eu, en quelque sorte, pour but que d'instituer, pour l'accomplissement de ces obligations, une procédure nouvelle plus conforme à la nature de ces établissements, et aussi à la dignité professionnelle des médecins qui y sont attachés; qu'en réalité l'Etat n'a point pris à sa charge le subside dont s'agit; qu'il s'en est seulement réservé la perception et la répartition; que, si des difficultés d'exécution ont retardé ou rendu impossible, jusqu'à ce jour, l'application des lois précitées, les médecins-inspecteurs n'ont pas perdu, pour le recouvrement de leur traitement, le droit d'agir contre ceux qui n'ont jamais cessé d'être leurs débiteurs ;

« Qu'ils n'ont point qualité pour provoquer l'accomplissement des formalités édictées par le décret du 28 janvier 1860, dont les agents de l'Etat doivent seuls prendre l'initiative; qu'ainsi, on ne saurait leur reprocher leur inaction et les rendre responsables d'un fait dont ils ne sont, et ne peuvent être les auteurs ;

« Qu'en fait, il résulte des documents soumis au tribunal que la plupart des propriétaires des établissements d'eaux minérales l'ont ainsi compris, et qu'en l'état d'inapplication des dernières dispositions législatives, ils ont continué à payer directement leur traitement aux médecins-inspecteurs ;

« Qu'il suit de tout ce qui précède qu'il y a lieu, dans l'espèce, et pour la solution du litige, de se référer aux lois et usages suivis antérieurement au décret du 28 janvier 1860 ;

Par ces motifs; — Condamne Cère à payer à Privat la somme de 8,199 fr. 70 c., avec intérêts à partir de la demande, sans préjudice de la somme de 5,000 fr., avec intérêts à partir du 6 mai 1878, pour laquelle somme il n'y a pas lieu de prononcer condamnation, attendu qu'il a y titre exécutoire ;

« Déclare bonne et valable la saisie-arrêt pratiquée par Privat contre Cère entre les mains des époux Aguillon, maîtres d'hôtel à Lamalou, etc...

« Déboute Cère des fins de sa demande reconventionnelle et le condamne aux dépens. »

M. Cère interjeta appel de ce jugement.

M. Harel, substitut du procureur général, souleva d'office une exception d'incompétence fondée sur ce que la dette des propriétaires d'établissements thermaux avait le caractère d'un impôt direct.

« Si l'arrêté des consuls du 6 niv. an XI, dit-il, a obligé les propriétaires de sources minérales à pourvoir au traitement des médecins-inspecteurs, sans définir la nature de cette obligation, il était facile de la déterminer à l'aide de ces deux principes :

« 1° Que le médecin-inspecteur, nommé par l'Etat, dans l'intérêt public, pour veiller à l'application des règlements sur la police des eaux minérales, est un fonctionnaire;

« 2° Que toute contribution mise par l'Etat à la charge de la propriété foncière a le caractère d'un impôt.

« Des instructions ministérielles l'ont reconnu dès l'origine en prescrivant aux préfets de faire opérer par les receveurs municipaux le recouvrement des sommes dues pour le traitement des inspecteurs ; et les lois de finances l'ont admis, en autorisant par une mention spéciale la perception des taxes établies en vertu de l'arrêté du 6 niv. an XI.

« Il est vrai que, dans plusieurs départements, les médecins-inspecteurs recevaient leur traitement directement des propriétaires d'établissements thermaux, au lieu de les toucher à la caisse des receveurs municipaux, sur mandat administratif. Cette pratique ne pouvait être qu'un abus que la loi du 14 juillet 1856 a eu précisément pour but de faire cesser. L'article 18 est ainsi conçu : (voir ci-dessus, dans le jugement).

« Ces dispositions sont formelles. Quelle que soit la controverse qui ait pu s'élever sur la portée des lois anciennes, il est certain que la loi du 14 juillet 1856, qui nous régit, ne permet plus de dire que la situation du propriétaire vis-à-vis du médecin-inspecteur soit celle d'un débiteur ordinaire vis-à-vis de son créancier. Le propriétaire ne peut plus être considéré que comme un contribuable. Sa dette a le caractère d'un impôt dont la loi de finances détermine le montant et dont l'Etat seul peut déterminer l'assiette et poursuivre le recouvrement d'après les formes spéciales.

« Il n'appartenait donc pas au docteur Privat de se substituer à l'Etat pour réclamer le paiement d'un impôt que l'Etat aurait négligé de percevoir, et il n'appartenait pas au tribunal d'examiner si M. Cère devait au docteur Privat une somme annuelle de 1,000 fr. ; ou s'il devait seulement un prorata calculé sur l'ensemble des établissements, car c'était fixer la quotité d'une contribution directe. Il s'agissait d'un litige réservé à la juridiction administrative, seule compétente pour statuer sur l'assiette et le mode de répartition des impôts directs. »

Le ministère public cite à l'appui de son opinion l'arrêt rendu par la Cour de Riom, le 12 mars 1866 (1), et un arrêt du Conseil d'Etat du 7 juin 1866.

« ARRÊT. — La Cour ; — Sur la demande principale de Privat :

« Considérant qu'elle avait un double objet : 1° d'obtenir contre Cère condamnation au paiement de la somme de 8,199 fr. 70 c., avec les intérêts, pour raison d'appointements à lui dûs en sa qualité de médecin-inspecteur de l'établissement et des sources d'eaux minérales de Lamalou ; 2° de faire prononcer la validité de la saisie-arrêt pratiquée par lui, le 13 février 1878, entre les mains des époux Daguillon, débiteurs de Cère, pour la garantie du paiement de cette somme, et de celle de 5,000 fr. en capital dont ce dernier s'est reconnu débiteur envers Privat, aux termes d'un acte authentique reçu par Lunz, notaire à Poujol, le 29 mars 1862 ; en ce qui touche la somme de 8,199 fr. 70 c. ;

« Considérant, en droit, que le mode de nomination des médecins-inspecteurs attachés aux divers établissements d'eaux minérales, et de fixation de leur traitement, est déterminé tant par la loi du 14 juillet 1856 que par le décret du 28 janvier 1860 ; il en est de même des prestations auxquelles sont assujettis les propriétaires des

(1) P. 1867. 566.

sources ; qu'il résulte des dispositions de cette loi et de ce décret que les inspecteurs, qui ont surtout pour mission de surveiller dans les établissements de ce genre la stricte observation des règlements sur la matière et d'en contrôler l'exécution dans un intérêt d'ordre public, sont nommés par le ministre de l'agriculture et du commerce ; que le chiffre de leur traitement annuel est déterminé d'une façon invariable par l'article 7 du décret précité, et doit être, conformément à l'article 22, inscrit au budget du même ministère ; que, d'un autre côté, une contribution est établie chaque année dans les formes prescrites par les articles 25 et suivants sur la totalité des revenus nets produits par l'exploitation de toutes les sources d'eaux minérales ; qu'enfin cette contribution doit être recouvrée par le ministre des finances dans l'intérêt et pour le compte du trésor public, « comme en matière de contributions directes », ainsi que l'exige textuellement le § 4 de l'art. 18 de la loi du 14 juillet ;

« Considérant qu'en présence de dispositions aussi formelles et aussi précises, il est impossible de méconnaître que les médecins-inspecteurs sont des fonctionnaires publics, puisque leurs attributions sont réglées et définies par la loi et qu'ils tiennent leurs pouvoirs de l'autorité publique ; — que, de plus, leur traitement ne peut leur être régulièrement alloué qu'en vertu de la loi annuelle de finances et doit être payé sur les fonds de l'Etat, et directement par lui ;

« Que le caractère de fonctionnaires publics choisis et salariés par l'Etat est si réellement celui que le législateur a entendu leur imprimer, que le rapport présenté au Corps législatif sur la loi de 1856 contient, à cet égard, les motifs suivants qui semblent décisifs :

« Pour ce qui est de l'article 18, relatif aux indemnités ou traitements dus aux médecins-inspecteurs des eaux, elle (la loi) admet et proclame avec l'administration qu'il est nécessaire que ces indemnités leur viennent non plus de la main des propriétaires, mais de plus haut, de la main du gouvernement. Elle admet, en outre, que, dans ce but, les divers établissements thermaux peuvent être imposés au prorata de leurs revenus, le recouvrement de cette taxe ayant lieu comme en matière de contributions directes ; »

« Qu'il suit de cet ensemble de dispositions, sans qu'il soit d'ailleurs nécessaire de rechercher si les médecins-inspecteurs ont ou non une action pour obtenir le paiement de leur traitement et si elle peut être utilement dirigée contre les propriétaires, que les tribunaux de l'ordre judiciaire sont, de toute évidence, incompétents pour en connaître ; qu'en effet, si l'on décidait autrement, on aboutirait à cette conséquence qu'il leur appartiendrait de se substituer soit à l'autorité administrative, qui, dans l'espèce, a, seule, qualité pour fixer la quotité du traitement individuellement attribué à chaque inspecteur, et pour recouvrer la taxe imposée à chaque propriétaire, soit au pouvoir législatif de qui seul aussi peuvent émaner les lois de finances autorisant la perception de la contribution en même temps qu'elles en ordonnent l'emploi ;

« Que ce serait là un empiétement manifeste et la violation du principe fondamental de la séparation des pouvoirs ; qu'ainsi le tribunal civil était incompétent pour statuer sur la demande de Privat en cette partie, et que, par ce motif, il y a lieu d'annuler son jugement de ce chef ; qu'il importe peu que cette exception n'ait pas été proposée, puisqu'il est du droit et du devoir de la Cour de la relever d'office, particulièrement quand elle intéresse l'ordre public, comme dans le cas actuel ;

Par ces motifs ; — Annule comme incompétemment rendue, la sentence dont est appel, en ce qu'elle a condamné Cère à payer à Privat la somme de 8,199 fr. 70 c. avec intérêts, etc... (1) »

Bien que, dans le dispositif de son arrêt, la Cour se borne à reconnaître l'incompétence des tribunaux civils, il ne résulte pas moins de ces considérants que les médecins-inspecteurs ne peuvent réclamer le paiement de leur traitement aux propriétaires, fermiers ou régisseurs des établissements d'eaux. Il en est de ces médecins comme des inspecteurs de la pharmacie ; les uns comme les autres reçoivent leur traitement de l'Etat qui porte chaque année, dans la loi de finances, le montant des sommes affectées à cet objet.

Il résulte également de l'arrêt que nous venons de citer, que les médecins-inspecteurs sont de véritables fonctionnaires, et qu'ils doivent jouir des avantages attachés à cette qualité.

La Cour, on le voit, n'a pas pensé, comme le tribunal de la Seine, que, pour apprécier la question, il fallait simplement s'en référer à la législation antérieure. La loi de 1823 renvoyait elle-même, en ce qui concerne le traitement des médecins-inspecteurs, à l'arrêté du 3 floréal an VIII, qui divisait les sources d'eaux thermales en trois classes : première classe, celles dont le produit de la location excédait 3,000 fr. — Seconde classe, celles dont la location excédait 2,000 fr. — Celles dont la location n'atteignait pas 2,000 fr. formaient la troisième classe.

Les officiers de santé chargés de l'inspection des établissements de première classe recevaient 1,000 fr. d'appointements, ceux de la seconde classe, 800 fr. ; quant aux inspecteurs de troisième classe, ils avaient la moitié du prix du bail, sans que, dans aucun cas, leur traitement pût excéder la somme de 600 fr. (2).

Un autre arrêté du 6 nivôse an XI disait, dans ce langage dont les législateurs du temps avaient le secret :

« Quant aux sources exploitées par les particuliers qui en sont « propriétaires, ils seront tenus (*sic*) de se conformer aux règlements « de police des eaux minérales et de pourvoir, sur le produit de ces « eaux, au paiement du traitement de l'officier de santé que le gou-

(1) Paris, 23 novembre 1880. P. 1881. 84.
(2) Arrêté du 3 floréal an VIII, art. 9 et 10.

« vernement jugera nécessaire de commettre pour leur inspection ; « ils seront pareillement tenus de faire approuver par le préfet le « tarif du prix de leurs eaux, sauf le recours au gouvernement en « cas de contestation. »

Chaque année, depuis 1823, la loi de finances a ordonné la perception du droit destiné à faire face au traitement des médecins-inspecteurs. Il importe peu que la loi de 1856 et le décret de 1860 n'aient pas été régulièrement exécutés pour répartir entre les divers établissements l'impôt qui doit payer cette dépense.

Ce traitement est fort mince d'ailleurs, il n'a pas augmenté depuis l'an VIII pour la première classe ; aussi ne paraît-il pas être l'appât qui attire les médecins vers les fonctions d'inspecteurs des eaux ; le titre pourrait bien être considéré parfois comme une enseigne, et ce n'est peut-être pas toujours le mérite professionnel que l'administration prend en considération pour l'accorder.

L'article 15 du décret du 28 janvier 1860 sur les établissements d'eaux minérales naturelles porte que « l'usage des eaux n'est subordonné à aucune permission ni à aucune ordonnance de médecin. » — La Cour de cassation a, il est vrai, décidé qu'un arrêté préfectoral peut défendre aux propriétaires d'un établissement d'eaux thermales d'y admettre, pour faire usage des eaux, des personnes non malades, et qu'il peut aussi faire défense au régisseur d'un tel établissement d'administrer des bains et des douches aux malades qui ne seraient pas munis d'une permission médicale (1). Mais il faut remarquer que, si l'arrêt de la Cour de cassation est du 28 janvier 1861, il n'en a pas moins statué pour une époque où cette jurisprudence se justifiait par la législation alors en vigueur ; l'arrêt attaqué de la Cour d'Aix était antérieur au décret du 28 janvier 1860. Aujourd'hui, un pareil arrêté serait illégal.

B. — Vente d'eaux minérales naturelles ou artificielles.

516. L'arrêté du 5 mai 1781 portait que toutes les eaux minérales qui se vendaient à Paris étaient sujettes à l'inspection des commissaires de la Société de médecine ; les bouteilles devaient être cachetées et vérifiées à leur arrivée au bureau de distribution. Les propriétaires des eaux approuvées ne pouvaient les vendre qu'à la source, au prix fixé par la société, et il ne leur était pas permis d'établir des dépôts. Pareille défense était faite aux

(1) Cassation, 28 janvier 1861. P. 1861. 736.

apothicaires, ainsi qu'à tout particulier, à moins qu'ils ne fussent munis d'une autorisation de la Société royale de médecine.

Ces règlements ne concernaient que les eaux minérales *naturelles*, qui étaient à peu près les seules dont on fit usage alors. La chimie en était encore à ses débuts, et il fallait les perfectionnements modernes de cette science pour produire des eaux minérales factices que la médecine pût accepter. Des essais avaient déjà été faits : dès 1775, Venel, médecin chimiste de Montpellier, avait présenté à l'Académie des sciences des eaux gazeuses, qui étaient une imitation des eaux de Seltz, et Bergman, chimiste suédois, avait aussi démontré, à la même époque, la possibilité de préparer des eaux minérales artificielles. En 1779, Duchanay publia un *essai sur l'art d'imiter les eaux minérales*. Enfin, en 1798, un sieur Paul, qui avait établi à Genève une grande fabrique d'eaux minérales artificielles avec un pharmacien nommé Gosse, vint en fonder une semblable à Paris, rue Montmartre, dans l'ancien hôtel d'Uzès. Ses procédés, ses machines et ses produits furent soumis à l'appréciation de l'Institut qui, sur le rapport de MM. Vauquelin, Chaptal, Pelletan, Fourcroy et Portal, donna l'approbation la plus complète aux procédés du sieur Paul et déclara qu'il avait parfaitement rempli le but qu'il s'était proposé (1). L'industrie des eaux minérales artificielles était désormais fondée, et elle prit une grande extension.

517. Mais plus l'usage des eaux devenait général, plus il était nécessaire d'en surveiller le débit, et surtout la fabrication des eaux factices que l'on ne pouvait abandonner sans contrôle à des mains inhabiles. Aussi l'ordonnance du 18 juin 1823 était-elle impatiemment attendue. Elle dispose ainsi, dans ses deux premiers articles :

Art. 1er. « Toute entreprise ayant pour effet de livrer ou d'administrer au public des eaux minérales naturelles ou artificielles demeure soumise à une autorisation préalable et à l'inspection d'hommes de l'art, ainsi qu'il sera réglé ci-après.

« Sont seuls exceptés de ces conditions, les débits desdites eaux qui ont lieu dans les pharmacies. »

Art. 2. « Les autorisations exigées par l'article précédent continueront à être délivrées par notre ministre secrétaire d'État de l'intérieur, sur l'avis des autorités locales, accompagné, pour les eaux minérales naturelles, de leur analyse, et pour les eaux minérales artificielles, des formules de leur préparation.

« Elles ne pourront être révoquées qu'au cas de résistance aux

(1) Trébuchet, *Jurisprud. de la méd. et de la pharm.*, p. 647.

« règles prescrites par la présente ordonnance, ou d'abus qui seraient « de nature à compromettre la santé publique. »

Les pharmaciens ont voulu voir, dans le second paragraphe de l'article 1er, une dérogation aux lois antérieures. En effet, l'arrêt du Conseil du 5 mai 1781 portait :

Art. 20. « Aucun apothicaire, aucune communauté ou maison reli« gieuse, aucun particulier, à moins qu'il ne soit muni d'une permis« sion accordée sur des motifs bien spécifiés, ne pourront, en aucun « temps, faire venir des eaux minérales pour en faire le commerce. « En cas de contravention, il est prononcé une amende de 1,000 « livres ou plus, suivant les circonstances, au profit des hôpi« taux. »

Rien n'avait été changé à ces dispositions par les règlements postérieurs. L'arrêté du Directoire, dans son article 8, renvoie expressément à l'arrêt du Conseil du 5 mai 1781. Mais on a dit : l'art. 1er de l'ordonnance de 1823 astreint le débit des eaux minérales naturelles ou artificielles à une autorisation préalable et à une inspection, et le second alinéa de cet article excepte de ces conditions les débits desdites eaux qui ont lieu dans les pharmacies. De quelles conditions sont donc exemptés les pharmaciens? — N'est-ce pas évidemment de l'autorisation et de l'inspection?

518. La jurisprudence a adopté la négative.

Le sieur Larbaud, pharmacien, est propriétaire d'une source dite Prunelle, à 8 kilomètres de Vichy. Cette source n'ayant pas été autorisée, le préfet de l'Allier prit, le 10 septembre 1859, un arrêté pour en interdire l'exploitation. Le sieur Larbaud n'ayant tenu aucun compte de cet arrêté, fut traduit devant le tribunal de simple police de Cusset, et condamné, le 19 juillet 1861, par application de l'article 471, § 15 du Code pénal. Il forma contre ce jugement un pourvoi en cassation qui fut rejeté par les motifs suivants :

« Attendu que l'arrêté dont il s'agit a été pris, en premier lieu, pour l'exécution de l'article 1er de l'ordonnance royale du 18 juin 1823, qui défend d'*entreprendre, sans autorisation préalable, la livraison ou l'administration au public des eaux minérales naturelles ou artificielles* ; en second lieu, pour l'exécution de l'arrêté ministériel du 9 juin 1855, qui a autorisé, après l'accomplissement de toutes les formalités de droit, l'exploitation des eaux minérales de Saint-Yorre, alors découvertes, captées et analysées dans les termes des articles 2 et suivants de l'ordonnance précitée ;

« Attendu que cet arrêté avait été, dès lors, compétemment pris, et qu'il était obligatoire, sous la sanction de l'art. 471, n° 15, à moins de réformation ultérieure par l'autorité supérieure ;

« Que Larbaud a poursuivi cette réformation, mais que son recours a été rejeté par décret impérial rendu le 23 novembre 1860, le Conseil d'Etat au contentieux entendu ; d'où il suit que l'arrêté ci-dessus visé, arrêté notifié à Larbaud, était exécutoire sous peine de contravention ;

« Attendu que Larbaud excipe vainement, pour échapper à l'exécution de cet arrêté, du dernier paragraphe de l'art. 1er de l'ordonnance de 1823, qui autorise le débit des eaux minérales qui a lieu dans les pharmacies, puisqu'il s'agit, non d'un débit opéré dans son officine, mais de l'exploitation et de la livraison au public d'eaux prises extérieurement et puisées aux sources mêmes, etc... » (1).

Cette décision étant motivée sur ce qu'il ne s'agissait pas du débit dans la pharmacie, mais d'eaux puisées à la source même, Larbaud crut pouvoir tourner la difficulté en faisant apporter l'eau dans sa pharmacie pour l'y débiter.

Une nouvelle condamnation motiva encore un pourvoi en cassation, et il fut statué ainsi :

« La Cour; — Sur l'unique moyen de cassation, tiré d'une fausse application de l'art. 1er, § 2, de l'ordonnance du 18 juin 1823, qui autorise le débit, par le pharmacien, des eaux minérales dans sa pharmacie ;

« Attendu, en fait, qu'il résulte d'un procès-verbal régulier du 23 mars 1876, ce qui n'est pas d'ailleurs contesté par Larbaud, demandeur en cassation, que ledit Larbaud a vendu au sieur Terrel six bouteilles d'eau minérale naturelle, provenant de la source dite Prunelle et dont Larbaud se dit propriétaire, sans que cette eau eût été préalablement approuvée par le gouvernement ;

« Attendu, en droit, que de la combinaison des dispositions contenues dans les art. 18, 19 et 20 de l'arrêt du Conseil du 5 mai 1781, dans l'art. 16 de l'arrêté du 29 floréal an VII, dans l'art. 32 de la loi du 21 germinal an XI, et dans les art. 1 et 2 de l'ordonnance du 18 juin 1823, il résulte qu'il y a prohibition absolue pour le propriétaire d'une source d'eau minérale, ou pour le pharmacien, de vendre et débiter ladite eau tant qu'elle n'a point été approuvée par le gouvernement ;

« Attendu, que le paragraphe 2 de l'art. 1er de l'ordonnance précitée du 18 juin 1823 a eu seulement pour objet de dispenser les pharmaciens de la nécessité d'obtenir, pour la vente des eaux minérales naturelles antérieurement approuvées, la permission expresse et spéciale qui était exigée par l'art. 20 de l'arrêt du Conseil de 1781, pour que le commerce de l'eau minérale ainsi spécifié fût possible ; mais que cette dispense laisse subsister la règle générale et absolue en vertu de laquelle aucune eau minérale naturelle ne peut être vendue, si elle n'a été approuvée par le gouvernement ;

« Attendu qu'il est allégué par le demandeur que l'eau de la source Prunelle dont il s'agit, aurait été examinée par une Commis-

(1) Cassation, 7 février 1862. P. 1863. 382.

sion déléguée par l'Académie de médecine, et qu'un rapport favorable aurait été déposé; mais qu'il n'est ni établi ni même articulé que cette eau ait reçu l'approbation du ministre compétent, et qu'elle soit, dans les termes des lois et règlements, approuvée par le gouvernement;

« Attendu que, dans ces circonstances, la décision attaquée, loin de violer l'art. 1er de l'ordonnance du 18 juin 1823, en a fait une juste application à la cause, et a légalement prononcé la pénalité édictée par l'art. 471, n° 15, du Code pénal;

« Rejette, etc... (1). »

519. La Cour de cassation interprète donc l'art. 1er de l'ordonnance de 1823 en ce sens que cette ordonnance n'a pas entendu dispenser les pharmaciens de toute espèce d'autorisation en ce qui concerne le débit des eaux minérales, naturelles ou artificielles, mais qu'elle a voulu seulement leur permettre de débiter, sans nouvelle autorisation spéciale, les eaux qui auraient déjà obtenu une autorisation régulière.

Il faut bien reconnaître en effet que l'interprétation littérale donnée par le pharmacien Larbaud à l'ordonnance n'est pas logique. — Comment supposer que le législateur ait voulu défendre la vente en gros des eaux non autorisées, et la permettre au détail? Les inconvénients qu'il aurait repoussés d'un côté, il les rappellerait de l'autre.

L'esprit de cette ordonnance est facile à comprendre. La fabrication des eaux artificielles et même le débit des eaux minérales naturelles peut n'être pas sans danger; on ne peut pas permettre aux particuliers qui n'ont aucun diplôme et n'offrent aucune garantie de livrer ces eaux au public, mais ce danger n'est plus le même quand le débit a lieu dans les pharmacies. Néanmoins, il reparaîtrait assurément si on leur permettait de débiter dans leurs officines des eaux non approuvées.

Nous croyons donc que la jurisprudence a sainement apprécié les intentions du législateur, mais nous reconnaissons volontiers que ces intentions auraient pu se manifester d'une façon moins obscure.

520. Le pharmacien Larbaud avait aussi soutenu que l'ordonnance du 18 juin 1823 ne portant aucune sanction pénale, il ne pouvait pas être condamné en l'absence d'un arrêté spécial, celui qu'avait pris le préfet de l'Allier le 29 janvier 1875 ayant été annulé par le Conseil d'Etat. La Cour de cassation décida que l'ordonnance de 1823 rentrait dans la catégorie des règle-

(1) Cassation, 30 juin 1876. P. 1877. 71.

ments administratifs, et que l'infraction à ses dispositions était passible des peines édictées par l'article 471, n° 15, du Code pénal (1).

521. Le même pharmacien faisait figurer sur ses prospectus, affiches, factures et étiquettes, le nom de *Vichy* en même temps que celui de *Saint-Yorre*. Un arrêté ministériel du 30 janvier 1863 lui fit défense d'employer ainsi ce nom; mais, sur le pourvoi de Larbaud en Conseil d'Etat, l'arrêté ministériel fut annulé.

Pour justifier son arrêté, le ministre disait que les eaux de *Saint-Yorre*, dont l'exploitation a été autorisée, ne se présentent pas dans les mêmes conditions que celles de Vichy, dont les sources se trouvent à une distance de huit kilomètres des premières, et que c'était faire usage des droits de police conférés à l'administration en cette matière que de prohiber des indications propres à tromper le public sur les propriétés thérapeutiques des eaux mises en exploitation.

Larbaud répondait que les prescriptions attaquées avaient, en réalité, pour objet de garantir l'Etat des inconvénients de la concurrence et de le dispenser d'un recours à l'autorité judiciaire pour revendiquer à son profit la propriété de telle ou telle marque ; qu'en cela elles dépassaient les pouvoirs du ministre. C'est ce dernier système qui fut admis par le Conseil d'Etat (2).

522. Pendant longtemps, les pharmaciens allaient plus loin encore, ils revendiquaient pour eux seuls le monopole de la fabrication et de la vente des eaux minérales ; mais ces prétentions ont toujours été repoussées dans l'intérêt général. En 1823, le docteur Boin, rapporteur d'un projet de loi sur l'exercice de la médecine, disait :

« Y a-t-il réellement une aussi grande similitude que le dit la Société de pharmacie entre la tenue d'un établissement d'eaux minérales artificielles et celle d'une officine pharmaceutique ? Est-il besoin de posséder la science chimique dans toute son étendue pour faire et refaire chaque jour le très petit nombre de compositions qui s'emploient dans les établissements d'eaux minérales artificielles ? La commission a pensé, au contraire, qu'il faut moins de science que de capitaux pour créer et faire valoir de tels établissements. Ce serait en concevoir une idée bien extraordinaire que de les assimiler à des laboratoires de chimie et à des magasins de pharmacie, lorsqu'ils ne sont, en effet, que de grandes spéculations commerciales où quelques formules assez simples deviennent l'occasion de l'emploi de capitaux considérables et de bénéfices proportionnés. Une mul-

(1) Cassation, 22 juillet 1875. D. P. 76. 1. 190.
(2) Cons. d'Etat, 29 août 1865. D. P. 67. 5. 154.

titude de fabriques de produits chimiques se sont élevées sans que les pharmaciens en aient revendiqué l'exploitation exclusive ; cependant il y a plus près de ce genre de fabrique aux officines de pharmacie que de celles-ci aux établissements d'eaux minérales artificielles (1). »

En outre, le monopole réservé aux pharmaciens aurait pour effet immédiat le renchérissement du produit, d'abord parce que la concurrence serait supprimée, et aussi parce que les grandes usines seules peuvent livrer à bon marché.

§ 8. — *Examen d'un projet de loi concernant la pharmacie.*

Si l'on veut bien jeter un coup d'œil sur la deuxième section du chapitre suivant, on ne manquera pas de remarquer combien il est difficile de se reconnaître au milieu des innombrables lois, ordonnances, décrets, arrêtés, etc..., qui ont réglementé la pharmacie. Nous avons eu déjà l'occasion d'émettre le vœu, si souvent exprimé par un grand nombre de personnes plus autorisées que nous, de voir un jour une loi d'ensemble mettre fin à la confusion qui règne dans cette partie importante de l'art de guérir. Une pareille loi serait un bienfait non seulement pour les pharmaciens et les médecins, mais aussi pour le public.

En apprenant qu'au mois de février 1881, le Conseil d'État était saisi d'un projet de loi sur cette matière, on s'est réjoui à la pensée qu'on allait sortir des vieux errements, des vieux systèmes, et qu'il ne faudrait plus remonter jusqu'à 1748 pour trouver un document législatif réglant les conditions qui intéressent la pharmacie. — Quand on a connu le texte du projet, la déception a été grande. Si la loi est votée telle qu'elle est proposée, notre arsenal législatif se sera enrichi en vain d'un nouveau document qui viendra tout simplement augmenter la confusion sans remédier à la plus grande partie des inconvénients signalés. Les critiques se sont élevées de toutes parts, et malheureusement le projet y prête sur plus d'un point. Nous devons dire cependant que bon nombre de ces critiques sont fondées sur des raisons que nous n'approuvons pas. D'autre part, on a élaboré des contre-projets qui pourraient aussi, de leur côté, soulever des objections non moins vives. Il nous semble donc que la question, tout ancienne qu'elle est, n'a pas été suffisamment élucidée. Les auteurs du projet ne tiennent

(1) Trébuchet, *Jurisprud. de la méd. et de la pharm.*, p. 654.

compte que des dangers que peut présenter l'exercice de la pharmacie par des titulaires inhabiles ou cupides, et ils remettent trop exclusivement à l'Etat la direction, la disposition, le sort même d'une industrie respectable ; les auteurs de contre-projets semblent se préoccuper avant tout de l'intérêt commercial des pharmaciens, et pas assez de la santé publique. Une loi équitable doit chercher à concilier tous ces intérêts.

Nous examinerons rapidement le projet, et nous indiquerons les objections qu'il nous paraît devoir soulever.

Tout d'abord on s'étonne de voir la brièveté de ce projet ; tout est renfermé dans 22 articles assez concis ; on ne comprend pas comment la matière contenue dans 50 lois environ n'a pas demandé aux auteurs plus de détails. Voici ce document :

TITRE I

CONDITIONS D'EXERCICE DE LA PHARMACIE.

Art. 1er. Nul Français ne peut ni obtenir de patente pour exercer la profession de pharmacien, ni ouvrir une officine, préparer, vendre, tenir en dépôt ou débiter aucun médicament, s'il n'est pourvu d'un diplôme de pharmacien obtenu en France et s'il n'a rempli les formalités prescrites par la loi.

Les pharmaciens, sans distinction de classe, peuvent s'établir et exercer leur profession sur tout le territoire de la République.

Cet article exige, pour l'exercice de la pharmacie, l'*obtention du diplôme* et l'*accomplissement des formalités exigées par la loi.*

Et d'abord, à quelles conditions le diplôme sera-t-il conféré ? — Nous ne faisons pas, dira-t-on, une loi d'enseignement, nous voulons seulement régler l'exercice de la pharmacie. Eh bien, c'est un tort. Tout se tient en pareille matière ; on ne peut pas séparer l'exercice de l'enseignement ; le rédacteur de la loi du 21 germinal an XI l'avait compris.

Et ensuite, quelles sont les formalités prescrites par la loi dont l'accomplissement sera exigé ? Est-ce le serment, l'inscription ? Si l'on veut maintenir ce qui existe tant pour l'enseignement que pour le serment, la déclaration, l'inscription sur les listes, il faut le dire ; on doit faire une loi complète ou n'en pas faire du tout.

Le second paragraphe accorde des droits égaux de résidence à tous les pharmaciens, quelle que soit leur classe ; on laisse donc subsister les classes. Il est difficile de comprendre pourquoi elles ne sont pas supprimées, puisqu'elles seront inutiles dès qu'il ne sera plus attaché aucun privilège aux classes supérieures (1).

Art. 2. Le pharmacien ne peut exercer sa profession que dans son officine et ne peut gérer plus d'une officine. Il ne peut faire, dans le local où est établie son officine, aucun autre commerce que celui des drogues et médicaments, et, en général, de tous les objets se rattachant à l'art de guérir. Il doit avoir son nom inscrit à l'extérieur de son établissement, sur ses étiquettes et sur ses factures; il doit, en outre, indiquer, par une étiquette spéciale, les médicaments destinés à l'usage externe. Il est tenu d'avoir sa résidence habituelle dans la la localité où il exerce sa profession.

On a vu par ce que nous avons dit précédemment, au n° 385, que la disposition qui défend au pharmacien de gérer plusieurs pharmacies à la fois était réclamée dans l'intérêt général. Nous ne pouvons donc qu'approuver cet article dans toutes ses parties.

Art. 3. L'association en nom collectif pour l'exploitation d'une pharmacie, avec des individus non pourvus d'un diplôme, est interdite.

En cas d'association en commandite, l'associé non diplômé qui aurait contrevenu aux dispositions de l'article 27 du Code de commerce deviendra passible des peines portées en l'article 22 de la présente loi.

Art. 4. Au décès d'un pharmacien, la veuve ou les héritiers pourront, pendant un an seulement, faire gérer son officine par un élève de 22 ans au moins, agréé à cet effet par l'Ecole de pharmacie, et sous la surveillance d'un pharmacien également agréé par la même Ecole (2).

Art. 5. L'association d'un pharmacien et d'un médecin est interdite. Il en est de même de l'exercice simultané de la médecine et de la pharmacie, sauf l'exception ci-après.

L'article 4 est mal placé, il devrait venir avant l'article 3, puisque celui-ci et l'article 5 traitent du même sujet, l'association.

Nous avons étudié aussi ces questions aux numéros 381 et 382.

Art. 6. Dans tous les cas où il n'y a pas de pharmacien ayant officine ouverte à une distance de huit kilomètres du domicile du malade, les médecins peuvent fournir des médicaments aux personnes près desquelles ils sont appelés, mais sans avoir le droit de tenir officine ouverte.

Cet article est un de ceux contre lesquels s'élèvent le plus vivement les pharmaciens. Il y a, disent-ils, autant de danger à laisser le médecin faire de la pharmacie, qu'à tenir le malade éloigné de

(1) V. *suprà*, p. 355.
(2) V. *suprà*, n 387, p. 378.

l'officine. Huit kilomètres, c'est peu, et il n'y aura guère d'arrondissements où le cas ne se présentera pas pour vingt, trente communes et plus encore. Le médecin n'aura pas besoin de tenir officine ouverte pour débiter sa marchandise et pour spéculer sur la vente des remèdes qu'il lui sera facile d'ordonner. Il faudrait autoriser dans chaque mairie, ou même prescrire l'acquisition d'une boîte de médicaments dont le médecin aurait seul la clef, mais lui défendre de préparer les médicaments et exiger, par exemple, qu'il ne pût les fournir qu'avec l'étiquette du pharmacien le plus voisin de sa résidence.

Art. 7. Les pharmaciens ne peuvent livrer et débiter des médicaments que sur la prescription qui en sera faite, sur chaque cas particulier, par les médecins ou ceux qui ont le droit de signer une ordonnance. Toutefois, ils peuvent débiter librement, sur la demande de l'acheteur, certains médicaments simples et composés non dangereux dont une liste sera annexée au Codex. Il en est de même en ce qui concerne les médicaments dont il est parlé à l'article 11.

En dehors des prescriptions médicales spécialement indiquées par le médecin pour un cas particulier, ils se conformeront toujours, pour les préparations et compositions qu'ils doivent exécuter et tenir dans leurs officines, aux formules du Codex. Tout pharmacien est tenu de se pourvoir de la plus récente édition du Codex et de tous les suppléments au fur et à mesure de leur publication.

En conséquence, sont interdites la vente et l'annonce, par la voie des journaux, affiches, prospectus ou autrement, de tout remède qui ne rentrerait pas dans l'une des catégories établies dans le précédent article.

A la lecture de cet article, un cri général de désespoir s'est élevé de toutes les pharmacies, et on le conçoit. Nous ne croyons pas que la disposition nouvelle proposée réponde à une nécessité constatée par l'expérience. Jusqu'ici, la loi a obligé le pharmacien à se conformer, pour la préparation des remèdes, soit aux formules du Codex, soit aux ordonnances du médecin ; rien de mieux, mais pourquoi obliger les malades à se munir d'une ordonnance, s'il leur plaît de se soigner eux-mêmes ? Ne suffit-il pas d'exiger cette précaution pour la délivrance des substances vénéneuses ?

Nous n'hésitons pas à répéter avec les pharmaciens : si cet article est voté, c'en est fait de cette industrie. Il suffit de passer quelques heures dans une officine pour voir que la plus grande quantité des médicaments débités sont délivrés sans ordonnance à des malades qui renonceraient au remède si cette formalité était exigée.

Si les pharmaciens doivent être cruellement atteints par cette mesure, le public n'en souffrira pas moins. Nous autorisons, dira-t-on, la vente sans ordonnance de certains médicaments simples ou composés mais non dangereux. — Oui, le pharmacien pourra délivrer directement un peu de sirop de gomme ou d'orgeat, peut-être même une pincée de sous-nitrate de bismuth ; mais ne devra-t-on pas considérer comme dangereux, par exemple, les granules d'arséniate de soude, les granules de digitaline, la teinture d'iode, etc... ? — Et pourtant, quand un médecin a conseillé à un malade de faire usage de ces médicaments, il ne revient pas le lui prescrire chaque fois qu'un flacon est épuisé ; exiger l'ordonnance serait astreindre le malade à une visite de médecin qu'il considère souvent comme inutile. Si le pharmacien refuse de livrer le médicament sans ordonnance, il perdra son client ; s'il le donne, il sera condamné. Ce n'est pas pour arriver à un pareil résultat que des jeunes gens intelligents consentiront, à l'avenir, à se livrer à des études longues et coûteuses. Aussi la loi, sur ce point, ne sera jamais appliquée. Nous avons vu, au n° 417, qu'une circulaire du 12 mai 1881 a prescrit l'indication, en toutes lettres, de la dose des substances vénéneuses ou dangereuses dans les ordonnances de médecin. Ces instructions ne sont pas appliquées, parce que le pharmacien ne peut, dans un cas urgent, renvoyer son client à plusieurs kilomètres pour faire compléter l'ordonnance par le médecin qui l'a délivrée ; il en sera ainsi des prescriptions de l'article 7 du projet. Une loi est mauvaise quand elle est destinée à rester à l'état de lettre morte.

Art. 8. Il est interdit aux pharmaciens comme à toute autre personne de vendre, soit comme spécialité, soit à tout autre titre, une préparation médicinale quelconque sous un autre nom que celui qui est indiqué au Codex.

Art. 9. Les préfets feront imprimer et afficher chaque année un tableau contenant la liste des pharmaciens de chaque classe établis dans leur département, avec les noms, prénoms des pharmaciens, la date de leur réception et le lieu de leur résidence.

TITRE II

DE LA VENTE DES MÉDICAMENTS PAR TOUTE AUTRE PERSONNE QUE LES PHARMACIENS. — DES REMÈDES NOUVEAUX.

Art. 10. Nul autre que les pharmaciens ou les personnes dûment autorisées par la présente loi ne peut vendre ou distribuer aucune préparation destinée à l'usage humain, et à laquelle on attribue des propriétés médicinales ou curatives, tant simple que composée, non plus qu'en annoncer la vente par les journaux, brochures, prospectus ou autrement.

Art. 11. Peuvent être néanmoins librement vendus les médicaments simples, d'un usage courant, d'une manipulation et d'une administration qui sont sans danger, et dont la nomenclature sera faite dans les conditions qui seront déterminées par un règlement d'administration publique.

Nous ne pouvons admettre que l'on accorde à d'autres personnes qu'aux pharmaciens le droit de vendre *des médicaments*, si simples qu'ils soient. Les médicaments les plus simples et les plus inoffensifs peuvent devenir nuisibles s'ils sont de mauvaise qualité ou mal préparés. Les épiciers auront moins d'intérêt que les pharmaciens à avoir toujours des produits de bonne qualité; ils n'auront pas d'ailleurs reçu l'instruction nécessaire pour en vérifier la nature et la préparation, et enfin la surveillance de leurs magasins sera bien moins facile que celle des pharmacies. Il est inutile d'insister pour faire comprendre les abus nombreux qui résulteraient d'une pareille autorisation.

Art. 12. Toute personne qui croira avoir découvert un remède utile et qui voudra qu'il en soit fait usage, en remettra la formule au ministre de l'agriculture et du commerce.

La formule en sera soumise à la commission permanente du Codex, établie, comme il sera dit ci-après, près le ministre de l'agriculture et du commerce, qui appréciera si elle doit être inscrite au Codex. La décision de la commission approuvant l'inscription de la formule au Codex, après qu'elle aura été revêtue de l'autorisation du ministre, vaudra permission de mettre en vente.

Toutes les personnes, inventeurs ou propriétaires de remèdes ou compositions dont elles ont seules la recette, qui auraient été ou qui prétendraient avoir été autorisées, antérieurement à la présente loi, à préparer, vendre ou débiter ces remèdes, devront procéder comme il est dit ci-dessus ; à défaut par les intéressés d'avoir fait régulariser leur situation dans les trois mois de la présente loi, toutes les autorisations cesseront de plein droit d'avoir leur effet.

C'est la suppression des spécialités. Les inventeurs n'auront plus aucun intérêt à chercher des remèdes nouveaux et utiles, puisque chacune de leurs formules sera inscrite au Codex et, par suite, sera à la disposition de tous.

Nous ne prétendons pas dire qu'il n'y ait pas, sur ce point, quelque chose à faire. Les spécialités ont tout envahi, si bien que le pharmacien modeste de province, qui se renferme dans la préparation habituelle des remèdes magistraux et officinaux, est obligé d'ouvrir son officine aux produits préparés par des confrères plus heureux, mieux placés pour les lancer avantageusement, et que sa pharmacie n'est plus qu'un entrepôt à l'usage des spécialistes de grandes villes, qui profitent à peu près seuls de son travail et de ses sacrifices pécuniaires.

En considérant la chose sous un point de vue plus élevé et plus général, il a été constaté que, même dans les cas où la formule de ces spécialités est connue, certains médecins, pour s'éviter la peine de transcrire cette formule sur leurs ordonnances, préfèrent désigner le remède par le nom que l'inventeur lui a donné, et le pharmacien est obligé de délivrer le produit qu'il tient en dépôt dans son officine, alors qu'il peut y avoir avantage à ce qu'il soit préparé pour chaque cas spécial. D'un autre côté, les annonces de ces remèdes remplissent la quatrième page des journaux ainsi que d'innombrables prospectus répandus à profusion, et apprennent au public que le meilleur, le seul moyen de guérir toutes ses maladies se trouve déposé dans toutes les pharmacies de France, sous l'étiquette indiquée portant la signature de l'inventeur. Le public ainsi amorcé se laisse prendre avec une facilité merveilleuse, et, fort souvent, le médecin appelé pour la première fois près d'un malade trouve la cure déjà commencée au moyen d'une de ces préparations administrée à contre-sens, et dont il a bien de la peine à neutraliser les mauvais effets (1).

Nous croyons donc que les pharmaciens non spécialistes n'auraient pas trop à se plaindre de cet article 12. Cependant la suppression radicale des inventions nouvelles n'est pas le meilleur moyen d'éviter le mal. Un grand nombre de remèdes sont plus faciles et plus agréables à prendre dans la forme qui leur est donnée par les inventeurs de procédés nouveaux, et des innovations de cette nature ne reparaîtront plus si leurs auteurs ne doivent en retirer aucun profit. L'amour de l'humanité peut assurément être un stimulant qui pousse certains esprits privilégiés à des recherches utiles, mais ces dévouements sont encore assez rares, tandis qu'ils deviennent fréquents si l'intérêt personnel vient aussi les exciter.

Il y a quelques années, le gouvernement avait songé à frapper d'un impôt toutes ces spécialités ou tout au moins leur annonce. Nous ignorons pourquoi ce projet n'a pas été mis à exécution ; a-t-il paru difficile à appliquer?

(1) V. *suprà*, n. 405.

TITRE III

DES PHARMACIES NON OUVERTES AU PUBLIC. — DES PROFESSIONS ACCESSOIRES. — DES AUTORISATIONS SPÉCIALES DE VENDRE CERTAINS MÉDICAMENTS.

Art. 13. — Les établissements publics, hôpitaux ou autres, les communautés, les associations autorisées de secours mutuels ou autres, laïques ou religieuses, les sociétés commerciales ou industrielles possédant un personnel nombreux, pourront avoir une pharmacie, mais pour leur usage particulier seulement et sous la condition expresse de la faire gérer par un pharmacien diplômé, qui en aura la direction effective et exclusive. Ne pourront lesdits établissements, hôpitaux, communautés, associations et sociétés, sauf le cas d'autorisation préfectorale qui pourra leur être accordée, vendre et distribuer au dehors aucun médicament d'aucune sorte ; leurs officines ne seront pas ouvertes au public.

L'idée qui a dicté cet article est fort juste, et nous ne pouvons qu'y applaudir ; mais pourquoi faut-il qu'une restriction qui se glisse dans la dernière phrase vienne en détruire tout le mérite ? Il dépendra du préfet d'ouvrir au public la pharmacie d'un hôpital, d'une société de secours mutuels ? Voilà le principe de l'égalité, inscrit partout avec tant de pompe, remplacé par l'arbitraire le plus violent. Si le préfet refuse aujourd'hui d'ouvrir au public la pharmacie d'une communauté religieuse, ouvrira-t-il demain celle d'une grande usine dont le chef et les ouvriers lui paraîtront dévoués au gouvernement?

Art. 14. Dans les communes où il n'y aurait pas d'officine ouverte à la distance de huit kilomètres, les préfets pourront, sur l'avis du Conseil d'hygiène de l'arrondissement, prendre des arrêtés toujours révocables, soit pour autoriser telles personnes qu'ils jugeront convenables à vendre et débiter certains médicaments d'une préparation et d'un usage faciles ou nécessaires en cas de danger pressant, et dont la nomenclature sera faite par le règlement d'administration publique déjà prévu par la présente loi, soit permettre que les pharmacies dont il est parlé à l'article précédent soient ouvertes au public. Les arrêtés préfectoraux pris dans ces circonstances cesseront de plein droit d'avoir leur effet dès qu'un pharmacien sera régulièrement établi dans la circonscription sus-indiquée.

Le préfet va donc ouvrir des pharmacies secondaires. Dans les villes, il permettra, en vertu de l'article précédent, aux pharmaciens des sociétés de secours mutuels ou des grandes usines, de vendre des médicaments au public, et, dans les villages, il autorisera l'épicier à faire de la pharmacie, selon que la société de secours mutuels, le directeur de l'usine ou l'épicier votera dans un sens ou dans l'autre. La politique s'introduira ainsi jusque dans la pharmacie, au grand détriment du public, des pharmaciens, et surtout de la dignité et de la considération du gouvernement.

Art. 15. Le commerce en gros des drogues simples et des produits pharmaceutiques est libre; mais il est expressément interdit à toutes personnes faisant ce commerce de débiter et de livrer directement au consommateur aucune drogue ou préparation pharmaceutique.

Art. 16. A l'avenir, il ne sera plus délivré de certificats d'herboriste. Celles des plantes médicinales fraîches ou sèches dont la vente libre sera reconnue sans danger seront comprises dans le tableau qui doit être dressé en conformité de l'article 11 de la présente loi.

Nous ne connaissons point le motif qui fait supprimer les herboristeries, mais s'il est vrai que l'institution soit défectueuse, pourquoi lui substituer une autre organisation qui le sera nécessairement davantage ? On permettra aux épiciers de vendre des plantes réputées inoffensives, et pour vérifier s'ils ne vendent pas en même temps d'autres plantes qui ne sont pas reconnues sans danger, il faudra une surveillance beaucoup plus grande ; elle sera même à peu près impossible (1).

TITRE IV

DES INSPECTIONS DES PHARMACIES, DES DÉPÔTS AUTORISÉS, DES DROGUERIES ET DE TOUTES LES INDUSTRIES DANS LESQUELLES ON FAIT USAGE DE SUBSTANCES AUXQUELLES ON ATTRIBUE DES PROPRIÉTÉS MÉDICINALES OU CURATIVES.

Art. 17. Il y aura un inspecteur de la pharmacie au moins par département. Il sera nommé par le Ministre de l'agriculture et du commerce, sur la présentation du préfet, et sera choisi parmi les pharmaciens de première classe ayant exercé la pharmacie. Il devra toujours résider dans le département.

Le règlement d'administration publique, déjà prévu à la présente loi, déterminera le mode et les conditions d'exercice de cette institution.

Création d'un nouveau fonctionnaire. Cela permettra, il est vrai, de placer quelques amis des préfets, mais ne remplacera pas avec avantage les commissions médicales d'inspection, dont l'indépendance est la première et la plus précieuse garantie pour les assujettis.

Avons-nous besoin d'ajouter que les décisions prises par une seule personne seront toujours plus facilement suspectées que celles d'une commission composée de trois membres des écoles supérieures de pharmacie ou des conseils d'hygiène et de salubrité ?

(1) V. *suprà*, p. 453.

Art. 18. Chaque année, au moins, il sera fait dans chaque département une inspection générale de toutes les pharmacies quelconques, ouvertes ou non au public, de tous les dépôts énumérés dans la présente loi, soit chez les médecins, soit chez les personnes spécialement autorisées à l'effet de vendre certains médicaments, soit chez celles faisant le commerce des substances médicamenteuses ou pharmaceutiques, enfin de toutes les industries généralement quelconques fabriquant des préparations annoncées comme possédant des propriétés médicales ou curatives.

En dehors de cette inspection annuelle obligatoire, l'inspecteur pourra, chaque fois qu'il le jugera convenable ou que cela lui sera prescrit par le préfet, se livrer à des inspections partielles ou générales.

Les frais de toutes ces inspections sont à la charge des pharmaciens et des personnes qui y sont également assujetties.

Les pharmaciens et les personnes faisant le commerce en gros des drogues et des produits pharmaceutiques payeront annuellement une redevance de 8 francs ; les autres personnes soumises à l'inspection, une redevance de 6 francs.

Art. 19. L'inspecteur constatera toutes les infractions prévues par les lois en vigueur sur l'exercice et la police de la pharmacie, comme aussi sur la préparation et la vente des substances toxiques. Il pourra requérir, s'il y a lieu, l'assistance du commissaire de police ou du maire de la localité. Il pourra se transporter dans tous les lieux où l'on fabriquera ou débitera sans autorisation légale des préparations ou des compositions médicinales.

Il se fera présenter toutes les marchandises garnissant les officines et les magasins. Il procédera à toutes constatations et vérifications, et pourra ordonner telles expertises qu'il jugera convenables. Les substances avariées, altérées ou sophistiquées seront immédiatement saisies, et procès-verbal sera dressé pour être ensuite procédé conformément aux lois.

TITRE V

DES PÉNALITÉS.

Art. 20. Les infractions à la présente loi constituent des délits qui seront punis des peines portées par les articles suivants :

Art. 21. Toute infraction aux dispositions de l'art. 1er de la présente loi sera punie d'une amende de 1,000 francs à 3,000 francs.

Art. 22. Toute infraction aux dispositions des art. 2, 3 et 5 sera punie d'une amende de 500 francs à 2,000 francs.

Art. 23. Toute infraction aux dispositions des art. 7 et 8 sera punie d'une amende de 200 francs à 2,000 francs.

Art. 24. Toute infraction aux dispositions des art. 6, 13 et 15 sera punie d'une amende de 300 francs à 1,000 francs. Seront punis de la même peine, toute personne ayant usurpé le titre de pharmacien et tout pharmacien qui se sera attribué un grade supérieur à celui qu'il a obtenu.

Art. 25. Toute infraction aux dispositions des art. 4 et 10 sera punie d'une amende de 100 francs à 500 francs.

Art. 26. Tout débitant dont les médicaments auront été reconnus détériorés ou préparés de manière à en altérer le composé, ou à en changer la nature, sera puni d'une amende de 500 francs à 2,000 francs, sans préjudice de l'application, s'il y a lieu, de l'article 423 du Code pénal, et de la loi du 27 mars 1851.

Les objets qui auraient été saisis comme tombant sous l'application du présent article seront confisqués. S'ils sont propres à un usage quelconque, le tribunal pourra les mettre à la disposition de l'administration pour être attribués aux établissements de bienfaisance. S'ils sont impropres à un usage quelconque, les objets seront détruits ou répandus aux frais du condamné. Le tribunal pourra ordonner que la destruction ou l'effusion aura lieu devant l'établissement ou le domicile du condamné.

Art. 27. En cas de récidive, l'amende fixée par les articles précédents pourra être portée au double, et le délinquant condamné, en outre, à une peine de six jours à six mois de prison.

Dans le cas où la peine de l'emprisonnement aura été prononcée, le tribunal pourra ordonner l'affiche du jugement dans les lieux qu'il désignera, et son insertion intégrale ou par extraits dans les journaux qu'il indiquera, le tout aux frais du condamné.

Art. 28. L'article 463 du Code pénal sera applicable dans tous les cas prévus par les articles précédents.

Art. 29. En outre des pénalités prononcées par les articles précédents, les tribunaux ordonneront la fermeture de toutes les pharmacies, officines ou dépôts quelconques qui existeraient contrairement aux dispositions de la loi.

Il nous semble que les auteurs ont pris beaucoup de peine pour créer de nouveaux délits et de nouvelles pénalités en dix articles compliqués, alors qu'il leur était bien facile, par un seul article, de punir les infractions à la présente loi, d'une amende de 100 fr. à 3,000 fr.

Il fallait, dira-t-on, graduer la peine selon la gravité de l'infraction. Mais en accordant au juge la faculté d'appliquer l'art. 463 du Code pénal, on lui permet d'abaisser la condamnation jusqu'à la limite des peines de simple police; l'échelle établie par les articles qui précèdent est donc inutile, au moins quant au *minimum* des peines. En ce qui concerne le *maximum*, nous croyons qu'on ne doit pas redouter une sévérité excessive du juge. — En effet, le projet de loi a non seulement créé des pénalités nouvelles, il a aussi aggravé singulièrement celles qui existaient déjà. Etait-ce bien nécessaire? Pour l'établir il faudrait démontrer que les tribunaux ont été souvent arrêtés par l'impossibilité légale de franchir la limite *maxima* qui leur était tracée par les lois aujourd'hui existantes; or a-t-on bien consulté les statistiques des tribunaux criminels? Il est permis d'en douter.

L'art. 26 du projet nous paraît tout à fait inutile; la loi du

27 mars 1851 était bien suffisante pour réprimer les infractions qu'il prévoit.

Les auteurs de contre-projets ont songé à organiser les pharmaciens en une sorte de corporation ayant sa chambre de discipline qui serait chargée de réprimer, comme elle l'entendrait, les infractions aux lois sur la pharmacie. Ils citent l'exemple des chambres de discipline des notaires, des avoués, etc...

Cette idée n'est pas pratique et ne dénote pas chez ses auteurs une connaissance parfaite des institutions prises pour modèles. S'ils avaient seulement jeté les yeux sur la loi du 25 vent. an XI portant organisation du notariat, ils auraient vu que, aux termes de l'art. 53, les suspensions, destitutions, condamnations à l'amende et aux dommages-intérêts sont prononcées par les tribunaux, et non par les chambres de discipline. La répression serait rendue par trop illusoire par une disposition contraire.

TITRE VI

DISPOSITIONS GÉNÉRALES.

Art. 30. Il est institué, près le ministère de l'agriculture et du commerce, une commission permanente, dite du Codex, qui sera nommée par le ministre; la composition de cette commission sera déterminée par le règlement d'administration publique déjà prévu à la présente loi.

Cette commission est chargée de procéder à la rédaction du Codex ou formulaire contenant les préparations médicales ou pharmaceutiques qui doivent être tenues par les pharmaciens, et de le mettre constamment au courant des progrès de la science. Elle donnera son avis, au fur et à mesure que la formule en sera communiquée par le ministre ou par les intéressés, sur les demandes d'inscription au Codex concernant les médicaments nouveaux.

En conséquence, sur la proposition de la commission, des suppléments au Codex seront publiés toutes les fois que cela sera jugé nécessaire, et au moins une fois chaque année, par les soins du Ministre de l'agriculture et du commerce.

Le Codex devra en outre contenir:

1° Un tableau comprenant la liste des médicaments simples et des plantes indigènes fraîches ou sèches, dont la vente sera libre, aux termes des art. 11 et 16 de la présente loi ;

2° Un tableau comprenant la liste de certains médicaments d'une préparation et d'un usage facile ou nécessaire en cas de danger pressant, dont la vente peut être autorisée par les préfets, aux termes de l'art. 14 de la présente loi ;

3° Un tableau des médicaments qui peuvent être vendus par les pharmaciens sans ordonnance du médecin.

Sans vouloir médire des commissions choisies dans les ministères, nous ne voyons pas trop pourquoi on enlèverait à l'Académie de médecine la rédaction du Codex et l'indication des modifications à y introduire. Ce grand corps savant possède, dans la section de pharmacie comme dans les autres, des hommes fort distingués qui présenteront autant de garanties de savoir et surtout d'impartialité que toutes les commissions nommées par le ministre.

La tendance de ce projet de loi nous paraît déplorable et fort peu en rapport avec les institutions démocratiques aujourd'hui en faveur; on y trouve, à chaque instant, la main de l'administration venant introduire le bon plaisir et l'arbitraire dans une institution où la science, l'ordre, le travail et la probité doivent seuls donner des droits.

Art. 31. Un décret rendu dans la forme des règlements d'administration publique, indépendamment des matières prévues et réglées par la présente loi, réunira en un seul corps toutes les dispositions contenues dans les ordonnances, décrets et arrêtés relatifs à la police de la pharmacie et des professions accessoires qu'on jugera utile de maintenir, notamment l'ordonnance de police du 9 floréal an XI, l'arrêté du 25 thermidor an XI, le décret du 18 août 1810, l'ordonnance du 8 août 1816, celle du 3 mai 1850, celle du 23 mars 1853, comme aussi toutes les mesures nécessaires pour l'exécution de la présente loi.

Art. 32. Sont abrogés : 1° l'arrêt du Parlement de Paris du 23 juillet 1748, et tous les arrêts, édits, déclarations et règlements qui y sont rappelés ; 2° la déclaration du roi du 25 avril 1777 ; 3° les articles 21, 22, 23, 24, 25, 26, 27, 28, 29, 30, 31, 32, 33, 34, 35, 36, 37 et 38 du titre IV de la loi du 21 germinal an XI ; 4° la loi du 24 pluviôse an XIII ; 5° et généralement toutes les dispositions des lois, ordonnances et décrets antérieurs qui seraient contraires à la présente loi.

Cette formule d'abrogation de toutes les lois antérieures en ce qu'elles ont de contraire à la loi nouvelle est une source de procès et de difficultés pour les tribunaux. Il vaudrait beaucoup mieux allonger un peu la loi et reproduire toutes les dispositions que l'on entend conserver, en abrogeant toutes les lois antérieures sur le même sujet.

Pour faire une bonne loi, il ne suffit pas de connaître à fond la matière sur laquelle on veut légiférer, il faut avoir des connaissances plus étendues, et notamment savoir les conditions et les difficultés d'application de la loi proposée. C'est ce qui nous semble avoir manqué aux auteurs du projet.

ADDENDA

28 (*bis*). — **129** (*bis*). Malgré les décisions que nous avons citées, un grand nombre de maires refusent toujours de recevoir les déclarations, quand elles ne font pas connaître le lieu de la naissance.

En 1855, Chailly Honoré, qui avait refusé d'indiquer le lieu d'une naissance qu'il était obligé de déclarer, dut intenter un procès au maire du IIe arrondissement de Paris qui ne voulait pas accueillir la déclaration dans ces conditions. Le tribunal de la Seine donna tort au maire et ordonna l'inscription de l'enfant.

Un jugement analogue fut obtenu, en 1876, par le docteur Berrut contre le maire du Ve arrondissement.

Malgré ces deux jugements du tribunal de la Seine, et même l'unanimité de la jurisprudence qui ne compte pas, croyons-nous, une seule décision contraire, les officiers de l'état civil de Paris ont continué à refuser les déclarations des médecins qui ne pouvaient, par des motifs professionnels, faire connaître le nom de la rue et le numéro de la maison où l'enfant était né, c'est-à-dire l'adresse exacte de la mère.

En avril 1881, le docteur Lutaud présentait à la mairie du IXe arrondissement un enfant né de père et de mère inconnus, en disant qu'il ne lui était pas permis de révéler le lieu de la naissance. Le maire ne voulut pas recevoir cette déclaration.

Avant d'intenter une action pour couvrir sa responsabilité, le docteur Lutaud demanda l'avis du parquet, et le procureur de la République écrivit au maire du IXe arrondissement la lettre suivante :

« Monsieur le maire, j'estime que vous devez recevoir la déclaration qui vous a été faite par M. Lutaud, docteur-médecin, d'un enfant à vous présenté, bien que le déclarant se borne à faire connaître que l'enfant est né dans le IXe arrondissement, sans autre désignation plus précise (1). »

En cela le parquet du tribunal de la Seine s'est conformé à la loi, à l'équité et à la jurisprudence ; mais cette décision isolée ne suffit pas pour mettre fin à un abus qui peut se renouveler chaque

(1) Docteur Lutaud, *Annales d'hyg. et de méd. lég.*, 3e série, 1881.

jour et dans tous les ressorts de France. Il serait donc à désirer, ainsi que le fait observer avec beaucoup de raison M. le docteur Lutaud, que des instructions générales, émanant des ministères de la justice ou de l'intérieur, fissent enfin connaître aux officiers de l'état civil les limites exactes de leurs devoirs et de leurs droits en ce qui concerne la réception des déclarations de naissance.

107 (*bis*). Le onze mai 1881, la femme Durbec, accoucheuse à Ollioules, était occupée à donner des soins à une femme Gardon qui était en travail d'enfantement. L'accouchement eut lieu d'une façon normale. Toutefois, au moment où la sage-femme terminait la délivrance, une hémorragie abondante se produisit, et la femme Durbec constata par le tact une tumeur ronde et dure, recouverte d'une membrane et tenant au placenta.

Justement préoccupée de cette découverte extraordinaire, la sage-femme refoula dans l'intérieur le corps dont elle ne pouvait bien apprécier la nature, et fit immédiatement appeler M. T..., officier de santé à Ollioules, qui était le médecin le plus voisin.

Celui-ci accourut, se fit rendre compte par la sage-femme des diverses phases qu'avait suivies l'accouchement, examina l'accouchée, palpa à son tour le corps dur qui avait été répoussé à l'intérieur et conclut à l'existence d'un polype qu'il crut de nature à pouvoir mettre en danger la vie de la malade. « Il faut l'enlever sans retard, dit-il, car la femme est très faible. » Et, prenant son bistouri, le médecin pratiqua l'ablation de la prétendue tumeur, au milieu de l'émotion des personnes présentes et des cris lamentables poussés par l'accouchée.

C'était la plus fatale des erreurs que le médecin T... venait de commettre. Ce qu'il avait pris pour un polype n'était autre chose que l'utérus. La sage-femme ne s'y trompa point en voyant le corps qui venait d'être coupé. — L'infortunée victime expira dans la nuit même de l'opération.

Cette affaire eut bientôt à Ollioules un retentissement considérable.

Plein de regrets de son imprudence et désirant en atténuer les suites, le sieur T... compta la somme de 500 fr. au mari de la femme Gardon. Mais cette transaction civile ne pouvait arrêter le ministère public. Le sieur T... fut traduit devant le tribunal correctionnel de Toulon, sous la prévention d'avoir, par maladresse, inattention, imprudence, négligence ou inobservation des règlements, commis un homicide involontaire sur la personne de la femme Gardon.

Le rapport des médecins légistes, MM. les docteurs Gouget et Bouffier, ne laissait aucun doute sur les faits matériels eux-mêmes et sur l'erreur déplorable qui avait été commise. La discussion porta principalement sur le point de savoir si cette erreur, étant données les circonstances particulières du fait, était en partie excusable. Il était démontré, en effet, que le médecin appelé à donner des soins à l'accouchée s'était trouvé en présence d'une *invagination*, au renversement de l'utérus. Avait-il pu alors confondre assez facilement cet organe avec une tumeur?

Une savante dissertation s'éleva entre MM. les docteurs Barthélemy et Cunéo, professeurs à l'école de médecine navale, Bornier et Cotte, sur les erreurs possibles, en cette matière, et il résulta de leurs conclusions qu'un homme plus expérimenté que le médecin T..., qui aurait mieux connu le caractère et la place de certains organes, qui surtout aurait fait des investigations plus soigneuses, ne se serait probablement pas trompé. Le tribunal de Toulon, par jugement du 24 juin 1881, reconnut T... coupable du délit d'homicide par imprudence et inobservation des règlements, et le condamna à 200 fr. d'amende (1).

199 (*bis*). Nous avons dit, page 209 : « Ils croient avoir tout dit quand ils ont constaté que l'accusé n'est pas responsable, parce qu'il a agi sous l'empire d'une surexcitation nerveuse produite, soit par l'alcoolisme, comme dans l'affaire Billet, soit par un état de somnambulisme intermittent, comme dans une affaire récente dont la presse s'est émue à bon droit ».

Nous avons sous les yeux une brochure du docteur Mottet, qui signale le cas très curieux de somnambulisme auquel nous faisons allusion (2).

Le sieur Emile D... avait été condamné, par le tribunal correctionnel de la Seine, à trois mois de prison, pour outrage public à la pudeur. Cet homme parut malade dès son arrestation, et il fut constaté qu'il avait, l'année précédente, passé six mois à l'hôpital Saint-Antoine, dans le service du docteur Mesnet, qui le reconnut atteint de somnambulisme nocturne, et pratiqua sur lui des expériences intéressantes de somnambulisme provoqué.

Dans ces conditions, la défense devait nécessairement faire un effort pour tâcher de soustraire le sieur D... à la condamnation qui l'avait frappé. Un appel fut interjeté, et la Cour ordonna une

(1) *Gazette des tribun.*, 27-28 juin 1881.
(2) Accès de somnambulisme spontané et provoqué. Relation médico-légale, par le Dr A. Mottet. — *Librairie J.-B. Baillière et fils*, 1881.

expertise. Le docteur Mottet fut désigné pour y procéder, et son rapport conclut à l'innocence du prévenu. L'expert appelé à donner des explications orales à l'audience soutint énergiquement les conclusions de son rapport ; il affirmait que D... avait pu subir inconsciemment l'influence d'une volonté étrangère, et il proposa à la Cour de la rendre elle-même témoin d'une expérience concluante sur ce point. M. le président Manau consentit à assister à cette expérience. Le docteur Mottet d'abord, et le docteur Mesnet ensuite, firent accomplir par le prévenu tous les actes que leur dictaient les magistrats, par le seul effort de leur volonté ; ils produisirent en outre chez le prévenu l'anesthésie la plus complète. La Cour prononça l'acquittement de D....

On comprend sans peine quelle impression dut produire chez les magistrats la démonstration faite par les deux honorables experts. Le somnambulisme provoqué n'est pas nouveau, et rien, en effet, n'est plus curieux. Nous nous rappelons avoir assisté, en 1846, à Poitiers, en présence de plusieurs professeurs de l'école de médecine, de MM. les docteurs Gaillard, Bas, Orillard, de la Marsonnière, etc., à de très intéressantes séances, dans lesquelles le sommeil magnétique procuré à des jeunes filles sourdes-muettes, développait en elles une telle sensibilité qu'elles *entendaient* les sons d'un piano, et manifestaient clairement les impressions diverses que la musique produisait sur leurs sens et sur leur esprit, pendant que l'anesthésie était complète, et que l'on enfonçait dans leurs bras et leurs joues une multitude d'aiguilles, sans qu'elles parussent s'en apercevoir. Les théories de Mesmer furent reproduites, développées et discutées, et un médecin de Poitiers, M. le docteur Loreau, entreprit par ce moyen la cure de la surdi-mutité. Il nous fut donné de constater par nous-même qu'au bout de trois mois de cette expérience, une jeune femme sourde-muette, qui habitait alors à Poitiers, rue de la Traverse, avait acquis une certaine sensibilité du nerf auditif. Une personne dissimulée derrière un paravent jouait du violon, et la jeune femme montrait d'une façon très claire qu'elle distinguait les sons de l'instrument. Par suite de circonstances particulières, l'expérience ne put être continuée, les parents du sujet s'y étant opposés.

La Cour de Paris devait donc acquitter D..., s'il lui était démontré que le prévenu, au moment où il accomplissait l'acte qui lui était imputé, avait pu se trouver sous l'influence du somnambulisme ; mais, ainsi que le faisait observer avec raison l'organe du ministère public, il ne suffit pas de prouver que l'inculpé se trouve parfois dans un état morbide qui lui enlève sa responsabilité, il faut encore démontrer qu'en commettant une infraction à la loi, il a dû nécessairement se trouver placé sous cette influence.

238 (*bis*). La question ne nous paraît pas devoir se reproduire aujourd'hui que la loi du 17 juillet 1872 a plus nettement déterminé le délit. Cette loi porte :

Art. 60. « Toutes fraudes ou manœuvres par suite desquelles un « jeune homme a été omis sur les tableaux de recrutement ou sur les « listes du tirage sont déférées aux tribunaux ordinaires et punies « d'un emprisonnement d'un mois à un an.

« Sont déférés aux mêmes tribunaux et punis de la même « peine :

« 1° Les jeunes gens appelés qui, par suite d'un concert frauduleux, « se sont abstenus de comparaître devant le Conseil de révision ;

« 2° Les jeunes gens qui, à l'aide de fraudes ou manœuvres, se « sont fait exempter ou dispenser par un Conseil de révision, sans « préjudice des peines plus graves en cas de faux.

« Les auteurs ou complices seront punis des mêmes peines.

Art. 62. « Quiconque est reconnu coupable d'avoir recélé ou d'avoir « pris à son service un insoumis est puni d'un emprisonnement qui « ne peut excéder un mois. Selon les circonstances, la peine peut « être réduite à une amende de vingt à deux cents francs.

« Quiconque est convaincu d'avoir favorisé l'évasion d'un insoumis « est puni d'un emprisonnement d'un mois à un an.

« La même peine est prononcée contre ceux qui, par des « manœuvres coupables, ont empêché ou retardé le départ des jeunes « soldats.

« Si le délit a été commis à l'aide d'un attroupement, la peine sera « double.

« Si le délinquant est fonctionnaire public, employé du gouverne- « ment ou ministre d'un culte salarié par l'État, la peine peut être « portée jusqu'à deux années d'emprisonnement, et il est en outre « condamné à une amende qui ne pourra excéder deux mille francs.

Art 63. « Tout homme qui est prévenu de s'être rendu impropre au « service militaire, soit temporairement, soit d'une manière per- « manente, dans le but de se soustraire aux obligations imposées « par la présente loi, est déféré aux tribunaux, soit sur la demande « des conseils de révision, soit d'office, et, s'il est reconnu coupable, « il est puni d'un emprisonnement d'un mois à un an.

« Sont également déférés aux tribunaux et punis de la même « peine, les jeunes gens qui, dans l'intervalle de la clôture de la « liste cantonale à leur mise en activité, se sont rendus coupables du « même délit...

« La peine portée au présent article est prononcée contre les com- « plices.

« Si les complices sont des médecins, chirurgiens, officiers de santé « ou pharmaciens, la durée de l'emprisonnement est de deux mois à « deux ans, indépendamment d'une amende de deux cents francs « à mille francs qui peut aussi être prononcée, et sans préjudice

« de peines plus graves, dans les cas prévus par le Code penal.

Art. 66. « Les médecins, chirurgiens ou officiers de santé qui, appelés « au conseil de révision à l'effet de donner leur avis, conformément « aux articles 16, 18, 28, ont reçu des dons ou agréé des promesses « pour être favorables aux jeunes gens qu'ils doivent examiner, « sont punis d'un emprisonnement de deux mois à deux ans.

« Cette peine leur est appliquée, soit qu'au moment des dons ou « promesses ils aient déjà été désignés pour assister au Conseil, « soit que les dons au promesses aient été agréés dans la prévoyance « des fonctions qu'ils auraient à y remplir.

« Il leur est défendu, sous la même peine, de rien recevoir, même « pour une exemption ou réforme justement prononcée.

Art. 67. « Les peines prononcées par les articles 60, 62 et 63 sont ap- « plicables aux tentatives des délits prévus par ces articles.

« Dans le cas prévu par l'article 66, ceux qui ont fait des dons et « promesses sont punis des peines portées par ledit article contre les « médecins, chirurgiens ou officiers de santé. »

Il résulte de ces articles que toutes les tentatives commises, soit par les jeunes gens ou les tiers, soit par les médecins, chirurgiens et pharmaciens, pour procurer l'exemption à un conscrit, sont punissables comme le fait consommé.

On n'a donc plus à se préoccuper aujourd'hui de la jurisprudence antérieure à la loi de 1872.

264 (*bis*). — **352** (*bis*). — Si les médecins ont une action pour se faire payer leurs honoraires, il n'en est point ainsi des personnes qui n'exercent pas légalement la médecine.

M. F..., étant interne des hôpitaux, avait, sur l'indication d'un professeur à la Faculté de médecine de Paris, donné des soins à une dame M... Après avoir été reçu docteur, il introduisit contre cette dernière une demande en paiement de 300 fr. pour ses honoraires. Madame M... soutenait que ce chiffre était exagéré, et avait fait offres réelles de la somme de 50 fr.

Le tribunal de la Seine repoussa la demande par un jugement dont voici le texte :

« Attendu qu'aux termes de la loi du 19 vent. an XI, nul ne peut « exercer la médecine sans avoir de diplôme, de certificat ou de lettre « de réception ;

« Qu'il résulte des documents soumis au tribunal que F..., reçu « docteur le 4 mai 1881, n'avait pas, au jour où il a donné des soins « à la veuve M..., le droit d'exercer la médecine ;

« Qu'il ne peut, dans ces circonstances, fonder sur l'infraction « qu'il a commise une action en paiement d'honoraires; que sa qua- « lité d'interne des hôpitaux, chargé par son professeur de donner « certains soins à une malade, ne supplée pas au défaut de diplôme « et ne lui constitue pas un titre pour exercer personnellement, en « l'absence du médecin qui l'a désigné, et en dehors de l'hôpital,

« l'art de la médecine, et, par suite, ne lui confère aucun droit pour « réclamer la rémunération de soins qu'il ne peut donner, en sa qua- « lité d'interne, que comme le représentant du médecin ;

« Que sa demande est donc non recevable ;

« Par ces motifs, etc... (1). »

391 (*bis*). Nous avons dit précédemment (p. 381) que si l'obligation d'exécuter scrupuleusement les prescriptions médicales, sans pouvoir les changer ou modifier, s'impose aux pharmaciens comme une règle professionnelle tracée par la loi, ils n'en sont pas moins tenus, s'ils croient à l'existence d'une erreur dans une ordonnance, à en référer immédiatement au médecin qui l'a délivrée.

Le 12 octobre 1880, le docteur Boisgard fut appelé chez M. Rozier, à Montreuil-sous-Bois, pour donner des soins à un enfant atteint du croup ; il rédigea une ordonnance que M. Rozier porta de suite chez M. Jeanmaire, pharmacien à Montreuil, pour faire préparer la potion énoncée dans l'ordonnance. Celui-ci se refusa à donner le remède, sous prétexte que le vomitif contenait une dose trop forte et de nature à nuire au malade.

M. Rozier s'en alla immédiatement trouver un autre médecin de Montreuil, lequel lui déclara également que la dose de vomitif prescrite par le docteur Boisgard était trop considérable. L'enfant atteint du croup fut, sur les conseils du second médecin, envoyé à l'hôpital, où il mourut.

M. Rozier se rendit chez M. Blaye, autre pharmacien de Montreuil, et le pria de lui préparer les potions prescrites par l'ordonnance du docteur Boisgard. Mais à peine le pharmacien s'apprêtait-il, après lecture, à préparer les médicaments prescrits, que M. Rozier s'y opposa, disant que c'était inutile, qu'il savait ce qu'il voulait savoir, et qu'il était heureux de n'être pas venu en premier lieu chez lui, car alors il aurait empoisonné son enfant.

M. Blaye lui répondit qu'un ignorant seul avait pu lui dire une pareille chose, car l'ordonnance de M. le docteur Boisgard était conforme aux données du Codex et aux prescriptions des plus grands médecins, et que déjà il avait préparé plusieurs fois de semblables ordonnances.

Le docteur Boisgard prétendit que, sous l'influence des paroles du pharmacien Jeanmaire, M. Rozier s'était empressé d'aller dire partout qu'il lui avait fait une ordonnance contenant des médica-

(1) Tribun. de la Seine (7e ch.), 29 juillet 1881. *Gazette des trib.*, 30 juillet 1881.

ments qui pouvaient empoisonner son enfant, et que ces faits étaient de nature à porter le plus grand préjudice à son crédit en éloignant sa clientèle. Il assigna en conséquence MM. Rozier et Jeanmaire en paiement d'une somme de 5,000 fr., à titre de dommages-intérêts.

Le tribunal rendit le jugement suivant :

« Attendu, d'autre part, que les faits par lui articulés et offerts en preuve ne sont ni pertinents ni admissibles;

« Sur le fait n° 1 :

« Attendu, à la vérité, que l'obligation d'exécuter scrupuleusement les prescriptions médicales, sans pouvoir les changer ou modifier, s'impose aux pharmaciens comme une règle professionnelle, sauf à eux, s'ils croient à l'existence d'une erreur dans une ordonnance, à en référer immédiatement au médecin qui l'a délivrée ;

« Mais attendu qu'il ne s'ensuit pas que leur ministère soit en quelque sorte forcé ;

« Que décider le contraire serait placer les pharmaciens vis-à-vis des médecins dans un état de sujétion qu'aucune disposition de loi n'autorise ;

« Attendu qu'il est certain que le pharmacien s'expose à être personnellement recherché, non seulement au cas où il aurait mal exécuté, changé ou rectifié une prescription médicale, mais même au cas où il se serait scrupuleusement conformé à une ordonnance qui renfermerait une erreur évidente ;

« Qu'il y a lieu d'en conclure d'une manière générale qu'un pharmacien peut se refuser à exécuter une ordonnance qu'il considère comme dangereuse, s'il est constant qu'il n'a été déterminé que par des appréciations scientifiques, en vue de sauvegarder sa propre responsabilité et sans intention de nuire à autrui;

« Attendu que l'articulation proposée sous le n° 1er manque précisément des éléments constitutifs d'un délit ou d'un quasi-délit;

« Attendu d'ailleurs que le demandeur lui-même allègue qu'un de ses confrères de Montreuil, consulté après lui, aurait trouvé la médication prescrite trop considérable, ce qui suffirait tout au moins pour expliquer le refus du pharmacien Jeanmaire;

« Sur les faits compris sous les nos 2 et 3 :

« Attendu qu'ils se réfèrent à une conversation tenue entre Rozier et le pharmacien Blaye, dans l'officine de ce dernier, et n'ayant eu aucune publicité;

« Attendu que ces deux faits sont étrangers à Jeanmaire ;

« Attendu que la démarche de Rozier auprès de Blaye, ainsi que les propos qui lui sont imputés, à les tenir pour établis, démontrent sa bonne foi et celle de Jeanmaire ;

« Sur le fait n° 4 :

« Attendu que cette articulation est produite dans des termes vagues et indéterminés et ne saurait être combattue par la preuve contraire;

« Attendu que les faits imputés par le demandeur à Rozier et à Jeanmaire, et qui, aux termes de sa demande, seraient constitutifs d'un quasi-délit, ne sont pas établis quant à présent;

« Par ces motifs; — Sans s'arrêter ni avoir égard à l'articulation proposée, déclare le demandeur mal fondé dans sa demande, l'en déboute et le condamne aux dépens (1). »

(1) Tribun. civil de la Seine (4e ch.), 20 juillet 1881. *Gazette des tribun.*, 3 sept. 1881.

CHAPITRE XI.

CODE DES MÉDECINS ET DES PHARMACIENS.

(Recueil des Lois, Décrets et Ordonnances concernant la médecine, la chirurgie et la pharmacie.)

SECTION I.

DE LA MÉDECINE.

Académie de chirurgie. . . .	27 août 1790.
Académie de médecine. . . .	20 décembre 1820. — 6 février 1821. — 18 octobre 1829. — 15 septembre 1833 (2 ordonn.). — 20 janvier 1835. — 20 mars 1850.
Aliénés.	30 juin 1838. — 18 décembre 1839. — 24 mars 1858. — 4 février 1875.
Assistance publique.	10 janvier 1849.
Certificats.	22 flor. an II.
Congrégations, suppression. . .	18 août 1792.
Créations d'écoles et de facultés.	20 prairial an XI. — 12 déc. 1824 (Montpellier). — 14 février 1841. — 9 janvier 1842. — 8 juillet 1849. — 17 octobre 1851. — 12 août 1852. — 12 mars 1853. — 13 décembre 1854. — 24 novembre 1856. — 3 décembre 1856. — 4 août 1857. — 27 janvier 1865. — 1er octobre 1872. — 12 mars 1873. — 5 avril 1873. — 6 septembre 1873. — 18 septembre 1873. — 8 décembre 1874. — 19 décembre 1874 (2 décrets). — 19 novembre 1875. — 26 janvier 1876. — 28 janvier 1876. — 28 novembre 1878. — 29 septembre 1879.
Eaux minérales.	20 août 1792. — 29 flor. an VII. — 3 flor. an VIII. — 6 niv. an XI. — 18 juin 1823. — 14 juillet 1856. — 28 janvier 1860. — 14 août 1869. — 21 mai 1880.
Enseignement.	14 frim. an III. — 3 brum. an IV. — 11 flor. an X. — 13 vendém. an XII. — 20 brum. an XII. — 17 mars 1808. — 17 février 1809. — 18 mars 1820. — 5 juillet 1820. — 4 octobre 1820. — 18 janvier 1821. 26 mars 1829. — 12 avril 1835. — 13 octobre 1840. — 12 mars 1841. — 18 avril 1841 (2 ordonn.). — 23 août 1873. — 4 février 1874. — 14 juillet 1875 (2 décrets). — 20 novembre 1875. — 14 janvier 1876 (2 décrets). — 20 juin 1878. — 15 avril 1879.
Exercice de la médecine. . . .	13 brum. an II. — 3 vent. an II. — 14 frim. an III. — 19 vent. an XI. — 8 vendém. an XIV. — 22 janvier 1880.

Expertises, frais. . . . . . . 23 brum. an IV.
Facultés de médecine. . . . . . 21 novembre 1822. — 2 février 1823. — 12 décembre 1824. — 29 mars 1829. — 9 janvier 1842. — 18 mai 1849. — 20 mars 1850. — 11 avril 1850. — 13 février 1851. — 27 février 1869. — 9 novembre 1870. — 14 juillet 1875. — 10 août 1877. — 28 décembre 1878.
Hygiène publique. . . . . . . (*V. Police sanitaire.*)
Organisation. . . . . (*V. Enseignement. Exercice.*)
Police sanitaire. . . . . 3 vendém. an VII. — 3 mars 1822. — 10 août 1848. — 18 décembre 1848. — 1er février 1850. — 13 avril 1850. — 2 décembre 1850. — 15 décembre 1851. — 19 janvier 1852. — 23 octobre 1856. — 7 octobre 1879. — 14 octobre 1879.
Recrutement militaire. . . . . . 21 mars 1832. — 1er avril 1848.
Société de médecine légale. . . . 22 janv. 1874.
Témoins. . . . . 11 prairial an IV.

SECTION II

DE LA PHARMACIE.

Assistance publique. . . . . . 10 janvier 1849.
Codex pharmaceutique. . . . . 23 juillet 1748. — 8 août 1816. — 5 décembre 1866.
Eaux minérales. . . . . 29 flor. an VII. — 3 flor. an VIII. — 6 niv. an X. — 18 juin 1823. — 14 juillet 1856. 8 septembre 1856. — 28 janvier 1860.
Ecoles de pharmacie. . . . . . . (*V. Enseignement. Et pour la création des écoles, V. section 1re.*)
Enseignement. . . . . 2 mars 1791. — 21 germin. an XI. — 25 thermid. an XI. — 22 fruct. an XII. — 5 juillet 1820. — 27 septembre 1840. — 15 octobre 1840. — 5 février 1841. — 12 mars 1841. — 12 avril 1841. — 18 avril 1841. — 13 mars 1842. — 22 août 1854. — 21 avril 1869. — 23 août 1873. — 14 juillet 1875 (2 décrets). — 20 novembre 1875. — 12 juillet 1878. — 31 août 1878.
Exercice. . . . . 25 avril 1777 — 14 avril 1791. — 19 juillet 1791. — 21 germin. an XI. — 29 pluv. an XIII.
Organisation. . . . . (*V. Enseignement. — Exercice. — Police pharmaceutique.*)
Poisons. . . . . (*V. Substances vénéneuses.*)
Police pharmaceutique. . . . . 19 juillet 1791. — 20 septembre 1820. — 10 août 1848. — 23 mars 1859.
Remèdes secrets. . . . . 21 germin. an XI. — 25 prair. an XIII. — 18 août 1810. — 26 décembre 1810. — 3 mai 1850.
Substances vénéneuses. . . . . . 25 avril 1777. — 19 juill. 1845. — 29 octobre 1846. — 8 juillet 1850. — 1er octobre 1864.
Visites des pharmacies. . . . . (*V. Police pharmaceutique.*)

NOTA. *Nous n'indiquons que par leur date et leur titre, les lois, décrets ordonnances qui ne présentent pas un intérêt général actuel. On pourra en trouver le texte complet dans le* Bulletin des lois, *dans les* Recueils de jurisprudence de Dalloz, *du* Journal du Palais, de Sirey, *dans le* Recueil des lois de Duvergier *et dans celui du* Journal des Notaires.

DUBRAC.

SECTION I.

CODE DE LA MÉDECINE.

27 *Août* 1790. — DÉCRET qui autorise l'Académie de chirurgie à présenter un projet de règlement en ce qui la concerne.

---

18 *Août* 1792. — DÉCRET qui supprime toutes les congrégations séculières, même celles qui sont livrées à l'enseignement, et, par suite, la Société royale de médecine, les Académies de médecine et de chirurgie (1).

---

20 *Août* 1792. — DÉCRET portant que les invalides ou blessés auxquels les eaux thermales ou minérales peuvent être nécessaires y seront envoyés aux frais de l'Etat.

---

13 *Brumaire an* II. — DÉCRET qui exempte les médecins, à titre d'*ouvriers de santé*, des mesures de rigueur prises contre les étrangers.

---

3 *Ventôse an* II. — DÉCRET, titre 2, sect. 3, art. 2, accorde une indemnité aux officiers de santé des hôpitaux civils où sont reçus des militaires malades.

---

22 *Floréal an* II. — DÉCRET, art. 4, prononce la peine de la déportation contre les officiers de santé qui délivrent aux ecclésiastiques sujets à la réclusion des certificats d'infirmité faux ou inexacts.

---

14 *Frimaire an* III. — DÉCRET, art. 356. — On ne peut faire dépendre l'admission aux fonctions médicales d'aucune prestation pécuniaire. Organisation des écoles de médecine.

---

3 *Brumaire an* IV. — DÉCRET sur l'organisation de l'instruction publique. — Titre 3, art. 1er : il y aura, dans la République, des écoles spécialement destinées à l'étude de la médecine.

---

23 *Brumaire an* IV. — ARRÊTÉ du Directoire exécutif relatif aux dépenses de l'ordre judiciaire. Le ministre de la justice ordonnancera les honoraires des experts, médecins, chirurgiens et sages-femmes appelés pour prêter leur ministère dans les procédures criminelles.

---

11 *Prairial an* IV. — LOI portant des peines contre les témoins

(1) *V. suprà*, p. 3.

qui ne comparaissent pas sur la citation à eux donnée. — L'article 3 prononce un emprisonnement de deux à trois mois contre l'officier de santé qui a certifié faussement la maladie du témoin (1).

---

3 *Vendémiaire an* VII. — ARRÊTÉ du Directoire exécutif concernant la police des salles de dissection et laboratoires d'anatomie.

Art. 1er. Aucune salle de dissection, soit publique, soit particulière, aucun laboratoire d'anatomie, ne pourront être ouverts sans l'agrément du bureau central, dans les communes où il en existe ; et ailleurs, sans celui de l'administration municipale : ces administrations feront, pour l'inspection de ces lieux, toutes les dispositions qu'elles jugeront nécessaires, sous la réserve de l'approbation du ministre de la police générale.

2. — Pour favoriser l'instruction dans cette partie de l'art de guérir, les directeurs et professeurs des établissements chargés de l'enseignement de l'anatomie se concerteront avec le bureau central ou l'administration municipale.

3. — Tout individu ayant droit de s'occuper de dissection sera préalablement tenu : 1° de se faire inscrire chez le commissaire de police de son arrondissement ; 2° d'observer, pour obtenir des cadavres, les formalités qui lui seront prescrites par la police, en vertu du présent arrêté et des instructions qui seront données pour son exécution ; et 3° de désigner les lieux où seront déposés les débris des corps dont il a fait usage, sous peine d'être privé, à l'avenir, de cette distribution, dans le cas où il ne les aurait pas fait porter au lieu de sépulture.

4. — Les enlèvements nocturnes de cadavres inhumés continueront d'être prohibés et punis suivant la rigueur des lois.

5. — Le ministre de la police générale rendra compte au Directoire des moyens propres à assurer l'exécution des lois sur la police des dissections, et lui soumettra ses vues sur celles qui, d'après les principes de la législation actuelle, lui paraîtraient susceptibles de quelques changements.

---

29 *Floréal an* VII. — ARRÊTÉ du Directoire exécutif concernant les sources et fontaines d'eaux minérales.

---

3 *Floréal an* VIII. — ARRÊTÉ relatif à la location et à l'administration des établissements d'eaux minérales.

(1) *V. suprà*, n. 226, p. 230.

11 *Floréal an* X. — Loi sur l'instruction publique.

Art. 25. — 2° Il pourra être créé trois nouvelles écoles de médecine qui auront, au plus, chacune huit professeurs, et dont l'une sera spécialement consacrée à l'étude et au traitement des maladies des troupes de terre et de mer.

---

6 *Nivôse an* XI. — Arrêté relatif aux baux à ferme des eaux minérales.

Art. 8. — Le mode de nomination des officiers de santé pour le service des sources communales, sera le même que celui prescrit par l'art. 2 de l'arrêté du 23 vendémiaire an VI. — Leur traitement sera réglé d'après les bases fixées par les art. 9 et 10 de l'arrêté du 3 floréal an VIII.

---

19 *Ventôse an* XI. — Loi relative à l'exercice de la médecine.

Exposé des motifs présenté au Corps législatif par Fourcroy, dans la séance du 7 germinal an XI :

1. Les hommes réunis en société ont, de tout temps, été sujets à des maux nés de leur association et qui ont souvent fait penser aux philosophes que cette association même a été plus funeste qu'utile à l'humanité. Cependant, les nations civilisées ont constamment trouvé dans la médecine, sinon des remèdes assurés contre les maladies, au moins des secours multipliés et des soulagements certains.

L'utilité de cet art consolateur a été sentie chez tous les peuples et dans tous les siècles ; il n'a point existé de gouvernement qui ne lui ait prêté un favorable appui, et qui ne se soit intéressé plus ou moins vivement à ses progrès. L'anarchie seule, qui ne respecte aucune institution, a pu méconnaître l'importance de l'art de guérir. Il appartenait à un gouvernement réparateur de rendre à cette branche de l'instruction sa splendeur ancienne et ses résultats avantageux.

Profondément pénétré de la nécessité de rétablir l'ordre dans l'exercice d'une profession qui intéresse essentiellement la sûreté et la vie des citoyens, le gouvernement vous présente un projet de loi qui a pour but de régulariser la pratique de cet art salutaire. Pour vous faire connaître l'urgence de cette loi et les raisons qui en appellent la prompte exécution, qu'il me soit permis de vous offrir un tableau rapide de l'état actuel de l'art de guérir, des abus qui s'y sont introduits, et de ce qui existait en 1792, avant de vous faire connaître les nouvelles mesures législatives que le Gouvernement vous propose d'adopter.

2. Depuis le décret du 18 août 1792, qui a supprimé les universités, les facultés et les corporations savantes, il n'y a plus de réceptions régulières de médecins ni de chirurgiens. L'anarchie la plus com-

plète a pris la place de l'ancienne organisation. Ceux qui ont appris leur art se trouvent confondus avec ceux qui n'en ont point la moindre notion. Presque partout, on accorde des patentes également aux uns et aux autres. La vie des citoyens est entre les mains d'hommes avides autant qu'ignorants. L'empirisme le plus dangereux, le charlatanisme le plus déhonté, abusent partout de la crédulité et de la bonne foi. Aucune preuve de savoir et d'habileté n'est exigée. Ceux qui étudient depuis sept ans et demi dans les trois écoles de médecine instituées par la loi du 14 frimaire an III peuvent à peine faire constater les connaissances qu'ils ont acquises, et se distinguer des prétendus guérisseurs qu'on voit de toutes parts.

Les campagnes et les villes sont également infestées de charlatans qui distribuent les poisons et la mort avec une audace que les anciennes lois ne peuvent plus réprimer. Les pratiques les plus meurtrières ont pris la place des principes de l'art des accouchements.

Des rebouteurs et des mèges impudents abusent du titre d'officiers de santé pour couvrir leur ignorance et leur avidité.

3. Jamais la foule des remèdes secrets, toujours si dangereux, n'a été aussi nombreuse que depuis l'époque de la suppression des fafultés de médecine. Le mal est si grave et si multiplié, que beaucoup de préfets ont cherché les moyens d'y remédier, en instituant des espèces de jurys chargés d'examiner les hommes qui veulent exercer l'art de guérir dans leurs départements.

Mais cette institution départementale, outre qu'elle a le grave inconvénient d'admettre une diversité fâcheuse de mesures administratives, ouvre la porte à de nouveaux abus, nés de la facilité trop grande ou du trop peu de sévérité des examens, et quelquefois d'une source encore plus impure. Le ministre de l'intérieur s'est vu forcé de casser des arrêtés de plusieurs préfets relatifs à ces espèces de réceptions, souvent aussi abusives qu'elles sont irrégulières. Il est donc pressant, pour détruire tous ces maux à la fois, d'organiser un mode uniforme et régulier d'examen et de réception pour ceux qui se destinent à soigner des malades.

4. Il existait en France, en 1792, et avant le décret du 18 août de cette même année, des facultés et des collèges de médecins, ainsi que des collèges et des communautés de chirurgiens.

Les facultés faisaient partie des universités plus ou moins dotées ; elles conféraient seules les degrés, et recevaient des docteurs en médecine. Sur dix-huit facultés qui existaient en France, neuf seulement conservaient à cette époque plus ou moins d'activité, toutes les autres n'avaient plus qu'un vain nom. Celles de Paris, Montpellier, Toulouse, Besançon, Perpignan, Caen, Reims, Strasbourg et Nancy, recevaient, chaque année, un certain nombre de médecins. Les deux premières avaient seules une abondance d'élèves et de réceptions qui, depuis longtemps, les avaient placées bien au-dessus des autres.

Outre ces facultés, il y avait quinze collèges de médecine situés à Amiens, Angers, Bordeaux, Châlons, Clermont, Dijon, Lille, Lyon, Moulins, Nancy, Orléans, Rennes, La Rochelle, Tours et Troyes. — Ces collèges, sans enseignement et sans droit de réception, n'étaient que des corporations auxquelles étaient tenus de s'agréger les médecins reçus auparavant à l'une des neuf facultés, et qui voulaient exercer dans les villes où ces collèges étaient situés, ou dans les provinces où ces villes étaient les capitales.

5. Chaque faculté de médecine chargée d'enseigner ou de recevoir les médecins avait des règlements particuliers émanés du Conseil du roi ou de quelques autorités locales, surtout des évêques chanceliers des universités. Ces règlements fixaient le mode d'études et de réception qui variait dans chaque faculté. Ils soumettaient cependant les candidats à des épreuves plus ou moins difficiles ; ils exigeaient d'eux des attestations de trois ou quatre années d'études, et ils leur prescrivaient de n'étudier dans l'une des facultés, qu'après avoir acquis le titre et le grade de maître ès arts dans les universités.

Le temps de la licence consacré aux réceptions, qui variait d'un mois à deux années suivant les diverses facultés, était partagé en quatre ou cinq examens de plusieurs heures chacun, et en thèses que chaque récipiendaire était obligé de soutenir. Les frais d'examens et de thèses coûtaient de 4 à 600 fr. dans les provinces, et plus de 6,000 fr. à Paris. Outre les frais de licence et d'examens, les élèves payaient encore annuellement des inscriptions pendant les quatre années d'études exigées à Paris. — Ces inscriptions variaient de prix comme les réceptions, mais elles n'allaient jamais au delà de 100 à 150 fr. pour les trois ou quatre années d'études qui doivent précéder les examens.

Malgré cet ordre apparent, le temps avait amené des irrégularités et des abus dans les réceptions; depuis plus de trente ans, tous les hommes éclairés les avaient dénoncés à l'opinion publique. Telle était surtout la différence des deux genres de réception, des docteurs *intrà-muros* et *extrà-muros*, des *ubiquistes*, les dénominations de *bacheliers*, de *licenciés*, d'*agrégés*, de *docteurs régents* et de *non-régents*, ainsi que les diverses prérogatives attachées à ces degrés ou à ces variétés de grades.

6. Le régime intérieur des facultés de médecine, autrefois liées à l'ordre de la cléricature, se ressentait encore, en 1790 et 1792, du caractère de monachisme qui leur avait si longtemps appartenu. Sous prétexte de discipline de corps, les membres étaient recherchés, persécutés, même pour leurs opinions médicales, comme pour leur conduite privée.

A côté de quelques avantages dus à ce régime, les passions, les jalousies se couvraient trop souvent du voile de l'ordre et de la noblesse de l'état de médecin, pour tourmenter ceux d'entre eux que des idées nouvelles et des succès trop prompts distinguaient et tiraient de la classe commune. On se souvient des guerres allumées à l'occasion de l'antimoine, de l'inoculation, des académies de médecine séparées des facultés, des médecins de la cour, des chirurgiens pratiquant la médecine. Une pédanterie magistrale s'associait même au mérite saillant, et le couvrait même d'un ridicule qui retardait les progrès de l'art. D'ailleurs, si deux facultés, surtout celles de Paris et de Montpellier, avaient conservé la sévérité et la dignité dans les examens et les réceptions, presque toutes les autres étaient devenues si faciles pour les récipiendaires, qu'on a vu le titre de docteur conféré à des absents, et les lettres de réception envoyées par la poste

7. Il faut en dire autant des réceptions de chirurgiens qui, bien faites à Paris et dans deux ou trois autres grandes villes, présentaient encore plus d'abus, plus d'arbitraire et moins de sévérité pour leur choix que celles des médecins ; parce que les communautés de chirurgiens trop multipliées, et le droit de recevoir trop répandu admettaient à des épreuves trop simples et à des expériences trop légères, comme on les appelait, des sujets trop peu instruits pour leur confier la vie des hommes.

8. Il y a sans doute plus de mal et d'abus encore depuis que ces épreuves sont abolies ; depuis qu'il n'existe plus ni examen ni réception ; depuis qu'il est permis à tout homme sans études, sans lumières, sans instruction, d'exercer et de pratiquer la médecine et la chirurgie ; depuis enfin que les patentes de médecins et de chirurgiens sont indifféremment délivrées sans titre et sans précaution à tous ceux qui se présentent pour les obtenir. Tout le monde convient donc aujourd'hui de la nécessité de rétablir les examens et les réceptions. Le projet de loi qui va être soumis au Corps législatif présente les dispositions propres à faire revivre cette utile institution. En le rédigeant, on a pris dans les formes anciennes, prescrites par l'édit de 1707, tout ce qu'elles avaient de bon, en les accordant d'ailleurs avec l'ordre de choses qui existe aujourd'hui. Tout est d'ailleurs préparé pour donner à ces dispositions l'utilité qu'on a droit d'en attendre et la solennité qu'elles réclament. Les trois écoles de médecine établies depuis l'an III ont répondu aux vœux du législateur ; jamais l'art de guérir n'a été enseigné avec plus de soin, plus de développement, plus d'ensemble. Ces écoles doivent donc être maintenues. Trois écoles nouvelles que la grande étendue, l'immense population et le territoire ajouté à l'empire français, rendent nécessaires, et dont l'établissement a été ordonné par la loi du 11 floréal dernier, seront organisées comme les trois premières, dont plus de sept années d'existence ont garanti les succès. C'est dans le sein de ces six écoles que seront désormais reçus les docteurs en médecine et en chirurgie, professions qui ne peuvent plus être séparées depuis que leurs études sont fondées sur les mêmes bases et sur les mêmes principes.

9. Il fallait pourvoir à une autre nécessité, plus pressante peut-être encore que celle de former et de recevoir des docteurs en médecine et en chirurgie. Les soins dus aux habitants des campagnes, le traitement des maladies légères, celui d'une foule de maux qui, pour céder à des moyens simples, n'en demandent pas moins quelques lumières supérieures à celles du commun des hommes, exigeaient qu'on substituât aux chirurgiens anciennement reçus dans les communautés des hommes assez éclairés pour ne pas compromettre sans cesse la santé de leurs concitoyens. On propose, à cet effet, d'établir, dans chaque département, un jury chargé de recevoir les jeunes gens que les moyens de leurs parents ne permettraient pas d'entretenir dans des études trop dispendieuses, mais qui, par six ans de travaux assidus auprès des docteurs, ou cinq années de résidence dans les hôpitaux civils ou militaires, auront acquis assez de

connaissances pratiques et auront été assez à portée de faire assez d'applications utiles pour être devenus capables de soigner les malades, et d'éviter les erreurs funestes que l'ignorance et l'impéritie ne commettent que trop souvent. Ils porteront le nom d'*officiers de santé*.

Le projet conforme à ces dispositions est partagé en six titres; chacun de ces titres est divisé en un certain nombre d'articles proportionnés à l'objet qui y est traité.

10. Le premier titre, dans les quatre articles qui le composent, admet deux modes de réception : le premier, dans les six écoles de médecine, pour les *docteurs en médecine ou en chirurgie ;* le second par-devant les jurys de médecine, pour les officiers de santé. Il est indispensable d'admettre cette différence entre deux genres de professsions analogues, mais graduées, que l'ordre naturel des choses, consolidé par un grand nombre de siècles d'existence, force de conserver. Ce premier titre maintient en même temps les droits de ceux qui ont été légalement reçus, ou qui ont une sorte de possession d'état depuis plusieurs années.

11. Le titre 2 fixe le nombre des examens pour la réception des docteurs, et détermine le sujet de chacun de ces examens. On a senti la nécessité d'exiger que la langue latine fût familière aux aspirants. Les ouvrages des grands maîtres dans l'art de guérir sont écrits pour la plupart en latin, et sont les sources où les élèves ont dû puiser les véritables principes de l'art; comment pourraient-ils profiter de ces trésors et les avoir en quelque sorte à leur disposition, s'ils n'avaient en leurs mains la clef qui peut les leur ouvrir ! En conséquence, des cinq examens que l'aspirant sera obligé de soutenir, deux au moins seront soutenus en latin. C'est d'ailleurs un moyen de forcer les élèves de passer, avant leurs études en médecine, dans les écoles secondaires et dans les lycées, qui doivent en être regardés comme le préliminaire indispensable. — Une étude de quatre années dans une des écoles de médecine, des honoraires pour les frais d'études, d'examen et de réception, sont des conditions indispensables, sans lesquelles on ne pourra être reçu docteur. La justice et la raison veulent que ces frais soient supportés par les aspirants, qui recevront, en échange, le droit d'exercer librement une profession de laquelle ils doivent retirer un profit plus ou moins considérable ; ces dispositions sont renfermées dans les art. 5, 6, 7, 8 et 9 du projet.

12. Les articles 10, 11, 12 et 13 autorisent les individus pratiquant l'art de guérir sans avoir été reçus, et qui voudront acquérir le titre de docteur, à n'acquitter que le tiers des frais d'examen et de réception ; ils exemptent de tous frais, excepté de ceux fixés pour la thèse, les médecins et chirurgiens non reçus, mais qui ont été employés en chef ou comme officiers de santé de première classe, pendant deux ans, dans les armées de terre et de mer ; c'est une récompense des services rendus à nos braves armées. Les élèves qui ont étudié dans les trois écoles de médecine actuellement en exercice, et qui y ont subi des examens et fait preuve de capacité, sont autorisés à se présenter pour recevoir le diplôme de docteurs, et à ne payer que la moitié des frais ; les seuls élèves nationaux, admis par concours aux écoles spéciales de médecine, seront dispensés de payer les frais d'é-

tude et de réception. L'art. 14 et le dernier du titre 2 affectent le produit des études et des réceptions, dans chaque école de médecine, au traitement de professeurs et aux dépenses de chacune d'elles.

13. Le titre 3 traite de la réception des officiers de santé. A cet effet, il sera établi, dans le chef-lieu de chaque département, un jury composé de deux docteurs et d'un commissaire pris parmi les professeurs des six écoles de médecine. Chaque jury ouvrira une fois par an des examens, qui seront au nombre de trois, et qui auront lieu en français ; les frais ne pourront excéder 200 fr. ; la répartition de cette somme entre les membres du jury sera déterminée par le gouvernement. Les chirurgiens établis depuis dix ans, sans avoir pu se faire recevoir, pourront se présenter au jury de département pour être examinés et reçus officiers de santé, sans qu'ils soient tenus de payer plus que le tiers du droit fixé pour ces examens.

14. Le titre 4 a pour objet l'enregistrement et la formation des listes des docteurs et des officiers de santé dans chaque département. Il indique les formalités qu'ils auront à remplir pour justifier de leurs droits à exercer l'art de guérir ; ils présenteront leurs titres, sous un délai fixé, aux autorités chargées d'en connaître. Il enjoint à ces autorités de former les listes des docteurs et officiers de santé, d'en adresser des copies certifiées au grand-juge ministre de la justice et au ministre de l'intérieur. Ces listes seront publiées par chaque préfet dans l'étendue de son département. Un des articles de ce titre veut que, désormais, les places et les emplois concernant l'art de guérir ou la salubrité publique, ne soient confiés qu'à des médecins et des chirurgiens légalement reçus suivant les formes anciennes et nouvelles. Les deux derniers articles du titre 4 déterminent les droits et les devoirs respectifs des docteurs et des officiers de santé.

15. Le titre 5 fixe le mode de réception des sages-femmes, dont l'utilité ne peut être révoquée en doute, mais à l'instruction desquelles le gouvernement ne saurait porter trop d'attention. L'établissement d'un cours gratuit d'accouchement théorique et pratique dans chaque département; l'obligation où seront les sages-femmes de suivre au moins deux de ces cours, de voir pratiquer ou de pratiquer elles-mêmes pendant six mois dans un hospice ; celle de se présenter au jury pour être examinées, de ne point employer les instruments dans les accouchements laborieux, sans appeler un médecin ou un chirurgien, et d'obtenir un diplôme enregistré au tribunal de première instance : telles sont les dispositions principales contenues dans ce titre.

16. Enfin le titre 6 détermine les peines et les amendes auxquelles seront condamnés les individus qui se permettraient d'exercer par la suite la médecine, la chirurgie ou l'art des accouchements sans s'être soumis aux épreuves et avoir obtenu les diplômes exigés par la loi. Ces amendes seront proportionnées au titre que les délinquants auraient usurpé.

17. D'après cet exposé, vous voyez que le projet qui vous est présenté, en établissant des formes sévères pour constater les connaissances acquises en médecine et en chirurgie par les élèves qui se seront dévoués à leur étude, doit faire cesser le désordre et l'anarchie

qui existent depuis plus de dix ans dans l'exercice de ces professions. Le gouvernement, en cherchant à éviter ce que les anciennes corporations des facultés de médecine, de collèges et de communautés de chirurgie pouvaient avoir d'abusif et de contraire à l'état actuel de la législation française, croit avoir frappé le but qu'il s'était proposé d'atteindre ; le projet qui vous est aujourd'hui soumis ôte à l'ignorance et à l'avide charlatanisme les moyens de nuire à la santé des citoyens ; il enjoint de n'admettre à l'exercice de l'art de guérir que les sujets qui feront preuve d'une étude solide de cet art ; il rend à un état honorable la dignité qui, seule, peut en soutenir les avantages ; il donne au peuple français une garantie dans le choix des hommes éclairés, dont les listes lui seront offertes d'après des épreuves sévères ; enfin il remédie aux maux que le silence des lois sur cet objet de sûreté publique avait fait naître dans toutes les parties de la France. Le gouvernement compte que, touchés comme lui de la pressante nécessité de rétablir l'ordre dans cette branche de l'administration, vous vous empresserez d'accueillir un projet qui intéresse essentiellement l'humanité.

TITRE I.

DISPOSITIONS GÉNÉRALES.

Art. 1er. A compter du 1er vendémiaire de l'an XII, nul ne pourra embrasser la profession de médecin, de chirurgien ou d'officier de santé, sans être examiné et reçu comme il sera prescrit par la présente loi.

2. Tous ceux qui obtiendront, à partir du commencement de l'an XII, le droit d'exercer l'art de guérir, porteront le titre de *docteurs* en médecine ou en chirurgie, lorsqu'ils auront été examinés et reçus dans l'une des six écoles spéciales de médecine, ou celui d'*officiers de santé*, quand ils seront reçus par les jurys dont il sera parlé aux articles suivants.

3. Les docteurs en médecine et les chirurgiens reçus par les anciennes facultés de médecine, les collèges de chirurgie et les communautés de chirurgiens, continueront d'avoir le droit d'exercer l'art de guérir comme par le passé. Il en sera de même pour ceux qui exerçaient dans les départements réunis, en vertu des titres pris dans les universités étrangères, et reconnus légaux dans les pays qui forment actuellement ces départements. — Quant à ceux qui exercent la médecine ou la chirurgie en France, et qui se sont établis depuis que les formes anciennes de réception ont cessé d'exister, ils continueront leur profession, soit en se faisant recevoir docteurs ou officiers de santé, comme il est dit aux articles 10 et 21, soit en remplissant simplement les formalités qui

sont prescrites à leur égard à l'article 23 de la présente loi.

4. Le gouvernement pourra, s'il le juge convenable, accorder à un médecin ou à un chirurgien étranger et gradué dans les universités étrangères, le droit d'exercer la médecine ou la chirurgie sur le territoire de la République.

TITRE II.

DES EXAMENS ET DE LA RÉCEPTION DES DOCTEURS EN MÉDECINE OU EN CHIRURGIE.

5. Il sera ouvert, dans chacune des six écoles spéciales de médecine, des examens pour la réception des docteurs en médecine ou en chirurgie.

6. Ces examens seront au nombre de cinq, savoir : — le premier, sur l'anatomie et la physiologie ; — le deuxième, sur la pathologie et la nosologie ; — le troisième, sur la matière médicale, la chimie et la pharmacie ; — le quatrième, sur l'hygiène et la médecine légale ; — le cinquième, sur la clinique interne ou externe, suivant le titre de docteur en médecine ou de docteur en chirurgie que l'aspirant voudra acquérir. — Les examens seront publics ; deux d'entre eux seront nécessairement soutenus en latin.

7. Après les cinq examens, l'aspirant sera tenu de soutenir une thèse qu'il aura écrite en latin ou en français.

8. Les étudiants ne pourront se présenter aux examens des écoles qu'après avoir suivi, pendant quatre années, l'une ou l'autre d'entre elles, et acquitté les frais d'étude qui seront déterminés.

9. Les conditions d'admission des étudiants aux écoles, le mode des inscriptions qu'ils y prendront, l'époque et la durée des examens, ainsi que les frais d'étude et de réception, et la forme du diplôme à délivrer par les écoles aux docteurs reçus, seront déterminés par un règlement délibéré dans la forme adoptée pour tous les règlements d'administration publique ; néanmoins la somme totale de ces frais ne pourra excéder mille francs ; et cette somme sera partagée dans les quatre années d'étude et dans celle de la réception.

10. Les médecins et chirurgiens qui, ayant étudié avant la suppression des universités, facultés et collèges de médecine et de chirurgie, et n'ayant pas pu subir d'examen par l'effet de cette suppression, voudront acquérir le titre de docteur, se présenteront à l'une des écoles de médecine avec leurs certificats d'études ; ils

y seront examinés, pour recevoir le diplôme ; et ils ne seront tenus d'acquitter que le tiers des frais d'examen et de réception.

11. Les médecins ou chirurgiens non reçus comme ceux de l'article précédent, mais qui ont été employés en chef ou comme officiers de santé de première classe pendant deux ans dans les armées de terre ou de mer, se présenteront, s'ils veulent obtenir le titre de docteur en médecine ou en chirurgie, avec leurs brevets ou commissions certifiés par les ministres de la guerre ou de la marine, à l'une des écoles de médecine, où ils seront tenus de subir le dernier acte de réception seulement, ou de soutenir thèse. Il leur sera délivré un diplôme ; et ils ne paieront que les frais qui seront fixés pour la thèse.

12. Ceux des élèves qui, ayant étudié dans les écoles de médecine instituées par la loi du 14 frimaire an III, ont subi des examens et ont fait preuve de capacité dans ces écoles, suivant les formes qui y ont été établies, se pourvoiront à celle de ces écoles où ils auront été examinés, pour y recevoir le diplôme de docteur. Ils seront tenus d'acquitter la moitié des frais fixés pour les examens et la réception.

13. Les élèves nationaux admis par le concours des lycées ou des prytanées aux écoles spéciales de médecine, d'après l'article 35 de la loi du 11 floréal an X, seront seuls dispensés de payer les frais d'étude et de réception.

14. Le produit des études et des réceptions dans chaque école de médecine sera employé au traitement des professeurs et aux dépenses de chacune d'elles, ainsi qu'il sera réglé par le gouvernement ; sans néanmoins que les sommes reçues dans l'une de ces écoles puissent être affectées aux dépenses des autres.

TITRE III.

DES ÉTUDES ET DE LA RÉCEPTION DES OFFICIERS DE SANTÉ (1).

15. Les jeunes gens qui se destineront à devenir officiers de santé ne seront pas obligés d'étudier dans les écoles de médecine ; ils pourront être reçus officiers de santé, après avoir été attachés, pendant six années, comme élèves, à des docteurs, ou après avoir suivi, pendant cinq années consécutives, la pratique des hôpitaux civils ou militaires. Une étude de trois années consécutives dans les écoles de médecine leur tiendra lieu de la résidence de six années chez les docteurs ou de cinq années dans les hospices.

(1) Abrogé par les décrets des 22 août 1854 et 23 août 1873.

16. Pour la réception des officiers de santé, il sera formé dans le chef-lieu de chaque département un jury composé de deux docteurs domiciliés dans le département, nommés par le premier consul, et d'un commissaire pris parmi les professeurs des six écoles de médecine, et désignés par le premier consul. Ce jury sera renommé tous les cinq ans; ses membres pourront être continués.

17. Les jurys des départements ouvriront, une fois par an, les examens pour la réception des officiers de santé. — Il y aura trois examens : — l'un sur l'anatomie, — l'autre sur les éléments de la médecine, — le troisième sur la chirurgie et les connaissances les plus usuelles de la pharmacie. — Ils auront lieu en français, et dans une salle où le public sera admis.

18. Dans les six départements où seront situées les écoles de médecine, le jury sera pris parmi les professeurs de ces écoles; et les réceptions des officiers de santé seront faites dans leur enceinte.

19. Les frais des examens des officiers de santé ne pourront pas excéder deux cents francs. La répartition de cette somme entre les membres du jury sera déterminée par le gouvernement.

20. Le mode des examens faits par les jurys, leurs époques, leur durée, ainsi que la forme du diplôme qui devra être délivré aux officiers de santé, seront déterminés par le règlement dont il est parlé à l'article 9.

21. Les individus qui se sont établis depuis dix ans dans les villages, les bourgs, etc., pour y exercer la chirurgie, sans avoir pu se faire recevoir depuis la suppression des lieutenances du premier chirurgien et des communautés, pourront se présenter au jury du département qu'ils habitent, pour y être examinés et reçus officiers de santé. Ils ne paieront que le tiers du droit fixé pour ces examens.

TITRE IV.

DE L'ENREGISTREMENT ET DES LISTES DES DOCTEURS ET DES OFFICIERS DE SANTÉ.

22. Les médecins et les chirurgiens reçus suivant les anciennes formes supprimées en France, ou suivant les formes qui existaient dans les départements réunis, présenteront, dans l'espace de trois mois après la publication de la présente loi, au tribunal de leur arrondissement et au bureau de leur sous-préfecture, leurs lettres de réception et de maîtrise. — Une inscription sur une liste

ancienne légalement formée, ou, à défaut de cette inscription ou de liste ancienne, une attestation de trois médecins ou de trois chirurgiens dont les titres auront été reconnus, et qui sera donnée par voie d'information devant un tribunal, suffira pour ceux des médecins et des chirurgiens qui ne pourraient pas retrouver et fournir leurs lettres de réception et de maîtrise.

23. Les médecins ou chirurgiens établis depuis la suppression des universités, facultés, collèges et communautés, sans avoir pu se faire recevoir, et qui exercent depuis trois ans, se muniront d'un certificat délivré par les sous-préfets de leurs arrondissements, sur l'attestation du maire et de deux notables des communes où ils résident, au choix des sous-préfets : ce certificat, qui constatera qu'ils pratiquent leur art depuis l'époque indiquée, leur tiendra lieu de diplôme d'officier de santé; ils le présenteront, dans le délai prescrit par l'article précédent, au tribunal de leur arrondissement et au bureau de leur sous-préfecture. — Les dispositions de cet article seront applicables aux individus mentionnés dans les articles 10 et 11, et même à ceux qui, n'étant employés ni en chef ni en première classe aux armées de terre ou de mer, et ayant exercé depuis trois ans, ne voudraient pas prendre le titre et le diplôme de docteur en médecine ou en chirurgie.

24. Les docteurs ou officiers de santé reçus suivant les formes établies dans les deux titres précédents seront tenus de présenter, dans le délai d'un mois après la fixation de leur domicile, les diplômes qu'ils auront obtenus, au greffe du tribunal de première instance et au bureau de la sous-préfecture de l'arrondissement dans lequel les docteurs et officiers de santé voudront s'établir.

25. Les commissaires du gouvernement près les tribunaux de première instance dresseront les listes des médecins et chirurgiens anciennement reçus, de ceux qui sont établis depuis dix ans sans réception, et des docteurs et officiers de santé nouvellement reçus suivant les formes de la présente loi et enregistrés aux greffes de ces tribunaux : ils adresseront, en fructidor de chaque année, copie certifiée de ces listes au grand-juge ministre de la justice.

26. Les sous-préfets adresseront l'extrait de l'enregistrement des anciennes lettres de réception, des anciens certificats et des nouveaux diplômes dont il vient d'être parlé, aux préfets, qui dresseront et publieront les listes de tous les médecins et chirurgiens anciennement reçus, des docteurs et officiers de santé domiciliés dans l'étendue de leurs départements. Ces listes seront

adressées par les préfets au ministre de l'intérieur, dans le dernier mois de chaque année.

27. A compter de la publication de la présente loi, les fonctions de médecins et chirurgiens jurés appelés par les tribunaux, celles de médecins et chirurgiens en chef dans les hospices civils ou chargés par des autorités administratives de divers objets de salubrité publique, ne pourront être remplies que par des médecins et des chirurgiens reçus suivant les formes anciennes, ou par des docteurs reçus suivant celles de la présente loi.

28. Les docteurs reçus dans les écoles de médecine pourront exercer leur profession dans toutes les communes de la République, en remplissant les formalités prescrites par les articles précédents.

29. Les officiers de santé ne pourront s'établir que dans le département où ils auront été examinés par le jury, après s'être fait enregistrer comme il vient d'être prescrit. Ils ne pourront pratiquer les grandes opérations chirurgicales que sous la surveillance et l'inspection d'un docteur, dans les lieux où celui-ci sera établi. Dans le cas d'accidents graves arrivés à la suite d'une opération exécutée hors de la surveillance et de l'inspection prescrites ci-dessus, il y aura recours à indemnité contre l'officier de santé qui s'en sera rendu coupable.

TITRE V.

DE L'INSTRUCTION ET DE LA RÉCEPTION DES SAGES-FEMMES.

30. Outre l'instruction donnée dans les écoles de médecine, il sera établi dans l'hospice le plus fréquenté de chaque département, un cours annuel et gratuit d'accouchement théorique et pratique, destiné particulièrement à l'instruction des sages-femmes. — Le traitement du professeur et les frais du cours seront pris sur la rétribution payée pour la réception des officiers de santé.

31. Les élèves sages-femmes devront avoir suivi au moins deux de ces cours, et vu pratiquer pendant neuf mois ou pratiqué elles-mêmes les accouchements pendant six mois dans un hospice ou sous la surveillance du professeur, avant de se présenter à l'examen.

32. Elles seront examinées par les jurys sur la théorie et la pratique des accouchements, sur les accidents qui peuvent les précéder, les accompagner et les suivre, et sur les moyens d'y remédier. — Lorsqu'elles auront satisfait à leur examen, on leur délivrera gratuitement un diplôme dont la forme sera déterminée par le règlement prescrit par les articles 9 et 20 de la présente loi.

33. Les sages-femmes ne pourront employer les instruments dans les cas d'accouchements laborieux, sans appeler un docteur, ou un médecin ou chirurgien anciennement reçu.

34. Les sages-femmes feront enregistrer leur diplôme au tribunal de première instance, et à la sous-préfecture de l'arrondissement où elles s'établiront et où elles auront été reçues. — La liste des sages-femmes reçues pour chaque département sera dressée dans les tribunaux de première instance et par les préfets, suivant les formes indiquées aux articles 25 et 26 ci-dessus.

TITRE VI.

DISPOSITIONS PÉNALES.

35. Six mois après la publication de la présente loi, tout individu qui continuerait d'exercer la médecine ou la chirurgie, ou de pratiquer l'art des accouchements, sans être sur les listes dont il est parlé aux articles 25, 26 et 34, et sans avoir de diplôme, de certificat ou de lettre de réception, sera poursuivi et condamné à une amende pécuniaire envers les hospices.

36. Ce délit sera dénoncé aux tribunaux de police correctionnelle, à la diligence du commissaire du gouvernement près ces tribunaux. — L'amende pourra être portée jusqu'à mille francs pour ceux qui prendraient le titre et exerceraient la profession de docteur ; — à cinq cents francs pour ceux qui se qualifieraient d'officiers de santé et verraient des malades en cette qualité ; — à cent francs pour les femmes qui pratiqueraient illicitement l'art des accouchements. — L'amende sera double en cas de récidive; et les délinquants pourront, en outre, être condamnés à un emprisonnement qui n'excédera pas six mois.

---

20 *Prairial an XI.* — Arrêté qui ordonne l'établissement d'écoles de médecine à Turin et à Mayence, et règlement général sur les écoles de médecine.

---

13 *Vendémiaire an XII.* — Arrêté qui règle le traitement des professeurs des écoles de médecine, et qui consacre des fonds pour le paiement d'autres dépenses relatives à l'administration de ces écoles.

---

20 *Brumaire an XII.* — Arrêté qui règle le costume des professeurs des écoles de médecine et celui des docteurs lorsqu'ils

sont invités à une cérémonie publique ou appelés à faire et soutenir des rapports devant les tribunaux.

---

8 *Vendémiaire an XIV.* — Avis du Conseil d'Etat relatif aux soins donnés par les prêtres, curés ou desservants à leurs paroissiens malades.

Le Conseil d'Etat, qui, d'après le renvoi fait par Sa Majesté impériale et royale, a entendu le rapport de la section de l'intérieur sur celui du ministre des cultes, exposant que les prêtres, curés ou desservants éprouvent des désagréments à l'occasion des conseils ou soins qu'ils donnent à leurs paroissiens malades, et demandant l'autorisation d'écrire aux préfets que l'intention de Sa Majesté n'est pas que les curés soient troublés dans l'aide qu'ils donnent à leurs paroissiens, par leurs secours et leurs conseils dans leurs maladies, pourvu qu'il ne s'agisse d'aucun accident qui intéresse la santé publique, qu'ils ne signent ni ordonnances ni consultations, et que leurs visites soient gratuites, — Est d'avis qu'en se renfermant dans les limites tracées dans le rapport du ministre des cultes ci-dessus analysé, les curés ou desservants n'ont rien à craindre des poursuites de ceux qui exercent l'art de guérir, ou du ministère public chargé du maintien des règlements, puisqu'en donnant seulement des conseils et des soins gratuits, ils ne font que ce qui est permis à la bienfaisance et à la charité de tous les citoyens, ce que nulle loi ne défend, ce que la morale conseille, ce que l'administration provoque, et qu'il n'est besoin, pour assurer la tranquillité des curés et desservants, d'aucune mesure particulière (1).

---

17 *Mars* 1808. — Décret portant organisation de l'Université.

Art. 25. Les grades des facultés de médecine et de droit continueront à être conférés d'après les lois et règlements établis pour ces écoles.

26. A compter du 1er octobre 1815, on ne pourra être admis au baccalauréat dans les facultés de droit et de médecine, sans avoir au moins le grade de bachelier dans celle des lettres.

---

17 *Février* 1809. — Règlement concernant les droits du sceau de l'Université impériale. — Droits d'examen. — Modèle de diplômes.

(1) V. Loi du 19 vent. an XI.

18 *Mai* 1820. — ORDONNANCE du roi qui soumet à la discipline du corps enseignant les professeurs des écoles secondaires de médecine et des cours d'instruction médicale institués dans les hôpitaux, et les étudiants qui suivent ces écoles et ces cours (1).

---

5 *Juillet* 1820. — ORDONNANCE du roi concernant les facultés de droit et de médecine.

LOUIS... — Sur ce qui nous a été exposé touchant l'insuffisance des règlements existants relatifs à la conduite et à l'assiduité des étudiants près les facultés et les écoles secondaires de médecine de notre Université; — Vu la loi du 10 mai 1808, et les décrets et ordonnances concernant l'instruction publique ; — Sur le rapport de notre ministre secrétaire d'État au département de l'intérieur ; — Notre Conseil d'État entendu ; — Nous avons ordonné et ordonnons ce qui suit :

Art. 1er. A compter du 1er janvier 1821, nul ne pourra être admis à prendre sa première inscription dans les facultés de droit et de médecine, s'il n'a obtenu le grade de bachelier ès lettres.

2. A compter du 1er janvier 1822, nul ne sera admis à l'examen requis pour le grade de bachelier ès lettres, s'il n'a suivi, au moins pendant un an, un cours de philosophie dans un collège royal ou communal ou dans une institution où cet enseignement est autorisé.

3. A compter du 1er janvier 1823, nul ne sera admis audit examen s'il n'a suivi, au moins pendant un an, un cours de rhétorique, et, pendant une autre année, un cours de philosophie, dans l'un desdits collèges ou institutions.

4. A compter du 1er janvier 1823, nul ne sera admis à s'inscrire dans les facultés de médecine, s'il n'a obtenu le grade de bachelier ès sciences. D'ici à cette époque, l'instruction requise pour ce grade ainsi que pour les grades supérieurs de la faculté des sciences, sera réglée de nouveau, et de manière que le grade de bachelier n'exige de ceux qui se destinent à la médecine, que les connaissances scientifiques qui leur seront nécessaires (2).

5. A compter du 1er novembre prochain, tout étudiant qui se présentera pour prendre sa première inscription dans une faculté ou dans une école secondaire de médecine, sera tenu de déposer : 1° son acte de naissance ; 2° s'il est mineur, le consentement de ses parents ou tuteur à ce qu'il suive ses études dans la faculté

(1) V. Ordonnance du 15 octobre 1840.
(2) Abrogé par l'ordonnance du 18 janvier 1831.

ou dans l'école : ce consentement devra indiquer le domicile actuel desdits parents ou tuteur ; 3° enfin, dans les facultés de droit et de médecine, après les époques indiquées ci-dessus, le diplôme exigé par les articles précédents.

6. A compter du même jour, 1er novembre prochain, nul ne sera admis à prendre d'inscription dans une faculté ou dans une école siégeant dans une ville autre que celle de la résidence de ses parents et tuteur, s'il n'est présenté par une personne domiciliée dans la ville où siège ladite faculté ou école, laquelle sera tenue d'inscrire elle-même son nom et son adresse sur un registre ouvert à cet effet. — L'étudiant sera censé avoir son domicile de droit, en ce qui concerne ses rapports avec les facultés ou écoles, chez cette personne, à laquelle seront adressés, en conséquence, tous les avis et toutes les notifications qui le concerneront. En cas de mort ou de départ de ladite personne, l'étudiant sera tenu d'en présenter une autre; faute par lui de le faire, toutes les inscriptions qu'il aura prises depuis le décès ou le départ de la personne domiciliée par laquelle il avait été présenté, pourront être annulées.

7. L'étudiant est, en outre, tenu de déclarer, en s'inscrivant, sa résidence réelle, et, s'il vient à en changer, d'en faire une nouvelle déclaration.— Ces déclarations seront inscrites sur le registre dont il est question dans l'article précédent. Toute fausse déclaration, ou tout défaut de déclaration, en cas de changement de domicile, pourra être puni, comme il est dit en l'article précédent. Ces punitions seront infligées par délibération de la faculté.

8. Le registre dont il est question dans l'article 7 sera, ainsi que le registre des inscriptions, coté et paraphé par le recteur de l'académie, qui les clora tous deux le quinzième jour de chaque trimestre; ils seront portés chez lui, à cet effet, par le secrétaire de la faculté ou de l'école.

9. Dans les villes où le recteur ne réside pas, il commettra un fonctionnaire de l'Université pour remplir les formalités indiquées par l'article précédent, et pour le représenter auprès de la faculté ou de l'école dans tous les autres cas où sa présence pourrait être exigée. — A Paris, la commission de l'instruction publique chargera spécialement un de ses membres, ou, sous lui, un inspecteur général, de cette partie des fonctions rectorales.

10. Tout étudiant convaincu d'avoir pris, sur le registre, une inscription pour un autre étudiant, perdra toutes les inscriptions prises par lui, soit dans la faculté où le délit aura été commis, soit

dans toute autre, sans préjudice des peines prononcées pour ce cas par le Code pénal. La punition sera décernée par une délibération de la faculté : elle sera définitive.

11. Tout professeur de faculté ou d'école secondaire de médecine est tenu de faire, au moins deux fois par mois, l'appel des étudiants inscrits et qui doivent suivre son cours en vertu des règlements. — Si le nombre de ces étudiants est trop considérable pour que l'appel puisse être général, le professeur fera, chaque jour, des appels particuliers, de manière, cependant, que chaque étudiant soit appelé au moins deux fois par mois, et qu'aucun d'eux ne puisse prévoir le jour où il sera appelé.

12. Les doyens et les chefs des écoles sont tenus de veiller de temps en temps par eux-mêmes à l'exécution de l'article précédent. Les recteurs pourront également y veiller en personne, ou par un inspecteur d'académie qu'ils enverront à cet effet.

13. Tout étudiant convaincu d'avoir répondu pour un autre perdra une inscription.

14. Tout étudiant qui aura manqué à l'appel deux fois dans un trimestre et dans le même cours, sans excuse valable et légitime, ne pourra recevoir de certificat d'assiduité du professeur dudit cours.

15. Il ne sera délivré de certificat d'inscription que pour les trimestres où les étudiants auront obtenu des certificats d'assiduité pour tous les cours qu'ils devaient suivre pendant ce trimestre d'après les règlements. Il sera fait mention de ces certificats sur le certificat d'inscription.

16. Nul ne sera admis à faire valoir dans une faculté ou dans une école secondaire de médecine les inscriptions prises dans une autre, s'il ne présente un certificat de bonne conduite délivré par le doyen de la faculté ou le chef de l'école secondaire d'où il sort, et approuvé par le recteur. — En cas de refus du doyen ou du recteur, l'étudiant aura la faculté de se pourvoir près du conseil académique.

17. Tout manque de respect, tout acte d'insubordination, de la part d'un étudiant envers son professeur ou envers le chef de l'établissement, sera puni de la perte d'une ou de deux inscriptions; la punition sera prononcée, dans ce cas, par une délibération de la faculté, qui sera définitive. La faculté pourra, néanmoins, prononcer une punition plus grave à raison de la nature de la faute; mais alors l'étudiant pourra se pourvoir par-devant le conseil académique. — En cas de récidive, la punition sera l'exclusion

de la faculté pendant six mois au moins et deux ans au plus ; elle sera prononcée par délibération de la faculté, et sauf le pourvoi devant le conseil académique. — La même punition sera appliquée dans la même forme à tout étudiant qui sera convaincu d'avoir cherché à exciter les autres étudiants au trouble ou à l'insubordination dans l'intérieur des écoles. S'il y a eu quelque acte illicite commis par suite desdites instigations, la punition des instigateurs sera l'exclusion de l'académie; elle sera prononcée par le conseil académique.

18. Tout étudiant convaincu d'avoir, hors des écoles, excité des troubles ou pris part à des désordres publics ou à des rassemblements illégaux, pourra, par mesure de discipline et à l'effet de prévenir les désordres que sa présence pourrait occasionner dans les écoles, et suivant la gravité des cas, être privé de deux inscriptions au moins et de quatre au plus, ou exclu des cours de la faculté et de l'académie dans le ressort de laquelle la faute aura été commise, pour six mois au moins et pour deux ans au plus. Ces punitions devront être prononcées par le conseil académique. Dans le cas d'exclusion, l'étudiant exclu pourra se pourvoir devant la commission de l'instruction publique, qui y statuera définitivement.

19. En cas de récidive, il pourra être exclu de toutes les académies, pour le même temps de six mois au moins et de deux ans au plus. L'exclusion de toutes les académies ne pourra être prononcée que par la commission de l'instruction publique, à laquelle l'instruction de l'affaire sera renvoyée par le conseil académique. L'étudiant pourra se pourvoir contre le jugement devant notre Conseil d'Etat.

20. Il est défendu aux étudiants soit d'une même faculté, soit de diverses facultés du même ordre, soit de diverses facultés de différents ordres, de former entre eux aucune association, sans en avoir obtenu la permission des autorités locales et en avoir donné connaissance au recteur de l'académie ou des académies dans lesquelles ils étudient. Il leur est pareillement défendu d'agir ou d'écrire en nom collectif, comme s'ils formaient une corporation ou association légalement reconnue. — En cas de contravention aux dispositions précédentes, il sera instruit contre les contrevenants par les conseils académiques, et il pourra être prononcé les punitions déterminées par les articles 19 et 20, en se conformant à tout ce qui est prescrit par ces mêmes articles.

21. Les sommes payées pour les inscriptions seront rendues

à ceux qui auront perdu ces inscriptions en vertu des articles ci-dessus.

22. Le recteur fera connaître, dans la semaine, à la commission de l'instruction publique, les punitions qui auront pu être infligées en vertu de la présente ordonnance, soit par les facultés, soit par les écoles secondaires de médecine, soit par les conseils académiques.

23. Tout arrêté portant exclusion de toutes les académies, ou même d'une seule, sera transmis par la commission de l'instruction publique, avec les motifs qui l'auront déterminé, à notre ministre de l'intérieur, et communiqué par lui à nos autres ministres, pour y avoir tel égard que de raison dans les nominations qu'ils auront à nous proposer.

24. Les punitions académiques et de discipline établies par la présente ordonnance auront lieu indépendamment et sans préjudice des peines qui sont prononcées par les lois criminelles, suivant la nature des cas énoncés.

---

4 *Octobre* 1820. — ORDONNANCE du roi qui règle l'ordre des études de la faculté de droit de l'académie de Paris, et contient des dispositions sur les autres facultés.

Art. 8. Dans les facultés de droit aussi bien que dans les autres facultés, à compter de l'année scolaire 1821-1822, la première inscription d'un étudiant devra être prise au commencement de l'année scolaire, et de manière qu'il puisse suivre la totalité des cours dans l'ordre prescrit. Chaque étudiant suivra lesdits cours sans se permettre d'interruption, à moins d'excuses jugées valables par la faculté.

10. Il sera fait par la commission de l'instruction publique, un règlement pour appliquer, avec les modifications convenables, aux facultés de médecine, les dispositions de la présente ordonnance et de celle du 5 juillet, relatives à l'ordre à suivre dans les cours, aux époques des examens, et aux études préalables à exiger de ceux qui ne se présentent à ces facultés que dans l'intention d'y obtenir le diplôme d'officier de santé.

11. On ne comptera, dans toutes les facultés, pour l'admission aux examens, même pour ceux de licence et de doctorat, que les certificats d'inscription donnés lors de la clôture du trimestre auquel l'inscription se rapporte, et accompagnés des certificats d'assiduité pendant ledit trimestre, conformément à l'article 15 de notre ordonnance du 5 juillet 1820. L'inscription seule ne ser-

vira que pour l'admission aux leçons, et de preuve que les frais en ont été payés.

---

20 *Décembre* 1820. — ORDONNANCE du roi qui établit à Paris, pour tout le royaume, une académie royale de médecine (1).

LOUIS... — Notre intention étant de donner le plus tôt possible des règlements propres à perfectionner l'enseignement de l'art de guérir, et à faire cesser les abus qui ont pu s'introduire dans l'exercice de ses différentes branches, nous avons pensé qu'un des meilleurs moyens de préparer ce double bienfait était de créer une académie spécialement chargée de travailler au perfectionnement de la science médicale, et d'accorder à cette académie notre protection particulière. Nous nous sommes d'ailleurs rappelé les services éminents qu'ont rendus, sous le règne de nos prédécesseurs, la société royale de médecine et l'académie royale de chirurgie, et nous avons voulu en faire revivre le souvenir et l'utilité, en rétablissant ces compagnies célèbres sous une forme plus appropriée à l'état actuel de l'enseignement et des lumières. — A ces causes ; — Sur le rapport de notre ministre secrétaire d'Etat au département de l'intérieur, — Nous avons ordonné et ordonnons ce qui suit :

Art. 1er. Il sera établi à Paris, pour tout notre royaume, une académie royale de médecine.

2. Cette académie sera spécialement instituée pour répondre aux demandes du gouvernement sur tout ce qui intéresse la santé publique, et principalement sur les épidémies, les maladies particulières à certains pays, les épizooties, les différents cas de médecine légale, la propagation de la vaccine, l'examen des remèdes nouveaux et des remèdes secrets, tant internes qu'externes, les eaux minérales naturelles ou factices, etc... — Elle sera, en outre, chargée de continuer les travaux de la société royale de médecine et de l'académie royale de chirurgie : elle s'occupera de tous les objets d'étude et de recherche qui peuvent contribuer aux progrès des différentes branches de l'art de guérir. En conséquence, tous les registres et papiers ayant appartenu à la société royale de médecine ou à l'académie royale de chirurgie, et relatifs à leurs travaux, seront remis à la nouvelle académie, et déposés dans ses archives.

3. L'académie sera divisée en trois sections, une de médecine, une de chirurgie et une de pharmacie.

4. Elle sera composée d'honoraires, de titulaires, d'associés et d'adjoints.

(1) Voir *infrà*, Ordonnances du 6 février 1821, — 18 octobre 1829, — 15 septembre 1833, — 20 janvier 1835.

5. Il y aura trente honoraires dans la section de médecine, vingt dans la section de chirurgie, et dix dans la section de pharmacie, tous pris hors de la classe des titulaires et choisis par voie d'élection. Indépendamment de ces honoraires élus, tout titulaire âgé de soixante ans accomplis pourra devenir, de droit, honoraire, sous la seule condition d'en faire la demande par écrit.

6. Les titulaires seront au nombre de quarante-cinq dans la section de médecine, de vingt-cinq dans la section de chirurgie, et de quinze dans la section de pharmacie. Cinq titulaires de la section de médecine seront nécessairement choisis parmi les médecins vétérinaires.

7. Il y aura trois classes d'associés : des associés libres, des associés ordinaires, et des associés étrangers. — Le nombre des associés libres sera de trente : ils seront choisis parmi les personnes qui cultivent avec succès les sciences accessoires à la médecine, ou qui auront contribué d'une manière quelconque à leurs progrès, ou enfin qui, dans les divers établissements consacrés au soulagement de l'humanité, l'auront servie avec zèle et distinction. Ils devront résider à Paris. — Les associés ordinaires seront au nombre de quatre-vingts, dont vingt seulement résidant à Paris : ils seront pris parmi les médecins, les chirurgiens, les pharmaciens, et les savants du royaume qui se sont fait connaître d'une manière avantageuse, soit par leurs écrits, soit par leurs succès dans la pratique ou dans l'enseignement. — Le nombre des associés étrangers est fixé à trente : ils seront choisis parmi les médecins, chirurgiens, pharmaciens et savants étrangers les plus célèbres. — Les associés de toutes les classes appartiendront au corps de l'académie, et ne seront attachés à aucune section en particulier.

8. Les adjoints seront choisis de préférence parmi les médecins, chirurgiens, officiers de santé et pharmaciens qui auront présenté ou envoyé à l'académie des observations ou des mémoires, et qui auront montré le plus de zèle pour contribuer à ses travaux. Ceux qui résideront à Paris, prendront le titre d'*adjoints résidants ;* ceux qui résideront dans les départements ou à l'étranger, prendront le titre d'*adjoints correspondants*. — Le nombre des adjoints résidants pourra égaler celui des titulaires de la section à laquelle ils seront attachés : le nombre des adjoints correspondants est indéterminé.

9. Chacune des trois sections de l'académie élira ses membres honoraires, ses membres titulaires et ses adjoints. Les associés seront élus par l'académie entière ; toutefois, l'élection des hono-

raires, titulaires et associés ne sera définitive que lorsqu'elle aura été approuvée par nous. Quant à l'élection des adjoints, elle devra être confirmée par l'académie entière.

10. L'académie s'assemblera ou en corps, ou par section. Les séances générales se tiendront une fois tous les trois mois ; et les séances des sections, deux fois chaque mois.

11. Les séances générales auront pour objet, d'une part, l'administration et les affaires générales de l'académie ; et, de l'autre, les matières de science dont la discussion exigera le concours de toutes les sections. — Les séances des sections seront consacrées aux objets de science et d'étude dont chacune d'elles devra spécialement s'occuper. Lorsqu'il se rencontrera des matières qui intéresseront à la fois deux sections, ces deux sections se réuniront pour les discuter en commun. Ces mêmes matières seront toujours renvoyées à des commissions mixtes.

12. Les honoraires et les titulaires d'une section assisteront, quand ils voudront, aux séances des deux autres sections. Les associés et les adjoints pourront assister à toutes les séances, soit générales, soit de section. — Les honoraires, les titulaires et les associés auront voix délibérative en matière de science. Les diverses nominations et les affaires générales de l'académie seront exclusivement réservées aux titulaires.

13. Indépendamment de ses séances privées, soit générales, soit particulières, l'académie tiendra annuellement trois séances publiques, une pour chacune de ses sections. — Ces séances seront principalement destinées : 1° à rendre compte des travaux de la section qui occupera la séance ; 2° à faire connaître, par des éloges ou des notices historiques, les membres que cette section aura perdus ; 3° à annoncer les sujets de prix qu'elle proposera pour l'année courante ; 4° enfin à proclamer les noms de ceux qui auront remporté les prix proposés antérieurement.

14. Le bureau général de l'académie sera composé d'un président d'honneur perpétuel, d'un président temporaire, d'un secrétaire et d'un trésorier. Notre premier médecin en titre sera de droit président d'honneur perpétuel de l'académie. Le président temporaire, le secrétaire et le trésorier seront élus par l'académie entière, et nécessairement choisis parmi ses membres titulaires ; ils pourront être pris indifféremment dans l'une ou dans l'autre des trois sections. Le président ordinaire et le secrétaire seront en fonctions pendant une année, et le trésorier pendant cinq.

15. Le bureau particulier de chaque section sera composé

d'un président, d'un vice-président et d'un secrétaire, tous choisis parmi les titulaires de cette section. Les présidents et secrétaires ne seront en fonctions que pendant une année. — Il pourra être, dans la suite, nommé des secrétaires perpétuels pour les sections dont les travaux rendraient cette disposition nécessaire. Leur nomination devra être soumise à notre approbation.

16. L'académie aura un conseil d'administration composé du président d'honneur perpétuel, du président temporaire et du trésorier de l'académie, des présidents et des secrétaires des trois sections, et du doyen de la faculté de médecine de Paris, lequel sera toujours, de droit, membre de l'académie. — Ce conseil sera spécialement chargé d'administrer les affaires de l'académie, et de répartir entre les trois sections les matières dont chacune d'elles devra s'occuper. Il s'assemblera une fois par semaine ; il aura le droit de convoquer des assemblées extraordinaires, soit générales, soit de section, toutes les fois qu'il le jugera nécessaire ou utile.

17. Il sera ultérieurement statué sur les dépenses de l'académie et sur les moyens d'y pourvoir.

18. L'académie royale de médecine pourra accepter, en se conformant aux lois et règlements, des legs et donations destinés à favoriser les progrès de la science.

19. Des règlements, rédigés par l'académie, détermineront son régime intérieur, la tenue de ses assemblées, le mode qu'elle suivra dans ses nominations, l'ordre et la direction de ses travaux, les formes de son administration, les obligations de ses différents membres, et, en général, tout ce qui n'aurait pas été prévu ou réglé par la présente ordonnance. Ces règlements seront soumis à l'approbation de notre ministre secrétaire d'État au département de l'intérieur.

20. Pour la première formation de l'académie, nous nous réservons de nommer une partie des honoraires, des titulaires et des associés.

---

6 *Février* 1821. — ORDONNANCE du Roi, relative à l'académie royale de médecine (1).

LOUIS..... — Sur les représentations qui nous ont été faites de la part des membres honoraires de l'académie royale de médecine ; — Considérant que la différence établie, par notre ordonnance du 20 dé-

(1) Promulguée le 6 mars 1835.

cembre dernier, entre les honoraires et les titulaires, les uns et les autres ayant les mêmes attributions académiques, n'a eu en vue que de dispenser les premiers, en raison de leur âge, des soins de l'administration, et de les placer dans une position moins obligée pour les autres travaux ; mais que les mêmes motifs n'existent point lorsqu'il s'agit d'élire, soit les académiciens, soit les dignitaires ; que leurs lumières, leur expérience, ne peuvent que contribuer fort utilement à ces élections ; que seulement il est convenable, pour avoir égard à ce qui a été déjà fait, aux distinctions voulues par notre dite ordonnance, et aux usages pratiqués dans des corps analogues, de ne les point faire prendre part à l'élection des titulaires ; — Désirant aussi régler le mode d'élire et déférer à un vœu qui nous a été exprimé relativement aux secrétaires perpétuels, dont notre ordonnance du 20 décembre a prévu le besoin ; — Sur le rapport, etc...

Art. 1er. Les membres honoraires de l'académie royale de médecine ont voix délibérative pour toutes les nominations autres que celles des titulaires.

2. Toute élection est faite à la majorité absolue des suffrages des membres présents à la séance, lesquels ne peuvent, pour que l'élection soit valable, être moins des deux tiers de ceux qui ont le droit d'y assister. — Si la majorité absolue n'a point été obtenue aux deux premiers tours de scrutin, il est procédé, par un troisième tour, au ballottage, en liste double, de ceux qui, au second tour, ont obtenu le plus de voix.

3. Il pourra n'y avoir qu'un secrétaire perpétuel pour toute l'académie, sauf à lui donner des adjoints pour les sections dont les travaux lé rendraient nécessaire.

3 *Mars* 1822. — Loi relative à la police sanitaire.

TITRE I

DE LA POLICE SANITAIRE.

Art. 1er. Le roi détermine par des ordonnances : 1° les pays dont les provenances doivent être habituellement ou temporairement soumises au régime sanitaire ; 2° les mesures à observer sur les côtes, dans les ports et rades, dans les lazarets et autres lieux réservés ; 3° les mesures extraordinaires que l'invasion ou la crainte d'une maladie pestilentielle rendrait nécessaires sur les frontières de terre ou dans l'intérieur.

Il règle les attributions, la composition et le ressort des autorités et administrations chargées de l'exécution de ces mesures, et leur délègue le pouvoir d'appliquer provisoirement, dans des cas d'urgence, le régime sanitaire aux portions du territoire qui seraient inopinément menacées.

Les ordonnances du roi ou les actes administratifs qui prescriront l'application des dispositions de la présente loi à une partie du territoire français, seront, ainsi que la loi elle-même, publiés et affichés dans chaque commune qui devra être soumise à ce régime ; les dispositions pénales de la loi ne seront applicables qu'après cette publication.

2. Les provenances par mer de pays habituellement et actuellement *sains* continuent d'être admises à la libre pratique, immédiatement après les visites et les interrogatoires d'usage, à moins d'accidents ou de communications de nature suspecte, survenus depuis leur départ.

3. Les provenances, par la même voie, de pays qui ne sont pas habituellement *sains*, ou qui se trouvent accidentellement infectés, sont, relativement à leur état sanitaire, rangés sous l'un des trois régimes ci-après déterminés : — sous le régime de la *patente brute*, si elles sont ou ont été, depuis leur départ, infectées d'une maladie réputée pestilentielle, si elles viennent de pays qui en soient infectés, ou si elles ont communiqué avec des lieux, des personnes ou des choses qui auraient pu leur transmettre la contagion ; — sous le régime de la *patente suspecte*, si elles viennent de pays où règne une maladie soupçonnée d'être pestilentielle, ou de pays qui, quoique exempts de soupçons, sont ou viennent d'être en libre relation avec des pays qui s'en trouvent entachés, ou enfin si des communications avec des provenances de ces derniers pays, ou des circonstances quelconques, font suspecter leur état sanitaire ; — sous le régime de la *patente nette*, si aucun soupçon de maladie pestilentielle n'existait dans le pays d'où elles viennent, si ce pays n'était point ou ne venait point d'être en libre relation avec des lieux entachés de ce soupçon, et enfin, si aucune communication, aucune circonstance quelconque, ne fait suspecter leur état sanitaire.

4. Les provenances spécifiées en l'article 3 ci-dessus peuvent être soumises à des quarantaines plus ou moins longues, selon chaque régime, la durée du voyage et la gravité du péril. Elles pourront même être repoussées du territoire, si la quarantaine ne peut avoir lieu sans exposer la santé publique. — Les dispositions du présent article et de l'article 3 s'appliqueront aux communications par terre, toutes les fois qu'il aura été jugé nécessaire de les y soumettre.

5. En cas d'impossibilité de purifier, de conserver ou de transporter sans danger des animaux ou des objets matériels susceptibles de transmettre la contagion, ils pourront être, sans obligation d'en rembourser la valeur, les animaux tués et enfouis, les objets matériels détruits et brûlés. — La nécessité de ces mesures sera constatée par des procès-verbaux, lesquels feront foi jusqu'à inscription de faux.

6. Tout navire, tout individu qui tenterait, en infraction aux règlements, de pénétrer en libre pratique, de franchir un cordon sanitaire, ou de passer d'un lieu *infecté* ou *interdit* dans un lieu qui ne le serait point, sera, après due sommation de se retirer, repoussé de vive force, et ce, sans préjudice des peines encourues.

TITRE II

DES PEINES, DÉLITS ET CONTRAVENTIONS EN MATIÈRE SANITAIRE.

7. Toute violation des lois et des règlements sanitaires sera punie : — de la peine de mort, si elle a opéré communication avec des pays dont les provenances sont soumises au régime de la *patente brute*, avec ces provenances, ou avec des lieux, des personnes ou des choses placés sous ce régime ; — de la peine de réclusion et d'une amende de deux cents francs à vingt mille francs, si elle a opéré communication avec des pays dont les provenances sont soumises au régime de la *patente suspecte*, avec des provenances, ou avec des lieux, des personnes ou des choses placés sous ce régime ; — de la peine d'un an à dix ans d'emprisonnement et d'une amende de cent francs à dix mille francs, si elle a opéré communication prohibée avec des lieux, des personnes ou des choses qui, sans être dans l'un des cas ci-dessus spécifiés, ne seraient point en libre pratique. — Seront punis de la même peine ceux qui se rendraient coupables de communications interdites entre des personnes ou des choses soumises à des quarantaines de différents termes. — Tout individu qui recevra sciemment des matières ou des personnes en contravention aux règlements sanitaires sera puni des mêmes peines que celles encourues par le porteur ou le délinquant pris en flagrant délit.

8. Dans le cas où la violation du régime de la *patente brute*, mentionnée à l'article précédent, n'aurait point occasionné d'invasion pestilentielle, les tribunaux pourront ne prononcer que la réclusion et l'amende portées au second paragraphe dudit article.

9. Lors même que ces crimes ou délits n'auraient point occa-

sionné d'invasion pestilentielle, s'ils ont été accompagnés de rébellion, ou commis avec des armes apparentes ou cachées, ou avec effraction ou escalade, la peine de mort sera prononcée en cas de violation du régime de la patente brute ; — la peine des travaux forcés à temps sera substituée à la peine de réclusion, pour la violation du régime de la patente suspecte ; — et la peine de réclusion à l'emprisonnement pour les cas déterminés dans les deux avant-derniers paragraphes de l'article 7. — Le tout indépendamment des amendes portées audit article, et sans préjudice des peines plus fortes qui seraient prononcées par le Code pénal.

10. Tout agent du gouvernement au dehors, tout fonctionnaire, tout capitaine, officier ou chef quelconque d'un bâtiment de l'Etat, ou de tout autre navire ou embarcation, tout médecin, chirurgien, officier de santé, attaché soit au service sanitaire, soit à un bâtiment de l'Etat ou du commerce, qui officiellement, dans une dépêche, un certificat, un rapport, une déclaration ou une déposition, aurait sciemment altéré ou dissimulé les faits, de manière à exposer la santé publique, sera puni de mort, s'il s'en est suivi une invasion pestilentielle. — Il sera puni des travaux forcés à temps et d'une amende de mille francs à vingt mille francs, lors même que son faux exposé n'aurait point occasionné d'invasion pestilentielle, s'il était de nature à pouvoir y donner lieu en empêchant les précautions nécessaires. — Les mêmes individus seront punis de la dégradation civique et d'une amende de cinq cents francs à dix mille francs, s'ils ont exposé la santé publique en négligeant, sans excuse légitime, d'informer qui de droit de faits à leur connaissance de nature à produire ce danger, ou si, sans s'être rendus complices de l'un des crimes prévus par les articles 7, 8 et 9, ils ont sciemment, et par leur faute, laissé enfreindre ou enfreint eux-mêmes les dispositions réglementaires qui eussent pu le prévenir.

11. Sera puni de mort tout individu faisant partie d'un cordon sanitaire, ou en faction pour surveiller une quarantaine ou pour empêcher une communication interdite, qui aurait abandonné son poste ou violé sa consigne.

12. Sera puni d'un emprisonnement d'un à cinq ans tout commandant de la force publique qui, après avoir été requis par l'autorité compétente, aurait refusé de faire agir pour un service sanitaire la force sous ses ordres. — Seront punis de la même peine et d'une amende de cinquante francs à cinq cents francs, tout individu attaché à un service sanitaire, ou chargé par état de

concourir à l'exécution des dispositions prescrites pour ce service, qui aurait, sans cause légitime, refusé ou négligé de remplir ces fonctions ; — tout citoyen faisant partie de la garde nationale, qui se refuserait à un service de police sanitaire pour lequel il aurait été légalement requis en cette qualité ; — toute personne qui, officiellement chargée de lettres ou paquets pour une autorité ou une agence sanitaire, ne les aurait point remis, ou aurait exposé la santé publique en tardant à les remettre, sans préjudice des réparations civiles qui pourraient être dues, aux termes de l'article 10 du Code pénal.

13. Sera puni d'un emprisonnement de quinze jours à trois mois et d'une amende de cinquante francs à cinq cents francs tout individu qui, n'étant dans aucun des cas prévus par les articles précédents, aurait refusé d'obéir à des réquisitions d'urgence pour un service sanitaire, ou qui, ayant connaissance d'un symptôme de maladie pestilentielle, aurait négligé d'en informer qui de droit. — Si le prévenu de l'un ou de l'autre de ces délits est médecin, il sera, en outre, puni d'une interdiction d'un à cinq ans.

14. Sera puni d'un emprisonnement de trois à quinze jours et d'une amende de cinq à cinquante francs, quiconque, sans avoir commis aucun des délits qui viennent d'être spécifiés, aurait contrevenu, en matière sanitaire, aux règlements généraux ou locaux, aux ordres des autorités compétentes.

15. Les infractions en matière sanitaire pourront n'être passibles d'aucune peine, lorsqu'elles n'auront été commises que par force majeure, ou pour porter secours en cas de danger, si la déclaration en a été immédiatement faite à qui de droit.

16. Pourra être exempté de toute poursuite et de toute peine, celui qui, ayant d'abord altéré la vérité, ou négligé de la dire dans les cas prévus par l'article 10, réparerait l'omission, ou rétracterait son faux exposé, avant qu'il eût pu en résulter aucun danger pour la santé publique et avant que les faits eussent été connus par toute autre voie.

TITRE III

DES ATTRIBUTIONS DES AUTORITÉS SANITAIRES EN MATIÈRE DE POLICE JUDICIAIRE ET DE L'ÉTAT CIVIL.

17. Les membres des autorités sanitaires exerceront les fonctions d'officiers de police judiciaire exclusivement, et pour tous crimes délits et contraventions, dans l'enceinte et les parloirs des

lazarets et autres lieux réservés. Dans les autres parties du ressort de ces autorités, ils les exerceront concurremment avec les officiers ordinaires pour les crimes, délits et contraventions en matière sanitaire.

18. Les autorités sanitaires connaîtront exclusivement, dans l'enceinte et les parloirs des lazarets et autres lieux réservés, sans appel ni recours en cassation, des contraventions de simple police. Des ordonnances royales règleront la forme de procéder; les expéditions des jugements et autres actes de la procédure seront délivrés sur papier libre et sans frais.

19. Les membres desdites autorités exerceront les fonctions d'officiers de l'état civil dans les mêmes lieux réservés. Les actes de naissance et de décès seront dressés en présence de deux témoins, et les testaments conformément aux articles 985, 986 et 987 du Code civil. Expédition des actes de naissance et de décès sera adressée, dans les vingt-quatre heures, à l'officier ordinaire de l'état civil de la commune où sera situé l'établissement, lequel en fera la transcription.

TITRE IV

DISPOSITIONS GÉNÉRALES.

20. Les marchandises et autres objets déposés dans les lazarets et autres lieux réservés, qui n'auront pas été réclamés dans le délai de deux ans, seront vendus aux enchères publiques. — Ils pourront, s'ils sont périssables, être vendus avant ce délai, en vertu d'une ordonnance du président du tribunal de commerce, ou, à défaut, du juge de paix. — Le prix en provenant, déduction faite des frais, sera acquis à l'Etat, s'il n'a pas été réclamé dans les cinq années qui suivront la vente.

---

21 *Novembre* 1822. — ORDONNANCE du Roi qui supprime la faculté de médecine de Paris, et prescrit au ministre de l'intérieur de présenter un plan de réorganisation de cette faculté.

LOUIS... — Considérant que des désordres scandaleux ont éclaté dans la séance solennelle de la faculté de médecine de Paris du 18 de ce mois, et que ce n'est pas la première fois que les étudiants de cette école ont été entraînés à des mouvements qui peuvent devenir dangereux pour l'ordre public; — Considérant que le devoir le plus impérieux des professeurs est de maintenir la discipline, sans laquelle l'enseignement ne peut produire aucun fruit, et que ces récidives annoncent dans l'organisation un vice intérieur, auquel il est pressant de porter remède ; — Sur le rapport de notre ministre, etc.

Art. 1er. La faculté de médecine de Paris est supprimée.

2. Notre ministre de l'intérieur nous présentera un plan de réorganisation de la faculté de médecine de Paris.

3. Le montant de l'inscription du premier trimestre sera rendu aux étudiants, et le grand-maître pourra autoriser ceux d'entre eux sur lesquels il aura recueilli des renseignements favorables à reprendre cette inscription, soit dans les facultés de Strasbourg et de Montpellier, soit dans les écoles secondaires de médecine.

---

2 *février* 1823. — ORDONNANCE du Roi portant règlement pour la nouvelle organisation de la faculté de médecine de Paris.

LOUIS... — Voulant que la nouvelle organisation de la faculté de médecine de l'académie de Paris satisfasse aux motifs qui nous l'ont fait juger nécessaire, et commencer par cette école justement célèbre les améliorations que nous nous proposons d'introduire dans l'enseignement et la discipline des diverses branches de l'art de guérir ; — Vu les lois, ordonnances, décrets et règlements relatifs à l'instruction publique, et spécialement à l'enseignement et à l'exercice de la médecine ; — Sur le rapport de notre ministre, etc...

TITRE Ier.

ORGANISATION.

Art. 1er. La faculté de médecine de l'académie de Paris se compose de vingt-trois professeurs chargés des diverses parties de l'enseignement, ainsi qu'il sera réglé au titre II. — Sont attachés à ladite faculté trente-six agrégés, dont un tiers en stage et deux tiers en exercice, et un nombre indéterminé d'agrégés libres.

2. Les agrégés en exercice sont appelés à suppléer les professeurs en cas d'empêchement, à les assister pour les appels, et à faire partie des jurys d'examen et de thèse, sans toutefois pouvoir s'y trouver en majorité ; ils ont, dans l'instruction publique, le même rang que les suppléants des professeurs des écoles de droit.

3. Le grade d'agrégé n'est conféré qu'à des docteurs en médecine ou en chirurgie, âgés de vingt-cinq ans. — La durée du stage est de trois ans ; celle de l'exercice, de six ans ; ceux qui l'ont terminé deviennent agrégés libres. — Néanmoins les vingt-

quatre agrégés qui seront nommés pour la première formation entreront immédiatement en exercice, et la moitié d'entre eux, désignés par le sort, devra être renouvelée après trois ans. — Dans la suite, les renouvellements continueront à s'effectuer tous les trois ans, de manière qu'à chacun d'eux, douze agrégés entrent en stage, douze passent du stage en exercice, et douze deviennent agrégés libres. — Les délais fixés par le présent article ne courront qu'à dater de la prochaine année scolaire.

4. Les seuls agrégés dans le ressort de la faculté de Paris peuvent être autorisés par le grand-maître à faire des cours particuliers. — Ceux d'entre eux qui ont atteint l'âge exigé sont, de droit, candidats pour les places de professeurs qui viennent à vaquer. — Ces prérogatives sont communes aux agrégés des trois classes ; ils n'en peuvent être privés que par une décision du conseil de l'Université, rendue dans les formes ordinaires.

5. Après la première formation, le grade d'agrégé ne sera donné qu'au concours. Seulement le grand-maître pourra, sur l'avis favorable de la faculté, du conseil académique et du conseil royal, conférer le titre d'agrégé libre à des docteurs en médecine ou en chirurgie, âgés de quarante ans au moins, et qui se seraient distingués par leurs ouvrages ou par des succès dans leur profession. — Leur nombre ne pourra jamais être de plus de dix, et ils n'auront droit de candidature que pour les chaires de clinique.

6. Le doyen est chef de la faculté; il est chargé, sous l'autorité du recteur de l'académie, de diriger l'administration et la police, et d'assurer l'exécution des règlements ; il ordonnance les dépenses, conformément au budget annuel ; il convoque et préside l'assemblée de la faculté, formée de tous les professeurs titulaires. Celle-ci lui adjoint tous les ans deux de ses membres, à l'effet de le seconder dans ses fonctions, de le remplacer, en cas d'empêchement, et de lui donner leur avis pour tout ce qui concerne l'administration.

7. L'assemblée de la faculté délibère sur les mesures à prendre ou à proposer concernant l'enseignement et la discipline, sur la formation du budget, sur les dépenses extraordinaires, ainsi que sur les comptes rendus par le doyen et par l'agent comptable. — Ses délibérations exigent la présence de la moitié plus un de ses membres : elles sont prises à la majorité absolue des suffrages, et ne sont exécutoires qu'après avoir été approuvées, selon les cas et conformément aux règlements, soit par le recteur, soit par le conseil royal, soit par le grand-maître. — La faculté exerce, en outre,

la juridiction qui lui est attribuée par les statuts de l'Université.

8. L'agent comptable est chargé des recettes et des paiements : il est soumis à toutes les conditions imposées aux comptables des deniers publics, et fournit un cautionnement qui ne peut être moindre du dixième des recettes.

9. Sont fonctionnaires de la faculté, un bibliothécaire, un conservateur des cabinets, un chef des travaux anatomiques.

10. Sont employés de la faculté, des préparateurs et des aides de chimie et de pharmacie, des chefs de clinique, un jardinier en chef du jardin botanique, des prosecteurs, des aides d'anatomie.

11. Pour la première fois, les professeurs seront nommés par nous, et les deux tiers des agrégés par le grand-maître. Avant la fin de la présente année scolaire, la nomination de l'autre tiers des trente-six agrégés sera faite au concours, dans les formes que réglera, à cet effet, le conseil de l'Université.

12. Toutes les fois qu'il y aura désormais à pourvoir à une place de professeur, trois candidats seront présentés par l'assemblée de la faculté, trois par le conseil académique, les uns et les autres pris dans les agrégés, et la nomination sera faite parmi ces candidats par le grand-maître, conformément aux règlements qui régissent l'Université. Pourront être compris dans les présentations, objet du présent article, les professeurs et les agrégés des autres facultés de médecine du royaume.

13. Le doyen sera nommé, pour cinq ans, par le grand-maître, parmi les professeurs de la faculté. Ses fonctions seront toujours révocables.

14. Le grand-maître nommera, sur la proposition de la faculté et l'avis du recteur, les fonctionnaires de l'école dont il est parlé à l'article 9, ainsi que l'agent comptable. — Seront nommés par le doyen, avec l'approbation du recteur, et sur la proposition de la faculté, les employés mentionnés en l'article 10. — Le doyen nommera, sans présentation préalable, les employés des bureaux et les gens de service.

15. Les professeurs et les agrégés ne pourront être révoqués de leurs fonctions que conformément aux règles établies pour les membres de l'Université.— Les formes prescrites pour les nominations, objet de l'article précédent, devront être observées toutes les fois qu'il y aura lieu à la révocation des mêmes fonctionnaires ou employés.

16. Nul ne peut être à la fois professeur de la faculté de médecine et inspecteur de l'Université ou de l'Académie.

17. Le traitement fixe des professeurs est maintenu tel qu'il est actuellement. Ils continueront à recevoir un traitement éventuel et des droits de présence, lesquels seront déterminés tous les ans par le conseil de l'Université. Il sera également alloué des droits de présence aux agrégés qui rempliront des fonctions dans la faculté ; ils recevront, en outre, des professeurs qu'ils remplaceront, une indemnité égale à la moitié du traitement éventuel de ces derniers, pendant la durée du remplacement.

18. Le doyen, indépendamment de ses émoluments comme professeur, recevra un préciput, lequel demeure fixé à trois mille francs par an. — Les traitements des autres fonctionnaires et des employés seront réglés par le conseil de l'Université, sur la proposition de la faculté et l'avis du recteur.

TITRE II.

DISTRIBUTION DES COURS.

19. Les chaires de la faculté de médecine de Paris sont divisées ainsi qu'il suit : 1° anatomie; 2° physiologie; 3° chimie médicale; 4° physique médicale; 5° histoire naturelle médicale; 6° pharmacologie; 7° hygiène; 8° pathologie chirurgicale; 9° pathologie médicale; 10° opérations et appareils ; 11° thérapeutique et matière médicale; 12° médecine légale; 13° accouchements, maladies des femmes en couches et des enfants nouveau-nés.

20. Deux professeurs seront attachés à la chaire de pathologie chirurgicale; — Deux à la chaire de pathologie médicale; — Et un seul à chacune des autres chaires mentionnées ci-dessus.

21. Indépendamment des cours distribués ainsi qu'il vient d'être réglé, quatre professeurs seront chargés de la clinique médicale, trois de la clinique chirurgicale et un de la clinique des accouchements.

22. Les cours devront être faits complètement chaque année ; une délibération de la faculté, prise avant leur ouverture, déterminera leur durée, les jours et les heures auxquels ils auront lieu, ainsi que toutes les dispositions concernant l'enseignement et le bon ordre qu'il sera jugé utile de prescrire. — Le programme ainsi arrêté sera immédiatement rendu public.

TITRE III.

ADMISSION DES ÉLÈVES, INSCRIPTIONS, EXAMENS ET RÉCEPTIONS.

23. Les études des élèves seront attestées par des inscriptions prises une à une, tous les trois mois, pendant la première quinzaine de chaque trimestre. — Il sera ouvert, à cet effet, au bureau de la faculté, un registre coté et paraphé par le doyen, sur lequel les élèves apposeront de leurs propres mains leurs noms, prénoms, âge, lieu de naissance, leur demeure actuelle, le numéro de l'inscription qu'ils prendront, la date du jour et de l'année, et enfin leur signature. Il sera délivré à chaque élève ainsi inscrit une carte d'inscription.

24. Nul ne sera admis à prendre des inscriptions s'il ne produit: — 1° son acte de naissance; — 2° un certificat de bonne conduite et de bonnes mœurs, délivré par le maire de sa commune, et confirmé par le préfet; — 3° le diplôme de bachelier ès lettres et celui de bachelier ès sciences; 4° et, s'il est mineur, le consentement de ses parents ou tuteurs à ce qu'il suive les cours de la faculté.

25. A la fin de chaque trimestre, il sera rendu compte par le doyen au recteur, et par celui-ci au grand-maître, de l'accomplissement des garanties exigées par les deux articles précédents et des autres obligations imposées aux élèves par notre ordonnance du 5 juillet 1820, laquelle sera affichée, avec les dispositions de la présente relatives aux mêmes objets, dans les salles destinées aux cours de la faculté et aux inscriptions.

26. Jusqu'à ce qu'il en soit autrement ordonné, le conseil de de l'Université déterminera la composition des jurys d'examen et de thèse, ainsi que les formes et les matières des divers examens, sans toutefois pouvoir s'écarter des règles en vigueur pour les grades à conférer.

TITRE IV (et dernier).

DISPOSITIONS GÉNÉRALES.

27. Les droits de présence ne pourront être accordés aux professeurs ni aux agrégés *absents*, quels que soient les motifs de leur absence.

28. Les professeurs qui, désignés pour un examen ou une thèse, se dispenseraient d'y assister sans en avoir prévenu le doyen qui, dans ce cas, devra les faire remplacer, seront soumis, sur leur traitement, à une retenue égale à leur droit de présence, et double, en

cas de récidive, à moins qu'ils ne justifient d'une cause absolue et subite d'empêchement, et qu'elle ne soit agréée par la faculté.

29. L'agrégé qui aurait commis la même faute trois fois dans la même année, ou qui, désigné pour remplacer un professeur, s'y serait refusé, et dont les motifs d'excuse, pour l'un comme pour l'autre cas, n'auront point été agréés par la faculté, cessera de faire partie des agrégés en exercice.

30. Tout professeur, tout agrégé qui, dans ses discours, dans ses leçons ou dans ses actes, s'écarterait du respect dû à la religion, aux mœurs ou au gouvernement, ou qui compromettrait son caractère ou l'honneur de la faculté par une conduite notoirement scandaleuse, sera déféré par le doyen au conseil académique, qui, selon la nature des faits, provoquera sa suspension ou sa destitution, conformément aux statuts de l'Université.

31. Nul individu étranger à la faculté ne pourra ni suivre les cours ni y assister, sans une permission du doyen délivrée par écrit. — Une semblable permission sera nécessaire pour tout étudiant de la faculté qui, n'ayant point été inscrit pour un cours, voudra le suivre ou y assister.

32. Nul ne pourra se présenter à une leçon sans être porteur de sa carte d'inscription, ou de l'autorisation délivrée en vertu de l'article précédent. Il sera assigné aux uns et aux autres des places séparées, selon qu'ils seront inscrits ou qu'ils ne seront qu'autorisés.

33. Tout étudiant qui aura donné à une autre personne sa carte d'inscription ou l'autorisation qu'il aura reçue encourra la perte d'une ou de plusieurs inscriptions, ou même son exclusion de la faculté, si cette transmission a servi à produire du désordre.

34. Les professeurs et les agrégés en fonctions sont tenus de seconder le doyen pour le maintien ou le rétablissement du bon ordre dans l'école. Les élèves leur doivent respect et obéissance.

35. Toutes les fois qu'un cours viendra à être troublé, soit par des signes d'approbation ou d'improbation, soit de toute autre manière, le professeur fera immédiatement sortir les auteurs du désordre, et les signalera au doyen, pour provoquer contre eux telle peine que de droit. — S'il ne parvient point à les connaître, et qu'un appel au bon ordre n'ait pas suffi pour le rétablir, la séance sera suspendue et renvoyée à un autre jour. — Si le désordre se reproduit aux séances subséquentes, les élèves de ce cours encourront, à moins qu'ils ne fassent connaître les coupables, la

perte de leur inscription, sans préjudice de peines plus graves si elles devenaient nécessaires.

36. Il y aura lieu, selon la gravité des cas, à prononcer l'exclusion, à temps ou pour toujours, de la faculté, de l'académie ou de toutes les académies du royaume, contre l'étudiant qui aurait, par ses discours ou par ses actes, outragé la religion, les mœurs ou le gouvernement, qui aurait pris une part active à des désordres, soit dans l'intérieur de l'école, soit au dehors, ou qui aurait tenu une conduite notoirement scandaleuse.

37. L'entière somme à payer par les élèves pour frais d'études sera répartie sur les diverses inscriptions, de manière qu'il ne soit perçu pour les examens et les réceptions qu'un simple droit de présence, lequel sera réglé par le conseil de l'Université. — La présente disposition sera commune aux autres facultés de médecine du royaume.

38. Pourront, nonobstant les dispositions de l'article 4, les docteurs en médecine et en chirurgie qui auraient déjà commencé des cours particuliers, et qui ne seront pas nommés agrégés, les continuer avec l'autorisation du grand-maître jusqu'à la fin de la présente année scolaire.

39. Les décrets, ordonnances ou règlements en vigueur, qui régissent l'Université en général et les facultés en particulier, continueront à être exécutés dans toutes leurs dispositions qui n'ont point été abrogées par les articles qui précèdent et qui n'y sont point contraires.

40. Le grand-maître de l'Université et le conseil royal feront tous nouveaux règlements et donneront toutes instructions rendues nécessaires par la présente ordonnance.

---

18 *juin* 1823. — ORDONNANCE du Roi portant règlement sur la police des eaux minérales (1).

---

12 *décembre* 1824. — ORDONNANCE du Roi portant nouvelle organisation de la faculté de médecine de Montpellier (2).

CHARLES... — Sur ce qu'il nous a été exposé, que la faculté de médecine de l'académie de Montpellier présente dans son organisation des irrégularités et des imperfections également nuisibles à l'enseignement et à la discipline ; — Voulant assurer à cette école les

(1) V. *infrà*, section II.
(2) V. Ordonnance du 5 juillet 1820.

moyens de soutenir son antique renommée, et la faire participer aux améliorations qui ont été introduites dans la faculté de médecine de Paris par l'ordonnance du 2 février 1823 ; — Vu les lois, ordonnances, etc...

Art. 1er. La chaire de chimie de la faculté de Montpellier est réunie à celle de pharmacie.

2. La chaire qui a pour titre *instituts de médecine et hygiène* est supprimée.

3. La chaire intitulée *nosologie et pathologie* est restreinte à la pathologie interne ou médicale.

4. L'enseignement de la pathologie externe ou chirurgicale est réuni à la chaire de médecine opératoire.

5. Il est créé, dans la faculté, trois nouvelles chaires, savoir : une chaire spéciale d'anatomie, une chaire spéciale d'hygiène, et une chaire d'accouchement et de maladies des femmes et des enfants.

6. Nous nous réservons de nommer, pour la première fois, aux nouvelles chaires, comme aussi de pourvoir à une répartition convenable de l'enseignement.

7. Sont attachés à la faculté vingt-un agrégés, dont un tiers en stage, deux tiers en exercice, et un nombre indéterminé d'agrégés libres. — La durée du stage est de trois ans ; celle de l'exercice, de six ans : ceux qui ont terminé l'exercice deviennent agrégés libres. — Néanmoins, notre ministre secrétaire d'état des affaires ecclésiastiques et de l'instruction publique nommera, pour la première formation, quatorze agrégés, qui entreront immédiatement en exercice, et dont une moitié, désignée par le sort, devra être renouvelée après trois ans. — Avant la fin de la présente année scolaire, la nomination des sept autres agrégés sera faite au concours, dans les formes que réglera, à cette effet, le conseil royal de l'instruction publique. — Dans la suite, les renouvellements continueront à s'effectuer tous les trois ans, de manière qu'à chacune de ces périodes, sept agrégés entrent en stage, sept passent du stage à l'exercice et sept deviennent agrégés libres. — Les délais fixés par le présent article ne courront qu'à dater de la prochaine année scolaire.

8. Après la première formation, le grade d'agrégé ne sera donné qu'au concours ; néanmoins, notre ministre secrétaire d'état des affaires ecclésiastiques et de l'instruction publique pourra, sur l'avis favorable de la faculté, du conseil académique et du conseil royal, conférer le titre d'agrégés libres à des docteurs en médecine

ou en chirurgie, âgés de quarante ans au moins, qui se seraient distingués par leurs ouvrages ou par des succès dans leur profession. — Le nombre des agrégés libres ainsi nommés ne pourra jamais être de plus de six, et ils n'auront droit de candidature que pour les chaires de clinique.

9. Provisoirement, et jusqu'à ce qu'il en soit autrement ordonné, les agrégés en exercice pourront obtenir de notre ministre secrétaire d'état des affaires ecclésiastiques et de l'instruction publique la dispense de résider ; mais, dans ce cas, lorsqu'ils reviendront à Montpellier, ils ne pourront prendre part aux actes de la faculté, et recevoir des droits de présence, qu'après deux mois consécutifs de domicile.

10. Les seuls agrégés peuvent être autorisés à faire des cours particuliers à Montpellier ; néanmoins, les docteurs en médecine ou en chirurgie qui auraient déjà commencé des cours particuliers, et qui ne seront pas nommés agrégés, pourront être autorisés à les continuer jusqu'à la fin de la présente année scolaire.

11. Toutes les dispositions de l'ordonnance du 2 février 1823 qui ne sont pas modifiées par les articles ci-dessus, et qui n'y sont pas contraires, sont applicables à la faculté de médecine de l'Académie de Montpellier, à l'exception des articles 1er, 11, 18, 19, 20 et 21 de ladite ordonnance.

12. Notre ministre de l'instruction publique et notre conseil royal de l'Université feront tous nouveaux règlements et donneront toutes instructions rendues nécessaires par la présente ordonnance.

---

26 *mars* 1829. — ORDONNANCE du Roi concernant l'instruction publique.

TITRE II.

DES FACULTÉS DE MÉDECINE ET DES ÉCOLES SECONDAIRES DE MÉDECINE.

Art. 4. Il sera établi à la faculté de médecine de Paris un quatrième professeur de clinique chirurgicale.

5. Il sera fait, pour compléter l'organisation de la faculté de médecine de Strasbourg, un règlement universitaire sur des bases analogues à celles qui ont été déterminées par les ordonnances du 2 février 1823 et du 12 décembre 1824 pour les facultés de médecine de Paris et de Montpellier.

6. Les deux écoles secondaires de médecine établies à Bordeaux seront réunies en une seule. Les mesures nécessaires pour opérer cette réunion seront prescrites par un règlement universitaire.

7. Il sera fait un règlement universitaire sur la forme, la durée et les matières des examens que les jurys médicaux feront subir aux aspirants au grade d'officier de santé.

---

18 *octobre* 1829. — ORDONNANCE du Roi portant organisation de l'Académie royale de médecine (1).

Art. 1er. L'Académie royale de médecine sera divisée à l'avenir en classes ou sections : 1° d'anatomie et physiologie, 2° de pathologie médicale, 3° de pathologie chirurgicale, 4° de thérapeutique et histoire naturelle médicale, 5° de médecine opératoire, 6° d'anatomie pathologique, 7° d'accouchements, 8° d'hygiène publique, médecine légale et police médicale, 9° de médecine vétérinaire, 10° de physique et chimie médicale, 11° de pharmacie. Elle désignera, dans les limites fixées par l'article 4 ci-après, les membres qui formeront chacune de ces classes ou sections.

2. Les assemblées de section sont supprimées : l'Académie ne se réunira plus qu'en corps. Ses séances seront uniquement consacrées à la science.

3. Il y aura un secrétaire annuel nommé par l'Académie, lequel suppléera le secrétaire perpétuel en cas d'absence.

4. Le nombre des membres de l'Académie sera successivement réduit à soixante titulaires, quarante adjoints, quarante associés non résidants, vingt associés étrangers, et dix associés libres. — Jusqu'à ce que l'Académie soit rentrée dans les limites des nombres ci-dessus exprimés, il ne sera fait qu'une nomination sur trois extinctions.

5. A l'avenir, il ne sera plus nommé de membres honoraires ni d'associés résidants : les honoraires qui font actuellement partie de l'Académie jouiront des mêmes prérogatives que les titulaires.

6. Les adjoints prendront part aux discussions de l'Académie en matière de science, mais avec voix consultative seulement. Ils auront droit désormais, et concurremment avec les associés résidants, au tiers au moins des places de titulaires. Il n'y aura plus d'adjoints non résidants : ceux-ci prendront le titre de *correspondants* (2).

(1) V. Ordonnances des 20 décembre 1820 — 6 février 1821 — 15 septembre 1833 — 20 janvier 1835 — 20 mars 1850.

(2) Modifié par l'ordonnance du 15 septembre 1833.

7. Le conseil d'administration de l'Académie sera composé du président d'honneur, du président annuel, du secrétaire perpétuel, du trésorier, du doyen de la faculté de médecine, de quatre membres titulaires nommés annuellement par l'Académie, et du secrétaire de ses bureaux, qui prendra le titre et remplira les fonctions de secrétaire du conseil. Ce conseil sera seul chargé de l'administration des affaires de l'Académie.

8. Les élections pour les places de titulaires et d'adjoints seront faites par les membres titulaires de l'Académie, sur une liste de candidats présentée par la classe ou section dans laquelle la place sera vacante. — Les associés non résidants et les correspondants seront nommés directement par l'Académie. — La nomination des titulaires continuera d'être soumise à notre approbation.

9. Le règlement de l'Académie sera modifié conformément aux dispositions qui précèdent. Les ordonnances des 20 décembre 1820 et 6 février 1821 continueront d'être exécutées en tout ce qui n'est pas contraire aux dites dispositions.

---

18 *janvier* 1831. — Ordonnance du Roi portant que les jeunes gens qui se proposent d'étudier en médecine ne seront plus astreints à prendre préalablement le grade de bachelier ès sciences.

---

21 *mars* 1832. — Loi sur le recrutement de l'armée.

Article 41. Les jeunes gens appelés à faire partie du contingent de leur classe, qui seront prévenus de s'être rendus impropres au service militaire, soit temporairement, soit d'une manière permanente, dans le but de se soutraire aux obligations imposées par la présente loi, seront déférés aux tribunaux par les conseils de révision, et, s'ils sont reconnus coupables, ils seront punis d'un emprisonnement d'un mois à un an.

Seront également déférés aux tribunaux et punis de la même peine les jeunes soldats qui, dans l'intervalle de la clôture du contingent de leur canton à leur mise en activité, se seront rendus coupables du même délit.

A l'expiration de leur peine, les uns et les autres seront à la disposition du ministre de la guerre pour le temps que doit à l'Etat la classe dont ils font partie.

La peine portée au présent article sera prononcée contre les complices. Si les complices sont des médecins, chirurgiens, officiers de santé ou pharmaciens, la durée de l'emprisonnement sera de deux mois à deux ans, indépendamment d'une amende de deux cents francs à mille francs qui pourra être prononcée, et sans préjudice de peines plus graves, dans les cas prévus par le Code pénal.

45. Les médecins, chirurgiens ou officiers de santé qui, appelés au conseil de révision à l'effet de donner leur avis conformément à l'article 16, auront reçu des dons ou agréé des promesses pour être favorables aux jeunes gens qu'ils doivent examiner, seront punis d'un emprisonnement de deux mois à deux ans.

Cette peine leur sera appliquée, soit qu'au moment des dons ou promesses ils aient déjà été désignés pour assister au conseil, soit que les dons ou promesses aient été agréés dans la prévision des fonctions qu'ils auraient à y remplir.

Il leur est défendu, sous la même peine, de rien recevoir, même pour une réforme justement prononcée. (1)

---

15 *septembre* 1833. — ORDONNANCE du Roi qui détermine le costume que les membres de l'Académie royale de médecine pourront porter dans les cérémonies publiques.

---

15 *septembre* 1833.— ORDONNANCE du Roi portant que les membres adjoints à l'Académie royale de médecine et les associés résidants auront voix délibérative en matière de science, dans les séances générales ou particulières.

---

20 *janvier* 1835. — ORDONNANCE du Roi portant qu'il n'y aura plus, à l'avenir, dans le sein de l'Académie royale de médecine, qu'une seule classe de membres résidants, jouissant tous des mêmes droits et prérogatives.

---

12 *avril* 1835. — ORDONNANCE du Roi relative aux élèves des écoles secondaires de médecine qui se présenteront devant les facultés de médecine pour y obtenir le grade de docteur.

(Les élèves, avant de se présenter aux examens, doivent justifier du paiement des droits d'inscription.)

(1) *V. suprà*, (p. 571) la loi du 17 juillet 1872.

---

30 *juin* 1838. — Loi sur les aliénés.

TITRE Ier.

DES ÉTABLISSEMENTS D'ALIÉNÉS.

Art. 5. Nul ne pourra diriger ni former un établissement privé consacré aux aliénés sans l'autorisation du gouvernement.

Les établissements privés consacrés au traitement d'autres maladies ne pourront recevoir les personnes atteintes d'aliénation mentale, à moins qu'elles ne soient placées dans un local entièrement séparé.

Ces établissements devront être, à cet effet, spécialement autorisés par le gouvernement, et seront soumis, en ce qui concerne les aliénés, à toutes les obligations prescrites par la présente loi.

6. Des règlements d'administration publique détermineront les conditions auxquelles seront accordées les autorisations énoncées en l'article précédent, les cas où elles pourront être retirées et les obligations auxquelles seront soumis les établissements autorisés.

TITRE II.

DES PLACEMENTS FAITS DANS LES ÉTABLISSEMENTS D'ALIÉNÉS.

SECTION I.

DES PLACEMENTS VOLONTAIRES.

8. Les chefs ou préposés responsables des établissements publics et les directeurs des établissements privés et consacrés aux aliénés ne pourront recevoir une personne atteinte d'aliénation mentale, s'il ne leur est remis :

1° Une demande d'admission contenant les noms, profession, âge et domicile, tant de la personne qui la formera que de celle dont le placement sera réclamé, et l'indication du degré de parenté, ou, à défaut, de la nature des relations qui existent entre elles.

La demande sera écrite et signée par celui qui la formera, et, s'il ne sait pas écrire, elle sera reçue par le maire ou le commissaire de police, qui en donnera acte.

Les chefs, préposés ou directeurs, devront s'assurer, sous leur responsabilité, de l'individualité de la personne qui aura formé la demande, lorsque cette demande n'aura pas été reçue par le maire ou le commissaire de police.

Si la demande d'admission est formée par le tuteur d'un interdit, il devra fournir, à l'appui, un extrait du jugement d'interdiction.

2° Un certificat de médecin constatant l'état mental de la personne à placer, et indiquant les particularités de sa maladie et la nécessité de faire traiter la personne désignée dans un établissement d'aliénés, et de l'y tenir renfermée.

Ce certificat ne pourra être admis, s'il a été délivré plus de quinze jours avant sa remise au chef ou directeur ; s'il est signé d'un médecin attaché à l'établissement, ou si le médecin signataire est parent ou allié, au second degré inclusivement, des chefs ou propriétaires de l'établissement, ou de la personne qui fera effectuer le placement.

En cas d'urgence, les chefs des établissements publics pourront se dispenser d'exiger le certificat du médecin.

3° Le passeport ou toute autre pièce propre à constater l'individualité de la personne à placer.

Il sera fait mention de toutes les pièces produites dans un bulletin d'entrée, qui sera renvoyé, dans les vingt-quatre heures, avec un certificat du médecin de l'établissement, et la copie de celui ci-dessus mentionné, au préfet de police à Paris, au préfet ou au sous-préfet dans les communes chefs-lieux de département ou d'arrondissement, et aux maires dans les autres communes. Le sous-préfet ou le maire en fera immédiatement l'envoi au préfet.

9. Si le placement est fait dans un établissement privé, le préfet, dans les trois jours de la réception du bulletin, chargera un ou plusieurs hommes de l'art de visiter la personne désignée dans ce bulletin, à l'effet de constater son état mental et d'en faire rapport sur-le-champ. Il pourra leur adjoindre telle autre personne qu'il désignera.

11. Quinze jours après le placement d'une personne dans un établissement public ou privé, il sera adressé au préfet, conformément au dernier paragraphe de l'art. 8, un nouveau certificat du médecin de l'établissement ; ce certificat confirmera ou rectifiera, s'il y a lieu, les observations contenues dans le premier certificat, en indiquant le retour plus ou moins fréquent des accès ou des actes de démence.

12. Il y aura, dans chaque établissement, un registre coté et paraphé par le maire, sur lequel seront immédiatement inscrits les noms, professions, âge et domicile des personnes placées dans les établissements; la mention du jugement d'interdiction, si elle a

été prononcée, et le nom de leur tuteur ; la date de leur placement ; les nom, profession et demeure de la personne parente ou non parente, qui l'aura demandé. Seront également transcrits sur ce registre : 1° le certificat du médecin, joint à la demande d'admission ; 2° ceux que le médecin de l'établissement devra adresser à l'autorité, conformément aux articles 8 et 11.

Le médecin sera tenu de consigner sur ce registre, au moins tous les mois, les changements survenus dans l'état mental de chaque malade. Ce registre constatera également les sorties et les décès.

Ce registre sera soumis aux personnes qui, d'après l'article 4, auront le droit de visiter l'établissement, lorsqu'elles se présenteront pour en faire la visite ; après l'avoir terminée, elles apposeront sur le registre leur visa, leur signature et leurs observations, s'il y a lieu.

13. Toute personne placée dans un établissement d'aliénés cessera d'y être retenue aussitôt que les médecins de l'établissement auront déclaré, sur le registre énoncé en l'article précédent, que la guérison est obtenue.

S'il s'agit d'un mineur ou d'un interdit, il sera donné immédiatement avis de la déclaration des médecins aux personnes auxquelles il devra être remis, et au procureur du roi.

14. Avant même que les médecins aient déclaré la guérison, toute personne placée dans un établissement d'aliénés cessera également d'y être retenue, dès que la sortie sera requise par l'une des personnes ci-après désignées, savoir :

1° Le curateur nommé en exécution de l'art. 38 de la présente loi ;

2° L'époux ou l'épouse.

3° S'il n'y a pas d'époux ou d'épouse, les ascendants ;

4° S'il n'y a pas d'ascendants, les descendants ;

5° La personne qui aura signé la demande d'admission, à moins qu'un parent n'ait déclaré s'opposer à ce qu'elle use de cette faculté sans l'assentiment du conseil de famille;

6° Toute personne à ce autorisée par le conseil de famille.

S'il résulte d'une opposition notifiée au chef de l'établissement par un ayant droit qu'il y a dissentiment, soit entre les ascendants, soit entre les descendants, le conseil de famille prononcera.

Néanmoins, si le médecin de l'établissement est d'avis que l'état mental du malade pourrait compromettre l'ordre public ou la sûreté des personnes, il en sera donné préalablement connaissance au maire, qui pourra ordonner immédiatement un sursis provisoire à la sortie, à la charge d'en référer, dans les vingt-quatre heures, au préfet; le sursis provisoire cessera de plein droit à l'expiration de la quinzaine, si le préfet n'a pas, dans ce délai, donné d'ordres contraires, conformément à l'article 21 ci-après. L'ordre du maire sera transcrit sur le registre tenu en exécution de l'art. 12.

En cas de minorité ou d'interdiction, le tuteur pourra seul requérir la sortie.

15. Dans les vingt-quatre heures de la sortie, les chefs, préposés ou directeurs en donneront avis aux fonctionnaires désignés dans le dernier paragraphe de l'article 8, et leur feront connaître le nom et la résidence des personnes qui auront retiré le malade, son état mental au moment de sa sortie, et, autant que possible, l'indication du lieu où il aura été conduit.

16. Le préfet pourra toujours ordonner la sortie immédiate des personnes placées volontairement dans les établissements d'aliénés.

17. En aucun cas, l'interdit ne pourra être remis qu'à son tuteur, et le mineur, qu'à ceux sous l'autorité desquels il est placé par la loi.

SECTION II.

DES PLACEMENTS ORDONNÉS PAR L'AUTORITÉ PUBLIQUE.

18. A Paris, le préfet de police, et, dans les départements, les préfets, ordonneront d'office le placement, dans un établissement d'aliénés, de toute personne interdite, dont l'état d'aliénation compromettrait l'ordre public ou la sûreté des personnes.

Les ordres des préfets seront motivés et devront énoncer les circonstances qui les auront rendus nécessaires. Ces ordres, ainsi que ceux qui seront donnés conformément aux articles 19, 20, 21 et 23, seront inscrits sur un registre semblable à celui qui est prescrit par l'art. 12 ci-dessus, dont toutes les dispositions seront applicables aux individus placés d'office.

19. En cas de danger imminent, attesté par le certificat d'un médecin ou par la notoriété publique, les commissaires de police à Paris, et les maires dans les autres communes, ordonneront, à l'égard des personnes atteintes d'aliénation mentale, toutes les mesures provisoires, nécessaires, à la charge d'en référer dans les vingt-quatre heures au préfet, qui statuera sans délai.

20. Les chefs, directeurs ou préposés responsables des établis-

sements, seront tenus d'adresser aux préfets, dans le premier mois de chaque semestre, un rapport rédigé par le médecin de l'établissement sur l'état de chaque personne qui y sera retenue, sur la nature de sa maladie et les résultats du traitement.

Le préfet prononcera sur chacune individuellement, ordonnera sa maintenue dans l'établissement ou sa sortie.

21. A l'égard des personnes dont le placement aura été volontaire, et dans le cas où leur état mental pourrait compromettre l'ordre public ou la sûreté des personnes, le préfet pourra, dans les formes tracées par le deuxième paragraphe de l'art. 18, décerner un ordre spécial, à l'effet d'empêcher qu'elles ne sortent de l'établissement sans son autorisation, si ce n'est pour être placées dans un autre établissement.

Les chefs, directeurs ou préposés responsables seront tenus de se conformer à cet ordre.

23. Si, dans l'intervalle qui s'écoulera entre les rapports ordonnés par l'art. 20, les médecins déclarent, sur le registre tenu en exécution de l'art. 12, que la sortie peut être ordonnée, les chefs, directeurs ou préposés responsables des établissements seront tenus, sous peine d'être poursuivis conformément à l'art. 30 ci-après, d'en référer aussitôt au préfet, qui statuera sans délai.

SECTION IV.

DISPOSITIONS COMMUNES A TOUTES LES PERSONNES PLACÉES DANS LES ÉTABLISSEMENTS D'ALIÉNÉS.

29. Toute personne placée ou retenue dans un établissement d'aliénés, son tuteur, si elle est mineure, son curateur, tout parent ou ami, pourront, à quelque époque que ce soit, se pourvoir devant le tribunal du lieu de la situation de l'établissement, qui, après les vérifications nécessaires, ordonnera, s'il y a lieu, la sortie immédiate.

Les personnes qui auront demandé le placement, et le procureur du roi, d'office, pourront se pourvoir aux mêmes fins.

Dans le cas d'interdiction, cette demande ne pourra être formée que par le tuteur de l'interdit.

La décision sera rendue sur simple requête, en chambre du conseil et sans délai ; elle ne sera point motivée.

La requête, le jugement et les autres actes auxquels la réclamation pourrait donner lieu seront visés pour timbre et enregistrés en debet.

Aucunes requêtes, aucunes réclamations adressées soit à l'autorité judiciaire, soit à l'autorité administrative, ne pourront être supprimées ou retenues par les chefs d'établissements, sous les peines portées au titre III, ci-après.

30. Les chefs, directeurs ou préposés responsables, ne pourront, sous les peines portées par l'art. 120 du Code pénal, retenir une personne placée dans un établissement d'aliénés, dès que sa sortie aura été ordonnée par le préfet, aux termes des articles 16, 20 et 23, ou par le tribunal, aux termes de l'art. 29, ni lorsque cette personne se trouvera dans les cas énoncés aux art. 13 et 14.

TITRE III.

DISPOSITIONS GÉNÉRALES.

41. Les contraventions aux dispositions des articles 5, 8, 11, 12, du second paragraphe de l'art. 13, des articles 15, 17, 20, 21, et du dernier paragraphe de l'art. 29 de la présente loi, et aux règlements rendus en vertu de l'art. 6, qui seront commises par les chefs, directeurs ou préposés responsables des établissements publics ou privés d'aliénés et par les médecins employés dans ces établissements, seront punies d'un emprisonnement de cinq jours à un an, et d'une amende de cinquante francs à trois mille francs ou de l'une ou l'autre de ces peines.

Il pourra être fait application de l'art. 463 du Code pénal.

---

18 *décembre* 1839. — ORDONNANCE du Roi portant règlement sur les établissements publics et privés consacrés aux aliénés.

LOUIS PHILIPPE, etc... — Vu la loi du 30 juin 1838, sur les aliénés ; — Vu notamment l'art. 2, ainsi conçu : « Les établissements publics consacrés aux aliénés sont placés sous la direction de l'auto- « rité publique » ; — Vu l'art. 3 de la même loi qui porte : « Les « établissements privés consacrés aux aliénés sont placés sous la « surveillance de l'autorité publique » ; — Vu l'article 5 de la même loi, ainsi conçu (voir ci-dessus) ; — Vu l'article 6 de la même loi qui porte (voir ci-dessus); — Vu l'article 7 de la même loi, qui porte: « Les règlements intérieurs des établissements publics, consacrés, « en tout ou en partie, au service des aliénés, seront, dans les dispo- « sitions relatives à ce service, soumis à l'approbation du ministre « de l'intérieur ; » — Notre Conseil d'Etat, entendu, etc...

TITRE Ier.

DES ÉTABLISSEMENTS PUBLICS CONSACRÉS AUX ALIÉNÉS.

Art. 1er. Les établissements publics consacrés au service des aliénés seront administrés, sous l'autorité de notre ministre secrétaire d'Etat au département de l'intérieur et des préfets des départements, et sous la surveillance de commissions gratuites, par un directeur responsable, dont les attributions seront ci-après déterminées.

2. Les commissions de surveillance seront composées de cinq membres, nommés par les préfets, et renouvelés chaque année par cinquième.

Les membres des commissions de surveillance ne pourront être révoqués que par notre ministre de l'intérieur, sur le rapport du préfet.

Chaque année, après le renouvellement, les commissions nommeront leur président et leur secrétaire.

3. Les directeurs et les médecins en chef et adjoints seront nommés par notre ministre secrétaire d'Etat au département de l'intérieur, directement pour la première fois, et, pour les vacances suivantes, sur une liste de trois candidats présentés par les préfets.

Pourront aussi être appelés aux places vacantes, concurremment avec les candidats présentés par les préfets, les directeurs et les médecins en chef ou adjoints qui auront exercé leurs fonctions pendant trois ans dans d'autres établissements d'aliénés.

Les élèves attachés aux établissements d'aliénés seront nommés pour un temps limité, selon le mode déterminé par le règlement sur le service intérieur de chaque établissement.

Les directeurs, les médecins en chef et les médecins adjoints ne pourront être révoqués que par notre ministre de l'intérieur, sur le rapport des préfets.

4. Les commissions instituées par l'art. 1er, chargées de la surveillance générale de toutes les parties du service des établissements, sont appelées à donner leur avis sur le régime intérieur, sur les budgets et les comptes, sur les actes relatifs à l'administration, tels que le mode de gestion des biens, les projets de travaux, les procès à intenter ou à soutenir, les transactions, les emplois de capitaux, les acquisitions, les emprunts, les ventes ou

échanges d'immeubles, les acceptations de legs ou donations, les pensions à accorder, s'il y a lieu, les traités à conclure pour le service des malades.

5. Les commissions de surveillance se réuniront tous les mois. Elles seront, en outre, convoquées par les préfets ou les sous-préfets toutes les fois que les besoins du service l'exigeront.

Le directeur de l'établissement et le médecin chargé en chef du service médical assisteront aux séances de la commission ; leur voix sera seulement consultative.

Néanmoins le directeur et le médecin en chef devront se retirer de la séance au moment où la commission délibérera sur les comptes d'administration et sur les rapports qu'elle pourrait avoir à adresser directement au préfet.

6. Le directeur est chargé de l'administration intérieure de l'établissement et de la gestion de ses biens et revenus.

Il pourvoit, sous les conditions prescrites par la loi, à l'admission et à la sortie des personnes placées dans l'établissement.

Il nomme les préposés de tous les services de l'établissement ; il les révoque, s'il y a lieu. Toutefois, les surveillants, les infirmiers et les gardiens devront être agréés par le médecin en chef ; celui-ci pourra demander leur révocation au directeur. En cas de dissentiment, le préfet prononcera.

7. Le directeur est exclusivement chargé de pourvoir à tout ce qui concerne le bon ordre et la police de l'établissement, dans les limites du règlement du service intérieur, qui sera arrêté, en exécution de l'art. 7 de la loi du 30 juin 1838, par notre ministre de l'intérieur. Il résidera dans l'établissement.

8. Le service médical, en tout ce qui concerne le régime physique et moral, ainsi que la police médicale et personnelle des aliénés, est placé sous l'autorité du médecin, dans les limites du règlement de service intérieur mentionné à l'article précédent.

Les médecins adjoints, dans les maisons où le règlement intérieur en établira, les élèves, les surveillants, les infirmiers et les gardiens, sont, pour le service médical, sous l'autorité du médecin en chef.

9. Le médecin en chef remplira les obligations imposées aux médecins par la loi du 30 juin 1838, et délivrera tous certificats relatifs à ses fonctions.

Ces certificats ne pourront être délivrés par le médecin adjoint qu'en cas d'empêchement constaté du médecin en chef.

En cas d'empêchement constaté du médecin en chef et du médecin adjoint, le préfet est autorisé à pourvoir provisoirement à leur remplacement.

10. Le médecin en chef sera tenu de résider dans l'établissement.

Il pourra toutefois être dispensé de cette obligation par une décision spéciale de notre ministre de l'intérieur, pourvu qu'il fasse chaque jour, au moins, une visite générale des aliénés confiés à ses soins, et qu'en cas d'empêchement, il puisse être suppléé par un médecin résidant.

11. Les commissions administratives des hospices civils qui ont formé ou qui formeront à l'avenir dans ces établissements des quartiers affectés aux aliénés seront tenues de faire agréer par le préfet un préposé responsable, qui sera soumis à toutes les obligations imposées par la loi du 30 juin 1838.

Dans ce cas, il ne sera pas créé de commission de surveillance.

Le règlement intérieur des quartiers consacrés au service des aliénés sera soumis à l'approbation de notre ministre de l'intérieur, conformément à l'article 7 de cette loi.

12. Il ne pourra être créé, dans les hospices civils, des quartiers affectés aux aliénés, qu'autant qu'il sera justifié que l'organisation de ces quartiers permet de recevoir et de traiter cinquante aliénés au moins.

Quant aux quartiers actuellement existants, où il ne pourrait être traité qu'un nombre moindre d'aliénés, il sera statué sur leur maintien par notre ministre de l'intérieur.

13. Notre ministre de l'intérieur pourra toujours autoriser, ou même ordonner d'office, la réunion des fonctions de directeur et de médecin.

14. Le traitement du directeur et du médecin sera déterminé par un arrêté de notre ministre de l'intérieur.

15. Dans tous les établissements publics où le travail des aliénés sera introduit comme moyen curatif, l'emploi du produit de ce travail sera déterminé par le règlement intérieur de ces établissements.

16. Les lois et règlements relatifs à l'administration générale des hospices et établissements de bienfaisance, notamment en ce qui concerne l'ordre de leurs services financiers, la surveillance de la gestion du receveur, les formes de la comptabilité, sont applicables aux établissements publics d'aliénés en tout ce qui n'est pas contraire aux dispositions qui précèdent.

TITRE II.

DES ÉTABLISSEMENTS PRIVÉS CONSACRÉS AUX ALIÉNÉS.

17. Quiconque voudra former ou diriger un établissement privé destiné au traitement des aliénés devra en adresser la demande au préfet du département où l'établissement devra être situé.

18. Il justifiera : 1° qu'il est majeur et exerçant ses droits civils; 2° qu'il est de bonnes vie et mœurs; il produira, à cet effet, un certificat délivré par le maire de la commune ou de chacune des communes où il aura résidé depuis trois ans; 3° qu'il est docteur en médecine.

19. Si le requérant n'est pas docteur en médecine, il produira l'engagement d'un médecin qui se chargera du service médical de la maison, et déclarera se soumettre aux obligations spécialement imposées, sous ce rapport, par les lois et règlements.

Ce médecin devra être agréé par le préfet, qui pourra toujours le révoquer. Toutefois, cette révocation ne sera définitive qu'autant qu'elle aura été approuvée par notre ministre de l'intérieur.

20. Le requérant indiquera, dans sa demande, le nombre et le sexe des pensionnaires que l'établissement pourra contenir; il en sera fait mention dans l'autorisation.

21. Il déclarera si l'établissement doit être uniquement affecté aux aliénés, ou s'il recevra d'autres malades. Dans ce dernier cas, il justifiera, par la production du plan de l'établissement, que le local consacré aux aliénés est entièrement séparé de celui qui est affecté au traitement des autres malades.

22. Il justifiera : 1° que l'établissement n'offre aucune cause d'insalubrité, tant au dedans qu'au dehors, et qu'il est situé de manière à ce que les aliénés ne soient pas incommodés par un voisinage bruyant ou capable de les agiter; 2° qu'il peut être alimenté, en tout temps, d'eau de bonne qualité et en quantité suffisante; 3° que, par la disposition des localités, il permet de séparer complètement les sexes, l'enfance et l'âge mûr; d'établir un classement régulier entre les convalescents, les malades paisibles et ceux qui sont agités; de séparer également les aliénés épileptiques; 4° que l'établissement contient des locaux particuliers pour les aliénés atteints de maladies accidentelles, et pour ceux qui ont des habitudes de malpropreté; 5° que toutes les précautions ont été prises, soit dans les constructions, soit dans la fixation du nombre des

gardiens, pour assurer le service et la surveillance de l'établissement.

23. Il justifiera également, par la production du règlement intérieur de la maison, que le régime de l'établissement offrira toutes les garanties convenables sous le rapport des bonnes mœurs et de la sûreté des personnes.

24. Tout directeur d'un établissement privé consacré au traitement des aliénés devra, avant d'entrer en fonctions, fournir un cautionnement dont le montant sera déterminé par l'ordonnance royale d'autorisation.

25. Le cautionnement sera versé, en espèces, à la caisse des dépôts et consignations, et sera exclusivement destiné à pourvoir dans les formes et pour les cas déterminés dans l'article suivant, aux besoins des aliénés pensionnaires.

26. Dans tous les cas où, par une cause quelconque, le service d'un établissement privé consacré aux aliénés se trouverait suspendu, le préfet pourra constituer, à l'effet de remplir les fonctions de directeur responsable, un régisseur provisoire, entre les mains duquel la caisse des dépôts et consignations, sur les mandats du préfet, versera ce cautionnement, en tout ou en partie, pour l'appliquer au service des aliénés.

27. Tout directeur d'un établissement privé consacré aux aliénés pourra, à l'avance, faire agréer par l'administration une personne qui se chargera de le remplacer dans le cas où il viendrait à cesser ses fonctions par suite de suspension, d'interdiction judiciaire, d'absence, de faillite, de décès ou par toute autre cause.

La personne ainsi agréée sera de droit, dans ces divers cas, investie de la gestion provisoire de l'établissement, et soumise, à ce titre, à toutes les obligations du directeur lui-même. Cette gestion provisoire ne pourra jamais se prolonger au delà d'un mois sans une autorisation spéciale du préfet.

28. Dans le cas où le directeur cesserait ses fonctions par une cause quelconque, sans avoir usé de la faculté ci-dessus, ses héritiers ou ayants cause seront tenus de désigner, dans les vingt-quatre heures, la personne qui sera chargée de la régie provisoire de l'établissement, et soumise, à ce titre, à toutes les obligations du directeur.

A défaut, le préfet fera lui-même cette désignation.

Les héritiers ou ayants cause du directeur devront, en outre, dans le délai d'un mois, présenter un nouveau directeur, pour en remplir définitivement les fonctions.

Si la présentation n'est pas faite dans ce délai, l'ordonnance royale d'autorisation sera réputée rapportée de plein droit, et l'établissement sera fermé.

29. Lorsque le directeur d'un établissement privé consacré aux aliénés voudra augmenter le nombre des pensionnaires qu'il aura été autorisé à recevoir dans cet établissement, il devra former une demande en autorisation à cet effet, et justifier que les bâtiments primitifs ou ceux additionnels qu'il aura fait construire sont, ainsi que leurs dépendances, convenables et suffisants pour recevoir le nombre déterminé de nouveaux pensionnaires.

L'ordonnance royale qui statuera sur cette demande déterminera l'augmentation proportionnelle que le cautionnement pourra recevoir.

30. Le directeur de tout établissement privé consacré aux aliénés devra résider dans l'établissement.

Le médecin attaché à l'établissement, dans le cas prévu par l'article 19 de la présente ordonnance, sera soumis à la même obligation.

31. Le retrait de l'autorisation pourra être prononcé, suivant la gravité des circonstances, dans tous les cas d'infraction aux lois et règlements sur la matière, et notamment dans les cas ci-après : 1° si le directeur est privé de l'exercice des droits civils ; 2° s'il reçoit un nombre de pensionnaires supérieur à celui fixé par l'ordonnance d'autorisation ; 3° s'il reçoit des aliénés d'un autre sexe que celui indiqué par cette ordonnance ; 4° s'il reçoit des personnes atteintes de maladies autres que celles qu'il a déclaré vouloir traiter dans l'établissement ; 5° si les dispositions des lieux sont changées ou modifiées de manière à ce qu'ils cessent d'être propres à leur destination, ou si les précautions prescrites pour la sûreté des personnes ne sont pas constamment observées ; 6° s'il est commis quelque infraction aux dispositions du règlement du service intérieur en ce qui concerne les mœurs ; 7° s'il a été employé à l'égard des aliénés des traitements contraires à l'humanité ; 8° si le médecin agréé par l'administration est remplacé par un autre médecin, sans qu'elle en ait approuvé le choix ; 9° si le directeur contrevient aux dispositions de l'art. 8 de la loi du 30 juin 1838 ; 10° s'il est frappé d'une condamnation prononcée en exécution de l'art. 41 de la même loi.

32. Pendant l'instruction relative au retrait de l'ordonnance royale d'autorisation, le préfet pourra prononcer la suspension provisoire du directeur, et instituer un régisseur provisoire, conformément à l'art. 26.

33. Il sera statué, pour le retrait des autorisations, par une ordonnance royale.

Dispositions générales.

34. Les établissements publics ou privés, consacrés aux aliénés du sexe masculin, ne pourront employer que des hommes pour le service personnel des aliénés.

Des femmes seules seront chargées du service personnel des aliénés, dans les établissements destinés aux individus du sexe féminin.

Dispositions transitoires.

35. Les établissements privés actuellement existants devront, dans les six mois à dater du jour de la présente ordonnance, se pourvoir en autorisation dans les formes prescrites par les articles ci-dessus : passé ce délai, lesdits établissements seront fermés.

36. Notre ministre de l'intérieur est chargé, etc...

---

13 *octobre* 1840. — ORDONNANCE du Roi concernant les écoles secondaires de médecine (1).

RAPPORT au Roi : « Sire, la loi du 11 floréal an X a fixé à six le nombre des écoles qui pourraient être fondées et entretenues par l'Etat pour l'enseignement de la médecine en France. Mais en dehors de ces grandes écoles, dont trois seulement ont été organisées jusqu'à présent, et qui seules ont le droit de conférer le grade de docteur, il s'est formé des cours d'instruction médicale, et peu-à-peu des établissements inférieurs, dont l'objet est d'initier un certain nombre d'élèves aux premiers éléments de l'art de guérir. L'arrêté du gouvernement du 20 prairial an XI a formellement reconnu cet enseignement préparatoire, institué dans les hôpitaux des principales villes, en vertu de décrets spéciaux. En 1820, une ordonnance royale du 18 mai fit rentrer sous le régime de l'Université les écoles secondaires de médecine ; et cet acte m'impose le devoir de proposer à V. M. plusieurs dispositions nouvelles dans l'intérêt de ces écoles ; car, ainsi que je le disais dernièrement à V. M., dans le préambule de l'ordonnance sur l'enseignement pharmaceutique, lorsque l'Université est mise en possession d'un ordre d'établissements, ce doit être pour l'améliorer et le fortifier. Il existe en France dix-huit écoles secondaires médicales ; mais ces écoles, ayant été fondées isolément

(1) V. Décret du 4 février 1874.

et sans aucune règle commune, ne présentent aucun ensemble dans leur organisation. Quelques-unes possèdent des fondations qui pourvoient aux frais du matériel et au traitement des professeurs; dans la plupart, c'est le Conseil municipal ou le Conseil général du département, ou l'administration des hospices qui subvient aux dépenses, ce qui livre ces établissements au vice d'une perpétuelle mobilité; enfin, quelquefois, elles n'ont d'autre ressource que le faible produit des inscriptions payées par les élèves. Le prix de ces inscriptions varie, suivant les localités, depuis 6 fr. jusqu'à 30 fr.; dans deux écoles, on ne paie même aucune rétribution. Les traitements des professeurs présentent la même inégalité fâcheuse : quelques-uns ne touchent que 130 fr. par an; d'autres reçoivent 1,000 fr.; quelques-uns 1,500 fr.; un assez grand nombre n'ont aucune espèce de traitement. Dans beaucoup de villes, les amphithéâtres de dissection sont insuffisants; dans d'autres, on s'oppose à l'établissement des cliniques dans l'intérieur des hôpitaux; et cependant, sans clinique, il ne peut exister de véritable enseignement médical. Pendant longtemps, l'entrée des salles de maternité a été interdite aux étudiants et elle n'est pas encore complètement libre d'entraves. On refuse même souvent de livrer, pour les études anatomiques, les cadavres qui ne sont point réclamés par la famille. Enfin le nombre des chaires n'est pas le même partout; dans quelques écoles, il y en a de superflues, et dans d'autres, les plus indispensables ne sont pas régulièrement constituées. Il importe sur tous ces points d'établir des règles fixes, afin que partout des ressources suffisantes soient assurées aux établissements, les mêmes devoirs imposés aux professeurs, et la même instruction offerte aux élèves. Tel est le but de l'ordonnance que je viens soumettre à l'approbation de Votre Majesté.

L'art. 1er remplace, pour les écoles qui seront organisées conformément aux nouvelles dispositions, le titre d'écoles secondaires de médecine par celui d'*écoles préparatoires de médecine et de pharmacie*. Ce titre indique mieux la double destination de ces établissements, où l'enseignement doit être à la fois médical et pharmaceutique, pour répondre à tous les besoins. L'art. 2 dispose qu'on enseignera dans les écoles préparatoires : la chimie et la pharmacie; l'histoire naturelle médicale et la matière médicale; l'anatomie et la physiologie; la clinique et la pathologie internes; la clinique et la pathologie externes; les accouchements, les maladies des femmes et des enfants. Les différentes commissions qui, depuis 1830, ont été chargées de l'examen des questions relatives à l'organisation des études médicales, avaient demandé que le baccalauréat ès-lettres fût exigé des élèves des écoles secondaires. Cette condition ne m'a pas paru indispensable; elle n'a pas été prescrite même dans les écoles spéciales de pharmacie, et elle tendrait à rapprocher trop les écoles secondaires des facultés de médecine dont elles doivent rester complètement distinctes.

Les art. 3 à 7 sont relatifs au personnel obligatoire dans chaque école. Six professeurs et deux adjoints suffisent pour toutes les matières de l'enseignement. Ils seront nommés par le ministre, sur une double liste de candidats, présentée, l'une par l'école où la place est vacante, l'autre par la faculté de médecine à laquelle elle ressortit. Les professeurs devront justifier du doctorat en médecine, ou d'un diplôme de pharmacien obtenu dans une école spéciale; pour les chaires de chimie et d'histoire naturelle, le grade de bachelier ès sciences physiques sera en outre exigé. Un traitement annuel de 1,500 fr. au moins est assuré aux professeurs titulaires, et de 1,000 fr. aux professeurs adjoints. Les uns et les autres auront droit désormais à une pension de retraite, comme tous les fonctionnaires de l'Université, dont ils font partie. Chaque établissement aura en outre un chef des travaux anatomiques, un prosecteur et un préparateur.

Un des avantages les plus précieux des écoles préparatoires, c'est d'offrir pour les études anatomiques, cette base essentielle de la médecine, des ressources qu'on ne rencontre pas toujours dans les facultés, où les élèves sont quelquefois trop nombreux pour suivre utilement toutes les démonstrations. Il importe de tirer tout le parti possible de cet avantage. Les art. 8 et 9 de l'ordonnance prescrivent aux villes de mettre à la disposition des écoles des amphithéâtres convenablement appropriés, et toutes les collections scientifiques nécessaires à l'enseignement. D'un autre côté, les commissions des hospices seront tenues de fournir, pour le service de la clinique médicale et chirurgicale, une salle de cinquante lits au moins.

Les écoles préparatoires de médecine et de pharmacie sont des établissements communaux ; et, sous ce rapport, elles seront dans la même situation, à l'égard des facultés, que les colléges communaux à l'égard des colléges royaux. Les villes pourvoiront, en conséquence, à toutes les dépenses du personnel et du matériel, s'élevant ensemble à un minimum de 13,000 fr. L'art. 10, qui règle ces dispositions, tient compte de la pratique actuelle, et admet les subventions votées annuellement par les Conseils généraux des départements et par les hospices, comme ressources ordinaires des écoles, en déduction de la somme qui doit être allouée par les Conseils municipaux. Le budget de chaque école, établi d'après les bases qui viennent d'être indiquées, sera arrêté en conseil royal de l'instruction publique, comme celui des colléges communaux. Une commission locale vérifiera chaque année les comptes présentés par le directeur. L'art. 11 compose ainsi cette commission : Le maire de la ville, président ; un membre désigné par le Conseil municipal, un membre désigné par le Conseil général, et deux membres désignés par la commission des hospices.

Les art. 12, 13 et 14 sont relatifs aux inscriptions des élèves. Le taux en est fixé à 35 fr. dans toutes les écoles ; et le produit en sera versé, soit dans la caisse municipale, soit dans la caisse du département ou des hospices, jusqu'à concurrence des sommes allouées par la ville, par le département ou par les hospices, qui trouveront ainsi un juste dédommagement des sacrifices qu'ils se seront imposés dans l'intérêt des études médicales. D'après les règlements actuels, les inscriptions prises dans les écoles secondaires ne sont comptées, dans les facultés, que pour les deux tiers de leur nombre réel, et cette dépréciation est une cause de décadence pour ces écoles. On conçoit que, pour donner au doctorat en médecine la dignité qui lui appartient, on ne confère ce grade élevé que dans les grands centres d'études; mais les premiers examens n'ont pas cette importance : ils ne demandent qu'une partie des connaissances dont le doctorat exige l'ensemble ; celles-là même qui peuvent être plus solidement enseignées dans les écoles secondaires, par exemple, les démonstrations anatomiques.

Je propose donc à Votre Majesté de décider qu'à l'avenir, les inscriptions prises dans les écoles préparatoires pendant deux années seront admises pour toute leur valeur dans les facultés. Je n'ai pas cru devoir déterminer un plus long terme pour cette équivalence; ces deux années sont, en général, le temps que les élèves passent dans les écoles secondaires avant d'entrer dans les facultés, et elles suffisent pour les premières études de médecine. Les inscriptions qui seront prises au-delà de la huitième continueront à être comptées comme elles le sont aujourd'hui. Cette disposition, avec celle qui assure un traitement convenable aux professeurs, rendra la vie aux écoles secondaires. Toute l'ordonnance nouvelle est là. Mais l'équivalence des inscriptions ne sera acquise que dans les écoles dont l'organisation aura été complétée conformément à la présente ordonnance, et qui offriront dès lors toutes les garanties exigées pour l'instruction des jeunes gens. Cette mesure est à la fois équitable et nécessaire ; elle fait dépendre la prospérité des établissements des réformes qui y seront introduites par le vote libre des communes, et elle distinguera utilement les nouvelles écoles préparatoires des anciennes écoles secondaires. Par une disposition analogue, l'art. 16 et dernier du projet déclare équivalente à deux années de stage dans une officine les deux années d'études scolaires auxquelles sont appelés les élèves en pharmacie. Déjà la loi du 21 germinal an XI reconnaît cette équivalence pour les élèves pharmaciens des hôpitaux d'intruction militaire. La nouvelle ordonnance répond ainsi à sa double destination ; elle favorise l'instruction théorique de la pharmacie, trop négligée jusqu'à ce jour, comme elle améliore l'enseignement élémentaire de la médecine ; et, sous ce rapport, elle complète avec avantage, l'importante ordonnance que Votre Majesté a rendue le 27 septembre dernier sur les écoles de pharmacie. J'ai l'espoir que celle-ci ne sera pas accueillie avec moins de faveur par tout le corps médical. (M. Cousin.)

Louis-Philippe, etc... — Vu l'ordonnance royale du 28 mai 1820, qui soumet au régime du corps enseignant les écoles secondaires de médecine ; — Vu les règlements universitaires des 7 novembre 1820 et 26 septembre 1837 ; — Vu la déclaration du conseil royal de l'instruction publique, en date du 13 octobre 1840 :

Art. 1er. Les écoles actuellement établies sous le titre d'écoles secondaires de médecine, et qui seront réorganisées conformément aux dispositions prescrites par la présente ordonnance, prendront le titre d'écoles préparatoires de médecine et de pharmacie.

2. Les objets d'enseignement dans les écoles préparatoires de médecine et de pharmacie sont : 1° chimie et pharmacie ; 2° histoire naturelle médicale et matière médicale ; 3° anatomie et phy-

siologie ; 4° clinique interne et pathologie interne ; 5° clinique externe et pathologie externe ; 6° accouchements, maladies des femmes et des enfants.

3. Il y aura, dans chaque école, six professeurs titulaires et deux professeurs adjoints.

4. Les professeurs titulaires et adjoints seront nommés par notre ministre de l'instruction publique, sur une double liste de candidats, présentée, l'une par l'école où la place est vacante, l'autre par la faculté de médecine dans la circonscription de laquelle ladite école se trouve placée.

Les candidats pour les places de professeurs titulaires ou adjoints doivent être docteurs en médecine ou pharmaciens reçus dans une école de pharmacie, et âgés de trente ans.

Les professeurs de chimie et d'histoire naturelle devront justifier, en outre, du baccalauréat ès sciences physiques.

5. Il sera attaché à chaque école un chef des travaux anatomiques, un prosecteur et un préparateur de chimie et d'histoire naturelle.

6. Les professeurs recevront un traitement annuel dont le minimum est fixé à 1,500 fr. pour les titulaires, et à 1,000 fr. pour les adjoints.

7. Les professeurs titulaires et adjoints subiront sur leur traitement la retenue du vingtième au profit de la caisse des retraites, auxquelles ils auront droit désormais, comme tous les autres fonctionnaires de l'Université, et aux mêmes conditions.

8. Chaque école aura un ou plusieurs amphithéâtres et sera fournie de collections relatives à l'objet des divers cours.

9. L'administration des hospices de chaque ville où une école préparatoire sera établie fournira, pour le service de la clinique médicale et chirurgicale de ladite école, une salle de cinquante lits au moins.

10. Les écoles préparatoires de médecine et de pharmacie sont des établissements communaux.

Les villes où elles sont ouvertes pourvoiront à toutes les dépenses, soit du personnel, soit du matériel.

Les hospices et les conseils généraux des départements pourront continuer à voter des subventions pour l'entretien des écoles préparatoires. Ces subventions viendront en déduction des sommes qui doivent être allouées par les villes.

Le budget annuel de chaque école sera arrêté en conseil royal de l'instruction publique.

11. Une commission vérifiera, chaque année, les comptes présentés par le directeur.

Cette commission sera composée : du maire de la ville, président ; d'un membre désigné par le conseil municipal ; d'un membre désigné par le conseil général ; de deux membres désignés par la commission des hospices.

12. Les droits d'inscriptions trimestrielles, qui doivent être acquittés par chaque élève, sont fixés à trente-cinq francs.

13. Le produit des inscriptions prises dans chaque école sera versé dans la caisse, soit de la ville, soit du département, soit des hospices, jusqu'à concurrence des sommes allouées par les conseils municipaux, départementaux ou des hopices, pour l'entretien de l'établissement.

14. A dater de la présente année scolaire, les élèves des écoles préparatoires dont l'organisation sera conforme aux règles prescrites par cette ordonnance pourront faire compter les huit inscriptions prises pendant deux années, pour toute leur valeur, dans une des Facultés de médecine.

15. Les élèves en pharmacie seront admis à faire compter deux ans d'études dans une école préparatoire, pour deux années de stage dans une officine.

16. Notre ministre de l'instruction publique est chargé, etc.....

---

14 *février* 1841. — ORDONNANCES du Roi qui établissent une école préparatoire de médecine et de pharmacie dans chacune des villes suivantes :

AMIENS. — CAEN. — POITIERS. — RENNES. — ROUEN.

---

12 *mars* 1841. — ORDONNANCE du Roi concernant les écoles préparatoires de médecine et de pharmacie.

LOUIS PHILIPPE, etc.....

Art. 1er. L'administration de chaque école préparatoire de médecine et de pharmacie est confiée à un directeur.

2. Le directeur, nommé par notre ministre de l'instruction publique, ne pourra être choisi que parmi les professeurs en exercice. La durée de ses fonctions, toujours révocables, est fixée à trois ans ; il pourra être renommé.

3. Le chef des travaux anatomiques sera également nommé pour trois ans, par notre ministre de l'instruction publique, sur

une liste de deux candidats présentés par les professeurs de l'école; il ne pourra être renommé que pour une nouvelle période de trois ans.

4. Dans les écoles où, en dehors des chaires mentionnées par l'ordonnance du 13 octobre 1840, et constituant les cours obligatoires, il n'existera pas de professeurs adjoints ou provisoires en nombre suffisant pour assurer les suppléances desdites chaires, en cas d'absence ou d'empêchement momentané des professeurs qui les occupent, il pourra, sur la présentation du directeur, après avis des professeurs de l'école, être nommé par notre ministre de l'instruction publique un ou plusieurs suppléants spéciaux, choisis parmi les docteurs en médecine.

Les fonctions desdits suppléants cesseront de droit après trois années d'exercice, sauf à être renouvelées.

5. Les suppléants spéciaux, ainsi que les professeurs adjoints ou provisoires maintenus sans traitement en dehors du cadre de l'école, lorsqu'ils seront appelés à remplacer le professeur d'un des cours obligatoires, recevront, à titre d'indemnité, pendant la durée du remplacement, la moitié du traitement du professeur suppléé.

6. Notre ministre de l'instruction publique est chargé, etc.....

---

12 *mars* 1841. — Règlement délibéré en conseil royal de l'instruction publique pour les écoles préparatoires de médecine et de pharmacie (1).

TITRE I.

ADMINISTRATION INTÉRIEURE DES ÉCOLES.

Art. 1er. Le directeur de chaque école est chargé, sous l'autorité du recteur de l'Académie, d'assurer l'exécution des règlements, en tout ce qui concerne la discipline et les études. Il ordonne les dépenses dans les limites du budget annuel de l'école. Il convoque, quand il y a lieu, et préside la réunion des professeurs titulaires et adjoints. Il nomme, après avis des professeurs de l'école, et sous l'approbation du recteur, le prosecteur et le préparateur, lesquels sont choisis pour trois ans et ne peuvent être renommés. Il nomme directement les autres employés et tous gens de service.

(1) V. Décret du 4 février 1874.

2. La réunion des professeurs délibère sur toutes les questions qui intéressent la discipline et les études, ou qui lui ont été spécialement renvoyées. Les délibérations exigent la présence de la moitié, plus un, des professeurs ; elles sont prises à la majorité absolue des suffrages ; en cas de partage, le directeur a voix prépondérante.

3. Un des professeurs, choisi par l'assemblée, remplit les fonctions de secrétaire, rédige les procès-verbaux, tient les archives et reçoit les inscriptions des élèves.

4. Les programmes des cours seront arrêtés au commencement de chaque année, en l'assemblée des professeurs, qui fixent en même temps les jours et heures des leçons. L'affiche annonçant les différents cours sera visée par le recteur de l'académie et publiée par les soins du directeur. Un double en sera transmis au ministre de l'instruction publique.

5. Tout professeur qui, pour motifs légitimes, se trouverait empêché de faire son cours, doit en informer d'avance le directeur de l'école.

6. Le chef des travaux anatomiques est tenu de se conformer, en tout ce qui concerne ce service, aux instructions du directeur.

7. Le directeur présentera, chaque année, dans les premiers jours de janvier, à la commission instituée par l'article 11 de l'ordonnance du 13 octobre 1840, le compte de gestion pour l'année écoulée.

Après que ledit compte aura été vérifié et arrêté, le directeur adressera au recteur l'état présumé des recettes et des dépenses pour l'année suivante. Cet état, avec copie du compte de gestion de l'année écoulée, sera présenté au conseil municipal dans sa session du mois d'avril.

8. Immédiatement après le vote des allocations nécessaires à l'entretien de l'école, le budget de l'établissement sera présenté au conseil académique, puis transmis au ministre, pour être définitivement arrêté en conseil royal.

TITRE II.

INSCRIPTIONS. — COURS D'ÉTUDES.

9. Il sera tenu dans toute école préparatoire de médecine et de pharmacie un registre d'inscriptions, lequel sera coté et paraphé par le recteur de l'académie.

10. Ce registre sera ouvert pendant les huit premiers jours de chaque trimestre de l'année scolaire. Les élèves apposeront eux-mêmes leur signature sur le registre, en prenant l'inscription de chaque trimestre. Le registre sera clos par le recteur, ou par un délégué du recteur, à l'expiration du délai fixé.

11. Aucune inscription ne pourra être prise en dehors des époques déterminées sans une autorisation expresse accordée par le Ministre en conseil royal de l'instruction publique. Toute première inscription devra être prise au commencement du trimestre de novembre, à moins d'une autorisation spéciale dans la forme précitée.

12. Tout élève qui se présentera pour prendre une première inscription sera tenu de déposer entre les mains du secrétaire : 1° son acte de naissance constatant qu'il a au moins seize ans accomplis ; 2°, s'il est mineur, le consentement, en forme régulière, de son père ou tuteur, l'autorisant à suivre les cours de l'école ; 3° un certificat d'études universitaires ou domestiques, constatant qu'il a suivi des études de langues anciennes, au moins jusqu'à la troisième inclusivement, ledit certificat visé par le recteur de l'académie, qui fera subir, s'il y a lieu, au postulant, un examen spécial, à l'effet de vérifier s'il possède les diverses connaissances exigées ; 4° l'indication de son domicile dans la ville où est le siége de l'école, et l'indication du domicile de ses parents.

13. Le prix de chaque inscription sera versé par l'élève au moment où il s'inscrit ; le reçu lui en sera donné immédiatement ; mais l'inscription ne sera acquise et délivrée que dans les huit premiers jours du trimestre suivant, et seulement dans le cas où l'élève aura préalablement justifié de sa présence aux cours obligatoires, pendant tout le trimestre écoulé. Les élèves qui ne se présenteront pas eux-mêmes, pour retirer leurs certificats d'inscription, perdent leurs droits à cette inscription.

14. Tous les cours sont semestriels, excepté ceux de clinique interne et externe. Les cours du semestre d'hiver commencent le 3 novembre, et se terminent le 31 mars ; ceux du semestre d'été commencent le 1er avril, et durent jusqu'à la fin d'août. Il y a pour chaque cours de semestre une leçon par jour, hormis les dimanches et fêtes. Chaque leçon est d'une heure et demie, y compris l'interrogation sur la leçon précédente, qui doit avoir lieu au commencement de chaque séance, sans excéder une demi-heure, et de telle façon que chaque élève du cours soit interrogé au moins une fois par semaine. Les cours de clinique interne et externe

commencent le 3 novembre et se terminent à la fin d'août; ils ont lieu trois fois par semaine, dans l'amphithéâtre de l'école, après les visites des malades. Chaque leçon dure une heure.

15. Les cours des écoles préparatoires de médecine et de pharmacie seront divisés en cours de première, de seconde et de troisième année.

16. Les étudiants de première année seront tenus de suivre, pendant le semestre d'hiver, les cours de *chimie* et de *pharmacie*, d'*anatomie* et *physiologie*, et les travaux de dissection ; et pendant le semestre d'été, les cours d'*histoire naturelle médicale*, de *pathologie externe* et de *clinique externe*. Les étudiants de seconde année suivront, en hiver, le cours d'*anatomie* et *physiologie* et les travaux de dissection, les cours de *pathologie interne* et de *clinique externe* ; et pendant le semestre d'été, le cours de *matière médicale*, le cours d'*accouchements* et celui de *clinique interne*. Les étudiants de troisième année suivront, pendant le semestre d'hiver, les cours de *pathologie interne* et de *clinique interne*, les cours de *clinique externe* et les travaux de dissection ; pendant le semestre d'été, les cours de *clinique interne* et de *clinique externe*, les cours de *médecine légale* et d'*hygiène* et ceux de *médecine opératoire* dans les écoles où ces cours auront été institués.

17. Les élèves des cliniques seront tenus de recueillir au lit des malades, jour par jour, et même plusieurs fois par jour, des observations écrites, qui devront être lues et discutées dans l'amphithéâtre, en présence des professeurs.

18. Les élèves qui suivront les cours d'accouchements, et les élèves de troisième année, seront admis, tour à tour, par séries, et pendant trois mois, à pratiquer les accouchements dans les salles de la Maternité.

19. Les élèves qui se destinent à la pharmacie ne sont tenus de suivre que les cours de chimie et de pharmacie, d'histoire naturelle et matière médicale, de toxicologie et d'hygiène, dans les écoles où cet enseignement sera donné.

20. Les dispositions du statut du 9 avril 1825, en ce qui concerne la police des cours et la discipline des étudiants dans les facultés, sont déclarées applicables aux élèves des écoles préparatoires de médecine et de pharmacie.

TITRE III.

EXAMENS ET INSPECTIONS.

21. Tous les ans, à la fin d'août, les élèves ayant pris quatre, huit, ou douze inscriptions dans les écoles préparatoires de médecine et de pharmacie, soutiendront un examen de trois quarts d'heure sur les matières des cours qu'ils auront dû suivre, conformément au programme mentionné dans l'art. 16. Cet examen sera sans frais.

22. Les étudiants qui auront satisfait à l'examen recevront un certificat qui ne leur confèrera aucun grade, mais sans lequel : 1° ceux qui se destinent à la médecine ne pourront être admis à prendre de nouvelles inscriptions dans les écoles préparatoires, ni à échanger contre des inscriptions de faculté celles qu'ils auraient prises dans ces écoles ; 2° ceux qui se destinent à la pharmacie ne pourront jouir du bénéfice accordé par l'art. 15 de l'ordonnance du 13 octobre 1840. Ledit certificat sera délivré gratuitement, sous le visa du recteur.

23. Les élèves des écoles préparatoires de médecine et de pharmacie qui abandonneraient ces écoles avant la fin de l'année scolaire seront également tenus, au moment de leur sortie, de subir l'examen prescrit par l'art. 21, et ne seront, dans ce cas, interrogés que sur la partie des cours à laquelle ils auront assisté. Ceux d'entre eux qui n'auront pas rempli cette formalité ne recevront pas le certificat mentionné à l'art. 22.

24. Les élèves qui n'auront pas répondu d'une manière satisfaisante aux examens pourront, après un délai de trois mois au moins, se représenter pour les subir de nouveau, et recevoir, s'il y a lieu, le certificat ci-dessus mentionné.

25. Chaque examen sera fait par un jury composé de trois professeurs titulaires, adjoints ou provisoires, choisis par le recteur, sur la proposition du directeur de l'école, dans les séries d'enseignement correspondantes aux matières dudit examen.

26. Indépendamment des inspections extraordinaires qui pourront être ordonnées par le ministre grand maître de l'Université, chaque école préparatoire de médecine et de pharmacie sera, au moins une fois par trimestre, visitée par le recteur, ou par un inspecteur de l'académie. Cette visite aura principalement pour objet de s'assurer de l'exécution des dispositions du présent règlement. Les recteurs adresseront, tous les trois mois, au ministre

grand maître de l'Université, un rapport détaillé sur les résultats constatés par l'inspection.

---

31 *mars* 1841. — Ordonnance du Roi, qui constitue les écoles préparatoires de médecine et de pharmacie de Marseille, d'Angers, Besançon, Clermont, Limoges, Nantes, Toulouse (1).

---

18 *avril* 1841. — Ordonnance du Roi qui détermine la circonscription de chacune des facultés de médecine, en ce qui concerne l'exercice de leur droit de présentation aux chaires vacantes dans les écoles préparatoires de médecine et de pharmacie.

---

18 *avril* 1841. — Ordonnance du Roi qui fixe les retenues à exercer, pour le fonds de retraite, sur les traitements des professeurs des écoles préparatoires de médecine et de pharmacie.

---

9 *janvier* — 6 *mars* 1842. — Ordonnance du Roi qui établit une école préparatoire de médecine et de pharmacie dans la ville de Bordeaux (2).

---

9 *janvier* 1842. — Décision du Roi qui fixe à 30 ans l'âge d'admissibilité aux épreuves des concours pour les chaires de professeurs dans les facultés de médecine.

---

25 *août* 1847. — Ordonnance concernant les études des aspirants au titre d'officier de santé :

Vu les art. 15 et 16 de la loi du 19 ventôse an XI ; — Vu l'art. 37 de l'arrêté du gouvernement du 20 prairial an XI ; — Vu les articles 19 et 26 du décret du 17 mars 1808 ; — Vu l'art. 1er de l'ordonnance du 9 août 1836 ;

Art. 1er. A l'avenir, les années d'études ou de stage des aspirants au titre d'officier de santé ne seront comptées qu'à partir du jour où ces jeunes gens auront accompli leur seizième année.

---

(1) V. Décret du 24 novembre 1856.
(2) V. Ordonnance du 26 mars 1820.

1er *avril* 1848. — DÉCRET qui crée un conseil spécial de recrutement dans chaque chef-lieu d'arrondissement.

Art. 1er..... Le Conseil sera assisté d'officiers de santé militaires ou, à défaut, de médecins ou chirurgiens civils.

---

10 *août* 1848. — ARRÊTÉ qui établit près du ministère de l'agriculture et du commerce un comité consultatif d'hygiène publique et supprime le conseil supérieur de santé (1).

---

18 *décembre* 1848. — ARRÊTÉ sur l'organisation de conseils d'hygiène publique et de salubrité.

TITRE I.

DES INSTITUTIONS D'HYGIÈNE PUBLIQUE ET DE LEUR ORGANISATION.

Art. 1er. Dans chaque arrondissement, il y aura un conseil d'hygiène publique et de salubrité. Le nombre des membres de ce conseil sera de sept au moins et de quinze au plus. — Un tableau dressé par le ministre de l'agriculture et du commerce règlera le nombre des membres et le mode de composition de chaque conseil.

2. Les membres du conseil d'hygiène d'arrondissement seront nommés pour quatre ans par le préfet, et renouvelés par moitié tous les deux ans.

3. Des commissions d'hygiène publique pourront être instituées dans les chefs-lieux de canton par un arrêté spécial du préfet, après avoir consulté le conseil d'arrondissement.

4. Il y aura, au chef-lieu de la préfecture, un conseil d'hygiène et de salubrité de département. — Les membres de ce conseil seront nommés pour quatre ans, par le préfet, et renouvelés par moitié tous les deux ans. — Un tableau dressé par le ministre de l'agriculture et du commerce règlera le nombre des membres et le mode de composition de chaque conseil. — Ce nombre sera de sept au moins et de quinze au plus. — Il réunira les attributions des conseils d'hygiène d'arrondissement aux attributions particulières qui sont énumérées à l'article 12.

5. Les conseils d'hygiène seront présidés par le préfet ou le

(1) V. Décret du 23 octobre 1856.

sous-préfet, et les commissions de canton par le maire du chef-lieu. — Chaque conseil élira un vice-président et un secrétaire, qui seront renouvelés tous les deux ans.

6. Les conseils d'hygiène et les commissions se réuniront au moins une fois tous les trois mois, et chaque fois qu'ils seront convoqués par l'autorité.

7. Les membres des commissions d'hygiène de canton pourront être appelés aux séances du conseil d'hygiène d'arrondissement ; ils ont voix consultative.

8. Tout membre des conseils ou des commissions de canton qui, sans motifs d'excuse approuvés par le préfet, aura manqué de se rendre à trois convocations consécutives, sera considéré comme démissionnaire.

TITRE II.

ATTRIBUTIONS DES CONSEILS ET DES COMMISSIONS D'HYGIÈNE PUBLIQUE.

9. Les conseils d'hygiène d'arrondissement sont chargés de l'examen des questions relatives à l'hygiène publique de l'arrondissement, qui leur seront renvoyées par le préfet ou le sous-préfet. Ils peuvent être spécialement consultés sur les objets suivants : 1° L'assainissement des localités et des habitations ; — 2° Les mesures à prendre pour prévenir et combattre les maladies endémiques, épidémiques et transmissibles ; — 3° Les épizooties et les maladies des animaux ; — 4° La propagation de la vaccine ; — 5° L'organisation et la distribution des secours médicaux aux malades indigents ; — 6° Les moyens d'améliorer les conditions sanitaires des populations industrielles et agricoles ; — 7° La salubrité des ateliers, écoles, hôpitaux, maisons d'aliénés et établissements de bienfaisance, casernes, arsenaux, prisons, dépôts de mendicité, asiles, etc., etc. ; — 8° Les questions relatives aux enfants trouvés ; — 9° La qualité des aliments, boissons, condiments et médicaments livrés au commerce ; — 10° L'amélioration des établissements d'eaux minérales appartenant à l'Etat, aux départements, aux communes et aux particuliers, et les moyens d'en rendre l'usage accessible aux malades pauvres ; — 11° Les demandes en autorisation, translation ou révocation des établissements dangereux, insalubres ou incommodes ; — 12° Les grands travaux d'utilité publique ; constructions d'édifices, écoles, prisons, casernes, ports, canaux, réservoirs, fontaines, halles ;

établissement des marchés, routoirs, égouts, cimetières ; la voirie etc., etc., sous le rapport de l'hygiène publique.

10. Les conseils d'hygiène publique d'arrondissement réuniront et coordonneront les documents relatifs à la mortalité et à ses causes, à la topographie et à la statistique de l'arrondissement, en ce qui touche la salubrité publique. — Ils adresseront régulièrement ces pièces au préfet, qui en transmettra une copie au ministre de l'agriculture et du commerce.

11. Les travaux des conseils d'arrondissement seront envoyés au préfet.

12. Le conseil d'hygiène publique et de salubrité du département aura pour mission de donner son avis : — 1° Sur toutes les questions d'hygiène publique qui lui seront renvoyées par le préfet ; — 2° Sur les questions communes à plusieurs arrondissements ou relatives au département tout entier. — Il sera chargé de centraliser et coordonner, sur le renvoi du préfet, les travaux des conseils d'arrondissement. — Il fera chaque année, au préfet, un rapport général sur les travaux des conseils d'arrondissement. — Ce rapport sera immédiatement transmis par le prefet, avec les pièces à l'appui, au ministre de l'agriculture et du commerce.

13. La ville de Paris sera l'objet de dispositions spéciales (1).

14. Le ministre de l'agriculture et du commerce est chargé, etc.

---

10 *janvier* 1849. LOI sur l'organisation de l'assistance publique à Paris.

Art. 1er. — L'administration générale de l'assistance publique, à Paris, comprend le service des secours à domicile et le service des hôpitaux et hospices civils. — Cette administration est placée sous l'autorité du préfet de la Seine et du ministre de l'intérieur ; elle est confiée à un directeur responsable, sous la surveillance d'un conseil dont les attributions sont ci-après déterminées.

2. Le directeur est nommé par le ministre de l'intérieur, sur la proposition du préfet de la Seine.

3. Le directeur exerce son autorité sur les services intérieurs ou extérieurs. — Il prépare les budgets, ordonnance toutes les dépenses, et présente le compte de son administration. — Il re-

(1) V. Décret du 15 décembre 1851.

présente les établissements hospitaliers et de secours à domicile en justice, soit en demandant, soit en défendant. — Il a la tutelle des enfants trouvés, abandonnés et orphelins, et a aussi celle des aliénés.

4. Les comptes et budgets sont examinés, réglés et approuvés conformément aux dispositions de la loi du 18 juillet 1837 sur les attributions municipales.

5. Le conseil de surveillance est appelé à donner son avis sur les objets ci-après énoncés : 1° Les budgets, les comptes et, en général, toutes les recettes et dépenses des établissements hospitaliers et de secours à domicile ; — 2° Les acquisitions, échanges, ventes de propriétés, et tout ce qui intéresse leur conservation et leur amélioration ; — 3° Les conditions des baux à ferme ou à loyer, des biens affermés ou loués par ces établissements ou pour leur compte ; — 4° Les projets de travaux neufs, de grosses réparations ou de démolitions ; — 5° Les cahiers des charges des adjudications et exécution des conditions qui y sont insérées ; — 6° L'acceptation ou la répudiation des dons et legs faits aux établissements hospitaliers et de secours à domicile ; — 7° Les placements de fonds et les emprunts ; — 8° Les actions judiciaires et les transactions ; — 9° La comptabilité, tant en deniers qu'en matières ; — 10° Les règlements de service intérieur des établissements et du service de santé, et l'observation desdits règlements ; — 11° Toutes les questions de discipline concernant les médecins, chirurgiens et pharmaciens ; — 12° Toutes les communications qui lui seraient faites par l'autorité supérieure et par le directeur. — Les membres du conseil de surveillance visiteront les établissement hospitaliers et de secours à domicile aussi souvent que le conseil le jugera nécessaire.

6. Les médecins chirurgiens et pharmaciens des hôpitaux et hospices sont nommés au concours. Leur nomination est soumise à l'approbation du ministre de l'intérieur. Ils ne peuvent être révoqués que par le même ministre, sur l'avis du conseil de surveillance et sur la proposition du préfet de la Seine.

7. Les médecins et chirurgiens attachés au service des secours à domicile sont également nommés au concours ou par l'élection de leurs confrères : ils sont institués par le ministre de l'intérieur. Ils peuvent être révoqués par le même ministre sur l'avis du conseil de surveillance.

8. Un règlement d'administration publique déterminera la

composition du conseil de surveillance de l'administration générale, et l'organisation de l'assistance à domicile.

9. Les dispositions des lois antérieures sont abrogées en ce qu'elles auraient de contraire à la présente loi.

---

18 *mai* 1849. — ARRÊTÉ qui fixe le préciput des doyens des facultés de droit et de médecine de Paris, et les traitements des fonctionnaires de la faculté de droit et de la faculté des lettres.

---

8 *juillet* 1849. — LOI qui supprime l'école préparatoire de médecine et de pharmacie d'Orléans.

1er *février* 1850. — DÉCRET relatif à la composition du comité consultatif d'hygiène publique.

---

20 *mars* 1850. — DÉCRET portant que : « La qualité de membre de l'Académie de médecine, conférée au doyen de la faculté de médecine de Paris par l'art. 16 de l'ordonnance du 20 décembre 1820, lui restera acquise, et qu'il en conservera le titre et les prérogatives après qu'il aura cessé d'exercer les fonctions de doyen ».

---

11 *avril* 1850. — ARRÊTÉ ministériel qui règle les droits de présence dans les concours des facultés de droit et de médecine.

---

13 *avril* 1850. — LOI pour l'assainissement des logements insalubres (1).

---

2 *décembre* 1850. — DÉCRET concernant la composition du comité consultatif d'hygiène publique.

---

13 *février* 1851. — DÉCRET relatif aux fonctions de secrétaire dans les facultés de droit, de médecine et des lettres.

(1) V. le texte de cette loi avec le rapport et l'exposé des motifs dans la collection des lois du *Journal du Palais*, année 1850, p. 19.

17 *octobre* 1851. — DÉCRET qui organise une école préparatoire de médecine et de pharmacie à l'école Paoli, de Corte.

---

15 *décembre* 1851. — DÉCRET relatif à l'organisation du conseil de salubrité établi près la préfecture de police, et à l'institution de commissions d'hygiène publique et de salubrité dans le département de la Seine.

Art. 1er. Le conseil de salubrité établi près la préfecture de police conserve son organisation actuelle ; il prendra le titre de *Conseil d'hygiène publique et de salubrité du département de la Seine.*

La nomination des membres du conseil d'hygiène publique et de salubrité continuera d'être faite par le préfet de police, et d'être soumise à l'approbation du ministre de l'agriculture et du commerce.

2. Il sera chargé, en cette qualité, et dans tout le ressort de la préfecture de police, des attributions déterminées par les art. 9, 10 et 12 de l'arrêté du 18 décembre 1848.

3. Il sera établi dans chacun des arrondissements de la ville de Paris, et dans chacun des arrondissements de Sceaux et de Saint-Denis, une commission d'hygiène et de salubrité, composée de neuf membres, et présidée, à Paris, par le maire de l'arrondissement, et dans chacun des arrondissements ruraux, par le sous-préfet.

Les membres de ces commissions seront nommés par le préfet de police, sur une liste de trois candidats présentés, pour chaque place, par le maire de l'arrondissement, à Paris, par les sous-préfets de Sceaux et de Saint-Denis, dans les arrondissements ruraux (1).

Les candidats seront choisis parmi les habitants notables de l'arrondissement.

Dans chaque commission, il y aura toujours deux médecins au moins, un pharmacien, un vétérinaire reçu dans les écoles spéciales, un architecte, un ingénieur. S'il n'y a pas de candidats dans ces trois dernières professions, les choix devront porter, de préférence, sur les mécaniciens, directeurs d'usines ou de manufactures.

Les membres des commissions d'hygiène publique du département de la Seine sont nommés pour six ans, et renouvelés par tiers tous les ans. Les membres sortants peuvent être réélus.

(1) Modifié par le décret du 7 juillet 1880.

Il sera établi pour les trois communes de Saint-Cloud, Sèvres et Meudon, annexées au ressort de la préfecture de police par l'arrêté du 3 brumaire an IX, une commission centrale d'hygiène et de salubrité, qui sera présidée par le plus âgé des maires de ces communes, et dont le siège sera au lieu de la résidence du président. Toutes les dispositions qui précèdent seront, du reste, applicables à cette commission.

4. La commission dont il est question au dernier paragraphe de l'article précédent, et chacune des commissions d'hygiène d'arrondissement, éliront un vice-président et un secrétaire qui seront renouvelés tous les deux ans.

Le préfet de police pourra, lorsqu'il le jugera utile, déléguer un des membres du conseil d'hygiène publique du département auprès de chacune desdites commissions pour prendre part à ses délibérations avec voix consultative.

5. Les commissions d'hygiène publique et de salubrité se réuniront, au moins une fois par mois, à la mairie ou au chef lieu de la sous-préfecture, ou, pour ce qui concerne la commission centrale des communes de Saint-Cloud, Sèvres et Meudon, à la mairie de la résidence de son président, et elles seront convoquées extraordinairement toutes les fois que l'exigeront les besoins du service.

6. Les commissions d'hygiène recueillent toutes les informations qui peuvent intéresser la santé publique dans l'étendue de leur circonscription.

Elles appellent l'attention du préfet de police sur les causes d'insalubrité qui peuvent exister dans leurs arrondissements respectifs, et elles donnent leur avis sur les moyens de les faire disparaître.

Elles peuvent être consultées, d'après l'avis du conseil d'hygiène publique et de salubrité du département, sur les mesures et dans les cas déterminés par l'art. 9 de l'arrêté du gouvernement du 18 décembre 1848.

Elles concourent à l'exécution de la loi du 13 avril 1850, relative à l'assainissement des logements insalubres, soit en provoquant, lorsqu'il y a lieu, dans les arrondissements ruraux, la nomination des commissions spéciales qui peuvent être créées par les conseils municipaux, en vertu de l'art. 1er de ladite loi, soit en signalant auxcommissions déjà instituées les logements dont elles auraient reconnu l'insalubrité.

En cas de maladies épidémiques, elles seront appelées à prendre part à l'exécution des mesures extraordinaires qui pourront être ordonnées pour combattre les maladies ou pour procurer de prompts secours aux personnes qui en seraient atteintes.

7. Les commissions d'hygiène publique et de salubrité réuniront les documents relatifs à la mortalité et à ses causes, à la topographie et à la statistique de l'arrondissement, en ce qui concerne la salubrité.

Ces documents seront transmis au préfet de police et communiqués au conseil d'hygiène publique, qui est chargé de les coordonner, de les faire compléter, s'il y a lieu, et de les résumer dans des rapports dont la forme et le mode de publication seront ultérieurement déterminés.

8. Le conseil d'hygiène et de salubrité du département de la Seine fera, chaque mois, sur l'ensemble des travaux des commissions d'arrondissement, un rapport général qui sera transmis par le préfet de police au ministre de l'agriculture et du commerce.

9. Le ministre de l'agriculture et du commerce est chargé, etc...

---

19 *janvier* 1852. — DÉCRET relatif au conseil d'hygiène publique et de salubrité du département de la Seine.

LOUIS NAPOLÉON.....—Vu le décret du 15 décembre 1851 sur l'organisation du conseil d'hygiène et de salubrité du département de la Seine, décrète :

Art. 1er. Le nombre des membres titulaires du conseil d'hygiène publique et de salubrité du département de la Seine, actuellement de douze, est porté à quinze, le nombre des membres adjoints restant fixé à six.

2. Provisoirement, et en attendant que le conseil municipal ait pourvu au paiement de l'indemnité ordinaire, les fonctions des nouveaux membres titulaires du conseil d'hygiène publique et de salubrité du département de la Seine seront gratuites.

3. Le secrétaire général de la préfecture de police, les professeurs et fonctionnaires désignés dans les arrêtés des 24 décembre 1832, 1er mars et 7 septembre 1838, et 24 février 1844, approuvés par le ministre du commerce, seront, à raison de leurs fonctions, membres du conseil d'hygiène publique et de salubrité du département de la Seine.

Le titre de membre honoraire ne pourra être accordé qu'aux personnes qui auront été membres titulaires.

4. Le décret précité du 15 décembre continuera de recevoir son exécution en tout ce qui n'est pas contraire aux dispositions qui précèdent.

5. Le ministre de l'agriculture et du commerce est chargé, etc...

---

12 *août* 1852. — DÉCRET qui crée une école préparatoire de médecine et de pharmacie dans la ville de Lille (1).

---

12 *mars* 1853. — DÉCRET impérial qui établit une école préparatoire de médecine et de pharmacie dans la ville de Reims.

---

22 *août* 1854. — DÉCRET sur le régime des établissements d'enseignement supérieur.

TITRE III.

DISPOSITIONS SPÉCIALES AUX FACULTÉS DE MÉDECINE, AUX ÉCOLES SUPÉRIEURES DE PHARMACIE ET AUX ÉCOLES PRÉPARATOIRES DE MÉDECINE ET DE PHARMACIE.

Art. 12. Les étudiants des facultés de médecine ne sont admis à prendre la 5e, la 9e et la 13e inscription qu'après avoir subi avec succès un examen de fin d'année. Ils ne sont admis aux examens de fin d'études qu'après l'expiration du dernier trimestre de la quatrième année d'études.

Les douze premières inscriptions dans la faculté de médecine peuvent être compensées par quatorze inscriptions prises dans une école préparatoire de médecine et de pharmacie, moyennant un supplément de cinq francs par inscription. Les élèves des écoles préparatoires ne peuvent convertir plus de quatorze inscriptions de ces écoles en inscriptions de facultés.

13. Les droits à percevoir dans les facultés de médecine sont fixés ainsi qu'il suit :

Rétributions obligatoires.

Doctorat en médecine.	Inscriptions (16 à 30 fr.)	480	»
	Trois examens de fin d'année (30 fr. par examen)	90	»
	Cinq examens de fin d'études (50 fr. par examen)	250	»
	Cinq certificats d'aptitude (40 fr. par certificat)	200	»
	Thèse	100	»
	Certificat d'aptitude	40	»
	Diplôme	100	»
	Total	1260	»

(1) V. Décret du 3 décembre 1856.

Certificat de sage-femme.	Deux examens (40 fr. par examen). . . .	80 »
	Certificat d'aptitude.	40 »
	Visa du certificat.	10 »
	Total.	130 »

Rétributions facultatives.

Conférences, exercices pratiques et manipulations pour les aspirants au doctorat en médecine; rétribution annuelle. . . . . 150 »

14. Les écoles supérieures de pharmacie confèrent le titre de pharmacien de première classe et le certificat d'aptitude à la profession d'herboriste de première classe.

Elles délivrent en outre, mais seulement pour les départements compris dans leur ressort, les certificats d'aptitude pour les professions de pharmacien et d'herboriste de deuxième classe.

Les pharmaciens et les herboristes de première classe peuvent exercer leur profession dans toute l'étendue du territoire français.

15. Les aspirants au titre de pharmacien de première classe doivent justifier de trois années d'études dans une école supérieure de pharmacie et de trois années de stage dans une officine.

Il ne sera exigé qu'une seule année d'études dans une école supérieure de pharmacie des candidats qui auraient pris dix inscriptions aux cours d'une école préparatoire de médecine et de pharmacie. La compensation aura lieu moyennant un supplément de cinq francs par inscription d'école préparatoire.

Les aspirants au titre de pharmacien de première classe ne peuvent prendre la première inscription, soit dans les écoles supérieures, soit dans les écoles préparatoires de médecine et de pharmacie, que s'ils sont pourvus du grade de bachelier ès-sciences.

16. Les droits à percevoir dans les écoles supérieures de pharmacie sont fixés ainsi qu'il suit :

Rétributions obligatoires.

Titre de pharmacien de 1re classe.	Inscriptions (12 à 30 fr.)..	360 »
	Travaux pratiques pendant les trois années (100 fr. par année)..	300 »
	Cinq examens semestriels (30 fr. par examen).	150 »
	Les deux premiers examens de fin d'études (80 fr. par examen).	160 »
	Le troisième examen de fin d'études.. . .	200 »
	Trois certificats d'aptitude (40 fr. par certificat)..	120 »
	Diplôme.	100 »
	Total.	1390 »

Certificat d'herboriste de 1re classe.	Examen.	50 »
	Certificat d'aptitude.	40 »
	Visa du certificat d'aptitude.	10 »
	Total.	100 »

Rétributions facultatives.

Conférences, exercices pratiques et manipulations pour les aspirants au titre de pharmacien de première classe; rétribution annuelle. . . . . 150 »

17. Les jurys médicaux cesseront leurs fonctions au 1er janvier prochain, en ce qui concerne la délivrance des certificats d'aptitude pour les professions d'officier de santé, sage-femme, pharmacien et herboriste de deuxième classe.

A partir de cette époque, les certificats d'aptitude pour la profession d'officier de santé et celle de sage-femme seront délivrés, soit par les facultés de médecine de Paris, Montpellier et Strasbourg, soit par les écoles préparatoires de médecine et de pharmacie, sous la présidence d'un professeur de l'une des facultés de médecine.

A partir de la même époque, les certificats d'aptitude pour les professions de pharmacien et d'herboriste de deuxième classe seront délivrés, soit par les écoles supérieures de pharmacie, soit par les écoles préparatoires de médecine et de pharmacie, sous la présidence d'un professeur de l'une des écoles supérieures de pharmacie.

18. Un arrrêté du ministre de l'instruction publique, délibéré en conseil impérial de l'instruction publique, déterminera la circonscription des facultés de médecine, écoles supérieures de pharmacie et écoles préparatoires de médecine et de pharmacie, chargées de la délivrance des certificats d'aptitude pour les professions mentionnées en l'article précédent, la composition des jurys d'examens, l'époque de leurs réunions, les répartitions des droits de présence entre les professeurs, et généralement tous les moyens d'exécution dudit article.

19. En exécution des articles 29 et 34 de la loi du 19 ventôse an XI, et de l'article 24 de la loi du 21 germinal an XI, les officiers de santé, les pharmaciens de deuxième classe, les sages-femmes et les herboristes de deuxième classe pourvus des diplômes ou certificats d'aptitude délivrés, soit par les anciens jurys médicaux, soit d'après les règles déterminées par les articles 17 et 18 ci-dessus, ne peuvent, comme par le passé, exercer leur profession

que dans le département pour lequel ils ont été reçus. S'ils veulent exercer dans un autre département, ils doivent subir de nouveaux examens et obtenir un nouveau certificat d'aptitude.

20. Les aspirants au titre d'officier de santé doivent justifier de douze inscriptions dans une faculté de médecine ou de quatorze inscriptions dans une école préparatoire de médecine et de pharmacie. La compensation entre les inscriptions dans les facultés et celles prises dans les écoles préparatoires aura lieu moyennant un droit de cinq francs par inscription.

Cette condition de scolarité ne sera pas imposée aux aspirants qui auront subi avec succès, à l'époque de la promulgation du présent décret, le premier des examens exigés des officiers de santé.

Les aspirants au titre de pharmacien de deuxième classe doivent justifier :

1° De six années de stage en pharmacie ;

2° De quatre inscriptions dans un école supérieure de pharmacie ou de six inscriptions dans une école préparatoire de médecine et de pharmacie.

Deux années de stage pourront être compensées par quatre inscriptions dans une école supérieure de pharmacie ou, moyennant un supplément de cinq francs par inscription, par six inscriptions dans une école préparatoire de médecine et de pharmacie, sans que le stage puisse, dans aucun cas, être réduit à moins de quatre années.

21. L'excédant des frais d'examen, prélèvement fait des droits de présence des examinateurs, qui était antérieurement perçu au compte des caisses départementales, le sera à l'avenir, soit au compte du service spécial des établissements d'enseignement supérieur, pour les examens passés devant les facultés de médecine et les écoles supérieures de pharmacie, soit au profit des caisses municipales, pour les examens passés devant les écoles préparatoires de médecine et de pharmacie.

Indépendamment de ces frais, qui restent fixés au même taux que précédemment, il sera perçu, pour le compte du service spécial des établissements d'enseignement supérieur, les droits ci-après :

Rétributions obligatoires.

Officiers de santé.	Inscriptions de la faculté de médecine (12 à 30 fr.).	360	»
	Trois certificats d'aptitude (40 fr. par certificat).	120	»
	Diplôme.	100	»
	Total.	580	»
Pharmaciens de 2e classe.	Inscriptions de l'école supérieure de pharmacie (4 à 30 fr.).	120	»
	Épreuves pratiques.	120	»
	Trois certificats d'aptitude (40 fr. par certificat).	120	»
	Diplôme.	100	»
	Total.	460	»
Herboristes de 2e classe.	Certificat d'aptitude.	40	»
	Visa du certificat.	10	»
	Total.	50	»
Sages-femmes.	Certificat d'aptitude.	20	»
	Visa du certificat.	5	»
	Total.	25	»

28 *octobre* 1854. — DÉCRET qui fixe le prix des inscriptions prises dans les écoles préparatoires de médecine et de pharmacie.

Art. 1er. A dater du 1er janvier 1855, le prix des inscriptions prises dans les écoles préparatoires de médecine et de pharmacie, par les élèves en médecine et par les élèves en pharmacie, est fixé à vingt-cinq francs.

---

13 *décembre* 1854. — DÉCRET impérial portant réorganisation de l'école préparatoire de médecine et de pharmacie de Poitiers.

---

19 *novembre* 1855. — DÉCRET impérial portant réorganisation de l'école préparatoire de médecine et de pharmacie de Caen.

---

14 *juillet* 1856. — LOI sur la conservation et l'aménagement des sources d'eaux minérales (1).

(1) V. *infrà*. section II.

23 *octobre* 1856. — DÉCRET impérial relatif à l'organisation du comité consultatif d'hygiène publique (1).

---

24 *novembre* 1856. — DÉCRET impérial portant réorganisation de l'école préparatoire de médecine et de pharmacie de Marseille(2).

---

3 *décembre* 1856. — DÉCRET impérial portant réorganisation de l'école préparatoire de médecine et de pharmacie de Lille (2).

---

4 *août* 1857. — DÉCRET impérial qui institue dans la ville d'Alger une école préparatoire de médecine et de pharmacie.

---

24 *mars* 1858. — DÉCRET impérial qui fixe le cadre et les traitements des directeurs et des médecins des asiles publics d'aliénés.

---

23 *août* 1858. — DÉCRET impérial qui rétablit le baccalauréat ès lettres pour les étudiants en médecine et exige le baccalauréat ès sciences restreint, avant la troisième inscription.

---

28 *janvier* 1860. — DÉCRET impérial portant règlement d'administration publique sur les établissements d'eaux minérales naturelles.

NAPOLÉON... etc. Vu les art. 18 et 19 de la loi du 14 juillet 1856 sur les eaux minérales, lesdits articles ainsi conçus : — Art. 18. « La « somme nécessaire pour couvrir les frais d'inspection médicale et « de surveillance des établissements d'eaux minérales autorisés est « perçue sur l'ensemble de ces établissements. — Le montant en est « déterminé tous les ans par la loi de finances. — La répartition en « est faite entre les établissements au prorata de leurs revenus. — « Le recouvrement a lieu comme en matière de contributions di- « rectes, sur les propriétaires, régisseurs ou fermiers des établisse-

(1) Remplacé par le décret du 5 novembre 1869.
(2) V. Ordonnance du 31 mars 1841.
(3) V. Décret du 12 août 1852.

« ments. » — Art. 19. « Des règlements d'administration publique « déterminent : — les formes et les conditions de la déclaration « d'intérêt public, de la fixation du périmètre de protection, de l'au- « torisation mentionnée à l'art. 3, et de la constatation mentionnée à « l'art. 4 ; — l'organisation de l'inspection médicale et de la surveil- « lance des sources et des établissements d'eaux minérales natu- « relles, les bases et le mode de la répartition énoncée en l'art. 18 ; — « les conditions générales d'ordre, de police et de salubrité aux- « quelles tous les établissements d'eaux minérales naturelles doivent « satisfaire (1). » Notre Conseil d'Etat entendu, etc...

TITRE I

DISPOSITIONS CONCERNANT L'INSPECTION MÉDICALE ET LA SURVEILLANCE DES SOURCES ET DES ÉTABLISSEMENTS D'EAUX MINÉRALES NATURELLES.

Art. 1er. Un médecin-inspecteur est attaché à toute localité comprenant un ou plusieurs établissements d'eaux minérales naturelles dont l'exploitation est reconnue comme devant donner lieu à une surveillance spéciale, sous la réserve mentionnée en l'art. 5 ci-après. — Une même inspection peut comprendre plusieurs localités dans sa circonscription, lorsque le service le comporte.

2. Dans le cas où les nécessités du service l'exigent, un ou plusieurs médecins peuvent être adjoints au médecin-inspecteur, sous le titre d'inspecteurs adjoints, à l'effet de remplacer le titulaire en cas d'absence, de maladie ou de tout autre empêchement.

3. Le ministre de l'agriculture, du commerce et des travaux publics nomme et révoque les médecins inspecteurs et les médecins-inspecteurs adjoints.

4. Les inspections médicales sont divisées en trois classes, suivant le revenu de l'ensemble des établissements qui sont compris dans la localité ou la circonscription. La première classe se compose des inspections où l'ensemble des établissements donne un revenu de dix mille francs ; la seconde, des inspections où ce revenu est de cinq mille à dix mille francs ; la troisième, des inspections où ce même revenu est de mille cinq cents à cinq mille francs.

5. Au-dessous d'un revenu de mille cinq cents francs, il n'y a pas d'inspecteur spécialement attaché à la localité, et l'inspection

(1) V. *infrà*, Code de la pharmacie.

médicale consiste dans des visites faites par des inspecteurs envoyés en tournée par le ministre de l'agriculture, du commerce et des travaux publics, lorsqu'il le juge convenable.

6. Le tableau de classement des inspections médicales est arrêté par le ministre. Il est revisé tous les cinq ans, sans préjudice du classement des établissements nouveaux qui seraient ouverts dans l'intervalle.

La base du classement est la moyenne des revenus des cinq dernières années, calculés comme il est dit à l'art. 28 ci-après.

7. Les traitements affectés aux médecins-inspecteurs sont réglés ainsi qu'il suit :

Dans les inspections de	1re classe..........	1000 fr.
	2e classe..........	800
	3e classe..........	600

8. Les inspecteurs adjoints ne reçoivent pas de traitement, sauf le cas où ils auraient remplacé le médecin-inspecteur pendant une partie notable de la saison ; et, dans ce cas, il leur est alloué une indemnité prise sur le traitement de l'inspecteur et fixée par le ministre de l'agriculture, du commerce et des travaux publics.

9. Pendant la saison des eaux, le médecin-inspecteur exerce la surveillance sur toutes les parties de l'établissement affectées à l'administration des eaux et au traitement des malades, ainsi que sur l'exécution des dispositions qui s'y rapportent. — Les dispositions du paragraphe précédent ne peuvent être entendues de manière à restreindre la liberté qu'ont les malades de suivre la prescription de leur propre médecin, ou d'être accompagnés par lui s'ils le demandent, sans préjudice du libre usage des eaux, réservé par l'art. 15.

10. Les inspecteurs ne peuvent rien exiger des malades dont ils ne dirigent pas le traitement, ou auxquels ils ne donnent pas de soins particuliers.

11. Ils soignent gratuitement les indigents admis à faire usage des eaux minérales, à moins que ces malades ne soient placés dans des maisons hospitalières où il serait pourvu à leur traitement par les autorités locales.

12. Les médecins-inspecteurs ou inspecteurs adjoints ne peuvent être intéressés dans aucun des établissements qu'ils sont chargés d'inspecter.

13. Lorsque les besoins du service l'exigent, l'administration fait visiter par les ingénieurs des mines les établissements ther-

maux de leur circonscription. — Les frais de visites spéciales faites par les ingénieurs des mines, en dehors de leurs tournées régulières, sont imputés sur la somme annuelle fournie par les établissements d'eaux minérales, conformément à l'art. 18 de la loi du 14 juillet 1856.

14. Le médecin-inspecteur et l'ingénieur des mines informent le préfet des contraventions et des infractions aux règlements sur les eaux minérales qui viennent à leur connaissance. Ils proposent, chacun en ce qui le concerne, les mesures dont la nécessité leur est démontrée.

TITRE II

DES CONDITIONS GÉNÉRALES D'ORDRE, DE POLICE ET DE SALUBRITÉ AUXQUELLES LES ÉTABLISSEMENTS D'EAUX MINÉRALES NATURELLES DOIVENT SATISFAIRE.

15. L'usage des eaux n'est subordonné à aucune permission, ou à aucune ordonnance de médecin.

16. Dans tous les cas où les besoins du service l'exigent, des règlements arrêtés par le préfet, les propriétaires, régisseurs ou fermiers préalablement entendus, déterminent les mesures qui ont pour objet :

La salubrité des cabinets, bains, douches, piscines et, en général, de tous les locaux affectés à l'administration des eaux ; — le libre usage des eaux ; — l'exclusion de toute préférence dans les heures, pour les bains et douches ; — l'égalité des prix, sauf les réductions qui peuvent être accordées aux indigents ; — la protection particulière due aux malades ; — les mesures d'ordre et de police à observer par le public, soit à l'intérieur, soit aux abords ; — la séparation des sexes.

17. Ces règlements restent affichés dans l'intérieur de l'établissement, et sont obligatoires pour les personnes qui le fréquentent, aussi bien que pour les propriétaires, régisseurs ou fermiers, et pour les employés du service.

Les inspecteurs ont le droit de requérir, sauf recours au préfet, le renvoi des employés qui refuseraient de se conformer aux règlements.

18. Un mois avant l'ouverture de chaque saison, les propriétaires, régisseurs ou fermiers des établissements d'eaux minérales envoient au préfet le tarif détaillé des prix correspondant aux modes divers suivant lesquels les eaux sont administrées, et des accessoires qui en dépendent.

Il ne peut y être apporté aucun changement pendant la saison.

Sous aucun prétexte, il n'est exigé ni perçu aucun prix supérieur au tarif, ni aucune somme en dehors du tarif pour l'emploi des eaux.

19. Le tarif prévu à l'article précédent est constamment affiché à la porte principale et dans l'intérieur de l'établissement.

20. A l'issue de la saison des eaux, le propriétaire, régisseur ou fermier de chaque établissement d'eaux minérales remet au médecin-inspecteur, et, à son défaut, au préfet, un état portant le nombre des personnes qui ont fréquenté l'établissement.

Cet état est envoyé, avec les observations du médecin-inspecteur, au ministre de l'agriculture, du commerce et des travaux publics.

21. Les propriétaires, régisseurs ou fermiers sont tenus de donner le libre accès des établissements et des sources à tous les fonctionnaires délégués par le ministre ; ils leur fournissent les renseignements nécessaires à l'accomplissement de la mission qui leur est confiée.

TITRE III

DES BASES ET DU MODE DE RÉPARTITION DES FRAIS DE L'INSPECTION MÉDICALE, ET DE LA SURVEILLANCE DES ÉTABLISSEMENTS D'EAUX MINÉRALES NATURELLES.

22. Tous les ans, il est inscrit au budget du ministère de l'agriculture, du commerce et des travaux publics une somme égale au montant total des traitements des inspecteurs attachés aux différentes localités d'eaux minérales ; il y est ajouté une somme qui n'excède pas dix pour cent de ce montant, afin de couvrir les frais généraux d'inspection et de surveillance. — Une somme égale est inscrite au budget des recettes.

23. La répartition entre les établissements de la somme portée au budget, et le recouvrement, ont lieu suivant les bases et conformément au mode qui sont indiqués dans les articles ci-après.

24. A la fin de chaque année, les propriétaires, régisseurs ou fermiers des établissements d'eaux minérales naturelles adressent au préfet les états des produits et des dépenses de leurs établissements pendant l'année.

25. L'état des produits comprend les revenus afférents aux bains, douches, piscines, buvettes, et à tout autre mode quelconque d'administration des eaux, ainsi qu'à la vente des eaux en bouteilles, cruchons ou tonneaux.

26. L'état des dépenses comprend : — les frais encourus pour la réparation des appareils et constructions servant à l'aménagement des sources, la distribution et l'administration des eaux, le salaire des employés, l'entretien des bâtiments et de leurs abords, ainsi que celui du matériel, le montant des contributions dues à l'Etat, au département ou à la commune, et généralement tous les frais courants d'exploitation.

27. Ne sont pas admises en compte les dépenses extraordinaires, et notamment les sommes dépensées pour grosses réparations, constructions nouvelles, travaux de recherche ou de captage, acquisitions de terrain, ainsi que les indemnités que ces constructions et travaux de recherche ou de captage ont pu comporter.

28. Le revenu qui sert de base à la répartition de la somme totale à payer par les établissements d'eaux minérales est l'excédent des produits sur les dépenses ordinaires, tels que les uns et les autres sont prévus aux articles 25 et 26.

29. Les états de produits et de dépenses sont communiqués par le préfet à une commission présidée par lui ou par son délégué, et qui est composée d'un membre du conseil général ou du conseil d'arrondissement, du directeur des contributions directes, de l'ingénieur des mines et du médecin-inspecteur de l'établissement.

Dans le cas où les propriétaires, régisseurs ou fermiers n'auraient pas adressé, le 31 janvier, au préfet, conformément à l'article 24 ci-dessus, les états des produits et des dépenses de leurs établissements, la commission procède d'office à leur égard.

30. L'avis de cette commission est, avec les pièces à l'appui, soumis à l'examen d'une commission centrale nommée par le ministre, et composée de cinq membres choisis dans le Conseil d'Etat, la Cour des comptes, le conseil général des mines, le comité consultatif d'hygiène publique et l'administration des finances, et, en outre, du nombre d'auditeurs au Conseil d'Etat qui sera reconnu nécessaire.

Les auditeurs remplissent les fonctions de secrétaires et de rapporteurs ; ils ont voix délibérative dans les affaires qu'ils sont chargés de rapporter.

31. Sur le rapport de la commission instituée en vertu de l'article précédent, un arrêté du ministre détermine le revenu des divers établissements, et répartit entre eux, au prorata dudit revenu, le montant total des frais de l'inspection médicale et de la surveillance, tels qu'ils sont indiqués à l'art. 22 ci-dessus.

32. L'arrêté du ministre est notifié, par voie administrative, au

propriétaire, fermier ou régisseur de chaque établissement ; il est transmis au ministre des finances, qui est chargé de poursuivre le recouvrement des sommes pour lesquelles chacun desdits établissements est imposé.

33. L'arrêté du ministre peut être déféré au Conseil d'Etat par la voie contentieuse.

TITRE IV

DISPOSITIONS GÉNÉRALES ET TRANSITOIRES.

34. Les dispositions de l'ordonnance royale du 18 juin 1823 qui ne sont pas contraires à celles du présent règlement, continuent de recevoir leur pleine et entière exécution.

35. Le classement prévu par l'art. 4 aura lieu, pour la première fois, conformément au revenu des établissements compris dans chaque inspection, tel qu'il aura été établi pour l'année 1860, et ce classement continuera d'être en vigueur jusqu'au 31 décembre 1865.

36. Notre ministre secrétaire d'Etat, etc...

---

5 *janvier* 1861. — DÉCRET impérial relatif à la composition du conseil d'hygiène publique et de salubrité du département de la Seine.

---

16 *avril* 1862. — DÉCRET impérial concernant la faculté de médecine de Paris.

Napoléon... etc. — Vu le décret du 9 mars 1852 ; — Vu la loi du 14 juin 1854, et le décret du 22 août de la même année, rendu en exécution de cette loi, et portant organisation des académies ; — Considérant qu'il y a lieu de reviser certaines dispositions de l'ordonnance du 2 février 1823, spéciales à la faculté de médecine de Paris, qui ne sont plus en harmonie avec les principes posés par les décrets du 9 mars 1852 et du 22 août 1854 ;

Avons décrété et décrétons ce qui suit ;

Art. 1er. Le doyen de la faculté de médecine de Paris est le chef de la faculté. Il est chargé, sous l'autorité du recteur de l'académie, de diriger l'administration et la police, de surveiller l'enseignement et d'assurer l'exécution des règlements. — Il propose chaque année le projet de budget qui doit être soumis au conseil académique ; il ordonne les dépenses dans les limites des crédits ouverts par le budget annuel.

Il convoque et préside l'assemblée de la faculté formée de tous les professeurs titulaires. — Notre ministre de l'instruction publique et des cultes désigne, tous les ans, deux professeurs titulaires chargés de seconder le doyen dans ses fonctions, et il délègue l'un de ces deux professeurs pour remplacer le doyen en cas d'absence ou d'empêchement.

2. L'assemblée de la faculté donne son avis sur les mesures à prendre ou à proposer, concernant l'enseignement et la discipline, lorsqu'elle est convoquée à cet effet par le doyen de la faculté dûment autorisé par le ministre.

3. Toutes les dispositions des ordonnances, règlements ou arrêtés antérieurs contraires au présent décret, sont et demeurent abrogées.

4. Notre ministre, etc.

---

18 *juin* 1862. — DÉCRET impérial relatif au stage dans les hôpitaux exigé des aspirants au doctorat en médecine et des aspirants au titre d'officier de santé.

NAPOLÉON... etc. Vu le règlement du 14 messidor an IV ; — Vu la loi du 19 ventôse an XI ; — Vu l'ordonnance du 13 octobre 1840 ; — Vu les ordonnances du 3 octobre 1841 et du 10 avril 1842 ; — Vu l'avis du conseil impérial de l'instruction publique, etc.

Art. 1er. A partir du 1er novembre 1862, nul ne pourra obtenir le grade de docteur en médecine ou le titre d'officier de santé, s'il n'a suivi, pendant le temps ci-après fixé, comme élève stagiaire, en se conformant aux dispositions d'ordre intérieur déterminées par les administrations des hospices, le service d'un des hôpitaux placés près la faculté ou l'école préparatoire où il prend ses inscriptions.

2. Dans les facultés de médecine, le stage prescrit par l'article précédent commencera, pour les aspirants au doctorat, après la huitième inscription validée, et se continuera jusqu'à la seizième inscription inclusivement ; pour les aspirants au titre d'officier de santé, il commencera après la quatrième inscription validée, et se continuera jusqu'à la douzième inclusivement. — Dans les écoles préparatoires, le stage commencera, pour les uns comme pour les autres, après la quatrième inscription validée, et se continuera jusqu'à la quatorzième inclusivement.

3. Les élèves en médecine des écoles préparatoires qui passeront dans une faculté, seront soumis pendant le temps où ils achèveront leurs études, aux conditions de stage imposées, pour la même période, aux élèves des facultés, quel que soit d'ailleurs le temps de stage qu'ils aient déjà accompli près l'école d'où ils sortent.

4. Les inscriptions prises pendant l'accomplissement du stage ne seront délivrées, soit dans les facultés, soit dans les écoles préparatoires, que sur l'attestation du chef de service et du directeur de l'hospice, constatant que l'élève a rempli avec assiduité, pendant le trimestre expiré, les fonctions auxquelles il aura été appelé pour le service des malades.

5. Les élèves des facultés qui auront obtenu au concours le titre d'externe ou d'interne dans un hôpital, seront toujours admis à faire compter la durée de leurs services en cette qualité pour un temps équivalent de stage.

Il en sera de même pour les élèves des écoles préparatoires, en ce qui concerne exclusivement le stage qu'ils doivent accomplir près les écoles. Les élèves externes ou internes seront tenus, comme les stagiaires, de justifier de leur assiduité dans les hôpitaux par des certificats trimestriels délivrés en la forme indiquée en l'art. 4.

6. Les aspirants au doctorat en médecine doivent, à moins de motifs graves dont le ministre sera seul juge, subir consécutivement les cinq examens de fin d'études et la thèse devant la faculté où ils auront pris les deux dernières inscriptions, et près de laquelle, par conséquent, ils auront terminé leur stage.

7. Un arrêté du ministre de l'instruction publique et des cultes déterminera les dispositions réglementaires propres à assurer l'exécution du présent décret.

8. Notre ministre, etc.

---

3 *décembre* 1864. — Décret impérial concernant les élèves de la faculté de médecine de Paris qui ont obtenu au concours le titre d'*élèves de l'école pratique*.

---

27 *janvier* 1865. — Décret impérial qui modifie celui du 4 août 1857, portant institution d'une école préparatoire de médecine et de pharmacie dans la ville d'Alger.

---

27 *février* 1869. — DÉCRET impérial qui augmente le préciput du doyen de la faculté de médecine de Paris.

---

14 *août* 1869. — DÉCRET impérial portant que le service des mines reste chargé, sous la direction du ministre des travaux publics, de la police et de la surveillance des établissements thermaux, en ce qui concerne la recherche, le captage et l'aménagement des sources d'eaux minérales, etc.

---

9 *novembre* 1870. — DÉCRET qui remet la faculté de médecine de Paris en possession du droit de se réunir, sur la convocation de son doyen, pour délibérer sur certaines questions d'enseignement et de discipline.

1er *octobre* 1872. — DÉCRET qui transfère à Nancy la faculté de médecine et l'école supérieure de pharmacie de Strasbourg et supprime l'école de médecine et de pharmacie de Nancy.

---

12 *mars* 1873. — DÉCRET qui réorganise l'enseignement à l'école préparatoire de médecine et de pharmacie de Reims.

---

5 *avril* 1873. — DÉCRET qui réorganise l'école préparatoire de médecine et de pharmacie de Lille.

---

23 *août* 1873. — DÉCRET concernant les examens des officiers de santé et des pharmaciens de deuxième classe.

LE PRÉSIDENT DE LA RÉPUBLIQUE FRANÇAISE, — Sur le rapport du ministre de l'instruction publique, des cultes et des beaux-arts ; — Vu la loi du 19 ventôse an XI, relative à l'enseignement de la médecine; — Vu le titre 3 de la loi du 21 germinal an XI, relatif au mode de réception des pharmaciens ; — Vu l'article 188 du décret du 15 novembre 1811 ; — Vu les articles 55 et 61 de l'ordonnance du 17 février 1815 ; — Vu l'article 85 de la loi du 15 mars 1850 ; — Vu l'article 14 de la loi du 14 juin 1854 ; — Vu le titre 3 du règlement d'administration publique du 22 août 1854, et spécialement la disposition de l'article 19, portant que les officiers de santé, pharmaciens, sages-femmes et herboristes de deuxième classe qui veulent exercer dans un autre département que celui pour lequel ils ont été reçus doivent subir de nouveaux examens et obtenir un nouveau certificat d'aptitude ; — Vu l'avis du comité consultatif d'hygiène publique ;— Vu l'avis du conseil supérieur de l'instruction publique, dans sa séance du 21 juin 1873 ; — Le Conseil d'Etat entendu, — Décrète :

Art. 1er. Les officiers de santé et pharmaciens de deuxième classe qui veulent s'établir dans un autre département que celui pour lequel ils ont été reçus peuvent être dispensés par le ministre de l'instruction publique des deux premiers examens de fin d'études.

Le troisième examen sera subi par eux devant le jury de la faculté de médecine, de l'école supérieure de pharmacie ou de l'école préparatoire de médecine et de pharmacie de laquelle relève le département où ils se proposent d'exercer.

2. Nos ministres, etc...

---

6 *septembre* 1873. — DÉCRET qui réorganise l'enseignement à l'école préparatoire de médecine et de pharmacie de Grenoble.

---

18 *septembre* 1873. — DÉCRET qui réorganise l'enseignement à l'école préparatoire de médecine et de pharmacie de Bordeaux.

---

22 *janvier* 1874. — DÉCRET qui reconnaît comme établissement d'utilité publique la Société de médecine légale.

---

4 *février* 1874. — DÉCRET qui détermine le mode de nomination des suppléants et des chefs des travaux anatomiques des écoles préparatoires de médecine et de pharmacie.

LE PRÉSIDENT DE LA RÉPUBLIQUE FRANÇAISE, — Vu l'ordonnance du 12 mars 1841...

Décrète :

TITRE Ier

DU MODE DE NOMINATION DES SUPPLÉANTS DANS LES ÉCOLES PRÉPARATOIRES DE MÉDECINE ET DE PHARMACIE.

Art. 1er. Les suppléants des écoles préparatoires de médecine et de pharmacie sont nommés au concours. Leur temps d'exercice est de six ans. — Après l'expiration de son temps légal d'exercice, le ministre peut, par un arrêté spécial, maintenir un suppléant dans ses fonctions, ou même le rappeler temporairement à l'activité, si les besoins du service l'exigent.

2. Nul ne peut être admis à concourir pour la suppléance des écoles préparatoires, s'il n'est Français ou naturalisé Français et âgé de vingt-cinq ans accomplis. — Pour la suppléance des chaires d'anatomie et de physiologie, de pathologie interne ou externe, de thérapeutique, de clinique interne ou externe, d'accouchements, le candidat devra être docteur en médecine. Pour la suppléance d'une chaire de pharmacie, le candidat devra être pharmacien de première classe. Pour la suppléance des chaires de chimie et d'histoire naturelle, le candidat devra être docteur en médecine ou pharmacien de première classe, ou licencié ès sciences.

3. Les concours ont lieu aux époques déterminées par le ministre : ils sont annoncés par un avis inséré au *Journal officiel* et par des affiches apposées dans le ressort de l'académie à laquelle l'école préparatoire appartient, six mois au moins avant l'ouverture des épreuves. — Le siège du concours est déterminé par le ministre.

4. Les juges du concours sont désignés par le ministre parmi les professeurs et suppléants des écoles préparatoires du ressort de l'académie à laquelle appartient l'école où la vacance est déclarée, parmi les médecins et les chirurgiens des hôpitaux et les pharmaciens de première classe des hôpitaux des villes du ressort de cette académie parmi les professeurs des facultés des sciences et parmi les membres des établissements scientifiques et des sociétés savantes du ressort de cette académie étant pourvus de l'un des grades déterminés par l'article 2 au sujet des candidats.

5. Le jury de chaque concours se compose de cinq juges titulaires et de deux juges suppléants.

Ne peuvent siéger dans un même concours deux parents ou alliés au degré de cousin germain inclusivement.

Doit se récuser tout parent ou allié, au même degré, d'un des compétiteurs.

Le jugement du jury peut être valablement rendu par quatre juges.

6. Le président du jury est nommé par le ministre, qui peut déléguer à cet effet un inspecteur général, un professeur d'une faculté de médecine ou d'une école supérieure de pharmacie.

7. Le jury désigne son secrétaire dans son sein.

8. Aux jour et heure fixés pour la première séance après la constitution définitive du jury, il est fait appel de tous les candidats admis à concourir. — Tout candidat qui ne s'est pas présenté à cette première séance est exclu du concours. — Les concurrents sont tenus, sous peine d'exclusion, de subir toutes les épreuves aux jours indiqués ; aucune excuse n'est reçue, si elle n'est pas jugée valable par le jury.

9. Le sort détermine les sujets à traiter par chaque candidat dans les différentes épreuves ; il détermine également l'ordre dans lequel les candidats doivent subir chaque épreuve.

10. Les épreuves du concours consistent : — 1° dans une composition écrite sur un sujet emprunté à l'ordre d'enseignement auquel se rapporte la vacance déclarée et le même pour tous les candidats. Cinq heures sont accordées pour la composition, qui a lieu dans une salle fermée, sous la surveillance d'un membre du jury. Les concurrents ne peuvent s'aider d'aucun ouvrage manuscrit ou imprimé. — 2° Dans des leçons orales et des épreuves pratiques portant sur des sujets empruntés à l'ordre d'enseignement auquel se rapporte la vacance déclarée.

Le nombre, la nature et les conditions de ces leçons et de ces épreuves sont déterminés par le ministre et indiqués dans l'avis officiel et les affiches annonçant l'ouverture du concours. — 3° Dans l'appréciation des titres scientifiques des candidats.

11. A la suite de chaque concours, le jury classe les candidats par ordre de mérite. Le classement se fait à la majorité absolue des suffrages. En cas de partage, la voix du président est prépondérante. Les deux premiers tours de scrutin sont libres ; le troisième tour est un scrutin de ballottage.

12. Toutes ces opérations terminées, le président du jury adresse au recteur de l'Académie dans le ressort de laquelle le concours a eu lieu, un rapport détaillé sur la valeur des épreuves du concours et le classement des candidats par ordre de mérite.

13. Ce rapport, avec les procès-verbaux des séances du concours, est adressé au ministre par le recteur, qui fait, de son côté, un rapport sur la marche du concours et la valeur des épreuves.

14. Après examen de ces diverses pièces, le ministre nomme, s'il y a lieu, le titulaire de la place de suppléant pour laquelle le concours a été ouvert. En aucun cas, le ministre ne peut choisir un suppléant en dehors de la liste des compétiteurs classés par ordre de mérite.

TITRE II

DU MODE DE NOMINATION DU CHEF DE TRAVAUX ANATOMIQUES DES ÉCOLES PRÉPARATOIRES DE MÉDECINE ET DE PHARMACIE.

15. Le concours du chef des travaux anatomiques est soumis auxmêmes règles générales que le concours des suppléants.

16. Après l'expiration de son temps légal d'exercice, lequel est fixé à six années, le ministre peut, par un arrêté spécial, maintenir un chef des travaux anatomiques dans ses fonctions, si les besoins du service l'exigent.

17. Les épreuves du concours consistent : — 1° dans une préparation de pièces sèches sur un sujet d'anatomie humaine choisi par le jury. Trois mois sont accordés aux compétiteurs pour cette préparation ; — 2° dans une composition écrite sur une question d'anatomie, la même pour tous les compétiteurs. Cette composition est faite dans les conditions édictées pour les concours des suppléants ; — 3° dans une leçon orale de trois quarts d'heure sur une question d'anatomie descriptive, faite après trois heures de préparation dans une salle fermée, sous la surveillance d'un membre du jury ; — 4° dans une leçon orale d'une heure sur une question d'anatomie générale, après vingt-quatre heures de préparation libre ; — 5° dans une préparation d'anatomie descriptive sur un sujet choisi par le jury. Cinq heures sont accordées pour cette préparation, dont la démonstration publique ne devra pas durer plus d'un quart d'heure ; — 6° dans l'appréciation des pièces sèches préparées par les candidats et leurs titres scientifiques.

18. La nomination du chef des travaux anatomiques se fait suivant la règle édictée pour la nomination des suppléants.

---

8 *décembre* 1874. — Loi qui supprime les écoles préparatoires de médecine et de pharmacie de Bordeaux, de Lyon et de Lille, et qui crée à Bordeaux et à Lyon des facultés mixtes de médecine et de pharmacie.

---

19 *décembre* 1874. — Décret qui institue dans la ville de Lille une école de plein exercice de médecine et de pharmacie.

---

19 *décembre* 1874. — Décret concernant les écoles préparatoires de médecine et de pharmacie de Lyon et de Bordeaux.

4 *février* 1875. — Décret qui fixe les cadres et les traitements des directeurs, des médecins en chef et des médecins adjoints des asiles publics d'aliénés.

---

14 *juillet* 1875. — Décret concernant l'institution des écoles de médecine et de pharmacie de plein exercice.

Le Président de la République française, etc.; — Vu la loi du 19 ventôse an XI; — Vu les ordonnances des 13 octobre 1840 et 12 mars 1841, etc. — Décrète :

Art. 1er. Il pourra être institué des écoles de médecine et de pharmacie de plein exercice dans les villes qui s'engageront à subvenir aux frais d'entretien du personnel et du matériel de ces établissements.

2. Le personnel enseignant, dans les écoles de médecine et de pharmacie de plein exercice, comprend des professeurs titulaires, des professeurs suppléants, des fonctionnaires et des employés auxiliaires.

3. Les professeurs titulaires seront au nombre de dix-sept, répartis dans les chaires suivantes :

Anatomie, une chaire; — physiologie, une chaire; — pathologie interne et pathologie générale, une chaire; — anatomie pathologique, une chaire; — hygiène et médecine légale, une chaire; — clinique médicale, deux chaires; — sous la réserve que les administrations hospitalières contracteront vis-à-vis des villes l'obligation :

1° D'assurer pleinement le service des cliniques;

2° D'annexer à ces chaires une ou plusieurs salles consacrées aux maladies des enfants;

Pathologie interne ou médecine opératoire, une chaire; — clinique chirurgicale, deux chaires; sous la même réserve que pour les chaires de clinique médicale, en ce qui concerne l'engagement des administrations hospitalières vis-à-vis des villes; — clinique obstétricale et gynécologie, une chaire; même réserve que pour les autres chaires de clinique; — thérapeutique, une chaire; — matière médicale, une chaire; — botanique et zoologie élémentaire, une chaire; — chimie médicale, une chaire; — physique médicale, une chaire; — pharmacie, une chaire.

4. Le traitement fixe et éventuel des professeurs titulaires est fixé à quatre mille francs par an. — Le directeur reçoit en outre un préciput de mille francs.

5. Les suppléants seront au nombre de huit, répartis ainsi qu'il suit :

Deux pour les chaires de sciences naturelles (botanique et zoologie élémentaire, chimie, pharmacie) ;

Deux pour les chaires de médecine ;

Deux pour les chaires de chirurgie ;

Un pour la chaire d'accouchements et de gynécologie ;

Un pour les cours d'anatomie et de physiologie.

6. Les suppléants prendront une part active à l'enseignement et feront des cours accessoires, savoir : les deux suppléants attachés aux chaires physio-chimiques feront, l'un un cours de chimie physiologique, l'autre un cours de toxicologie. Les suppléants des chaires de médecine pourront faire des cours complémentaires, déterminés par l'école, sur diverses branches de la pathologie interne et de pathologie générale, sur la médecine légale, etc.

Les suppléants des chaires de chirurgie pourront être chargés, l'un d'un cours de médecine opératoire, l'autre d'un cours de clinique complémentaire d'ophthalmologie, pour lequel un service spécial sera institué à l'hôpital où se donne l'enseignement clinique de l'école.

Le suppléant de la chaire d'accouchements et de gynécologie pourra être chargé de l'enseignement gynécologique ; le suppléant des chaires d'anatomie et de physiologie fera un cours complémentaire d'anatomie générale et d'histologie.

7. Les suppléants professeront pendant un semestre ; ils feront trois leçons par semaine. Quand ils seront appelés à remplacer temporairement un professeur titulaire, ils remettront au semestre suivant l'enseignement spécial dont ils sont chargés.

8. Les suppléants prendront part aux examens de fin d'année ; le jury, pour ces examens, sera composé de deux professeurs titulaires et d'un professeur suppléant.

9. Les suppléants seront nommés au concours pour dix années. Ils recevront un traitement fixe et éventuel de deux mille francs.

Après l'expiration du temps légal d'exercice, le ministre pourra maintenir un suppléant dans ses fonctions, ou même le rappeler temporairement à l'activité, si les besoins du service l'exigent.

10. Les grades à exiger des professeurs titulaires et des suppléants sont :

1° Pour les professeurs de médecine, le doctorat en médecine ;

2° Pour les professeurs de pharmacie et de matière médicale, le titre de pharmacien de première classe ;

3° Pour les professeurs de physique et de chimie, la licence ès sciences physiques et le doctorat en médecine, ou le titre de pharmacien de première classe ;

4° Pour les professeurs des cours d'histoire naturelle médicale et matière médicale, licence ès sciences naturelles et doctorat en médecine, ou titre de pharmacien de première classe.

11. Le personnel des fonctionnaires et employés auxiliaires de l'enseignement comprend :

1 chef des travaux anatomiques, au traitement de. . .	2,000 fr.
1 Prosecteur d'anatomie et de médecine opératoire, au traitement de.	1,500
2 aides d'anatomie et de physiologie, chacun au traitement de.	1,000
5 chefs de clinique, au traitement de.	1,000
1 chef des travaux chimiques, au traitement de. . . .	2,000
1 préparateur de cours de pharmacie, au traitement de.	1,000
1 préparateur de cours d'histoire naturelle, au traitement de.	1,000
1 préparateur de cours de physique, au traitement de. .	1,000
1 préparateur des cours de chimie, au traitement de. .	1,000
1 bibliothécaire, au traitement de..	1,500

12. Le personnel administratif se compose de :

1 secrétaire agent-comptable, au traitement de. . . .	2,400
1 employé du secrétariat.	1,200

Agents inférieurs.

1 garçon de pavillon, aux appointements de..	1,000
2 garçons de laboratoire pour la chimie et la physique, chacun.	1,000
1 garçon de laboratoire de pharmacie.	1,000
1 garçon de bibliothèque.	1,000
1 garçon de bureau.	1,000
1 jardinier.	1,200
1 concierge appariteur.	1,000

13. Les villes sièges d'écoles de plein exercice s'engageront à prendre entièrement à leur charge les traitements des professeurs, fonctionnaires et agents inférieurs ; elles devront, en outre, couvrir les dépenses occasionnées par :

Le chauffage et l'éclairage ;

L'entretien du bâtiment et du mobilier;
Les frais de bureau;
Les frais de cours, de laboratoire et de manipulation se rapportant à la physique, la chimie, la pharmacie, l'histoire naturelle, la matière médicale et la physiologie;
Les travaux pratiques d'anatomie;
L'entretien du jardin botanique;
L'entretien du matériel des cliniques, la bibliothèque (achats de livres, abonnements et reliures).

Elles devront également fournir :

Deux amphithéâtres pour les cours;
Un cabinet pour le directeur;
Un local pour le secrétariat;
Des salles de conférences et d'examens;
Une bibliothèque et une salle de lecture;
Des salles de collections, d'histoire naturelle médicale, d'anatomie et d'arsenal de chirurgie;
Trois laboratoires de chimie (un pour la préparation des cours, un pour les travaux pratiques, un pour le professeur);
Un cabinet et deux laboratoires de physique (un pour le professeur, et un pour les travaux pratiques);
Un laboratoire de pharmacie;
Un laboratoire de physiologie;
Des salles de dissection pour les élèves;
Des cabinets pour le professeur d'anatomie, le chef des travaux anatomiques et le prosecteur;
Un laboratoire anatomique;
Une salle de nécropsie;
Une salle pour les exercices de médecine opératoire;
Un laboratoire d'histologie.

Les services cliniques auront à leur disposition deux amphithéâtres de cours : l'un pour l'enseignement médical, l'autre pour la clinique chirurgicale. De plus, chaque professeur de clinique aura, dans les dépendances de son service, un cabinet de travail où seront réunis les moyens d'analyse et d'études pratiques les plus usuellement employés en clinique.

Les frais des divers services énumérés dans le présent article sont estimés à un minimum de dix-huit mille francs par an, et cette somme devra être augmentée de six mille francs pour chaque accroissement de cent élèves au-dessus du chiffre de trois cents.

14. Un règlement d'administration publique déterminera la durée de la scolarité que les élèves en médecine et les élèves en pharmacie pourront accomplir dans les écoles de plein exercice,

en vue de l'obtention des grades, et le montant des droits à percevoir.

15. Le ministre de l'instruction publique, etc.

---

14 *juillet* 1875. — DÉCRET portant fixation du nombre des emplois de suppléants dans chacune des écoles préparatoires de médecine et de pharmacie qui ne sont pas de plein exercice.

LE PRÉSIDENT DE LA RÉPUBLIQUE FRANÇAISE, etc. — Vu l'ordonnance du 12 mars 1841 ; — Vu le décret du 4 février 1874, etc., — Décrète :

Art. 1er. Il y a, dans chacune des écoles préparatoires de médecine et de pharmacie qui ne sont pas de plein exercice, quatre emplois de suppléants, savoir :

Pour les chaires de clinique et de pathologie internes. .	1
Pour les chaires de clinique et de pathologie externes et d'accouchements.	1
Pour les chaires d'anatomie et de physiologie.	1
Pour les chaires de chimie, pharmacie, matière médicale et histoire naturelle.	1

2. La durée des fonctions des suppléants est fixée à neuf ans.

3. Les suppléants sont astreints à un enseignement permanent pendant un semestre de l'année scolaire.

Cet enseignement consiste en conférences et en cours complémentaires. Les conférences auront lieu le soir ; elles porteront, pour le suppléant des chaires de médecine, sur l'hygiène publique et privée ; pour le suppléant des chaires de chirurgie, sur la chirurgie d'armée et les secours à donner aux blessés en temps de guerre ; pour le suppléant des chaires d'anatomie et physiologie, sur l'anatomie générale et l'embryogénie ; pour le suppléant des chaires de chimie, de pharmacie, etc., sur la physique médicale et la toxicologie.

4. La durée des fonctions du chef des travaux anatomiques est fixée à dix ans.

5. Le traitement annuel des suppléants et celui des chefs des travaux anatomiques est fixé à six cents francs.

6. Le ministre de l'instruction publique, etc...

---

12 *novembre* 1875. — DÉCRET qui établit à Lille une faculté mixte de médecine et de pharmacie.

20 *novembre* 1875. — DÉCRET relatif à la durée du temps d'études dans les écoles de médecine et de pharmacie de plein exercice.

LE PRÉSIDENT DE LA RÉPUBLIQUE FRANÇAISE, etc. — Vu l'art. 14 de la loi du 14 juin 1854 ; — Vu le décret du 22 août de la même année, sur le régime financier des établissements d'enseignement supérieur ; — Vu le décret du 14 juillet 1875, instituant des écoles de médecine et de pharmacie de plein exercice, et notamment l'art. 14, etc., — Décrète :

Art. 1er. La durée du temps d'études est la même dans les écoles de médecine et de pharmacie de plein exercice que dans les facultés de médecine et les écoles supérieures de pharmacie.

Les élèves des écoles de plein exercice pourront faire valoir les inscriptions prises dans ces établissements, près les facultés ou les écoles supérieures, sans avoir à subir les déductions prévues par le décret du 22 août 1854.

2. Les droits d'inscriptions, de travaux pratiques, d'examen, de certificat d'aptitude, de diplôme et autres seront perçus, dans les écoles de médecine et de pharmacie de plein exercice, conformément aux dispositions des règlements relatifs au régime financier des établissements publics d'enseignement supérieur.

3. Le ministre de l'instruction publique, etc...

---

14 *janvier* 1876. — DÉCRET relatif : 1° au préciput des doyens des facultés de théologie, de droit, de médecine, des sciences et des lettres ; 2° à celui des directeurs des écoles supérieures de pharmacie instituées dans les départements ; 3° au traitement des secrétaires agents-comptables.

---

14 *janvier* 1876. — DÉCRET qui supprime, dans les facultés de théologie, de droit et de médecine, des sciences et des lettres, et dans les écoles supérieures de pharmacie, les rétributions éventuelles allouées aux professeurs et agrégés, et fixe les traitements.

---

28 *janvier* 1876. — DÉCRET qui organise l'enseignement à l'école de médecine et de pharmacie de plein exercice de Marseille.

28 *janvier* 1876. — DÉCRET qui érige en école de médecine et de pharmacie de plein exercice l'école préparatoire de médecine et de pharmacie de Nantes.

---

10 *août* 1877. — DÉCRET qui fixe le traitement minimum des professeurs titulaires dans les écoles préparatoires de médecine et de pharmacie.

---

10 *août* 1877. — DÉCRET qui supprime le stage aux agrégés des facultés de médecine.

---

16 *juin* 1878. — DÉCRET qui constitue l'enseignement de la faculté mixte de médecine et de pharmacie de Bordeaux.

---

20 *juin* 1878. — DÉCRET portant règlement pour l'obtention du diplôme de docteur en médecine.

LE PRÉSIDENT DE LA RÉPUBLIQUE FRANÇAISE, etc. — Vu le titre II de la loi du 19 ventôse an XI et l'arrêté du gouvernement du 20 prairial de la même année ; — Vu la loi du 10 mai 1806 et le décret du 17 mars 1808 ; — Vu l'art. 14 de la loi du 14 juin 1854 ; — Vu le décret du 22 août de la même année, portant règlement financier des établissements d'enseignement supérieur, et notamment les art. 2, 12 et 13 ; — Vu le décret du 28 octobre 1854 ; — Vu le décret du 23 août 1858, etc., — Décrète :

Art. 1er. Les études pour obtenir le diplôme de docteur en médecine durent quatre années ; elles peuvent être faites, pendant les trois premières années, soit dans les facultés, soit dans les écoles de plein exercice, soit dans les écoles préparatoires de médecine et de pharmacie.

Les études de la quatrième année ne peuvent être faites que dans une faculté ou une école de plein exercice.

2. Les aspirants doivent produire, au moment où ils prennent leur première inscription, le diplôme de bachelier ès lettres et le diplôme de bachelier ès sciences restreint pour la partie mathématique.

Ils subissent cinq examens et soutiennent une thèse. Les deuxième, troisième et cinquième examens sont divisés en deux parties.

Les examens de fin d'année sont supprimés.

3. Les cinq examens portent sur les objets suivants :

Premier examen.

Physique, chimie, histoire naturelle médicales.

Deuxième examen.

Première partie : Anatomie et histologie.
Deuxième partie : Physiologie.

Troisième examen.

Première partie : Pathologie externe, accouchement, médecine opératoire.
Deuxième partie : Pathologie interne, pathologie générale.

Quatrième examen.

Hygiène, médecine légale, thérapeutique, matière médicale et pharmacologie.

Cinquième examen.

Première partie : Clinique externe et obstétricale.
Deuxième partie : Clinique interne, épreuve pratique d'anatomie pathologique.

Thèse.

Les candidats soutiennent cette épreuve sur un sujet de leur choix.

4. Le premier examen est subi après la quatrième inscription et avant la cinquième ; la première partie du deuxième examen, après la dixième inscription et avant la douzième, et la seconde partie de cet examen, après la douzième et avant la quatorzième inscription.

Le troisième examen ne peut être passé qu'après l'expiration du seizième trimestre d'études.

Tout candidat qui n'aura pas subi avec succès le premier examen en novembre, au plus tard, sera ajourné à la fin de l'année scolaire et ne pourra prendre aucune inscription pendant le cours de cette année.

5. Les aspirants au doctorat élèves des écoles de plein exercice et des écoles préparatoires sont examinés devant les facultés aux époques fixées au précédent article ; ils peuvent toutefois, sans interrompre leur cours d'études, ne passer le premier examen qu'après la douzième inscription.

Dans ce dernier cas, ils subissent le deuxième examen (première et deuxième parties) avant la treizième inscription, et sont soumis, chaque semestre, à partir de la seconde année d'études, à des interrogations dont le résultat est transmis aux facultés pour qu'il en soit tenu compte dans les examens de doctorat.

6. Les inscriptions d'officier de santé ne seront, en aucun cas, converties en inscriptions de doctorat, pour les élèves en cours d'études ; cette conversion pourra être autorisée en faveur des officiers de santé qui ont exercé la médecine pendant deux ans au moins.

7. Les travaux pratiques de laboratoire, de dissection, et le stage près des hôpitaux sont obligatoires.

Chaque période annuelle des travaux de laboratoire et de dissection comprend un semestre.

Le stage près les hôpitaux ne peut durer moins de deux ans.

8. Les droits à percevoir des aspirants au doctorat en médecine sont fixés ainsi qu'il suit :

Seize inscriptions à trente-deux francs cinquante centimes, y compris le droit de bibliothèque.			520 fr.
Huit examens ou épreuves à trente francs.			240
Huit certificats d'aptitude à vingt-cinq francs.			200
Frais matériels de travaux pratiques	première année. . .	60 fr.	160
	deuxième année. . .	40	
	troisième année. . .	40	
	quatrième année. .	20	
Thèse.			100
Certificat d'aptitude.			40
Diplôme.			100
Total.			1,360

9. Tout candidat qui, sans excuse jugée valable par le jury, ne répond pas à l'appel de son nom le jour qui lui a été indiqué, est renvoyé à trois mois et perd le montant des droits d'examen qu'il a consignés.

10. Les droits acquittés par les élèves des facultés sont versés au Trésor public. Les droits d'inscriptions et de travaux pratiques acquittés par les élèves des écoles de plein exercice et des écoles préparatoires sont versés dans les caisses municipales.

11. Le présent décret recevra son exécution à partir du 1er novembre 1879. Les aspirants inscrits avant cette époque pourront choisir entre le nouveau mode d'examens et le mode antérieur. S'ils optent pour le mode nouveau, ils devront, dans tous les cas, subir toutes les épreuves établies par l'art. 3 ci-dessus.

Le présent décret restera seul en vigueur à partir du 1er novembre 1885.

12. Toutes les dispositions contraires au présent règlement sont et demeurent abrogées.

13. Le ministre des finances et le ministre de l'instruction publique, etc...

---

28 *novembre* 1878. — DÉCRET qui établit une faculté mixte de médecine et de pharmacie dans la ville de Toulouse.

---

28 *décembre* 1878. — DÉCRET relatif aux traitements des professeurs de la faculté de médecine et de la faculté des sciences de Paris.

---

15 *avril* 1879. — DÉCRET relatif à l'organisation des cours cliniques annexes dans les facultés de médecine.

LE PRÉSIDENT DE LA RÉPUBLIQUE FRANÇAISE, etc. — Vu les décrets des 20 août et 5 décembre 1877, etc., — Décrète:

Art. 1er. Les services spéciaux nécessaires pour le fonctionnement des cours cliniques annexes institués par le décret du 20 août 1877 sont mis à la disposition des facultés de médecine par les soins des administrations des hôpitaux et des administrations des asiles publics d'aliénés, et restent affectés à ces services.

Toutefois, l'installation des cliniques annexes de maladies mentales et les conditions auxquelles fonctionneront les cours seront préalablement réglées, pour chaque asile d'aliénés, de concert entre le ministre de l'instruction publique et le ministre de l'intérieur.

2. A Paris, ces services nouveaux spécialement affectés aux cours des maladies des enfants, des maladies syphilitiques et des maladies de la peau, sont établis dans les hôpitaux des enfants malades du Midi et Saint-Louis. Ils restent à la disposition de la faculté de médecine dans les mêmes conditions que les services affectés aux cliniques générales.

Dans le cas où il y aurait lieu de pourvoir à une vacance de chargé de cours avant que ces services ne soient créés, le cours ne sera confié qu'à l'un des chefs de service en exercice dans l'hôpital.

Le service affecté au cours des maladies des yeux sera distinct des services de chirurgie générale.

Jusqu'à ce que les constructions nécessaires pour installer ces services à Lariboisière et pour installer à Necker le cours des maladies des voies urinaires aient été terminées, ces deux cours seront faits dans le service des chargés de cours nommés, qui ne pourront changer ni d'hôpital ni de service pendant toute la durée de leurs fonctions.

3. En cas d'empêchement d'un professeur, le suppléant est choisi soit parmi les agrégés pourvus d'un service hospitalier, soit parmi les médecins ou chirurgiens des hôpitaux.

4. A chaque cours de clinique annexe est attaché un chef de clinique.

Les chefs de clinique sont nommés au concours ; la durée de leurs fonctions est fixée à deux années.

Les candidats devront justifier du grade de docteur et du titre d'ancien interne des hôpitaux.

Toutefois ces dispositions ne sont pas applicables à Paris, où les internes, nommés au concours, remplissent, de plein droit, les fonctions de chef de clinique.

5. Le chargé de cours fait deux leçons par semaine ; pendant toute l'année scolaire, un amphithéâtre est tenu à sa disposition aux jours fixés pour les leçons.

Un cabinet de recherches est annexé à chaque service et disposé d'accord avec le doyen de la faculté.

Une salle spéciale de consultation est affectée au service des maladies des yeux.

6. Les chargés de cours annexes et les chefs de clinique restent soumis, comme tout le personnel médical des hôpitaux, à toutes les prescriptions réglementaires du service hospitalier, même en ce qui concerne l'heure et la régularité des visites à faire aux malades.

7. La réglementation d'ordre intérieur et de police dans les établissements où il y aura des cours annexes appartient exclusivement à l'administration hospitalière.

8. Il est pourvu, par les soins du ministre de l'instruction publique, aux dépenses du personnel, de construction, d'appropriation, d'ameublement et d'achat d'instruments rendus nécessaires par l'installation des cours annexes de cliniques dans les hôpitaux civils. Ces dépenses ne pourront, en aucun cas, devenir obligatoires pour les administrations hospitalières.

La propriété des bâtiments appartiendra à l'administration hospitalière.

Nul travail ne peut être exécuté sans l'assentiment de l'administration hospitalière.

Les plans et devis sont dressés par l'architecte des hospices et soumis à la faculté de médecine.

9. En cas de dissentiment entre les facultés de médecine et les administrations hospitalières, il en est référé aux ministres de l'instruction publique et de l'intérieur, et l'affaire est portée devant la commission mixte permanente.

10. Les ministres de l'instruction publique et de l'intérieur, etc...

---

29 *septembre* 1879. — DÉCRET qui organise l'enseignement dans l'école préparatoire de médecine et de pharmacie de Limoges.

---

7 *octobre* 1879. — DÉCRET qui fixe les attributions et la composition du comité consultatif d'hygiène publique.

LE PRÉSIDENT DE LA RÉPUBLIQUE FRANÇAISE, etc. — Vu l'arrêté du chef du pouvoir exécutif en date du 10 août 1848, établissant un comité consultatif d'hygiène publique près du ministère de l'agriculture et du commerce ; — Vu les décrets en date des 1er février et 2 décembre 1850 qui apportent à l'arrêté ci-dessus diverses modifications ; — Vu les décrets en date des 23 octobre 1856 et 5 novembre 1869, relatifs à l'organisation du comité consultatif d'hygiène publique ; — Vu le décret en date du 15 février 1879, relatif au mode de nomination des membres du comité, — Décrète :

Art. 1er. Le comité consultatif d'hygiène publique, institué près du ministère de l'agriculture et du commerce, est chargé de l'étude et de l'examen de toutes les questions qui lui sont renvoyées par le ministre, spécialement en ce qui concerne :

Les quarantaines et les services qui s'y rattachent ;

Les mesures à prendre pour prévenir et combattre les épidémies et pour améliorer les conditions sanitaires des populations manufacturières et agricoles ;

La propagation de la vaccine ;

L'amélioration des établissements thermaux et le moyen d'en rendre l'usage de plus en plus accessible aux malades pauvres ou peu aisés ;

Les titres des candidats aux places de médecins-inspecteurs des eaux minérales ;

L'institution et l'organisation des conseils et des commissions de salubrité ;

La police médicale et pharmaceutique ;

La salubrité des ateliers.

Le comité indique au ministre les questions à soumettre à l'Académie de médecine.

2. Le comité consultatif d'hygiène publique est composé de vingt membres; sont de droit membres du comité :

1° Le directeur des consulats et affaires commerciales au ministère des affaires étrangères ;

2° Le président du conseil de santé militaire ;

3° L'inspecteur général président du conseil supérieur de santé de la marine ;

4° Le directeur général des douanes ;

5° Le directeur de l'administration générale de l'assistance publique ;

6° Le directeur du commerce intérieur au ministère de l'agriculture et du commerce ;

7° L'inspecteur général des services sanitaires ;

8° L'inspecteur général des écoles vétérinaires ;

9° L'architecte inspecteur des services extérieurs du ministère de l'agriculture et du commerce.

Le ministre nomme directement les autres membres, dont huit au moins sont pris parmi les docteurs en médecine.

3. Le président choisi parmi les membres du comité est nommé pour un an par le ministre.

4. Un secrétaire ayant voix consultative est attaché au comité. Il est nommé par le ministre.

5. Le ministre peut autoriser à assister avec voix délibérative ou consultative, d'une manière permanente ou temporaire, aux séances du comité, les fonctionnaires dépendant ou non de son administration, et dont les fonctions sont en rapport avec les questions de la compétence du comité.

6. Le ministre peut nommer membres honoraires du comité les personnes qui en ont fait partie pendant dix ans au moins.

Les membres honoraires participent aux délibérations du comité, lorsqu'ils y sont spécialement convoqués par le ministre.

7. Le comité se réunit en séance ordinaire une fois par semaine.

8. Les membres du comité présents aux séances ordinaires ont droit, pour chaque séance, à des jetons dont la valeur est fixée par arrêté du ministre.

Le secrétaire du comité ne reçoit pas de jetons de présence ; il touche une indemnité annuelle qui est fixée par arrêté du ministre.

9. Les membres du comité ne pourront faire partie d'aucun autre conseil ou commission de salubrité ou d'hygiène publique, soit de département, soit d'arrondissement.

10. Les décrets susvisés des 23 octobre 1856 et 5 novembre 1869 sont rapportés.

11. Le ministre de l'agriculture, etc.

---

14 *octobre* 1879. — DÉCRET concernant la perception des droits de travaux ou exercices pratiques dans les facultés de médecine.

---

14 *octobre* 1879. — DÉCRET qui augmente le nombre des membres du comité consultatif d'hygiène publique.

Art. 1er. Le nombre des membres du comité consultatif d'hygiène publique est porté de vingt à vingt-deux.

2. Le ministre de l'agriculture, etc...

---

22 *janvier* 1880. — DÉCRET portant promulgation de la convention conclue le 30 septembre 1879, entre la France et le Grand-Duché de Luxembourg, pour régler l'admission réciproque à l'exercice de leur art des médecins, chirurgiens, accoucheurs, sages-femmes et vétérinaires établis dans les communes frontières des deux États.

---

21 *mai* 1880. — DÉCRET concernant les directeurs, régisseurs et agents-comptables des établissements thermaux appartenant à l'Etat.

LE PRÉSIDENT DE LA RÉPUBLIQUE FRANÇAISE, etc. — Vu l'ordonnance royale du 18 juin 1823 portant règlement de la police des eaux minérales, etc., — Décrète :

Art. 1er. Les directeurs, régisseurs et agents-comptables des établissements thermaux appartenant à l'Etat sont nommés par le ministre de l'agriculture et du commerce.

2. L'art. 24 de l'ordonnance sus-visée du 18 juin 1823 est réformé en ce qu'il a de contraire au présent décret.

3. Le ministre de l'agriculture, etc...

---

7 *juillet* 1880. — DÉCRET concernant les commissions d'hygiène publique des arrondissements de Sceaux et de Saint-Denis.

SECTION II

PHARMACIE

23 *juillet* 1748. — **Arrêt du Parlement de Paris, qui enjoint aux apothicaires de suivre la formule dressée par la faculté de médecine et de ne délivrer les médicaments que sur les ordonnances de qui de droit.**

Vu par la Cour, la requête présentée par les doyens et docteurs régents de la Faculté de médecine de Paris, à ce que, pour les causes y contenues, il plût à notre dite Cour ordonner que les arrêts et règlements de notre dite Cour des 3 août 1536, 25 octobre 1591, 12 sept. 1598, 20 déc. 1599, 30 août 1566, 20 janvier 1571, 17 et 25 oct. 1597, 28 avril 1671, 1er sept. 1672 ; les déclarations du Roi des 29 mars et 19 juillet 1696; l'édit du mois de mars 1707 ; ensemble l'arrêt de notre dite Cour du 26 mars 1732, seront exécutés, selon leur forme et teneur, etc. ; notre dite Cour ordonne que les ordonnances, édits et déclarations enregistrés en notre dite Cour, ensemble les arrêts et règlements de notre dite Cour, rendus au sujet des médecins et apothicaires, seront exécutés selon leur forme et teneur ; ce faisant que tous les apothicaires de cette ville et faubourgs de Paris seront tenus de se conformer au nouveau dispensaire fait par les suppléants pour la composition des remèdes y mentionnés, et ce, dans six mois, à compter du jour du présent arrêt et de l'acte de dépôt qui sera fait au greffe de notre dite Cour dudit dispensaire, après avoir été signé du doyen de la Faculté de médecine de cette ville de Paris ; fait prohibition et défense aux apothicaires de donner les compositions mentionnées audit dispensaire ou autres, par eux faites aux malades sur autres ordonnances que celles des docteurs de ladite Faculté, licenciés d'icelle, ou autres ayant pouvoir d'exercer la médecine dans cette ville et faubourgs de Paris, et sans ordonnances datées et signées desdits docteurs, licenciés ou autres ayant pouvoir, desquelles ordonnances lesdits apothicaires seront tenus de tenir bon et fidèle registre, le tout sous les peines portées par les ordonnances, édits, déclarations et arrêts de la Cour (500 livres d'amende).

---

25 *avril* 1777. — DÉCLARATION du Roi portant règlement pour les professions de la pharmacie et de l'épicerie à Paris.

LOUIS, etc... — Par l'art. 3 de notre édit du mois d'août dernier, nous nous sommes réservé de nous expliquer particulièrement sur ce qui concerne la pharmacie ; nous avons considéré qu'étant une des branches de la médecine, elle exigeait des études et des connaissances approfondies, et qu'il serait utile d'encourager une classe de nos sujets à s'en occuper uniquement, pour parvenir à porter cette science au degré de perfection dont elle est susceptible dans les différentes parties qu'elle embrasse et qu'elle réunit. Nous avons également porté notre attention sur ce qui pouvait intéresser le commerce de l'épicerie ; nous avons eu pour but de prévenir le danger qui peut résulter du débit médicinal des compositions chimiques, galéniques ou pharmaceutiques, entrantes au corps humain, confié à des marchands qui ont été jusqu'à présent autorisés à en faire commerce, sans être obligés d'en connaître les propriétés. L'emploi des poisons étant en usage dans quelques arts, et la vente en étant commune entre l'épicerie et la pharmacie, nous avons jugé nécessaire d'ordonner de nouveau l'exécution de nos ordonnances sur cet objet, et de fixer entre les deux professions des limites qui nous ont paru devoir prévenir toutes contestations, et opérer la sûreté dans le débit des médicaments, dont la composition ne peut être trop attentivement exécutée et surveillée. — A ces causes, etc...

Art. 1er. Les maîtres apothicaires de Paris, et ceux qui, sous le titre de privilégiés, exerçaient la pharmacie dans ladite ville et faubourgs, seront et demeureront réunis, pour ne former à l'avenir qu'une seule et même corporation sous la dénomination de collège de pharmacie, et pourront seuls avoir laboratoire et officine ouverte, nous réservant de leur donner des statuts sur les mémoires qui nous seront remis pour régler la police intérieure des membres dudit collège.

Art. 2. Lesdits privilégiés, titulaires de charges, et qui, à ce titre, sont réunis, ne pourront se qualifier de maîtres en pharmacie, et avoir laboratoire et officine à Paris, que tant qu'ils posséderont et exerceront personnellement leurs charges ; toute location ou cession de privilège étant et demeurant interdite à l'avenir, sous quelque prétexte et à quelque titre que ce soit.

Art. 3. Tous ceux qui, à l'époque de la présente déclaration, autres néanmoins que les maîtres et privilégiés compris en l'article 1er, prétendraient avoir droit de tenir laboratoire et officine ouverte pour exercer la pharmacie ou chimie dans ladite ville et faubourgs, seront tenus de produire leurs titres entre les mains du lieutenant général de police, dans un mois pour tout délai, à l'effet d'être agrégés et inscrits à la suite du tableau des maîtres en pharmacie, ce qui ne pourra avoir lieu qu'après qu'ils auront subi les examens prescrits par les statuts et règlements.

Art. 4. Les maîtres en pharmacie qui composeront le collège ne pourront à l'avenir cumuler le commerce de l'épicerie. Ils seront tenus de se renfermer dans la confection, préparation, manipulation et vente des drogues simples, et compositions médicinales, sans que, sous prétexte des sucres, miels, huiles et autres objets qu'ils emploient, ils puissent en exposer en vente, à peine d'amende et de confiscation. Permettons néanmoins à ceux d'entre eux qui, à l'époque de la présente déclaration, exerçaient les deux professions, de les continuer leur vie durant, en se soumettant aux règlements concernant la pharmacie.

Art. 5. Les épiciers continueront d'avoir le droit et faculté de faire le commerce en gros des drogues simples, sans qu'ils puissent en vendre et débiter au poids médicinal, mais seulement au poids du commerce ; leur permettons néanmoins de vendre en détail et au poids médicinal la manne, la casse, la rhubarbe et le séné, ainsi que les bois et racines, le tout en nature, sans préparation, manipulation ni mixtion, sous peine de 500 livres d'amende pour la première fois, et de plus grande peine en cas de récidive.

Voulons que les maîtres en pharmacie puissent tirer directement de l'étranger les drogues simples à leur usage, et pour la consommation de leur officine seulement.

Art. 6. Défendons aux épiciers et à toutes autres personnes de fabriquer, vendre et débiter aucuns sels, compositions ou préparations entrantes au corps humain en forme de médicaments, ni de faire aucune mixtion de drogues simples, pour administrer en forme de médecine, sous peine de 500 livres d'amende, et de plus grande s'il y échoit. Voulons qu'ils soient tenus de représenter toutes leurs drogues, lors des visites que les doyen et docteurs de la faculté de médecine, accompagnés des gardes de l'épicerie, feront chez eux, à l'effet, s'il s'en trouve de détériorés, d'en être dressé procès-verbal, signé desdits docteurs et gardes, pour y être pourvu ainsi qu'il appartiendra.

Art. 7. Pourront, les prévôts de la pharmacie, se transporter dans les lieux où ils auront avis qu'il se fabrique et débite sans permission ou autorisation des drogues ou compositions chimiques, galéniques, pharmaceutiques ou médicinales, en se faisant toutefois assister d'un commissaire, qui dressera procès-verbal de ladite visite, pour, en cas de contravention, y être pourvu ainsi qu'il appartiendra.

Art. 8. Ne pourront les communautés séculières ou régulières, même les hôpitaux et religieux mendiants, avoir de pharmacie, si ce n'est pour leur usage particulier intérieur ; leur défendons de vendre et débiter aucunes drogues simples ou composées, à peine de 500 livres d'amende.

Art. 9. Renouvelons, en tant que de besoin, les dispositions de notre édit du mois de juillet 1682 ; en conséquence, défendons très expressément, et sous les peines y portées, à tous maîtres en pharmacie, à tous épiciers et à tous autres, de distribuer l'arsenic, le réalgar, le sublimé, et autres drogues réputées poisons, si ce n'est à des personnes connues et domiciliées, auxquelles telles drogues sont nécessaires pour leur profession, lesquelles écriront de suite, et sans aucun blanc, sur un registre à ce destiné et parafé à cet effet par le lieutenant général de police, leurs noms, qualités et demeures, l'année, le mois, le jour et la quantité qu'ils auront prise desdites drogues, ainsi que l'objet de leur emploi.

Art. 10. A l'égard des personnes étrangères ou inconnues, ou qui ne sauront pas écrire, il ne leur sera délivré aucune desdites drogues, si elles ne sont accompagnées de personnes domiciliées et connues, qui inscriront et signeront sur le registre comme il est prescrit ci-dessus. Seront au surplus, tous poisons et drogues dangereuses, tenus et gardés en lieux sûrs et séparés, sous la clef du maître seul, sans que les femmes, enfants, domestiques, garçons ou apprentis en puissent disposer, vendre ou débiter sous les mêmes peines.

Art. 11. Permettons aux maîtres en pharmacie de continuer, comme par le passé, à faire dans leurs laboratoires particuliers des cours d'études et démonstrations, même d'établir des cours publics d'études et démonstrations gratuites, pour l'instruction de leurs élèves dans leur laboratoire et jardin, sis rue de l'Arbalêtre, à l'effet de quoi ils présenteront chaque année au lieutenant général de police le nombre suffisant de maîtres pour faire lesdits cours à jours et heures fixes et indiqués.

---

2 *mars* 1791. — DÉCRET qui supprime (art. 2) les droits du collège de pharmacie.

---

14 *avril* 1791. — DÉCRET relatif à l'exercice de la pharmacie et à la vente et distribution des drogues et médicaments.

L'ASSEMBLÉE NATIONALE, après avoir entendu son comité de salubrité sur un abus qui s'introduit dans l'exercice de la pharmacie, considérant l'objet et l'utilité de cette profession, décrète :

Que les lois, statuts et règlements existant au 2 mars dernier, relatifs à l'exercice et à l'enseignement de la pharmacie, pour la préparation, vente et distribution des drogues et médicaments, continueront d'être exécutés suivant leur forme et teneur, sous les peines portées par lesdites lois et règlements, jusqu'à ce que, sur le rapport qui lui en sera fait, elle ait statué définitivement à cet égard ; en conséquence, il ne pourra être délivré de patentes pour la préparation, vente et distribution des drogues et médicaments dans l'étendue du royaume, qu'à ceux qui sont ou qui pourront être reçus pour l'exercice de la pharmacie, suivant les statuts et règlements concernant cette profession.

---

19 *juillet* 1791. — DÉCRET relatif à l'organisation d'une police municipale et correctionnelle.

Art. 21. En cas de vente de médicaments gâtés, le délinquant sera renvoyé à la police correctionnelle, et puni de cent livres d'amende et d'un emprisonnement qui ne pourra excéder six mois.

29. Les règlements actuellement existants sur le titre des matières d'or et d'argent, sur la vérification de la qualité des pierres fines ou fausses, la salubrité des comestibles et des médicaments ; sur les objets de serrurerie, continueront d'être exécutés jusqu'à ce qu'il en ait été autrement ordonné. Il en sera de même de ceux qui établissent des dispositions de sûreté, tant pour la vente et l'achat des matières d'or et d'argent, des drogues, mé-

dicaments et poisons, que pour la présentation, le dépôt et adjudication des effets précieux dans les monts-de-piété, lombards ou autres maisons de ce genre.

---

29 *floréal an VII.* — ARRÊTÉ du directoire exécutif concernant les sources et fontaines d'eaux minérales.

---

3 *floréal an VIII.* — ARRÊTÉ relatif à la location et à l'administration des établissements d'eaux minérales.

---

21 *germinal an XI.* — LOI contenant organisation des écoles de pharmacie.

Exposé des motifs présenté par le conseiller d'Etat Fourcroy :

1. Le projet de loi dont je vais vous donner lecture est la suite et le complément de la loi sur l'exercice de la médecine, il en est aussi la conséquence; car le traitement heureux des maladies suppose la bonne préparation des médicaments. Dans l'antiquité, cette préparation ne fut pas séparée de la médecine. Chez les premiers peuples civilisés, les médecins trouvaient dans les productions les plus communes de la nature, dans les eaux, l'air, la chaleur, la lumière, les aliments, dans les affections morales elles-mêmes, des armes pour combattre les maux qui nous affligent. Mais le nombre des maladies s'étant accru comme celui des hommes réunis dans l'enceinte étroite des cités, et comme celui des passions qui les ont agités, les recherches et les connaissances étendues dans la même proportion ont tellement multiplié les substances médicamenteuses et surtout leur mélange et leurs diverses modifications, que l'art de les disposer pour les malades a dû nécessairement former une occupation et une profession particulière. Cette profession a été constamment surveillée par tous les gouvernements; chez toutes les nations modernes, les règlements qui la concernent sont plus ou moins sévères et la police en dirige partout l'exécution.

2. Avant la Révolution, la pharmacie était soumise en France à une foule de modes variés suivant les différentes provinces, soit pour la réception de ceux qui voulaient l'exercer, soit pour la surveillance de la préparation et de la vente des drogues simples et composées. Des abus sans nombre existaient dans cette partie qui intéresse la vie des hommes. On colportait impunément dans les villes, on vendait dans toutes les places, et surtout dans les foires, des préparations mal faites ou sophistiquées, qui ajoutaient encore aux ravages produits par l'impéritie des guérisseurs. Dans les grandes villes seulement, les pharmaciens établis après un apprentissage assez long, et des épreuves assez rigoureuses pour assurer leur capa-

cité, préparaient des médicaments qui méritaient la confiance des médecins et des malades. Paris seul se distinguait par l'établissement d'un collège de pharmacie où l'enseignement des sciences qui éclairaient la pratique de cet art était fait avec soin. Aucun autre établissement public analogue n'existait en France.

3. La création de six écoles de médecine a fourni au gouvernement l'idée et l'occasion d'établir à côté de chacune d'elles une école de pharmacie, et d'instituer ainsi entre ces deux genres d'enseignement une analogie qu'appelaient la nature et le but de ces écoles. — Tel est l'objet du titre Ier du projet de loi qui vous est soumis; six écoles de pharmacie placées dans les mêmes villes que les six écoles de médecine instruiront les élèves de cet art, en surveilleront l'exercice, en dénonceront les abus et en étendront les progrès. Il y sera institué à cet effet des cours d'histoire naturelle, de chimie et de pharmacie proprement dite. Le gouvernement donnera à chacune de ces écoles, et à mesure qu'il l'instituera, les règlements nécessaires à son administration. Ainsi sera étendu par toute la République le bienfait d'une instruction dont Paris seul avait joui jusqu'à présent; comme dans cette ville, les frais des cours et l'entretien des cinq autres écoles seront pris sur le produit des réceptions, et, de plus, sur celui des rétributions que les élèves paieront pour les leçons qu'ils s'empresseront d'y prendre. Ce qui a été adopté pour l'étude de la médecine doit convenir par les mêmes raisons à l'étude de la pharmacie.

4. C'est en vain que quelques personnes paraissent craindre que l'école de Paris ne perde, par l'érection de cinq autres écoles, la considération et le lustre dont elle a joui depuis un siècle. Elle ne formera plus, en effet, un collège comme celui qui existait depuis 1777, parce qu'il ne peut plus exister de corporation. Si, sous le nom d'*école gratuite de pharmacie*, ce collège a subsisté jusqu'à présent avec une forme très rapprochée de celle qu'il avait avant la Révolution, il est aisé de voir que cette forme, qui permettait aux pharmaciens de Paris de se réunir et de délibérer en corps, n'ajoutait rien à la bonté des leçons, et diminuait à coup sûr de la sévérité des exercices et des examens nécessaires aux réceptions. On regrette, à la vérité, le privilège decorporation qui avait échappé à la destruction de tous les autres privilèges analogues, parce qu'il est très naturel aux hommes de regretter une faveur rare, une prérogative qui n'existe nulle part; mais quelle influence ce privilège par lequel tous les pharmaciens de Paris, en se réunissant pour s'occuper des intérêts d'une communauté, pourrait-il avoir sur la garantie de l'enseignement et de la réception? L'expérience prouve qu'il diminuait les ressources de l'école par la part, très faible néanmoins, que chaque pharmacien avait sur la rétribution des récipiendaires, et que l'enseignement en souffrait. Quant aux examens, ils étaient bien plus superficiels et bien plus légers qu'ils ne le seront désormais, en raison de la multiplicité même des examinateurs, et de la brièveté de leurs interrogations. Ce qui le prouve sans réplique, c'est le nombre considérable des récipiendaires qui, redoutant sans doute des examens plus sévères d'après le nouveau projet, se présentent depuis quelques mois. D'ailleurs le système des corporations est trop

éloigné de la législation actuelle, et il est sujet à de trop graves inconvénients pour qu'il soit permis de faire, pour la pharmacie, ce qui n'a été fait ni pour la médecine, ni pour la chirurgie, quoique ces deux sciences aient eu des facultés et des collèges dont l'illustration remontait à plusieurs siècles. Cependant sept années d'existence glorieuse des écoles actuelles de médecine, sans facultés ni collèges, prouvent assez que le rétablissement des facultés n'est pas nécessaire à la solidité de l'enseignement, puisque ce dernier est maintenant fort supérieur à celui qui existait avant 1792. Qu'on cesse donc d'annoncer des alarmes qui ne peuvent avoir d'autre fondement qu'un regret hors de saison, et qu'on se persuade qu'une bonne organisation des écoles de pharmacie donnera les mêmes avantages que celle des écoles de médecine.

5. Le titre second du projet de loi concerne la displine des élèves. L'art de préparer les médicaments ne s'apprend pas seulement par l'étude théorique et dans les cours. Si celui qui veut le posséder à fond, et y devenir savant, doit suivre les écoles, tous ceux qui se destinent à l'exercer doivent s'adonner à la pratique et se fixer dans les laboratoires des pharmaciens. Comme cette dernière condition est de rigueur, la loi doit fixer le temps d'apprentissage, et le mode suivant lequel les jeunes gens destinés à cette profession doivent se conduire chez les pharmaciens, et être reconnus élèves ; huit années de séjour dans les pharmacies seront exigées d'eux, avant leur réception. Trois années de cours dans les écoles leur épargneront cinq années de ce séjour, parce qu'il est bien prouvé qu'une théorie approfondie rend plus prompte et plus sûre la pratique.

6. La réception des pharmaciens est le sujet du troisième titre. Elle a des rapports avec celle qui a été fixée pour l'art de guérir. Il y aura deux genres de réception : l'un aura lieu dans les six écoles et par leurs professeurs réunis à deux docteurs de l'école de médecine; l'autre dans les jurys de médecine de chaque département, auxquels seront adjoints quatre pharmaciens. Il était nécessaire de ne pas établir des jurys de pharmacie dans les villes où il y aura des écoles, parce que celles-ci eussent été privées des rétributions destinées à les entretenir. Cependant les examens seront les mêmes dans les uns et les autres de ces établissements, parce que les pharmaciens doivent également savoir préparer partout les médicaments usuels. Ils seront théoriques et pratiques, et les règlements veilleront à ce qu'ils soient faits avec une rigueur dont on n'a malheureusement donné que bien peu d'exemples encore. L'expérience prouve que la loi ne saurait rendre trop difficiles des actes de cette espèce, et ces institutions, quelque rapport qu'elles aient avec la sûreté publique, ne sont que trop sujettes à dégénérer et à s'affaiblir par la durée. — Les frais de réception seront de 900 fr. dans les écoles de pharmacie, et de 200 fr. seulement dans les jurys. Ce produit fournira à l'entretien des écoles et au paiement des membres des jurys. L'aspirant devra réunir les deux tiers au moins des suffrages et prêter serment d'exercer son art avec probité et fidélité. Ainsi tout homme qui voudra se faire recevoir pharmacien n'oubliera jamais qu'exerçant un art qui intéresse si essentiellement la vie de ses concitoyens, la moralité et la probité sévère doivent autant que

la science diriger sa conduite dans l'exercice de sa profession.

7. Le quatrième et dernier titre embrasse tout ce qui est relatif à la police de la pharmacie. Il prescrit d'abord aux pharmaciens établis d'adresser leurs titres aux autorités administratives et judiciaires, afin que leur droit légal soit constaté; il donne aux pharmaciens reçus dans les écoles le droit de s'établir par toute la République, et il restreint celui des pharmaciens reçus par les jurys à leurs seuls départements respectifs; il défend à tout individu de prendre patente de pharmacien sans avoir été légalement reçu suivant les formes anciennes ou nouvelles; il enjoint à ceux qui seraient établis sans droit et sans titre de se faire examiner et recevoir dans le délai de trois mois après l'établissement des écoles de pharmacie ou des jurys; il permet cependant aux officiers de santé établis dans les communes où il n'y aura pas de pharmaciens de tenir des drogues pour les malades qu'ils traiteront. Cette disposition est nécessaire et a toujours eu lieu, mais il faut en restreindre les abus; aussi l'article défend-il aux officiers de santé de vendre des médicaments dans une officine ouverte. La liste des pharmaciens légalement établis dans chaque département sera publiée par le préfet, afin qu'on connaisse les hommes dignes de la confiance publique.

8. A la suite de ces règles générales viennent celles qui sont relatives à l'inspection et à la visite des pharmacies; inspection sans laquelle toutes les dispositions précédentes seraient superflues. Elle n'avait eu lieu jusqu'à présent qu'à Paris et dans quelques grandes villes. Le projet régularise cette mesure pour toute la République. Les jurys de chaque département feront, dans les chefs-lieux et dans les communes qui en dépendent, ce que les écoles de pharmacie seront chargées de faire dans les villes où elles seront établies, et dans celles situées à dix lieues de rayon de ce centre d'instruction pharmaceutique.

9. Il est ensuite prescrit aux pharmaciens de ne pas vendre des remèdes secrets, de ne faire aucun autre commerce que celui des drogues, de se conformer au dispensaire ou formules des écoles de médecine pour la préparation des médicaments. La liste des remèdes secrets ou des compositions particulières que les journaux annoncent chaque jour, même chez des pharmaciens de Paris, prouve un relâchement dangereux dans cette partie de la police et une licence dont le plus grand nombre des hommes de l'art gémit et se plaint avec raison. Mais si la loi limite ainsi le commerce et la distribution des drogues dans les officines de pharmacie, elle doit aussi ne plus permettre aux épiciers de débiter les médicaments à côté des poisons de tous les genres et des substances alimentaires qu'ils distribuent à tous les instants de la journée. Il faut, d'ailleurs, que chacun ne fasse que ce qu'il sait faire dans des professions et des commerces qui intéressent la santé et la vie : il faut détruire les abus et prévenir les accidents et les malheurs dont le nombre se multiplie d'une manière effrayante. Voilà pourquoi le projet de loi rappelle de nouveau, à la fin de ce dernier titre, les précautions relatives à la vente des substances âcres et vénéneuses. Si ces mesures avaient toujours été exécutées avec la sévérité qu'elles exigent, peut-être que

les crimes affreux dont nous venons d'être témoins n'auraient pas effrayé l'humanité.

10. Enfin deux dernières dispositions entièrement nouvelles ajouteront encore aux avantages que promet à la société le projet qui vous est soumis : l'une est relative aux herboristes, genre de profession trop peu surveillée, et qui, exercée par des hommes sans aucune connaissance, peut produire de grands maux et faire naître des erreurs bien préjudiciables pour les malades ; l'autre charge les professeurs des écoles de médecine et de pharmacie de s'occuper de la rédaction d'un dispensaire ou formulaire dont l'état actuel des sciences chimique et pharmaceutique réclame depuis plus de vingt ans une nouvelle édition. — Tels sont, citoyens législateurs, les motifs du projet de loi sur l'exercice de la pharmacie; ils sont fondés sur la nécessité de régulariser tout ce qui tient à cette utile profession ; ils sont liés à ceux qui ont dicté la loi sur l'exercice de la médecine ; ils vous paraîtront sans doute également avantageux à la République.

Rapport fait par Carret (du Rhône) sur le projet de loi concernant l'organisation et la police de la pharmacie. (Séance du 17 germin. an XI.)

11. Il était naturel que le gouvernement, après avoir régularisé l'exercice de la médecine, fixât son attention sur la pharmacie, qui en est une partie essentielle.

La médecine, la chirurgie et la pharmacie étaient, dans l'origine, un seul et même art, exercé par les mêmes hommes ; mais lorsque l'art de guérir fit des progrès, on fut obligé de le diviser en plusieurs branches, afin de le conduire à la perfection dont il est susceptible ; car telle est la faiblesse de l'esprit de l'homme, qu'il ne peut embrasser la science dans toute son étendue. — Dès que la pharmacie devint une profession séparée, on sentit la nécessité de la soumettre à des lois sages et invariables. — Tous les gouvernements ont étendu leur sollicitude sur un objet qui intéresse si essentiellement la santé et la vie des hommes. — En France, Charles VIII et ses successeurs jetèrent les premiers fondements de la police de la pharmacie ; mais ce ne fut que sur la fin du règne de Louis XIII que cette partie de notre législation acquit quelque fixité.

12. Permettez-moi, citoyens tribuns, de vous retracer ici les principales dispositions de l'édit de 1638, afin que vous puissiez comparer la loi que l'on vous propose aujourd'hui à celle qui était autrefois en vigueur : — 1° L'aspirant en pharmacie, avant d'être obligé chez aucun maître de cet art en qualité d'apprenti, était présenté aux gardes, qui examinaient s'il avait étudié en grammaire et s'il était capable d'apprendre la pharmacie. — Après avoir achevé ses quatre ans d'apprentissage, et servi les maîtres pendant six ans, il se présentait au bureau, muni de ses certificats, et demandait à être examiné sur sa capacité. — Il subissait un premier examen de trois heures, en présence de tous les maîtres de l'art, et de deux docteurs de la faculté de médecine.—2° Si l'aspirant était jugé capable à la pluralité des voix, il lui était donné jour par les gardes pour subir un second examen appelé l'acte des herbes, qui était encore fait en présence des docteurs et des maîtres qui avaient assisté au premier. —

3° Lorsque l'aspirant sortait vainqueur de cette seconde épreuve, les gardes lui donnaient un chef-d'œuvre de cinq compositions ; il faisait d'abord la démonstration de toutes les matières qui y entraient, ensuite il les préparait et les mélangeait en présence des maîtres qui observaient sa manière d'opérer ; ces trois examens étaient de rigueur, et personne ne pouvait exercer l'état de pharmacien sans être muni de l'approbation des maîtres de l'art. — 4° Les veuves des maîtres pouvaient exercer la pharmacie pendant leur viduité, en confiant la conduite de leur maison à un commis examiné et approuvé par les gardes. Elles étaient obligées, ainsi que leurs commis, de prêter serment devant le magistrat de s'acquitter fidèlement des devoirs de leur profession. — 5° Quiconque exerçait cette profession sans être reçu maître et sans avoir prêté serment par-devant le magistrat encourait la confiscation de ses marchandises et une amende de 50 fr. — 6° Il était défendu à tout pharmacien d'employer des drogues vieillies, malsaines ou corrompues, sous peine de confiscation, de 50 fr. d'amende et même de punition exemplaire. — 7° Les maîtres nommaient six gardes qui faisaient serment devant le magistrat de police de bien et fidèlement exercer leur charge et de visiter trois fois par année les laboratoires de pharmacie pour s'assurer si les pharmaciens remplissaient honorablement les devoirs de leur profession. — 8° Il était défendu aux pharmaciens d'administrer des médicaments sans l'ordonnance d'un médecin. — Ces lois étaient particulières au corps des maîtres apothicaires de Paris. Ceux des autres villes suivaient des usages plus ou moins vicieux.

13. Les empoisonnements qui souillèrent en France la dernière moitié du dix-septième siècle firent apercevoir que la police de la pharmacie, telle que je viens de vous l'exposer, n'était point complète. La vente des poisons n'était soumise à aucune responsabilité. Les ministres de Louis XIV réparèrent le silence des lois à cet égard. L'édit de 1682 défendit, sous des peines très graves, aux maîtres en pharmacie et aux épiciers, de distribuer l'arsenic, le réalgar, le sublimé corrosif, et toutes les drogues réputées poisons, si ce n'est à des personnes connues, domiciliées, et qui employaient ces matières dans leurs professions ; ils furent obligés de se munir d'un registre parafé par le magistrat de police, et sur lequel ces personnes étaient tenues d'écrire leurs noms, qualités et demeures, l'année, le mois, le jour et la quantité de poisons qu'elles achetaient, ainsi que l'emploi qu'elles en faisaient.

14. Par un abus qui remonte jusqu'à l'établissement de la pharmacie en France, les apothicaires étaient confondus avec les marchands épiciers ; en sorte que la préparation des médicaments était souvent confiée à des ignorants avides qui en faisaient un objet de lucre. — On comprit enfin que la pharmacie était moins un métier qu'une profession savante, et l'on mit, en 1777, entre les apothicaires et les épiciers, une ligne de démarcation fondée sur la nature même des choses. Les premiers ne purent plus vendre au poids de commerce, ni les seconds au poids médicinal. La législation fit un pas de plus. Pour donner à la science pharmaceutique le degré d'importance qu'elle mérite, on érigea le corps des pharmaciens de Paris en un collège de pharmacie qui devint bientôt, dans sa partie, l'émule de la Faculté

de médecine. Je ne m'étendrai pas sur les bienfaits que l'art de guérir doit à cet établissement; je dirai seulement que le collège de pharmacie est la seule compagnie savante qui ait traversé la Révolution sans en éprouver les outrages : il est resté debout au milieu des ruines; et tandis que les factions mettaient la patrie en lambeaux et renversaient les monuments du génie, les pharmaciens de Paris s'assemblaient paisiblement pour se communiquer leurs lumières, faisaient des réceptions, perpétuaient la science et conservaient parmi nous son feu sacré. Je me plais à leur payer ici le juste tribut d'éloges que mérite un si noble dévouement. Telle a été, citoyens tribuns, la police de la pharmacie sous le gouvernement monarchique. Je vais vous exposer maintenant les changements que la nouvelle loi opère dans cette partie, et les motifs qui paraissent les avoir dictés.

15. Vous avez vu que le collège de pharmacie de Paris était autrefois le seul établissement de ce genre où les examens et les réceptions fussent légalement constatés. Or cet établissement, déjà si peu proportionné aux besoins de la France sous la monarchie, l'est encore moins aujourd'hui que la République a réuni de vastes domaines à son territoire ; il est donc nécessaire d'établir plusieurs écoles de pharmacie chargées d'enseigner la théorie et de surveiller la pratique de cet art salutaire. — La loi du 19 ventôse dernier a créé six écoles de médecine. Le projet de loi qui vous est soumis crée également six écoles de pharmacie. — Ce nombre a le double avantage d'être proportionné aux besoins publics et de mettre de l'harmonie dans cette partie de notre législation. Comme la médecine et la pharmacie sont sœurs, on vous propose de placer les écoles de l'une dans les mêmes villes où seront établies celles de l'autre, afin qu'elles puissent se prêter mutuellement le secours de leurs lumières. Ces six écoles de pharmacie réuniront au droit d'enseignement celui d'examen et de surveillance. Tel est l'objet du titre premier de la loi qui vous est proposée.

16. Quelques personnes paraissent regretter que le collège de pharmacie, qui a rendu de si grands services à l'art de guérir, ne soit pas conservé dans la nouvelle organisation ; mais il aurait donc fallu rétablir aussi la Faculté de médecine, l'Académie royale de chirurgie et cette foule de corporations qui ne peuvent s'allier avec le génie de la République. L'intérêt général est toujours le but que doit se proposer le gouvernement ; or, lorsqu'il conserve et étend à toute la France ce qu'il y a de bon dans les règlements particuliers au collège de pharmacie, les apothicaires de Paris regretteront-ils le futile privilège de former un corps ? — On a fait une autre objection contre le projet : on a dit que la foule d'élèves qui formeront le collège de pharmacie nuira aux progrès de cet art, et qu'il conviendrait peut-être de déterminer le nombre des pharmaciens qui pourront s'établir dans les villes et dans les campagnes, afin qu'ils ne soient pas tentés de vendre des médicaments détériorés ou mal préparés. Mais cette objection s'évanouit devant cette observation générale : les produits de l'industrie tendent toujours à se mettre en équilibre avec les besoins. Vous savez d'ailleurs, citoyens tribuns, par ce qui se passe dans quelques villes de France ou d'Allemagne, que la concurrence n'empêche pas les pharmaciens d'atteindre à l'aisance, sans violer les

règles de leur profession. Enfin les visites prescrites par la loi feront rentrer les délinquants dans le devoir.

17. Le titre 2 fixe la durée des études à huit ans pour les élèves qui étudieront dans des pharmacies légalement constituées, et à six ans seulement pour ceux qui suivront les cours publics. La faveur accordée aux derniers est fondée sur la nature même des choses ; car, comme l'a dit l'orateur du gouvernement, la théorie rend la pratique plus prompte et plus sûre. — D'ailleurs, cette faveur est un appât qui attirera un grand nombre d'élèves dans les écoles ; elles en auront plus de splendeur ; les élèves en sortiront plus instruits, et l'art sera par conséquent plus parfait. — Il y a ici, entre l'ancienne loi et le projet qui vous est soumis, une différence qui paraît être à l'avantage de ce dernier. Autrefois, l'aspirant en pharmacie faisait un apprentissage de quatre ans, et servait ensuite les maîtres pendant six. Ces dix ans d'exercice n'étaient pas un terme trop long dans un temps où un apprenti était reçu à douze ou treize ans, et un maître en pharmacie à vingt-deux, c'est-à-dire à un âge où il n'avait pas encore beaucoup réfléchi. Mais, dans le nouveau projet, un élève n'étant reçu pharmacien qu'à vingt-cinq ans accomplis, et lorsque sa raison est dans toute sa force, il pourra commencer ses études à dix-huit ans, c'est-à-dire à un âge voisin de celui où l'apprenti était autrefois reçu maître. Ainsi la préparation des médicaments ne sera plus confiée à une jeunesse sans expérience.

18. Le titre 3 règle le mode des réceptions. La loi sur l'exercice de la médecine a établi deux sortes d'examens : l'un pour les docteurs, faits par les écoles, et l'autre pour les officiers de santé, faits par les jurys des départements. On a suivi cette règle dans le projet de loi sur la pharmacie, avec cette différence que les examens des deux classes de pharmaciens seront les mêmes, parce qu'il n'y a qu'une bonne manière pour préparer les médicaments. Le nouveau projet paraît aussi avoir en cette partie une grande supériorité sur les anciens règlements. Les aspirants, il est vrai, subiront, comme autrefois, deux examens : le premier sur les principes de l'art ; le second sur la botanique et l'histoire naturelle des drogues simples, et le troisième, qui durera quatre jours, sur la pratique. Mais comme le gouvernement nommera les professeurs et les docteurs qui présideront aux réceptions, on en verra disparaître l'indulgence et la partialité, qui n'y régnaient que trop souvent.

19. Les anciennes lois permettaient aux veuves de continuer l'exercice de la pharmacie ; le silence que le nouveau projet garde à cet égard a paru frapper quelques esprits. Mais vous observerez, citoyens tribuns, que la pharmacie étant, comme je l'ai déjà dit, moins un métier qu'une profession savante, doit être, par cette raison, interdite aux femmes. D'ailleurs, le projet de loi n'empêche pas les veuves d'associer à leur commerce des pharmaciens légalement reçus.

20. Le titre 4, qui comprend la police de la pharmacie, renouvelle les anciennes lois dont l'expérience a démontré la bonté, et y ajoute de nouvelles dispositions également nécessaires. Il détermine le mode que les pharmaciens seront obligés de suivre pour faire constater légalement leur réception. Les élèves reçus par les écoles pourront s'établir dans toute la République, et ceux qui seront reçus par les

jurys n'exerceront que dans leurs départements respectifs. Le projet interdit la vente des compositions pharmaceutiques aux personnes qui n'auront pas subi les épreuves prescrites. Il permet aux officiers de santé d'administrer, sans officine ouverte, des médicaments dans les lieux où il n'y aura pas de pharmaciens. Il défend aux épiciers de vendre au poids médicinal et aux pharmaciens de vendre au poids de commerce. Il proscrit les remèdes secrets et les étalages que les charlatans font sur les places publiques. Il soumet à un examen les herboristes, dont les erreurs ont été si souvent funestes aux malades. Il prononce une punition sévère contre l'imprudence ou la mauvaise foi, qui vendent des matières vénéneuses, punitions dont un crime presque inouï dans les fastes de la justice démontre l'urgente nécessité. Il ordonne des visites générales et particulières dans tous les laboratoires de pharmacie. Enfin il promet un formulaire impatiemment attendu par les jeunes médecins, et surtout par les officiers de santé qui sont éloignés des grandes villes. — Telles sont, citoyens tribuns, les dispositions du projet de loi sur l'exercice de la pharmacie; elles ont moins pour but d'innover que de perfectionner cette partie de notre législation. Elles présentent une garantie suffisante contre l'inexpérience et la mauvaise foi: elles forment le complément de la loi sur l'exercice de la médecine et donnent lieu d'espérer que les progrès de ces deux sciences contribueront de plus en plus à diminuer les maux qui affligent l'humanité. — Votre section de l'intérieur, dont je suis l'organe, vous propose de les adopter.

TITRE Ier

ORGANISATION DES ÉCOLES DE PHARMACIE.

Art. 1er. Il sera établi une école de pharmacie à Paris, à Montpellier, à Strasbourg, et dans les villes où seront placées les trois autres écoles de médecine, suivant l'art. 25 de la loi du 11 floréal an X.

2. Les écoles de pharmacie auront le droit d'examiner et de recevoir, pour toute la République, les élèves qui se destineront à la pratique de cet art ; elles seront de plus chargées d'en enseigner les principes et la théorie dans des cours publics, d'en surveiller l'exercice, d'en dénoncer les abus aux autorités, et d'en étendre les progrès.

3. Chaque école de pharmacie ouvrira tous les ans et à ses frais, au moins trois cours expérimentaux, l'un sur la botanique et l'histoire naturelle des médicaments, les deux autres sur la pharmacie et la chimie.

4. Il sera pourvu, par des règlements d'administration publique, à l'organisation des écoles de pharmacie, à leur administration, à l'enseignement qui y sera donné, ainsi qu'à la fixation de leurs dépenses et au mode de leur comptabilité.

5. Les donations et fondations relatives à l'enseignement de la pharmacie pourront être acceptées par les préfets, au nom des écoles de pharmacie, avec l'autorisation du gouvernement.

TITRE II

DES ÉLÈVES EN PHARMACIE ET DE LEUR DISCIPLINE.

6. Les pharmaciens des villes où il y aura des écoles de pharmacie feront inscrire les élèves qui demeureront chez eux sur un registre tenu à cet effet dans chaque école ; il sera délivré à chaque élève une expédition de son inscription, portant ses nom, prénoms, pays, âge et domicile ; cette inscription sera renouvelée tous les ans.

7. Dans les villes où il n'y aura point d'école de pharmacie, les élèves domiciliés chez les pharmaciens seront inscrits dans un registre tenu à cet effet par les commissaires généraux de police, ou par les maires.

8. Aucun élève ne pourra prétendre à se faire recevoir pharmacien, sans avoir exercé pendant huit années au moins son art dans des pharmacies légalement établies. Les élèves qui auront suivi pendant trois ans les cours donnés dans une des écoles de pharmacie ne seront tenus, pour être reçus, que d'avoir résidé trois autres années dans ces pharmacies.

9. Ceux des élèves qui auront exercé pendant trois ans, comme pharmaciens de deuxième classe, dans les hôpitaux militaires ou dans les hospices civils, seront admis à faire compter ce temps dans les huit années exigées. — Ceux qui auront exercé dans les mêmes lieux, mais dans un grade inférieur, pendant au moins deux années, ne pourront faire compter ce temps, quel qu'il soit, que pour ces deux années.

10. Les élèves paieront une rétribution annuelle pour chaque cours qu'ils voudront suivre dans les écoles de pharmacie : cette rétribution, dont le *maximum* sera de trente-six francs par chacun des cours, sera fixée pour chaque école par le gouvernement.

TITRE III

DU MODE ET DES FRAIS DE RÉCEPTION DES PHARMACIENS.

11. L'examen et la réception des pharmaciens seront faits, soit dans les six écoles de pharmacie, soit par les jurys établis dans

chaque département pour la réception des officiers de santé, par l'article 16 de la loi du 19 ventôse an XI.

12. Aux examinateurs désignés par le gouvernement pour les examens dans les écoles de pharmacie, il sera adjoint, chaque année, deux docteurs en médecine ou en chirurgie, professeurs des écoles de médecine ; le choix en sera fait par les professeurs de ces écoles.

13. Pour la réception des pharmaciens par les jurys de médecine, il sera adjoint à ces jurys, par le préfet de chaque département, quatre pharmaciens légalement reçus, qui seront nommés pour cinq ans et qui pourront être continués. A la troisième formation des jurys, les pharmaciens qui en feront partie, ne pourront être pris que parmi ceux qui auront été reçus dans l'une des six écoles de pharmacie créées par la présente loi.

14. Ces jurys pour la réception des pharmaciens ne seront point formés dans les villes où seront placées les six écoles de médecine et les six écoles de pharmacie.

15. Les examens seront les mêmes dans les écoles et devant les jurys. Ils seront au nombre de trois: deux de théorie, dont l'un sur les principes de l'art, et l'autre sur la botanique et l'histoire naturelle des drogues simples ; le troisième, de pratique, durera quatre jours, et consistera dans au moins neuf opérations chimiques et pharmaceutiques désignées par les écoles ou les jurys. L'aspirant fera lui-même ces opérations ; il en décrira les matériaux, les procédés et les résultats.

16. Pour être reçu, l'aspirant, âgé au moins de vingt-cinq ans accomplis, devra réunir les deux tiers des suffrages des examinateurs. Il recevra, des écoles ou des jurys, un diplôme qu'il présentera, à Paris, au préfet de police, et, dans les autres villes, au préfet de département, devant lequel il prêtera le serment d'exercer son art avec probité et fidélité. Le préfet lui délivrera, sur son diplôme, l'acte de prestation de serment.

17. Les frais d'examen sont fixés à neuf cents francs dans les écoles de pharmacie, à deux cents francs pour les jurys. Les aspirants seront tenus de faire en outre les dépenses des opérations et des démonstrations qui devront avoir lieu dans leur dernier examen.

18. Le produit de la rétribution des aspirants pour leurs études et leurs examens dans les écoles de pharmacie sera employé aux frais d'administration de ces écoles, ainsi qu'il sera réglé par le gouvernement, conformément à l'article 4 ci-dessus.

19. Le même règlement déterminera le partage de la rétribu-

tion payée par les pharmaciens pour leur réception dans les jurys entre les membres de ces jurys.

20. Tout mode ancien de réception, dans les lieux et suivant des usages étrangers à ceux qui sont prescrits par la présente loi, est interdit et ne donnera aucun droit d'exercer la pharmacie.

TITRE IV

DE LA POLICE DE LA PHARMACIE.

21. Dans le délai de trois mois après la publication de la présente loi, tout pharmacien ayant officine ouverte sera tenu d'adresser copie légalisée de son titre, à Paris, au préfet de police, et dans les autres villes, au préfet de département.

22. Ce titre sera également produit par les pharmaciens, et sous les délais indiqués, aux greffes des tribunaux de première instance dans le ressort desquels se trouve placé le lieu où ces pharmaciens sont établis.

23. Les pharmaciens reçus dans une des six écoles de pharmacie pourront s'établir et exercer leur profession dans toutes les parties du territoire de la République.

24. Les pharmaciens reçus par les jurys ne pourront s'établir que dans l'étendue du département où ils auront été reçus.

25. Nul ne pourra obtenir de patente pour exercer la profession de pharmacien, ouvrir une officine de pharmacie, préparer, vendre ou débiter aucun médicament, s'il n'a été reçu suivant les formes voulues jusqu'à ce jour, ou s'il ne l'est dans l'une des écoles de pharmacie, ou par l'un des jurys, suivant celles qui sont établies par la présente loi, et après avoir rempli toutes les formalités qui y sont prescrites.

26. Tout individu qui aurait une officine de pharmacie actuellement ouverte, sans pouvoir faire preuve du titre légal qui lui en donne le droit, sera tenu de se présenter, sous trois mois, à compter de l'établissement des écoles de pharmacie ou des jurys, à l'une de ces écoles ou à l'un de ces jurys pour y subir ses examens, et y être reçu.

27. Les officiers de santé établis dans les bourgs, villages ou communes où il n'y aurait pas de pharmaciens ayant officine ouverte, pourront, nonobstant les deux articles précédents, fournir des médicaments simples ou composés aux personnes près des-

quelles ils seront appelés, mais sans avoir le droit de tenir une officine ouverte.

28. Les préfets feront imprimer et afficher, chaque année, les listes des pharmaciens établis dans les différentes villes de leur département ; ces listes contiendront les noms, prénoms des pharmaciens, les dates de leur réception et les lieux de leur résidence.

29. A Paris, et dans les villes où seront placées les nouvelles écoles de pharmacie, deux docteurs et professeurs des écoles de médecine, accompagnés des membres des écoles de pharmacie, et assistés d'un commissaire de police, visiteront, au moins une fois l'an, les officines et magasins des pharmaciens et droguistes, pour vérifier la bonne qualité des drogues et médicaments simples et composés. Les pharmaciens et droguistes seront tenus de représenter les drogues et compositions qu'ils auront dans leurs magasins, officines et laboratoires. Les drogues mal préparées ou détériorées seront saisies à l'instant par le commissaire de police ; et il sera procédé ensuite conformément aux lois et règlements actuellement existants.

30. Les mêmes professeurs en médecine et membres des écoles de pharmacie pourront, avec l'autorisation des préfets, sous-préfets ou maires, et assistés d'un commissaire de police, visiter et inspecter les magasins de drogues, laboratoires et officines des villes placées dans le rayon de dix lieues de celles où sont établies les écoles, et se transporter dans tous les lieux où l'on fabriquera et débitera, sans autorisation légale, des préparations ou compositions médicinales. Les maires et adjoints, ou, à leur défaut, les commissaires de police, dresseront procès-verbal de ces visites, pour, en cas de contravention, être procédé contre les délinquants, conformément aux lois antérieures.

31. Dans les autres villes et communes, les visites indiquées ci-dessus seront faites par les membres des jurys de médecine, réunis aux quatre pharmaciens qui leur sont adjoints par l'article 13.

32. Les pharmaciens ne pourront livrer et débiter des préparations médicinales ou drogues composées quelconques, que d'après la prescription qui en sera faite par des docteurs en médecine ou en chirurgie, ou par des officiers de santé, et sur leur signature. Ils ne pourront vendre aucun remède secret. Ils se conformeront, pour les préparations et compositions qu'ils devront exécuter et tenir dans leurs officines, aux formules insérées et dé-

crites dans les dispensaires ou formulaires qui ont été rédigés ou qui le seront dans la suite par les écoles de médecine. Ils ne pourront faire, dans les mêmes lieux ou officines, aucun autre commerce ou débit que celui des drogues et préparations médicinales.

33. Les épiciers et droguistes ne pourront vendre aucune composition ou préparation pharmaceutique, sous peine de cinq cents francs d'amende. Ils pourront continuer de faire le commerce en gros des drogues simples, sans pouvoir néanmoins en débiter aucune au poids médicinal.

34. Les substances vénéneuses, et notamment l'arsenic, le réalgar, le sublimé-corrosif, seront tenues dans les officines des pharmaciens et les boutiques des épiciers, dans des lieux sûrs et séparés, dont les pharmaciens et épiciers seuls auront la clef, sans qu'aucun autre individu qu'eux puisse en disposer. Ces substances ne pourront être vendues qu'à des personnes connues et domiciliées qui pourraient en avoir besoin pour leur profession ou pour cause connue, sous peine de trois mille francs d'amende contre les vendeurs contrevenants (1).

35. Les pharmaciens et épiciers tiendront un registre coté et paraphé par le maire ou le commissaire de police, sur lequel registre ceux qui seront dans le cas d'acheter des substances vénéneuses inscriront de suite, et sans aucun blanc, leurs noms, qualités et demeures, la nature et la quantité des drogues qui leur auront été délivrées, l'emploi qu'ils se proposent d'en faire, et la date exacte du jour de leur achat ; le tout, à peine de trois mille francs d'amende contre les contrevenants. Les pharmaciens et les épiciers seront tenus de faire eux-mêmes l'inscription, lorsqu'ils vendront ces substances à des individus qui ne sauront point écrire, et qu'ils connaîtront comme ayant besoin de ces mêmes substances (2).

36. Tout débit au poids médicinal, toute distribution de drogues et préparations médicamenteuses sur des théâtres ou étalages, dans les places publiques, foires et marchés, toute annonce et affiche imprimée qui indiquerait des remèdes secrets, sous quelque dénomination qu'ils soient présentés, sont sévèrement prohibés. Les individus qui se rendraient coupables de ce délit seront poursuivis par mesure de police correctionnelle, et punis conformément à l'article 183 et suivants du code des délits et des peines (3).

(1-2) Abrogés par la loi du 19 juillet 1845.
(3) V. loi du 29 pluv. an XIII. — Décret du 25 prairial même année.

37. Nul ne pourra vendre, à l'avenir, des plantes ou des parties de plantes médicinales indigènes, fraîches ou sèches, ni exercer la profession d'herboriste, sans avoir subi auparavant, dans une des écoles de pharmacie, ou par-devant un jury de médecine, un examen qui prouve qu'il connaît exactement les plantes médicinales, et sans avoir payé une rétribution qui ne pourra excéder cinquante francs à Paris, et trente francs dans les autres départements, pour les frais de cet examen. Il sera délivré aux herboristes un certificat d'examen par l'école ou le jury par lesquels ils seront examinés ; et ce certificat devra être enregistré à la municipalité du lieu où ils s'établiront.

38. Le gouvernement chargera les professeurs des écoles de médecine, réunis aux membres des écoles de pharmacie, de rédiger un *Codex* ou formulaire, contenant les préparations médicinales et pharmaceutiques qui devront être tenues par les pharmaciens. Ce formulaire devra contenir des préparations assez variées pour être appropriées à la différence du climat et des productions des diverses parties du territoire français ; il ne sera publié qu'avec la sanction du gouvernement et d'après ses ordres.

---

25 *thermidor an XI.* — ARRÊTÉ contenant règlement sur les écoles de pharmacie.

TITRE I.

COMPOSITION DES ÉCOLES.

Art. 1er. Les écoles de pharmacie seront composées d'un directeur, d'un trésorier et de trois professeurs ; dans les villes où la population le permettra, il pourra être nommé un ou deux adjoints aux professeurs. — A Paris, il y aura quatre professeurs ; chacun des professeurs et le directeur auront un adjoint.

Administration.

2. Le directeur, le trésorier, le directeur adjoint et, dans les écoles où cette dernière place n'aura pas lieu, un des professeurs, formeront l'administration de l'école. Ils seront chargés de la représenter, de suivre les affaires qui l'intéressent, d'y maintenir la discipline, et de dénoncer aux autorités les abus qui surviendront.

3. Le directeur restera en place pendant cinq ans, et sera remplacé par le directeur adjoint, ou le professeur qui en tiendra la place : l'un et l'autre pourront être réélus. Le trésorier sera nommé pour trois ans, et sera rééligible.

4. La première nomination aux places d'administration sera faite par le gouvernement. A chaque vacance, les membres de l'école réunis présenteront au gouvernement un candidat choisi, soit parmi les professeurs, soit parmi les pharmaciens reçus dans les écoles. Pendant les dix premières années, les candidats pourront être pris parmi les anciens pharmaciens reçus.

5. Le directeur convoquera et présidera les assemblées, les examens et toutes les séances publiques. Il sera remplacé, en cas d'absence, par le directeur adjoint ou par le professeur qui en tient lieu. En l'absence de l'un et de l'autre, le plus ancien d'âge des professeurs en remplira les fonctions.

6. Sur la demande des professeurs, le directeur sera tenu de convoquer une assemblée de l'école.

7. L'administration s'assemblera au moins une fois par mois, et plus souvent, si elle le juge nécessaire.

8. Le trésorier sera chargé des recettes et des dépenses ordinaires.

9. Les dépenses extraordinaires seront arrêtées dans une assemblée des professeurs réunis à l'administration, et à la majorité des suffrages.

10. Chaque année, dans les premiers jours de vendémiaire, le trésorier rendra compte des recettes et dépenses de l'année précédente, dans une assemblée générale de l'école : ce compte sera vérifié par les préfets de département, et à Paris par le préfet de police. — Il sera soumis ensuite à l'approbation du ministre de l'intérieur.

TITRE II.

INSTRUCTION.

11. Chaque école de pharmacie ouvrira, tous les ans, quatre cours, savoir : — le premier, sur la botanique ; — le second, sur l'histoire naturelle des médicaments ; — le troisième, sur la chimie ; — le quatrième, sur la pharmacie. — Chacun des trois premiers sera spécialement applicable à la science pharmaceutique. Les deux premiers pourront être faits par le même professeur.

12. Dans les écoles où il y aura des adjoints, ceux-ci ne rem-

placeront les professeurs que dans le cas d'empêchement légitime et d'après l'autorisation de l'école. Le directeur et le trésorier pourront également suppléer le professeur.

13. La première nomination des professeurs et des adjoints sera faite par le gouvernement. Lorsqu'une chaire deviendra vacante, l'école, conformément à l'article 26 de la loi du 11 floréal an X, sur l'instruction publique, présentera au gouvernement un des trois candidats appelés à la remplir. Les uns et les autres seront également pris parmi les pharmaciens reçus dans l'une des six écoles ou dans les ci-devant collèges. Les mêmes mesures seront adoptées pour la nomination aux places de professeurs adjoints.

14. Les professeurs sont conservateurs, chacun dans sa partie, des objets servant à l'usage des cours.

15. Les frais que nécessiteront les cours seront réglés et arrêtés tous les ans, dans une assemblée de l'école, convoquée à cet effet.

16. Les cours commenceront annuellement le 1er germinal, et finiront le 1er fructidor ; ils seront annoncés par des affiches.

17. Les professeurs titulaires recevront une indemnité qui ne pourra excéder quinze cents francs pour chacun ; le bureau d'administration fixera l'indemnité que recevront les adjoints pour les leçons qu'ils seront chargés de faire.

18. Les élèves qui suivront les cours seront tenus de s'inscrire au bureau d'administration de l'école : après cette inscription et le paiement de la rétribution fixée d'après l'article 10 de la loi, il leur sera délivré une carte qu'ils présenteront pour être admis aux leçons.

19. A la fin des cours, il sera délivré des certificats d'études aux élèves qui les auront suivis. Ces certificats ne seront accordés que sur l'attestation du professeur, qui prouvera l'assiduité de l'élève aux leçons.

20. Pour constater l'assiduité des élèves qui suivront les cours, chaque professeur aura une feuille de présence, sur laquelle les élèves s'inscriront à chaque séance ; il sera fait, en outre, un appel au moins une fois par semaine.

21. Le relevé des feuilles, fait à la fin des cours, constatera l'assiduité des élèves, auxquels il ne pourra être délivré de certificats qu'autant que, par raisons légitimes, ils ne se seront pas absentés plus de six fois.

22. Les écoles seront autorisées à prélever sur leurs fonds une somme destinée à une distribution annuelle de prix. A cet effet, il y aura, à la fin de l'année scolaire, un concours ouvert pour chacune des sciences qui seront enseignées dans les écoles.

TITRE III.

RÉCEPTIONS, 1° DANS LES ÉCOLES.

23. Lorsqu'un élève voudra se faire recevoir, il se munira des certificats de l'école où il aura étudié, et des pharmaciens chez lesquels il aura pratiqué son art, ainsi que d'une attestation de bonnes vie et mœurs, signée de deux citoyens domiciliés et de deux pharmaciens reçus légalement ; il y joindra son extrait de naissance, pour prouver qu'il a vingt-cinq ans accomplis, et une demande écrite.

24. L'école, dans sa plus prochaine assemblée, délibérera sur la demande de l'aspirant, et, d'après le rapport du directeur, si elle juge ses certificats suffisants, elle lui indiquera un jour pour commencer ses examens. Extrait de cette délibération lui sera remis par écrit, et il en sera donné avis par le directeur de l'école, dans les vingt-quatre heures, aux deux professeurs des écoles de médecine désignés pour les examens.

25. L'intervalle entre chaque examen sera au plus d'un mois. Ces examens seront publics ; ils n'auront lieu qu'après le dépôt, fait à la caisse de l'école, de la somme fixée pour chacun d'eux. Dans le premier, l'aspirant justifiera de ses connaissances dans la langue latine.

26. Dans lesdits examens, l'aspirant sera interrogé par les deux professeurs de l'école de médecine, par le directeur et deux professeurs de l'école de pharmacie : ces derniers alterneront à cet effet. Ceux des membres de l'école qui ne seront pas appelés à interroger seront néanmoins invités à assister aux examens, et recevront une part des droits de présence fixés pour ces actes.

27. Chaque examen fini, tous les membres présents procéderont au scrutin, dont le dépouillement sera fait par le directeur, qui en annoncera le résultat à l'assemblée et au candidat. Pour être admis, il faudra avoir réuni au moins les deux tiers des suffrages des présents à l'acte.

28. Dans le cas où le candidat n'aurait pas réuni les suffrages, il sera tenu de subir de nouveau son examen ; mais il ne pourra se représenter qu'au bout de trois mois. — Si, à cette seconde épreuve, il n'a pas encore réuni les suffrages, il sera ajourné à un an ; il ne pourra même se représenter à une autre école qu'après ce délai expiré.

29. Les examens achevés, si le candidat est admis, il lui sera

délivré, dans la huitaine, un diplôme de pharmacien, suivant le modèle n° 1er ci-annexé, signé, au nom de l'école, par le directeur et son adjoint, et par les docteurs présents aux examens. Ce diplôme sera légalisé par les autorités compétentes.

30. Les droits de présence dans tous les examens seront de dix francs pour les professeurs des écoles de médecine et pour le directeur de l'école de pharmacie ; ils seront de six francs pour les professeurs de ces écoles qui seront examinateurs, et de moitié de cette dernière somme pour les membres de l'école présents qui ne seront point examinateurs.

31. Les frais pour les examens seront fixés, savoir : pour chacun des deux premiers, à deux cents francs, pour le troisième à cinq cents francs ; les frais des opérations exigées des aspirants, et qui sont à leur charge, suivant l'article 17 de la loi du 21 germinal an XI, ne pourront excéder trois cents francs.

RÉCEPTIONS, 2° DANS LES JURYS.

32. Les élèves en pharmacie, qui désireront se faire recevoir par les jurys, adresseront, au moins deux mois d'avance, au préfet du département, leurs demandes, avec les certificats d'études, attestation de bonnes vie et mœurs, et autres actes mentionnés article 23 ; sur le vu de ces pièces, et si elles sont jugées suffisantes, le préfet les informera du jour où l'ouverture du jury, pour les examens de pharmacie, aura été fixée.

33. Les examens devant les jurys seront publics ; ils se succéderont sans intervalle, s'il n'y a pas lieu de remettre l'aspirant à un autre temps, dans lequel cas il sera ajourné à la tenue du jury de l'année suivante ; les préfets désigneront aux jurys un local, et les moyens nécessaires pour que ces examens, surtout celui de pratique, puissent être faits convenablement.

34. Les examens finis, si le candidat a réuni les deux tiers des suffrages, il lui sera délivré par le jury un diplôme de pharmacien, suivant le modèle n° 2 ci-annexé, lequel sera signé par tous les membres composant le jury.

35. Les frais de ces examens seront fixés, savoir : pour chacun des deux premiers, à cinquante francs, et cent francs pour le troisième.

36. La rétribution sera fixée à une somme égale, dans ces examens, pour chacun des membres du jury.

TITRE IV.

POLICE, 1° ÉLÈVES.

37. Il sera tenu, au bureau d'administration de chaque école, un registre sur lequel s'inscriront les élèves attachés aux pharmaciens des villes où il y aura des écoles établies. Extrait de cette inscription leur sera remis, signé par l'administration.

38. Aucun élève ne pourra quitter un pharmacien, sans l'avoir averti huit jours d'avance. — Il sera tenu de lui demander un acte qui constate que l'avertissement a été donné. En cas de refus du pharmacien, l'élève fera sa déclaration au directeur de l'école et au commissaire de police, ou au maire qui l'aura inscrit.

39. L'élève qui sortira de chez un pharmacien ne pourra entrer dans une autre pharmacie qu'en faisant sa déclaration à l'école de pharmacie et au commissaire de police, ou au maire qui l'aura inscrit.

POLICE, 2° PHARMACIENS.

40. Les pharmaciens qui voudront former un établissement dans les villes où il y aura une école autre que celle où ils auront obtenu leur diplôme seront tenus d'en informer l'administration de l'école à laquelle ils présenteront leur acte de réception, en même temps qu'ils le produiront aux autorités compétentes.

41. Au décès d'un pharmacien, la veuve pourra continuer de tenir son officine ouverte pendant un an, aux conditions de présenter un élève, âgé au moins de vingt-deux ans, à l'école, dans les villes où il en sera établi ; au jury de son département, s'il est rassemblé ; ou aux quatre pharmaciens agrégés au jury par le préfet, si c'est dans l'intervalle des sessions de ce jury.— L'école, ou le jury, ou les quatre pharmaciens agrégés, s'assureront de la moralité et de la capacité du sujet, et désigneront un pharmacien pour diriger et surveiller toutes les opérations de son officine. — L'année révolue, il ne sera plus permis à la veuve de tenir sa pharmacie ouverte.

Visite et inspection des pharmaciens.

42. Il sera fait, au moins une fois par an, conformément à la loi, des visites chez les pharmaciens, les droguistes et les épiciers. — A cet effet, le directeur de l'école de pharmacie s'entendra

avec celui de l'école de médecine, pour demander aux préfets des départements, et à Paris au préfet de police, d'indiquer le jour où les visites pourront être faites, et de désigner le commissaire qui devra y assister. — Il sera payé, pour les frais de ces visites, six francs par chaque pharmacien, et quatre francs par chaque épicier ou droguiste, conformément à l'article 16 des lettres-patentes du 10 février 1780.

Des herboristes.

43. Dans les départements où seront établies des écoles de pharmacie, l'examen des herboristes sera fait par le directeur, le professeur de botanique, et l'un des professeurs de médecine. — Cet examen aura pour objet la connaissance des plantes médicinales, les précautions nécessaires pour leur dessiccation et leur conservation. Les frais de cet examen, fixés à cinquante francs à Paris, et à trente francs dans les autres écoles, ainsi que dans les jurys, seront partagés également entre les examinateurs des écoles ou des jurys.

44. Dans les jurys, l'examen sera fait par l'un des docteurs en médecine ou en chirurgie et deux des pharmaciens adjoints au jury ; la rétribution sera la même pour chacun des examinateurs.

45. Il sera délivré à l'herboriste reçu dans les écoles un certificat d'examen, signé de trois examinateurs, lequel sera enregistré ainsi qu'il est prescrit par la loi. — Dans les jurys, ce certificat sera signé par tous les membres du jury.

46. Il sera fait annuellement des visites chez les herboristes, par le directeur et le professeur de botanique et l'un des professeurs de l'école de médecine, dans les formes voulues par l'article 29 de la loi. — Dans les communes où ne seront pas situées les écoles, ces visites seront faites conformément à l'article 31 de la loi.

(*Suivent les modèles de diplômes de pharmacien, et de certificats d'herboristes.*)

---

6 *nivôse an XI.* — Arrêté relatif aux baux à ferme des eaux minérales.

---

22 *fructidor an XII.* — Décret relatif au costume des professeurs des écoles de pharmacie.

29 *pluviôse an XIII.* — LOI interprétative de l'article 36 de celle du 21 germinal an XI sur la pharmacie.

Ceux qui contreviendront aux dispositions de l'article 36 de la loi du 21 germinal an XI, relatif à la police de la pharmacie, seront poursuivis par mesure de police correctionnelle, et punis d'une amende de vingt-cinq à six cents francs ; et en outre, en cas de récidive, d'une détention de trois jours au moins et de dix au plus.

---

25 *prairial an XIII.* — DÉCRET relatif à l'annonce et à la vente des remèdes secrets.

Art. 1er. La défense d'annoncer et vendre des remèdes secrets, portée par l'article 36 de la loi du 21 germinal an XI, ne concerne pas les préparations et remèdes qui, avant la publication de ladite loi, avaient été approuvés, et dont la distribution avait été permise dans les formes alors usitées ; elle ne concerne pas non plus les préparations et remèdes qui, d'après l'avis des écoles ou sociétés de médecine ou de médecins commis à cet effet depuis ladite loi, ont été ou seront approuvés, et dont la distribution a été ou sera permise par le gouvernement, quoique leur composition ne soit pas divulguée.

2. Les auteurs et propriétaires de ces remèdes peuvent les vendre par eux-mêmes.

3. Ils peuvent aussi les faire vendre et distribuer par un ou plusieurs préposés, dans les lieux où ils jugeront convenable d'en établir, à la charge de les faire agréer, à Paris par le préfet de police, et dans les autres villes par le préfet, sous-préfet, ou, à défaut, par le maire, qui pourront, en cas d'abus, retirer leur agrément.

---

18 *août* 1810. — DÉCRET concernant les remèdes secrets.

NAPOLÉON.... — Plusieurs inventeurs de remèdes spécifiques contre diverses maladies, ou de substances utiles à l'art de guérir, ont obtenu des permissions de les débiter, en gardant le secret de leurs compositions. — D'autres demandent encore, pour des cas pareils, de semblables autorisations. — D'après le compte que nous nous sommes fait rendre, nous avons reconnu que si ces remèdes sont utiles au soulagement des maladies, notre sollicitude constante pour le bien de nos sujets doit nous porter à en répandre la connaissance et l'emploi, en achetant des inventeurs la recette de leur composition; que c'est pour les possesseurs de tels secrets un devoir de se prêter à leur publication, et que leur empressement doit être d'autant plus grand qu'ils ont plus de confiance dans leur découverte. — En conséquence, voulant d'un côté propager les lumières et augmenter les moyens utiles à l'art de guérir, et de l'autre empêcher le charlatanisme d'imposer un tribut à la crédulité ou d'occasionner des accidents funestes, en débitant des drogues sans vertu ou des substances inconnues, et dont on peut, par ce motif, faire un emploi nuisible à la santé ou dangereux pour la vie de nos sujets ; — Notre conseil d'État entendu, nous avons décrété et décrétons ce qui suit :

TITRE Ier.

DES REMÈDES DONT LA VENTE A DÉJA ÉTÉ AUTORISÉE.

Art. 1er. Les permissions accordées aux inventeurs ou propriétaires de remèdes ou compositions dont ils ont seuls la recette, pour vendre et débiter ces remèdes, cesseront d'avoir leur effet à compter du 1er janvier prochain.

2. D'ici à cette époque, lesdits inventeurs ou propriétaires remettront, s'ils le jugent convenable, à notre ministre de l'intérieur, qui ne la communiquera qu'aux commissions dont il sera parlé ci-après, la recette de leurs remèdes ou compositions, avec une notice des maladies auxquelles on peut les appliquer, et des expériences qui en ont été déjà faites.

3. Notre ministre nommera une commission composée de cinq personnes, dont trois seront prises parmi les professeurs de nos écoles de médecine, à l'effet : 1° d'examiner la composition du remède et de reconnaître si son administration ne peut être dangereuse ou nuisible en certain cas ; 2° si ce remède est bon en soi, s'il a produit et produit encore des effets utiles à l'humanité ; 3° quel est le prix qu'il convient de payer, pour son secret, à l'inventeur du remède reconnu utile, en proportionnant ce prix : 1° au mérite de la découverte, 2° aux avantages qu'on en a obtenus ou qu'on peut en espérer pour le soulagement de l'humanité, 3° aux avantages personnels que l'inventeur en a retirés ou pourrait en attendre encore.

4. En cas de réclamation de la part des inventeurs, il sera nommé par notre ministre de l'intérieur une commission de révision, à l'effet de faire l'examen du travail de la première, d'entendre les parties et de donner un nouvel avis.

5. Notre ministre de l'intérieur nous fera, d'après le compte

qui lui sera rendu par chaque commission, et après avoir entendu les inventeurs, un rapport sur chacun de ces remèdes secrets, et prendra nos ordres sur la somme à accorder à chaque inventeur ou propriétaire.

6. Notre ministre de l'intérieur fera ensuite un traité avec les inventeurs. Le traité sera homologué en notre conseil d'Etat, et le secret publié sans délai.

TITRE II.

DES REMÈDES DONT LE DÉBIT N'A PAS ENCORE ÉTÉ AUTORISÉ.

7. Tout individu qui aura découvert un remède, et voudra qu'il en soit fait usage, en remettra la recette à notre ministre de l'intérieur, comme il est dit article 2. — Il sera ensuite procédé à son égard comme il est dit articles 3, 4 et 5.

TITRE III.

DISPOSITIONS GÉNÉRALES.

8. Nulle permission ne sera accordée désormais aux auteurs d'aucun remède simple ou composé dont ils voudraient tenir la composition secrète, sauf à procéder comme il est dit aux titres I et II.

9. Nos procureurs et nos officiers de police sont chargés de poursuivre les contrevenants par-devant nos cours et tribunaux, et de faire prononcer contre eux les peines portées par les lois et règlements.

---

26 *décembre* 1810. — DÉCRET qui proroge le délai fixé par l'article 1er du décret du 18 août dernier, relatif aux remèdes secrets.

---

8 *août* 1816. — ORDONNANCE du Roi sur la publication d'un nouveau Code pharmaceutique.

LOUIS... — Nous nous sommes fait rendre compte de l'exécution de l'art. 38 de la loi du 11 avril 1803 (21 germinal an XI), qui a prescrit la rédaction d'un nouveau *Codex* ou formulaire contenant les préparations médicales et pharmaceutiques, et nous avons vu avec satisfaction qu'une commission composée de professeurs de la faculté de médecine et de l'école de pharmacie de Paris venait de terminer ce travail, auquel elle s'est livrée avec le plus grand zèle pendant plusieurs années. — La dernière édition du *Codex* dont l'usage avait été ordonné par l'arrêt du Parlement de Paris du 23 juillet 1748 est épuisée depuis longtemps. Cet ouvrage d'ailleurs ne pouvait plus être au niveau des sciences chimiques, qui ont fait tant de progrès depuis un demi-siècle : aussi la publication d'un nouveau *Codex* était-elle généralement désirée. — Nous avons reconnu que la commission a mis à profit les connaissances acquises dans ces derniers temps sur la médecine, la chimie, la pharmacie et la matière médicale, et que son travail a, en outre, de nombreux avantages sur l'ancien par sa rédaction et par sa classification méthodique des objets qui y sont traités. — A ces causes, etc...

Art. 1er. Le nouveau formulaire pharmaceutique rédigé par les professeurs de l'école de médecine et de l'école de pharmacie de Paris, et intitulé *Codex medicamentarius*, seu *Pharmacopœa gallica*, sera imprimé et publié par les soins de notre ministre secrétaire d'État de l'intérieur.

2. Dans le délai de six mois à dater de la publication du nouveau *Codex* et du dépôt qui sera fait à la bibliothèque royale du nombre d'exemplaires prescrit par la loi, tout pharmacien tenant officine ouverte dans l'étendue de notre royaume, ou attaché à un établissement public quelconque, sera tenu de se pourvoir du nouveau *Codex* et de s'y conformer dans la préparation et confection des médicaments. — Les contrevenants seront soumis à une amende de cinq cents francs, conformément à l'arrêt du Parlement de Paris du 23 juillet 1748.

3. Tous les exemplaires du nouveau *Codex* seront estampillés : 1° du timbre de la faculté de médecine de Paris, 2° de la signature à la main du doyen de la faculté de médecine, 3° du chiffre de l'éditeur propriétaire. — Tout exemplaire qui ne portera pas ces caractères distinctifs sera réputé contrefait. — Enjoignons à nos procureurs généraux près les cours royales et à leurs substituts de poursuivre tout éditeur ou débitant d'exemplaires contrefaits dudit ouvrage, pour être punis conformément aux lois.

---

5 *juillet* 1820. — ORDONNANCE du Roi concernant les facultés de droit et de médecine (1).

---

20 *septembre* 1820. — ORDONNANCE du Roi qui considère comme

(1) V. sect. 1re, p. 594.

drogues médicinales des substances énoncées dans le tableau y-annexé, et assujettit les épiciers chez lesquels se trouvera quelqu'une de ces substances, au droit de visite, maintenu par la loi du 23 juillet 1820 (1).

Louis... — Sur le rapport de notre ministre secrétaire d'État de l'intérieur; — Vu le premier paragraphe de l'art. 17 de la loi du 23 juillet 1820, relative à la fixation du budget des recettes de 1820, lequel paragraphe est ainsi conçu : — « Continueront également d'être « perçus les droits établis par l'art. 16 des lettres-patentes du 10 fé- « vrier 1760 et par l'art. 42 de l'arrêté du gouvernement du 25 ther- « midor an XI, pour les frais de visites chez les pharmaciens, dro- « guistes et épiciers ; — Ne seront pas néanmoins soumis au paie- « ment du droit de visite les épiciers non droguistes chez lesquels il « ne serait pas trouvé de drogues appartenant à l'art de la pharma- « cie. » — Voulant prévenir les difficultés qui pourraient résulter de cette dernière disposition, si les substances qui doivent être réputées drogues n'étaient pas nominativement désignées ; — Notre conseil d'État entendu ; — Nous avons ordonné et ordonnons ce qui suit :

Les substances énoncées dans l'état annexé à la présente ordonnance seront considérées comme drogues, et les épiciers chez lesquels il se trouvera quelqu'une de ces substances seront assujettis au paiement du droit de visite maintenu par l'article 17 de la loi du 23 juillet 1820.

(*Voir le tableau, chapitre IX*, n° 452, p. 456.)

---

18 *juin* 1823. — ORDONNANCE du Roi portant règlement sur la police des eaux minérales (2).

Louis... — Informé que l'exécution des lois et règlements sur l'administration et la police des eaux minérales est négligée ; que leurs dispositions ne sont point assez connues, faute d'avoir été rappelées et mises ensemble ; qu'il n'en a point été fait une suffisante application aux eaux minérales artificielles ; — Vu la déclaration du 25 avril 1772, les arrêts du conseil des 1er avril 1774 et 5 mai 1781, ainsi que l'art. 11 de la loi du 24 août 1790 (3), et l'art. 484 du Code pénal, qui ont maintenu en vigueur ces anciens règlements ; — Vu les arrêtés du gouvernement des 18 mai 1799 (29 floréal an VII), 23 avril 1800 (3 floréal an VIII), 27 décembre 1802 (6 nivôse an XI), et la loi du 11 avril 1803 (21 germinal an XI) ; — Vu enfin, en ce qui concerne le traitement des inspecteurs, les lois de finances des 17 août 1822 et 10 mai 1823 ; — Considérant que les précautions générales à

(1) Loi de finances.

(2) Voir loi du 14 juillet 1856 et décret du 28 janvier 1860, ce dernier à la section 1re, page 658.

(3) Il faut lire : *Tit.* XI, *loi du* 16 *août* 1790.

prendre et les garanties à exiger dans l'intérêt de la santé publique, à l'égard des entreprises ayant pour but la fabrication ou le débit des médicaments quelconques, forment une des branches les plus importantes de la police administrative ; — Que l'expérience n'a cessé de démontrer la nécessité des règles particulières qui concernent les eaux minérales, et les inconvénients inséparables de toute négligence dans leur exécution ; — Que cette nécessité est surtout démontrée pour les eaux minérales artificielles, afin de prévenir non seulement les dangers de leur altération et de leur faux emploi, mais les dangers plus grands qui peuvent résulter de leur préparation ; — A ces causes, etc.

TITRE Ier.

DISPOSITIONS GÉNÉRALES.

Art. 1er. Toute entreprise ayant pour effet de livrer ou d'administrer au public des eaux minérales naturelles ou artificielles demeure soumise à une autorisation préalable et à l'inspection d'hommes de l'art, ainsi qu'il sera réglé ci-après. — Sont seuls exceptés de ces conditions les débits desdites eaux qui ont lieu dans des pharmacies.

2. Les autorisations exigées par l'article précédent continueront à être délivrées par notre ministre secrétaire d'État de l'intérieur, sur l'avis des autorités locales, accompagné, pour les eaux minérales naturelles, de leur analyse, et, pour les eaux minérales artificielles, des formules de leur préparation. Elles ne pourront être révoquées qu'en cas de résistance aux règles prescrites par la présente ordonnance, ou d'abus qui seraient de nature à compromettre la santé publique.

3. L'inspection ordonnée par le même article 1er continuera à être confiée à des docteurs en médecine ou en chirurgie ; la nomination en sera faite par notre ministre secrétaire d'État de l'intérieur, de manière qu'il n'y ait qu'un inspecteur par établissement et qu'un même inspecteur en inspecte plusieurs lorsque le service le permettra. — Il pourra néanmoins, là où ce sera jugé nécessaire, être nommé des inspecteurs adjoints, à l'effet de remplacer les inspecteurs titulaires en cas d'absence, de maladie ou de tout autre empêchement.

4. L'inspection a pour objet tout ce qui, dans chaque établissement, importe à la santé publique. — Les inspecteurs font, dans ce but, aux propriétaires, régisseurs ou fermiers, les propositions et observations qu'ils jugent nécessaires ; ils portent, au

besoin, leurs plaintes à l'autorité, et sont tenus de lui signaler les abus venus à leur connaissance.

5. Ils veillent particulièrement à la conservation des sources, à leur amélioration ; à ce que les eaux minérales artificielles soient toujours conformes aux formules approuvées, et à ce que les unes et les autres eaux ne soient ni falsifiées ni altérées. Lorsqu'ils s'aperçoivent qu'elles le sont, ils prennent ou requièrent les précautions nécessaires pour empêcher qu'elles ne puissent être livrées au public, et provoquent, s'il y a lieu, telles poursuites que de droit.

6. Ils surveillent, dans l'intérieur des établissements, la distribution des eaux, l'usage qui en est fait par les malades ; sans néanmoins pouvoir mettre obstacle à la liberté qu'ont ces derniers de suivre les prescriptions de leurs propres médecins ou chirurgiens, et même d'être accompagnés par eux, s'ils le demandent.

7. Les traitements des inspecteurs étant une charge des établissements inspectés, les propriétaires, régisseurs ou fermiers seront nécessairement entendus pour leur fixation, laquelle continuera à être faite par les préfets et confirmée par notre ministre secrétaire d'État de l'intérieur. — Il n'est point dû de traitement aux inspecteurs adjoints.

8. Partout où l'affluence du public l'exigera, les préfets, après avoir entendu les propriétaires et les inspecteurs, feront des règlements particuliers qui auront en vue l'ordre intérieur, la salubrité des eaux, leur libre usage, l'exclusion de toute préférence dans les heures à assigner aux malades pour les bains ou douches, et la protection particulière due à ces derniers dans tout établissement placé sous la surveillance spéciale de l'autorité. — Lorsque l'établissement appartiendra à l'Etat, à un département, une commune, ou une institution charitable, le règlement aura aussi en vue les autres branches de son administration.

9. Les règlements prescrits par l'article précédent seront transmis à notre ministre secrétaire d'État de l'intérieur, qui pourra y faire telles modifications qu'il jugera nécessaires. — Ils resteront affichés dans les établissements, et seront obligatoires pour les personnes qui les fréquenteront, comme pour les individus attachés à leur service. Les inspecteurs pourront requérir le renvoi de ceux de ces derniers qui refuseraient de s'y conformer.

10. Resteront pareillement affichés dans ces établissements, et dans tous les bureaux destinés à la vente d'eaux minérales, les tarifs ordonnés par l'article 10 de l'arrêté du gouvernement du 27 décembre 1802. — Lorsque ces tarifs concerneront des entre-

prises particulières, l'approbation des préfets ne pourra porter aucune modification dans les prix, et servira seulement à les constater.

11. Il ne sera, sous aucun prétexte, exigé ni perçu des prix supérieurs à ces tarifs. — Les inspecteurs ne pourront également rien exiger des malades dont ils ne dirigeront pas le traitement, ou auxquels ils ne donneront pas des soins particuliers. — Ils continueront à soigner gratuitement les indigents admis dans les hospices dépendant des établissements thermaux, et seront tenus de les visiter au moins une fois par jour.

12. Les divers inspecteurs rempliront et adresseront, chaque année, à notre ministre de l'intérieur, des tableaux dont il leur sera fourni des modèles; ils y joindront les observations qu'ils auront recueillies, et les mémoires qu'ils auront rédigés, sur la nature, la composition et l'efficacité des eaux, ainsi que sur le mode de leur application.

TITRE II.

DISPOSITIONS PARTICULIÈRES A LA FABRICATION DES EAUX MINÉRALES ARTIFICIELLES, AUX DÉPOTS ET A LA VENTE DE CES EAUX ET DES EAUX MINÉRALES NATURELLES.

13. Tous individus fabricant des eaux minérales artificielles ne pourront obtenir ou conserver l'autorisation exigée par l'article 1er qu'à la condition de se soumettre aux dispositions qui les concernent dans la présente ordonnance, de subvenir aux frais d'inspection, de justifier des connaissances nécessaires pour de telles entreprises, ou de présenter pour garant un pharmacien légalement reçu.

14. Ils ne pourront s'écarter, dans leurs préparations, des formules approuvées par notre ministre secrétaire d'État de l'intérieur, et dont copie restera dans les mains des inspecteurs chargés de veiller à ce qu'elles soient exactement suivies. — Ils auront néanmoins, pour des cas particuliers, la faculté d'exécuter des formules magistrales sur la prescription écrite et signée d'un docteur en médecine ou en chirurgie. — Ces prescriptions seront conservées pour être représentées à l'inspecteur, s'il le requiert.

15. Les autorisations nécessaires pour tous dépôts d'eaux minérales naturelles ou artificielles, ailleurs que dans les pharmacies ou dans les lieux où elles sont puisées ou fabriquées, ne seront pareillement accordées qu'à la condition expresse de se soumettre

aux présentes règles et de subvenir aux frais d'inspection. Il n'est néanmoins rien innové à la faculté que les précédents règlements donnent à tout particulier de faire venir des eaux minérales pour son usage et pour celui de sa famille.

16. Il ne peut être fait d'expédition d'eaux minérales naturelles hors de la commune où elles sont puisées, que sous la surveillance de l'inspecteur ; les envois doivent être accompagnés d'un certificat d'origine par lui délivré, constatant les quantités expédiées, la date de l'expédition, et la manière dont les vases ou bouteilles ont été scellés au moment même où l'eau a été puisée à la source. — Les expéditions d'eaux minérales artificielles seront pareillement surveillées par l'inspecteur et accompagnées d'un certificat d'origine délivré par lui.

17. Lors de l'arrivée desdites eaux aux lieux de leur destination, ailleurs que dans des pharmacies ou chez des particuliers, les vérifications nécessaires pour s'assurer que les précautions prescrites ont été observées, et qu'elles peuvent être livrées au public, seront faites par les inspecteurs. Les caisses ne seront ouvertes qu'en leur présence, et les débitants devront tenir registre des quantités reçues, ainsi que des ventes successives.

18. Là où il n'aura point été nommé d'inspecteur, tous établissements d'eaux minérales naturelles ou artificielles seront soumis aux visites ordonnées par les articles 29, 30 et 31 de la loi du 11 avril 1803 (21 germinal an XI).

TITRE III

DE L'ADMINISTRATION DES SOURCES MINÉRALES APPARTENANT A L'ÉTAT, AUX COMMUNES OU AUX ÉTABLISSEMENTS CHARITABLES.

19. Les établissements d'eaux minérales qui appartiennent à des départements, à des communes ou à des institutions charitables, seront gérés pour leur compte. Toutefois les produits ne seront point confondus avec les autres revenus, et continueront à être spécialement employés aux dépenses ordinaires et extraordinaires desdits établissements, sauf les excédents disponibles, après qu'il aura été satisfait à ces dépenses. — Les budgets et les comptes seront aussi présentés et arrêtés séparément, conformément aux règles prescrites pour ces trois ordres de service public.

20. Ceux qui appartiennent à l'État continueront à être administrés par les préfets, sous l'autorité de notre ministre secrétaire d'État de l'intérieur, qui en arrêtera les budgets et les comptes,

et fera imprimer, tous les ans, pour être distribué aux chambres, un tableau général et sommaire de leurs recettes et de leurs dépenses. Sera aussi imprimé à la suite dudit tableau, le compte sommaire des subventions portées au budget de l'État pour les établissements thermaux.

21. Les établissements objet du présent titre seront mis en ferme, à moins que, sur la demande des autorités locales et des administrations propriétaires, notre ministre de l'intérieur n'ait autorisé leur mise en régie.

22. Les cahiers des charges, dont feront nécessairement partie les tarifs exigés par l'article 10, devront être approuvés par les préfets après avoir entendu les inspecteurs. Les adjudications seront faites publiquement et aux enchères. — Les clauses des baux stipuleront toujours que la résiliation pourra être prononcée immédiatement par le conseil de préfecture, en cas de violation du cahier des charges.

23. Les membres des administrations propriétaires ou surveillantes, ni les inspecteurs, ne pourront se rendre adjudicataires desdites fermes, ni y être intéressés.

24. En cas de mise en régie, le régisseur sera nommé par le préfet. Si l'établissement appartient à une commune ou à une administration charitable, la nomination ne sera faite que sur présentation du maire ou de cette administration. — Seront nommés de la même manière les employés et servants attachés au service des eaux minérales, dans les établissements objet du présent titre. — Toutefois, ces dernières nominations ne pourront avoir lieu que de l'avis de l'inspecteur. — Si l'établissement appartient à plusieurs communes, les présentations seront faites par le maire de la commune où il sera situé. — Les mêmes formes seront observées pour la fixation du traitement des uns et des autres employés, ainsi que pour leur révocation.

25. Il sera procédé, pour les réparations, constructions, reconstructions et autres travaux, conformément aux règles prescrites pour la branche du service public à laquelle l'établissement appartiendra, et à nos ordonnances des 8 août, 31 octobre 1821 et 22 mai 1822. — Toutefois, ceux de ces travaux qui ne seront point demandés par l'inspecteur ne pourront être ordonnés qu'après avoir pris son avis.

---

27 *septembre* 1840. — ORDONNANCE du Roi sur l'organisation des écoles de pharmacie.

Rapport au Roi :

Sire, la loi du 11 avril 1803 (21 germinal an XI) a créé trois écoles spéciales de pharmacie, qui sont établies dans les mêmes villes que les trois facultés de médecine. Ces écoles ont le droit d'examiner et de recevoir, pour toute la France, les élèves qui se destinent à l'art pharmaceutique; elles sont, de plus, chargées d'en enseigner les principes et la théorie dans des cours publics, d'en surveiller l'exercice, d'en dénoncer les abus et d'en étendre les progrès. L'art. 4 de la loi du 11 avril 1803 porte que : « Il sera pourvu, par des règlements « d'administration publique, à l'organisation des écoles de pharma- « cie, à leur administration, à l'enseignement qui y sera donné, ainsi « qu'à la fixation de leurs dépenses, et au mode de leur comptabi- « lité ». En effet, un arrêté du gouvernement, en date du 13 août de la même année, règle tout ce qui est relatif à l'enseignement et à la police de la pharmacie. Mais cet arrêté, ainsi que la loi organique, contient beaucoup de lacunes et de défauts, qui ont excité, depuis longtemps, d'unanimes réclamations. J'ai pensé, Sire, qu'il était urgent d'appeler votre haute sollicitude sur des questions qui touchent non seulement au progrès de la science, mais à la santé publique. J'ai l'honneur de proposer, en conséquence, à V. M., une série de mesures qui ont pour but d'établir un ordre plus régulier dans l'organisation des écoles de pharmacie, de compléter l'enseignement dans chacune de ces écoles, d'entourer de nouvelles garanties l'instruction des élèves, et de rendre ainsi à une profession libérale la dignité qui lui appartient. La première disposition du projet d'ordonnance soumet les écoles de pharmacie au régime universitaire. Cette mesure, fondée sur les art. 1, 2 et 3 du décret du 17 mars 1808, et conforme d'ailleurs à ce qui a été fait déjà par l'ordonnance du 18 mai 1820 pour les écoles secondaires de médecine, a été proposée par les différentes commissions chargées de l'examen des questions médicales, et sollicitée par les écoles de pharmacie elles-mêmes. Partout où il y a des cours réguliers pour des élèves prenant des inscriptions et subissant des examens, les règles universitaires doivent être appliquées, un régime uniforme doit être établi, non seulement dans la direction des études, mais aussi dans l'administration et la comptabilité. Jusqu'à présent les recettes et les dépenses des écoles de pharmacie n'ont point été portées au budget de l'Etat. Le produit des inscriptions et des droits d'examen est versé dans la caisse de chaque école; et le budget des dépenses annuelles est arrêté par l'assemblée des professeurs sans aucun contrôle : car le règlement du 13 août 1803 soumet seulement à la vérification des préfets et à l'approbation du ministre les comptes du trésorier, après chaque exercice expiré. Cet état de choses est contraire à toutes les règles financières et administratives. Les écoles de pharmacie sont des établissements publics conférant des grades et percevant des droits comme les facultés, leurs dépenses ne doivent point échapper au contrôle des chambres, et elles doivent être vérifiées, comme toutes les dépenses publiques, par la Cour des comptes. Sur les observations des diverses commissions du budget, ce principe a été successivement appliqué aux administrations dont la comptabilité était restée en dehors de la comptabilité générale de l'Etat, même lorsque leurs dépenses étaient contrôlées par la Cour des comptes. L'exception ne saurait être maintenue pour les seules écoles de pharmacie. Il convient, d'une part, d'ajouter au budget de l'instruction publique les dépenses diverses de ces écoles; de l'autre, d'inscrire au budget de l'Etat le produit des droits qu'elles perçoivent. Cette opération ne sera point à charge au Trésor; car, depuis trente années, les recettes des écoles de pharmacie ont été constamment supérieures à leurs dépenses; et elles le seront encore, même après les développements que l'enseignement va recevoir. Tels sont les deux points fondamentaux que règle l'art. 1er du projet d'ordonnance. Les articles suivants sont la conséquence des mêmes principes.

Dès que l'Université entre en possession d'un établissement, ce doit être pour le fortifier et l'améliorer. Déjà de nouvelles chaires ont été créées dans l'école de pharmacie de Paris; ces améliorations doivent s'étendre aux deux autres écoles. Partout, à côté des cours de chimie, d'histoire naturelle, de matière médicale et de pharmacie, il y aura de nouveaux cours de physique, de toxicologie et de manipulations chimiques et pharmaceutiques. Ce dernier enseignement, établi depuis quelques années à Paris, sous le titre d'*école pratique*, est surtout indispensable pour donner de bonne heure aux élèves l'expérience des détails matériels dont leur art se compose. Dans l'école de Paris, où les élèves sont en plus grand nombre, il y aura cinq professeurs titulaires et trois professeurs adjoints; à Strasbourg et à Montpellier, trois professeurs titulaires et deux adjoints. La loi elle-même établit cette distinction de deux ordres de professeurs. Je propose en outre à V. M. d'attacher à chaque école des agrégés, qui seront seuls appelés à suppléer les professeurs, participeront aux examens, pourront ouvrir des cours complémentaires, jouiront, en un mot, de toutes les prérogatives attribuées aux agrégés des facultés par les ordonnances des mois de mars et avril derniers. Le bienfait de cette institution a été apprécié par les facultés; il ne le sera pas moins par les écoles de pharmacie, qui y verront une des plus heureuses conséquences du régime universitaire. L'arrêté du 13 août 1803 avait prescrit, à l'égard des professeurs de pharmacie, le même mode de nomination que pour les professeurs des autres écoles spéciales, qui devaient être choisis sur deux listes de présentations faites, l'une par l'école, l'autre par une des classes de l'Institut; mais déjà ce mode a été changé pour les professeurs de facultés. Il m'a semblé convenable, en laissant l'une des présentations aux écoles de pharmacie, de les rattacher à l'Université par un nouveau lien, et de demander aux facultés de médecine, qui ont avec elles des relations immédiates et nécessaires, la deuxième liste de présentations. Le grade de docteur ès sciences et trente ans d'âge seront exigés des professeurs titulaires; le grade de licencié et vingt-cinq ans d'âge, des professeurs adjoints. Les agrégés seront nommés au concours, et n'auront à justifier que du diplôme de bachelier ès sciences et du titre de pharmacien obtenu dans une école. Cette dernière condition sera d'ailleurs applicable aux professeurs comme aux agrégés. Le directeur sera choisi parmi les professeurs titulaires; et son titre, comme celui des doyens de faculté, sera renouvelé tous les cinq ans. Un des professeurs pourra aussi remplir les fonctions de secrétaire agent comptable. L'école nommera elle-même les préparateurs et les employés. Ces dispositions sont réglées par les art. 2 à 8 du projet d'ordonnance, et complètent le titre Ier relatif à l'organisation des écoles. V. M. reconnaîtra dans ces diverses mesures le caractère universitaire que j'ai voulu imprimer aux écoles de pharmacie.

Le titre II est relatif à l'enseignement. Les différents cours, qui ont été déjà indiqués dans ce rapport, seront répartis dans les trois années d'études prescrites par la loi. La première année sera spécialement consacrée aux sciences accessoires, qui servent de base à l'enseignement théorique; la deuxième année, à la pharmacie proprement dite et à ses développements; la troisième, à ses applications, aux manipulations chimiques et pharmaceutiques. Les cours seront annuels, et chaque professeur fera trois leçons par semaine d'une heure et demie chacune. Les élèves prendront leur inscription chaque année au mois de novembre. Aux termes de l'art. 25 de l'arrêté du 13 août 1803, tout aspirant au titre de pharmacien est tenu de justifier « de ses connaissances dans la langue latine ». Mais cette épreuve n'est rien moins que sérieuse, même dans les écoles, puisqu'elle se borne à la traduction de quelques lignes d'un Codex qui a cessé d'être légal depuis la publication du Codex français de 1837. Cependant, si l'on considère que le pharmacien doit connaître l'étymologie et la valeur des mots qui constituent le langage scientifique de sa profession, que la plupart des médicaments qu'il prépare ont des noms dérivés du grec et du latin; qu'il ne peut consulter une pharmacopée étrangère, traduire avec précision une ordonnance sans avoir une connaissance exacte de cette dernière langue; que le baccalauréat ès lettres comprend d'ailleurs les notions élémentaires de physique, de chimie et de mathématiques qui sont indispensables pour les études pharmaceutiques, on ne sera pas étonné que ce grade soit exigé désormais pour cette profession, comme pour les deux autres branches des études médicales. Les praticiens et les écoles sont unanimes sur ce point. A mesure que les moyens d'instruction sont plus répandus, plus faciles, plus complets, la sévérité des épreuves peut s'accroître; elle devient même un attrait pour l'ambition légitime du talent laborieux. Il est donc juste et libéral de demander le baccalauréat ès lettres aux pharmaciens, comme aux docteurs en médecine et en chirurgie. Mais quelque respectables que puissent être à cet égard les vœux des différentes commissions et des pharmaciens eux-mêmes, il ne m'a point paru nécessaire d'exiger le baccalauréat ès lettres pour l'inscription même dans les écoles de pharmacie, comme cela se pratique dans les facultés de médecine; il suffira que l'élève produise un diplôme pour être admissible aux examens qui terminent les études pharmaceutiques. Et comme, aux termes de la loi, les épreuves pour les réceptions doivent être les mêmes dans les écoles et devant les jurys médicaux, ceux-ci ne pourront également admettre aux examens que des candidats bacheliers ès lettres. Cette prescription est l'objet de l'art. 13 de l'ordonnance. Elle a le double avantage d'augmenter le nombre des étudiants dans les facultés des lettres, et de relever la profession de pharmacien par les conditions mêmes qu'elle impose. Mais cette mesure ne doit point avoir d'effet rétroactif à l'égard des jeunes gens déjà engagés dans la carrière; elle ne sera, en conséquence, obligatoire qu'à partir du 1er janvier 1844 : jusqu'à cette époque, les candidats devront subir du moins l'épreuve latine dans le premier examen, telle qu'elle est prescrite par l'arrêté de 1803.

Les art. 14 et 15 de l'ordonnance sont relatifs aux examens. La loi elle-même a déterminé l'ordre dans lequel ils devaient avoir lieu, à la fin du cours complet d'études. Ce système, s'il offre quelques inconvénients, présente aussi des avantages, en obligeant les élèves à justifier, au moment de leur réception, de l'ensemble de leurs connaissances acquises. L'art. 12 de la loi appelle aux examens deux professeurs des écoles de médecine, et laisse au gouvernement le soin de désigner les autres juges. Il suffit sans doute de rendre obligatoire à chaque épreuve la présence de deux professeurs, titulaires ou adjoints, et d'un agrégé. Le concours de ce dernier l'unit plus étroitement à l'école, lui confère un droit de présence qui devient une sorte de traitement, et emploie utilement le zèle et la sévérité naturels à la jeunesse. La loi a fixé à vingt-cinq ans l'âge d'admission aux examens. Ce terme a besoin souvent d'être rapproché; et un des principes des règlements universitaires est d'accorder, en conseil royal, des dispenses d'âge lorsqu'elles sont sollicitées pour des motifs légitimes. En admettant des élèves en pharmacie à jouir de ce bénéfice général de la législation universitaire, je me propose toutefois de n'accorder de semblables faveurs qu'aux élèves qui auront suivi les cours des écoles, et qui devront y subir leurs examens. L'art. 24 de l'ordonnance prescrit cette réserve, qui n'est pas sans importance pour l'avenir des écoles. Des prix annuels sont institués déjà dans les écoles de pharmacie par l'arrêté du 13 août 1803. V. M. voudra sans doute assurer aux élèves lauréats des immunités et des récompenses semblables à celles qui ont été accordées aux élèves des facultés par les ordonnances des 17 mars et 10 juin 1840.

J'arrive au titre III de l'ordonnance, qui traite de la comptabilité des écoles de pharmacie. Les art. 17, 18, 19 ne sont que l'application du principe posé par l'art. 1er de l'ordonnance qui fait rentrer au budget général de l'Etat les recettes et les dépenses desdites écoles. Je porterai, en conséquence, avec l'agrément de V. M., dans mes propositions de budget pour 1842, les sommes nécessaires pour acquitter les dépenses des écoles de pharmacie; de son côté, M. le ministre des finances inscrira en recette au budget du même exercice tous les produits actuellement perçus par ces écoles. Les rentes qu'elles possèdent continueront de leur appartenir, et seront déposées à la caisse des dépôts et consignations : les arrérages en seront versés au Trésor, comme pour les autres établissements universitaires. Le budget annuel de chaque école sera arrêté en conseil royal. Si ces dispositions, conformes à l'esprit général du gouvernement représentatif, obtiennent, comme je l'espère, la sanction des chambres, les caisses spéciales des écoles de pharmacie seront supprimées à la fin de l'année 1841; et à partir de la même époque, les traitements des fonctionnaires seront acquittés par le Trésor, d'après le tarif indiqué par l'art. 21 de l'ordonnance. En ce moment, les professeurs titulaires ne reçoivent qu'une indemnité fixe de 1,500 fr., et les professeurs adjoints, une indemnité fixe de 600 fr.; mais leurs droits de présence aux examens sont considérables et élèvent à Paris le total de leur traitement annuel à plus de 5,000 fr. En faisant rentrer les écoles de pharmacie sous le régime de l'Université, il était convenable de leur appliquer les règles universitaires, quant à la proportion des traitements fixes et éventuels. Les professeurs titulaires recevront, à partir de 1842, un traitement fixe de 4,000 fr. à Paris, et de 3,000 fr. en province; les professeurs adjoints, un traitement fixe de 2,400 fr. à Paris, et de 1,500 fr. dans les autres écoles. Le droit de présence aux examens sera de 10 fr., comme dans les facultés de médecine. Ces deux traitements fixes et éventuels équivaudront à peu près, à Paris, aux avantages dont jouissent actuellement les professeurs titulaires et adjoints; dans les départements, le nouveau tarif sera pour les professeurs une véritable amélioration qui contribuera à la prospérité des écoles mêmes. Le directeur recevra un préciput comme les doyens de faculté; et tous les fonctionnaires subiront sur leur traitement fixe les retenues déterminées par les règlements au profit de la caisse des retraites, auxquelles ils auront droit désormais comme les autres membres de l'Université, aux mêmes conditions.

L'ordonnance réduit de dix à huit le nombre des professeurs de l'école de Paris, et dispose que le directeur sera toujours choisi parmi les professeurs titulaires. Cette règle ne peut s'appliquer immédiatement; car il y a actuellement à Paris un directeur et un vice-directeur, qui, après un long et honorable professorat, se bornent aux soins de l'administration. Toutes les positions légitimement acquises doivent être respectées; et, en vertu d'une disposition transitoire, il sera porté temporairement au budget un crédit spécial pour le traitement des fonctionnaires et professeurs qui se trouvent en excédent du cadre de l'ordonnance.

Il me reste à indiquer quelques mesures relatives aux droits à acquitter par les élèves. La loi fixe un maximum de 36 fr. pour l'inscription annuelle *à chaque cours*. Le nombre des cours ayant été augmenté, le total des droits d'inscription pouvait s'accroitre en proportion ; et, en effet, à Paris, chaque élève inscrit paie annuellement une somme de 72 fr. Mais les frais de réception n'étant déjà que trop élevés dans les écoles de pharmacie, j'ai pensé qu'il n'était point nécessaire d'exiger une plus forte rétribution annuelle que celle de 36 fr.

Les frais d'examens, fixés à 900 fr. par la loi, seront répartis ainsi qu'il suit, en vertu de l'arrêté du 13 août 1803 : 1er examen, 200 fr.; 2e examen, 200 fr.; 3e examen, 500 fr. Les élèves ont en outre à payer, pour les dépenses des opérations, une somme qui ne peut excéder 300 fr., mais qui peut être moindre , et un droit de visa, qui est de 100 fr. à Paris, et de 50 fr. dans les départements. Total pour les frais d'études et de réception, 1,408 fr. Cette somme, beaucoup plus considérable que celle qui est exigée pour le doctorat en médecine, et qui, sauf le droit d'inscription, est acquittée en entier au moment de la réception, pourrait être répartie par portions égales entre les trois années scolaires. Les droits pour le doctorat en médecine ont été ainsi partagés dans le cours entier d'études; mais j'ai voulu attendre à cet égard les résultats de l'expérience, sous le nouveau mode de comptabilité. Les frais des opérations pour le dernier examen ont été fixés à Paris, par arrêté ministériel du 27 septembre 1827, au maximum indiqué par la loi, c'est-à-dire à 300 fr.; à Montpellier et à Strasbourg, où il n'y a pas encore d'école pratique, les élèves fournissent eux-mêmes les matières des opérations. Je propose à V. M. de décider qu'il sera payé pour cet objet 200 fr. seulement à Paris et 150 fr. dans les deux autres écoles qui vont avoir aussi des cours pratiques complètement organisés, et qui pourront dès lors mettre à la disposition des candidats tout le matériel nécessaire aux examens. La nouvelle organisation des écoles de pharmacie, en offrant aux élèves une instruction plus complète, et tous les avantages décernés au mérite laborieux dans les facultés, diminuera donc en même temps les sacrifices imposés aux familles.

Tel est l'ensemble des mesures que consacre la nouvelle ordonnance. Les pharmaciens m'ont adressé des réclamations sur d'autres points qui ne sont pas du ressort de l'enseignement, mais qui touchent à l'exercice même de la pharmacie. Ces points très difficiles à régler occupent toute mon attention. Peut-être solliciterai-je un jour de V. M. des dispositions nouvelles à cet égard. En attendant, il importait de soumettre d'abord à une organisation régulière l'admission à la profession de pharmacien et les études des écoles. C'est ce que fait la présente ordonnance. Elle répond à des vœux légitimes; elle satisfera aux premiers besoins, et ouvrira la route aux mesures ultérieures qui doivent compléter cette première réforme. (Cousin.)

LOUIS-PHILIPPE, etc...; — Sur le rapport de notre ministre de l'instruction publique; — Vu la loi du 11 avril 1803 (21 germ. an XI) sur les écoles de pharmacie, spécialement l'art. 4 de ladite loi ainsi conçu : « Il sera pourvu par des règlements d'administration publique à « l'organisation des écoles de pharmacie, à leur administration, à « l'enseignement qui y sera donné, ainsi qu'à la fixation de leurs « dépenses et au mode de leur comptabilité »; — Vu l'arrêté du gouvernement en date du 13 août 1803 (25 thermid. an XI); — Vu les art. 1, 2 et 3 du décret du 17 mars 1808; — Vu les rapports des diverses commissions qui ont été chargées de l'examen des questions relatives à l'enseignement et à l'exercice de la médecine et de la pharmacie; — Vu les mémoires présentés par les pharmaciens de la ville de Paris :

TITRE I.

ORGANISATION DES ÉCOLES.

Art. 1er. Les écoles de pharmacie établies par la loi du 11 avril 1803 feront, à l'avenir, partie de l'Université, et seront soumises au régime du corps enseignant.

Leurs recettes et leurs dépenses seront portées au budget général de l'Etat.

2. L'école de pharmacie de Paris sera composée de cinq professeurs titulaires et de trois professeurs adjoints.

Les autres écoles auront trois professeurs titulaires et deux professeurs adjoints.

3. Il y aura de plus, dans chaque école, des agrégés nommés pour cinq ans, lesquels remplaceront les professeurs en cas d'empêchement, participeront aux examens et pourront être autorisés à ouvrir des cours complémentaires, conformément à ce qui a été établi pour les diverses facultés par nos ordonnances des 22, 24 et 28 mars et 10 avril 1840.

Il y aura, pour l'école de Paris, cinq agrégés ; trois pour les écoles de Montpellier et de Strasbourg.

4. Les professeurs titulaires et adjoints seront nommés par notre ministre de l'instruction publique, d'après une double liste de présentations faites, l'une par l'école de pharmacie, l'autre par la faculté de médecine établie dans la même ville.

Chaque liste de présentation contiendra les noms de deux candidats.

Les mêmes candidats pourront être présentés par l'école de pharmacie et par la faculté de médecine.

5. Nul ne pourra être nommé professeur titulaire s'il n'est docteur ès sciences physiques et âgé de trente ans.

Les professeurs adjoints devront être licenciés ès sciences physiques et âgés de vingt-cinq ans.

Les uns et les autres devront avoir été reçus pharmaciens dans une école de pharmacie.

6. Les agrégés seront nommés au concours, d'après un règlement qui sera ultérieurement arrêté en conseil royal de l'instruction publique.

Il suffira, pour être admis au concours, de produire le diplôme de pharmacien, ainsi que le diplôme de bachelier ès sciences physiques.

7. Le directeur de l'école sera choisi par notre ministre de l'instruction publique parmi les professeurs titulaires.

Il conservera ses fonctions pendant cinq années, et pourra être nommé de nouveau.

8. Il y aura, dans chaque école, un secrétaire agent comptable, qui pourra être choisi par notre ministre de l'instruction publique parmi les professeurs titulaires ou adjoints.

Il y aura de plus un ou plusieurs préparateurs, qui devront justifier du grade de bachelier ès sciences physiques. Les préparateurs seront nommés par le directeur, d'après l'avis des professeurs.

Le directeur nommera les employés et gens de service.

TITRE II.

ENSEIGNEMENT.

9. On enseignera dans chaque école : *Première année*, la physique et la chimie, l'histoire naturelle médicale. *Deuxième année*, l'histoire naturelle médicale, la matière médicale, la pharmacie proprement dite. *Troisième année*, la toxicologie ; et, sous le titre d'*école pratique*, les manipulations chimiques et pharmaceutiques.

10. Un arrêté spécial déterminera pour chaque école la répartition des différents cours entre les professeurs titulaires et les professeurs adjoints.

11. Les cours s'ouvriront, chaque année,au mois de novembre, et seront terminés à la fin du mois de juillet.

Chaque professeur titulaire ou adjoint, qui sera nommé à l'avenir, devra faire son cours pendant toute la durée de l'année scolaire.

12. Le registre des inscriptions pour les élèves sera ouvert, chaque année, dans les quinze premiers jours du mois de novembre.

13. Pour satisfaire à la condition prescrite par l'article 25 de l'arrêté du 13 août 1803, nul candidat ne sera admis aux examens pour le titre de pharmacien s'il ne justifie du grade de bachelier ès lettres.

Conformément à l'article 15 de la loi du 11 avril 1803, qui prescrit les mêmes épreuves pour les réceptions dans les écoles et dans les jurys, le présent article sera obligatoire à l'égard des aspirants qui postuleront le titre de pharmacien devant les jurys médicaux.

14. Nulle dispense d'âge pour l'admission aux examens ne pourra plus être accordée qu'aux candidats qui se présenteraient aux épreuves devant une des écoles de pharmacie.

15. Indépendamment des deux professeurs en médecine, qui, aux termes de l'article 12 de la loi du 11 avril 1803, sont appelés auxdits examens, trois membres de l'école de pharmacie devront y prendre part, savoir : deux professeurs titulaires ou adjoints et un agrégé.

16. Les élèves des écoles de pharmacie qui auront mérité des prix dans les concours institués par l'arrêté du 13 août 1803 obtiendront des remises de frais, conformément aux dispositions de nos ordonnances des 17 mars et 10 juin 1840.

Le montant desdites remises sera fixé, pour chaque prix, par un règlement universitaire.

Les noms des élèves lauréats seront proclamés dans la séance annuelle de rentrée.

TITRE III.

COMPTABILITÉ.

17. A partir du 1er janvier 1842, les sommes nécessaires, soit pour acquitter les traitements fixes et éventuels des professeurs, soit pour les dépenses du matériel et l'entretien des collections, seront portées au budget de l'instruction publique.

18. Tous les produits actuellement perçus par les écoles de pharmacie, en vertu de la loi du 11 avril 1803, seront perçus pour le compte du Trésor : on se conformera, à cet égard, aux règles prescrites pour les produits des facultés.

19. Les rentes inscrites au nom des écoles de pharmacie seront déposées à la caisse des dépôts et consignations ; les arrérages en seront versés au Trésor comme les arrérages des rentes qui appartiennent à l'Université.

20. Le budget annuel de chaque école sera arrêté en conseil royal de l'instruction publique.

21. Les professeurs titulaires recevront, à Paris, un traitement fixe annuel de 4,000 francs ; dans les départements, un traitement fixe annuel de 3,000 francs.

Le traitement des professeurs adjoints est fixé à 2,400 francs à Paris, et à 1,500 francs dans les départements.

Le professeur-directeur recevra en outre, à titre de préciput, une indemnité annuelle de 1,500 francs, à Paris, et 1,000 francs dans les autres écoles.

Le secrétaire agent-comptable recevra, à Paris, un traitement de 3,000 francs, et dans les autres écoles, un traitement de 1,500 francs.

Le traitement annuel des préparateurs sera de 1,200 francs.

22. Les professeurs titulaires et adjoints des écoles de pharmacie et le secrétaire agent-comptable subiront, sur leur traitement

fixe, les retenues déterminées par les règlements au profit de la caisse des retraites, auxquelles ils auront droit désormais comme les autres membres de l'Université et aux mêmes conditions.

23. Les droits de présence aux examens seront de 10 francs pour chacun des fonctionnaires appelés à y prendre part ; les mêmes droits seront alloués aux professeurs chargés de l'examen des herboristes.

24. Le prix de l'inscription annuelle à acquitter par chaque élève est fixé à 36 francs dans les trois écoles.

La répartition des frais d'examen reste fixée ainsi qu'il est prescrit par l'arrêté du 13 août 1803, savoir : 1er examen, 200 francs ; 2e examen, 200 francs ; 3e examen, 500 francs.

Les frais des opérations et des démonstrations qui doivent avoir lieu dans le dernier examen et qui, d'après l'article 17 de la loi du 11 avril 1803, sont à la charge des aspirants, sont fixés à 200 francs pour Paris, et à 150 francs dans les autres écoles.

TITRE IV.

DISPOSITIONS TRANSITOIRES.

25. La condition du diplôme de bachelier ès lettres prescrite par l'article 13 de la présente ordonnance pour l'admissibilité aux examens de pharmacie ne sera obligatoire qu'à partir du 1er janvier 1844.

26. Les traitements des professeurs titulaires ou adjoints continueront à leur être payés d'après le taux et le mode actuellement en usage, jusqu'à l'époque où un crédit spécial aura été porté pour cette dépense au budget de l'instruction publique.

27. Les écoles de pharmacie continueront également de percevoir pour leur propre compte les droits fixés par la loi du 11 avril 1803, jusqu'à l'époque où ces différents droits auront été portés en recette au budget de l'Etat.

28. La situation de la caisse de chaque école de pharmacie sera arrêtée le 31 décembre 1841 par le directeur, qui dressera procès-verbal de cette opération. Une ampliation en sera adressée au ministre.

Les dépenses de 1841 qui n'auraient pas été acquittées le 31 décembre devront être liquidées et soldées avant le premier avril 1842 ; elles seront payées sur les fonds trouvés en caisse le 31 décembre, et d'après les règles actuellement en vigueur ; les paiements seront inscrits sur un registre particulier.

Le premier avril 1842, le directeur arrêtera le registre constatant qu'il ne reste plus aucune somme à payer pour les dépenses de 1841. Le procès-verbal relatera la somme qui était en caisse le 31 décembre précédent, le montant des paiements effectués sur ce fonds et la somme restant sans emploi. Cette somme sera versée, le jour même, dans la caisse du Trésor, et portée en recette au budget de l'Etat. Ampliations du procès-verbal et du récépissé de versement seront transmises au ministre.

29. Les titulaires des emplois qui se trouvent en excédent du nombre fixé par l'article 3 de la présente ordonnance continueront à remplir leurs fonctions; ils recevront un traitement fixe équivalant aux avantages qui leur sont assurés par les règlements actuels, et dont le montant sera porté temporairement au budget.

A mesure des extinctions, il ne sera plus fait de nomination auxdits emplois.

30. Continueront d'être observées les prescriptions de l'arrêté du gouvernement du 13 août 1803 non contraires à la présente ordonnance.

31. Notre ministre de l'instruction publique est chargé, etc...

---

13 *octobre* 1840.— ORDONNANCE du Roi concernant les écoles secondaires de médecine (et de pharmacie) (1).

---

5 *février* 1841. — RÈGLEMENT relatif aux écoles de pharmacie.

---

12 *mars* 1841. — ORDONNANCE du Roi concernant les écoles préparatoires de médecine et de pharmacie (2).

---

18 *avril* 1841. — ORDONNANCE du Roi qui détermine la circonscription de chacune des facultés de médecine, en ce qui concerne l'exercice de leur droit de présentation aux chaires va-

(1) Voir sect. 1re.
(2) Idem.

cantes dans les écoles préparatoires de médecine et de pharmacie (1).

---

18 *avril* 1841. — ORDONNANCE du Roi qui fixe les retenues à exercer, pour le fonds de retraite, sur les traitements des professeurs des écoles préparatoires de médecine et de pharmacie (2).

---

13 *mars* 1842. — ORDONNANCE du Roi relative à la fixation du prix des inscriptions à acquitter par les élèves en pharmacie pour être admis à suivre les cours des écoles préparatoires de médecine et de pharmacie.

LOUIS-PHILIPPE, etc... ; — Sur le rapport de notre ministre de l'instruction publique, grand maître de l'Université; — Vu nos ordonnances des 13 octobre 1840, 12 mars et 18 avril 1841, relatives aux écoles préparatoires de médecine et de pharmacie; — Vu la délibération du conseil royal de l'instruction publique, en date du 4 mars 1842 :

Art. 1er. A l'avenir, dans les villes où est établie une école préparatoire de médecine et de pharmacie, le prix des inscriptions à acquitter par les élèves en pharmacie, pour être admis à suivre les cours de ladite école, sera déterminé, chaque année, par délibération du conseil municipal, sous l'approbation de notre ministre de l'instruction publique.

2. Le prix de chaque inscription ne pourra excéder le taux de trente-cinq francs, précédemment déterminé.

Notre ministre de l'instruction publique est chargé, etc.

---

19 *juillet* 1845. — LOI sur la vente des substances vénéneuses.

Art. 1er. Les contraventions aux ordonnances royales portant règlement d'administration publique sur la vente, l'achat et l'emploi des substances vénéneuses seront punies d'une amende de cent francs à trois mille francs, et d'un emprisonnement de six jours à deux mois, sauf application, s'il y a lieu, de l'article 463 du Code pénal (concernant les circonstances atténuantes).

Dans tous les cas, les tribunaux pourront prononcer la confiscation des substances saisies en contravention.

(1) V. sect. 1re.
(2) Idem.

2. Les articles 34 et 35 de la loi du 21 germinal an XI seront abrogés à partir de la promulgation de l'ordonnance qui aura statué sur la vente des substances vénéneuses.

---

29 *octobre* 1846. — ORDONNANCE portant règlement sur la vente des substances vénéneuses.

RAPPORT au Roi. — Sire, — La législation actuelle sur la vente et l'emploi des substances vénéneuses se réduisait, avant la loi du 19 juillet 1845, aux art. 34 et 35 de la loi du 21 germinal an XI. — L'art. 34 statue que les substances vénéneuses seront tenues sous clef dans les officines des pharmaciens et *dans les boutiques des épiciers ;* qu'elles ne pourront être vendues qu'à des personnes connues et domiciliées qui pourront en avoir besoin *pour leur profession ou pour cause connue*, à peine de 3,000 fr. d'amende. — L'art. 35 prescrit, en outre, aux pharmaciens et épiciers, la tenue d'un registre coté et paraphé pour l'inscription des ventes de substances vénéneuses.

Ces dispositions, empruntées en partie à l'édit de juillet 1680, ont été, dès les premiers moments, frappées d'une déplorable impuissance : l'absence de toute nomenclature légale des substances vénéneuses, la faculté accordée à tout le monde de vendre librement ces substances, leur emploi journalier pour le chaulage des grains, pour la destruction des insectes et des animaux nuisibles, pour le traitement des animaux domestiques, etc., enfin l'élévation de la peine unique prononcée par la loi de germinal an XI, ont été autant de causes du relâchement qui s'est introduit dans le régime applicable à la vente des poisons. De là peut-être une partie des crimes qui, dans ces dernières années surtout, ont affligé la société.

La loi du 19 juillet 1845 a été rendue pour faire cesser un état de choses si funeste à la sécurité publique. Elle abroge les dispositions législatives de l'an XI, qui mettaient obstacle à l'action du gouvernement dans une matière qui, par sa nature, appartient essentiellement à son domaine, et elle arme d'une sanction pénale plus efficace les ordonnances royales qui seront publiées pour régler le commerce et l'emploi des substances vénéneuses.

Le premier usage à faire de cette loi était difficile; un certain nombre de substances réputées vénéneuses sont nécessaires pour l'exploitation de plusieurs industries, et elles ne peuvent y être remplacées par des substances différentes; d'autres sont d'une production si facile ou si peu coûteuse que l'usage s'en est répandu même dans l'économie domestique. Etait-il convenable, était-il possible de proscrire d'une manière absolue la vente de ces substances?

J'ai chargé une commission spéciale, composée des hommes les plus compétents, d'examiner cette question importante. Frappée, comme le gouvernement, des motifs de haute moralité qui pouvaient faire désirer la prohibition absolue de certaines matières, elle s'est livrée à une enquête attentive; elle s'est entourée des lumières de tous les hommes spéciaux; elle a réclamé et obtenu les avis de la faculté demédecine, de l'école de pharmacie et de l'école vétérinaire d'Alfort. De ce travail, il est résulté pour elle et pour moi-même la conviction qu'une prohibition absolue était impossible, que seulement l'emploi de l'arsenic (acide arsénieux) pouvait être interdit ou restreint dans plusieurs usages,et que des précautions spéciales pouvaient être ordonnées pour l'achat, la vente et l'emploi d'un certain nombre de substances toxiques, dont la nomenclature devait être jointe à l'ordonnance à intervenir.

La loi du 21 germinal an XI, comme l'édit de 1680, ne désignait en effet nominativement, comme substances vénéneuses, que l'arsenic, le réalgar et le sublimé corrosif; j'ai chargé successivement le conseil de salubrité du département de la Seine, l'école de pharmacie et le comité consultatif des arts et manufactures attaché à mon département, de dresser la liste des substances à soumettre au régime de l'ordonnance. Ce travail, long et difficile, a été fait avec le plus grand soin; chaque article a dû être l'objet d'une étude spéciale pour en connaître l'emploi médical, pharmaceutique ou industriel. Un grand nombre dont on ne se sert que pour la médecine des hommes ou des animaux ont été rangés sans hésitation dans cette nomenclature; d'autres ont été laissés en dehors pour ne pas créer au travail national des entraves que ne commandait pas une nécessité absolue. L'expérience fera connaître quelles modifications ultérieures il sera nécessaire d'apporter à cette liste, et sa forme même permettra de les réaliser facilement.

Quant aux dispositions du projet d'ordonnance que j'ai l'honneur de soumettre à l'approbation de V. M., et qui seront destinées à remplacer les art. 34 et 35 de la loi du 21 germin. an XI, elles ont été l'objet d'une discussion approfondie au sein du conseil d'État; mais je dois rendre particulièrement compte à V. M. des motifs qui ont dicté les prohibitions que renferme cette ordonnance.

Dans quelques départements on a, depuis longtemps, l'usage de préparer le blé de semence au moyen de l'acide arsénieux, dans l'espoir de détruire les séminules de quelques végétaux microscopiques qui, se développant plus tard, produisent la carie, la rouille ou le charbon, ou bien d'empoisonner certains animalcules, tels que le vibrion du blé, qui, se rencontrant dans la semence, peuvent se propager par la tige et, par suite, pénétrer dans l'épi et détruire une partie de la récolte.

Tous les renseignements recueillis, tant par mon département que par la commission dont j'ai mentionné plus haut l'excellent travail, s'accordent à établir, d'une part, que l'emploi de l'acide arsénieux pour le chaulage du blé est une des applications de cette substance qui la font parvenir le plus fréquemment en des mains criminelles; d'autre part, que si l'acide arsénieux réussit à détruire les insectes qui attaquent le blé de semence ou les animalcules qu'il recèle, il est à peu près démontré que son emploi pour la destruction des végétaux microscopiques reste sans efficacité; enfin que des procédés nombreux parfaitement connus et souvent éprouvés, tels que l'emploi du sulfate de cuivre, celui de la chaux, mêlée de sulfate de soude, offrent à la fois l'avantage de mettre entre les mains de l'agriculture des moyens de détruire les végétaux et animaux microscopiques que renferme le blé de semence, et d'en favoriser souvent la germination et la végétation, sans exposer la société à aucun péril.

Ces considérations m'ont déterminé à proposer à V. M. de proscrire d'une manière absolue l'emploi de l'arsenic pour le chaulage des grains.

La destruction des insectes et des animaux nuisibles s'opère généralement aussi au moyen de préparations arsénicales ; j'ai fait rechercher la possibilité d'y substituer d'autres matières, et déjà il a été constaté qu'en Suisse le *quassia amara* a remplacé avec un plein succès le *cobalt* ou arsenic métallique pour la destruction des mouches. Malheureusement nous ne sommes pas encore arrivés au même résultat pour la destruction des animaux nuisibles, tels que les rats, mulots, etc., dont la multiplication porte souvent la désolation dans les exploitations rurales. Mais en tolérant provisoirement pour cet usage la continuation de l'emploi de l'arsenic, j'ai pensé, avec la commission, qu'il était possible, sinon de faire disparaître entièrement les dangers de cette tolérance, au moins de les atténuer sensiblement en substituant à l'acide arsénieux, qui est aujourd'hui délivré en nature, une préparation arsénicale composée de manière non seulement à rendre toute méprise impossible, mais encore à prévenir, par sa consistance, son odeur, sa saveur et sa couleur, toute tentative de crime. L'Ecole royale de pharmacie est chargée de composer cette préparation jusqu'à ce qu'il ait été possible de la remplacer par une autre matière. La formule de cette préparation, qui ne pourra être vendue que par les pharmaciens, sera inscrite au Codex.

Des considérations analogues s'appliquent à l'arsenic pour le traitement des animaux domestiques. Cette matière entre, avec un incontestable succès, dans le traitement des maladies cutanées des chevaux, des moutons, etc. Les études que j'ai ordonnées permettront, je l'espère, de trouver prochainement les moyens de la remplacer avec la même efficacité par une autre substance; mais jusque-là il était nécessaire d'en tolérer la vente. L'ordonnance soumise à V. M. subordonne cette vente à des précautions semblables à celles qui sont prescrites pour la destruction des animaux nuisibles. Le concours éclairé du conseil des professeurs de l'école d'Alfort me permet de compter que le but sera atteint avec toute garantie pour la sûreté publique.

Les autres dispositions, Sire, s'expliquent et se justifient d'elles-mêmes. J'espère que l'ensemble du projet obtiendra l'assentiment de V. M. Elaboré avec soin, il concilie autant que possible la liberté due aux travaux de la science et de l'industrie avec les intérêts sacrés de l'humanité et de la morale publique, et j'ai la conviction que, aidé de l'action ferme et vigilante de la justice, il tendra à donner à la société des gages de sécurité pour l'avenir.

TITRE Ier.

DU COMMERCE DES SUBSTANCES VÉNÉNEUSES.

Art. 1er. Quiconque voudra faire le commerce d'une ou de plusieurs des substances comprises dans le tableau annexé à la présente ordonnance sera tenu d'en faire préalablement la déclaration devant le maire de la commune, en indiquant le lieu où est situé son établissement.

Les chimistes, fabricants ou manufacturiers, employant une ou plusieurs desdites substances, seront également tenus d'en faire la déclaration dans la même forme.

Ladite déclaration sera inscrite sur un registre à ce destiné, et dont un extrait sera remis au déclarant : elle devra être renouvelée, dans le cas de déplacement de l'établissement.

2. Les substances auxquelles s'applique la présente ordonnance ne pourront être vendues ou livrées qu'aux commerçants, chimistes, fabricants ou manufacturiers qui auront fait la déclaration prescrite par l'article précédent, ou aux pharmaciens.

Lesdites substances ne devront être livrées que sur la demande écrite et signée de l'acheteur.

3. Tous achats ou ventes des substances vénéneuses seront inscrits sur un registre spécial coté et paraphé par le maire ou par le commissaire de police.

Les inscriptions seront faites de suite, et sans aucun blanc, au moment même de l'achat ou de la vente ; elles indiqueront l'espèce et la quantité de substances achetées ou vendues, ainsi que les noms, profession et domicile des vendeurs ou des acheteurs.

4. Les fabricants et manufacturiers employant des substances vénéneuses en surveilleront l'emploi dans leur établissement et constateront cet emploi sur un registre établi conformément au premier paragraphe de l'article 3.

TITRE II.

DE LA VENTE DES SUBSTANCES VÉNÉNEUSES PAR LES PHARMACIENS.

5. La vente des substances vénéneuses ne peut être faite, pour l'usage de la médecine, que par les pharmaciens, et sur les prescriptions d'un médecin, chirurgien, officier de santé, ou d'un vétérinaire breveté.

Cette prescription doit être signée, datée, et énoncer en toutes lettres la dose desdites substances, ainsi que le mode d'administration du médicament.

6. Les pharmaciens transcriront lesdites prescriptions, avec les indications qui précèdent, sur un registre établi dans la forme déterminée par le paragraphe 1er de l'article 3.

Ces transcriptions devront être faites de suite et sans aucun blanc.

Les pharmaciens ne rendront les prescriptions que revêtues de leur cachet, et après y avoir indiqué le jour où les substances auront été livrées, ainsi que le numéro d'ordre de la transcription sur le registre.

Ledit registre sera conservé pendant vingt ans au moins (1), et devra être représenté à toute requisition de l'autorité.

7. Avant de délivrer la préparation médicale, le pharmacien y apposera une étiquette indiquant son nom et son domicile, et rappelant la destination interne ou externe du médicament.

8. L'arsenic et ses composés ne pourront être vendus, pour d'autres usages que la médecine, que combinés avec d'autres substances.

Les formules de ces préparations seront arrêtées, sous l'approbation de notre ministre secrétaire d'État de l'agriculture et du commerce, savoir :

Pour le traitement des animaux domestiques, par le conseil des professeurs de l'Ecole royale vétérinaire d'Alfort ;

Pour la destruction des animaux nuisibles, et pour la conservation des peaux et objets d'histoire naturelle, par l'Ecole de pharmacie.

9. Les préparations mentionnées dans l'article précédent ne pourront être vendues ou délivrées que par les pharmaciens, et seulement à des personnes connues et domiciliées.

Les quantités livrées, ainsi que le nom et le domicile des acheteurs, seront inscrits sur le registre spécial dont la tenue est prescrite par l'article 6.

10. La vente et l'emploi de l'arsenic et de ses composés sont interdits pour le chaulage des grains, l'embaumement des corps et la destruction des insectes.

(1) A partir du jour où il aura été clos, temps pendant lequel des poursuites criminelles peuvent être exercées, les crimes se prescrivant par 20 ans.

TITRE III.

DISPOSITIONS GÉNÉRALES.

11. Les substances vénéneuses doivent toujours être tenues par les commerçants, fabricants, manufacturiers et pharmaciens, dans un endroit sûr et fermé à clef.

12. L'expédition, l'emballage, le transport, l'emmagasinage et l'emploi doivent être effectués par les expéditeurs, voituriers, commerçants et manufacturiers, avec les précautions nécessaires pour prévenir tout accident.

Les fûts, récipients ou enveloppes ayant servi directement à contenir les substances vénéneuses ne pourront recevoir aucune autre destination.

13. A Paris, et dans l'étendue du ressort de la préfecture de police, les déclarations prescrites par l'article 1er seront faites devant le préfet de police.

14. Indépendamment des visites qui doivent être faites en vertu de la loi du 21 germinal an XI, les maires ou commissaires de police, assistés, s'il y a lieu, d'un docteur en médecine désigné par le préfet, s'assureront de l'exécution des dispositions de la présente ordonnance.

Ils visiteront, à cet effet, les officines des pharmaciens, les boutiques et magasins des commerçants et manufacturiers vendant ou employant lesdites substances. Ils se feront représenter les registres mentionnés dans les articles 1er, 3, 4 et 6, et constateront les contraventions.

Leurs procès-verbaux seront transmis au procureur du Roi, pour l'application des peines prononcées par l'article 1er de la loi du 19 juillet 1845.

Tableau des substances vénéneuses.

Acétate de mercure.
Acétate de morphine.
Acétate de zinc.
Arsenic (acide arsénieux), composés et préparations qui en dérivent.
Acide cyanhydrique.
Aconit et ses composés.
Alcool sulfurique (eau de Rabel).
Anémone pulsatile et ses préparations.
Augusture fausse et ses préparations.
Atropine.
Belladone et ses préparations.
Brucine et ses préparations.
Bryone et ses préparations.
Cantharides et leurs préparations.
Carbonate de cuivre et d'ammoniaque.
Cévadille et ses préparations.
Chlorure d'antimoine.
Chlorure de morphine.
Chlorure ammoniaco-mercuriel.
Chlorure de mercure.
Ciguës et leurs préparations.
Codéine et ses préparations.
Coloquinte et ses préparations.
Conicine et ses préparations.
Coque du Levant et ses préparations.
Colchique et ses préparations.
Cyanure de mercure.

Daturine.
Digitale et ses préparations.
Elaterium et ses préparations.
Ellébore blanc et noir et leurs préparations.
Emétine.
Emétique (Tartrate de potasse et d'antimoine).
Epurge et ses préparations.
Euphorbe et ses préparations.
Fèves Saint-Ignace et préparations qui en dérivent.
Huile de cantharides.
Huile de ciguë
Huile de croton tiglium.
Huile d'épurge.
Iodure d'ammoniaque.
Iodure d'arsénic.
Iodure de potassium.
Iodure de mercure.
Kermès minéral.
Laurier-cerise et ses préparations.
Laudanum, composés et mélanges.
Liqueur arsénicale de Pearson.
Liqueur arsénicale de Fauler.
Morphine et ses composés.
Narcéine.
Narcisse des prés.
Narcotine.
Nicotianine.
Nicotine.
Nitrate ammoniaco-mercuriel.
Nitrate de mercure.
Opium.
Oxyde de mercure.
Picrotoxine.
Pignon d'Inde.
Rhus radicans.
Sabine.
Salanine.
Soufre doré d'antimoine.
Seigle ergoté, préparations qui en dérivent.
Staphysaigre.
Sulfate de mercure.
Strychnine et ses composés.
Tartrate de mercure.
Turbith minéral.
Vératrine.

---

10 *août* 1848. — ARRÊTÉ qui établit près du ministère de l'agriculture et du commerce un comité consultatif d'hygiène publique.

La police pharmaceutique est confiée à ce comité.

---

10 *janvier* 1849. — LOI sur l'organisation de l'assistance publique à Paris (1).

---

3 *mai* 1850. — DÉCRET qui règle les conditions de mise en vente des remèdes nouveaux (2).

Vu les art. 32 et 36 de la loi du 21 germinal an XI; — Vu le décret du 18 août 1810; — Vu l'avis de l'Académie nationale de médecine;

Considérant que, dans l'état actuel de la législation et de la jurisprudence, tout remède non formulé au Codex pharmaceutique, ou dont la recette n'a pas été publiée par le gouvernement, est considéré comme remède secret;

Considérant qu'aux termes de la loi du 21 germinal an XI, toute vente de remèdes secrets est prohibée;

Considérant qu'il importe à la thérapeutique de faciliter l'usage

(1) V: section 1re.
(2) Promulgué seulement le 21 juin 1852.

des remèdes nouveaux dont l'utilité aurait été régulièrement reconnue:

Art. 1er. Les remèdes qui auront été reconnus nouveaux et utiles par l'Académie nationale de médecine, et dont les formules, approuvées par le ministre de l'agriculture et du commerce, conformément à l'avis de cette compagnie savante, auront été publiées dans son bulletin, avec l'assentiment des inventeurs ou possesseurs, cesseront d'être considérés comme remèdes secrets. — Ils pourront être, en conséquence, vendus librement par les pharmaciens, en attendant que la recette en soit insérée dans une nouvelle édition du Codex.

---

8 *juillet* 1850. — DÉCRET relatif à la vente de substances vénéneuses.

Vu la loi du 19 juillet 1845 et l'ordonnance du 29 octobre 1846:

Art. 1er. Le tableau des substances vénéneuses annexé à l'ordonnance du 29 novembre 1846 est remplacé par le tableau joint au présent décret.

2. Dans les visites spéciales prescrites par l'art. 14 de l'ordonnance du 29 octobre 1846, les maires ou commissaires de police seront assistés, s'il y a lieu, soit d'un docteur en médecine, soit de deux professeurs d'une école de pharmacie, soit d'un membre du jury médical et d'un des pharmaciens adjoints à ce jury, désignés par le préfet.

Tableau des substances vénéneuses à annexer au décret du 8 juillet 1850.

Acide cyanhydrique.
Alcaloïdes végétaux vénéneux, et leurs sels.
Arsenic et ses prépara ions.
Belladone, extrait et teinture.
Cantharides entières, poudre et extrait.
Chloroforme.
Ciguë, extrait et teinture.
Cyanure de mercure.
Cyanure de potassium.
Digitale, extrait et teinture.
Emétique.
Jusquiame, extrait et teinture.
Nicotiane.
Nitrate de mercure.
Opium et son extrait.
Phosphore.
Seigle ergoté.
Stramonium, extrait et teinture.
Sublimé corrosif (1).

---

22 *août* 1854. — DÉCRET impérial sur le régime des établissements d'enseignement supérieur (suppression des jurys d'exa-

(1) Une décision min. du 9 avril 1852 ajoute la pâte phosphorée.
V. décret du 1er oct. 1864.

men pour les diplômes de pharmacien de deuxième classe) (1).

---

14 *juillet* 1856. — LOI sur la conservation et l'aménagement des sources d'eaux minérales.

TITRE I.

DE LA DÉCLARATION D'INTÉRÊT PUBLIC DES SOURCES, DES SERVITUDES ET DES DROITS QUI EN RÉSULTENT.

Art. 1er. Les sources d'eaux minérales peuvent être déclarées d'intérêt public, après enquête, par un décret impérial délibéré en Conseil d'Etat.

2. Un périmètre de protection peut être assigné par un décret rendu dans les formes établies en l'article précédent à une source déclarée d'intérêt public.

Ce périmètre peut être modifié, si de nouvelles circonstances en font connaître la nécessité.

3. Aucun sondage, aucun travail souterrain ne peuvent être pratiqués dans le périmètre de protection d'une source minérale déclarée d'intérêt public, sans autorisation préalable.

A l'égard des fouilles, tranchées, pour extraction de matériaux ou pour un autre objet, fondations de maisons, caves ou autres travaux à ciel ouvert, le décret qui fixe le périmètre de protection peut exceptionnellement imposer aux propriétaires l'obligation de faire, au moins un mois à l'avance, une déclaration au préfet, qui en délivre récépissé.

4. Les travaux énoncés dans l'article précédent et entrepris, soit en vertu d'une autorisation régulière, soit après une déclaration préalable, peuvent, sur la demande du propriétaire de la source, être interdits par le préfet, si leur résultat constaté est d'altérer ou de diminuer la source. Le propriétaire du terrain est préalablement entendu.

L'arrêté du préfet est exécutoire par provision, sauf recours au Conseil de préfecture et au Conseil d'Etat par la voie contentieuse.

5. Lorsque, à raison de sondages ou de travaux souterrains entrepris en dehors du périmètre, et jugés de nature à altérer ou

(1) V., sect. 1re, le texte de ce décret qui concerne autant la pharmacie que la médecine.

diminuer une source minérale déclarée d'intérêt public, l'extension du périmètre paraît nécessaire, le préfet peut, sur la demande du propriétaire de la source, ordonner provisoirement la suspension des travaux.

Les travaux peuvent être repris si, dans le délai de six mois, il n'a pas été statué sur l'extension du périmètre.

6. Les dispositions de l'article précédent s'appliquent à une source minérale déclarée d'intérêt public, à laquelle aucun périmètre n'a été assigné.

7. Dans l'intérieur du périmètre de protection, le propriétaire d'une source déclarée d'intérêt public a le droit de faire, dans le terrain d'autrui, à l'exception des maisons d'habitation et des cours attenantes, tous les travaux de captage et d'aménagement nécessaires pour la conservation, la conduite et la distribution de cette source, lorsque ces travaux ont été autorisés par un arrêté du ministre de l'agriculture, du commerce et des travaux publics.

Le propriétaire du terrain est entendu dans l'instruction.

8. Le propriétaire d'une source d'eau minérale déclarée d'intérêt public peut exécuter, sur son terrain, tous les travaux de captage et d'aménagement nécessaires pour la conservation, la conduite et la distribution de cette source, un mois après la communication faite de ses projets au préfet.

En cas d'opposition par le préfet, le propriétaire ne peut commencer ou continuer les travaux qu'après autorisation du ministre de l'agriculture, du commerce et des travaux publics.

A défaut de décision dans le délai de trois mois, le propriétaire peut exécuter les travaux.

9. L'occupation d'un terrain compris dans le périmètre de protection pour l'exécution des travaux prévus par l'article 7 ne peut avoir lieu qu'en vertu d'un arrêté du préfet qui en fixe la durée.

Lorsque l'occupation d'un terrain compris dans le périmètre prive le propriétaire de la jouissance du revenu au delà du temps d'une année, ou lorsqu'après les travaux, le terrain n'est plus propre à l'usage auquel il était employé, le propriétaire dudit terrain peut exiger du propriétaire de la source l'acquisition du terrain occupé ou dénaturé. Dans ce cas, l'indemnité est réglée suivant les formes prescrites par la loi du 3 mai 1841. Dans aucun cas, l'expropriation ne peut être provoquée par le propriétaire de la source.

10. Les dommages dus par suite de la suspension, interdiction

ou destruction de travaux, dans les cas prévus aux articles 4, 5 et 6, ainsi que ceux dus à raison de travaux exécutés en vertu des articles 7 et 9, sont à la charge du propriétaire de la source. L'indemnité est réglée à l'amiable ou par les tribunaux.

Dans les cas prévus par les articles 4, 5 et 6, l'indemnité due par le propriétaire de la source ne peut excéder le montant des pertes matérielles qu'a éprouvées le propriétaire du terrain, et le prix des travaux devenus inutiles, augmenté de la somme nécessaire pour le rétablissement des lieux dans leur état primitif.

11. Les décisions concernant l'exécution ou la distribution des travaux sur le terrain d'autrui ne peuvent être exécutées qu'après le dépôt d'un cautionnement dont l'importance est fixée par le tribunal, et qui sert de garantie au paiement de l'indemnité, dans les cas énumérés en l'article précédent.

12. L'État, pour les sources dont il est propriétaire, est dispensé du cautionnement. Si une source d'eau minérale, déclarée d'intérêt public, est exploitée d'une manière qui en compromette la conservation, ou si l'exploitation ne satisfait pas aux besoins de la santé publique, un décret impérial, délibéré en Conseil d'État, peut autoriser l'expropriation de la source et de ses dépendances nécessaires à l'exploitation, dans les formes réglées par la loi du 3 mai 1841.

TITRE II

DISPOSITIONS PÉNALES.

13. L'exécution sans autorisation ou sans déclaration préalable, dans le périmètre de protection, de l'un des travaux mentionnés dans l'article 3, la reprise des travaux interdits ou suspendus administrativement, en vertu des articles 4, 5 et 6, est punie d'une amende de cinquante francs à cinq cents francs.

14. Les infractions aux règlements d'administration publique prévues au dernier paragraphe de l'article 19 de la présente loi sont punies d'une amende de seize francs à cent francs.

15. Les infractions prévues par la présente loi sont constatées, concurremment, par les officiers de police judiciaire, les ingénieurs des mines et les agents sous leurs ordres, ayant droit de verbaliser.

16. Les procès-verbaux dressés en vertu des articles 13 et 14 sont visés pour timbre et enregistrés en débet.

Les procès-verbaux dressés par les gardes-mines ou agents de surveillance assermentés doivent, à peine de nullité, être affirmés dans les trois jours devant le juge de paix ou le maire soit du lieu du délit, soit de la résidence de l'agent.

Lesdits procès-verbaux font foi jusqu'à preuve contraire.

17. L'article 463 du Code pénal est applicable aux condamnations prononcées en vertu de la présente loi.

TITRE III.

DISPOSITIONS GÉNÉRALES ET TRANSITOIRES.

18. La somme nécessaire pour couvrir les frais d'inspection médicale et de surveillance des établissements d'eaux minérales autorisées est perçue sur l'ensemble de ces établissements.

Le montant en est déterminé tous les ans par la loi de finances.

La répartition en est faite entre les établissements, au prorata de leurs revenus.

Le recouvrement a lieu, comme en matière de contributions directes, sur les propriétaires, régisseurs ou fermiers des établissements.

19. Des règlements d'administration publique déterminent :

Les formes et les conditions de la déclaration d'intérêt public, de la fixation du périmètre de protection, de l'autorisation mentionnée à l'article 3, et de la constatation mentionnée à l'article 4 ;

L'organisation de l'inspection médicale et de la surveillance des sources et des établissements d'eaux minérales naturelles, les bases et le mode de la répartition énoncée en l'article 18 ;

Les conditions générales d'ordre, de police et de salubrité auxquelles tous les établissements d'eaux minérales naturelles doivent satisfaire.

20. L'article 9 de l'arrêté consulaire du 6 nivôse an XI est abrogé.

Sont également abrogées toutes dispositions des lois, décrets, ordonnances et règlements antérieurs, qui seraient contraires aux dispositions de la présente loi.

21. Le décret du 8 mars 1848 continuera d'avoir son effet jusqu'au 1er janvier 1857 pour tous les établissements qui n'auraient pas été déclarés d'intérêt public avant cette époque.

8 *septembre* 1856. — DÉCRET portant règlement sur la conservation et l'aménagement des sources d'eaux minérales.

23 *mars* 1859. — DÉCRET relatif à l'inspection des officines des pharmaciens et des magasins des droguistes.

NAPOLÉON, etc... — Sur le rapport de notre ministre secrétaire d'État au département de l'agriculture, du commerce et des travaux publics ; — Vu les lois des 16-24 août 1790 et 19-22 juillet 1791 ; — Vu les lois des 19 ventôse et 21 germinal an XI ; — Vu l'arrêté du gouvernement du 25 thermidor même année ; — Vu les lois annuelles du budget des recettes ; — Vu la loi du 14 juin 1854 et le décret portant règlement d'administration publique, du 22 août suivant, etc. :

Art. 1er. L'inspection des officines des pharmaciens et des magasins des droguistes, précédemment exercée par les jurys médicaux, est attribuée au conseil d'hygiène publique et de salubrité ; la visite en sera faite au moins une fois par année, dans chaque arrondissement, par trois membres de ces conseils, désignés spécialement par arrêté du préfet.

2. Les écoles supérieures de pharmacie de Paris, de Strasbourg et de Montpellier, continueront à remplir, en ce qui concerne la visite des officines des pharmaciens et des magasins des droguistes, les attributions qui leur ont été conférées par l'art. 29 de la loi du 21 germinal an XI.

3. Il sera pourvu au paiement des frais de ces inspections conformément aux lois et règlements en vigueur.

4. Notre ministre, etc...

28 *janvier* 1860. — DÉCRET impérial portant règlement d'administration publique sur les établissements d'eaux minérales naturelles (1).

1er *octobre* 1864. — DÉCRET impérial qui ajoute la *coque du Levant* au tableau des substances vénéneuses annexé au décret du 8 juillet 1850.

5 *décembre* 1866. — DÉCRET impérial portant que le nouveau *Codex medicamentarius, Pharmacopée française*, édition de 1866,

(1) Voir, sect. Ire, le texte de la loi.

sera et demeurera obligatoire pour les pharmaciens, à partir du 1er janvier 1867.

NAPOLÉON, etc... — Sur le rapport de notre ministre secrétaire d'Etat au département de l'agriculture, du commerce et des travaux publics, et de notre ministre secrétaire d'Etat au département de l'instruction publique; — Vu les art. 32 et 38 de la loi du 21 germinal an XI; — Vu notre décision du 30 juin 1861, rendue sur le rapport de nos ministres de l'agriculture, du commerce et des travaux publics, et de l'instruction publique; — Vu le nouveau *Codex medicamentarius* rédigé, en exécution de cette décision, par une commission spéciale, — Avons décrété, etc. :

Art. 1er. Le nouveau *Codex medicamentarius, Pharmacopée française*, édition de 1866, sera et demeurera obligatoire pour les pharmaciens, à partir du 1er janvier 1867.

2. Nos ministres, etc...

---

21 *avril* 1869. — DÉCRET impérial qui institue des concours et des prix dans les écoles supérieures de pharmacie.

---

23 *août* 1873. — DÉCRET concernant les examens des officiers de santé et des pharmaciens de deuxième classe (1).

---

14 *juillet* 1875. — DÉCRET concernant l'institution des Écoles de médecine et de pharmacie de plein exercice (2).

---

14 *juillet* 1875. — DÉCRET portant fixation du nombre des emplois de suppléants dans chacune des Ecoles préparatoires de médecine et de pharmacie qui ne sont pas de plein exercice (3).

---

14 *juillet* 1875. — DÉCRET relatif à la durée des études des aspirants au diplôme de pharmacien de deuxième classe, au mode et aux frais de leur réception.

LE PRÉSIDENT DE LA RÉPUBLIQUE FRANÇAISE; — Sur le rapport du ministre de l'instruction publique, des cultes et des beaux-arts; — Vu les titres II et III de la loi du 21 germinal an XI, relatifs aux élèves en pharmacie, au mode et aux frais de leur réception; — Vu l'art. 14 de la loi du 14 juin 1854; — Vu le titre III du règlement d'administration publique du 22 août 1854, et notamment les art. 20 et 21; — Vu le décret du 28 octobre 1854, qui détermine le prix des

(1-2-3) V., section 1re, le texte des lois.

inscriptions dans les écoles préparatoires de médecine et de pharmacie; — Vu l'avis du conseil supérieur de l'instruction publique; — Le Conseil d'État entendu; — Décrète :

Art. 1er. Les études pour obtenir le diplôme de pharmacien de deuxième classe durent six années, dont trois années de stage officinal et trois années de cours suivis dans une école supérieure de pharmacie ou dans une école préparatoire de médecine ou de pharmacie.

2. Avant de prendre leur première inscription, soit de stage, soit de scolarité, les aspirants devront produire un certificat délivré par le recteur de l'Académie constatant qu'ils ont justifié, devant un jury constitué à cet effet, des connaissances enseignées dans la classe de quatrième des lycées.

Ils ne seront admis à prendre la 5e et la 9e inscription qu'après avoir subi avec succès un examen de fin d'année.

Nul ne pourra se présenter aux examens de fin d'études avant l'expiration du dernier trimestre de ses études.

3. Les travaux pratiques sont obligatoires; chaque période annuelle de ces travaux est fixée à huit mois.

Tout excédent de recettes constaté sur le produit des rétributions pour travaux pratiques, après paiement des frais afférents à ces travaux, sera employé en prix et encouragements aux élèves les plus méritants.

4. Les droits à percevoir des aspirants au diplôme de pharmacien de deuxième classe sont fixés ainsi qu'il suit :

Douze inscriptions à vingt-cinq francs.		300 fr.
Trois années de travaux pratiques, à cinquante francs par semestre.		300
Premier examen de fin d'études.		50
Deuxième examen de fin d'études.		50
Troisième examen de fin d'études.	Première épreuve.	50
	Deuxième épreuve (y compris cent francs pour frais matériels).	150
Trois certificats d'aptitude à quarante francs.		120
Diplôme.		100
	Total.	1120 fr.

Les examens de fin d'années sont gratuits.

5. Les droits acquittés par les élèves des écoles supérieures sont versés au Trésor public.

Ceux qui sont acquittés par les élèves des écoles préparatoires sont versés dans les caisses municipales ; toutefois, les droits de certificat d'aptitude et de diplôme continueront à être perçus au comptede l'Etat.

6. Le présent règlement recevra son exécution à partir du 1er octobre 1875, sous les réserves suivantes :

Tout élève en cours de stage au moment de la promulgation du présent décret pourra régulariser ce stage en justifiant, avant le 1er janvier 1876, du certificat de grammaire prescrit par l'art. 6 de l'arrêté du 23 décembre 1854.

Tout élève qui, au 1er octobre 1875, aura accompli sa troisième année de stage, pourra opter entre le régime d'études déterminé par le règlement du 22 août 1854 et celui qui est établi par le présent décret.

7. Le ministre, etc...

---

20 *novembre* 1875. — DÉCRET relatif à la durée du temps d'études dans les Ecoles de médecine et de pharmacie de plein exercice (1).

---

12 *juillet* 1878. — DÉCRET portant règlement pour l'obtention du diplôme de pharmacien de première classe.

LE PRÉSIDENT DE LA RÉPUBLIQUE FRANÇAISE; — Sur le rapport du ministre de l'instruction publique, des cultes et des beaux-arts ; — Vu les titres II et III de la loi du 21 germinal an XI et l'arrêté du gouvernement du 25 thermidor de la même année; — Vu l'art. 14 de la loi du 14 juin 1854 ; — Vu le décret du 22 août de la même année, portant règlement financier des établissements d'enseignement supérieur, et notamment les art. 2, 15 et 16 ; — Vu le décret du 28 octobre 1854 ; — Vu l'avis du conseil supérieur de l'instruction publique ; — Le Conseil d'État entendu; — Décrète:

Art. 1er. Les études pour obtenir le diplôme de pharmacien de 1re classe durent six années, dont trois années de stage dans une officine et trois années de cours suivis, soit dans une école supérieure de pharmacie, ou une faculté mixte, soit dans une école de plein exercice.

Toutefois, pendant les deux premières années, les cours peuvent être suivis dans une école préparatoire de médecine et de pharmacie.

2. Les aspirants doivent produire, au moment où ils prennent

(1) V. section 1re.

la première inscription, soit de scolarité, soit de stage, le diplôme de bachelier ès lettres, ou celui de bachelier ès siences.

Ils ne seront admis à prendre la cinquième, la neuvième et la onzième inscription qu'après avoir subi avec succès un examen portant sur les matières enseignées dans les deux premières années et le premier semestre de la troisième année.

3. Les examens probatoires sont au nombre de trois ; ils sont subis devant les écoles supérieures ou les facultés mixtes, après le cours complet d'études, et portent sur les objets suivants :

Premier examen : — Physique, chimie, toxicologie et pharmacie ;

Deuxième examen : — Botanique, zoologie, histoire naturelle des drogues simples, hydrologie et histoire naturelle des minéraux ;

Troisième examen : — Préparations chimiques et pharmaceutiques.

Au premier examen, l'aspirant fera une analyse chimique, et au deuxième examen, une préparation micrographique.

Quatre jours sont accordés pour effectuer, sous la surveillance d'un professeur, les préparations exigées au troisième examen. L'épreuve orale de cet examen comprend deux séances.

4. Les inscriptions des aspirants au titre de pharmacien de deuxième classe ne seront, en aucun cas, converties en inscriptions d'aspirant au titre de pharmacien de première classe pour les élèves en cours d'études ; cette conversion pourra être autorisée en faveur des pharmaciens de deuxième classe qui auront exercé la pharmacie pendant un an au moins.

5. Le diplôme supérieur de pharmacien de première classe pourra être délivré, à la suite de la soutenance d'une thèse, aux pharmaciens de première classe licenciés ès sciences physiques ou ès sciences naturelles, ou qui, à défaut de l'une de ces licences, justifieront : 1° avoir accompli une quatrième année d'études dans une école supérieure ou dans une faculté mixte ; 2° avoir subi avec succès un examen sur les matières des licences ès sciences physiques et naturelles appliquées à la pharmacie.

Les pharmaciens de première classe qui auront obtenu le diplôme supérieur pourront être nommés, concurremment avec ceux qui sont docteurs ès sciences physiques ou naturelles, aux emplois de professeurs ou agrégés dans les écoles supérieures, aux emplois de professeurs ou agrégés des sciences pharmaceutiques dans les facultés mixtes.

6. L'examen prévu au précédent article est divisé en épreuves écrites, en épreuves pratiques et en épreuves orales.

Les épreuves écrites consistent en deux compositions, dont l'une portant sur un sujet pris dans le programme de la licence ès sciences physiques, et l'autre sur un sujet tiré du programme de la licence ès sciences naturelles.

Les épreuves pratiques et orales portent, au choix du candidat, sur les sciences physiques ou sur les sciences naturelles.

Le sujet de la thèse est choisi par le candidat.

7. Les jurys chargés des examens probatoires conduisant au titre de pharmacien de première classe et au diplôme supérieur sont composés d'examinateurs choisis parmi les professeurs ou agrégés des écoles supérieures ou des facultés mixtes devant lesquelles ces épreuves sont subies.

Dans les facultés mixtes, ces jurys sont composés de professeurs des sciences pharmaceutiques.

8. Les travaux pratiques sont obligatoires ; chaque période annuelle de ces travaux est fixée à huit mois.

Tout excédent de recettes constaté sur le produit des rétributions pour travaux pratiques, après paiement des frais afférents à ces travaux, sera employé en prix et encouragements aux élèves les plus méritants.

9. Les droits à percevoir des pharmaciens de première classe sont fixés ainsi qu'il suit :

Douze inscriptions à trente-deux francs cinquante centimes (y compris le droit de la bibliothèque).	390 fr.
Trois années de travaux pratiques, à cinquante francs par semestre.	300
Deux examens de fin d'année et un examen semestriel placé au mois d'avril de la troisième année, chacun à cinquante francs.	150
Premier examen de fin d'études.	80
Deuxième examen de fin d'études.	80
Troisième examen de fin d'études (y compris cent francs pour frais matériels).	200
Trois certificats d'aptitude à quarante francs.	120
Un diplôme.	100
Total.	1,420 fr

10. Les droits à percevoir des aspirants au diplôme supérieur sont fixés ainsi qu'il suit :

Quatre inscriptions à trente-deux francs cinquante centimes (y compris le droit de bibliothèque).	130 fr.
Une année de travaux pratiques, à cinquante francs par semestre.	100
Un examen.	30
Une thèse.	40
Un diplôme.	100
Total.	400 fr.

Les certificats d'aptitude de l'examen et de la thèse seront délivrés gratuitement.

Les aspirants licenciés ès sciences physiques ou naturelles n'auront à payer que les droits de thèse et de diplôme.

11. Tout candidat qui, sans excuse reconnue valable par le jury, ne répond pas à l'appel de son nom le jour qui lui a été indiqué, est renvoyé à trois mois et perd le montant des droits d'examen qu'il a consignés.

12. Les droits acquittés par les élèves des écoles supérieures ou des facultés mixtes sont versés au Trésor public ; ceux qui sont acquittés par les élèves des écoles de plein exercice ou des écoles préparatoires sont versés dans les caisses municipales.

13. Le présent décret recevra son exécution à partir du 1er novembre 1879. Toutefois, les inscriptions de quatrième année pourront être prises à partir du 1er novembre 1878.

14. Toutes les dispositions contraires au présent règlement sont et demeurent abrogées.

15. Le ministre, etc...

---

31 *août* 1878. — DÉCRET portant que les dispositions de l'article 3 du décret du 12 juillet 1878 sont applicables aux candidats au titre de pharmacien de seconde classe.

LE PRÉSIDENT DE LA RÉPUBLIQUE FRANÇAISE ; — Sur le rapport du ministre de l'instruction publique et des beaux-arts; — Vu l'article 15 de la loi du 21 germinal an XI ; — Vu les décrets portant règlement d'administration publique, en date des 14 juillet 1875 et 12 juillet 1878 ; — Vu l'avis du conseil supérieur de l'instruction publique; — Le Conseil d'État entendu ; — Décrète :

Art. 1er. Les dispositions de l'article 3 du décret du 12 juillet 1878 sont applicables aux candidats au titre de pharmacien de seconde classe ; ces candidats peuvent toutefois subir les épreuves soit devant les écoles supérieures de pharmacie ou les facultés mixtes, soit devant les écoles de plein exercice ou les écoles préparatoires de médecine et de pharmacie.

2. Après avoir accompli le stage officinal, et avant de prendre la première inscription de scolarité, les élèves en pharmacie de l'une et l'autre classe devront subir un examen de validation de stage devant un jury composé de deux pharmaciens de première classe et d'un professeur ou agrégé d'école supérieure de pharmacie, président.

L'époque des sessions dudit jury est déterminée par un arrêté du ministre, après avis du conseil supérieur de l'instruction publique.

3. Le ministre, etc...

SECTION III.

LOI SUR LA POLICE SANITAIRE DES ANIMAUX. (21 JUILLET 1881).

TITRE 1er

MALADIES CONTAGIEUSES DES ANIMAUX ET MESURES SANITAIRES QUI LEUR SONT APPLICABLES.

Art. 1er. Les maladies des animaux qui sont réputées contagieuses, et qui donnent lieu à l'application des dispositions de la présente loi, sont :

La peste bovine, dans toutes les espèces de ruminants ;

La péripneumonie contagieuse, dans l'espèce bovine ;

La clavelée et la gale, dans les espèces ovine et caprine ;

La fièvre aphtheuse, dans les espèces bovine, ovine, caprine et porcine ;

La morve, le farcin et la dourine, dans les espèces chevaline et asine ;

La rage et le charbon, dans toutes les espèces.

2. Un décret du Président de la République, rendu sur le rapport du ministre de l'agriculture et du commerce, après avis du comité consultatif des épizooties, pourra ajouter à la nomenclature des maladies réputées contagieuses dans chacune des espèces d'animaux énoncées ci-dessus toutes autres maladies contagieuses, dénommées ou non, qui prendraient un caractère dangereux.

Les dispositions de la présente loi pourront être étendues, par un décret rendu dans la même forme, aux animaux d'espèces autres que celles ci-dessus désignées.

3. Tout propriétaire, toute personne ayant, à quelque titre que ce soit, la charge des soins ou la garde d'un animal atteint ou soupçonné d'être atteint d'une maladie contagieuse, dans les cas prévus par les articles 1er et 2, est tenu d'en faire sur-le-champ la déclaration au maire de la commune où se trouve cet animal.

Sont également tenus de faire cette déclaration tous les vétérinaires qui seraient appelés à le soigner.

L'animal atteint ou soupçonné d'être atteint de l'une des maladies spécifiées dans l'article 1er devra être immédiatement, et avant même que l'autorité administrative ait répondu à l'avertissement, séquestré, séparé et maintenu isolé, autant que possible, des autres animaux susceptibles de contracter cette maladie.

Il est interdit de le transporter avant que le vétérinaire délégué par l'administration l'ait examiné. La même interdiction est applicable à l'enfouissement, à moins que le maire, en cas d'urgence, n'en ait donné l'autorisation spéciale.

4. Le maire devra, dès qu'il aura été prévenu, s'assurer de l'accomplissement des prescriptions contenues dans l'article précédent et y pourvoir d'office, s'il y a lieu.

Aussitôt que la déclaration prescrite par le paragraphe 1er de l'article précédent a été faite, ou, à défaut de déclaration, dès qu'il a connaissance de la maladie, le maire fait procéder sans retard à la visite de l'animal malade ou suspect par le vétérinaire chargé de ce service.

Ce vétérinaire constate et, au besoin, prescrit la complète exécution des dispositions du troisième alinéa de l'article 3 et les mesures de désinfection immédiatement nécessaires.

Dans le plus bref délai, il adresse son rapport au préfet.

5. Après la constatation de la maladie, le préfet statue sur les mesures à mettre à exécution dans le cas particulier.

Il prend, s'il est nécessaire, un arrêté portant déclaration d'infection.

Cette déclaration peut entraîner, dans les localités qu'elle détermine, l'application des mesures suivantes :

1° L'isolement, la séquestration, la visite, le recensement et la marque des animaux et troupeaux dans les localités infectées ;

2° L'interdiction de ces localités ;

3° L'interdiction momentanée ou la réglementation des foires et marchés, du transport et de la circulation du bétail ;

4° La désinfection des écuries, étables, voitures ou autres

moyens de transport, la désinfection ou même la destruction des objets à l'usage des animaux malades ou qui ont été souillés par eux, et généralement des objets quelconques pouvant servir de véhicules à la contagion.

Un règlement d'administration publique déterminera celles de ces mesures qui seront applicables suivant la nature des maladies.

6. Lorsqu'un arrêté du préfet a constaté l'existence de la peste bovine dans une commune, les animaux qui en sont atteints et ceux de l'espèce bovine qui auraient été contaminés, alors même qu'ils ne présenteraient aucun signe apparent de maladie, sont abattus par ordre du maire, conformément à la proposition du vétérinaire délégué et après évaluation.

Il est interdit de suspendre l'exécution desdites mesures pour traiter les animaux malades, sauf les cas et sous les conditions qui seraient spécialement déterminés par le ministre de l'agriculture et du commerce, sur l'avis du comité consultatif des épizooties.

7. Dans le cas prévu par l'article précédent, les animaux malades sont abattus sur place, sauf le cas où le transport du cadavre au lieu de l'enfouissement sera déclaré par le vétérinaire plus dangereux que celui de l'animal vivant ; le transport en vue de l'abatage peut être autorisé par le maire, conformément à l'avis du vétérinaire délégué, pour ceux qui ont été seulement contaminés.

Les animaux des espèces ovine et caprine qui ont été exposés à la contagion sont isolés, et soumis aux mesures sanitaires déterminées par le règlement d'administration publique rendu pour l'exécution de la loi.

8. Dans le cas de morve constatée, et dans le cas de farcin, de charbon, si la maladie est jugée incurable par le vétérinaire délégué, les animaux doivent être abattus sur ordre du maire.

Quand il y a contestation sur la nature ou le caractère incurable de la maladie, entre le vétérinaire délégué et le vétérinaire que le propriétaire aurait fait appeler, le préfet désigne un troisième vétérinaire, conformément au rapport duquel il est statué.

9. Dans le cas de péripneumonie contagieuse, le préfet devra ordonner l'abatage, dans le délai de deux jours, des animaux reconnus atteints de cette maladie par le vétérinaire délégué, et l'inoculation des animaux d'espèce bovine, dans les localités déclarées infectées de cette maladie.

Le ministre de l'agriculture aura le droit d'ordonner l'abatage des animaux d'espèce bovine ayant été dans la même étable ou dans le même troupeau, ou en contact avec des animaux atteints de péripneumonie contagieuse.

10. La rage, lorsqu'elle est constatée chez les animaux de quelque espèce qu'ils soient, entraîne l'abatage, qui ne peut être différé sous aucun prétexte.

Les chiens et les chats suspects de rage doivent être immédiatement abattus. Le propriétaire de l'animal suspect est tenu, même en l'absence d'un ordre des agents de l'administration, de pourvoir à l'accomplissement de cette prescription.

11. Dans les épizooties de clavelée, le préfet peut, par arrêté pris sur l'avis du comité consultatif des épizooties, ordonner la clavelisation des troupeaux infectés.

La clavelisation ne devra pas être exécutée sans autorisation du préfet.

12. L'exercice de la médecine vétérinaire dans les maladies contagieuses des animaux est interdit à quiconque n'est pas pourvu du diplôme de vétérinaire.

Le gouvernement, sur la demande des Conseils généraux, pourra ajourner par décret, dans les départements, l'exécution de cette mesure pendant une période de six années, à partir de la promulgation de la présente loi.

13. La vente ou la mise en vente des animaux atteints ou soupçonnés d'être atteints de maladie contagieuse est interdite.

Le propriétaire ne peut s'en dessaisir que dans les conditions déterminées par le règlement d'administration publique prévu à l'article 5.

Ce règlement fixera, pour chaque espèce d'animaux et de maladies, le temps pendant lequel l'interdiction de vente s'appliquera aux animaux qui ont été exposés à la contagion.

14. La chair des animaux morts de maladies contagieuses, quelles qu'elles soient, ou abattus comme atteints de la peste bovine, de la morve, du farcin, du charbon et de la rage, ne peut être livrée à la consommation.

Les cadavres ou débris des animaux morts de la peste bovine et du charbon, ou ayant été abattus comme atteints de ces maladies, devront être enfouis avec la peau tailladée, à moins qu'ils ne soient envoyés à un atelier d'équarrissage régulièrement autorisé.

Les conditions dans lesquelles devront être exécutés le transport, l'enfouissement ou la destruction des cadavres, seront déterminées par le règlement d'administration publique prévu à l'article 5.

15. La chair des animaux abattus comme ayant été en contact avec des animaux atteints de la peste bovine peut être livrée à la consommation ; mais leurs peaux, abats et issues ne peuvent être sortis du lieu de l'abatage qu'après avoir été désinfectés.

16. Tout entrepreneur de transport par terre ou par eau qui aura transporté des bestiaux devra, en tout temps, désinfecter, dans les conditions prescrites par le règlement d'administration publique, les véhicules qui auront servi à cet usage.

TITRE II

INDEMNITÉS.

17. Il est alloué aux propriétaires des animaux abattus pour cause de peste bovine, en vertu de l'article 7, une indemnité des trois quarts de leur valeur avant la maladie.

Il est alloué aux propriétaires d'animaux abattus pour cause de péripneumonie contagieuse ou morts par suite de l'inoculation, en vertu de l'article 9, une indemnité ainsi réglée :

La moitié de leur valeur avant la maladie, s'ils en sont reconnus atteints ;

Les trois quarts, s'ils ont été seulement contaminés ;

La totalité, s'ils sont morts des suites de l'inoculation de la péripneumonie contagieuse.

L'indemnité à accorder ne peut dépasser la somme de quatre cents francs pour la moitié de la valeur de l'animal, celle de six cents francs pour les trois quarts, et celle de huit cents pour la totalité de sa valeur.

18. Il n'est alloué aucune indemnité aux propriétaires d'animaux importés des pays étrangers abattus pour cause de péripneumonie contagieuse dans les trois mois qui ont suivi leur introduction en France.

19. Lorsque l'emploi des débris d'un animal abattu pour cause de peste bovine ou de péripneumonie contagieuse a été autorisé pour la consommation ou un usage industriel, le propriétaire est tenu de déclarer le produit de la vente de ces débris.

Ce produit appartient au propriétaire ; s'il est supérieur à la portion de la valeur laissée à sa charge, l'indemnité due par l'Etat est réduite de l'excédent.

20. Avant l'exécution de l'ordre d'abatage, il est procédé à une

évaluation des animaux par le vétérinaire délégué et un expert désigné par la partie.

A défaut, par la partie, de désigner un expert, le vétérinaire délégué opère seul.

Il est dressé un procès-verbal de l'expertise ; le maire et le juge de paix le contresignent et donnent leur avis.

21. La demande d'indemnité doit être adressée au ministre de l'agriculture et du commerce dans le délai de trois mois à dater du jour de l'abatage, sous peine de déchéance.

Le ministre peut ordonner la révision des évaluations faites en vertu de l'article 20, par une commission dont il désigne les membres.

L'indemnité est fixée par le ministre, sauf recours au Conseil d'Etat.

22. Toute infraction aux dispositions de la présente loi ou des règlements rendus pour son exécution peut entraîner la perte de l'indemnité prévue par l'article 17.

La décision appartiendra au ministre, sauf recours au Conseil d'Etat.

23. Il n'est alloué aucune indemnité aux propriétaires des animaux abattus par suite de maladies contagieuses autres que la peste bovine, et de la péripneumonie contagieuse, dans les conditions spéciales indiquées dans l'article 9 (1).

TITRE III

IMPORTATION ET EXPORTATION DES ANIMAUX.

24. Les animaux des espèces chevaline, asine, bovine, ovine, caprine et porcine sont soumis, en tout temps, aux frais des importateurs, à une visite sanitaire au moment de leur entrée en France, soit par terre, soit par mer.

La même mesure peut être appliquée aux animaux des autres espèces, lorsqu'il y a lieu de craindre, par suite de leur introduction, l'invasion d'une maladie contagieuse.

25. Les bureaux de douane et ports de mer ouverts à l'importation des animaux soumis à la vente sont déterminés par décret.

26. Le gouvernement peut prohiber l'entrée en France ou ordonner la mise en quarantaine des animaux susceptibles de communiquer une maladie contagieuse, ou de tous les objets pouvant présenter le même danger.

(1) Nous reproduisons la loi telle qu'elle a été publiée au *Bulletin officiel*, nº 635.

Il peut, à la frontière, prescrire l'abatage, sans indemnité, des animaux malades ou ayant été exposés à la contagion, et enfin prendre toutes les mesures que la crainte de l'invasion d'une maladie rendrait nécessaires.

27. Les mesures sanitaires à prendre à la frontière sont ordonnées par les maires dans les communes rurales, par les commissaires de police dans les gares frontières et dans les ports de mer, conformément à l'avis du vétérinaire désigné par l'administration pour la visite du bétail.

En attendant l'intervention de ces autorités, les agents des douanes peuvent être requis de prêter main-forte.

28. Les municipalités des ports de mer ouverts à l'importation du bétail devront fournir des quais spéciaux de débarquement, munis des agrès nécessaires, ainsi qu'un bâtiment destiné à recevoir, à mesure du débarquement, les animaux mis en quarantaine par mesure sanitaire.

Les locaux devront être préalablement agréés par le ministre de l'agriculture et du commerce.

Pour se rembourser de ses (*sic*) frais, les municipalités pourront établir des taxes spéciales sur les animaux importés.

29. Le gouvernement est autorisé à prescrire à la sortie les mesures nécessaires pour empêcher l'exportation des animaux atteints de maladies contagieuses.

TITRE IV

PÉNALITÉS.

30. Toute infraction aux dispositions des articles 3, 5, 6, 9, 10, 11, paragraphe 2, et 12 de la présente loi, sera punie d'un emprisonnement de six jours à deux mois, et d'une amende de seize à quatre cents francs.

31. Seront punis d'un emprisonnement de deux mois à six mois et d'une amende de cent à mille francs :

1° Ceux qui, au mépris des défenses de l'administration, auraient laissé leurs animaux infectés communiquer avec d'autres ;

2° Ceux qui auraient vendu ou mis en vente des animaux qu'ils savaient atteints ou soupçonnés d'être atteints de maladies contagieuses ;

3° Ceux qui, sans permission de l'autorité, auront déterré ou sciemment acheté des cadavres ou débris des animaux morts de maladies contagieuses, quelles qu'elles soient, ou abattus comme atteints de la peste bovine, du charbon, de la morve, du farcin et de la rage ;

4° Ceux qui, même avant l'arrêté d'interdiction, auront importé en France des animaux qu'ils savaient atteints de maladies contagieuses ou avoir été exposés à la contagion.

32. Seront punis d'un emprisonnement de six mois à trois ans et d'une amende de cent francs à deux mille francs :

1° Ceux qui auront vendu ou mis en vente de la viande provenant d'animaux qu'ils savaient morts de maladies contagieuses, quelles qu'elles soient, ou abattus comme atteints de la peste bovine, du charbon, de la morve, du farcin et de la rage ;

2° Ceux qui se seront rendus coupables des délits prévus par les articles précédents, s'il est résulté de ces délits une contagion parmi les autres animaux.

33. Tout entrepreneur de transport qui aura contrevenu à l'obligation de désinfecter son matériel sera passible d'une amende de cent francs à mille francs.

Il sera puni d'un emprisonnement de six jours à deux mois, s'il est résulté de cette infraction une contagion parmi les autres animaux.

34. Toute infraction aux dispositions de la présente loi non spécifiée dans les articles ci-dessus sera punie de seize francs à quatre cents francs d'amende. Les contraventions aux dispositions du règlement d'administration publique rendu pour l'exécution de la présente loi seront, suivant les cas, passibles d'une amende de un franc à deux cents francs, qui sera prononcée par le juge de paix du canton.

35. Si la condamnation pour infraction à l'une des dispositions de la présente loi remonte à moins d'une année, ou si cette infraction a été commise par des vétérinaires délégués, des gardes champêtres, des gardes forestiers, des officiers de police, à quelque titre que ce soit, les peines peuvent être portées au double du maximum fixé par les précédents articles.

36. L'article 463 du Code pénal est applicable dans tous les cas prévus par les articles du présent titre.

TITRE V

DISPOSITIONS GÉNÉRALES.

37. Les frais d'abatage, d'enfouissement, de transport, de quarantaine, de désinfection, ainsi que tous autres frais auxquels

peut donner lieu l'exécution des mesures prescrites en vertu de la présente loi, sont à la charge des propriétaires ou conducteurs d'animaux.

En cas de refus des propriétaires ou conducteurs d'animaux de se conformer aux injonctions de l'autorité administrative, il y est pourvu d'office à leur compte.

Les frais de ces opérations seront recouvrés sur un état dressé par le maire et rendus exécutoires par le sous-préfet. Les oppositions seront portées devant le juge de paix.

La désinfection des wagons de chemins de fer, prescrite par l'art. 16, a lieu par les soins des compagnies ; les frais de cette désinfection sont fixés par le ministre des travaux publics, les compagnies entendues.

38. Un service des épizooties est établi dans chacun des départements, en vue d'assurer l'exécution de la présente loi.

Les frais de ce service seront compris parmi les dépenses obligatoires à la charge des budgets départementaux et assimilés aux dépenses classées sous les paragraphes 1 à 4 de l'art. 60 de la loi du 10 août 1871.

39. Les communes où il existe des foires et marchés aux chevaux ou aux bestiaux seront tenues de préposer, à leurs frais, et sauf à se rembourser par l'établissement d'une taxe sur les animaux amenés, un vétérinaire pour l'inspection sanitaire des animaux conduits à ces foires et marchés.

Cette dépense sera obligatoire pour la commune.

Le gouvernement pourra, sur l'avis des conseils généraux, ajourner par décret, dans les départements, l'exécution de cette mesure pendant une période de six années à partir du jour de la promulgation de cette loi.

40. Le règlement d'administration publique rendu pour l'exécution de la présente loi détermine l'organisation du comité consultatif des épizooties institué auprès du ministre de l'agriculture et du commerce.

Les renseignements recueillis par le ministre au sujet des épizooties sont communiqués au comité, qui donne son avis sur les mesures que peuvent exiger ces maladies.

41. Sont et demeurent abrogés les articles 459, 460 et 461 du Code pénal, toutes les lois et ordonnances, tous arrêts du conseil, arrêtés, décrets et règlements intervenus, à quelque époque que ce soit, sur la police sanitaire des animaux.

ERRATA.

Page 27. Note 1re, au lieu de *Pal, lisez : Page.*

— 34. Note 2. *Adde*: Angers, 31 mai 1880, P. 1881. 90.

— 43. Au lieu de : Le médecin ne reçoit directement la loi, *lisez :* Le médecin ne reçoit directement de la loi.

— 44. Lignes 26, 27. — Au lieu de : de la part des officiers, de santé, *lisez :* de la part des officiers de santé.

— 48. Note 1re. — Au lieu de D. Pal, *lisez :* D. *P.* 74. 1. 356.

— 132. Dernière ligne du n° 109. — Au lieu de : pour que cet essai ne fût pas tenté, *lisez :* pour que cet essai ne fût pas fait.

— 429. Avant la 30e ligne, *lisez :* n° 425.

— 522. Avant maladies des régions, *lisez :* n° 508.

— 537. Deuxième ligne. — Au lieu de : aux termes de l'article 17 de loi, *lisez :* aux termes de l'article 17 de la loi.
Vingtième ligne : au lieu de Eeaux minérales et thermales, *lisez :* Eaux minérales et thermales.

— 538. Septième ligne. — Au lieu de renvoi (2), *lisez :* renvoi (1).

TABLE ALPHABÉTIQUE DES MATIÈRES

E

F

G

H

I

Q

R

S

POITIERS. — TYP. OUDIN.